목회자 후보생들에게

목회자 후보생들에게

찰스 스펄전 지음 | 원광연 옮김

CH북스
크리스천
다이제스트

차례

제 1 장 목사의 자기 점검 ···································· 7
제 2 장 목회 소명 ·· 33
제 3 장 설교자의 기도생활 ···································· 64
제 4 장 목사의 공기도 ··· 82
제 5 장 설교 — 그 주제 ······································ 109
제 6 장 설교 본문의 선택 ····································· 126
제 7 장 영적인 해석에 대하여 ······························· 152
제 8 장 설교자의 목소리 ······································ 173
제 9 장 주목! ·· 200
제10장 즉흥 설교의 능력 ···································· 221
제11장 목사의 침체 상태 ···································· 243
제12장 목사의 일상적인 대화 ······························· 262
제13장 형편이 어려운 사역자들에게 ······················ 277
제14장 우리의 사역 속에 역사하시는 성령 ············· 293
제15장 목사의 자기 계발 ···································· 324
제16장 진리를 위한 결단이 필요합니다 ·················· 348
제17장 옥외(屋外) 설교의 간략한 역사 ··················· 370
제18장 옥외 설교에 대한 몇 가지 논평 ·················· 400
제19장 자세, 몸짓, 제스처의 문제(Ⅰ) ···················· 427
제20장 자세, 몸짓, 제스처의 문제(Ⅱ) ···················· 455
제21장 진지함을 유지하는 것과 망치는 것 ·············· 483
제22장 한쪽 눈을 감고, 한쪽 귀를 닫으라 ·············· 509

제23장 우리의 목표인 회심에 대하여 ················· 532
제24장 설교에서의 예증법 ···························· 552
제25장 강단에서의 예화 사용 ······················· 573
제26장 예화와 예증법의 용도 ······················· 600
제27장 예화와 예증들을 어디서 찾을 수 있을까? ····· 631
제28장 예화의 자료가 되는 과학 ···················· 653

제 1 장

목사의 자기 점검

"네가 네 자신과 가르침을 살펴 이 일을 계속하라" — 디모데전서 4:16

　공장의 기능공들은 누구나 항상 자기의 도구를 정비하는 것이 반드시 필요하다는 것을 잘 알고 있습니다. "날이 무딘데도 갈지 않고 그냥 두면, 사용할 때에 힘이 많이 들기" 때문입니다. 날이 완전히 무뎌져서 뭉툭해지면, 일할 때에 너무 힘이 들어 지쳐 버리거나 일을 형편없이 하게 되든가 둘 중의 하나일 것입니다. 탁월한 미술가인 미켈란젤로는 도구의 중요성을 너무나 잘 알고 있었기 때문에 그는 언제나 자기 손으로 직접 도구를 만들어서 사용했습니다. 은혜로우신 하나님의 역사하심도 마찬가지입니다. 하나님께서 친히 자기의 참된 목자들을 특별히 공을 들여 세우시는 것입니다. 안트워프(Antwerp)의 공장 이야기에 나오는 퀀틴 마치스(Quintin Matsys)처럼 주께서는 가장 형편없는 도구로도 얼마든지 일을 하실 수 있는 것이 사실입니다. 때로는 아주 어리석은 설교를 통해서도 사람이 회심하는 역사도 일어납니다. 그리고 때로는 도구가 전혀 없이도 일하실 수 있습니다. 설교자가 전혀 없이 그의 성령으로 직접 말씀이 와 닿게 하셔서 사람을 구원하기도 하시는 것입니다. 그러나 하나님의 그러한 절대적인 주권의 역사하심을 우리의 행동 규범으로 삼을 수는 없습니다. 하나님은 자신의 절대적인 뜻 가운데서 얼마든지 그가 가장 기뻐하시는 대로 행하실 수 있습니다. 그러나 우리는 하나님의 명확한 경륜이 가르치는 대로 행하여야 합니다. 분명한 것은 주께서는 보통 수단을 사용하셔서 목적을 이루신다는 것입니다. 여기서 우리가 얻을 수 있는 분명한 교훈은, 우리의 영적 상태가 최상일 때에 가장 효과적으로 임무를 행할 수 있다는 것입니다. 다시 말하면, 우리의 은사와 은혜들이 질서정연하게 자리를 잡고 있을 때에 주의 일을 가장 잘 감당하게 되고, 그것들이 어그러져 있을 때에는 주를 위해 하는 우리의 일도 어그러진 상태가 된다는 말입니다. 주께서 예외의 경우를 두기도 하시지만, 그런 경우를 규범으로 삼아서는 안 되는 것입니다.

어떤 의미에서는 우리가 바로 우리 자신의 도구들입니다. 그러므로 우리 자신을 질서정연하게 유지해야 합니다. 내가 복음을 전하고자 할 때에는, 오로지 나 자신의 목소리만을 사용할 수밖에 없습니다. 그러므로 그 일을 위해서는 내가 나의 목소리를 훈련시켜야 합니다. 생각하는 일도 오직 나 자신의 머리로밖에는 할 수 없고, 느끼는 것도 오직 내 마음으로만 느끼는 것이고, 따라서 내가 나의 지적인 기능과 감정적인 기능을 교육시켜야 합니다. 나 자신의 새로워진 본성으로만 나의 영혼을 위하여 슬피 울며 고뇌할 수 있습니다. 그러므로 그리스도 예수 안에 있었던 그 온유함을 유지하도록 내가 나 자신을 살펴야 하는 것입니다. 아무리 서고에 책이 많고, 여러 가지 단체들을 조직하고, 좋은 계획들을 세운다 할지라도, 내가 나 자신을 다스리는 일을 무시한다면 그 모든 것이 허사가 되고 맙니다. 책들이나 단체들이나 계획들은 나의 거룩한 부르심을 위해 사용되는 아주 멀리 있는 도구들일 뿐입니다. 나 자신의 영과 혼과 육체가 거룩한 사명을 위해 쓰임 받는 가장 가까운 도구입니다. 나의 영적 기능과 내 속사람의 생명이 싸움에 쓰이는 도끼요, 전쟁의 무기입니다. 로버트 맥체인(Robert M. McCheyne: 1813-1843, 스코틀랜드의 목회자)은 독일어를 완벽하게 배울 생각으로 여행을 하고 있던 한 동료 목사에게 보낸 편지 중에서 이렇게 말하고 있습니다:

"자네가 독일어를 습득하는 일에 열심을 다하리라는 것을 잘 알고 있네만, 자네의 속사람을 — 곧, 자네의 마음을 — 다스리기를 잊어서는 안 될 것일세. 기병대 장교가 자기의 기병도(刀)를 깨끗하게 보관하고 항상 날이 서 있게 만들려고 얼마나 열심을 들이는가? 녹이나 더러움이 조금만 있어도 아주 조심스럽게 다 닦아내지 않는가? 자네가 하나님의 칼이라는 것을 기억하시게. 그의 도구란 말일세. 하나님의 이름을 지니도록 하나님께 택하심을 받은 그릇이란 말일세. 십중팔구는 도구의 순결함과 온전함에 따라서 성공 여부가 달려 있는 것이네. 하나님께서 복을 주시는 것은 위대한 재능이 아니라 예수님을 닮는 것이라네. 거룩한 목사는 하나님의 손에 쥐어진 그야말로 가공할 만한 무기라네."

복음을 전하는 사자 자신이 영적으로 고장난 상태라면, 그것은 정말 그 자신은 물론 그 사람의 사역에 대해서도, 엄청난 재난이 아닐 수 없습니다. 그러나, 형제 여러분, 그런 악한 상태가 얼마나 쉽게 만들어지는지 모릅니다. 그러니 그런 일이 없도록 경계하고 조심하는 것이야말로 정말로 중요합니다. 언젠가 퍼스(Perth)에서 에든버러(Edinburgh)까지 직행 열차를 타고 여행한 일이 있는데, 갑자기 중간에 열차가 완전히 멈추어 서고 말았습니다. 한 엔진 — 열차의 기관차에는 본래 두 개의 엔진이 있습니다 — 속에 있는 아주 조그만 나사 하나가 망가졌기 때문에 그런 사고가 벌어진 것입니다. 그리고 다시 열차를 움직이기는 했지만, 두 개의 피스톤이 작동해야 하는데 하나로만 겨우겨우 움직여갔습니다. 아주 조그만 나사 하나가 망가졌을 뿐인데 그런 어려움이 생긴 것입니다. 그 조그만 나사만 문제가 없었더라면 열차는 아무 일 없이 철로 위를 힘차게 달렸을 것입니다. 그런데 그 하찮은 부속품 하나가 없어서 모든 것이 망가진 것입니다. 미국에서는 화물칸의 윤활유 박스에 파리가 끼어 있어서 그것 때문에 열차가 멈추어 선 일도 있었다고 합니다. 이것이 주는 교훈은 너무나 큽니다. 다른 모든 면에서는 유능한데도 아주 조그마한 결점 하나 때문에 사역이 크게 방해를 받고, 혹은 완전히 쓸모없이 되어 버릴 수도 있습니다. 그런데 그것이 최고의 의미에서 큰 결과를 내도록 되어 있는 복음 사역이기 때문에 안타까움은 더욱 큽니다. 치료약 자체는 큰 효과가 있는데, 그것을 실수로 잘못 사용하여 효과가 전혀 없어져 버렸다면 그처럼 끔찍한 일이 어디 있겠습니까? 납으로 된 수도관에서 흘러나오는 물을 마시고 해를 입는 경우가 흔히 있는 것을 여러분은 잘 아실 것입니다. 복음 자체도 마찬가지입니다. 영적으로 불건전한 사람들을 통하여 복음이 흘러나오면, 그것이 부패되어 결국 듣는 사람들에게 해를 미치게 되는 법입니다. 경건하지 못한 삶을 사는 사람들이 가르칠 때에 칼빈주의의 교리는 가장 악한 가르침이 되어 버린다는 것을 두려움으로 받아들여야 합니다. 그것이 마치 아무렇게나 무절제하게 사는 삶을 덮어 주는 망토처럼 되어 버리기 때문입니다. 그리고 반대로 아르미니우스주의는, 부주의한 설교자의 말 때문에 듣는 자들이 자기들이 원하면 언제라도 회개할 수 있다고 믿게 된다면, 그것처럼 사람의 영혼에 심각한 해를 끼치는 것이 없습니다. 그렇게 되면 복음의 메시지가 전혀 절박한 것일 수가 없는 것입니다.

더 나아가서, 설교자가 은혜가 빈약할 때에는, 그의 설교 사역을 통해서 장기적인 유익이 혹시 있다 할지라도, 대개는 유익이라고 해도 정상적으로 기대할 수 있는 것보다 아주 초라하든지, 아니면 전혀 균형이 없는 상태에 있게 되는 것입니다. 씨 뿌리는 것은 많은데 결국 수확은 별로 없게 되고 맙니다. 달란트에 붙여지는 이윤이 아주 보잘 것 없이 적어지고 마는 것입니다. 최근 미국이 치른 전쟁에서 두세 차례 전투에서 패하고 말았는데, 그 이유는 어떤 "악덕" 화약 제조업자들이 군대에다 질이 나쁜 화약을 공급하여 결국 대포의 위력이 비정상적으로 약해졌기 때문이었다고 합니다. 우리도 그럴 수 있습니다. 정확한 목표를 벗어날 수도 있고, 우리의 시간을 낭비할 수도 있고, 진정한 능력이 우리 속에 없을 수도 있고, 하나님께서 끊임없이 우리를 축복하실 만큼의 능력을 소유하지 못할 수도 있습니다. 여러분, "악덕" 설교자가 되지 않도록 정말 조심하시기 바랍니다.

과연 우리 자신이 구원받은 사람인지를 먼저 살펴야 함

복음을 전하는 교사 자신이 먼저 복음 가운데 있어야 한다는 것은 단순한 진리입니다만, 동시에 가장 중요한 원칙이기도 합니다. 우리는 그저 별 생각 없이 사도를 계승하는 처지가 되어 버린 젊은 사람들에 속하는 것이 아닙니다. 대학 시절에 영적인 것보다는 오히려 쾌활하게 노는 데에 관심을 두었다면, 그리스도를 위한 수고보다는 운동 경기 같은 데서 명성을 얻었다면, 그들이 제시할 수 있는 것 말고 다른 종류의 증거가 있어야 할 것입니다. 박식한 박사들에게 얼마나 돈을 들였고, 그 대신 얼마나 많은 고전 지식을 얻었느냐 하는 것은 결코 위로부터 부르심을 받은 증거가 될 수 없습니다. 참되고 순전한 경건이 가장 첫째 가는 필수적인 요건이 되는 것입니다. 사람이 아무리 "부르심"을 받은 체한다 할지라도 거룩에 대해서 부르심을 받지 않았다면, 그 사람은 분명 목회 사역을 위해서 부르심을 받은 것이 아닙니다.

"먼저 자신을 깎아 다듬고 나서 형제를 아름답게 장식해 주라"고 랍비들은 말합니다. 그레고리우스(Gregory)는 말하기를, "다른 사람을 깨끗하게 씻어 주려고 하면서 자기 손이 더러워서는 안 된다"고 합니다. 여러분의 소금이 맛을 내지 못한다면 어떻게 다른 사람들에게 맛을 낼 수 있겠습니까? 참된 회심은 목사의 필수적인 요건(*sine qua non*)입니다. 교회의 강단을 동경하는 여러분, "그대는 거듭나야 합니다." 또한 이 첫째 가는 요건을 지니고 있다는 것을 어느 누구도 당연한 것으로 취급해서도 안 됩니다. 왜냐하면 우리가 과연 회심했는지 회심하지 못했는지에 대해서 잘못 알고 있을 가능성이 매우 크기 때문입니다. 제 말을 명심하십시오. "너희의 부르심과 택하심을 굳게 하라"는 말씀은 절대로 어린애 장난이 아닙니다. 세상은 온통 가짜로 가득 차 있습니다. 육신적인 욕심으로 가득 찬 뚜쟁이들이 마치 죽은 시체에 독수리 떼들이 몰려들듯이 목사 주위에 우글거리고 있습니다. 사람의 마음이 간사하기 때문에, 그 사람의 진실은 표면에 나타나지 않고 깊고 깊은 곳에서 퍼 올려야 나오는 법입니다. 우리 자신을 아주 면밀하게 사려 깊게 살펴야 합니다. 그렇지 않으면 다른 사람들에게 열심히 설교하고 난 후에 우리 자신이 오히려 내어 버림을 당하는 비극을 맞게 될 것입니다.

복음의 설교자이면서도 아직 회심하지 못하고 있다면, 그 얼마나 끔찍한 일이겠습니까! 여기서 우리 각자는 자기 영혼의 가장 깊은 곳에서 이렇게 물어보아야 하겠습니다. "진리를 선포하려고 준비하고 있는 내가 혹시 그 진리의 능력에 대해서 전혀 모르고 있는 것은 아닌가? 그렇다면 내 처지가 얼마나 끔찍할까!"라고 말입니다.

회심하지 못한 목사의 사역에는 지극히 부자연스런 관계가 발생하게 마련입니다. 은혜를 모르는 목회자는 마치 맹인이 광학(光學) 교수에 임명된 것과 같습니다. 빛과 시력에 대해서 철학적으로 논하고 멋진 명암과 아주 미묘하게 혼합된 프리즘 색깔에 대해서 강의를 하고 다른 사람들을 가르칩니다. 자기 자신은 완전히 캄캄한 어둠 속에 있으면서 말입니다! 벙어리가 음악 교수직에 오른다거나, 귀머거리가 교향곡과 멋진 합창의 하모니에 대해서 유창하게 논한다고 생각해 보십시오! 그런 목회자는 독수리 새끼들을 교육시킨다고 떠드는 두더지와도 같고, 따개비가 천사들의 회의의 의장으로 선출된 것과도 같습니다. 그런 관계에 대해서는 아무리 우스꽝스럽고 괴상스러운 은유법들을 다 써도 괜찮습니다. 다만 그 문제가 너무나 엄숙한 것이라는 것만 드러나면 됩니다. 목회자의 직분은 자격 없는 사람이 취하기에는 너무나도 끔찍한 직분입니다. 전혀, 완전히, 자격이 없는 그런 일을 맡고 있으면서도, 목회의 임무에서 전혀 자신이 부적격자라는 것이 드러나지를 않습니다. 고의로 그런 책임을 떠맡았기 때문입니다. 아무리 천성적인 재능이 있고, 아무리 정신력이 탁월하다 할지라도, 그 사람에게 영적인 생명이 없다면 그 사람은 영적인 일에는 완전한 무자격자입니다. 그러므로 그런 사람은 이러한 첫째 가는 가장 단순한 자격 요건을 얻기까지 목사직을 중단하는 것이 합당합니다.

회심하지 못한 사람의 목회 사역은 또 다른 면에서도 정말 끔찍스럽습니다. 부르심이 없이 목회 사역에 임하는 것이야말로 얼마나 **불행한** 일인지 모릅니다. 교인들의 경험에 자기에게 위로를 줄 만한 것이 어디 있겠습니까? 회개하는 자들의 부르짖음이나 그들의 고뇌에 찬 의문이나 엄숙한 두려움을 들을 때에 과연 느낌이 어떻겠습니까? 자기가 전하는 말씀이 그런 일을 이룬다는 것을 알고 깜짝 놀랄 것입니다! 회심하지 않은 사람이 전하는 말로도 영혼이 회심하는 복된 일이 일어날 수 있습니다.

주께서는 말씀을 전하는 자는 인정하시지 않으나, 자기 자신의 진리는 여전히 귀하게 여기시기 때문입니다. 성숙한 그리스도인들이 어려움을 겪으면서 상담을 요청해 올 때에, 그런 목사는 얼마나 괴롭겠습니까? 중생한 교인들이 겪고 나아가는 체험에 대해서 그 자신은 정말 난처함을 느낄 수밖에 없습니다. 성도들이 기쁨으로 임종을 맞이하는 것을 볼 때에, 혹은 성찬에 참여하면서 성도들이 깊은 감동 속에 있는 것을 볼 때에, 과연 회심하지 않은 목사의 느낌이 어떻겠습니까?

젊은 청년들이 직업 전선에 뛰어 들었다가 도저히 견디지 못하고, 그 괴로운 직업을 떠나서 바다로 나가는 경우를 많이 봅니다. 그러나, 이 거룩한 소명에 인생을 걸기로 하고 훈련을 받고 있는 사람이 만일 경건의 능력에 대해서는 전혀 문외한(門外漢)이라면 그 사람은 대체 어디로 도망하겠습니까? 자기 자신이 그리스도의 그 깊으신 사랑과 아무런 관계가 없으면서, 어떻게 사람들에게 그리스도께로 나아오라고 날마다 권면할 수 있겠습니까? 오오, 여러분. 이것은 정말 끝없는 노예 상태일 수밖에 없습니다. 마치 노예선의 노예들이 노를 혐오하듯이, 그런 사람은 강단을 보기만 해도 그것이 혐오스러워서 견딜 수 없는 심정일 것입니다.

그런 사람은 또한 절대로 올바로 섬길 수가 없습니다. 그는 마치 스스로 한 번도 가 보지 않은 길을 따라서 여행객들을 안내하는 안내원 같고, 물살이나 지형에 대해서 스스로 아무것도 모르면서 배(船)를 몰고 가는 선장과도 같습니다. 자기 자신이 바보이면서, 다른 사람을 가르치도록 부름을 받고 있는 것입니다. 비(雨) 없는 구름이나, 나무 잎사귀만 무성하고 열매는 하나도 없는 그런 나무와 무엇이 다르겠습니까? 사막의 카라반이 작열하는 대낮의 태양 속에서 열기에 지쳐 갈하여 애쓰고 애써서 오아시스를 찾았는데 아니, 거기에 물이 한 방울도 없습니다! 이 얼마나 끔찍스러운 일입니까? 영혼이 하나님을 향하여 목이 말라서 교회를 찾았는데, 그곳의 목사가 전혀 은혜를 모르는 문외한이라면, 그 영혼은 멸망에 빠지고 말 것입니다. 생명수가 거기에 없기 때문이지요. 진리를 체험적으로 알지 못하면서 진리를 가르친다고 하는 사람들로 강단을 가득 채우기보다는 차라리 강단을 없애 버리는 것이 더 낫습니다.

아아! 안타깝습니다. 중생하지 못한 목사는 또한 말할 수 없이 해롭습니다. 불신앙을 조장하는 모든 원인들 가운데 경건하지 못한 목사가 가장 첫째 가는 원인입니다. 아주 값비싼 호화 오르간보다도, 중생하지 못한 성가대보다도, 귀족적인 교인들보다도, 회심하지 않은 목사야말로 모든 것을 무너뜨리는 엄청난 악한 힘을 갖고 있는 것입니다. 정죄를 받아 지옥에 빠지게 하는 도구로서 그보다 큰 것이 없습니다. 사람들이 예배당에 모여서 편안하게 앉아 있습니다. 그러면서 자기들 스스로 그리스도인이라 생각합니다. 그런데 그러는 동안 그들이 행하는 신앙적 행위란 그저 강사의 이야기를 듣고 음악으로 귀를 즐겁게 하고, 눈으로 여러 가지 은혜로운 행동들과 감미로운 분위기에 젖는 것이 전부입니다. 그 모든 것은 극장에 가서 오페라를 감상하는 것보다 전혀 나을 게 없습니다. 미학적인 견지에서 보면 결코 그보다 못합니다. 그렇다고 해서 더 신령한 것도 절대 아닙니다. 수천의 사람들이 자기들을 칭송하고 있고, 자기들이 경건한 예배자들이라는 것에 대해서 하나님께 찬송을 돌리기까지 합니다. 그러나 그러면서도 그리스도가 없는 중생하지 못한 상태에서 살고 있고, 경건의 모양은 있으나 그 능력은 부인하는 자리에 있는 것입니다. 형식주의 이상으로 한 치도 넘어서지 못한 그런 체제를 주관해 가는 사람이라면, 그것은 하나님의 사역자이기는커녕 차라리 마귀의 종일 것입니다.

형식적인 설교자는 정말로 해로운 존재입니다. 겉으로 평정을 유지하면서도, 사실은 경건의 균형이 전혀 없기 때문에 얼마 가지 않아서 자신의 도덕적인 성품에 문제가 드러나게 마련입니다. 그러면 그때에 그 처지가 어떻게 되겠습니까! 이 얼마나 하나님을 망령되게 하고, 복음을 파괴시키는 것인지 모릅니다!

또 끔찍한 것은 이런 사람에게 어떤 죽음이 기다리고 있느냐 하는 것이고, 죽음 이후의 상태가 과연 어떻게 되겠느냐 하는 것입니다! 선지자는 바벨론 왕이 지옥에 내려가고, 그가 멸망시킨 모든 왕들과 군주들이 지옥에서 소동을 일으켜 그 무너진 폭군을 신랄하게 비꼬면서 책망하는 것을 묘사하고 있습니다. "너도 우리 같이 되었느냐?"(사 14:10) 그러니 여러분, 평생 목사로 지냈으면서도 마음에 그리스도가 없이 살았던 사람이 지옥으로 내려갈 때에, 그에게 말씀을 들었던 그 교회의 수많은 불경건한 심령들이 함께 지옥에서 소동을 일으키며, "아니 의원 양반! 당신도 우리와 같이 되었소? 당신 자신도 치료하지 못했소? 환히 비치는 빛이라 자처하더니 이렇게 영원한 어둠 속에 떨어졌단 말이오?"라고 소리를 지른다고 생각해 보십시오. 오오! 잃어버린 바 된다 해도, 제발 이런 식으로는 버림받지 말아야 합니다! 강단의 그림자 밑에서 버림받는 것도 처절한 일인데, 하물며 그 강단 위에서 버림받는 일이야 오죽하겠습니까!

「지옥에서 들려오는 탄식 소리」(*Sighs from Hell*)이라는 존 번연 (John Bunyan: 1628-1688, 잉글랜드의 청교도 목회자)의 책에서 다음과 같은 무서운 구절이 제 귀에 자주 들려옵니다:

> 눈먼 목사들 때문에 무지한 가운데서 멸망을 당한 영혼이 얼마나 많습니까? 그들의 설교는 마치 쥐약이 몸에 미치는 것과 다를 바 없습니다. 그런 목사들 중에서, 정말 몸서리치게도, 온 마을 전체의 멸망에 대해서 책임을 져야 할 사람들이 많습니다. 오오! 여러분, 분명히 말씀드립니다. 여러분이 사람들에게 말씀을 전하는 일을 맡고 있습니다만, 여러분 자신이 그것이 무엇인지도 분간하지 못하면서 그 일을 맡고 있을 수도 있습니다. 여러분이 지옥에 들어간 다음 여러분의 교인들 전부가 거기서 다음과 같이 여러분을 통렬하게 비난하게 된다면, 그 얼마나 참혹한 일이겠습니까: '우리가 당신의 입에 먹을 것을 제 때에 주지 않을까 두려워서 우리의 죄를 그대로 이야기해 주지 않았으니, 그것은 감사하오만, 이 저주받은 자야! 눈먼 인도자가 되어 당신 혼자만 이 구렁텅이에 빠지는 것이 부족해서, 우리까지 이리로 끌고 들어왔느냐?'

리처드 백스터(Richard Baxter: 1615-1691, 잉글랜드의 청교도 목회자)는 그의 「참된 목자」(*Reformed Pastor*)에서 다음과 같이 엄숙하게 쓰고 있습니다:

여러분이 다른 사람들에게 하나님의 구원의 은혜를 베풀어 주면서도 정작 여러분에게 그 은혜가 없고, 여러분이 설교하는 그 복음의 유효한 역사에 대해서 여러분이 문외한이 되는 그런 일이 없도록 여러분 자신을 살피시기 바랍니다. 그리고 세상에 구주가 있어야 한다고 선포하면서도 여러분의 마음이 그를 무시해 버리고, 구주와 그의 구원의 은혜들에 대한 관심을 여러분 스스로 버리는 일이 없도록 정말 조심해야 합니다. 멸망당하지 않도록 조심하라고 다른 사람들에게 이야기하면서 여러분 자신이 멸망당하는 일이 없도록, 사람들의 양식을 준비해 주면서 정작 여러분 자신이 굶주리는 일이 없도록 조심해야 합니다. 많은 사람들을 의로 돌아오게 한 자는 별처럼 빛나리라는 약속이 있습니다만(단 12:3), 이것은 그들 자신이 먼저 의로 돌아온 것을 전제로 하는 말씀입니다. 그런 약속들은 기본 전제가 입증된 다음에 덧붙여져야 합니다. 그들 자신이 신실한 믿음을 소유하고 있다는 것이 그들에게 주어질 영광의 조건입니다. 그들의 목사로서의 큰 수고는 더 큰 영광의 약속을 받을 조건이 되지만 말입니다. 많은 사람들이 다른 사람들에게 그 처참한 고통의 자리에 가지 말 것을 경계했으면서도 자기들 스스로 그리로 급히 달려갔습니다. 설교자들 중에서 청중들에게 정말 조심하고 부지런하여 지옥을 피하라고 수백 번씩이나 외쳤으면서도 정작 자신들은 지금 지옥에 있는 사람들이 많습니다. 자기는 구원을 받아들이지 않으면서 다른 사람들에게 구원을 제시했다고 해서 그것 때문에 하나님께서 그 사람을 구원하시겠습니까? 자기 자신은 진리를 무시하고 소홀히하면서 다른 사람들에게 진리를 이야기한다고 해서 하나님께서 그 사람을 구원하시겠습니까? 정상적인 생각이 있다면 과연 그런 생각을 할 수 있습니까? 많은 재봉사들이 다른 사람들에게 값비싼 옷을 지어 주면서도 자기들은 누더기를 걸치고 다닙니다. 많은 요리사들이 다른 사람들에게 값진 음식을 제공해 주면서도 정작 자기들은 그 음식에 손도 대지 않습니다. 형제 여러분, 믿으십시오. 하나님은 절대로 설교자라는 것 때문에, 유능한 설교자라는 것 때문에, 어떤 사람을 구원하시지 않습니다. 그 사람이 의롭다하심을 받은 거룩한 사람이기 때문에, 그리고 그 결과로 그 주인의 일을 신실히 감당하기 때문에 구원하시는 것입니다. 그러므로 여러분 자신을 살피십시오. 첫째로, 다른 사람들에게 이러이러해야 한다고 권면하십니까? 여러분 자신이 먼저 그런 사람이 되어 있어야 합니다. 그리고 날마다 사람들에게 믿으라고 권면하는 바를 여러분 자신이 먼저 믿고 있어야 합니다. 그리고 다른 사람들에게 제시하는 그리스도와 성령을 여러분 자신이 마음으로 믿고 누려야 합니다. 주님은 너희 이웃을 네 자신처럼 사랑하라고 명령하셨는데, 이는 곧, 여러분이 여러분 자신을 사랑하여야 하며, 여러분 자신과 이웃을 모두 미워하고 멸망에 빠지게 하지 말아야 한다는 것을 시사하는 것입니다.

형제 여러분, 이 의미심장한 말씀들이 여러분에게 정당한 효과가 있어야겠습니다. 더 이상 추가할 것이 없습니다. 여러분, 여러분 자신을 살피시고 지금까지의 말씀을 선히 사용하시기 바랍니다.

목사의 경건이 강건해야 함

참된 신앙이라는 이 첫째가는 문제가 해결된 다음에는 목사의 경건이 강건해야 한다는 것이 그 다음으로 중요합니다.

일반 그리스도인들과 동등한 것으로 만족해서는 안 됩니다. 반드시 성숙하고 진보한 신자여야 합니다. 그리스도의 사역자는 그야말로 "그의 선택 중에서 최고의 선택이요, 그의 택한 자 중에서 택한 자요, 교회 중에서 뽑아낸 교회"라 부를 수 있기 때문입니다. 그저 보통의 일상적인 직분에 부르심을 받았다면, 일반적인 은혜로도 만족할 수 있을지 모릅니다. 그런 것만으로도 만족해하며 게으름을 피울 수 있습니다. 그러나 특별한 일을 위하여 선택받았다면, 그리고 아주 범상치 않은 위험이 있는 지위에 부름을 받았다면, 그런 위치에 합당한 더 월등한 힘을 소유하기를 힘써야 합니다. 경건의 맥박이 더 힘차게 더 정상적으로 뛰어야 합니다. 그의 믿음의 눈이 밝아야 합니다. 결단의 발이 든든해야 합니다. 그의 활동의 손이 재빨라야 합니다. 그의 속사람 전체가 최고로 정결한 상태에 있어야 하는 것입니다. 이집트 사람들은 철학자들 중에서 가장 학식 있는 자들을 뽑아서 제사장들로 삼았고, 그 제사장들을 높이 기려서 그들 중에서 왕들을 뽑았다고 합니다. 하나님의 사역자들을 위해서는 모든 그리스도인 전체에서 뽑아야 합니다. 만일 국가가 왕을 원할 때에 왕의 보좌에 오를 수 있을 만한 그런 사람들을 목사로 뽑아야 할 것입니다. 정신이 허약하고, 흐리며, 세속적이고, 균형이 덜 잡힌 그런 사람들은 강단에 설 후보자로서는 적절하지 않습니다. 병든 자나 장애자에게 맡겨서는 절대로 안 되는 그런 일들이 있는 법입니다. 어지럼증이 있는 사람은 높은 건물을 오르는 일에는 합당하지 않습니다. 그 일이 그 사람에게는 크게 위험하기 때문입니다. 그러므로 그런 사람은 반드시 지상에서 할 수 있는 일을 찾아야 합니다.

그처럼 영적으로 허약한 형제들도 있습니다만 그런 사람들은 두드러지고 높이 올라가는 일을 위해서 부르심을 받을 수가 없습니다. 그들의 머리가 너무나 허약하기 때문입니다. 그런 사람들이 만일 조금이라도 성공을 하게 되면, 곧바로 허탄한 것에 취해 버릴 것입니다. 이런 악습이 목사들 사이에 너무나도 흔합니다. 그런 악습은 목사들에게 가장 어울리지 않는 것이요, 또한 타락을 보장해 주는 가장 확실한 것이기도 합니다. 우리가 만일 한 국가로서 우리의 가정과 기업들을 보호해야 할 처지가 된다면, 소년 소녀들에게 칼과 총을 들려서 내보내어 적들과 싸우도록 해서는 안 되겠지요. 마찬가지로, 교회도 경험이 없고 그저 열심만 있는 자나 이리저리 변덕이 있는 초년생을 보내어 진리를 위해 싸우게 해서는 안 됩니다. 여호와를 경외함으로 지혜를 배우는 젊은이여야 합니다. 그렇지 않으면 목회자의 자리에 세워서는 안 됩니다. 하나님의 은혜가 그 사람의 심령을 성숙하게 해야 합니다. 아니면 위로부터 능력이 임하기까지 기다리는 것이 낫습니다.

최고의 도덕성을 부지런히 유지하여야 합니다. 그저 교회원으로 족한 사람들 중에는 교회의 그 직분을 취할 자격이 없는 사람들이 많습니다. 심각한 범죄에 빠진 그리스도인들에 대해서 저는 아주 단호한 생각을 갖고 있습니다. 그들이 진정 회심하여, 소망과 우려가 뒤섞인 상태에서 교회로 받아들여진다면 그것은 매우 기쁜 일입니다. 그러나 심각한 범죄를 저지른 사람을 곧바로 강단에 세워도 괜찮겠느냐 하는 심각한 문제에 대해서는 저는 큰 의문을 갖고 있습니다. 존 앤젤 제임스(John Angell James: 1785-1859, 영국의 복음주의 지도자)의 말처럼, "의의 설교자가 죄인의 길에 섰을 때에는 그의 회개 사실이 그의 범죄만큼이나 널리 악명을 떨치게 되기까지는 회중 앞에서 절대로 다시 입을 열게 해서는 안 되는 것"입니다. 암몬 자손에게 수염을 깎이는 수모를 당한 자들은 수염이 다시 자라기까지 여리고에 머물러 있게 해야 합니다(참조, 삼하 10:1-5). 이 구절이 수염을 깎는 청년들이 농담조로 인용하는 구절이 되어 버렸습니다만, 이 말씀은 결코 그런 데에 적용되는 것이 아닙니다. 이것은 나이가 어떻든 간에 치욕과 수치를 당한 사람들에게 적용되는 말씀입니다. 그런데 안타깝게도, 신망의 수염은 한 번 깎이고 나면 다시 자라나기가 매우 어려운 법입니다. 공개적으로 드러난 부도덕은 대부분의 경우, 아무리 깊이 회개한다 할지라도, 목사로서의 은혜들이 다시는 그 사람의 성품 속에 없다는 치명적인 증표가 됩니다.

황제의 아내는 절대로 의혹을 사서는 안 됩니다. 마찬가지로 목사의 일관성 없는 과거의 품행에 대해서 이런저런 추잡한 루머가 있어서는 절대로 안 됩니다. 그렇지 못하면 목사로서 올바로 쓰임 받을 소망이 거의 없어집니다. 그런 타락한 자들도 회개하면 교회에서 받아들여야 마땅합니다. 또한 만일 하나님께서 그들에게 직분을 맡기시면 그 직분을 받아 사역에 임할 수도 있습니다. 이 점은 분명 의심의 여지가 없습니다. 그러나 과연 하나님께서 그들에게 그런 직분을 맡겨 주셨느냐 하는 문제에 대해서, 저는 한 번 시험하여 목사의 삶의 결정적인 테스트를 통과하지 못할 만큼 은혜가 없는 것으로 드러나는 사람들을 다시 강단에 세우도록 돕는 일에 정말로 신중에 신중을 기해야 한다는 것이 제 생각입니다.

어떤 일들에 대해서는 다른 조건을 보지 않고 오로지 강한 사람만을 선택하기도 합니다. 하나님께서 우리를 목사의 일을 위하여 부르실 때에 우리는 그 직분에 합당할 만큼 강건해지기 위하여 은혜를 구하여야 할 것입니다. 그렇게 하지 않으면 사탄의 유혹에 빠져서 교회와 우리 자신에게 해악을 끼치는 풋내기로 머무를 수밖에 없을 것입니다. 우리는 하나님의 전신갑주로 무장하고 있어야 하며, 다른 사람들에게는 기대하지 않는 용사의 기예(技藝)를 지녀야 합니다. 우리에게는 자기 부인과 자기를 잊어버림, 인내, 오래 참음 같은 것이 일상 생활의 덕목이 되어야 합니다. 그러니 누가 이런 일에 합당하겠습니까? 우리의 사명에 대하여 우리 자신을 인정할 수 있으려면, 날마다 하나님과 매우 가까이 살아야 합니다.

여러분, 목사로서 여러분의 인생 전체가, 특히 여러분의 목회 생활 전체가 여러분의 경건의 강건함에 따라 좌우된다는 것을 기억하십시오. 열심이 무뎌지면, 강단에서의 기도도 사라질 것입니다. 가정에서도 기도를 잘 하지 않게 될 것이고, 최악의 경우에는 홀로 서재에서 드리는 기도도 사라질 것입니다. 여러분의 심령이 메마르게 되면, 교인들은 그 원인이나 연유를 모르면서도 여러분의 공기도가 별로 마음에 와 닿지 않는다는 것을 깨닫게 됩니다. 여러분 스스로 알아차리기 전에, 그들이 먼저 여러분의 메마른 상태를 느끼게 될지도 모릅니다. 여러분의 입에서 나오는 말씀이 여러분의 메마른 상태를 드러내기 때문입니다. 예전처럼 단어를 잘 선택하고 적절한 문장을 구사할 수 있습니다만, 거기에 영적인 힘이 없다는 것이 곧바로 드러나는 것입니다. 그전에 하던 것처럼 여러분 스스로 혼신의 힘을 다하겠지만, 마치 삼손이 그랬던 것처럼, 여러분의 힘이 사라졌다는 것을 깨닫게 될 것입니다. 교인들과의 일상적인 교제 속에서도, 그들은 여러분의 영적인 힘이 쇠하여졌다는 것을 곧바로 꼬집어낼 것입니다. 여러분이 미처 알아차리기도 전에, 그들은 예리한 눈을 가지고 여러분의 머리 여기저기에서 흰 머리카락들을 보게 될 것입니다.

사람이 마음에 질병이 있으면, 그것 때문에 모든 것이 고장납니다. 위나 폐나 근육이나 신경 등 모든 것이 영향을 받게 됩니다. 마찬가지로 마음이 영적으로 허약해지면 곧바로 그 허약해진 모습이 그 사람의 삶 전체에서 느껴지게 마련입니다. 더 나아가서, 여러분 하나가 허약해진 결과로, 교인들 하나하나가 영향을 받게 됩니다. 그들 중에 강건한 자들은 그 침체의 경향을 극복하겠지만, 연약한 자들은 아주 심각하게 상처를 받게 됩니다. 우리 자신과 교인들은 마치 개인 시계와 공중 시계와 같은 관계에 있습니다. 개인의 시계가 잘못되어 있으면 자신 이외에 다른 사람들은 별로 시간을 착각하지 않습니다. 그러나 런던의 근위 기병대(Horse Guards)의 시계나 그리니치 천문대의 시계가 잘못 되면, 런던 시민의 절반이 시간을 착각하게 됩니다. 목사도 마찬가지입니다. 그는 교회의 시계입니다. 많은 사람들이 그를 기준으로 시간을 맞춥니다. 그런데 그가 정확하지 못하면, 교인들 모두가 잘못 가게 되고, 그렇게 되면 그 목사는 자기의 죄 때문에 일어난 모든 죄에 대해서 크나큰 책임을 지게 되는 것입니다. 형제 여러분, 이런 일은 생각조차 할 수 없는 일입니다. 그저 한가하게 이야기할 수 있는 문제가 아닙니다. 우리는 이 점을 똑똑히 보고 경계를 게을리해서는 안 될 것입니다.

여러분, 우리에게 아주 강건한 경건이 필요한 것은 또한 우리의 위험이 다른 사람들보다도 훨씬 더 크기 때문이라는 점을 기억하시기 바랍니다. 일반 사람들은 목사들의 처지가 온갖 유혹에서 벗어나 있는 안락한 쉼터라고들 생각합니다만, 우리의 위험이 보통 그리스도인들의 위험보다 훨씬 더 종류도 많고 훨씬 더 집요하다는 것도 그에 못지않게 사실입니다. 우리가 높이 올라 있어서 유리한 위치에 있는 것일 수도 있습니다만, 그 높은 곳은 위험천만한 곳입니다. 그리고 목회 사역이 엄청난 높이의 바위와도 같음을 실증한 사람들도 많습니다. 이런 유혹이 어떤 것들이냐고 묻는다면, 시간이 없어서 일일이 다 열거할 수 없을 정도입니다. 그러나 그 유혹들 가운데는 더 비열하고 더 세련된 것들이 있습니다. 비열한 것들은 자기 만족에 빠지는 것입니다. 늘 환대해 주는 사람들에 둘러싸여 있으니 이런 유혹이 그렇게 강할 수가 없습니다. 또한 젊은 여자들이 줄을 이어 흠모하는 가운데 높이 세움을 받은 젊은 미혼 목사들에게는 육체의 유혹이 끊임없이 다가옵니다. 그러나 이에 대해서는 이 정도로 그칩시다. 여러분 스스로 살펴보면, 눈먼 사람이 아닌 이상 천 가지 이상의 미혹거리가 있다는 것을 깨닫게 될 것입니다.

그리고 이런 것보다 피하기가 더 어려운 더 은밀한 유혹들이 있습니다. 그 가운데 가장 악한 것은 바로 목사라는 직업의식(ministerialism)입니다. 성경을 목사로서 읽고, 목사로서 기도하는 등, 우리 자신을 상대적으로, 목사로 보고서 직업적으로 신앙의 모든 일에 관여하는 경향이 바로 그것입니다. 하나님 앞에서 한 개인으로서 회개하고, 한 개인으로서 믿음을 갖는 것을 잃어버리면, 그것은 정말 엄청난 손실이 아닐 수 없습니다. 존 오웬(John Owen: 1616-1683, 잉글랜드의 대표적인 청교도 신학자)은, "먼저 자기 자신의 마음을 향하여 설교하지 않고서는 아무도 다른 사람에게 설교를 잘 할 수가 없다"고 합니다.

형제 여러분, 이것을 지킨다는 것이 정말 힘듭니다. 우리의 직분은 어떤 사람들의 말처럼 우리 자신의 경건을 돕기는커녕, 오히려 우리 본성의 악 때문에 우리에게 가장 심각한 장애가 될 수 있습니다. 최소한 저는 그렇게 봅니다. 목사의 형식주의와 싸우기 위해 힘을 다합니다만, 그것이 우리를 가로막기가 얼마나 쉬운지 모릅니다! 마치 긴 의복이 달리는 사람의 발에 꼬여 넘어지게 하듯이 말입니다. 사랑하는 형제 여러분, 여러분의 소명과 관련된 이런 온갖 유혹들을 조심하시기 바랍니다. 지금까지 그렇게 조심해 오셨다면, 여러분의 삶의 마지막 순간이 올 때까지 그렇게 계속하시기 바랍니다.

우리는 한 가지 위험만을 살펴보았습니다만, 사실 그 위험은 엄청나게 많습니다. 영혼의 저 큰 원수가 설교자를 망치기 위해 모든 돌들을 하나도 남김 없이 다 사용하려 하고 있습니다. 백스터는 이렇게 말하고 있습니다:

여러분, 조심해야 합니다. 미혹하는 자가 가장 먼저 가장 예리하게 공격하는 것이 바로 여러분이기 때문입니다. 여러분이 그를 대적하는 지도자들이라면, 하나님께서 그를 억제하지 않으시면 절대로 여러분을 그냥 내버려두지 않습니다. 그는 여러분에게 가장 큰 적의를 갖고서 자기가 할 수 있는 가장 큰 해악을 끼치려 합니다. 그리스도께서 군대의 장군이시요 '우리 구원의 대장'으로서 흑암의 나라를 대적하여 싸우시는 분이시기 때문에 그가 우리보다 그리스도를 더 미워하는 것처럼, 그리스도 밑에 있는 우리 지도자들을 일반 병졸들보다 더 주목하는 것은 당연한 일입니다. 지도자들이 넘어지면 나머지 사람들이 크나큰 혼란에 빠진다는 것을 잘 알고 있습니다. 그는 오랫동안 그런 식의 싸움을 계속해 왔습니다. 작은 자나 큰 자나 비교하지 않고, 목자를 쳐서 양 떼들을 흩어 버리는 방식 말입니다. 이렇게 해서 그는 굉장한 성공을 거두었습니다. 그러므로 할 수 있을 때까지 계속해서 이 방법을 따를 것입니다. 그러므로 형제 여러분, 조심하시기 바랍니다. 원수가 여러분을 특별히 주목하고 있으니 말입니다. 여러분에게 그 원수의 아주 간교한 공작이 임할 것이고, 끊임없는 회유와 격렬한 공격이 임할 것입니다. 지혜와 학식이 있는 만큼, 스스로 조심해야 합니다. 그렇지 않으면 원수가 여러분을 넘어뜨릴 것입니다. 마귀는 여러분보다 더 큰 학자요 더 민첩한 논쟁가입니다. 그는 얼마든지 '자기를 광명의 천사로 가장' 할 수 있습니다(참조. 고후 11:15). 여러분이 미처 모르는 사이에 여러분 속에 들어가 여러분의 발을 걸어 넘어뜨릴 수 있습니다. 사기꾼처럼 여러분을 속여 장난을 칠 수 있고, 여러분을 속여 스스로 믿음이 있고 순결하다고 생각하게 만들 수도 있습니다. 그렇게 되면 여러분은 믿음이나 순결을 잃어버렸다는 것을 깨닫지 못합니다. 아니, 믿음이나 순결을 잃어버렸는데도 오히려 그것이 더 많아졌고, 더 증가했다고 생각하도록 만드는 것입니다. 마귀가 여러분에게 미끼를 던져 놓으면, 여러분은 낚싯바늘도 낚싯줄도 보지 못하고, 간교한 낚시꾼은 더더욱 보지 못할 것입니다.

그리고 마귀는 그 미끼가 여러분의 취향과 정서에 꼭 맞고 여러분에게 유익이 될 것처럼 보이도록 만들어 놓고서, 여러분 자신의 생각과 경향이 여러분 자신을 배반하도록 만듭니다. 그러므로 그가 여러분을 망칠 때에는 언제나 여러분 자신을 멸망에 빠지도록 만드는 도구로 사용하는 것입니다. 목사를 게으르고 불성실하게 만들 수 있다면, 목사를 탐욕과 추문에 빠뜨리도록 유혹할 수 있다면, 과연 그가 승리를 거두었다고 쾌재를 부르지 않겠습니까! 그는 교회를 향하여 자랑을 늘어놓을 것입니다. '이게 너희들의 거룩한 설교자들이다. 그들의 고귀함의 실상이 무엇인지, 그래서 결국 그들이 어떻게 되었는지를 너희 눈으로 똑똑히 한 번 보라!'고 할 것입니다. 그는 예수 그리스도를 향해서도 이렇게 자랑을 할 것입니다: '이 자들이 당신의 용사들입니까! 나는 당신이 아끼는 종들을 바꾸어 당신을 욕되게 할 수 있습니다. 당신 집의 청지기들을 불성실한 자들로 얼마든지 만들 수 있소!' 그가 거짓된 가정을 근거로 하여 하나님을 욕되게 했고 또한 욥으로 하여금 하나님의 면전에서 그를 저주하게 만들 수 있다고 이야기할 수 있었다면(욥 1:2), 우리를 공략하려 할 때에는 과연 어떻게 하겠습니까? 결국에 가서는 여러분 자신을 계속해서 모욕하여 여러분이 신뢰하던 그 큰 것을 저버리고, 여러분의 거룩한 직분을 더럽히게 만들고, 그리하여 여러분의 원수인 그를 크게 섬기도록 만들어 놓을 것입니다. 오오, 여러분 사탄을 만족시켜서는 안 됩니다. 그를 흥겹게 해서도 안됩니다. 블레셋 사람들이 삼손을 가지고 놀 듯 그렇게 사탄이 여러분을 가지고 놀도록 해서는 안 됩니다. 처음에는 여러분의 힘을 빼앗고, 그 다음에는 여러분의 눈을 빼고, 그렇게 해서 그의 조소와 조롱의 대상으로 만들도록 내버려 두어서는 절대로 안 되는 것입니다.

또 한 가지를 말씀드리면, 우리가 최상의 경건을 배양해야 하는 이유는 우리의 임무가 그것을 필수적으로 요구하기 때문입니다. 목회 사역의 수고는 우리의 새로워진 본성의 강건함에 정확히 비례하여 이루어집니다. 우리 자신이 건전해야만 우리의 일이 건전하게 이루어집니다. 일꾼을 보면, 그 사람의 일을 알 수 있는 법입니다. 진리의 원수들을 대적하는 일이나, 믿음의 요새를 지키는 일이나, 하나님의 집에서 잘 치리하는 일이나, 슬픈 자를 위로하고 성도를 세우며 혼란 속에 있는 자를 지도하고 고집 센 자를 참아 주고 영혼들을 얻고 양육하는 이 모든 일들과 그 외의 수천 가지 다른 일들은 연약한 심령이나 실망하기를 잘 하는 자가 아니라, 주께서 자기를 위하여 친히 강건하게 세우신 강한 마음을 지닌 사람들에게 합당한 일들입니다. 그러니 여러분, 강하신 분께 강건함을 구하고, 지혜로우신 그분께 지혜를 구하십시오. 만유의 하나님께 모든 것을 구하시기 바랍니다.

목사의 품행이 목회 사역의 모든 면에 부합되어야 함

셋째로, 목사는 자신의 인격적인 성품이 그의 목회 사역의 모든 면에 부합되도록 자신을 살펴야 합니다.

설교를 잘하는데 품행이 너무 나쁜 어떤 사람의 이야기를 우리는 잘 알고 있습니다. 그 사람이 강단에 올라서면 모든 사람이 절대로 강단에서 내려오지 말아야 한다고 말하나, 일단 강단에서 내려오고 나면 모두가 그 사람은 다시 강단에 올라가서는 절대로 안 된다고 이야기했다고 합니다. 그런 야누스 같은 사람을 닮지 않도록 주께서 우리를 지켜 주시기 바랍니다. 제단에서는 하나님의 제사장이면서 성막 문 바깥에서는 벨리알의 아들들이 되는 일이 있어서는 절대로 안 됩니다. 나지안주스의 그레고리우스(Gregory of Nazianzen: 330-389)가 바실리우스(Basil: 329-379)에 대해서 하는 말처럼, "우리의 가르침이 우레와 같고, 우리의 대화가 빛나게" 되기를 바랍니다. 우리는 두 얼굴을 지닌 사람을 신뢰하지 않습니다. 말과 실제의 행동이 서로 모순된 사람은 사람들이 믿지를 않습니다. 격언의 말처럼 행동이 말보다 더 크게 말하는 것이듯이, 그릇된 생활은 제아무리 탁월한 말씀 사역이라도 결국 망쳐놓게 되는 법입니다. 결국 우리의 가장 진실한 모습은 손으로 하는 행동에서 나오게 되어 있습니다. 우리의 품행이 우리의 말보다 더 설득력이 있어야 합니다. 이는 비단 행하지 말아야 할 것을 행하여 저지르는 작위(作爲)의 죄(sins of commission)만을 말하는 것이 아닙니다. 행하여야 할 것을 행하지 않아서 저지르는 부작위(不作爲)의 죄(sins of ommission)에 대해서도 경계를 해야 합니다. 설교자들이 강단 바깥에 있을 때에 하나님을 섬기기를 잊고 그들의 생활이 부정적인 모습으로 일관하는 경우가 얼마나 많은지 모릅니다.

사랑하는 형제 여러분, 목사가 속사람에 은혜가 거함으로써 살아 있지 않고, 그저 일시적으로 태엽이 감긴 만큼만 잠시 작동하고 그치는 그런 시계를 닮아서는 절대로 안 됩니다. 그런 사람들은 강단에 올라 있을 때에만 목사요, 또한 그런 시간에도 온갖 스트레스 속에서 그 일을 감당하지만, 강단의 계단을 내려오면서 목사의 임무를 중단해 버리는 것입니다. 어린아이들이 갖고 노는, 속에 모래가 담긴 박스 장난감을 닮은 목사들이 비일비재합니다. 박스를 거꾸로 세우면 모래가 다 내려올 때까지 조그만 곡예사가 박스 속에서 계속 춤을 춥니다. 그러다가 모래가 다 내려오면 곧바로 동작을 멈추어 버리는 것입니다. 이와 같이, 자기들의 임무가 공식적으로 필요한 만큼만 목사의 임무를 견디고, 그 이후에는 사례를 주지 않으면 기도도 하지 않고, 봉급을 주지 않으면 설교도 하지 않는 그런 사람들이 있습니다.

앞뒤가 다른 목사가 된다는 것은 정말 끔찍한 일입니다. 우리 주님은 모세와 같으셨다고 합니다. 그는 "말씀과 행위에 권능이 있으신 선지자"이셨다는 말입니다. 하나님의 사람은 이 점에서 주님을 닮아야 합니다. 그의 가르치는 말씀과 또한 모범으로 보이는 행위에 권능이 있어야 합니다. 그리고 가능하다면, 행위에서 가장 큰 권능이 드러나야 합니다. 우리가 갖고 있는 유일한 교회 역사가 "사도행전"("사도들의 행위들")이라는 것이 놀랍습니다. 성령께서는 그들의 설교들을 보존시키지 않으셨습니다. 그 설교들은 매우 좋은 것들이었고, 우리의 설교보다 훨씬 더 나은 것들이었습니다. 그런데도 성령께서는 오로지 그들의 "행위들"만을 보존시키신 것입니다. 사도들의 회의록 같은 것도 남아 있지 않습니다. 교회의 각종 회의에서 우리는 회의록과 결의 사항들을 기록해 놓습니다만, 성령께서는 오로지 "행위들"만을 기록해 두신 것입니다. 우리의 행위들이 기록에 남는 것들이 되어야 합니다. 우리는 하나님의 직접적인 감찰하심 아래에서 살아야 하고, 또한 모든 것이 드러나는 그 큰 날의 불길 속에 있는 것처럼 살아야 합니다.

목사에게 가장 절실한 것은 그리고 목사의 가장 경건한 장식품은 바로 거룩입니다. 그저 탁월한 도덕성만으로는 안 됩니다. 그보다 더 높은 덕이 있어야 합니다. 시종여일한 성품도 있어야 하지만, 거기에 거룩히 구별하는 기름이 부어져야 합니다. 우리를 하나님께 지극히 향기롭게 만드는 것이 있어야 합니다. 그 옛날 존 스터튼(John Stoughton)은 「설교자의 위엄과 임무」(*The Preacher's Dignity and Duty*)라는 강론에서 목사의 거룩에 대해 다음과 같이 강조한 바 있습니다:

> 웃사가 하나님의 궤를 만진 것 때문에 죽었고, 그것도 그 궤가 넘어지는 것을 막기 위해서 만졌다가 죽임을 당했다면, 벧세메스 사람들이 궤를 들여다본 것 때문에 죽임을 당했다면, 거룩한 산에 가까이 온 죄밖에 없는 짐승이 위협을 받았다면, 하나님과 친밀하게 이야기하도록 허락을 받은 사람들의 자세는 어떠해야 하겠는가? 천사들처럼 하나님 앞에 서서 그의 얼굴을 계속해서 바라보고, 어깨에 언약궤를 지며, 이방인들 앞에서 하나님의 이름을 선포하는, 한마디로 말해서, 하나님의 사신 된 자들의 자세는 과연 어떠해야 하겠는가? 오 주님, '거룩이 주의 전에 가득하나이다'라고 말씀한다. 그러니 주의 전의 그릇들이 거룩해야 하고, 예복들이 거룩해야 하고, 모든 것이 거룩해야 하는데, '여호와께 성결'이라고 쓴 예복을 입은 그 사람만 거룩하지 않다면 이 얼마나 우스꽝스러운 일이겠는가? 스가랴서에 있는 대로 말방울에까지 거룩이라고 새겨 넣어야 하는데, 성도들의 방울들이, 아론의 방울들이 거룩하지 않다면 대체 어떻게 되겠는가? 그들은 반드시 '불타오르는 환한 빛'이어야 한다. 그렇지 못하면 그들이 무언가 악한 영향을 미치게 되고 만다. 그들은 반드시 '새김질을 하고 굽도 갈라져야' 한다. 그렇지 않으면 부정할 수밖에 없다(참조. 레 11:5-8). 그들은 반드시 하나님의 말씀을 올바로 분별해야 하고 의로운 삶을 살아야 하며, 그래서 지식과 삶이 하나가 되어야 한다. 거룩이 없으면, 사신은 그 나라를 욕되게 하며, 자기가 대신하는 자기의 왕을 욕되게 할 뿐이다. 그리고 선한 삶과 더불어 살아 있지 않은 이 죽은 가르침이 중간에 하나님의 사람들을 가로막아서 그들로 하여금 기쁨으로 영적 싸움을 할 수 없도록 만드는 것이다.

설교자의 생활은 사람들을 그리스도께로 끌어당기는 자석이 되어야 합니다. 그런 생활이 그에게 없다면 그것이야말로 안타까운 일입니다. 목사들의 거룩함이야말로 죄인들을 회개로 이끄는 큰 소리의 외침이요, 거기에 거룩한 기쁨까지 있다면 그야말로 금상첨화일 것입니다. 제레미 테일러(Jeremy Taylor: 1613-1667, 성공회의 주교)는 그 특유의 풍부한 언어로 이렇게 말합니다:

> 헤롯의 비둘기에게 만일 그 특유의 냄새가 없었다면 그렇게 많은 외인들이 그 비둘기 집으로 몰려오지 않았을 것입니다. 디디무스(Didymus)는 '네 비둘기들을 좋은 냄새가 나게 만들면 그것들이 온 새 떼들을 다 홀려올 것이다'라고 말합니다. 그러니 여러분의 삶이 탁월하다면, 여러분의 덕이 마치 고귀한 향수와도 같다면, 여러분이 하는 말이 '고귀한 향기를 따라'(in ordorem unguentorum), 나아갈 것입니다. 그러나 여러분은 탁월해야 하고, '유행을 따르는 것'(tanquam unus de populo)이 아니라 '하나님 자신의 마음을 따르는'(tanquam homo Dei) 하나님의 사람이어야 합니다. 그리하여 여러분이 하나님을 닮으려고 하면 사람들이 여러분을 닮으려고 애쓰게 될 것입니다. 그러나 여러분이 덕(德)의 문 앞에 그냥 서서 죄를 그리로 들어가지 못하도록 막는 것밖에 아무것도 하지 않는다면, 그리스도의 우리 안에 아무도 들이지 못할 것입니다. '하나님을 최고로 영화롭게 하는 일을 행하라'(Ad majorem Dei gloriam)고 했습니다. 바로 그것이 여러분이 행하여야 할 길입니다. 모든 사람들이 다 해야 하는 그런 일 이상 아무것도 하지 않는다면 그것은 노예의 자세요, 아들들의 애정어린 자세가 아닙니다. 여러분이 하나님의 아들로서 충실하게 나아가지 않는다면, 여러분이 사람들에게 아버지 역할을 할 수 없습니다. 어두운 호롱불은 한쪽으로는 희미한 불빛이 새어 나오지만, 그것으로는 사람을 환히 밝혀 줄 수 없고, 수많은 무리들에게 길을 인도해 줄 수도, 그 타오르는 환한 불빛으로 수많은 추종자들을 끌어들일 수도 없습니다.

또 다른 탁월한 교회의 신학자는 다음과 같이 함축성 있게 말한 바

있습니다:

동방박사들을 그리스도께로 인도한 그 별은, 이스라엘 백성을 가나안으로 인도한 그 불기둥은, 환하게 빛을 비추었을 뿐 아니라 그들 앞에서 갔습니다(마 2:9; 출 13:21). 야곱의 팔이 에서의 팔처럼 되지 않았다면 야곱의 음성으로는 아무런 일도 하지 못했을 것입니다. 율법에서는 흠 있는 사람은 여호와께 제물을 드리지 못하게 되어 있었습니다(레 21:17-20). 주께서는 이로써 그의 사역자들에게 어떠한 은혜가 있어야 하는지를 가르쳐 주고 계시는 것입니다. 제사장은 그의 예복에 방울과 석류를 달도록 되어 있었습니다. 그 하나는 건전한 가르침을, 나머지 하나는 열매 있는 삶을 상징합니다(출 28:33-34). 여호와께서는 자기에게 가까이 나아오는 모든 자들에게서 거룩히 여김을 받으십니다(사 52:11). 제사장들의 죄가 사람들로 하여금 여호와께 제사를 드리기를 혐오하게 만듭니다(삼상 2:17). 그들의 악한 삶이 그들의 가르침을 부끄럽게 만드는 것입니다. 그들은 그리스도의 고난을 신앙고백으로는 선언하고 행위로는 나쁘게 권면한다(*Passionem Christi annunciant profitendo, male agendo exhonorant.*)는 성 아우구스티누스의 말처럼, 그들의 가르침으로 집을 세우고는 그들의 삶으로 그 집을 허무는 것입니다. *Hierom ad Nepotianum*에 나오는 구절로 결론을 맺으려 합니다. 아우구스티누스는 이렇게 말합니다: "그대의 행위로 그대의 가르침을 부끄럽게 만들지 말라. 교회에서 그대의 말을 듣는 자들이 '당신은 다른 사람들에게 가르치면서 어째서 당신 스스로는 그것을 행하지 않습니까?'라고 되물을까 두려우니라. 자기는 배불리 먹으면서 다른 사람들에게는 금식하라고 가르치는 교사가 있다면 그 사람은 정말 우스운 사람이다. 강도도 다른 사람의 탐욕을 비난하는 법이다. '그리스도의 사역자는 말과 심장과 손이 서로 일치해야 하는 것이다'(*Sacerdotis Christi os, mens, manusque concordent*).

또한 토머스 플레이피어(Thomas Playfere)의 「언행일치」(*Say Well, Do Well*)에 나오는 다음의 글도 아주 귀합니다:

> 서머나에 아주 어리석은 연극 배우가 있었습니다. 그는 '오오 하늘이여!'(*O coelum!*)라고 외치면서 손가락으로 땅을 가리켰습니다. 그러자 그곳에서 가장 높은 관리인 폴레모(Polemo)가 그것을 보고는 그 자리에 있을 수가 없어서 투덜거리며 나오면서, '이 바보는 손으로는 형편없이 이야기하고, 손가락으로는 틀린 라틴어를 이야기하는군'이라고 말했다고 합니다. 가르치기를 잘 하면서도 행하지는 못하는 사람이 바로 그런 사람입니다. 혀 끝에 아무리 하늘을 갖고 있다 할지라도, 손가락 끝에는 땅이 있습니다. 그런 사람은 혀로 틀린 라틴어를 말하는 것일 뿐 아니라, 손으로 거짓된 신학을 말하는 것입니다. 자기의 설교와 삶이 다른 사람이 바로 그런 사람입니다. 그런 것을 고치지 않으면, 하늘에 앉으신 자가 그들을 보고 조롱하시고, 그들을 무대에서 쫓아내어 버리실 것입니다.

아주 사소한 일들에서도 목사는 자기의 삶이 자기의 목회 사역과 일치하도록 주의를 기울여야 합니다. 특히 절대로 말에서 실수가 없도록 주의하여야 합니다. 이는 아무리 주의해도 지나침이 없습니다. 진리가 우리 속에 있어야 합니다만, 그 진리가 우리에게서 빛이 되어야 합니다. 런던에 한 훌륭한 신학자가 있었는데 ― 그분은 정말 훌륭하고 경건한 사람으로 지금 분명히 천국에 있을 분입니다만 ― 그분은 어느 주일 교인들을 모두 방문하겠다고 통고하면서, 모든 가정들의 순서를 짜서 일 년에 한 번씩 차례로 전부 방문하겠다고 했습니다. 제가 잘 아는 한 사람이 그 당시 가난한 처지에 있었는데, 목사가 자기 집을 방문해 준다는 말을 듣고 매우 기뻐했습니다. 그리고 자기 차례가 왔다고 생각되기 한두 주일 전부터 아내는 집안 곳곳을 청소했고, 혹시 그 목사가 집에 와 계실까 싶어서 남편은 일터에서 일찍 돌아왔습니다. 이런 일이 한동안 계속되었는데, 그 목사는 자기의 약속을 잊었든지, 아니면 그 일이 너무 힘들어 중간에 포기했는지 모르지만, 결국 오지 않았습니다. 그 사람은 모든 설교자들에 대해서 실망한 나머지, "목사들은 잘 사는 사람들에게만 관심이 있고, 우리 가난한 사람들에 대해서는 관심이 없어"라고 말했습니다. 그 사람은 여러 해 동안 어느 한 교회에서도 정착하지 못했습니다. 그리고는 결국 엑서터 홀(Exeter Hall)에 들렀다가 몇 년 동안 우리 교회에 있었습니다. 그 사람으로 하여금 어느 목사도 정직한 사람일 수 있고 또한 가난한 자와 부한 자를 모두 차별 없이 다 사랑할 수 있다고 믿도록 만들어 주기가 얼마나 힘들었는지 모릅니다. 우리는 자기가 한 말을 정확히 지켜서, 그런 해악을 끼치는 일이 없도록 정말 주의해야 할 것입니다.

사람들이 우리를 언제나 주목하고 있다는 것을 기억해야 합니다. 주위의 동료들이 다 보는 앞에서 공개적으로 범법 행위를 할 만큼 파렴치한 사람은 별로 없습니다만, 우리가 바로 그렇게 공개적으로 드러나 있는 가운데에서 살고 움직이고 있는 것입니다. 수천의 눈동자가 우리를 지켜보고 있습니다. 온 하늘과 땅, 지옥이 우리를 바라보는 사람들로 가득 차 있다 할지라도 전혀 조심할 필요가 없을 만큼 그렇게 행동하도록 합시다. 우리가 우리의 삶 속에서 성령의 열매들을 드러낼 수 있다면, 우리의 공적인 위치가 크게 유익을 얻게 될 것입니다. 형제 여러분, 그런 유익을 던져 버리지 않도록 주의를 기울여야 하겠습니다.

여러분의 삶을 주의하라고 말씀드렸습니다만, 이는 여러분의 성품의 아주 사소한 것까지 주의해야 한다는 뜻입니다. 빚을 진다든지, 시간을 지키지 않는다든지, 남의 말을 한다든지, 사소한 일에 언쟁을 한다든지 하는 일은 마치 연고(軟膏)에 파리들로 가득 차게 만드는 것과도 같으므로, 반드시 피해야 할 것들입니다. 또한 수많은 사람들이 자기 탐닉에 빠져서 오명을 얻었는데, 이런 것도 절대로 용납해서는 안 됩니다. 다른 사람들에게 의혹을 살 만큼 스스럼없이 지내는 일도 우리는 정숙하게 피해야 합니다. 다른 사람을 불쾌하게 만드는 거친 행동이나, 다른 사람 눈에 거슬리는 화려한 사치 같은 것도 모두 버려야 합니다. 사소한 일들 때문에 큰 위험을 무릅쓸 수는 없습니다. 우리는 "아무 일에도 거스르지 않게 하여 목회 사역에 누가 되지 않게 한다"는 원칙 하에서 처신하도록 주의

해야 할 것입니다.

그렇다고 해서 우리가 살고 있는 사회의 온갖 변덕스러움이나 유행에 우리 자신을 맞추어야 한다는 뜻은 아닙니다. 저는 전반적으로 사회의 유행을 싫어하고, 인습적인 것들을 혐오합니다. 그러나 에티켓의 법칙을 따라서 발을 옮기는 것이 가장 좋다고 생각될 때에는 그렇게 해야 한다고 느낍니다. 우리는 노예들이 아니고 사람들입니다. 그러니 우리의 사람다운 자유를 포기하고, 체면을 지키고 세련된 것을 자랑하는 그런 자들의 종복이 될 필요는 없습니다. 그러나 형제 여러분, 죄에 가까운 거친 태도는 독사를 피하듯이 피해야 합니다. 체스터필드의 행동 법칙은 우리에게 우스꽝스러운 것입니다만, 그리스도의 모범은 그렇지 않습니다. 그리스도께서는 절대로 거칠거나 조잡하거나 예의가 없다거나 상스럽지 않으셨습니다.

심지어 오락할 때에도, 여러분이 목사라는 것을 기억해야 합니다. 행진에서 벗어나 쉬고 있을 때에도 여러분은 여전히 그리스도의 군대 장교들입니다. 그러므로 그에 합당하게 처신해야 합니다. 그런 사소한 일들에도 주의해야 한다면, 도덕성이나 정직, 순전함 등 큰 문제에서는 얼마나 더 조심해야 하겠습니까! 목사가 여기서 실패해서는 안 됩니다. 그의 사사로운 생활이 그의 목회 사역과 조화를 이루어 나아가야만 합니다. 그렇지 않으면 그의 날이 이르고야 말 것입니다. 그런 사람은 일찍 은퇴할수록 좋습니다. 그런 사람이 목사의 직분을 계속 담당한다면 하나님의 대의(大義)를 어지럽히고 자기 자신을 멸망에 빠뜨리게 될 수밖에 없기 때문입니다.

제 2 장

목회 소명

할 수 있는 능력이 있으면 그리스도인 누구나가 다 복음을 널리 전파할 권리가 있습니다. 그리고 권리만이 아니라 평생토록 그렇게 해야 할 의무가 있기도 합니다(계 22:17). 복음을 전파하는 일은 몇 사람에게만이 아니라 주 예수 그리스도의 모든 제자들에게 맡겨진 일입니다. 그러므로 성령께서 맡겨 주신 은혜의 분량에 따라서 누구나 자기 시대에 교회를 향해서도 사역을 감당해야 하고 불신자들 사이에서도 사역을 해야 합니다. 사실 이 문제는 남자들에게만 국한된 것도 아닙니다. 남자든 여자든 모두가 하나님께서 은혜를 주시는 대로 주 예수 그리스도를 아는 지식을 확장시키는 일에 최선을 다해서 노력해야 합니다. 그러나 그런 일에는 특정한 설교의 형식이 필요 없습니다. 그리고 여자들의 경우에는 공적인 가르침이 분명하게 금지되어 있기도 합니다(딤전 2:12; 고전 14:34). 그러나 우리에게 설교할 능력이 있다면 그것을 사용해야 합니다.

저는 이 강의에서 이따금씩 하는 설교나 혹은 모든 성도들에게 공통이 되는 그런 사역이 아니라, 교회를 가르치고 치리하는 감독의 사역과 직분을 다루려는 것입니다. 그러한 사명을 위해서는 한 사람의 전 생애를 영적 사역에 완전히 헌신하며 세속적인 직업에서 완전히 떠나는 것이 필요하며(딤후 2:4), 또한 생활에 필요한 모든 것을 하나님의 교회가 공급해 주도록 완전히 맡기는 것이 필요합니다. 왜냐하면 시간과 정력과 수고를 자신이 치리하고 가르치는 사람들의 유익을 위하여 다 드리기 때문입니다(고전 9:11; 딤전 5:18). 그런 사람을 향하여 베드로는 "너희 중에 있는 하나님의 양 무리를 치라"고 말씀하고 있습니다(벧전 5:2). 자, 여러분, 교회의 모든 사람이 다 다스리거나 치리할 수는 없습니다. 다스림을 받고 치리를 받는 사람들이 있어야 합니다. 그리고 우리는 성령께서 하나님의 교회에서 몇몇을 지명하여 감독자로 행하도록 하시며 또한 다른 사람들은 기꺼이 그러한 치리를 받아 유익을 얻도록 하신다는 것을 믿습니다. 모든 사람들이 말씀과 가르침에 수고하도록, 혹은 장로가 되도록, 혹은 감독의 직분을 수행하도록 부르심을 받는 것도 아니고, 모든 사람이 또한 그런 일들을 동경해서도 안 됩니다. 그런 일에 필요한 은사들은 모든 사람들에게 다 주어지는 것이 아니기 때문입니다. 그러나 스스로 사도들처럼 "직분을 받았다"(고후 4:1)고 느끼는 사람들은 그런 중요한 일에 자신을 완전히 드리는 법입니다. 누구든 스스로 목자로 칭하며 양 우리로 무작정 침입해 들어가서는 안 됩니다. 반드시 목자장이신 그리스도를 바라보는 눈으로 그의 명령을 기다려야 합니다. 사람이 하나님의 사신으로 세움 받기 위해서는 반드시 위로부터 소명을 기다려야 합니다. 만일 그렇게 하지 않고 거룩한 직분을 받으면, 주께서는 그런 사람들에게 "내가 그들을 보내지 아니하였으며 명령하지 아니하였나니 그들은 이 백성에게 아무 유익이 없느니라"(렘 23:32)고 말씀하실 것입니다.

구약 성경을 보면, 그 과거의 경륜 속에 있던 하나님의 사자들이 여호와로부터 명령을 받은 사실을 선언하는 것을 보게 됩니다. 이사야는 스랍 중의 하나가 핀 숯을 제단에서 집어서 그의 입술에 대었고 주께서 "내가 누구를 보내며 누가 우리를 위하여 갈꼬?"라고 말씀하셨음을 이야기합니다. 그때에 이사야는 "내가 여기 있나이다 나를 보내소서"라고 대답했다고 합니다(사 6:8). 이사야는 이렇듯 주의 특별한 부르심을 받아 그 사명을 위해 자격을 부여 받은 후에 선지자의 일을 행한 것입니다. "보내심을 받지 않고서야 어떻게 전하리요?"라는 말씀은 아직 나오지 않았으나, 그 말씀의 엄숙한 의미를 잘 이해한 것입니다. 예레미야는 자신의 소명을 1장에서 상세하게 기록하고 있습니다:

여호와의 말씀이 내게 임하니라 이르시되, 내가 너를 모태에 짓기 전에 너를 알았고 네가 배에서 나오기 전에 너를 성별하였고 너를 여러 나라의 선지자로 세웠노라 하시기로, 내가 이르되 슬프도소이다. 주 여호와여, 보소서 나는 아이라 말할 줄을 알지 못하나이다 하니 여호와께서 내게 이르시되 너는 아이라 말하지 말고 내가 너를 누구에게 보내든지 너는 가며 내가 네게 무엇을 명령하든지 너는 말할지니라 너는 그들 때문에 두려워하지 말라 내가 너와 함께 하여 너를 구원하리라 나 여호와의 말이니라 하시고 여호와께서 그의 손을 내밀어 내 입에 대시며 여호와께서 내게 이르시되, 보라 내가 내 말을 네 입에 두었노라. 보라 내가 오늘 너를 여러 나라와 여러 왕국 위에 세워 네가 그것들을 뽑고 파괴하며 파멸하고 넘어뜨리며 건설하고 심게 하였느니라 하시니라(렘 1:4-10).

에스겔 선지자의 소명도 겉으로 드러나는 형식은 좀 다르지만, 그 의도는 동일합니다:

그가 내게 이르시되 인자야 네 발로 일어서라 내가 네게 말하리라 하시며, 그가 내게 말씀하실 때에 그 영이 내게 임하사 나를 일으켜 내 발로 세우시기로 내가 그 말씀하시는 자의 소리를 들으니 내게 이르시되 인자야 내가 너를 이스라엘 자손, 곧 패역한 백성, 나를 배반하는 자에게 보내노라 그들과 그 조상들이 내게 범죄하여 오늘까지 이르렀나니 … 또 그가 내게 이르시되 인자야 너는 발견한 것을 먹으라 너는 이 두루마리를 먹고 가서 이스라엘 족속에게 말하라 하시기로 내가 입을 벌리니 그가 그 두루마리를 내게 먹이시며 내게 이르시되 인자야 내가 네게 주는 이 두루마리를 네 배에 넣으며 네 창자에 채우라 하시기에 내가 먹으니 그것이 내 입에서 달기가 꿀 같더라. 그가 또 내게 이르시되 인자야 이스라엘 족속에게 가서 내 말로 그들에게 고하라(겔 2:1-3; 3:1-4).

다니엘 선지자의 소명은 성경에 기록되어 있지는 않지만, 그에게 이상(異想)이 주어진 것으로, 또한 홀로 묵상할 때에나 공적인 활동 속에서나 여호와께서 그에게 특별한 사랑을 베푸신 사실에서 확실하게 입증되고 있습니다. 다른 모든 선지자들을 일일이 다 살펴볼 필요가 없습니다. 그들 모두가 "여호와께서 이렇게 말씀하시느니라"고 권위 있게 말씀하였기 때문입니다. 현 시대에는, 제사장직이 모든 성도들에게 공통으로 주어져 있습니다. 그러나 예언하는 일은, 혹은 성령의 감동을 받아 복음 선포 사역에 전적으로 헌신하는 일은, 사실상 적은 수의 사람들에게만 주어지는 은사요 부르심입니다. 그들의 직분의 정당성이 선지자들의 경우와 똑같이 확실해야 합니다. 그러니 그들의 직분이 정당해지기 위해서는 선지자들의 경우와 비슷한 부르심이 그들에게도 있어야 하는 것입니다.

그리고 그런 부르심이 그저 착각일 뿐이며 이 시대에는 아무도 교회를 가르치고 치리하는 특별한 일을 위해서 구별되어 세움을 받지 않는다는 식으로 상상해서도 안 됩니다. 신약 성경에서 목사들에게 붙이는 명칭 자체가 그 이전에 부르심이 있다는 것을 암시해 주기 때문입니다. 사도는 "우리가 하나님의 사신이 되었노라"고 말씀하는데, 왕을 대신하도록 임명된 사실 속에 이미 그 사신이라는 직분의 핵심이 들어있지 않습니까? 보내심을 받지 않은 사신이 있다면 그야말로 웃음거리일 것입니다. 감히 스스로 그리스도를 대신하는 사신이라고 공언하는 사람들은 반드시 주께서 그들에게 화목의 말씀을 "맡기셨다"는 것을 지극히 엄숙하게 느껴야 마땅합니다(고후 5:18-19). 이것은 사도들에게만 제한된 것이라고 말하면, 저는 서신서가 바울의 이름만이 아니라 디모데의 이름으로도 기록되었으므로 사도 이외의 다른 사람들의 사역도 포함되는 것이라고 대답할 것입니다. 고린도전서에는 "사람이 마땅히 우리를(여기서 우리는 바울과 소스데네를 뜻합니다, 고전 1:1) 그리스도의 일꾼이요 하나님의 비밀을 맡은 자(steward, '청지기')로 여길지어다"라는 말씀이 있습니다(고전 4:1). 청지기는 주인에게서 직분을 부여받은 자입니다. 아무나 원한다고 해서 청지기가 될 수도 없고, 다른 사람이 청지기로 알아주지도 않습니다. 만일 우리 중의 누구가 우리들을 웨스트민스터 후작의 청지기들로 선출하여 그의 재산을 관리하도록 한다면, 그것은 정말 어처구니없는 잘못일 것입니다. 사람이 정당하게 감독, 즉, "하나님의 청지기"(딛 1:7)가 되려면 거기에는 반드시 권위의 증거가 있어야 합니다.

요한계시록에 나오는 사자(angel, 계 2:1)라는 칭호는 전령, 혹은 메신저를 의미합니다. 그러니 그 사람을 선택하고 세우는 것이 없이 어떻게 사람이 그리스도의 사자가 될 수 있겠습니까? 만일 사자라는 단어가 목사를 지칭한다는 것에 대해 의문을 제기하려면, 그것이 다른 사람을 지칭할 수도 있다는 것을 증명해 보여야 할 것입니다. 그런데, 성령께서 교회의 대표자에게 편지할 때에, 과연 다스리는 장로와 유사한 위치에 있는 사람이 아니면 대체 누구에게 편지를 하겠습니까?

디도는 그의 목회 사역에 대하여 충만한 증거를 보이라는 명령을 받았습니다. 거기에는 분명 무언가 증명할 것이 있었던 것입니다. "귀히 쓰는 그릇이 되어 거룩하고 주인의 쓰심에 합당하며 모든 선한 일에 준비함"이 되는 사람이 있는 법입니다(딤후 2:21). 주인이 사용하는 그릇을 선택할 권한은 마땅히 주인에게 있습니다. 그러니 그가 다소 사람 사울에게 한 다음과 같은 말씀을 그가 정하신 특정한 사람들에게 하실 것입니다: "이 사람은 내 이름을 이방인과 임금들과 이스라엘 자손들에게 전하기 위하여 택한 나의 그릇이라"(행 9:15). 우리 주님은 하늘로 올라가시면서 사람들에게 은사들을 주셨는데, 이런 은사들이 여러 가지 일들을 위하여 세움 받은 사람들이었다는 것이 아주 의미심장합니다: "그가 어떤 사람은 사도로, 어떤 사람은 선지자로, 어떤 사람은 복음 전하는 자로, 어떤 사람은 목사와 교사로 삼으셨으니"(엡 4:11). 이 말씀에서 분명히 드러나는 것은 주께서 승천하신 결과로 특정한 개인들이 교회들에게 목사로 주어진다는 사실입니다. 그들은 하나님께서 주신 자들이요, 따라서 자기들 스스로 그 위치에 올라선 자들이 아닙니다.

형제 여러분, 여러분도 언젠가는 양 떼들에 대해서 "성령이 여러분을 감독자로 삼으셨다"(행 20:28)고 말씀할 수 있게 될 것이라 믿습니다. 그리고 여러분 한 사람 한 사람이 사도 바울처럼 여러분의 직분이 사람들에게서 난 것도 아니요 사람으로 말미암은 것도 아니요 오직 주께로부터 받은 것이라고 말할 수 있게 되기를 바랍니다(갈 1:1). "내가 내 마음에

합한 목자들을 너희에게 주리니 그들이 지식과 명철로 너희를 양육하리라"(렘 3:15)거나, "내가 그들을 기르는 목자들을 그들 위에 세우리니 그들이 다시는 두려워하거나 놀라거나 잃어버리지 아니하리라"(렘 23:4)고 한 그 옛날의 약속이 여러분에게서 성취되기를 바랍니다. 주께서 친히 하신 다음과 같은 선언이 여러분 몇 사람들에게서 이루어지기를 바랍니다: "예루살렘이여, 내가 너의 성벽 위에 파수꾼을 세우고 그들로 하여금 주야로 계속 잠잠하지 않게 하였느니라"(사 62:6). 여러분이 헛된 것을 버리고 귀한 것을 말하며 그리하여 하나님의 입이 되기를 바랍니다(렘 15:19). 주께서 여러분을 통해서 곳곳마다 예수님을 아는 지식의 향기를 드러내게 하시고 여러분을 "구원받는 자들에게나 망하는 자들에게나 하나님 앞에서 그리스도의 향기"로 만드시기를 바랍니다(고후 2:15). 값진 보배를 질그릇에 담고 있어서 하나님의 능력의 탁월한 것이 여러분에게 임하고, 그리하여 여러분이 하나님을 영화롭게 하며 또한 모든 사람들의 피에서 깨끗하게 되기를 바랍니다. 주 예수께서 산에 올라가셔서 자기가 원하는 자들을 부르시고 그들을 세우사 전도하게 하셨듯이(막 3:13-14), 그가 여러분을 택하시사 그의 택한 종들로 보내셔서 교회를 복되게 하고 세상에 복음을 전하게 하시기를 바랍니다.

과연 자기가 부르심을 받았는지 받지 않았는를 젊은 청년이 어떻게 알 수 있을까요? 이것은 참으로 중대한 질문입니다. 그러니만큼 이 문제를 아주 엄숙하게 다루고자 합니다. 오오, 하나님께서 인도해 주시기를 바랍니다! 수많은 사람들이 길을 잘못 들어 강단을 등지고 넘어졌다는 것이 오늘날 우리 주위의 열매 없는 목회와 부패해 가는 교회들에게서 참 안타깝게도 분명히 드러나고 있습니다. 사람이 자기의 소명을 놓친다는 것은 그 당사자에게는 물론 그 사람을 받는 교회에도 정말 끔찍한 재난입니다. 그런 실수는 정말 쓰라린 괴로움을 동반합니다. 이성을 소유한 사람들이 자기의 존재의 목적을 잘못 보는 경우가 그렇게도 많고, 절대로 추구할 것이 아닌 대상들을 목표로 삼는 경우가 그렇게도 많다는 것은, 정말 안타까운 호기심을 불러일으키는 문제로서 깊이 생각해 보아야 할 문제입니다. 다음의 글을 쓴 저자는 강단을 잘못 차지한 수많은 사람들에 대해서 똑바

로 직시했음에 틀림없습니다:

"선포하라, 그대 지혜자들이여,
모든 조건과 종류와 크기를 막론하고,
모든 동물들 중에서,
고래와 코끼리에서부터 파리에 이르기까지,
자기의 계획을 잘못 알고 그렇게 끊임없이
실수를 반복하는 존재가 사람 외에 또 있는가를!

각 종류마다 자기에게 합당한 선을 추구하고,
자연이 지시하는 대로
즐거움과 안식과 음식을 찾으며,
그 좋아하고 선택하는 것에 절대로 실수가 없는데,
다른 무엇보다도 뛰어난 이성을 소유하고서도
오로지 사람만 실수를 저지르는도다.

내려가 온갖 사례들을 찾아 보라.
들소는 하늘을 날 생각을 하지 않고
들판의 초장을 버려 두고
물고기와 함께 물로 들어가려 하지 않는데,
모든 피조물 중에서 오로지 사람만
자기의 본성에 반대되는 행동을 하는도다."

목사직에 대한 소명에 대해서 잘못 실수를 함으로써 야기되는 무한한 해악을 생각하면, 우리 자신의 소명의 신빙성을 점검하는 데에 절대로 게을리 해서는 안 되겠다는 두려움에 휩싸이게 됩니다. 이 땅에서 다른 사람들을 훼방하는 사람이 되기보다는 차라리 과도하게 우리의 소명을 의심하고, 점검하는 것이 나을 것입니다. 진정으로 자기의 목회 소명을 시험해 보기를 원한다면 그렇게 할 수 있는 구체적인 방법들이 많이 있습니다. 목회 사역에 들어가기에 앞서서 반드시 이 문제에 대해서 엄숙하게 따져보고 자기 자신을 시험하는 것이 필수적입니다. 먼저 자신의 구원 문제를 확실히 해야 하고, 그 다음에 교회의 직분을 감당할 소명이 자기에게 있는지를 살펴야 합니다. 첫째는 그리스도인으로서 필수적인 것이요, 둘째는 목회자로서 필수적인 것입니다. 진정한 회심이 없이 그저 입으로만 신앙인인 체하는 경우가 많듯이, 소명이 없는 목회자도 얼마든지 있을 수 있습니다. 이 두 경우 모두 그저 이름만 있을 뿐 전혀 내용이 없는 것입니다.

1. 하늘의 부르심이 있다는 첫 번째 표증은 그 일에 대하여 모든 것을 흡수해 버릴 만큼 강렬한 갈망이 있다는 것입니다. 목회에 대한 참된 소명이 있는 사람에게는, 반드시 하나님께서 우리의 영혼에게 행하신 일을 다른 사람들에게 전해 주고자 하는 갈망과 열정이 도저히 억누를 수 없을 만큼, 모든 것을 압도할 만큼 일어나는 법입니다. 그것은 마치 새들이 자기 새끼들을 키우는 데 들이는 그런 강렬한 본능적인 욕구와도 같습니다. 앨린(Joseph Alleine: 1634-1668, 잉글랜드의 청교도 목회자)을 잘 아는 어떤 사람은 "그가 영혼의 회심에 대해서 지칠 줄 모르는 욕심이 있었다"고 말했습니다. 그는 대학교에서 연구원이 될 수도 있었는데, 교목직을 원했다고 합니다. 왜냐하면 "직접 목회 사역에 임하고 싶은 조급한 마음에 불탔기" 때문이었다는 것입니다. 한 신학자는 목회 소명에 대해 조언을 구하는 사람에게 다음과 같이 깊은 지혜로 대답했습니다: "목회 사역에 들어가지 않고도 괜찮다면, 목회 사역의 길로 들어서지 말라." 오늘 이 자리에 앉은 여러분 중에 신문 편집장이나 농부, 혹은 의사, 법률가, 정치가, 혹은 왕이 되는 것으로 만족할 수 있는 사람이 있다면, 천지의 이름으로 말합니다만, 그 길을 가십시오. 그런 사람은 하나님의 영이 충만히 거하는 사람이 아닙니다. 하나님으로 가득 차 있는 사람은 그의 영혼의 가장 깊은 곳에서 애절하게 사모하는 그것 이외의 다른 것에 대해서는 전혀 관심이 없기 때문입니다. 그러나 반대로, 동인도와 서인도의 모든 재산을 다 준다 해도 예수 그리스도의 복음을 전하는 일 이외의 다른 일을

택할 수가 없다는 확신이 있으면, 그것을 의지하십시오. 다른 조건들이 똑같이 만족스러운 상태라면, 여러분에게는 이러한 사도의 직분으로 부르심을 받은 표증이 있는 것입니다. 복음을 전하지 않으면 우리에게 화가 미칠 것 같은 느낌이 있어야 합니다. 하나님의 말씀이 우리에게 뼛속까지 불타오르듯 해야 합니다. 그렇지 않고서 목회 사역에 들어서면, 결코 거기서 행복을 얻을 수가 없고, 그 일에 필수적으로 따르는 자기 부인의 삶을 도저히 견딜 수가 없고, 우리의 사역을 받는 사람들에게 거의 유익이 되지 못합니다. 자기 부인이라고 말씀드렸습니다만, 진정한 목회자의 일에는 그것이 가득 차 있습니다. 그러니 자기의 소명에 대한 사랑이 없이는 이내 굴복하게 되고, 그런 고된 임무를 아예 벗어버리든지, 아니면 불만이 가득한 채로 계속 나아가고 마치 방앗간에서 곡식을 빻는 눈먼 말(馬)처럼 단조로운 일과를 억지로 견디며 겨우 겨우 생활을 이어나갈 수밖에 없는 것입니다.

"사랑의 힘 속에 위로가 있으니,
그것이 없으면 마음이 깨어지나,
그것이 있으면 견디게 되도다."

그 사랑으로 단단히 여미십시오. 그러면 넘어지지 않습니다. 도저히 저항할 수 없는 그 소명의 허리띠를 벗어 버리십시오. 그러면 곧바로 완전히 넘어져 버리고 말 것입니다.

그러나 이러한 열정은 생각이 있는 것이어야 합니다. 고민하며 깊이 생각하는 것이 전혀 없는 갑작스러운 충동 같은 것이어서는 안 된다는 말입니다. 그 열정은 진지한 상태에서 우리의 마음에서 자라난 것이어야 하고, 우리의 경건한 갈망의 대상이어야 하고, 우리의 지극히 간절한 기도의 제목이어야 합니다. 부귀와 안정을 보장해 주는 유혹이 와서 갈등을 일으킬 때에도 그 열심이 우리에게서 계속 되어야 합니다. 모든 것을 정당하게 다 살펴보고 그 희생까지도 철저히 따져본 이후에도 고요하면서도 명확한 결심이 우리 속에 그대로 남아 있어야 한다는 말입니다. 어린 시절 시골의 할아버지 집에서 살고 있을 때에, 빨간 코트를 입은 사냥꾼들이 여우를 잡으려고 들판을 달려가는 것을 본 일이 있었습니다. 얼마나 멋있게 보였는지요! 제 작은 가슴이 뛰었습니다. 사냥개들을 뒤쫓아 산울타리를 넘고 개울을 건너 따라가고만 싶었습니다. 저는 언제나 그런 유의 일에 자연히 마음이 끌리는 것을 느껴왔습니다. 그리고 어릴 때에 장차 무엇이 되고 싶으냐는 질문을 받으면 항상 사냥꾼이 되겠다고 대답했습니다. 정말 멋진 직업이지요! 아마 많은 젊은이들이 제가 사냥꾼에 대해서 가졌던 어린 생각과 똑같은 생각을 목사에 대해서 하고 있을 것입니다. 저는 멋진 코트를 입고 호각을 부는 것만 보고 사냥꾼이 되겠다고 했는데, 마찬가지로, 목사가 받는 존경과 환대와 편안함 같은 것만을 생각합니다. 심지어 목회자가 부자라는 어리석은 생각을 하기까지 합니다. (특히 침례교 목회 사역과 재물을 연관지어 생각한다면 그것은 정말 바보 같은 짓이 아닐 수 없습니다.) 연약한 심령들에게는 설교자의 직분에 대한 동경이 대단히 큽니다. 그렇기 때문에 저는 일시적으로 지나가는 생각을 영감으로 착각해서는 안 되며, 어린아이 같은 동경을 성령의 부르심으로 착각해서는 안 된다는 점을 모든 젊은이들에게 분명히 경고하고 싶습니다.

또한 제가 말씀드린 그 열심이 과연 전혀 사욕이 없는 것인지를 분명히 살펴야 합니다. 목사가 되고자 하는 자기 자신의 마음을 정말 진지하게 점검한 후에 하나님께 영광을 돌리고 영혼들에게 유익을 주고자 하는 것 이외에 다른 동기가 발견되면, 즉시 목사가 되고자 하는 생각을 돌리는 편이 낫습니다. 하나님의 성전에 돈 바꾸는 자들과 장사치들이 들어오는 것을 주께서 혐오하실 것이기 때문입니다. 조금이라도 그런 것이 끼어들면, 마치 향수병에 파리가 끼는 것과 같아서 모든 것을 망쳐 버리고 말 것입니다.

목회 사역에 대한 열심은 또한 사라지지 않고 우리에게 계속 남아 있는 것이어야 합니다. 시련의 테스트를 견디는 그런 열심이어야 하고, 피하고 싶어도 도저히 피할 수 없는 그런 갈망이어야 합니다. 사실, 세월이 흘러갈수록 더욱더 강렬해지며, 말씀을 선포하고자 하는 애절한 마음과 안타까움과 영혼의 주림이 되어야 하는 것입니다. 이러한 강렬한 갈망은 너무나도 고귀하고 아름다운 것이기 때문에, 저는 젊은이의 가슴속에서 그런 것이 타오르는 것을 느낄 때마다 때때로 그 사람의 능력에 대해서 의심이 가는 경우가 있음에도 불구하고, 되도록 그런 열정을 꺾지 않으려고 합니다. 계속해서 이유를 말씀드리겠지만, 그런 열정을 가라앉히는 일이 필요할 수도 있습니다. 그러나 언제나 지혜롭게 해야 하며 또한 최후의 선택으로 어찌할 수 없을 때에 그렇게 해야 할 것입니다. 저는 이처럼 "뼈에 사무치는 불길"에 대해서 깊이 존중해야 한다고 느낍니다. 그래서 나 스스로 그것을 느끼지 못하면, 당장 목회 사역을 떠나야 한다고 느낄 정도입니다. 그런 거룩한 열정을 느끼지 못한다면, 가정으로 돌아가서 여러분에게 합당한 영역에서 하나님을 섬기라고 권면하고 싶습니다. 그러나 그런 불타는 열정이 여러분에게 확실히 있다면, 훗날 중요한 순간에 다른 요건들로 인하여 그 열정이 하늘에서 온 불길이 아니라는 것이 입증되기 전에는 그것을 억누르지 말기를 바랍니다.

2. 두 번째로, 목사가 되고자 하는 진지한 갈망과 더불어, 가르치는 일에 대한 적성과 또한 공적인 교육자의 직분에 필요한 다른 자질들이 어느 정도 있어야 합니다. 목회 소명이 있다는 것이 입증되기 위해서는 이 점에 대한 테스트를 통과해야 합니다. 물론 생전 처음 설교하는 사람이 로버트 홀(Robert Hall)이 만년에 설교했듯이 그렇게 설교해야 한다는 뜻은 아닙니다. 그 위대한 설교자가 처음 설교한 것보다 못하지 않게 설교한다면, 전혀 문제가 없을 것입니다. 로버트 홀은 세 번이나 극심한 좌절을 겪으면서, "이것이야말로 나를 낮추는 것이로구나"라고 외쳤습니다. 고귀한 설교자들 중에 초기에는 전혀 탁월함을 드러내지 못했던 사람들이 많습니다. 심지어 키케로(Cicero)도 처음에는 음성이 약하여 목소리를 내는 데에 어려움을 겪었다고 합니다. 그러나 설교를 위하여 부르심을 받았다고 생각할 수 있으려면, 먼저 말을 할 수 있다는 것을 입증해 보여야만 합니다. 하나님께서는 하마가 하늘을 날도록 창조하지 않으셨습니다. 종달새처럼 하늘을 훨훨 날아가는 것을 사모하도록 하마를 창조하지 않으

셨습니다. 하마가 그런 것을 꿈꾼다면 그것은 정말 헛된 망상일 것입니다. 그에게는 날개가 없지 않습니까! 사람이 설교를 위하여 부르심을 받았다면, 그 사람에게는 어느 정도 언변의 능력이 있는 것이 당연합니다. 그래야만 그것을 배양하고 발전시켜 나갈 것이 아니겠습니까! 애초에 그런 언변의 은사가 어느 정도라도 없으면, 그것이 발전될 가능성도 거의 없습니다.

언젠가 들은 이야기입니다만 어떤 사람이 설교를 하고자 하는 갈망이 매우 강렬하여 그 교회의 목사에게 거듭거듭 간청하였고, 수없이 거절을 당하다가 결국 시험적으로 설교를 하도록 허락을 받았답니다. 그런데 그는 그날로 설교하고자 하는 마음을 완전히 접었습니다. 강단에 올라가 본문을 읽고 나자, 모든 내용은 다 잊어버리고 오로지 한 가지 생각밖에는 나지 않더라는 것입니다. 그래서 그는 그 한 가지 생각을 이야기하고는 강단에서 내려오고 말았습니다. 그는 이렇게 말했습니다: "형제 여러분, 여러분 중에 설교가 쉬운 일이라고 생각하는 분이 계시다면, 여기 한 번 올라와 보시기 바랍니다. 그러면 아무 생각도 없어질 테니까요." 필요한 은사가 여러분에게 없다면, 여러분의 능력을 시험해 보는 즉시 여러분 스스로 여러분의 부족함을 깨닫게 될 것입니다. 그보다 더 나은 방법은 없습니다. 이 문제에 대해서 우리 자신을 공정하게 시험해 보는 것이 가장 좋습니다. 그렇지 않고서는 하나님께서 우리를 부르셨는지 부르지 않으셨는지를 확실히 알 수가 없습니다. 그리고 시험을 하는 동안, 과연 내가 설교와 가르침을 통해서 다른 성도들을 굳게 세워 줄 소망을 가질 수 있는지를 나 자신에게 계속해서 물어보아야 할 것입니다.

그러나 그 문제를 우리 자신의 양심과 판단에 맡기고만 있어서는 안 됩니다. 우리의 판단이 보잘것없기 때문입니다. 어떤 부류의 사람들은 자기들이 연설에 뛰어난 재능이 있다고 스스로 생각하기도 합니다. 그것이 근거가 있는 생각이라면, 그들의 그런 자유로움과 안일함이 참 부럽게 느껴집니다. 제 자신은 연설자로서 여러 가지 부족한 점이 많은 것에 대해서 참 안타까워한 적이 많기 때문입니다. 그러나 우리 자신의 생각은 크게 의존할 것이 없습니다. 사려 깊고, 영적인 사고를 가진 사람들에게서 오히려 배울 것이 많습니다. 그것이 모든 사람들이 반드시 따라야 할 하나의 법칙이 될 수는 없겠지만, 그러나 우리의 수많은 교회들에서는 목회 사역을 희망하는 젊은이에게 교회 앞에서 설교를 하게 하는 것이 아직도 하나의 좋은 전통으로 남아 있습니다. 젊은 후보생으로서는 그것이 절대로 유쾌한 일이 아닐 것이고 또한 대개의 경우 교인들에게도 크게 유익이 없는 일일 것입니다. 그러나 그럼에도 불구하고, 그렇게 하는 것이 매우 바람직한 일이라는 것이 입증되고 있고, 또한 훗날 목회자의 무지(無知)가 공적으로 드러나는 일이 없도록 막아 주는 일이 될 것입니다. 안스비(Arnsby)의 교회 기록부에 다음과 같은 항목이 들어 있습니다:

로버트 홀의 목회 소명에 대한 간략한 기록, 1780년 8월 13일 안스비 교회.
"상기 로버트 홀은 1764년 5월 2일 안스비에서 출생하였고, 어린 시절부터 진지하였고 말을 제대로 하기 전부터 은밀하게 기도하였을 뿐 아니라, 언제나 목회의 일을 전적으로 사모하였다. 일곱 살이 채 되기도 전에 찬송가사를 짓기 시작하였는데, 그 찬송들에 경건과 깊은 생각과 천재성의 징후가 드러났다. 여덟 살부터 아홉 살까지 그는 여러 편의 찬송을 지었는데 많은 사람들이 매우 사랑했고, 그 중의 하나는 그 당시 「복음 잡지」(*Gospel Magazine*)에 실리기도 했다. 그는 여러 가지 신앙의 주제들과 성경 구절들에 대하여 자기의 생각들을 기록하였다. 그는 배움에 대한 강렬한 열망을 소유하고 있었고, 그 지역 선생에게서 가르침을 받을 것이 없을 정도가 되었다. 그 후 그는 노샘프턴 학교(Northampton boarding school)에 보내져 1년 반 동안 존 라일랜드(John Ryland) 목사 밑에서 공부하였고, 이때에 라틴어와 헬라어에 상당한 지식을 갖게 되었다. 1778년 10월 그는 브리스톨 대학(Academy at Bristol)으로 가서 에반스 목사(Rev. Mr. Evans)의 가르침을 받았고, 1780년 8월 13일 불과 열여섯 살 세 달의 나이로 이 교회에서 목회 사역을 위하여 보냄을 받았다. 교회가 그 큰 일을 위하여 쓰임 받을 만한 능력이 그에게 있음을 만족스럽게 인정하게 된 것은, 성경 여러 부분들에 대한 토의 모임에서 그의 말을 들었고, 또한 4년 전부터 계속해서 기도에 힘썼으며, 집에서도 사람들의 요구로 주일 오전에 설교를 한 일이 자주 있었는데 그때마다 사람들이 크게 만족스러워했다는 사실 등을 통해서였다. 그들이 이구동성으로 진지하게 그를 공적인 사역을 위하여 거룩히 구별해 주기를 요청하였고, 앞에서 언급한 날짜에 그는 교회 앞에서 그의 목회 사역에의 성향과 동기와 목적에 대해서 그의 아버지에게서 심사를 받았고, 그의 신앙 자세에 대하여 선언할 것을 요청받았다. 이 모든 절차를 통하여 교회는 만족을 얻어 오른손을 들고, 엄숙하게 기도하여 그를 거룩히 구별하여 세웠다. 그 다음 그의 아버지가 디모데후서 2:1('내 아들아 그러므로 너는 그리스도 예수 안에 있는 은혜 가운데서 강하고')로 그에게 강론하였다. 이렇게 임직한 후, 그는 오후에 데살로니가후서 1:7-8로 설교하였다. 주께서 그를 복 주시고, 그에게 큰 성공을 주시기를 바란다."

하나님과 가까이 하며 사는 성도들의 판단에 상당한 무게를 두어야 합니다. 대개의 경우 그들의 판단은 실수가 없습니다. 그러나 이것도 최종적이거나 무오한 것은 아닙니다. 따라서 그들의 판단을 그들의 지식과 경건에 비례하여 평가해야 할 것입니다. 저는 언젠가 정말로 경건한 그리스도인 부인에게서 설교를 하지 말라는 진지한 권면을 받은 적이 있습니다. 저는 그 부인의 판단을 가치 있게 생각하여 정직하게 인내하며 평가하려고 애썼습니다. 그러나 결국 저는 그보다 더 폭넓은 체험을 지닌 사람들의 판단을 따랐던 것입니다. 혹 목회 소명에 대해서 의심이 있는 젊은이들은 다음에 시골 교회당이나 마을의 공회당에 가서 말씀을 전하려 할 때에 가장 지혜로운 친구들을 함께 데려가면 좋을 것입니다. 여러분, 학생들이 함께 서로를 판단해 주면 거의 틀림이 없다는 것을 보았습니다. 그리고 우리의 고귀한 친구인 로저스 씨(Mr. Rogers)도 같은 것을 경험했습니다. 모인 학생들 전체가 한 형제에 대하여 행하는 판단이 잘못된 것으로 나타나는 경우가 거의 없었습니다. 사람들이 서로서로에 대해서 행하는 판단이 그리 잘못된 것이 아닐 경우가 많습니다. 교실에서나 기도회에서나 대화에서나 혹은 갖가지 신앙적인 교제를 통해서 여러분은 서로를 평가합니다. 그리고 지혜로운 사람은 전체의 판단을 결코 소홀히 다루지 않는 법입니다.

한 가지, 그저 유익을 주고 가르치기를 잘 하는 능력이 있는 것만으로는 안 된다는 점을 추가로 말씀드려야겠습니다. 목회자의 성품이 완성되려면 다른 재능들이 또 있어야 합니다. 건전한 판단력과 견고한 경험의 가르침을 받아야 하고, 온유한 자세와 사랑 어린 연민이 있어야 하고, 확고한 용기가 드러나야 합니다. 그리고 부드러움과 따뜻함도 없어서는 안 됩니다. 교회를 치리하는 행정적인 은사도 잘 가르치는 은사와 똑같이 필수적인 요건입니다. 적절히 지도할 줄 알아야 하고, 기꺼이 참고 견딜 줄 알아야 하고, 끝까지 인내할 수 있는 능력이 있어야 합니다. 은혜에 있어서 여러분은 나머지 사람들의 머리와 어깨가 되어야 합니다. 그들의 아버지요 조언자의 역할을 능히 감당할 수 있어야 하는 것입니다. 디모데전서 3:2-7과 디도서 1:6-9에 나와 있는 감독의 자격 요건을 조심스럽게 읽어 보시기 바랍니다. 그런 은사와 은혜가 여러분에게 풍성히 있지 못하다면, 혹시 여러분이 전도자로서는 성공할 가능성이 있을 수 있겠지만, 목회자로서는 자격이 없는 것입니다.

3. 한 사람의 목회 소명을 더 확실히 입증하기 위해서는, 앞에서 말씀드린 은사들을 조금 시행한 후에, 그의 수고를 통해서 어느 정도 회심의 역사가 이루어지는 것이 있어야 합니다. 그렇지 못하면 자기가 잘못 생각했다고 결론을 짓고 다른 최상의 길을 찾아도 무방할 것입니다. 대중 앞에서 처음(혹은 스무 번까지도) 수고를 기울이는 것으로 당장에 성공을 이루리라고는 기대하지 말아야 할 것입니다. 자기가 설교하도록 부르심을 받았다는 느낌이 있으면 심지어 평생이라도 설교를 시험해 볼 수는 있을 것입니다. 그러나 제가 보기에는, 어떤 사람이 목회 사역을 위하여 세움을 받을 때에, 그가 도구로 쓰임을 받아서 영혼들이 예수 그리스도를 알게 되는 일이 일어날 때에 비로소 그 사람의 소명이 확실하게 입증됩니다. 일꾼으로서 그는 성공을 하든 하지 않든 간에 최선을 다해 일을 해야 합

니다. 그러나 목사로서는 결과가 눈에 보이기까지는 그의 소명을 확실히 알 수 없습니다. 저의 사역을 통해서 처음 회심한 사람의 이야기를 들었을 때에, 제 마음이 얼마나 기쁨으로 가득 찼는지 모릅니다. 저는 교회당이 가득 차는 것으로도, 친구들의 칭찬의 말로도 절대로 만족할 수가 없었습니다. 저는 마음이 깨어졌다는 이야기를 듣고 싶었고, 사람의 눈에서 회개의 눈물이 흘러내렸다는 이야기를 듣고 싶었습니다. 그런데 한 가난한 노동자의 아내가 주일 오후 제 설교를 듣고 자신의 죄를 깨닫고 구주를 찾았다고 고백하는 말을 듣고서 저는 얼마나 기뻤는지 모릅니다. 마치 전쟁에서 전리품을 얻은 군졸들처럼 저는 가슴이 벅차 올랐습니다. 그 부인이 살고 있던 오두막집이 지금도 눈에 선합니다. 언제나 그림처럼 떠오릅니다. 저는 그 부인이 교회의 회원이 된 것도, 그 부인이 마지막 세상을 떠나 천국으로 향하던 일도 똑똑히 기억하고 있습니다. 그 부인이야말로 저의 목회 사역의 첫 확증이었습니다. 정말로 고귀한 증거가 아닐 수 없었습니다. 첫아들을 낳고 그 갓난아기를 바라보는 어머니의 행복한 심정도 결코 그것만 못했을 것입니다. 그때에 저는 동정녀 마리아의 찬송을 노래할 수 있었습니다. 주께서 저의 비천함을 돌아 보사 그 위대한 일을 행하는 크나큰 존귀를 주셨으니 온 세대가 나를 복되다고 할 것이기 때문이었습니다. 한 영혼의 회심을 눈으로 보았기 때문입니다.

여러분, 설교가 여러분의 평생의 사명이라고 믿을 수 있기 위해서는 여러분의 수고를 통해서 어느 정도 회심의 역사가 있어야 합니다. 예레미야 선지자를 통하여 주신 주님의 말씀을 기억하시기 바랍니다. 이 말씀은 열매 없는 모든 설교자들에게 크나큰 경종이 됩니다: "이 선지자들은 내가 보내지 아니하였어도 달음질하며 내가 그들에게 이르지 아니하였어도 예언하였은즉, 그들이 만일 나의 회의에 참여하였더라면 내 백성에게 내 말을 들려서 그들을 악한 길과 악한 행위에서 돌이키게 하였으리라"(렘 23:21-22). 아무런 회심의 역사가 일어나지 않는데도 해를 거듭하여 편안히 설교를 계속한다는 것이 저는 정말 놀랍기만 합니다. 다른 사람들의 영혼을 위한 안타까움이 없습니까? 스스로 책임감도 없단 말입니까? 하나님의 주권을 헛되이 잘못 내세우며 주님께 그 책임을 돌리겠습니까?

아니면 바울이 심고 아볼로가 물을 주는데도 하나님께서 자라게 하지 않으신다는 믿음이 있어서 그렇습니까? 결과가 뒤따르지 않으면 그들의 재능도 철학도, 언변도, 심지어 그들의 정통 신앙도 모두 헛된 것일 뿐입니다. 아무도 하나님께로 이끌지 못한다면, 그들이 어떻게 하나님께로서 보내심을 받았다 할 수 있겠습니까? 말씀에 능력이 없는 선지자들이나, 뿌린 씨앗이 다 말라 죽어 버리는 농부나, 고기를 전혀 낚지 못하는 어부나, 싸움을 하지 못하는 군사가 과연 하나님의 사람들이겠습니까? 완전히 열매 없는 나무가 되어 목회 사역에 가담하기보다는 차라리 굴뚝 청소부나 벽돌공이 되는 것이 더 나을 것입니다.

아무리 비천한 직업도 인류에게 어느 정도의 유익을 주는 법입니다만, 강단을 차지하고서 회심의 열매를 전혀 내지 못하여 하나님을 영화롭게 하지 못하는 가련한 사람은 실패요, 오점이요, 불행일 뿐입니다. 그는 자기가 먹는 소금만도 못한 사람이요, 자기가 먹는 빵보다 못한 존재입니다. 그런 사람이 혹 자기의 봉급이 적다고 신문에 불평을 쓴다면, 그의 양심은 — 양심이 있는 사람이라면 — 이렇게 대답할 것입니다: "네가 지금 받고 있는 봉급도 받아서는 안 될 것을 받고 있는 것이다." 물론 영적인 가뭄의 때가 있을 수도 있습니다. 처음 몇 년 동안 잘 쓰임을 받다가 후에 움츠러들 수도 있습니다. 그러나 전체로 보면 열매가 있습니다. 열매를 내어 하나님께 영광을 돌리는 것입니다. 그리고 열매가 없는 기간 동안 그 설교자의 영혼은 말할 수 없는 고뇌와 탄식 속에 있게 되는 것입니다. 형제 여러분, 영혼을 향한 간절한 열심을 주께서 주지 않으시면, 구두공이 되든가, 쟁기를 들든가 하십시오. 그러나 여러분의 마음의 평안과 미래의 구원을 정말 값지게 여긴다면 강단만은 피해야 합니다.

4. 그러나 이 모든 것에서 한 걸음 더 나아가서 살펴보는 것이 필요합니다. 목회자에 관한 주의 뜻은 그리스도의 교회가 기도와 함께 판단하는 데에서 나타납니다. 여러분이 소명을 받았다는 증거로서 여러분의 설교가 하나님의 백성들이 받을 만한 것이어야 합니다. 하나님께서는 그의 이름으로 말씀하도록 부르시는 사람들을 위하여 말씀을 전할 문을 열어 주시는 것

이 보통입니다. 조급하여 억지로 문을 열거나 혹은 문을 부수기도 하겠지만, 믿음은 여호와를 기다립니다. 그리고 정한 때가 되면 기회가 주어집니다. 기회가 찾아오면, 그때에 우리의 소명에 대한 시험이 찾아오게 됩니다. 일어나 설교할 때에, 우리가 회중에게 판단을 받습니다. 인정을 받지 못하거나, 교회에 유익이 없을 경우는 이론의 여지가 없이 우리가 하나님께 보내심을 받지 못한 것입니다. 참된 감독의 증표와 표지들이 하나님의 말씀이 제시되어 있어서 교회에게 지침을 주고 있습니다. 그리하여 형제들이 그런 지침을 기준으로 살펴서 우리에게 그런 자격 요건이 없다고 판정하여 우리를 그 직분에 세우지 않는다면, 아무리 우리가 전도를 잘 한다 할지라도 목사의 직분은 우리를 위한 것이 아닌 것입니다.

교회들이 모두가 지혜로운 것도 아니고, 모두가 성령의 능력으로 판단하는 것도 아닙니다. 많은 사람들이 육체를 따라서 판단하는 것이 사실입니다. 그러나 저는 저 자신의 은사와 은혜와 같은 개인적인 문제에 대해서 저 자신에게 맡기기보다는 주의 백성들의 무리의 생각을 받아들일 것입니다. 여하튼, 여러분이 교회의 판단을 귀하게 여기든 여기지 않든, 한 가지 분명한 사실은 양 떼들의 사랑의 동의가 없이는 아무도 목회자가 될 수 없으며 따라서 혹 교회의 판단이 올바르지 못하다 할지라도 그것이 여러분의 목회 소명을 가리는 실질적인 징표가 된다는 점입니다. 주께로부터 소명을 받은 것이 확실하다면, 오랫동안 잠잠히 있을 수 없을 것입니다. 사람이 기회를 바라는 것처럼, 기회도 사람을 원하고 있습니다. 언제나 하나님의 교회에는 살아 있는 목사들이 절박하게 필요합니다. 교회에는 오빌의 황금보다도 사람이 언제나 더 고귀한 법입니다.

형식적인 직분자들은 목회지를 잃고 굶기도 하지만, 여호와의 기름 부은 자들은 절대로 목회지 없이 있을 필요가 없습니다. 언제나 그들의 말씀을 듣는 귀들이 있고 그들을 환영하고 세워 줄 마음들이 있기 때문입니다. 여러분의 사역에 합당한 자질을 갖추십시오. 그러면 절대로 사역지에서 떠나지 않을 것입니다. 여기저기 설교할 교회를 여러분 스스로 찾아 다니는 일을 하지 마십시오. 여러분의 기회보다도 여러분의 능력에 더 많은 관심을 가지시고, 하나님과 함께하는 여러분의 삶에 더 진지하시기 바랍니다. 하나님께서 보내신 목자를 양들은 압니다. 양 우리의 문이 열려서 여러분이 들어가면, 양 떼들이 여러분의 음성을 알 것입니다.

이 강좌를 처음 시작했을 때에는 존 뉴턴이 이 문제에 대해서 한 친구에게 보낸 귀한 편지를 읽어 드리지 못했습니다만, 그 편지가 계속해서 생각이 나니, 혹시 남의 글을 베낀다는 오해를 받더라도 여러분에게 그 편지를 읽어 드리려고 합니다:

"자네의 경우를 들으니 나의 경우가 생각나는군. 나도 처음 목회 사역에 대해서 사모할 때에 의혹과 어려움이 많았고, 더구나 친구들이 제각기 다른 판단을 해 주어서 마음이 더 혼란스러웠다네. 내가 자네에게 주고자 하는 권면은 나 자신의 고통스런 경험에서 나온 것일세. 그러니, 자네에게 합당하지 않을지도 모르네. 은혜로우신 주님께서 이것이 도움이 되게 해 주시기를 기도하네.

자네도 그렇지만, 어떤 것이 목회 소명으로서 합당하며 어떤 것이 합당하지 않은지에 대해서 나는 오랫동안 고민했었네. 하지만 지금에 와서는 그것은 쉽게 해결되는 것 같네. 하지만, 자네에게는 그렇지 않을 것이네. 주께서 자네의 경우에 비추어서 자네에게 분명하게 깨닫도록 해 주셔야 되는 것이니 말일세. 할 말은 많으나 여유가 별로 없으니, 간단하게 나의 생각을 세 가지로 정리해서 말하겠네.

첫째로, 목회 사역에 임하고자 하는 뜨겁고도 간절한 열망이 있어야 하네. 일단 하나님의 성령으로 말미암아 이 일을 위하여 감동을 받은 사람은 천만금보다도 그것을 더 원하게 되고, 그리하여 그 사역의 중요성과 어려움을 생각하고 또한 자기 자신의 부족함을 생각하여 때때로 움츠러들기도 하지만(목회에의 소명이 과연 하나님께로부터 온 것이면, 거기에는 반드시 자기를 낮추고 겸손해지는 것이 뒤따르니 말일세), 결코 그 일을 포기할 수 없는 것이라네. 그래서 나는 이런 질문을 해 보는 것이 좋다고 보네. 곧, 우리가 가장 활기 있고 영적으로 강건할 때에나 혹은 주 앞에서 가장 낮아져서 티끌 속에 있을 때에도 과연 설교하고자 하는 열심이 지극히 열렬한지를 물어

보아야 할 것이네. 만일 그렇다면 그것은 참 좋은 증표일세. 그러나 간혹 그렇듯이, 다른 사람에게 설교자가 되고 싶은 열망이 간절하면서도 자기 자신의 영혼이 은혜에 대하여 주리고 목마름이 별로 없다면, 그런 열심은 하나님의 성령께로부터 온 것이라기보다는 오히려 이기적인 마음에서 온 것으로서 지극히 염려스러운 것일세.

둘째로, 이처럼 설교를 향한 애정 어린 열심과 마음의 준비 이외에도, 적당한 시기에 설교의 은사와 지식과 언변에 충분한 능력이 드러나야 할 것일세. 주께서 사람을 보내어 다른 이들을 가르치게 하실 때에는 반드시 가르칠 수 있도록 수단을 부여해 주시는 법이네. 설교자들을 세우고자 하는 좋은 의도를 갖고서도 목회자의 소명에 대해서는 지나치든지 모자라든지 하는 경우를 많이 보았네. 목사와 일반 그리스도인과의 중요한 차이는 바로 목회를 위한 은사들에 있는 것 같네. 목사들은 그런 은사들을 받아 자기 자신이 아니라 남을 세워 주는 데에 사용하는 것이네. 그러나 이 은사들이 정해진 때가 되어서 나타난다고 말하고 싶네. 그것들이 곧바로 나타나기를 기대해서는 안 되네. 적절한 수단을 사용하는 가운데 점차로 나타나는 그 은사들은 목회 사역을 수행하는 데에 필수적인 것들이지만, 목회 사역을 향한 우리의 열심을 정당화시켜 주는 전제 조건은 아니네. 자네의 경우는 아직 젊으니까 아직 시간이 많이 있네. 그러니 아직은 자네에게 이런 은사들이 있는지를 염려하고 그것 때문에 괴로워할 필요는 없다는 생각이네. 자네가 열심히 기도와 근면으로 주님의 인도하심을 기다리고 있으면 그것으로 족할 것이네. 아직 그것들이 필요하지 않으니까.[1]

셋째로, 정당한 소명이 있다는 것을 증명해 주는 마지막 증거는 하나님의 섭리 가운데서 그에 합당한 길이 열리는 것이라네. 주변의 정황에 따라서 실제로 목회 사역에 들어가게 되는 수단과 때와 장소가 점차로 열리는 것이네. 이런 일이 생기기까지는 목회 소명에 대한

---

1) 이런 식의 말은 받아들이기가 곤란하다. 목회 사역에 대한 열심을 격려하기에 앞서서 먼저 은사들이 어느 정도는 드러나야 하기 때문이다. 그러나 전체적인 논지에 대해서는 존 뉴턴의 말에 동의한다.

생각이 마음속에서 말끔히 정리되지는 않을 걸세. 여기서 조심해야 할 것은 처음 기회가 나타나는 것 같을 때에 너무 성급하게 그것을 잡으려 하지 말라는 것일세. 만일 자네를 목회 사역에 쓰시는 것이 주의 뜻이라면, 주께서는 이미 자네의 사역의 장소와 정황을 지정해 놓으신 것이고, 그러니 지금 당장은 알 수 없겠지만 적절한 때가 되면 알게 될 것이니. 자네에게 천사의 재능이 있다 할지라도 주께서 정하신 때가 되기까지는 그것으로 아무런 유익을 끼칠 수가 없네. 주께서 자네를 도구로 하여 복 주시기로 정하신 그 사람들에게로 자네를 인도하실 때에야 비로소 자네의 재능이 쓰임을 받게 되는 것이네. 여기서 우리 스스로 분별 있게 한계를 지킨다는 것이 매우 어렵네. 우리의 열심이 뜨겁고, 그리스도의 사랑을 마음에 가득 느끼며, 불쌍한 죄인들을 향한 사랑이 느껴질 때에 당장이라도 그것이 폭발할 것 같은 상태가 되기 때문이지. 그러나 믿는 자는 결코 서두르지 않을 것이네. 나는 5년 동안이나 이런 갈등 속에 있었다네. 때로는 거리에 서라도 설교를 해야 한다는 생각이 들기도 했었지. 그럴듯한 모든 이야기들에 귀를 기울였고, 그렇지 못한 것들에 대해서도 귀를 기울였다네. 그러나 주께서는 은혜롭게도 나도 모르는 사이에 나의 길을 가시밭길로 만들어 놓으셨네. 그렇지 않고 만일 내 생각에 모든 것이 맡겨졌더라면, 나는 내 힘으로 억지로라도 그런 쓰임 받는 자리에 올라가려고 했을 것이네. 그런데 주께서는 그의 정하신 때에 나를 그리로 인도하셨네. 지금에 와서 분명히 보는 것은, 내가 처음 사역에 임하고 싶어할 당시에 나는 물론 의도는 좋았지만 나 자신을 지나치게 높이 평가했었고, 그 위대한 사역에 필수적인 요건이 되는 영적 판단력과 경험이 전혀 없는 상태였다는 것이라네."

이 정도로 족할 것입니다. 목회 사역을 동경하는 사람들을 대해 본 제 자신의 경험을 조금 상세하게 이야기하자면 똑같은 이야기를 반복하게 될 것입니다. 저는 크롬웰의 심사관들(Cromwell's Triers)이 행한 것과 똑같은 임무를 계속해서 수행해야 했습니다. 목사가 되고자 하는 특정한 사람들을 돕기 위해 저의 생각을 이야기해 주어야 했던 것입니다. 이 일은 정말로 책임이 큰 일이고, 그저 일상적인 관심만으로는 안 되는 일입니다. 물론 제가 어떤 사람이 목회 사역에 들어갈지 들어가지 않을지를 판단하는 역할을 하는 것은 아닙니다. 제가 맡는 일은 다만 이 기관이 그 사람에게 도움이 되겠는지, 아니면 그를 스스로 준비하도록 내버려 두어야 할지에 대한 질문에 답하는 것입니다. 어떤 이들은 우리가 이곳에 "목회자 공장"을 세워 놓고 있다고 우리를 비난하기도 합니다. 그러나 그런 비난은 전혀 사실이 아닙니다. 우리는 한 번도 목사를 만들어 내려고 애쓴 적이 없습니다. 그렇게 했다면 아마 실패하고 말았을 것입니다. 우리는 이미 목사들이라고 진술하는 사람들 이외에는 아무도 신학교에 받아들인 적이 없습니다. 그보다는 오히려 저를 가리켜 목회자를 죽이는 자라고 부르는 것이 더 사실에 가까울 것입니다. 상당히 많은 초급반 학생들이 제게서 최후의 일격을 받았으니까요. 제가 그렇게 한 것을 생각하면 양심이 지극히 평안함을 느낍니다.

신학교에 입학하려고 신청한 젊은 형제의 소망을 꺾는다는 것이 제게는 언제나 힘든 일이었습니다. 제 마음은 언제나 가장 친절한 쪽으로 기울었지만, 교회를 향한 임무 때문에 저는 어쩔 수 없이 가혹하게 분별하여 판단을 내릴 수밖에 없었습니다. 후보생이 하는 말을 듣고 그의 신앙진술서를 읽고 여러 질문들에 대한 그의 답변들을 들은 다음, 주께서 그 사람을 부르지 않으셨다는 것이 확실히 느껴지는 때에는 그대로 그 사람에게 전해 주어야만 했습니다. 젊은 형제들이 목회 사역에 들어가기를 진정으로 원하여 입학을 신청하지만, 그들의 주요 동기가 사람들에게서 좀 칭송을 받고자 하는 야망이라는 것이 가슴 아프게 드러나는 경우가 많았습니다. 일반적인 관점에서 보면, 이 사람들의 그런 열심이 오히려 가상하게 보이지만, 그러나 절대로 강단이 그런 야망을 이루어 주는 사다리가 되게 할 수는 없는 것입니다. 그런 사람들은 군대에 들어가서도 최고위 계급에 오르기까지 결코 만족하지 않았을 사람들입니다. 승진에 승진을 거듭하기로 작정을 한 사람들입니다. 이런 것은 군인으로서는 매우 칭찬할 만하고 매우 합당한 태도입니다. 그러나 목회 사역에 들어가서도 그런 식으로 뛰어나게 되고자 하는 생각을 품고 있는 것입니다. 자기들에게 천재성이 있다고 느꼈고, 스스로 보통 사람들보다는 뛰어나다고 생각했습니다. 그래서 목회 사역을 자기들의 능력을 드러내 보이는 하나의 무대로 바라본 것입니다. 저는 이런 면이 보일 때마다 여지없이 당사자를 돌려보냈습니다. 그런 자세로 주를 섬기는 일에 들어섰다가는 아무것도 이룰 수가 없다고 믿었기 때문입니다. 우리는 아무것도 자랑할 것이 없습니다. 혹 자랑할 것이 있다 하더라도, 강단은 그런 자랑을 걸어 놓는 곳으로서는 최악의 곳입니다. 강단에서 우리는 날마다 우리 자신의 무력함과 아무것도 아님을 느끼게 되기 때문입니다.

회심한 이후 마음이 유약함을 보여왔고 또한 이상한 교리들을 쉽게 포용하거나 악한 친구들을 사귀고 심각한 죄에 쉽게 빠지는 사람들에 대해서도, 그들이 아무리 열심을 보이고 자기들의 소망을 고백한다 할지라도, 저는 목회 사역에 들어가도록 장려할 마음이 전혀 없습니다. 진정 회개한다 해도 그런 사람들은 뒷자리를 지키고 있어야 합니다. 물결치며 흔들리는 바닷물보다 나을 것이 없습니다.

또한 어려움을 견디지 못하고 온실에서만 자라온 사람도 마찬가지입니다만 이들에 대해서는 다른 곳에서 말하겠습니다. 우리에게는 멋쟁이가 아니라 군인이 필요하고, 점잔을 떠는 게으름뱅이가 아니라 신실한 일꾼이 필요합니다. 신학교에 입학을 신청할 때까지 아무 일도 하지 않은 사람들은, 나이트 작위를 받기 전에 먼저 무언가 공훈을 세우라는 말을 들을 것입니다. 영혼을 열렬히 사랑하는 사람들은 훈련을 받기까지 그냥 기다리지 않습니다. 즉시 주님을 섬기기 시작하는 법입니다.

어떤 경우는 열정과 열심이 매우 뛰어나면서도 두뇌가 없는 사람들이 제게 하소연을 해 오기도 합니다. 이런 말 저런 말을 열심히 하는데도 내용이 전혀 없고, 성경을 이리저리 논하는데도 아무것도 얻지를 못하는 형제들이 있습니다. 정말로 진지하게 열심을 다해서 애를 쓰는데 결과는 전혀 없는 그런 사람들 말입니다. 한 번에 다섯 가지 생각을 하지도 못하고 그것을 말로 발설할 능력도 없고 그저 열심만 있는 사람들이 있습니다. 능력은 지극히 작으면서 자부심만 대단히 큽니다. 이들은 힘으로 내려치고, 고함치고, 격정을 내고, 눈물을 흘리고, 폭발하지만, 속이 텅 빈 드럼에서 나오는 시끄러운 소리 이외에 아무것도 아닙니다. 저는 이런 형제들은 훈련을 받는 것이나 받지 않는 것이나 결과가 똑같다고 생각합니다. 그래서 대개 이런 사람들의 입학 신청도 허락하지 않습니다.

또한 이유도 알지 못하면서 무턱대고 강단을 사모하는 사람들도 굉장히 많습니다. 가르칠 능력도 없고 또 배우려 하지도 않습니다. 그러면서도 부득불 목사가 되려 합니다. 마치 파르나소스 산(Parnassus)에서 잠을 잤다고 그 다음부터 스스로 시인인 양 행세하는 사람처럼, 회중에게 설교 한 편을 던져 놓고 나서 이제는 설교밖에는 할 것이 없다고 떠들어대는 건방진 사람들이 아주 많습니다. 너무나도 성급하게 자기의 하던 일을 그만두어 버리고, 자기들의 계획을 이루기 위해서 자기 교회를 전세 내려 하는 것이지요. 이런 사람들을 만나면 참 마음 한 구석이 씁쓸합니다. 그저 무작정 강단의 방석을 탐하는 것입니다. 따지고 점검해 보는 것은 정말 싫어합니다. 이런 사람들은 마치 풍랑이 이는 바다의 파도가 거품을 품어내어 스스로 부끄러움을 드러내는 것과도 같습니다. 그러므로 우리는 이런 사람들도 받아들이지 않습니다.

어떤 경우는 아주 탁월한 사람들인데도 육체적인 결함 때문에 그들의 소명에 대해 의심을 갖게 되기도 합니다. 물론 저는 유스데네스(Eusthenes)처럼 사람을 외모로 판단하는 사람은 아닙니다만, 사람의 신체적인 상태도 결코 가볍지 않은 기준입니다. 가슴이 좁은 것은 그 사람이 대중적인 연설에 합당하지 않은 신체 구조를 가졌다는 것을 시사합니다. 이상하게 생각할지 모르겠습니다만, 저는 상당한 확신을 가지고 말씀드립니다. 사람의 가슴이 오그라들어서 두 어깨 사이의 거리가 짧은 경우에는 계속해서 설교하는 일에는 맞지 않습니다. 완전히 지혜로우신 창조주께서는 그런 사람을 계속해서 설교하도록 부르지 않으셨다는 것입니다. 사람을 설교자로 세우려 하실 때에 하나님께서는 어느 정도 가슴의 폭을 넓혀 주셔서 폐의 활동 범위를 충분하게 크게 해 주셨을 것이라는 것입니다. 달리는 짐승에게는 민첩한 다리를 주시고, 설교하는 사람에게는 적절한 폐 기능을 주신다는 말씀입니다. 문장 중간에 잠시 끊고서 숨을 들이마셔야 말을 이어갈 수 있는 사람은 설교하는 일이 아니라 그에게 더 적합한 다른 일이 있는지를 찾아보아야 할 것입니다. 한 문장도 제대로 말을 이어가지 못하는 사람이라면, "크게 외치라 목소리를 아끼지 말라"(사 58:1)는 소명에는 합당치 않습니다. 물론 예외의 경우가 있을 수도 있습니다만, 일반적인 원칙으로서 무게가 있는 것이 아니겠습니까? 구강에 결함이 있어서 말을 분명하게 하지 못하는 형제들은 복음을 전하고 설교하는 일에 부르심을 받지 않은 것이 보통입니다.

언젠가 한 번은 한 젊은이가 입학을 신청했는데, 턱의 움직임이 하도 이상스러워서 보는 사람으로서는 여간 고통스러운 것이 아니었습니다. 그 사람의 담임 목사가 아주 경건한 젊은이라고 추천을 하면서 그가 몇 사람을 그리스도께로 인도하는 데 쓰임을 받았다고 했습니다. 그러나 저는 그분의 입학을 허락하는 것이 적절하다는 생각이 들지 않았습니다. 그가 설교하는 것을 바라보고 있으면 도저히 웃음이 나서 견딜 수가 없었습니다. 다시스의 금(金)을 상금으로 준다 해도 참을 수가 없을 것 같았습니다. 그의 설교를 들은 다른 사람들은 십중팔구 저보다 훨씬 더 민감하게 그것을 느꼈을 것입니다. 어떤 사람은 혀가 하도 커서 입에 가득하여 발음이 분명하지를 않았고, 또 어떤 사람은 치아가 없기도 했고, 또 어떤 사람은 말을 더듬거렸고, 어떤 사람은 알파벳을 제대로 발음하지 못했습니다. 저는 이런 분들을 어쩔 수 없이 돌려보내야 했습니다. 하나님께서 그분들에게 설교에 적절한 신체적 조건을 주지 않으셨다는 것 때문이었습니다. 신체적 조건이란 기도서에서 말하는 대로 "전반적으로 필요한 것"(generally necessary)입니다.

한 형제를 만난 일이 있는데 — 제가 한 형제라고 했나요? 아니, 그런 형제들이 열 명, 스무 명, 백 명도 넘었습니다 — 자기는 목회 사역에 부르심을 받은 것이 확실하다고 했습니다. 그런데 그 이유가 다른 모든 일이 안 되었다는 데 있었습니다. 한 가지 전형적인 이야기를 해 드리면 이렇습니다: "저는 법률 사무소에서 일을 했었는데, 그런 곳에 갇혀 있는 것을 견딜 수가 없었고, 법을 공부하는 것이 편하지 않았습니다. 그런데 하나님께서 섭리로 제 길을 막으셨습니다. 그 일자리를 잃어버렸거든요."

"그러면 그 다음에는 무슨 일을 했나요?" "예, 그 다음에는 식료품 가게를 열었지요." "그게 잘 되었나요?" "글쎄요, 그런 것 같지 않습니다. 저는 상업에 종사할 사람이 아니었어요. 주께서는 거기서도 길을 막으신 것 같아요. 가게가 큰 어려움에 빠졌거든요. 그 이후에는 생명 보험 회사의 영업 사원을 잠시 했고, 찻집을 하기도 했어요. 그런데 계속해서 길이 막히더군요. 제 속에서 무언가 느낌이 들면서 목사가 되어야겠다고 결심하게 되었습니다." 이런 경우 저의 대답은 대개 이런 것입니다: "그래요, 알겠습니다. 다른 모든 일에 실패했으니, 주께서 그의 일을 위하여 형제님을 특별히 택하신 것이라고 생각하시는 거군요. 그러나 형제님은 목회 사역이 다른 모든 일에서 실패한 사람이 아니라, 사람 중에서 최고의 인물들을 필요로 한다는 사실을 잊으신 것 같군요."

설교자로서 유능하게 일을 할 사람은 식료품 가게를 하든, 법률가가 되든, 그 밖의 다른 어떤 일을 해도 잘 할 수 있는 사람입니다. 진정 가치 있는 목사는 모든 일에 뛰어난 법입니다. 회중을 여러 해 동안 이끌고 수백 번씩 계속 이어지는 주일마다 교인들을 믿음 가운데 세워 주는 수단이 될 수 있는 사람에게는 불가능한 것이 별로 없습니다. 그런 사람이면 무언가 능력을 소유하고 있는 것이 틀림없고, 어리석은 자나 아무것도 잘 하는 게 없는 사람이 결코 아닙니다. 예수 그리스도의 십자가의 복음은 머리가 빈 사람이 아니라 정말 최고의 인물들이 전할 만한 값어치가 있는 것입니다.

한 번은 한 젊은이와 면담을 했는데, 그 사람의 세련된 모습이 마치 사진처럼 오랜 시간 제 머릿속에 계속 남아 있었습니다. 그 사람의 얼굴 모습은 마치 교만과 교활에 관한 모든 내용을 적어 놓은 책의 표지를 보는 것 같았습니다. 어느 주일 오전 그 사람이 저를 당장 보고 싶다는 내용의 메시지를 제 목사실로 보내왔습니다. 그리고 저는 그를 만나 주었는데, 그 자리에서 그는 이렇게 말했습니다: "목사님, 저는 목사님의 신학교에 들어가고 싶고, 지금 당장 들어가야겠습니다." 저는 대답했습니다: "그래요? 지금 빈 자리가 없을지 모르겠는데, 여하튼 형제님의 문제를 생각해 보겠습니다." "목사님, 그렇지만 제 경우는 아주 특별합니다. 아마 지금까지 제 경우와 같은 입학 신청은 받아본 일이 없으실 걸요!" "좋습니다. 한 번 보기로 하지요. 서기가 신청서를 한 장 드릴 테니 그것을 적어서 월요일에 나와 면담을 하기로 합시다." 그는 월요일에 저를 만나러 왔습니다. 그 신청서의 질문들에 대해서 굉장히 놀랍게 적어서 가지고 왔더군요. 읽은 책에 대해서는, 고대와 현대의 모든 문헌을 다 읽었다고 썼고, 방대한 목록을 제시한 다음, 뒤에다 "이것은 그저 뼈대에 불과함. 모든 분야에 대해서 방대한 양의 독서를 했음"이라고 적어 놓았습니다. 그리고 설교에 대해서는 최고의 증거들을 제시할 수 있으나 개인적으로 면담을 해 보면 자기의 능력이 당장 드러날 것이므로 구태여 그것들을 제시할 필요가 없다고 느낀다고 적었습니다. 저는 그 사람에게, "미안하지만, 형제님을 받아들일 수가 없다는 말을 할 수밖에 없군요"라고 했습니다. 그는 소스라치게 놀라면서, "목사님, 이유가 뭐죠?"라고 물었습니다. "분명하게 말씀드리지요. 형제님은 너무나 똑똑하기 때문에 형제님을 우리 신학교에 받아들이는 것이 오히려 형제님을 모욕하는 것이라 생각되는군요. 우리에게는 그저 평범한 사람들밖에는 없습니다. 교장도, 강사들도, 학생들도 모두 그저 평균적인 지식과 소양을 가진 사람들입니다. 그러니 형제님께서 우리 학교에 들어온다는 것은 형제님의 수준을 지나치게 낮추는 것이 되겠지요." 그는 저를 아주 단호한 태도로 바라보면서 이렇게 말했습니다: "제게 비범한 천재성이 있다는 것 때문에, 제가 흔히 볼 수 없는 그런 엄청난 사고력을 보여 준다는 것 때문에, 저를 신학교에서 받아들일 수 없다는 말씀이신가요?" 그 사람의 천재성에 탄복하면서 저는 할 수 있는 대로 조용히 대답했습니다: "그렇습니다. 바로 그 때문입니다." "그러면 목사님, 제 설교 능력을 시험해 볼 기회를 주셔야지요. 목사님께서 원하시는 아무 본문이나 택하십시오. 그러면 지금 이 방에서 그 본문에 대해서 말씀드리겠습니다. 아무런 준비 없이 설교해 보이겠습니다. 아마 목사님께서 놀라실 겁니다." "아니, 사양하겠습니다. 형제의 말씀을 듣는 곤란한 일을 당하고 싶지 않습니다." "곤란한 일이라구요? 확실히 말씀드립니다만, 목사님께서 누리실 수 있는 최고의 즐거움이 될 겁니다." 그럴 수도 있겠지만, 제 자신이 그런 특권을 누릴 자격이 없다고 느낀다고 저는 대답했습니다. 그리고는 작별 인사를 하고 헤어졌습니다. 그 당시 그 사람은 전혀 모르는 사람이었습니다만, 그 이후로 그는 경찰 법정에서 그 똑똑함을 유감없이 드러내었습니다.

또 여러분이 놀라실지 모르겠습니다만, 말도 유창하게 잘 하고 우리의 모든 질문들에 대해서 잘 대답하는데, 교리적인 견해에 대해서만은 계속해서 "아무개 아무개는 신학교의 교리가 무엇이든 기꺼이 받아들일 준비가 되어 있습니다!"라는 식의 진술을 듣는 경우도 종종 있었습니다. 그런 경우 우리는 일고의 여지없이 그 순간에 입학 거부의 뜻을 분명히 전했습니다. 이런 이야기를 하는 것은, 신앙에 대해서 분명한 입장과 지식이 없는 사람은 목회 사역에 부르심을 받은 것이 아니라는 우리의 소신이 그런 사례에서 잘 드러나기 때문입니다. 아직 신학에 대해서 확실히 정리가 되어 있지 못한 사람은 정리될 때까지 주일학교로 다시 돌아가야 할 것입니다. 어떤 형태의 진리에 대해서도 개방적인 자세를 갖고 있고 모든 것을 다 받아들일 자세를 갖고 있는 체하지만, 하나님께서 은혜의 선택을 하셨는가 혹은 하나님께서 그 백성을 끝까지 사랑하시는가 하는 문제들에 대해서 입장이 정리되어 있지 않은 사람이 신학교에 들어와 어슬렁거린다는 것은, 제가 보기에는 정말 끔찍스러운 일입니다. 사도는 말씀하기를, "새로 입교한 자도 말지니"라고 했습니다. 이런 문제들에 대해서 입장이 분명히 서 있지 않은 사람이라면 정말로 "새로 입교한 자"일 수밖에 없고, 따라서 복음의 가장 근본 진리들을 다 배우기까지 요리문답반에 배속되어야 마땅한 사람일 것입니다.

여러분, 결국 우리는 이생이 끝난 이후에 우리의 사역의 실질적인 증거를 통해서 우리의 소명을 입증해야 할 것입니다. 그러므로 정당한 심사가 없이 우리의 과정을 시작한다는 것은 참 통탄할 일일 것입니다. 그렇게 된다면 우리가 치욕 가운데서 사역을 마치게 될 것이기 때문입니다. 전체적으로 볼 때에, 경험이 가장 확실한 테스트가 됩니다. 하나님께서 해마다 우리를 붙들어 주시고 우리에게 복 주신다면, 다른 직업을 시도할 필요가 없을 것입니다. 우리의 도덕적이며 영적인 적합성이 우리의 목회 사역의 수고를 통해서 시험을 받을 것이고, 이것이 온갖 테스트 가운데 가장 믿을 만한 것입니다.

　언젠가 대화 중에 어떤 사람에게서 매튜 윌크스(Matthew Wilks)가 선교사가 되고자 하는 젊은이들을 심사하는 데에 쓴 방법에 대해서 들은 일이 있습니다. 그 테스트의 구체적인 내용은 아니라 할지라도 그 전체적인 흐름이 제게 와 닿았습니다. 한 젊은이가 런던 선교회(London Mission Society)와 연결되어 인도 선교사로 나가기를 희망하고 있었습니다. 윌크스 씨가 그의 적격성 여부를 심사하도록 지명을 받았습니다. 그는 그 젊은이에게 편지를 써서, 이튿날 아침 6시에 사무실에서 자기와 만나자고 했습니다. 그 사람은 상당히 먼 거리에 살고 있었는데 그 이튿날 아침 6시 정각에 그의 집으로 왔습니다. 그러나 윌크스 씨는 몇 시간이 지난 후에 사무실에 들어갔습니다. 그 선교사가 되려는 형제는 의아해 하면서도 참고 기다리고 있었습니다.

　드디어 윌크스 씨가 도착하여 그 형제에게 그의 특유의 콧소리를 내면서 말했습니다: "자, 젊은이, 그래, 선교사가 되고 싶다구?" "예, 그렇습니다." "자네 주 예수 그리스도를 사랑하는가?" "예, 사랑하고 있다고 믿습니다." "그러면 자네 교육을 좀 받았는가?" "예, 조금 받았습니다." "좋군, 자, 그러면 시험을 해 보겠네. 자네 '캣'(cat: 고양이)의 철자를 쓸 줄 아는가?" 그 젊은이는 혼란스러워서 대체 무슨 대답을 해야 좋을지를 모르는 눈치였습니다. 속으로 화가 난 것이 분명했습니다. 하지만, 잠시 후 분명하게 대답했습니다: "예, 씨, 에이, 티(c, a, t), '캣' 입니다." "아주 좋아요. 그러면 '독'(dog: 개)의 철자는 쓸 줄 아는가?" 그 젊은이는 머뭇거렸습니다. 그러나 윌크스 씨는 차가운 태도로 계속 이야기했습니다: "오오, 상관치 말게. 부끄러워할 필요가 없어. 캣의 철자를 잘 맞추었으니 이 단어의 철자도 잘 맞출 수 있을 것이 아닌가? 성과가 좋으니 그렇게 얼굴이 붉어지지 않고도 잘 할 수 있을 걸세." 그 젊은이는 대답했습니다: "디, 오, 지(d, o, g), '독'입니다." "좋아요, 맞았어요. 자 이렇게 철자를 잘 알고 있으니, 그러면 수학은 어떤지 봐야겠군. 2 곱하기 2는 얼마인가요?" 윌크스 씨가 박력 있는 대답을 들었는지는 모르지만, 어쨌든 그 끈기 있는 젊은이는 제대로 대답을 한 다음, 면담을 마치고 나갔습니다.

매튜 윌크스는 위원회 석상에서 이렇게 말했습니다: "저는 기쁜 마음으로 그 젊은이를 추천합니다. 그의 신앙적 증거와 성품을 정당하게 심사했고, 게다가 별로 견디는 사람이 없는 그런 희귀한 인격적인 시험도 해 보았습니다. 그가 얼마나 자기를 부인하는 사람인지를 시험했는데, 아침 일찍 사무실로 나왔습니다. 그의 기질을 시험했고, 그의 겸손도 시험했습니다. '캣'과 '덕'의 철자를 꼬박 꼬박 말했고, '2 곱하기 2가 4'라는 것도 말했습니다. 아마 선교사로서 훌륭히 사역을 감당할 것이라 봅니다."

그 나이 많은 분이 일부러 시험하느라고 그렇게 당혹스러운 일을 했다고 말씀했습니다만, 우리 자신들에게도 똑같이 할 수 있을 것입니다. 우리가 과연 눈살을 찌푸리게 하는 일이나, 괴로운 것이나, 모략, 중상 같은 어려움을 잘 견딜 수 있는지를 시험해 보아야 합니다. 그리고 우리가 그리스도를 위하여 과연 만물의 찌꺼기처럼 되고, 아무것도 아닌 존재처럼 대접을 받을 수 있는지를 시험해 보아야 합니다. 그런 모든 일을 다 견딜 수 있다면, 우리는 주 예수 그리스도의 참된 종이 가져야 할 그런 희귀한 성품들을 소유하고 있다는 것을 시사해 주는 몇 가지 요소를 갖고 있는 것입니다. 심각하게 묻고 싶습니다만, 우리 중에 과연 우리의 배들이 먼 바다에 나갔을 때에 우리가 생각하는 것만큼 그렇게 바다에 알맞을 사람이 몇 명이나 되겠습니까?

오오, 사랑하는 형제 여러분, 이렇게 아직 훈련을 받는 동안에 확실히 하시기 바랍니다. 그리고 여러분의 그 고귀한 소명에 알맞도록 여러분 스스로 부지런히 수고하시기 바랍니다. 목회 사역에 임하는 동안 계속해서 충분히 시험을 거치게 될 것입니다. 그러니 머리끝부터 발끝까지 확실한 증거로 철저히 무장을 하고 나가지 않으면 여러분에게 화가 있을 것입니다. 여러분은 장차 마병(馬兵)과 함께 달려가야 할 것입니다만, 여러분이 준비하며 훈련받는 기간 동안 보병(步兵) 때문에 지쳐서는 안됩니다. 마귀가 사방에 있고, 그와 함께 한 사람들도 많습니다. 여러분 스스로 확증하십시오. 주께서도 여러분 앞에 놓여 있는 그 도가니와 용광로를 능히 이기도록 여러분을 준비시켜 주시기를 바랍니다. 여러분의 환난이 바울과 그의 동료들이 당한 환난만큼 모든 면에서 그렇게 극심하지 않을 수도 있습니다. 그러나 여러분은 똑같은 환난을 예상하고 대비해야 합니다. 이 귀한 말씀을 여러분에게 읽어 드립니다. 성령께서 여러분을 강건케 하셔서 여러분 앞에 놓은 모든 것들을 능히 이기도록 해 주시기를 위해서 기도하시기를 바랍니다: "무엇에든지 아무에게도 거리끼지 않게 하고 오직 모든 일에 하나님의 일꾼으로 자천하여 많이 견디는 것과 환난과 궁핍과 고난과 매 맞음과 갇힘과 난동과 수고로움과 자지 못함과 먹지 못함 가운데서도 깨끗함과 지식과 오래 참음과 자비함과 성령의 감화와 거짓이 없는 사랑과 진리의 말씀과 하나님의 능력으로 의의 무기를 좌우에 가지고 영광과 욕됨으로 그러했으며 악한 이름과 아름다운 이름으로 그러했느니라. 우리는 속이는 자 같으나 참되고, 무명한 자 같으나 유명한 자요, 죽은 자 같으나 보라 우리가 살아 있고, 징계를 받는 자 같으나 죽임을 당하지 아니하고, 근심하는 자 같으나 항상 기뻐하고, 가난한 자 같으나 많은 사람을 부요하게 하고, 아무것도 없는 자 같으나 모든 것을 가진 자로다"(고후 6:3-10).

제 3 장

설교자의 기도 생활

설교자는 물론 다른 무엇보다도 우선 기도의 사람입니다. 그는 보통 그리스도인과 똑같이 기도합니다. 그렇게 하지 않는다면 그 사람은 외식자일 것입니다. 그는 보통 그리스도인보다 더 기도합니다. 그렇지 않으면 그 사람은 자기가 담당하고 있는 그 직분에 자격이 없는 사람일 것입니다. 베르나르(Bernard)는 "사람이 가장 높은 직분에 있으면서도 영혼의 상태가 가장 낮은 것이야말로, 위치에서는 첫째요 삶에서는 꼴찌라는 것이야말로 정말 가공할 일이다"라고 했습니다. 다른 모든 관계들에서도 목회자가 책무를 다하면 그 탁월함이 빛이 납니다만, 그가 진정 주님께 신실한 자라면, 그런 모든 관계들 속에서 그의 기도하는 자세가 아름답게 드러납니다. 그는 국가의 시민으로서 국가를 위하여 기도함으로써, 그의 나라가 유익을 얻습니다. 이웃으로서도 그는 그의 그늘 아래 있는 자들을 잊지 않고 기억합니다. 남편으로서도 기도하고, 아버지로서도 기도합니다. 그의 가정의 경건 생활을 위해 힘써서 양 떼들의 모범이 되고자 노력합니다. 하나님의 제단 위의 불이 제단 밑의 다른 곳에서도 타올라야 한다면, 그것은 바로 주의 택하신 종의 집일 것입니다. 아침과 저녁에 드리는 희생 제사가 그의 거처를 거룩하게 지켜 줄 것이기 때문입니다. 그러나 목사의 기도 가운데는 그의 직분과 관련된 기도들도 있습니다. 이 강좌에서는 바로 그 면에 대해서 관심을 집중시키고자 합니다. 그는 목사로서 특별한 간구를 드립니다. 그리고 다른 어떠한 면에서보다 바로 목사라는 면에서 하나님께 가까이 나아가는 것입니다.

목사는 목사로서 언제나 기도합니다. 목사는 사역 중에 있든지 벗어나 있든지, 목회를 생각할 때마다 언제나 하나님께 간구를 올리며, 마치 방향을 잘 맞추어 공중으로 활을 쏘아 올리듯이 그의 거룩한 갈망을 쏘아 올리는 것입니다. 언제나 기도의 행위를 하는 것은 아니지만, 언제나 기도의 심령 속에서 사는 것입니다. 마음이 목회 사역에 가 있으면, 먹거나 마시거나, 휴식을 취하거나, 잠자리에 들거나, 아침에 일어나거나 무엇을 하든 언제나 그 열정이 더욱 뜨거워지며, 사역의 소중함을 더 크게 느끼며, 하나님께 단순히 의지하는 심정을 갖지 않을 수 없습니다.

그리하여, 이런 형식, 저런 형식으로 그는 계속해서 기도 가운데 있는 것입니다. "쉬지 말고 기도하라"는 명령을 지키지 않으면 안 되는 사람이 있다면, 기독교 목사가 바로 그런 사람일 것입니다. 그에게는 특별한 유혹이 있고, 특수한 시험이 있으며, 특유의 어려움과 고귀한 임무가 주어져 있습니다. 그는 하나님을 대면하여야 하고 또한 죄 가운데 있는 사람들을 대해야 합니다. 그러므로 그에게는 일반 사람들보다 훨씬 더 많은 은혜가 필요합니다. 그리고 그것을 알기 때문에 그는 전능하신 하나님께서 주시는 능력을 위하여 끊임없이 부르짖으며, "내가 산을 향하여 눈을 들리라, 나의 도움이 어디서 올까"라고 이야기하는 것입니다. 앨린(Alleine)은 언젠가 친한 친구에게 이런 편지를 썼습니다:

내가 비록 안정을 잃어버리고 탈이 나기를 잘하지만, 나는 마치 둥지를 떠나 있는 새 같다는 생각이 드네. 늘상 해 오던 오랜 습관대로 하나님과의 교제 속에 있기 전에는 절대로 마음에 안정이 없다네. 마치 북쪽을 향하여 돌기까지 절대로 가만히 있지 않는 나침반의 바늘과도 같네. 하나님의 은혜로 나는 교회와 더불어 '밤에 내 영혼이 주를 사모하였사온즉 내 중심이 주를 간절히 구하오리라' (사 26:9)고 말하고 싶네. 내 마음이 늦은 밤에도 이른 아침에도 하나님과 함께 있으니, 주를 찾는 것이 내 인생의 일이요 기쁨이라네.

오 하나님의 사람들이여, 여러분의 삶의 모습이 그렇게 되어야 할 것입니다. 목사로서 기도하는 심령이 없다면, 여러분은 정말로 불쌍한 자들입니다. 장차 여러분이 청빙을 받아 크게든 작게든 목회 사역에 임하게 될 때에, 여러분이 은밀한 경건 생활에서 나태해진다면, 여러분 자신만 불쌍해지는 것이 아니라 여러분의 교인도 똑같이 불쌍한 자들이 될 것입니다. 게다가 여러분에게 책임이 돌아갈 것입니다. 여러분이 크나큰 부끄러움을 당하게 될 날이 반드시 올 것입니다.

은밀한 경건의 시간을 갖는 것이 얼마나 귀한 일인지는 구태여 말씀드릴 필요가 없을 것입니다만, 그래도 말씀을 좀 드려야겠습니다. 하나님의 사신들인 여러분에게는 속죄소가 말로 다할 수 없는 가치가 있습니다. 하늘의 궁정과 친밀할수록, 하늘의 신뢰를 더 잘 드러내는 법입니다. 목사로 하여금 목회 사역에서 하나님을 존귀하게 하도록 만드는 모든 영향력 가운데, 제가 아는 한 속죄소와 친밀한 것 이상 강력한 것이 없습니다. 신학교 과정이 학생에게 줄 수 있는 모든 것은 하나님과의 친밀한 교제를 통해서 얻어지는 그 영적인 세밀한 것에 비하면 그저 투박한 외형적인 것밖에 못 됩니다. 아직 제대로 모양을 갖추지 못한 목사가 그릇의 모양을 만드는 조형 틀 위에서 굴려지는 동안, 그 위대한 토기장이이신 하나님께서 자신의 그릇을 빚어 가시는 도구가 바로 기도입니다. 도서관의 모든 책들이나 우리의 학문은 우리의 기도의 골방에 비하면 그저 헛된 것에 불과합니다. 우리는 우리 개인의 기도 생활 속에서 자라나며, 강건하게 빚어지며, 성공을 거두는 것입니다.

설교를 준비하는 동안, 여러분의 기도들이 여러분을 돕는 가장 뛰어난 조수(助手)가 될 것입니다. 다른 사람들은 에서처럼 자기들의 몫을 찾아 사냥을 다니고 있지만, 여러분은 기도의 도움을 받아 집 가까이에서 맛있는 음식을 준비할 것이고, 야곱은 거짓으로 "여호와께서 나로 순조롭게 만나게 하셨음이니이다"(창 27:20)라고 말했으나 여러분은 진정으로 그 말을 하게 될 것입니다. 주께 진정으로 간구하는 가운데 펜을 들어 여러분의 마음의 잉크를 묻힐 수 있다면, 글을 잘 쓰게 될 것입니다. 여러분의 문제를 모아 무릎을 꿇고 하늘 문을 두드리면, 말씀을 잘 전하는 일에 실패가 없을 것입니다. 기도는 하나의 정신 활동이므로 여러 가지 생각들을 마음에 갖게 해 주며, 그리하여 주제를 정하는 데에 도움을 줍니다. 그리고 기도는 고도의 정신이 집중되는 것이므로 여러분의 속사람의 눈을 깨끗이 씻어서 하나님의 빛 가운데서 진리를 볼 수 있게 해 줄 것입니다. 기도의 열쇠로 열어야만 비로소 성경 본문들이 그 보화들을 드러내는 경우가 많습니다. 다니엘이 기도 중에 있을 때에 책들이 그에게 놀랍게 펼쳐진 사실을 기억하십시오. 베드로가 다락방에서 얼마나 많은 것을 배웠습니까? 골방이야말로 최고의 서재(書齋)입니다. 성경 주석가들도 좋은 선생들입니다만, 저자이신 하나님 자신이 그들보다 훨씬 더 낫습니다. 기도는 바로 그 하나님께 직접 호소하는 것이요 그의 역사하심을 얻게 합니다. 자기 자신을 성경 본문의 중심에 몰입시켜서 기도하여 그 속에서 거룩한 양식을 얻는 것은 정말로 귀한 일입니다. 마치 벌레가 껍질을 뚫고 알맹이에까지 들어가는 것과 같습니다. 기도는 육중한 진리들을 들어올리는 지렛대가 됩니다.

스톤헨지(Stonehenge)의 그 거대한 돌들이 어떻게 그 자리에 그렇게 세워졌는지 정말 놀라움을 금치 못합니다만, 신비한 성경의 가르침들을 그렇게 놀랍게 깨달은 사람들을 보면 더욱더 놀랍습니다. 기도가 그런 경이(驚異)를 이룬 도구가 아니었겠습니까? 하나님을 바라는 것이 어둠을 빛으로 변화시키는 경우가 많습니다. 거룩한 말씀을 인내로 궁구할 때에 장막이 사라지고 하나님의 깊은 것들 속을 들여다보는 은혜를 얻게 됩니다. 어느 청교도 목사는 논쟁 중에 자주 종이에 적은 것을 들여다보았다고 합니다. 다른 사람들이 그 종이에 적은 것이 무엇인지를 알아보았더니, 그 종이에는 그저 "주여, 빛을 더하소서"라는 말만 여러 번 반복해서 적혀 있었답니다. 이것이야말로 설교를 준비하는 목사에게 가장 적절한 기도일 것입니다.

마치 모세가 지팡이로 반석을 칠 때에 거기에서 물이 솟아난 것처럼, 성경 본문에서 신선한 생각들이 솟아나는 것을 자주 느끼게 될 것입니다. 하나님의 말씀을 살피며 부지런히 기도의 망치를 사용할 때에 새로운 보석의 광맥들이 발견되어 놀라움을 더할 것입니다. 완전히 꽉 막힌 것 같은 느낌을 갖다가도 갑자기 새로운 길이 여러분 앞에 열리는 것을 경험하게 될 것입니다. 다윗의 열쇠를 가진 자 이외에는 아무도 열 수가 없습니다. 라인 강을 따라 배를 타고 가 본 일이 있습니까? 그 여러 개의 호수들로 이어지는 것 같은 장엄한 강의 풍경에 완전히 압도당하지 않을 수가 없습니다. 배의 앞과 뒤가 거대한 바위벽이나 포도넝쿨이 가득한 절벽으로 완전히 둘러싸여 있다가도 모퉁이를 돌아서면 갑자기 앞이 탁 트이면서 광대한 강이 힘차게 그 모습을 드러냅니다. 열심히 수고하는 목사도 성경 본문에서 그런 것을 자주 경험하게 됩니다. 완전히 닫혀 있는 것 같았는데, 기도로 여러분의 배를 저어 나가서 새로운 지경에 접어들 때에 거룩한 진리의 넓고 깊은 강물이 충만하게 그 모습을 드러내는 것 말입니다. 이것만해도 우리가 항상 간구해야 할 충족한 이유가 되지 않겠습니까? 기도를 구멍을 뚫는 막대기로 사용하십시오. 그러면 말씀의 배에서 생수의 샘이 터져 올라올 것입니다. 시원한 생수를 그렇게 확실하게 얻을 수 있는데 그저 목마른 상태로 만족하고 가만히 있을 사람이 어디 있겠습니까?

가장 훌륭한 하나님의 사람들은 언제나 기도를 강단 준비의 가장 중요한 부분으로 삼았습니다. 맥체인에 대해서 이런 말이 있습니다:

> 주일에 성도들에게 값진 것을 주고자 하는 열심에서 그는, 무슨 절박한 사유가 없는 한 절대로 매우 고귀한 묵상과 기도가 없이는 그들 앞에 나아가지 않았다. 그는 우리 중 몇 사람과 함께 이 문제에 대해서 대화를 나누는 중에 그 원리를 이렇게 이야기했다. 강단을 위한 부지런한 준비에 대해서 어떻게 생각하느냐는 질문을 받고, 그는 출애굽기 27:20의 '감람으로 짠 순수한 기름을 등불을 위하여 가져오게 하라'는 말씀을 상기시켜 주었다. 그러나 그의 기도 생활은 더욱 위대한 것이었다. 사실 그는 회중들 앞에 나서기 전에 절대로 하나님과의 교제를 소홀히 할 수가 없었다. 하나님의 사랑으로 온 몸을 씻는 것이 필요했던 것이다. 목사의 사역이 힘 있고 능력 있는 것이 되기 위해서는 그 자신의 영혼이 먼저 거룩해지고 그의 영혼이 건강한 것이 절대로 필수적이라는 사실을 그의 사역이 여실히 드러내 보여 주

었다. 모든 수고에 앞서서 그는 자기 자신의 영혼부터 준비하였다. 그의 내실의 벽이 그의 기도와 그의 눈물과 그의 부르짖음의 증인이었다.

　기도는 설교를 하는 동안에도 특별한 도움을 줍니다. 사실, 하나님과의 교제의 산에서 곧바로 내려와서 사람들에게 말씀하는 것처럼 그렇게 설교하는 것만큼 영광스러운 것이 없습니다. 성도들을 위하여 하나님과 씨름한 사람들만큼 성도들에게 강하게 호소할 수 있는 사람이 없습니다. 앨린에 대해서 이런 말이 있습니다: "그는 기도와 설교에 그의 마음 자체를 쏟아부었다. 그의 간구와 그의 권면은 너무나도 호소력이 있고, 거룩한 열심과 생명과 열정이 가득하여, 완악하기 이를 데 없는 심령들을 녹이고 감동시킬 정도였다." 부활하신 주님과 은밀한 교제를 통하여 그의 마음이 먼저 의의 태양이신 주님의 뜨거운 광선을 쬐지 않았다면, 이처럼 심령을 녹이는 거룩한 역사는 절대로 일어나지 않았을 것입니다. 전혀 꾸밈이 없이 열정이 넘치는 진정 감동적인 설교는 오로지 기도의 열매로만 이루어지는 것입니다. 그처럼 마음에 와 닿는 것은 연설법에도 없고, 그것을 배울 수 있는 학교도 없습니다. 오직 십자가 밑에 나아가는 것만이 그것을 이루게 하는 것입니다. 하늘에서 오는 사랑의 능력으로 충만한 것이, 퀸틸리아누스(Quintillian)나 키케로(Cicero), 아리스토텔레스(Aristotle)의 웅변법이나 수사학의 법칙들을 완전히 습득하고서 사도적인 기름 부음이 없는 것보다 훨씬 낫습니다.

　기도를 해도 인간적인 방식으로는 언변이 좋아지지 않을 수도 있습니다. 그러나 기도는 진정한 의미에서 언변을 좋게 해 줍니다. 마음에서 진정 우러나와서 말을 하게 되기 때문입니다. 그것이 바로 언변이 좋다는 진정한 의미가 아닙니까? 여러분의 제물 위에 하늘로부터 불이 임하여 하나님께 받으시도록 만드는 것이 바로 기도입니다.

　기도의 응답으로 설교를 준비하는 중에 새로운 생각들이 떠오르는 것처럼, 설교하는 중간에도 마찬가지입니다. 하나님의 영에 의지하는 대부분의 설교자들이 고백합니다만, 설교를 통해서 전달되는 가장 신선한 최상의 생각들은 미리 준비한 것들이 아니고 마치 천사의 날개를 타고 오 듯 설교 도중에 떠오르는 것들입니다. 전혀 기대하지 않았던 보화들이, 낙원의 꽃들의 씨앗이, 하늘의 손길을 통해서 갑자기 주어지는 것입니다. 생각도 나지 않고 표현도 잘 되지 않아서 어려움을 느끼다가도, 제 마음의 은밀한 탄식으로 인하여 마음이 편안해지고 보통 때보다 더 자유롭게 말씀을 전하는 경우를 거듭거듭 경험합니다. 그렇지만, 말의 끈을 묶고 싸움을 준비할 때에 한 번도 주께 부르짖지 않았다면, 싸움 중에야 감히 어떻게 기도할 수 있겠습니까? 강단에서 곤란을 느끼는 설교자는 집에서 주님과 씨름한 일을 기억하고 마음의 위로를 얻습니다. 우리가 하나님을 버려 두지 않은 이상 하나님께서는 우리를 버려 두시지 않습니다. 여러분, 여러분에게 그날 필요한 힘을 보장해 주는 것이 바로 기도입니다.

사도들이 모여서 살피며 기도하고 있을 때에 불의 혀 같은 성령의 역사가 그들에게 임한 것같이 여러분에게도 그렇게 임할 것입니다. 여러분이 기력이 없이 시들해질 때에 갑자기 마치 스랍의 능력과도 같은 능력이 여러분에게 임하는 것을 깨닫게 됩니다. 여러분의 수레가 상당히 무겁게 가기 시작할 때에 불의 바퀴가 그 수레에 단단히 채워지고 하늘의 말들이 한순간에 여러분의 불수레에 묶여서 마치 엘리야처럼 하늘을 향해 날아 올라가며, 불타는 영감에 휩싸이게 되는 것입니다.

설교 중에 혹시 속죄소에 가까이 가기를 거부당했다면, 과연 양심적인 설교자라면 설교 후에 어떻게 자기의 느낌을 토로하며, 영혼의 위로를 찾을 수 있겠습니까? 혹 최고조의 감동에 도달했었다면, 끈질긴 간구 말고 어떻게 우리의 영혼을 안돈시킬 수 있겠습니까! 혹은 실패에 대한 두려움에 짓눌린 상태라면, 우리의 하나님 앞에 우리의 안타까움을 탄식으로 토로하는 것 말고 어떻게 우리가 위로를 받을 수 있겠습니까? 우리의 부족함을 깨닫는 것 때문에 밤중에 잠을 이루지 못하고 뒤척거린 경험이 얼마나 많습니까! 냉랭하게 설교하고 난 후, 강단에 다시 올라가 그 설교를 좀 더 열정적으로 다시 하고 싶어서 견딜 수 없는 심정이 될 때가 얼마나 많습니까! 그럴 때에 과연 죄를 고백하며, 우리의 부족함이나 어리석음 때문에 하나님의 성령이 절대로 방해를 받지 않게 되기를 간절히 구하는 것 이외에, 우리의 심령이 과연 어디에서 안식을 찾겠습니까! 공적인 집회에서는 우리의 마음의 사랑을 전부 다 우리의 양 떼들에게 쏟아 붓는 것이 불가능합니다. 사랑이 많은 목사는 요셉처럼 어디서 울어야 할지를 생각하고 그곳을 찾습니다. 아무리 자유롭게 표현한다 할지라도 강단에서는 그의 감정을 다 드러낼 수 없습니다. 오로지 은밀한 기도 가운데서만 속에서 솟아 나오는 감정을 토로할 수 있습니다. 사람들을 압도하여 하나님께로 향하게 할 수 없다면, 최소한 하나님께 간절히 간구하여 사람에게 긍휼을 베푸시도록 힘쓸 수는 있을 것입니다. 우리는 그들을 구원할 수 없습니다. 그들을 회유하여 구원을 받도록 만들 수도 없습니다. 그러나 최소한 그들의 처참한 처지에 대해서 안타까워하며 주님의 개입을 간구할 수는 있습니다.

"너희가 이를 듣지 아니하며 나의 심령이 너희 교만으로 말미암아 은밀한 곳에서 울 것이며 … 눈물을 흘려 통곡하리라"(렘 13:17)고 한 예레미야 선지자처럼, 우리도 그렇게 결심할 수 있는 것입니다. 그런 간절한 호소에 대해서 주님의 마음이 무관심하실 수 없습니다. 정하신 때가 되면 슬피 우는 그 간구자가 영혼을 얻는 즐거움을 누리게 될 것입니다. 끈질긴 고뇌와 진정한 성공 사이에는 분명한 관련이 있습니다. 임산부에게 고통이 있으면 출산이 있게 마련이듯이, 눈물로 씨를 뿌리면 반드시 기쁨으로 거두게 됩니다. "아니, 어떻게 하셨길래 씨앗이 이렇게 빨리 싹을 냅니까?"라고 어느 농부가 옆의 다른 농부에게 물었더니, 그 농부가 대답하기를, "물에 담가 두었지요"라고 했답니다. 우리의 모든 가르침들을 눈물 속에 담가야 하겠습니다. 데이비드 브레이너드(David Brainerd: 1718-1747, 뉴잉글랜드의 아메리카 인디언 선교사)의 일기에 다음과 같은 내용이 있는 것을 보면, 그의 성공이 전혀 이상할 것이 없습니다: "4월 25일주일 — 오전에 경건의 임무에 2시간을 소비하였고, 보통 때보다 더 영혼들을 위해 고뇌하였다. 이른 아침이었고 태양이 아직 뜨지 않았는데도, 나의 몸이 땀으로 푹 젖어 있었다." 루터의 능력의 비결도 같은 데 있었습니다. 테오도루스(Theodorus)는 그에 대해서 이렇게 말하고 있습니다: "그의 기도를 엿들었는데, 아아 좋으신 하나님, 그의 기도가 어찌나 생명과 영혼이 가득했는지! 정말 하나님께 기도하듯이, 그렇게도 경건이 충만했고, 또한 마치 친구에게 이야기하듯이 확신이 넘쳤다."

형제 여러분, 기도의 사람들이 되시기 바랍니다. 위대한 재능은 전혀 없더라도, 간구가 풍성하면 그런 것이 없어도 얼마든지 사역을 감당할 수 있을 것입니다. 씨앗을 뿌려 놓고도 혹 그것을 위해서 기도하지 않아도 하나님의 주권이 복을 주시기로 결정하실 수도 있습니다. 그러나 여러분으로서는 그런 복을 기대할 권리가 없습니다. 그리고 그 복이 임한다 해도 여러분의 마음에는 아무런 위로도 없을 것입니다. 어제 브롬프턴 성당 (Oratory at Brompton)의 고(故) 페이버 신부(Father Faber)의 책을 읽었는데 진리와 오류가 놀랍게 뒤섞여 있었습니다. 거기에 한 가지 전설이 눈에 띄었습니다. 많은 사람들을 설교로 회심시킨 한 설교자가 있었는데, 그에게 하늘로부터 계시가 와서 이르기를, 그 설교자의 재능이나 언변 때문에 회심한 경우는 단 하나도 없고 모두가 강단 계단에 앉아 있는 글도 쓰지 못하는 한 평신도 때문이라는 것이었습니다. 그 사람이 항상 거기에 앉아서 설교의 성공을 위해서 간구했기 때문에 그런 놀라운 회심이 일어났다는 것이었습니다. 모든 일이 밝히 드러나는 그날이 올 때에 우리에게도 그런 일이 있을지도 모릅니다. 오랫동안 설교로 수고하고 난 후, 금이요 은이요 고귀한 보석과 같은 기도를 드려온 다른 건축자에게 모든 영광이 가고, 기도가 없이 행한 우리의 설교들은 그저 지푸라기 이외에 아무것도 아닌 것이 드러날지도 모릅니다.

우리가 진정 하나님의 사역자들이라면, 설교를 할 때에 기도 없이 하지 못할 것입니다. 왜냐하면 온 교회가 마케도니아 사람이 외친 것처럼 "와서 우리를 도우라"고 기도로 외칠 것이기 때문입니다. 기도에 충실할 수 있게 되면, 여러분의 양 떼들을 위해서 드려야 할 많은 요구들이 생겨날 것이고 그리하여 친구들과 청중들을 위해서 여러분이 속죄소 앞에 나아갈 책임을 부여받았음을 깨닫게 될 것입니다. 그런 일이 언제나 저의 몫입니다. 저는 그런 요구들을 주님 앞에 내어 놓는 일이 참으로 기쁩니다. 아무도 여러분에게 그런 기도의 요청을 하지 않는다 할지라도, 기도할 주제가 고갈되는 법도 없습니다. 여러분의 교인들을 보십시오. 그들 가운데에는 언제나 병든 사람들이 있고, 영혼이 병든 사람은 그보다 더 많습니다. 어떤 사람들은 아직 구원받지 못한 처지에 있기도 하고, 또한 믿음을 찾고 있으나 아직 발견하지 못한 사람들도 있습니다. 많은 사람들이 침체 상태에 있고, 적지 않은 신자들이 나태한 상태에 있습니다. 우리의 병 속에 담아서 여호와 앞에 쏟아 놓아야 할 과부들의 눈물과 고아들의 한숨이 있습니다. 진정 하나님의 사역자라면, 주 앞에서 제사장으로 설 것입니다. 에봇과 이스라엘 자손의 이름들을 새긴 흉배를 영적으로 입고서, 휘장 속에서 그들을 위하여 간구합니다. 제가 아는 한 형제 중에는 특별히 위해서 기도해야 할 사람들의 명단을 적어서 항상 갖고 다니던 사람이 있습니다. 그렇게 해서 혹시 잊어버리고 빠뜨릴 수 있는 위험을 방지했던 것입니다. 여러분의 양 떼들만 기도를 요구하는 것이 아닙니다. 국가와 세상을 위해서도 기도를 해야 합니다. 기도에 능력 있는 사람은 그의 나라를 지키는 불의 장벽과도 같고, 그의 나라를 보호하는 수호 천사일 수도 있습니다.

종교개혁의 대의를 가로막던 원수들이 수만 명의 군대보다도 존 녹스(John Knox: 1514-1572, 스코틀랜드의 종교개혁자)의 기도를 더 무서워했다는 것을 우리 모두 들어서 알고 있습니다. 저 유명한 웰치(John Welch: 1570-1622) 역시 나라를 위한 위대한 기도의 일꾼이었습니다. 그는 항상 "그리스도인이 어떻게 밤새도록 자리에 누워 있으면서 일어나 기도하지 않을 수 있는지 참 의아스럽다"고 말하곤 했습니다. 그가 혹시 감기에 들지나 않을까 염려하여 그의 아내가 그가 혼자 들어간 방에 뒤따라 들어가 보았더니, 그가 기도 중에 "주여, 스코틀랜드를 제게 주시지 않겠습니까?"라고 계속 되뇌이고 있었다는 것입니다. 오오, 여러분 우리도 한밤중에 일어나 부르짖는다면 얼마나 좋을까요? "주여, 우리 교인들의 영혼을 우리에게 주시지 않겠습니까?"라고 말입니다.

자기의 사역을 위하여 진지하게 기도하지 않는 목사는 허영과 교만으로 가득 찬 사람임이 분명합니다. 자기 혼자서도 충분하다고 생각하고 그렇게 행동하기 때문에, 하나님께 구할 필요가 없는 것입니다. 그러나, 우리의 설교 그 자체가 너무나 능력이 있기 때문에, 성령의 역사하심이 없어도 얼마든지 사람들을 죄에서 돌이키게 하고 하나님께로 돌아오게 할 수 있다는 식의 생각은 그야말로 허무맹랑한 교만입니다. 우리가 진정 겸손한 하나님의 종들이라면, 만군의 여호와께서 우리에게 모든 능력으로 옷 입히시고 "나의 능력으로 나아가라"고 말씀하시기까지는 절대로 싸움의 현장으로 감히 내려가지 않을 것입니다. 기도하기를 소홀히하는 설교자는 자기의 목회 사역에 대해서 매우 무관심합니다. 그런 사람은 자기의 소명을 깨닫지 못한 것입니다. 영혼의 가치를 깨닫거나 영원의 의미를 바로 알지 못하고 있는 것입니다. 제사장의 직무에 속하는 떡 조각이 자기에게 매우 필요하기 때문에 강단에 서도록 유혹을 받은 그저 형식적인 목사이거나, 아니면 사람의 칭찬을 사랑하고 하나님의 칭찬에 대해서는 생각하지 않는 가증스러운 외식자일 수밖에 없는 것입니다. 그런 사람은 그저 겉핥기식의 이야기꾼이 되고야 말 것입니다. 그런 사람은 은혜를 소홀히 하고 헛된 쇼를 가장 높이 바라보는 곳에서 최고로 인정을 받는 법입니다. 그런 사람은 쟁기로 깊이 파고 풍성한 수확을 거두어들이는 것에 대해서는 전혀 문외한입니다. 그는 빈둥거리며 놀며 시간을 보내는 사람일 뿐 결코 일꾼이라 할 수 없습니다. 설교자로서 그 사람은 살았다 하는 이름은 있으나 죽은 사람입니다. 그런 사람은 마치 두 다리가 서로 똑같지 않아서 절뚝거리는 잠언에 나오는 절름발이처럼 사는 사람입니다. 그의 기도가 그의 설교보다도 더 짧으니 말입니다.

 이 문제에 대해서 우리들 대부분이 자신을 점검할 필요가 있다고 봅니다. 이 자리의 여러분 중에 학생으로서 마땅히 해야 할 만큼 기도하고 있다고 감히 말하는 사람이 있다면, 그 사람의 그런 말을 정말 심각하게 따져 보아야 합니다. 그리고 목사나 집사나 장로 중에서도 자기가 최선을 다하여 지금 하나님께 기도 드리는 생활을 하고 있다고 믿는다고 말할 수 있는 사람이 있다면, 그 사람이 누구인지 알고 싶습니다. 제가 말씀드릴 수 있는 것은, 그렇게 탁월한 기도 생활을 자신할 수 있다면, 저는 그 사람보다 훨씬 못하다는 것입니다. 그렇게 자신 있게 말할 수 있다면 얼마나 좋겠습니까? 그러나 저는 그렇게 말할 수 없습니다. 언제나 부끄러운 얼굴로 당혹스럽게 고백할 수밖에는 없습니다. 우리가 다른 사람보다

기도 생활을 덜 소홀히 하고 있다 해도 그것이 우리에게 위안이 되지는 못합니다. 다른 사람들의 부족한 것이 우리에게 핑곗거리가 될 수 없기 때문입니다. 앞에서 잠깐 언급한 조셉 앨린의 모습을 우리의 모습과 비교해 보면 어떨까요? 그의 아내는 다음과 같이 쓰고 있습니다:

> 건강하던 시절, 그는 언제나 새벽 4시나 혹은 그 이전에 잠자리에서 일어났고, 그가 하나님과 교제 시간을 갖기 전에 대장장이나 다른 직공들이 먼저 일어나 일을 한다는 이야기를 들으면 무척 괴로워했다. '이 소리가 나를 얼마나 부끄럽게 하는지 모르겠소. 나의 주님이 저 사람들의 주인보다 더 고귀한 분이 아니신가 말이오'라고 내게 자주 이야기하곤 했다. 4시부터 8시까지 그는 기도와 거룩한 묵상과 시편들을 노래하며 시간을 보냈고, 그 일을 크게 즐거워했고 날마다 그렇게 했고, 가족들과도 그런 시간을 가졌다. 때때로 교회의 일상적인 약속들을 뒤로 미루고 며칠을 이러한 은밀한 일에 다 쏟아 붓기도 했는데, 그 일을 위해서 그는 빈집이나 아니면 넓은 골짜기의 한적한 곳에서 홀로 지냈다.

조나단 에드워즈(Jonathan Edwards: 1703-1758)가 데이비드 브레이너드에 대해서 묘사하는 것을 읽어보면, 부끄러워서 얼굴이 붉어질 수밖에 없습니다. 에드워즈는 이렇게 말하고 있습니다:

> 그의 생활이 사역의 성공을 향하여 나아가는 올바른 길을 보여준다. 그는 마치 군졸이 각오를 단단히 하고 싸움에서 승리하기 위해 애쓰는 것처럼, 혹은 달리기 경주를 하는 자가 큰 상을 바라보고 열심히 달리는 것처럼, 그렇게 수고하였다. 그는 그리스도와 다른 영혼들을 향한 사랑에 고무되어 언제나 열심을 다해 수고하되, 공적으로 사적으로 말씀을 전하고 가르치는 일에서는 물론이고, 밤낮으로 은밀한 중에 '하나님과 씨름하고' 말할 수 없는 탄식과 고뇌로 '해산하는 수고를 하며' 그가 보내심을 받아 사역하고 있는 그 사람들의 마음

속에 '그리스도께서 형성되기' 위해서 기도에 전념했다. 그의 사역에 축복이 임하기를 얼마나 갈망했으며, '영혼을 위하여 경성하기를 자신이 청산할 자인 것 같이 하였다.' 주 하나님의 힘으로 나아가며 성령의 특별하신 역사가 그를 도우시고 성공하게 하시기를 구하고 의지하였다. 그리하여 어둡고 실망스런 모습 가운데서도 오랫동안 기다린 끝에 마침내 놀라운 열매가 나타난 것이다. 참된 아들 야곱처럼, 그는 밤의 어둠 속에서도 인내로 씨름하였고 드디어 새벽을 본 것이다.

헨리 마틴(Henry Martyn: 1781-1812, 영국의 선교사, 페르시아어 성경을 번역하였음)의 일기를 보면 우리는 정말 부끄러워집니다. 그의 일기 속에는 이런 구절이 들어 있습니다:

9월 24일 — 지난 밤에 오늘 하루를 기도와 금식에 드리기로 결심하고 잠자리에 들었는데, 그대로 실행할 수 있도록 힘을 얻었다. 먼저 하나님의 능력과 약속들에 의지하여, 세상적인 생각들에서 구해 달라고 기도를 드렸고, 또한 기도하는 동안 나의 영혼을 고정시켜 달라고 구하였는데, 한 시간 가량 세상에서 완전히 떠나는 것을 누릴 수 있었다. 그리고 나서 아브라함의 역사를 읽었는데 하나님께서 그 옛 사람에게 자신을 정말 친밀하게 계시하신 것을 보았다. 그 다음에는 나 자신이 거룩해지기 위해서 기도하였는데, 내 영혼이 자유로이 숨을 쉬며 하나님의 거룩하심을 열렬히 사모하였으며, 이것이 그날 중 최고의 시간이었다.

그는 그의 선교 사역 첫 해를 보낸 후 "공적인 일에 너무 많은 시간을 소비했고, 하나님과의 은밀한 교제에 너무 적은 시간을 보냈다"는 것에 대해서 크게 애통해하였는데, 그것이 우리의 심정이어야 하지 않을까 생각됩니다.

우리가 간구에 소홀히 함으로써 놓쳐 버리는 축복이 얼마나 많은지는 거의 헤아릴 수 없을 지경입니다. 기도로 하나님께 가까이 나아가는 삶을 계속 이어갔을 때의 우리의 모습과 비교할 때에 지금 우리의 모습은 얼마나 초라한지 모릅니다. 공허한 후회와 추측은 소용이 없습니다. 고치고자 하는 진지한 결단이 훨씬 더 유용합니다. 더 기도해야 할 의무가 우리에게 있습니다만, 우리가 그렇게 기도해야 합니다. 분명한 사실은, 모든 목회의 성공의 비결은 바로 속죄소에 항상 나아가는 데 있다는 것입니다.

목회자의 개인 기도 생활이 목회 사역에 가져다주는 한 가지 밝은 축복은 말로 표현하기도 어렵고 흉내낼 수도 없는 것인데, 그냥 이해하기는 쉬운데 구체적으로 꼬집어 거명하기는 어렵습니다. 그것은 주께로부터 오는 이슬과도 같은 것입니다. 하나님의 임재의 역사하심인데, "거룩하신 자의 기름 부으심"이라고 말할 수 있습니다. 그것이 무엇인가요? 기름 부음이 있는 설교(preaching with unction)가 무엇을 뜻하는지를 말로 명확하게 표현하자면 우리의 머리를 계속해서 때려도 잘 할 수가 없을 것입니다. 하지만 설교하는 사람은 그것이 있다는 것을 압니다. 그리고 설교를 듣는 사람은 그것이 없을 때에는 금방 알아차립니다. 기근 중에 있는 사마리아의 모습이 그것이 없는 설교의 상태를 잘 보여 줍니다. 기름과 온갖 좋은 것들이 풍성한 가운데 잔치를 벌이고 있는 예루살렘의 모습이 그것이 풍성한 설교의 상태를 보여 준다 하겠습니다. 유리창에 이슬이 송골송골 맺혀 있는 아침의 신선함이 어떤 것인지 모르는 사람이 없습니다만, 그것을 과연 누가 다 묘사할 수 있겠습니까? 그런 것이 영적인 기름 부음의 신비입니다. 그것이 무엇인지를 우리는 알지만, 다른 사람에게 전해 줄 수는 없습니다. 그것을 가짜로 만들어 내기는 쉽습니다만, 그렇게 한다면 그것처럼 어리석은 것이 없을 것입니다. 마치 간절한 사랑을 담고 있는 표현들을 그저 건성으로 습관적으로 사용하는 사람들처럼 말입니다. 그 사람들은 "사랑하는 주님!" "귀하신 예수님!" "귀하신 그리스도여!" 등등의 표현들을 아무렇게나 도맷금으로 내어 뱉습니다만, 역겹기 그지없습니다. 하나님의 성도가 간절한 사모함으로 그런 말을 아주 친숙하게 한다면 그것은 용납할 만한 일이고 아름다운 일일 것입니다. 그러나 경박스럽게 아무런 뜻도 없이 그런 말들을 반복한다면, 그것은 용납할 수 없는 것이요, 망령된 것은 아니라 할지라도 지극히 무례한 것이 됩니다.

어떤 사람들은 부자연스러운 억양과 음의 높낮이를 이용하여, 눈을 이리저리 굴리며 손을 우스꽝스럽게 휘저으면서, 억지로 기름 부음을 흉내내려 합니다. 맥체인의 억양과 말의 리듬은 스코틀랜드 사람들에게서 계속해서 들을 수 있는 그런 것이었습니다. 그의 설교의 동작보다는 그 정신이 훨씬 더 낫습니다. 동작이나 제스처만 있고 능력이 없는 설교는 정말 모든 생명이 사라진 역겨움을 주는 것일 뿐입니다. 어떤 형제들은 악을 쓰고 소리를 질러서 영감을 얻으려 하지만 영감이 오지를 않습니다. 어떤 사람은 설교를 중단하고, "하나님께서 축복하시기를 바랍니다"라고 소리를 지릅니다. 그리고 또 어떤 사람은 아주 크게 몸을 움직이고 손으로 주먹을 꽉 쥐어서 마치 하늘의 열정에 북받혀 오르는 것처럼 행동하기도 합니다. 그러나 아뿔싸! 그런 모든 것들에서 배우들의 분장실과 무대 냄새가 나는 것을 어쩌겠습니까? 설교자가 청중들에게 감동을 주려고 그들을 의도적으로 자극하는 것처럼 혐오스러운 것이 없습니다. 정직한 사람들이라면 모두 다 비난할 것입니다.

리처드 세실(Richard Cecil: 1748-1810. 영국 성공회의 복음적 지도자)은 말하기를, "감정을 조장하는 것은 역겨운 것으로 금방 드러나고 만다. 그가 스스로 느끼는 것이야말로 다른 사람들의 마음을 얻는 가장 신속한 길이다"라고 했습니다. 기름 부음이란 여러분이 만들어 낼 수 있는 것이 아닙니다. 그리고 가짜 기름 부음은 무가치한 것보다 더 나쁩니다. 그러나 진정한 기름 부음은 그 자체로도 너무나 고귀하며, 신자들에게 유익을 끼치고 죄인들을 예수께로 인도하려 할 때에 너무나도 필요합니다. 그런데 은밀하게 하나님께 간구하는 자에게 바로 이러한 비결이 주어지는 것입니다. 그에게는 하나님의 이슬이 거하며, 그에게는 사람의 마음을 즐겁게 하는 향기가 있는 법입니다. 우리가 드러내 보이는 기름 부음이 만군의 여호와께로부터 오는 것이 아니면 우리는 사기꾼들입니다. 그리고 그것을 얻는 것은 오직 기도밖에는 없으니, 여러분, 계속해서 끊임없이 간구에 힘써야 하겠습니다. 하늘의 이슬로 푹 젖기까지 여러분의 양털을 간구의 타작마당에 깔아 놓으시기 바랍니다. 물두멍에서 몸을 씻기 전에는 성전 봉사에 나서지 마십시오. 여러분이 친히 은혜의 하나님을 만나고 그의 입술에서 나오는 말씀을 받기 전에는 절대로 다른 사람들에게 은혜의 사자가 될 생각을 하지 마십시오.

주 앞에 영혼이 고요히 엎드리는 시간이야말로 가장 용기를 주는 시간입니다. 다윗은 "여호와 앞에 앉았다"고 합니다. 이렇게 거룩히 앉아 있는 것은 정말 귀한 일입니다. 마치 활짝 핀 꽃이 햇살을 마음껏 들이마시듯이, 민감한 사진기의 감광판이 그 앞에 있는 형상을 그대로 받아들이듯이, 마음이 주께서 주시는 모든 것을 받아들이는 것입니다. 어떤 사람들은 이런 고요함을 견디지 못합니다. 자기들의 내적인 빈곤함이 곧바로 드러나기 때문입니다. 그러나 그와 같은 고요함이야말로 지혜로운 자에게는 백향목으로 둘러싸인 궁궐과도 같습니다. 황공하게도 그 거룩한 궁정을 왕께서 그 아름다움으로 거니시기 때문입니다.

"거룩한 침묵이여! 그대는
깊은 마음의 배출구니,
하늘의 소산이요,
입의 서리요, 마음의 해동(解冬)이로다."
― 플레크노(Flecknoe)

말의 재능도 고귀하겠지만, 침묵을 실천하는 것은 어떤 점에서 그보다 훨씬 더 뛰어납니다. 여러분, 제가 퀘이커 교도처럼 보입니까? 그러면 무슨 상관이 있습니까? 이 점에서 저는 조지 폭스(George Fox: 1624-1691. 잉글랜드의 퀘이커교 지도자)를 정말 사랑하며 따릅니다. 우리들 대부분이 말에 대해서만 너무나 지나치게 생각하고 있지만 말이란 결국 생각의 껍데기에 지나지 않는 것이라는 그의 말에 공감이 갑니다. 고요한 묵상, 조용한 경배, 말없는 환희가 제 것이 될 때에 최고의 보석들이 제 앞에 있습니다. 형제 여러분, 깨어진 껍데기와 바닷가의 거품 이는 파도들과 더불어 조잘거리며 시간을 보내다가 여러분의 마음에서 깊은 바다와도 같은 기쁨을 빼앗기는 일이 없기를 바랍니다. 바닷속 깊이 있는 생명을 놓치는 일이 없어야겠습니다.

    여러분, 목회 사역에 정착하게 되면 특별한 경건의 시간들을 소중히 여기시기 바랍니다. 일상적인 기도들이 여러분의 영혼의 신선함과 왕성한 힘을 계속 유지시켜 주지 못하고, 여러분 스스로 쇠약해졌다는 느낌이 들면, 한 주간이나 혹 가능하다면 한 달이라도 홀로 있는 시간을 가지십시오. 이따금 휴가(holidays)를 갖는다면, 거룩한 날들(holy days)을 자주 못 가질 이유가 없지 않습니까? 부유한 형제들이 시간을 내어 예루살렘으로 여행을 간다는 이야기를 듣습니다만, 그보다 힘도 덜 들고 더 유익한 하늘의 도성으로의 여행을 위하여 시간을 남겨 둘 수는 없겠습니까? 「예수를 바라봄」(Looking unto Jesus)라는 유명한 책의 저자로서 한때 프레스턴에서 목회했던 아이작 암브로스(Isaac Ambrose: 1604-1664, 잉글랜드의 청교도 목회자)는 항상 일 년에 한 달씩을 구별하여 갈스탕(Garstang) 숲 속의 오두막집에서 홀로 지냈습니다. 그렇게 오랜 시간 동안 하나님과 함께 홀로 지내는 일을 계속할 수 있었던 것을 보면, 그가 그렇게 위대한 종이었다는 것이 이상할 것이 없습니다.

    로마 교회 사람들은 소위 "피정"(避靜: Retreats)이라 부르는 것을 정기적으로 갖는다고 합니다. 여러 명의 사제들이 일시적으로 일상 사역에서 물러나서 완전한 고요함 속에서 기도와 금식으로 시간을 보내며 그들의 영혼에 힘을 불어넣고자 하는 것입니다. 우리를 대적하는 자들에게서도 배울 것이 있습니다. 이따금씩 진정 영적인 몇몇 형제들과 더불어 하루나 이틀씩 함께 모여 뜨겁게 기도하는 시간을 갖는 것이 매우 귀한 일일 것입니다. 목사들끼리만 모이면 훨씬 더 자유롭게 이런 기회를 사용할 수 있을 것입니다. 마음을 다하여 진정 온 교회를 위하여 겸손하게 간구하는 시간들을 갖는다면, 그것이야말로 우리에게 큰 유익이 될 것입니다. 저희 교회에서 기도와 금식의 시간들을 가져왔는데, 그때가 정말 귀한 시간들이었고, 그때만큼 하늘 문이 활짝 열린 적이 없고, 그때만큼 우리의 마음이 하늘의 영광에 가까이 나아간 적이 없었습니다. 뱃사람들이 자기들이 목표로 하는 육지를 바라는 것처럼, 저는 우리의 특별한 헌신의 시간을 기대하고 바랍니다.

우리가 특별 기도를 위해서 여유를 갖기 위하여 공적인 사역을 잠시 뒤로 제쳐둔다 할지라도, 그것이 우리 교회들에게 크나큰 유익이 될 수 있습니다. 황금의 강으로 항해하여 교제와 묵상의 시간을 가지면 거룩한 감정과 높이 승화된 생각이라는 화물로 보상을 받습니다. 우리가 홀로 하나님과 지낸다면, 우리의 침묵이 우리의 음성보다 더 나을 것입니다.

옛날의 제롬이 그렇게 했습니다. 그는 하늘로부터 온 소명이라고 느낀 그런 목적을 이루기 위하여 다른 모든 시급한 일들을 다 제쳐두었던 것입니다. 그에게는 큰 회중이 있었습니다. 우리 중에 누구라도 그런 큰 회중을 목회하고 싶어할 정도로 컸습니다. 그러나 그는 교인들에게 이렇게 말했습니다: "신약 성경을 번역하는 일이 절실하니, 여러분은 다른 설교자를 찾으십시오. 번역 작업을 해야 합니다. 저는 그 일을 위해서 광야로 들어가야 합니다. 그리고 그 임무가 끝날 때까지 돌아오지 않을 것입니다." 그는 자기의 원고 뭉치들을 들고 갔습니다. 그리고 기도하며 수고했고, 결국 하나의 작품을 만들어냈습니다. 라틴어 불가타 역 성경(Latin Vulgate)이 그것입니다. 그것은 세상이 지속되는 한 계속해서 남아 있을 것입니다. 전반적으로 볼 때에 최고로 귀한 성경 번역본입니다. 학식과 홀로 나아가 기도로 수고함으로써 그러한 불멸의 작품이 탄생된 것입니다.

때때로 그렇게 하도록 마음에 감동을 느낄 때에 교인들에게 "사랑하는 형제 여러분, 우리의 영혼이 홀로 새로움을 얻도록 잠시 떠나야겠습니다"라고 말씀하십시오. 그렇게 실천하면 우리가 끼칠 유익이 곧바로 드러날 것입니다. 라틴어 불가타 역본은 아니라 할지라도, 뜨거운 영혼의 불길이 계속 타오르는 불멸의 역사가 일어날 것입니다.

제 4 장

목사의 공기도

성공회 사람들은 하나님께 기도하고 예배를 드리러 교회에 가는데, 비국교도 사람들은 그저 설교를 들으러 모인다는 말이 한동안 있었습니다. 이에 대한 우리의 답변은 이렇습니다. 곧, 그런 악을 저지르는 몇몇 사람들이 있을 수도 있겠지만, 우리 가운데 있는 하나님의 백성들은 그렇지 않으며, 어느 교회에서나 오로지 하나님의 백성들만이 진정 경건의 시간을 즐거워할 것이라는 것입니다. 우리의 회중들은 하나님께 예배를 드리기 위하여 함께 모입니다. 그리고 전혀 주저함 없이 단언할 수 있습니다. 우리의 일상적인 비국교도들의 예배에서도 잉글랜드 국교회의 가장 화려한 예배 의식에서와 똑같이 참되고 하나님이 받으실 만한 기도가 드려지고 있다고 말입니다.

더 나아가서, 그런 말이 설교를 듣는 것이 하나님을 예배하는 것이 아니라는 것을 시사할 의도를 가진 것이라면, 그것은 순전히 오류에 기초한 것입니다. 복음에 귀를 기울이는 것이야말로 지극히 높으신 자를 기리는 일 가운데 가장 고상한 부분에 속하기 때문입니다. 올바로 시행된다면, 그것은 영적인 사람의 모든 기능들이 헌신의 행위에 동원되는 하나의 정신 활동인 것입니다. 경건한 자세로 말씀을 경청할 때에, 우리의 겸손이 시행되며, 우리의 믿음이 교훈을 받고, 우리에게 기쁨이 넘치며, 우리가 사랑으로 불타오르게 되고, 열정을 갖게 되며, 하늘을 향하여 높이 올라가게 되는 것입니다. 설교는 말하자면, 일종의 야곱의 사다리와도 같아서, 하나님의 천사들이 그 위로 오르락내리락 하는 것을 보며, 또한 언약의 하나님께서 그 꼭대기에 계시는 것을 보게 되는 경우가 많습니다. 하나님께서 그의 종들을 통해서 우리의 영혼 속에 말씀하실 때에 우리는 종종 이렇게 느낍니다: "이곳이야말로 진정 하나님의 집이요, 천국의 문이로구나." 하나님께서 그의 성령으로 역사하사 종들을 통하여 말씀으로 우리에게 전달해 주실 때에, 우리는 온 마음을 다하여 주의 이름을 높이며 그를 찬송합니다. 그러므로 어떤 사람이 하듯 설교와 기도 사이를 그렇게 명확하게 구분할 수 없습니다. 예배의 한 부분이 다른 부분으로 부드럽게 섞여서 넘어가며, 설교가 기도와 찬송을 불러일으키는 경우가 비일비재하기 때문입니다.

 진정한 설교는 하나님의 은혜로우신 속성들을 드러냄으로써 하나님을 높이는 것입니다. 하나님의 복음을 전하여 그를 크게 영화롭게 하는 것과 또한 그 계시된 진리를 순종으로 경청하는 것은 모두 지극히 높으신 하나님께서 받으실 만한 예배의 한 형식이며, 사람의 마음이 행할 수 있는 가장 영적인 활동 가운데 하나라 할 것입니다. 그러나 그렇다 할지라도, 옛 로마의 시인이 한 말처럼, 우리의 대적들에게서 배우는 것이 옳습니다. 따라서, 예전(禮典: liturgy)을 중요시하는 그 반대자들이 지적한 것이 어쩌면 몇몇 경우에 우리의 공예배의 취약점일 수도 있을 것입니다. 우리가 행하는 일들이 하나하나 최고의 형식을 갖추지 못했거나 바람직한 모습을 띠고 있지 못한지 두려움으로 살펴보아야 할 것입니다. 간구들이 우리가 바라는 만큼 그렇게 열정적이지도, 진지하지도 않은 그런 교회들이 있습니다. 그리고 어떤 교회들에서는 열심은 있으나 무식과 어우러져서 마구 질서 없이 전개되어서, 바른 지식이 있는 신자가 도저히 기쁨으로 예배에 참석할 수 없는 경우도 있습니다. 성령으로 기도하는 일이 우리들 가운데 보편적으로 있지를 못합니다. 그리고 모두가 바른 깨달음으로 기도하는 것도 아니요, 마음을 다하여 기도하는 것도 아닙니다. 개선의 여지가 있습니다. 그리고 반드시 고쳐야만 하는 경우들도 있습니다. 사랑하는 형제 여러분, 그러므로 저는 여러분에게 아주 진지하게 경계하고자 합니다. 여러분의 기도로 여러분의 예배를 망치는 일이 있어서는 절대로 안 됩니다. 성소에서 행하는 모든 활동 하나하나가 최고의 것이 되도록 엄숙히 다짐하시기 바랍니다.

자유로운 기도가 가장 성경적이며 또한 가장 탁월한 공기도의 형식이라는 점을 확신하시기 바랍니다. 여러분이 하는 활동에 대해서 믿음을 상실해 버리면, 절대로 그것을 잘 할 수가 없습니다. 그러므로 여러분이 지금 하나님의 말씀으로 보장되어 있고 주께서 받으실 만한 그런 자세로 하나님 앞에서 예배하고 있다는 사실을 마음에 확정하시기 바랍니다. 오늘날 우리는 "기도문을 읽는다"는 말에 많이 익숙해 있으나, 그것은 성경에서는 찾아볼 수가 없습니다. 성경은 신앙적 사상을 전달하는 말씀으로 풍성합니다만, 그런 말은 없습니다. 왜일까요? 그런 것이 본래 없기 때문입니다. 사도들의 글들 가운데 과연 어디에서 예전이라는 관념을 만날 수 있습니까? 초기 그리스도인들의 모임에서 행해진 기도들은 언어의 형식에 제한이 없었습니다. 테르툴리아누스(Tertullian)는 "우리는 대사(臺詞)가 없이 마음으로부터 기도한다"고 했습니다. 순교자 유스티누스(Justin Martyr)는 예배를 인도하는 목회자가 "자기의 능력에 따라서" 기도한다고 묘사하고 있습니다. 언제 어디서 예전이 시작되었는지를 발견하기가 어렵습니다. 그것은 아주 점진적인 과정을 통해서 도입되었고, 우리가 믿기로는 교회의 순수성이 쇠퇴해 간 것과 시기적으로 일치합니다. 비국교도들 사이에 예전이 도입된다면, 그것은 바로 우리가 쇠퇴와 쇠락의 시기에 있다는 뜻이 될 것입니다. 이 주제에 대해서 상세히 말하고픈 유혹이 있습니다만, 이것은 여기서 다룰 문제가 아니므로 그냥 지나가기로 합니다. 다만, 존 오웬 박사가 이 예전의 문제에 대해서 아주 잘 다루고 있으므로 그것을 보면 좋겠다는 말씀만 드리겠습니다.[1]

예전적인 기도문 낭독보다 우리의 기도를 더 영적이며 더 진지하게 함으로써 즉흥적인 기도가 우월하다는 것을 입증하도록 하시기 바랍니다. 듣는 청중들이 억지로 관찰할 때에 우리 목사들이 기도보다는 설교에 훨씬 더 능하다는 것이 드러나는데, 이는 정말 안타까운 일입니다. 이것은 우리 주

---

1) *A Discourse concernig Liturgies and their Imposition*, Owen's Works, vol. XV, Goold's edition.

님의 모범과는 다른 것입니다. 주님은 사람이 말하듯이 그렇게 말씀하지 않으셨습니다. 그리고 기도에 대해서는, 제자들이 주님의 기도에 너무도 감동을 받아서, "주여, 기도를 가르쳐 주옵소서"라고 요청하기까지 했던 것입니다. 공기도에 임할 때에는 우리의 모든 정신의 기능이 그 에너지를 집중시키고, 전인이 최고의 상태에 올라가야 하며, 이때에 성령께서 그의 거룩한 역사로 영혼을 젖게 하시는 것입니다. 그러나 그저 되는대로, 아무렇게나, 생명이 없는 이야기가 기도의 모습으로 위장되어 나타나면, 그것이 예배의 한 부분은 차지할 수 있으나, 사람에게는 지리멸렬한 것이 되고, 하나님께는 가증스러운 것이 되고 마는 것입니다. 자유로운 기도가 어디서나 보편적으로 정말 고귀하게 드려졌다면 예전이라는 것은 생각도 하지 않았을 것입니다. 그러니 오늘날 여러 가지 기도문의 형식들이 있다는 것은 즉흥적인 기도가 정말 미약해졌다는 것을 반증하는 좋은 증거입니다. 마땅히 마음이 뜨거워야 하는데, 그렇지 못하다는 것입니다. 하나님과 교제하는 습관을 갖는 일이 계속되어야 합니다. 그렇지 못하면, 우리의 공기도가 지리멸렬하거나 형식적이 될 수밖에 없습니다. 산의 계곡 속에 높이 솟아 있는 빙하가 녹지 않으면, 평원을 촉촉이 적셔 주는 시냇물도 없는 법입니다. 우리의 은밀한 기도 생활은 한층 공적인 활동들을 위한 훈련장입니다. 그러므로 그것을 소홀히 하면 머지않아서 사람들 앞에 설 때에 고장이 나 버릴 수밖에 없습니다.

우리의 기도가 경박스러워져서는 절대로 안 되고, 반드시 높이 날아올라야 합니다. 하늘의 사고가 우리에게 필요합니다. 은혜의 보좌를 향하여 드리는 우리의 기도는 반드시 엄숙하고도 겸손한 것이어야 합니다. 무례하고 시끄럽거나, 형식적이며 부주의한 것이어서는 안 됩니다. 주님 앞에서는 일상적인 대화체의 말은 합당하지 않습니다. 깊고 깊은 두려움과 경외감으로 고개를 숙여야 마땅합니다. 하나님과 담대하게 말씀을 할 수도 있으나, 여전히 하나님은 하늘에 계시고 우리는 땅에 속한 존재들입니다. 그러므로 주제넘은 태도는 절대로 금물입니다. 간구를 드릴 때에, 우리는 무한하신 분의 보좌 앞에 서 있는 것입니다. 그러므로, 왕의 궁궐에서 보좌하는 신하들이 왕을 대할 때에는 자기들끼리 있을 때에 하는 것과는 달리 훨씬 엄숙하고 정중하게 처신하는 것처럼, 우리도 그래야 한다는 것입니다. 네덜란드 교회들에서 본 일입니다만, 목사가 설교를 시작하자마자 남자들이 전부 모자를 씁니다. 그러나 목사가 기도를 시작하면 곧바로 모든 남자들이 모자를 벗는 것입니다. 그 옛날 잉글랜드의 청교도들의 교회에서도 이런 관습이 있었고, 침례교회들 가운데서도 오랫동안 그런 관습이 내려왔습니다. 직접적인 예배의 행위가 아닌 것으로 생각될 때에는 예배 중에도 모자를 쓰고 있지만, 찬송이나 기도로 직접 하나님께 나아간다고 생각될 때에는 곧바로 모자를 벗었던 것입니다. 제가 보기에 그런 행위는 잘 어울리지도 않고, 그 이유도 잘못된 것 같습니다. 저는 기도와 설교를 듣는 행위가 서로 크게 구별되지 않는다는 점을 강조했습니다. 그러므로 옛 관습으로 다시 돌아가자고 하자거나 혹은 설교를 듣는 것을 마치 부록처럼 여기는 사고를 갖자는 식의 제의가 있어서는 안 된다고 봅니다. 그러나 그럼에도 불구하고 차이가 전혀 없는 것은 아닙니다. 기도할 때에는 다른 형제들에게 권면의 말씀을 할 때보다는 훨씬 더 직접적으로 하나님께 말씀드리는 것입니다. 그러므로 우리 발에서 신을 벗어야 마땅합니다. 우리가 서 있는 땅이 거룩한 땅이기 때문입니다.

여러분이 드리는 기도는 오로지 주님만을 향하여야 합니다. 청중들을 의식하지 않도록 조심하십시오. 듣기 좋게 해 주기 위해서 미사여구(美辭麗句)를 늘어놓지 않도록 조심해야 합니다. 기도가 "간접적인 설교"가 되어서는 안 됩니다. 하나님께 드리는 것을 사람에게 내어 보이는 기회로 삼는다면 그것은 하나님을 망령되게 하는 것과 다를 바 없습니다. 멋진 기도들은 대개 매우 악한 기도들입니다. 만군의 여호와 앞에서 죄인이 감히 자기와 똑같은 동료들에게 박수를 받고자 깃털을 뽐내며 겉만 번지르르한 말을 늘어놓는다는 것이 과연 있을 수 있는 일입니까? 감히 이런 일을 행하는 외식자들은 이미 자기 상을 받았습니다. 그러나 그 상은 그야말로 끔찍한 것일 수밖에 없습니다. 한 목사가 자기의 기도가 보스턴의 한 교회에서 행해진 가장 훌륭한 기도였다고 자랑을 늘어놓았다가 무거운 정죄를 받은 바 있습니다. 우리가 기도 중에 그 기도를 듣는 이들에게서 사모하는 마음과 열심을 불러일으키는 것을 목표로 삼을 수도 있습니다. 물론 우리의 기도가 사람들에게 와 닿아서 그들로 하여금 주께로 나아가게 하고 그들의 부족한 것을 주 앞에 아뢰도록 만들 수도 있습니다만, 그럼에도 불구하고 기도 중의 우리의 생각과 말은 반드시 하나님을 향한 것이어야 합니다. 기도 중에 교인들을 기억하십시오. 그러나 그들에게 칭찬을 받고자 하는 마음이 조금이라도 있어서는 안 됩니다. 시선을 위로 향하십시오. 두 눈으로 오로지 하늘만을 바라보아야 합니다.

저속한 것들을 모두 삼가야 합니다. 이런 경우에 대해서 몇 가지 예를 들 수 있지만, 별로 유익하지도 않고 또 점점 사라지고 있기 때문에 말씀드리지는 않겠습니다. 한때 감리교 교회들의 기도회에서 흔히 있었던 그런 저속한 기도의 모습들이 — 전해지는 것보다 실제는 훨씬 더 저속했을 것입니다 — 오늘날에는 별로 없습니다. 배우지 못한 사람들도 진지하게 기도할 때에 자기들 나름대로의 방식으로 기도하는데, 까다로운 사람들은 그들이 기도에 쓰는 언어를 들으면서 충격을 받곤 합니다. 그러나 그런 것은 얼마든지 이해할 수 있습니다. 기도의 자세가 순전하고 진지하다면 다소 어울리지 않는 표현이 있다 할지라도 이해할 수 있는 것입니다. 언젠가 한 번은 기도회에서 한 비천한 사람이 이렇게 기도하는 것을 들었습니다: "주님, 잔치하는 동안 이 젊은이들을 돌보아 주소서. 주여, 마치 고양이가 쥐를 노리듯 원수들이 그들을 노리고 있는 것을 주께서 아시지 않사옵니까?" 그런 표현을 우습다고 할 사람들도 있겠지만, 제가 보기에 그 사람에게는 아주 자연스럽고 좋은 표현이라 여겨집니다. 그런 사람들의 경우 그저 부드럽게 교훈을 주고 한두 가지 힌트를 주면 대개는 그런 거슬리는 말을 반복하는 문제가 고쳐집니다만, 강단에 서서 예배를 인도하는 우리로서는 모든 점을 분명하게 하도록 신중에 신중을 기하여야 합니다. 미국의 유명한 감리교 설교자인 제이콥 그루버(Jacob Gruber)의 전기 작가는 그의 위트 감각을 보여 주는 한 예를 언급하고 있습니다. 젊은 칼빈주의 목사가 설교하고 난 후 그가 기도로 마무리하게 되어 있었는데, 그 설교자가 그의 신앙적 입장을 격렬하게 공격하는 설교를 했답니다. 그 다음 그는 마무리 기도를 하면서 여러 가지 간구를 하는 중에, 주께서 그 젊은 설교자에게 많은 은혜를 베푸사 "그의 마음이 그의 머리만큼이나 부드러워지게 해 달라"고 했다는 것입니다. 동료 목사에 대해 공개적으로 그렇게 혹평을 하는 무례함에 대해서는 굳이 말하지 않더라도, 올바른 생각을 가진 사람이라면 지극히 높으신 하나님의 보좌가 그런 저속한 재담을 늘어놓을 자리가 아니라는 것을 잘 알 것입니다. 그 젊은 목사도 그 무례함에 대해서 책망을 받아 마땅하겠지만, 그 나이 많은 목사는 하나님을 두려워함이 없는 자세로 그보다 열 배나 더 죄를 지은 것입니다. 왕 중의 왕이신 하나님께는 최고의 말을 써서 간구해야지, 결코 그런 상스러운 언어를 써서 입을 더럽혀서는 안 됩니다.

기도에서 피해야 할 또 한 가지 잘못은 친근함을 나타내는 단어들을 너무 자주 남발하는 것입니다. "사랑하는 주님"이라든가, "복되신 주님" 등등의 표현을 그저 공허하게 계속해서 남발하는 일은 그야말로 가장 최악의 오점이라 아니할 수 없습니다. 러더퍼드(Rutherford)나 호커(Hawker), 혹은 허버트(Herbert) 같은 사람들의 입에서 "사랑하는 예수님"이라는 말이 자주 흘러나온다면, 저는 마음에 아무런 거리낌을 갖지 않을 것입니다. 그러나 신앙적으로 전혀 탁월하지도 않은 사람들이 그런 친밀한 표현을 마구 남발하는 것을 들으면, 하나님과 사람 사이의 참된 관계에 대해서 좀 더 잘 이해하게 되었으면 하는 바람을 갖고 안타까워하게 됩니다. "사랑하는"(dear)이라는 단어는 일상 생활에서 너무나 흔하게 별 의미 없이 쓰이고, 어떤 경우에는 아주 어리석은 뉘앙스를 풍기기도 하기 때문에, 기도에 그런 말을 섞어 쓰게 되면 오히려 유익이 되지 못하는 경우가 많습니다.

입교한 지 얼마 되지 않은 초신자들이 기도하면서 — 혹은 학생들의 경우에도 — "주님"(혹은 "주여")이라는 말을 끊임없이 반복하는 경우가 많은데 그것도 크게 거슬립니다. "오 주님! 오 주님! 오 주님!"이라고 계속 반복하는 것을 들으면 참으로 언짢아집니다. "주 너의 하나님의 이름을 망령되이 일컫지 말라"는 것은 큰 계명입니다. 그러므로 혹 무의식중에 그 계명을 어겼다 할지라도 그것은 여전히 아주 위중한 죄입니다. 무한하신 주 여호와의 이름을 부를 때에는 가장 존경하는 자세로 조심스럽게 해야 합니다. 유대인들은 성경에서 "여호와"라는 단어가 나오면 공간을 그냥 비워 놓든가 아니면 그 단어 대신 "아도나이"라는 단어를 그 자리에 써 놓았습니다. 그 거룩한 이름은 너무나 신성하여 일상적으로 사용할 수 없다고 여겼기 때문입니다. 물론 우리는 그렇게 미신적일 필요는 없습니다. 그러나 정말 경외하는 자세로 조심스럽게 사용해야 마땅합니다. "오오!" "아아!" 등의 감탄사를 남발하는 것도 조심해야 할 것입니다. 젊은 목사들이 흔히 이 점에서 잘못을 범하는 것을 봅니다.

하나님께 거의 강제로 무엇을 요구하는 듯한 그런 식의 기도도 피해야 합니다. 사람이 하나님과 씨름하면서, "제게 축복하지 않으시면 보내 드리지 않겠나이다"라는 식으로 말하는 것을 듣는다는 것은 좋은 일입니다. 그러나 그런 말은 아주 부드럽게 해야지, 마치 우리가 주님께 명령을 하여 축복을 하도록 만들 수 있기라도 한 것처럼 으름장을 놓는 식으로 해서는 안됩니다. 영원한 "자존자"이신 여호와와 씨름하도록 허락을 받아서 씨름하기는 하지만, 그럼에도 불구하고 그는 여전히 사람에 불과하다는 것을 기억해야 합니다. 그날 밤의 거룩한 씨름에서 야곱은 환도뼈를 다쳤고, 그리하여 하나님이 무서운 분이시라는 것을 보았고, 그 씨름을 이긴 것이 자기에게 힘이 있었기 때문이 아니라는 것을 알았습니다. 주님은 우리에게 하나님을 가리켜 "우리 아버지"라고 부르라고 가르치셨습니다. 그러나 그 앞에 "하늘에 계신"이라는 단서가 붙어 있다는 것을 알아야 합니다. 하나님 아버지와의 친밀함이 있을 수 있지만, 그러나 그것은 거룩한 친밀함입니다. 담대함이 있을 수 있지만, 그 담대함은 은혜로부터 샘솟아나는 것이요 또한 성령의 역사하심입니다. 왕의 존전에서 고개를 뻣뻣하게 드는 그런 반역자의 담대함이 아니라, 사랑하기 때문에 두려워하고 두려워하기 때문에 사랑하는 그런 어린아이의 담대함입니다. 절대로 허세를 부리는 식의 오만 방자한 말을 하나님께 내뱉는 일이 없도록 해야 합니다. 하나님을 향하여 싸움을 하는 식으로 공격해서는 절대로 안 되고, 어디까지나 우리의 주님이요 하나님으로 인정하고 그에게 간청하는 것이어야 합니다. 우리의 마음이 온유하고 겸손해야 합니다. 기도도 바로 그런 자세로 해야 하는 것입니다.

기도할 때에는 기도에 대해서 말을 하지 말고 실제로 기도해야 합니다. 사업하는 사람들은, "무엇이든 각기 제자리가 있다"고 이야기합니다. 설교할 때에는 설교하고, 기도할 때에는 기도를 해야 합니다. 기도에 도움이 필요하다고 해서 그것을 위해 이야기를 늘어놓는 것은 기도가 아닙니다. 어째서 곧바로 기도에 들어가지 않습니까? 자기들이 해야 할 것과 원하는 것을 말하지 않고 그냥 서서 땅만 치고 있습니까? 어째서 곧바로 하나님의 이름으로 아뢰지 않습니까? 정말 진지한 마음으로 스스로 간구의 말씀을 아뢰고 여러분의 얼굴을 주께로 향하십시오. 교회의 큰 필요와 일상적인 필요들을 공급해 주시기를 간청하십시오. 현재의 교인들의 특별한 사항들을 경건하게 아뢰시기 바랍니다. 마음에서 원하는 대로, 병든 자와 불쌍한 자, 죽어 가는 자, 이교도들과 유대인들, 그리고 모든 잊혀져 있는 사람들을 그대로 언급하십시오. 교인들을 성도들과 죄인들로 보고 — 그들 모두가 성도들인 것처럼 생각해서는 안 됩니다 — 그들을 위해서 기도하십시오. 젊은이들과 노인들을 위해서 기도하십시오. 신앙에 관심이 있는 자들과 무관심한 자들을 위해서, 경건한 성도들과 타락해 가는 자들을 위해서 기도하십시오. 좌로나 우로나 치우치지 말고 진정한 기도의 밭을 똑바로 갈아 나가시기 바랍니다. 죄의 고백과 감사의 기도가 진정한 것이 되게 하고 또한 주제에 합당하게 해야 합니다. 진정 하나님을 믿고 또한 기도의 효력에 대해서 전혀 의심이 없는 것처럼 그렇게 확신 있게 간구를 올려야 할 것입니다. 제가 이렇게 말씀드리는 것은, 많은 사람들이 지극히 형식적으로 기도를 드리고 있고 그리하여 그 기도들을 듣는 이들로 하여금 기도한다는 것 자체는 매우 호감이 가지만 그 실질적인 효과는 아주 보잘것없고 의심스러운 것이라고 생각하게 만들고 있기 때문입니다. 우리의 하나님을 확실히 믿고 증거를 얻은 자답게 기도해야 합니다. 그리하여 의심이 없는 확실한 신뢰로써 간구해야 합니다. 하나님께 기도를 드리고, 결코 이야기나 설교에 빠져서는 안 된다는 것을, 그리고 어떤 사람들처럼 비난하거나 투덜거리는 일이 있어서는 더욱 안 된다는 것을 기억해야 합니다.

설교를 하게 될 때에는 여러분 자신이 기도를 인도하는 것을 원칙으로 삼으십시오. 여러분이 목회 사역에서 지극히 존경을 받게 되리라 믿습니다만 그렇게 되면, 사람들에게 무언가 할 일을 주어서 그들을 대접해 주고자 하는 의도로 사람들에게 기도를 인도하게 하는 관행을 확고하게 저지하십시오. 우리의 공적인 기도 시간이 절대로 사람을 높이기 위한 기회로 전락해서는 안됩니다. 기도와 찬송 시간을 가리켜서 이따금씩 "예배에의 준비"라고 부르는 예를 보아왔습니다만, 그것은 기도와 찬송을 마치 설교의 서론쯤으로 여기는 것과 같은데, 그렇게 해서는 안 될 것입니다. 그런 일이 우리들 가운데 보통으로 일어나고 있다면, 그것은 정말 크나큰 수치입니다. 저는 변함없이 예배의 모든 순서를 저 자신이 홀로 담당하려고 노력합니다만, 그것이 교인들을 위해서도 유익하다고 봅니다.

"누구든 기도 순서를 담당할 수 있다"는 말을 저는 믿지 않습니다. 아닙니다. 저는 그렇게 믿지 않습니다. 기도란 예배 순서들 가운데 가장 무게 있고, 가장 유익하며, 가장 존귀한 부분이며 따라서 설교보다도 오히려 더 신중을 기해야 한다는 것이 저의 엄숙한 확신입니다. 기도는 그저 아무나 세워서 하게 하면 되고, 설교는 유능한 사람을 뽑아서 담당하게 해야 한다고들 생각하지만 결코 그런 것이 아닙니다. 몸이 허약하거나 특별한 사유가 있을 때에 목사 대신 기도를 드릴 사람이 있다면 참 안심이 될 수도 있을 것입니다. 그러나 주께서 과연 여러분으로 하여금 목회 사역을 사랑하도록 만드셨다면 결코 공기도의 임무를 다른 사람에게 대신시키는 일을 그렇게 쉽게 자주 되풀이하게 되지는 않을 것입니다. 예배 인도를 대신하여 맡겨야 할 경우에는, 신앙과 현재의 준비된 상태에 대해서 전적으로 신뢰할 수 있는 그런 사람에게 맡겨야 할 것입니다. 은사도 없는 형제를 대신 세우거나 그런 사람을 세워서 공기도를 인도하게 한다면 그것은 부끄러운 일일 뿐입니다.

"둔한 우리 자신을 섬기는 일에는 정성을 다하면서
하늘을 섬기는 일에는 그보다 정성을 덜 쏟을 것인가?"

가장 유능한 사람에게 대신 기도를 맡기십시오. 그러면 하늘에 도달하기도 전에 그것이 슬그머니 설교가 되어 버릴 것입니다. 여러분, 무한

자(無限者)이신 여호와를 우리의 최선으로 섬겨야 합니다. 위대하신 하나님께 드리는 기도는 조심스럽게 해야 하고 각성된 마음과 영적 이해의 모든 능력을 동원하여 드려져야 합니다. 하나님과의 교제로 말미암아 교인들을 섬길 준비가 되어 있는 사람이 모든 사람들 가운데서 기도를 인도하기에 가장 적합한 사람입니다. 다른 형제를 취하여 그를 대신하게 하는 프로그램을 만드는 것은 예배의 조화를 깨뜨리는 일이요, 설교자로 하여금 그의 설교를 위하여 서게 해 주는 그런 일을 그에게서 빼앗는 처사요, 또한 예배의 한 부분을 다른 부분과 비교하게 만드는 경우도 많은데 이는 결코 용납될 수 없는 것입니다. 준비되지 않은 형제들이 제가 설교를 하게 될 그 강단에 올라가서 기도하게 된다면, 저는 어째서 기도할 기회가 저에게 주어지지 않았는지 연유를 모르면서 그 형제들이 설교 식의 기도를 늘어놓는 것을 듣고 있을 수밖에 없을 것입니다. 주님께서 제게 할당해 주신 그 거룩하고도 아름답고 지극히 유익한 행위를 제게서 빼앗아간 이유가 무엇인지 납득할 수가 없을 것입니다. 만일 제게 선택권이 있다면, 저는 기도보다는 설교를 먼저 다른 사람에게 넘겨 줄 것입니다. 공기도를 지극히 높게 생각해야 하며 그 일을 올바로 수행하는 데에 필요한 은사와 은혜를 주께 구해야 한다는 것을 강조하기 위한 말씀을 이 정도로 마치겠습니다.

즉흥적인 기도를 아예 무시하는 사람들은 저의 이런 말들을 포착하여 즉흥적인 기도를 반대하는 구실로 삼으려 할 것입니다. 그러나 그런 잘못들은 우리들 가운데 흔히 있는 것들이 아니고 사실상 거의 사라진 것이라는 점을 분명히 말씀드릴 수 있습니다. 그러나 그 사람들의 자세로 인하여 초래되는 스캔들은 절대로 사라지지 않았고, 오히려 너무나도 커서 의식적인 예배 진행 방식에서 초래되는 스캔들과도 비교될 정도입니다. 교회의 예배가 마치 발라드 가수가 노래하듯이 그렇게 경건하지 못한 태도로 급히 진행되는 경우가 얼마나 많은지 모릅니다. 의미를 전혀 생각하지도 않고 종달새처럼 그냥 말들을 쏟아 냅니다. 감독 교회의 예배를 위해 구별된 예배 처소들에서 사람들의 눈과 성가대원들의 눈과 심지어 목사 자신의 눈이 사방으로 두리번거리며, 예배 의식서에 기록된 것을 읽되 전혀 진지함도 없고 감정도 없는 것이 그 읽는 자세에서 분명히 드러나는 경우가 비일비재합니다.[2] 영국 국교회에서 주관하는 장례식에 여러 번 참석해 보았습니다만 그때마다 장례식 순서가 진지함도 없이 급히 진행되는 바람에 도무지 견디지 못하여 죽은 사람의 머리에 방석을 내어 던지고 싶은 충동을 느낄 정도였습니다. 슬피 우는 가족들의 마음이 찢어지는데도 장례식을 주관하는 목사는 마치 요금을 적게 받기라도 한 것처럼, 다른 할 일이 더 많은 것처럼, 그렇게 장례식 순서를 급히 서둘러서 마쳐 버리는 것을 보면서, 그냥 속수무책으로 그것을 보고만 있어야 한다는 것이 얼마나 한탄스러웠는지 모릅니다. 대체 그런 행동을 통해서 어떤 결과가 생길지를 생각이나 해 보았는지, 그렇게 무성의하게 급속히 내어 뱉는 말들에서 무슨 선한 효과가 생길지, 저로서는 상상이 되지 않습니다. 그렇게 엄숙한 장례 예배가 완전히 망쳐지고, 그렇게 무성의하게 진행되어 오히려 치욕스러운 것이 되어 버린다는 것은 생각만 해도 정말 충격이 아닐 수 없습니다. 그들이 우리의 기도를 너무 지나치게 비판하면 우리도 엄청난 반격을 가하여 아무 말도 하지 못하게 할 수 있는 것입니다. 그러나 다른 사람들의 약점을 잡는 것보다도 우리 자신의 잘못들을 바로 교정하는 것이 훨씬 더 낫습니다.

우리의 공기도가 본연의 모습을 지니기 위해서 첫째로 필요한 것은 그것이 마음에서 우러나오는 것이어야 한다는 것입니다. 사람은 간구할 때에 정말로 진지해야 합니다. 참된 기도가 되어야 합니다. 그것이 참된 기도라면, 사랑처럼 허다한 죄를 덮을 것입니다. 어떤 사람이 아주 친밀한 용어를 써서 경박스럽게 기도한다 할지라도, 그의 속마음이 진정 주께로 향하고 있다는 것을 알면 얼마든지 그런 것을 용납할 수 있습니다. 그런 잘못은 그 사람이 교육을 받지 못한 탓이지, 영적인 마음의 악 때문이 아니라는 것을 알기 때문입니다. 그러나 공적으로 간구하는 자는 진지해야 합니다. 설교를 준비시켜 주는 것으로서 졸음이 오게 하는 기도보다 더 나

---

2) 근래에 들어서 이러한 잘못이 더욱더 가중되고 있다는 것을 누구라도 기꺼이 인정해야 한다.

쁜 것이 어디 있겠습니까? 사람들로 하여금 하나님의 집에 나아오기를 싫어하게 만드는 것으로서 졸음이 오게 하는 기도보다 더한 것이 어디 있겠습니까? 그 일에 여러분의 온 영혼을 던지십시오. 여러분의 남자다움을 전부 쏟아서 할 일이 있다면, 그것은 바로 대중 앞에서 하나님께 가까이 나아가는 일일 것입니다. 하나님의 은혜에 힘입어, 온 회중을 함께 이끌어 하나님의 보좌 앞으로 나아가도록 그렇게 기도하십시오. 여러분에게 임하여 계신 성령의 능력으로 말미암아 모든 사람들의 바람과 생각들을 표현하며, 가슴을 치며 열정적으로 하나님을 바라는 수많은 교인들과 한 목소리가 되어 하나님의 보좌 앞에 서도록 그렇게 기도하시기 바랍니다.

그 다음으로, 우리의 기도는 적절해야 합니다. 회중이 처한 구체적인 상황들에 대해서는 굳이 말씀드리지 않겠습니다. 앞에서도 말씀드렸듯이 공기도가 지난 한 주간의 사건들을 보도하거나 출생, 사망, 결혼들을 공지하는 기회가 될 필요는 없습니다. 그러나 회중 가운데 일어난 전체적인 움직임들은 목사가 조심스럽게 인지하고 있어야 합니다. 교인들의 기쁨과 슬픔을 은혜의 보좌 앞에 똑같이 내어놓고, 양 떼들의 모든 움직임과 활동, 그리고 거룩한 사업들에 하나님의 축복이 임하시기를 구하며, 또한 그들의 부족함과 무수한 죄에 대해서 하나님께서 용서하시기를 구해야 하는 것입니다.

그 다음, 부정적인 사항이지만, 기도가 길어지지 않게 하라는 말을 해야겠습니다. 존 맥도널드(John Macdonald)가 한 말인 것 같습니다만, "여러분이 기도의 심령 속에 있다면, 길어지게 하지 마십시오. 다른 사람이 여러분의 그런 특별한 영성과 보조를 맞출 수 없을 것이기 때문입니다. 그리고 여러분이 기도의 심령 속에 있지 않다면, 그런 상태가 길게 가지 않도록 하십시오. 왜냐하면 청중들이 지리멸렬해지는 것을 곧 확실히 알게 될테니까요." 리빙스턴(Livingston)은 그 유명한 앤드루 멜빌(Andrew Melville: 1545-1622)과 같은 시대 사람인 에든버러의 로버트 브루스(Robert Bruce: 1554-1631)에 대해서 이렇게 말하고 있습니다:

그의 시대에서 그만큼 성령의 충만한 능력으로 말한 사람이 없다. 그렇게 많은 사람을 회심시킨 사람도 없다. 그의 청중들은 사도 시대 이후 그런 능력으로 말한 사람이 없다고 생각했다 … 그는 다른 사람들이 함께 있을 때에는 기도를 매우 짧게 했으나 문장 하나하나가 마치 하늘로 쏘아 올리는 강력한 화살과도 같았다. 그러나 혼자 있을 때에는 많은 시간을 기도로 씨름하였다.

특별한 일이 있을 때에는 기도를 인도하는 사람이 감동을 받고 스스로 도취되어 오전 예배의 공기도가 20분가량 계속되기도 하지만, 그런 일이 자주 있어서는 안 됩니다. 제 친구인 에든버러의 찰스 브라운 박사(Dr. Charles Brown)는 그의 예리한 판단에 따라서 공기도는 10분을 넘어서는 안 된다고 정해 놓고 있습니다. 우리의 청교도 선조들은 45분 정도나 그 이상을 기도하곤 했습니다. 그러나 그 당시 그들은 다시 예배로 모여서 기도할 기회가 또 있을지를 알 수 없는 상황 속에 있었고 그리하여 기도에 충심을 다하였으며, 게다가 그 당시 사람들은 기도나 설교의 길이에 대해서 오늘날처럼 왈가왈부하지 않았다는 점을 기억해야 할 것입니다. 여러분이 홀로 기도할 때에는 아무리 길어도 상관이 없습니다. 10분이든, 10시간이든 10주간이든 전혀 문제될 것이 없습니다. 홀로 무릎을 꿇는 시간이 많으면 많을수록 좋습니다. 그러나 우리는 지금 설교 전이나 후에 오는 공기도에 대해서 말하고 있는 것입니다. 이 기도는 15분보다는 10분으로 한계를 정하는 것이 더 좋습니다. 기도가 너무 짧다고 불평할 사람은 아마 천 명 중에 한 명 정도밖에는 없을 것이고, 오히려 기도가 너무 길다고 투덜거릴 사람이 많을 것입니다.

조지 휫필드(George Whitefield: 1714-1770)는 어느 설교자에 대해서 말하기를, "그의 기도는 나로 하여금 아주 진지한 마음을 갖게 했다. 그런데 거기서 중단했으면 아주 좋았을 것인데 기도를 계속하여, 그런 마음이 사라지게 만들었다"고 했습니다. 이런 점에서 큰 죄를 지어온 몇몇 설교자들을 그대로 남아 있게 하시는 것은 정말로 풍성한 하나님의 오래 참으심이 아닐 수 없습니다. 그들은 공기도에서 기나긴 장광설을 늘어놓아서 하나님의 백성들의 경건에 많은 해를 끼쳤으나, 하나님께서는 긍휼히 여기심으로 그들의 직분을 여전히 허락하시고 보존해 오신 것입니다. 대중 앞에서 25분 이상을 기도하면서도 오히려 하나님께 "부족함"을 용서해 주시기를 구하는 목회자들을 보면 정말 안타깝습니다! 공기도를 그렇게 길게 하지 말아야 할 이유는 이렇습니다. 첫째로, 교인들은 물론 여러분 자신을 지치게 만들기 때문이고, 둘째로는, 기도가 너무 길면 교인들의 마음이 설교에서 멀어지게 되기 때문입니다. 공기도에서 메마르고 지리한 말들을 이리저리 늘어놓는 것은 사람의 주의를 무디게 하고 귀를 오히려 막히게 만들 뿐입니다. 주의 깊게 듣게 하려고 하면서 오히려 귀를 진흙이나 돌로 막아 놓을 생각을 하는 사람이 있겠습니까? 아닙니다. 문을 활짝 열어 놓아서 나중에 복음의 공격 무기가 제 역할을 할 수 있도록 해야 할 것입니다. 기도를 길게 한다면 그것은 같은 내용을 반복하는 것이든지, 아니면 하나님께서 요구하지 않으시는 불필요한 설명들을 늘어놓는 것이든지, 아니면 노골적인 설교로 전락해 버려서 설교자가 눈을 뜨고 있느냐 감고 있느냐의 차이 외에는 기도와 설교가 전혀 차이가 없는 것이 되어 버릴 것입니다. 기도를 드리면서 웨스트민스터 요리문답을 연습할 필요는 없습니다. 참석해 있는 모든 사람들의 체험이나 여러분 자신의 체험을 일일이 아뢸 필요도 없습니다. 성경 본문들을 줄줄이 열거하고, 다윗이나 다니엘, 욥, 바울, 베드로 등 옛날의 여러 종들을 인용할 필요도 없습니다. 기도에서 필요한 것은 바로 하나님께 가까이 나아가는 것입니다. 그러나 모든 사람들이 "아멘"이라는 말을 듣고 싶어할 정도로 기도를 길게 할 필요는 없습니다.

한 가지 작은 힌트를 드리지 않을 수 없습니다만, 절대로 기도를 마치려는 듯하다가 다시 기도를 시작하여 5분을 계속하는 식으로는 하지 마십시오. 이제 기도가 끝마쳐지려 한다고 생각하게 되면, 사람들이 다시 경건한 마음으로 그 기도에 함께 참여할 수가 없게 되기 때문입니다. 제가 아는 사람들 중에도 기도가 끝맺음을 하려 한다는 희망을 갖게 하고서 다시 시작하기를 두세 차례나 계속하여 애를 먹이는 이들이 있습니다. 그러나 이런 것은 지극히 지혜롭지 못하고 불유쾌한 처사입니다.

또 한 가지 유념해야 할 것은 부적절한 은어를 사용하지 말라는 것입니다. 형제 여러분, 그런 저속한 것들은 버려야 합니다. 좋은 날을 보냈으니 그것들은 이제 죽어야 할 것들입니다. 이런 영적인 호언 같은 것들은 정말 배격해야 마땅합니다. 그 중에 어떤 것들은 완전히 창작한 것들이기도 하고, 어떤 것들은 외경에서 취한 것들이기도 하고, 어떤 것들은 성경의 본문에서 따온 것인데, 성경 저자에게서 나온 이후 극심하게 난도질당한 형태가 되어 버린 것들도 있습니다. 1861년 「침례교인 잡지」(*Baptist Magazine*)에 저는 일상적인 교회의 기도회에서 흔히 볼 수 있는 저속한 표현들에 대해서 다음과 같이 쓴 적이 있습니다:

저속한 은어들은 크나큰 악입니다. 다음과 같은 표현들을 어떻게 정당하다고 하겠습니까? '우리는 말(馬)들이 생각 없이(!!) 싸움의 현장에 들어가듯이 주의 존전에 그렇게 돌진해 들어가서는 안 됩니다.' 마치 말들에게 생각이 있기라도 하듯이, 마치 말의 그 정력을 드러내는 것이 당나귀의 게으름과 어리석음을 드러내는 것보다 못하기라도 하듯이 말입니다! 이런 멋진 말이 어디에서 온 말인가를 상상하는 것은 기도하는 것이 아니라 죄를 짓는 것이므로, 그런 문구는 기도에서 삼가야 마땅합니다. '이 그릇에서 저 그릇으로 기름이 흐르듯이, 마음과 마음을 통해 나아갑니다' 라는 말은 「알리바바와 사십 인의 도적」에서 인용한 것인 듯하지만, 전혀 의미가 없는 것입니다. 기름이 이 그릇에서 저 그릇으로 아주 신비롭고도 멋지게 흘러 들어간다는 것은 금방 납득이 되지 않는 말입니다. 기름은 더디 흐르는 것이므로 사람의 진지함을 상징하는 뜻으로 쓰일 수도 있을 것입니다. 그러나 하나님의 은혜는 다른 그릇에서 나오는 것을 받기보다는 직접 하늘로부터 받는 것이 더 나을 것입니다. 혹시 그런 말에 어떤 의미가 있다면, 교황주의적인 사고를 전달해 주는 것일 것입니다. 교회에서 지극히 가난하고 천한 사람들보다는 오히려 가장 잘난 사람들이 스스로 '주의 불쌍하고 미천한 티끌' 이라는 말을 흔히 쓰는 것을 보는데, 여기서 마지막 두 단어는 별로 적절하지 않습니다. 어떤 사람은 이런 표현에 너무나도 맹목적으로 물든 나머지, 자기의 자녀들과 후손들을 위하여 간구하면서 '오 주여, 주의 티끌을, 주의 티끌의 티끌을, 그리고 주의 티끌의 티끌의 티끌을 구원하소서'라고 외쳤다고 합니다. 아브라함은 '나는 티끌이나 재와 같사오나 감히 주께 아뢰나이다'라고 했습니다만, 이 말은 힘이 있고 간절한 뜻을 담고 있습니다. 그러나 그것을 잘못 인용하고 왜곡시켜서 흐트러진 형태로 취하였다면, 그 본래의 뜻을 빨리 회복시켜야만 합니다. 성경을 그런 식으로 왜곡시키는 참혹한 현상들이나, 이상야릇한 직유법들이나 우스꽝스러운 은유법들이 일종의 영적인 은어를 형성하고 있으나, 이것들은 전혀 거룩하지 못한 무식과 비열한 모방의 산물로서 은혜와는 상관없는 외식입니다. 그러므로 그것들을 끊임없이 반복하는 자들에게는 치욕스러운 것이며 그것들을 끊임없이 듣는 사람들에게는 견딜 수 없는 혐오감을 불러일으키는 것입니다.

에든버러의 찰스 브라운 박사는 뉴 칼리지 선교회(New College Missionary Society)의 한 귀한 강연에서 스코틀랜드 원주민들에게서 나타나는 — 그러나 때로는 트위드(Tweed)를 넘어서도 나타나는 — 그릇된 인용법들의 예를 제시하고 있습니다. 그분의 허락을 받아서, 여기에 그의 말을 길게 인용해 보겠습니다:

성경 본문들을 서로 뒤섞어 버리는 아주 불행하며 때로는 아주 괴상스럽기까지 한 관행들이 있습니다. 하나님께 드리는 기도에서 나타나는 다음의 말씀들을 모르는 사람이 어디 있습니까? '주는 영원히 거하시며 찬송이 영원히 거하시는 높고 거룩하신 분이시옵니다.' 이는 두 개의 영광스러운 본문들을 중간에 잘라서 합쳐 놓은 것으로, 각각 따로 떼어 놓으면 참 귀중한 말씀인데, 그만 이렇게 합쳐 놓음으로써 망가져 버렸고 그 의미를 상실하고 만 것입니다. 그 하나는 이사야서 57:15('지극히 존귀하며 영원히 거하시며 거룩하다 이름하는 이가 이와 같이 말씀하시되 내가 높고 거룩한 곳에 있으며')이며 나머지 하나는 시편 22:3('이스라엘의 찬송 중에 계시는 주여 주는 거룩하시니이다')입니다. 찬송이 영원히 거하신다는 말은 아주 빈약한 표현입니다. 찬송이 영원토록 거하는 것이 아닙니다. 그러나 하나님께서 친히 자신을 낮추사 이스라엘의, 구속함을 받은 교회의, 찬송 속에 거주하신다는 것은 얼마나 큰 영광인지 모릅니다. 그런데 이런 괴상한 표현들을 마치 성경 본문 그 자체인 것처럼 마구 사용하고 있다는 것은 참으로 이상스런 일이 아닐 수 없습니다. 또한 이런 말도 쓰이고 있습니다: '우리는 손으로 입을 가리우고 입을 티끌에 대며 부정하다 부정하다라고 외치오니 하나님이여 죄인들을 불쌍히 여기소서.' 이 말은 최소한 네 개의 성경 본문을 하나로 합쳐 놓은 것인데, 그 각각은 아름답기 그지없습니다. 첫째는, 욥기 40:4('보소서 나는 비천하오니 무엇이라 주께 대답하리이까? 손으로 내 입을 가릴 뿐이로소이다')이며, 둘째는, 예레미야애가 3:29('그대의 입을 땅의 티끌에 댈지어다 혹시 소망이 있을지로다')이고, 셋째는 나병 환자가 입술을 가리고 '부정하다 부정하다'라고 외치도록 한 레위기 13:45이며, 넷째는 세리의 기도에 나오는 간구입니다. 그렇지만, 사람이 먼저 손을 입에다 대며, 그 다음에 그 입을 땅의 티끌에 대고, 그리고 마지막으로 '부정하다, 죄인을 불쌍히 여기소서'라고 외친다는 것이 얼마나 이치에 맞지 않는 표현입니까! 또 한 가지 예는 우리들이 거의 보편적으로, 마치 성경의 말씀인 것처럼 생각하여 쓰는 것인데, 곧, '주의 사랑 속에 생명이 있으며, 주의 인자하심이 생명보다 나으니이다'가 그것입니다. 그런데 사실, 이는 두 구절을 합쳐 놓은 것인데, 생명이라는 단어가 두 구절에서 각기 전혀 다른 의미로 사용되고 있습니다. 그 하나는 시편 63:3('주의 인자하심이 생명보다 나으므로')인데, 여기서는 생명이 현재의 세상에서의 삶을 의미하는 것입니다.

성경의 언어를 바꾸어 놓는 경우들도 있습니다. 시편 130편의 '여호와여 내가 깊은 곳에서 주께 부르짖었나이다 …'라는 등의 표현이 시편 전체에서 가장 고귀한 말씀 중 하나라는 것을 구태여 말할 필요가 있을까요? 그런데 어째서 다윗과 성령의 말씀을 공기도에 사용하고, 또 가정 기도와 개인 기도에 인용하면서 다음과 같이 내용을 바꾸어 놓는지 모르겠습니다. 곧, '사유하심이 주께 있음은 주를 경외하게 하심이며 풍성한 속량을 구하게 하심이니이다'라는 식으로 말입니다. '사유하심이 주께 있음은 주를 경외하게 하심이니이다'(4절)라는 말씀이나, '여호와를 바랄지어다 여호와께서는 인자하심과 풍성한 속량이 있음이라 그가 이스라엘을 그의 모든 죄악에서 속량하시리로다'(7절)라는 말씀은 그 자체로 볼 때에 얼마나 귀합니까? 그리고 이 귀한 시편에서 '여호와여 주께서 죄악을 지켜보실진대 주여 누가 서리이까'라는 3절의 말씀이 있는 그대로 인용되지 않고 다음과 같이 바뀌는 경우가 얼마나 많습니까? '여호와여 주께서 죄악을 철저히 지켜보실진대 …'로 말입니다. 저의 대학 시절에는 이보다 더 거슬리는 형태로 이 본문을 바꾸어 놓곤 했습니다. '주께서 죄악을 철저히 지켜보시고 가혹하게 벌하실진대 누가 서리이까'로 말입니다! 또 한 가지 흔히 볼 수 있는 본문 변경의 사례는 '주는 하늘에 계시고 우리는 땅에 있사오니 우리의 말을 적게 하게 하시고 질서정연하게 하게 하옵소서'에서 볼 수 있습니다. 솔로몬이 한 단순하면서도 숭고한 말씀(이는 제가 말씀드리는 이 주제 전체에 대해서 큰 교훈을 담고 있습니다만)은 '하나님은 하늘에 계시고 너는 땅에 있음이니라 그런즉 마땅히 말을 적게 할 것이라'(전 5:2)인데 말입니다. 또 한 가지 예를 들면, '주께서는 눈이 정결하시므로 악을 차마 보지 못하시며 패역을 차마 보지 못하시거늘'이라는 하박국서 1:13의 숭고한 말씀이 '주께서는 눈이 정결하시므로 악을 차마 보지 못하시며 죄를 보고 역겨워하지 않으실 수 없거늘'로 왜곡되는 것입니다. 그러나 '주께서는 죄를 보고 역겨워하지 않으실 수 없거늘'이라고 하면 '죄를 보지 못하시거늘'이라는 말씀의 힘이 거의 사라지고, 하나님께서는 죄를 얼마든지 보실 수는 있고 다만 역겨워하실 뿐이라는 뜻이 되지 않겠습니까?

또한 성경을 인용하면서 의미 없는 말들을 쓸데없이 중복시키는 경우도 있습니다. 그 가운데 하나는 너무나 보편적으로 통용되고 있기 때문에 그것을 이야기하면 당장에 모두들 아는 정도가 되어 버렸습니다. 곧, '우리 중에 계시사 우리를 복 주시고 우리에게 선을 행하소서'라는 표현이 그것입니다. '우리에게 선을 행하소서'라는 맨 마지막 표현이 과연 무슨 의미가 있습니까? 그러나 이와 관련된 구절인 출애굽기 20:24에서는 '내가 내 이름을 기념하게 하는 모든 곳에서 네게 임하여 복을 주리라'고 말씀하고 있습니다. 성경 본문은 이렇게 단순합니다. 거기에 우리가 임의로 '우리에게 선을 행하소서'를 의미 없이 덧붙여 놓은 것입니다. 다니엘서 4:35에는 '그의 손을 금하든지 혹시 이르기를 네가 무엇을 하느냐?고 할 자가 아무도 없도다'라는 귀한 말씀이 있는데, 이것을 사람들은 흔히 '네 손을 금하여 일하지 못하게 할 자가 아무도 없도다'로 바꾸어 버립니다. 또한 '하나님이 자기를 사랑하는 자들을 위하여 예비하신 모든 것은 눈으로 보지 못하고 귀로 듣지 못하고 사람의 마음으로 생각하지도 못하였다!'라는 말씀을 '… 사람의 마음으로 생각하고 품지도 못하였다!'로 바꾸어 버립니다. 또한 우리는 하나님을 가리켜 '기도를 들으시고 응답하시는 분'이라고 하는 말을 끊임없이 듣고 있습니다만, 이는 쓸데없는 말을 반복하는 것일 뿐입니다. 하나님께서 기도를 들으신다는 것은 곧 그가 응답하신다는 것과 같습니다. '오 기도를 들으시는 주여, 주께 모든 육체가 나아오리이다.' '여호와여 나의 기도를 들으소서.' '내가 여호와를 사랑하오니 이는 그가 나의 목소리와 나의 간구를 들으셨음이로다.'

공기도에서 흔히 들을 수 있는 '주의 위로는 적지도 작지도 않사옵니다'라는 말은 대체 어디서 온 것일까요? 그것은 제가 생각하기에는 아마도 욥기에 있는 '하나님의 위로 … 가 네게 작은 것이냐?'라는 말씀에서 온 것인 듯합니다(욥 15:11). '그 언약을 눈여겨 보소서 무릇 땅의 어두운 곳에 포악한 자의 처소가 가득하나이다'라는 시편 74:20의 기도를 인용하면서 거의 항상 '끔찍하게 포악한 자의 …'라고 덧붙이는 것을 봅니다. 그리고 이사야의 기도 중에 나타나는

'너희 여호와를 기억하시게 하는 자들아 너희는 쉬지 말며 또 여호와께서 예루살렘을 세워 세상에서 찬송을 받게 하시기까지 그로 쉬지 못하시게 하라'(사 62:6, 7)는 말씀의 경우도 거기의 '세상'에다 거의 항상 '온'이라는 말을 덧붙여서 '온 세상'이라고 하며, '하늘에서는 주 외에 누가 내게 있으리요 땅에서는 주밖에 내가 사모할 이 없나이다'라는 시편 기자의 호소(시 73:25)도 '땅에서는'에다 '온'을 덧붙여 '온 땅에서는'으로 인용하는 것입니다. 이 마지막의 사례들은 별로 큰 문제가 아닌 것처럼 보입니다. 과연 그렇습니다. 그저 이따금씩 일어나는 일이라면 그리 문제삼을 만한 일이 아니겠지요. 그러나 이것이 완전히 고착되어 일상적으로 일어나는 일이라면, 그 자체로서는 별 문제가 아닐지 모르지만, 그런 말들이 성경의 권위를 갖는 것처럼 되어 버리기 때문에 문제가 되는 것입니다. 저의 소견으로는 그런 것들은 우리 장로 교회의 예배에서 완전히 사라져야 한다고 봅니다. 다소 특이하지만 우리가 흔히 쓰고 있는 '악인이 죄를 혀 밑에 문 달콤한 음식처럼 입 속에서 굴린다'는 표현이 욥기 20:12, '그는 비록 악을 달게 여겨 혀 밑에 감추며'에서 온 것이라는 것을 알면 아마 깜짝 놀랄 것입니다.

이 정도면 족할 것입니다. 이런 불행한 주제에 대해서 그렇게 길게 이야기한다는 것이 양심에 걸리는 느낌이 들 뿐입니다. 그러나 여러분, 이에 대해서 말씀을 마치기 전에 꼭 당부 드리고 싶습니다. 하나님의 말씀을 인용할 때에는 문자 그대로 정확히 하시기 바랍니다.

목사들은 성경을 인용할 때에 언제나 정확히 하는 것을 큰 존귀로 생각해야 합니다. 언제나 정확하기란 쉬운 일이 아닙니다. 그리고 그것이 힘들기 때문에 더더욱 조심해야 하는 것입니다. 옥스퍼드나 케임브리지 대학에서는 연구원(a fellow)이 혹시 타키투스(Tacitus)나 베르길리우스(Virgil), 혹은 호메로스(Homer)를 잘못 인용하게 되면 그 사람을 거의 반역자나 흉악한 범죄자처럼 취급할 정도입니다. 그러나 설교자가 바울이나 모세나 다윗을 잘못 인용한다면, 그것은 훨씬 더 심각한 문제요, 극심한 질책을 받아 마땅한 문제입니다. 저는 대학생이 아니라 "연구원"이라고 했습니다. 목회자는 최소한 대학교의 연구원 직에 있는 사람들이 자기의 연구 과목에 대해서 정확성을 기하는 정도만큼은 성경 말씀에 대해서 정확해야 하는 것입니다. 여러분이 과연 문자적 영감론을 흔들림 없이 믿으신다면(저도 이를 믿습니다만), 정확한 말씀을 제시할 수 있는 경우 외에는 절대로 성경을 인용해서는 안될 것입니다. 왜냐하면 여러분이 성경 본문의 어느 한 부분이라도 변경시키게 되면 하나님께서 의도하신 본문의 의미를 완전히 놓쳐 버릴 수가 있기 때문입니다. 성경 본문을 정확히 인용하지 못한다면, 구태여 간구 중에 성경 본문을 인용할 필요가 어디 있습니까? 여러분의 마음에서 새롭게 떠오르는 표현들을 사용하십시오. 성경 본문을 잘못 인용하여 왜곡시키는 것보다도 하나님께서는 그것을 더 기뻐 받으실 것입니다. 성경을 왜곡시키지 않도록 열심을 다하십시오. 그리고 모든 저속한 은어들을 삼가십시오. 그것들이 자유로운 기도를 망가뜨리는 것들이기 때문입니다.

어떤 사람들은 눈을 뜨고 기도하는 습관을 갖고 있기도 한데, 여러분은 이런 습관에 빠지지 말기 바랍니다. 그런 습관은 부자연스럽고, 어울리지도 않으며, 혐오스러운 것입니다. 때로는 눈을 뜨고 하늘을 올려다보는 것이 적합하고 또 인상적일 수도 있습니다만, 눈에 보이지 않는 하나님께 말씀을 올린다고 하면서 눈을 뜨고 쳐다보는 것은 몹시 혐오스러운 것입니다. 초기의 교회들에서는 교부들이 이런 부절절한 행위를 금지한 바 있습니다. 또한 기도할 때에 몸동작이 없으면 좋고, 있더라도 최소한으로만 사용하여야 합니다. 마치 설교하는 것처럼 팔을 들어 움직이는 동작은 기도에는 별로 어울리지 않습니다. 그러나 거룩한 감정이 고조될 때에 자연스럽게 팔을 펴서 올린다든가 손을 맞잡는다든가 하는 동작은 자연스럽다 할 수 있습니다. 목소리의 상태도 어울려야 합니다. 시끄럽거나 자기 주장을 하듯 거세거나 해서는 안 됩니다. 하나님께 말씀드리는 사람에게 어울리도록 나직하고도 경외의 자세로 아뢰어야 할 것입니다. 자연에서도 이를 배울 수 있지 않습니까? 그렇다면 은혜에서야 더 말할 것도 없을 것입니다.

주일 예배에서 드리는 공기도에 대해서 특별히 한두 마디 더 말씀드리는 것이 유익할 것이라 생각됩니다. 예배가 습관화되고 일상적인 의례로 전락하지 않도록 막기 위해서, 예배의 순서를 가능한 한 많이 변화를 주는 것이 좋을 것입니다. 자유로우신 성령께서 우리에게 감동 주시는 대로 즉시 시행하는 것입니다. 특정한 열악한 교회들에서 집사들이 목사의 직무까지 간섭하려 하는 현상이 있다는 것을 저는 최근에야 알았습니다. 저는 지금까지 제가 생각하기에 가장 적절하고도 유익이 되는 방식으로 예배를 진행해 왔습니다만, 저는 집사들과 아주 친밀한 관계 속에서 지내오고 있는데도 그들에게서 한 번도 심하게 반대하는 말을 들어본 적이 없습니다. 그러나 오늘 아침 한 동료 목사가 제게 말하기를, 한 번은 예배가 시작될 때에 찬송으로 시작하지 않고 기도로 시작했더니 예배를 마친 후 집사들이 그에게 자기들은 새로운 변화를 주는 것은 원치 않는다고 이야기했다는 것입니다. 우리 침례 교회들이 전통에 얽매이지 않고 또한 특정한 예배 형식에 얽매이지도 않는다는 것은 누구든지 다 아는 사실인데도, 이 불쌍한 사람들은, 스스로 주인으로 여기는 이 사람들은, 스스로 고착화된 예배 의식을 반대하여 소리를 높이면서도 자기 목사를 관습으로 얽어매려 하고 있는 것입니다. 이제는 그런 넌센스는 영원히 자취를 감추어야 할 때입니다.

우리는 성령께서 감동하시는 대로, 또한 우리가 최상이라고 판단하는 대로 예배를 진행하고 있다고 주장합니다. 우리는 이 순서에서는 반드시 찬송을 불러야 하고 그 다음에는 반드시 기도가 있어야 한다는 식으로 얽매여 있지 않고, 오히려 예배의 순서에 자유로이 변화를 주어서 단조로워서 지루해지는 것을 막을 것입니다. 제가 들은 이야기입니다만, 힌튼 선생(Mr. Hinton)은 예배를 시작하자마자 설교부터 시작하여, 늦게 도착하는 사람들이 기도할 기회를 갖도록 했다고 합니다. 그렇게 못할 이유가 없습니다! 불규칙한 것이 오히려 유익이 되고, 획일적인 것이 오히려 지리하게 만들 수도 있습니다. 교인들로 하여금 2분에서 5분 정도 조용히 침묵을 지키고 앉아 있도록 하는 것도 아주 유익할 것입니다. 엄숙한 침묵이 고귀한 예배를 만드는 것입니다.

참된 기도는 시끄러운 소리나
입술의 소란스런 움직임의 반복이 아니요,
여호와의 발 아래 조아리는
영혼의 깊은 침묵이로다.

기도의 순서에 변화를 주어서 사람들로 하여금 계속해서 주의를 기울이도록 하시기 바랍니다. 그렇게 해서, 사람들이 마치 시계 바늘이 자동으로 돌아가듯이 모든 순서를 기계적으로 따라가는 것으로 그치지 않도록 해야 할 것입니다.

공기도의 길이에 변화를 주십시오. 첫 기도에 3분을 할애하고 두 번째 기도에 15분을 할애하는 것보다, 가끔은 첫 기도와 두 번째 기도에 각각 9분씩을 할애하는 것이 훨씬 더 낫다고 생각하지 않습니까? 때로는 첫 번째 기도를 길게, 두 번째 기도를 짧게 하는 것도 좋지 않겠습니까? 두 기도를 모두 적절한 길이로 하는 것이 한 번은 매우 길게 하고 한 번은 매우 짧게 하는 것보다 낫지 않겠습니까? 성경 봉독 다음에 찬송을 부르거나, 혹은 기도 전에 찬송을 한두 절 부르는 것은 어떨까요? 때때로 찬송을 네 번 정도 부르는 것은 어떻겠습니까? 때로는 찬송을 두 번 정도만 부르거나 아니면 한 번만 부르는 것은 어떨까요? 설교 후에 찬송을 부르지 않는다면 어떨까요? 예배의 맨 마지막에 찬송을 부르는 일이 없는데, 찬송으로 예배를 마치는 것은 어떨까요? 성령께서 인도하셔서 지금에는 알 수 없는 그런 다양한 방식을 적용하도록 해 주실 것입니다. 이렇게 방식을 다양화시킴으로써, 교인들이 예배의 특정한 형식이 고정되어 있다는 생각을 갖지 않도록 만들고, 그리하여 다시금 미신에 빠져 들어가지 않도록 해 주어야 할 것입니다.

중보 기도의 흐름에 변화를 주십시오. 교회의 연약함, 교회의 침체, 슬픔, 위로, 바깥 세상, 이웃, 회심하지 않은 청중들, 젊은 청년들, 국가 등 여러분이 공기도에서 주의를 기울여야 할 주제들이 많습니다. 기도할 때마다 이 모든 주제들을 다 언급하지는 마십시오. 기도가 너무 길어지고 또한 사람들이 함께 관심을 집중할 수 없을 것이기 때문입니다. 어떤 주제에 대해서 기도하든 여러분의 마음을 다하여 간구하시기 바랍니다. 기도를 잘 이어 가는 길이 있습니다. 성령께서 그 길로 인도하시면 예배 전체가 하나가 되고, 찬송과 설교가 서로 조화롭게 이어질 것입니다. 할 수 있는 대로 예배에서 통일성을 유지하는 것이 매우 좋습니다. 그러나 기계적으로 하지 않도록 지혜를 발휘하여야 할 것입니다. 어떤 형제들은 심지어 설교에서조차도 통일성을 유지하지 못하고 영국에서부터 일본에 이르기까지 이리저리 방황하면서 생각할 수 있는 모든 주제를 다 거론합니다. 그러나 여러분, 설교에서 통일성을 보존하는 일에 대해서 문제가 없으시다면, 좀 더 나아가서 예배 전체에서 어느 정도 통일성을 드러내 보이도록 하시기 바랍니다. 찬송과 기도와 성경 읽기가 모두 동일한 주제가 드러나도록 유의하여야 할 것입니다. 어떤 설교자들은 마지막 기도에서 또다시 설교를 시도하는 습관이 있으나 그런 것은 별로 본받을 만한 것이 못 됩니다. 청중들에게는 교훈이 될 수도 있지만, 그것은 기도의 본 목적과는 전연 상관없는 것입니다.

독사를 보면 피하는 것처럼, 공적인 예배에서 거짓된 열정을 불러일으키고자 하는 모든 시도를 피하시기 바랍니다. 진지하게 보이려고 수고하지 마십시오. 하나님의 성령의 인도하심을 받아 여러분의 마음에서 우러나오는 대로 기도하십시오. 그리고 여러분이 무디고 마음이 무거우면 그 사실을 주께 말씀드리십시오. 여러분의 침체된 상태를 고백하고 그것에 대해 슬퍼하며, 소생시켜 주시기를 외치는 것은 나쁜 일이 아닙니다. 그것이야말로 진정한 기도요 하나님께서 받으실 만한 기도일 것입니다. 그러나 일부러 자극을 주려고 애쓴다면, 그것은 거짓말을 아뢰는 것이요 참으로 수치스러운 것입니다. 진지한 사람들의 기도를 절대로 모방하려 하지 마십시오. 간절하게 탄식하는 사람과 또한 열정에 가득 차서 쉰 소리를 내는 사람이 주위에 있다고 해서 그런 사람처럼 열심 있게 보이려고 그들을 모방해서는 안 됩니다. 처음부터 끝까지 그저 여러분의 모습 그대로 자연스럽게 하나님의 인도하심을 기대하면서 간구하시기 바랍니다.

마지막으로, 여러분을 신뢰하는 마음으로 이 말씀을 드립니다만, 여러분, 공기도를 준비하시기 바랍니다. 이 말을 듣고 깜짝 놀라서, "아니, 그게 대체 무슨 뜻입니까?"라고 되물을 분이 있을지도 모릅니다. 글쎄요, 제 말은 몇몇 사람들이 생각하는 그런 뜻과는 좀 다릅니다. 언젠가 목사들의 모임에서 그 문제를 논의한 적이 있습니다. 목사가 미리 공기도를 준비하는 것이 올바른가? 하는 문제였지요. 몇몇 사람들이 아주 진지하게 그런 것은 잘못된 것이라고 단언했고, 그들의 주장은 아주 적절했습니다. 그리고 또 어떤 사람들은 똑같은 진지함으로 그것이 올바르다는 논지를 제시했고, 물론 그들의 견해도 무시되어서는 안 될 것이었습니다. 저는 양쪽 모두 옳았다고 믿습니다. 첫 번째 형제들은 기도를 준비한다는 것을 표현을 연구하고 기도 내용의 순서들을 정하는 것으로 이해했습니다. 그런 것은 분명 영적인 예배와는 완전히 모순된 것입니다. 우리는 온전히 하나님의 성령의 손에 모든 것을 맡겨서 그가 기도의 내용과 표현을 가르쳐 주시도록 하여야 마땅할 것입니다. 이런 의견에 저는 전적으로 동감합니다. 목사가 기도를 미리 써 놓고, 간구의 내용과 표현을 미리 준비해서 그대로 기도한다면, 그 사람은 차라리 예배 의식서를 사용하는 편이 좋을 것입니다. 그러나 반대쪽의 형제들은 준비라는 것을 전혀 달리 이해하였습니다. 머리를 준비시키는 것이 아니라 마음을 준비시키는 것으로 본 것입니다. 그리하여 미리 기도의 중요성을 엄숙하게 생각하고, 사람들의 영혼의 필요에 대해서 묵상하고, 우리가 호소해야 할 약속들을 기억함으로써, 간구할 내용을 자신의 심비(心碑)에 새겨서 주 앞에 나아가는 것입니다. 이렇게 하는 것이 그저 갑자기 명확한 용건이나 의욕도 없이 아무렇게나 보좌 앞에 나아가 무작정 하나님을 뵈옵는 것보다 훨씬 낫습니다.

어떤 사람은, "나는 기도할 때에 절대로 지치지 않는다. 기도할 때마다 언제나 명확한 용건이 있기 때문이다"라고 했습니다. 형제 여러분, 여러분의 기도는 과연 어떻습니까? 교인들의 간구들을 인도할 합당한 마음의 자세를 갖기를 힘쓰고 있습니까? 주 앞에 나아갈 때에 분명한 용무를 갖고 가십니까? 형제 여러분, 저는 우리가 우리 자신의 은밀한 기도들로 공기도를 준비해야 한다고 느낍니다. 하나님과 가까이 하는 생활을 통해서 기도의 자세를 계속 유지하여야 합니다. 그렇게 하면 입으로 아뢰는 간구에서도 실패하지 않을 것입니다. 이보다 더 나아가서 용납할 수 있는 것이 있다면, 시편들을 암송하고 또한 약속과 간구와, 찬양과 고백들이 담겨 있는 성경 본문들을 기억하는 일일 것입니다. 그런 것들이 기도의 행위에 도움이 될 수 있을 것입니다. 크리소스톰(Chrysostom)은 마음으로 성경을 배웠기 때문에 마음만 먹으면 언제나 암송할 수 있었다고 합니다. 그러니 그를 가리켜 황금 입술을 가진 사람(golden-mouthed)이라 부르는 것도 무리가 아닙니다. 우리가 하나님과 대화를 나눌 때에, 성령께서 친히 하신 말씀보다 더 적절한 말은 없습니다. "주께서 말씀하셨으니 이루시옵소서"라는 말은 언제나 지극히 높으신 하나님께 상달되는 법입니다. 그러므로 진리의 말씀을 암송하는 데에 힘쓰시고, 이어서 성경을 끊임없이 읽음으로써 언제나 신선한 간구로 촉촉이 젖어 있도록 하십시오. 그렇게 하면 여러분이 주님 앞에 공적으로 간구를 올릴 때에 기도의 향기가 하나님의 집 전체를 가득 채우게 될 것입니다. 이렇게 기억 속에 기도의 씨앗들을 심어 놓으면, 계속해서 놀라운 수확을 거두게 될 것입니다. 여러분이 회중 앞에서 기도하는 시각에 성령께서 여러분의 영혼을 거룩한 불로 뜨겁게 데우실 것이기 때문입니다. 다윗이 골리앗에게 승리를 거둔 다음 골리앗의 칼을 사용했던 것처럼, 우리도 때로는 이미 응답을 얻은 간구들을 사용할 수 있습니다. 그리고 이새의 아들 다윗처럼 우리도 "그것과 같은 것이 없도다"라고 말할 수 있을 것입니다. 하나님께서 그 일을 우리에게서도 또다시 이루실 것이기 때문입니다.

여러분, 진지하게, 불길로 가득 채워서, 열정적으로 기도하시기 바랍니다. 성령께서 이 신학교의 학생 한 사람 한 사람마다 공기도를 가르치셔서 하나님께서 언제나 최상의 섬김을 받으시도록 해 주시기를 기도합니다. 명확하고도 마음에서 우러난 간구를 드리시기 바랍니다. 교인들이 때때로 여러분의 설교가 평소보다 좀 떨어진다고 느낄지도 모릅니다만, 여러분의 기도가 그 모든 것을 보상하고도 남음이 있다고 느낄 것입니다.

제 5 장

설교 — 그 주제

　설교에는 반드시 진정한 가르침들이 있어야 하며, 그 가르침이 견고하고, 실질적이며, 풍성해야 합니다. 설교자는 그저 무작정 아무런 이야기나 하기 위해서 강단에 올라가는 것이 아닙니다. 우리에게는 전달해야 할 막중한 교훈들이 있으므로 내용 없이 겉만 번지르르한 하찮은 이야기를 하고 있을 여유가 없습니다. 그 교훈들의 주제가 끝이 없습니다. 그러므로 우리의 강론들이 보잘것없고 내용이 없으면 도저히 변명의 여지가 없습니다. 우리가 하나님의 사신으로서 대언(代言)한다면, 말할 거리가 없다고 불평할 일이 절대로 없습니다. 우리가 전할 메시지의 내용이 넘쳐나기 때문입니다. 복음의 전체를 강단에서 제시해야 합니다. 성도에게 단번에 전해진 믿음의 총체를 선포해야 한다는 말입니다. 예수님이 그렇게 하셨듯이, 우리도 진리를 교훈적으로 선포하여, 사람들로 하여금 그 기쁜 소식을 듣고 알도록 해야 하는 것입니다.

　우리는 "알지 못하는 신"의 제단을 섬기는 사람들이 아닙니다. 우리는 "주의 이름을 아는 자는 주를 의지하오리니"(시 9:10)라고 말씀한 그런 하나님을 예배하는 자들에게 말씀을 전하는 자들입니다. 설교를 조리 있게 잘 하는 것은 매우 유익한 기술일 수 있습니다만, 설교할 내용이 없으면 어떻게 되겠습니까? 아무 내용도 없이 설교하려는 사람은 마치 고기를 써는 사람이 빈 접시를 갖고 있는 것과도 같습니다. 그저 종교적인 행위에만 관심이 있는 사람들은 적절하고도 관심을 끄는 강론을 할 수 있는 능력이 있고, 강론에 주어진 시간 동안 편안하고도 자유롭게 내용을 이야기하고, 그리하여 모양새 좋은 연설을 이끌어 가면 그것으로 족하다고 생각할 수도 있습니다만, 참된 그리스도의 사역자는 참된 설교의 가치는 전하는 자세나 방식에 있는 것이 아니라 그 전해지는 진리에 있다는 것을 아는 법입니다. 가르침의 결핍은 다른 무엇으로도 보상할 수가 없습니다. 구원의 복음을 알곡에 비하면 세상의 모든 언변을 다 모아도 그것은 그저 겨에 불과합니다. 씨뿌리는 자의 바구니가 아무리 아름답더라도 거기에 씨앗이 담겨 있지 않다면 그것은 처절한 웃음거리일 뿐입니다. 아무리 장엄한 강론을 한다 할지라도 하나님의 은혜의 교리가 결핍되어 있으면 그것은 화려한 실패일 뿐입니다. 마치 구름처럼 사람의 머리 위를 쓸고 지나가지만 메마른 땅에는 한 방울의 비도 내리게 하지 못하는 것입니다. 그러므로 정말 절실한 필요를 체험하여 지혜를 얻은 심령들에게 그러한 사실에서 실망밖에는 얻지 못할 것입니다. 어떤 사람이 어느 여류 작가에 대해서 평하기를, 그 사람은 수정펜에 이슬을 찍어서 은종이에 글을 쓰며, 그 글이 번지지 않도록 나비의 날개에서 떨어지는 가루를 뿌린다고 말했는데, 말씀의 스타일이 그처럼 아무리 매혹적이라 할지라도 지금 당장 위험 속에 빠져 있는 영혼들에게는 그런 세련된 아름다움이 무슨 소용이 있겠습니까? 공허함보다 오히려 더 가벼울 뿐입니다.

말(馬)은 그 울리는 벨이나 발자국 소리로 판단해서는 안 되고, 그 수족과 뼈와 혈통으로 판단해야 합니다. 그리고 사려 깊은 청중들은 복음의 진리와 복음의 정신의 힘이 거기에 얼마나 들어 있는가 하는 것으로 설교를 판단하는 것입니다. 형제 여러분, 여러분의 설교를 달아보시기 바랍니다. 길이로 재지 말고, 무게를 달아보십시오. 여러분이 내어 뱉는 말의 양을 재지 말고, 그 내용의 질을 가늠해 보기 바랍니다. 진리에 빈약하면서 말만 많이 하는 것은 정말 어리석은 일입니다. 세상에서 가장 위대한 시인에 대해서, "그라티아노는 아무것도 아닌 것에 대해서 정말 굉장하게 이야기하는데 베니스의 어떤 사람보다도 낫다. 그의 이야기의 골자는 마치 두 말의 겨 속에 감추어진 두 개의 밀알과도 같아서 하루 종일 찾아도 찾을 수 없고, 막상 찾아놓고 보면 그렇게 애쓰고 찾을 만한 가치가 없었다는 것을 깨닫게 된다"는 말이 있는데, 설교자가 혹시 이런 평을 듣기를 좋아한다면 그것이야말로 정말 애처로운 일일 것입니다.

　감정에 호소하는 것 자체는 아주 훌륭한 일입니다. 그러나 거기에 참된 교훈이 담겨 있지 않다면 그것은 번쩍 섬광을 터트리고 화약 가루를 쓰고서도 탄환을 날리지 못하는 것과 같습니다. 아무리 열정적인 부흥 운동도 가르침의 연료를 공급받지 못하면 결국 연기처럼 사그라지고 맙니다. 하나님의 방법은 율법을 생각에 두고 마음에 기록하는 것입니다. 판단을 갖게 하고, 감정을 억제하는 것입니다. 히브리서 8:10을 읽어보고, 은혜의 언약의 모델을 따르십시오. 여기서 그 본문에 대한 가우지(Gouge)의 노트를 인용하는 것이 좋을 것 같습니다: "목사들은 여기서 하나님을 본받아야 하며, 최선의 노력을 기울여 사람들에게 경건의 비밀들을 가르치며, 무엇을 믿고 무엇을 실천해야 할지를 가르치고, 그런 다음 행동하도록 자극을 주고 또한 가르침 받은 바를 행하도록 해야 한다. 그렇게 하지 않으면 그들의 수고가 헛되고 말 것이다. 이것을 소홀히 하는 것이야말로 오늘날 나타나는 것처럼 사람들이 갖가지 오류에 빠지는 주원인이다." 여기서 저는 오늘날에 와서는 이 마지막 말이 더 절실해졌다는 말을 덧붙이고 싶습니다. 양 떼들이 적절히 가르침을 받지 못하면 교황주의의 늑대들에게 크나큰 해를 받을 수 있습니다. 건전한 가르침이야말로 사방에서 공격해 오는 이단들을 막는 최선의 길입니다.

　여러분의 청중들은 성경의 주제들에 대한 건전한 가르침을 갈망하며, 또 반드시 그래야 합니다. 그들에게 성경을 정확히 설명해 주는 것이 필요합니다. 그리고 혹 여러분이 "천에 하나인 해석자"요, 진정한 하늘의 사자라면, 그들에게 풍성하게 줄 것입니다. 아무리 다른 요소가 많아도, 믿음을 세워 주는 교훈적인 진리가 결핍되어 있다면, 그것은 마치 빵에 밀가루가 없는 것처럼 치명적인 것입니다. 피상적으로 다루는 범위가 아니라 견고한 내용을 기준으로 평가할 때, 경건한 강론의 면모를 갖지 못한 초라한 설교들이 무수히 많습니다. 이런 발언은 충분한 근거가 있습니다. 여러분, 천문학이나 지질학 강의를 들어보면, 그 짧은 과정을 통해서도 천문학과 지질학에 대해서 상당히 명확한 견해를 얻게 됩니다. 그런데, 일반적인 설교자들의 말씀을 들으면, 12개월이 아니라 12년을 들어보아도 그들의 신학의 체계에 대해서 전혀 감을 잡을 수가 없는 것이 현실입니다. 사실이 그렇다면, 그것은 그야말로 통탄할 만한 큰 과오가 아닐 수 없습니다. 안타깝게도 그 위대한 영원한 실체와 근본적인 진리들에 대한 수많은 설교자들의 그 불명확한 말씀과 희미한 사상이 비판의 대상이 되어 온 경우가 너무나 많았습니다.

형제 여러분, 여러분은 신학자여야 합니다. 그렇지 못하면, 여러분은 목회지에서 아무것도 아닙니다. 언변이 좋고 세련된 언어를 구사하는 연설가일 수는 있습니다. 그러나 복음에 대한 지식이 없고 또한 복음을 가르칠 능력이 없으면, 여러분은 그저 소리나는 구리와 울리는 꽹과리에 불과한 존재일 뿐입니다. 말이 많은 것이 그저 신학적 무지를 덮어 주는 무화과나무 잎사귀 이외에 아무것도 아닐 경우가 비일비재합니다. 건전한 가르침 대신 쓸데없는 이야기가 주어지고, 강건한 사상 대신 현란한 언변이 난무합니다만, 이런 일은 절대로 있어서는 안 되는 것입니다. 공허한 연설이 풍성하고 영혼을 위한 참된 양식이 결핍되면, 강단은 그저 호언장담이 울려 퍼지는 연단(演壇)으로 바뀌어 버리고, 경외감 대신 경멸과 모욕을 부추기는 장소가 되고 맙니다. 가르침을 주는 설교자로서 진정 교인들에게 영적 양식을 먹이지 않으면, 우리는 우아한 시를 논하는 웅변가일 수도 있고, 옛 말(言)을 파는 소매상일 수는 있습니다만, 마치 불타는 로마를 바라보며 빈둥거리고 시민들이 곡식이 없어 굶어 죽어가고 있을 때에 경기장에 모래를 실어오기 위하여 알렉산드리아로 배를 보낸 그 옛날의 네로 황제와 같은 처지가 되고 마는 것입니다.

설교에는 풍성한 내용이 있어야 한다는 점을 강조합니다. 그리고 또 말씀드릴 것은 그 내용이 본문과 일치해야 한다는 것입니다. 설교의 내용은 본문에서 우러나오는 것이어야 합니다. 그리고 그런 현상이 뚜렷하면 할수록 좋습니다. 그러나 언제나 본문과 아주 밀접한 관계를 지닌 것이어야 합니다. 영적인 의미를 밝히고 또 적용하는 면에서는 상당히 신축성이 허용됩니다. 그러나 그런 신축성이 방종으로 전락해서는 안 됩니다. 반드시 연결이 있어야 합니다. 그리고 그저 희미한 연결이 아니라, 설교와 그 본문 사이에 진정한 관계가 성립되어야 한다는 것입니다. 저는 어느 날 놀라운 본문에 대한 이야기를 들었습니다. 생각하기에 따라서 그것이 적절할 수도 있고, 그렇지 않을 수도 있습니다. 어느 교구의 한 지주(地主)가 번쩍이는 진홍색 외투 여러 벌을 그 교구의 나이 많은 부인들에게 선물로 주고는 그 부인들에게 그 다음 주일 교회에 나와서 강단 바로 앞의 좌석에 앉으라고 했답니다. 그리고는 그 주일에 자칭 사도의 계승자라는 설교자는 "솔로몬의 모든 영광으로도 이 꽃 하나만 같지 못하였느니라"는 본문으로 설교하였답니다. 그리고 그 다음에는 그 지주가 그 교구의 각 가정마다 감자 한 말씩을 선물로 돌렸는데, 그 다음 주일에는 "그들이 말하기를, 이것이 만나라"는 본문으로 설교가 행해졌다는 것입니다. 이런 경우 본문 선택이 그 설교의 주제와 일치했는지 알 수가 없습니다. 일치했을 수도 있습니다. 왜냐하면 완전히 엉터리로 끼워 맞추었을 가능성이 높으니까요. 어떤 설교자들은 본문을 봉독하자마자 즉시 무시해 버립니다. 본문을 봉독함으로써 그것에 대한 예우를 다 했으니, 그것을 거론할 필요를 느끼지 못하는 것입니다. 말하자면, 성경의 그 부분을 잠시 만지고는, 들로 산으로 나아가 새로운 초장을 찾는 것입니다. 그런 사람들은 대체 어째서 성경에서 본문을 잡는지 모르겠습니다. 어째서 구태여 성경에서 본문을 취하여 그들의 그 찬란한 자유를 제한시키는지 모르겠습니다. 그들의 자유로운 페가수스 산을 올라가면서 어째서 구태여 성경을 말안장으로 삼는지 모르겠습니다. 여러분, 영감된 하나님의 말씀은 말 많은 수다쟁이가 마음대로 뛰어다니도록 도와주기 위하여 주어진 것이 절대로 아닙니다.

    다양성을 유지하는 가장 확실한 방법은 본문 하나하나에 나타난 성령의 생각에 충실한 것입니다. 두 본문이 정확하게 일치하는 것은 없습니다. 똑같이 보이는 본문도 주변의 문맥의 흐름 속에서는 무언가 다른 내용이 담겨 있습니다. 성령의 궤적을 그대로 따라가십시오. 그러면 절대로 똑같은 내용을 반복하게 되거나 설교의 주제가 결핍되는 일이 없을 것입니다. 그의 길이 풍성한 것들을 줄 것입니다. 더욱이 설교가 하나님의 말씀 그 자체일 때에는 — 성경에 대한 강론이 아니라 성경 그 자체가 열리고 힘 있게 선포될 때에는 — 듣는 이들의 양심에 훨씬 더 큰 능력으로 다가옵니다. 어느 한 구절에 근거하여 설교한다고 하면서 여러분 자신의 생각들을 전개하기 위하여 그 말씀을 옆으로 제쳐 두지 않는 것은 그것이 과연 위엄 있는 영감된 말씀이기 때문입니다.

형제 여러분, 여러분이 본문으로 삼은 성경 말씀의 정확한 의미를 따라가는 습관을 지키고 계시다면, 성령의 말씀(*ipsissima verba*) 그 자체를 그대로 따라가시기 바랍니다. 제목 설교가 허용되기도 하고, 또 어떤 경우에는 매우 적절하기도 하지만, 성령의 정확한 말씀 하나하나를 해명하는 설교들이 회중들 대부분에게 가장 유익하고도 가장 적절합니다. 그들은 말씀 그 자체가 설명되고 해명되는 것을 원하고 있습니다. 사람들이 언어 이외에는 본문의 정확한 의미를 제대로 가늠할 능력이 없는 경우가 허다합니다. 말하자면, 본문 속에 담겨 있는 진리를 바라볼 능력이 없다는 것입니다. 그러나 그 정확한 말씀을 듣고 또 듣는 가운데, 배스(Bath)의 제이 목사(Mr. Jay)와 같은 설교자에게서 보는 것과 같은 방식으로 말씀 하나하나가 해명되는 것을 들으면서 영적인 유익을 얻게 되고, 진리가 그들의 기억 속에 더 확고하게 새겨지는 것입니다. 그러므로 설교의 내용을 풍성하게 하고, 마치 잔디에서 제비꽃과 앵초가 자연스럽게 솟아나듯이, 혹은 벌집에서 벌꿀이 떨어지듯이 그렇게 설교의 내용이 영감된 말씀에서 자연스럽게 우러나오도록 하시기 바랍니다.

설교에서의 내용 전달이 언제나 무게가 있어야 하고, 정말 중요한 가르침으로 가득 차도록 주의를 기울여야 합니다. 나무나 건초나 조약돌 같은 것으로 세우지 말고, 금과 은과 진기한 보석들로 세우기 바랍니다. 강단이 쓸데없는 언변을 자랑하는 장소로 전락할 위험에 대해서나, 저 악명 높은 웅변가 헨리(Henley)의 예에 대해서는 구태여 경계할 필요가 없을 것입니다. 그 수다스러운 협잡꾼에 대해서 시인 알렉산더 포프가 그의 풍자 시 "우인열전"("Dunciad")으로 극찬을 하기도 했는데, 그는 주중에는 그동안에 일어나는 사건들을 수다의 주제로 잡고, 주일에는 신학적인 주제들을 수다의 주제로 잡아서 사람들을 현혹시키곤 했습니다. 그의 강점은 특유의 나직한 위트와 음성 조절과 손짓에 있었습니다. 그에 대해서 어떤 풍자가는, "그의 혀에서는 어떻게 넌센스가 그렇게도 유창하게 흘러나오는지 모르겠다"고 했습니다. 여러분, 혹 그런 말이 우리에게 해당된다면, 차라리 나지 않은 것이 더 나을 것입니다. 우리는 땅에 속한 이야기가 아니라 영원에 속한 엄숙한 진리를 다루는 것이기 때문입니다. 그러나 이것보다도 더 교묘하게 나무와 건초로 집을 짓게 되는 솔깃한 방법이 있습니다. 그러니 그런 것에 대해서 경계를 하지 않을 수가 없습니다. 특히 과장된 문장을 쓰는 것을 말 잘하는 것으로 착각하고, 또한 라틴어 식의 말을 하는 것을 깊은 사상을 표현하는 것으로 잘못 알고 있는 사람들에게는 이런 권면이 필수적입니다.

설교학을 가르치는 사람들이 자기들의 모범을 통해서 — 그렇게 가르치지는 않는다 할지라도 — 크게 부풀린 말들을 하도록 부추기기도 하고, 그리하여 젊은 설교자들을 굉장한 위험에 빠뜨리는 경우가 있습니다. 예를 들어서 다음과 같이 놀랍고도 굉장한 단언으로 시작하는 설교를 한 번 생각해 봅시다: "사람은 도덕입니다." 이 말을 듣는 순간 그 특유의 장려함이 여러분을 자극하여 곧바로 엄숙하면서도 멋지다는 느낌을 갖게 되지 않습니까? 어쩌면 이 천재는 "고양이는 다리가 네 개입니다"라고 덧붙였을지도 모릅니다. 이 두 가지 말 모두 똑같이 사람들에게 매우 색다른 느낌을 불러일으킬 것입니다. 어떤 설교를 읽은 적이 있는데, 그 작가는 굉장히 심오한 사상을 이야기하듯, 엄청난 말들로 장황하게 논지를 전개하였는데, 그 내용을 정리해 보면 결국, "사람에게 영혼이 있는데, 그 영혼이 다른 세상에서 살 것이다. 그러므로 그 영혼이 행복한 곳에서 살도록 조심해야 한다"는 것이었습니다. 그런 가르침에 반대할 사람이 어디 있겠습니까? 그러나 그런 내용은 그렇게 현란스런 말로 꾸미고 나팔을 불어대어야 사람들의 주목을 끌 수 있을 만큼 그렇게 유난스런 것이 아닙니다. 일상적인 것들을 세련되게, 화려하게, 장황하게, 굉장하게 이야기하는 기법이 우리들 가운데 사라지지 않고 있습니다만, 그런 것을 완전히 버리는 것이 바로 우리에게 바람직한 것입니다. 이런 유의 설교들이 모델 설교로 높이 평가 받아 왔습니다만, 그런 것들은 마치 손가락 위에 올려 놓고 노는 풍선과도 같고 길거리에 지나다니는 행상들에게서 싼 값에 살 수 있는 장난감용 풍선과도 같아서 금방 터져 버리는 것입니다. 그런데 그런 강론들에는 아름답게 채색을 한 독(毒)이 묻어 있어서, 듣는 사람들이 큰 해를 입기도 합니다. 강단에 올라가 온갖 언어를 강같이 흘려 보내고 폭포수같이 말을 쏟아내면서도 그 많은 말 속에서 진리는 거의 찾아볼 수 없고 그저 진부한 내용으로 일관한다는 것은 정말로 수치스러운 일입니다. 푸줏간에서 고깃덩이를 가져다 뼈가 있는 채로 대강 잘라서 설탕에 재어서 내어오듯이 그렇게 진리를 잘 정제되지 않은 상태로 전달하는 것이, 진리와는 상관없는 아무것도 아닌 내용을 화려하고도 세련되게 조리해서 아름다운 접시에 내어놓고 거기에 시(詩)를 파슬리처럼 장식하고 감성으로 조미하여 전달하는 것보다 훨씬 더 낫습니다.

여러분이 성령의 인도하심을 받아 복음을 구성하거나 복음과 관련된 교리들을 분명하게 증언할 수 있다면 그것이야말로 복된 일일 것입니다. 그 어떠한 진리도 뒤에 숨겨져 있어서는 안 됩니다. 어떤 교리들은 초보자들만을 위한 것이라는 말이 있습니다만, 그것은 사실이 아닙니다. 성경에 있는 교리 가운데 빛을 부끄러워하는 것은 없습니다. 하나님의 주권이라는 숭고한 교리도 실제적인 의미가 있고, 어떤 사람들의 생각처럼 그저 형이상학적인 교묘한 이론만이 아닙니다. 칼빈주의의 특유한 가르침들은 매일매일의 생활과 일상적인 체험과 직접적으로 연관되는 것이며, 여러분이 어떤 견해를 갖고 있느냐 하는 것이 일상 생활을 통해서 드러나게 마련입니다. 그러므로 교리에 대하여 회피하는 자세는 십중팔구는 비겁한 배신을 드러내는 것입니다. 가장 좋은 것은 절대로 정치적인 우유부단함이 아니라, 하나님께서 가르치신 바대로 진리의 각 핵심을 선포하는 것입니다. 조화를 이루기 위해서는 한 가지 교리의 목소리가 주류를 이루어 나머지 목소리를 파묻어 버려서는 안 됩니다. 또한 다른 소리들의 음량이 커져서 부드럽고 잔잔한 소리가 묻혀 버려서도 안 됩니다. 위대한 음악가가 지정해 놓은 음 하나하나가 각기 소리를 내야만 합니다. 음 하나하나가 고유의 강약을 따라서 소리를 발해야 합니다. 포르테로 표시된 부분은 부드럽게 소리를 내서는 안 되며, 피아노로 표시된 부분은 절대로 천둥소리처럼 그렇게 강하게 소리를 내서는 안 되고, 그 지정한 부호에 맞게 소리가 나야 하는 법입니다. 계시된 진리도 그러한 전체적인 조화 속에서 전달되어야 하는 것입니다.

　형제 여러분, 강단의 말씀을 통해서 중대한 진리들을 다루기로 결심하시면, 진리의 변두리만을 맴돌고 있어서는 안 됩니다. 영혼의 구원에 필수적이지도 않고 심지어 실천적 기독교의 본질에 해당하지도 않는 그런 교리들을 예배 때마다 다루어서는 안 됩니다. 진리의 모든 특질들을 그 비율에 맞게 전달해야 합니다. 성경의 각 부분이 모두 유익하기 때문입니다. 그리고 진리를 전해야 하지만, 무엇보다도 진리 전체를 골고루 전해야 한다는 점을 유념해야 합니다. 한 진리만을 계속 전하기를 고집해서는 안 됩니다. 사람의 얼굴에서 코가 아주 중요한 역할을 합니다만 코만 잘 그린다고 해서 그 사람의 얼굴 모양이 잘 드러나는 것이 아닙니다. 교리 중에는 정말 중요한 것이 있습니다. 그러나 그 가치를 지나치게 과대 평가하여 그것만 강조한다면, 그것은 전체적인 온전한 사역에 치명적이 될 수도 있습니다. 부수적인 교리들을 주요 주제로 삼지 말기 바랍니다.

　복음이라는 그림을 그리면서, 뒷 배경에 속한 것들도 전면에 나타나는 중대한 목표물들을 그리는 것과 똑같이 두터운 붓으로 강하게 그려서는 안 됩니다. 예를 들어서, 타락 전 선택설이나 타락 후 선택설의 문제들이나, 영원한 성령의 발출에 대한 논쟁적인 문제, 전천년설이나 후천년설 같은 문제들은, 어떤 사람들은 매우 중요한 것으로 볼 수도 있으나, 바느질로 일곱 자녀를 키워야 하는 저 경건한 과부에게는 실질적으로 큰 관심사가 될 수 없습니다. 그에게는 그런 심오한 신비들보다도 섭리의 하나님의 사랑스런 보살피심에 대해서 더 많은 말씀을 듣기를 바라는 것입니다. 그런 성도에게 하나님께서 그의 백성을 향하여 베푸시는 신실하신 은혜를 설교하면, 용기를 얻고, 삶의 싸움에서 승리하는 데 도움을 얻게 될 것입니다. 그러나 그런 어려운 문제들은 오히려 혼란을 일으키게 되고, 졸음이 오게 할 뿐입니다. 그런데 그런 과부만 그런 것이 아니고, 여러분이 돌보아야 할 수백의 사람들의 처지가 다 그와 같습니다. 우리가 전해야 할 가장 중요한 주제는 바로 하늘로부터 온 복된 소식입니다. 예수님의 속죄의 죽으심을 통한 은혜의 소식이요, 예수를 믿는 자에게 미치는 죄 사함의 은혜의 소식인 것입니다.

우리는 우리가 지닌 판단과 기억, 상상력, 그리고 언변의 모든 힘을 복음을 전달하는 데 쏟아야 합니다. 이리저리 다른 주제들을 생각나는 대로 전하다가 그저 이따금씩 기회 있는 대로 십자가를 전하는 식이어서는 안 됩니다. 복음에 주력해야 합니다. 우리가 존 로크(John Locke)나 아이작 뉴턴(Isaac Newton)의 지성과 키케로(Cicero)의 언변을 동원하여 "믿으라 그리하면 살리라"는 단순한 교리를 전하는 데에 주력한다면, 더 이상 좋은 것이 없을 것입니다.

형제 여러분, 다른 무엇보다도 먼저 복음의 도리들을 평이하게 전하십시오. 혹시 다른 모든 교리들을 전하지 못한다 할지라도, 영혼을 구원하는 그리스도의 십자가의 진리를 끊임없이 선포하시기 바랍니다. 제가 아는 목사님 중에 제가 감히 따라갈 수 없는 분이 계시는데, 그분의 설교는 아주 조그만 성화(聖畵)보다 나을 게 없는 경우가 많습니다. 사소한 일에 그만큼 많은 관심을 갖고 계십니다. 그는 짐승의 열 개의 발가락에 대해서, 그룹의 네 얼굴에 대해서, 여우 가죽의 신비한 의미에 대해서, 언약궤의 채가 지니는 모형적 의미에 대해서, 솔로몬 성전의 창문들에 대해서 대단한 관심을 가지고 말씀합니다. 그러나 사업가들의 죄나, 시대의 유혹이나, 시대의 필요 같은 문제에 대해서는 거의 다루지 않습니다. 그런 설교를 들으면 마치 사자가 쥐를 잡는 일에 혼신의 힘을 기울이는 것 같고, 전쟁 속에서 용사가 잃어버린 오물통을 찾아다니는 것과 같다는 느낌이 듭니다. 베드로가 말하는 늙은 부인들의 이야기 이상의 의미가 없는 그런 주제들에 대해서 그렇게도 관심을 집중시키는 목사들은 어떤 주제를 세밀하게 제시하는 것이 영혼을 구원하는 일보다 훨씬 더 매력이 있는 사람들일 것입니다. 토드(Todd)의 「학생 교범」(Student's Manual)을 읽게 되겠습니다만, 거기에 보면 페르시아 왕 할카티우스(Harcatius)는 유명한 두더지 사냥꾼이었고, 리디아의 왕 브리안테스(Briantes)도 바늘을 수집하는 것으로 유명했습니다. 그러나 그런 사소한 일들은 그들이 위대한 왕들이었다는 것과는 전혀 상관이 없는 것입니다. 목회 사역에서도 마찬가지입니다. 하늘의 사자(使者)가 정신을 쏟기에는 전혀 어울리지 않는 그런 천한 것들이 항상 있는 법입니다.

오늘날 이 시대의 정신 질서 가운데는 무언가 새로운 것을 이야기하고 듣고자 하는 아덴 사람들의 성향이 주류를 이루는 것 같아 보입니다. 그들은 새로운 빛에 대해서 자랑하고, 자기들에게 속하지 않은 모든 사람들을 정죄하는 구실로 일종의 영감을 주장하기도 합니다. 그러면서도 그들의 그 위대한 계시는 고작 예배의 정황적인 문제나 예언에 대한 어떤 희미한 해석 같은 것에 관한 내용뿐인 것을 봅니다. 그러니 그렇게 하찮은 것들에 대해서 떠드는 그들의 그 시끄러운 논쟁과 떠들썩한 부르짖음을 접하면서, 우리는 이런 시를 떠올릴 수밖에 없습니다:

"거대한 대양(大洋)이 폭풍에 떠밀려서
깃털을 둥둥 띄우며, 파리를 빠져 죽게 하도다."

그러나 성경 본문의 진정성에 대해서나 자연 현상에 관한 성경의 진술의 정확성 여부에 대해서 의혹을 부추기며 시간을 보내는 사람은 이보다 훨씬 더 나쁩니다. 어느 주일 저녁 어떤 설교를 듣고서 저는 얼마나 가슴이 아팠는지 기억에 떠올리는 것조차 괴롭습니다. 그날 설교자는 벳새다의 연못에 정말 천사가 내려와서 물을 동하게 했는지, 아니면 그 연못이 간헐천이었으므로 유대인들이 그런 이야기를 하나의 전설로 만들어낸 것인지에 대해서 아주 재치 있는 논지를 제시하는 것을 주제로 삼았습니다. 죽어가는 선남선녀들이 구원의 길에 대해서 듣기 위해서 모여 있는데, 그런 쓸데없는 이야기로 시간만 보내고 말았던 것입니다! 그들은 떡을 얻기 위해서 왔다가 돌을 얻고 말았습니다. 양 떼들이 먹을 것을 위하여 목자를 찾았는데, 아무것도 먹지 못하고 만 것입니다. 저는 설교를 듣는 일이 거의 없고, 들을 기회가 있어도 아주 괴로움을 얻곤 했습니다. 언젠가 들은 설교에서는 여호수아가 가나안 사람들을 멸한 일에 대한 정당한 사유를 제시하는 것이 주제였고, 또 한 번은 사람이 홀로 지내는 것이 좋지 않은 이유를 증명하는 것이 주제였습니다. 이 설교들 전에 행한 기도가 응답되어 과연 이 설교들을 통해서 몇 사람이나 회심을 했을지 저로서는 알 길이 없었습니다만, 예배를 마치고 사람들이 기쁨에 가득 차서 거리로 나서는 모습은 거의 보이지 않았습니다.

　다음의 사실에 대해서는 굳이 언급할 필요가 없다고 믿기는 하지만, 말씀을 드리겠습니다. 곧, 한 번의 설교에서 너무 많은 주제를 다루려 하지 말라는 것입니다. 한 번의 강론에서 모든 진리를 전부 다 담으려 해서는 안 됩니다. 설교는 신학의 체계가 아닙니다. 너무나 많은 내용을 담아서, 듣는 자들이 사모하기보다는 오히려 진절머리를 내면서 돌아가게 되는 경우도 있는 법입니다. 한 나이 많은 목사가 젊은 설교자와 함께 길을 걷다가 들의 밭을 가리키면서 이렇게 이야기했답니다: "자네의 지난 설교에는 너무나 내용이 많았고, 분명하지도 못했고, 제대로 정리가 되지 못했어. 그 설교는 마치 저 밀밭과 같았지. 그냥 천연의 곡식이 그대로 있어서 곧바로 먹을 수 없는 것이 대부분이었거든. 설교를 마치 한 덩어리의 빵처럼 만들어서 먹기도 아주 적당하고 또 편리한 모양으로 만들어야 하는 것일세."

　그저 나타나는 현상을 놓고 보면, 오늘날의 사람들은 과거 우리의 선조보다 신학을 받아들이는 용량이 많이 떨어집니다. 우리의 선조들은 16온스 정도의 신학을 정제되지도 않고 멋있게 꾸며 놓지도 않은 상태로 3, 4시간을 쉬지 않고 단번에 계속 받아먹을 수 있었는데 반해서, 오늘날의 좀 더 부패하고 좀 더 바쁜 시대에는 한 번에 1온스 정도의 신학밖에는 받아들이지 못하고, 그것도 아주 정제된 형태로, 기름을 쳐서 먹기 좋게 해야 겨우 받아먹는 정도가 되어 버렸습니다. 이런 시대를 사는 우리는 몇 마디 말을 통해서 많은 것을 말해야 하고, 그러면서도 지나치게 많은 것을 주거나 지나치게 확대시켜서도 안 됩니다. 50개의 귀중한 내용을 귀로 흘려 보내게 만드는 것보다 한 가지 귀중한 사상을 마음에 고정시켜 주는 것이 훨씬 나을 것입니다. 열 개의 못을 대충 박아 놓아서 한 시간이 지나면 다시 뽑혀 버리도록 만드는 것보다는, 하나의 작은 못이라도 확실하게 박아서 분명하게 기능을 발휘하도록 하는 것이 더 유익합니다.

　또한 정신적인 건축의 법칙을 따라서 주제를 잘 정돈시키는 것이 중요합니다. 기초 부분에다가 실천적인 내용들을 놓아서도 안 되고, 교리들을 꼭대기에 올려놓아서도 안 됩니다. 은유적인 내용들을 기초에 놓거나, 교리의 명제들을 꼭대기에 놓아서도 안 됩니다. 중요한 진리들을 먼저 제시하고 사소한 가르침들을 마지막에 제시해서도 안 됩니다. 생각이 계속해서 올라가고 쌓여가도록 해야 합니다. 한 층의 가르침이 또 한 층의 가르침으로 이어지도록 해야 합니다. 추리를 차례대로 진행하도록 해야 합니다. 그리하여 듣는 이로 하여금 방안에서 창문을 통해서 진리를 바라볼 때에 그것이 하나님의 빛 가운데서 번쩍이게 해야 합니다. 설교에서는 모든 것이 각기 제자리가 있습니다. 진리가 아무렇게나 마구 쏟아져 나오도록 해서는 절대로 안 됩니다. 여러분의 생각들이 마치 폭도들처럼 마구 돌진하게 하지 마십시오. 가지런히 정렬된 군대처럼 행진하도록 만들어야 합니다. 하늘의 첫째가는 법칙은 바로 질서입니다. 그러니 하늘의 사자들이 이 법칙을 소홀히 해서는 안 되는 것입니다.

여러분의 교리적인 가르침이 분명하고도 오류의 여지가 없어야 합니다. 그렇게 되기 위해서는 여러분이 먼저 그 내용에 대해 분명해야 합니다. 연기(煙氣) 속에서 생각하고, 구름 속에서 설교하는 사람도 있습니다. 여러분의 양 떼들은 빛나는 안개를 원하지 않고, 진리의 견고한 땅을 원합니다. 어떤 사람들은 철학적 사색을 통해서 오히려 몽롱한 상태가 되어 모든 것을 두 개로 보게도 되고 아무것도 보지 못하게 되기도 합니다. 옥스퍼드의 어느 대학의 학장이 몇 년 전에 어떤 사람에게서 그 대학교의 문장(紋章)의 모토가 무엇이냐는 질문을 받고서 그것이 "주님은 나의 빛"("*Dominus illuminatio mea*")이라고 대답하고서, 솔직히 자기의 개인적인 생각으로는 "아리스토텔레스는 나의 어두움"("*Aristoteles meae tenebrae*")이 더 적절하다고 말했답니다. 정직한 사람들 중에는 시대에 발맞추어 나가야 한다는 생각에서 감각적인 작가들이 쓴 작품들을 읽다가 양심에 크나큰 당혹감을 느낀 사람들이 많습니다. 그들은 마치 새로운 연극을 판단하기 위해서 극장에 다녀야 하며, 경마와 도박에 대해서 지나치게 케케묵은 생각을 갖기 않으려면 경마장을 자주 찾아야 한다는 식으로 생각하는 것입니다. 제가 보기에는 여러 가지 이질적인 책들의 주요 독자들이 바로 목사가 아닌가 싶습니다. 목사는 자기 자신의 모습을 흐리게 만들지 않기 위해서 부단히 힘써야 합니다. 그래야만 교인들이 그를 이해하게 될 것입니다. 자기 자신을 이해시키지도 않는데, 어떻게 자기를 느껴 주기를 바랄 수 있겠습니까? 교인들에게 정제된 진리를, 순전한 성경적 가르침을 주고 또한 쓸데없는 모호함이나 오해를 불러일으키지 않도록 말에 조심한다면, 우리는 양 떼들의 참된 목자들이 될 것이고, 교인들에게 유익을 주는 것이 금방 드러나게 될 것입니다.

할 수 있는 대로 여러분의 설교의 주제를 신선하게 유지하도록 힘쓰십시오. 대여섯 가지 교리들을 전혀 변화 없이 단조롭게 제시하는 일은 피하십시오. 형제 여러분, 말하자면, 다섯 가지 운율이 정확하게 조정되어 있는 신학적 손풍금을 사십시오. 그리고 식초 공장에서 아르미니우스주의자들과 행위를 주장하는 자들의 그 쓰라린 오류들을 사들이십시오. 그러면 소알과 이레에서 초강경 칼빈주의 설교자로서 행할 자질을 갖추게 될 것입니다. 머리와 은혜는 선택의 여지가 있는 것이지만 풍금과 쓰라린 고뇌는 필수입니다. 좀 더 넓은 진리의 범위를 지각하고 그 속에서 즐거워하는 것이 우리의 일입니다. 이 모든 선한 사람들이 붙드는 은혜와 하나님의 주권을 확고하고도 담대하게 유지하는 것이 절대적으로 중요합니다. 그러나 하나님의 말씀의 다른 가르침들에 대해서도 눈을 감아서는 안 됩니다. 그리고 하나님의 경륜 전체를 선포함으로써 우리의 목회 사역의 충만한 증거를 보여야 한다는 의무감을 가져야 마땅할 것입니다. 풍성한 주제들을 언제나 신선한 은유적 표현들과 체험들을 통해서 부지런히 드러낼 때에, 지치지 않고, 하나님의 손에 붙들린 바 되어 청중들의 귀와 마음을 얻게 될 것입니다.

여러분의 가르침이 자라고 진보하도록 해야 합니다. 여러분의 체험과 더불어 가르침이 더 깊어지고, 여러분의 영혼이 전진하는 것과 더불어 높이 올라가도록 하시기 바랍니다. 그렇다고 해서 새로운 진리들을 가르치라는 뜻은 아닙니다. 오십 년 동안 목회를 한 후에도 어느 한 가지 교리도 뒤집거나 혹은 중요한 것을 놓친 것이 있다고 안타까워하는 일이 없을 만큼 처음부터 분명하게 가르침을 받는 사람을 저는 정말 행복한 사람이라고 봅니다. 제 말씀은 오히려, 우리의 깊이와 통찰이 계속해서 증가하도록 해야 한다는 것입니다. 영적인 진보가 있으면 자연히 그렇게 될 것입니다. 디모데는 바울처럼 설교하지 못했습니다. 후일 완숙한 시절의 사역이 초년 시절에 한 사역의 모습을 뛰어 넘어야 한다는 것입니다. 초년 시절의 목회가 우리의 모델이 되어서는 절대로 안 됩니다. 그것들은 그 피상적인 성격 때문에라도 태워 버려야 할 것이고, 안타까워해야 할 대상인 것입니다. 그리스도의 학교에서 여러 해를 보낸 후에도 더 아는 것이 없다면, 우리에게 무언가 중대한 문제가 있는 것입니다. 우리의 진보가 더딜 수도 있습니다만, 반드시 진보가 있어야 마땅합니다. 만일 진보가 없다면, 내적인 생명이 없든지 아니면 건전하지 못한 상태이든지 둘 중의 하나일 것입니다. 여러분이 아직 목표에 도달한 것이 아니라는 점을 무엇보다도 분명히 직시하시기 바랍니다. 앞에 있는 목표를 향하여 전진하도록 하나님께서 여러분에게 은혜를 베푸시기 바랍니다. 여러분 모두 신약성경의 뛰어난 사역자들처럼 되시기 바라고, 최고의 설교자들에 한 치도 뒤떨어지지 않게 되기를 바랍니다. 물론 여러분 자신만 보면, 여러분은 아무것도 아닌 존재들이긴 하지만 말입니다.

"Sermon"(설교)이라는 단어는 찌르기(a thrust)를 의미한다고 합니다. 그러므로 설교를 할 때에 우리는 주어진 주제를 에너지를 가지고 효과적으로 사용하며 그 주제가 그런 효과를 낼 수 있도록 하는 것을 목표로 삼아야 할 것입니다. 그저 도덕적인 주제들을 택하는 것은 마치 나무로 된 칼을 사용하는 것과 같습니다. 그러나 계시된 위대한 진리들을 택하는 것은 마치 예리한 검을 사용하는 것과 같습니다. 양심과 마음을 찌르는 교리들을 설교의 주제로 삼으시기 바랍니다. 영혼을 구원하는 복음의 챔피언으로 끝까지 남으시기 바랍니다. 하나님의 진리를 사람에게 맞추어 전달하면, 하나님의 은혜가 사람을 그 진리에 맞추어 주십니다. 사람의 본성이라는 음악상자를 흔들어 놓을 수 있는 열쇠가 있습니다. 그것을 취하여 날마다 쓰시기 바랍니다. 그러므로 저는 여러분에게 오로지 옛부터 내려온 구식 복음에 충실하라고 강권합니다. 왜냐하면 그것이야말로 구원에 이르게 하는 하나님의 능력이기 때문입니다.

제가 드리고 싶은 모든 말씀의 요점은 이것입니다. 형제 여러분, 그리스도를 전하십시오. 언제나 영원토록 그리스도를 전하시기 바랍니다. 그가 온전한 복음이십니다. 그의 품성과 그의 직분과 사역이 모든 것을 다 포괄하는 유일한 위대한 주제가 되어야 합니다. 세상은 여전히 그 구주에 대해서 들을 필요가 있고 또한 그에게 나아가는 길에 대해서 들을 필요가 있습니다. 믿음으로 말미암는 칭의의 도리는 개신교회의 강단에서 날마다 증언되는 것을 훨씬 더 뛰어 넘습니다. 이 위대한 진리와 더불어 좀 더 일반적으로 관련되는 다른 위대한 은혜의 교리들을 전한다면 우리의 교회와 우리의 시대를 위하여 더 나을 것입니다. 감리교도들의 열정으로 청교도들의 가르침을 전할 수 있다면, 위대한 미래가 우리 앞에 있을 것입니다. 웨슬리의 불과 횟필드의 연료가 오류의 숲을 불로 태워 버릴 것이며 차가운 이 땅의 영혼들을 뜨겁게 할 것입니다.

우리는 철학이나 형이상학을 전하기 위해서가 아니라 단순한 복음을 전하기 위하여 부르심을 받았습니다. 인간의 타락, 거듭나야 할 필요성, 속죄를 통한 죄 사함, 그리고 믿음으로 얻는 구원, 이런 것들이 우리의 칼과 창이요, 전쟁에서 이기는 무기입니다. 우리는 지금껏 이 위대한 진리들을 배우고 가르치기 위해 애를 써 왔는데, 그런 가르침으로 인해서 우리의 선교가 소홀해진다면 그것이야말로 저주받을 일일 것입니다. 저는 예언이나 교회 정치, 혹은 심지어 조직신학에 대한 견해 때문에 그리스도의 십자가를 자랑하는 데에서 멀어지는 일이 있어서는 절대로 안 된다는 것을 날이 갈수록 더욱더 절감하게 됩니다. 구원이야말로 우리가 입술을 열어 선포해야 할 가장 위대한 주제입니다. 저는 복되신 하나님의 영광된 복음을 증언하는 일에 정말로 큰 욕심을 갖고 있습니다. 오, 십자가에 달리신 그리스도야말로 하나님의 사람들 누구나 전해야 할 주제입니다.

짐승의 숫자가 과연 무엇인지에 대해 이렇게 저렇게 추측하고, 나폴레옹 식의 온갖 사색을 행하며, 적그리스도가 과연 어떤 인물인지에 대해서 억측하는 일로 소일하십니까? 용서하십시오. 제가 보기에 그런 것들은 개에게 던져 줄 뼈다귀 이외에 아무것도 아닙니다. 사람들이 죽어가고 있고, 지옥이 채워지고 있는 이때에 아마겟돈 전쟁이 세바스토폴(Sebastopol)에서 일어나든, 사도와(Sadowa)에서 일어나든, 세단(Sedan)에서 일어나든 그런 것에 대해 왈가왈부하는 것이나, 독일의 운명을 알기 위해서 접어 놓은 나뭇잎 사이를 들여다보는 따위의 일은 정말로 쓸데없는 일입니다. 계시록의 예언의 말씀을 읽고 듣는 사람들이 과연 복이 있는 사람들입니다. 그러나 그 말씀을 해석한다고 하면서 이런저런 논쟁에 휩싸이는 자들은 그런 복이 없는 자들입니다. 세월이 지나가면서 그들의 해석이 잘못된 것이라는 것이 입증되기 때문입니다. 지금의 그런 논쟁들도 똑같은 치욕거리가 되고 말 것입니다. 모든 신비들을 다 설명하며 시간을 보내기보다는 한 영혼이라도 불타는 지옥으로 향하는 데에서 끄집어내는 것이 우리의 사명입니다. 신학 논쟁 분야에서 최고의 박사로 추앙을 받기보다는 한 영혼을 구렁텅이에서 건져내는 것이 훨씬 더 영광스러운 일일 것입니다. 종교적인 스핑크스의 문제를 해결하거나 묵시의 난제들의 매듭을 푸는 것보다도 오히려 예수 그리스도의 얼굴에 있는 하나님의 영광을 신실하게 드러내는 것이 마지막 심판 때에 더 귀한 것으로 인정 받을 것입니다. 그리스도를 전부로 삼는 그런 목회 사역이야말로 복된 것입니다.

제 6 장

설교 본문의 선택

　형제 여러분, 예배의 각 부분을 가능한 한 최고로 효율적으로 운영하는 것이 중요하다는 것을 우리 모두 깊이 느끼리라 믿습니다. 인간적인 차원에서 볼 때에 한 영혼을 구원하는 일이 찬송의 선택에도 달려 있을 수 있다는 것을 기억하면, 시편과 찬송을 선택하는 문제를 하찮은 것으로 여겨서는 안 될 것입니다. 엑서터 홀에서 드리는 우리 교회의 예배에 어느 불신자가 참석했다가, "내 영혼을 사랑하시는 예수님"(Jesu, lover of my soul), "예수께서 나를 사랑하실까?"(Does Jesus love me?)라는 웨슬리의 찬송가 가사에 이끌려 십자가로 인도함을 받은 일이 있습니다. 그는 이렇게 말했습니다: "예수님이 그런 분이라면 내가 그분과 원수로 살 이유가 어디 있습니까?" 또한 하나님께서는 우리의 기도 소리를 특별히 복 주셔서 그것을 통해서 방황하는 자를 구원하실 수도 있다는 것을 생각하면, 그리고 성령께서 기름 부으시는 기도를 통해서 하나님의 백성들에게 크게 영적인 유익을 줄 수 있으며 또한 그들에게 굉장한 축복을 가져다 줄 수 있다는 것을 생각하면, 우리의 최선을 다하여 최고의 은혜에 의지하여 기도하기를 힘쓰게 될 것입니다. 뿐만 아니라 성경을 읽는 중에도 위로와 교훈이 풍성하게 베풀어질 수도 있으므로, 우리는 성경을 펼쳐서 봉독할 때에도 곧 유익을 줄 수 있는 부분으로 인도함 받기를 간절히 구하게 됩니다.
　설교와 관련해서도, 우리는 무엇보다도 본문의 선택 문제가 가장 걱정스러울 것입니다. 어떤 처지에서든 본문을 아무렇게나 그냥 택하면 그것이 모든 사람에게 적절할 것이라는 식으로 생각하는 그런 무지한 사람은 우리 중에는 아무도 없을 것입니다. 시드니 스미스는 한 형제가 본문 선택 때문에 고민하자, 마치 어떤 본문이든 다 설교할 수 있기라도 한 것처럼 "바대인과 메대인과 엘람인과 또 메소보다미아"를 본문으로 하여 설교하라고 이야기했다고 합니다만, 우리는 그 사람의 생각과는 다릅니다. 여러분, 매 주일 오전과 저녁에 교인들에게 무슨 말씀을 전하여야 하는가에 대한 문제를 매우 중요하고도 진지하게 생각하기 바랍니다. 모든 성경이 좋고 유익하지만, 모든 본문이 모든 경우에 똑같이 적절한 것은 아니기 때문입니다.[1] 모든 것에는 적절한 시기가 있고, 시기에 적절한 것이 더 낫습니다. 지혜로운 주부는 가족 한 사람 한 사람에게 적절한 시기에 적절한 음식을 제공하기 위해서 수고합니다. 아무에게나 차이 없이 마구 음식을 주는 것이 아니라 각 사람의 필요에 맞추어 주는 것입니다. 그저 공식적인 일상 관례에만 젖어 있는 생명 없는 사람이라면 손에 잡히는 첫 주제를 취하는 것으로 만족할 것입니다. 초원에서 이런저런 꽃을 꺾는 어린아이들처럼 그렇게 별 생각 없이 주제를 고르는 사람은 교회의 유력한 후원자가 원하는 그런 주제를 취하고 그리하여 사람들이 자기를 쫓아내지 못하도록 할 수도 있습니다만, 하나님께 부르심을 받았다고 스스로 고백하며 또한 신자들의 자유로운 선택에 의해서 목회자가 된 사람으로서는 그런 무신경한 자세보다는 자신의 사역이 과연 하나님의 종의 사역임을 더욱 충실하게 증명해 보이는 것이 필요할 것입니다. 많은 보석들 중에서 우리는 현재의 정황에 가장 알맞는 보석을 선택해야만 합니다. 왕의 연회를 준비하면서 마치 평민들의 파티 쯤으로 여겨서 아무렇게나 음식을 마련해 놓을 수는 없습니다. 정중한 신하답게 잠시 멈추고서 연회

---

1) "믿음의 주요 또 온전케 하시는 주님의 이름으로 행하는 단 한 번의 설교를 통해서도 영원한 결과를 낳을 수 있다는 사실을 한 번만 생각해 보아도, 본문들을 부주의하게 소홀히 다루는 그런 교만한 자세가 얼마나 책망 받을 일인가 하는 것이 분명히 드러날 것이다. 진실한 복음 사역자라면 설교라는 막중한 임무를 행할 때마다 항상 하나님의 인도하심을 받는 그런 마음 자세로 본문을 택할 의무가 있다는 사실을 명심해야 할 것이다." — Daniel P. Kidder.

의 그 위대한 주인께 여쭈어 볼 것입니다: "주여, 오늘 연회에는 무엇을 마련하기를 원하시나이까?"

어떤 목사들은 정말 안타깝게도 지극히 부적절한 본문을 택하기도 했습니다. 디즈레일리 씨(Mr. Disraeli)의 교구 목사는 마을의 추수하는 가정에서 설교하면서 "내 육체로 하나님을 보리라"는 본문을 택하기도 했습니다. 살해당한 한 목회자(플로우 목사[Mr. Plow])의 장례식 설교 본문은 그보다 훨씬 더 어처구니가 없었습니다. 본문이 "그의 사랑하는 양에게 그렇게 주시나니"였으니 말입니다. 가장 우스꽝스러운 경우는 재판정의 판사들 앞에서 설교하면서 "비판(재판)을 받지 아니하려거든 비판(재판)하지 말라"는 본문을 선택한 것입니다.

성경 본문이 피상적으로 적절한 것처럼 보이는 것에 잘못 오도되어서는 안 됩니다. 아타나스 코우커렐 씨(Mr. Athanase Coquerel)는 암스테르담을 세 번째 방문했을 때에 "내가 이제 세 번째 너희에게 가리니"라는 고린도후서 13:1의 말씀을 본문으로 설교했다고 고백하고 있습니다. 그리고 아마도 그는 그 정황에 알맞는 설교를 하기에 매우 곤란을 겪었을 것입니다. 이와 비슷하게 어떤 목사는 샬롯 공주(Princess Charlotte)가 사망했을 때에 "그 여자가 병들어 죽었더라"는 말씀을 본문으로 삼았답니다. 그보다 더 심한 경우는 장난 비슷하게 본문을 선택하는 것입니다. 아브라함 링컨이 사망했을 때에 어떤 목사는 "아브라함이 죽으니"를 본문으로 삼았다고 합니다. 필립 도드리지 박사(Dr. Philip Doddridge)는 학생이 설교할 때에는 언제나 맨 앞에 앉아서 설교하는 학생의 얼굴을 바라보는 습관이 있었는데, 어느 날 그의 제자 중 한 사람이 대중 앞에서 설교를 하게 되었답니다. 그런데 그 학생이 택한 본문이 "빌립아 내가 이렇게 오래 너희와 함께 있으되 네가 나를 알지 못하느냐?"였답니다. 그러니 그가 얼마나 놀랐겠습니까? 여러분, 학생들이 때로는 바보가 되기도 하는 겁니다. 우리는 그런 식의 잘못으로 우리의 모교(母校)를 욕되게 해서는 안 될 것입니다. 술 취한 잉글랜드의 제임스 1세(스코틀랜드의 제임스 6세와 동일 인물) 앞에서 어떤 사람이 야고보서 1:6을 본문으로 설교했다고 합니다만(야고보서는 영어로는 "James"이며, 따라서 야고보서 1:6은 결국 제임스 1세와 6세를 빗대는 것이다), 그 사람은 용서해 주고 싶습니다. 그러고 싶은 유혹이 너무나 커서 억제할 수가 없었겠지요. 어떤 목사가 한 집사의 사망을 경하하면서 "그 거지가 죽어서"라는 본문을 갖고서 장황설을 늘어놓았다는 이야기를 들었는데, 그런 사람이 정말 있었다면, 그런 몹쓸 사람은 영원토록 욕을 먹어야 마땅할 것입니다. 그 거짓 이야기를 제게 해서 제 마음을 격동시킨 사람은 얼마든지 용서할 수 있습니다만, 다른 사람에게 다시는 그런 추악한 이야기 따위를 늘어놓지 않기를 바라는 마음입니다.

이런 식의 어처구니없는 본문 선택도 피해야 합니다만, 이와 똑같이 단조로운 규칙성도 피해야 할 것입니다. 어떤 목사는 52편의 주일 설교와 다른 절기들을 위한 몇 편의 설교들을 갖고서 아주 규칙적인 순서대로 해마다 반복해서 설교했다고 합니다. 그 목사의 경우에는 교인들이 그 다음 주일에도 똑같은 문제에 대해서 말씀해 달라고 요청해도 아무런 소용이 없을 것입니다. 얼마 전에 한 목사가 농사를 짓는 제 친구에게 이렇게 말했답니다: "이거 아시오? 엊그제 제 설교 노트를 뒤적거리는데, 목사관이 너무나 습기가 많아서 ─ 특히 서재는 더 심하지요 ─ 제 설교가 그렇게 곰팡이 핀 것처럼 되어 버렸다오." 제 친구는 교구 위원이었고 비국교도의 예배에 참석하고 있는 사람이었지만, 그 목사의 말에 맞장구를 칠 만큼 무례하지는 않았습니다. 그러나 앞에서 말한 그 목사의 설교들을 자주 들은 마을의 유지들은 여러 가지 의미에서 곰팡이가 핀 상태였을 것입니다. 목회자들 가운데 설교들을 어느 정도 확보해 놓고서 그것들을 아주 규칙적으로 정말 지겹도록 반복하는 사람들이 있습니다. 몇 년 동안 한 곳에 정착하여 목회 하는 형제들보다는 이곳저곳을 다니는 형제들이 이런 유혹에 빠지기가 훨씬 더 쉽습니다. 그런 습관에 빠지게 되면, 그들의 유용함은 그것으로 끝이 나고, 그들의 마음에 도저히 견딜 수 없는 차가운 냉기가 스며들게 됩니다. 그들이 케케묵은 설교 원고를 읽어내려 가는 것을 들으면서 사람들은 그런 상태를 곧바로 알아차리게 됩니다. 영적 게으름을 조장해 내는 가장 최고의 방법은 바로 2, 3년 분량의 설교문을 확보해 놓고서 순서대로 하나씩 반복해서 설교해 가는 것입니다. 그러나 여러분, 평생토록 한 곳에 있을 수는 없다 할지라도 수 년 이상을 한 곳에서 살기를 바라며, 우리 자신과 교인들 사이에 애정이 자라나서 그곳에서 뿌리내리기를 바란다면, 게으름뱅이 목사나 순회 전도자에게나 적합한 그런 것과는 전혀 다른 방법이 우리에게 필요할 것입니다.

    설교의 주제를 찾는 일이 어떤 사람들에게는 매우 성가신 일이기도 하고 또 어떤 사람들에게는 매우 쉽기도 할 것입니다. 국교회에서는 설교자가 보통 복음서나 서신서, 혹은 그날의 교훈을 위한 정해진 본문을 읽고서 그중의 하나를 본문으로 삼아 설교를 하는 것이 상례로 되어 있습니다. 성탄절이나 주현절(Epiphany), 사순절이나 성령강림절 같은 절기에는 이미 전해지는 말씀의 내용이 고정되어 있어서, 어느 목사도 "교인들에게 무슨 말씀을 전해야 하나?"라는 문제 때문에 고민할 필요가 없습니다. 교회의 목소리는 너무도 분명하고 확실합니다: "목사님, 말씀하십시오. 목사님의 주제가 저기 있습니다. 그것에 목사님 자신을 쏟으십시오." 이처럼 주제가 사전에 정해져 있는 현실에도 몇 가지 이로운 면은 있을 것입니다. 그러나 국교회의 교인들은 그런 것을 정하는 일에 전혀 참여하지 못한 것으로 보입니다. 왜냐하면 그들 중 작가들이 언제나 설교의 무미건조함에 대해서 불평하며, 어쩔 수 없이 그런 설교를 들어야 하는 평신도들의 애처로운 처지에 대해 탄식하고 있기 때문입니다. 제가 보기에는, 그 작가들이 증언하고 있듯이 오늘날 여러 교회들에서 설교들이 "바보 같은 실수를 범하지 않도록 방지하기도 하지만 동시에 깜짝 놀랄 만큼 멋진 것을 창출해내지도 못하게 하는 그저 점잖은 허약함"의 표본에 지나지 않는 주원인은 바로 설교자들이 성령의 인도하심을 기다리지 않고, 태양이 떴다가 지고 달이 바뀌듯이 그저 똑같은 과정을 무작정 반복하는 것에 있다고 여겨집니다.

    그러므로 이런 사실을 생각한다면, 진리를 전하는 것도 중요하지만 주어진 상황에 합당한 진리를 전하는 것이 무엇보다 중요하다는 느낌을 갖게 됩니다. 교인들에게 정말 필요한, 가장 적합하고 또한 그들의 마음에 은혜를 전하는 통로가 되는 그런 주제들에 대해서 말씀을 전하도록 최선의 노력을 기울여야 할 것입니다.

설교 본문을 택하는 일에 어려움을 겪고 계십니까? 제가 처음 목회하던 시절 어느 분의 설교학 강의를 읽다가 이런 구절을 접한 기억이 납니다. 그 당시 저는 그것을 읽고 크게 경각심을 갖게 되었습니다. 그 내용은 대강 이렇습니다: "누구든 설교 본문을 택하는 일에 어려움을 느낀다면, 그 사람은 당장 식료품 상점으로 되돌아가거나 밭으로 돌아가서 쟁기를 잡는 편이 낫다. 왜냐하면 그 사람에게는 목사에게 필요한 자질이 없는 것이 분명하기 때문이다." 그런데 그런 문제가 계속해서 저의 십자가요 부담이 되곤 했고, 저는 속으로 목회 사역을 떠나서 다른 일을 해야 하는 것이 아닌지를 물어보곤 했습니다. 그러나 저는 그렇게 하지 않았습니다. 물론 그 설교학 교수의 일반적인 판단으로 볼 때에는 제가 목회 사역을 떠나는 것이 당연했으나, 그럼에도 불구하고 저는 하나님께서 저에게 확실히 인쳐 주신 부르심을 따르고 있다는 확신이 있었던 것입니다. 앞에서 언급한 그 심각한 발언을 통해서 제 양심이 너무나 괴로워서, 50여 년 동안 목회 사역에 몸담고 계시던 제 할아버지께 여쭤어 보았습니다. 목회 사역을 해 오시는 동안 설교 본문 선택에 어려움을 겪어보신 일이 있는지를 말입니다. 할아버지께서는 솔직하게 말씀해 주셨습니다. 그것이 목회 사역에서 가장 큰 어려움이었다는 것입니다. 그것에 비하면 설교하는 일 자체는 어려움도 아니었다는 것입니다.

그 설교학 교수의 다음과 같은 말이 기억납니다: "문제는 본문이 충분히 없다는 것이 아니고, 너무나 많아서 어떤 것을 골라야 할지 혼란스럽다는 것이다." 형제 여러분, 우리가 마치 아름다운 꽃들을 사랑하는 사람들의 처지와 같을 때가 종종 있습니다. 정원에 만발한 온갖 아름다운 꽃들 중에 오로지 한 가지 꽃만을 선택하도록 허락을 받은 사람 말입니다. 장미와 백합 중에서 어떤 것을 골라야 할지 얼마나 망설여지겠습니까! 수만 가지의 아름다운 꽃들이 만발해 있는 데 그 가운데서 하나만을 골라야 하는 일이 얼마나 어렵겠습니까! 여러분에게 고백합니다만 저는 아직도, 본문을 선택하는 일에 정말로 큰 여려움을 겪고 있습니다. 프랑스 사람들이 하는 말처럼 *embarras de richesses*, 즉 풍부함에서 오는 곤혹스러움을 느끼는 것입니다. 이것은 빈곤함에서 오는 괴로움과는 매우 다릅니다. 그렇게 많은 진리들이 모두 시급하게 가르쳐야 하는 것들이고, 모든 의무들이 새로이 강조하고 심어 주어야 할 것들이며, 교인들의 수많은 영적인 필요들이 전부 공급을 바라고 있습니다. 저는 여러 시간씩 앉아서 기도하며 설교의 주제를 주시기를 기다리는 때가 많습니다. 그리고 이것이 제 연구의 주요 부분입니다. 주제를 정리하고 교리의 주요 부분들을 되새기고, 본문에서 설교의 골격들을 작성하고는 그 뼈대들을 다시 망각의 카타콤 속에 묻어 버리고는 계속해서 이리저리로 배를 저어 나아가는 일에 굉장한 노력을 기울입니다. 그러다가 빨간 불빛을 보게 되면 원하던 항구를 향해 곧바로 나아가는 것입니다. 제 생애의 어느 토요일이든 저는 만일 제 마음껏 설교하자면 한 달 정도를 계속 버틸 수 있을 만큼 많은 설교의 골격을 만들어 낼 것이라 믿습니다. 그러나 정직한 항해사라면 금지된 품목을 싣고서 항구로 들어가지 않는 것처럼, 저도 그것들을 사용하지는 않습니다. 마치 사진사의 렌즈 앞으로 이런저런 이미지들이 계속 지나가듯이, 설교의 주제들이 제 머리에서 하나씩 지나갑니다. 그러나 어느 하나라도 마음에 확 끌리는 것이 없으면, 그 모든 것들은 제게 아무런 가치도 없는 것들입니다.

과연 어떤 것이 적절한 본문일까요? 그것이 적절하다는 것을 어떻게 알까요? 그것은 마치 친구를 사귀는 것과 같습니다. 어느 한 구절이 여러분의 마음을 사로잡아서, 거기서 도저히 헤어나올 수 없게 되면 설교의 주제를 달리 더 찾을 필요가 없습니다. 마치 물고기처럼 여러 개의 미끼에 입질을 해 봅니다만, 어느 낚싯바늘에 확실히 꿰이게 되면 더 이상 방황할 필요가 없어지는 것입니다. 어느 본문이 여러분을 사로잡게 되면, 적절한 본문을 찾았다는 것을 확신할 수 있고, 또한 우리의 모든 것을 다하여 그것을 전할 수 있을 것입니다. 좀 다른 비유를 들어서 말하자면, 여러 개의 본문들을 손에 쥐고서 그것들을 깨뜨리려 한다고 합시다. 온 힘을 다하여 망치로 한 본문을 내리칩니다만, 끄떡도 하지 않습니다. 그러기를 계속하다가 마침내 어느 하나를 내리쳤더니 산산조각이 나며 깨어집니다. 그리고 그 속에서 정말 희귀한 광채가 나는 값진 보석을 발견하게 되는 것입니다. 마치 나무 속에서 싹이 터서 사람이 보는 앞에서 자라나는 우화에 나오는 씨앗과도 같이 본문이 여러분의 눈 앞에서 자라납니다. 그것이 여러분을 매혹시키고, 주님의 말씀의 깊은 의미로 짐을 지워 줍니다. 그러면 바로 이것이 주께서 여러분으로 하여금 전달하게 하고자 하시는 바로 그 메시지라는 것을 알아야 합니다. 그리고 이것을 느끼게 되면 그 성경에 완전히 매인 바 되어서 여러분의 모든 것을 다 그 본문에 쏟아 붓고, 주께서 말씀을 주시는 대로 그것을 전하기 전에는 도저히 마음의 평안을 느끼지 못하는 것입니다. 그런 말씀을 기다리십시오. 예배 시간이 한 시간 정도밖에 남지 않을 때까지라도 그 말씀을 얻기를 기다리시기 바랍니다. 차갑고 계산적인 사람들은 우리만큼 순간적인 충동에 흔들리지 않기 때문에 이런 것을 도저히 이해하지 못할 것입니다만, 그러나 이런 것들은 우리가 감히 거스를 수 없는 하나의 마음의 법칙입니다. 권능이 임하기까지 예루살렘에 머물러 있는 것입니다.

　우리의 신경에 "성령을 믿사오며"라는 조항이 있습니다만, 신자라고 스스로 고백하는 사람들 가운데서 그것을 실제로 믿고 행동에 옮기는 예가 드문 것이 현실입니다. 많은 목사들이 자기들이 본문을 선택하고, 자기들이 그 가르침을 전달하고, 자기들이 거기에서 내용을 찾아야 하는 것처럼 생각하는 것 같습니다. 그러나 우리는 그렇게 생각하지 않습니다. 물론 우리가 우리 자신의 의지와 이해력과 감정을 사용해야 하는 것은 사실입니다. 왜냐하면 성령께서는 우리의 의지와는 상관없이 어느 본문을 설교하도록 우리를 강요하시는 것이 아니기 때문입니다. 성령께서는 마치 태엽을 감아 놓고 일정한 곡조를 지정해 놓으면 그 음악이 나오는 장난감 상자처럼 우리를 다루시는 것이 아닙니다. 모든 진리를 영감 하신 그 영광스러우신 성령께서는 우리를 이성을 지닌 존재로 대하십니다. 신령한 능력에 감동을 받아 우리의 본성을 거기에 순응시키는 그런 존재로 다루시는 것입니다. 그러므로 경건한 목사는, 본문을 선택하는 일을 오류가 가득한 그들 자신의 생각에 맡기지 마시고 전지(全知)하신 하나님의 성령께서 맡아 주시기를 계속해서 바라며, 그리하여 자기 자신을 그의 손에 겸손하게 내어놓고서, 그가 강림하셔서 그의 백성들을 위하여 정해 놓으신 그 적절한 영의 양식을 베풀어 주시기를 간구합니다. 거널(William

134

Gurnall: 1617-1679)은 이렇게 말합니다:

"목사들 자신의 능력으로는 그들에게 주어진 일을 감당할 수가 없다. 오오! 성경책을 이리저리 뒤적거리며 머리를 갸우뚱거리기를 어느 때까지 하려는가! 하나님께서 오셔서 그들을 도우실 때에야 비로소 그들의 손에 메시지가 주어지는 것이다. 하나님께서 도움을 주지 않으시면, 우리는 잉크 없는 펜으로 글을 쓰는 것과 같다. 다른 누구보다도 하나님께 의지하며 행하여야 하는 사람이 있다면 목사가 바로 그 사람이다."

만일 제게 "가장 적합한 본문을 어떻게 하면 얻을 수 있겠습니까?"라고 묻는다면, 저는 "하나님께 그것을 달라고 부르짖으십시오"라고 대답할 것입니다. 해링턴 에번스(Harrington Evans)는 그의 「설교를 위한 원칙들」(*Rules for Sermons*)의 첫머리에 이런 법칙을 제시하고 있습니다: "본문 선택을 위하여 하나님께 구하기를 힘쓰라. 그런 구절을 선택하게 하시는 이유가 무엇인지를 물으라. 그 질문에 대하여 분명한 응답을 얻으라. 때로는 그 응답으로 인해서 그 본문을 선택하지 않게 되기도 할 것이다." 혹시 기도만으로 여러분이 바라는 귀한 보배로 인도함을 받지 못한다 해도, 여하튼 여러분이 기도했다는 것은 유익한 일일 것입니다. 설교의 주제를 정하지 못하여 고민하며 평상시보다 더 많이 기도하게 되었다면, 그것이 여러분에게 크나큰 복이 될 것입니다. 기도가 최상의 연구입니다. 그 옛날 루터도 그렇게 말했습니다: "훌륭한 기도가 훌륭한 공부다"(*Bene orasse est bene studuisse*). 이러한 오랜 잠언은 아무리 반복해도 좋습니다. 성경을 놓고 기도하십시오. 그것은 마치 포도 열매를 큰 통에 넣고 발로 밟는 것과 같고, 곡식 더미에서 곡식을 타작하는 것과 같으며, 또한 용광로에서 금을 녹이는 것과 같습니다. 기도는 이중으로 복된 것입니다. 간구하는 설교자에게 복을 주며, 그가 섬기는 교인들에게 복을 내리는 것입니다. 기도의 응답으로 설교 본문이 주어지게 되면, 그것이 정말로 사랑스러워질 것입니다. 이것이나 저것이나 다 똑같이 그저 무미건조한 형식적인 설교자로서는 전혀 알 수 없는 하나님의 향기와 기름 부으심이 거기에 있게 될 것입니다.

    기도를 드린 후에는, 우리는 적절한 수단을 진지하게 사용하여 우리의 생각을 집중시키고, 이끌어가야 할 것입니다. 여러분의 청중들의 처지를 생각해 보십시오. 개개인마다, 또한 전체적으로, 영적인 상태를 생각하시고, 현재의 질병에 알맞는 약을 처방하시거나, 모두에게 필요한 영양을 주는 적절한 음식을 준비하십시오. 그러나, 여기서 경계해야 할 것이 있습니다. 청중들의 변덕스런 취향을 염두에 두어서도 안 되고, 부유하고 영향력 있는 주요 인물들의 특수한 의견 같은 것에도 영향을 받아서는 안 됩니다. 맨 앞줄에 앉는 유력한 교인들에게 지나친 무게를 두지 마십시오. 헌금을 많이 내는 사람에 대해서도 다른 사람들과 똑같이 생각하셔야 합니다. 그리고 그런 사람의 영적인 부족함에 대해서도 소홀히 해서는 안 됩니다. 그러나 그 사람이 전부가 아니지 않습니까? 그 사람을 전부로 알면 그것은 바로 성령을 근심케 하는 일일 것입니다. 복도에 앉은 가난한 사람에 대해서도 똑같은 관심을 갖고 보십시오. 그리고 그들의 생각의 범위 내에서, 그들의 갖가지 슬픔 가운데서 용기를 줄 수 있는 주제를 선택하시기 바랍니다. 회중 가운데 한쪽으로 치우친 사람들의 비위를 맞추느라 고개를 돌려서도 안 될 것입니다. 복음의 한 부분에 대해서는 아주 즐겁게 환영하면서, 다른 부분의 진리에 대해서는 들은 척도 하지 않는 그런 사람들 말입니다. 그들에게 잔칫상을 베풀어 칭찬을 받거나 아니면 조소를 받을 것을 생각하여 여러분의 정도를 벗어나는 일이 있어서는 절대로 안 될 것입니다. 교인들이 정말 좋은 사람들이라면 그들을 기쁘게 하고 그들의 편애하는 것을 존중해 주는 것이 무방할 수도 있습니다만, 그러나 우리는 신실한 종이어야 합니다. 청중들이 요구하는 그런 곡조를 연주해 주는 악사(樂士)로 전락해서는 안 됩니다. 하나님의 모든 경륜을 다 선포하는 주님의 입의 역할을 맡은 종의 위치를 지켜야 합니다. 여러분의 교인들이 그들의 영적 유익을 위하여 진정으로 원하는 것이 무엇인지를 생각하시고, 그것을 말씀의 주제로 삼으십시오. 스코틀랜드 북부의 저 유명한 사도 맥도널드 박사(Dr. Macdonald)는 그의 「세인트 킬다 교회의 목회 사역 일기」(Diary of Work in St. Kilda)에서 이와 관련하여 한 가지 예를 보여 주고 있습니다:

> 5월 27일 금요일. 이날 오전 예배에서는 로마서 12장을 읽고 말씀을 전했다. 그 말씀을 통해서 믿음과 실천이 서로 관련이 있으며, 또한 은혜의 교리들이 경건과 일치하며 마음과 삶의 거룩함으로 이어진다는 것을 진술할 기회를 가졌다. 이것이 정말 필요하다고 생각했다. 지난 며칠 동안 조심스럽게 바라보니, 교인들이 반율법주의(Antinomianism)로 빠지는 경향이 있는 것을 깨달았는데, 이는 아르미니우스주의만큼이나 위험천만한 것이다.

여러분의 교회에서 번지고 있는 죄들이 무엇인지 생각하십시오. 세속적임, 탐심, 기도 없음, 분노, 교만, 형제 사랑의 결핍, 비방 같은 악행들 중에 어떤 것이 여러분의 교회에 가장 문제가 되는지를 살펴보십시오. 교인들이 받는 시험을 사랑하는 마음으로 조심스럽게 살펴보고, 그런 상처에 합당한 약을 구하십시오. 기도에서나 설교에서나 교인들이 당하는 그런 시험들의 아주 구체적인 상세한 부분까지 들어갈 필요는 없습니다. 지금은 소천하셨습니다만, 이 인근 지역에서 존경받던 한 위대한 감독은 늘 그렇게 했습니다. 그는 그의 교인들에 대한 넘치는 사랑으로 양 떼들 가운데 출생, 사망, 결혼 등의 대소사를 언급하곤 했습니다. 그래서 주일 오후마다 사람들은 감독의 기도와 설교 중에 누가 언급될지를 궁금해하며 어느 사람의 일이 언급되면 그것을 들으며 즐거워하곤 했습니다.

이런 예는 용납될 수 있습니다. 그리고 그 감독이 그렇게 했다면 그것은 장려할 만한 일이기도 할 것입니다. 그러나 우리가 그렇게 한다면 참 우스꽝스러운 일이 되고 말 것입니다. 노 목회자로서는 아주 적절하게 할 수 있으나 젊은 목회자로서는 금해야 하는 일이 있는 법입니다. 방금 언급한 그 존경받는 목사는 그렇게 구체적으로 여러 가지 일들을 언급하는 것을 그의 아버지에게서 배웠습니다. 그가 자라난 가정에서는 어린아이들이 하루 동안에 무슨 일이 있었는지 궁금해도 "가족 기도회 시간까지 기다리자. 그때가 되면 다 알게 될텐데, 뭘"이라고 서로 이야기하곤 했다는 것입니다. 그러나 저는 다른 말을 좀 해야겠습니다. 이런 예는 훌륭한 습관도 얼마든지 잘못 전락해 버릴 수 있다는 것을 잘 보여 줍니다. 이런저런 때에 이런저런 시험들이 여러 교인들에게 일어날 것입니다. 그런 때에 그런 어려운 일들이 여러분의 생각을 새로운 방향으로 이끌어가게 될 것입니다. 그러면 그런 부르심에 대해 귀를 기울여야 마땅할 것입니다. 또한 교인들의 영적 상태를 면밀히 주시해야 합니다. 그리하여 혹 그들이 침체 상태에 빠져 들어가고 있는 것이 눈에 띄면, 어떤 그릇된 이단이나 악한 생각에 사로잡힐 위험이 드러나면, 교회의 전반적인 영적 상태에 대한 어떤 사실이 우리 마음에 부딪쳐 오면, 하나님의 은혜를 통하여 그런 것들을 바로잡을 수 있도록 해 줄 그런 설교를 준비해야 할 것입니다. 바로 이런 것들이 조심스럽게 교인들을 관찰하는 목회자로 하여금 교인들의 상황에 적절히 대응할 수 있도록 하나님의 성령께서 주시는 암시들입니다. 조심스러운 목자는 자기의 양 떼들을 자주 점검하여 그 발견한 상태에 따라서 적절히 조치를 취하는 법입니다. 어떤 종류의 음식은 조금씩만 주고 어떤 종류의 음식은 풍성하게 공급하고, 약을 적절히 투여하는 등, 자신이 내린 판단에 의해서 필요한 조치를 취할 것입니다. "양들의 목자장"과 계속해서 관련을 맺고 있다면, 양들을 인도하는 일에 올바로 인도함을 받게 될 것입니다.

    교인들의 영적 처지에 합당하게 설교하는 것은 중요하지만, 그러나 그들에게 잔소리를 하는 식이 되지 않도록 해야 합니다. 교인들은 강단을 "비겁자의 성(城)"이라 부릅니다만, 어떤 점에서는 아주 적절한 이름이라 여겨집니다. 특히 어리석은 자들이 강단 위에 올라가서 청중들의 잘못과 부족한 점들을 꼬집으며 공개적으로 망신을 주고 모욕하는 경우에는 특히 더 그렇습니다. 우리가 주도면밀하게 피해야 할 것들이 있습니다. 곧, 공격적이고 무자비하며 부당한 인신 공격이 바로 그것입니다. 그런 것은 땅에 속한 것으로서 아무리 비난을 받아도 모자람이 없습니다. 그러나 우리가 끊임없이 목표로 삼아야 할 것도 있습니다. 그것은 바로 지혜롭고 신령하며 하늘에 속한 그런 인격성입니다. 하나님의 말씀은 좌우에 날선 어떠한 검보다도 예리하므로, 하나님의 말씀에게 맡기면 그것이 상처를 내고 죽이는 일을 할 것입니다. 그러니 여러분 자신이 말이나 행동으로 잘라내는 일을 할 필요가 없습니다. 하나님의 진리는 예리하게 구석구석을 살핍니다. 그러므로 여러분 자신이 무례를 범하면서까지 살피지 않더라도 하나님의 진리가 사람의 마음을 살펴줍니다. 주인공 자신의 집에 걸려 있는 초상화 밑에다 구태여 그 주인공의 이름을 써 넣으려 하는 화가가 있다면 그 사람은 아주 서툰 화가에 지나지 않을 것입니다. 여러분이 이야기하는 그것을 — 여러분이 구체적으로 지적하거나 언급하지 않더라도 — 청중들이 자각하도록 그렇게 말씀을 전하십시오. 아마 휴 래티머(Hugh Latimer)처럼 말할 기회가 생겨나기도 할 것입니다. 그는 뇌물에 대해 이렇게 이야기했습니다:

은 쟁반과 물병을 가져다가 뇌물로 준 사람은 그것이 전혀 발각되지 않을 것이라고 생각합니다. 그렇지만 그 사람은 제가 알고 있다는 것을 모를 것입니다. 그리고 저만 아는 것이 아닙니다. 저 외에도 그것을 아는 사람들이 더 있습니다. 뇌물을 주는 자들이여! 뇌물이여! 그런 식으로 뇌물을 받는 사람은 결단코 선한 사람이 아닙니다. 뿐만 아니라 뇌물을 주는 사람도 선을 행한다고 믿을 수가 없습니다.

여기서 우리는 대담하게 일을 폭로하는 것을 보는 한편 지혜로운 절제를 보게 됩니다. 이 정도에서 그친다면, 어느 누구도 감히 여러분이 너무 지나치다고 비난할 수 없을 것입니다.

그 다음으로, 목사는 설교 본문을 찾을 때에 그 전에 다룬 주제가 무엇이었는지를 생각해야 합니다. 오로지 한 가지 교리만을 계속해서 강조하고 나머지 교리들은 소홀히 한다면 그것은 지혜롭지 못한 처신입니다. 우리 중에 깊이가 있는 형제들은 동일한 주제를 연속 설교를 통해서 계속 다룰 수도 있고, 만화경을 돌리면서 새롭게 바라보듯 동일한 주제를 여러 형식으로 새롭게 제시할 수 있는 능력이 있을 수도 있습니다만, 우리들 대부분은 능력이 모자라므로 폭넓은 범위의 진리들을 다양하게 제시하는 것이 최선일 것입니다. 우리가 행한 설교의 주제들을 자주 검토하여 혹시 주의를 기울이지 못한 교리는 없는지, 소홀히 다룬 은혜는 없는지를 살피는 것이 매우 좋다고 생각합니다. 최근 들어서 너무 지나치게 교리를 강조했는지, 아니면 너무 실천적인 것에만 신경을 썼는지, 아니면 너무 체험만을 강조했는지를 살펴보는 것도 매우 좋습니다. 반율법주의로 전락하는 것도 우리의 바람이 아니고, 그렇다고 해서 차가운 도덕성만을 가르치는 교사로 타락하는 것도 우리의 목표가 아닙니다. 우리는 모든 교리를 균형 있게 가르쳐서 우리의 사역에 충실을 기하는 것을 목표로 삼아야 할 것입니다.

성경의 각 부분에 대해서 동등하게 관심을 가져야 할 것입니다. 교리, 계명, 역사, 모형, 시, 잠언, 체험, 경고, 약속, 초청, 위협, 혹은 책망 등등, 영감된 진리 전체를 우리의 가르침의 범주에 포함시켜야 할 것입니다. 한쪽으로 치우치는 것을 절대로 혐오합시다. 한 진리를 지나치게 과장하고 다른 진리를 무시해 버리는 식이 되지 않도록 해야 합니다. 진리라는 초상화를 그 특색에 맞추어서 균형 있게 다양한 색깔로 그리기를 힘쓰도록 합시다. 그렇지 않으면, 진리를 왜곡시키게 되고, 신실한 초상화가 아니라 만화를 그려서 진리를 욕되게 하는 일이 생기게 될 것입니다.

그러나, 가령 골방에 들어가서 열심히 기도하며 오랫동안 간구하였고 교인들을 생각했고 그들에게 필요한 것이 무엇인지도 살펴보았는데도 아직 설교의 본문을 만나지 못했다면, 자, 초조해하지도 말고, 그렇다고 해서 절망하지도 마십시오. 여러분 스스로 무장하여 싸움터에 나갈 때가 임박했는데 화약이 부족하다면 얼마나 난감한 일이겠습니까? 그러나 여러분의 대장 되신 주님께서 공급해 주시는 싸움이라면 정해진 때가 되면 반드시 화약을 준비시켜 주실 것이 분명합니다. 하나님을 신뢰하십시오. 그는 여러분을 실망시킬 수도 없으실 뿐더러 실망시키지도 않으십니다. 계속해서 간구하고 계속해서 살펴보십시오. 부지런히 살피는 목사에게 하늘의 도우심이 반드시 임하는 법입니다. 일주일 내내 빈둥거리면서 시간을 보내느라 제대로 준비하는 일에 신경을 쓰지 못했다면, 하나님의 도우심을 기대할 수 없습니다. 그러나 그동안 최선을 다했고 또한 지금도 주님이 주-

시는 메시지를 알기 원하고 있다면, 여러분의 얼굴이 부끄러움을 당하는 일은 절대로 일어나지 않을 것입니다.

두세 가지 사건을 제가 경험했습니다만, 여러분에게는 좀 이상스러울 수도 있을 것입니다. 케임브리지에 살 때에, 저는 대개 저녁 시간에 이웃 마을에서 설교하곤 했는데, 거기까지 항상 걸어가야 했습니다. 한 번은 하루 종일 말씀을 읽고 묵상했는데도 적절한 본문을 만나지 못했습니다. 할 일을 다 했는데도 본문이 떠오르지 않았습니다. 성경 말씀에서도 응답이 없었고, 우림과 둠밈에서 섬광이 비치지 않았습니다. 기도했고, 묵상했고, 이 구절 저 구절 뒤적거렸으나 제 마음을 사로잡는 말씀이 없었습니다. 그래서 존 번연의 말처럼 "생각 속에서 이리 뛰고 저리 뛰었습니다." 바로 그때에 저는 창가로 나아가서 바깥을 내다보았습니다. 제가 살고 있는 좁은 거리 반대편을 보니 거기에 불쌍한 외로운 카나리아 새 한 마리가 지붕 위에 앉아 있었는데, 그 주위에 여러 마리의 참새들이 몰려들어서 그 카나리아를 공격하고 있었습니다. 바로 그 순간, 성경 본문이 제게 떠올랐습니다. "내 소유가 내게 대하여는 무늬 있는 매가 아니냐? 매들이 그것을 에워싸지 아니하느냐?"(렘 12:9)가 그것이었습니다. 저는 정말로 안도의 한숨을 쉬며 장시간 홀로 걸어가는 동안 그 본문을 생각했고, 하나님의 사람들에 대한 원수들의 핍박에 대해서 아주 자유롭고 편안하게 말씀을 전했고, 교인들이 그 설교를 통해서 위로를 받은 것으로 보입니다. 카나리아를 통해서인지, 아니면 참새를 통해서인지는 모르지만, 어쨌든 본문이 제게 보내진 것입니다.

또 한 번은 워터비치(Waterbeach)에서 사역하는 동안 주일 오전 예배에 설교한 다음 오찬을 위해서 어느 교인의 가정을 방문했습니다. 그날 세 번의 예배가 있었는데 오후 예배 시간과의 간격이 얼마 되지 않아서 마음을 준비하기가 힘들었습니다. 게다가 오찬이 필요하기는 했지만 예배 시간에 맑은 정신을 유지하려면 식사 때문에 오히려 큰 불편을 겪게 되는 상황이었습니다. 그런데 안타깝게도 우리 영국 마을들의 오후 예배에서는 시간을 그냥 허비하는 경우가 허다했습니다. 로스트 비프와 푸딩을 먹은 후에 예배에 참석하므로 청중들도, 설교자 자신도 식곤증 때문에 상당히 어려움을 겪기 때문입니다. 그날 저는 식사량을 조심스럽게 조절하여 아주 신선하고도 생동감 있는 상태를 유지할 수 있었습니다. 그런데 정말 당황스럽게도 미리 생각 속에 정리해 둔 설교의 내용이 사라져 버린 것입니다. 준비해 놓은 설교 내용의 실마리를 찾을 수가 없었습니다. 곰곰이 생각해 보아도 도저히 잊혀진 주제가 생각나지 않았습니다. 이제 예배 시간이 거의 다 되었습니다. 저는 상당히 당황하여 농사일을 하는 그 정직한 집주인에게 이야기했습니다. 설교하려고 준비했던 내용을 도저히 기억할 수가 없다고 말입니다. 그러자 그는 이렇게 말했습니다: "아, 걱정하지 마십시오. 우리에게 주실 좋은 말씀이 목사님께 분명히 생길 것입니다." 그런데 바로 그 순간, 벽난로에서 타고 있던 나뭇가지 하나가 제 발 옆에 떨어져 연기를 피워서 눈과 코를 맵게 했습니다. 그때 집주인이 소리쳤습니다: "목사님, 아주 좋은 본문이 생각납니다. '이는 불에서 꺼낸 그슬린 나무가 아니냐?' (슥 3:2)는 말씀 말입니다." 저는 속으로, '그 나뭇가지는 불에서 꺼낸 것이 아니라 자기 스스로 떨어진 것이오' 라고 했습니다.

자, 이렇게 본문도 생겼고, 예화도 생겼고, 아주 귀한 설교 주제까지도 생겼습니다. 결국 그날의 오후 예배 설교는 제가 준비를 많이 했던 다른 설교의 경우에 못지않게 성령의 기름 부으심이 있었습니다. 아니 다른 설교보다 나았습니다. 예배가 끝난 후 제게 나아와서 그 설교를 듣고 회심하였노라고 고백한 사람들도 한두 명 있었기 때문입니다. 그 이후 언제나 저는 준비한 설교의 본문을 잊어버렸던 그때의 일이 정말 복이었다고 생각하고 있습니다.

뉴 파크 스트리트(New Park Street) 교회에서 목회하던 시절 저는 아주 특별한 경험을 한 일이 있는데, 그때 그 일을 직접 목격한 분들이 이 자리에도 계십니다. 주일 저녁 예배의 초반부를 무난하게 잘 진행하고 나서 이제 설교 전에 찬송을 부르고 있었습니다. 저는 어느 본문에 대해서 설교 준비를 아주 착실하게 해 놓았었고, 그래서 그 본문을 찾아 놓으려고 성경을 폈습니다. 그런데 마치 사자가 수풀에서 달려나오듯이 그 반대 쪽 페이지의 다른 성경 구절이 눈에 들어오는데, 본래 준비한 그 본문을 묵상하면서 느낀 것보다 훨씬 더 강하게 제 마음을 사로잡았습니다. 교인들은 찬송을 부르고 있었고 저는 한숨을 쉬고 있었습니다. 저는 두 본문 사이에서 우왕좌왕하고 있었고, 어떤 것을 택하여야 할지 머뭇거리고 있었습니다. 저는 제가 미리 준비한 그 본문을 설교할 마음이었지만, 다른 본문에 대한 마음도 전혀 수그러들지 않았습니다. 마치 제 옷깃을 잡아당기며, "아니다, 아니야. 나를 설교 본문으로 삼아라. 하나님께서 나를 따르게 하실 것이다"라고 외치는 것 같았습니다. 저는 제 자신의 임무를 차근차근 생각해 본 다음 이렇게 결론지었습니다: "준비한 설교를 해야 하는 것이 당연하고, 또 갑자기 떠오른 새로운 주제를 설교한다는 것이 위험천만한 일이기도 하다. 하지만 이 본문이 이렇게 강권하고 있으니, 어쩌면 주께서 그렇게 하시는 것일지도 모른다. 그러니 결과를 주께 맡기고 이 본문을 설교하기로 하자."

설교 서두에 내용을 구분하여 제시하는 것이 저의 관례입니다만, 그 때에는 보통 때와는 달리 그렇게 하지 않았습니다. 그 이유는 여러분이 아마 추측하실 수 있으리라 생각합니다. 첫 번째 대지를 상당히 자유롭게 진행시켰고, 사상이나 단어나 모두 즉석에서 생각나는 대로 옮겼습니다. 두 번째 대지도 이례적으로 고요하면서도 큰 능력을 의식하는 중에 전했습니다. 그러나 그 다음 세 번째에 대해서는 전혀 생각이 없었습니다. 그 때가지 그 본문에서 떠오르는 것이 거기까지였기 때문입니다. 그런데 바로 그때에 전혀 예기치 않았던 사건이 벌어졌습니다. 그 사건이 아니었다면 제가 어떻게 설교를 했을지 지금도 알 수 없습니다. 저는 하나님의 역사하심이라 생각되는 대로 순종했는데 그 때문에 큰 어려운 상황에 처하게 된 것입니다. 그러나 저는 비교적 침착했습니다. 하나님께서 저를 도우시리라는 것을 믿었기 때문입니다. 더 이상 설교를 계속할 수 없다면, 최소한 그 상태 그대로 예배를 마칠 수는 있었기 때문입니다. 그런데 제가 의도적으로 말씀을 계속할 필요가 없는 상황이 벌어졌습니다. 갑자기 실내의 등(燈)이 모두 꺼져서 모두 캄캄한 암흑 속에 있게 되었기 때문입니다. 실내에는 복도에까지 사람들로 가득 차 있었으니, 그런 상황에서 불이 꺼진다는 것은 위험천만한 일이기도 하지만 큰 복이기도 했습니다.

그런 상황에서 제가 어떻게 해야 했을까요? 교인들은 다소 당황하였지만, 저는 등이 꺼졌으나 다시 켜질 것이니 전혀 놀랄 것 없다고 그들을 안심시켰습니다. 저로서는 원고가 없으니 실내가 환하든 캄캄하든 전혀 문제될 것이 없었습니다. 교인들이 가만히 앉아서 들을 수만 있다면 아무 문제가 없었던 것입니다. 제 설교가 미리 준비해 온 대로 아주 정교하고도 세밀하게 진행되고 있었다면, 그런 상황에서 말씀을 계속한다는 것이 어리석은 일이 되고 말았을 것입니다. 저도 당황했을 것이고, 그만큼 큰 곤경에 처하게 되었을 것입니다. 실내가 캄캄해지자, 빛의 자녀들이 어둠 속에서 행하며 어둠의 자식들이 빛 속에서 행하는 것에 대한 그 유명한 본문이 갑자기 머리에 떠올랐습니다. 그리고 적절한 말씀과 예화들이 부어지는 것이었습니다. 그리하여 등이 다시 켜질 때에 보니, 평생에 그런 광경을 다시 볼 수 있을까 싶을 정도로 청중들이 말씀에 완전히 압도된 모습이었습니다. 희한한 일은 그 이후에 몇 가지 모임이 있은 후, 두 사람이 저를 찾아와서 고백하기를, 그날 밤 자기들이 회심하였다고 한 사실입니다. 한 사람은 전반부의 설교에서, 또 한 사람은 갑자기 등이 꺼진 후의 새로운 말씀을 통해서 회심하였다는 것입니다.

자, 여러분, 하나님의 섭리가 이렇게 제게 임했습니다. 저는 하나님께 내어 맡겼는데, 정말 적절한 때에 하나님께서는 저를 위하여 등이 꺼지도록 하신 것입니다. 어떤 사람들은 이것을 어리석다고 조롱할지도 모르겠습니다만, 저는 하나님을 찬송합니다. 혹 이런 것을 책망하는 분도 계시겠지만, 저는 기쁩니다. 여러분, 설교에서 무엇보다도 피해야 할 것은 성령의 인도하심을 실질적으로 무시해 버리는 기계적인 설교 행위입니다. 성령의 사람들은 저마다 목회 사역 가운데서 그런 일들을 체험할 것이라 믿습니다. 그러므로 여러분, 하나님의 섭리의 과정을 주시하십시오. 주님의 인도하심과 도우심에 여러분 자신을 내어 맡기십시오. 여러분이 본문을 얻기 위하여 엄숙하게 최선을 다했는데도 설교의 주제가 주어지지 않으면, 비록 예배 시간까지 말씀을 받지 못했다 할지라도 때가 되면 반드시 메시지가 주어질 것이라는 것을 분명하게 믿고서 강단에 담대하게 올라가십시오.

저 유명한 감리교 설교자인 새뮤얼 드루(Samuel Drew)의 생애를 보면 다음과 같은 내용이 있습니다:

한 번은 드루 목사가 콘월(Cornwall)에서 설교를 마친 후 친구의 집에 잠시 들렀는데, 예배에 참석했던 한 사람이 그를 보고는 그 날 설교가 평상시보다 훨씬 더 능력이 있었다고 말했고, 옆의 다른 사람도 그 의견에 동감을 표시하였다. 그러자 그는 이렇게 말했다: "그것이 사실이라면 정말 특별한 일입니다. 제 설교는 사전에 전혀 준비된 것이 아니었거든요. 다른 본문을 가지고 설교하려고 생각하고 강단에 올라갔는데, 성경을 펼치자 갑자기 다른 본문이 마음을 사로잡아서 저는 하는 수 없이 미리 생각해 두었던 것을 피하고 설교 본문을 즉석에서 바꾸었지요. 그것이 바로 여러분이 들은 '이스라엘아 너희 하나님을 만날 준비를 하라'는 말씀이었습니다."

드루 목사는 하늘의 인도하심에 올바로 순종했던 것입니다. 어떤 경우에는 잘 준비해 놓은 설교 말씀을 취소하고, 성령의 즉각적인 도우심에 의지하여 순전히 즉석 설교를 하지 않으면 안 되는 일이 일어나기도 하는 법입니다. 고(故) 킹맨 노트(Kingman Nott) 목사가 뉴욕의 내셔널 시어터(National Theatre)에서 설교할 때에 겪은 일이 여러분에게도 얼마든지 일어날 수 있습니다. 그는 어느 편지문에서 이렇게 적고 있습니다:

건물이 사람들로 가득 찼는데 대부분 소란스럽게 떠드는 젊은 청년들과 소년들이었다오. 머릿속에 설교 내용을 생각하고 있었는데 무대에 서서 '하이! 하이!'라고 인사를 건네고 보니 대부분이 소란스러운 잡다한 무리들이었지요. 그래서 미리 준비한 설교 내용은 완전히 제쳐 두고 탕자의 비유를 본문으로 삼아서 그들에게 맞게 말씀을 전했는데, 무리들 대부분이 중간에 나가지 않고 끝까지 잘 경청했다오.

미리 준비한 내용을 그대로 고집했다면 과연 그 상황에 제대로 맞았겠습니까? 형제 여러분, 성령을 믿으십시오. 그리고 여러분의 그런 믿음을 실제로 실행에 옮기시기 바랍니다.

열심히 준비하는 데도 생각이 도저히 떠오르지 않는 불쌍한 설교자에게 한 가지 도움을 드리겠습니다. 그럴 경우에는 하나님의 말씀 그 자체를 계속해서 읽으십시오. 한 장을 읽고 각 절마다 깊이 묵상하십시오. 아니면 한 절을 선택하여 그 구절에다 온 정신을 쏟으십시오. 그렇게 하면 그렇게 읽는 절이나 장에서는 본문을 찾을 수 없다 할지라도, 거룩한 주제에 정신을 적극적으로 쏟는 동안 적절한 말씀이 떠오를 것입니다. 생각들이 하나씩 서로 연결되어 가다가 결국 긴 생각의 흐름이 머리에 떠오를 것이고, 그렇게 되면 그 가운데 어느 한 가지가 예정된 설교의 주제가 될 것입니다.

또한 좋은 관련 서적들을 읽고, 그것들을 통해서 계발하십시오. 한동안 사용하지 않던 펌프에서 물을 길어 올리려 할 때에는 먼저 거기에 물을 부어 줍니다. 그러면 펌프가 작동하게 됩니다. 청교도들의 저작들 가운데 하나를 읽고 그것을 철저히 섭렵하십시오. 그러면 여러분의 마음이 마치 날개를 단 새처럼 왕성하고도 힘 있게 날아오르게 될 것입니다.

그러나 경계의 말씀을 하나 드려야겠습니다. 곧, 본문을 얻고 설교를 작성하는 일을 위하여 항상 훈련에 임해야 한다는 것입니다. 그러한 거룩한 활동을 위하여 우리의 정신을 언제나 준비시켜 놓고 있어야 합니다. 한 시간이라도 감히 낭비하는 목사가 있다면 그에게 화 있을진저! 존 포스터(John Foster)의 「시간 선용에 대한 논고」(*Essay on the Improvement of Time*)를 읽어 보십시오. 그리고 일 초라도 헛되이 보내지 않기로 결심하십시오. 월요일 오전부터 토요일 밤까지 이런저런 일로 계속 왔다 갔다 하면서, 마지막 한두 시간쯤 되면 하늘의 사자가 설교의 본문을 전달해 줄 것이라는 식으로 경망스럽게 꿈꾸는 사람은 하나님을 시험하는 자요, 설교 본문 없이 주일을 맞는 것이 당연할 것입니다. 우리는 목사들로서 놀고먹는 것이 아닙니다. 우리는 절대로 목사의 임무에서 쉬는 때가 없고, 밤이나 낮이나 항상 망루 위에서 파수꾼의 사명을 다하는 것입니다. 학생 여러분, 엄숙히 말씀드립니다만, 시간을 철저하게 운용하지 못하는 일에 대해서는 절대로 변명의 여지가 없습니다. 그 문제를 소홀히 여겼다가는 크나큰 위험에 빠지게 되고 마는 법입니다. 시편 1편의 복된 사람처럼 주야로 여호와의 율법을 묵상하지 않으면 여러분의 목회 사역의 잎사귀가 곧 시들어 버리게 됩니다. 간곡히 말씀드립니다만, 신앙적인 방탕으로나 쓸데없는 경박스러운 이야기 같은 것으로 시간을 허비해서는 절대로 안 됩니다. 이런 모임 저런 모임을 돌아다니며 쓸데없는 허튼 이야기에 귀를 기울이고, 정말 헛된 이야기에 한 몫 거드는 따위의 일을 하지 않도록 조심하시기 바랍니다. 차 마시는 일이나 저녁 파티나 주일 학교 야유회 같은 데에서 큰 능력을 발휘하는 사람은 그 이외의 다른 데에서는 무용지물인 경우가 태반입니다.

설교 준비가 여러분의 첫째가는 임무입니다. 그러므로 이 임무를 소홀히 한다면, 여러분 자신이나 여러분 자신의 직분에 아무런 유익도 되지 못합니다. 벌들은 아침부터 밤까지 꿀을 만드느라 바쁩니다. 마찬가지로 우리도 언제나 교인들을 위하여 영적인 꿀을 저장하는 데에 바빠야 할 것입니다. 설교 준비에 전력을 기울이지 않는 목회 사역을 저는 믿지 않습니다. 이탈리아 북부 지방을 여행할 때에 운전 기사가 밤에 차 속에서 잠을 잤는데, 아침에 제가 그를 깨웠더니, 그는 벌떡 일어나서 몸을 세 차례 찰싹 찰싹 때리더니 이제 준비가 되었다고 말하는 것을 보았습니다. 그렇게 재빠르게 준비를 갖추는 것이 저는 잘 이해가 되지 않았습니다. 차라리 운전 기사가 다른 곳에서 잠을 잤더라면, 아니면 제가 옆자리에서 함께 잤더라면 좋았겠다고 생각했습니다. 여러분 중에 언제나 설교할 수 있는 준비를 갖추고 있는 분이 있다면, 갑자기 다른 교회의 강단에 서게 된다 할지라도 얼마든지 감당할 수 있을 것입니다. 우리의 일을 위하여 항상 준비를 갖추는 습관을 기르는 것이 좋습니다.

목사들은 항상 건초를 만드는 작업에 힘써야 하고, 특히 태양이 떠 있는 동안에는 더욱 그 일에 힘써야 합니다. 여러분, 때때로 설교를 위하여 정신적인 준비가 잘 갖추어져 있는 자신의 모습을 발견하게 되지 않습니까? 제이 목사(Mr. Jay)는 말하기를, 그런 상태를 느낄 때면 종이를 가져다가 본문과 설교의 골격을 적어서 정리해 두어서 후에 설교 준비가 잘 되지 않을 때에 사용할 수 있도록 해 놓는다고 했습니다. 토머스 스펜서 (Thomas Spencer)는 이렇게 쓰고 있습니다: "나는 조그만 노트를 항상 지니고 다니면서, 내 마음에 능력과 감동으로 와 닿는 모든 성경 본문들을 다 적어 놓고, 성경의 어느 구절에 대해 꿈을 꾸면 그것도 적어 놓는다. 그래서 책상에 앉아서 설교를 준비하려고 할 때에 한 번도 설교 주제가 없어서 곤란을 겪은 적이 없다."

도심 속에서나 시골길에서나 항상 설교 주제를 살피시기 바랍니다.[2] 항상 눈과 귀를 열어 놓으십시오. 그러면 천사를 보고 천사의 소리를 듣게 될 것입니다. 세상은 설교 주제로 가득 차 있습니다. 그것들을 날개로 취하여 들이십시오. 어느 조각가는 말하기를, 거친 대리석 덩어리를 보면 자기는 언제나 그 속에 고귀한 조각물이 숨어 있다고 믿는다고 합니다. 자기가 할 일은 그저 곁에 붙어 있는 쓸데없는 것들을 쪼아내어 그 조각물이 드러나도록 하는 일이라고 합니다. 여러분, 모든 만물의 껍데기 속에 설교의 알맹이가 지혜로운 사람을 위하여 존재한다는 사실을 믿으시기 바랍니다. 지혜를 가지시고, 이 땅의 패턴 속에서 하늘의 것을 보시기 바랍니다. 하늘에서 울리는 소리를 들으시고, 그것을 사람의 언어로 바꾸십시오. 하나님의 사람들이여, 언제나 설교자이기 바랍니다. 자연의 영역에서든 예술의 영역에서든 어디서나 강단을 찾아다니며, 언제나 끊임없이 이 주제를 모으고 준비하는 그런 설교자가 되시기 바랍니다.

이제는 예정된 설교의 주제들을 미리 공포하는 것이 과연 좋은 일인지에 대해서 답변을 해야겠습니다. 이 문제는 각자가 알아서 판단할 일입니다. 제가 다른 사람을 판단하는 재판관은 아닙니다. 감히 남을 판단할 수도 없고, 그렇게 한다고 해도 분명 실패하고 말 것입니다. 매튜 헨리 (Matthew Henry: 1662-1714)나 존 뉴턴(John Newton: 1725-1807) 등 수많은 과거의 종들이 행한 예들을 보면 제 자신의 의견과는 좀 다른 것

---

2) "어린양들이 추위에 떨고 있는 모습이나 불쌍한 양들이 보살핌을 받지 못하여 죽어가는 것을 보면서 나는 우리의 선하신 목자께서 자기 양 떼를 보살피시는 일에 대해서 묵상하여 매우 큰 유익을 얻었다." — Andrew Fuller's Diary.

을 보게 됩니다. 저로서는 저 개인의 생각을 그저 말씀드릴 뿐입니다. 그러니 여러분 각자가 판단하셔서 행하시기 바랍니다. 여러 탁월한 목사들이 미리 예정된 주제들에 대해서 정말 고귀한 설교들을 연속으로 했습니다. 그러나 여러분은 탁월하지 못합니다. 그러므로 우리 스스로 조심하는 것이 좋을 것입니다. 저로서는 당장 내일 설교의 주제를 감히 공포할 수가 없습니다. 그러니 6주나 6개월 동안의 설교 주제에 대해서는 더 말할 것도 없습니다. 그 이유는 한 주제에 대해서 일정 기간 동안 계속해서 설교하여 청중들의 관심을 이어갈 수 있는 특별한 은사가 제게는 없다고 느끼기 때문입니다. 탁월한 연구와 심오한 학문을 지닌 형제들은 그렇게 할 수 있을 것입니다. 그리고 그런 재능이 없고 상식도 없으면서 그렇게 하는 척하는 형제들도 있습니다만, 저는 그렇게 못합니다. 저로서는 주제의 깊이보다는 주제의 다양성을 따를 수밖에 없습니다. 대다수의 설교자들의 경우 성공하기 위해서 설교 프로그램을 불태우는 것이 과연 좋은가 하는 것은 의문의 여지가 있습니다.

저는 아주 생생한 기억이 있습니다. 어떤 설교자가 히브리서를 연속 강해했는데, 지금도 저는 정말로 바람직하지 못한 설교였다고 느낍니다. 저는 차라리 히브리서가 히브리인들에게 보내는 서신으로 그대로 있었으면 좋았겠다고 느꼈습니다. 한 사람의 이방인 소년에게는 그것이 정말 지루했으니까요. 일곱 번째나 여덟 번째 설교를 할 때에는 아주 열심 있는 사람 몇 명만이 그것을 들을 수 있었습니다. 이 사람들은 물론 그렇게 값진 강해 설교를 들어본 일이 없다고 극찬했습니다만, 좀 더 믿음이 약한 사람들에게는 설교를 들을수록 지루함이 더했던 것입니다. 그 서신서에서 바울은 권면의 말씀을 하라고 권면하고 있고, 우리도 그렇게 했습니다. 그렇지만, 그런 연속 강해 설교가 과연 그 말씀을 따르는 것이었을까요? 아닐 것입니다. 예외가 물론 있겠지만 별로 없을 것입니다.

심지어 저 놀라운 설교자 조셉 카릴(Joseph Caryl: 1602-1673)의 경우에도 그 유명한 욥기 강해를 처음 시작할 때에는 8백 명의 청중이 참석했는데, 마지막 끝날 때에는 청중이 여덟 명밖에는 없었다고 합니다. 예언서에 심취한 어떤 설교자는 다니엘서의 "작은 뿔"에 대해서 굉장히

상세하게 강해했는데, 그 주일 오전 예배에 끝까지 남은 사람이 일곱 명
밖에 없었다는 것입니다. 청중들은 아마 이렇게 생각했을 것이 틀림없습
니다:

"그렇게 수많은 현(絃)을 가진 하프로
한 가지 곡조만을 그렇게 오래 연주하니
이 얼마나 이상한 일인가."

제가 보기에는 일반적으로, 또한 평범한 설교자들에게는, 미리 정해진
설교를 한다는 것은 실수요, 유익이 있다 하더라도 그저 피상적인 것에
지나지 않으며 전반적으로 정말 잘못된 것이라 여겨집니다. 긴 서신서를
처음부터 끝까지 다루어 나가려면 설교자에게는 굉장한 천재적 재능이
있어야 하고, 또한 청중의 편에서도 끈질긴 인내가 필요합니다. 지금까지
말씀드린 내용을 깊이 생각해 보면 더욱 감동이 있습니다. 참된 생명이
있는 수많은 진실한 설교자들이 설교 프로그램을 족쇄처럼 느낄 것이라
여겨집니다. 가령 어느 설교자가 생동감 있고 마음에 감동이 있어야 전할
수 있는 그런 기쁨이 충만한 주제를 다음 주일의 설교 주제로 공포했다
할 때에, 갖가지 원인들 때문에 그 설교자 자신이 무겁고 힘겨운 마음 자
세로 있게 될 경우가 얼마든지 있을 수 있습니다. 그러나 그런 상황에도
불구하고 그는 낡은 부대에다 새 술을 넣어야만 하고, 삼베 누더기와 재
를 무릅쓴 상태로 혼인 잔치에 나아가야 할 처지가 되며, 최악의 경우에
는 이런 상태를 한 달 이상 계속해야 할 경우도 생깁니다. 과연 반드시
그래야만 할까요? 중요한 것은 설교자가 그의 설교 주제와 조화를 이루
어야 한다는 점입니다. 그러나 주제를 선택하는 일이 그때그때마다 설교
자의 자유로 맡겨지지 않는 이상 어떻게 그럴 수가 있겠습니까? 사람은
정해진 레일 위를 달리는 증기 기관차가 아닙니다. 그러므로 한 가지 궤
도에 그를 고정시켜 놓는 일은 결코 지혜롭지 못한 처사입니다.

설교자의 능력은 다분히 그의 영혼이 설교의 주제와 일치하는 데 있
습니다. 그러므로 저는 특정한 날의 설교를 위하여 미리 주제를 정해 놓

는 따위의 일은 할 수가 없습니다. 그랬다가 날이 닥쳐서 저의 심령의 상태가 그 주제와 맞지 않으면 어떻게 하겠습니까? 설교자가 미리 자기의 나아갈 길을 정해 놓은 상태에서 어떻게 하나님의 성령의 인도하심에 의존할 수 있는가 하는 문제도 해결하기가 쉽지 않습니다. 여러분은 어쩌면 이렇게 말할 것입니다: "그것은 어리석은 반론이다. 한 주를 성령께 의지한다면 20주도 성령께 의지할 수 있는 것이 아닌가?" 예, 그렇습니다. 그러나 우리는 그런 믿음을 보장해 주는 약속을 받지 못했습니다. 하나님께서는 날마다 그날에 필요한 은혜를 주시겠다고 약속하셨습니다. 그러나 미래를 위해서 여분의 양식을 마련하는 일에 대해서는 아무 말씀도 하지 않으셨습니다.

"매일 매일 만나가 내렸으니,
오오, 이 교훈을 잘 배우기를 바라도다!"

우리의 설교 역시 필요할 때마다 하늘에서 새롭게 임하는 것입니다. 날마다 성령님을 의지하지 못하도록 방해하는 것이 있다면 그것이 무엇이든 버려야 할 것입니다. 그렇기 때문에 저는 이미 말씀드린 그런 의견을 제시하고자 합니다. 여러 젊은 형제 여러분, 여러분에게 안전한 것을 말씀드리겠습니다. 유능한 과거의 종들을 따라서 정교한 연속 설교를 하고픈 야망을 버리십시오. 우리는 정신적인 금이나 은을 별로 지니지 못했습니다. 광범위하고 부담이 되는 항목들은 더 크고 부유한 상인들이 처리하도록 맡겨 두고, 우리는 우리의 작은 자본을 모든 사람이 관심을 둘 수 있는 그런 유용한 품목들에 투자하도록 합시다. 내일 일을 우리는 모릅니다. 날마다 그날의 가르침을 기다립시다. 그리고 오늘이나 내일 하나님의 섭리로 우리에게 주어지는 자료들을 사용하는 일에서 벗어나도록 하는 일이라면 그 어떠한 일도 시도하지 말아야 할 것입니다.

또한 사람들이 여러분에게 설교해 달라고 정해 주는 구절들을 본문으로 삼아 설교하는 일이 합당한지에 대해서도 궁금해 하는 분들이 계실 것입니다. 이에 대한 제 답변은, 절대로 그렇게 하지 않는 것을 원칙으로 삼으라는 것입니다. 물론 예외의 경우도 있겠지만, 거의 없습니다. 여러분, 여러분은 손님들이 와서 주문을 하는 그런 가게를 운영하는 사람이 아니라는 사실을 명심해야 합니다. 측근이 어떤 주제를 제안하면, 그것에 대해 생각해 보시고, 그것이 과연 적절한지, 그것이 과연 여러분에게 능력으로 와 닿는지를 살펴보십시오. 그런 요청을 정중하게 받아들이십시오. 그리스도인으로서 예의를 갖추어 행동할 의무가 여러분에게 있기 때문입니다. 그러나 여러분이 섬기는 주님께서 그의 빛을 그 본문에 비추어 주시지 않으면, 그것을 설교하지 마십시오.

우리의 설교 주제에 대해서 하나님의 인도하심을 기다리며 또한 우리가 올바로 인도함을 받게 되기를 기도 제목으로 삼아서 기도하면, 반드시 올바른 길로 인도함을 받을 것입니다. 그러나 우리 스스로 손쉽게 주제를 정할 수 있다는 식의 생각을 갖고서 우쭐해지면, 주제를 선정하는 문제에서조차도 그리스도가 없이는 우리가 아무것도 할 수 없다는 사실을 확인하게 될 것입니다. 주님을 기다리십시오. 그가 하시는 말씀을 들으시고, 하나님의 입에서 직접 나오는 말씀을 받으십시오. 그리고 가서 하늘로부터 새로이 임하는 사자로서 말씀을 선포하십시오. 이 말씀을 명심하십시오: "여호와를 기다릴지어다."

제 7 장

영적인 해석에 대하여

여러 설교학 관련 저자들은 성경 본문을 영적으로 해석하는 것 (spiritualizing of a text)에 대해서는 — 심지어 간혹 그렇게 하는 것에 대해서도 — 철저하게 정죄하는 것을 봅니다.[1] 그들은 말하기를, "명쾌하고도 문자적인 의미를 제시하는 그런 본문을 선택하라. 절대로 본문의 명확한 의미 이상을 넘어서지 말라. 본문을 스스로 끼워 맞추거나 변용시키는 일을 허용하지 말라. 그것은 사람의 인위적인 행위요, 사기꾼의 장난이요, 악한 의도와 뻔뻔스러움이 드러나는 것 이외에 아무것도 아니다"라고 합니다. 존경해야 할 사람에게 존경을 보내는 것이 마땅하겠습니다만, 저는 이런 학자들의 견해와는 약간 의견을 달리한다는 점을 말씀드리지 않을 수 없습니다. 그런 발언은 정확하다기보다는 지나치게 까다롭고, 그럴듯해 보이지만 정확한 사실은 아니라고 믿기 때문입니다. 때때로 잊혀진 본문, 탁월한 본문, 어울리지 않는 본문을 취하여도 정말 큰 유익을 주기도 하는 법입니다. 이론가들이 아니라 실제 현장에서 사역을 하는 성공적인 설교자들을 배심원으로 삼아 그들에게 호소하면, 대다수가 우리를 지지할 것이라고 믿습니다. 이 시대의 학식 있는 랍비들은 너무나 숭고하고 위대해서 낮고 천한 사람들에게로 자신을 낮추어 내려오는 법이 없는

---

1) "알레고리 식의 설교는 설교자와 청중 모두의 취향을 저하시키고 이해력을 감소시킨다" — Adam Clarke. 웨슬리의 법칙이 더 낫다: "알레고리 식의 해석이나 영해는 되도록 줄여라."

것 같습니다. 그러나 고상한 문화나 심오한 학식이나 자랑할 만한 언변이 없는 우리로서는 이 전문가들이 금한 바로 그 방법을 사용하는 것을 지혜로 여겨왔습니다. 왜냐하면 그것이야말로 무미건조한 형식주의의 틀에 빠지지 않는 가장 최선의 방법이며, 맛이 없는 진리에 맛을 주는 일종의 소금과도 같다는 것을 알기 때문입니다.

영혼을 구원하는 일에 쓰임 받은 수많은 위대한 종들은 이따금 전에는 한 번도 걸어본 일이 없는 길로 나아감으로써 목회 사역에 자극을 주고 교인들의 관심을 사로잡는 것이 아주 적절하다고 여겨왔습니다. 그런데 그들이 실수를 저지른 것이 아니라 오히려 그 반대라는 것을 경험이 증거해 주었습니다. 형제 여러분, 물론 한계를 지켜야 합니다만, 영적인 해석이나 혹은 이상야릇한 본문을 택하기를 두려워하지 마십시오. 성경의 구절들을 계속해서 살펴보면서 그 명확한 의미를 제시하는 것은 물론 — 이것은 당연히 해야 할 일입니다 — 거기서 더 나아가서 표면상으로는 드러나지 않는 의미까지도 이끌어 내기 바랍니다. 가치 있는 권면을 받아들여야 마땅합니다만 여러분, 진지하게 권고합니다. 그 지나치게 세밀한 비평가들에게 그들이 세워 놓은 황금 우상에게 모든 사람이 다 경배하는 것이 아니라는 점을 보여 주십시오. 일정한 한계와 영역 내에서 영적인 해석을 도입하기 바랍니다.

그러나 이런 권면을 구실로 하여 무턱대고 끊임없이 조지 폭스(George Fox: 1624-1691)가 말하는 그런 분별없는 "상상"에 빠져서는 안 될 것입니다. 목욕하라는 권고를 받았다는 구실로 물에 빠져 죽어서는 안 됩니다. 타닌산이 아주 귀한 것이라고 했다고 해서 오크 나무에 몸을 매다는 일이 있어서도 안 됩니다. 허용되는 일이라 할지라도 그것을 과도히 하는 것은 악입니다. 불이 벽난로에만 있으면 아주 유익하지만, 그것이 집을 태워 버릴 때에는 그야말로 크나큰 악재가 되는 것입니다. 좋은 것도 너무 정도가 지나치면 혐오감을 줍니다. 그러므로 우리도 영적인 해석의 문제와 관련해서 이 점을 명심해야 할 것입니다.

이와 관련해서 우리가 준수해야 할 첫 번째 규범은 이것입니다. 곧, 부당한 영해(靈解)를 통해서 본문을 격렬하게 왜곡시켜서는 안 된다는 것입니다.

이것은 상식에 어긋나는 죄입니다. 본문이 말씀하는 것과는 전혀 동떨어진 것을 집어넣어서 억지로 본문을 끼워 맞추는 못된 설교자들의 행위로 인해서 하나님의 말씀이 난도질당하고 왜곡되는 끔찍한 일이 얼마나 많이 있었습니까? 로울랜드 힐(Rowland Hill: 1744-1833)은 그의 「마을의 대화」(*Village Dialogues*)에서 슬롭대쉬 목사(Mr. Slopdash)에 대해서 언급하는데, 이는 무수한 예 가운데 하나에 불과합니다. 그 목사는 바로의 떡 굽는 관원장의 꿈에 나오는 "나도 꿈에 보니 흰 떡 세 광주리가 내 머리에 있고"(창 40:16)라는 말씀으로 설교했는데, 그 "세 번 기름 부음을 받은 얼간이 망치" 같은 작자는 이 본문을 근거로 삼위일체론에 대해서 강론하였다는 것입니다. 고귀하고 탁월한 그리스도의 사역자로서 인근에서 가장 탁월한 사역자 중의 한 사람이었던 로울랜드 힐은 말하기를, 하루는 열심히 수고하던 한 부부가 예배에 참석하지 않았다고 합니다. 그리고 계속해서 그 부부는 교회에 나오지 않았는데, 어느 월요일 우연히 거리에서 그 부부 중 남편을 만나게 되었답니다.

"존, 최근에 뵙지를 못한 것 같습니다."

"예, 그렇습니다. 과거처럼 목사님의 사역에서 별 유익을 얻지 못해서요."

"그래요? 그 말을 들으니 참 안됐군요."

"저어, 저희 부부는 은혜의 교리를 좋아해서 최근에 보울러 목사님의 말씀을 들으러 다니고 있습니다."

"오! 고(高) 칼빈주의자 모임(High Calvinist Meeting)의 그 좋은 목사님 말씀입니까?"

"예, 그렇습니다. 너무 좋아요. 거기서는 올바른 좋은 양식을 얻을 수 있어요. 목사님 밑에 있을 때에는 거의 굶어 죽다시피 했어요. 물론 인간적으로는 목사님을 여전히 존경하고 있지만요."

"그래요? 좋습니다. 영혼의 양식을 얻을 수 있는 곳으로 가야겠지요. 하지만 그 양식이 좋은 양식이기를 바랍니다. 그런데, 지난 주일에는 무슨 양식을 얻으셨습니까?"

"아! 정말 좋은 시간을 가졌습니다. 오전 예배에서는 — 목사님께 말

쓴드리고 싶지는 않습니다만 — 정말 귀한 시간을 가졌어요."
 "그래요? 그게 무엇이었는데요?"
 "글쎄요, 보울러 목사님은 '네가 만일 음식을 탐하는 자이거든 네 목에 칼을 둘 것이니라'(잠 23:2)는 말씀으로 큰 은혜를 주셨어요."
 "그 본문으로 무슨 말씀을 하셨는데요?"
 "글쎄요, 그 목사님의 말씀을 이야기할 수 있습니다만, 그보다 먼저 목사님이라면 무슨 말씀을 하셨을지 궁금하군요."
 "글쎄요, 잘 모르겠군요. 저라면 그 본문을 택하지 않았을 것입니다만, 만일 굳이 그 본문에 대해서 말씀을 해야 한다면, 사람이 음식을 먹을 때에 귀한 사람 앞에서 하는 것처럼 조심해야 하고 그렇지 못하면 자신을 망치는 것이라는 식으로 말했겠지요. 탐식은 사람을 망치게 하는 것이니까요."
 "아하! 그것은 목사님의 죽은 문자에 매어 달리는 해석이구요. 지난번 제 아내에게도 말했습니다만, 보울러 목사님의 설교를 들은 후부터 성경이 훤하게 열려서 전에는 보지 못하던 것들을 굉장히 많이 보게 되었어요."
 "좋습니다. 그런데 보울러 목사님은 그 본문에 대해서 무어라고 말씀하시던가요?"
 "글쎄요, 그 목사님은 그 본문에서, 음식을 먹는 자는 설교에 대한 사모함이 굉장해서 언제나 음식을 먹기를 원하지만 그 음식이 어떤 음식인지에 대해서는 잘 모르는 그런 초신자라고 말씀하셨습니다."
 "그 다음에는요?"
 "초신자가 관원과 함께 앉아 음식을 먹게 되면, 즉 율법적인 설교자나 혹은 행위를 강조하는 설교자의 설교를 듣게 되면, 더욱 좋지 않다는 뜻이라고 말씀했습니다."
 "그러면 칼에 대해서는 무어라고 말씀하시던가요?"
 "글쎄요, 보울러 목사님은 율법적인 설교자들의 설교를 듣는 것이 매우 위험천만한 일이라고 말씀하셨습니다. 그것이 사람을 망치는 것이라더군요. 마치 목에다 칼을 들이대는 것과 마찬가지라고 말입니다."

제가 생각하기에 그 설교의 주제는 그 고(高) 칼빈주의 전통에 속한 설교자 이외의 그 어떠한 설교자들의 말씀도 초신자에게 악영향을 미친다는 것이었습니다. 그리고 거기에서 이끌어 낸 도덕적인 교훈은 그 부부가 전 교회로 돌아가서 말씀을 듣기보다는 차라리 칼을 목에 대는 것이 낫다는 것이었습니다. 그것은 정말 엄청나게 본문을 끼워 맞춘 것입니다. 또 어떤 설교자는 잠언 21:17("연락을 좋아하는 자는 가난하게 되고 술과 기름을 좋아하는 자는 부하게 되지 못하느니라")에 대해서 말씀을 전했습니다. 본문을 왜곡시키는 식으로 영해(靈解)를 추구하는 사람들이 흔히 잠언의 말씀을 잘 이용합니다. 그 설교자는 이런 식으로 그 본문을 해석했습니다: "'연락을 좋아하는 자', 즉, 은혜의 수단을 즐기는 그리스도인은 '가난하게 되고', 즉 심령이 가난한 자가 되고, '술과 기름을 좋아하는 자', 즉 언약의 약속들을 기뻐하며 복음의 기름과 술을 즐거워하는 자는 '부하게 되지 못하느니라', 즉 자기 자신을 부하게 평가하지 않는다." 곧, 심령이 가난한 자들의 탁월함을 보여 주며, 그들이 복음의 연락을 얼마나 즐기는지를 보여 주는 것으로 말씀한 것입니다. 이 말 자체는 아주 적절합니다만, 저의 육신적인 눈으로는 그런 내용을 본문에서 도저히 볼 수가 없습니다.

여러분, 윌리엄 헌팅던(William Huntingdon)이 이사야서 11:8("젖 먹는 아이가 독사의 구멍에서 장난하며 젖 뗀 어린 아이가 독사의 굴에 손을 넣을 것이라")에 대해서 한 유명한 해석을 다 들어보셨으리라 믿습니다. "'젖 먹는 아이', 즉 은혜 안에 있는 갓난아기가 '독사의 구멍에서 장난한다'고 말씀하는데, '독사'란 아르미니우스주의자요, '독사의 구멍'이란 아르미니우스주의자의 입이라"는 것입니다. 그리고는 단순한 신자라도 아르미니우스주의의 지혜를 너끈히 이길 수 있다는 식의 논지가 이어집니다. 다른 신학적 전통에 속한 교수들은 그렇게 자신들을 폄하하는 것을 들으면서도 대개는 대꾸하지 않았습니다. 그리고 반율법주의자들도 자기들이 독사의 굴이라 조롱을 받는 것을 알고서도 되받아치지 않았습니다. 그런 악담들은 그런 말을 하는 당사자만을 해칠 뿐입니다. 신학적인 차이들은 그렇게 비방하는 것보다는 상세히 해명하고 설명하는 것이 훨씬 더 낫습니다.

　때로는 정말 무식이 교만으로 부풀려져서 웃지 못할 결과가 생겨나기도 합니다. 한 가지 예만을 들어보겠습니다. 언젠가 귀한 어느 목사님이 제게 말하기를, 에스라의 스물아홉 개의 칼(스 1:9)에 대해서 교인들에게 설교했다고 하더군요. 그 목사님은 이 날카로운 도구를 지혜롭게 다루었을 것이라 믿습니다만, 그 목사님께서 그 홀수의 칼이 요한계시록의 이십사 장로들을 지칭한다는 식으로 기발한 해석을 제시한 사람을 모방한 것이 아니기를 바랐다는 말을 하지 않을 수가 없습니다.

　잠언에 이런 말씀이 있습니다: "세상을 진동시키며 세상이 견딜 수 없게 하는 것 서넛이 있나니 곧 종이 임금된 것과 미련한 자가 음식으로 배부른 것과 미움 받는 여자가 시집 간 것과 여종이 주모를 이은 것이니라"(30:21-23). 한 대단한 영해자(靈解者)는 선언하기를, 이 말씀은 영혼에 임하는 은혜의 역사를 보여 주는 아름다운 그림이며 아르미니우스주의자들을 아무 말도 못하게 하고 그들을 깜짝 놀라게 만드는 말씀이라고 했습니다: "'종이 임금된 것'이란 우리처럼 비천한 종들이 그리스도와 함께 통치하는 것을 가리키며, '미련한 자가 음식으로 배부른 것'이란 가난하고 어리석은 우리와 같은 사람들이 복음 진리의 알곡으로 지어진 최고의 음식으로 배불리 먹는 것을 뜻하며, '미움 받는 여자가 시집 간 것'이란 죄인이 그리스도와 연합하는 것을 가리키며, '여종이 주모를 이은 것'이란 율법 아래 있던 우리 가난한 여종들이 사라의 특권을 부여받아서 주인의 상속자들이 된 것을 뜻한다."

　교회적으로 마치 워털루 전투 현장에 그렇게도 많이 널려 있는 기념물들처럼 그렇게 귀하게 여겨서 값진 보물처럼 받아들여지는 호기심 나는 몇 가지 예들이 있습니다만, 여러분의 귀중한 시간을 더 이상 낭비하게 하고 싶지 않습니다. 여러분, 진정으로 권면합니다만, 그런 온갖 우스꽝스러운 행위를 피하시기 바랍니다. 그런 행위들은 성경을 욕되게 하는 것이요 청중들의 상식을 모욕하는 것이요, 목사 자신을 비하시키는 짓입니다. 레바논의 엉겅퀴가 레바논의 백향목일 수 없듯이, 이런 것은 우리가 해야 할 바람직한 영해가 절대로 아닙니다. 그런 어리석고 하찮은 일을 피하십시오. 본문을 그렇게 형편없이 뒤틀어 놓으면 바보들 중에서는 지혜로운 자가 될 수 있을지 모르나, 지혜로운 자들 중에서는 바보가 될 수밖에 없습니다.

두 번째 규범은 상스러운 주제에 대해서 영해를 해서는 절대로 안 된다는 것입니다. 이 말씀을 해야 할 필요가 있습니다. 슬롭대쉬 같은 부류의 사람들은 겸손한 자의 뺨을 발갛게 만드는 식의 말을 할 때에 가장 만족감을 느끼기 때문입니다. 더러운 쓰레기 속에서 자라는 딱정벌레 종류가 있습니다만, 사람들 중에도 그런 부류가 있습니다. 여기서 놀라운 관심과 감각적인 재치로 첩이 열 조각으로 잘리는 것에 대해서 자세히 이야기한 한 평판 좋은 목사의 일이 생각납니다. 그린에이커(Greenacre) 스스로도 그보다 잘 할 수는 없었을 것입니다. 예레미야와 에스겔 선지자의 예리하고도 무시무시한 비유적 표현들에 대해서도 얼마나 끔찍한 잘못들이 저질러져 왔습니까! 성령께서 휘장을 두르시고 감추어 놓으셨는데 이 사람들은 그 휘장을 찢어 버리고 상스러운 사람들 이외에는 감히 사용할 수 없는 그런 언사를 써서 마구 말을 해댔습니다.

제 결벽증 때문에 이런 말씀을 드리는 것이 아닙니다. 산모 간호사들이 쓰는 말들을 써서 거듭남에 대해 설명한다든가, 할례 의식을 자세하게 설명한다든가, 결혼 생활을 구체적으로 자세하게 묘사한다든가 하는 것을 들으면, 저는 참을 수가 없습니다. 그 옛날 예후가 원수들에게 행했던 것처럼, 그 수치도 모르고 뻔뻔스럽게 강단을 욕되게 하는 자를 당장 그 자리에서 끌어내어 내치고 싶은 마음이 솟아납니다. "사념을 품은 자에게 화가 있으리라"는 말이 있는 것을 압니다. 그러나 저는 분명히 단언하고 싶습니다. 순전한 마음을 가진 설교자라면 강단에서 그런 상스러운 주제에 대해서는 숨도 쉬어서는 안 된다고 말입니다. 황제의 아내는 추호도 의혹이 있어서는 안 됩니다. 마찬가지로 그리스도의 사역자는 삶이나 말에서 조금의 티나 흠도 있어서는 안 됩니다. 여러분, 어떤 설교자들은 입을 맞추고 포옹하는 것을 즐겨하지만 그것은 참 역겨운 일입니다. 솔로몬의 아가서를 진흙창 속에서 질질 끌어가는 일이 자주 있습니다만, 차라리 그냥 두는 편이 훨씬 낫습니다. 젊은 목회자들은 특별히 더 면밀히 자신을 살펴서 말씀에 겸손하고 순전하기에 최선을 다해야 할 것입니다. 그러나 젊은 목회자가 상스러움의 그 철저한 한계를 지나치게 되면 결코 변명의 여지가 없을 것입니다.

그 다음 세 번째로 지켜야 할 규범은, 여러분 자신이 얼마나 똑똑한지를 보여 주기 위해서 영해를 시도하는 일이 있어서는 절대로 안 된다는 것입니다. 그런 의도는 악한 것이며, 그 의도를 이루기 위해서 사용하는 방법은 어리석은 것일 뿐입니다. 열 명 중에서 아홉 명이 잘 할 수 있는 일을 자기도 할 수 있다고 자랑하는 사람은 터무니없는 바보일 것입니다. 어느 임시 목사가 교인들에게 자기의 뛰어남을 보여 주고자 하여 "그러나"라는 단어에 대해서 설교를 했다고 합니다. 그저 접속사에 불과한 단어에 대해서 그렇게 놀랍게 말하는 것을 보고 교인들이 자기의 뛰어난 능력에 매료당할 것이라고 생각했던 것입니다. 그의 설교 주제는 사람의 성품이 아무리 좋고 사람의 지위가 아무리 높다 할지라도 반드시 무언가 어려움이 있는 법이며 그와 관련하여 무언가 시험이 있다는 내용이었던 것으로 보입니다: "나아만은 큰 용사였으나 그러나 나병환자더라." 그 사람이 설교를 마치고 강단에서 내려오자, 집사들은 이렇게 말했답니다: "목사님께서는 아주 희귀한 설교 말씀을 주셨습니다만, 그러나 — 목사님이 우리 교회에 합당한 분이 아니라는 것을 분명하게 알겠습니다."

아뿔싸! 재치가 너무 흔해지면, 그 반대자들에게도 큰 무기가 되는 법입니다! 영적인 해석이란 그런 식의 재치를 드러내는 것이 아니라는 점을 기억해야 합니다. 여러분에게 잘 할 수 있는 능력이 있다 할지라도, 그런 일을 분별없이 행하게 되면 그것은 곧 여러분 자신의 어리석음을 드러내는 도구가 되고 말 것입니다. 여러분, 오리겐의 대담하고 거침없는 해석을 본받고 싶으십니까? 그의 생애를 읽어보시고, 그의 거친 상상력이 건전한 판단력에게서 절대적인 권위의 자리를 빼앗아 그 때문에 온갖 어리석음에 빠진 사실을 명심하시기 바랍니다. 혹시 지나간 세대의 저속한 연설가와 경쟁을 하고 싶습니까? 방울 달린 광대의 모자가 과거에는 사람들을 끌어모았을지 모르지만, 지금은 그렇지 못하다는 점을 아셔야 할 것입니다.

네 번째로 조심해야 할 것은, 소위 심오한 신령한 의미를 전하고자 성경을 왜곡시키는 일이 있어서는 절대로 안 된다는 점입니다. 영감된 두루마리를 가로막고 가리는 죄를 범하여 혹독한 저주를 받지 않으려면 절대로 그렇게 해서는 안 됩니다. 메이든헤드(Maidenhead)의 쿡(Mr. Cook)이라는 사람은 윌리엄 헌팅던이 제7계명에 대해서 해석하면서 그 말씀은 곧 주님께서 그의 성자께 "마귀의 아내, 즉 택함 받지 못한 자를 탐하지 말지니라"는 뜻이라고 하는 것을 듣고서, 그와 결별했습니다. 이런 해석에 대해서는 한마디로 끔찍스럽다는 말밖에는 할 수가 없습니다! 그런 것은 여러분의 이성과 신앙을 모욕하는 것이요, 생각만 해도 끔찍스러운 신성모독입니다. 우리는 본능적으로 그런 것에서 물러서게 되는 법입니다.

　다시 한 말씀 더 드립니다만, 여하한 경우에도 여러분이 영적 해석을 시도하는 성경의 이야기들이 그저 전설이나 비유가 아니라 역사적인 사실들이라는 점을 청중들로 하여금 잊어버리게 해서는 안 됩니다. 여러분의 상상의 흐름 속에서 성경 구절의 가장 우선적인 의미가 퇴색되도록 해서는 절대로 안 됩니다. 그 의미를 명확하게 선언해야 하고 또한 최고로 그것을 높여야 합니다. 여러분이 영적 해석을 시도한다 해도, 그것이 원문의 고유한 흐름과 절대로 어긋나거나 그 고유한 의미가 뒤로 사라져 버리게 해서는 안 됩니다. 성경은 재치 있는 알레고리나 교훈적인 시적(詩的) 성격을 띤 전승들을 모아 놓은 것이 아닙니다. 성경은 문자적인 사실들을 가르치며 엄숙한 현실의 일들을 계시하는 것입니다. 그러므로 여러분의 목회 사역 아래 있는 모든 사람들에게 여러분이 이 진리를 완전히 인식하고 있음을 확실히 드러내 보여야 할 것입니다. 성경이 진리의 알맹이들이 시와 상상의 바닷속에 녹아 있는 세련된 신화의 기록 이외에 아무것도 아니라는 식의 회의적인 이론을 강단이 수용하는 것처럼 보이게 되면, 그것이야말로 교회에 엄청난 해악이 될 것입니다.

　그러나, 타당성 있게 영적 해석을 시도할 수 있는 일정한 범위가 있습니다. 예를 들어서, 여러분이 자주 접했을 것입니다만, 모형들(the types)은 거룩한 상상력을 발휘할 수 있는 좋은 대상이 됩니다. 광야에 장막이 있고, 거기에 온갖 거룩한 기구들이 있고, 하나님 앞에 드리는 번제와 화목제 등 다양한 제사들이 있는데, 무엇 때문에 굳이 "미련한 여자"를 찾아서 그것에 대해 설교하려 하겠습니까? 성전과 그 모든 영광스러운 것들이 여러분 앞에 있는데, 무엇 때문에 굳이 희한한 것들을 찾아 헤맨단 말입니까? 하나님 말씀에 나타나는 분명한 상징들이야말로 모형론적인 해석을 하기에 가장 안성맞춤인 것들입니다. 그러므로 그런 일을 시도하는 것이 안전할 것입니다. 상징들은 하나님께서 지정하신 것들이기 때문입니다.

구약 성경의 모든 모형들을 다 다루고 난 후에도, 수천 가지의 은유적 표현들이 보배로 남아 있습니다. 벤자민 키치(Benjamin Keach: 1640-1704)는 온갖 수고를 기울인 그의 논고에서 성경의 은유적 표현들 속에 진리의 광맥들이 얼마나 숨어 있는지를 아주 실제적으로 입증해 주고 있습니다. 그의 논고는 물론 여러 은유적 표현들이 네 발로 마음대로 기어 다니도록 할 뿐 아니라 지네처럼 많은 다리로 마음대로 돌아다니도록 한다는 비판을 받기도 합니다. 아담 클라크 박사(Dr. Adam Clarke: 1762-1832)는 그 논고는 그 방면의 다른 어떠한 논고들보다도 설교자들과 교인들의 미각을 더 많이 더럽혀 놓았다고 하며 완전히 기각해 버렸습니다만, 그 논고 전체를 그런 식으로 전면적으로 배격해서는 안 된다고 봅니다. 성경에 나타난 시적인 표현들을 조심스럽게 해명하게 되면 교인들에게 아주 적절하며 또한 하나님께서 복을 주시면 그들에게 적지 않은 유익이 있을 것입니다.

그러면, 보통 인정된 모형들과 상징과 비유적인 표현들에 대해서 모두 다루고 나면, 직유법적인 표현들에 대해서는 어떻습니까? 그것들에 대해서는 여러분의 상상력이 잠자고 있어야 할까요? 절대로 그렇지 않습니다. 사도 바울은 멜기세덱에게서 신비를 발견했고 또한 하갈과 사라에 대해서 "이것들은 비유(알레고리)니"라고 말씀했는데, 이때에 그는 이 두 가지 이외에 다른 곳들에서도 신령한 알레고리들을 발견할 수 있는 하나의 전례를 제공해 주고 있는 것입니다. 사실, 역사서들은 여기저기서 알레고리를 제공해 주고 있기도 하고, 그 전체가 상징적인 교훈을 제시해 주는 식으로 정리되어 있는 것 같기도 합니다. 창세기의 모형들에 관한 책의 서문에서 앤드루 주크스(Andrew Jukes)는 경건한 사람이 본문을 왜곡시키지 않으면서도 지극히 정교한 이론을 구성해낼 수 있다는 것을 다음과 같이 보여 주고 있습니다:

다음에 이어질 내용의 기초 혹은 근거로서, 우리는 먼저 사람에게서 나오는 것과, 또한 본성적으로든 은혜에 의해서든 옛 아담의 뿌리에서 자라날 수 있는 온갖 다른 형태의 생명을 보게 된다. 이것이 창세기이다. 그 다음에는 아담에게서 나온 것이 선하든 악하든, 거기에는 반드시 구속이 있어야 한다. 그러므로 택함 받은 백성들이 어린양의 피로 말미암아 애굽에서 구원을 받는다. 이것이 출애굽기이다. 구속을 안 다음에는 택함 받은 백성이 구속자 되시는 하나님께로 나아갈 필요성과 또한 나아갈 방법을 배우는 체험을 갖게 되는데, 이것을 레위기에서 얻게 된다. 그리고 그 다음에는 종살이하던 집 애굽에서 나온 나그네로서 이 세상의 광야를 지나 요단강 건너의 약속된 땅에까지, 방황과 인간의 지혜의 땅으로부터 젖과 꿀이 흐르는 땅에까지 이르는 동안의 여정 중에서 온갖 시련을 겪는다. 이것이 민수기이다. 그 다음에는 광야를 더 나은 땅과 바꾸고 싶은 욕망이 오게 되는데, 택함 받은 사람은 구속을 깨달은 후에도 잠시 동안 그 땅으로 들어가지 못한다. 어느 단계에 이르면 택함 받은 자의 욕망에 응답하여 부활의 능력을 알게 되고, 이 땅에서도 마치 하늘의 처소에서처럼 살게 된다. 그렇게 살기 위해서 반드시 순종하여야 하는 규범과 규례가 그 다음에 오는데, 율법을 두 번째로 주시는 것이요 또한 두 번째로 깨끗하게 하는 것인 신명기에서 그 전진의 길을 말씀해 준다. 그 다음에 가나안에 이르게 된다. 우리는 요단강을 건넌다. 곧, 육체의 죽음을 실질적으로 알며, 할례를 받는다는 것과 애굽의 수치를 버린다는 것이 무엇인지를 알게 된다. 우리는 이제 그리스도와 함께 다시 살아난다는 것이 무엇이며, 또한 혈과 육이 아니라 정사와 하늘의 권세들과 싸운다는 것이 무엇인지를 알게 된다. 이것이 여호수아서이다. 그 다음에는 택함 받은 자들이 하늘의 처소에서 실패하는 일이

오는데, 그 실패는 가나안 사람들을 물리치지 못하고 오히려 그들과 동맹을 맺는 데서 오는 것이다. 이것이 사사기이다. 그 이후에는 열왕기에서 다른 형태의 통치가 — 이에 대해서는 교회가 잘 알 것인데 — 나타나고 있다. 처음 이스라엘에 통치가 시작되는 데서부터 마지막 그것이 사라질 때까지 즉, 택함 받은 자들의 죄악 때문에 바벨론의 통치가 택함 받은 자들의 통치를 대신하기까지의 일이 이어진다. 이 사실을 부끄러움으로 알게 될 때에, 우리는 택함 받은 남은 자들이 각기 자기 분량에 따라서 이스라엘을 회복시키기 위해서 할 수 있는 일을 하는 것을 보게 된다. 어떤 이는 에스라처럼 성전을 건축하기 위해서 즉, 참된 예배의 형식을 회복하기 위해서 돌아오며, 어떤 이들은 느헤미야처럼 성벽을 재건하기 위해서, 즉 이방인의 허락을 받아, 고대의 정치 체제를 희미하게나마 모방하려고 오기도 한다. 그리고 그동안 에스더에 나타나는 세 번째 부류의 남은 자들은 족쇄에 묶여 있으나 그럼에도 불구하고 신실하며 하나님의 이름을 통하여 섭리로 말미암아 구원함을 받으나, 거룩한 기록에는 전혀 나타나지 않는다.

저는 여러분이 이 상상력이 풍부한 저자처럼 상상력을 발휘하라고 말씀드리는 것이 아닙니다. 이 저자에게는 신비주의에 기우는 경향이 크게 나타납니다. 그러나, 성경의 전반적인 흐름을 주목하고, 그 연속적인 흐름을 하나의 모형 체계로서 바라볼 만큼 조심스럽게 성경을 읽는다면, 말씀에 대한 흥미가 더욱더 커질 것은 분명한 사실입니다.

그 다음, 영적 해석을 시도할 때에는 세부적인 분리된 사건들을 통해서 나타나는 큰 보편적인 원리들을 일반화하는 것이 좋다는 것입니다. 이것은 아주 독창적이고, 교훈적이며, 정당한 시도입니다. "그 꼬리를 잡으라"(출 4:4)는 말씀을 설교 본문으로 택하지는 않을 것입니다만, 그러나 그 말씀에 나타난 의미는 아주 자연스럽습니다. 곧, 모든 것을 잡는 길이 거기에 있다는 것입니다. 모세는 뱀의 꼬리를 잡았습니다. 그러므로 우리의 곤란한 문제들을 잡는 방법이 있으며, 그것을 손에 잡아서 이적을 행하는 지팡이로 바뀌도록 하는 방법이 있는 것입니다. 은혜의 교리들을 붙잡는 방식이 있고, 불경건한 사람들을 대면하는 방법 등이 있습니다. 수백 가지 성경의 사건들 속에서 그렇게 많은 말씀으로도 전혀 표현되지 않는 큰 일반적인 원리들을 찾을 수가 있는 것입니다. 윌리엄 제이(William Jay)의 다음과 같은 예들을 보십시오. 시편 74:14("주께서 리워야단의 머리를 부수시고 그것을 사막에 사는 자에게 음식물로 주셨으며")을 근거로 하여 그는 하나님의 백성들의 가장 큰 원수들이 반드시 죽임을 당할 것이며 또한 긍휼하심을 기억함으로써 성도들이 새로움을 얻을 것이라는 가르침을 주었습니다. 창세기 35:8("리브가의 유모 드보라가 죽으매 그를 벧엘 아래에 있는 상수리나무 밑에 장사하고 그 나무 이름을 알론바굿이라 불렀더라")을 근거로 해서는 선한 종들에 대해서, 또한 죽음의 확실성에 대해서 가르쳤습니다. 그리고 사무엘하 15:15("왕의 신하들이 왕께 이르되 우리는 주 왕께서 하고자 하시는 대로 우리가 행하리이다")을 근거로 해서는 그리스도인들이 그런 언어를 취하여 그리스도께 말씀드리는 것이 합당하다는 것을 가르쳤습니다. 제이 목사가 그렇게 효과적으로 또한 사려 깊게 행한 그런 영적 해석을 예외의 경우로 치부하는 사람들이 있다면, 추호도 그들의 말에 귀를 기울이지 말기를 바랍니다. 저 역시 제게 주신 능력만큼 자유로이 그런 영적 해석을 행하였습니다만, 저의 조그만 책 「저녁마다」(Evening by Evening)와 또한 「아침마다」(Morning by Morning)에 그런 유에 해당하는 저의 많은 설교의 개요들이 실려 있습니다(합본하여 「스펄전 묵상록」으로 역간: 크리스챤다이제스트).

본문의 흐름과는 관계없이 억지로 좋은 설교를 이끌어낸 한 가지 두드러진 경우는 에버라드(Everard)의 설교인데, 그의 「복음의 보고」(Gospel Treasury)에 나옵니다. 그는 여호수아 15:16-17("갈렙이 말하기를 기럇 세벨을 쳐서 그것을 점령하는 자에게는 내가 내 딸 악사를 아내로 주리라 하였더니 갈렙의 아우요 그나스의 아들인 옷니엘이 그것을 점령함으로 갈렙이 자기 딸 악사를 그에게 아내로 주었더라")에 대해서 설교하면서, 히브리어 고유명사들을 번역하여 본문을 이렇게 읽어나갔습니다: "선한 마음이 말하기를, 문자의 도시를 쳐서 점령하는 자에게는 내가 휘장을 찢는 것을 주리라 하였더니, 옷니엘이 하나님의 적절한 기회를 잡아서 그것을 점령함으로, 그가 악사, 즉 휘장을 찢는 것을 즐거워하였고, 그리하여 윗샘과 아랫샘의 복을 누렸다." 성경의 단어들과 문자들에만 안주하지 말고 성경의 내적인 의미를 찾아야 한다는 것을 보여 주는 다른 방법이 없었을까요? 우리 주님의 비유들도 그 설명과 역설을 통해서 우리에게 성숙하고도 절제된 상상력을 발휘할 수 있는 범위를 제공해 주고 있습니다. 그리고 이것들이 다 지나가고 난 다음에는 주님의 이적들이 아직 남아 있습니다. 거기에도 상징적인 교훈이 풍성합니다. 이적들이 우리 주 예수 그리스도께서 행동으로 주신 설교라는 것은 의심의 여지가 없는 사실입니다. 그리스도의 그 위대한 가르침에서 "말씀으로 주신 설교"를 접하게 되고, 그의 유례없는 행위들에서는 그의 "행위로 주신 설교"를 접하게 되는 것입니다.

이적에 대한 트렌치(Trench)의 연구는, 물론 교리적인 면에서는 여러 가지 문제가 있기는 하나, 이런 방향에서 큰 도움을 줄 것입니다. 우리 주님이 행하신 놀라운 일들은 모두가 가르침으로 가득 차 있습니다. 귀머거리와 벙어리를 고치신 이야기(막 7:32-35)를 예로 들어봅시다. 그 불쌍한 환자의 육체적인 질병들은 사람의 버려진 상태를 보여 주는 것으로 매우 탁월한 것입니다. 그리고 우리 주님이 취하신 방법은 구원의 계획을 아주 교훈적으로 그려 주는 것이라 하겠습니다. "예수께서 그 사람을 따로 데리고 무리를 떠나서" — 그 심령이 자기 자신의 인격성과 개별성을 느끼도록 되어야 하고, 홀로 있는 상태가 되어야 했습니다. 예수께서 "손가락을 그의 양 귀에 넣고" — 문제의 근원을 만지십니다. 죄인에게 자기의 상태를 알게 하시는 것입니다. "침을 뱉어" — 복음은 단순하고도 경멸스러운 수단입니다. 그리고 죄인이 구원받기 위해서는 자신을 낮추고 그것을 받아들여야 합니다. 주께서는 "그의 혀에 손을 대시며" 문제의 근원을 다시 한 번 지적하십니다 — 주님의 도우심이 필요하다는 사실을 다시 절감하게 됩니다. 주께서는 "하늘을 우러러" 바라보십니다. 즉, 모든 능력이 위로부터 임하여야 한다는 것을 그 병자에게 상기시켜 주십니다. 주께서 "탄식하시"는 것은 치유자이신 주님의 연민의 마음이 우리를 치유하시는 도구가 된다는 것을 보여 줍니다. 그리고 이어서 주님은 "에바다 하시니 이는 열리라는 뜻이라" — 은혜의 효과적인 말씀이 즉각 완전하고도 영구한 치유를 실현시켰습니다. 이 한 가지 이적에 대한 해명으로도 그리스도의 이적들이야말로 사람들 가운데서 그가 행하시는 역사를 보여 주는 위대한 미술 전시장과도 같다는 사실을 모두가 알게 될 것입니다.

그러나, 비유들이나 은유적 표현들을 다루는 모든 사람들은 매우 신중해야 합니다. 길 박사(Dr. Gill: 잉글랜드의 침례파 신학자인 John Gill [1697-1771])가 설교하던 강단이 아직도 이곳에 서 있고, 우리 모두 존귀와 존경으로 그의 이름을 기려야 마땅할 것입니다. 그러나 탕자의 비유에 대한 그분의 해석은 몇 가지 점에서 참 안타깝게도 모순적이라 할 수밖에 없습니다. 그 박식한 주석가는 (탕자가 돌아왔을 때에 아버지가 그를 위하여 잡은) "살진 송아지"가 주 예수 그리스도였다는 것입니다! 정말이지 영해(靈解)가 이 정도에 이르는 것을 보면 몸서리가 쳐집니다. 그 다음 선한 사마리아 사람의 비유에 대한 그의 해석을 보면, 강도 만난 사람을 등에 태운 짐승은 우리 주 예수님이시고, 선한 사마리아 사람이 여관 주인에게 준 동전 두 닢은 구약과 신약, 혹은 세례와 성찬의 규례라는 것입니다.

이런 점에서 조심해야 하지만, 존 번연 같은 보기 드물게 시적인 기질을 지닌 분들의 영해에는 충분히 용납되는 점들이 많습니다. 여러분, 솔로몬 성전의 영적인 의미를 존 번연이 어떻게 이해하는지를 읽어보신 일이 있습니까? 그것은 정말 훌륭한 해명이요, 약간 부자연스런 면이 있기는 하나 정말 거룩한 독창성으로 가득 차 있습니다. 가장 부자연스런 해설 가운데 하나를 예로 들어보고, 그것이 개선될 수 있는지를 보기로 합시다. 그것은 "성전의 문짝"에 관한 내용입니다:

앞에서 말씀한 바와 같이 이 문짝들은 접게 되어 있었습니다. 그러므로 거기서 암시되는 대로 무언가 거기에 특별한 의미가 있습니다. 이 때문에 특히 어린 제자가 오해하기가 매우 쉽습니다. 성전의 문이 한 짝만 열려 있고 나머지 세 짝이 아직 닫혀 있는데도, 전체가 다 열린 것으로 생각할 소지가 있다는 것입니다. 이미 말씀드렸습니다만, 이 문짝들은 한 번도 완전히 열린 적이 없습니다. 그 원형(antitype)을 생각하면 그렇다는 뜻입니다. 즉, 그리스도 안에 있는 풍성함과 충만함 전부를 완전히 본 사람은 아직 아무도 없습니다. 그래서 처음 성전에 나아오는 자가 혹시 현재 조금만 열려 있는 상태만으로 판단하게 되면, 통로가 너무 비좁아서 자기가 절대로 들어가기가 어려울 것이라는 식으로 오해를 하기가 쉽습니다. 새로 나오신 여러분, 여러분의 영혼이 이와 같은 상태에 있지 않습니까? 여러분이 너무나도 몸집이 크고 배가 뚱뚱한 죄인이어서 들어갈 수 없을 것 같습니까? 그러나 오, 죄인들이여, 두려워하지 마십시오. 성전의 문은 접게 되어 있는 문입니다. 더 활짝 열릴 수 있고, 그보다 더 넓게 열 수 있습니다. 그러니, 여러분 이 문에 나아와서 통로가 비좁아서 들어가지 못할 것이라는 염려는 절대로 하지 마십시오. 문을 두드리십시오. 그러면 여러분에게 활짝 열릴 것이요, 또한 여러분이 영접을 받을 것입니다(눅 11:9; 요 6:37). 그러므로, 성전이 하나의 모형으로서 보여 주는 그 구원의 문 앞에 나아오는 사람은 누구든지 처음 갖는 생각을 신뢰하지 말고, 거기에 풍성한 은혜가 있다는 것을 믿으시기 바랍니다. 여러분은 그리스도께서 능히 하실 수 있는 일을, 성전의 문이 접게 되어 있는 문이라는 사실을, 아직 모르고 있습니다만, 그리스도께서는 '우리가 구하거나 생각하는 모든 것에 더 넘치도록 능히 하실 분'이십니다(엡 3:20). 이 문짝들을 받쳐주는 돌쩌귀가 금으로 되어 있었습니다. 곧, 그 문짝들이 사랑의 동기와 사랑의 움직임에 의해서 돌아간다는 것을 의미하며, 또한 그 구멍들이 풍성하다는 것을 뜻합니다. 하나님께로 향하는 문이 금으로 된 돌쩌귀 위에서 열린다는 것입니다. 이 문짝들이 걸려 있는 문설주가 기름진 감람나무로 되어 있었습니다. 이는 곧, 그 문짝들이 마치 기름이 없는 돌쩌귀 위에 걸려 있는 문처럼 삐걱거리며 잘 열리지 않거나 억지로 열리는 법이 절대로 없다는 것을 보여 줍니다. 그 문설주는 언제나 기름칠이 되어 있어서 그 문을 두드리는 자들에게 손쉽게 아주 재빨리 열리는 것입니다. 그러므로 이 전에 거하는 자가 풍성하게 베푸시며, 값없이 사랑하시며, 온 마음으로 우리에게 선을 행하신다는 말씀이 있는 것입니다. '내가 기쁨으로 그들에게 복을 주되 분명히 나의 마음과 정성을 다하여 그들을 이 땅에 심으리라'(렘 3:12, 14, 22; 32:41; 계 21:6; 22:17)고 하는 것입니다. 이 문설주를 이루는 기름진 감람나무가 뜻하는 바 은혜의 기름이 그 문들로 하여금 영혼에게 술술 열리도록 만들어 주는 것입니다.

번연이 잣나무로 만든 문짝들의 의미를 이렇게 해석하고 있으니, 다음과 같은 말도 얼마든지 할 수 있었을 것입니다: "잣나무는 또한 부정한 새인 학의 둥지이기도 합니다. 이와 마찬가지로 그리스도께서는 죄인들을 위한 항구요 피난처이신 것입니다. 본문은 말씀하기를 학은 잣나무를 자기 집으로 삼는다고 합니다(시 104:17). 이와 마찬가지로 그리스도께서는 피난처가 없음을 깨닫는 죄인들에게 '다 내게로 오라 내가 너희를 쉬게 하리라'고 말씀하십니다. 그는 눌린 자들의 피난처시요, 환난 당할 때에 피할 곳이 되십니다"(신 14:18; 레 11:19; 시 74:2, 3; 마 11:27, 28; 히 6:17-20). "레바논 나무로 지은 왕궁"에 대한 그의 해석은 의아한 점이 더 많습니다만, 그럼에도 불구하고 그는 어느 누구도 할 수 없을 정도로 길을 잘 잡고 있습니다. 열다섯 개의 기둥이 세 줄로 되어 있는 것은 너무나도 깊은 신비여서 해석하기를 결국 포기했습니다만, 그러나 그러기까지 그는 아주 대담한 해석을 시도했습니다. 번연은 모든 영해자들 가운데 최고요 우두머리입니다. 그러므로 그는 모형적이며 상징적인 말씀들의 깊은 의미들 속으로 들어갔으나, 우리는 그를 무작정 따라 들어가서는 안 됩니다. 그는 말하자면, 헤엄에 능숙한 사람이요 우리는 그저 물장구를 치는 정도밖에는 안 됩니다. 그러므로 우리는 우리의 한계를 넘어서 깊은 곳으로 들어가서는 안 되는 것입니다.

이 강론을 끝마치기 전에 저의 어린 시절 아주 친숙하게 접했던 영해의 예들을 한두 가지 제시하고 싶습니다. 제 이웃에 교육을 받지는 못했으나 아주 탁월한 분이 살고 있었는데, 그분이 행한 한 설교를 절대로 잊을 수가 없습니다. 그분이 실제로 입으로 전한 설교 노트가 제게 있었는데, 그것은 계속 노트로만 남아 있을 것이고 다시는 이 세상에서 입으로 전해지는 일이 없을 것이라 믿습니다. 그분의 설교 본문은 "타조와 타흐마스와 갈매기"(레 11:16; 신 14:15)였습니다. 무언가 풍성한 내용이 있을 것 같지 않아 보이는 본문입니다. 저 역시 그런 느낌이었습니다. 그래서 정직하게 여쭈었습니다: "설교의 소제목(heads: 문자적으로는 '머리')들이 무엇이었나요?" 그는 아주 짓궂게 대답했습니다: "머리들이라고? 왜? 새들의 목을 비틀어 꺾어보게! 타조와 타흐마스와 갈매기, 이렇게 머리가 세 개밖에 더 나오겠니?" 그는 이 새들이 모두 율법 아래에서 부정한 새들이었으며 따라서 부정한 죄인들의 모형이라고 했습니다. 타조는 좀도둑 같은 자들로 이웃을 가만히 눈속임하여 이득을 챙기고 그러면서도 도둑으로 의심받지 않는 그런 사람들이라고 했습니다. 타흐마스는 밤에는 언제나 활기가 있으나 낮에는 항상 잠에 취하여 고개를 말뚝에 처박고 있는 술주정뱅이들을 뜻한다고 했습니다. 신앙이 있다는 사람들 중에도 타흐마스 같은 자들이 있다고 했습니다. 타흐마스는 털이 너무나 많아서 아주 크게 보일 뿐 털을 뽑아 놓으면 아주 몸집이 작은 새에 불과합니다. 이와 마찬가지로, 신앙이 있다고 떠드는 사람들도 순전히 털만 더부룩하게 있어서, 그 자랑하는 것들을 다 제거하고 나면 별로 남는 것이 없는 경우가 허다합니다. 그리고 갈매기는 교회에서 입만 열면 언제나 똑같은 말만 반복하면서 다른 새들의 알로 — 즉, 교회의 성직록과 십일조로 — 살아가는 교회의 성직자들이라고 했습니다. 갈매기는 또한 자유의지를 주장하는 자들입니다. 언제나 "행하라-행하라-행하라"를 연발하는 사람들 말입니다. 이런 해석은 좀 심한 것이라 여겨지지 않습니까? 그러나 그 설교를 그분이 행했을 때에는 그것이 전혀 이상스럽지 않았습니다.

그 형제는 또 똑같이 특이한 설교를 했는데, 이번에는 들은 사람이 죽을 때까지 잊지 않고 기억할 수 있을 정도로 훨씬 더 독창적이고 아주 유익한 것이었습니다. 그 설교의 본문은, "게으른 자는 그 사냥한 것도 굽지 아니하나니"(잠 12:27)였습니다. 그분은 강단 꼭대기에 기대어 서서 이렇게 말했습니다: "여러분, 그러니까 그 사람은 게으름뱅이였어요!" 그것은 서두(序頭)였고, 그는 계속해서 말을 이었습니다: "사냥을 나가서는 온갖 어려움을 다 겪으면서 산토끼를 잡아왔는데, 그만 너무나 게을러서 그것을 굽지를 않았습니다. 그러니 정말 게으름뱅이였지요!" 그분은 그런 게으름이 얼마나 어리석은 것인지를 우리 모두 느끼게 만들고 나서, 이렇게 말했습니다: "그런데, 여러분도 이 사람과 똑같은 욕을 먹어야 마땅합니다. 여러분도 그 사람과 똑같이 하고 있기 때문입니다. 런던에서 유명한 목사가 이리로 내려오면 말 위에 안장을 채우고 십 마일 이십 마일을 달려가서 그분의 설교를 듣습니다. 그리고 그 설교를 듣고 나서는 유익을 얻을 생각을 하지 않고 그냥 잊어버리고 맙니다. 산토끼를 잡아 놓고는 불에 굽지 않는 것입니다. 진리를 사냥하러 나가지만, 그런 다음에는 받아들이지 않고 그냥 내버려 두는 것입니다."

그리고는 계속해서, 고기가 사람의 몸에 흡수되도록 하기 위해서는 요리를 해야 할 필요가 있는 것처럼, 진리도 한 가지 과정을 거쳐야만 비로소 사람의 영혼에 양식을 공급하여 영혼을 자라게 해 준다는 점을 설명했습니다. 그는 설교를 어떻게 요리해야 하는지를 보여 주겠다고 하고는 아주 실감나게 보여 주었습니다. 그는 마치 요리책에서 하듯이 그렇게 시작했습니다. "첫째, 여러분의 산토끼를 잡아야 합니다. 그러므로 먼저 복음 설교를 접하십시오." 그리고 이어서 사냥할 가치가 없는 설교들은 허다하게 많은데 반해서 가치 있는 좋은 설교는 정말 안타깝게도 매우 희귀하며, 따라서 옛부터 내려오는 견고한 칼빈주의적 설교를 듣기 위해서는 아무리 먼 거리라도 갈 만한 가치가 있다고 했습니다. 그리고 설교를 접한 다음에는, 설교자의 부족함 때문에 유익이 되지 않는 여러 부분들을 제거해내는 작업이 필요할 수 있다고 했습니다. 여기서 그는 사람에게서 듣는 말을 무조건 믿지 말고 우리가 들은 바를 분별하고 판단하는 문제에 대해서 상세히 설명했습니다. 그리고 그 다음에는 설교를 요리하는 지침들을 제시했습니다. 처음부터 끝까지 기억을 되살려서 묵상의 철판 위에 올려놓고 정말 뜨겁고 진지한 마음의 불 위에서 앞뒤로 구워내야만 비로소 설교가 요리되고 진정으로 영적 양식을 가져다줄 수 있다는 것이었습니다. 저는 여기서 대략적인 개요밖에는 말씀드릴 수 없습니다. 다소 우습다는 생각이 들 수도 있겠지만, 그 설교를 들은 사람들은 전혀 그렇게 느끼지 않았습니다. 그 설교는 알레고리로 가득 차 있었고, 처음부터 마지막까지 사람들의 주의를 완전히 사로잡았습니다. 어느 날 아침 저는 그분을 만나서 인사를 건넸습니다.

"목사님, 안녕하세요? 연세에 비해서 그렇게 정정하신 것을 뵈니 기쁩니다."

"그런가? 비록 늙긴 했지만 아직 건강하다네. 한 번도 약해졌다는 느낌을 가져본 일이 없네."

"오래오래 건강을 유지하시고, 무덤에 들어가시는 날까지 모세처럼 또렷한 시력과 왕성한 건강을 지니셨으면 좋겠습니다."

"좋은 일이지. 그러나 첫째로 알아야 할 것은, 모세는 무덤으로 내려간 일이 없다네. 그리로 올라갔지. 그리고 그 다음, 자네가 한 말이 모두 대체 무슨 뜻인가? 모세의 눈이 어째서 침침해지지 않았단 말인가?"

"저는 그렇게 알고 있었는데요? 자연스러운 삶의 방식과 고요한 심령을 유지하여 그의 기능이 마지막까지 보존되어서 아주 왕성하게 생활하지 않았던가요?"

"그럴 가능성이 높지. 그러나 나는 그것을 목표로 삼지 않는다네. 여기서 깨달아야 할 영적인 가르침이 무엇인가? 모세는 율법이 아닌가! 그리고 우리 주님께서 골고다에서 그 율법의 영광스러운 마침이 되지 않으셨던가! 하나님의 입의 입맞춤으로 그 율법의 끔찍한 두려움이 모두 다 잠재워졌으니 이 얼마나 복된 일인가! 이보게, 율법이 우리를 더 이상 정죄하지 못하는 것은 그 눈이 침침해져서 우리의 죄를 보지 못하기 때문도 아니고, 그 힘이 약해져서 저주나 형벌을 내릴 수 없게 된 때문도 아니네. 그리스도께서 그것을 취하여 골고다 언덕으로 올라가셔서 그것을 영광스럽게 끝마치셨기 때문이라네."

그의 일상적인 대화는 언제나 이런 식이었고, 그의 목회 사역도 이런 식이었습니다. 그는 젊은 시절부터 양 떼를 먹였고, 그 후에는 사람들의 목자가 되었습니다. 그리고 그는 제게 말했습니다: "지금까지 두 양을 발견했는데, 그 중에 자네가 더 양다운 사람일세." 그의 목회 사역 아래서 하늘을 향하는 길을 찾은 회심자들이 너무나 많습니다. 그리하여 그들을 기억할 때면 우리는 베드로와 요한의 말씀을 통하여 고침을 받은 앉은뱅이를 본 주위 사람들과 같아집니다. 그 사람들은 베드로와 요한을 비난할 마음이 있었으나, 병 나은 사람이 베드로와 요한과 함께 서 있는 것을 보고 비난할 말이 없었던 것입니다(행 4:14).

이제 말씀을 마치겠습니다. 여러분, 분별과 조심스러운 판단을 가지고 가끔씩 영해를 사용해도 사람들에게 좋은 효과를 줄 수 있습니다. 그들의 관심을 불러일으키고 그들을 계속해서 깨어 있도록 해 줄 수 있을 것입니다.

제 8 장

설교자의 목소리

　설교자의 목소리와 관련해서 말씀드릴 첫 번째 원칙은, 그것에 대해 지나치게 신경 쓰지 말라는 것입니다. 무언가 내용이 없이 그저 아름다운 목소리만 기억난다면 그것은 아무것도 아니기 때문입니다. 아무리 목소리가 아름답다 하더라도 그 목소리로 무언가 중요한 진리를 전달하지 않으면 그것은 마치 아무것도 싣지 않은 수레를 잘 끄는 것과 같습니다. 데모스테네스(Demosthenes)는 좋은 전달 방법을 연설에서 중요한 첫째, 둘째, 셋째 요인으로 보았습니다만, 그러나 사람이 전달할 내용이 없다면 그것이 무슨 가치가 있겠습니까? 깜짝 놀랄 만큼 훌륭한 목소리를 지니고서도 잘 정리된 사고나 진지한 마음이 없다면, 그것이 무슨 소용이 있겠습니까? "광야에서 외치는 소리"나 플루타르크의 표현처럼, "음성 말고는 무(無)인 존재"(*Vox et praeterea nihil*)와 다를 게 무엇이겠습니까? 그런 사람은 합창대에서는 화려하게 실력을 발휘하겠지만, 강단에서는 쓸모가 없습니다. 휫필드(George Whitefield: 1714-1770)의 목소리가 유명합니다만, 마음의 힘이 없었다면 파가니니의 바이올린 이상 청중들에게 영구한 영향을 주지는 못했을 것입니다. 여러분은 노래하는 가수가 아니고 설교자들입니다. 여러분의 목소리는 이차적인 문제입니다. 많은 사람들이 그렇게 합니다만, 여러분은 그것에 지나치게 신경을 곤두세우지 말기 바랍니다. 은(銀)으로 된 나팔은 필요가 없습니다. 양의 뿔이면 족합니다. 그러나 나팔은 거칠게 사용해도 얼마든지 견딜 수 있어야 합니다. 파티장에서 쓸 것이 아니라, 전쟁용이기 때문입니다.

그러나 동시에, 목소리에 전혀 신경을 쓰지 않아서도 안 됩니다. 목소리가 좋으면 여러분이 의도하는 결과를 이루는 데 크게 도움이 되기 때문입니다. 플라톤은 말의 힘에 대해 이야기하면서 말하는 사람의 어조(tone, 혹은 '음질,' '음조')를 언급하고 있습니다. 그는 이렇게 말합니다: "연사의 말과 그 어조가 내 귀에서 어찌나 강하게 울리는지 셋째 날이나 넷째 날까지도 거의 마음을 가라앉힐 수가 없고, 대체 내가 어디에 있는지조차 분간이 되지 않는다. 그리고 잠깐 동안이나마 내가 복 받은 자들의 성(城)에 살고 있다고 믿고 싶다." 천편일률적인 단조로운 어조로 전달되는 것 때문에 정말로 고귀한 진리들이 크게 손상을 받을 수도 있습니다. 한번은 아주 존경받는 한 목사의 설교를 들었는데, 그는 참으로 안타깝게도 말을 입에서 중얼거렸고 — 사람들은 그를 "주전자 속에 갇힌 불쌍한 꿀벌"에 비유했는데, 참 상스러운 비유지만 그러나 정확한 묘사라 하겠다 — 그리하여 나의 뇌리에는 그저 벌이 윙윙거리는 소리밖에는 분명히 남아 있는 것이 없는데, 이는 그레이의 엘레지(Gray's Elegy)를 풍자한 시의 한 구절을 생각나게 해 줍니다.

"물체가 가물가물 시야에서 사라지니,
고요한 정적(靜寂)이 대기를 사로잡는데,
목사는 벌이 날아다니듯 윙윙 소리를 내고 있고,
졸리는 딸랑딸랑 소리로, 졸고 있는 교인들에게 자장가를 부르네."

고귀한 가치를 지닌 교리들을 지극히 적절한 언어로 마음에서 우러나서 전하면서도, 주께서 여러 개의 현(絃)을 주셔서 연주하게 하셨는데 그 중에서 오로지 한 개만을 계속 고집하여 결국 모든 것을 망치는 사람이 있다면 그 얼마나 안타까운 일이겠습니까? 아, 안타깝구나! 저 끔찍한 목소리여! 천국을 말하든 지옥을 말하든, 영생을 말하든 영원한 진노를 말하든, 마치 방앗간의 물방아가 돌아가듯 똑같은 비음악적인 목소리로 중얼거리기만 합니다. 문장의 길이에 따라 그저 우연히 소리가 약간 커졌다 작아졌다 할 뿐, 어조는 똑같습니다. 이는 정말 소리를 낭비하는 것이요,

휴식도 없고, 다양성도 없고, 음률도 없고 그저 끔찍한 단조로움 이외에 아무것도 없는 그야말로 윙윙거리는 바람소리만 있는 사막과 같은 것입니다.

에올리언 하프(Aeolian harp)가 바람을 받으면 모든 현들이 떨려서 저절로 소리가 나지만, 하늘의 바람이 설교자들을 통과하여 울릴 때에 오로지 한 개의 현만이 떨리게 되면, 그야말로 가장 어울리지 않는 불협화음이 되고 맙니다. 몇몇 목사들의 천편일률적인 북소리가 청중들에게 영적 유익을 줄 수 있게 만드는 것은 오로지 은혜밖에는 없습니다. 편견 없이 객관적으로 판단해 보면, 교인들이 설교 중에 졸음에 빠지는 것이 설교자에게서 나오는 소리가 그 단조로운 음조 때문에 마치 자장가와 같은 역할을 하기 때문인 경우가 허다합니다. 거스리 박사(Dr. William Guthrie)는 스코틀랜드 어느 교회의 교인들이 졸음에 빠지는 원인을 추적한 결과 그것이 교회당이 환기가 잘 되지 않기 때문임을 밝혀냈습니다. 그것도 물론 관계가 있습니다. 그러나 설교자의 목소리의 상태가 좋지 않은 것이 더 가능성 있는 원인일 수 있습니다. 형제 여러분, 한 개의 구멍 난 종만 딩동 울려서 교인들을 괴롭게 하지 말고, 여러분의 종탑에 있는 모든 차임(Chime)을 다 울리시기 바랍니다.

목소리에 주의를 기울이면서, 오늘날 흔히 볼 수 있듯이 습관적으로 목소리를 꾸며서 가성을 사용하는 잘못에 빠지지 않도록 주의하시기 바랍니다. 강단에서 정상적인 사람이 하듯 자연스럽게 말을 하는 사람은 열 명 중 한 명도 채 되지 않습니다. 이처럼 목소리를 꾸며서 가성(假聲)을 쓰는 것은 비단 개신교도들에게만 있는 것이 아닙니다. 아베 물로아(Abbe Mullois)는 이렇게 말하고 있습니다:

> 다른 모든 곳에서는 사람들이 이야기한다. 술집에서도 법정에서도 사람들이 이야기한다. 그러나 강단에서는 사람의 이야기가 들리지 않는다. 강단에서는 부자연스럽고 인위적인 언어와 거짓된 목소리만을 접하기 때문이다. 이런 스타일의 화법은 오로지 교회에서만 허용된다. 왜냐하면 안타깝게도 거기서는 그것이 너무나도 일반화되어 있

기 때문이다. 그러나 다른 곳에서는 그것이 허용되지 않는다. 만일 응접실에서 그와 같은 식으로 이야기하는 사람이 있다면 어떻게 생각하겠는가? 아마 모두들 웃음을 터뜨릴 것이다. 얼마 전에 만신전(萬神殿: Pantheon)의 한 관리인이 있었는데 — 나름대로 좋은 사람이었다 — 그는 그 기념물의 아름다움에 대해서 설명하면서 많은 설교자들의 어조를 그대로 본따서 이야기했는데, 그러면서도 방문객들의 흥겨움을 불러일으키는 데 실패하지 않았다. 방문객들은 그가 지적해 주는 갖가지 기념물뿐 아니라 그의 말하는 스타일에 대해서도 매우 흥겨워했던 것이다. 자연스럽고도 진실된 전달 능력을 갖추지 못한 사람이 강단에 서도록 허용되어서는 안 된다. 최소한 거짓된 꾸밈은 강단에서 제거되어야 옳다 … 오늘날처럼 불신의 시대에는 거짓된 모든 것은 다 제거되어야 한다. 그리고 설교와 관련하여 제기되는 이런 문제에 대해서 자기 자신을 교정할 수 있는 가장 좋은 방법은 끊임없이 똑같은 방식으로 소리를 지르는 설교자들의 설교를 자주 듣는 것이다. 그들의 그런 모습이 너무나도 역겹고 그들의 그런 전달법이 너무나도 끔찍해서 그들을 모방하기보다는 차라리 침묵을 지키는 편이 낫다고 여기게 될 것이기 때문이다. 자연스러움과 진실함을 버리는 순간, 그 설교의 내용을 믿게 할 권리도, 설교를 듣게 할 권리도 거짓으로 위장하게 되는 것이다.

아마 여기저기 다니면서 이 교회 저 교회를 다녀보아도, 설교자들의 대다수가 주일마다 사용하는 거룩한 음조를 따로 갖고 있음을 보게 될 것입니다. 휴게실과 침실에서 쓰는 목소리가 따로 있고, 강단에서 쓰는 목소리가 따로 있습니다. 그리하여 두 말을 하는 죄를 짓는 것은 아니지만, 문자 그대로 두 가지 말을 하는 것입니다. 어떤 사람들은 강단에 올라서는 순간, 자기의 인격적인 사람됨은 뒤로 제쳐두고, 교구의 사무관으로서 완전히 사무적이 되어 버리기도 합니다. 거기서 자기들이 다른 사람들과 다르다는 것을 마치 바리새인처럼 자랑스러워하기까지 합니다. 그것에 대해서 감사하는 것은 하나님을 모독하는 것이나 다름없는 것인데도 말입니다. 사람으로서 말하지 않고, 그저 윙윙거리며 오레 로툰도(*ore rotundo*) 스타일처럼 시끄러운 잡음만을 내어서 자연스러움이 사라지고 마음에서 우러나와서 말씀한다는 느낌을 가질 수가 없습니다. 설교자들이 가운을 걸칩니다만, 그 가운이 설교자의 진실한 자기의 수의(壽衣)가 되어 버리고, 사무적인 자세의 허약한 상징으로 전락해 버리는 경우가 얼마나 많은지 모릅니다.

여러분이 흔히 들어온 화법(話法) 가운데 두세 가지 양식에 대해서 말씀드려야겠습니다. 제가 방금 오레 로툰도라고 부른 아주 위세를 부리고 과장시켜 이야기하는 스타일이 있는데, 과거에는 아주 흔했으나 지금은 별로 그렇지 못하지만, 그래도 아직 이를 흠모하는 사람들이 간혹 있기도 합니다. [여기서 강사는 아주 혀를 굴리는 목소리로 찬송을 읽어 나갔기 때문에, 불행하게도 그것을 글로 표현할 수가 없었다.] 한 번은 어떤 목사가 이런 스타일로 이야기하자, 회중석에 있던 한 사람은 그 설교자가 만두를 삼킨 것으로 생각했고, 또 어떤 사람은 나직한 목소리로, "아닐세, 만두를 삼킨 게 아니고 입 속이 불편한 모양일세"라고 했다고 합니다. 존슨 박사가 볼트(Bolt)의 법정에서 그런 식으로 이야기하는 것은 얼마든지 상상할 수 있습니다. 그리고 그것이 자연스럽게 나오는 사람들에게는 좋은 일이기도 할 것입니다. 그러나 강단에서 그것을 흉내내는 일은 결코 없어야 합니다. 자연스럽게 그런 스타일이 나온다면 괜찮은 일입니다만, 흉내내려 한다면 그것은 도의(道義)를 저버리는 것입니다. 사실 강단에서 흉내를 내는 일은 어떤 형태든 용서 받지 못할 죄에 아주 가깝습니다.

또 다른 스타일이 있습니다만, 여러분, 비웃지 마십시오. 아주 여성스럽고 얌전하고 섬세하며 가냘픈 형태의 화법이라고나 할까요, 아무튼 달리는 표현할 수가 없는 그런 스타일이 있습니다. 우리들 대부분이 아마도 이런 높은 음의 가성(假聲)이나 꾸민 목소리를 기가 막히게 사용하는 것을 들은 경험이 있을 것입니다. 저도 이런 스타일에 속한 여러 가지 형태들을 경험한 바 있습니다. 존슨의 꽉 찬 느낌이 드는 목소리나 아주 우아한 휘파람 소리처럼 가느다란 목소리부터, 작은 새의 지저귀는 소리 같은 것에 이르기까지 각양각색의 목소리들을 들어보았지요. 몇몇 형제들의 경우 그들의 목소리를 듣고 그 선조들이 누구였는지를 추적할 수 있었습니다. 그들이 그렇게 아름답고 운율이 있고 신성하며, 모든 면에서 멋진 화법을 구사하는데, 그런 화법의 원조가 되는 분들이 누구였는지를 알 수 있다는 말입니다. 그렇지만 정직하게 말해서 아주 역겨운 경우도 많습니다. 그들의 화법의 계보를 따져보면 다음과 같습니다. 쨱쨱거리는 식의 목소리(Chip)는 불완전한 발음(Lisp)의 소산이며, 그것은 억지로 웃음을 띠는 화법(Simper)의 소산이며, 그것은 또 아주 멋을 부리는 발음(Dandy)의 소산이며, 그것은 또 꾸며낸 목소리(Affectation)의 소산입니다. 또 불안정한 목소리(Wobbler)는 웅장한 발음법(Grandiose)의 소산이며, 그것은 또 호화로운 화법(Pomposity)의 소산이고, 거기서 여러 가지 것들이 생겨납니다.

이런 목소리들이 자연스럽게 나오는 것이면 얼마든지 이해할 수 있고, 나쁘다 할 수 없습니다. 사람마다 자기의 목소리로 말을 하는 것이 정상이니까요. 그러나 문제는 십중팔구 이런 거룩한 목소리들은 본성적인 것이 아니고 억지로 그렇게 꾸며낸 것들이라는 데 있습니다. 이렇게 꾸며낸 목소리들은 바벨론에 속한 방언이요, 예루살렘에서 쓰이는 방언들이 결코 아니라고 믿습니다. 예루살렘의 방언에는 한 가지 분명한 특징이 있는데, 그것은 바로 자기의 본 목소리라는 것입니다. 강단에서나 강단 밖에서나 언제나 똑같은 목소리라는 것이지요. 오레 로툰도 스타일을 따르는 사람들은 강단에서 쓰는 목소리와 평상시에 강단 바깥에서 쓰는 목소리와 똑같은 적이 한 번도 없습니다. 강단에서 쓰는 목소리와, 찻집에서 차를 주문하면서 "차 한 잔만 더 주시겠어요? 설탕도 좀 주시구요"라고 말할 때에 쓰는 목소리와 전혀 다릅니다. 물론 스스로 우스꽝스럽게 보이려면 얼마든지 그렇게 할 수 있을 것입니다만, 그런 가짜 목소리는 강단에서라면 몰라도 찻집에서는 전혀 통하지 않습니다. 저는 사람이 자기 목소리의 최고를 복음을 선포하는 일에 드려야 한다고 주장하고 싶습니다. 그런데 진지한 대화를 나눌 때에 사용하는 목소리가 바로 최고의 것이라는 것을 자연이 가르쳐 줍니다. 에스겔은 자신의 가장 음악적인 능력을 갖고 주님을 섬겼고, 그리하여 여호와께서는 "네가 고운 음성으로 사랑의 노래를 하며 음악을 잘 하는 자 같이 여겼나니"라고 말씀하셨습니다(겔 33:32). 그런데 아뿔싸! 이런 것이 이스라엘의 완악한 마음에게는 아무런 소용이 없었습니다. 하나님의 영 이외에는 아무것도 소용이 없으니 말입니다. 그러나 선지자로서는 하나님의 말씀을 자신의 최상의 목소리와 태도로 전하는 것이 합당할 것입니다.

그 다음으로, 여러분의 말투에 사람들의 귀에 거슬리는 특이한 점들이 있을 때에는 가능한 대로 교정하십시오.[1] 이 문제는 선생이 지적하기는 쉬워도 당사자가 실천하기는 어려운 문제입니다. 그러나 아직 목회의 초년에 있는 젊은 목회자들에게는 어려움이 그리 크지는 않습니다. 시골에서 온 형제들의 입에서는 시골의 향취가 나게 마련이어서, 에섹스(Essex)의 소들과 버크셔(Berkshire)의 돼지들, 서포크(Suffolk)의 송아지들의 도저히 억제할 수 없는 냄새를 생각나게 하지요. 요크셔(Yorkshire)나 서머셋셔(Somersetshire)의 사투리를 누가 분별하지 못하겠습니까? 지방의 특징적인 발음뿐 아니라 어조까지도 유별나지 않습니까? 왜 그런지 그 원인은 알기가 어렵지만, 그런 사실만은 분명합니다. 잉글랜드의 어느 지방들에서는 사람들이 위협할 때 쓰는 말들이 마치 오래 쓴 주전자처럼 찌꺼기가 끼어 있는 것 같고, 또 다른 지방에서는 마치 나팔 소리처럼 금속성의 소리를 내기도 합니다. 시간과 장소에 따라서 이런 갖가지 특이한 것들이 나름대로 아름답게 들리기도 하겠지만, 저로서는 도저히 흥미를 가질 수가 없습니다. 마치 녹슨 가위에서 나는 소리처럼 날카로운 불협화음의 찢어지는 소리는 어떤 경우라도 제거해야 합니다. 아주 둔탁하고 분명치 않은 발음도 마찬가지입니다. 명사든 형용사든 동사든 모두가 뒤엉켜 버리니 말입니다.

입술을 전혀 사용하지 않고 복화술(複話術)을 끔찍스럽게 사용하여 유령처럼 이야기하는 것도 없애야 합니다. 공동묘지 같은 어조는 장의사가 되려는 사람에게나 어울리지요. 하지만 나사로를 무덤에서 불러낼 때

---

1) "제스처나 문구나 발음에서 어색하거나 가식적인 것은 무엇이든 조심하라" — 존 웨슬리.

에는 그런 분명치 않은 신음소리 같은 것이 사용되지 않았습니다. 여러분 자신을 죽이는 가장 확실한 방법 중의 하나는 입 대신 목구멍을 사용하는 것입니다. 이렇게 자연을 거슬러 사용하게 되면, 자연에게 끔찍스럽게 보복을 당하고 맙니다. 그러니 그렇게 벌을 받지 않으려면 그런 잘못을 범하지 말아야겠지요. 여러분, 혹시 여러분이 말하는 중에 발음이 분명치 않은 웅얼거리는 소리를 사용하는 것을 스스로 발견하면, 모든 것을 망가뜨리는 그런 습관을 곧바로 제거하시기 바랍니다. 그런 것은 정말 아무짝에도 쓸모가 없습니다. 혹시 지금 그런 것에 습관이 들어 있어서 그 결박을 끊어버리지 못할 것 같은 사람이라 할지라도, 여러분은 이제 강단 사역의 초기에 있으니 욕을 먹고서라도 그런 나쁜 멍에를 벗어 버려야 할 것입니다. 말씀을 전할 때에 입을 크게 벌리십시오. 분명치 않고 웅얼거리는 소리가 나는 것은 입을 절반쯤 닫고서 말을 하기 때문에 나오는 현상입니다. 복음서 기자들이 우리 주님에 대해서, "입을 열어 가르치시되"라고 기록한 것이 결코 헛것이 아닙니다. 문을 활짝 열어서 그 경건한 진리가 힘차게 행진하여 나아가도록 해야 한다는 말입니다.

형제 여러분, 또 한가지 말씀드릴 것은, 말을 할 때에 코를 사용하지 말라는 것입니다. 그 방면에 권위 있는 자들은 이구동성으로 코는 냄새를 맡는 데 쓰는 기관이라는 것에 동의하고 있습니다. 콧소리를 내는 것이 바람직한 것으로 인정되는 시대도 있었습니다만, 이처럼 타락한 시대에는 자연의 법칙을 따르는 것이 낫습니다. 그러니 후각 기관의 방해 없이 입이 제 몫을 하도록 해야 할 것입니다. 혹시 미국 학생이 이 자리에 참석해 있다면, 제가 하는 말을 양해해 주시기 바랍니다. 어떤 사람들은 "알"(r) 발음을 제대로 하지 않는 경우도 있습니다. 그래서 "베리 루이너스 앤 리디큘러스, 베리 뤠취드 앤 리프리헨시블"(very ruinous and ridiculous, very wretched and reprehensible)이라고 해야 할 것을 "베위 우이누스 앤 위디큘러스 베위 웨치드 앤 웨프웬시블"이라는 식으로 말을 하는 거지요. 하지만 이런 것은 절대로 금물입니다. 아주 가끔 불분명한 발음으로 사람의 마음을 사로잡는 사람도 있기는 합니다. 그러나 그것으로 남자다움과 힘을 과시하려 한다면 그것은 정말 모든 것을 망치는 것입니다. 엘리야가 아합 왕에게, 혹은 바울이 아레오바고의 사람들 앞에서, 분명하지 않은 발음으로 흐릿하게 이야기했을 것이라고는 생각할 수 없습니다. 아주 연약해 보이고 눈물을 머금은 눈이나, 말을 더듬는 스타일에 대해서 특별한 정서가 있을 수도 있습니다. 그런데 좀 더 나아가서, 이런 것들이 강렬한 감정의 결과로 나타나는 경우라면 그것들이 숭고하다고까지 할 수 있습니다. 그러나 어떤 이들은 날 때부터 그런 것을 지니고 있어서 아주 자유자재로 그런 것을 사용하기도 합니다.

그런데 여러분, 그런 것들을 모방할 필요가 없습니다. 여러분이 교육 받아 알고 있는 자연스런 방식으로 말을 하는 것이 좋습니다. 그러나 교양을 갖추십시오. 야만적이고 무례하며 교양 없는 식으로 말을 해서는 안 됩니다. 여러분도 알다시피 데모스테네스(Demosthenes)는 자기의 목소리로 한없는 고통을 받았고, 본래 허약했던 키케로(Cicero)는 자기의 말하는 자세를 교정하기 위해서 그리스 전역을 오랫동안 떠돌아 다녔습니다. 우리는 그보다 훨씬 고귀한 사명을 받고 있으니, 그들에 못지않게 뛰어나고자 하는 열심을 가져야 하겠습니다. 나지안주스의 그레고리우스는 이렇게 말합니다: "다른 모든 것은 다 빼앗아가도 좋으나, 나의 언변(言辯)만은 남겨 주십시오. 그러면 그것을 터득하기 위해서 들인 모든 항해를 절대로 후회하지 않을 것입니다."

항상 들을 수 있게 말하십시오. 제가 아는 어떤 사람은 체중이 16스톤 (100킬로그램가량)이나 나가는 거구로, 반 마일 거리에서도 그 사람 말을 알아들을 수 있어야 정상인데도 어찌나 게으른지, 그의 작은 교회당 맨 앞자리에서도 그 사람 말을 잘 들을 수가 없을 정도입니다. 들리지도 않는다면, 설교자가 무슨 소용이 있습니까? 그렇게 목소리가 약한 사람은 왕의 메시지를 선포하는 그 중요한 일을 그 일을 하기에 더 적합한 다른 사람들에게 넘기는 것이 좋을 것입니다. 어떤 사람은 목소리는 큰데, 분명치를 못합니다. 단어들이 겹쳐서 들리거나, 뒤엉켜 버리기도 합니다. 하지만 목소리에 힘이 있는 것보다도 명확한 발성이 훨씬 더 중요합니다. 단어 하나하나를 또박또박 발음하고, 열정에 휩싸여서 단어 끝머리를 잘라버리거나, 급히 지나가느라고 단어의 다리를 짓밟아버리는 일이 있어서는 안 됩니다. 몸집이 커서 아주 큰 목소리도 너끈히 낼 수 있는 사람이 속으로 중얼거리거나 속삭이는 소리를 듣는다는 것은 정말 고역입니다. 그러나 동시에, 무작정 소리만 질러서는 안 되고 단어들 사이의 간격을 잘 지켜서 또박또박 발음하여 들을 수 있게 해야 합니다. 지나치게 천천히 말하는 것도 정말 듣기에 괴롭고, 아주 왕성한 정신을 소유한 청중들을 "공포"라는 질병에 걸리게 만드는 것입니다. 한 시간에 1마일 정도의 속도로 기어가는 식으로 말하는 것은 도저히 들어줄 수가 없습니다. 오늘 한마디 하고 내일 한마디 하는 식은 오로지 순교자들만 견딜 수 있는 서서히 타는 불과도 같습니다. 반대로, 지나치게 빨리 말하는 것도 똑같이 용납할 수가 없습니다. 바보들에게가 아니라면 그런 화법은 결코 능력을 발휘할 수가 없습니다. 말씀의 군대를 폭도들로 만들어 버리고, 감각을 소리의 홍수 속에 빠뜨려 죽여 버리기 때문입니다. 때로는 발음이 분명치 않은 연사가 감정에 북바친 나머지 급하게 서둘러서 말을 빨리 하느라 소리들이 혼란스러워지는 경우를 접하는데, 조금 멀리서 들으면 루키아노스(Lucian)의 다음과 같은 시구를 연상하게 됩니다:

"그녀의 재잘거리는 혀가 중얼거리는 음질과 뒤섞여
전혀 어울리지도 않고 사람의 소리 같지 않으니,
개 짖는 소리나 늑대의 울음소리 같고,
한밤중 올빼미의 을씨년스러운 울음소리 같으며,
뱀의 쉿 소리나 굶주린 사자의 으르렁거리는 소리 같으며,
해변가에서 나는 큰 파도의 부딪치는 소리 같고,
나무 숲 사이로 울리는 바람 소리 같으며,
짙은 구름을 뚫고 울려 퍼지는 천둥소리 같으니,
이 모든 것이 한꺼번에 나는 것과 같도다."

땀을 흘리며 소리를 지르는 것을 감동으로 착각하고서 마치 말벌에게 귀를 물린 야생마처럼 날뛰다가는 가쁜 숨을 몰아쉬는 그런 사람의 설교를 듣는 일은 그야말로 두 번 다시 당하고 싶지 않은 곤욕입니다. 설교에

서 이런 식의 꼴사나운 일이 몇 차례 반복되는 일이 흔히 있습니다만, 이는 정말이지 괴롭기 그지없는 일입니다. 중간에 "휴우" 하고 크게 한숨 쉬는 일이 없도록 미리 중간 중간에 템포를 조절해야 합니다. 그런 한숨이 나오면, 설교자의 주제에 대한 생각은 사라지고 숨가쁜 설교자에 대한 동정심만 일어나기 때문입니다. 청중들이 설교자가 과연 숨을 쉬는지에 대한 생각이 없도록 해야 합니다. 마치 혈액이 순환되는 것이 눈에 보이지 않듯이, 설교자의 숨쉬는 것도 마찬가지로 전혀 겉으로 드러나지 말아야 합니다. 그저 숨을 들이키는 동물적인 기능이 여러분의 설교 중간 중간에 틈을 만든다면, 그것은 정말 꼴사나운 일일 것입니다.

일상적인 설교에서 계속해서 한껏 목소리를 높이는 습관을 들이지 마십시오. 지금도 사역에 임하고 있는 두세 명의 진실한 설교자들의 예를 보면, 쓸데없이 소리를 지르다가 자기들 자신을 다 찢어놓고 있습니다. 크게 소리를 지르느라 불쌍한 폐(肺)를 다치고 후두(喉頭)에 염증이 생긴 것이지요. 크게 소리를 높이는 것도 좋습니다만, 그래도 자기 자신이 다쳐서는 안 됩니다. 절반쯤의 음량으로도 사람들이 잘 들을 수 있을 때에는 필요할 때를 대비해서 그 나머지 음량을 비축해 두는 것이 좋습니다. "낭비하지도 말고, 모자라게 하지도 말라"는 말이 여기서도 적용될 수 있습니다. 음량을 다소간 경제적으로 사용하시기 바랍니다. 청중의 마음을 찌르려는 목적으로 설교하면서 오히려 머리만 아프게 만든다면 될 법이나 한 일이겠습니까? 청중들을 졸지 않게 만드는 것은 좋지만, 그렇다고 해서 그들의 귀에다 큰 북소리를 울려댈 필요는 없습니다. "여호와께서는 바람 속에 계시지 않습니다." 천둥소리가 번개는 아닙니다. 시끄러운 소리를 낸다고 해서 사람들이 그만큼 듣는 것이 아닙니다. 사실 시끄러운 소리가 계속 나면 오히려 사람들이 귀를 닫아 버립니다. 소리의 잔향과 메아리가 계속 남아 있어서 설교의 능력을 크게 손상시키고 마는 법입니다. 청중들에게 알맞게 목소리를 조절하십시오. 이만 명의 청중이 모여 있을 때에는 힘을 다하여 소리를 높여야겠지만, 그저 일이십 명 정도 모여 있는 방에서는 그렇게 해서는 안 됩니다.

저는 설교하러 올라갈 때마다 언제나 무의식적으로 어느 정도의 성량

(聲量)이 필요한가를 계산합니다. 그러고 나면 한두 문장을 말한 뒤부터는 성량이 적절하게 조정됩니다. 예배당 맨 뒷자리에 앉은 사람이 들을 수 있을 정도로 말을 하면, 그 사람이 여러분의 말뜻을 따라올 수 있을 정도가 되면, 더 가까이 있는 사람들은 그보다 더 잘 들을 수 있을 것이고, 더 이상 큰 소리를 지를 필요가 없을 것입니다. 그보다 약간 성량을 줄여도 괜찮겠지요. 말씀을 듣는 사람이 아무도 없는데 무엇 때문에 거리에서 크게 소리지르며 이야기하겠습니까? 실내에서든 실외에서든, 가장 멀리 있는 청중이 말씀을 따라올 수 있을 정도의 성량이면 족할 것입니다. 그러나, 환자들이 있는 실내에나 아주 허약한 분들이 있는 교회에서는 연약한 자들을 생각하여 언제나 성량을 조심스럽게 조절해야 할 것입니다. 환자의 침대 옆에 앉아서, "여호와는 나의 목자시니"라고 큰 소리로 외친다면 그것은 정말 잔인한 일일 것입니다. 만일 생각 없이 그런 식으로 처신하게 되면, 그 불쌍한 환자는 여러분이 아래층으로 내려가자마자 아마 이렇게 이야기할 것입니다: "아이구, 머리야! 저 양반이 갔으니 이제 살 것 같구나. 그 고귀하고도 고요한 시편을 마치 천둥 번개가 치듯 그렇게 큰 소리로 읽으니, 정말이지 기절할 것 같았어!" 젊고 아직 미혼인 여러분은 명심하십시오. 북이나 총소리보다도 부드럽게 속삭이는 소리가 환자들에게는 훨씬 더 적합하다는 사실을 말입니다.

성량에 변화를 주어야 한다는 법칙을 조심스럽게 관찰하십시오. 옛날의 법칙은 처음에는 아주 부드럽게 시작하여 점차 성량을 크게 하고, 마지막 부분에 가서 가장 큰 음성을 사용하라는 것이었습니다. 그런 법칙 따위는 완전히 버리십시오. 사리에 맞지도 않고 잘못 오도될 가능성이 많기 때문입니다. 그 순간의 감정에 알맞도록 부드럽게 말하거나 크게 말하십시오. 그리고 인위적인 법칙을 지키려고 애를 쓸 필요가 없습니다. 인위적인 법칙들은 정말이지 가증스러운 것입니다. 드 코모렝(M. de Comorin)의 풍자적인 표현처럼, "제10면의 열 번째 단락의 세 번째 문장의 다섯 번째 단어까지는 감정을 고조시켜 천둥소리처럼 격렬하게 외치십시오. 그렇게 하면 얼마나 쉽겠습니까! 아니, 얼마나 자연스럽겠습니까!"

어느 대중적인 설교자를 모방하여 어느 목사는 설교를 시작할 때에 습관적으로 너무나 작게 속삭이듯 말을 하여 거의 아무도 말을 들을 수가 없었습니다. 모든 청중이 앞으로 목을 빼고서, 무언가 고귀한 것을 그냥 놓칠까 싶어서 귀를 쫑긋 세우고 들었지만, 아무런 소용이 없었습니다. 그들이 들을 수 있는 것은 중얼거림뿐이었습니다. 만일 그 목사가 목소리를 도저히 그 이상 높일 수 없는 상태였다면 아무도 그를 탓하지 않았을 것입니다. 그러나 조금 뒤에 낭랑한 목소리로 또박또박 말을 이어가서 자신의 폐활량을 입증해 보였으니, 이 얼마나 우스꽝스러운 일이겠습니까? 만일 그의 설교의 전반부가 크게 이야기하지 않아도 될 만큼 별로 중요한 것이 아니었다면, 차라리 삭제해 버리는 편이 낫지 않았겠습니까? 혹시 그 부분이 정말 가치가 있었다면, 어째서 분명하게 전달하지 않았단 말입니까? 그 목사는 특별한 효과를 위해서 그렇게 했습니다. 그 대중적인 설교자가 그런 식으로 설교하여 굉장한 효과를 일으켰다는 것을 알고서, 자기도 그 사람을 모방하려 한 것입니다. 여러분 중에 누구라도 그런 몹쓸 것을 목표로 삼는 우를 범한다면, 정말 간절히 바라건대 그렇게 하려면 차라리 이 거룩한 사역에 발을 들여놓지 마십시오.

   정말 진지하게 말씀드립니다만, 소위 "효과"라는 것은 혐오스런 것입니다. 그것은 진실되지 못하고 인위적이며 속기 쉬운 것이므로, 경멸해야 할 것입니다. 절대로 효과를 바라고 무슨 일을 해서는 안 됩니다. 설교의 전문가들의 인정을 받고자 이리저리 힘쓰는 정신없는 자들의 책략을 멀리해야 합니다. 동부의 농부들에게 메뚜기 떼들이 역겨운 존재인 것처럼 그런 사람들이야말로 참된 사역자들에게 정말 역겨운 존재들입니다. 설교 시작부터 분명하고도 확실하게 말씀하시기 바랍니다. 설교의 첫머리는 그냥 허공에 속삭이듯 날려 버리기에는 너무나도 중요합니다. 담대하게 처음부터 당당한 어조로 주의를 사로잡으시기 바랍니다. 처음부터 있는 목청을 다 높일 필요는 없습니다. 그렇게 되면 마음이 뜨거워질 때에 목소리를 높이고 싶어도 더 높일 수가 없기 때문입니다. 하지만 처음부터 분명하게 또박또박 말해야 합니다. 적절한 상황이 오면 마치 속삭이듯 목소리를 낮추십시오. 부드러우면서도, 세미한 목소리는 귀에 안도감을 줄 뿐만 아니라 마음에도 크게 감동을 줄 수 있기 때문입니다. 목소리를 낮추는 것을 두려워할 필요는 없습니다. 거기에 힘을 실으면 크게 소리를 지르는 것만큼 똑똑히 들을 수 있기 때문입니다.

매컬리(Macaulay)는 윌리엄 피트(William Pitt)에 대해서 이렇게 말하고 있습니다: "그의 목소리는 심지어 속삭임에 가까울 정도로 낮아질 때에도 하원의 가장 먼 좌석에서도 또렷하게 들렸다." 소리가 시끄러운 총이라고 해서 총알을 멀리 날려보내는 것이 아닙니다. 효과를 일으키는 것은 목소리가 크냐 작으냐가 아니라 그 목소리에 얼마나 힘을 실어 넣느냐 하는 것입니다. 저는 우리의 거대한 태버너클(Tabernacle: 스펄전이 목회하던 교회당을 가리킴)의 모든 곳에서 들을 수 있도록 그렇게 속삭일 수도 있고, 또 크게 소리를 질러도 아무도 제 말을 알아듣지 못하게 할 수도 있습니다. 지금 이 자리에서도 그렇게 할 수 있습니다만, 그렇게 실제로 해 보는 것은 필요 없을 것입니다. 여러분 중에도 그런 일을 아주 잘 할 수 있는 분들이 있을 것이니 말입니다. 공기의 파장이 그렇게 빠른 속도로 귀를 계속 때려서 청각 신경에 의미를 제대로 전달하지 못하는 것입니다. 글을 쓰려면 잉크가 필요합니다만, 잉크병을 종이에 쏟아 버리면 아무런 의미도 전달할 수 없습니다. 소리도 마찬가지입니다. 소리가 바로 잉크입니다만, 귀에 의미 있는 글이 써지려면 양(量)이 문제가 아니라 그것을 제대로 운영하는 것이 필요합니다. 여러분의 유일한 바람이

"놋쇠로 된 폐를 지니고 있어서
오십 명의 목청보다 목소리가 더 큰 스텐터(Stentor)"

를 이기는 데 있다면, 할 수 있는 대로 속히 엘리시움(Elysium: 그리스 신화에 나오는 이상향)을 향해 큰 소리로 고함을 치십시오. 그러나 여러분의 말을 사람들이 알아들어서 유익을 얻기를 바란다면, "무능하고 목소리만 크다"는 책망을 듣지 않도록 해야 할 것입니다. 날카로운 소리가 가장 멀리까지 나아간다는 것은 잘 알고 있을 것입니다. 오스트레일리아의 황야를 지나는 여행객들이 쓰는 특별한 고함 소리가 그렇게 힘이 있는 것은 그 소리가 날카롭기 때문입니다. 드럼 소리보다는 종 소리가 더 멀리

까지 나아가고, 특이하게도 음악적인 소리일수록 더 멀리 나아갑니다. 피아노 건반을 마구 때리는 것이 필요한 것이 아니라, 가장 합당한 건반을 제대로 눌러서 소리를 내는 것이 필요합니다. 그러므로 목소리를 크게 하느라 계속해서 긴장할 필요가 없고, 청중들의 귀는 물론 여러분 자신의 폐까지도 크게 안위할 수 있는 것입니다. 모든 방법들을 다 시도하십시오. 소슬바람처럼 부드럽게도 하고, 폭풍우처럼 격렬하게도 하십시오. 상식 있는 사람들이 자연스럽게 말하듯 그렇게도 하고, 속삭이기도 하고, 분명하게 호소하기도 하고, 또렷하게 선포하기도 하시기 바랍니다.

폐활량을 적절히 사용하는 문제 다음으로 강조할 것은 여러분의 음색을 적절히 조절하라는 것입니다. 음색에 자주 변화를 주라는 것입니다. 베이스 음이나 테너 음이나 높은 떨림 소리들이 적절히 섞이도록 하라는 것입니다. 여러분 자신을 위해서나 여러분의 말씀을 듣는 사람들을 위해서나 그렇게 하는 것이 좋습니다. 하나님께서 우리를 긍휼히 여기셔서 다양한 것을 바라는 우리들의 정서를 위해서 온갖 것들을 제공해 주십니다. 우리 역시 우리의 형제들을 긍휼히 여겨서, 천편일률적인 단조로움으로 그들을 괴롭히지 말아야겠습니다. 불쌍한 형제들의 고막에 삼십 분 동안 똑같은 음조를 계속 울려서 지루하고 괴롭게 하는 일이야말로 정말 한심한 일이 아닐 수 없습니다. 물건을 내리치는 소리나 벌의 윙윙거리는 소리를 계속해서 단조롭게 귀에 울리는 것처럼 사람의 마음을 멍하게, 혹은 미치게 만드는 데 효과적인 것이 또 있을까요? 어떠한 경륜 가운데 있기에, 그저 단조로운 윙윙 소리를 속수무책으로 들어야 하는 청중들에게 그런 잔인한 일을 해도 전혀 상관이 없단 말입니까? 단조로운 소리의 희생자들은 본성적으로 달콤한 잠에 빠져 버림으로써 그 고통을 견디고 지나가는 예가 많습니다. 그러나 이것은 여러분이 바라는 바가 아닙니다. 그러니 여러분, 다양한 목소리를 내야 합니다. 단조로움이 졸음을 불러일으킨다는 것을 기억하는 목사가 얼마나 적은지 모릅니다. 「임페리얼 리뷰」(Imperial Review)의 한 기고자가 제기한 문제가 우리들 중 많은 이들에게 그대로 적용되지 않나 싶습니다:

흐르는 물소리나 바다의 파도소리나 남풍이 불어와 소나무들이 흔들리는 소리나, 혹은 비둘기의 지저귀는 소리가 얼마나 사람을 나른하게 만드는지 우리 모두 잘 알고 있다. 오늘날 목사들의 목소리는 이 달콤한 소리들과는 전혀 다르지만, 그 효과는 동일하다. 음조의 변화도, 표현의 변화도 없이 단조롭게 계속되는 긴 설교로 인하여 졸음이 오는 것을 견딜 수 있는 사람은 별로 없다. 사실 '정신이 번쩍 나는 설교'라는 말이 아주 희귀하게 사용된다는 사실은 대부분의 설교들이 지리하고 졸리는 경향이 있다는 것을 시사한다. 다음의 경우는 정말 한심하다:

"본문은 '깨어 기도하라'고 말씀하는데
설교는 '가서 잠이나 자라'고 말씀하니,
둘 사이에 어떤 것을 취해야 할지
청중들을 헷갈리게 만드네."

아무리 여러분의 목소리가 음악적이라 할지라도 동일한 음을 계속해서 단조롭게 사용하면, 청중들은 그것을 멀리서 들으면서 지루함을 느낄 것입니다. 제발 단조로운 음으로 읊듯이 하지 말고, 차근차근 말을 하시기 바랍니다. 이런 제 말에 공감이 가지 않는다면, 이 점만은 강조하고 싶습니다. 청중들을 측은히 여기는 마음은 아니더라도 여러분 자신을 위해서라도 저의 권고를 받아들이라는 것입니다. 하나님께서는 그의 무한하신 지혜로 그의 자연법과 도덕법에 저촉되는 각종 죄에 대해서 언제나 합당하게 벌을 내리기를 기뻐하시는데, 이런 단조로움의 악습에 대해서는 이른바 디스포니아 클레리코룸(dysphonia clericorum), 즉 "목사의 목소리 이상"이라는 위험스런 질병이 형벌로 나타나는 경우가 허다하기 때문입니다. 어떤 형제들의 경우는 청중들이 상당한 비용을 기꺼이 지불하면서까지 그들을 몇 달 동안 쉬게 해 줄 정도로 그들에게서 사랑을 받기도 합니다. 예루살렘으로 여행하며 쉬도록 모든 경비를 제공받아서 편안히 쉬는 동안 기관지염의 증상이 있던 것이 말끔히 가시기도 했습니다. 이런 분들의 경우는 저의 논지에 별로 개의치 않을 것입니다. 그러나 우리의 형편은 그렇지 못합니다. 우리에게 기관지염은 정말 큰 비극입니다. 그러니 그런 비극을 피하기 위해서는 어떠한 지각 있는 제안이라도 받아들이고 따라야 할 것입니다. 여러분의 목청을 망가뜨리고 싶으시면 얼마든지 속히 그렇게 할 수 있습니다만, 목청을 보존하고 싶으시면, 제가 여러분들에게 말씀드리는 것을 주의 깊게 받아들여야 합니다. 저는 목소리를 드럼에 자주 비유하곤 했습니다. 드럼 치는 사람이 언제나 드럼의 한쪽 부분만을 계속해서 때리면, 그곳이 낡아져서 구멍이 나고 말 것입니다. 그렇지만 이곳저곳을 돌려가면서 드럼의 표면 전체를 골고루 때리면 그 드럼의 수명이 얼마나 오래 가겠습니까! 사람의 목소리도 마찬가지입니다. 언제나 똑같은 음조만을 사용하면 그 음을 만들어 내는 데에 사용되는 목청의 부분이 낡아져서 구멍이 나게 되고, 결국 기관지염으로 발전하게 될 것입니다.

비국교회 목사들의 기관지염은 영국 국교회의 강령과는 전혀 별개의 문제라는 것은 의사들도 인정하는 문제입니다. 영국 국교회에서 상당히 흠모하는 교회에서 쓰는 콧소리가 있는데, 날카로운 목청을 써서 내는 웅장하고도 귀족적이며, 신학자 같고 목사 같은 냄새를 풍기고, 무언가 초자연적인 풍미가 있는 목소리로 단어들을 굴려서 발음하는 소리입니다. 다음과 같은 것을 예로 들 수 있겠지요(여기서 스펄전은 "He that hath ears to hear let him hear"를 "히 댓 해스 오스 투 요 렛 힘 요"로 발음하는 것을 예로 든다). 성경 본문을 이렇게 읽는다는 것이 아주 특이하기는 합니다. 제 귀에는 마치 빅밴(Big Ben: 영국 국회 의사당의 큰 시계탑)처럼 들립니다. "더 프린스 알버트, 알버트 프린스 오브 웨일스, 앤 올 더 로얄 훼밀리 … 아멘"(The Prince Albert, Albert Prince of Wales, and all the Royal Family … Amen) 같은 단조로운 목소리에 대한 기억과 더불어서 말입니다. 이렇게 부자연스럽게 이야기하는 사람이 기관지염 같은 질병에 걸리지 않는다면, 목청과 관계되는 질병들은 하나님의 주권에 따라 주어진다고밖에 할 수 없습니다. 비국교도들의 말하는 습관들에 대해서는 이미 말씀을 드렸습니다만, 제가 믿기로는 바로 그런 습관들이 후두(喉頭)와

폐를 예민하게 만들어서 아주 건강한 사람들도 그 때문에 목소리가 잠겨 버리고 마는 것입니다. 이런 논리들이 과연 권위 있는 것인가 혹시 의문을 가지실 분들이 있겠습니다만, 저명한 비극 배우로서 이 문제를 실험적인 측면에서 공정하게 살펴본 맥크리디 씨(Mr. Macready)의 견해를 들어보는 것도 합당할 것입니다:

> 목청을 사용한다고 해서 목청이 느슨해지는 것은 아니다. 목청이 느슨해지는 것은 특정한 방식으로 그것을 사용하기 때문에 생기는 현상이다. 즉, 길고도 크게 말하기 때문이 아니라, 가짜 음성으로 말하는 것 때문에 그런 현상이 생긴다는 말이다. 내 말이 어떻게 들릴지 모르겠지만, 많은 청중들 앞에서 말을 할 때에 자기의 본 목소리로 말하는 사람은 만 명 중에 한 명도 없다. 그리고 이런 습관은 특히 강단에서 잘 나타난다. 목청이 느슨해지는 것은 바로 이처럼 꾸며낸 음조로 격렬하게 말을 하는 데에서 기인하는 것이며, 그 결과 목청이 극심하게 자극을 받게 되고 궤양이 생기는 경우도 허다하다. 교회에서 하루 종일 목을 쓰는 일은, 수고의 양으로 볼 때에 셰익스피어의 비극에서 주역을 맡아 공연하는 것이나, 혹은 의회에서 주도적인 정치가들이 발언을 위해 수고하는 것과는 비교도 되지 않는다. 흔히 '목사의 목소리 이상'이라 칭하는 그런 질병은 일반적으로 볼 때 말하는 시간이나 수고의 양이 아니라, 말하는 방식에 기인한다는 것이 매우 확실한 것 같다. 무대에서 연기를 해 온 여러 선배들이 목이 쉬는 것을 보아왔으나, 연기에 탁월한 배우들 사이에서는 그런 질병이 그리 많지 않다고 생각한다.

배우들이나 변호사들은 목소리에 무리가 생길 기회가 매우 많은데도 불구하고, 변호사가 목이 쉬는 경우나, 비극 배우가 기관지염에 걸리는 경우는 없습니다. 이유는 간단합니다. 일부 설교자들은 가짜 음성을 써서 하나님을 섬기지만, 그들은 감히 그런 식으로 공무를 집행하려 하지 않기 때문입니다. 의사인 새뮤얼 펜윅(Samuel Fenwick)은 "목청과 폐의 질환

들"이라는 대중적인 논고에서 아주 지혜롭게 이렇게 말하고 있습니다:

> 음성에 대한 생리학과 관련하여 진술된 바에 의하면, 한 가지 음조로 계속해서 말을 하는 것이, 음성의 높낮이에 자주 변화를 주면서 말하는 것보다 훨씬 더 피로를 가중시킨다는 것이 분명하게 드러난다. 왜냐하면 전자의 경우는 한 가지 근육만 긴장되는 반면에 후자의 경우는 여러 가지 다른 근육들이 함께 동원되므로 서로 부담을 줄여 주기 때문이다. 이와 마찬가지로, 한쪽 팔을 수평으로 들어올리고 있으면 오분이나 십분만 지나도 피로해진다. 오로지 한 근육으로 무게를 지탱해야 하기 때문이다. 그러나 두 팔을 다 사용하여 한 쪽씩 번갈아 가면서 들어올리는 일은 하루 종일을 해도 별 무리가 없다. 그러므로 목사가 교회 예배에서 성경 봉독도, 기도도, 설교도 똑같은 음조와 똑같은 방식으로 행하게 되면, 그 사람은 필요한 정도보다 열 배 이상 그의 음성에 무리를 주게 되는 것이다.

여기서, 제가 자주 말씀드린 한 가지 생각을 다시 말씀드리는 것이 좋겠습니다. 곧, 목사가 말씀을 자주 전하게 되면, 목청도 폐도 질병에 걸릴 소지가 줄어든다는 것입니다. 이것은 매우 확실합니다. 제 스스로 체험도 했고 널리 관찰도 한 문제이니, 제 생각이 잘못된 것이 아니라는 것이 확실합니다. 여러분, 일주일에 두 번 설교하는 것은 매우 위험합니다. 그러나 다섯 번이나 여섯 번 하는 것은 아주 건강하고, 심지어 열두 번이나 열네 번 정도도 과도한 것이 아닙니다. 과일 행상을 하는 사람의 경우 과일을 파느라 소리를 지르고 다니는 일을 일주일에 하루만 하면, 매우 힘이 드는 것을 느낍니다만, 엿새 동안 계속해서 거리를 돌아다니며 외치면, 디스포니아 포마리오룸(*dysphonia pomariorum*), 즉 "과일 행상의 목소리 이상"을 겪는 일은 없습니다. 자주 설교하지 않는 것이 여러 가지 질환의 뿌리라는 제 견해에 대해서 펜윅 박사는 아주 명확하게 선언하고 있습니다:

날마다 정기적으로 음성을 사용하지 않고서는 여기서 제시한 모든 지침들이 효과가 없다. 이따금 길게 말하는 것만큼 이 질환을 만들어 내는 것이 없는 것 같다. 한 번 목소리를 쓰고 오랫동안 쉬는 일을 반복하는 것이 문제인데, 목사들이 특별히 이런 경우가 많다. 이 문제는 잠시만 생각해 보면 곧바로 이해가 간다. 만일 사람이나 혹은 다른 짐승이 비정상적인 근육 활동을 하려 한다면, 날마다 정기적으로 그 활동을 행하게 되고, 그렇게 함으로써 도저히 행할 수 없는 일도 쉽게 행하게 되는 것이다. 그러나 대개의 경우 목사들은 일주일에 고작 한 번 정도만 굉장한 양의 근육 활동을 설교에 쏟아 붓고 그 나머지 엿새 동안은 일상적인 것 이외에는 목소리를 쓰는 예가 거의 없다. 만일 철공(鐵工)이나 목수가 그런 식으로 가끔씩 자기의 직업 활동을 한다면, 그런 활동에 아주 부적절하게 될 뿐 아니라, 기왕에 얻은 기술마저 잃어버리고 말 것이다. 세계적으로 저명한 연사들의 예가 이미 정기적인 꾸준한 연설 활동의 유익을 입증해 준다. 그러므로 나는 이로 인하여 문제를 겪는 모든 사람들에게 날마다 한 차례 혹은 두 차례 정도 강단에서 하는 것과 똑같은 목소리로 특히 가슴과 목청에 관심을 기울이면서 책을 아주 또박또박 크게 읽는 일을 행할 것을 강력히 권하고 싶다.

비처 씨(Mr. Beecher)도 동일한 견해를 다음과 같이 피력하고 있다:

신문배달부들에게서 옥외 운동이 사람의 폐에 얼마나 좋은가를 잘 볼 수 있다. 만일 창백한 얼굴로 가냘프게 말하여 겨우 이백 명의 청중들에게도 목소리를 다 전달하지 못하는 목사가 "신문이요!"라고 소리를 지르려 한다면, 어떻게 하겠는가? 뉴욕의 신문배달 소년들은 길 어귀에 서서 목소리를 거리 끝까지 보내며, 운동 선수처럼 신문을 말아 들고 골목을 누비는 것이다. 말을 하는 직업을 위하여 훈련받는 사람들은 잠시 동안이라도 거리를 다니며 행상을 시도해 보라고 권하고 싶다. 젊은 목사들은 잠시 동안 신문배달 소년들과 함께 배달을 다니며 입을 크게 벌리고 외쳐서 후두가 자극을 받고 단련이 되도록 하는 것이 좋을 것이다.

여러분, 우리에게 필요한 원칙은 언제나 여러분이 다루는 주제에 합당하도록 목소리를 맞추라는 것입니다. 우울한 주제를 이야기하면서 활기차게 말해서는 안 되고, 반대로, 즐겁고 흥겨운 주제를 논하면서 무겁게 질질 끌어서는 안 됩니다. 하늘의 천사들의 곡조에 맞추어 춤을 추듯 해야 합니다. 이 원칙에 대해서는 구태여 상세히 다루지 않겠습니다. 그것이 정말 중요하다는 것이 너무도 분명하며, 또한 순종하며 따르면, 여러분의 주제가 가치가 있는 것인 한 언제나 사람들의 주목을 받게 될 것입니다. 다루는 문제에 합당하도록 목소리를 맞추십시오. 그리고 무엇보다도 자연스러워야 합니다. 이런저런 원칙이나 좋아 보이는 모델에 무조건 맞추려 하지 마십시오. 다른 사람의 목소리를 흉내내지 마십시오. 도저히 어쩔 수 없는 습관 때문에 모방을 하지 않을 수 없다면, 설교자의 탁월한 점들을 모방하십시오. 그러면 나쁜 점들이 줄어들 것입니다. 저는 도저히 저 자신도 어쩌지 못할 정도로 사람들에게 영향을 받아 모방하는 습관이 있습니다. 그래서 스코틀랜드나 웨일스를 한두 주간 동안 다녀오면 그 지방의 말투에 영향을 받아 저의 발음이나 음조가 변하곤 합니다. 그렇게 되지 않으려고 노력하지만, 어쩔 수 없습니다. 제가 아는 유일한 치유책은 나쁜 점들이 자연스럽게 없어지도록 하는 것뿐입니다.

여러분, 제 원칙으로 다시 돌아갑니다. 여러분의 본래의 음성을 사용하십시오. 원숭이가 되지 말고 사람으로 남아 있으십시오. 앵무새가 되지 말고, 모든 일에 독창성을 지닌 사람으로 남아 있어야 합니다. 사람이 턱수염을 기르는 가장 어울리는 방법은 자라는 대로 두는 것이라는 말이 있습니다. 색깔이나 형태나 자연스러운 것이 얼굴에 가장 적합하다는 것입니다. 여러분 자신의 음성이 여러분의 사상과 인격을 전달하는 가장 어울리는 길인 것입니다. 흉내내는 것은 극장에나 어울리는 것이고, 거룩한 인격을 있는 그대로 전달하는 것이 강단에 어울리는 것입니다. 지루하겠지만, 혹시 잊는 일이 없도록 하기 위해서 이 원칙을 다시 말씀드리겠습니다. 자연스러워야 합니다. 있는 그대로의 목소리로 말씀하십시오. 언제나 그렇게 자연스럽게 하셔야 합니다. 가짜 목소리를 내거나, 혹은 은반의 혀를 지닌 탁월한 설교자의 목소리와 화법을 모방하거나, 인기 있는 선생을 흉내내는 일을 계속하면 결국 망하고 말 것입니다. 노예와도 같은 모방일랑 던져 버리십시오. 그리고 남자답게 독창성을 지향하시기 바랍니다.

여기서 덧붙일 것이 있습니다. 곧, 여러분의 목소리를 훈련시키기를 힘쓰라는 것입니다. 이를 이루기 위해서 고통이나 수고가 있더라고 불평하지 마십시오. 아무리 천성적인 재능이 탁월하다 할지라도, 수고와 노력을 통해서만이 비로소 최고의 완벽에 이르게 되는 것입니다. 미켈란젤로가 의복을 입은 채 한 주간 동안 내내 일했다는 사실을 생각해 보십시오. 그리고 헨델은 하프시코드의 모든 건반이 마치 숟가락처럼 움푹 패일 정도로 끊임없이 연습을 계속했다는 점을 생각하십시오. 여러분, 이렇게 열심을 다한 후에도, 어렵다거나 지친다는 말을 절대로 해서는 안 됩니다. 돌을 입에 물고서 말하는 데모스테네스(Demosthenes)의 방법은 효용성을 찾기가 거의 불가능합니다. 그러나 시끄러운 파도 앞에서 변론을 하는 그의 방법은 누가 보다라도 크게 유익합니다. 그렇게 함으로써 그는 시끄럽게 떠드는 시골 사람들 앞에서도 좌중을 휘어잡을 수 있게 되었고, 또한 언덕에 올라서서 말을 하는 동안 그의 폐가 크게 기능을 발휘하는 등, 그 유익은 마치 자기를 부인하는 것이 유익한 것만큼이나 분명하게 드러납니다. 복되신 하나님의 영광스러운 복음을 우리의 목소리로 선포해야 하므로, 모든 가능한 수단을 다 써서 그 목소리를 완전하게 하여야 할 책임이 우리에게 있는 것입니다.

자음(子音)을 발음하는 데에 특별히 신경을 써서 하나하나를 분명하게 발음하시기 바랍니다. 자음들이 특히 말을 특징적으로 표현하는 것이기 때문입니다. 자음 하나하나를 또박또박 발음하기를 힘써 연습하기 바랍니다. 모음은 자기 나름대로 소리를 지니고 있어서 그 자체가 소리로서 나타나게 되어 있습니다. 그리고 기타 다른 문제들에서도 여러분이 목소리를 완성하기까지 철저한 훈련을 시행하여야 합니다. 잘 훈련된 말(馬)

처럼 목소리를 항상 제대로 유지하기 바랍니다. 좁은 가슴을 가진 사람들은 매일 아침마다 아령(啞鈴)을 하시고, 저희 학교가 마련해 두고 있는 체력 훈련장을 이용하면 더 좋겠습니다. 넓은 가슴이 필요합니다. 그러니 그것을 얻기 위해서 최선을 다해야 할 것입니다. 손을 호주머니 속에 집어넣어서 폐를 수축시키고 말하지 마십시오. 가수(歌手)들이 무대 위에서 하듯 어깨를 뒤로 쭉 빼고 말하십시오. 말을 하는 동안 책상에 기대지 마시고, 설교하는 동안 머리를 수그리는 일이 있어서도 안 됩니다. 몸을 굽히지 말고 쭉 편 상태로 말씀을 전하십시오. 넥타이를 꼭 조이지도 말고, 양복의 단추들을 다 잠그지도 마십시오. 복부와 성대(聲帶)가 충분히 활동할 수 있도록 여유를 남겨 두어야 합니다. 로마나 그리스 웅변가들의 동상을 잘 관찰해 보십시오. 라파엘로가 그린 바울의 그림을 보십시오. 그리고 가식이 없이 자연스럽게 거기 묘사되어 있는 자세를 취하십시오. 그런 자세들이 목소리에 최상입니다. 여러분의 단점들을 그대로 이야기해 줄 친구를 두십시오. 아니면 여러분을 예리하게 주시하고 단호하게 찔러댈 원수가 있으면 더 좋겠지요. 그런 성가신 비판자가 있다는 것이 바보에게는 견딜 수 없이 귀찮은 일이지만, 지혜로운 사람에게는 그것처럼 복된 것이 없는 법입니다.

　부지런히, 또한 자주, 여러분 자신을 교정하십시오. 그렇지 않으면 그냥 지나치는 오류에 빠지게 되고, 가짜 음성이 자라나고, 쓸데없는 나쁜 습관이 무의식중에 자리를 잡게 됩니다. 그러므로 끊임없이 여러분 자신을 면밀하게 살피고 비판하시기 바랍니다. 여러분을 조금 낮게 만들어 주는 것이 있다면 결코 가볍게 생각하지 마십시오. 그러나 여러분, 절대로 강단에서 맵시를 부리는 사람으로 전락해서는 안 됩니다. 그런 사람들은 제스처나 목소리가 좋으면 다 되는 것으로 생각합니다. 어떤 사람은 한 주간 내내 설교 연습을 하면서 주로 거울 앞에서 설교를 계속해서 반복해서 연습했다고 하는데, 그런 것은 정말이지 역겨운 일입니다. 은혜로운 자세를 살리기 위해서라면 마음으로 은혜를 몰라도 상관없다는 식이 아니고 무엇입니까! 향수를 뿌려 아름다움을 뽐내지만 며칠 가지 못하는 세련된 설교자보다는 차라리 시골을 순회하며 다니는 투박한 설교자가 훨씬 더 낫습니다. 로울랜드 힐(Rowland Hill)의 작품에 나오는 타플레쉬 선생(Mr. Taplash)을 본따서 손에 다이아몬드 반지를 끼고 향내가 풍기는 손수건을 지니고 안경을 끼고 다닐 필요가 없는 것처럼, 목소리 자체에 대해서 그렇게 공을 들이라고도 말하고 싶지 않습니다. 강단에서는 그런 세련되고 우아한 차림이 필요 없습니다. 그런 것은 양복점의 창가에나 있어야 할 것입니다.

어쩌면 여기서 이런 점을 지적할 필요가 있지 않나 싶습니다. 곧, 모든 부모들이 자녀들의 치아를 좀 더 잘 관리하게 돌보아 줄 필요가 있다는 것이지요. 잘못된 치아로 인해서도 설교자에게 아주 심각한 문제가 생길 수 있기 때문입니다. 발음이 새는 경우들이 있는데, 이 중에는 치과 의사의(물론 경험이 풍부한 유능한 의사) 도움을 받아서 잘못된 치아를 몇 개 교정하고 나면 문제가 완전히 해결되는 경우도 있습니다. 저를 담당하는 치과 의사는 다음과 같이 아주 지각 있게 이 점에 대해서 논평해 주고 있습니다:

    치아의 일부나 혹은 전부가 빠져 버리면, 얼굴과 목청의 근육이 위축을 받게 되고, 치아에 항상 익숙해져 있던 다른 기관들이 손상을 받게 되고, 그리하여 정상적으로 작동하지 못하고 마치 음(音)에 이상이 생긴 악기처럼 중간중간 끊어짐이나 어색함, 혹은 역겨운 소리 같은 것이 생겨나게 된다. 기관 자체에 결함이 있는 경우는 완전한 조화도, 목소리의 높낮이, 음질, 악센트 등에 균형 있고 일관성 있는 역할도 기대할 수가 없고, 물론 발음에도 결함이 생긴다. 그런 결함 때문에 말하는 데에 더 힘이 들어가게 되고, 대부분의 경우는 발음이 제대로 되지 않거나, 너무 갑작스럽게 말이 끊어지거나 하는 결과가 생기게 된다. 결함이 심각하게 되면 입 속에서 중얼거리거나 아니면 시끄럽게 재잘거리는 현상이 뒤따르게 된다.

이런 결함이 있는 경우는 치료가 가능합니다. 그러니 우리의 직무를 위해서 올바른 치료를 받아야 할 것입니다. 치아가 무어 그리 중요한가

하고 생각할 수도 있겠습니다만, 기억하십시오. 우리의 위대한 소명에는 아무것도 하찮은 것이 없습니다. 앞으로 이보다 더 사소한 문제에 대해서 언급하게 되겠습니다만, 이런 사소한 문제들이 심각한 오류나 실수를 방지해 주는 데에 큰 역할을 할 수도 있다는 마음을 지울 수가 없습니다.

마지막으로 말씀드리고 싶은 것은 여러분의 목청을 잘 보살피라는 것입니다. 말씀을 시작하기 전에 목청을 항상 깨끗하게 준비시켜야 합니다. 설교 도중에 계속 목청을 가다듬는 일이 있어서는 안됩니다. 제가 아는 아주 존경받는 한 형제는 언제나 이런 식으로 이야기합니다: "사랑하는 형제 여러분, 음, 음, 오늘 여러분에게, 음, 음, 매우 중요한 문제를, 음, 음, 말씀드리려 합니다. 음, 음, 그러니 여러분, 음, 음, 진지하게 잘 들으셔야 합니다. 음, 음." 이런 것을 정말 힘써서 피해야 합니다. 또 어떤 사람들은, 목청이 깨끗하지 못하여, 마치 목이 꽉 막힌 것처럼 이야기합니다. 거의 가래를 뱉어낼 태세로 말입니다. 계속해서 불쾌한 소리를 내어 청중들을 괴롭게 하는 것보다는 차라리 한 번 가래를 뱉어내는 것이 더 낫습니다. 감기가 걸렸을 경우에는 코를 킁킁거려도 이해할 수 있습니다만, 그런 소리들은 정말 불쾌감을 줍니다. 그런데 그것이 습관이 되어 버리면, "불쾌감 조장 방지법"으로 정죄를 받아야 마땅합니다. 그런 것을 이야기하는 것이 별로 점잖지 못하게 보일 수도 있습니다만, 이 강의실에서 모든 것을 있는 그대로 자유롭게 주목하고 관찰하는 것이 차후에 많은 어려움을 방지해 줄 수도 있는 것입니다.

설교를 마칠 때에는 절대로 목을 꽉 감아 두지 말아야 목청을 보호할 수 있습니다. 다소 망설임이 있습니다만, 제가 개인적으로 경험한 것을 감히 말씀드리는 것입니다. 따뜻한 양모 목도리를 갖고 계신 분이 있습니까? 어머니나 누님 혹은 누이동생의 따스한 손길이 담겨 있어서 아주 귀하게 보관할지도 모르겠습니다. 그것들을 잘 보관하십시오. 보관하되, 트렁크의 맨 밑바닥에 잘 보관하시고, 목에다 그것을 꼭 감지는 마십시오. 독감에 걸려 죽고 싶으면 그것들을 목에 감으십시오. 감기에 걸려서 평생토록 낫지 않게 될 것입니다. 뱃사람이 목에다 무엇을 감는 것을 거의 볼 수 없습니다. 언제나 맨 목을 그대로 내놓고 다닙니다. 깃이 달린 옷을 입고, 거기에 넥타이를 매도, 아주 작은 넥타이를 헐겁게 매고 다닙니다. 그래서 목 주위가 바람이 잘 통하게 두지요. 저는 이것을 철석같이 믿는 사람입니다. 저는 십사 년 동안 한 번도 이 원칙을 어긴 일이 없는데, 그 전에는 항상 감기 때문에 고생했는데, 그 원칙을 지킨 이후는 거의 감기에 걸린 일이 없습니다. 그래도 무언가 좀 더 다른 것이 필요하지 않을까 하는 느낌이 들면, 차라리 수염을 기르십시오! 그것이 가장 자연스럽고, 성경적이며, 남자답고, 유익한 것입니다. 지금도 사역 중인 어느 형제는, 몇 년 동안 수염을 길러서 굉장한 도움을 받고 있습니다. 그분은 목소리에 심각한 문제가 생겨서 어쩔 수 없이 잉글랜드를 떠났는데, 그 이후로 삼손처럼 강건해졌고, 지금도 여전히 힘 있게 사역하고 있습니다.

목청에 문제가 생기면 유능한 내과 의사의 진단을 받으시고, 그렇게 할 수 없는 경우라면, 다음의 힌트를 잘 주목하시기 바랍니다. 마쉬멜로우 록(Marsh-mellow Rock)이나 커프노모어 로젠지(Cough-no-more Lozenges)나, 풀모닉 웨이퍼(Pulmonic Wafers), 호어바운드(Horebound), 이페카쿠아나(Ipecacuanha) 등, 수만 종의 진통 완화제 같은 것을 절대로 복용하지 마십시오. 불편한 통증을 일시적으로 사라지게 해 주기는 하지만, 목청을 이완시키는 작용을 하므로 목청에 크게 해롭기 때문입니다. 목청을 개선하고 싶으시면, 위(胃)에 해를 주지 않는 범위 내에서 후추나 기타 수축성 있는 성분을 섭취하십시오. 그러나 정도를 넘어서는 안 됩니다. 목청뿐만 아니라 위도 똑같이 보호해야 하기 때문입니다. 위에 병이 생기면 아무것도 할 수 없으니 말입니다. 수축성 있는 성분이 도움이 된다는 것은 상식에 속하는 일입니다. 제혁업자(製革業者)가 생가죽 조각을 설탕에 담가서 가죽을 만든다는 이야기를 들어본 일이 있습니까? 톨루 향료나 토근(吐根), 당밀(糖蜜) 같은 것도 가죽을 만드는 데에는 소용이 없습니다. 오히려 그런 것과 정반대 되는 것이 필요합니다. 생가죽을 단단하고 튼튼하게 만들 때에는, 오크 바크 용액이나, 물질을 수축시키고 강화시키는 수축제에다 담가 둡니다.

엑서터 홀(Exeter Hall)에서 설교를 시작할 당시, 제 목소리는 그 장소에 비해서 너무나 허약했습니다. 그저 일상적인 목소리에 지나지 않았고, 거리에서 설교하는 일을 하지 못할 정도로 약했습니다. 그런데 엑서터 홀에서 설교하면서(그곳은 길이에 비해서 폭이 너무나 넓어서 설교하기가 매우 힘든 장소입니다), 저는 언제나 식초를 섞은 물을 강단에 놓아두고서 갈증이 나거나 목이 피로할 때마다 조금씩 마셨는데, 그렇게 하면 금방 목청에 힘이 생기곤 했습니다. 목청이 조금 이완되었다 싶으면, 저는 요리사에게 부탁하여 쇠고기 수프에다 후추를 많이 뿌려서 마시곤 했습니다. 그런데 지금까지 이 방법이 놀라운 치료 효과를 발휘했습니다. 하지만, 제가 의사 면허가 있는 것은 아니니, 의학과 관련된 문제에 대해서는 더 이상 제게 기대하지는 마십시오.

목회 초년에 경험하는 목소리에 관련된 문제점 가운데 절반 정도는 세월이 흘러가면서 사라질 것이라는 것이 제 믿음입니다. 여러분, 신실하게 인내하라고 격려를 드리고 싶습니다. 주의 말씀을 우리의 뼛속에서 타오르는 불길처럼 느낀다면, 말을 더듬는 문제까지도 극복할 수 있고, 치명적인 결과를 낳는 두려움까지도 사라질 것입니다. 젊은 형제 여러분, 힘을 내십시오. 인내하십시오. 그러면 하나님께서 도우실 것이요, 자연도, 연습도 여러분을 도울 것입니다.

제 9 장

주목!

　이 주제는 설교학에 관한 어느 책에서도 다루는 것을 본 일이 거의 없는 주제입니다. 이 사실은 아주 흥미 있습니다. 왜냐하면 이 주제는 가장 중요한 것으로서 한 장(章) 이상을 할애해서 다루어야 할 주제이기 때문입니다. 설교학자들은, 자기들의 저작 전체에 이 주제가 골고루 퍼져 있으니 구태여 그것을 따로 떼어낼 필요가 없다고 생각할 것입니다. 마치 차에 섞인 설탕처럼 전체 속에서 향기를 내기 때문이지요. 이렇게 간과되고 있는 주제는 바로, 어떻게 하면 청중의 주목을 얻고 그것을 계속 유지해 갈 수 있는가 하는 것입니다. 청중의 주목은 필수적입니다. 그것을 얻지 못하면 아무 일도 일어나지 않습니다. 그것을 반드시 얻어야 합니다. 그렇지 못하면, 아무리 말을 계속해도 아무런 유익이 없을 것입니다.

　우리 잉글랜드 군대 장교들의 선서 맨 앞에는 언제나 "주목!"이라는 말이 붙어 있습니다. 설교할 때마다 우리는 바로 그 단어가 필요한 것입니다. 회중석에 앉아 있는 모든 사람들이 진지하고, 솔직하며, 정신 차리고 계속해서 주의를 기울이는 것이 우리에게 필요하다는 말입니다. 사람들의 정신이 이리저리 산만하게 방황하게 되면, 진리를 받아들일 수 없습니다. 정신이 활동을 하지 않아도 똑같은 결과가 생깁니다. 하와는 아담의 허리에서 취하여졌습니다. 그러나 사람들이 잠들어 있으면, 그들에게서 죄를 취하여 낼 수가 없는 것입니다. 사람들이 깨어 있어야 하고, 우리가 하는 말을 이해해야 하고, 그 힘을 느껴야 합니다. 그렇지 않으면 우리까지도 잠을 자는 편이 나을 것입니다. 어떤 설교자들은 자기들이 하는 말을 청중들이 듣고 있는지 그렇지 않은지에 대해서 별로 개의치 않습니다. 주어진 시간을 보내기만 하면 그것으로 족하고, 사람들이 듣고 영원을 얻는지 아니면 헛되이 듣고 있는지 하는 따위의 문제는 별로 중요시하지 않습니다. 그런 목사는 곧 교회 앞마당에서 잠들게 될 것이고, 그때에 무덤의 글귀로 하는 설교가 생전에 강단에서 하던 설교보다 더 나을 것입니다. 어떤 설교자는 마치 천사들의 주목을 끌려는 듯 천장의 환기 구멍을 바라보며 말하고, 어떤 이들은 마치 깊은 생각에 잠기려는 듯 책을 내려다보며 말합니다. 그런 형제들은 차라리 광활한 초원으로 나가서 별들에게 설교하는 편이 나을 것입니다. 만일 그들의 설교가 청중들과 별 상관이 없는 것이라면, 아주 편안하게 그렇게 설교할 수 있을 것입니다. 만일 설교가 독백이라면, 홀로 외로이 행할수록 더 나은 설교가 되겠지요. 그러나 합리적인 설교자로서는 젊은이로부터 노인에 이르기까지 모든 청중들의 관심을 불러일으키는 것이 필수적인 일일 것입니다. 심지어 어린아이조차도 주의가 산만하도록 만들어서는 안 됩니다.

"어린아이를 주의가 산만하도록 만든다구요?" "아니 누가 그렇게 한단 말입니까?" 아마 이렇게 말할 분이 계실 것입니다. 분명히 말씀드립니다만, 대부분의 설교자들이 그렇게 합니다. 어린아이들이 집회에서 조용히 하지 않으면, 아이들의 잘못이며 동시에 우리의 잘못인 경우가 허다합니다. 이 어린아이들을 위해서 얼마든지 의도적으로 작은 이야기나 비유를 쓸 수 있지 않습니까? 이층 특별석에 앉은 남자아이나 아래층의 여자아이가 몸을 비틀기 시작하면 그 아이들에게 미소를 보내어 질서를 유지하게 만들 수 있지 않습니까? 저는 강단 맨 앞에 앉은 고아 소년들에게 눈길을 보내면서 말하는 경우가 많습니다. 우리는 모든 사람이 눈을 우리에게 고정시키고 귀를 우리에게 열게 되기를 바랍니다. 저는 눈먼 맹인이라 해도 나를 향하여 얼굴을 들고 바라보지 않으면 아주 신경이 거슬립니다. 청중들 가운데서 누구라도 이리저리 둘러본다든가, 속삭인다든가, 존다든가, 시계를 본다든가 하면, 제가 사람들의 주목을 끌지 못하고 있다는 것을 곧바로 눈치 채게 되고, 그들의 마음을 잡을 수단을 강구하게 됩니다. 불평을 하는 경우는 별로 없는데, 혹시 불평을 하게 되면, 대개

제 자신에 대해서 불평을 합니다. 그리고 그들의 주목을 끌 방법을 알지 못하면 그들의 주목을 받을 자격도 없다고 결론을 내리게 됩니다.

자, 설교자들이 쉽게 주목을 끌 수가 없는 회중들도 있습니다. 그들은 관심이 별로 없습니다. 그들을 책망해도 소용이 없습니다. 마치 새를 잡으려고 돌을 던지는 것과 같습니다. 그런데 사실은, 대부분의 경우 책망을 받아야 할 사람이 따로 있습니다. 그것은 바로 여러분 자신입니다. 예배에 참석하는 것이 그들의 의무일 수도 있습니다만, 그러나 여러분의 의무는 단순히 그들을 참석시키는 것보다 훨씬 더한 것입니다. 여러분의 낚싯바늘에 물리도록 고기를 끌어야 합니다. 고기가 오지 않으면, 그 책임은 고기에 있는 것이 아니라 낚시꾼에게 있는 것입니다. 그들을 사로잡아서 잠시 동안 그대로 서 있게 하고, 주 하나님이 그들의 영혼을 향하여 하시는 말씀을 듣게 해야 하는 것입니다. 어떤 목사는 늙은 할머니에게 설교 중에 졸지 않도록 향내를 맡고 있도록 했는데, 그 할머니는 목사를 책망했습니다. 설교에 향내를 많이 집어넣으면, 졸지 않고 계속 깨어 있을 것이 아니겠느냐는 것이지요. 설교 속에 향내를 풍성하게 집어넣어야 합니다. 아니면 정신이 번쩍 나는 그 무엇이 설교 속에 있어야 합니다. 주의를 집중시키고 있는 일이 쉽지 않은 사람들이 회중 가운데 있다는 사실을 기억하십시오. 그들 중에는 설교의 주제 자체에 관심이 없는 사람들도 많고, 복음이 자기들에게 특별한 가치가 있다고 정직하게 고백할 만큼 마음에 변화가 일어나지 않은 사람들도 많습니다. 구주 예수에 대해서 여러분이 회중들에게 이렇게 이야기할 수도 있습니다:

"지나가는 사람들이여, 이것이 여러분에게는 아무것도 아닙니까? 예수께서 죽으셨다는 것이 과연 여러분에게는 아무것도 아닙니까?"

그들 중에는 한 주간 내내 세상을 사는 온갖 걱정거리들로 인해서 찌들어 있는 사람들도 많을 것입니다. 그 사람들은 반드시 주님께 짐을 다 맡겨야 합니다. 그렇지만 여러분은 과연 그렇게 항상 지쳐 있습니까? 여러분은 과연 걱정거리에서 벗어난다는 것이 항상 그렇게 쉽습니까? 여러분은 과연 집에 있는 병든 아내와 자녀들을 잊어버릴 수 있습니까? 일상생활의 근심과 걱정으로 인하여 무거운 짐을 진 채로 하나님의 집에 나아오는 사람들이 허다하게 많습니다. 농부는 밭을 갈고 씨를 뿌려야 할 일을 생각합니다. 주일에 비가 오면, 밀밭을 돌볼 일이 생각나게 됩니다. 상인은 결제하지 못한 수표가 눈 앞에 맴돕니다. 가게 주인은 눈덩이처럼 불어난 빚 생각에 시달립니다. 여자 교인의 리본 색깔이나 남자 교인의 구두에서 나는 삐걱대는 소리가 많은 사람들의 주의를 산만하게 만듭니다. 아주 성가신 파리들이 날아다닙니다. 복음 잔치가 있는 곳마다 파리의 신 바알세불이 있어서 손님들로 하여금 사소한 것에 신경을 쓰도록 만듭니다. 설교를 하는 동안에도 정신적인 모기들이 사람을 찌르는 경우가 많습니다. 그렇게 되면, 설교 말씀의 내용보다는 사소한 이런저런 일에 주의를 집중시키게 됩니다. 그러니 그 모기들을 몰아 버려야 합니다. 그래서 사람들의 산만한 생각들을 모아야 하고, 엿새 동안 달려온 통로를 벗어나 안식일에 합당한 곳으로 돌려놓아야 하는 것입니다. 설교 속에 사람들의 주의를 집중시킬 수단이 풍성하게 있어야 합니다. 그래서 그들을 땅에서부터 하늘로 조금 더 가까이 끌어올려야 하는 것입니다.

장소와 공기(空氣) 때문에 회중이 주의를 집중시키기 힘든 경우도 많습니다. 예를 들어서, 장소가 지금 이 방처럼 꽉 막혀 있고, 모든 창문이 다 닫혀 있는 경우에는, 숨을 쉴 수는 있지만 다른 것을 생각할 환경이 되지 못합니다. 사람들이 다른 사람의 폐 속에 있던 공기를 계속 들이마시게 되고, 결국 생명의 기능이 원활히 발휘되지 못하고, 마음에 찔림을 받기는커녕 머리만 아프게 되기 십상입니다. 여러분, 설교자에게 하나님의 은혜 다음으로 좋은 것은 바로 산소입니다. 하늘의 문이 열리기를 바랍니다. 그러나 먼저 교회당의 창문들을 열어 놓으십시오. 시골의 여러 교회당들을 보면 — 도시의 교회당도 비슷합니다만 — 도대체 창문을 열 수 없도록 되어 있는 경우가 많습니다. 오늘날의 야만적인 건축 스타일을 보면, 헛간처럼 천장이 좁고, 또한 갇힌 사람이 서서히 죽어가도록 만들어 놓은 과거 동방의 지하 감옥처럼 통풍구가 별로 없이 만들어져 있습니다. 만일 가정집이 창문을 열 수 없게 되어 있다면, 어떻게 되겠습니까? 그런 집에 사람이 살려고 하겠습니까? 그런데 고딕 건축 양식과 어리석은 교만 때문에 많은 사람들이 통풍이 잘 되는 창문을 버리고 천장에 조그만 구멍을 뚫어놓는 방식을 택하고 있습니다. 그러니 교회당이 사드락과 메삭과 아벳느고가 던져졌던 느부갓네살의 풀무불보다 더 불편해지는 것입니다. 그런 모든 교회당들은 보험에 들어 있다 해도, 불이 나면 완전히 타 버릴 수밖에 없을 것입니다. 창문들이 열리게 되어 있는 교회당들도 몇 달 동안 그냥 닫아 두고 있어서, 주일마다 환기가 되지 않고 불순한 공기가 그대로 차 있는 경우가 얼마나 많은지 모릅니다. 이런 상태를 그냥 두어서는 안 됩니다.

이런 문제를 인식하지 못하는 사람들도 있습니다. 그리고 여우들이 자기 굴에서 나는 악취 때문에 죽는 경우는 없다는 말도 들어본 일이 있습니다. 그러나 사람은 여우가 아닙니다. 공기가 나쁘면 정신이 희미해지게 마련입니다. 청중들도 마찬가지이지요. 복음 다음으로 사람들에게 좋은 것은 바로 건물 전체에 가득한 신선한 공기일 것입니다. 적절한 마음의 자세를 가다듬게 하여 진리를 받아들일 수 있는 환경을 만들어 주는 역할을 하기 때문입니다. 나쁜 공기에서 나오는 장애거리를 제거하도록 주중(週中)에 수고를 아끼지 않아야 합니다. 전에 저희 교회가 파크 스트리트(Park Street)에서 모일 때에, 저는 집사님들에게 여러 차례 이야기했습니다. 철로 틀을 만들어 놓은 창문의 윗부분을 떼어 버리는 것이 좋겠다고 말입니다. 그 때문에 창문이 열리지 않았기 때문입니다. 여러 차례 이야기를 했는데도 그렇게 하지 않았습니다. 그런데 하나님의 섭리로 어느 월요일 누군가가 그 윗부분을 아주 말끔히 떼어 버렸습니다. 마치 유리 전문가가 작업을 한 것처럼 완벽하게 말입니다. 교인들 가운데 경악을 금치 못하는 사람들이 많았습니다. 그리고 과연 누가 그런 범죄를 저질렀을까에 대해서 이런저런 말들이 많았습니다. 그래서 저는 범인을 찾는 사람에게 5 파운드를 상금으로 주겠다고 제안했습니다만, 상금을 받을 사람이 나타나지 않았습니다. 그래서 저도 그 사람을 탓하는 것이 내 임무가 아니라고 여기게 되었습니다. 혹시 제가 그 일을 저지른 것으로 의심

제9장 주목! 205

할 분은 없겠지요? 만일 저를 의심하신다면, 저는 그 숨막히는 건물 속으로 산소를 공급하기 위해서 막대기를 들고 걸어다녔다는 것을 고백하고 싶습니다.

때로는 사람들의 태도 자체가 주의를 기울이기에 합당치 않은 경우도 있습니다. 주의를 기울여 듣는 습관이 되어 있지 않은 것입니다. 교회당에는 출석하되, 설교자의 말에는 귀를 기울이지 않는 것이지요. 교회당에 나와서, 출석한 사람들을 이리저리 둘러보는 것이 습관이 되어 버렸습니다. 그리고 아무 때나 교회당에 들어옵니다. 때로는 들어오면서 발을 쿵쿵 구르며, 구둣발 소리를 내며, 문을 쾅 닫기도 합니다. 한 번은 어느 교회에서 설교하는데, 사람들이 계속해서 이리저리 두리번거려서 이렇게 이야기한 적도 있습니다: "자, 여러분, 사람이 들어올 때마다 여러분에게는 누가 들어오는가 하는 것이 매우 흥미가 있으신 모양입니다만, 제게는 여러분이 두리번거리는 것이 얼마나 거슬리는지 모릅니다. 원하시면, 사람이 들어올 때마다 제가 그 사람에 대해서 여러분에게 말씀드리겠습니다. 그러니 여러분은 조용히 앉아서 저를 바라보시고, 최소한의 예의를 지켜 주시기 바랍니다." 그러자 신사 한 분이 들어왔는데, 그 사람은 저와 친분이 있는 사람이라 제가 설명을 해도 개의치 않을 사람이었습니다. 그래서 저는 "존경받을 만한 신사분께서 들어오셔서 지금 막 모자를 벗으셨습니다"라고 설명했습니다. 그렇게 하고 나니, 더 이상 설명을 할 필요가 없어졌습니다. 저의 행동에 사람들이 아주 당황스러워하는 표정이 역력했기 때문입니다. 그래서 저는 그들에게 일러 주었습니다. 제가 그런 우스꽝스러운 일을 하지 않으면 안 되었다는 사실에 제가 오히려 더 충격을 받았다고 말입니다. 그리고 얼마 동안은 그런 문제가 사라졌습니다. 영원히 사라졌다면 얼마나 좋겠습니까? 그렇게 되었다면 그 교회의 목사님이 얼마나 기뻐할까요?

자, 이런 문제를 해결했다고 가정해 봅시다. 나쁜 공기도 제거했고, 사람들의 태도도 고쳐 놓았습니다. 그러면 그 다음에는 무엇이 중요할까요? 주목을 얻기 위해서 가장 중요한 황금 같은 원칙은, 바로 언제나 들을 가치가 있는 말을 하라는 것입니다. 대부분의 사람들은 좋은 말을 듣고 싶어하는 본능 같은 것이 있습니다. 그러나 동시에 그저 말뿐인 내용은 주의 깊게 듣지 않으려는 본능도 있는데, 여러분이 바로 이것을 주의해야 합니다. 목사들 중에는 사상에 비해서 말이 더 큰 비중을 차지하는 사람들이 있다는 말은 결코 심한 비판이 아닙니다. 사실, 혹시 그들에게 사상이라는 것이 있어도, 그들의 말 때문에 그 사상이 가려지고 맙니다. 온갖 찌꺼기를 쏟아내기 때문에, 그 중에 간혹 알맹이가 있다 해도, 도대체 어디에 있는지 찾기가 매우 어렵습니다. 말, 말, 말, 도대체 말 이외에는 없는 설교에 회중들은 오래 주의를 기울이지 않습니다. 십계명 중에 "장황하게 말을 많이 하지 말지니라"는 계명은 없습니다만, 그러나 "도둑질하지 말지니라"는 계명 속에 그 계명이 들어 있다고 봅니다. 영적인 양식 대신 그저 말만을 청중에게 주는 것은 도둑질이니까요. "무수한 말 가운데 죄가 없지 않다"고 합니다만, 아무리 훌륭한 설교자에게라도 이 말이 그대로 적용됩니다. 무언가 청중들이 귀하게 새기고 기억할 수 있는 것을 주십시오. 그들에게 유익이 될 만한 것을, 가장 좋은 곳에서 취한 가장 좋은 것을 주십시오. 하나님의 말씀에서 나오는 견고한 교리를 주십시오. 하늘에서 새롭게 내리는 만나를 주십시오. 마치 빵 공장에서 일 년 내내 똑같은 형태로 빵을 잘라내듯이, 그렇게 항상 똑같은 것을 주어서는 안 됩니다. 무언가 충격적인 것을, 밤중에 자다가도 깜짝 놀라 깨어날 그런 것을 주십시오. 오십 마일을 걸어서라도 와서 듣고자 할 만큼 가치 있는 것을 주십시오. 여러분은 그렇게 할 능력이 있습니다. 형제 여러분, 그렇게 하셔야 합니다. 계속해서 그렇게 하십시오. 그러면 청중들에게서 원하는 주목을 얻게 될 것입니다.

유익한 내용을 주되, 분명하게 정리해서 주십시오. 이것은 매우 중요합니다. 좋은 내용들을 그저 산더미처럼 쌓아 놓을 수도 있기 때문입니다. 어린 시절 바구니를 들고 상점에 가서 차(茶) 1파운드와 겨자 4분의 1파운드, 그리고 쌀 3파운드를 사서 돌아오는 길에 사냥개들을 피해서 산길과 웅덩이를 지나 돌아올 수밖에 없었는데, 집에 도착하여 보니, 차와 겨자와 쌀이 모두 한데 뒤섞여 있었습니다. 그때부터 저는 물건을 잘 포장해 둘 필요가 있다는 것을 깨닫게 되었습니다. 설교도 마찬가지입니다. 그 주제들을 잘 포장하여 제시하여야 하는 것입니다. 이 방법이 지금에 와서 별로 환호를 받지 못한다 할지라도, 저는 이것을 첫째요, 둘째요, 셋째가는 원칙으로 삼고 싶습니다. 겨자가 섞인 차를 사람들이 마시겠습니까? 마찬가지로, 온갖 것이 뒤섞여 있어서 어디가 머리고 어디가 꼬리인지 알 수 없는 그런 설교도 받아들일 수 없는 것입니다. 마치 브라이트 선생 (Mr. Bright)의 스카이 테리어 강아지처럼 머리와 꼬리가 비슷해서 분간하기가 어려운 거지요. 사람들 앞에 진리를 제시하되, 논리적이며 질서 있는 방식으로 제시하여야 합니다. 그래야 사람들이 기억하기가 쉽고, 그래서 더 잘 받아들일 것이기 때문입니다.

더 나아가서, 명확하게 말해야 한다는 사실을 명심하십시오. 아무리 내용이 탁월하다 할지라도, 사람이 그것을 이해하지 못하면 아무런 소용이 없을 테니 말입니다. 청중에게 낯선 말들과 납득하기 어려운 표현법을 써서 말을 하느니, 차라리 캄스카트카(Kamskatka) 언어로 말하는 편이 더 나을 것입니다. 비천한 사람에게 말할 때에는 그 사람의 수준으로 올라가십시오. 교육을 받은 사람에게 말할 때에는 그의 이해력에 맞게 내려가십시오. 제가 사리에 맞지 않는 표현을 쓰는 것을 보고 넌지시 웃을지도 모르겠습니다만, 제 생각에는 무식한 자들에게 명확히 말하는 일에는 점잖은 사람들을 위해서 세련되게 말하는 경우보다는 오히려 수준을 높이 올리는 면이 많습니다. 여하튼, 무식한 자들에게 말씀 전하기가 더 어렵습니다만, 여기에는 우리 주님의 화법이 거기에 가장 잘 어울릴 것입니다. 청중이 함께 따라 걸어오도록 앞에서 걷는 것이, 말 위에 올라서 그들의 머리 위에서 말을 타고 앞장을 서는 것보다 훨씬 더 지혜롭습니다. 우리 주님은 설교자들의 왕이셨으나, 그의 말씀의 내용이 위엄이 넘치고 영광스러워서 사람들이 감당키 어려웠던 것은 사실이지만, 그 스스로 청중이 이해할 수 없는 말씀을 하신 일은 한 번도 없습니다. 그는 마치 "거룩한 아기 예수"처럼 그렇게 말씀하셨던 것입니다. 값진 내용을 분명하게 정리하고 또한 명확한 언어로 표현하십시오. 그러면 사람들이 귀를 기울이며 또한 마음을 쏟아부을 것입니다.

또한 여러분의 전달 방법에 주의를 기울이십시오. 여기서 말씀드릴 것은,

설교문을 읽어 내려가는 것을 습관으로 삼지 말라는 것입니다. 설교문을 읽어 내려가면서도 위대한 능력을 발휘했던 설교자들이 있기는 합니다. 예를 들어서 찰머스 박사(Dr. Chalmers)는 즉흥으로 설교하는 경우보다 설교문을 읽어 내려갈 때에 더 많은 능력이 나타났습니다. 그러나 우리는 찰머스 박사와 같은 수준이 못 됩니다. 그렇게 탁월한 사람은 그냥 읽어 내려갈 수도 있습니다. 그러나 우리에게는 "더 나은 길"이 있습니다. 저도 설교문을 읽는 것을 여러 번 들어보았으나, 아무리 잘 읽어 내려가도 거기에서 종이 냄새가 났고, 제 목구멍에 걸려서 잘 넘어가지 않았습니다. 소화가 잘 되지 않았습니다. 제 소화 기능이 아무리 좋아도 종이를 녹일 만큼은 되지 않았기 때문입니다. 혹시 암송을 해야 하는 경우가 생기더라도, 원고가 없이 설교하는 편이 더 낫습니다. 물론 암송할 필요도 없고, 읽을 필요도 없다면, 그것이 가장 좋겠지요. 꼭 원고를 읽어야 한다면, 그 일을 완벽하게 행해야 한다는 것을 명심하십시오. 원고 읽기를 최고의 수준으로 하지 않으면, 여간해선 청중의 주목을 확보할 수 없기 때문입니다.

여기서 말씀드리고 싶은 것은, 청중의 주목을 받기를 바란다면 완전한 의미에서 즉흥적인 설교를 해서는 안 된다는 것입니다. 그것은 설교문을 읽는 것과 똑같이 나쁩니다. 아니 어쩌면 그보다 더 나쁠 수도 있습니다. 사전에 연구가 전혀 없이 그 자리에서 설교문을 즉흥적으로 작성한 경우가 아니라면 말입니다. 강단에 그냥 올라가서 그 자리에서 머리에 떠오르는 것을 말하는 식이어서는 절대로 안 됩니다. 대부분의 경우 그런 것은 그냥 하찮은 것에 불과하기 때문입니다. 여러분의 청중들에게는 오랜 시간 위하여 기도하며 수고하여 준비한 그런 설교가 필요합니다. 사람들은 그냥 날음식을 원치 않습니다. 적절히 조리되어서 먹을 수 있게 만들어져 있어야 하는 것입니다. 우리의 영혼에서 나오는 것을 주어야 합니다. 설교문을 작성하는 사람이 할 수 있는 최대의 노력을 기울여 철저하게 준비된 내용을 전해야 한다는 말입니다. 제가 판단하기에 가장 좋은 방법은 내용은 즉흥적으로 제시하지 않으면서, 표현을 즉흥으로 하는 것입니다. 주제는 미리 잘 준비한 것이되, 언어는 현장에서 떠오르는 대로 전하는 것입니다. 이스라엘의 선생처럼 자기가 익히 알고 있는 것을 말하고, 자기가 본 바를 증언하는 것이지요.

주목을 받기 위해서는, 할 수 있는 대로 태도가 좋아야 합니다. 예를 들어서 음성이 단조로워서는 안 됩니다. 계속해서 음성에 변화를 주어야 합니다. 말의 속도에도 변화를 주어야 합니다. 번갯불처럼 빨리 말을 하다가, 조용하고도 나직하게 천천히 말을 하는 것입니다. 강약에도 변화를 주고, 강조점을 적절히 강조하고, 노래를 부르듯이 하지 마십시오. 목소리의 높낮이에도 변화를 주어서, 때로는 베이스음을 사용하다가, 갑자기 천둥 치듯이 높은 음을 사용하는 것입니다. 그리고 전반적으로는 마치 대화를 하듯이 입술을 사용하여 말을 하는 것입니다. 변화를 주면 줄수록 좋습니다. 인간 본성이 변화를 갈망합니다만, 하나님께서 이를 섭리로, 은혜로, 본성적으로 허락하신 것입니다. 그러니 설교에서도 그것이 있어야 하는 것입니다. 그러나 이에 대해서 길게 말하고 싶지는 않습니다. 화법이 지극히 불완전할 때라도, 설교자들은 그들이 다루는 내용만으로도 주목을 끌게 되어야 하니까요.

만일 청교도인 리처드 십스(Richard Sibbes: 1577-1635)가 오늘 오후 이 자리에서 설교한다면, 그가 늘 하던 대로 모든 말씀에 여러분들이 주의를 집중시킬 것입니다만, 그는 굉장히 말을 더듬는 사람이었습니다. 그 당시 살았던 어떤 이는 말하기를, 그는 설교 때에 혀 꼬부라진 소리와 쉿 소리를 너무 많이 내었다고 합니다. 구태여 현대의 강단에서 예를 찾으려 애쓸 필요가 없습니다. 너무나도 많기 때문입니다. 그러나 기억할 것은 모세도 말이 어눌했으나, 모든 사람이 그의 말을 주의 깊게 들었다는 것입니다. 아마 바울도 비슷한 결점을 지니고 있었을 것입니다. 그는 언변이 별로 좋지 못하다는 말이 있기 때문입니다. 그러나 이것은 그의 원수들의 비판에 불과하므로 확실히는 알 수 없습니다. 바울은 교회에서 큰 능력을 발휘했지만, 설교가 길어질 때에는 언제나 청중의 주목을 얻지는 못했습니다. 최소한 한 사람이 설교 중에 졸다가 큰 일을 당했으니 말입니다. 태도가 전부는 아닙니다만, 그래도 좋은 내용을 가지고 있으면서도 그것을 천하게 전달한다면 참 안타까운 일이 아닐 수 없습니다. 왕이 먼지 낀 수레를 탈 수는 없는 법입니다. 마찬가지로 영광스러운 은혜의 교리들을 조잡스럽게 전달해서는 안 되는 것입니다. 왕처럼 고귀한 진리들은 반드시 황금 마차를 타야 하는 법입니다. 가장 귀한 백마에 진리를 태우고 은나팔로 팡파르를 울리는 가운데 거리를 행진하게 해야 합니다. 사람들이 주의를 기울이지 않을 경우, 우리의 부족한 전달법을 핑계 대게 해서는 안 됩니다. 그러나 우리의 전달법이 부족해서 도저히 어쩔 수 없을 경우라도, 우리의 내용의 풍성함으로 부지런히 그 부족함을 메꾸어야 할 것이고, 언제라도 우리의 최선을 다해야 옳을 것입니다.

또한 서론을 너무 길게 하지 않는 것을 원칙으로 삼으십시오. 조그만 집을 지으면서 현관을 크게 만든다는 것은 우스꽝스러운 일입니다. 어느 훌륭한 그리스도인 여인이 한 번은 존 하우(John Howe: 1630-1705)의 설교를 들었는데, 한 시간 동안 서론만 전개하였습니다. 그래서 그 여인은 말하기를 그분이 너무나 오랜 시간을 식탁보를 까는 데에만 소비하고 있어서 식욕이 그만 가셔 버렸다고 했습니다. 정찬(正餐)이 나올 것이라는 생각이 들지 않았다는 것입니다. 여러분, 식탁을 빨리 차려 놓으십시오. 그리고 접시와 나이프 같은 도구를 놓는 일을 빨리 마치십시오. 필립 도드리지(Philip Doddridge: 1702-1751)의 「영혼 속에서의 신앙의 발생과 진보」(Rise and Progress of Religion in the Soul)의 판본 중에 존 포스터(John Foster)가 서론을 써 놓은 것을 보셨을지 모르겠습니다. 그런데 그 서론이 본론보다 더 분량이 많아서 도드리지 자신의 글은 읽을 엄두도 내지 못하게 만들어 놓고 있습니다. 이것은 그야말로 주객이 전도된 것이 아니겠습니까? 여러분의 설교에서도 이런 실수가 있어서는 안 될 것입니다. 저는 제 설교의 서론을 마치 마을의 포고원(布告員)의 서론처럼 만들려고 항상 노력합니다. 그 사람은 종을 흔들어 울리면서 이렇게 외치지요: "오! 여러분, 여러분! 공지 사항입니다." 사람들에게 알릴 소식이 있다는 사실만을 알려서, 사람들로 하여금 그의 말을 듣고 싶게 만드는 것입니다. 그렇게 하기 위해서는 서론에 반드시 무언가 충격적인 것이 있어야 합니다. 마치 공격 개시를 알리는 신호탄처럼 깜짝 놀랄 만한 한 방을 날리면 그것으로 족합니다. 처음부터 정신을 완전히 쏟고 긴장을 하게 하지 마십시오. 시간이 지나면서 그렇게 될 수 있도록 그렇게 설교를 시작하시기 바랍니다. 첫머리를 화려하게 장식하여 그 다음에 올 내용을 무색하게 만들지 말고, 그저 더 나은 내용으로 나아가는 한 걸음 정도로 제시하기 바랍니다. 시작부터 관심을 갖도록 만드는 것입니다.

설교하면서, 내용을 반복하지 마십시오. 어느 목사님의 설교를 듣곤 했는데, 그분은 늘 열 문장 정도를 말한 다음에 항상 "이미 살펴본 것처럼", 혹은 "앞에서 말씀드린 것을 반복해서 말씀드리면"이라는 식이었습니다. 그분의 말씀 속에 특별한 내용이 없었으므로, 그것을 다시 반복한다 해도 허허벌판을 더 분명하게 드러내는 것밖에는 아무런 효과가 없었습니다. 그 내용이 매우 좋았고, 또 이미 그 내용을 강조해서 말했다면, 구태여 다시 언급할 이유가 어디 있습니까? 혹시 그것이 미진한 문제였다면, 무엇 때문에 두 번씩 그것을 드러낸단 말입니까? 물론 몇마디를 간혹 다시 반복하는 것이 매우 설득력이 있을 수도 있습니다. 이따금씩 하면 무엇이든 좋지만, 그런 것이 습관이 되어 버리면 아주 나쁩니다. 잠시 후에 다시 말씀할 것이라는 것을 알면, 처음 말할 때에 그 말을 귀담아 들을 사람이 어디 있겠습니까?

한 걸음 더 나아가서, 동일한 사상을 바꾸어 거듭거듭 반복해서도 안 됩니다. 매 문장마다 무언가 신선한 것이 있게 하십시오. 망치를 들고 처음부터 끝까지 계속해서 똑같은 못을 박고 있어서는 안 됩니다. 우리의 성경은 너무나도 큽니다. 사람들로 하여금 그 길이와 넓이를 누리게 해야 합니다.

형제 여러분, 길 박사(Dr. John Gill: 1697-1771)가 했던 것처럼, 설교할 때마다 신학의 모든 내용을 완전히 정리해 주는 것이 중요하고도 절실하다는 식으로 생각하지 마십시오. 물론 길 박사를 깎아 내린다거나 그분을 비난하려는 의도로 이런 말씀을 드리는 것은 아닙니다. 그의 방법은 신학의 체계를 위해서나 주석을 위해서는 아주 바람직합니다. 그러나 설교에는 적합하지 못합니다. 제가 아는 어느 목사님의 출간된 설교집을 보면 어느 것을 보아도 마치 신학적인 내용을 요약해 놓은 것 같습니다. 그런 것은 강의실에는 좋으나, 강단에는 어울리지 않습니다. 일반 대중의 귀에는 무덤덤하게 들리는 것입니다. 우리의 청중들은 전문적인 정의의 골격과 뼈를 원치 않습니다. 그들은 고기와 향긋한 냄새를 원합니다. 신학적 정의와 차이점들 자체는 매우 좋습니다. 그러나 설교에 그런 것들만 가득해지면, 갖가지 중요한 구별점들로 가득 메운 어느 젊은 목사의 설교와 비슷하게 되어 버리고 맙니다. 그분이 설교를 마치자 나이 많은 한 집사는, 그 목사님이 한 가지를 빼먹었는데, 곧 살과 뼈를 구별하는 것이라고 했다고 합니다. 설교자들이 그것을 구별하지 못하면, 다른 모든 구별한 내용들이 별로 사람들에게 전달되지 않는 법입니다.

주목을 계속 유지하기 위해서는, 설교를 지나치게 길게 해서도 안 됩니다. 한 나이 많은 설교자는 한 시간을 설교하는 한 젊은 설교자에게 이렇게 말하곤 했답니다: "이보게, 자네가 무엇에 대해서(about) 설교하든 상관치 않겠네. 하지만, 언제나 사십 분가량만(about) 설교했으면 좋겠네." 사십 분이나 사십오 분 이상 넘지 말아야 합니다. 그 시간 안에 말할 것을 다 말하지 못한다면, 대체 얼마 동안이나 말을 해야 할 말을 다 하겠습니까? 그런데 어떤 사람은 "주제를 정당하게 다 다루어야 한다"고 말하기도 합니다. 예, 그렇습니다. 하지만, 사람들도 정당하게 대해 주어야 하지 않겠습니까? 아니면 최소한 사람들을 조금이라도 긍휼히 여겨서 지나치게 길게 붙들어 놓지 말아야 하지 않겠습니까? 주제는 여러분에게 불평하지 않습니다. 그러나 사람들은 불평을 늘어놓을 것입니다.

시골에서는 특히 오후가 되면, 농부들은 소의 젖을 짜야 합니다. 한번은 어느 농부가 제게 한 젊은 목사에 대해서 — 아마 우리 신학교 출신일 것입니다 — 이렇게 극심하게 불평하는 것을 들었습니다: "목사님, 네 시가 되면 끝마쳐야 되는데, 아니, 네 시 반이 되어도 우리를 놓아 줄 생각을 하지 않으니 어쩌면 좋습니까? 내 소들이 모두 젖을 짜 주기를 기다리고 있는데 말입니다. 만일 자기가 소라면 그런 것을 좋아했겠습니까?" 그 농부의 이런 질문은 굉장히 일리가 있었습니다. 동물학대방지협회가 그 젊은 목사를 고발했어야 옳았을 것입니다. 머릿속에 온통 소의 젖을 짜는 일밖에는 없는데, 어떻게 설교에서 유익을 얻을 수 있겠습니까? 여러분이 설교를 십 분 더 하는 동안 아기가 울고 있거나 불이 꺼지는 일이 생기면 어머니들은 다른 생각을 하게 되고, 여러분의 말씀 사역에 마음을 쏟을 수 없게 될 것입니다. 어머니들이 예상하는 것보다 십 분을 더 붙잡아 놓게 되면, 그들은 여러분이 부당한 일을 하고 있다고 여기게 될 것입니다. 여러분과 교인들 사이에는 일종의 도덕적인 계약이 있습니다. 곧, 그들을 사십 분 내지 사십오 분 이상 붙잡아 두어 지치게 하지 않는다는 것이 그것입니다. 만일 여러분이 그보다 더 오래 붙잡아 둔다면, 그것은 계약을 위반하는 것이요 여러분이 책임을 져야 할 하나의 실질적인 부정직 행위가 되고 마는 것입니다. 간단히 하는 것이야말로 우리들 모두에게 가능한 덕목입니다. 그것이 인정을 받게 해 줄 기회를 제공해 주는데, 그 기회를 잃어버리지 않도록 해야 할 것입니다.

어떻게 하면 설교를 짧게 줄일 수 있느냐고 물으신다면, 저는 설교 내용을 더 잘 연구하라고 대답할 것입니다. 서재에서 더 많은 시간을 보내십시오, 그러면 강단에서 시간이 덜 필요하게 될 것입니다. 대개의 경우, 말할 내용이 가장 적을 때에 시간을 가장 오래 끄는 것을 봅니다. 주제를 아주 잘 준비한 사람은 사십 분을 넘지 않을 것입니다. 그러나 말할 내용이 그보다 적을 경우에는 오십 분 동안 계속하며, 말할 것이 전혀 없을 때에는 한 시간 이상이 필요할 것입니다. 이런 사소한 문제에 유념하십시오. 그것들이 회중의 관심을 유지시키는 데에 도움이 될 것입니다.

언제나 회중의 주목을 얻고 끝까지 주목을 유지하기 바란다면, 그런 일은 오직 하나님의 성령께서 회중을 인도하사 고상하고도 경건한 마음의 상태에 이르도록 하셔야만 이루어질 수 있다는 사실을 아시기 바랍니다. 회중이 가르침을 받고자 하고, 늘 기도에 힘쓰며, 적극적이고 진지하며 경건한 사람들이라면, 하나님의 집으로 나아올 때에 축복을 받고자 하는 마음의 목적을 가질 것입니다. 기도하는 마음으로 자리에 앉아서, 여러분을 통해서 말씀해 주시기를 하나님께 구할 것입니다. 그리고 한 말씀 한 말씀을 주의 깊게 들을 것이고, 따라서 지리멸렬해지지 않을 것입니다. 복음에 대한 사모하는 마음이 있을 것입니다. 하늘의 만나의 그 달콤한 맛을 알기 때문입니다. 그러니 자기들이 받을 몫을 받기 위하여 열심을 가질 것입니다. 이런 점에서 저희 교회의 교인들보다 더 뛰어난 분들이 없는 것 같습니다. 사실, 설교자가 가장 편안하게 느끼는 교인들은 보통 가장 듣기를 잘 하는 분들입니다. 저희 교회당에서 설교하는 것이 제게는 비교적 더 쉽습니다. 제 교인들은 무언가를 듣고자 하는 목적으로 나아오고, 그들의 그런 기대가 그 목적을 이루는 데에 큰 도움이 됩니다. 물론 예외가 있기는 합니다만, 다른 설교자들의 설교도 동일한 기대감을 갖고 듣는다면, 대체로 만족을 얻으리라 믿습니다.

설교자가 처음 어느 교회에 부임하면, 아버지가 자기 자녀들에게서 진지하고도 엄숙한 주목을 받듯이 그렇게는 주목을 받지 못합니다. 우리의 말씀에 무게를 더하는 데에 우리의 삶 전체를 드려야 합니다. 그렇게 하여야 세월이 흐른 후에 회중들이 견고하고도 지속적인 우리의 성품에서 나오는 도저히 저항할 수 없는 설득력을 감지하게 되고, 그리하여 양 떼들이 그저 주의만 기울이는 정도가 아니라 사랑으로 높이 우러러 바라보게 되는 것입니다. 우리의 기도와 눈물과 수고로 교인들이 영적으로 강건하게 되면, 그들의 주목을 잃어버릴까 염려할 필요가 없습니다. 의에 굶주린 교인과 그들의 영혼을 먹이는 데에 힘쓰는 목사는 그들의 공통분모가 주의 말씀에 있기 때문에 서로 아름다운 조화를 이루게 될 것입니다.

사람들의 주목을 얻는 또 한 가지의 지침이 필요하다면, 제가 드릴 말씀은 여러분 스스로 관심을 가지라는 것입니다. 그래야 다른 사람들도 관심을 갖게 될 것이기 때문입니다. 이 말에는 그냥 건성으로 느끼는 것보다 더 많은 의미가 담겨 있습니다. 그러니 앞에서 제가 쓰지 말하고 한 방법이긴 합니다만, 여기서 반복하겠습니다. 여러분 스스로 관심을 가져야 합니다. 그래야 다른 사람들도 관심을 갖게 될 것입니다. 여러분이 다루는 내용이 여러분 자신에게 너무나도 중요한 것으로 와 닿은 나머지 여러분의 모든 것을 다 쏟아서 그것을 전달하게 되어야 합니다. 그래야 그 주제가 여러분의 마음을 사로잡았다는 것을 청중이 깨닫게 되고, 그리하여 그들도 거기에 사로잡히게 될 것입니다.

무언가 중요한 내용을 지니고 있다고 느껴지지 않는 사람에 대해 사람들이 주의를 기울이지 않는 것이 이상스럽습니까? 설교자가 마음을 다 쏟아 말씀하지 않는데 사람들이 귀를 기울여 그 설교를 경청하지 않는 것이 이상스럽습니까? 설교자가 자기의 내용을 마치 꾸며낸 이야기인 것처럼 다루면서 시간을 허비하고 있을 때에 청중이 자기들에게 진정 와 닿는 다른 것들로 생각이 간다는 것이 이상스럽게 여겨지십니까?

로메인(William Romaine: 1714-1795)은, 설교의 기법(art)을 이해하는 것은 좋은 일이나, 그보다 설교의 마음(heart)을 아는 것이 무한히 더 낫다는 말을 하곤 했는데, 과연 그 말에 적지 않은 무게가 실려 있습니다. 설교의 마음을 알고 영혼을 그 속에 몰입시키고, 목숨 그 자체를 던져서 진지하게 행한다면, 사람들의 주목을 얻는 일을 절반은 이미 이룬 것이나 다름없습니다. 동시에, 말할 내용이 없이 그저 진지한 자세만으로는 사람의 주목을 얻을 수 없습니다. 한 사람이 드럼을 계속 두드리고만 있는 것을 들으려고 사람들이 문간에 서 있지는 않습니다. 무엇을 하는지 보려고 문간에 나아오기는 하지만, 그것이 별것 아니라는 것을 알면 문을 닫고 다시 들어가 버릴 것입니다. 그리고는, "무언가 있는 줄 알았는데, 별것 아니로군"이라고 투덜댈 것입니다. 무언가 내용이 있어야 합니다. 그리고 그것을 진지하게 전해야 합니다. 그렇게 하면 회중이 여러분에게 귀를 기울여 경청할 것입니다.

우리들 대부분을 위해서는 설교에서 예화들을 많이 사용하는 것이 좋다는 사실은 구태여 언급할 필요도 없는 것 같습니다. 우리 주님이 여기서 친히 모범이 되십니다. 위대한 설교자들의 설교에는 대개 직유, 은유, 알레고리, 일화 등이 넘쳐납니다. 그러나 지나치지 않도록 조심하십시오. 어느 날 루터교에서 우리의 신앙으로 전향한 어느 독일 여성도의 일기를 읽었는데, 그녀는 자기가 사는 마을에 대해서 이렇게 이야기하고 있었습니다: "여기에는 한 선교 본부가 있어서 젊은 선교사들이 우리에게 내려와서 설교를 하고 있다. 이 젊은 분들에 대해서 트집을 잡고 싶지는 않다. 그러나 그분들은 이런저런 사소한 이야기들만 굉장히 많이 할 뿐, 그 이외에는 별로 내용이 없어 보였다. 그들이 하는 이런저런 이야기들은 그 전에도 듣던 것들이었으므로, 내게는 별로 관심이 없었다. 성경에 나오는 무언가 유익한 교리들을 전해 주었으면, 관심이 끌릴 텐데 말이다." 다른 많은 사람들도 그와 똑같은 생각을 했을 것이 분명합니다. 이런저런 사소한 이야기들도 매우 좋습니다만, 그러나 설교에 주목을 끄는 일을 이야기들에 의지해서는 절대로 안 된다는 것입니다. 더욱이, 이런 "사소한 이야기들" 중에는 낡고 케케묵어서 쓰레기통에 들어가야 할 것들도 있다는 점을 유의해야 합니다. 저도 이미 여러 차례 들어서 제 스스로도 이야기할 수 있습니다만 그럴 필요까지는 없습니다. 옛 사람들의 농담도, 우리의 증조 고조 할아버지들이 들던 일화들도, 모두 우리들의 마음에 동일한 효과를 가져다 줍니다. 모든 주일학교 교사들이 갖고 있는 대중적인 예화집에 대해서도 유의해야 합니다. 이미 다 알고 있는 이야기를 반복하면, 아무도 반기지 않을 것이니 말입니다.

일화를 이야기하려면, 어느 정도 신선함과 독창성이 있도록 하십시오. 눈을 환히 뜨고, 정원에서 꽃을 모아들이고, 여러분의 손으로 직접 밭에 물을 주는 것이, 다른 사람의 화원에서 메마른 꽃들을 빌려다 놓는 것보다 훨씬 좋습니다. 풍부하고도 적절하게 예화를 사용하십시오. 그러나 외국에서 수입한 비유들보다는 설교의 주제 그 자체에서 자연스럽게 나오는 적절한 직유법들을 사용하시기 바랍니다. 그러나 예화만 있으면 된다는 식의 생각을 해서는 안 됩니다. 예화는 창문입니다. 그러니 만일 드러내 비추어 줄 빛이 없다면, 창문이 무슨 소용이 있겠습니까? 식탁을 멋지게 장식하는 것은 좋습니다. 그러나 장식 그 자체보다는 고깃덩어리가 중요하다는 점을 기억하셔야 합니다. 진정한 교훈을 주어야 하고, 견고한 교리를 가르쳐야 합니다. 그렇지 않으면 멋진 예화들이 의미를 잃어버리게 되고, 사람들이 신령한 양식을 갈망하게 될 것입니다.

여러분의 설교에서 테일러가 말하는 이른바 "의외성(意外性)이 갖는 힘"을 배양하십시오. 그것이 주목을 얻는 문제에 대해 시사해 주는 바가 큽니다. 누구나 예상하는 그런 식으로 말하지 마십시오. 일상적인 틀에 박히지 않은 문장들을 사용하십시오. "구원은 모두가 은혜에 속한 것이고" 다음에 언제나 "인간의 공로로 말미암는 것이 아닙니다"라는 식으로 말하지 말고, 좀 변화를 주어서, "구원은 모두가 은혜에 속한 것이고, 자기의(自己義)가 그 머리를 숨길 여지가 전혀 없는 것입니다"라는 식으로 이야기하십시오. 테일러(Mr. Taylor)가 한 말은 정확하게 기억나지 않습니다만, 결국 이런 의미였습니다: "여러분 중에는 경건 생활에서 진전이 없는 분들이 있습니다만, 이는 조금 전진했다가 다시 후퇴하기 때문입니다. 마치 배가 파도에 밀려 앞으로 나아갔다가 그대로 파도에 떠밀려 다시 돌아오는 것과도 같습니다. 이와 마찬가지로 여러분도 잠시 동안 상당히 전진했다가 그만 갑자기" — 그가 무어라 말했는지 아십니까? — "진흙탕에 갇혀 버리는 것입니다." 그는 또한 이렇게도 말했습니다: "사람들이 회심하면, 올바로 생활하며 그들의 소가 이웃의 밀밭에 들어가지 않도록 막는 법입니다." 가끔씩 이처럼 의외의 발언을 하게 되면, 청중들로 하여금 적절한 기대감을 갖도록 할 수 있는 것입니다.

지난 해 이맘때쯤 저는 지중해 연안의 망통(Mentone) 비치에 앉아 있었습니다. 파도가 아주 부드럽게 일어났다가 부서졌습니다. 바닷물이 잔잔했고, 바람도 없었습니다. 파도가 제 발 앞에서 조용히 일어났다 부서졌다 하는데도, 저는 그 파도에 거의 신경을 쓰지 않았습니다. 그런데 갑자기, 큰 파도가 밀려오더니 집채만한 물결이 나를 덮쳤고, 의복이 완전히 젖고 말았습니다. 그래서 조용히 있다가, 갑자기 벌떡 일어서게 되었고, 이런저런 상념들이 갑자기 사라지고 만 것입니다. 저는 옆에 있던 한 동료 목사에게 이렇게 말했습니다: "우리가 설교를 이렇게 해야 할 텐데 말입니다. 사람들로 하여금 전혀 예상치 않던 것으로 깜짝 놀라게 해서 그들을 일깨워야 할 텐데 말입니다."

형제 여러분, 전혀 예기치 않는 중에 그런 일을 일으키십시오. 맑은 대낮에 천둥 번개가 내리치게 하십시오. 모든 것이 고요하고 환할 때에 갑자기 광풍이 몰아치게 하며, 그래서 큰 놀라움을 일으키십시오. 그러나 설교를 진행하는 여러분 자신이 잠자고 있으면 아무런 소용도 없다는 점을 기억하십시오. 그런 일이 가능하단 말입니까? 예, 가능합니다! 매 주일마다 그런 일이 행해지고 있습니다. 설교 중에 절반쯤 졸고 있는 목사들이 얼마나 많은지 모릅니다. 사실, 그들은 한 번도 깨어나지 않습니다. 아마도 대포알이 귀 바로 옆에서 폭발을 하지 않는 한 절대로 깨어나지 않을 것입니다. 무기력한 표현들과 진부한 문장들, 그리고 지리멸렬한 내용들로 설교가 가득 차 있습니다. 그러니 사람들이 그렇게 지리멸렬한 것도 무리가 아닙니다. 그러나 고백하건대, 저는 졸지 않습니다.

주목을 얻는 데 매우 도움이 되는 것 중에 잠시 말을 멈추는 방법도 있습니다. 이따금 말고삐를 잡아당기면, 마차에 탄 승객들이 졸다가 깨어납니다. 물방아가 계속 돌아가는 동안 방앗간 주인은 졸음에 빠집니다. 그러나 어떻게 해서 물방아가 돌지 않으면, 금방 깨어나서 "이게 어찌된 거야?"라고 소리칩니다. 찌는 듯이 더운 여름날 낮에 아무리 해도 졸음을 쫓아내지 못할 것 같을 때에는, 설교를 매우 짧게 하고, 평상시보다 찬송을 한두 곡 더 부르고, 한두 사람을 청하여 기도를 하게 하십시오. 어떤 목사는 사람들이 조는 것을 보고는 강단에서 내려와서 이렇게 말했답니다: "여러분이 모두 쉬고 계시니, 저도 쉬는 것이 좋겠습니다."

앤드루 풀러(Andrew Fuller: 1754-1815)는 청중들이 졸음에 빠지게 되는 것을 보면 설교를 시작도 하지 않았습니다. 그러면서 그는 이렇게 말했습니다: "여러분, 여러분, 여러분, 이렇게 되면 안 됩니다. 때때로 여러분이 졸음에 빠질 때면 저는 그것이 제 잘못이라고 생각했습니다만, 제가 설교를 시작하기도 전에 졸고 계시니, 이것은 분명 여러분의 잘못입니다. 여러분 깨어나십시오. 그리고 여러분에게 유익을 끼칠 기회를 제게 주십시오." 그렇게 하십시오. 말을 멈추는 방법을 아시라는 말입니다. 중간에 잠시 침묵을 사용하여 주의를 불러일으키십시오. 말하는 것은 은(銀)과도 같습니다. 그러나 청중이 무관심할 때에는 침묵이 금(金)입니다. 그저 일상적인 내용과 단조로운 표현으로 계속해서 말을 하면, 마치 요람을 흔들어 주는 것 같아서, 졸음이 더 깊어질 뿐입니다. 요람을 갑자기 세차게 잡아당기십시오. 그러면 잠이 달아날 것입니다.

다시 말씀드립니다만 시종일관 모든 사람의 주목을 확보하기 위해서는, 사람들로 하여금 우리가 말하는 내용에 대해서 그들 스스로 관심이 있다고 느끼도록 만들어야 합니다. 사실상 이것이야말로 가장 중요한 사항입니다. 자기에게 유익이 되는 내용을 듣기를 기대하는 동안에는 아무도 졸음에 빠지지 않기 때문입니다. 아주 이상스런 이야기들을 다 들어보았지만, 사람이 자기에게 주어질 유산에 대해서 유언이 낭독되는 동안 졸음에 빠졌다는 이야기는 들어보지 못했습니다. 혹은 재판관이 판결문을 낭독하는 동안 피고가 졸음에 빠졌다는 이야기도 들어보지 못했습니다. 판결문에 따라서 자기의 명운(命運)이 갈리는 판국에 어떻게 졸고 있을 수 있겠습니까? 자기 스스로 관심을 갖는 것이 주목을 하게 만드는 것입니다. 실질적인 내용을 설교하십시오. 당연하고도 지극히 관심이 가는 문제들을 다루십시오. 그러면 사람들이 진지하게 경청할 것입니다.

불을 켜거나, 헌금 바구니를 돌리거나, 창문을 여는 등등의 일로 하여 참석자들이 회중석의 복도를 왔다갔다하지 않도록 막는 것이 좋습니다. 집사들이나 교회 직원들이 이리저리 다니는 것은 그야말로 견딜 수 없는 고통입니다. 그러니 아주 부드럽게, 그러나 단호하게, 그렇게 배회하는 것을 중지하도록 요구해야 마땅할 것입니다.

지각하는 것도 고쳐줄 필요가 있습니다. 지극히 부드러운 권면으로 그 점에 대해 명심하도록 해 주어야 할 것입니다. 마귀는 회중 속에서 온갖 성가신 일을 일으켜 우리의 신경을 자극하고 주의를 산만하게 만드는 일에 아주 능합니다. 교회당 문을 쾅 닫는다든지, 마룻바닥을 지팡이로 쿵쿵 내리친다든지, 어린아이가 운다든지 하는 것들이 바로 마귀가 우리의 사역을 방해하는 데에 사용하는 아주 편리한 수단들입니다. 그러므로 우리는 이런 마귀의 공격을 막고 우리의 사역이 유익을 끼칠 수 있도록 교인들에게 정당하게 부탁할 필요도 있습니다.

처음부터 관심을 끌 수 있는 황금과도 같은 법칙을 앞에서 제시했습니다만, 언제나 들을 만한 가치가 있는 내용을 말하라는 것이 그것입니다. 그런데 이제는 다이아몬드와도 같은 법칙을 제시하고 마치도록 하겠습니다. 그것은 곧, 하나님의 성령으로 옷 입으라는 것입니다. 여러분이 성령으로 옷 입으면, 주목을 끄는 일이 전혀 문제가 되지 않습니다. 골방에서 하나님과 교통 가운데 있는 상태 그대로 신선하게 나아와서 하나님을 위하여 여러분의 마음과 힘을 다하여 말씀을 전하는 것입니다. 그러면 청중을 압도할 만한 능력이 여러분에게 임할 것입니다. 황금 사슬이 여러분의 입 속에 있어서 그들을 완전히 묶어 둘 것입니다. 하나님께서 말씀하시면 사람들이 반드시 듣게 되어 있습니다. 그저 비천하고 연약한 사람을 통해서 말씀하신다 해도, 진리의 위엄이 그들을 사로잡아서 하나님의 음성을 깨닫지 않을 수 없게 되는 것입니다. 초자연적인 능력이야말로 여러분이 의지해야 할 것입니다. 언변에 완벽을 갖추십시오. 지식의 모든 분야에서도 최선을 다하십시오. 설교의 내용과 표현법에 세심한 주의를 기울이십시오. 그러나 동시에 기억해야 할 것은, 사람이 중생하거나 성화되는 일은 "힘으로 되지 아니하며 능력으로 되지 아니하고 오직 나의 영으로 되느니라, 만군의 여호와의 말이니라"(참조. 슥 4:6)입니다.

때때로, 두루마기를 입고 하나님의 성령으로 충만하게 되기를 열정적으로 바라는 경우를 의식하지 않으십니까? 그런 때에는 사람들이 여러분의 말씀을 듣습니다. 그리고 사람들이 믿음을 갖게 됩니다. 그러나 위로부터 능력을 힘입지 못하면, 좋은 악기로 음악을 연주하는 연주자나 깨끗한 목소리로 아름다운 노래를 부르는 성악가처럼 귀는 즐겁게 하되 마음 깊은 곳에는 전혀 영향을 주지 못하는 것입니다. 그리고 마음에 와 닿지 않으면 귀도 곧바로 지치고 마는 법입니다. 그러니 여러분, 하나님의 영의 능력으로 옷 입으시기 바랍니다. 설교를 듣는 청중들에 대해서 곧 여러분에게 책임을 물을 날이 올 것임을 생각하여 설교하며, 그리하여 그들이 그때에 하나님 앞에서 슬퍼하고 고통스러워하지 않고 하나님께 영광을 돌리게 되도록 그렇게 설교하시기 바랍니다.

형제 여러분, 여러분이 주의 이름으로 나아가 "귀 있는 자는 들을지어다"라고 외치는 동안, 주께서 여러분과 함께 계시기를 바랍니다.

제 10 장

즉흥 설교의 능력

설교문을 완전히 작성하고 읽어야 하는가, 설교문을 작성하되 암기하여 전달해야 하는가, 많은 분량의 노트를 들고 참조하는가, 아니면 전혀 참조하지 말아야 하는가 하는 문제에 대해서는 여기서는 논의하지 않을 작정입니다. 이런 것들은 여기서 살펴보고자 하는 주제가 아닙니다. 물론 그것들을 우연히 언급을 할 수도 있겠습니다만, 여기서 말씀드리고자 하는 것은 가장 철저한 형태의 즉흥 설교, 즉 특별한 준비도 없이, 노트나 미리 생각해 놓은 것이 없이 현장에서 즉시 행하는 그런 설교에 관한 문제입니다.

첫째로 말씀드릴 것은, 이런 스타일로 설교하기를 일반적인 원칙으로 삼는 일은 추천하고 싶지 않다는 것입니다. 그렇게 하면, 십중팔구, 교회당을 텅 비게 만드는 일에 성공할 것입니다. 그리고 사람을 흩어 버리는 재능이 그 사람에게서 분명하게 드러날 것입니다. 사전에 연구도 없이 즉석에서 머리에 떠오르는 생각들은 분명 매우 조잡한 것들일 수밖에 없습니다. 아무리 훌륭한 사람에게서 나온 생각이라도 그럴 수밖에는 없습니다. 더욱이 우리들 중에 사람들 앞에서 천재라거나 박식한 사람이라거나 하는 칭찬을 받는 일에 관심을 두는 사람은 하나도 없으니, 미리 생각해 놓지 않은 내용에 대해서는 주목을 할 가치조차 없는 것입니다. 교회는 반드시 교훈이 있는 사역을 통해 유지되어야 합니다. 그저 언변으로 시간을 때우는 것으로는 안 됩니다. 어느 곳에서나 사람들이 진정으로 영적 양식을 얻기를 구하고 있습니다. 아무나 일어나서 말씀을 전하고자 하는 대로 마음껏 하게 하는 그런 공예배를 주장하는 저 새로운 유행을 따르는 종교가들은 무지한 자들과 시끄럽게 떠들어대기를 좋아하는 자들에게 아첨하여 그들을 꾀어내기는 하지만, 대체로 얼마 지나지 않아서 시들어 버리고 맙니다. 교회의 모든 회원이 전부 다 입의 역할을 하는 것이 성령의 의도라고 생각하는 등, 아무리 극단적이고 격렬한 사고를 갖고 있는 사람들이라도, 다른 사람들의 말도 안 되는 이야기들을 듣는 데에 지쳐 버려서, 자기들 자신부터 이야기하지 않기를 택할 것이기 때문입니다. 그리고 선한 성도들은 온갖 무식한 이야기에 시달린 나머지, 자기들이 두고 온 과거의 교회들로 돌아가 버립니다. 강단에서 견고한 가르침이 공급되지 않으면 그 전의 교회로 돌아가 버리는 것입니다. 심지어 퀘이커 교에서도, 물론 탁월한 점들도 많지만, 그 많은 교회들의 집회에서 즉석 설교들을 통해서 사상과 교리의 빈곤이 여실하게 드러나 거의 살아남지 못한 것을 보게 됩니다.

　준비 없는 설교의 방법은 현실적으로는 실패요, 이론적으로는 불건전합니다. 성령께서는 즉석 설교를 통해서 성도들에게 영적 양식을 공급하시겠다고 약속하신 일이 없습니다. 우리가 스스로 할 수 있는 일을 성령께서 우리를 위해서 대신 하시는 법이 없습니다. 연구할 수 있는데도 연구를 하지 않고, 연구가 수반된 사역을 할 수 있는데도 그렇게 하지 않고서, 우리의 게으름이나 비정상적인 행위로 인한 결손 부분을 하나님의 성령께서 채워 주시기를 바랄 권리는 우리에게 없습니다. 섭리의 하나님께서는 육신적인 양식으로 그 백성들을 먹이시겠다고 약속하셨습니다. 그러나 우리가 함께 잔치를 열었는데, 아무도 음식을 준비하지 않고 모두 하나님께서 정확한 시각에 음식을 베풀어 주실 것이라고 믿고만 있다면, 그 잔치는 결코 제대로 진행될 수가 없고, 모두들 굶주린 채 어리석음을 나무라게 될 것입니다. 즉흥적으로 열리는 영적 잔치의 경우도 마찬가지입니다. 사람의 영적 그릇만으로는 결코 영적 굶주림을 채울 수가 없습니다. 형제 여러분, 몇몇 예외의 경우가 있다고 해서, 그렇게도 무익한 방식을 따르는 어리석음은 범하지 말아야 할 것입니다. 설교는 반드시 깊이 생각하고 준비한 것이어야 합니다. 그리고 할 수 있는 대로, 설교자는 많은 기도로 하늘의 인도하심을 구하고 그가 다룰 내용 속으로 충실하게 들어가서 독창적인 생각에 정신력을 다 발휘하며, 가능한 모든 정보를 스스로 확보하여 새겨야 합니다. 문제 전체를 다방면에서 바라보며, 깊이 숙고하고, 잘 씹고 소화를 시켜야 합니다. 그리하여 먼저 설교자 자신이 말씀을 섭취한 다음에 다른 사람들을 위하여 그와 같은 영양분을 준비하여야 하는 것입니다. 우리의 설교들이 우리의 정신적인 피가 되어야 합니다. 우리의 지적 영적 능력의 분출이어야 하며, 달리 말하면, 잘 다듬어지고 잘 제작된 다이아몬드처럼 고귀하고, 찬란하며, 수고의 흔적을 담아내는 것이어야 합니다. 우리는 아무런 희생도 치르지 않고 무턱대고 주님께 다 맡겨 버리는 따위의 일은 절대로 없어야겠습니다.

여러분 모두에게 정말 강력하게 경고합니다만, 설교문을 읽는 일은 하지 마십시오. 그러나 지극히 건전한 방법이요 또한 즉석에서 능력을 나타내는 데에 크게 도움이 되기도 하는 것으로 설교문을 자주 쓸 것을 권해 드립니다. 출판사에 여러 가지 형태로 많은 글을 쓰는 분들은 그런 방법이 구태여 필요 없을 것입니다. 그러나 달리 펜을 사용할 기회가 없는 분들은 최소한 여러분의 설교의 일부라도 기록을 하고, 아주 조심스럽게 그 내용을 수정하는 일을 해 보는 것이 지혜로울 것입니다. 나중에 집에 놓아 둘 것이지만, 그럼에도 불구하고 계속 써내려 가면, 초라한 스타일에서 벗어나게 될 수도 있습니다. 보튼(M. Bautain)은 즉흥 설교에 관한 그의 훌륭한 저작에서 이렇게 논평하고 있습니다:

여러분이 말하고자 하는 내용을 세세하게 여러 부분들로 분해하고, 거기에 담긴 요소들을 분석해 내며, 필요할 경우 그 내용을 다시 작성하고, 다시 모으고, 다시 종합할 수 있을 정도로 그 사상을 완전히 마스터하지 않고는 대중 앞에서 즉흥적으로 말할 만한 능력을 지닐 수 없을 것이다. 그런데 이처럼 마음의 눈에 보이는 사상의 분석은 오로지 글로 써야만 잘 시행할 수 있는 법이다. 펜이 사상들을 도려내는 예리한 칼이므로, 여러분이 마음으로 바라보는 것을 글로 쓰지 않으면 절대로 거기에 담겨 있는 모든 내용을 분명하게 분간해

낼 수 없고, 그것을 전체적으로 체계적으로 바라볼 수 없는 것이다. 그렇게 해야만 여러분 스스로도 이해하고, 다른 사람도 이해하게 만들 수 있는 것이다.

마음 속으로 설교를 배우고 그것을 기억에 의존하여 되풀이하는 방법은 추천하고 싶지 않습니다. 그것은 저급한 정신력을 지리하게 발휘하는 것이요 또한 그보다 더 우월한 기능들을 교만하게도 무시해 버리는 처사인 것입니다. 가장 바람직한 방법은 여러분의 정신을 설교의 주제로 가득 채우는 것이요 그 다음에 현장에서 가장 적절한 언어로 그것을 표현해 내는 것입니다. 이것은 즉흥 설교가 아닙니다. 언어는 즉흥적이지만, 그 내용은 연구와 조사의 결과입니다. 생각이 없는 사람들은 그것이 쉽다고 생각합니다. 그러나 그것은 가장 수고가 많이 들어가고 또한 가장 효과적인 설교법입니다. 다른 내용으로 넘어가게 되어 여기서는 구체적으로 말씀드릴 수가 없으나 그것은 그 나름대로 큰 장점을 지니고 있습니다.

우리가 다룰 주제는 순수하고, 섞인 것이 없는 문자 그대로의 즉흥 설교의 능력입니다. 그러니 그 주제로 돌아가기로 합시다. 이런 능력은 정말로 유익이 됩니다. 그리고 대부분의 경우, 조금만 부지런히 노력하면 얻을 수 있기도 합니다. 그런 능력을 많은 사람들이 소유하고 있습니다. 동시에, 그런 은사가 희귀하다고는 할 수 없으나, 그렇다고 그렇게 흔한 것도 아닙니다. 이탈리아의 임프로비사토리(improvisatori: 즉흥 연설가들)는 즉흥적인 말솜씨가 어찌나 뛰어난지, 관중들이 현장에서 즉석으로 요구하는 주제들에 대해 즉흥적으로 말을 내뱉는데, 한꺼번에 수백 줄, 심지어 수천 줄에 이르기까지 술술 이야기할 정도입니다. 그들은 마치 봄에 물에서 아지랑이가 피어오르듯이 즉각적으로 비극 전체를 지어내기도 하고, 한 시간 반 정도를 계속해서 즉흥시를 읊어대기도 하고, 이탈리아의 포도주를 한 잔 머금은 경우는 더 흥이 나서 신나게 그런 일을 행합니다. 그들의 작품을 출간한 것들도 있지만 그저 평범한 수준 정도에 지나지 않습니다. 그러나 그들 가운데 한 사람인 페르페티(Perfetti)는 오로지 이탈리아의 탁월한 시인들인 페트라르카(Francesco Petrarch: 1304-1374)

와 타소(Torquato Tasso: 1544-1595)에게만 수여되었던 월계관을 수여 받기까지 했습니다. 지금 이 시각에도 그들 가운데 많은 이들이 청중의 수준에 맞는 말들을 즉석에서 지어내어 그들로 하여금 숨죽이며 주목하도록 만들고 있습니다. 그런데 어째서 우리는 그런 능력을 얻지 못한단 말입니까? 제 생각에는 우리는 그런 즉흥시를 지어낼 수도 없고, 그런 능력이 필요하지도 않다고 봅니다. 여러분 중에 그런 즉흥시를 조금 지어본 경험이 있을 것입니다만, 그러나 이제는 삶과 죽음, 천국과 지옥, 멸망하는 죄인들에 대한 처절한 진리가 우리의 모든 생각을 요구하고 있으니, 그런 유치한 것들은 이미 다 버렸습니다.[1]

   법관들 중에는 최상의 즉흥 연설의 재능을 지닌 사람들이 많습니다. 그런 사람들에게는 덕이 있어야 마땅하겠지요! 몇 주 전에 한 몹쓸 사람이 한 법관을 명예 훼손하는 끔찍한 범죄를 저질러 기소된 일이 있습니다. 제가 그 사람의 판사가 아니었다는 것이 참 다행스럽습니다. 그런 어렵고도 흉악한 범죄가 공정하게 다루어졌다면, 저는 그 사람으로 하여금 평생토록 대질 심문을 받도록 했을 것입니다. 물론 그것이 짧았으면 하는 바람을 갖고 말입니다. 그러나 법관들은 대부분 언제나 지극히 조리 있게 말을 하는 능력을 갖추고 있습니다. 그리고 분명히 드러나듯이, 상당한 수준의 즉흥 연설 능력을 갖추고 있습니다. 왜냐하면, 사건의 증거가, 혹은 판사의 기분이, 혹은 상대쪽의 진술이 어떤 방향의 논지를 요구할지를 항상 미리 예견한다는 것이 불가능하기 때문입니다. 아무리 변론을 잘 준비한다 할지라도, 거기에는 정신의 능동적인 활동과 유창한 언변이 요구되는 것입니다. 사실 저는 우리 나라의 법정에서 사전에 미리 생각한 것도 없이 유창하게 내뱉는 법관들의 진술이 얼마나 위트가 넘치고 예리하며 모든 면에서 적절한지를 보고서 깜짝 놀라곤 했습니다. 변호사가 자기의 고객을 대신하여 유능하게 행하는 그런 일을 여러분과 저는 하나님의

---

   1) 웨슬리는, "스스로 작곡한 찬송은 부르지 말라"고 말하였다. 그 시대의 목사들 가운데 자기 자신이 지은 찬송을 부르는 습관이 성행했기 때문이다. 지금은 그런 습관이 완전히 없어졌기를 바란다.

대의를 위하여 행할 수 있어야 합니다. 법정이 강단보다 뛰어나게 내버려 둘 수는 없습니다. 우리는 하나님의 도우심을 받아 그 어떤 사람들보다도 지적인 무기를 갖춘 전문가들이 되어야 하는 것입니다.

하원 의원들 가운데도 즉흥 연설의 능력을 발휘하여 큰 효과를 얻는 사람들이 있습니다. 대개의 경우, 듣는 일 가운데서 가장 견디기 힘든 일은 상원과 하원에서 행해지는 연설을 듣는 일입니다. 사형 제도가 폐지되면, 살인죄를 지은 사람들에게 의회의 끔찍스럽고 지리한 연설을 듣게 하면 어떨까 하는 생각입니다. 그러나 의회의 의원들 중에도 즉흥 연설의 능력을 지닌 사람들이 있습니다. 존 브라이트(John Bright)나 글래드스턴(William E. Gladstone: 1809-1898, 영국의 정치가), 혹은 디즈레일리(Benjamin Disraeli: 1804-1881, 영국의 정치가)의 최고의 연설들은 사우디(Robert Southey: 1774-1843, 영국의 시인)의 말처럼, 화창한 봄날에 큰 간헐천에서 물이 솟구치는 것 같다는 생각입니다. 물론 예산이나 개혁안 같은 문제에 대한 그들의 긴 연설들은 미리 정교하게 준비해 온 것이기는 합니다. 그러나 그들이 행한 여러 짧은 연설들은 즉석에서 생각해낸 것이었고, 그러면서도 놀라울 만큼 큰 힘을 발휘하였던 것입니다. 여러분, 국가의 대표자들이 하늘의 대표자들보다 언변의 전문성 면에서 더 뛰어나다는 것이 과연 합당하겠습니까? 이 좋은 은사들을 진정으로 사모하십시오. 그리고 그것들을 얻는 일에 최선을 다하기 바랍니다.

지금 우리가 말하고 있는 이 능력이 목사에게 있다면 그것은 정말 고귀한 재산이 될 것이라고 여러분 모두 생각할 것입니다. "그런 능력이 있으면 얼마나 좋을까? 그러면 그렇게 열심히 연구하지 않아도 될 텐데." 여러분, 지금 마음속으로 이런 생각을 하십니까? 아아! 그렇다면 여러분에게 그런 능력이 있어서는 안 됩니다. 그런 은사를 받을 가치가 없고, 그 재능을 맡을 자격이 없기 때문입니다. 그저 한가하게 머리를 쉬게 할 베개로서 이런 은사를 구하신다면, 그것은 정말 잘못된 것입니다. 이런 고귀한 능력을 소유하게 되면, 그것을 배가시키고 또한 유지시키기 위해서 굉장한 노력이 있어야 하기 때문입니다. 그것은 마치 옛 이야기에 나오는 마술 램프와도 같아서, 잘 문질러 주어야만 빛을 발휘합니다. 그리고 문질러 주지 않으면 그저 희미한 초롱불처럼 되어 버리는 것입니다. 게으른 사람들은 편안하게 손쉽게 하기 위해서 그런 은사를 바라지만, 우리는 최고의 목적으로 그것을 사모해야 할 것입니다.

어떤 설교자들은 허세를 부리느라 강단에서나 혹은 목회 준비실에서 설교 본문을 받아 즉석에서 설교를 하기도 했다는 이야기를 간혹 듣습니다만, 그처럼 허세를 부리는 행위는 역겹고 또한 신성모독에 가까운 것입니다. 그런 돌팔이 같은 연설을 듣느니 차라리 안식일에 곡예 시범을 보이는 편이 나을 것입니다. 그처럼 은사를 더럽게 팔아먹는 행위는 사라져야 할 것입니다. 말재주를 부리는 것은 토론 클럽에서는 소용이 있을지 모르나, 목회 사역에서는 그것처럼 가증스러운 것이 없습니다.

즉석 연설의 능력은 정말 값진 것입니다. 왜냐하면 그것은 갑작스런 위기의 순간에 적절히 자신의 의사를 전달하게 해 주기 때문입니다. 그런 위기의 순간이 항상 있게 마련입니다. 아무리 준비가 철저히 이루어진 모임에서도 사건이 발생합니다. 그런 특별한 사건들이 일어나면, 미리 준비해 놓은 여러분의 생각들이 무용지물이 되고 맙니다. 그러면 여러분이 선택한 내용이 부적절하다는 것을 곧바로 간파하고서, 주저 없이 다른 내용으로 자연스럽게 옮아가는 지혜가 필요합니다. 기존의 길이 막혀 버리면, 마차를 위해서 새로운 길을 만드는 수밖에 없습니다. 혹시 잘 갈아 놓은 밭 위로 말들을 몰아도 괜찮은 권리가 여러분에게 있다면 모를까, 그렇지 않으면 여러분은 마부석에 그냥 앉아 있게 되고 결국 사람들에게 낭패한 일이 생길 것입니다.

공적인 집회에서, 다른 형제의 말을 듣고서 너무 경박스러웠다거나 아니면 너무 지리멸렬했다고 여겨질 때에, 그런 것에 대해서 전혀 내색하지 않고 그 부족함을 조용히 시정하고, 그리하여 그보다 더 유익한 방향으로 집회를 인도할 수 있는 능력이 있다면, 그것처럼 귀한 것이 없을 것입니다. 이러한 은사는 교회의 각종 회의에서는 지극히 중요할 것입니다. 예견하지 못한 어려운 문제들이 다반사로 일어날 것이니 말입니다. 이스라엘을 곤란하게 하는 자들이 아직 살아 있습니다. 아간이 돌에 맞아 죽었고, 그의 아내와 자녀들도 죽었습니다. 그러나 그의 가문의 다른 사람들이 그 현장을 피하여 아직 살아 남아 있습니다. 그러니 그들의 준동(蠢動)이 계속될 것이고, 따라서 그들의 문제를 사려 깊게 또한 단호하게 처리해야 할 것입니다. 어떤 교회들에서는 소요를 일으키는 사람들이 나서서 말을 일으킵니다. 그런 일이 일어날 때에는 목회자가 기꺼이 아주 설득력 있게 그들을 막아서 악한 인상이 남지 않도록 하는 것이 매우 중요합니다. 목회자가 교회의 회의를 주재할 때에 그의 주님의 심정을 갖게 되면, 이런 확신을 가질 수 있습니다. 곧, 성령께 전적으로 의지하여 성가시게 문제를 제기하는 사람의 말에 너끈히 응답하며, 조용히 앉아서 감정을 다스리며, 필요할 때마다 상대방을 존중하여 발언하며, 그리하여 교회를 고요하게 할 수 있다는 것을 말입니다.

그러나 그런 준비가 되어 있지 못한 형제는 당황하게 되고, 감정에 북받쳐 올라서 실수를 범하게 되고, 결국 탄식에 사로잡히고 말 것입니다. 뿐만 아니라, 예정된 설교자가 도착하지 못했다든지, 갑작스럽게 병에 걸렸다든지 하여 갑작스럽게 설교를 해야 할 상황이 생길 수도 있습니다. 공적인 회의 석상에서 모두들 잠잠히 있는데 갑작스럽게 마음에 감동을 받아 발언을 할 경우도 있습니다. 그리고 신앙적인 활동을 하는 중에도 위급한 일들이 발생하여 즉석에서 말씀을 전함으로써 마치 오빌의 금처럼 고귀한 결과를 낳기도 합니다.

이 은사는 정말 고귀합니다. 그러면 어떻게 해야 그것을 얻을 수 있습니까? 먼저 말씀드릴 것은, 이 은사를 절대로 얻지 못하는 사람도 있다는 것입니다. 천성적으로 즉석 연설에 적응하는 사람들도 있습니다. 시적(詩的)인 능력의 경우처럼 말입니다. 시인은 태어나는 것이지 만들어지는 것이 아닙니다. 연설자의 재능을 기술이 발전시키고 완벽하게 만들 수는 있으나, 그 재능을 만들어 낼 수는 없는 것입니다. 수사학의 법칙들을 다 알고, 언변의 모든 기술에 대해 안다고 해서 언변에 능통한 사람이 되는 것은 아닙니다. 그것은 하늘서 오는 선물입니다. 하늘에서 주어지지 않으면, 달리는 얻을 방법이 없습니다. 이러한 "언변의 은사"는 어떤 사람의 경우

---

2) "노래를 잘 하도록 지음 받은 새가 있고, 꿀을 만들어 내는 벌이 있고, 집을 짓는 비버가 있듯이, 말을 잘 하도록 타고 난 사람들도 있다" — M. Bautain.

는 타고나는 것이요, 아마도 어머니 쪽에서 물려받는 것 같습니다.[2] 또 어떤 사람의 경우는 그런 은사가 전혀 없기도 합니다. 입도 잘생기고 머리도 좋지만, 말하는 것과는 거리가 먼 사람들도 있습니다. 말을 더듬으면서 진지한 생각을 서서히 전달하는 사람 정도는 될 수 있겠지만, 즉흥 연설자는 절대로 될 수 없습니다. 혹시, 굴(oyster)에서 캔터베리 대주교가 진화하여 나온다는 다윈의 이론이 사실이라면, 그들이 므두셀라 이상 나이를 먹을 경우 그런 연설자들로 발전될지도 모르겠습니다만, 그 이외에는 절대로 불가능합니다. 천성적인 언변의 재능이 없을 경우에는 다른 분야에서 존경받는 위치에 오를 수는 있겠으나, 즉흥 연설에서는 탁월한 스타로 빛날 수 없는 것입니다.

현장에서 연구하지 않고 말씀을 전하려면, 항상 많은 연구를 하여야 합니다. 이것은 하나의 역설입니다만, 이에 대한 설명이 그 표면에서 나타납니다. 가령 제가 밀가루를 만드는 사람인데, 문 앞에서 자루를 받았고, 오 분내로 미세한 밀가루를 그 자루에 가득 채워 달라는 요청을 받았다고 합시다. 그럴 경우, 그 일을 해낼 수 있는 유일한 방법은 자루를 열어 밀가루를 가득 채워서 돌려줄 수 있도록 방앗간의 밀가루통을 언제나 항상 가득 채워 놓고 있는 수밖에는 없습니다. 그런 요청이 있을 때마다 즉석에서 밀을 새로이 갈아 줄 수는 없습니다. 미리 갈아 놓고 있어야 고객이 요청할 때에 즉시 그것을 가져다줄 수 있는 것입니다. 그러므로, 여러분, 언제나 밀을 갈아놓고 있어야 합니다. 그렇지 않으면 밀가루를 제공할 수가 없습니다.

영양소가 가득한 음식으로 풍성하게 여러분의 생각을 먹여두는 습관을 갖지 않으면, 결코 좋은 생각을 즉석에서 낼 수 없는 법입니다. 사용 가능한 시간마다 최선을 다하여 노력하십시오. 여러분의 생각들을 매우 풍성하게 저장해 놓으십시오. 그러면 물건들로 가득 찬 창고의 주인처럼, 고객들에게 제공할 상품이 차고 넘칠 것이고, 그 좋은 것들을 여러분의 마음의 선반들 위에 가지런히 정리해 놓고 있으면, 어느 때에라도 물건을 사온다든가, 분류한다든가, 준비시켜 놓는 수고가 따로 없이도 얼마든지 그것들을 내어줄 수 있습니다. 어느 누구라도 평상시에 보통 이상으로 더 많은 수고를 기울지 않고는 결코 즉흥 설교의 재능을 계속해서 유지시킬 수 없는 법입니다. 그러므로, 스스로 흘러 넘치기 위해서는 가득 채워져 있어야 한다는 것을 예외 없는 하나의 원칙으로 삼아야 할 것입니다.

생각과 표현들을 수집하여 놓는 일이 굉장히 도움이 됩니다. 이 문제와 관련해서 풍부함도 있고 빈곤도 있습니다. 많은 정보를 갖고 있고, 또한 그것을 잘 정리해 놓고 완전히 이해하고 있어서 아주 친숙하게 잘 숙지하고 있는 사람은, 굉장한 보물을 지니고 있어서 좌우의 무리들에게 그것을 마음껏 뿌려주는 임금처럼 될 수 있습니다. 여러분, 하나님의 말씀을, 내적인 신령한 삶을, 시간과 영원에 관한 위대한 문제들을 아주 친숙하게 접하는 것이 우리에게는 필수불가결합니다. 사람이 마음에 가득한 것을 입으로 발설하는 법입니다.

하늘의 것들을 묵상하며, 성경을 연구하며, 여호와의 율법을 즐거워하십시오. 이미 하나님의 말씀에서 맛보고 다루었으니 그것들을 말씀하는 것이 두렵지 않을 것입니다. 사람은 자기들의 경험의 범위를 넘어서는 주제들에 대해서는 말을 제대로 하지 못합니다. 그러나 왕을 향한 사랑으로 뜨거워져 있고, 그분과의 교제를 누리고 있다면, 여러분의 마음 속에서 선한 내용들이 솟아나올 것이며, 여러분의 입이 마치 숙달된 저자의 펜처럼 그 역할을 다할 것입니다. 신령한 진리들을 체험적으로 숙지하여 그 뿌리에까지 도달하기 바랍니다. 그러면 언제라도 그것들을 다른 이들에게 능히 해명해 줄 수 있을 것입니다. 신학에 대한 무지가 오늘날 우리의 강단에서 심심치 않게 드러나고 있습니다. 그러니 즉흥 설교의 능력을 갖춘 이들이 회귀하다면 그것은 이상할 것이 없습니다. 정말 희한한 사실은 즉흥 설교자들이 그렇게 흔한데, 신학자들이 그렇게 희귀하다는 것입니다. 위대한 신학자들이 있기 전에는 절대로 위대한 설교자들이 있을 수 없는 법입니다. 건포도 밭에서 전쟁의 영웅을 기를 수는 없습니다. 이와 마찬가지로, 영혼을 움직이는 위대한 설교자들도 얄팍한 연구를 통해서는 얻을 수가 없는 것입니다.

유창하게 말씀을 전하고 싶으시면, 즉 말씀이 자연스럽게 흘러나오게 되고 싶으시면, 모든 지식에 능통하시기 바라고, 특히 우리 주 예수 그리스도를 아는 지식으로 충만하시기 바랍니다. 그러나 우리는 표현들을 모아놓는 것이 즉흥 설교자에게 큰 도움이 된다는 점을 말씀드렸습니다. 사실 생각을 축적해 놓는 것 다음으로 풍성한 어휘를 모아 두는 것이 중요합니다. 아름다운 언어, 세련된 화법, 그리고 무엇보다 힘 있는 문장들을 선택하여 기억해 놓고 모방하는 것입니다. 황금으로 된 필통을 들고 다니면서 아름다운 단어와 문장들을 접할 때마다 다 적어 놓고 그 다음의 설교에서 사용하라는 뜻은 아닙니다. 오히려, 이 말은 단어의 의미들을 분명히 알고, 동의어의 힘을 가늠하며 문장의 리듬을 판별하고 부가적인 표현의 힘을 분별할 수 있어야 한다는 뜻입니다. 언어의 대가들이 되어야 합니다. 그것들이 여러분의 재능이어야 하고, 여러분의 사자들이어야 하고, 여러분의 뇌성이어야 하고, 꿀이어야 합니다. 그저 말을 수집하기만 하는 자들은 굴 껍데기나 콩 껍질이나 사과 껍질을 모으는 자들과도 같습니다. 그러나 폭넓은 정보와 깊은 사고력을 지닌 사람에게는 말들이 황금 사과를 가득 담은 은바구니와도 같은 것입니다. 여러분의 사고의 마차를 끌어 줄 좋은 말들을 지니기를 힘써야 할 것입니다.

또한 말을 즉석에서 잘 하고픈 사람은 자기가 이해하고 있는 주제를 조심스럽게 선택해야 한다고 생각합니다. 이것은 매우 중요합니다. 런던에 있은 이후, 저는 월요 기도회에서 즉흥 설교를 할 수 있게 되기 위하여 특별히 무엇을 연구하거나 무엇을 준비해 본 일이 없습니다. 언제나 저는 그 모임을 즉석에서 말씀을 해설하는 기회로 삼았습니다. 그 모임에서는 어려운 성경 해석의 주제나 난해한 주제들은 택하지 않았고, 우리 믿음의 각종 요소들에 관한 간단하면서도 마음에 와 닿는 주제들만을 다루었습니다. 그런 모임에 즈음하여, 우리는 이런 생각들을 하게 됩니다: "오늘 하루 동안 내 생각을 사로잡은 주제가 무엇이었는가? 지난 주간 독서를 통해서 접한 내용은 무엇이었던가? 지금 이 순간 내 마음에 가장 와 닿는 것은 무엇인가? 찬송가나 기도들에서는 무슨 내용을 접하는가?"

집회 석상에서 말씀을 전하려고 일어설 때에, 아무것도 모르는 주제에 대해서 영감이 떠오를 것이라는 식으로 기대하는 것은 아무 소용이 없습니다. 여러분이 정말로 지혜가 모자라서, 아무것도 모르는 주제에 대해서 말씀을 하게 되면, 교인들은 전혀 유익을 얻지 못하게 되고 맙니다. 하지만 본인이 충실하게 이해하고 있는 주제에 대해서는 얼마든지 즉석에서 말할 수 있습니다. 장사를 하는 사람들은 누구든지 굳이 뒤로 들어가서 다시 잘 생각해 보지 않아도 자기의 상품에 대해서 소상히 설명할 수 있습니다. 우리의 거룩한 믿음의 가장 주요한 원리들에 대해서 우리도 그들처럼 친숙해 있어야 마땅할 것입니다.

우리 영혼의 일용할 양식에 속한 주제들에 대해서 말씀을 해달라는 요청을 받을 때에 당황하는 일이 있어서는 안 될 것입니다. 만일 그런 경우라면, 말씀을 전하기 전에 기록해 놓는 수고를 한들 별로 유익이 없을 것입니다. 즉석에서 글로 쓰는 것이 즉석에서 말씀을 전 하는 것보다 훨씬 더 미약할 것이기 때문입니다. 글로 써 두는 일이 주는 유익은 그것이 조심스럽게 재고(再考)할 기회를 제공한다는 데에 있습니다. 그러나 유능한 저술가들이 처음 글을 쓸 때에 사상을 올바로 표현할 수 있는 능력이 있는 것처럼, 유능한 설교자들도 마찬가지입니다. 자기에게 친숙한 주제에 대하여 부연하여 떠오르는 생각이 있다면, 그것은 결코 처음으로 일어난 생각은 아닐 것입니다. 오히려 마음이 뜨거워져서 생겨나는 묵상의 정수(精髓)일 가능성이 높습니다. 사전에 이미 주제에 대해서 잘 연구해 놓은 사람은 그 순간에는 연구를 하지 않는다 할지라도 지극히 힘 있게 말씀을 전할 수 있을 것입니다. 그러나 처음 떠오르는 생각들을 그저 펜으로 옮겨다 놓는 데 그치는 사람은 말씀을 전해도 모호하고 지리멸렬할 것입니다. 그러니 여러분, 착실히 연구해 놓은 주제가 아니면 즉석에서 말씀을 전하려는 시도를 하지 마십시오. 그것이 지혜로운 일입니다. 언젠가 제가 그렇게 시도했다가 곤욕을 치른 일이 기억납니다. 그때에 만일 제게 즉석 설교를 할 준비가 되어 있지 않았더라면 과연 어떻게 대처했을지 모르겠습니다.

언젠가 제가 어느 교회당에서 설교하기로 되어 있었는데, 시간을 맞추지를 못했습니다. 열차가 연착했기 때문이었지요. 그래서 다른 목사가 저 대신 예배를 인도하게 되었습니다. 제가 헐레벌떡 달려가 교회당 안으로 들어가니, 그분은 이미 설교를 진행하고 있었습니다. 그런데 제가 정문으로 들어오는 것을 보고서, 그분은 설교를 멈추고는, "이제 목사님이 오셨군요"라고 하면서, 저를 바라보며 "자, 이제 목사님께 강단을 넘겨야 겠습니다. 올라오셔서 설교를 마쳐 주시지요"라고 했습니다. 저는 설교 본문이 무엇이고, 어디까지 말씀했는지를 물었습니다. 그분은 본문이 어디인지를 가르쳐 주고는 자신은 첫 번째 대지를 막 끝냈다고 했습니다. 저는 전혀 주저하지 않고 바로 거기서부터 시작하여 설교를 마쳤습니다. 이 가운데 계신 분 중에서 저처럼 하지 못했을 분이 계시다면 정말 부끄러운 일일 것입니다. 당시의 사정상 그 일이 매우 쉬운 것이었기 때문입니다. 우선, 그 목사는 제 할아버님이셨고, 둘째로, 그 본문은, "너희가 그 은혜에 의하여 믿음으로 말미암아 구원을 받았으니 이는 너희에게서 난 것이 아니요 하나님의 선물이라"(엡 2:8)는 말씀이었던 것입니다. 그런 상황에서 무엇을 말할지 몰라서 당황하였다면, 발람이 타고 있던 말(馬)보다 더 어리석은 사람일 것입니다.

"너희가 은혜에 의하여 구원을 받았으니"라는 말씀이 구원의 출처를 지칭한다는 사실을 이미 말씀드렸으니, 그 다음의 문구 — "믿음으로 말미암아" — 가 구원의 통로, 혹은 수단을 설명하는 것이라는 것을 말하지 못할 사람이 어디 있겠습니까? 구태여 많은 연구를 하지 않더라도, 구원이 믿음으로 말미암아 얻어진다는 사실을 모를 수는 없는 법입니다. 그런데 그때에 저에게는 한 가지 시험이 더 있었습니다. 조금 말씀을 진행하여 이제 설교가 본 궤도에 올랐고, 잘 하고 있다는 느낌이 들었는데, 마음 속에서 한 음성이 나서 이렇게 말하는 것이었습니다:

"자, 좋아, 괜찮아. 교인들이 잊어버리지 않도록 다시 한 번 말하거라." 그리하여 저는 그 진리를 다시 반복했습니다. 그리고 조금 말씀을 진행하여 다소 깊이 열정적으로 되어 갈 찰나에, 뒤에서 할아버지께서 제 겉옷을 부드럽게 당기시더니, 제 앞으로 나서시며 이렇게 말씀하시는 것이었습니다:

"여러분, 제 손자는 이 진리를 하나의 이론으로 여러분에게 말씀드릴 수가 있습니다. 하지만 저는 그것을 하나의 실제적인 체험의 문제로 증거하고 싶습니다. 저는 제 손자보다 나이가 많으니, 늙은 사람으로서 저의 증언을 여러분에게 전해 드려야겠습니다." 그리고는 자신의 개인적인 체험을 제시하고 난 다음 이렇게 말했습니다: "자, 여러분, 제 손자가 복음을 전하는 일에서는 저보다 훨씬 더 탁월합니다. 하지만 더 나은 복음을 전하지는 못하는 것 같습니다. 그렇지 않습니까?" 자, 여러분, 만일 그때에 제게 즉흥 설교의 능력이 조금도 없었더라면, 모든 것이 구겨지고 말았을 것입니다. 하지만, 보시다시피 미리 그렇게 맞추기라도 한 것처럼 자연스럽게 설교가 진행된 것입니다.

다른 언어를 습득하는 것이 즉흥 설교를 시행하는 데에 아주 훌륭한 훈련이 됩니다. 단어의 어근들은 물론, 말하는 법칙에서의 연관성을 이해하게 되고 두 언어 사이의 차이점을 주목하는 등, 조금씩 화법과 태와 시제, 그리고 어형 변화 등에 친숙하게 되어, 결국 마치 인부가 자기 연장들에 친숙하게 되어 날마다 만나는 친구처럼 다루게 되는 것입니다. 베르길리우스(Virgil: 70-19 BC, 고대 로마의 시인)나 타키투스(Tacitus: 55?-120?, 로마의 역사가)의 저작 일부를 가능한 한 빠른 시간에 번역한 다음 그 가운데 잘못된 것들을 면밀히 수정해 보는 것보다 더 나은 연습이 없다고 생각됩니다. 무식한 사람들은 고전 연구에 보내는 모든 시간을 쓸데없는 것으로 생각하지만, 설사 그것이 설교자들 이외에는 아무에게도 도움이 되지 않는다 할지라도 우리의 모든 대학 기관에서 그대로 보존되어야 할 것입니다. 두 언어의 용어와 숙어들을 계속해서 서로 비교하는 것이 표현의 풍부함을 돕는다는 것을 깨닫지 못할 사람이 어디 있겠습니까? 더 나아가서, 이런 연습을 통해서 용어의 미세한 의미들을 인식하게 되고 그리하여 두 언어 사이의 차이점들을 분별하는 능력을 습득하게 된다는 것을 과연 누가 깨닫지 못하겠습니까? 하나님의 말씀을 해명하는 자들과 그의 진리를 즉석에서 선포하는 자들에게는 바로 그런 능력이 필수적입니다. 여러분, 언어의 모든 활용 법칙들을 함께 종합하고 풀어내기를 배우십시오. 톱니바퀴 하나, 바퀴와 나사, 작은 침(針) 하나까지라도 주의 깊게 살피기 바랍니다. 그렇게 하면 언제라도, 심지어 위급한 상황이 되어 급속도로 나아가야 할 필요가 있을 경우에도 엔진을 더 자유롭게 시동시킬 수 있다는 것을 느끼게 될 것입니다.

이를 습득하기를 바라면 그것을 연습해야 합니다. 버크(Burke)의 말처럼, 찰스 폭스(Charles Fox)가 역사 이래 가장 탁월하고 능력 있는 논쟁가가 된 것은 바로 자신의 능력을 서서히 조금씩 발전시켰기 때문이었습니다. 그는 자기가 그렇게 성공하게 된 것은 아주 어린 시절 말을 잘 하기로 매일 밤마다 결심한 덕분이었다고 하고 있습니다. "다섯 학기 내내 나는 하루만 빼고 매일 밤마다 말하기 연습을 했는데, 그 하루 밤도 말하기 연습을 하지 못한 것이 내내 후회스러웠다"고 그는 말하곤 했습니다. 처음에는 자기 방의 의자와 책들 이외에는 아무 듣는 이가 없는 상태에서 연습을 할 수도 있습니다. 어떤 사람은 이 학교에 들어온 이후 2년 동안 자기 방에서 즉석 설교를 혼자서 연습했다고 합니다. 함께 기거하는 학생들이 서로 상대방에게 큰 도움이 될 수도 있습니다. 한 사람씩 번갈아 가며 청중이 되어 주고, 또 설교자가 되기도 하고, 마지막에 아주 친근한 비평을 약간씩 해 주면 좋을 것입니다. 내용이 견고할 것과 또한 영적으로 유익해야 할 것을 원칙으로 정해 놓는다면, 서로 간의 대화 역시 큰 도움이 될 수 있습니다.

생각이 말과 연결되어 있어야 합니다. 바로 이것이 문제인데, 자신의 사사로운 생각들을 소리를 내어 말하는 연습을 하게 되면, 상당히 도움을 얻을 수 있을 것입니다. 저의 경우에도 그런 것을 습관들이자 매우 도움이 되었습니다. 홀로 하는 경건 시간에 소리를 내어 기도할 수 있게 된 것입니다. 또한 소리 없이 그냥 책을 읽는 것보다, 크게 소리를 내어 읽는 것이 훨씬 도움이 되었습니다. 머릿속에서 설교를 구상할 때에, 생각이 솟아날 때마다 그것을 제 자신에게 말을 함으로써 큰 안도감을 얻기도 했습니다. 물론 이런 방법으로는 어려움을 절반 정도밖에는 해결하지 못합니다. 청중이 보는 앞에서 갑자기 말문이 막혀 버리는 것을 극복하기 위해서는 대중 앞에서 훈련을 해야 합니다. 그러나 절반만 해결한다 해도 이미 상당히 진보한 셈입니다. 좋은 즉흥 설교는 그저 실천적인 사색자의 발언일 뿐입니다. 정보를 지닌 사람이요, 발로 걸으면서 묵상하는 사람이요, 그의 생각들이 입을 통하여 공중으로 행진하도록 만드는 사람입니다. 혼자 있을 때에 할 수 있는 만큼 크게 소리를 내어 생각을 토로하십시오.

그러면 이 문제에서 상당한 성공을 거두게 될 것입니다.

한 걸음 더 나아가서, 교실에서 행하는 토론과 논쟁들도 매우 중요한 역할을 합니다. 그러니 다소 내성적인 형제들도 그런 토론과 논쟁에 적극 참여하기를 추천하고 싶습니다. 여러분들은 이미 여러 가지 주제들을 그릇에 담아 놓고 그것에서 아무 것이나 꺼내어진 주제에 대해서 말을 하게 만드는 일에 참여하고 있습니다만, 그런 일을 더 자주 해야 할 것입니다. 예배에서는 결코 해서는 안 될 일이지만, 그런 일은 우리들 가운데서는 하나의 학문적인 연습으로 얼마든지 자유로이 행할 수 있습니다. 그것은 사람의 준비성과 자기 표현을 시험하도록 만들어진 것으로서, 거기에 실패한 사람이나 성공한 사람이나 모두 상당히 유익을 얻을 수 있습니다. 자기 자신의 상태를 아는 것이 다른 사람에게 실제로 행하는 것만큼이나 유익이 되기 때문입니다. 말하는 문제에서 자신이 아직 서툰 상태에 있다는 것을 발견하고서 더욱 진지하게 공부하고 더욱 결단성 있는 노력을 기울인다면, 그것이야말로 결국 탁월하게 되는 진정한 길이 될 것입니다.

여기에 덧붙여서 여러분에게 강조하고 싶은 것은 바로 침착하고 자신감이 있어야 한다는 것입니다. 시드니 스미스(Sydney Smith)의 말처럼, "조그만 용기가 없기 때문에 굉장한 재능이 묻혀 버리는 것"입니다. 물론 젊은 설교자에게는 이것이 쉽게 얻을 수 있는 것이 아닙니다. 젊은 설교자 여러분, 줄타기 명수인 블론딘(Blondin)의 심정을 이해할 수 있겠지요? 때때로 설교 중에, 여러분이 마치 공중에서 줄을 타고 있는 것 같은 느낌이 들고, 과연 저 끝까지 안전하게 닿을 수 있을지 두렵고 떨리는 심정이 되지 않습니까? 때로는 그 멋진 줄 위에 올라 굉장한 연기를 연출하며, 즐겁게 바라보는 관중들을 바라보면서, 갑자기 떨어질지도 모르는 그런 위험스런 일을 괜히 시작했다는 마음이 들 때도 있지 않습니까? 문장을 시작했으니 과연 어떻게 그것을 결말 지을지, 주격 명사에 맞는 동사를 써야 할지, 아니면 동사에 맞는 목적격 명사를 써야 할지에 대해서 당황스러운 마음이 들 때도 있지 않습니까? 그런데 이럴 때에는 침착함과 당황하지 않은 마음 자세에 모든 것이 달려 있습니다. 실패하면 어쩌나 하는 생각이나 사람을 두려워하는 자세는 여러분을 망치고 맙니다. 하나님을 신뢰하고 계속 나아가십시오. 그러면 모든 것이 잘 될 것입니다. 문법적인 실수를 저질렀을 때에 그것을 다시 교정하고픈 마음이 들게 되면, 곧 또 다른 실수를 저지르고 맙니다. 그렇게 되면 마치 그물에 걸린 듯 당황하여 어쩔 줄 모르게 되는 법입니다. 여러분, 여러분에게만 조용히 드리는 말씀인데, 실수한 것을 교정하느라 다시 말을 반복하는 것은 항상 나쁜 결과를 가져옵니다. 말의 실수를 할 경우에도, 그냥 계속하시고 절대로 그것을 다시 의식하지 마십시오.

제가 글쓰기를 배울 때에 제 아버지께서는 아주 좋은 원칙을 가르쳐 주셨습니다. 아버지는 이렇게 말씀하시곤 했습니다: "글을 쓸 때에 단어의 철자를 잘못 쓴다든가 아니면 잘못된 단어를 쓰게 될 경우에는, 그것을 지우느라 공책을 더럽게 만들지 말고, 계속 글을 써내려 가는 동안 그런 잘못을 다시 범하지 않도록 주의를 기울이고, 실수의 흔적을 공책에 남겨 두지 말아야 한다." 그러므로 말을 할 때에도, 문장의 끝마무리가 잘 되지 않을 경우에는 다른 문장을 써서 마무리를 짓는 것이 좋습니다. 다시 거꾸로 돌아가서 말을 교정하는 것은 거의 유익이 없습니다. 그런 실수를 눈치챈 사람들이 별로 없을 수도 있는데 괜스레 그런 실수를 주목하게 만들 수도 있고, 또한 청중들로 하여금 여러분이 다루는 내용보다는 여러분의 말에 관심을 갖게 만들 수도 있으니 말입니다. 이런 일은 설교자로서는 절대로 해서는 안 되는 것입니다. 그러나, 여러분의 실수를 사람들이 눈치챈다 할지라도, 지각 있는 사람들이라면 젊은 초보 설교자를 얼마든지 용서할 것이며, 그런 하찮은 실수를 별로 중요하게 여기지 않고 계속해서 본래의 목적에 온 마음을 기울이는 여러분의 자세에 대하여 오히려 흠모하게 될 것입니다.

초보 설교자는 마치 말(馬) 등에 익숙하지 않은 기수(騎手)와도 같아서, 말이 비틀거리면 자기는 곤두박질하고 말이 달아나지 않을까 하는 두려움이 생깁니다. 그리고 그렇게 되면 친구의 눈이나 조그만 소년의 비웃음이 겁나서 마치 말의 뒷발에 채이기라도 한 것처럼 완전히 풀이 죽어 버리는 것입니다. 그러나 말에 올라타는 일에 아주 익숙해 있는 사람은 아무런 위험도 모릅니다. 그리고 위험을 당하지도 않습니다. 용기가 있어서 위험한 사고가 미연에 방지되기 때문입니다. 설교자가, "이런 상황쯤이야 전혀 문제없어!"라고 느끼면, 대개의 경우는 정말 문제가 없습니다. 당황함으로써 만들어 낼 수 있는 위험한 상황이 자신감과 침착함 때문에 미연에 방지되는 것입니다. 형제 여러분, 주께서 과연 여러분을 목회 사역을 위하여 세우셨다면, 담대하고 침착해야 할 최고의 이유가 여러분에게 있는 것입니다. 대체 여러분이 누구를 두려워한단 말입니까? 여러분은 주께서 주시는 힘을 받아 주님의 심부름을 하는 사람입니다. 그러니 이 일을 행하는 문제에 대해서 하늘에 계신 여러분의 주인 이외에는 그 누구도 책임을 묻지 않습니다. 그리고 여러분의 주님은 결코 잔혹한 재판관이 아니십니다. 여러분이 강단에 올라가는 것은 설교자로서 빛을 드러내기 위한 것도, 청중의 편협한 기호를 만족시키기 위한 것도 아닙니다. 여러분은 하늘의 사자(使者)이지, 사람들의 종이 아닙니다.[3]

예레미야에게 주신 여호와의 말씀을 기억하고, 두려워하는 일 그 자체를 두려워해야 합니다: "너는 네 허리를 동이고 일어나 내가 네게 명령한 바를 다 그들에게 말하라 그들 때문에 두려워하지 말라 네가 그들 앞에서 두려움을 당하지 않게 하리라"(렘 1:17). 현장에서 임하는 성령의 도우심을 신뢰하십시오. 그러면 사람을 두려워하는 것이 여러분에게서 떠날 것입니다. 강단에서 아주 편안한 마음을 가지고 주위를 둘러보며 사람들에게 마치 사람이 자기 형제에게 말하듯 그렇게 말할 수 있게 되면, 즉흥적으로 자유롭게 말할 수 있게 될 것입니다. 그러나 그렇게 되기 전에는, 결코 자유롭게 말씀을 전할 수 없을 것입니다. 수줍어하고 우물쭈

---

3) "처음에는 말할 내용을 찾는 일이 나의 근심거리였다네. 하지만 지금은 내가 헛된 말을 하지 않기를 바라고 있다네. 주께서는 나를 즉석에서 말할 줄 아는 연설가의 성품을 얻도록 하기 위해서 이곳에 나를 보내신 것이 아니고, 그리스도께로 영혼들을 인도하고 그의 백성들을 강건하게 세우는 일을 위하여 나를 보내셨으니 말이네. 처음 설교를 시작할 때에 종종 말을 어떻게 이어갈까 당황스러울 때도 있었다네. 그러나 말할 내용이 하나씩 내게 무의식적으로 주어져서, 대개의 경우 나의 설교에서 가장 좋고 가장 유익이 되는 부분은 첫 시작 부분이 되어 버렸다네." — John Newton, Letters to a Student in Divinity.

물하는 것은 젊은 형제들에게는 정말 아름다운 것입니다만, 자기 자신을 잊어버리고, 자유롭고도 힘 있게 그리스도를 전하는 한 자기 자신의 명성에 대해서는 전혀 개의치 않는 그런 진정한 겸손이 그 뒤를 따라 나타나야 할 것입니다.

즉석에서 자유로이 말씀을 전할 수 있는 거룩하고도 유익한 능력을 지니기 위해서, 목사는 반드시 성령의 즉각적인 **도우심**을 어린아이처럼 의지하는 자세를 배양해야 합니다. 사도 신경은 "성령을 믿사오며"라고 말씀합니다. 이 조항을 진정한 신앙의 강령으로 삼지 않는 사람들이 많다는 것은 정말 두려운 일입니다. 일주일 내내 이리저리 다니면서 시간을 허비하고, 그런 다음 성령의 도우심 앞에 우리를 내어 던진다는 것은 사악하고 뻔뻔스러운 짓이요, 주님으로 하여금 우리의 게으름과 자기 탐닉을 도우시도록 만들려는 시도입니다. 그러나 위급한 상황에서는 문제가 다릅니다. 아무런 준비도 없는 상태에서 도저히 피할 수 없이 말씀을 전해야 할 경우가 생기면, 충만한 확신을 갖고서 성령께 자신을 내어 맡길 수밖에 없습니다. 하나님의 역사가 인간의 지성에 임하여, 그 연약함과 산만함을 뛰어넘어 높이 날아오르게 만들고 강건하게 하며, 인간의 능력의 한계를 훨씬 뛰어넘는 놀라운 방식으로 하나님의 진리를 깨닫고 표현하도록 만들어 주는 것입니다.

그러한 성령의 개입은 마치 이적처럼 우리의 수고를 대신하거나 우리의 근면함을 게으르게 만들려는 의도로 주어지는 것이 아닙니다. 그것은 위급할 경우에 우리를 쓰시는 주님의 도우심의 손길인 것입니다. 주의 성령께서 언제나 우리와 함께 계실 것입니다만, 특별히 극심한 스트레스의 상황에서는 더욱 그렇습니다. 진지하게 권면합니다만, 여러분이 목회 사역에서 다소 성숙해지기 전에는 어쩔 수 없는 경우가 아니면 순전히 즉흥적으로 설교하는 일은 시도하지 말기 바랍니다만, 어쩔 수 없이 그래야 하는 경우가 생기면 언제라도 그렇게 하십시오. 그 현장에서 여러분이 말씀해야 할 바를 성령께서 주시리라는 것을 믿고서 말입니다.

혹시 즉흥적으로 설교할 수 있는 능력을 지녔다는 느낌이 있는 경우라도, 그 능력을 곧바로 잃어버릴 수도 있다는 사실을 기억하시기 바랍니다.

저도 목회 생활을 통해서 그런 일을 당하고 깜짝 놀랐습니다. 이 일을 말씀드리는 것은 그것이 제가 여러분에게 드릴 수 있는 최고의 증거이기 때문입니다. 두 주일 동안 연속으로 제가 설교 노트를 평상시보다 더 길게, 더 충실하게 만들어 놓으면, 그 다음 주일에는 더 긴 노트가 필요하게 되는 것을 경험합니다. 그리고 때때로 제가 준비한 내용에 대한 제 기억에 좀 더 많이 의지하게 되고, 그러면서도 말씀을 전하기가 평상시보다 자유롭지 못한 것을 느낄 때에는, 미리 원고를 작성해야겠다는 간절함이 더 커지고 또한 그럴 필요성도 더 커지는 것을 봅니다. 그저 재미로 지팡이를 의지하여 걷기 시작하면, 얼마 지나지 않아서 지팡이가 없이는 걷지 못하게 됩니다. 안경을 끼는 것에 재미가 들리면, 영원히 안경을 끼지 않을 수 없게 되어 버리고 맙니다. 한 달 동안 목발을 짚고 걷게 되면, 다리가 건강하고 그 움직임이 정상이라 할지라도 결국 목발이 없으면 제대로 걷지 못하게 되고 마는 것입니다. 잘못 사용하게 되면 본질이 잘못되어 버리는 것입니다. 즉석에서 말씀 전하기를 계속해서 연습해야 합니다. 오두막집에서건, 시골 학교의 교실에서건, 길가에 있는 두세 사람에게건, 적절한 기회가 있을 때마다 항상 말씀 전하기를 힘쓰면, 여러분이 끼치는 유익이 모든 사람에게 알려질 것입니다.

말씀을 전하는 여러분의 능력에 굉장한 변화가 있으리라는 것을 미리 경계로 삼게 되면, 갑자기 놀라거나 침울해지는 일을 막을 수 있을 것입니다. 오늘은 아주 자유롭게 유창하게 말씀을 전하다가도, 내일이 되면 여러분의 생각과 말이 꽁꽁 얼어붙을 수도 있습니다. 생물들은 감각이 있고, 온갖 요인에서 영향을 받습니다. 절대적으로 확실하게 예측할 수 있는 것은 오로지 기계적인 것밖에는 없습니다. 그러니, 혹시 여러분 스스로 실패했다는 느낌이 들어도 이상스럽게 생각하지 말고, 정말 성공했다는 느낌이 들어도 놀라워할 필요가 없습니다. 마치 여러분이 혼자 사역하는 것처럼 스스로 자만에 빠져서는 안 됩니다. 하나님의 도우심이 없이 여러분 혼자서 할 수 있도록 만들어 주는 것은 아무것도 없습니다. 그러니 마흔아홉 번을 갑자기 설교 요청을 받아 모두 성공적으로 설교를 마쳤다고 해서, 오십 번째도 그렇겠지 하고 스스로 자만에 빠져서는 안 될 것입니다. 주께서 여러분을 홀로 내버려 두시면 여러분은 그 자리에서 벙어리가 되고 말 것이기 때문입니다. 이처럼 자유롭게 유창하게 말씀을 전하기도 하고 또 어려움을 겪기도 하니, 여러분은 언제나 하나님의 은혜를 의지하고 겸손하게 위로부터 능력이 임하시기를 바라야 할 것입니다.

무엇보다도 여러분의 혀가 여러분의 머리를 앞지르지 않도록 경계해야 합니다. 빈약한 유창함, 수다스러운 단조로움, 혹은 건질 내용이 없이 말만 많은 것 등을 경계해야 합니다. 아무것도 말할 내용이 없는데도 자기의 능력을 믿고 말을 계속해나가는 형제가 강단에서 무너지고 말았다는 이야기를 듣는 것이 얼마나 통쾌한지요! 그런 잘못을 저지르는 모든 사람들이 그런 결말을 맞았으면 좋겠습니다. 형제 여러분, 내용이 없으면서도 길게 말할 수 있다는 것이야말로 정말 소름끼치는 재능입니다. 장황하게 내뱉는 넌센스, 길게 늘어뜨린 평범한 이야기, 지리하게 전해지는 상식적인 이야기 등이 비일비재합니다. 그리고 그런 식의 즉흥적인 설교의 부끄러움과 추문도 비일비재합니다. 아무런 가치도 없는 감상적인 내용들을 아무리 아름답게 표현하고 산뜻한 말로 전한다 한들, 그것들이 과연 무슨 소용이 있겠습니까? 내용이 없으면 아무것도 얻을 것이 없습니다. 연구 없이 즉흥적으로 설교할 수 있는 능력은 비가 없는 메마른 구름이요, 물이 없는 우물이요, 그것을 소유한 사람이나 그의 말씀을 듣는 양 떼들 모두를 해치는 치명적인 재능입니다.

어떤 사람들이 저를 찾아와 이 신학교에 받아들여 주기를 요청했으나 저는 거절했습니다. 교육도 완전히 결핍되어 있고 자신의 무지함에 대한 의식도 전혀 없는 상태에서 끝없는 교만과 굉장한 달변으로 가득 차 있어서 훈련을 받게 되면 더 위험스러운 사람들이었기 때문이었습니다. 어떤 이들은 심지어 요한계시록에 나오는 뱀을 연상시키기도 했습니다. 입에서 물을 홍수같이 내뿜어서 여자가 거의 휩쓸려가게 만들기까지 하는 그 뱀 말입니다. 마치 시계처럼 태엽이 감겨 있어서, 완전히 지칠 때까지 계속해서 말을 쉬지 않습니다. 그러니 그런 사람들과 면식이 없는 사람이 복된 사람입니다. 그런 설교자들의 설교는 사자(獅子) 역할을 하는 사람의 연기(演技)처럼 보입니다. "즉흥적으로 해도 좋아. 어차피 울부짖는 것밖에는 없으니." 우리 스스로 시끄러운 소리를 떠들어대는 사람으로 전락하고, 바울이 말씀하는 소리 나는 구리와 울리는 꽹과리의 살아 있는 전형이 되어 버리는 것보다는 차라리, 말을 잘하는 구변(口辯)의 재능을 잃어버리거나 아예 지니지 않는 편이 더 낫습니다.

보통 즉흥 설교라 불리는 주제 — 곧, 내용을 잘 준비하되 표현하는 말은 전달하는 동안 즉흥적으로 찾는 그런 설교 — 까지 다루려 했다면 말이 더 길어졌을 것입니다. 그러나 이것은 전혀 다른 문제이며, 또한 어떤 이들이 아주 굉장한 능력으로 흠모하기도 하지만, 제가 믿기로는 강단 사역에서는 필수적인 요건이며, 절대로 특정인들의 재능이 아닙니다. 그러나 이에 대해서는 후에 다시 말씀드리게 될 것입니다.

제 11 장

목사의 침체 상태

　다윗이 전투의 열기 속에서 기진맥진해졌다는 기록이 있으니, 주의 모든 종들도 그런 일을 당할 수 있습니다. 침체의 발작이 우리들 대부분에게 엄습합니다. 대개는 쾌활함을 보이지만, 때때로 침체에 빠지는 것입니다. 강한 자도 항상 강한 것이 아니고, 지혜로운 자도 언제나 대비가 되어 있는 것이 아닙니다. 용맹한 자도 항상 용기가 있는 것이 아니고, 즐거워하는 자도 항상 행복한 것이 아닙니다. 철인(鐵人)에게도 눈에 잘 띄지는 않지만 여기저기 낡고 헤진 부분이 있을 수 있습니다. 주께서는 보통 사람들의 형편을 아시며, 또한 그들 자신이 티끌에 불과한 존재임을 스스로 알게 하십니다. 깊은 영적 침체가 무엇인지를 뼈아픈 고통의 경험을 통해서 알고 있고, 또한 그런 경험들을 적지 않게 겪고 있으므로, 이 문제에 대해서 제 생각을 전해 드리는 것이 몇몇 형제들에게는 위로가 되리라 생각됩니다. 한동안 우울한 상태에 사로잡혀 있을 때에 젊은 형제들이 자기에게 정말 이상한 일이 일어났다는 식으로 잘못 생각하지 않도록 막을 수도 있고, 또한 침체 가운데 있는 형제들로서도 자기들이 태양 빛을 환히 받으면서도 항상 그 빛 속에서 걷는 것이 아니었다는 것을 깨닫게 될 수도 있을 것입니다.
　아무리 탁월하게 쓰임 받는 목사들이라도 대부분 — 전부는 아니라 할지라도 — 모든 것이 망가져 버리는 무서운 침체의 시기를 경험한다는 사실은 구태여 그들의 전기들에 나타나는 사실들을 통해서 입증할 필요가 없습니다. 루터의 생애만 보아도 그런 경우가 수없이 나타납니다. 그는 결코 연약한 사람이 아니었는데도 말입니다. 그는 환희의 칠층천(七層天)까지 올라가 있는 때도 많았고, 절망의 나락에 떨어질 때도 많았습니다. 그는 임종시에도 심하게 몰아치는 광풍을 겪었고, 마치 대단히 지친 어린아이처럼 마지막 숨을 거두었습니다. 갖가지 경우들을 이리저리 살피기보다는, 여기서 어째서 이런 일들이 허용되며 어째서 빛의 자녀들이 때때로 캄캄한 어둠 속을 걷게 되며, 환한 대낮에 속한 사자들이 한밤중에 지내는 일이 생기는지를 살펴보도록 합시다.

우선 그들은 사람들이었습니다. 사람이므로, 연약함이 있고, 슬픔을 당하게 되어 있는 것입니다. 구약 외경 집회서 40:1-8에서 지혜자는 이렇게 말씀하고 있습니다:

> 인간이면 누구나 고생스럽게 마련이고 여자의 배 속에서 태어나는 날부터 만물의 어머니에게로 돌아가는 날까지 아담의 자손들이 지는 멍에는 무겁다. 그들이 생각하는 것이나 그들이 마음 속으로 두려워하는 것은 마지막 날, 죽음 앞에서의 불안이다. 영광의 왕좌에 앉은 자로부터 땅바닥이나 잿더미에 쭈그리고 앉은 자에 이르기까지, 왕의 옷을 입고 왕관을 쓴 자로부터 누더기를 걸친 사람에 이르기까지, 인생은 분노와 시기, 고난과 불안, 죽음의 공포와 원한, 그리고 싸움일 뿐이다. 밤에 자리에 누워서 쉴 때에도 잠은 새로운 근심을 더해 줄 뿐이다. 잠들고서도 잔 것 같지 않게, 대낮에 감시 받는 것같이 악몽에 시달리면서 싸움터에서 도망치는 사람처럼, 환상에 쫓겨다니다가 구조를 받을 순간에 깨어나서, 그 공포가 한낱 꿈이었음을 알고 놀란다. 사람으로부터 짐승에 이르기까지 뭇 생명에게 벌이 있지만 죄인들은 일곱 배의 벌을 받는 것이니.

은혜가 이런 상황을 상당히 막아줍니다. 그러나 여전히 어느 정도는 악한 상황을 당하게 되어 있습니다. 구속의 경륜 아래서조차도, 연약함을 견뎌야 하는 것이 너무도 분명합니다. 그렇지 않다면 성령께서 도우시리라는 약속도 주어질 필요가 없었을 것입니다. 때때로 우리는 침체에 빠지곤 합니다. 선인(善人)들에게는 이 세상에서 환난이 약속되어 있습니다. 그리고 목사들은 고난 당하는 주의 백성들을 동정하기를 배워서 양 떼들의 합당한 목자들이 될 수 있도록 하기 위하여 다른 이들보다 더 큰 환난의 몫을 당하게 되어 있습니다. 육체를 떠난 영들이 말씀을 선포하도록 보내심을 받았을 수도 있습니다만, 그들은 육체를 지니고 짐을 지고 탄식하는 자들의 심정을 알 길이 없었습니다. 천사들이 복음전도자로 지명되었을 수도 있지만, 그들은 천상적(天上的)인 속성들 때문에 무지한 자들에게 연민을 가질 자격이 없습니다. 대리석으로 사람을 조각하여 그들로 하여금 복음을 전하도록 할 수도 있었겠지만, 그들은 감정이 없으므로 오히려 우리의 연약함을 조롱하는 것이 되고, 우리의 부족함을 비아냥거리게 되었을 것입니다. 무한히 지혜로우신 하나님께서는 사람들을, 온갖 인간의 감정을 지닌 사람들을 은혜의 그릇들로 택하신 것입니다. 그렇기 때문에 이런 눈물이 있으며 이런 혼란스러움과 침체가 있는 것입니다.

더 나아가서, 우리들 대부분은 육체적으로 온전하지 못합니다. 물론 단 하루도 아파서 자리에 누워 본 기억이 없다고 주장하는 노인을 여기저기서 만나기도 합니다만, 우리들 대부분은 육체적으로나 정신적으로 이런저런 형태의 연약함을 지고 살아가고 있습니다. 특별히 소화 기관이나, 신장(腎臟), 비장(脾臟) 등이 약할 때에는 곧바로 무기력증에 빠져 버립니다. 그런 질병들의 영향을 받지 않으려고 노력할 수도 있겠지만, 어쩔 수 없이 그것들에 휩싸여 괴로움을 당하는 상황과 때가 반드시 있는 법입니다. 정신적인 질병에 대해서도, 과연 정상인 사람이 있겠습니까? 누구든 조금씩은 정상에서 벗어나 있는 것이 아닙니까? 어떤 이들은 울적한 기분을 마치 자기들의 개성의 필수적인 요건처럼 소유하고 있기도 합니다. 그런 이들에 대해서는 "우울한 상태는 그들의 특징 그 자체야"라고 말할 수도 있을 것입니다. 훌륭하고도 고귀한 정신을 지니고 있으면서도, 은(銀) 같은 내용물은 잊어버리고 오로지 시커멓게 낀 구름만 기억하게 될 소지가 얼마든지 있는 것입니다. 그런 사람들은 옛 시인과 더불어 다음과 같이 노래할 것입니다:

"우리 마음이 깨어져 있고, 하프는 줄이 끊어져 있어,
우리의 유일한 음악은 한숨과 탄식뿐이니,
우리의 노래는 눈물의 곡에 맞추어야 하리,
우리는 살가죽과 뼈마디까지 온통 초조함뿐이로다."
― 토머스 워시본(Thomas Washbourne)

이런 연약함들은 사람이 특별히 유익하게 쓰임 받는 길에 전혀 지장이 되지 않을 수도 있습니다. 심지어 하나님께서 그의 지혜로 사람에게 그의 섬김의 삶을 위하여 필수적인 요건으로 부과해 놓으신 것일 수도 있습니다. 어떤 식물들은 늪지에서 자라기 때문에 오히려 약에 쓰이는 특별한 성분을 지니기도 합니다. 또 어떤 식물들은 그늘에서만 자라기 때문에 특별한 성분을 지니고 있기도 합니다. 귀중한 열매들은 태양에 의해서 생기기도 하지만 달에 의해서 생기기도 하는 법입니다. 보트에는 돛도 중요하지만 동시에 바닥에 까는 짐도 필요합니다. 내리막길을 내려갈 때에는 짐차 바퀴를 뒤로 잡아당기는 것이 결코 방해가 되지 않습니다. 어떤 경우에는 고통이 천재성을 개발시켜 주기도 합니다. 굴 속에 누워 잠자는 사자처럼 그냥 빈둥거리고 있는 영혼을 고통이 일깨워 주는 것입니다. 날개가 꺾이는 일이 없었다면, 구름 속에서 길을 잃어버리고 말았을지도 모릅니다. 심지어 입에 올리브 나뭇가지를 물고서 노아 방주에 길을 가리켜 주는 그 아름다운 비둘기마저도 그렇게 되었을 수도 있습니다.

마음이 가라앉을 수밖에 없는 특별한 원인들이 있는 경우에는, 어두운 순간에 마음이 그것들에 사로잡히는 것도 무리가 아닙니다. 여러 경우들을 볼 때에 놀라운 일은, 몇몇 목사들이 그런 순간에도 계속 일을 해나가며, 더욱이 얼굴에 환한 미소를 짓기까지 한다는 사실입니다. 은혜에게도 아직 승리가 있습니다. 그리고 인내에는 그것 때문에 죽어 없어지는 요인들이 있습니다. 이것들을 높이 기려야 합니다. 왜냐하면 영혼 속에서 그것들이 불에 타고 있지만, 인간의 눈에는 그것들이 보이지 않기 때문입니다. 예레미야와 같은 분들의 사역도 이사야와 같은 분들의 사역과 똑같이 하나님께서 받으시는 것입니다. 심지어 침체 상태에 있었던 요나까지

도 여호와의 참 선지자입니다. 니느웨가 그를 그렇게 받아들였던 것입니다. 절뚝거리는 사람을 멸시하지 마십시오. 그들도 먹이를 취합니다. 그러나 비틀거리면서도 계속 나아가는 사람을 높이 기리십시오. 시력이 약한 레아가 아름다운 라헬보다 훨씬 많은 자녀를 낳았고, 한나의 슬픈 탄식이 브닌나의 자랑보다 훨씬 더 고귀했던 것입니다. 슬픔의 사람이신 주님은 "애통하는 자는 복이 있다"고 말씀하셨으니, 그들의 눈물에 은혜가 양념으로 부어질 때에 결코 그들을 달리 보아서는 안 될 것입니다. 우리는 질그릇에 복음의 보배를 담고 있는 사람들입니다. 그러니 그릇 여기저기에 흠집이 있다고 해서 이상스러울 것이 없습니다.

우리가 진실하게 사역을 감당하면, 공격에 노출되고 그리하여 침체의 방향으로 나아가게 됩니다. 어쩌다가 먼지 속으로 가라앉는 일이 전혀 없이 영혼의 무게를 감당할 수 있는 사람이 과연 어디 있겠습니까? 사람들의 회심을 바라는 뜨거운 갈망은, 그것이 충만히 만족을 얻지 못하면 — 과연 누가 만족을 얻겠습니까 — 영혼을 걱정과 실망으로 불타게 만드는 법입니다. 소망을 가졌던 자들이 돌아서고, 경건하던 자들이 냉랭해지고, 입으로 신앙을 고백하던 자들이 자기들의 특권을 저버리며, 죄인들이 더 대담하게 죄에 휩쓸리는 것들을 보면, 우리가 땅바닥으로 무너져 내리는 것처럼 되지 않겠습니까? 하나님의 나라가 우리 뜻대로 임하지 않고, 거룩하신 하나님의 이름이 우리의 소원처럼 거룩히 여김을 받지 않을 때에, 우리는 슬피 울 수밖에 없습니다. 사람들이 우리의 말을 믿지 않으며, 하나님의 팔이 나타나지 않을 때에, 슬피 우는 것밖에 달리 무슨 방도가 있겠습니까?

정신적인 노동은 지치고 침체에 빠지게 만드는 경향이 있습니다. 오래 연구하면 육체가 피로해지기 때문이지요. 그러나 우리의 일은 그저 정신적인 일만이 아닙니다. 그것은 마음의 일이요, 우리의 가장 은밀한 영혼의 수고인 것입니다. 주일 저녁에 우리의 생명이 완전히 우리에게서 씻겨나간 것 같은 느낌이 들 때가 얼마나 많습니까? 교인들에게 우리의 영혼을 모조리 쏟아 부은 후, 우리는 마치 어린아이도 부술 수 있는 흙으로 만든 속이 텅 빈 인형이 되어 버린 것 같은 느낌이 듭니다. 만일 우리가 바울을 닮아서 영혼들을 더욱 고귀하게 바라본다면, 여호와의 집을 향한 열심에 삼킨 바 된다는 것이 과연 무엇인지를 더 잘 알 것입니다. 우리의 삶 전체를 예수님을 위해 쏟아 붓는 것이 우리의 의무요 또한 특권입니다. 우리는 아주 잘 보존되어 있는 살아 있는 표본 같은 사람이 될 필요는 없습니다. 오히려 우리는 태워서 죽임을 당하는 산 제물들이 되어야 합니다. 우리는 우리 자신을 잘 간수하거나 우리의 육체를 잘 돌보아서는 안 되고, 오히려 우리 자신을 소비하여야 하고, 또 소비를 당해야 마땅합니다. 그러니 신실한 목사의 그런 영혼의 고뇌는 때때로 마음과 육체가 다 지쳐 버리는 기진맥진한 상태를 가져오게 되는 것입니다. 팔을 들고 간구하던 모세도 점점 지쳐서 팔이 내려왔고, 바울도 "이런 일을 감히 누가 감당하랴?"라고 외쳤습니다. 세례 요한조차도 침체의 시기가 있었던 것으로 생각됩니다. 그리고 사도들도 한순간 놀라워하다가 곧 두려워하는 마음을 가졌습니다.

교회에서의 우리의 위치로 인하여 침체가 오기도 합니다. 자신의 사역을 위하여 충실히 준비를 갖춘 목사는 보통 다른 사람들과는 영적 상태가 다르고, 그들보다 훨씬 뛰어납니다. 교인들 가운데 아무리 사랑하는 자가 있다 할지라도 그의 특별한 생각과 걱정거리와 유혹들은 모르는 법입니다. 계급 사회에서는 계급이 낮을수록 동급에 있는 동료들의 숫자가 많습니다. 그러나 계급이 높아질수록, 동급의 동료들의 숫자가 적어집니다. 병사들은 그렇게 숫자가 많습니다만, 대위는 그보다 적고, 대령의 숫자는 그보다 더 적습니다. 그러나 대장은 오로지 한 사람밖에는 없습니다. 마찬가지로 교회에서도 주께서 지도자의 위치로 높이신 사람은 그가 높은 위치에 있는 만큼 외로운 사람이 됩니다. 산꼭대기는 장엄하게 홀로 서 있는 법입니다. 하나님께서 그런 고독의 상태를 찾아오실 때에 오직 하나님과 더불어서만 이야기를 하는 것입니다. 동료들보다 더 높이 올라서 하늘의 것들과 더 가까이에서 교제를 나누는 하나님의 사람들은 연약한 순간이 올 때에 사람들의 동정이 없어서 외로움을 느낄 수밖에 없습니다. 겟세마네 동산의 주님과 같이, 그들은 주위에서 잠자고 있는 제자들에게서 위로를 구하려 해도 얻을 수가 없습니다. 그 작은 형제 무리들의 무정함에 깜짝 놀라서, 자기들을 압박해 오는 그 무거운 짐들을 진 채 은밀한 자기들만의 고뇌 속으로 돌아가는 것입니다. 아무리 가까운 형제들이라도 그들의 심정을 알아주지 못하기 때문입니다. 만군의 여호와를 위한 열심이 특심한 그런 영혼의 고독은 당해본 사람이 아니면 도저히 알 수가 없습니다. 그것을 드러내면 사람들이 그것을 미친 짓으로 알기 때문에 감히 드러내지 못합니다. 그러나 숨길 수도 없습니다. 속에서 불이 타올라서 뼈마디가 녹는 듯하여 견딜 수 없기 때문입니다. 오직 여호와 앞에서만 안식을 찾습니다. 우리 주님께서 제자들을 두 사람씩 짝을 지어 보내신 것은 그가 사람의 본질이 어떠한가를 아셨기 때문입니다. 바울 같은 사람으로서는 그를 돕는 짝을 전혀 찾을 수가 없었으리라 여겨집니다. 바나바나 실라, 혹은 누가는 히말라야 산맥의 정상과도 같은 그 이방인의 사도에 비하면 너무나도 낮은 작은 봉우리에 불과했기 때문입니다. 제가 잘못 안 것이 아니라면, 여러 형제들이 이러한 외로움을 느끼고 있는데, 이런 외로움이야말로 침체의 원인이 됩니다. 목회자들끼리의 친교 모임에 하나님께서 복을 내리실 때에, 비슷한 동료들끼리의 거룩한 교제를 통해서 우리가 그런 침체의 수렁을 피하는 데에 큰 도움을 얻을 것입니다.

오래 앉아 있는 습관도 무기력증을 일으키는 경향이 있습니다. 버튼(Burton)은 그의 「우울증의 해부」(*Anatomy of Melancholy*)에서 우울증의 원인을 다루는 중에, 다른 저자의 진술을 인용하여 이렇게 말합니다:

학자들은 자기의 몸을 소홀히 다룬다. 다른 사람들은 자기들의 도구를 아낀다. 화가는 자기의 붓을 씻고, 대장장이는 자기의 망치나 끌을 아낀다. 농부는 자기의 쟁기를 열심히 수리하고, 날이 무디면 갈아서 날카롭게 한다. 사냥꾼은 자기의 매나 사냥개나 말을 특별히 관리한다. 음악가는 자기의 악기의 현을 잘 관리한다. 그런데 유독 학자들만 날마다 사용하는 자기들의 도구(즉, 뇌와 정신)를 소홀히 다룬다. "밧줄을 너무 당기지 말라. 지나치게 당기면 끊어질 것이니 말이다"라는 루칸(Lucan)의 말은 아주 적절하다.

한 자세로 오래 앉아서 책에 몰두하거나, 펜으로 쓰는 일에 몰두하게 되면, 그 자체가 본성에 짐을 지우는 것이 됩니다. 그런데 게다가 환기가 잘 되지 않는 방안에 앉아 있게 되면, 몸이 오랜 시간 근육의 움직임이 없이 있게 되고 마음도 신경을 집중시키게 되니, 무기력증이 생겨나도록 만드는 모든 요인들을 지니고 있는 것입니다.

"담요로 그날을 마감하고,
썩은 삼림이 비에 젖고,
잎사귀가 진흙에 짓밟히는"

안개가 자욱한 음침한 계절에는 더욱 그렇습니다. 사람이 아무리 새처럼 쾌활한 천성을 지니고 있다 해도, 그처럼 열악한 상황 속에서 해마다 똑같이 견뎌낼 수는 없을 것입니다. 서재가 감옥이 될 것이고 그의 책들은 감방의 간수가 될 것입니다. 그리고 창문 바깥의 자연이 건강과 기쁨을 찾을 수 있는 곳으로 나오도록 그를 불러댈 것입니다. 히스 꽃 사이에서 윙윙거리는 벌들의 소리나, 숲 속에서 지저귀는 산비둘기의 울음소리나, 실개천에서 졸졸 흐르는 물소리나, 소나무 숲에서 윙윙 울리는 바람 소리를 잊어버리는 사람은, 그 마음이 노래를 잊고 침울해지는 것이 전혀 이상할 것이 없습니다. 하루 시간을 내어 언덕 위에서 신선한 공기를 마시거나 몇 시간이라도 바닷가 나무 숲 사이를 조용히 거니는 것이, 목회 사역에 수고하느라 절반쯤 죽어 있는 우리 목사들에게는 머리에 쳐진 거미줄을 쓸어내는 것과 같은 효과를 가져올 것입니다. 바다의 공기를 입안 가득 들이마시거나 바람을 마주보며 가파른 산길을 걷는다고 해서 영혼이 은혜를 받지는 않습니다만, 육체에 신선한 산소를 공급해 줄 것은 분명합니다. 그렇다면 그것은 은혜 다음으로 좋은 것입니다.

"음침한 공기 속에서는 마음도 음침하니,
불어오는 바람마다 절망을 날려 버리리."

울창한 숲과 토끼들, 시냇물과 숭어들, 전나무와 다람쥐들, 앵초와 제비꽃, 갖가지 식물을 심어 놓은 들판과 새로이 깎아 놓은 건초 더미, 향기 나는 들풀들 — 이런 것들이야말로 우울증에는 최고의 약들이요, 침체 상태에 빠진 자들에게는 가장 확실한 영양제요, 지친 자들에게는 가장 좋은 청량제입니다. 그런데, 기회가 없기도 하고 마음도 내키지 않아서 이런 귀한 치료제들을 소홀히 하고 있고, 그리하여 우리가 스스로 희생물이 되고 있는 것입니다.

침체 상태가 찾아오는 가장 좋은 기회가 되는 때는, 제가 경험한 바로는, 다음과 같이 간단히 정리할 수 있을 것입니다. 우선 크나큰 성공의 시기를 언급해야겠습니다. 오랜 숙원이 드디어 이루어질 때에, 우리의 수단을 통해서 하나님께서 크게 영광을 받으시고 크나큰 승리를 얻은 다음, 침체에 빠지기 쉬운 법입니다. 그렇게 특별한 은혜가 있을 때에는 우리 영혼이 높이 올라가 최고의 황홀경 속에 있을 것이고, 말할 수 없는 기쁨으로 즐거워할 것이라고 생각하기 쉽지만, 대개는 그와 정반대의 현상이 일어납니다. 주께서는 그의 군병들이 승리에 취하여 기뻐 날뛰는 위험에 빠지도록 버려 두시지 않습니다. 그런 시험을 견딜 수 있는 자들이 거의 없다는 것을 아시기 때문에 그들에게 쓰라린 잔을 들이대시는 것입니다. 하늘에서 불이 내렸고, 바알의 제사장들이 살육을 당하였고, 또한 메마른 땅에 비가 내린 후의 엘리야의 모습을 보십시오! 그에게는 위안을 삼을 만한 음악도 없었고, 승리에 가득 찬 정복자와 같은 뽐내는 모습도 없었습니다. 오히려 그는 이세벨을 피하여 도망하면서 자신의 강렬한 열정이 뒤집어지는 것을 느꼈고, 그리하여 죽기를 간구하였습니다. 죽음을 보지 않은 사람은 무덤에서 누리는 안식을 동경하는 법입니다. 세계의 군왕인 가이사마저도 고통의 순간에는 마치 병든 어린 소녀처럼 울부짖었습니다. 초라한 인간의 본성으로는 하늘의 승리가 가져다주는 그런 고통을 감내할 수가 없고, 반드시 반동(反動)적인 현상이 나타나게 되어 있습니다.

크나큰 기쁨과 흥분의 순간이 있으면 반드시 침체를 그 대가로 치러야 하는 법입니다. 시련이 지속되는 동안에는 위기를 견딜 만큼의 힘도 지속됩니다. 그러나 시련이 끝나고 나면, 본성적인 연약함이 그 본모습을 드러냅니다. 야곱은 밤새도록 씨름을 하면서도 계속 견뎠지만, 새벽이 되어 씨름이 끝나자 절뚝거릴 수밖에 없었습니다. 그 스스로 자랑하지 못하도록 하기 위함이었습니다. 바울도 삼층천(三層天)에 올라가서 말할 수 없는 것들을 보고 들었지만, 그의 육체에 가시가 있어서 사탄의 사자 역할을 하며 그를 가로막는 일을 당해야 했습니다. 사람은 순전한 행복만은 당할 수가 없습니다. 선한 이들도 이마에 월계수와 도금양(桃金孃)을 씌우는 일은 감당할 수 없습니다. 그래서 그와 더불어 은밀하게 굴욕적인 상황을 당하여 자기들의 적절한 위치를 지키게 되는 것입니다. 부흥으로 말미암아 발이 공중에 떠오르게 되고, 대중적인 인기로 인하여 높이 치켜 세움을 받고, 영혼을 구하는 일의 성공으로 말미암아 마음이 한껏 고조되어 있어도, 긍휼의 그 은혜로우신 통제로 말미암아 우리의 헛된 영광의 배들이 강한 동풍에 떠밀려 깨어지고, 그리하여 우리가 파선(破船)하고 벌거벗고 버림받은 상태가 되어 만세반석이신 그리스도께로 나아가게 되지 않고서는, 우리는 바람에 나는 겨에 불과할 수밖에 없습니다.

    큰 성취를 앞두고서도 동일한 침체가 어느 정도 나타나는 것이 상례입니다. 우리 앞에 놓인 어려움들을 보면서, 우리 마음이 속에서 가라앉기 때문입니다. 아낙 자손들이 우리 앞에 퍼져 있고 우리는 그들 앞에서 마치 메뚜기들처럼 초라해 보입니다. 가나안의 성(城)들이 하늘에 닿을 정도로 높은 벽을 쌓고 있는데, 대체 우리가 누구이기에 그 성들을 함락시킬 소망을 갖는단 말입니까? 모두들 무기를 버리고 줄행랑쳐 버릴 마음을 갖고 있습니다. 니느웨는 큰 성입니다. 그러니 우리는 그 시끄러운 무리들과 대면하느니 차라리 다시스로 도망할 마음을 갖습니다. 그 끔찍스러운 현장에서 우리를 조용히 사라지게 해 줄 배를 기다리기부터 하고 있습니다. 그저 무서운 풍랑에 대한 두려움 때문에 발걸음을 돌리지 못하고 있을 뿐입니다. 제가 처음 런던에서 목회를 시작했을 때에 저의 경험이 그랬습니다. 저의 성공이 저를 소름끼치게 했습니다. 목회 사역의 길이 활짝 열려 있다는 생각이 들었는데, 우쭐해지기는커녕 오히려 깊고 깊은 나락으로 나를 떨어뜨렸습니다. 거기서는 글로리아 인 엑셀시스(gloria in excelsis: 영광의 찬송)에 대한 생각은 전혀 없었고 내 입에서는 오로지 미제레레(*miserere*: 탄식의 찬송)만 터져 나왔습니다. 그렇게 엄청난 무리들을 계속해서 인도해야 하다니, 대체 내가 누구란 말인가? 보잘것없는 제 고향으로 돌아가거나 아니면 미국으로 이민을 가서 나무 숲 속에 홀로 둥지를 틀면, 거기서라면 제게 주어지는 일들을 충분히 감당할 수 있을 것 같았습니다.

바로 그때에 휘장이 걷히고 제가 평생을 감당해야 할 사역의 모습이 드러났습니다. 저는 참으로 두려웠습니다. 제가 믿음이 없는 것이 아니라, 그저 소심하여 부족하다는 생각으로 가득 차 있었기를 바랍니다. 어쨌든 저는 하나님의 은혜로운 섭리가 저를 위하여 예비해 두신 그 일이 정말 몸서리치게 두려웠습니다. 저는 그저 어린아이에 불과하다는 느낌이었습니다. 그래서 마치 "일어나 저 산을 도리깨질하여 겨로 만들어라"는 음성을 듣기라도 한 것처럼 떨었습니다. 주께서 제 사역을 위하여 더 큰 축복을 예비하고 계실 때마다 이러한 침체 상태가 저를 엄습했습니다.

구름이 깨어져 긍휼의 단비가 내리기 전에는 새까맣게 하늘을 가리는 법입니다. 이제 침체 상태는 제게 마치 거친 옷을 입은 선지자 세례 요한과도 같아서 주님의 더 풍성한 축복이 가까이 오고 있음을 전해 주는 존재가 되었습니다. 저보다 훨씬 훌륭한 사람들도 침체의 상태를 그렇게 보았습니다. 성령의 세례에 앞서서 고난 속에 잠기는 일이 먼저 있었습니다. 금식이 잔치를 위해서 식욕을 돋구는 법입니다. 종이 양을 치며 홀로 두려움 가운데서 기다리고 있을 동안 여호와께서 그 종에게 나타나셨습니다. 광야가 가나안으로 들어가는 길인 것입니다. 낮은 골짜기가 높이 솟은 산으로 이어집니다. 패배가 승리를 준비시켜 줍니다. 비둘기에 앞서서 까마귀가 보냄을 받습니다. 새벽이 오기에 앞서서 캄캄한 밤이 있는 법입니다. 선원들이 파도를 만나 깊은 바닷속을 경험하지만, 그 다음 파도를 타고 하늘에까지 솟아오르는 것입니다. 그들이 바라는 항구에 닿기 전에 고통 때문에 심령이 녹는 것입니다.

끊임없이 이어지는 수고 중에도 그런 괴로움이 찾아올 수 있습니다. 활을 계속해서 당겨 놓으면 언제 부러질지 모르는 법입니다. 육체에 잠이 필요하듯이 정신에도 쉼이 필요합니다. 주일은 우리가 수고하는 날이니다. 그러니 다른 날을 정해서 쉬지 않으면 우리는 쓰러지고 맙니다. 심지어 땅도 안식년을 갖고 경작하지 않고 묵혀 두니, 우리 역시 그래야 합니다. 그리하여 주께서는 그의 지혜와 연민으로 제자들에게, "광야로 들어가서 잠시 쉬자"고 말씀하셨습니다. 아니 무엇이라구요? 사람들이 힘없이 쓰러지고 있는데 말입니까? 무리들이 목자 없는 양 떼들처럼 산에 널려 있는데 말입니까? 예수께서 쉬자고 하셨단 말입니까? 바리새인과 서기관들이, 마치 사나운 늑대들처럼 양 떼들을 도륙하고 있는데, 예수님과 그의 제자들은 한적한 곳으로 가서 쉼을 즐긴다구요? 당장 해야 할 일들이 산더미 같이 쌓여 있는데 어떻게 그것을 잊고 쉰단 말입니까? 열심 있고 신실한 종이라면 쉼을 잊어야 하는 것이 당연한 일이 아닐까요? 그러나 이런 식의 불평들은 어리석기 그지없는 것입니다. 주님이 더 잘 알고 계십니다. 주님은 그의 종들을 완전히 지치게도 하지 않으시고 이스라엘의 빛을 꺼뜨리시는 법도 없습니다.

휴식의 시간은 결코 헛된 시간이 아닙니다. 그것은 신선한 힘을 모아 주며, 결국 시간을 절약하는 것이 됩니다. 여름철 잔디를 깎는 사람을 보십시오. 해가 지기 전에 깎아야 할 것이 너무나 많습니다. 그런데 그 사람은 잔디를 깎는 중간중간에 일을 멈춥니다. 그 사람이 게으른 것일까요? 낫을 가는 돌을 찾아서는 그것으로 "쓱싹 쓱싹" 콧노래를 부르면서 낫을 갑니다. 그런 콧노래가 과연 쓸데없는 것일까요? 그 사람이 귀중한 시간들을 허비하고 있는 것일까요? 낫을 갈면서 그렇게 콧노래를 부르고 앉아 있는 동안 잔디를 깎았다면 얼마나 더 많이 깎아 놓았겠습니까! 하지만 그 사람은 자기의 연장을 갈고 있는 것입니다. 낫을 잘 갈아 놓고 나면, 자기 앞에 길게 자라 있는 잔디를 훨씬 더 힘 있게 깎게 될 것입니다. 이처럼 정신도 잠시 쉼을 가지면 더 큰 일을 할 수 있는 것입니다. 어부들은 그물을 수리해야 합니다. 그러니 우리도 이따금 정신에 쌓인 노폐물들을 정리해야 하고 미래의 사역을 위하여 우리의 모든 것을 정돈할 필요가 있습니다. 마치 휴일이 없는 갤리선의 노예들처럼 날이면 날마다 노를 젓는 일은 유한한 인간에게는 적합하지 않습니다. 물레방앗간을 흐르는 시냇물은 끊임없이 계속 흐르지만, 우리는 휴식이 있어야 하고 쉼이 필요합니다. 휴식도 없이 계속 경주를 하다가 숨이 막히게 되면 과연 누가 도울 수 있습니까? 짐을 지는 짐승들조차도 때때로 짐을 내려놓고 풀을 뜯게 합니다. 바다도 썰물이 될 때에 잠시 쉬었다가 다시 밀물이 되어 들어옵니다. 땅도 추운 겨울 동안 안식을 갖습니다.

그러니 하나님의 사신이 되는 사람도 반드시 쉬지 않으면 쓰러질 수밖에 없고, 힘을 정비하고 충전하지 않으면 때도 되기 전에 늙어 버리고 마는 법입니다. 그러므로 때때로 휴가를 갖는 것이 지혜로운 일입니다. 가끔씩 일을 덜하는 때도 있지만, 결국에 가서는 더 많은 일을 하게 되는 것입니다. 전혀 쉬지도 않고 계속해서 일을 하는 것은 이 "무거운 장막"에서 해방된 영들에게는 적합할지 모르지만, 우리가 이 육체의 장막 속에 있는 한, 가끔 일을 중지하고 거룩한 휴식과 신성한 여가를 가짐으로써 주님을 섬겨야 하는 것입니다. 잠시 동안 안장을 풀고 쉬는 것이 정당하다는 것에 대해서 양심의 거리낌을 가져서는 안 될 것입니다. 오히려 다른 이들의 경험들에서 적절한 쉼을 갖는 것이 필수적인 의무라는 사실을 배워야 할 것입니다.

한 번의 결정적인 타격으로 인하여 목사가 극심한 침체에 빠지기도 합니다. 가장 믿고 의지하던 형제가 배반자가 됩니다. 유다가 자기를 신뢰하던 자를 배반합니다. 그러면 설교자의 마음이 한동안 괴로움에 빠집니다. 우리는 모두 육체의 정리(情理)를 구하는 데에 빠지기가 너무나 쉽고, 바로 그런 연약함에서 우리의 온갖 비통한 심정이 생겨납니다. 또한 존경하고 사랑하던 교인이 시험에 빠져서 거룩하신 하나님의 이름을 더럽힐 때에도 똑같이 큰 충격을 받게 됩니다. 이보다 참담한 일은 없습니다. 이런 일을 당하면 목사는 아무도 없는 어떤 광야로 들어가서 영원토록 그곳에 숨어서, 다시는 불경건한 자들의 망령된 헛소리들을 듣지 않고 싶은 심정이 됩니다. 십 년 동안 힘써 수고하고 애쓰는 것보다도 반역자 아히도벨이나 배도자(背道者) 데마 같은 사람에 의해서 몇 시간 충격을 받는 것이 더 우리 생명에 해를 끼치는 것입니다. 분쟁이나 분열, 비방, 그리고 어리석은 비난 같은 것들로 인해서 거룩한 사람들이 엎드러져서 칼이 뼈를 도려내는 듯한 아픔을 느끼는 경우가 많습니다. 거친 말이 예민한 사람들에게 아주 날카롭게 상처를 주는 법입니다. 탁월한 목사들 가운데도 그들의 신령한 성품으로 인하여 매우 예민한 사람들이 많습니다. 이런 세상을 아무렇지도 않게 견디기에는 너무나 예민합니다. 우리의 싸움에서는 거친 공격을 당하는 일이 불가피한데, 이런 공격을 받아 심령이 완악해지는 경우를 흔히 보게 됩니다. 이런 공격을 당할 때에 그것들이 우리를 완전히 압도하여, 크나큰 어둠의 공포 속에 잠기게 되는 것입니다. 참된 목사는 갖가지 시험을 당합니다. 그런데 은혜를 모르는 이름뿐인 신자가 저지르는 잘못들이 철천지 원수의 악의에 찬 공격보다도 견디기가 더욱 힘듭니다. 마음의 편안함을 찾고, 고요한 삶을 추구하는 사람은 결코 목회 사역에 임하지 말아야 합니다. 그런 사람이 목회 사역에 임하였다간, 환멸을 느끼고 도망하게 될 것이 뻔하니 말입니다.

저는 서리 음악당(Surrey Music Hall)의 그 처참한 사건 이후 극심한 어두움의 공포를 겪었습니다만, 그러한 일이 목회자에게 일어나기도 합니다. 저는 그 당시 엄청난 압박을 받았고, 그 처참한 불행의 무게 때문에 한없이 고통을 받았습니다. 소요와 공포, 사람들이 죽는 일들이 밤낮으로 제게 엄습했고, 살아 있다는 자체가 짐으로 여겨지기까지 했습니다. 그때에 저는 슬픔 가운데서 이렇게 노래했습니다:

"내 생각의 온갖 소요는
내게 화를 더 크게 할 뿐이니,
나의 영은 쇠하여지고,
나의 마음은 황폐하여 가라앉아 있도다."

그런데 "하나님 아버지께서 그를 높이시니"라는 본문이 제 영혼에 은혜로 다가오는 순간 저는 그 공포의 꿈에서 깨어났습니다. 주의 종들이 이렇게 저렇게 고통을 당하나 예수께서는 여전히 위대하시다는 사실이 저를 일깨워서 이성과 평안을 되찾게 해 주었습니다. 형제 여러분, 무서운 재난이 닥칠 때에, 인내하면서 하나님의 구원을 바라보고 조용히 그것을 기다리시기 바랍니다.

어려움이 계속 가중될 때에, 마치 욥의 종들이 계속해서 나쁜 소식을 전해 오듯이 실망스런 일들이 연이어 생겨나서, 마음의 평안이 사라지고 온통 침체에 빠져 버리고 맙니다. 계속해서 떨어지는 물방울이 돌을 깨뜨리며, 아무리 강한 정신을 가졌다 해도 계속되는 어려움에는 짜증이 나는 것입니다. 양식도 부족한데 게다가 아내가 병에 걸린다든지 아니면 자식을 잃는다든지 하는 더 심한 시련을 겪게 되면, 교인들의 불평을 듣고 게다가 집사들의 반대와 냉대를 대하게 되면, 마치 야곱처럼 우리는 "이 모든 일이 내게 화로다"라고 부르짖게 되기가 쉽습니다. 다윗이 시글락으로 돌아오자, 성이 불타 버렸고 재물들이 도난당했고, 후궁들이 더럽힘을 당했고, 게다가 자기의 군사들이 자기에게 돌을 던질 기세가 되어 있었습니다. 그러나 다윗은 하나님을 신뢰하고 용기를 얻었습니다. 그가 그렇게 할 수 있었던 것은 정말 잘된 일이었습니다. 여호와께서 산 자의 땅에서 선하게 역사하심을 보기를 믿지 않았다면, 그는 거기서 쓰러지고 말았을 것입니다.

괴로움이 계속 쌓이면, 그 무게도 계속 늘어납니다. 그것들이 손에 손을 잡고 장난치며, 마치 강도의 무리들처럼 우리의 위로를 무자비하게 짓밟아 버리는 것입니다. 아무리 수영을 잘 하는 사람이라도 파도에 파도가 겹쳐서 닥쳐오면 정말 힘들어집니다. 바다가 합쳐지는 곳에서는 아무리 좋은 배라도 압박을 받게 마련입니다. 괴로움이 있더라도 사이사이에 간격이 있으면, 잘 대비할 수가 있습니다. 그러나 마치 큰 우박이 하늘에서 쏟아지듯이 그런 것들이 갑자기 무겁게 다가오면 혼비백산할 수밖에 없는 것입니다. 아주 작은 우박 덩어리가 낙타의 등을 깨뜨립니다. 그런데 바로 그 우박 덩어리가 우리에게 떨어지면, 우리는 잠시나마 "이제는 죽었구나!" 여기게 됩니다.

이유도 모르는 채 이런 악한 일이 우리에게 일어나기도 합니다. 그럴 때는 그것을 떨쳐 버리기가 더욱 힘이 듭니다. 원인을 모르는 침체는 이성적인 생각을 통해서 해결할 수가 없습니다. 다윗의 수금(竪琴)의 아름다운 선율로도 그것을 없앨 수가 없습니다. 마치 자욱한 안개와 싸우듯이 이 형체도 없고 도저히 정체를 파악할 수 없는 현상과 싸우지만, 온통 구름이 가득한 상태로 소망이 없는 상태를 떨쳐 버릴 수 없는 것입니다. 원인이 분명하게 드러나지도 않은 상태와 싸운다는 것이 불합리하게 보이고 심지어 죄악된 것처럼 보이기까지 하기 때문에, 이런 경우가 생기면 도저히 자신을 동정할 수도 없습니다. 그러나 심령의 가장 깊은 곳에서 괴로움을 당하고 있으니 어쩌겠습니까? 그처럼 우울해 있는 상태를 보고 웃어 버리는 사람이라도, 한 시간만 그런 괴로움을 스스로 느껴보면, 웃음이 곧바로 연민으로 바뀔 것입니다. 어쩌면 결심을 통해서 그런 상태를 떨어 버릴 수도 있을 것입니다. 하지만 사람 전체가 완전히 허약해져 있는데 과연 어디서 그런 결심이 생기겠습니까? 이런 경우에 의원(醫員)과 신학자가 같이 연합하여 최선을 다할 수도 있습니다.

쇠로 된 나사가 이상스럽게도 소망의 문을 꽉 잠가 놓고 있어서 우리의 심령을 우울한 감옥 속에 붙잡아 놓고 있을 때에는 그것을 풀어 줄 하늘의 손길이 필요합니다. 그리고 그 손길이 나타날 때에 우리는 사도 바울과 더불어 이렇게 부르짖습니다: "찬송하리로다 그는 우리 주 예수 그리스도의 하나님이시요 자비의 아버지시요 모든 위로의 하나님이시며 우리의 모든 환난 중에서 우리를 위로하사 우리로 하여금 하나님께 받는 위로로써 모든 환난 중에 있는 자들을 능히 위로하게 하시는 이시로다" (고후 1:3-4).

  "잘 보이지 않는 감미로운 해결책으로
  마음을 짓누르는 그 위험스런 것을
  우리의 초라한 가슴에서 제거하시는"

하나님이야말로 모든 위로의 하나님이십니다. 예수께서 손을 내밀어 구해 주시기까지 시몬은 바다에 빠져서 허우적대고 있었습니다. 마귀가 불쌍한 어린아이의 속에서 요동치지만, 권위 있는 명령이 그에게 떨어져 그 어린아이에게서 나오라고 하기까지 그 속에서 계속 요동치는 것입니다. 끔찍한 두려움에 짓눌리고, 도저히 참을 수 없는 악몽에 시달릴 때에, 우리에게 필요한 것은 오직 의의 태양이 솟아올라 우리에게 어둠을 일으킨 그 악한 것들이 밀려나가는 것밖에는 없습니다. 이것 외에는 아무리해도 영혼의 악몽이 사라질 수 없는 것입니다. 우울증에 관한 저서를 쓴 티모시 로저스(Timothy Rogers)와, 몇 편의 아름다운 찬송들을 쓴 사이먼 브라운(Simon Browne)은 주께서 빛을 거두실 때에는 사람의 도움이 아무런 힘이 없다는 것을 자신들의 체험들을 통해서 입증해 주고 있습니다.

어째서 임금 예수의 종들이 그렇게 자주 사망의 음침한 골짜기를 지나야 하는지를 묻는다면, 그 대답은 어렵지 않게 찾을 수 있습니다. 이 모든 것이 주의 역사하심을 돕는 것들이 되기 때문입니다. 그리고 주의 역사하심은 "만군의 여호와께서 말씀하시되, 이는 힘으로 되지 아니하며 능으로 되지 아니하고 오직 나의 신으로 되느니라"(슥 4:6)는 말씀으로 정리됩니다. 갖가지 도구들이 사용되지만, 그것들의 본질적인 허약함이 분명히 드러날 것입니다. 영광이 갈라져서는 안 됩니다. 위대하신 역사자이신 하나님께 돌아가야 할 존귀가 희미해져는 안 되는 것입니다. 사람이 자기 자신을 비워야 하고, 그때에 성령으로 충만하게 될 것입니다. 자기 스스로를 광풍에 밀려 날아다니는 메마른 잎사귀처럼 인식해야 합니다. 그래야만 비로소 힘을 얻어 강력한 벽이 되어 진리의 원수들을 대적하게 되는 것입니다. 일꾼에게서 교만을 숨긴다는 것은 매우 힘드는 일입니다. 계속해서 성공하고 기쁨이 사라지지 않는다는 사실은 우리의 연약한 머리로서는 도저히 감당할 수 없는 일인 것입니다. 우리의 포도주가 물과 섞여야 합니다. 그렇지 않으면 그것이 우리의 머리를 돌게 만들 것입니다.

제가 직접 본 사실입니다만, 주께서 공적으로 높이시는 종들은 대개 은밀한 시련을 견뎌야 하고, 특별한 십자가를 져야 합니다. 그렇게 하지 않으면 자기 자신들을 높이게 되어 마귀의 올무에 빠지게 되기 때문입니다. 여호와께서는 에스겔을 향하여 늘상 "인자(人子)야!"라고 부르시지 않습니까! 최고의 광채 속으로 날아오르며, 또렷한 눈으로 그 찬란한 영광을 바라보는 순간에, "인자"라는 말이 그의 귀를 때리고, 그리하여 그의 마음을 가다듬게 하는 것입니다. 그렇지 않았더라면, 그 마음이 온갖 영광에 취하여 버리고 말았을 것입니다. 우리의 침체 상태들이 우리를 낮추는 하나님의 메시지로서 우리의 귀를 울립니다. 우리가 미천하고 연약하며 무너지기 쉬운 사람에 불과하다는 것을 그것들이 우리에게 똑똑하게 전해 주는 것입니다.

종들이 그렇게 무너지는 모든 일들을 통해서 하나님께서 영광을 받으십니다. 하나님께서 그들을 다시 일으켜 세우실 때에 그들이 그 하나님을 높이 찬송하게 될 것이기 때문입니다. 그리고 티끌 속에 엎드려 있는 동안에도 그들의 믿음이 하나님을 찬송하게 만들 것이기 때문입니다. 그들은 하나님의 신실하심을 더욱 높이 칭송하며, 그의 사랑 안에서 더욱 견고하게 세워질 것입니다. 그릇마다 자기 자신을 비워내는 일이 없었다면, 그리하여 자기들의 텅빈 모습과 자기들 주위의 모든 것들의 허망함을 직접 보게 되지 않았다면, 몇몇 연로한 설교자들처럼 그렇게 성숙한 사람들의 모습은 도저히 생겨날 수 없었을 것입니다. 풀무불과 망치와 막대기를 주시는 하나님께 영광을 돌립시다. 우리가 이 땅에서 고난을 당했으니 하늘에 복락이 더 충만해질 것이요, 우리가 환난의 학교에서 훈련을 받았기 때문에 이 땅이 더욱더 나아질 것입니다.

지혜가 가르쳐 주는 교훈은 바로 영혼의 괴로움으로 인하여 낙심하지 말라는 것입니다. 그것을 이상스런 것으로 여기지 말고, 일상적인 목회 체험의 일부로 받아들이십시오. 침체의 힘이 일상적인 것보다 더 심하다 할지라도, 여러분의 봉사가 끝나 버렸다고 생각하지 마십시오. 원수의 발길이 여러분의 목을 공격하고 있다 할지라도, 여러분이 다시 일어나 그를 무너뜨릴 것을 기대하십시오. 현재의 짐은 물론, 과거의 죄악과 미래에 대한 두려움을 모두 다 주님께 맡기십시오. 그는 성도들을 버리시지 않습니다. 하루하루를 사십시오. 아니 시간시간을 사십시오. 여러분의 재능이나 느낌을 신뢰하지 마십시오. 굉장한 흥분보다는 극히 작은 믿음에 더 신경을 쓰십시오. 오직 하나님만을 신뢰하고, 인간의 도움을 의지하지 마십시오. 친구들이 여러분을 버린다 해서 놀라지 마십시오. 사람이 변함없을 것이라는 식의 생각을 절대로 품어서는 안 됩니다. 그랬다가는 반드시 실망을 하게 되어 있습니다. 예수님의 제자들이 그를 버렸습니다. 그러니 여러분을 따르던 사람들이 다른 스승을 찾아 떠나 버린다 해서 놀랄 필요도 없습니다. 그들이 여러분과 함께 있다고 해서 모두 여러분의 것도 아니요, 여러분을 떠났다고 해서 모두 다 떠난 것도 아니기 때문입니다.

촛불이 타고 있는 동안 힘을 다해 하나님을 섬기십시오. 그러면 촛불이 잠시 꺼질 때라도 후회할 일이 적어질 것입니다. 아무것도 아닌 상태로 만족하십시오. 바로 그것이 여러분의 본모습이기 때문입니다. 여러분이 아무것도 아니라는 사실이 여러분의 의식 속에 크나큰 고통으로 다가올 때면, 여러분이 주님 이외에 다른 것으로 충만해지기를 꿈꾸고 있음을 깨닫고 스스로를 책망하시기 바랍니다. 현재에 주어지는 상급들을 크게 여기지 말고, 임시로 주어지는 보증물로 만족하고 감사하고, 내세에 주어질 큰 기쁨을 바라봅시다. 눈 앞에 가시적인 결과가 하나도 없을 때라도 두 배나 더 성실하게 주님을 섬기시기 바랍니다. 아무리 바보라도 빛 가운데 있으면 좁은 길을 걸을 수 있습니다. 믿음의 그 희귀한 지혜가 우리로 하여금 어둠 속에서도 정확한 길을 찾아 행진하게 해 줍니다. 위대한 인도자이신 주님의 팔을 붙잡고 한 걸음씩 나아가기 때문입니다.

이 세상과 천국 사이에는 아직도 험난한 상황이 더 많이 있을 것입니다. 그러나 그 모든 것은 바로 우리의 언약의 머리이신 주님께서 베푸시는 것들입니다. 하나님께서 우리를 부르셔서 걷게 하시는 그 정도(正道)에서 절대로 벗어나서는 안 됩니다. 깨끗한 자도 오십시오, 더러운 자도 오십시오. 강단이 우리의 망대요, 목회 사역이 우리의 전쟁입니다. 우리 하나님의 얼굴을 보지 못한다 할지라도, 그의 날개 그늘 아래에서 그를 신뢰하는 것이 우리의 모습이 되어야 하겠습니다.

제 12 장

목사의 일상적인 대화

　이제는 목사가 보통 사람들과 어울려 그저 편안한 상태에서 일상적으로 대화를 나누는 문제를 살펴보기로 합시다. 다른 사람들 사이에서 말을 할 때에 어떻게 해야 할까요? 첫째로 가장 중요한 것은, 스스로 목사임을 나타내려는 모습을 보여서는 안 되고, 잘난 체하며 사무적이고 뽐내는 태도를 절대로 피해야 한다는 것입니다. "인자(人子)"는 아주 고귀한 호칭입니다. 에스겔에게도, 또한 그보다 더 위대한 주님에게도 그 호칭이 주어졌습니다. 그러니 천국의 사신은 인자 이외의 다른 존재여서는 안 되는 것입니다. 사실, 목사는 자신이 더 단순해지고 더 꾸밈이 없어질수록 거룩한 아기 예수님을 더 닮아간다는 사실을 기억해야 합니다. 그런데 지나치게 목사다워지려 하고 될 수 있으면 사람의 모습을 풍기고 싶어하지 않는 경향이 있습니다. 진실로 사람다운 모습을 갖출수록 더 주의 종으로서 바람직한 모습을 갖추게 되는 것인데 말입니다.
　학교 선생들과 목사들은 대개의 경우 그들만의 특유한 모습이 있습니다. 그릇된 의미로 보면, 그들은 다른 사람들과 같지 않습니다. 그들은 얼룩진 새처럼 보일 경우가 너무 많습니다. 일반 사람들과 잘 어울리지 못하고 어딘가 모르게 어색하고 좀 유별납니다. 홍학이 성큼성큼 걷는 모습이나 올빼미가 어둠 속에서 눈을 끔뻑이는 모습을 보거나, 황새가 근엄한 척 생각에 잠겨 있는 모습을 보면, 설교자 모임에 속한 몇몇 형제들이 생각나는 것을 어쩔 수가 없었습니다. 그들은 언제나 어디서나 그저 그늘에 우두커니 서서 그늘만 즐기고 있을 뿐입니다. 그들의 근엄하고 딱딱하고 무게가 있고, 스스로 절제된 자세는 쉽게 습득할 수 있습니다. 하지만 그것이 과연 습득할 만한 가치가 있는 것일까요?

한 번은 시어도어 후크(Theodore Hook)가 굉장히 으스대며 거리를 활보하는 한 신사에게 다가가서 "선생님, 굉장히 중요한 위치에 계신 분 아니십니까?"라고 물었다고 하는데, 우리들 가운데 어떤 형제에게도 그렇게 물어보고 싶은 느낌이 생기기도 합니다. 제가 아는 분들 중에는 의복이나 말투나 넥타이나 태도나 구두에 이르기까지 머리부터 발끝까지 완전히 목사 냄새를 풍기면서 인간미라곤 조금도 보이지 않는 그런 분들도 있습니다. 신학교를 갓 졸업한 한 젊은이가 가운을 입고 거리를 지나가는데, 고교회(High Church)에 속한 어떤 사람이 그 광경을 보고는 신문에다 쓰기를, 그가 성직자의 사각모를 쓰고서 스위스와 이탈리아를 가로질러 갔다고 했습니다. 바보가 쓰는 모자를 그렇게 자랑스러워할 젊은 목사는 별로 없을 것입니다. 우리 중에는 그런 식의 옷차림으로 다닐 분은 하나도 없을 것입니다. 하지만 우리의 태도로도 얼마든지 그렇게 행할 수 있다는 것을 기억해야 할 것입니다.

어떤 사람들은 하얀 넥타이로 목을 감는 모습으로 다니기도 하는데, 그들의 사람다운 모습이 그 거북스러운 헝겊조각 때문에 꽉 죄는 것을 모릅니다. 어떤 형제들은 자기들은 감동적이라 생각하여 스스로 우월한 모습을 풍기기도 하지만, 사실은 감동적인 것이 아니라 그저 거부감을 줄 뿐이고 비천하게 지내신 예수님을 따르는 자로서 합당한 모습을 완전히 거스르는 것입니다. 저 교만한 서머셋 공작(Duke of Somerset)은 휘하의 종들에게 손짓으로 명령을 내리곤 했습니다. 그런 비천한 자들을 위하여 몸을 낮추어 말을 하는 일조차 하지 않았습니다. 그의 자녀들도 절대로 그의 앞에 앉게 하지 않았고, 오후에 낮잠을 잘 때에는 그의 딸들로 하여금 양쪽에서 지키고 서 있게 했습니다. 그런데 그처럼 교만한 서머셋 같은 자들이 목회 사역에 들어오면, 그들은 전혀 우스꽝스러운 방식으로 위엄을 드러냅니다. "물러서라. 나는 너희보다 더 거룩하도다"라는 문구가 이마에 쓰여져 있는 것입니다.

한 번은 어느 유명한 목사가 한 근엄한 형제에게서 사치에 탐닉해 있는 것 때문에 책망을 받았습니다. 그 사치에 쓴 비용이 문제가 되었습니다. 그러자 그 목사는 이렇게 대답했다고 합니다: "좋아요, 좋습니다. 형제의 말에도 일리가 있을 수 있겠지요. 하지만 형제가 풀을 먹이는 데 쓰는 것보다 제 연약함을 위해서 절반도 쓰지 못합니다." 혹시 여러분이 그런 데에 탐닉했다면, 진정으로 권고하거니와, 가서 요단 강에서 일곱 번 몸을 씻어서 그 모든 것을 다 제거해 버리십시오. 보통 사람들이 전반적으로 목사들을 외면하는 한 가지 이유는 바로 그들의 인위적이고 인간답지 못한 태도 때문이라고 봅니다. 만일 강단에서나 강단 바깥에서나 그들이 우리가 진짜 사람들처럼 행동하고, 정직한 사람들처럼 자연스럽게 이야기하는 것을 본다면, 우리 주위로 사람들이 몰려들 것입니다.

백스터(Richard Baxter: 1615-1691)의 다음과 같은 권고는 아주 적절합니다: "친숙한 목소리와 표현이 모자라는 것이야말로 우리들 대부분이 범하는 큰 과실입니다. 우리는 정말 조심스럽게 그것을 고쳐야 마땅합니다." 목사들이 목회 사역에서 범하는 악행은 바로 그들이 인위적으로 목사인 체하여 복음을 방해한다는 것입니다. 대중을 얻으려 하면, 우리의 신성함과 더불어 인간성을 유지해야만 할 것입니다. 거짓으로 꾸며대는 것은 누구나 다 알아차릴 수 있습니다. 사람들은 그것들에 속아넘어가지 않습니다. 형제 여러분, 잘난 체하는 것을 접어 버리고, 발로 서서 함께 걸으시기 바랍니다. 교회의 성직자인 체하는 태도를 벗어 버리고, 여러분 자신을 진실되게 보여 주시기 바랍니다.

그러나 동시에 목사는 어디에 있든 목사이며 따라서 자신이 임무 중이라는 사실을 상기하여야 합니다. 경찰이나 군인은 임무에서 벗어나 있을 때가 있습니다만, 목사는 절대로 임무에서 벗어날 때가 없습니다. 쉬며 여가를 보내고 있을 때조차도 우리는 여전히 우리의 삶의 위대한 목표를 추구하여야만 합니다. 우리는 "때를 얻든지 못 얻든지" 부지런히 임무를 담당하도록 부르심을 받고 있기 때문입니다. 우리가 어떠한 처지에 있든지 주님께서 오셔서 "엘리야야 네가 여기서 무엇을 하고 있느냐?"(왕상 19:9, 한글 개역 개정판은 "엘리야야 네가 어찌하여 여기 있느냐?"로 번역하고 있다)고 질문하실 수 있으며, 그때에 우리는 즉시 "예, 주님 여기서도 주님을 위해 무언가 할 일이 있사오며, 그 일을 하려 애쓰고 있나이다"라고 대답할 수 있어야 합니다. 물론 활(弓)은 때때로 풀어놓아야 합니다. 그렇지 않으면 탄력을 잃어버리기 때문입니다. 그러나 그렇다고 해서 줄을 끊어 놓을 필요는 없습니다. 저는 지금 목사가 편히 쉬고 있을 때에 대해서 말하고 있습니다. 그런데 그럴 때에라도 그는 스스로 하나님의 사신으로서 처신해야 하며, 기회를 찾아서 선을 행하여야 합니다. 이런 일은 그의 휴식을 망가뜨리는 것이 아니라 그것을 거룩하게 하는 것입니다.

언젠가 저는 뉴 포레스트(New Forest)의 뷸리우(Beulieu)에서 어느 방을 보았는데 그 방에는 거미줄이 전혀 없었습니다. 그것은 나무로 된 방이었는데 한 번도 빗자루로 쓸지 않았습니다. 그러나 거미가 더럽히지도 않았고, 방의 각종 기물들이 손상되지도 않았습니다. 그 지붕이 밤나무로 되어 있었는데, 무슨 이유인지는 모르겠지만 일 년 내내 거미들이 가까이 오지 않는다는 것입니다. 윈체스터 스쿨(Winchester School)의 복도들에도 똑같은 일이 있다는 이야기를 들었습니다. "이곳에는 거미들이 절대로 오지 않는다"고 했습니다. 여러분, 목사는 이와 같아야 합니다. 우리의 마음에서 게으르고 한가한 습관들이 말끔히 사라져야 하는 것입니다.

런던 시에는 짐꾼들을 위한 공휴일이 있는데, "편히 쉬어라. 그러나 빈둥거리지 말라"는 글귀를 읽을 수 있습니다만, 여기에 우리가 주목할 만한 교훈이 담겨 있습니다. 아무것도 하지 않고 쉬는 것을 게으름이라 부르지는 않습니다. 녹초가 되도록 지친 사람에게는 아무것도 하지 않는 것이야말로 세상에서 최고의 양약(良藥)이 됩니다. 정신이 흐려지고 정상적으로 움직일 수 없게 되면, 잠이 게으름이 아니듯이 쉬는 것이 결코 게으름일 수가 없습니다. 적당하게 잠을 잔다고 해서 그것을 가리켜 게으름 피우는 것이라 하지는 않습니다. 게으른 상태로 깨어 있는 것보다는 부지런한 자세로 잠을 자는 것이 훨씬 더 낫습니다. 쉬는 시간이나 여가 시간에라도 선을 행할 준비를 갖추고 있어야 합니다. 그래서 진정 목사임을 드러내 보이십시오. 그러면 구태여 여러분이 목사임을 말로 떠들 필요가 없어질 것입니다.

목사는 강단 바깥에서 사교성 있는 사람이어야 합니다. 목사는 은둔자나 혹은 라 트랩(La Trappe)의 수도사가 되도록 세상에 보냄 받은 것이 아닙니다. 그 옛날의 저 무모한 주상고행자 시므온(Simeon Stylite)처럼 높은 기둥을 세워놓고 하루 종일 그 기둥 위에 서 있는 것이 목사의 임무가 아닙니다. 마치 눈에 보이지 않는 파랑새처럼 나무 꼭대기에서 지저귀고만 있어서는 안 됩니다. 사람들 가운데서 사람으로 있으면서 그들에게 말해야 합니다. "저도 여러분과 모든 면에서 하나도 다를 게 없는 사람이 올시다"라고 말입니다. 소금이 그릇 속에 있어서는 아무런 소용이 없습니다. 고기에 뿌려져야 합니다. 마찬가지로 우리의 개인적인 영향력이 사회 속으로 침투하여 맛을 내어야 하는 것입니다. 다른 사람들에게서 멀리 떨어져 있으면, 대체 어떻게 그들에게 유익을 줄 수 있단 말입니까? 우리 주님은 혼인 잔치에도 참석하셨고, 세리와 죄인들과 더불어 식사를 함께 나누셨으면서도 스스로 거룩한 체하는 바리새인들보다도 훨씬 더 순결하셨습니다. 바리새인들은 바로 자기들이 동료들과는 구별된 존재라는 데서 영광을 찾는 사람들이었던 것입니다. 목사들 중에는 청중들과 자기들이 전혀 다를 게 없는 존재라는 사실을 깨우쳐야 할 필요가 있는 사람도 있습니다. 주교들, 참사회원들, 부주교들, 교구 목사들, 목사보들, 심지어 대주교들까지도 모두 결국 사람에 불과하다는 것은 정말 놀라운 사실입니다. 하나님께서는 지상의 한 거룩한 모퉁이를 그들을 위한 특별 처소로 만드셔서 그들끼리 그곳에서 거하도록 하지 않으신 것입니다.

교회당 뜰이나 앞마당에서 거룩한 담소를 나누는 현상이 다시 부활될 수 있다면 결코 잘못된 것이 아닐 것입니다. 저는 우리의 옛 교회당 바깥의 큰 나무 주위에 좌석을 설치하는 것을 보고 싶습니다. 그리고 이런 말을 듣는다면 얼마나 좋을까요: "여러분, 여기에 앉으시고 설교에 대해서 말씀을 나누십시오. 목사님이 오시니 함께 하실 것입니다. 자 여러분, 유쾌하고 거룩한 담소를 나누십시다." 목사라고 해서 무조건 사람들이 다가가서 대화를 나누는 것이 아닙니다. 하지만 한 시간을 특별히 할애하여 다가가서 대화를 나누고 싶은 그런 목사들이 따로 있는 것입니다. 저와 친구로 지내자고 저를 초대하는 그런 얼굴빛을 보이는 목사를 저는 사랑합니다. 집의 문간에 "환영합니다"라고 써 있는 그런 목사 말입니다. 그런 목사에게서는 "개 조심"이라는 경고의 글귀가 써 있는 집에서 받는 불쾌감을 느낄 필요가 없습니다. 마치 꿀통 주위에 파리들이 몰려들 듯이 주위에 어린아이들이 몰려드는 그런 사람 없습니까? 그런 사람이야말로 선한 사람의 일등가는 표본입니다. 랍비들의 말에 따르면, 스바 여왕이 솔로몬의 지혜를 시험하기 위하여 그를 방문할 때에, 인공으로 만든 꽃을 — 아름답고 정교하게 만들었고 향기도 심어 놓아서 진짜 꽃과 흡사한 꽃을 — 지니고 갔다고 합니다. 스바 여왕은 솔로몬에게 어떤 꽃이 가짜고 어떤 꽃이 진짜인지를 가려달라고 요청했습니다. 지혜로운 솔로몬은 신하들에게 창문을 열라고 명령했습니다. 그러자 벌들이 날아와서는 진짜 꽃 주위로 몰려들었고, 가짜 꽃은 거들떠보지도 않았습니다.

여러분, 어린아이들에게는 누가 자기들의 친구인지를 곧바로 아는 본능이 있습니다. 그러니 어린아이들의 친구인 사람이야말로 사귈 가치가 있는 사람입니다. 가정의 모든 사람 하나하나에게 말할 거리를 갖고 있어야 합니다. 어른이든, 젊은 숙녀든, 어린 소녀든, 누구든, 전부 상대하여 대화를 나눌 수 있어야 하는 것입니다. 빙그레 웃는 미소와 마음에서 우러나는 말이 어떤 효과를 가져오는지 아무도 모릅니다. 사람들을 많이 상대해야 하는 사람은 반드시 사람을 사랑해야 합니다. 그리고 그들과 함께 있는 것을 편안하게 느껴야 합니다. 사람에 대해서 전혀 사랑이 없는 사람은 차라리 장의업자가 되어 죽은 자를 장사지내는 일을 하는 것이 낫습니다. 그런 사람은 살아 있는 사람에게는 아무런 영향도 줄 수가 없기 때문입니다.

어디에선가 대중을 상대하는 설교자가 되기 위해서는 반드시 인정이 있어야 한다는 말을 들은 적이 있습니다. 그런 말은 어떤 특정한 형제들이 저지른 문제들에 대하여 비판하는 뜻으로 한 말이었습니다만, 그 말에 일리가 있습니다. 큰 회중들을 상대로 목회를 하려면 큰 마음을 지니고 있어야 합니다. 우리 나라의 저 큰 항구들처럼 마음이 넓고 커서 큰 선단(船團)도 정박할 수 있을 정도가 되어야 합니다. 사람이 사랑이 가득한 큰 마음을 지니고 있을 때에, 마치 배들이 항구로 가듯이 사람들이 그에게로 가며, 그와의 교제를 통해서 평안과 안정감을 느끼는 것입니다. 그런 사람은 공적인 자리에서나 사적인 자리에서나 똑같이 진심을 드러냅니다. 그는 차갑고 음흉하지 않습니다. 그는 마치 벽난롯가에 앉은 것처럼 따뜻합니다. 그에게 다가갈 때에 교만이나 이기심 따위로 마음을 상하는 일이 없습니다. 그는 언제나 문을 열어 두고 여러분을 영접합니다. 그리고 그와 함께 있는 즉시 편안함을 느끼는 것입니다. 여러분 한 사람 한 사람이 바로 그런 사람이 되시기 바랍니다.

목사는 언제나 활기가 있어야 합니다. 언젠가 로마에서 수도사들을 본 적이 있는데, 그 사람들은 음산한 목소리로 서로 "형제여, 우리는 죽을 사람들이오"라고 인사했고, 또 이 인사말에 대해서 상대방은 "예, 형제님, 우리는 죽을 사람들이지요"라고 답변했습니다. 저는 이런 식의 태도를 가져야 한다고는 보지 않습니다. 물론, 우리 게으른 모든 사람들이 죽음을 향해 가고 있다는 사실은 확실한 권위 있는 사실로 기꺼이 받아들이고 확신하고 있습니다. 전체적으로 볼 때에 그런 말이 주는 교훈이 매우 큽니다. 그러나 그 죽음의 사건이 일어나기까지는, 그보다 편안한 말로써 인사하는 편이 훨씬 더 나았을 것입니다.

물론 목사들이 매우 근엄하게 보이는 것에 매우 감동을 받을 사람들도 있을 것입니다. 어떤 사람은 로마 가톨릭 교회의 신부들 중에 극히 깡마르고 여윈 모습을 한 사람들의 모습에서 감동을 받아, 로마 가톨릭 교회의 신앙에 무언가가 있다고 이야기하기도 했습니다. 그는 말하기를, "보세요! 얼마나 금식에 열중하고 밤마다 철야에 열심을 내었기에 저렇게 깡말랐겠습니까! 자기 육체를 얼마나 죽였기에 저렇게 되었을까요!"라고 했습니다. 하지만 사실 그 깡마른 신부는 오히려 위장병을 앓고 있었을 가능성이 더 높습니다. 그 사람이 그렇게 깡마르게 된 것은 식욕을 스스로 정복했기 때문이 아니고 소화 기능에 문제가 있기 때문이었을 것입니다. 아니면 양심에 번민이 있어서 그 때문에 괴로워하는 나머지 그렇게 몸이 마르게 되었을지도 모릅니다. 분명히 말씀드립니다만, 저는 피골(皮骨)이 상접한 것을 은혜의 증거로 말씀하는 성경 구절을 본 일이 없습니다. 만일 그런 가르침이 성경에 있다면, "살아 있는 해골"이야말로 그저 호기심의 대상이 아니라, 덕의 표준으로 제시되었어야 옳았을 것입니다. 세상에서 유명한 악당들 중에도 마치 메뚜기와 벌꿀만 먹고 산 것처럼 깡마른 외모를 지니고 있는 사람들이 있었습니다. 우울한 외모가 은혜가 충만한 마음의 증거라는 식으로 여기는 것은 그야말로 매우 저속한 오류에 불과합니다. 영혼을 구하고자 하는 모든 이들에게 저는 쾌활할 것을 권하고 싶습니다. 가볍고 천박해지라는 것이 아니라, 활기에 넘치는 행복한 자세를 지니라는 것입니다. 식초보다는 꿀에 파리가 더 많이 꼬이는 법입니다. 마찬가지로 외모에서 지옥의 냄새가 나는 사람보다는 얼굴에 천국을 담고 있는 사람이 더 많은 영혼들을 천국으로 인도하게 될 것입니다.

젊은 목회자 여러분 ― 그리고 그 밖의 모든 사람들도 마찬가지입니다 ― 다른 사람들과 함께 어울려 있을 때에 모든 대화를 혼자서 독점하지 않도록 조심해야 합니다. 물론 목사들이 그렇게 할 만한 자격이 충분히 있는 것은 사실입니다. 사람들을 가르칠 능력이 있고, 말을 할 자세가 되어 있습니다. 그러나 기억해야 할 것은 사람들이 계속해서 가르침을 받는 일에만 관심을 기울이는 것이 아니라는 사실입니다. 사람들은 자기들도 이야기를 좀 하고 싶어합니다. 말을 하면서 거기서 큰 기쁨을 얻는 사람도 있습니다. 그런 사람은 그렇게 말을 하게 해서 기쁨을 얻도록 하는 것이 그들을 위해서 좋을 것입니다.

어느 날 저녁 저는 어떤 분과 한 시간가량을 함께 보냈는데, 그분은 제게 정말 매력적인 사람이라고 하면서 대화에서 큰 교훈을 받았다고 정중하게 사례했습니다. 그러나 사실 저는 아무것도 한 것이 없습니다. 다만 그 사람 스스로 이야기하도록 하고 그것을 잘 들어주었을 뿐입니다. 인내를 실천함으로써 그분에게서 좋은 인상도 얻었고, 나중에 다시 그분에게 말씀을 전해 줄 기회도 얻은 것입니다. 사람이 식탁의 음식을 혼자 다 먹어치우는 것이 잘못인 것처럼, 식탁의 대화를 혼자 독차지하는 것도 똑같이 잘못입니다. 우리 스스로 선지자임을 내세워서, 우리 앞에서는 심지어 개라도 입을 열지 못하도록 하는 식이어서는 안 됩니다. 모든 사람들이 함께 대화에 참여하도록 해야 합니다. 그래야 그들이 여러분이 행하는 경건한 말씀들을 더 귀담아 경청하게 될 것입니다.

특히 여러분이 처음 어느 지역에 정착할 경우에는, 그 지역 사람들과 함께 모이는 자리에 가게 될 경우가 있습니다. 그런 모임에 가면 모든 사람들이 여러분의 위엄에 경탄해 마지않고, 또 새로운 목사가 왔다는 소식에 여러 다른 사람들이 함께 초대되어 올 것입니다. 그런 처지를 생각하노라면 바티칸에 있는 가장 멋진 조상(彫像)을 떠올리게 됩니다. 조그만 방에 칸막이가 되어 있고 휘장이 드리워져 있는데 그 앞에 위대한 아폴로 상이 서 있었습니다. 혹시 여러분이 그 작은 모임에서 마치 아폴로 상과 같이 될 생각이라면, 그런 엉뚱한 생각일랑 집어치우십시오. 만일 제가 아폴로 상이었다면, 저는 단상에서 한 걸음 내려와서 주위의 모든 사람들과 악수를 나누려 할 것입니다. 여러분도 그렇게 하시는 것이 좋습니다. 잠시 동안 여러분을 주목하고 이리저리 야단법석을 하다가 얼마 지나지 않아서 그 모든 것이 끝이 날 것이기 때문에, 차라리 여러분 자신이 먼저 행동을 취하여 그런 야단법석을 끝내게 하는 것이 지혜로운 일일 것입니다.

영웅숭배는 일종의 우상숭배이니, 결코 장려해서는 안 될 것입니다. 영웅들은 루스드라에서 사도들이 행한 것처럼, 자기들에게 존귀를 돌리려 할 때에 깜짝 놀라며 사람들 가운데로 다니면서 "어째서 이런 일을 행하십니까? 우리도 여러분과 똑같은 성정을 지닌 사람들이라오"라고 외칠 때에 그 위대함이 드러나는 법입니다. 목사들은 굳이 오랫동안 그렇게 하지 않아도 됩니다. 목사를 흠모하는 어리석은 자들은 금방 그들에게서 주의를 돌려버릴 것이기 때문입니다. 그들이 목사를 거의 죽도록 돌로 치지는 않는다 하더라도, 할 수 있는 만큼 불친절함과 경멸의 자세를 갖게 될 것입니다.

제가 "말을 혼자서 다 하지 말고 스스로 중요한 위치를 차지하지 말라"고 했습니다만, 그러나 한편, 바보 멍청이가 되어서도 안 됩니다. 사람들은 여러분의 공적인 설교 사역뿐 아니라 사석에서 여러분의 태도나 처신을 보고서 여러분과 여러분의 사역을 평가할 것입니다. 응접실에서의 부주의한 태도 때문에 강단에서의 사역을 완전히 망쳐 버리는 젊은 목회자들이 많았습니다. 사람들과 어울릴 때에 어리석게 행동하거나 경박스럽게 처신함으로써 자신에 대한 기대와 희망을 저버리는 것입니다. 생명이 없는 나무 막대기처럼 되어서는 안됩니다. 안트워프(Antwerp)의 장날에 가 보았더니, 큰 그림들과 큰 북들을 가지고 갖가지 진기한 것들을 선전하고 있었는데, 그중에 "진짜 명품"이 들어 있는 박스도 있었습니다. 그 속에 들어가서 보려면 한 사람 당 일 페니를 지불해야 했습니다. 그 속에 들어 있는 것은 바로 돌처럼 굳어 있는 사람이었습니다. 저는 굳이 돈을 내고 그 속에 들어갈 이유가 없었습니다. 돈을 내지 않아도 돌처럼 굳어 있는 사람을 강단에서나 강단 바깥에서 얼마든지 보았기 때문입니다. 사람이 행할 수 있는 일 중에 가장 중요한 일을 담당하고 있으면서도 생기도 없고, 부주의하며, 상식도 없고, 무기력해져 있는 사람들이 얼마든지 있습니다.

화제를 돌려서 유익한 대화가 되도록 힘쓰십시오. 사교성을 갖추고 활기를 띠되, 무언가를 이루도록 노력하십시오. 어째서 쓸데없이 시간과 기회를 허비하겠습니까? 여러분 주위에서 행해지는 대화에 대해서 결국 여러분이 책임을 져야 한다는 사실을 생각하여야 합니다. 대개의 경우 여러분이 사람들에게 존경을 받는 처지에 있어서, 여러분이 자연스럽게 대화의 키잡이가 될 것이기 때문입니다. 그러므로, 대화의 방향을 잘 잡아서 좋은 수로(水路)로 나아가도록 만드십시오. 그렇게 하되 거칠게 하거나 강압적으로 해서는 안 됩니다. 대화의 내용들을 잘 조절하여, 갑자기 뒤틀어지는 일이 없이 자연스럽게 레일 위를 굴러가도록 해야 합니다. 아주 능숙하게 기회를 포착하며 무의식중에 원하는 방향으로 이끌려 가도록 만들 준비를 갖추십시오. 마음이 대화에 가 있고, 여러분의 위트가 깨어 있다면, 이런 일은 쉽게 이루어질 것입니다. 특히 하나님의 인도하심을 구하는 기도의 자세를 갖고 있다면 더욱 쉽게 이루어질 것입니다.

언젠가 클래팜 커먼(Clapham Common)에서 한 목마른 사람이 제게 물을 좀 달라고 요청했는데, 그 사람의 태도가 도무지 잊혀지지 않습니다. 그는 매우 큰 수레를 끌고 있었는데, 그 위에 아주 조그만 짐 보따리를 싣고 있었습니다. 차라리 그 짐을 호주머니 속에 넣고 수레를 집에 두고 왔으면 좋았을 텐데 어째서 그렇게 하지 않았는지 매우 궁금했습니다. 그래서 물어보았습니다: "그렇게 큰 수레에 그렇게 조그만 짐을 싣고 가시다니 아주 이상하군요." 그는 길을 멈추더니 아주 진지한 얼굴로 나를 바라보며 말했습니다: "예, 선생님, 맞습니다. 아주 이상스럽게 보이시겠지요. 하지만, 이거 아십니까? 저는 바로 오늘 이보다 더 이상한 일을 당했습니다. 저는 오늘 하루 동안 계속해서 일하면서 땀을 흘려왔는데, 선생님을 만나기 전에는 단 한 사람도 물 한 모금 줄 것처럼 저를 바라보는 사람을 만나지 못했습니다."

저는 거기까지 대화를 아주 잘 이끌어갔다고 생각합니다. 우리는 그보다 훨씬 더 나은 대화의 주제를 마음에 담고 있습니다. 그러니 우리 마음이 가 있는 그런 주제를 소개할 수 있어야 마땅할 것입니다. 그 사람의 아주 편안한 태도가 참으로 부러웠습니다. 저로서는 제가 말하고 싶은 주제를 그 사람에게 소개하는 문제가 그리 간단하지 않았던 것입니다. 그러나 만일 그 사람이 제게 물을 얻어 마시기 위해 쏟은 생각만큼이라도 제가 그 사람에게 유익을 주어야겠다는 생각을 했더라면, 분명 제가 갖고 있는 주제를 그 사람에게 전달할 수 있었을 것입니다. 기회가 주어질 때마다 — 식탁에서나, 혹은 우물가에서나, 길가에서나, 해변에서나, 집 안에서 혹은 밭에서 — 우리 주님처럼 선한 목적을 가지고 대화에 임해야 할 것입니다. 예수님을 위하여 거룩한 이야기를 나누는 사람이 되는 것도 신실한 설교자가 되는 것만큼이나 열매가 있는 일일 것입니다. 두 가지 경우 모두 다 탁월하게 행하기를 목표로 삼으십시오. 성령의 도움을 구하시면, 그 원하는 바가 이루어질 것입니다.

여기서 어쩌면, 한 가지 강령을 언급하는 것이 좋을지도 모르겠습니다. 물론 지금 이 말씀을 듣고 있는 여러 존귀한 형제들에게는 사실 별 필요가 없는 것이겠지만 말입니다. 그것은 곧, 부자들과 얼굴을 익히려고 그들의 식탁에 자주 앉는 일이 있어서도 안 되며, 티 파티나 오락을 위한 모임에 자주 기웃거리는 사람이 되어서도 안 된다는 것입니다. 가난하고 병들고 방황하는 주의 양 떼들이 여러분을 기다리고 있는데 이 부유한 자들의 댄스 파티에나 기웃거리다니 과연 이것이 합당한 일이겠습니까? 서재에서 있을 시간을 희생시키고 응접실에서 시간을 다 허비하는 것은 범죄 행위입니다. 여러분의 교회에 사람들을 강제로 끌고 오며, 집에 있는 사람들을 억지로 데려오는 것은 아무도 인정하지 못하는 참 비열한 짓입니다. 마치 죽은 낙타의 시체 주위에 독수리들이 몰려드는 것처럼, 각 종파에 속한 목사들이 부자들 주위에서 배회하는 것은 정말 역겨운 일입니다. 한 늙은 목사가 갓 목회 사역에 임하게 된 그의 사랑하는 아들에게 보낸 유명한 편지가 있는데, 그 가운데 다음의 대목이 이 문제에 관하여 아주 풍자적으로 다루고 있습니다. 그것은 「스멜풍구스 가제트」(*Smellfungus Gazette*)에서 베낀 것이라고들 하는데, 제 친구 팩스턴 후드(Paxton Hood)가 저자에 대해서 모든 것을 알고 있지 않나 생각됩니다:

> 네 마을로 이사오는 그럴듯한 사람들을, 특히 부자나 영향력 있는 사람들을 잘 주시해라. 그리고 그들을 얻고 싶거든 그들과 만나는 응접실에서 헌신함으로써 네 목적을 이루거라. 그렇게 하는 것이 주님의 의도를 가장 효율적으로 잘 섬기는 것이니 말이다. 사람들은 돌보아주기를 바라고, 오랫동안의 경험을 토대로 보면, 응접실의 능력에 비하면 강단의 능력은 아주 하찮은 것이라는 나의 확신이 옳다는 것이 입증된단다. 우리는 하나님의 말씀과 기도로써 예수회 사람들(Jesuits)이 행하는 것을 본받고 그것을 거룩하게 시행해야 할 것이다. 그들은 강단을 통해서가 아니라 응접실을 통해서 성공을 거두었단다. 응접실에서는 휘파람을 불 수가 있지. 사람들을 만나서 그들의 사소한 개인적인 생각들을 들을 수가 있지. 하지만 강단은 매우 불쾌한 장소란다. 물론 그것이 하나님의 큰 능력인 것은 사실이지만, 그러나 과연 그 사람이 좋은 목사냐 하는 것이 판가름 나는 것은 바로 응접실이다. 정말 점잖은 신사가 되지 못하면 아무리 좋은 설교자라도 거기서는 성공을 거둘 수가 없단다. 교양을 따지는 사회에서는 신사가 아니면 아무리 다른 방면에 탁월한 사람이라도 절대로 성공을 기대할 수조차 없는 것이 사실이다. 나는 바울 사도의 성격에 대한 셉스베리 경의 표현을 항상 좋아했단다. 그는 바울이 훌륭한 신사였다

고 했다. 그러니 나도 네게 말하고 싶구나. 신사가 되라고 말이다. 그런 말을 해야 할 필요가 있어서 하는 것은 아니고, 그렇게 되어야만 점점 늘어가는 부유한 중류 계층들을 회심시킬 소망을 가질 수 있다고 생각되기 때문이다. 우리가 믿는 신앙이 좋은 감각과 좋은 맛을 지닌 신앙이라는 것을 보여 주어야 한다. 그리고 우리가 강한 흥분과 강한 자극 같은 것을 인정하지 않는다는 것을 그들에게 보여 주어야 할 것이다. 아아, 사랑하는 아들아, 네가 쓰임받고 싶거든, 네 골방에서 기도할 때에 품위 있는 사람이 되게 해 주시기를 간절히 구하여라. 너의 첫 번째 의무가 무엇이냐고 내게 묻는다면, **품위를 지켜라** 하고 대답할 것이고, 둘째가 무엇이냐고 물으면, 역시 **품위를 지켜라** 할 것이고, 셋째가 무엇이냐고 물어도 역시 **품위를 지켜라** 하고 대답할 것이다.

오십 년 전에 성행했던 그런 부류의 설교자들을 기억하는 사람들은 여기 나타나는 풍자의 예리함을 잘 알 것입니다. 지금은 그런 악행이 상당히 줄어들었습니다. 그러나 사실상 오늘날은 그와 정반대의 극단으로 기울고 있다는 생각입니다.

지각 있는 대화를 하노라면, 때때로 논쟁으로 흐르는 경우가 있을 것입니다. 그런데 많은 이들이 여기서 문제에 부닥치는 것을 봅니다. 지각 있는 목사는 논쟁에 임할 때에 특별히 부드러움을 유지합니다. 무엇보다도 목사는, 소리를 지르는 것에 힘이 있다거나 화를 내어 말하는 것에 능력이 있다는 식으로 착각해서는 안 됩니다. 캘커타에서 한 선교사가 한 브라만 교도와 논쟁을 벌이고 있었는데, 어떤 이교도가 그것을 듣고 있다고 말하기를, 자기는 말은 잘 알아듣지 못하지만 누가 옳고 누가 틀렸는지를 안다고 했다고 합니다. 먼저 이성을 잃고 흥분하는 쪽이 틀렸다는 것을 알기 때문이라는 것입니다. 대개의 경우, 그것은 정말 정확한 판단입니다. 사람들과 흥분하여 언쟁을 벌이는 일을 피하십시오. 그저 여러분의 의견을 진술하고, 상대방도 자기의 의견을 진술하게 하십시오. 구부러진 막대기가 있는데, 그것이 구부러졌다는 것을 사람들에게 입증하고 싶으면, 그 옆에 똑바른 막대기를 가져다 놓으면 그것으로 충분합니다. 그러나 일단 논쟁에 끌려 들어가게 되면, 아주 딱딱한 논지를 제시하되 아주 부드러운 말로 하십시오. 사람의 이성을 자극해서는 그 사람을 납득시킬 수 없는 경우가 태반입니다만, 그의 감정을 얻으면 그를 얼마든지 납득시킬 수 있는 법입니다. 어느날 저는 새 구두가 절실히 필요했습니다. 구두방에 구두를 만들어 달라고 부탁했는데 발에 맞는 구두를 신기가 매우 힘들었습니다. 구두의 후크를 잠그려고 아무리 애를 써 보아도 허사였습니다. 그런데 구두방 주인이 와서는 조그만 프랑스제 분필을 후크에 칠했더니 순식간에 문제가 해결되었습니다. 여러분, 사람들을 대할 때에 항상 조그만 프랑스제 분필을 지니고 다니십시오. 그리스도인의 설득력 있는 너그러움을 지니십시오. 그러면 금방 그것이 얼마나 유용하게 쓰이는지를 알게 될 것입니다.

그리고 마지막으로, 모든 너그러움과 더불어 목사는 그의 원리에 확고해야 하며, 그 원리들을 담대히 단언하고 변호해야 합니다. 좋은 기회가 생기면, 혹은 좋은 기회가 잘 만들어지면, 그것을 이용하기에 머뭇거려서는 안 됩니다. 원리는 강력하며, 말하는 태도는 부드럽게 하고, 마음으로는 사랑을 가득 담고서, 인간답게 말을 하여야 하고 그러한 특권에 대해서 하나님께 감사해야 합니다. 말을 하지 않고 있을 필요가 없습니다. 절대로 그래서는 안 됩니다. 신비주의자들의 감상주의나 유토피아를 꿈꾸는 개혁자들의 황당한 꿈이나 어리석기 그지없는 마을 사람들의 헛된 생각들이나, 경박스러운 세상의 온갖 헛된 넌센스들은 모두 바른 원리를 들어야 하고, 그것을 깨우쳐야 합니다. 그리스도가 그들에게 전해져야 하지 않겠습니까? 쓸데없이 끼어든다는 비난을 들을까 두려워서, 그리스도의 사랑의 메시지를 전하지 않고 그냥 둘 수 있겠습니까? 신앙의 주제가 금기 사항이 되어야겠습니까? 모든 주제 가운데 가장 고귀한 주제가 금지되어야 하겠습니까? 만일 어느 사회든 그런 것이 규칙이라면, 우리는 그 규칙을 따르지 않을 것입니다. 그것을 깨뜨리지 못하면 사회를 그냥 그대로 내버려두게 될 것입니다. 문둥병이 퍼져 있는 집을 버려 두듯이 말입니다. 말을 하지 못하도록 탄압하는 데에는 동의할 수가 없습니다. 동의해야 할 이유가 없습니다. 우리 주님을 함께 모시고 나아가지 못할 곳이 하나도 없는 것입니다. 다른 사람들이 자유로이 죄를 짓고 있는 한, 우리는 그들을 책망하고 경계할 자유를 거부하지 않을 것입니다.

지혜롭게 사용한다면, 우리의 일상적인 대화는 선을 위한 좋은 수단이 될 수도 있습니다. 단 한 마디를 통해서 생각들을 나누기 시작할 수 있고, 그리하여 우리의 설교가 도저히 다가갈 수 없는 그런 사람들을 회심으로 이끌 수도 있는 것입니다. 사람을 붙들고 길게 이야기하거나, 개별적으로 그들 앞에 진리를 제시하는 등의 방법은 굉장히 성공을 거두어 왔습니다. 물론 이것은 다른 문제요 일상적인 대화와는 별개의 것입니다. 그러나 여기서 마지막으로 말씀드리고 싶은 것은, 우리는 일상적인 대화에서 — 강단에서는 물론이거니와 — 절대로 그저 모든 사람에게 다 좋도록 그렇게 일을 꾸미며 그 어느 누구에게도 불편하지 않게 하려고 애쓰는 — 아무리 불경건한 삶을 사는 사람에게라도 — 아주 좋기만한 사람들로 보여서는 안 된다는 것입니다. 그런 사람들은 각 가정마다 다니면서 그들과 희희낙락하며 잘 지냅니다. 그들에 대해서 슬피 울어야 마땅한데도 말입니다. 그들은 마치 울리지 않기를 원하면 울리지 않는다는 보증이 되어 있는 미국제 비상벨과도 같습니다.

우리는 씨를 뿌려야 합니다. 좋고 비옥한 땅에는 물론이고, 바위와 길가에도 뿌려야 합니다. 그러면 마지막 그 큰 날에 기쁜 수확을 거두게 될 것입니다. 어쩌다가 이상한 기회에 물가에 던져둔 빵이 여러 날이 지난 후에 다시 발견되기를 바랍니다.

제 13 장

형편이 어려운 사역자들에게

　형편이 어려운 목사들은 어떻게 해야 할까요? 형편이 어렵다는 것은 곧, 책이 몇 권 되지 않고, 경제적으로 어려워 더 구할 형편이 되지 않는 것을 의미합니다. 어떠한 경우든 이런 형편이 있어서는 안 됩니다. 그런 경우가 없도록 교회가 돌보아야 마땅합니다. 능력이 닿는 한, 최대한으로 목사의 쓸 것을 제공해야 합니다. 그의 육체의 생명을 유지하는 데 필요한 양식만이 아니라, 그의 영혼이 굶지 않도록 영적 양식도 함께 공급해 주어야 하는 것입니다. 교회의 비품 가운데 풍성한 도서(圖書)를 필수적인 품목으로 여겨야 합니다. 그리고 성도들을 공궤하는 임무를 지닌 집사들이, 주의 성찬상을 소홀히 하지 않고, 혹은 가난한 자들을 소홀히 하지 않고 또한 목사의 저녁 식탁에 쓸 것을 가볍게 여기지 않으면서도, 동시에 목사의 서재에 관심을 기울여서 새로운 책들과 표준적인 책들을 그때그때 공급해 준다면 정말 지혜로운 일일 것입니다. 그렇게 한다면 정말 돈을 잘 쓰는 것이요, 기대보다 훨씬 더 생산적일 것입니다. 강단의 능력이 쇠하여지는 사실에 대하여 이리저리 말만 하기보다는, 교회의 지도적인 사람들은 정당한 수단을 사용하여 강단의 능력을 회복시켜야 합니다. 설교자에게 생각을 위한 양식을 공급해 줌으로써 말입니다. 불평하는 모든 사람들에게 저는 채찍을 여물통에 집어넣으라고 권고하고 싶습니다.

　몇 년 전에 저는 우리 교회들에 목사의 도서를 당연한 문제로 삼도록 권유했는데, 몇몇 생각 있는 사람들이 그 권고의 가치를 인정하여 그 일을 시행하기 시작했습니다. 여기저기에서 서고들이 제공되고 책들이 꽂히는 것을 보는 기쁨이 있었습니다. 저는 정말이지 그런 시작이 어느 곳에서나 이미 시작되었기를 바랍니다. 그런데 정말 안타깝습니다! 오랜 세월 동안 목사들을 핍절하게 만드는 현상이 계속되고 있는데, 이는 결국 목사의 근검 절약은 그릇된 경제 운용이라는 것을 확신하게 해 줄 뿐입니다. 목사에게 풍성한 생활비를 제공할 여유가 없는 교회들은 교회에 영구적으로 서고를 만드는 정도까지는 되어야 할 것입니다. 그리고 해마다 도서들을 계속 증가시켜 간다면, 얼마 지나지 않아서 매우 귀중한 시설이 될 것입니다.

저의 존경하는 조부의 사택에는 옛 청교도들의 지극히 값진 전집들이 있었는데, 그것들은 역대 목사들을 통해서 계속 전해져 내려온 것이었습니다. 저는 지금도 그중 귀한 대작들을 잘 기억하고 있습니다. 저에게 가장 관심이 갔던 것은 알파벳 첫 자가 펠리컨이나 독수리, 혹은 장난하는 소년이나 일하는 가장(家長) 등의 그림으로 장식되어 있다는 점이었습니다. 책을 사용하는 사람들이 계속 바뀌면서 결국 책을 잃어버리고 말 것이라고 반론을 제기할 수도 있습니다. 그러나 저라면 그런 위험을 감수하겠습니다. 교회 운영위원회가 목록을 조금만 주의 깊게 관리하면, 목사나 교인들을 잘 관리하는 것처럼 도서들도 안전하게 잘 유지할 수 있을 것입니다.

이런 방식을 취할 수 없다면, 이보다 더 간단한 다른 방식을 시도해 보십시오. 설교자를 후원하는 모든 사람들로 하여금 설교자의 영적 양식을 공급하는 명목으로 후원금을 십 퍼센트 정도 증액시키도록 하는 것입니다. 그렇게 하면 설교가 점점 더 나아짐으로써 그 베푼 것을 충분히 돌려받고도 남을 것입니다. 만일 연간 수입의 아주 적은 부분이라도 가난한 목사를 위하여 확보하여 도서비로 거룩하게 쓰여진다면, 그것이야말로 그 교회로서는 크나큰 하나님의 은혜가 될 것이요, 측량할 수 없는 축복이 될 것입니다. 지각 있는 사람이라면 땅을 비옥하게 만드는 노력을 하지 않으면서 해마다 곡식이 수확되기를 기대하지는 않습니다. 연료가 없이 기계가 돌아가리라고 기대하지도 않습니다. 양식을 먹여주지도 않으면서 소나 나귀가 일을 하리라고 기대하지도 않습니다. 그러니, 도서를 구입해 줄 능력이 없어서 목사의 지식의 창고가 메말라 버린다면, 그런 목사에게서 은혜로운 설교를 듣고자 하는 기대를 포기해야 마땅할 것입니다.

그러나 오늘의 주제는 풍성한 자금도 없고, 교회의 도서도 없고, 도서비로 교회에서 제공받는 것도 없는 그런 목사들은 대체 어떻게 해야 하느냐 하는 것입니다.

먼저 지적할 것은, 만일 이런 사람들이 성공을 거둔다면, 풍성한 도서를 구비한 사람들보다도 더 큰 존귀를 받아야 마땅하다는 것입니다.

퀸틴 마치스(Quintin Matsys)는 모든 연장이 다 있었으나 망치와 줄을 동료에게 빼앗겨서, 연장도 없이 그 유명한 우물 뚜껑을 만들었습니다. 그것 때문에 그가 그렇게 유명해진 것입니다. 유용한 도구도 없이 하나님을 위해서 위대한 일을 행한 하나님의 종들에게 정말 큰 존귀가 있어야 마땅할 것입니다. 도구들이 있었다면 그들의 수고가 훨씬 가벼워졌을 것입니다. 그러나 그들이 행한 일은 정말 놀라운 것입니다. 현재 켄싱턴(Kensington)에 있는 국제 박람회(International Exhibition)에서 벅마스터 선생(Mr. Buckmaster)의 요리 학교(School of Cookery)가 탄성을 자아내게 하고 있는데, 그 이유는 그가 몇 개의 뼈와 약간의 마카로니 등 보잘것없는 재료로 그렇게 진기한 요리를 만들어 놓았다는 데 있습니다. 만일 그가 프랑스 요리사들이 사용하는 모든 재료를 다 사용했다면, 누구나 이렇게 말할 것입니다: "글쎄, 그런 재료로 누구라도 그렇게 할 수 있지 않을까?" 그러나 그가 고기 몇 점과 뼈들을 보여 주면서, 그것을 고깃간에서 몇 펜스를 주고 샀고, 그것들로 다섯 명 혹은 여섯 명 되는 가족의 저녁 식사를 만들어 낼 수 있었다는 이야기를 들으면, 어느 가정 주부라도 눈이 휘둥그레지면서, 대체 어떻게 그렇게 할 수 있느냐며 의아해 할 것이고, 그가 장식해 놓은 접시 주위를 지나가면서 조금 맛을 본 다음에는 경탄으로 가득 차는 것입니다.

그러니, 가난한 형제 여러분, 열심히 수고하십시오. 가난한 가운데서도 목회 사역에서 위대한 일들을 행할 수 있으며, 그렇게 열악한 상황에서 수고한 다음에는 "잘 하였도다 착하고 충성된 종아"라는 주님의 칭찬이 더욱 크게 여러분들에게 주어질 것이기 때문입니다.

만일 지극히 숫자가 적은 몇 권의 책 이외에는 구입할 수 없는 처지라면, 저의 첫 번째 권면은 가장 최고의 책을 구입하라는 것입니다. 여유가 별로 없으면, 있는 돈을 아주 잘 써야 합니다. 가장 좋은 책이 언제나 가장 싼 법입니다. 희석시킨 것들이나 묽게 탄 것들은 그런 사치를 부릴 여유가 있는 사람들에게 남겨 두십시오. 우유와 물을 다 구입하지 말고, 농축된 우유를 구해서 거기에 여러분의 취향에 따라서 물을 섞으면 됩니다. 이 시대는 말을 돌리는 사람들과 전문적인 책 제작자들로 가득 차 있습니다. 그 사람들은 중요한 알곡을 아주 얇게 두들겨 놓아서 5에이커나 되는 넓은 종이 위에 얇게 펼쳐 놓습니다. 물론 이런 사람들의 책들도 나름대로 용도가 있습니다. 금을 두드려 세공하는 사람들처럼 말입니다. 그러나 그것들은 여러분에게는 아무 소용이 없습니다. 해변가의 농부들은 미역을 수레 가득 실어와서는 땅 위에다 널어놓곤 합니다. 가장 무거운 것이 물이었습니다. 그리고 그 미역들을 말려서 굉장한 수고와 비용을 절약합니다. 싱거운 수프를 사지 마십시오. 고깃덩어리를 구입하십시오. 그러면 조금만 사도 많은 것을 얻게 됩니다.

제임스 해밀턴(James Hamilton)이 "책의 골자"라 부르곤 하던 그것이 가득 담겨 있는 책을 취하십시오. 여러분에게는 정확하고, 압축되어 있고, 신빙성 있는 표준적인 책들이 필요합니다. 바로 그런 책을 반드시 구하셔야 합니다. 찰머스 박사(Dr. Thomas Chalmers: 1780-1847)는 탁월한 성경 주석서인 *Horae Biblicae Quotidianae*를 저술하면서, 오로지 「성구사전」(*Concordance*), 「그림 성경」(*Pictorial Bible*), 「풀의 개론」(*Pool's Synopsis*), 「매튜 헨리 주석」(*Matthew Henry's Commentary*), 그리고 「로빈슨의 팔레스타인 연구」(*Robinson's Researches in Palestine*)만을 사용했다고 합니다. 그는 한 친구에게 이렇게 말했습니다: "이것들이 내가 사용하는 책들이라네. 성경적인 모든 내용이 거기에 들어 있네. 성경 연구할 때에 나는 그것들 이외에는 볼 필요가 없네."

이것을 보면, 굉장히 많은 도서를 마음대로 사용하면서도, 정작 몇 권 안 되는 표준 도서들로 충분한 경우가 많다는 것을 알 수 있습니다. 만일 찰머스 박사가 지금 생존해 계신다면, 아마도 로빈슨의 「팔레스타인 연구」 대신 톰슨(Thomson)의 「성경 지리」(Land ond the Book)를 취할 것이고, 「그림 성경」 대신 키토(Kitton)의 「매일 성경 예화」(Daily Bible lllustrations)를 취할 것입니다. 대부분의 사람들에게 최소한 이렇게 변경할 것을 추천하고 싶습니다. 이러한 사실은 몇몇 가장 탁월한 설교자들의 경우 성경을 연구할 때에 많은 책보다는 몇 권의 책을 갖고서 더 훌륭하게 사역을 감당했다는 분명한 증거가 됩니다. 사실 우리에게 가장 중요한 것은 바로 성경을 연구하는 것입니다.

그러므로 팔기 위해서 만든 여러 책들은 제쳐두는 것이 후회가 없을 것입니다. 그런 책들은 그것들을 사는 사람들은 물론 책을 만든 자기들 자신까지도 팔아먹는 것입니다. 매튜 헨리의 주석을 언급했는데, 감히 말씀드리거니와 그것은 정말 비길 데 없는 탁월한 주석서로서 그 어떠한 목사라도 그것을 구하면 그 이상의 투자가 없을 것입니다. 그것을 구하십시오. 외투를 팔아서라도 말입니다.

그 다음으로 말씀드릴 것은, 지니고 있는 책들을 마스터하라는 것입니다. 그것들을 철저히 읽으십시오. 그 책들로 가득 찰 때까지 그 속에 잠기십시오. 읽고 또 읽고, 씹고, 소화시키십시오. 여러분 자신의 것이 되도록 하십시오. 좋은 책 한 권을 여러 번 정독하고, 노트를 해 두고 분석하십시오. "개들이 나일 강물을 마시듯이 한다"는 옛 금언이 있습니다만, 스무 권의 책을 그저 대충 훑고 지나가는 것보다 한 권의 책을 철저하게 마스터하는 것에서 훨씬 더 큰 영향을 받는다는 것을 공부하는 사람이라면 곧바로 알 것입니다. 급하게 책을 읽게 되면 배우는 것은 적고 교만만 늘어나는 법입니다. 머리에 책들이 계속 쌓여서 결국 아무 효과도 없게 되지요. 묵상하는 일을 집어치우고 그 대신 책을 많이 읽는 것 때문에 생각이 아주 정지되어 버린 사람들도 있습니다. 그런 사람들은 책만을 게걸스럽게 먹어치워서 정신적인 소화불량에 걸려 버린 것입니다.

머리 위에 책을 쌓아 놓으면 질병에 걸리게 됩니다. 책을 머릿속에 넣으십시오. 그러면 자라게 될 것입니다. 디즈레일리의 「문학의 골동품」(Curiosities of Literature)을 보면 루키아노스(Lucian)가 큰 서고를 소유하고 있다는 것을 자랑하면서도 한 번도 책들을 꺼내서 읽지도 않고 그 책들에서 유익을 얻지도 않는 그런 사람들을 통렬하게 꾸짖는 대목이 있습니다. 그는 먼저 그런 사람을 항해술을 한 번도 배워본 적이 없는 항해사나 혹은 멋진 슬리퍼를 신고 있으면서도 똑바로 서지 못하는 절름발이에 비유합니다. 그리고는 이렇게 외칩니다: "어째서 그렇게 많은 책들을 사들이는가? 머리카락도 없으면서 빗을 사는 격이며, 맹인이면서 멋진 거울이 필요하다고 하고, 귀머거리이면서 최고의 악기가 필요하다고 하는 격이 아닌가?" 책을 소유하기만 하면 학식이 생길 것이라고 생각하는 이들에게는 정말 훌륭한 책망입니다. 이는 영국 은행의 둥근 천장을 보았으니 이제 부자가 되었다고 생각하는 것이나 마찬가지입니다. 책을 읽을 때에 많은 책을 읽으려 하지 말고, 한 권의 책이라도 많이 읽을 생각을 해야 합니다. 읽으면서 생각하고, 읽는 것과 비례해서 항상 생각을 병행하십시오. 그러면 아무리 여러분의 서고가 빈약하다 할지라도 크게 문제될 것이 없을 것입니다.

여러 해 전에 「쿼털리 리뷰」(*Quarterly Review*)에 어떤 분이 다음과 같은 글을 기고한 적이 있는데, 아주 건전한 생각이 담겨 있었습니다. 그는 이렇게 쓰고 있습니다:

> 우리에게 한 권의 정말 사랑스런 책이 있다면 — 한끼 저녁 식사 비용으로 싸게 책방에서 구입하여, 읽고 또 읽어서 책장 모서리가 접히고, 뒤표지가 해지고, 모서리가 찢어지고, 여백에 생각들을 써 놓았고, 더러워지고 낡아졌고, 찢어지고, 그래서 부드럽게 호주머니에 들어가고, 난로 곁에서 때가 묻었고, 풀밭에서 눅눅해졌고, 숯 때문에 꺼멓게 된 그런 책이 있다면, 숲 속에서 그것에 대해 꿈꾸고, 그것을 베고 졸고, 그러면서도 처음부터 끝까지 읽고 읽고 또 읽은 그런 책이 있다면 — 얼마나 좋을까! 수 마일이나 이어지며 배가 불쑥 나오고 휘어진 보들레이안(Bodleian)의 서고를 가득 메운 무수한 책들보다도 바로 그런 한 권의 책에서 참된 영양분이 더 많이 얻어지는 것이다.

그러나 책이 더 있어야겠다고 느낀다면, 저는 **조금 생각을 깊이해서 책을 빌려다 읽을 것을 추천**하고 싶습니다. 아마 여러분에게는 책들을 여러 권 지니고 있고 또 기꺼이 그것들을 빌려 줄 친구들이 있을 것입니다. 여러분, 책을 다시 빌리고 싶으면, 깨끗하게 읽고 곧바로 돌려주십시오. 책을 돌려주는 일에 대해서 별로 말할 것이 없을 상황이 되었으면 얼마나 좋겠습니까?

몇 달 전, 저는 한 목회자의 말을 들었는데, 그 말이 인간의 본성에 대한 제 생각을 더욱 확인시켜 주었습니다. 그는, 자기와 면식이 있는 사람들 중에 우산을 빌려갔다가 되돌려 준 사람이 세 사람이었다고 말했습니다. 그분은 저보다는 좀 더 양식이 있는 사람들과 어울린 것 같습니다. 저도 몇몇 젊은이들과 면식이 있는데, 그 사람들은 책을 빌려가고는 한 번도 돌려주지를 않았으니 말입니다.

제가 어느 목사에게서 다섯 권의 책을 빌려서는 이 년이 넘게 그 책들을 보고 있었습니다. 그런데 어느 날 그분이 제게 편지를 보내어 세 권을 돌려달라고 요청했습니다. 저는 그 세 권 외에 두 권을 더 돌려보냈습니다. 그는 나머지 두 권에 대해서는 잊어버렸던 것입니다. 저는 빌려온 책의 목록을 항상 기록해 두고 있었기 때문에 주인에게 확실하게 돌려줄 수 있었던 것입니다. 그분은 그 책들이 즉시 돌아오리라고 기대하지 않았던 것이 분명합니다. 책을 돌려 받은 다음 놀라움과 감사의 뜻을 표시하는 편지를 보내왔기 때문입니다. 그의 서재를 다시 방문하면, 아마 반드시 다시 책을 빌려 줄 것입니다. 여러분, 여러 사람들이 책에다 써 놓은 다음과 같은 글귀를 잘 아시지요?

"그대를 친구가 빌려 가면,
그대를 읽고 연구하되, 다시 빌려 주지 말고,
내게로 다시 돌려 주면 좋겠네.
그대에게 담긴 지식이
배움의 창고에서 줄어들기 때문이 아니라,
책들을 빌려 주고 나면,

다시는 내게로 돌아오지 않기 때문이네."

월터 스콧 경(Sir Walter Scott)은, 그의 친구들이 아주 무관심한 회계사들이지만 동시에 아주 훌륭한 "책 보관자들"(book-keepers: "경리 사원"을 뜻하나, 여기서는 비꼬는 뜻으로 쓰였다)인 것이 확실하다고 말하곤 했습니다. 어떤 사람은 한 학자에게 책을 빌려달라고 요청했는데, 그 학자는 사환을 통해서 말하기를, 책을 서고 바깥으로 가져가도록 할 수는 없으나, 책이 정 읽고 싶으면 서고에 앉아서 읽고 싶은 대로 마음껏 읽어도 좋다고 했답니다. 그런데 이에 대하여 매우 뜻하지 않은 상황에서 완벽한 반격이 가해졌습니다. 그 학자의 화로에 불이 잘 붙지 않아서, 사환을 시켜서 바로 그 사람에게 풀무를 빌려달라고 요청하게 되었습니다. 그때에 그 사람은 대답하기를, 풀무를 자기 집 바깥으로 내어보낼 수는 없으나, 그것이 정 필요하면 집 안에서 원하는 만큼 마음껏 써도 좋다고 했다는 것입니다. 사려 깊게 책을 빌려다 읽는 것도 크나큰 유익을 줄 수 있습니다. 그러나 사람에게 가장 중요한 것은 바로 성경이니 빌려다 읽는 책이 어떤 것인지 가려야 한다는 사실을 기억해야 할 것입니다. "악인은 꾸고 갚지 아니하나"(시 37:21).

이 땅에 책이 빈곤하여 고통스러울 때에라도, 여러분 모두 갖고 있는 한 권의 책이 있으니, 그것은 바로 여러분의 성경입니다. 성경을 지닌 목사는 마치 물맷돌을 지니고 있어서 싸움을 위하여 확실한 장비를 갖춘 다윗과 같습니다. 성경이 있는 한에는 아무도 물을 퍼낼 우물이 없다고 투덜댈 수가 없습니다. 성경이야말로 우리의 완전한 서고입니다. 그것을 철저히 연구하는 사람은 알렉산드리아 도서관(Alexandrian Library)을 통째로 삼킨 사람보다도 더 나은 학자일 것입니다. 성경을 깨닫는 것이 우리의 야망이 되어야 합니다. 마치 주부가 바늘과 친숙하듯이, 상인이 그의 장부와 친숙하듯이, 뱃사람이 그의 배와 친숙하듯이, 그렇게 성경과 친숙해져야 합니다. 성경의 전체적인 흐름을 알아야 하고, 각 권의 내용들과, 그 역사의 세세한 사항들과, 그 가르침과 그 강령과 그것에 관한 모든 것을 알아야 합니다.

에라스무스(Erasmus)는 제롬(Jerome)에 대해서 말하면서 이렇게 묻습니다: "성경 전체를 그처럼 마음으로 배우고 흡수하고 묵상한 사람이 또 어디 있겠는가?" 네덜란드의 박식한 학자로서 "언약"에 관한 유명한 저서를 쓴 비치우스(Herman Witsius: 1636-1708)는 성경의 모든 말씀을 원어로 암송할 수 있을 뿐만 아니라 그 문맥을 제시하고 탁월한 저자들의 비평까지도 제시할 수 있었다고 합니다. 또한 랭커셔(Lancashire)의 한 노 목사는 "걸어 다니는 성구사전"으로서, 어느 구절을 인용하면 장과 절까지도 제시할 수 있었고, 장과 절을 이야기하면 그곳의 말씀을 정확하게 암송할 수 있었다고 합니다. 그것은 기억력이 좋기 때문이기도 하겠지만, 그러나 그렇게 되기까지 성경을 연구한 것은 정말로 큰 유익을 주는 것이었음이 분명합니다. 그런 것을 동경하여야 한다는 말은 아닙니다. 다만, 할 수 있는 능력이 있다면, 그런 지식을 습득하는 것이 매우 가치가 있다는 것입니다. 놀라운 천재인 윌리엄 헌팅턴(William Huntington)에 대해서는 비난할 마음도 추천할 마음도 없습니다만, 그는 설교할 때에 끊임없이 성경을 인용하였고, 성경을 인용할 때마다 항상 장과 절을 제시하곤 했으며, 성경에 의존하지 않는다는 것을 과시하기 위해서 강단에서 성경을 치워버리는 바람직하지 못한 습관이 있었다고 합니다.

성경의 글자만이 아니라 그 속에 담긴 정신을 습득한 사람은 어떠한 결점을 안고서 애쓰든 간에 결코 천박한 사람일 수 없습니다. 한 권의 책에 빠진 사람을 조심하라(Cave ab homine unius libri)라는 옛 금언을 잘 아실 줄 압니다. 그는 무서운 적수입니다. 손끝과 마음의 중심에 성경을 품고 있는 사람은 우리 이스라엘의 챔피언입니다. 그 사람과 겨룰 수가 없습니다. 아무리 굉장한 무기를 지니고 있다 해도, 그의 성경 지식에는 당할 수가 없습니다. 그것은 마치 골리앗의 칼처럼 엄청난 힘을 지니고 있기 때문입니다.

저 은혜로운 윌리엄 로메인(William Romaine: 1714-1795)은 그의 생애 후반기에 들어서는 모든 책을 치우고 오로지 성경만을 읽었다고 합니다. 그는 학식 있는 사람이었으나, 그 한 권의 책에 완전히 몰입하였고, 그것으로 강건해진 것입니다. 혹시 어쩔 수 없이 그렇게 될 수밖에 없는 상황에 처해 있다면, 어떤 이들은 일부러 자원하여 그렇게 되었다는 점을 기억합시다. 그리고 우리의 처지를 한탄하지 맙시다. 성경이 꿀보다도 더 달며, 우리를 옛 사람보다 더 지혜롭게 해 줄 것이니 말입니다. 그 영감으로 된 책을 계속해서 연구하고 있다면, 거룩한 문제에서 결코 갈증이 없을 것입니다. 성경에는 주제만 있는 것이 아니라 예화들도 있습니다. 성경이야말로 최고의 예화집인 것입니다. 일화나 비유나 알레고리나 직유를 원하십니까? 성경으로 돌아가십시오. 성경이 그 자체의 보고에서 꺼낸 보화들로 장식될 때보다 성경의 진리가 더 아름답게 보일 때는 없습니다. 최근 저는 열왕기와 역대기를 읽어오고 있습니다만, 그것들에 완전히 매료되고 있습니다. 눈을 뜨고서 읽으면 그 속에도 시편이나 선지서와 똑같이 거룩한 교훈들이 가득 차 있는 것을 알게 될 것입니다.

　암브로시우스(Ambrose: 339-397)의 말이라고 생각됩니다만, 그는 "나는 성경의 무한함을 사모한다"고 말하곤 했습니다. 하나님의 책에 대해서 아우구스티누스의 귀에 울린 것과 똑같은 음성을 저도 듣습니다. 톨레 레게(*tolle, lege*: "취하여 읽으라")라는 말 말입니다. 어느 한적한 마을에 들어가 쉬고 있을 때에 건전한 대화를 나눌 수 있는 사람도 없고 읽을 만한 책들도 몇 권 없을 경우에는, 주야로 여호와의 율법을 읽고 묵상하십시오. 그러면 여러분은 "시냇가에 심은 나무"처럼 될 것입니다. 성경을 여러분의 오른편에 있는 사람으로, 여러분과 항상 함께 하는 친구로 삼으십시오. 그러면 하찮은 것들에 대하여 여러분의 처지가 열악하다고 해서 그것 때문에 안타까워하고 슬퍼하게 되지 않을 것입니다.

　여러분에게 진지하게 사실을 말씀드리고 싶습니다만, 형편이 열악한 사람은 생각을 많이 함으로써 그것을 극복할 수 있습니다. 생각하는 것이 책을 소유하는 것보다 훨씬 낫습니다. 생각이란 하면 할수록 그 능력이 개발되고 더 진보하는 영혼의 운동입니다. 한 번은 어느 소녀에게 영혼이 무엇인지를 아느냐고 물었는데, 그 소녀의 대답이 모두를 깜짝 놀라게 했습니다. 그 아이의 대답은 "예, 제 영혼은 바로 제 생각입니다"였습니다. 만일 이 대답이 옳다면, 어떤 사람들은 아주 초라한 영혼을 갖고 있는 것이 됩니다. 생각이 없이는 읽는 것이 정신에 유익을 줄 수 없고, 오히려 착각을 일으켜 스스로 지혜로워지고 있다고 생각하게 만드는 것입니다. 어떤 사람들에게는 책이 일종의 우상이 되기도 합니다. 로마 가톨릭 교도들이 성상(聖像)을 만들어 놓은 의도는 그리스도를 생각하게 만들기 위함인데, 실제로는 그것 때문에 그리스도께로부터 계속 멀어지게 됩니다. 이와 마찬가지로 책들은 사람들로 하여금 생각하도록 만들기 위해 있는 것인데, 오히려 책 때문에 생각에 장애가 생기는 경우가 허다합니다.

조지 폭스(George Fox: 1624-1691)는 예리한 칼로 스스로 가죽 바지를 지어 입고서, 속이 빈 나무 속에 몸을 숨기고 한 달 동안을 생각하며 지냈는데, 그동안 그는 사상가로 성장하였고, 그리하여 학식 있는 사람들이 그에게 꼼짝을 하지 못하는 사람이 되었습니다. 그가 얼마나 큰 파란을 일으켰는지 모릅니다. 당대의 교황주의자들과 감독주의자들, 그리고 장로회주의자들에게는 물론, 학식이 많은 비국교도들에게까지도 그는 큰 영향을 미쳤습니다. 그는 끝없이 하늘에서 거미줄을 쓸었고, 책벌레들에게 큰 괴로움을 주었습니다.

생각이야말로 공부의 골격입니다. 생각하는 목사들이 더 많이 생긴다면 이 얼마나 큰 축복이겠습니까! 다만, 자기들의 생각대로 종교를 만들어내는 몽상가들이 아니라, 계시된 하나님의 진리에 대해서 생각하는 사람들이 필요합니다. 오늘날 우리는 머리로 서고 발로 생각하는 일부 사람들로 괴로움을 당하고 있습니다. 그들이 생각하는 묵상이란 그저 감상적인 생각일 뿐입니다. 그들은 계시된 진리를 깊이 생각하지 않고 자기들 멋대로 온갖 것들을 고안해냅니다. 거기에는 온갖 오류와 넌센스와 기발한 착상이 뒤섞여 있습니다. 그리고 그들은 이런 엉터리를 가리켜 "현대의 사상"이라고 부릅니다. 우리에게는 올바로 생각하려 애쓰며, 그러면서도 깊이 생각하는 사람들이 필요합니다. 우리는 바로 하나님의 생각들을 생각하기 때문입니다. 이 시대의 교만한 사상가들을 본받으라는 말은 절대로 하고 싶지 않습니다. 그들은 그들의 교회당들을 텅 비게 만들면서도 자기들이 교양 있는 지성인들에게 설교하고 있다는 것을 자부심으로 삼습니다. 그것은 정말 비참한 짓입니다. 그러나 우리들이 확신을 갖고 믿고 있는 그것들을 진지하게 생각하기 바랍니다.

개인적으로 저는 메드웨이 강(river Medway)가에 있는 늙은 오크 나무 아래서 여러 시간을 — 어느 때는 여러 날을 — 홀로 지내면서 거기서 많은 것을 얻습니다. 학교를 졸업하던 시기에 다소 의기소침해져 있을 때에, 저는 상당한 여가 시간을 즐겼습니다. 아주 좋은 낚싯대로 무장하고서 고기도 몇 마리 잡고, 공상에 잠기기도 하고, 갖가지 호기심에 이끌리기도 했고, 학교에서 얻은 지식을 곰곰이 되새김질하기도 했습니다. 소년들에게 생각을 계발시키기 위해서는, 수업은 되도록 줄이고 생각할 기회를 더 많이 제공해 주는 것이 좋을 것입니다. 소화도 제대로 시키지 못하는 상태로 온통 주입식 교육만 강행하면 근육이 없는 육체가 만들어지게 되는데, 이것은 육체적으로도 문제이지만 정신적으로는 정말 큰 문젯거리가 됩니다. 교인들의 숫자가 적어서 여러분에게 도서를 제대로 공급해 주지 못한다면, 그들이 여러분의 시간을 그만큼 많이 빼앗지 않을 것이고, 여러분은 그만큼 더 묵상의 시간을 가질 수 있게 되니, 오히려 책이 많으면서도 고요히 생각할 여유가 별로 없는 다른 형제들보다도 훨씬 더 나은 것입니다.

책이 없어도, 눈을 계속 뜨고 사물을 바라보는 것으로도 많은 것을 배울 수 있습니다. 현재의 역사나, 바로 코 앞에서 벌어지는 사건들이나, 신문에 기록된 시사나, 일반 사람들의 화제 등 모든 것들을 통해서도 배울 수 있습니다. 눈으로 보는 것과 보지 않는 것은 정말 굉장한 차이가 있습니다. 눈으로 읽을 책이 없으면, 어디를 가든지 눈을 크게 뜨십시오. 무엇이든 바라볼 가치가 있는 것을 찾게 될 것입니다. 자연에서도 배울 수 있지 않습니까? 길가의 꽃들마다 여러분을 가르치려고 기다리고 있습니다. 주님은 "들의 백합화를 보라"고 말씀하십니다. 장미에서도 배우십시오. 개미에게만 갈 것이 아니라, 살아 있는 모든 것들이 여러분에게 교훈을 주는 것입니다. 강풍 속에도 음성이 있고, 그것 때문에 휘날리는 먼지 속에도 교훈이 있습니다. 아침에 피어나는 풀잎에서도 설교가 번뜩이고, 나무에서 떨어지는 메마른 낙엽에서도 교훈이 다가옵니다. 숲은 도서관이고, 들은 철학서(哲學書)입니다. 바위는 역사요, 강은 그 밑바닥이 한편의 시(詩)입니다. 눈을 가진 자들은 눈을 뜨고 가서 여기저기서 지혜의 교훈을 찾으십시오. 위로 하늘에서, 아래로 땅에서, 그리고 땅 아래 바다에서 교훈을 얻으십시오. 이런 것들에 비하면 책들은 아주 초라한 것들일 뿐입니다.

더 나아가서, 아무리 여러분의 서고가 초라하다 할지라도, 여러분 자신을 연구할 수 있습니다. 여러분 자신이야말로 신비한 책입니다. 그 중요한 부분들을 여러분들은 아직 읽지 못했습니다. 자기 자신을 완전히 알고 있다고 생각하는 사람이 있다면, 그 사람은 자신을 속이고 있는 것입니다. 왜냐하면 여러분이 읽는 책 중에서 가장 어려운 것이 바로 여러분 자신의 마음이기 때문입니다. 언젠가 어떤 사람이 어쩔 줄 모르며 방황하는 것 같아서 그 사람과 이야기하다가 저는 이렇게 말했습니다: "글쎄요, 선생을 이해할 수가 없군요. 하지만 괜찮습니다 제 자신도 이해할 수가 없으니 말입니다." 저는 사실을 말한 것입니다.

여러분의 마음의 갈등과 특이한 점들과 움직임을, 그리고 여러분의 경험의 이상한 점들을 잘 살피십시오. 여러분의 마음의 부패함과 하나님의 은혜의 역사를, 죄를 짓는 경향과 거룩을 지향하는 여러분의 자세를 살펴보십시오. 여러분이 얼마나 마귀와 가까우며 동시에 얼마나 하나님과 연합하여 있는지를 살펴보십시오. 하나님께 가르침을 받을 때에 얼마나 지혜롭게 처신하며, 또한 여러분 홀로 남겨져 있을 때에 얼마나 어리석게 행동하는지를 주목하십시오. 다른 사람들의 영혼을 보살피는 사람으로서 여러분 자신의 마음을 연구하는 것이 정말로 굉장히 중요하다는 것을 알게 될 것입니다.

자신의 체험이, 다른 사람들을 위하여 처방해 주는 약을 시험해 보는 실험실이 되어야 마땅할 것입니다. 여러분이 실수하고 실패도 하지만 그 것들을 주님께 가져다 놓으면, 그것들에서도 교훈을 얻게 될 것입니다. 완전히 무죄한 사람은 불완전한 사람들을 진정으로 동정할 수가 없습니다. 주께서 여러분 자신의 영혼을 다루시는 것을 연구하십시오. 그러면 다른 사람을 다루시는 주님의 역사에 대해서 더 많은 것을 알게 될 것입니다.

다른 사람들을 읽으십시오. 그들 역시 책만큼이나 많은 교훈을 줍니다. 가령 너무 가난하여 의학책을 살 형편이 못 되는 한 젊은 학생이 큰 병원에 의학 공부를 위해 입학한다고 합시다. 그 학생에게는 그런 형편이 큰 약점으로 작용할 것입니다. 그러나 만일 그 학생이 날마다 병원을 돌아다니면서 수술이 진행되는 것을 보고, 이 환자 저 환자를 다 살펴본다면, 아마 의학책을 통해서 공부한 학생 못지않게 유능한 외과 의사가 될 것이 분명합니다. 책만으로는 도저히 습득할 수 없는 것을 관찰을 통해서 습득하기 때문입니다. 팔 다리를 제거하는 수술이나, 상처를 싸매는 것이나, 동맥을 꿰매는 것 등을 옆에서 지켜보면서, 그에게는 필수적인 실질적인 외과 진료의 갖가지 면들을 터득하게 될 것입니다.

목사가 알아야 할 많은 것들은 실질적인 관찰을 통해서 배울 수밖에 없는 것들입니다. 지혜로운 목사들은 영적인 병원으로 나아가서, 궁금증을 가진 사람, 외식하는 사람, 신앙을 저버린 사람, 절망에 빠진 사람, 잘난 체하는 사람 등, 갖가지 사람들을 대한 사람들입니다. 하나님 자신의 일들에 대하여 건전한 실제적인 체험이 있고 또한 다른 사람들의 마음을 관찰한 사람이, 다른 모든 조건이 동등할 경우, 책에서 읽은 내용만을 아는 사람보다는 훨씬 더 귀하게 쓰임을 받을 것입니다. 마치 상자 속에서 나오듯이 교실에서 나오는 대학의 잘난 체하는 학생처럼, 한 번도 본 일이 없는 세상에 비로소 나와서, 한 번도 만난 적이 없는 사람들을 다루며, 개인적으로 접촉해 본 일도 없는 그런 사실들을 다루는 그런 사람이 되어서는 안 될 것입니다. 사도는 아무것도 모르는 초신자는 안 된다고 말씀합니다. 그런데 초신자이면서도 동시에 찬란한 경력을 쌓은 학자나, 고전 학자, 수학자, 이론 신학자일 가능성이 얼마든지 있는 것입니다. 우리는 사람들의 영혼과 실질적으로 친숙해져 있어야 합니다. 그런 친숙함이 우리에게 있다면, 책이 별로 없다는 것은 아주 가벼운 불편함에 지나지 않을 것입니다.

여기서, "그렇지만, 대체 어떻게 사람을 읽을 수 있습니까?"라고 질문할 사람이 있을 것입니다. 언젠가 어느 신사에 대해 하는 말을 들었는데, 그와 아치 밑의 길가에서 오 분만 길을 멈추고 있어도, 반드시 그에게서 배울 것이 있다는 것이었습니다. 바로 그것이 지혜로운 사람의 모습입니다. 그러나 다른 사람과 아치 밑의 길에서 오 분 동안 대화를 나누고서 그 상대방에게서 무언가를 배운다면 그것이 훨씬 더 지혜로운 사람일 것입니다. 지혜로운 사람은 철학자에게서도, 바보에게서도 똑같이 배웁니다. 바보는 정말 읽기에 좋은 탁월한 책입니다. 책의 낱장 하나하나가 다 여러분 앞에 펼쳐져 있기 때문입니다. 우스꽝스러움이 무턱대고 드러나기도 하는데, 이것이야말로 잘 살펴볼 만한 것입니다. 그리고 혹시 그에게서 다른 아무것도 건질 것이 없다 할지라도, 여러분 자신의 어리석음을 그렇게 무턱대고 드러내지 말아야 한다는 것을 경계로 삼을 수는 있을 것입니다.

경험 많은 성도들에게서 배우십시오. 그런 분들이 우리 젊은 목사들에게 얼마나 깊은 것들을 가르쳐 주는지 모릅니다. 하나님의 비천한 백성들이 그들에게 나타난 하나님의 섭리의 역사를 얼마나 잘 증거해 주는지 모릅니다. 성도를 세우시는 하나님의 은혜와 그의 언약에 대한 하나님의 신실하심을 체험하고 얼마나 영광을 돌리는지 모릅니다. 하나님의 약속들에 대해 얼마나 신선한 빛을 비추어 주는지, 육신적으로 지혜로운 자들에게는 감추어져 있으나 단순한 마음에게는 분명하게 열려 있는 그런 의미들을 얼마나 잘 드러내 주는지 모릅니다. 수많은 하나님의 약속들이 눈에 보이지 않는 잉크로 써 있어서 그 글자들이 드러나려면 환난의 불에 달구어져야 한다는 것을 모르십니까? 시험을 통과한 심령들이야말로 목사들에게는 위대한 교사들이 되는 것입니다.

질문을 해 오는 자들에게서도 얼마나 많은 것을 배우게 되는지 모릅니다. 저는 진리를 찾는 심령들과 대화를 나누는 중에 제 자신의 어리석음을 많이 보았습니다. 가난한 한 젊은 청년을 구주께로 인도하려고 이야기를 나누는 중에 저는 아주 당황스러운 일을 당했습니다. 그 청년을 잡았다고 생각했는데, 그는 불신앙에서 나오는 사악한 재치로 요리조리 자꾸 빠져나가는 것이었습니다. 어떤 경우에는 진정 고민에 싸여 있는 사람들이 아주 능숙한 기술로 소망을 상대로 싸움을 벌이는 것을 보고 깜짝 놀라기도 합니다. 그들의 논지가 끝이 없고, 그들의 난점이 셀 수 없이 많습니다. 그들은 계속해서 우리를 궁지로 몰아넣습니다. 결국 하나님의 은혜로 말미암아 우리가 그들을 빛으로 인도하게 되지만, 그런 일이 있기까지 우리 자신의 무능력을 여실히 보게 되는 것입니다.

　불신앙에서 나오는 이상스런 심술들 속에서, 의심에 빠진 자들이 자기들의 느낌이나 성경의 진술에 근거하여 제시하는 온갖 특이한 논리들 속에서, 굉장한 교훈들을 발견하는 때가 많습니다. 저는 목회를 위한 실제적인 훈련을 위해서라면, 교실에서 한 주간 동안 최고의 강의를 듣게 하기보다는 차라리 신앙에 대해 의문을 가진 사람들과 한 시간 동안 대화를 나누게 하여 정신적으로 충격을 받게 하고 싶습니다.

　한 가지만 더 말씀드리면, 임종의 현장에 많이 참석하십시오. 사람의 임종은 정말 탁월한 책입니다. 바로 거기서 신앙의 비밀을 배우게 되고, 진수를 읽게 되기 때문입니다. 얼마나 찬란한 보석들이 요단 강의 파도에 씻겨 나가는지 모릅니다. 얼마나 아름다운 꽃들이 요단 강가에서 피어나는지 모릅니다. 영광의 땅에서 영원한 샘물이 높이 솟으며, 이슬 방울이 되어 작은 시내로 흘러갑니다. 비천한 남녀들이 세상을 떠나면서 마치 영감을 받은 것처럼 특별한 말들을 남기며 만면에 하늘의 영광이 환하게 비치는 것을 보았습니다. 그런 것들은 세상 사람들에게서 배운 것이 아닙니다. 새 예루살렘 가까이에 앉아 있는 동안 들어온 것들입니다. 그들이 괴로움과 허약함 가운데 있을 때에 하나님께서 그들의 귀에 속삭이시는 것입니다. 성령께서 그들에게 보이신 것 중에 적은 부분을 우리에게 말로 전해 주는 것입니다. 여호와의 엘리야들이 불수레를 타고 올라가는 것을 볼 수 있다면, 저의 모든 책들과 기꺼이 이별하겠습니다.

제 14 장

우리의 사역 속에 역사하시는 성령

오늘 다룰 주제는 과거에 이미 자주 언급되었던 것이 아닌 새로운 것을 언급하기가 매우 어렵습니다. 그러나 이 주제는 정말 중요한 것이므로 자주 다루는 것이 좋고, 혹시 옛 것들만을 제시하고 새로운 것을 제시하지 못한다 해도, 옛 것들을 새롭게 기억하게 해 주는 것이 지혜로운 일이라 여겨집니다. 오늘의 주제는 "우리의 목회 사역 속에 역사하시는 성령" — 혹은 예수 그리스도의 복음 사역자인 우리 자신과 관계되는 성령의 사역입니다.

"성령을 믿사오며." 우리는 이미 사도 신경의 일부로서 그 문장을 암송하고 있습니다만, 우리의 개인적인 체험을 통해서 우리의 입술에서 그 문장이 열렬한 하나의 독백으로 터져 나올 수 있기를 바라는 마음 간절합니다. 우리에게는 성령의 임재와 역사하심이 우리의 평생 사역의 지혜와 효과에 대한 신뢰의 근거가 됩니다. 만일 성령을 믿지 않았다면, 이미 오래 전에 우리의 사역을 접었을 것입니다. 과연 그런 일을 감당할 만한 자가 어디 있겠습니까? 목회의 성공에 대한 소망과, 사역을 지속하는 힘은 오직 주의 성령께서 우리에게 임하여 계시다는 믿음에 달려 있습니다.

저는 당분간 우리 모두가 성령의 존재를 의식하고 있다는 것을 당연한 사실로 인정하고자 합니다. 우리는 성령을 믿는다고 말을 했습니다. 그러나 우리는 이미 실질적으로 이 문제에 대하여 믿음을 넘어서서 의식의 영역 속으로 들어와 있습니다. 지금의 친구들의 존재를 귀로 듣고서 믿었던 때가 있었습니다. 그러나 지금은 눈으로 대면했고, 서로 친교의 포옹을 했고, 복된 교제의 영향력을 느꼈습니다. 그래서 우리는 이제 친구의 존재를 믿는 것이 아니라 알고 있는 것입니다. 이와 마찬가지로, 우리는 하나님의 성령께서 우리 마음에 역사하시는 것을 느꼈고, 인간의 심령에 끼치는 그의 능력을 알았고 지각했습니다. 그리고 의식적이며 인격적인 접촉을 자주 함으로써 그를 알고 있습니다. 우리의 심령이 민감하여, 하나님의 성령의 임재를 의식하고 있습니다. 마치 형제들의 심령이 우리의 심령에 역사하는 것으로 그 심령의 존재를 알고 인식하고 있는 것처럼 말입니다.

우리는 그저 정신과 물질만 인식하던 둔감한 영역에 있던 상태에서 벗어나서 이제 영의 세계의 그 찬란한 광채 속으로 들어와 있습니다. 그리고 이제는 신령한 사람들로서 영적인 것들을 분별하며, 영적 세계에서 역사하는 능력들을 느낍니다. 그리고 성령이 계시다는 것을 압니다. 그가 우리의 심령에 역사하시는 것을 느끼고 있기 때문입니다. 만일 그렇지 못하다면, 우리는 그리스도의 교회의 사역에 몸담을 권리가 없을 것입니다. 아니, 교회의 회원으로 남아 있을 자격조차 없을 것입니다. 형제 여러분, 그러나 우리는 영적으로 깨어났습니다. 우리는 새 생명을 확연히 의식하고 있고, 그로부터 나오는 모든 것들을 다 인식하고 있습니다. 이제 우리는 그리스도 예수 안에서 새로운 피조물들입니다. 그리고 새로운 세상에 거하고 있는 것입니다. 우리에게 영적인 빛이 비추어졌고, 눈으로는 볼 수 없는 것들을 이제 바라보게 되었습니다. 혈과 육으로는 절대로 드러내지 못했을 그 진리 속으로 인도함을 받았습니다. 성령의 위로하심을 받았습니다. 깊은 슬픔으로부터 높이 들려 올림을 받아 거룩한 보혜사께서 주시는 그 고귀한 기쁨을 체험하게 되었습니다. 우리는 또한 성령으로 말미암아 거룩해져 가고 있습니다. 그리고 여러 가지 다른 형식과 방식으로 성화의 역사가 우리 속에서 계속되고 있다는 것을 의식하고 있습니다. 그리하여 우리는 이런 모든 개인적인 체험들을 토대로, 성령께서 계시다는 것을 우리 자신이 존재한다는 사실만큼이나 확실하게 알고 있는 것입니다.

여기서 좀 더 자세히 말씀드리고 싶은 유혹이 있습니다. 이 문제는 더 길게 주목할 가치가 있기 때문입니다. 불신자들은 나타나는 증거들을 요구합니다. 그 옛날 그랏그린드(Gradgrind)의 사업의 원칙이 종교 속으로 들어왔습니다. 회의론자들은 "내가 원하는 것은 사실들이다"라고 외칩니다. 여러분, 이것이 우리의 사실들입니다. 이것을 사용하기를 잊지 맙시다. 어떤 회의론자는 다음과 같은 말로 제게 도전합니다: "나는 책이나 역사에다 믿음을 걸 수가 없소. 내가 원하는 것은 현존하는 사실들이오." 그러면 저의 대답은 이렇습니다: "선생께서는 눈이 멀어 있으니 그 사실들을 볼 수가 없소. 그러나 그 사실들은 분명히 존재하고 있소. 선생께서는 보지 못하지만, 눈을 지닌 우리들은 놀라운 사실들을 바라보고 있다오." 그가 제 주장을 조롱한다 해도, 저는 전혀 놀라지 않습니다. 그러리라고 충분히 예상하고 있기 때문입니다. 오히려 그렇게 조롱하지 않았다면 그것이 더 놀랄 일일 것입니다.

그러나 동시에 저는 저의 입장을 사실에 대한 증언들로서 존중해 줄 것을 요구합니다. 그리고 그 회의론자에게 다음과 같은 질문을 들이댑니다: "무슨 권리로 제가 제시하는 증거를 부인하십니까? 가령 제가 눈먼 맹인인데, 선생이 볼 수 있는 능력을 지녔다고 제게 이야기할 때에, 제가 선생을 자만에 빠진 열광주의자라고 비난한다면 그것이 과연 합당하겠습니까? 선생께서 할 수 있는 말은, 선생께서 아무것도 모르겠다는 것밖에는 없습니다. 하지만 우리를 모두 거짓말쟁이나 바보 천치로 취급할 권리는 없습니다. 옛날 욕쟁이들처럼 신령한 사람을 가리켜 미쳤다고 떠들어 댈 수는 있지만, 그렇다고 해서 그 신령한 사람의 말이 사실이 아니라는 것이 입증되는 것은 아닙니다." 형제 여러분, 제가 보기에는 하나님의 성령께서 일으키시는 현상들은, 바로가 홍해에서 멸망했다는 것이나 광야에 만나가 내렸다는 것이나, 바위에서 물이 솟아났다는 것이 이스라엘 사람들에게 하나님께서 그들 가운데 임재해 계시다는 사실을 입증해 준 것만큼이나 확실하게 기독교의 진리를 입증해 주는 것입니다.

이제 오늘 주제의 핵심 부분으로 넘어가기로 합시다. 목사인 우리에게는 성령이 절대적으로 필요합니다. 그가 없이는 우리의 직분은 그저 이름뿐인 것이 되고 맙니다. 우리는 하나님의 자녀 한 사람 한 사람에게 속한 제사장직보다 높은 어떤 별다른 제사장직을 주장하지 않습니다. 그러나 우리는 그 옛날 하나님의 감동을 받아 그의 말씀을 선포하며 범죄를 대적하여 증언하며 하나님의 대의를 섬겼던 사람들을 그대로 계승하는 사람들입니다. 선지자들의 영이 우리에게 있지 않다면, 우리가 입고 있는 겉옷은 사람을 속이는 거친 의복 이상 아무것도 아닙니다. 하나님의 영이 우리에게 머물러 있지 않으시다면, 감히 주의 이름으로 말하는 우리의 처신이 정직한 자들의 회에서 그야말로 망령된 것으로 정죄를 받아 마땅할 것입니다.

우리는 우리 자신이 이 땅에서 예수 그리스도를 증거하도록 지명을 받은 그의 사신들이라 믿고 있습니다. 그러나 그리스도와 그의 증언에는 언제나 하나님의 영이 임재해 계셨습니다. 그러니 그 영이 우리 위에 거하지 않으신다면, 우리는 분명 예수님처럼 세상으로 보내심을 받은 사람이 아닌 것입니다. 오순절에 세상을 회심시키는 그 위대한 역사가 성령의 임재를 상징하는 강한 바람과 불의 혀같이 갈라지는 현상과 더불어 개시되었습니다. 그러므로 만일 성령이 없이 성공할 수 있다고 생각한다면, 우리는 오순절의 계통을 이은 사람들이 아닙니다. 예수께서 약속하신 성령이 우리에게 없다면, 예수께서 주신 사명을 수행할 수 없는 것입니다.

여기서, 우리에게 성령이 계시니 우리가 영감을 받은 것이라는 식의 착각에 빠질 위험을 경고할 필요는 없을 것입니다. 그런데 오늘날 논쟁을 좋아하는 한 특정한 분파에 속한 사람들에게는 이런 어리석음에 대하여 경고할 필요가 있습니다. 그들은 자기들의 집회가 "성령의 주재" 아래 있다고 주장합니다. 이런 사상에 대해서는, 그런 용어나 그런 사상을 성경에서 도무지 찾을 수 없다는 말밖에는 할 수 없습니다. 신약 성경에는 탁월한 은사를 지녔고 말하기 좋아하며 서로 파당을 지어 싸우는 고린도 사람들이 나타나는데, 이들이야말로 제가 말하는 바로 그런 이들의 대표격인 자들입니다. 그런데 바울은 그들을 향하여 "너희 중 아무에게도 내가 세례를 베풀지 아니한 것을 감사하노라"(고전 1:14)고 말씀합니다. 마찬가지로 저도 그 분파에 속한 사람들이 우리 중에 있은 적이 없었던 것을 하나님께 감사드립니다. 그들의 집회가 특별한 영감의 은사를 소유한다는 뜻인 것 같습니다. 완전한 무오성(無誤性)까지는 가지 않더라도 그와 거의 비슷하게 추켜 올리는 처사인 것입니다. 혹시 그들의 모임에 함께 참석해 보았다면, 과연 스스로 성령의 영향력 아래 있을 뿐이라고 생각하는 일상적인 말씀 사역자들에게서 얻는 영적 유익보다도, 천상의 주재권 아래서 행해지는 그들의 강연에서 더 많은 유익을 얻은 것이 있는지 심히 의심스럽습니다.

우리는 무오성을 수동적으로 전달해 주는 사람들이 아니라, 우리가 배운 바를 깨닫는 만큼 가르치는 정직한 교사들인 것입니다. 우리의 정신이 능동적으로 활동합니다. 그러므로 성령의 역사하심이 우리의 역사에 활동하고 있지만 동시에, 성령의 지혜와 더불어 우리의 연약함도 똑같이 나타나는 것이며, 성령께서 우리에게 알려 주신 것을 드러내는 동안 우리 자신의 무지와 오류가 동시에 드러나지 않을까 하는 두려움이 생기고, 하나님의 능력에 더 온전하게 굴복하지 못했다는 생각 때문에 우리 자신을 크게 낮추게 되는 것입니다. 여러분은 방금 말한 그런 그릇된 방향으로 잘못 나아가지 않으리라 믿습니다. 과거의 경험들을 토대로 볼 때에 지혜로운 자들은 그런 오류에 미혹될 염려가 별로 없습니다.

우리의 첫 번째 질문은 바로, 성령의 도우심을 과연 어디에서 찾을 수 있을까 하는 것입니다. 이 점에 대해서 말한 다음에는, 두 번째 질문에 대해서 — 그것은 바로, 어떻게 하면 그 도우심을 잃게 될까 하는 것입니다 — 매우 엄숙하게 살펴보게 될 것입니다. 하나님께서 축복하셔서 이렇게 논의하는 것이 성령의 도우심을 계속 유지하는 데에 도움이 되기를 기도합니다.

성령의 도우심을 어디에서 찾을 수 있습니까? 저는 일곱 가지, 혹은 여덟 가지로 대답하고 싶습니다.

1. 첫째로, 그는 지식의 영이십니다. "그가 너희를 모든 진리 가운데로 인도하시리라"(요 16:13). 우리에게는 그의 가르침이 필요합니다.

우리에게는 연구가 절박하게 필요합니다. 다른 사람들을 가르치는 사람은 그 자신이 먼저 가르침을 받아야 하기 때문입니다. 아무런 준비도 없이 강단에 올라가는 습관이 있다면, 그것은 용서받지 못할 짓입니다.

그것만큼 우리 자신과 우리의 직분을 비하시키는 것이 없습니다. 리치필드의 주교(Bishop of Lichfield)가 한 교구를 방문하여 말씀 연구의 중요성과 필요성에 대해 강론을 했는데, 한 교구 목사가 주교에게 자기는 그의 가르침을 믿을 수 없다고 이야기했답니다. "목회 준비실에 있을 때에는 무엇을 말할지를 전혀 모를 때가 많지만, 그래도 강단에 올라가서 설교하고, 그것에 대해서 아무것도 생각하지 않거든요"라는 것이 그의 이유였습니다. 그러자 주교는, "아무것도 생각하지 않는다는 목사님의 말씀은 정말 옳습니다. 교구 위원들도 목사님이 과연 그렇다고 이야기하더군요" 라고 대답했답니다.

우리가 가르침을 받지 못하면 어떻게 남을 가르칠 수 있겠습니까? 우리가 생각이 없다면, 과연 어떻게 다른 사람들을 이끌어 생각하도록 만들겠습니까? 우리가 서재에서 연구할 때에, 우리가 홀로 성경을 앞에 놓고 복된 수고를 하고 있을 때에, 바로 그때에 성령의 도우심이 필요한 것입니다. 성령께서 하늘의 보화의 열쇠를 쥐고 계십니다. 그리고 그것들로 말할 수 없이 우리를 풍성하게 하실 수 있습니다. 그는 수수께끼 같이 잘 풀리지 않는 교리를 푸는 실마리를 지니고 계시며, 그리하여 우리를 진리 가운데로 인도하실 수 있습니다. 그는 놋쇠로 된 대문을 산산조각 내고 철로 된 창살을 부수시고서, 그 어둠 속에 있는 보배들과 그 은밀한 곳에 감추어진 풍성한 것들을 우리에게 주실 수 있으신 것입니다. 성경을 원어로 공부하고, 주석들을 참고하고, 깊이 묵상한다 해도, 하나님의 영의 도우심을 향한 간절한 부르짖음이 없다면, 여러분의 공부가 아무런 유익이 되지 못할 것입니다. 그러나 반대로 여러 가지 도움이 되는 수단들이 없어도(아마 그렇지는 않으리라 믿습니다만), 성령의 가르침을 단순히 의존하며 그의 역사하심을 기다린다면, 그 거룩한 의미를 많이 깨닫게 될 것입니다.

하나님의 영은 우리에게는 특별히 고귀한 분이십니다. 그것은 그가 특별히 우리 주 예수 그리스도와 그의 사역에 대해서 우리를 가르치시기 때문입니다. 그리고 바로 그것이 우리 설교의 가장 주요한 주제입니다. 그는 그리스도의 일들을 취하시고, 그것들을 우리에게 보여 주십니다. 그가 만일 교리나 계명의 일들을 취하셨다 해도 우리는 그런 은혜로우신 도우심을 기쁘게 받아들였을 것입니다. 그러나 그는 특별히 그리스도의 일들을 기뻐하시고 그리하여 그의 거룩한 빛을 십자가에 초점을 맞추어 비추시기 때문에, 우리는 우리의 증언의 중심이 그렇게 거룩한 빛으로 비추임을 받는 것을 기뻐하며, 또한 그 빛이 우리의 목회 사역 전반에 퍼져 나갈 것을 믿어 의심치 않는 것입니다. 여러분, 다음과 같은 부르짖음으로 하나님의 영을 기다립시다: "오 성령이여, 우리에게 하나님의 성자를 드러내시고 그리하여 성부 하나님을 보여 주옵소서."

지식의 영이신 성령께서는 우리에게 복음에 관하여 교훈을 주실 뿐 아니라 다른 모든 문제들에서도 주를 보도록 우리를 인도하십니다. 우리는 자연 속에서, 일반 역사 가운데서, 혹은 날마다 일어나는 섭리 속에서, 혹은 우리 자신의 체험 속에서 일하시는 하나님에 대하여 눈을 감아버려서는 안됩니다. 복된 성령께서 이 모든 것들 속에서 역사하시는 하나님의 뜻을 우리에게 가르쳐 주시는 해석자가 되시는 것입니다. 여러분, "제가 행할 일을 가르쳐 주옵소서", "어째서 저와 싸우시는지를 가르쳐 주옵소서", "이 고귀한 긍휼의 섭리를 행하시는 주의 뜻이 무엇인지 가르쳐 주옵소서", "심판과 은혜를 함께 행하시는 주의 뜻이 무엇인지 가르쳐 주옵소서"라고 부르짖으십니까? 이 모든 문제들에 대해서 교훈을 잘 받을 수 있습니다. 왜냐하면 성령께서는 일곱 개의 가지가 달린 성전의 촛대이시므로 그의 빛으로 모든 것들이 올바로 드러나기 때문입니다. 굿윈(Thomas Goodwin: 1600-1680)은 다음과 같이 잘 지적하고 있습니다:

우리가 진리를 알기 위해서는 그 진리를 수종드는 빛이 있어야 한다. 은혜 가운데 있는 모든 이들의 체험이 이를 입증한다. 어느 때에는 성경의 어느 장에서 귀한 것을 보다가도 어느 때에는 보지 못하며, 어느 때에는 마음 속에 은혜가 있다가도 어느 때에는 없어지며, 어느 때에는 신령한 것들을 보다가도 어느 때에는 보지 못하는 까닭이 무엇인가? 눈은 언제나 동일한데, 성령께서 등불을 켜기도 하고 끄기도 하시는 것이다. 성령께서 그것을 환히 켜시고 희미하게 줄이시는 정도만큼 보며, 때때로 그가 그 등불을 완전히 끄시면, 아무리 좋은 눈을 가지고 있다 할지라도 영혼이 어둠 가운데 있을 수밖에 없는 것이다.

사랑하는 형제 여러분, 성령께서 이 빛을 비추시기를 기다려야 합니다. 그렇지 않으면 어둠 가운데 계속 있을 수밖에 없고 결국 눈먼 사람들을 인도하는 소경이 되고 마는 것입니다.

2. 둘째로, 그는 지혜의 영이십니다. 우리가 아는 바를 올바로 사용하는 예지(叡智)인 지혜가 함께 없으면 지식이 매우 위험스러워집니다. 하나님의 말씀을 충실히 깨닫는 것만큼 그 말씀을 올바로 분변하는 것도 중요합니다. 왜냐하면 복음의 일부분을 분명 이해한 사람이 그 일부분을 지나치게 부각시켜서 결국 왜곡된 기독교를 전하게 되면, 그것을 받은 사람들에게 해를 끼치게 될 것이기 때문입니다. 그들의 그런 가르침을 받은 사람들이 결국 왜곡된 성품을 드러내게 될 것이니 말입니다. 사람의 코가 얼굴에서 두드러지는 부분입니다만, 코를 너무 크게 그려서 눈과 입과 그 밖의 모든 것들이 함께 드러나지 않게 되면, 그 그림은 풍자 만화이지 초상화가 될 수 없습니다. 이와 마찬가지로 복음의 특정한 교리들을 과도하게 선포하는 나머지 진리의 다른 부분들을 그늘 속에 가려 버린다면, 그 가르침은 더 이상 그 본연의 아름다운 모습을 지닌 복음이 아니라, 진리를 풍자하는 만화가 되어 버리고 마는 것입니다. 그런데, 이런 풍자 만화를 아주 즐거워하는 사람들도 있습니다.

하나님의 성령께서는 제물들을 자르고 갈라내는 칼의 사용법을 여러분에게 가르쳐 주십니다. 그리고 값진 향료들의 무게를 달아서 분량대로 적절히 섞어서 사용하도록 성소의 저울을 사용하는 법도 가르쳐 주십니다. 경험 있는 설교자라면 누구나 이것이 결정적으로 중요하다는 것을 느낍니다. 그리고 그것을 소홀히 하고픈 유혹을 모두 물리칠 수 있다면 정말 좋습니다. 그런데, 우리의 교인들 중에는 하나님의 경륜 전체를 듣기를 원치 않는 사람들이 있습니다. 자기들이 좋아하는 교리들이 있어서 그것만을 듣기를 바라고, 다른 모든 것들에 대해서는 잠잠하기를 바라는 것입니다. 어느 여자는 설교를 듣고 나서, "마지막 부분에서 쓸데없이 의무들을 강조하지만 않았더라면 아주 좋았을 것을요"라고 말했다고 합니다만, 이런 사람들이 많습니다. 그들은 위로를 주는 부분은 듣기 좋아합니다. 하나님의 위로와 약속들은 좋아하지만, 실천적인 거룩에 대해서는 잘 들으려 하지 않는 것입니다. 신실한 사역자라면 마땅히 교인들에게 정사각형의 반듯한 복음을 주어야 합니다. 아무것도 빼먹지 않고, 아무것도 과장시키지 않아야 합니다. 그런데 그러기 위해서는 상당한 지혜가 필요합니다. 과연 우리는 필요한 만큼 이런 지혜를 가지고 있는지 매우 의심스럽습니다. 우리에게는 도저히 핑계할 수 없는 편파적인 사고와 정당하지 못한 치우침이 어느 정도 있습니다. 그것들을 잘 살펴서 제거해야 하겠습니다. 어떤 특정한 성경 본문들을 그냥 지나친 것을 의식할 수도 있을 것입니다. 그 본문을 이해하지 못했기 때문이 아니라(그런 경우라면 정당하겠지요), 오히려 올바로 이해하기 때문에 지나쳐 버렸을 경우 말입니다. 그 본문이 가르치는 바를 말씀하고 싶지 않아서, 혹은 우리 자신에게 무언가 불완전함이 있거나 아니면 교인들 가운데 어떠한 편견이 있어서 그 본문의 가르침을 분명하게 전하는 것이 상당히 불편하기 때문에, 결국 아무 말도 하지 않고 그냥 지나쳐 버리는 죄악된 행위가 이어지는 것입니다. 오, 주의 성령이시여! 주의 권속들을 위하여 합당한 분량의 양식을 제대로 나누어 주는 지혜로운 청지기가 되기 위해서는 주의 가르침이 필요하옵니다!

이것으로 문제가 다 해결되는 것이 아닙니다. 하나님의 말씀을 올바로 분변하는 법을 안다 해도, 모인 회중의 처지와 사정에 가장 합당한 진리의 특정한 부분을 잘 선택할 줄 아는 지혜와 또한 그 선택한 진리를 전하는 자세와 방식을 결정하는 사려 깊은 지혜가 더 필요하기 때문입니다. 목사들 중에는 인간의 책임에 대해 설교하면서 지나치게 율법적인 자세로 말씀을 전하여, 은혜의 교리를 사랑하는 모든 자들에게 역겨움을 주는 사람들이 많습니다. 또한 이와 정반대로, 하나님의 주권을 가르치되, 인간의 자유 의지를 믿는 모든 사람들로 하여금 칼빈주의의 가르침을 완전히 무시해 버리도록 만드는 그런 방식으로 가르치는 사람도 많다고 봅니다. 한 순간도 진리를 감추어서는 안 됩니다. 그러나 그 진리를 선포하되, 불필요하게 사람들의 신경을 거슬리거나 역겹게 만들지 않고, 진리 전체를 다 보지 못하는 사람들로 하여금 점차 진리에 눈을 뜨게 하고 연약한 형제로 하여금 복음 교리의 완전한 모습 속으로 인도하도록 그렇게 전하는 지혜가 우리에게 있어야 하는 것입니다.

형제 여러분, 각기 다른 사람들에게 진리를 잘 적용시키는 데에도 지혜가 필요합니다. 강건하게 세우려는 의도로 진리를 가르쳤는데, 그것이 오히려 그 사람을 의기소침하게 만드는 경우도 있습니다. 단 맛을 보게 하려고 꿀을 건네주었는데, 그 사람이 그것을 역겨워할 수도 있습니다. 하나님의 위대한 긍휼을 조심스럽지 못하게 전하여 그 때문에 수많은 사람들이 방종에 빠지게 되고, 반대로, 때때로 여호와의 두려우심을 아주 격렬하게 퍼부어서 사람들을 온통 절망에 빠뜨리고 그리하여 지극히 높으신 하나님께 역심을 품게 만드는 일도 있습니다. 이런 문제를 해결하기 위해서는 지혜가 필요합니다. 지혜를 가지고 계시는 성령께서는 각 진리를 사정과 처지를 따라서 잘 드러내시며 가장 적절한 옷을 입혀서 제시하게 하시는 것입니다. 복되신 성령님 이외에 과연 그 누가 이런 지혜를 줄 수 있겠습니까? 오, 형제 여러분, 명심하십시오. 스스로 지극히 낮아져서, 성령의 인도하심을 기다리시기 바랍니다.

3. 셋째로, 다른 면에서도 성령의 역사가 필요합니다. 곧, 단에서 취한 편 숯이 우리의 입술에 대어져서, 진리에 대한 지식과 그 적절한 부분을 선택할 지혜를 갖춘 상태에서 그것을 전할 때에 말의 *자유함*을 누릴 수 있도록 되어야 한다는 것입니다. "보라 이것이 네 입에 닿았으니"(사 6:7). 입술이 단에서 취한 숯불로 지져진다면, 그 얼마나 영광스럽게 말씀을 전하게 되겠습니까? 가슴 깊은 곳에서 뿐 아니라 자신의 입술에서 조차 불타오르는 진리의 능력을 느낄 것이니 말입니다. 그럴 때에는 자신의 말이 어떻게 떨려나오는지를 잘 살피십시오. 방금 행한 기도회에서 두 형제가 기도했는데, 그들의 말이 떨리고, 그들의 몸이 떨리는 것을 보지 못하셨습니까? 어떻게 해서 그런 일이 있었습니까? 그들의 마음이 감동을 받았을 뿐 아니라 그들의 입술이 숯불에 지져졌고, 그리하여 그들이

발설하는 말이 그렇게 감동을 주게 된 것입니다. 형제 여러분, 하나님의 성령께서 우리의 입을 열어서 우리가 주를 높이 찬양하게 되어야 합니다. 그렇지 못하면 우리는 능력으로 말씀을 전할 수 없습니다.

쓸데없는 말을 발설하여 결국 우리의 메시지를 망치게 하는 일이 없도록 성령의 도우심이 필요합니다. 유머의 재능은 매우 위험합니다. 그런 재능이 있는 사람들은 때로는 입에서 나가는 말을 중지하고 조심해서, 그 말이 과연 덕을 세우는 것인지를 잘 가려서 해야 합니다. 과거 불신자로 있을 때에 거칠고 상스러운 사람들 가운데서 지냈던 사람들은 상스러운 말을 하지 않도록 각별히 유의해야 합니다. 형제 여러분, 불순한 생각을 떠올리게 하거나 의심스러운 기억을 불러 일으킬 만한 말을 내뱉는 일이 있어서는 절대로 안 될 것입니다. 하나님의 성령께서 우리를 재갈 먹이셔서, 교인들의 마음을 그리스도와 하늘의 것들에서 떠나게 만들고 이 땅의 헛된 것들에 마음을 쏟게 만드는 그런 말을 하지 않도록 막아 주시는 것이 우리에게 필요합니다.

형제 여러분, 또한 성령께서 우리의 말을 부추기시는 일도 필요합니다. 설교할 때마다 마음의 상태가 다른 것을 우리 모두 의식하리라 믿습니다. 어떤 경우는 여러분의 몸의 상태가 다르기 때문에 그런 현상이 생기기도 합니다. 극심한 감기에 걸리면 목소리가 탁해질 뿐 아니라, 내용의 흐름도 얼어붙고 맙니다. 제 경우를 보면, 목소리가 분명하게 나가지 못하면, 생각도 분명하게 할 수가 없습니다. 그리하여 목소리뿐 아니라 내용까지도 덩달아 형편없이 나빠지고 맙니다. 위(胃)를 비롯하여 몸의 모든 기관들이 다 정신에 영향을 미칩니다만, 여기서 제가 말씀드리고자 하는 것은 이런 것들이 아닙니다. 몸의 상태와는 전연 관계가 없이 변화가 일어나는 것을 의식하지 못하십니까? 몸이 아주 건강할 때에도 어느 날은 마치 바퀴가 빠진 바로의 병거(兵車)처럼 여러분 자신이 무겁기 그지없고, 또 어느 날은 고삐 풀린 암사슴처럼 훨훨 날아가는 듯한 것을 경험하지 않습니까? 어제는 가물어서 메말라 있었는데, 오늘은 이슬로 반짝거립니다. 이런 일에 하나님의 성령께서 관여하신다는 것을 모를 사람이 어디 있겠습니까? 하나님의 성령께서는 때때로 우리에게 역사하셔서, 우리 자신의 처지와는 관계없이 우리를 완전히 들어 쓰기도 하십니다. 그럴 때에는 설교를 시작할 때부터 끝마칠 때까지, "내가 몸 안에 있었는지 몸 밖에 있었는지 나는 모르거니와 하나님은 아시느니라"(고후 12:1)고 말하고픈 심정이 됩니다. 모든 것을 다 잊어버리고 오직 바로 앞에 있는 한 가지 주제에만 모든 것을 집중시키게 됩니다. 만일 제게 천국에 들어가는 것이 금지되었고, 영원토록 있을 저의 상태를 제가 선택할 수 있도록 되어 있다면, 저는 복음을 설교할 때에 가끔씩 느끼는 그런 상태에 있기를 택할 것입니다. 그런 상태가 바로 천국을 미리 그림자로 보여 주는 것이라 하겠습니다.

우리에게 영향을 미치는 모든 번잡스런 것들에 대해서 마음을 닫고서 오로지 그 현장에 임재하여 계시는 거룩하신 하나님을 높이며, 심령의 모든 생각들이 주의 영광을 바라보는 기쁨을 누리며, 모인 회중들에게 우리 영혼의 그 사랑하는 주님을 전하는 순간입니다. 그때에는 사람들을 향한 순전한 사랑이 마음에 솟구쳐서 하나님을 대신하여 그들에게 간절히 토로하게 됩니다. 이런 놀라운 상태와 견줄 수 있는 것이 어디 있겠습니까? 그런데, 이런 이상적인 상태에 도달해 있으면서도 항상 그 상태를 유지할 수 있는 것이 아닙니다. 온전히 성령께 붙들린 바 되어 설교하는 것이 무엇이며, 또한 그저 허공을 치는 것이 무엇인지를 잘 알기 때문입니다. 우리의 목회 사역에서 일어나는 거룩하고도 복된 변화들은 오직 성령께서 우리의 심령들에게 행하시는 역사 때문입니다. 성령께서는 그렇게 역사하시는 것입니다. 흔히 불신자들이 제기하는 의심들이 제게도 나타났습니다만, 저는 그것들을 조롱하며 바람에 날려 버릴 수 있었습니다. 왜냐하면 저는 주의 이름으로 말씀을 전할 때에 어떤 능력이 제게 역사한다는 것을 분명하게 의식하고 있기 때문입니다. 그 능력은 그저 보통 달변(達辯)의 능력을 무한히 초월하는 것이요, 또한 세속적인 강연을 하거나 연설을 할 때에 느끼던 그런 흥분에서 나오는 에너지를 훨씬 뛰어넘는 것입니다. 그 능력이 그저 사람의 능력과는 너무도 확연히 다르기 때문에, 저는 그것이 정치가의 열정이나 웅변가의 번뜩이는 재치와는 전혀 격이 다른 것이라는 것을 확실히 알고 있습니다. 신적인 에너지를 충만히 느끼고 능력으로 말씀을 전하는 때가 많았으면 좋겠습니다.

4. 그러나 네 번째로, 하나님의 성령은 또한 기름을 부으시는 역사를 행하십니다. 그리고 이는 설교 전체를 변화시킵니다. 그저 입에서 나오는 말만이 아니라 설교의 전달 전체에 역사하는 것입니다. 성령께서는 여러분의 주제를 느끼게 하고 그것으로 전율하게 만드실 수도 있습니다. 그렇게 되면 여러분은 그것에 완전히 압도되어 마치 땅 속으로 무너져 내리거나, 아니면 독수리의 날개를 타고 하늘로 솟아오르는 느낌을 받게 되며, 여러분의 주제 이외에도 여러분의 말씀을 듣는 사람들도 느끼게 됩니다. 그리하여 그들의 회심을 간절히 사모하게 되고, 그리스도인들이 지금까지 알아온 것보다 더 고귀한 무언가를 깨닫게 되기를 간절히 염원하게 됩니다. 그와 동시에 또 다른 느낌도 생깁니다. 즉, 여러분이 전하고 있는 그 진리를 통해서 하나님께서 영광 받으시기를 바라는 강렬한 열정이 생기는 것입니다. 여러분의 말씀을 듣는 사람들에 대해서 깊은 연민을 의식하게 됩니다. 그리하여 그 중에 너무 아는 것이 없는 자들에 대해서와 또한 너무 많이 알지만 그것을 거부해 온 자들에 대해서 안타까움과 슬픔이 일어납니다.

몇몇 사람의 얼굴을 바라보면서, 마음속으로 조용히 "이들에게는 이슬이 내리고 있구나"라고 말하고, 또 다른 사람들에게로 시선을 돌리고는, 그들이 마치 길보아의 메마른 들판 같다는 것을 안타깝게 느끼는 것입니다. 이런 모든 일이 설교 동안 계속됩니다. 한 번에 과연 몇 가지 생각이 떠오를 수 있는지는 알 수 없습니다. 언젠가 세어보았더니, 제 머릿속에서는 여덟 가지 생각이 동시에 진행되고 있었습니다. 힘을 다해 복음을 전하고 있었습니다만, 조는 것이 분명한 한 부인에 대해서 안타까운 느낌을 갖지 않을 수 없었고, 또한 환기를 위해서 창문을 여는 한 형제도 바라보았습니다. 첫째 대지(大支)에서 깜빡 잊은 예화가 생각났고, 둘째 대지의 형식을 어떻게 할 것인지를 생각했습니다. A가 저의 책망을 느낄까 궁금했고, B가 위로의 말씀에서 위로받기를 기도했고, 그러면서 동시에 제가 선포하고 있는 그 진리를 제 자신이 누리고 있다는 사실에 대해서 하나님께 감사를 드렸습니다. 어떤 성경 해석자들은 스랍들이 머리가 네 개인 사실이 목사들을 상징하는 것이라고 보기도 합니다만, 네 개로 되어 있는 형태에 대해서는 저도 어려움 없이 받아들입니다. 성령께서는 우리의 정신 상태를 얼마든지 증가시킬 수 있으십니다. 본성으로는 우리가 하나이지만, 우리를 그보다 몇 배로 만드실 수가 있는 것입니다. 그가 우리를 얼마나 크게 쓰실 수 있으며, 얼마나 위대하게 우리를 높이실 수 있는가에 대해서는 감히 추측하지 않겠습니다. 분명한 것은 성령께서는 우리가 구하고 생각하는 것보다 훨씬 더 풍족하고도 넘치게 행하실 수 있다는 것입니다.

성령의 역사하심은 특히 설교를 하는 중에 우리의 마음에 경건한 예배의 자세를 유지시켜 줍니다. 설교를 진행하는 중에도 기도를 계속하며, 주의 명령을 행하면서도 계속해서 그의 말씀의 음성을 들으며, 주의 보좌를 향하여 계속해서 시선을 고정시키는 것 — 이것이야말로 우리가 열렬히 사모해야 할 상태입니다. 이런 것이 과연 무엇인지를 알게 되기를 소원합니다. 그런 것과 정반대 되는 상태는 — 즉, 경배의 자세가 없는 설교의 악습은 — 우리 모두 잘 알고 있고, 아니면 곧 체험하게 될 수도 있습니다. 교만한 자세나 혹은 화가 난 심령의 영향을 받고서 말씀을 전하는 것보다 더 나쁜 것이 어디 있겠습니까? 불신의 자세를 갖고서 설교하는 것보다 더 사람에게 악을 끼치는 것이 어디 있겠습니까? 오, 다른 사람들이 보는 앞에서 열변을 토하는 동안 우리의 은밀한 마음 속에서도 불이 타오르게 된다면 얼마나 좋겠습니까! 이것이 바로 하나님의 성령의 역사하심입니다. 오 사랑하는 보혜사여, 우리 속에서 그 역사를 행하시옵소서!

강단에서 우리는 경배의 심령과 더불어 의지(依支)의 심령도 필요합니다. 첫 단어부터 마지막 단어까지 계속해서 능력에 능력을 부으시기를 바라보고 기다리는 것이 필요합니다. 지금까지 설교를 잘 해오고 있지만, 만일 성령께서 지금 나를 떠나시면 바보와 장난치는 것으로 설교를 끝낼 수밖에 없을 것이라는 식의 느낌을 갖는 것이 필요합니다. 설교를 하는 동안 줄곧 산을 향하여 눈을 들고 도움이 어디서 올지를 살피며 하나님을 절대적으로 의지하면, 처음부터 끝까지 용감한 확신의 자세로 설교하게 될 것입니다. 어쩌면 "용감한"이라는 말이 잘못된 것일지도 모르겠습니다. 하나님을 신뢰하는 것이 용감한 일은 아니기 때문입니다. 참된 신자들에게는 하나님을 신뢰하는 것이야말로 필연적인 단순한 문제입니다. 어떻게 하나님을 신뢰하지 않을 수 있단 말입니까? 언제나 신실한 친구이신 하나님을 무엇 때문에 의심한단 말입니까?

지난 주일 오전, 저는 "내 은혜가 네게 족하도다"라는 본문을 근거로 설교하는 중에 교인들에게, 제 생애 처음으로 아브라함이 얼굴을 묻고 웃었을 때의 심정을 체험했다는 것을 이야기했습니다. 긴 한 주간의 일로 인하여 매우 피곤한 상태로 말을 타고 집으로 돌아오던 중에, "내 은혜가 네게 족하도다"라는 이 본문이 머리에 떠올랐습니다. 그런데 두 단어에 강조점이 있는 것처럼 느껴졌습니다: "내 은혜가 네게 족하도다." 저는 속으로 이렇게 말했습니다: "물론 그렇지. 무한하신 하나님의 은혜인데, 벌레 같은 존재인 내게는 충족하고도 남지." 그리고 제 모든 필요보다도 공급이 얼마나 무한히 넘치는가 하는 것에 생각이 이르자, 웃음이 나서 견딜 수가 없었습니다. 제가 마치 큰 바다의 조그만 물고기인 것처럼 여겨졌고, 저는 갈증이 나서 "아아, 이 큰 바다의 물을 다 마셔 버리리라"라고 했습니다. 그러자 바다의 아버지께서 그의 위엄 있는 머리를 치켜드시면서 미소를 지으시며 대답하셨습니다: "이 조그만 고기야, 바다가 한없이 넓으니 네게 충분하고도 남을 것이야." 그런 생각을 하니, 불신앙이 정말로 처절하게 어리석어 보였습니다.

과연 그렇습니다. 오, 형제 여러분, 하나님께서 말씀을 복 주시겠다고 약속하셨으니 정말 그렇게 하시리라는 확신을 갖고서 설교해야 합니다. 그리고 설교를 마친 다음에는 복을 받은 사람들이 있는지 찾아보아야 합니다. 여러분, "나의 이 초라한 목회 사역을 통해서 주께서 영혼들을 회심케 하셨으니 정말 놀라움을 금할 길 없다!"는 말을 하면서 사역에 임하고 있습니까? 여러분의 목회 사역은 초라하기 그지없습니다. 누구든지 다 알고 있습니다. 그런데 누구보다도 여러분이 먼저 그것을 알아야 합니다. 그러나 동시에, "내 말이 내게 헛되이 돌아오지 아니하리라" 하신 하나님께서 그의 약속을 지키셨다는 것이 무엇이 이상한 일입니까? 보잘것없는 접시에 담아 식탁에 놓았다고 해서, 고기의 영양분이 사라집니까? 우리의 연약함 때문에 하나님의 은혜가 역사하지 못한단 말입니까? 아닙니다. "우리가 이 보배를 질그릇에 가졌으니 이는 심히 큰 능력은 하나님께 있고 우리에게 있지 아니함을 알게 하려 함이라"(고후 4:7).

그러므로 설교를 진행하는 내내 하나님의 성령의 역사하심이 필요합니다. 그래야 우리의 마음과 정신이 적절한 상태를 유지할 수 있게 되기 때문입니다. 우리의 상태가 올바르지 못하다면, 설득시키고 압도하는 그런 힘을 잃어버릴 것이고, 그렇게 되면 교인들은 삼손이 힘을 잃어버렸다는 것을 알게 될 것입니다. 그러면 어떤 이들은 자기의 나쁜 감정을 그대로 드러내어 경멸할 것이고, 또 어떤 사람들은 자기들이 설교를 하여 자기들의 교만을 여실히 드러낼 것입니다. 어떤 이들은 마치 강단에 올라서는 것이 자신을 매우 낮추는 행위이기라도 한 것처럼 그렇게 설교하고, 또 어떤 이들은 자기들이 강단에 있다는 사실에 대해서 매우 미안해 하는 것처럼 그렇게 설교하기도 합니다. 그러한 오류를 피하기 위해서는 반드시 성령의 인도하심을 받아야 합니다. 오직 그분만이 우리를 가르치셔서 유익을 끼치게 하시기 때문입니다.

5. 다섯째로, 우리는 복음이 실질적인 효과를 내기 위하여 하나님의 성령께 전적으로 의지해야 합니다. 우리는 언제나 바로 그런 효과를 목표로 삼아야 합니다. 우리가 강단에 올라서는 것은 영적인 칼을 다루는 우리의 솜씨를 과시하기 위함이 아닙니다. 우리는 실질적인 전투에 임하는 것입니다. 우리의 목표는 성령의 검으로 사람들의 마음을 찌르는 데 있는 것입니다. 만일 어떤 의미에서든 설교를 공개적인 시범의 하나로 볼 수 있다면, 그것은 마치 쟁기질하는 경기의 시범 같다고 해야 할 것입니다. 실제로 쟁기질하는 경기 말입니다. 쟁기의 모양이 아니라 쟁기를 사용하여 행한 일의 양이 경기의 대상입니다. 그러니 목사들을 복음의 쟁기를 사용하여 밭의 이 끝에서 저 끝까지 고랑을 파 들어가는 것으로 판단해야 할 것입니다. 언제나 효과에 목표를 두십시오. "아니, 무엇이라고요? 목사님은 '절대로 효과에 목표를 두지 말라'고 말씀하실 줄 알았는데요?"라고 말할 사람이 있을지도 모르겠습니다. 예, 물론 절대로 효과에 목표를 두

지 말아야 합니다. 잘못된 의미로 그 말을 사용하는 사람들이 있는데, 그런 의미로는 절대로 그렇게 해서는 안 됩니다. 사람을 부추겨 의도적으로 절정에 이르게 하는 사람들이나, 시구를 인용하는 자들이나, 손수건을 조작하는 자들이나, 헛된 이야기를 늘어놓는 자들의 방식을 따라서는 절대로 효과에 목표를 두어서는 안 됩니다.

설교 시간에 자기 자신을 과시하여 강단을 쇼 연출장으로 전락시키는 사람이 있다면, 그런 사람은 차라리 나지 않은 것이 훨씬 더 나을 것입니다. 성도들에게 고귀한 것들로 감동을 받게 하고, 그리스도인들을 주님께로 더 가까이 이끌며, 의심하는 자들을 위로하여 공포에서 벗어나게 하며, 죄인들로 하여금 회개하게 하고, 그리스도를 믿는 역사가 일어나도록 하는 것 등, 올바른 효과에 목표를 두십시오. 이런 효과들이 뒤따라 일어나지 않는다면, 대체 우리의 설교가 무슨 소용이 있겠습니까? 어떤 대주교는 이렇게 말했습니다: "지나간 칠십 년 동안 교회에서와 국가에서 존귀와 신뢰가 있는 여러 자리를 두루 거쳤건만, 나의 설교를 통해서 하나님께로 회심한 영혼은 단 한 사람뿐인데, 나는 내게 주어진 그 모든 존귀한 직분들에서보다도 그 한 영혼에게서 더 큰 위로를 얻는다오."

여러분, 우리도 그렇게 말할 수밖에 없다면 얼마나 비참한 일이겠습니까? 은혜의 기적들이 우리의 목회 사역을 인정하는 인(印)임에 틀림없습니다. 하나님의 성령 이외에 그 누가 그런 일을 일으킬 수 있겠습니까? 여러분은 심지어 파리조차도 만들지 못합니다. 그러니 하물며 새 마음과 올바른 심령을 창조하는 일을 어떻게 하겠습니까? 성령이 없이 하나님의 자녀들을 더 높은 삶으로 인도해 보십시오. 여러분 자신의 방법으로 그 일을 행하려 하면 어떠한 방법을 써도, 그들을 육신적인 안일에 빠지게 할 수밖에는 없습니다. 주의 성령의 역사하심을 놓치게 되면, 절대로 우리의 목적을 이룰 수 없습니다. 그러므로, 강한 부르짖음과 눈물로 날마다 성령님을 기다려야 할 것입니다.

여러 목사들에게서 전혀 무용지물인 사역들이 행해지고 있는데 그 뿌리에 바로 성령의 능력을 확실하게 인식하지 못하는 것이 자리잡고 있습니다. 로버트 홀(Robert Hall: 1764-1831)은 반(半)소키누스적인 그 당시 세대를 향하여 다음과 같은 말씀을 마치 불이 이글이글 타는 용암처럼 퍼부었는데, 그의 발언은 오늘날에도 그대로 적용됩니다:

> 한편, 브레이너드나 백스터나 슈바르츠 등 여러 나라들의 가장 탁월하고 성공적인 복음 설교자들이 성령의 도우심을 단순하게 의지하는 데에서 가장 두드러졌고, 반면에 이 가르침을 소홀히 하거나 부인하는 사람들의 사역에서는 그 어떠한 성공도 볼 수 없다는 사실은 주의를 기울일 가치가 있습니다. 그들의 수고가 완전히 실패함으로써, 그들의 주제넘은 자세에 대해 확실한 책망을 받았으므로, 하나님의 개입하심의 현실성에 어느 누구도 도전하지 못할 것입니다. 여호와의 팔이 없다고 믿는 그 거짓 기독교 교사들에게 그 팔이 언제 나타났습니까? 하나님께서는 그들이 수고하는 밭에 비가 내리지 않도록 명령하셨으니, 그들이 수고하든 말든 그냥 내버려 둘 수밖에 없습니다. 그런데 마치 이를 의식하기라도 하듯, 최근 들어서 그들은 죄인들을 회심시키는 일에 절망하여 새로운 방향으로 노력을 돌렸습니다. 곧, 신실한 신자들을 미혹시키는 데에 노력을 집중시키고 있습니다. 이와 관련해서 그들은 어떤 면에서 자기들의 원칙에 충실하게 행동해 오고 있다 하겠습니다. 이단을 전파하는 데에는 최소한 하나님의 도우심은 필요 없으니 말입니다.

6. 그 다음으로 우리에게는 하나님의 뜻에 따라서 성도들을 위하여 간구하시는 간구의 영으로서 성령이 필요합니다. 우리의 삶의 매우 중요한 부분이 바로 성령 안에서 기도하는 데 있습니다. 그러므로 그렇게 생각하지 않는 목사가 있다면 목회 사역에서 떠나는 것이 좋을 것입니다. 풍성한 기도가 신실한 설교와 함께 가는 법입니다. 언제나 무릎을 꿇고 있을 수는 없습니다만, 영혼은 절대로 경배의 자세를 떠나 있어서는 안 됩니다. 기도의 습관은 좋습니다. 그러나 기도의 영은 그보다 더 좋습니다. 정기적으로 홀로 있는 것은 항상 유지해야 합니다. 그러나 계속해서 하나님과 교제를 나누는 것이 우리의 목표여야 합니다. 일반적으로 목사

들은 기도로 우리의 마음을 높이지 않는 시간이 절대로 많아서는 안 됩니다. 우리들 중에 어떤 분들은 하나님께 말씀하지 않고 십오 분 이상을 지내서는 안 된다고 하기도 합니다만, 의무로 그렇게 하는 것이 아니라 하나의 본능으로, 새 사람을 입은 자의 습관으로 그렇게 하여야 합니다. 갓난아기가 어머니 품을 찾으며 계속해서 울 듯이, 우리의 영혼도 하나님을 그렇게 사모하게 되는 법입니다. 어떻게 그렇게 되지 않을 수 있겠습니까? 기도의 심령 속에 있기 위해서는, 우리 마음에 하나님을 경배하고자 하는 거룩한 불길을 타오르게 하는 은밀한 기름이 필요합니다. 은혜와 간구의 성령께서 계속해서 우리를 찾아 주시는 것이 필요합니다.

공적인 기도도, 결코 사무적이고 형식적이고 냉랭한 것이어서는 안 됩니다. 그러나 성령의 공급이 빈약해지면 결국 그렇게 될 수밖에 없습니다. 예배 의식을 사용하는 이들을 판단하고 싶지는 않습니다. 그러나 자유로이 하는 공기도에 익숙해져 있는 여러분에게 말씀드립니다만, 하나님의 성령 없이 해마다 공중 앞에서 합당하게 기도할 수는 없습니다. 죽은 기도는 얼마 지나지 않아서 사람들에게 거부감을 주게 됩니다. 그러면 어떻게 해야 할까요? 우리의 도움이 어디에서 오겠습니까? 어떤 연약한 사람들은 "예배 의식을 갖추자!"고 말하기도 했습니다. 하나님의 도우심을 구하기보다는, 애굽으로 내려가 도움을 청하려 합니다. 하나님의 성령께 의지하기보다는 책을 사용하여 기도하려 하는 것입니다! 제 경우에는, 기도를 도저히 할 수 없을 때에는, 그런 제 자신을 알고서 제 영혼의 메마름에 대해서 탄식하기를 주께서 열매 있는 경배의 마음으로 저를 다시 찾아오실 때까지 합니다. 성령에 충만해 있으면, 모든 형식적인 족쇄를 기꺼이 다 던져 버릴 것이고, 헤엄칠 물을 찾을 때까지 거룩한 시냇물에 여러분 자신을 맡기게 될 것입니다.

어떤 때에는 그 이전에 어디에서도 경험하지 못했던 하나님과의 친밀한 교제를 강단에서 누릴 경우도 있을 것입니다. 제 경우에는 공적인 기도에서 은밀한 교제를 경험할 때가 많았습니다. 수천 명의 회중들 가운데서 간구하는 동안에 하나님과 가장 진실하게 홀로 교제하는 것을 경험한 것입니다. 기도가 끝나고 눈을 뜨면서, 제가 이 땅에서 수많은 사람들 중에 있다는 것을 알고서 일종의 충격을 받기도 했습니다. 그런 경험들은 우리의 손에 있는 것이 아닙니다. 우리 스스로 노력하고 준비한다고 해서 그런 상태에 들어갈 수 있는 것이 아닙니다. 그런 경험들이 목사와 교인들 모두에게 얼마나 복된 것인지는 누구도 말할 수가 없습니다. 우리가 늘상 행하는 기도가 얼마나 능력과 축복이 가득해야 하는지에 대해서는 여기서 말씀드릴 수가 없고, 오로지 우리 모두가 성령께 의지할 수밖에 없습니다. 성령을 바라보는 것이 결코 헛되지 않습니다. 왜냐하면 성령께서는 기도할 때에 우리의 연약함을 도우시는 분이시기 때문입니다.

7. 더 나아가서, 성령은 거룩의 영이시니 우리가 그의 영향력 아래 있는 것이 매우 중요합니다. 기독교 목회 사역의 아주 본질적인 부분은 모범을 보이는 데 있습니다. 교인들은 우리가 강단에서 하는 말씀과 우리가 사회에서 행하는 것을 면밀히 주시합니다. 형제 여러분, 성도답게 처신한다는 것이 쉬운 일이라고 보십니까? 다른 사람들이 지극히 모범적인 성도로 인정할 만한 그런 성도 말입니다. 우리는 우리 교회에 속한 모든 남편이 우리처럼 되면 지극히 바람직할 만한 그런 남편이 되어야 합니다. 그렇지 않습니까? 우리는 아버지 중에서 최고의 아버지가 되어야 합니다. 그런데 안타깝게도 제가 아는 목사들 중에는 전혀 그렇지 못한 분들도 있습니다. 다른 사람들의 포도원은 가꾸어 주면서, 자기의 포도원은 제대로 가꾸지 않는 것입니다. 자기 자식들을 소홀히 하고, 경건한 자손으로 키우지 않습니다. 여러분은 어떻습니까? 같은 사람들을 대하면서 우리는 과연 흠도 티도 없습니까? 하나님께서 주신 자녀들에 대해서 책망할 것이 없습니까? 과연 우리는 그래야 마땅합니다.

휫필드 목사(George Whitfield)는 언제나 의복을 철저하게 깨끗하게 차려 입었는데, 저는 그가 그렇게 한 이유를 높이 평가하고 싶습니다. 그는 이런 식으로 말했습니다: "아니오, 이것은 결코 하찮은 일이 아니오. 목사는 흠이 없어야 해요. 할 수 있으면 의복에서조차도 말이오." 목사에게 있어서 순전함은 아무리 시행해도 지나침이 없습니다. 질병에 걸린 한 형제가 침을 흘리면, 사랑하는 마음으로 침이 묻은 자국들을 지우도록 도움을 줄 것입니다. 하지만, 의복이 항상 깨끗했다면 더 좋겠다고 느낄 것입니다. 오, 우리 자신이 세상에서 흠 없이 지낼 수 있다면 얼마나 좋을까요! 이러한 유혹의 현장에서, 그리고 그렇게 우리를 공격하는 죄가 있는 상황에서, 더 높은 권세의 보호하심을 받지 않는다면, 어떻게 그렇게 될 수 있겠습니까? 복음을 전하는 사역자에게 어울리도록 모든 거룩함과 순결함으로 행하고자 한다면, 날마다 하나님의 영으로 세례를 받아야 하는 것입니다.

8. 한 가지 더 말씀드립니다만, 우리에게는 분별의 영이신 성령이 필요합니다. 그는 하나님의 마음도 아시고 또한 사람의 마음도 아십니다. 그러므로 힘든 사람을 대할 때에는 바로 이러한 성령의 역사가 우리에게 절실히 필요한 것입니다. 이 세상에는 설교는 하도록 허락 받을 수 있으나 목회자가 되어서는 절대로 안 될 사람들이 있습니다. 그들은 정신적인, 혹은 영적인 부적격 사유가 있습니다. 베로나(Verona)의 산 제노(San Zeno) 교회에서 저는 앉은 자세를 취한 성자상(像)을 보았는데, 도저히 일어설 수 없도록 조각가가 무릎을 짧게 만들어 놓았습니다. 그러니 아마 그 사람은 아이를 돌보는 아버지일 수는 없겠다 싶습니다. 그와 비슷한 불구의 상황에서 수고하는 이들이 많이 있다고 여겨집니다. 그들은 목회 사역에 온 마음을 쏟아 부을 수가 없습니다. 한 가지 교리를 독단적으로 주장할 수도 있고, 교회의 규례에 대해 논쟁을 벌일 수는 있을 것입니다. 그러나 스스로 사랑을 갖고 동정을 주는 일은 그들과 거리가 멉니다. 차가운 위로는 괴로움을 당한 양심을 갈가리 찢어 놓고 맙니다.

그런 충고는 마치 어느 고산 지대 주민의 충고와도 같을 것입니다. 그 사람이 한 영국인이 벤 네비스(Ben Nevis) 늪지에 빠지는 것을 보았답니다. 그 영국인이 "제가 빠져 들어가고 있습니다! 어떻게 하면 나갈 수 있는지 알려 주시겠습니까?"라고 묻자, 그 고산 지대 사람은 조용히 "아마 절대로 나올 수 없을 거요"라고 이야기하고는 그냥 가 버렸다는 것입니다. 목사들 중에도 그런 사람들이 있습니다. 죄인들이 실망의 낭떠러지에서 애를 쓰고 있는데도 고개를 갸우뚱거리면서 귀찮은 듯이 대하는 목사들도 있습니다. 만일 여러분과 제가, 양을 키우는 기술에 대해 아무것도 훈련받지 못한 채 이른 봄에 암양과 어린양의 우리에 있게 된다면, 그것들을 어떻게 처리하겠습니까? 사람의 영혼을 보살피는 법에 대해서 성령께 아무것도 배운 바가 없는 사람도 그렇게 당혹스러워할 수밖에 없는 것입니다. 성령의 가르치심을 받아 우리가 그런 처절한 무능에서 구출되기를 바랍니다.

형제 여러분, 더 나아가서, 하나님의 성령께서 우리를 지도하시지 않으면, 우리가 아무리 따뜻한 마음과 사랑으로 걱정하는 자세를 가졌다 할지라도 온갖 다양한 경우들을 다루는 데에는 속수무책일 수밖에 없습니다. 이 세상에 똑같은 사람은 한 사람도 없습니다. 그리고 똑같은 경우라 하더라도 시기에 따라서 처리를 달리 해야 합니다. 어떤 시기에는 위로하는 것이 최상이고, 또 어떤 시기에는 책망하는 것이 좋을 수도 있습니다. 오늘 위로해 줄 때에 눈물을 흘리기까지 한 사람이 내일은 똑같은 위로의 말에 귀찮아하며 눈살을 찌푸릴 수도 있습니다. 상한 심령을 싸매어 주고 갇힌 자들을 해방시켜 주는 사람들에게는 반드시 주의 성령이 함께 하셔야 하는 것입니다.

교회를 감독하고 지도하는 데에도 성령의 도우심이 필요합니다. 우리 교단에서 분리하여 나간 이들이 있는데, 그 밑바닥을 보면 주요 이유가 교회 정치로 인한 문제들에 있었습니다. 교회 정치가 목회 사역을 불안정하게 만든다는 것입니다. 두말 할 것도 없이, 관료적인 위엄을 갈망하며, 자신이 그 앞에서는 개도 짖을 수 없는 하나님의 전권대사가 되어야 직성이 풀리는 이들에게는, 우리 교단의 정치가 매우 괴로울 것입니다. 남을 다스릴 능력이 있기는커녕 그저 어린아이들에 불과한 자들이 권위에 대하여 가장 강력한 갈증이 있는 법입니다. 그런 사람들은 자기들에게 주어진 위치에 만족하지 않고 다른 영역에서도 권위를 갖고자 애를 씁니다. 여러분 자신을 다스리지 못하더라도, 스스로 행동하는 사람이 되지 못하더라도, 도덕성에서 탁월하지 못하더라도, 일반 교인들보다 더 많은 은사와 더 많은 은혜가 없더라도, 여전히 가운을 입고 교회에서 다스리는 사람이라 스스로 주장할 수도 있습니다. 그러나 침례 교회나 신약의 교회에서는 그럴 수가 없을 것입니다.

저의 경우는, 아무것도 말할 것이 없는 교인들이나, 혹은 목회자가 전권대사요 자기들은 그저 평신도요 무명인에 불과하니 무언가 말할 것이 있어도 그저 잠잠하고 있는 그런 교인들의 목회자가 된다는 것은 생각만 해도 정말 끔찍한 일입니다. 온 나라를 종으로 삼아 횡포를 부리는 독재자의 역할을 하기보다는, 차라리 저를 열정적으로 사랑하여 제가 제 소임을 다할 수 있도록 해 주는 자유인 여섯 사람의 지도자가 되는 것이 낫습니다. 자신은 전혀 권위를 주장하지 않는데도 모두들 그를 높이 받들며, 그저 부드러운 권면의 말씀만을 주는데도 그것이 법의 효력을 발휘하는 그런 영적인 아버지의 위치보다 더 고귀한 것이 어디 있겠습니까? 다른 사람들이 원하는 것을 들으니, 그들이 가장 바라는 것은 바로 그의 권면이요, 언제나 다른 사람들의 소원대로 자신이 양보하고자 하나, 모든 사람들이 기꺼이 그분에게 양보를 합니다. 사랑스러우면서 확고하며 은혜로우면서 부드러우니, 그는 모든 사람의 종이요, 또한 그렇기 때문에 모든 사람의 지도자인 것입니다. 이런 일이 과연 위로부터 임하는 지혜가 없이 이루어지겠습니까? 정말 그런 지혜가 필요한 것입니다.

다윗은 왕위에 오른 후에, "그가 내 백성을 내 아래 굴복시켰도다"라고 했습니다. 복된 목회자도 기질이 다른 수많은 형제들이 기꺼이 교회의 질서 아래 굴복하며 주의 일을 위하여 자신의 지도력을 받아들이고 인정하는 것을 볼 때에 그처럼 말하는 것입니다. 주께서 우리 가운데 계시지 않으면 곧바로 혼란이 생기고 마는 것입니다. 목사도 집사도 장로도 모두 지혜로운 사람들일 수 있습니다. 그러나 만일 그 거룩한 비둘기가 떠나 버리면, 분쟁의 마음이 생겨나게 되고 그것이 우리 모두를 압도해 버리는 것입니다.

형제 여러분, 하나님의 성령께서 계시지 않으면 우리 교회의 체제는 힘을 잃어버리고 맙니다. 그러나 그렇게 된다는 것이 얼마나 좋은 일인지 모릅니다. 교회의 체제가 힘을 잃고 여기저기서 무너질 때에 우리가 성령께서 계시지 않는다는 사실을 깨닫게 되니 말입니다. 우리 교회의 체제는 결코 사제나 목사들의 영광을 드높이려 하는 것이 아닙니다. 오히려 남자다운 그리스도인들을 교육시키도록 마련된 것입니다. 그들로 하여금 직접 그들의 믿음을 시행하도록 말입니다. 제가 무엇이고, 여러분이 무엇이기에, 하나님의 백성을 좌우지하려든단 말입니까? 우리 중에 과연 프랑스 왕처럼 "짐이 국가다"라고 말할 사람이 있습니까? "내가 교회에서 가장 중요한 인물이다"라고 말입니다. 그렇다면, 성령께서는 그런 부적합한 도구들은 사용하시지 않을 것입니다. 그러나 우리가 우리 자신의 위치를 알고 그 위치를 모든 겸손함으로 지키기를 바란다면, 그가 우리를 도우실 것이요, 교회들이 우리의 사역을 통하여 왕성해질 것입니다.

지금까지 여러분에게 성령께서 우리에게 필요한 여러 가지 사항들에 대해서 길게 말씀드렸습니다만, 여기서 말씀드린 내용이 결코 전부가 아닙니다. 저는 고의로 다 말씀드리지 않았습니다. 만일 전부 말씀드리려 했다면, 시간이 다 거기에 할애되었을 것이고, "어떻게 하면 우리에게 그렇게 절실한 성령의 도우심을 잃어버릴 수 있는가?"라는 문제에 대해서는 다룰 수 없게 되었을 것이기 때문입니다. 우리 중에 아무도 일부러 시험하려 하지는 말아야겠습니다만, 목사들이 성령의 도우심을 잃어버릴 수도 있다는 것은 분명합니다. 이 자리에 계신 우리 각자가 다 잃어버릴 수도 있다는 말입니다. 신자로서 멸망하지는 않겠지만 — 영생이 여러분에게 있으니 말입니다 — 목사로서는 망할 수도 있고, 주의 증인으로서의 일이 완전히 끝나 버릴 수도 있습니다. 이런 일이 일어날 때에는 반드시 원인이 있을 것입니다.

성령께서는 마치 아무렇게나 부는 바람과도 같은 그런 주권을 지니고 계십니다. 그러나 주권과 변덕이 동일한 것이라는 식의 상상을 해서는 절대로 안 됩니다. 복되신 성령께서는 그의 뜻하시는 대로 행하십니다. 그러나 그는 언제나 의롭게, 지혜롭게, 동기와 이유를 가지고 행하시는 것입니다. 때때로 그는 우리에게 복을 베풀기도 하시고, 때로는 우리 자신과 관련된 이유들 때문에 거두어가기도 하십니다. 템스 강(Thames)의 줄기를 보십시오. 자기 마음대로 멋지게 구부러져 있지 않습니까? 지질학자들은 토질을 연구하고 암반의 형태를 살펴서, 강이 오른쪽으로 왼쪽으로 구부러져 있는 이유를 발견해냅니다. 이와 마찬가지로, 하나님의 성령께서 설교자들마다 달리 복을 주시고, 또 복을 받은 목사가 자기가 잘나서 그런 것이라 생각하여 자랑할 수 없는 것이지만, 하나님께서 복을 베푸실 만한 목사의 어떤 점들이 있는 것이고 동시에 성공을 가로막는 점들이 있는 법입니다. 하나님의 성령께서는 마치 이슬이 내리듯이 신비하게 능력으로 임하십니다. 그러나 영적인 세계에서도 자연 세계와 일어나는 현상이 비슷합니다. 하늘에서 내리는 이슬에 젖는 것도 있고, 반면에 항상 메말라 있는 것도 있습니다. 그렇게 되는 원인이 없겠습니까? 바람이 자기 마음대로 불지만, 그러나 잠시 바람을 느끼고 싶으면, 바닷가로 나가든지 아니면 산이 올라가야 합니다. 하나님의 성령께서는 그의 권능을 드러내 보이기 좋아하시는 곳이 별도로 있습니다. 성령을 비둘기로 묘사합니다만, 비둘기는 항상 드나드는 곳이 별도로 있습니다. 강가나, 평화롭고 고요한 곳에 비둘기가 깃드는 것입니다. 전쟁터에서도, 썩은 시체가 있는 곳에서는 비둘기를 만날 수 없습니다. 성령께 어울리는 것들이 있고, 또 성령의 뜻에 거스르는 것이 있는 법입니다. 하나님의 성령을 빛에 비유합니다만, 빛은 원하는 곳이면 어디든 비출 수 있습니다. 그러나 어떤 물체는 불투명하고, 어떤 물체는 투명합니다. 그러므로 성령을 통해서 하나님께서 빛을 통과시켜 비출 수 있는 사람들이 있고, 하나님의 광채를 전혀 통과시키지 않는 사람들이 있는 것입니다. 그러므로 성령께서는 하나님의 "자유로우신 영"이시지만, 절대로 그의 역사하심이 변덕스러운 것이 아니라는 것을 알 수 있습니다.

그러나 형제 여러분, 하나님의 영께서 근심하시고 탄식하시며, 심지어 거부를 당하실 수도 있습니다. 이 점을 부인한다면 그것은 성령의 일관된 증거를 반대하는 것이 됩니다. 가장 나쁜 것은, 성령을 무시하며, 모욕하는 나머지, 그가 더 이상 우리를 통해서 말씀하시지 않고 마치 그 옛날 사울 왕을 떠나셨듯이 우리에게서도 떠나시게 하는 것입니다. 목회 사역에 임하는 사람들 중에 이런 일을 당하는 사람들이 있다면 정말 안타까운 일인데, 사실 그런 사람들이 있습니다.

형제 여러분, 성령을 근심하게 하는 악행들이 과연 어떤 것들이겠습니까? 보통 그리스도인으로서 하나님과의 교제에 부적격 사유가 되는 모든 일들이 목사로서 성령의 놀라운 능력을 얻지 못하는 부적격 사유가 됩니다. 하지만, 그런 것들 외에도 특별한 장애들이 있습니다.

무엇보다도 먼저, 성령의 영향력에 불순종하는 데서 오는 둔감한 상태를 언급해야겠습니다. 우리는 성령의 미세한 움직임에도 아주 민감해야 합니다. 그래야만 성령의 지속적인 임재하심을 기대할 수 있습니다. 그러나 생각이 전혀 없는 말이나 노새처럼 되어 있다면, 채찍은 느낄 수 있겠지만, 보혜사의 부드러운 영향력은 누릴 수 없는 법입니다.

또 한 가지 성령을 근심케 하는 잘못은 진실성의 결핍입니다. 위대한 연주자가 기타를 연주하거나 하프를 연주할 때에, 악보가 잘못된 것을 알면 연주하던 손을 멈춥니다. 그런데 어떤 사람들은 정직하지 못합니다. 아주 교묘하고 이중성을 지녔습니다. 속임수를 쓰는 패역한 일에 간여하는 사람에게는 그리스도의 성령께서 함께 하시지 않습니다. 혹시 이런 일이 여러분에게 있지는 않습니까? 여러분이 진정 믿어서가 아니라 교인들이 말해 주기를 바라기 때문에 어떤 특정한 교리들을 설교하지는 않습니까? 현재의 신앙 고백을 거부하고 여러분의 패역한 마음이 진정 믿고 있는 그릇된 신앙 고백을 전해도 별다른 위험이 생기지 않을 때까지, 정상적인 신앙 고백을 거짓으로 고백하면서 시간을 벌고 있지는 않습니까? 그렇다면, 여러분은 정말 타락한 자들이요, 천하디 천한 종보다 더 천한 자들입니다. 하나님께서 그런 반역자들에게서 우리를 구해 주시기 바랍니다. 그들이 혹시 목사가 되었다면, 추방곡(追放曲)에 맞추어서 속히 추방되도록 해 주시기 바랍니다. 우리가 그런 사람들을 역겨워한다면, 하물며 진리의 성령께서는 얼마나 더 역겨워하시겠습니까!

전반적으로 은혜가 부족한 상태로도 성령을 크게 근심케 할 수 있습니다. 이 말이 좀 분명치 않게 들릴지도 모르겠습니다. 하지만 제게는 이 말처럼 어떤 특정한 사람들을 잘 묘사해 주는 것이 없는 것 같습니다. 은혜가 부족한 가족에게는 대개 형제 중에 목회 사역을 하는 사람이 있습니다. 그런 사람을 저는 잘 압니다. 그 사람은 부정직하지도, 부도덕하지도 않고, 성질이 나쁘지도 않고, 자기 자신에게 탐닉하지도 않습니다. 그러나 그에게는 무언가 결핍된 것이 있습니다. 겉으로 드러나는 과실로는 그런 결핍 상태를 분간하기가 쉽지 않습니다만, 그 사람의 전인(全人)에 결핍된 것이 있고, 그 때문에 모든 것이 다 망가져 버립니다. 그에게는 반드시 필요한 한 가지가 결핍되어 있습니다. 그는 영적이지 못하고, 그리스도의 향기도 없고, 속에서 마음이 불타오르는 적도 없습니다. 그의 영혼이 살아 있지 못하고, 은혜가 결핍되어 있는 것입니다. 절대로 목회 사역을 감당해서는 안 되는 사람인데, 어떻게 하나님의 성령께서 그런 사람의 목회에 복을 주시리라 기대할 수 있겠습니까? 그런 사람의 목회에는 전혀 은혜가 없는 것입니다.

성령을 몰아내는 또 하나의 악은 바로 교만입니다. 크게 되는 길은 바로 지극히 작아지는 것입니다. 여러분 자신의 명성이 드높아지려 하면, 하나님께서 여러분을 몰라 주십니다. 땅의 높은 곳에 거하고 싶으십니까? 산꼭대기는 차갑고 메말라 있습니다. 주께서는 겸손한 자와 함께 거하시고, 교만한 자를 멀리하십니다.

또한 게으름도 성령을 근심케 합니다. 나태함 때문에 부족해진 부분을 채워 주시려고 게으름뱅이의 문 앞에 서서 기다리고 계시는 모습을 상상이나 할 수 있겠습니까? 구속하신 주님을 위한 대의에서 게으름을 피우는 행위는 어떠한 핑계도 댈 수 없는 악행입니다. 게으름뱅이가 꾸물거리는 것을 보면 우리 자신이 섬뜩해지는 것을 느낍니다. 마찬가지로 능동적이신 성령께서도 주의 일을 하찮게 여기고 게으름을 피우는 자들에 대해서 근심하실 것입니다.

사적인 기도를 소홀히 하는 것 등 기타 많은 악행들이 불행한 결과를 낳을 것입니다. 하지만 계속해서 구체적으로 말씀드릴 필요가 없습니다. 이스라엘의 거룩한 자를 근심케 하는 것이 무엇인지를 여러분 자신의 양심이 잘 알고 있을테니 말입니다.

그러면 이제, 다음의 말씀에 귀를 기울이시기 바랍니다: 하나님의 성령께서 크게 근심하셔서 우리에게서 떠나시면 그것이 과연 무엇을 의미하는지 여러분은 알고 계십니까? 두 가지 중 하나에 해당할 것입니다. 첫째로, 우리는 전혀 하나님의 진실한 종이 아니었고, 다만 일시적으로 하나님께 쓰임을 받은 것뿐일 수도 있습니다. 마치 발람처럼, 그리고 그가 타고 갔던 나귀처럼 말입니다. 형제 여러분, 가령 여러분과 제가 한동안 아주 편안하게 설교를 계속하며, 우리 자신이나 다른 사람들이나 하나님의 성령께서 떠나시리라는 의심을 전혀 하지 않는다고 합시다. 그런데 그런 상태에서 우리의 목회가 갑자기 끝나버리고, 그런 상태로 생을 마감할 수도 있습니다. 마치 나답과 아비후처럼 최고의 절정에 있을 때에 채찍을 맞아서 더 이상 여호와 앞에서 사역을 하지 못하게 되거나, 아니면 홉니와 비느하스처럼 원숙기에 제거당하여 더 이상 장막에서 섬기지 못하게 될 수도 있습니다. 장래가 촉망되는 사람들이 갑자기 끊어져 나가는 일에 대해서 세세한 원인들을 기록해 놓는 영감 받은 분석가가 우리에게는 없습니다. 그러나 만일 그런 분석가가 있다면, 우리는 정말 두려움으로 그 분석을 읽게 될 것입니다. 독주를 마셔대며 계속 열심을 냈다거나, 겉으로는 바리새인처럼 행동하면서 속으로는 더러운 것을 감추고 있거나, 정통 신앙을 떠들면서도 완전한 불신앙을 그 속에 숨기고 있는 등, 갖가지 형태의 다른 불을 제단에 지피는 행위를 계속한 나머지, 주께서 더 이상 내버려 두지 않으시고 그 범죄자를 갑작스럽게 쳐서 끊어 버리셨다는 것입니다. 여러분, 과연 우리에게 이런 끔찍한 종말이 일어나야 되겠습니까?

안타깝게도 저는 마치 사울이 그랬던 것처럼 성령께 버림을 받은 사람들을 보았습니다. 하나님의 성령께서 사울에게 임하였으나 그는 신적인 영향력에 대해 신실하지 못했고, 결국 그 영향력이 떠나고 그 대신 악령이 그 자리를 차지했다고 기록되어 있습니다. 버림받은 설교자가 냉소자가 되어서 다른 모든 사람들을 비판하며 자기보다 나은 사람에게 창을 날려서 산만하게 하는 모습을 보십시오. 사울은 한때 선지자의 한 사람이었습니다. 그러나 그는 핍박자가 되고 말았습니다. 실망한 설교자가 참된 전도자에게 걱정을 끼칩니다. 철학의 접신녀에게 의지하고, 죽은 이단에게서 도움을 구합니다. 그러나 그의 능력은 이제 끝났고, 블레셋 사람들이 그를 살해된 자들 중에서 발견하게 되는 것입니다. "이 일을 가드에도 알리지 말며 아스글론 거리에도 전파하지 말지어다 … 이스라엘 딸들아, 사울을 슬퍼하여 울지어다! 오호라, 두 용사가 전쟁 중에 엎드러졌도다" (삼하 1:20, 24).

또 어떤 이들은 성령의 버림을 받아 유대인인 스게와의 아들들처럼 되고 말았습니다(참조. 행 19:14). 이들은 바울이 전파하는 예수의 이름을 빙자하여 귀신들을 내어쫓으려 했으나, 귀신들이 그들을 덮쳐서 무너뜨렸습니다. 설교자들 중에도 죄에 대하여 비판하다가도, 그들이 비판한 바로 그 죄악에 완전히 무너져 버리는 경우를 봅니다. 스게와의 아들들이 영국의 우리들 중에도 있었습니다. 술잔을 비판하고 부정하던 사람에게 술주정이라는 마귀가 덮쳐 버렸고, 순결을 노래하던 설교자가 부정(不貞)이라는 마귀에게 넘어지고 말았습니다. 성령께서 계시지 않으면, 우리의 처지는 지극히 위험스러워집니다. 그러니 조심하시기 바랍니다.

또 어떤 목사들은 발람처럼 되어 버립니다. 그는 선지자였습니다. 안 그렇습니까? 그는 여호와의 이름으로 말했습니다. 눈이 밝아져서 여호와의 이상을 보았습니다. 그러나 그런데도 발람은 이스라엘을 대적하여 싸웠고, 간교하게도 그 택한 백성을 무너뜨릴 계략을 꾸몄습니다. 복음의 사역자들이 교황주의자들이 되고, 불신자들이 되었고, 자유 사상가들이 되어, 자기들이 한때 귀한 것으로 고백하던 그것을 파괴하려고 공작을 꾸밉니다. 우리가 사도들일 수도 있습니다. 그러나 유다처럼 멸망의 자식이 될 수도 있는 것입니다. 이것이 우리가 당할 일이라면 정말 화가 있을 것입니다.

형제 여러분, 우리가 진정 하나님의 자녀라고 가정해 봅시다. 그러면 어떻게 됩니까? 그렇더라도, 만일 하나님의 성령이 우리를 떠나시면, 여로보암의 시대에 속임을 당하여 여호와의 명령에 순종하지 못한 선지자가 당한 일이 우리에게도 갑자기 일어날 수 있습니다. 그는 분명 하나님의 사람이었습니다. 그가 죽었으나 그것이 그의 영혼이 버림받았다는 증거는 아니었습니다. 그러나 그럼에도 불구하고 그는 자신에게 특별히 주어진 하나님의 명령을 깨뜨렸고, 즉시 그의 사역이 거기서 끝났고, 사자를 만나 죽임을 당하고 만 것입니다. 성령께서 우리를 속이는 자들에게서 보호하시고 하나님의 음성을 참되이 따르게 하시기를 바랍니다.

이보다 더 나쁘게, 우리가 삼손의 생애를 되풀이할 수도 있습니다. 그는 단의 진에서 하나님의 성령이 임하였으나, 들릴라의 간계에 빠져 힘을 잃어버렸고, 굴에서 눈을 잃어버렸습니다. 그는 앞을 보지 못하는 상태로 용감하게 그의 평생의 사역을 마무리했습니다. 그러나 우리 중에 그런 운명을 맞기를 바랄 사람이 어디 있겠습니까?

아니면 — 이 마지막의 경우가 저를 말할 수 없이 슬프게 만듭니다. 우리 목사들이 이 경우에 해당될 가능성이 가장 높기 때문입니다 — 하나님의 성령이 우리를 떠나서, 모세의 경우처럼 정말 고통스럽게 우리의 평생의 사역을 마감할 수도 있습니다. 우리의 영혼이 버림받는 것도 아니요, 혹은 하늘의 상급을 잃어버리는 것도 아니요, 땅에서의 명성을 잃어버리는 것도 아닙니다. 우리의 입술로 함부로 말을 내뱉은 것 때문에 생애의 마지막을 구름 아래서 있게 되는 것입니다. 저는 최근 그 호렙 산의 위대한 선지자 모세의 마지막 생애를 연구해 보았고, 그로 인하여 제게 암울한 심령이 저를 가득 채웠는데, 아직도 거기서 회복되지 못했습니다. 모세의 죄가 무엇이었습니까? 궁금해 할 필요도 없습니다. 다윗의 범죄처럼 무거운 것도 아니요, 베드로의 실수처럼 깜짝 놀랄 만한 것도 아니었고, 그의 형 아론의 심각한 범죄처럼 연약하고 어리석은 것도 아니었습니다. 일반적인 판단의 저울로 달아 본다면, 거의 무게가 나가지 않는 그런 사소한 과실인 것처럼 보입니다.

그러나 여러분, 그것이 모세의 죄라는 것이 문제였습니다. 다른 누구보다도 하나님께서 사랑하신 사람이요, 백성의 지도자요, 왕이신 하나님의 대변자의 죄였습니다. 다른 사람이라면 주께서 간과하실 수 있었겠지만, 모세의 경우는 달랐습니다. 모세는 백성을 이끌고 약속한 땅으로 들어가는 일을 금지당함으로써 징계를 받고 만 것입니다. 사실 그는 비스가 산 꼭대기에서 약속된 땅의 찬란한 전경을 바라보았고, 자신이 받은 징계의 엄중함을 달랠 수 있는 다른 모든 조건을 누렸습니다. 하지만, 이스라엘에게 기업으로 줄 땅에 들어가지 못하게 된 것이야말로 굉장한 실망이었습니다. 그것도 단 한 번 말을 함부로 했다는 것 때문에 말입니다. 그렇다고 해서 저는 주님을 섬기는 일을 그만 두지는 않을 것입니다. 다만 그의 임재 속에서 떨리는 마음으로 있을 것입니다. 모세가 잘못을 범했다면, 과연 과실이 없는 사람이 어디 있겠습니까? 하나님께 사랑을 받는다는 것은 정말 무서운 일입니다. "우리 중에 누가 삼키는 불과 함께 거하겠으며 우리 중에 누가 영영히 타는 것과 함께 거하리요?"(사 33:14). "오직 공의롭게 행하는 자, 정직히 말하는 자"(사 33:15) — 그런 사람만이 죄를 태우는 사랑의 불꽃을 대면할 수 있는 것입니다.

형제 여러분, 간절히 바라거니와, 모세의 위치를 사모하십시오. 그러나 그 위치를 취하면 두려워 떨어야 합니다. 하나님께서 여러분 앞으로 지나가게 하실 그 모든 선한 것들을 두려움과 떨림으로 받아들여야 합니다. 여러분에게 성령의 열매들이 충만히 맺힐 때에 보좌 앞에서 몸을 낮추십시오. 그리고 두려움으로 여호와를 섬기십시오. "여호와 우리 하나님은 질투하는 하나님이시니"(출 20:5). 하나님께서 우리에게 임하신 것은 우리를 높이기 위함이 아니요 하나님 자신을 높이기 위함이라는 사실을 기억해야 합니다. 우리가 행하는 모든 일의 한 가지 유일한 목표가 바로 하나님의 영광이라는 사실을 명심해야 할 것입니다. "그는 흥하여야 하겠고 나는 쇠하여야 하리라."

오, 하나님께서 우리를 이렇게 만드시고 우리로 하여금 그의 앞에서 조심스럽게 겸손하게 행하게 하시기를 바랍니다. 하나님께서 우리를 살피시고 우리를 시험하실 것입니다. 심판이 하나님의 집에서 시작되고, 그 집에서도 하나님의 사역자들에게서 시작되는 것입니다. 우리 중에 결손된 자로 밝혀질 사람은 없겠습니까? 우리 목사들 중에 지옥 구덩이에 들어갈 비참한 사람은 없겠습니까? 타락한 설교자의 운명은 정말로 끔찍스럽습니다. 그가 정죄받는 사실이 보통의 범죄자들을 깜짝 놀라게 만들 것입니다. "아래의 지옥이 너로 말미암아 소동하여 네가 오는 것을 영접하도다"(사 14:9). 그리고 그 지옥은 여러분에게, "너도 우리 같이 연약하게 되었느냐? 너도 우리 같이 되었느냐?"(사 14:10)라고 말할 것입니다.

오, 하나님의 성령께서 우리로 하나님께 대하여 계속 살아 있게 하시며, 우리의 직분에 신실하게 하시며, 우리의 세대를 위하여 유익하게 쓰임받게 하시며, 사람들의 영혼의 피에 대해 깨끗하게 하시기를 바랍니다. 아멘.

제 15 장

목사의 자기 계발[1]

사랑하는 동료 군사 여러분! 우리는 숫자가 적고, 또한 절박한 싸움이 우리 앞에 놓여 있습니다. 그러므로 우리 각자가 자기에게 주어진 최고의 힘을 최대한으로 사용해야 하겠습니다. 주님의 목사들이 교회에서, 아니 온 우주에서 뽑힌 사람들인 것은 바람직합니다. 그런 사람들을 시대가 요구하기 때문입니다. 그러므로 여러분 자신과 여러분의 개인적인 자격 요건과 관련하여, 저는 한 가지 표어를 제시하고 싶습니다. 바로 "전진하라!"가 그것입니다. 여러분의 개인적인 성취에서 전진하십시오. 은사와 은혜에서 전진하십시오. 사역을 위한 강건함에서 전진하십시오. 그리고 예수님의 형상을 닮아가는 면에서 전진하십시오. 기초부터 말씀드리고 계속해서 위로 올라가면서 말씀드리겠습니다.

1. 사랑하는 형제 여러분, 첫째로, 우리의 정신적인 수준에서 전진해야 한다는 것을 저 자신에게나 여러분에게 말씀드려야겠습니다. 우리 자신의 최악의 상태를 계속해서 하나님께 드려서는 결코 안 될 것입니다. 하나님께서 우리의 최상의 상태를 취하신다 해도 우리에게는 너무나도 과분한 것입니다. 그러나 여하튼 우리의 게으름 때문에, 상하거나 흠 있는 제물을 하나님께 드리지 않도록 해야 할 것입니다. "마음을 다하여 주 너의

---

[1] 이 강의는 Pastor's College에서 교육받은 목사들과 신학생들에게 행한 것이므로, 표현상의 차이점들이 나타난다.

하나님을 사랑할지니라"고 명령하시는데, 이것은 우리의 정신을 다해 그를 사랑하는 것보다는 지키기가 더 쉽습니다. 그러나 우리는 우리의 감정은 물론 우리의 정신까지도 하나님께 다 드려야 할 것입니다. 또한 정신도 온전히 구비된 상태를 드려야지, 텅 빈 껍데기만 드려서는 안 될 것입니다. 우리의 목회 사역은 정신을 요합니다. "시대적인 계몽"이 있어야 한다는 점을 주장하고 싶지는 않습니다. 그러나 모든 계층들 가운데 위대한 교육적인 발전이 있는 것도 사실이며, 아직도 더 많은 발전이 올 것이라는 것도 분명합니다. 설교자가 문법에 맞지 않는 언어를 써도 상관없던 시절은 이미 과거로 지나갔습니다. 심지어 전통적으로 "아무도 아무것도 모르는" 시골 마을조차도 이제는 학교 선생이 다 자리를 잡고 있습니다. 그러므로 옛날처럼 교육을 받지 못한 상태에서는 유익을 끼칠 수가 없습니다. 설교자는 청중들이 복음을 기억하기를 바라는데, 청중들은 설교자의 문법에 맞지 않는 표현들을 기억하게 될 것이고, 우리는 그들이 설교 시간에 배운 거룩한 교리들을 진지하게 다시 새기기를 바라는데, 그들은 그런 문법에 맞지 않는 잘못된 표현들을 장난삼아 되풀이하며 설교자를 조롱할 것이니 말입니다.

사랑하는 형제 여러분, 우리는 우리 자신을 가능한 한 최상의 상태가 되도록 만들어야 합니다. 그리고 그렇게 하기 위해서는 우선 지식을 곳간에 모아들여야 하고, 그 다음에는 모아들인 곡식을 타작할 수 있도록 분별력을 얻어야 하고, 마지막으로 확고한 보유력을 유지하여 타작한 곡식을 창고에 쌓아 두어야 합니다. 이 세 가지가 똑같이 중요하지 않을 수도 있습니다만, 온전한 사람에게는 이 세 가지가 다 필요합니다.

자, 우선 정보를 얻는 일에, 특히 성경적인 정보를 얻는 일에, 노력해야 합니다. 어느 한 주제에만 관심을 집중시켜서는 안 됩니다. 그렇게 되면 온전한 성숙함을 시행할 수 없게 됩니다. 하나님께서 사람을 위하여 세상을 지으셨고, 또한 사람이 그 모든 세상을 차지하고 사용할 수 있도록 그에게 정신을 부여하셨습니다. 사람은 세상의 소작인이요 자연은 그의 집입니다. 그런데 어째서 그 집의 어느 한 방에 처박혀 있단 말입니까? 위대하신 아버지께서 식탁에 올려놓으신 그 맛있는 고기를 맛보기를 거부한단 말입니까? 그러나, 우리가 주로 관심을 기울여야 할 것은 바로 성경을 연구하는 일입니다. 대장장이가 주로 해야 할 일은 말굽을 만드는 일입니다. 그 사람은 그 일을 할 줄 알아야 합니다. 천사에게 황금 혁대를 만들어 줄 수 있는 능력이 있다 할지라도, 말굽을 만들고 씌울 줄을 모르면 대장장이로서는 실패하고 마는 것입니다. 성도들을 위로하고 죄인들을 책망하는 효과가 나타나는 설득력 있는 설교를 할 수 없다면, 여러분이 아무리 탁월한 시를 쓰는 재능이 있다 하더라도 그것이 별 소용이 없을 것입니다.

형제 여러분, 성경을 연구하십시오. 얻을 수 있는 도움을 최대한 이용하여 계속해서 성경을 연구하십시오. 오늘날에는 과거 우리 선조들의 시대보다는 일반 그리스도인들이 훨씬 더 방대한 지식을 지니고 있으므로 청중들 앞에서 올바로 효과 있게 말씀을 전하기 위해서는 더 훌륭한 성경 학자가 되어 있어야 한다는 점을 기억하십시오. 모든 지식을 두루 섭렵하십시오, 그러나 무엇보다도 밤낮으로 여호와의 율법을 묵상하십시오.

신학적인 지식을 잘 습득하고, 그것에 무식하여 이리저리 떠드는 비방하는 자들을 개의치 마십시오. 설교자들은 대개 신학자들이 아니므로 실수들을 저지르는 경우가 많습니다. 그런데 지극히 활기가 넘치는 전도자가 동시에 건전한 신학자가 된다고 해서 잘못될 일이 없습니다. 아니, 오히려 그로 인하여 심한 실수를 저지르지 않게 될 것입니다. 오늘날 사람들이 성경의 어느 한 문장을 그 문맥에서 떼어내고는, 마치 자기들이 새로운 진리를 발견하기라도 한 것처럼, "찾았다! 진리를 찾았다!"고 소리를 지르는 것을 흔히 듣습니다. 그러나 그들이 발견한 것은 다이아몬드가 아니라 깨어진 유리 조각일 뿐입니다. 신령한 것들을 신령한 것들과 비교할 능력이 있었더라면, 믿음의 유비를 이해하고 있었더라면, 그리고 과거 시대의 훌륭한 성경 학도들의 거룩한 학식에 접했더라면, 자기들이 발견한 그 알량한 지식을 그렇게 성급하게 새로운 것으로 치켜세우지는 않았을 것입니다. 하나님 말씀의 위대한 교리들을 철저하게 습득하도록 합시다. 그리고 성경을 해명하는 일에 강건해집시다. 확신하지만, 성경을 강해하는 설교가 아니면 결코 오래가지 못하며 교회를 잘 세우지도 못할 것입니다. 권면의 성격을 띤 설교를 완전히 버리고 강해 설교만을 고집한다면 그것은 너무 극단으로 치닫는 것이겠지요. 하지만 여러분의 목회 사역이 계속해서 유익을 끼치려면 여러분이 성경 강해자가 되지 않으면 안 됩니다. 이 점은 아무리 강조해도 지나침이 없습니다. 그러기 위해서는 하나님의 말씀을 여러분 자신이 깨달아야 하고, 그 말씀에 대해 설명할 수 있어야 하고 그리하여 교인들이 그 말씀으로 말미암아 세워질 수 있어야 하는 것입니다. 형제 여러분, 성경에 정통한 사람이 되십시오. 다른 저작들은 살펴보지 못한다 할지라도, 반드시 선지자와 사도들의 저작들에 정통해야 합니다. "하나님의 말씀이 너희 속에 풍성히 거하게 하라"(참조. 골 3:16).

영감된 성경 말씀을 최우선으로 하되, 그 어떠한 지식의 분야도 소홀히 해서는 안됩니다. 예수께서 이 땅에 계심으로 자연의 세계가 거룩하게 되었습니다. 그러니 그리스도께서 정결케 하신 것을 여러분이 속되다 해서는 안 됩니다. 아버지께서 지으신 모든 것이 여러분의 것이요, 따라서 그것에서 배워야 합니다. 탐험가의 일기나 여행가의 항해기를 읽고서 거기서 유익을 얻을 수도 있습니다. 심지어 옛날의 식물 도감이나 연금술서조차도, 마치 삼손의 죽은 사자처럼 꿀을 맛보게 해 줄 수 있습니다. 조개 껍질 속에 진주가 있고, 가시 많은 가지 위에도 열매가 있습니다. 과학의 길도, 특히 자연의 역사와 생물학에서도 영양소를 얻을 수 있습니다. 지질학도, 그것이 허구가 아니라 사실의 테두리 안에 있는 한, 보화로 가득 차 있습니다. 역사도 많은 교훈을 줍니다. 사실 하나님이 다스리시는 자연의 모든 부분 하나하나가 고귀한 가르침들을 가득 담고 있습니다.

시간과 기회와 또한 능력이 있는 한도 내에서 지식을 추구하십시오. 혹시 너무 지식이 높아지지 않을까 하여 주저하지 마시기 바랍니다. 은혜가 풍성할 때에는, 학식이 있다 해도 우쭐해지지 않으며, 복음을 믿는 여러분의 단순한 믿음이 해를 받지도 않을 것입니다. 그런 교육을 받은 상태로 하나님을 섬기십시오. 그리고 여러분이 양(羊)의 뿔이라면 여러분을 통해서 하나님께서 나팔을 부시는 것에 대해 그에게 감사하십시오. 그러나 여러분이 은 나팔이 될 수 있는 가능성이 있거든 그렇게 되시기 바랍니다.

　저는 또한 우리가 분별하는 법을 배워야 한다고 말씀했습니다만, 오늘날과 같은 시대에는 이 점에 대해 강조할 필요가 있습니다. 많은 이들이 희한한 것들을 따라가고 온갖 새로이 만들어낸 것들에 매료됩니다. 여러분, 참 진리와 가짜 진리를 분별하기를 배우십시오. 그러면 곁길로 빠지지 않을 것입니다. 어떤 이들은 마치 따개비처럼 옛 가르침을 꼭 붙들기도 합니다만 그것들이 옛날의 오류들일 경우도 있습니다. 그러니 모든 것들을 확증하시고, 바른 것을 붙드시기 바랍니다. 채로 치고 도리깨질하기를 권합니다.

　사랑하는 형제 여러분, 분명한 영안(靈眼)을 지녀서 진리를 밝히 보며 그 의미를 분별할 수 있기를 주님께 간구하여, 그 받은 능력을 끊임없이 사용함으로써 정확한 판단력을 지니게 된 사람이야말로 주님의 군대를 이끌 지도자가 되기에 합당한 사람일 것입니다. 그러나 모두가 그렇지 못합니다. 그저 무엇이든 진지하게 제시하기만 하면 전부 다 받아들이는 사람들이 얼마나 많습니까? 이는 정말 안타까운 일이 아닐 수 없습니다. 그들은 겉으로 진지하게 꾸미고 다니는 영적인 사기꾼들이 주는 약을 무턱대고 다 삼켜 버립니다. 여러분은 결코 그런 사람이어서는 안 됩니다. 받아들이기 전에 조심스럽게 시험하는 자세를 가져야 합니다. 여러분에게 분별력을 주셔서, 양 떼들을 독이 있는 풀밭에서 멀리 떨어져 있게 하고, 안전한 초장으로 그들을 이끌 수 있게 해 주시기를 성령께 간구하시기 바랍니다.

　때가 되어 지식을 습득할 능력을 얻었고, 분별력을 얻게 된 다음에는, 여러분이 배운 바를 든든하게 유지할 능력을 추구해야 합니다. 오늘날 어떤 사람들은 스스로 바람개비임을 자랑합니다. 그들은 아무것도 든든히 붙드는 바가 없습니다. 사실상 그들에게는 그렇게 붙들 만한 가치 있는 것이 하나도 없습니다. 어저께는 믿었으나 오늘은 그것을 믿지 않습니다. 그리고 내일도 믿지 않습니다. 보름달이 된 다음 그들이 무엇을 믿을지를 예언할 수 있는 사람은 이사야보다 더 훌륭한 선지자일 것입니다. 그들은 계속해서 생각이 바뀌기 때문입니다. 보름달일 때에는 이것을 믿다가 초승달이 되면 다른 것을 믿는 그런 식이기 때문입니다. 그 사람들도 자기들이 정직하다고 주장합니다. 하지만 그것이 과연 무슨 소용이 있습니까? 좋은 나무들을 자주 옮겨 심으면, 보기는 아주 좋을 수 있지만, 열매를 내지 못합니다. 계속해서 뿌리 내리는 일에만 온통 힘을 다 쏟으니, 열매를 맺을 영양분이 남아 있지 못한 것입니다. 우선 진리를 지니고 있음을 확신하십시오. 그리고 그 다음에는 그것을 확고히 붙들어야 합니다. 과연 진리라면, 얼마든지 새로운 것을 받아들이십시오. 그러나 태양보다 더 밝은 빛을 발견했다는 식의 신념을 받아들이는 데에는 정말 신중에 신중을 기해야 할 것입니다. 마치 석간 신문을 팔러 다니는 소년들처럼 거리마다 새로운 진리를 선전하며 다니는 자들은 대개는 건전하지 못합니다.

진리라는 아리따운 여인은 결코 이세벨처럼 새로이 유행하는 온갖 철학을 따라서 뺨과 이마를 치장하는 법이 없습니다. 자기 자신의 고유한 아름다움으로 만족하며, 따라서 그녀의 모습은 어제나 오늘이나 영원토록 변함이 없이 동일한 것입니다. 사람이 자주 변하면, 대개의 경우 그들은 정말로 변해야 할 필요가 있습니다. 오늘날의 소위 "현대적 사고"는 사람의 영혼에 말할 수 없는 악을 끼치고 있습니다. 마치 망대에서 로마가 불타고 있는 광경을 내려다보며 희희낙락하고 있는 네로와도 같습니다. 영혼들이 멸망을 향해 가고 있는데도 이 사람들은 계속해서 이론들만을 짜내고 있습니다. 지옥문이 활짝 열려서 무수한 사람들이 그리로 삼켜지고 있는데도, 구원의 복된 소식을 전해야 마땅할 사람들이 "신선한 사상을 추구하고"만 있습니다. 그렇게 높은 교양을 지니고서 영혼을 살해하는 자들은 심판날에 그들이 자랑하던 그 "교양"이 전혀 핑계가 되지 못한다는 것을 알게 될 것입니다.

하나님을 위해서, 우리는 어떻게 하면 사람들이 구원을 받는지를 알고 그 일에 전념해야 할 것입니다. 온 나라가 기근으로 굶어 죽어가고 있는 판에 적절한 빵 제조법을 개발하는 일에 몰두하고 있다면, 그 얼마나 어처구니없는 짓이겠습니까! 우리가 무엇을 가르쳐야 할지를 알고 있든지, 아니면 목회 사역을 그만두어야 할 때입니다. "항상 배우나 마침내 진리에 이르지 못하니"는 최악의 사람들의 모토입니다. 저는 로마에서 발에서 가시를 빼내고 있는 모습을 한 소년상(像)을 보았습니다. 그런데 일 년 후에 다시 그곳에 가 보았더니, 그 소년상은 여전히 가시를 빼내는 모습을 하고 있었습니다. 여러분, 이것이 우리의 모델이어야 되겠습니까? 이런 목사들 중 한 사람은 제게 "저는 매주마다 저의 신조를 작성한답니다"라고 고백했습니다. 그렇게 안정되지 못한 사람들을 과연 무엇에 비할 수 있을까요? 골든 혼(the Golden Horn: 이스탄불의 내항)을 자주 찾고, 이스탄불에서도 보이는 새들과 같다고 해야 할까요? 언제나 공중을 날고 있고 전혀 땅에 내려서 쉬지 않는 그런 새들 말입니다. 물 가까이나 땅 위에 앉는 것을 아무도 본 일이 없습니다. 그 새들은 항상 공중에 떠 있습니다. 그곳 주민들은 그 새들을 가리켜 안식처를 찾으나 어디서도 찾지 못하고 있는 "잃어버린 영혼들"이라 부릅니다.

확신하건대, 스스로 진리 안에서 안식을 누리지 못하는 사람들은 그 자신이 구원을 받지 못했을 뿐 아니라 다른 사람들도 구원하지 못하는 법입니다. 다른 사람에게 전해 줄 확고한 진리가 없는 사람은 청중들이 별로 귀담아 듣지 않는다 해서 전혀 이상스러워하지 말아야 할 것입니다. 우리는 진리를 알고, 그것을 깨닫고, 또한 확실히 그것을 붙잡고 있어야 합니다. 그렇지 않으면 다른 사람들을 이끌어 그것을 믿게 할 소망을 가질 수가 없습니다. 형제 여러분, 부탁드리거니와 진리를 알고 분별하기를 힘쓰십시오. 그리고 분별한 다음에는 진리 안에 뿌리를 내리고 터를 세우기에 힘쓰십시오. 곳간을 가득 채우고, 곡식을 타작하고, 그리고 알곡을 창고에 저장해 두는 작업을 계속하십시오. 그러면 여러분이 정신적으로 "전진하게" 될 것입니다.

2. 또한 말로 전달하는 요건에서도 전진해야 합니다. 저는 지금 밑바닥의 문제를 다루고 있습니다만, 이것도 매우 중요합니다. 왜냐하면 이 주상(鑄像)도 발이 진흙으로 되어 있어서 너무나 안타깝기 때문입니다. 우리의 위대한 목적에 도움이 될 수 있는 것이면 그 어떠한 것도 하찮은 것이 아닙니다. 하찮은 못이 빠진 것뿐인데 말은 그 때문에 발의 굽을 잃어버려서 싸움에 나갈 수 없게 됩니다. 발굽은 철로 동그랗게 만들어 놓

은 하찮은 물건에 불과하지만, 그것이 없으면 말의 목을 우레로 장식했다 해도 아무런 소용이 없습니다. 사람이 성품이나 신앙 면에서 실패하여 영적으로 쓰임 받지 못하게 되어 버릴 수도 있습니다만, 정신 면이나 구변(口辯)에서 실패하여도 그렇게 될 수 있습니다. 그렇기 때문에 먼저 이 문제들을 다룬 것이고, 말로 전달하는 요건에서도 전진해야 한다는 점을 다시 말씀드리는 것입니다. 우리 모두가 어떤 사람이 말하듯 그렇게 탁월하게 말을 할 수 있는 것도 아니고, 또한 그런 훌륭한 사람들도 최고의 수준을 항상 유지하여 말할 수 있는 것도 아닙니다. 만일 이 자리에 있는 사람 중에 자기가 최고의 수준으로 설교할 수 있다고 생각하는 사람이 있다면, 아예 설교를 그만두라고 권고하고 싶습니다. 만일 그가 설교를 그만둔다면, 그 사람은 어느 위대한 화가처럼 지혜롭게 처신했다 할 것입니다. 어느 위대한 화가는 어느 날 붓을 꺾고는 아내를 향해 돌아서서 말하기를, "나의 그림 그리는 시절은 이제 끝났다오. 나 자신이 만족을 얻었으니 이제 내 힘이 다 한 것이 분명하오"라고 했다는 것입니다.

다른 것들에서는 완전한 상태에 도달할 수도 있겠으나, 말로 전달하는 문제에서 완전에 이르렀다고 생각하는 사람이 있다면, 그 사람은 수다스러움을 능변(能辯)으로, 혹은 말 많은 것을 논리 정연한 것으로 착각하고 있는 것이 분명합니다. 아무리 많은 것을 알고 있어도, "가르치기를 잘하지" 못하면 참으로 유능한 목사는 될 수 없습니다. 목사가 될 은사가 없는 것이 분명한데도 소명을 잘못 깨닫고 목사가 된 사람들을 여러분도 잘 아실 것입니다. 그러나 아무도 여러분과 똑같이 생각하지 않는다는 것을 알아야 합니다. 설교를 도저히 견딜 수 없게 하는 목사도 있습니다. 사람을 분노하게 만들기도 하고, 아니면 온통 졸게 만들기도 합니다. 잠자게 만드는 능력 면에서 마취제를 능가하는 설교들이 있을 수 있습니다만, 무한한 인내의 은사를 받은 사람이 아니면 누구도 그런 설교를 오래 듣고 있을 수 없고, 그래서 본성적으로 잠이 들게 하여 견디도록 만들어 줍니다.

언젠가 어떤 사람이 어느 특정한 설교자를 가리켜서 조개만큼도 목회 사역에 대한 은사가 없다고 이야기하는 것을 들은 적이 있습니다만, 저는 그런 말은 오히려 조개를 욕되게 하는 것이라고 판단했습니다. 조개는 입을 벌리는 일에 아주 신중에 신중을 기하고, 또한 닫아야 할 때를 알기 때문입니다. 어떤 사람은 자기 자신이 하는 설교를 들으라는 선고를 당하는 것이 아주 합당한 사람도 있습니다. 그러면 그들은 가인처럼 이렇게 소리칠 것입니다: "내 죄짐을 지기가 너무 무거우니이다"(창 4:13). 우리는 그와 같은 심판을 받지 않도록 합시다.

형제 여러분, 우리는 명확한 스타일을 배양해야 합니다. 어떤 사람이 무슨 뜻인지도 모를 말을 제게 할 경우에는, 그 자신도 그 말을 이해하지 못했기 때문에 그런 일이 벌어지는 것입니다. 평균적인 청취자가 설교자의 사상의 흐름을 따라갈 수 없을 경우에는 자기 자신을 책하지 말고 설교자를 책하여야 할 것입니다. 설교자의 임무는 문제를 명확하게 전달하는 데 있기 때문입니다. 우물 속을 들여다보면, 거기에 물이 없을 경우에는 그것이 매우 깊어 보입니다. 그러나 거기에 물이 고여 있으면 그것을 환히 볼 수가 있습니다. 많은 경우 설교자가 "깊어" 보이는 것은 마치 아무것도 담겨 있지 않은 우물과 같기 때문입니다. 그 우물 속에는 썩어 가는 잎사귀나 돌 몇 조각, 혹은 죽은 고양이 한두 마리밖에는 없습니다. 그런데 과연 여러분의 설교에 생수(生水)가 있다면, 그것이 매우 깊을 수도 있지만 진리의 빛이 그것을 분명하게 밝혀 주는 것입니다. 명확하게 이해하고 있는 것만으로는 부족합니다. 전달도 분명히 하여, 사람들이 오해하는 일이 없도록 해야 하는 것입니다.

또한 명확한 스타일뿐만 아니라 설교에 힘을 배양하도록 해야 합니다. 우리의 설교가 힘이 있어야 합니다. 어떤 이들은 말을 크게 하면 힘이 있는 것으로 생각합니다만, 그것은 잘못된 생각입니다. 크게 떠든다고 해서 넌센스가 개선되는 것이 아닙니다. 삼백 명 앞에서 설교하면서 마치 만 명 앞에서 설교하는 것처럼 소리를 지를 필요가 없습니다. 설교 내용의 탁월함에서 힘이 나오도록 해야 하고, 그 내용을 전달하는 데에 에너지를 집중시킴으로써 힘이 나오도록 해야 하는 것입니다. 한마디로 말해서 우리의 설교가 자연스럽고 살아 있는 것이어야 한다는 말입니다. 전문적인 웅변가들의 트릭이나, 일부러 효과를 위해 긴장하는 것이나, 미리 준비해 놓은 클라이맥스나 휴지(休止), 극적인 동작이나, 말을 입에 물고 우물우물하는 것 등, 효과를 위하여 미리 계산해서 쓰는 기법들을 절대로 사용하지 말기 바랍니다. 오늘날에도 그런 호사스런 설교자들이 남아 있습니다만, 그런 자들이 속히 멸종되고, 우리 모두 살아 있고 자연스러우며 단순한 설교법을 터득하게 되기를 바라는 마음 간절합니다. 그런 것이 바로 하나님께서 복 주시는 스타일이라 여겨지기 때문입니다.

다른 것들도 배양해야 하지만, 특히 **설득력**을 배양해야 합니다. 우리들 중에 다른 사람들에게 크게 영향을 미치고 있는 사람들이 있는가 하면, 그보다 더 큰 은사가 있음에도 불구하고 영향을 미치지 못하는 사람들도 있습니다. 이 사람들은 사람들에게 가까이 가지 못하고, 그들을 사로잡고 느끼도록 만들지 못하는 것 같습니다. 설교자들 중에는 마치 청중들을 한 사람 한 사람씩 단추 구멍에 집어넣듯이 하면서 진리를 그들의 심령 속에 꽂아 넣는 사람들이 있는가 하면, 반대로 너무나 대충대충 건성으로 전달하는 나머지 마치 자기와는 전혀 관계없는 어느 먼 행성의 이야기를 전하는 것처럼 하는 이들도 있습니다.

사람들에게 호소하는 기술을 습득하십시오. 주님을 자주 만나면, 그렇게 될 수 있습니다. 제 기억이 틀리지 않다면, 다음과 같은 오래된 이야기가 있습니다. 한 병사가 다리우스 왕을 죽이려 하자, 어린 시절부터 말을 하지 못하던 그의 아들이 갑자기 벌떡 일어나, "그분이 왕이신 것을 알지 못하느냐?"라고 소리를 질러 그 병사를 깜짝 놀라게 했답니다. 그의 굳은 혀가 아버지에 대한 사랑 때문에 풀린 것입니다. 주께서 죄 때문에 십자가에 달리신 모습을 우리가 본다면, 우리의 혀가 정말 간절한 말을 내뱉게 되지 않겠습니까? 주님의 두려우심을 알아도, 우리는 사람들을 설득하여야 한다는 간절한 마음의 감동을 받게 될 것입니다. 하나님과 화목되어야 한다는 것을 그들에게 설득하지 않을 수 없을 것입니다. 형제 여러분, 죄인들을 예수께 이끌기 위해 간절히 설득하는 사람들을 주의 깊게 살피고 그들의 비결을 찾으십시오. 그리고 여러분도 동일한 능력을 얻기까지 결코 쉬지 마십시오. 그 비결이 아주 간단하고 수수한 것이지만, 그래도 그것들이 정말 유익한 것들이라면, 이렇게 말씀하십시오: "바로 이것이

나의 방식이야!" 그러나 반대로 상당히 칭송을 받는 설교자일지라도 뜯어서 살펴본 결과 진정 회심하여 구원받는 심령이 없다면, 이렇게 말씀하시기 바랍니다: "이것은 내게 합당한 것이 아니야! 내가 바라는 것은 내가 위대해지는 것이 아니라, 진정 유익하게 쓰임을 받는 것이니."

그러므로, 여러분의 설교가 명확함과 힘, 자연스러움, 그리고 설득력에서 항상 진보하게 해야 합니다. 형제 여러분, 여러분의 청중에게 적합한 설교 스타일을 찾도록 하십시오. 이것은 상당히 중요합니다. 교육 수준이 높은 회중들 앞에서 말씀을 전하면서 행상들 앞에서 말할 때에 사용하는 그런 언어를 사용한다면, 그것은 정말 바보 같은 짓일 것입니다. 반대로, 광산 노동자들 앞에서 말씀을 전하면서 전문적인 신학 용어를 섞어가며 유식한 언어를 쓴다면, 그것 역시 바보 같은 짓일 것입니다.

바벨탑에서 말이 혼잡하게 되었는데, 그것은 우리가 생각하는 것보다 훨씬 철저한 것이었습니다. 큰 민족들에게 여러 가지 다른 언어들을 준 것만이 아니라, 각 계층들마다 다른 계층과는 다른 독자적인 어법을 갖게 만든 것입니다. 빌링스게이트(Billingsgate: 런던의 어시장) 사람은 브레이즈노우즈 대학(Brazenose) 연구생의 말을 이해할 수 없습니다. 행상들이 대학의 언어를 배울 수는 없습니다. 그러니 대학이 행상들의 언어를 배워야 합니다. "우리는 시장에서 쓰는 언어를 사용합니다"라고 휫필드는 말했습니다만, 이것은 정말 존경할 만합니다. 그러나 그가 헌팅던 백작 부인(the Countess of Huntingdon: 1707-1791)의 응접실에서 말씀을 전할 때에는 그의 말씀에 그녀가 데려온 불신자 귀족이 완전히 매료되었습니다. 그는 전혀 스타일을 달리한 것입니다. 그의 언어는 어느 경우든 항상 분명했습니다. 그의 언어가 회중에게 똑같이 친숙한 것이었기 때문입니다. 그는 입시시마 베르바(ipsissima verba), 즉 있는 그대로의 말을 사용하지 않았습니다. 만일 그랬다면 각 설교 때마다 그 명확함이 상실되고 말았을 것이고, 귀족들에게는 마치 은어(隱語)처럼 들리고, 평민들에게는 헬라어처럼 들렸을 것입니다. 어법에서 우리는 "모든 사람에게 모든 것"이 되기를 목표로 삼아야 할 것입니다. 어느 계층의 사람이든 각각 그들의 처지에 맞는 방식으로 말씀을 전하여 그들의 마음을 움직이는 사람이야말로 가장 위대한 설교자입니다.

　형제 여러분, 말의 힘에서 어느 누구도 당하지 못하게 됩시다. 우리 모국어를 사용하는 면에서 어느 누구도 우리를 능가하지 못하게 합시다. 함께 군사된 사랑하는 여러분, 우리의 혀는 하나님께서 그를 위하여 사용하도록 우리에게 주신 검(劍)입니다. 우리 주님에 대해서, "그의 입에서 좌우에 날선 검이 나오고"라고 말씀한 것처럼 말입니다. 이 검을 날카롭게 만드십시오. 여러분의 언어에 힘을 배양하시고, 말에서는 이 땅에서 최고가 되십시오. 여러분이 굉장히 부족하기 때문에 이 말씀을 드리는 것이 아닙니다. 절대로 그렇지 않습니다. 누구나 제게, "대학을 졸업한 사람들은 그들의 명확하고도 대담한 언변으로 알아보지요"라고 말하기 때문입니다. 이로 보건대, 여러분에게는 대개 언변의 재능이 있는 것이 분명합니다. 다만, 그 재능을 완벽하게 발휘하도록 힘쓰라는 것입니다.

　3. 형제 여러분, 도덕적인 면에서는 더더욱 진보하도록 힘써야 합니다. 특별히 이를 귀담아 들어야 할 사람들이 있다면, 그들에게 이 말씀이 마음에 닿기를 바랍니다만, 여러분 중에 특별히 어떤 사람들을 염두에 두고서 이 말씀을 드리는 것은 아닙니다. 목회 사역에서 최고의 수준을 발휘하고픈 마음이 있다면, 정신적인 자격 요건과 언변의 자격 요건을 갖추는 것은 물론, 높은 도덕적 자질도 갖추어야만 합니다.

　마치 바울이 손에서 독사를 떨어 버린 것처럼, 우리에게 있는 악한 것들을 떨어 버려야 합니다. 그리고 덕은 어떠한 희생을 치르고라도 갖추어야 합니다.

　자기 탐닉이 많은 사람들을 죽였습니다. 그러니 우리가 들릴라의 손에 잡혀 망하지 않도록 늘 경계해야 할 것입니다. 모든 감정과 습관을 정상적으로 절제하여야 합니다. 우리가 우리 자신을 잘 다스리지 못한다면, 교회의 지도자가 되기에도 합당치 못할 것입니다.

　나 스스로 중요한 존재라는 생각을 완전히 벗어 버려야 합니다. 자기 스스로 위대하다고 생각하는 사람을 하나님께서는 복 주시지 않습니다. 심지어 여러분 속에서 행하시는 성령 하나님의 역사를 자랑하는 일조차도 자기 칭송에게 가까이 나아갈 위험이 있습니다. 여러분 스스로 자신을 칭찬하지 말고, 다른 사람이 여러분을 칭찬하게 하십시오. 또한 그 사람이 칭찬을 자제할 만한 지각을 갖고 있을 때에 매우 기뻐하십시오.

또한 우리 자신의 성질을 절제할 줄 알아야 합니다. 불타오르는 성질이 모두가 악한 것은 아닙니다. 다 떨어진 신발처럼 쉽기만한 사람은 대체로 별 가치가 없습니다. "형제 여러분, 성질이 있어야 합니다"라고 말하고 싶지는 않습니다. 다만, "성질이 있으면 그것을 조심스럽게 절제하십시오"라고 말하고 싶습니다. 그릇된 것에 분노하고, 올바른 것에 단호할 만큼 성질이 있는 목사를 보면, 하나님께 감사한 마음이 생깁니다. 그러나 성질은 모서리가 있는 연장입니다. 그래서 그것을 사용하는 사람에게 상처를 내기가 일쑤입니다. 부드럽게, 온유하게 다루어야 합니다. 악을 가하기보다는 악을 참기를 더 좋아하여야 합니다. 이것이 우리의 자세가 되어야 합니다. 이 자리에 있는 분 중에 천성적으로 끓어오르기를 잘 하는 분이 있다면, 다른 사람에게가 아니라 마귀에게 그렇게 끓어올라야 한다는 것을 생각해야 할 것입니다.

우리는 ― 우리 중에 어떤 분들은 특별히 더 ― 가벼워지는 성향을 정복해야 합니다. 거룩한 쾌활함과 가벼운 경박스러움 사이에는 굉장한 차이가 있습니다. 전자는 덕스러운 것이지만, 후자는 악행입니다. 마음이 함께 웃지 않으면서 모든 일을 가볍게 대하는 그런 경박스러움이 있습니다만, 그것은 값 싸고, 천박하며, 진지함이 없습니다. 그러나 마음으로 웃는 웃음은 결코 경박스럽지 않습니다. 저는 지금 얄팍하고 가벼우며, 중요한 문제들에 대하여 진지함도 없는 겉으로 꾸며내는 종교적인 자세에 대해 말하고 있는 것입니다. 경건이란 익살도 아니고, 그저 형식만도 아닙니다. 연기자(演技者)가 되지 않도록 조심하십시오. 여러분이 진정 마음에 담은 것을 이야기하는 것이 아니며, 그저 직업인으로서 말하는 것이라는 식의 인상을 진실한 사람들에게 주어서는 절대로 안 됩니다. 입술로는 불타오르면서 속마음은 차갑게 얼어붙어 있는 것이야말로 바로 버림받은 증표입니다. 오 하나님, 겉모양만 그럴듯하고 속은 얄팍하기 그지없는 상태가 되지 않도록 우리를 지켜 주옵소서. 하나님의 동산의 파리들이 되는 일이 없도록 지켜 주옵소서.

　동시에 우리는 고집스러움에서 나오는 사나움 같은 것도 모두 피해야 합니다. 종교인들 중에 어떤 이들은 여자에게서 난 것이 분명한데, 마치 늑대에게서 양육받은 것처럼 보이기도 합니다. 그런 이들에게 치욕을 주고 싶지는 않습니다. 로마를 창건한 로물루스(Romulus)와 레무스(Remus)가 늑대에게 양육을 받지 않았습니까? 이처럼 호전적인 종교인들은 자기들 나름대로의 사상적 왕조를 창시할 만큼 정신적인 능력을 지녔습니다. 그러나 그리스도의 나라에는 인간적인 친절함과 형제다운 사랑이 더 잘 어울립니다. 마치 쥐를 찾아 코를 킁킁거리며 다니는 사냥개처럼 이단을 찾아 없애려고 세계를 떠돌아다니는 것은 우리의 할 일이 아닙니다. 뿐만 아니라 우리 자신의 무오함을 확신한 나머지 교회적인 화형대(火刑臺)를 세워놓고 거기에 장작과 숯을 가져다가 우리와 다른 모든 이들을 태워 죽이는 식이어서도 결코 안 됩니다. 그것은 강한 편견과 잔인한 의혹의 표현 이외에 아무것도 아닙니다.

　이런 모든 것들 외에도, 여기서 일일이 설명할 수는 없지만, 우리가 힘써 피해야 할 자세나 분위기, 혹은 태도들도 있습니다. 조그만 허물이 실패의 원인이 되고, 그것들을 제거하는 것이 성공의 비결인 경우가 많습니다. 여러분이 유익하게 쓰임 받는 것을 조금이라도 방해하는 것이 있다면 그것을 결코 작은 것으로 간주하지 마십시오. 여러분의 영혼의 성전에서 비둘기 파는 자들과 돈 바꾸는 자들, 소와 양을 파는 자들을 내어쫓아 버리십시오.

　사랑하는 형제 여러분, 악한 것들을 제거해야 하는 것과 더불어, 우리는 도덕적인 기능과 습관들을 지녀야 합니다. 마음의 진실함이 없는 사람은 절대로 하나님을 위하여 많은 일을 할 수 없습니다. 우리가 빈틈없는 계산에 따라 행한다면, 공명정대하지 못한 어떤 행동 양식이 우리에게 있다면, 얼마 가지 못하여 우리는 좌초하고 말 것입니다. 형제 여러분, 가난해질 수도 있고, 멸시를 당할 수도 있고, 목숨까지도 잃을 수 있지만, 절대로 비뚤어진 일은 행하지 않겠다고 결단하시기 바랍니다. 여러분에게 유일한 재산은 바로 정직이 되어야 할 것입니다.

여러분, 또한 용기라는 위대한 도덕적인 특질을 소유하시기 바랍니다. 무례함이나, 건방짐, 혹은 자만심을 뜻하는 것이 아니라, 조용하게 올바른 것을 행하고 말할 수 있고, 또한 모든 곤경 중에서 아무도 잘한다고 이야기해 주는 사람이 없을 때에도 똑바로 전진하는 진정한 용기를 말하는 것입니다. 형제들에게 진실을 이야기해 주기를 두려워하는 그리스도인들이 많다는 사실에 저는 놀라움을 금할 길 없습니다. 저는 저희 교회의 회원들이나 저희 교회의 직분자들이나, 혹은 이 세상의 어느 누구에게라도 면전에서 직접 진실을 이야기하기를 두려워하지 않습니다. 이 말을 할 수 있다는 것이 얼마나 감사한지 모릅니다. 물론 하나님의 역사하심이지만, 제가 제 교회에서 목회자의 자리에 있는 것은 계산이 전혀 없고 언제나 제 말을 있는 그대로 이야기한다는 것 덕분입니다. 모든 사람에게 좋도록 일을 만들려고 계획하는 것은 위험천만한 일이요 또한 악하기 그지없는 행위입니다. 이 사람에게는 이렇게 말하고, 저 사람에게는 저렇게 말한다면, 언젠가는 그 둘이 서로의 말을 비교해 보고 여러분을 내어쫓고 멸시하게 될 날이 올 것입니다. 두 얼굴을 가진 사람은 금방 멸시의 대상이 되고 맙니다. 무엇보다도 비겁함을 피하십시오. 그것이 사람을 거짓말쟁이로 만들기 때문입니다. 어느 사람에 대해서 반드시 이런 말은 해야겠다고 느끼는 문제가 있으면, "그의 면전에서 과연 말할 만한 것인가?"를 먼저 따져보아야 할 것입니다. 이 세상에 사는 그 어떠한 사람에 대해서도 비난의 말을 하도록 여러분 자신을 허용하지 말아야 합니다. 이것을 여러분의 원칙으로 삼으면, 여러분의 용기가 수천 수만의 난제(難題)들로부터 여러분을 건져줄 것이고, 오래도록 존경을 받게 해 줄 것입니다.

　형제 여러분, 진실함과 용기를 지닌 다음에는, 불굴의 열심을 부여받기 바랍니다. 열심, 그것이 과연 무엇입니까? 그것을 어떻게 설명할까요? 그것을 소유하십시오. 그러면 그것이 무엇인지 알게 됩니다. 그리스도를 향한 사랑에 불타오르십시오. 그리고 그 불길이 계속해서 타오르게 하십시오. 공적인 집회에서는 불타오르다가 일상적인 일과에서는 꺼져 버리는 식이 되지 않도록 하십시오. 우리에게는 불굴의 인내가 필요하고, 강력한 결단이 필요하고, 거룩한 고집과 자기 부인, 거룩한 부드러움과 막

강한 용기가 모두 필요합니다.

정신적이고 도덕적인 능력에서 탁월하십시오. 여러분이 부르심을 받은 그 일에 여러분의 모든 힘을 집중시키는 능력을 갖추십시오. 여러분의 생각들을 모으고, 기능들을 다 불러들이고, 에너지를 집중시키며, 여러분의 역량을 모으십시오. 여러분의 영혼의 모든 샘을 하나의 통로로 모아서 나뉘어지지 않고 하나의 시냇물이 되어 흘러가게 하십시오. 이런 능력이 결핍되어 있는 사람들도 있습니다. 그들은 자기들 자신을 흐트러뜨리고, 그리하여 실패를 하고 맙니다. 여러분의 대포들을 하나로 모아서 원수에게 집중적으로 쏘기 바랍니다. 이것에 훌륭하고, 저것에 위대해지려고 하지 마시고, 한 가지에 모든 것을 집중시키십시오. 무엇보다 여러분 전체가 예수 그리스도께 사로잡혀 있게 하시고, 여러분을 위해 피를 흘리고 죽으신 그분의 사랑스런 발 아래 모든 것을 내려놓으십시오.

4. 이런 모든 것들보다도, 우리는 영적 자질을 갖추어야 합니다. 주님께서 우리 속에서 역사하시는 은혜가 있어야 합니다. 이것이 무엇보다 중요한 문제입니다. 다른 것들도 귀중합니다만, 이것은 가치를 따질 수 없을 만큼 귀합니다. 하나님을 향해서 풍성해야 하는 것입니다.

우리 자신을 잘 알 필요가 있습니다. 설교자는 마음의 움직임에 대해서, 내적인 체험에 대해서 탁월해야 합니다. 체험에 관하여 두 종류의 학파가 있습니다만, 그중 어느 하나만을 배워서는 안되고, 두 가지 모두를 배워야 합니다. 한 종류의 학파는 하나님의 자녀를 자기 마음의 깊은 부패성을 아는 자로서 말합니다. 자기의 본성의 지긋지긋한 혐오를 깨닫는 자로서, 자기의 육체 속에 아무것도 선한 것이 거하지 않는 것을 날마다 느끼는 자로서 말합니다. 이것을 알고 느끼지 못하는 사람은, 날마다 쓰라리고도 고통스러운 체험을 통해서 그것을 진정 느끼지 못하는 사람은 하나님의 생명이 그 영혼 속에 없다고 합니다. 이 학파에게 성령 안에서 누리는 자유와 기쁨에 대해서 말해 보아도 허사입니다. 그들에게는 그것이 없습니다. 이처럼 한쪽으로 치우친 형제들에게서 배울 것이 있습니다. 우리가 마땅히 배워야 할 많은 것들을 그들이 알고 있습니다. 그러나 그런 진리들을 무시하는 목사가 있다면 그것은 절대로 안 될 일입니다.
　마틴 루터는 목사에게는 유혹이 가장 좋은 교사라고 이야기하곤 했습니다. 그런 면에도 진리가 있습니다. 그런데 다른 쪽의 신자들은 하나님의 성령의 영광스러운 역사에 강조점을 둡니다. 아주 지당하고도 복된 일입니다. 그들은 하나님의 성령을 깨끗하게 하시는 능력으로, 더러운 영혼을 깨끗이 쓸어내어 하나님의 성전으로 만드시는 능력으로 믿습니다. 그러나 그들은 마치 자기들이 이제는 죄를 짓지 않는 것처럼, 시험 때문에 성가심을 당하는 것처럼 말합니다. 그들은 마치 싸움이 이미 다 끝났고 승리를 완전히 얻은 것처럼 자랑하는 것입니다. 이 형제들에게서도 배워야 할 것이 있습니다. 그들이 가르치는 모든 진리를 알아야 합니다. 산꼭대기를 친숙하게 알아야겠고, 또한 거기서 비치는 빛의 영광도 알아야겠습니다. 헐몬 산과 다볼 산을 알아야겠습니다. 우리 주님과 함께 변화되는 그곳을 알아야겠습니다. 너무 거룩해질까 염려하고 두려워하지 마십시오. 성령으로 지나치게 충만해지지 않을까 염려할 필요가 없습니다. 모든 방면에서 지혜로워지고, 신자들의 괴로움과 기쁨을 다 친숙하게 알고 그것들을 대할 수 있게 되시기 바랍니다. 아담으로 인하여 생겨난 여러분의 처지를 아십시오. 그리고 동시에 하나님의 성령께서 여러분을 데려다 놓으신 곳도 알아야 합니다. 이 중에 어느 하나만 알아서 다른 하나는 잊어버리는 식이어서는 결코 안 됩니다. "오호라 나는 곤고한 사람이로다 이 사망의 몸에서 누가 나를 건져내랴?" 하고 탄식할 만한 사람이 있다면 그것은 바로 목사들이라고 생각합니다. 우리는 모든 점에서 시험을 받을 필요가 있고 그리하여 다른 사람들을 위로할 수 있게 되어야 하기 때문입니다.
　지난 주에 저는 기차 객실에서 한 초라한 사람이 좌석에다 다리를 올려놓고 있는 것을 보았습니다. 역무원이 지나가다가 그 모습을 보더니, "그 자리는 당신의 더러운 발을 올려놓으라고 있는 게 아니오"라고 했습니다. 역무원이 지나가자 그는 다시 다리를 올려놓으면서 제게 이렇게 말했습니다: "저 양반도 나처럼 다리를 다쳤더라면 그렇게 차갑게 이야기하지는 못했을 것이오." 상당한 수입을 누리면서 편안히 살아온 형제들이 매우 곤란을 당하고 있는 다른 사람들의 처지를 이해하지 못해서 그들을 비난하는 것을 들으면, 저는 그 형제들이 다친 다리를 끌고 평생을 살아야 하는 다른 사람들의 고통에 대해서 아는 것이 전혀 없구나 하는 생각이 듭니다.

형제 여러분, 그리스도 안에 있는 사람도 알아야 하겠고, 그리스도 바깥에 있는 사람도 알아야 하겠습니다. 그 사람의 최고의 상태를 알아야 하겠고, 그 사람의 최악의 상태를 알아야 하겠습니다. 그의 속마음과 비밀들을 알아야 하겠습니다. 그러나 이것은 책으로는 해결되지 않습니다. 개인적으로 영적으로 체험해야 합니다. 오로지 하나님만이 그런 체험을 주실 수 있습니다.

영적인 자질 가운데서도, 다른 무엇보다 절실히 필요한 것은 바로 인간의 모든 질병들을 확고히 치유해 주시는 그분을 아는 일입니다. 예수님을 알아야 합니다. 그의 발 아래 앉으십시오. 그의 본성과 그의 사역과 그의 고난과 그의 영광을 생각하십시오. 그의 임재 속에서 즐거워하시고, 날마다 그와의 교제 가운데 계십시오. 그리스도를 아는 것은 학문 중에서도 가장 탁월한 학문을 이해하는 것입니다. 지혜와 교제를 나눈다면 지혜롭지 않을 수가 없습니다. 하나님의 강하신 아들과 교제를 나눈다면, 힘을 잃어버릴 수가 없습니다. 언젠가 저는 이탈리아의 한 동굴에서 조그만 이끼 식물을 보았습니다. 그 잎사귀가 바위틈에서 조금씩 흘러내리는 물방울에 젖어서 반짝거리며 계속해서 흔들거리고 있었습니다. 그것은 언제나 푸르렀고, 여름의 가뭄이나 겨울의 추위에도 전혀 영향을 받지 않았습니다. 이처럼 우리도 예수님의 사랑의 아름다운 영향력 아래서 언제나 거하여야겠습니다. 형제 여러분, 하나님 안에 거하십시오. 가끔씩 그를 찾아가지 마시고, 언제나 그 안에 거하십시오. 이탈리아 사람들의 잠언 중에, 햇빛이 들어가지 못하는 곳이라도 의사는 반드시 들어간다는 말이 있습니다. 예수님이 빛을 비추지 않으시면 영혼이 병들 수밖에 없습니다. 그의 빛살에 쪼이십시오. 그러면 왕성하게 주를 섬기게 될 것입니다.

지난 주일 밤, "아버지 외에는 아들을 아는 자가 없고"라는 본문이 저를 사로잡았습니다. 저는 교인들에게, 예수께서는, 그를 신뢰한 불쌍한 죄인들은 자기들이 그를 안다고 생각했지만, 그들은 사실 그를 아주 조금밖에는 몰랐다고 말씀하셨습니다. 육십 년 동안 신앙 생활을 하며 날마다 그와 함께 동행해 온 성도들은 자기들이 주님을 안다고 생각하지만, 사실상 그들은 아직 초보자에 불과했습니다. 오천 년 동안이나 계속해서 주를 찬송해 온 보좌 앞의 그 완전한 천사들도 자기들이 그를 안다고 생각할지 모릅니다만, 사실상 그들도 그를 완전히 알지 못하는 것입니다. "아버지 외에는 아들을 아는 자가 없습니다." 그는 너무나도 영광스러우셔서, 오직 무한하신 하나님밖에는 그를 완전히 아는 분이 없습니다. 그러므로 우리 주님을 우리의 모든 묵상의 위대한 대상으로 삼으시면, 그분에 대한 우리의 공부에는 끝이 없고, 우리의 사고에는 편협함이 없을 것입니다.

형제 여러분, 이 사실의 결과로 나타나는 일입니다만, 강한 사람이 되기를 바란다면, 반드시 우리 주님을 닮아야 합니다. 오, 주님을 닮기를 소원합니다. 우리가 주 예수님을 닮게 되는 것 때문에 고난을 당한다면, 우리가 당하게 될 그 십자가가 얼마나 복된 것이겠습니까? 우리가 그리스도를 닮는다면, 우리의 목회 사역에 놀라운 기름 부음이 임할 것입니다. 그러니 그것이 없다면, 과연 목회 사역이 무슨 가치가 있겠습니까?

한마디로, 우리는 거룩한 성품을 위하여 힘써야 하겠습니다. 거룩이 무엇입니까? 그것은 성품의 온전함이 아니겠습니까? 부족한 것도 넘치는 것도 없는 그런 균형 있는 상태가 아니겠습니까? 거룩이란 도덕성이 아닙니다. 도덕은 차가운 생명 없는 동상과도 같습니다만, 거룩은 바로 생명입니다. 우리에게는 거룩이 있어야 합니다. 그러므로 사랑하는 여러분, 혹시 정신적인 자격 요건에서 실패하고(물론 그런 일이 없기를 바랍니다만), 그리고 언변에서도 능력이 많이 부족하나(이 점에서도 그렇지 않으리라고 믿습니다만) 거룩에 의지하시면, 거룩한 삶 그 자체가 하나의 놀라운 능력이 되고, 그리하여 여러 가지 결함들을 상쇄시켜 줄 것입니다. 거룩이야말로 가장 최고의 사람이 전할 수 있는 최고의 설교입니다. 할 수 있는 대로 모든 순결함을 지니기로, 얻을 수 있는 만큼 모든 거룩함을 얻기로, 그리고 이 죄악된 세상에서 가능한 만큼 성령의 역사하심을 통해서 그리스도를 닮는 일을 이루기로 다짐하도록 합시다. 우리 모두를 더 높이 세워주실 것이요, 하나님께서 영광을 받으실 것입니다.

5. 형제 여러분, 아직 끝나지 않았습니다. 실질적인 사역에서 전진해야 한다는 것을 말씀드려야겠습니다. 결국 우리가 행한 일을 통해서 우리를 알게 되는 것입니다. 우리는 말씀에서 뿐 아니라 행동에서도 강력해야 합니다. 선한 형제들 중에서도 실천적이지 못한 사람들이 많이 있습니다. 그리스도의 재림의 그 위대한 교리가 그들을 입을 벌리고 서서 하늘을 쳐다보도록 만들고 있습니다. 그러므로 저는 그들에게 이렇게 말하고 싶습니다: "여러분, 플리머스의 사람들이여, 어째서 여기서 하늘을 쳐다보고 서 계십니까?" 사람들로 하여금 별을 쳐다보게 만들기 위해서 예수 그리스도께서 다시 오신다는 것이 아닙니다. 오히려 성령의 능력 가운데서 일을 하게 하기 위해서 그 사실이 있는 것입니다. 계시록의 희미한 구절들을 궁구하며 성경을 읽기를 조그만 학교에서 가르치는 일이나 불쌍한 자들에게 예수님에 대해 강론하는 일보다 더 선호할 만큼 그렇게 사색적이어서는 안 됩니다. 대낮의 꿈에서 깨어나 일터로 나가야만 합니다. 계란도 중요합니다. 그러나 거기서 병아리들을 얻어야 하는 법입니다. 여러분의 계란이 얼마나 큰가 하는 것에는 관심이 없습니다. 그것이 타조의 알만큼 크다 할지라도, 그 속에 아무것도 없다면 껍질을 갖다 버리는 것이 낫습니다. 거기서 무언가가 나온다면, 하나님께서 여러분의 사색을 복주실 것입니다. 그리고 지혜롭게 여겨질 정도를 조금 더 지나친다 할지라도, 여러분이 더 많은 쓰임을 받으신다면, 하나님을 찬양할 일입니다.

우리에게는 사실들이 결핍되어 있습니다. 실질적인 행동과 구원받은 영혼들이 결핍되어 있습니다. 논문을 쓰는 일도 매우 좋습니다. 그러나 지옥으로 떨어지는 영혼들 중에 여러분이 구원시킨 영혼들이 얼마나 됩니까? 여러분이 학교를 잘 운영한 일에 대해서 참 가상하게 생각됩니다. 그러나 그 학교를 통해서 얼마나 많은 어린이들을 교회로 인도했습니까? 특별 집회들에 대해서 듣는 것이 참 기쁩니다. 하지만 그 집회들을 통해서 얼마나 많은 사람들이 진정 하나님께로 거듭났습니까? 성도들이 과연 유익을 얻었습니까? 죄인들이 과연 회심했습니까? 가로대를 지른 문 이쪽에서 저쪽을 계속 왔다갔다하는 것은 진보가 아닙니다. 그런데 개중에는 그렇게 생각하는 사람도 있는 것 같습니다. 그들은 마치 영구한 이상향에 있는 것처럼 스스로 콧노래를 부르면서, "우리는 매우 편안합니다"라고 이야기합니다. 죄인들이 지옥을 향하여 떨어지고 있는 판국에 안일한 가운데서 살지 않도록 하나님께서 우리를 지켜 주시기를 바랍니다. 스위스의 산길을 따라 가다보면, 암반에 구멍을 뚫어 매어 놓은 울타리가 계속해서 나타납니다. 목사의 생활 속에서는 반드시 그런 열심 있는 수고의 흔적이 있어야 합니다. 형제 여러분, 일을 하십시오. 일을 하십시오. 일을 하십시오. 각종 협회와 기관들이 헌법과 규정들을 만드는 동안, 우리는 영혼을 구원하는 데 열심을 냅시다. 우리는 계속해서 논의하고, 토의하고, 의논합니다. 너무 지나칩니다. 이럴 때에 사탄은 득의의 미소를 짓습니다. 이제는 계획을 세우고, 무언가 계획 세울 것을 찾을 때는 지났습니다. 바라건대 여러분, 모두 행동의 사람들이 되십시오. 일을 시작하십시오. 그 옛날 수바로브(Suvarov)의 전쟁의 구호를 저는 그대로 믿습니다: "전진하라, 쳐라! 이론은 없다! 공격하라! 열을 지어라! 총검 준비! 적의 중심으로 들어가라!" 우리의 유일한 목표는 죄인들을 구원하는 것입니다. 이것에 대해서 이야기만 하고 있어서는 안 됩니다. 하나님의 능력 안에서 실제로 행하여야 하는 것입니다.

6. 마지막으로, 여기서 제게 아주 무게 있게 다가오는 한 가지 메시지를 전하려 합니다. 곧, 여러분의 행동 영역을 선택하는 문제에서 전진하라는 것입니다. 저는 오늘 자기들 스스로 간구하지 못하는 자들, 즉 이방 세계의 저 엄청난 무리들을 위해서 간구합니다. 우리의 기존의 강단들은 비교적 잘 채워지고 있습니다. 그러나 우리에게는 새로운 터 위에서 세울 사람들이 필요합니다. 누가 이 일을 하겠습니까? 우리는 과연 신실한 사람들의 무리로서 이방 사람들에 대해서 우리의 양심이 깨끗합니까? 수억의 사람들이 예수님의 이름을 들어보지도 못했습니다. 수억의 사람들이 평생토록 선교사를 단 한 번밖에는 보지 못했고, 우리의 왕이신 주님에 대

해서 아무것도 알지 못합니다. 그들이 그냥 멸망하도록 보고만 있겠습니까? 중국, 일본, 인도 등지의 사람들이 멸망으로 향하고 있는 동안 편안히 잠자리에 들어 잘 수 있겠습니까? 그들의 피에 대해 우리는 과연 깨끗합니까? 그들이 우리에게 물을 책임이 없습니까? 우리는 이 문제를 이렇게 생각해야 마땅합니다. "내가 반드시 가야 한다는 증거가 있는가?"가 아니라 "내가 가지 말아야 한다는 증거가 있는가?"라고 생각해야 합니다. 정직하게 자기 스스로 가서는 안 된다는 증거를 분명히 찾을 수 있다면 그 사람은 깨끗할 것입니다. 그러나 그렇지 않으면 절대로 이방 사람들의 피에 대해 깨끗할 수가 없습니다.

형제 여러분, 이에 대해 어떻게 답변하시렵니까? 여러분 한 사람 한 사람에게 이 질문을 던집니다. 저도 정직하게 저 자신에게 이 질문을 던졌습니다. 우리의 지도적인 목사들 중에서 일어나 가는 분들이 있다면 교회들을 불러일으키는 위대한 역사가 일어날 것이라 생각했고, 저도 과연 제가 가야 하는지 말아야 하는지에 대해 정직하게 생각해 보았습니다. 모든 일을 잘 헤아리고 생각해 본 결과 제자리를 지켜야 한다는 결론을 내리게 되었습니다. 대부분의 그리스도인들의 판단이 저와 동일하리라 믿습니다. 그러나 가는 것이 제 의무라면 저는 기꺼이 가고 싶습니다.

형제 여러분, 여러분도 동일한 과정을 거치시기 바랍니다. 우리는 이방 사람들을 회심시켜야 합니다. 하나님께서는 그들 중에 그의 택하신 무수한 사람들을 두셨습니다. 우리는 가서 그들을 찾아야 할 것입니다. 이제 많은 어려운 조건들이 제거되고 있습니다. 모든 땅이 우리에게 문호를 개방해 놓고 있습니다. 거리도 좁혀지고 있습니다. 물론, 우리에게 오순절에 있었던 방언의 역사는 없습니다. 그러나 언어들도 곧바로 습득할 수 있습니다. 인쇄 기술이 우리에게 없는 그 은사를 상쇄하고도 남습니다. 선교 사역 중에 위험한 일들이 일어난다는 사실 때문에 참된 사람들이 뒤로 움츠러들 수는 없습니다. 그 위험 요소들이 아무리 크다 할지라도, 그것들도 지금 최소한으로 줄어들고 있습니다. 그리스도의 십자가를 알지 못하는 곳이 수없이 많습니다. 우리는 위험이 없이 그런 곳들로 나아갈 수 있습니다. 누가 가시겠습니까? 유능한 능력을 지니고 있고 아직 가정을 돌보는 위치에 있지 않은 젊은 형제들이 가야 할 것입니다.

이 신학교에 들어오는 학생들은 누구나 이 문제를 살펴야 합니다. 그리고 그렇게 하지 말아야 할 결정적인 사유들이 없는 한 그 일에 자신을 굴복시켜야 합니다. 식민지로 갈 사람을 찾는 것도 매우 어려운 현실입니다. 저에게도 오스트레일리아에 갈 기회가 찾아왔으나, 저는 거절할 수밖에 없었습니다. 현실이 그래서는 안 됩니다. 우리들 가운데 자기 자신을 드리는 사람이 있어야 합니다. 예수님을 위해 기꺼이 유배를 당하고자 하는 사람들이 있어야 합니다. 선교가 사람들이 없어서 탄식하고 있습니다. 자원하는 사람들이 나오면 교회가 풍성하게 그들의 쓸 것을 공급할 준비가 되어 있는데, 그렇게 하려는 사람들이 없습니다.

형제 여러분, 저는 우리의 동료들이 각 나라에서 싸움의 선봉에 서서 예수를 위하여 싸우는 것을 보기까지 우리의 의무를 다했다고 느낄 수가 없습니다. 하나님께서 여러분을 감동하사 가도록 결심하게 하신다면, 여러분들이야말로 최고의 선교사들이 될 것이라 믿습니다. 왜냐하면 여러분은 복음을 선포하는 일을 여러분 사역의 큰 특징으로 삼을 것이요, 바로 그것이야말로 하나님의 능력이 임하는 확실한 길이기 때문입니다.

저는 우리 교회들이 독일의 함스 목사(Pastor Harms)의 교회를 닮기 원합니다. 그 교회는 모든 회원이 진정으로 하나님과 진리를 위하여 헌신되어 있었습니다. 농부들은 땅의 소출을 드렸고, 노동자들은 자기들의 노동을 드렸습니다. 어떤 분은 큰 집을 선교사를 양성하는 학교로 쓰도록 드렸고, 함스 목사는 자신이 아프리카로 타고 갈 배를 위한 자금을 구했고, 그리하여 선교사들과 또한 그 밖의 몇몇 무리들을 그들과 함께 그리로 보내어 아프리카 토인들 가운데서 기독교 공동체들을 이루게 했습니다. 우리 교회들은 언제 그처럼 자기를 부인하고 그렇게 열심히 주를 위해 헌신하겠습니까? 모라비안들(Moravians)을 보십시오! 그 남녀노소가 다 선교사들이 되었습니다. 그리고 그 결과 얼마나 놀라운 결과들이 일어났는지 모릅니다. 그들의 정신을 본받읍시다. 그것이 과연 바른 정신입니까? 그렇다면 우리도 그런 정신을 갖는 것이 올바른 일입니다. "그 모라비안들은 정말 놀라운 사람들이야!" 이렇게 이야기만 하는 것으로는 안 됩니다. 우리 역시 놀라운 사람들이 되어야 마땅합니다.

그리스도께서는 모라비안들만이 아니라 우리들도 똑같이 값 주고 사셨습니다. 그들이나 우리나 똑같이 자신을 희생할 의무를 지고 있습니다. 그런데 어째서 우리는 이렇게 뒷걸음질치고 있습니까? 예수님을 위하여 모든 것을 포기한 영웅적인 사람들에 대해 읽으면, 그저 칭송하지만 말고 그들을 본받아야겠습니다. 누가 지금 그들을 본받겠습니까? 여러분 중에 여러분 자신을 기꺼이 주님께 헌신하고자 하는 분은 없습니까? "전진하라"가 오늘날에 합당한 표어입니다. 싸움을 선봉에서 이끌 담대한 심령들은 없습니까? 이 오순절에 여러분 모두에게 성령께서 "바나바와 사울을 그 일을 위해 구별하라"고 말씀하시기를 기도합니다.

전진하라! 하나님의 이름으로 전진하라!

제 16 장

진리를 위한 결단이 필요합니다

참된 것이 있으면 거짓된 것도 있습니다. 저는 이것을 하나의 금언으로 봅니다. 그런데 이것을 믿지 않는 사람들이 매우 많은 것 같습니다. 현시대에 유행하는 원리는 오히려 이런 것인 듯합니다: "보는 사람의 관점에 따라서 참일 수도 있고 거짓일 수도 있다. 상황에 따라서 검은색이 흰색이 되고 흰색이 검은색이 되기 때문에, 그것을 어떻게 부르든 별로 문제될 것이 없다. 참은 물론 참이다. 하지만 그 반대되는 것을 거짓이라 이야기한다면 그것은 무례한 짓이다. 고집불통이 되어서는 안 되고, '사람들마다 제나름대로 생각이 있다'는 것을 기억해야 한다."

우리 조상들은 경계를 긋는 문제에 아주 구체적이었습니다. 그들은 계시된 교리의 확실한 사안에 대해서 강한 사고를 갖고 있었고, 그들이 성경적이라 믿는 바에 대해서 매우 철저했습니다. 그들은 울타리와 웅덩이들로 밭을 보호하였습니다. 그러나 그들의 후손들은 울타리들을 걷어내고, 웅덩이들을 메우고, 경계석들로 등 넘기 놀이를 즐겼습니다. 현대적 사고를 주장하는 학파는 종교개혁자들과 청교도들의 우스꽝스러운 적극성에 대해 코웃음을 칩니다. 그러한 사고는 영광스러운 자유로움으로 계속 진군하고 있으며, 얼마 지나지 않아서 천국과 지옥 사이의 장엄한 화합을 선포하고, 혹은 상호 간의 양보를 근거로 두 체제의 혼합을 선포할 것이며, 마치 사자와 어린양이 함께 있는 것처럼 거짓과 진리가 함께 공존하도록 만들어 버릴 것입니다. 그러나 아무리 그렇다 할지라도, 저는, 비록 케케묵은 구식(舊式)의 믿음일지는 모르나, 어떤 교리들은 참이요 또한 그것들과 정반대되는 진술들은 참이 아니라는 — "아니오"가 사실일 경우는 "예"는 거짓이오, "예"가 정당화될 때에는 "아니오"를 던져 버려야 한다는 — 것을 확고하게 믿고 있습니다. 저는 오랜 세월 동안 우리나라의 법정을 괴롭게 했던 사람이 로저 티크본 경(Sir Roger Tichbourne)이거나 아니면 다른 사람이거나 둘 중의 하나밖에는 없다고 믿습니다. 그가 진정한 상속자이면서 동시에 사기꾼이라는 것은 여전히 납득할 수가 없습니다. 그런데 신앙적인 문제에서는 그런 납득할 수 없는 애매한 입장들이 유행하는 것 같습니다.

형제 여러분, 우리에게는 선포해야 할 확고한 믿음이 있습니다. 우리는 하나님께로부터 명확한 메시지를 받고 보내심을 받았습니다. 사역을 하면서 우리 마음대로 그 메시지를 만들어 내어서는 안 됩니다. 우리 주님은 다음과 같은 식으로 그저 대강의 명령을 주시고 우리를 보내시는 것이 아닙니다: "네 마음에 생각나고, 머리에 떠오르는 대로 그렇게 전하라. 시대에 뒤지지 말고 잘 따라가라. 사람들이 무엇을 듣기를 원하든, 그것을 말하라. 그러면 그들이 구원을 받으리라." 아닙니다. 성경은 그렇게 말씀하지 않습니다. 성경의 명령은 아주 명확합니다. 우리 뜻대로 촛물을 부어서 아무렇게나 형상을 만들어서도 안 되고, 유행하는 패션대로 헝겊 두루마리를 잘라서 옷을 만들어서도 안 됩니다. 여러분의 위대한 사상가들은 성경을 마치 글자가 가득 들어 있는 상자처럼 보는 것이 분명합니다. 그것을 갖고 놀며, 자기들이 좋아하는 대로 마음껏 장난칩니다. 아니면 원하는 대로 무신론(無神論)에서부터 신비주의까지 무엇이든 쏟아내는 마법의 상자처럼 여기는 것입니다.

그러나 저는 이런 이론에 고개를 숙이고 경배하기에는 너무나 케케묵은 구식입니다. 무언가 성경에서 확실하게 말씀하는 것이 있습니다. 성경은 "그러나"와 "어쩌면", "만일", "그럴 수도 있지"라는 식으로, 그것이 짧은 것일 수도 있고 긴 것일 수도 있다는 식으로 어렴풋하게 진술하여 수만 가지 의혹을 뒤로 남겨 두는 그런 것이 아니라, 반드시 믿어야 하고 또한 그와 반대되는 것은 치명적인 오류이며 거짓의 아비인 마귀에게서 오는 것이 되는 그런 무오한 사실을 계시해 줍니다.

그러므로, 진리라는 것이 있고 또한 거짓이라는 것이 있다는 것을 믿으면, 그리고 성경에 진리들이 있고 또한 복음이란 모든 사람들이 믿어야 할 명확한 그 무엇이라는 것을 믿으면, 우리가 과연 무엇을 가르쳐야 하는가 하는 것과 또한 그것을 명확하고도 단호한 방식으로 전해야 한다는 사실은 이미 결정되어 있는 것입니다. 우리가 대할 사람들은 버림받거나 구원받거나 둘 중의 하나입니다. 그리고 그릇된 교리로써는 그 사람들이 결코 구원받을 수 없습니다. 우리는 하나님을 대면할 수밖에 없습니다. 우리는 그의 종들입니다. 우리가 거짓을 전하면 그가 존귀를 받지 않으실 뿐더러 우리에게 "잘 하였도다. 착하고 충성된 종아, 네가 네 이전의 그 어떤 사람에 못지않게 아주 사려 깊게 복음을 난도질하였도다"라고 말씀하시며 상급을 주지 않으십니다.

우리는 지극히 엄숙한 위치에 서 있습니다. 그러므로 우리는 "여호와께서 내게 말씀하시는 것 곧 그것을 내가 말하리라"(왕상 22:14)고 말씀한 그 옛날의 미가야와 같은 정신을 지녀야 할 것입니다. 우리가 전하도록 부르심을 받은 것은 하나님의 말씀 그 이상도 그 이하도 아닙니다. 사람들이 어떻게 생각하든 간에, 우리가 하나님을 믿는 사람이며 또한 그를 향한 우리의 신뢰가 절대로 흔들림이 없다는 사실을 그들에게 납득시키는 그런 자세로 바로 그 하나님의 말씀을 선포해야 하는 것입니다.

형제 여러분, 우리는 과연 무엇을 적극적으로 전해야 하겠습니까? 자, 우리가 지향해야 할 무슨 고정된 원리가 있는 것이 아니라고 상상하는 사람들도 있습니다. 어떤 사람은 제게 이렇게 말하기도 했습니다: "글쎄요, 몇 가지 교리들은 확실한 것으로 생각해야겠지요. 어쩌면, 신(神)이 존재한다는 것은 확실하겠지요. 하지만 그 신의 인격성에 대해서는 아무도 독단을 고집해서는 안 됩니다. 범신론(汎神論)에도 상당히 일리 있는 부분이 많으니까요." 그런 사람들이 목회 사역에 끼어듭니다. 그러나 그들은 대개 아주 교묘하게 자기들의 생각의 폭을 기독교적 언어 밑에 능히 감추며, 그리하여 자기들의 원리대로 행동합니다. 그들의 근본적인 규범은 진리란 아무런 결과도 내지 않는 것이라는 것이니 말입니다.

그러나 우리로서는 — 여하튼 저로서는 — 하나님이 계시다는 것이 확실합니다. 그러니 저는 절대적인 확신을 갖고서 행동하는 사람답게 그렇게 설교합니다. 하나님은 천지의 창조주시요, 섭리를 이루시는 주관자시요, 은혜의 주님이십니다. 오, 그의 이름을 영원토록 송축할지어다! 우리는 하나님에 대해서 의문도 논란의 여지도 전혀 없습니다.

또한 우리는 "성경"이라 불리는 책이 하나님의 말씀이요 영감된 것이라는 — 셰익스피어(Shakespeare)나 밀턴(Milton)이나 드라이든(Dryden) 등의 작품을 영감 있는 것들로 말하지만 그런 의미가 아니고, 그보다 무한히 높은 의미에서 영감된 것이라는 — 것도 똑같이 확실히 알고 있습니다. 그러므로 우리에게 정확한 본문이 있다면, 그 말씀 그 자체가 무오하다는 것을 압니다. 우리는 그 책 속에 진술되어 있는 모든 것이 하나님께로부터 우리에게 온 것이요 따라서 그것을 하나님의 확실한 증언으로 받아들입니다. 영감을 흐지부지 없애 버리는 것이나 마찬가지인 영감의 방식에 대한 온갖 해석들에 걸려 넘어지는 일이 있어서는 절대로 안 됩니다. 그 책은 하나님의 작품입니다. 그것은 완전하며, 모든 문제들을 결정짓는 최종적인 권위요 "분쟁을 종식시키는 재판관"입니다. 저는 하나님의 말씀의 무오성을 의심하는 것은 나의 창조주 하나님을 모욕하는 것에 거의 가깝다고 믿습니다.

우리는 또한 그 복된 삼위일체의 교리에 대해서도 확실히합니다. 성부 성자 성령 이렇게 세 분이 어떻게 각각 구별되시며 또한 그 각각이 스스로 완전하시면서도 어떻게 동시에 이 세 분이 한 분이시어서 오직 한 분 하나님밖에는 없으신지를 설명할 수가 없습니다. 그러나 우리는 진정으로 그 사실을 믿고 전합니다. 유니테리언(Unitarian), 소키누스주의자(Socinian), 사벨리우스주의자(Sabellian) 등 온갖 오류들이 있지만 말입니다. 우리는 삼위일체의 교리를 언제나 굳게 붙잡을 것입니다.

형제 여러분, 주 예수 그리스도의 속죄에 대해서도 우리에게는 불확실한 소리가 전혀 없을 것입니다. 우리는 우리의 목회 사역에서 그리스도의 보혈을 제외시킬 수가 없습니다. 만일 그렇게 한다면 목회 사역의 생명이 사라져 버릴 것입니다. "그리스도의 보혈이 복음의 생명이라"고 말할 수 있으니 말입니다. 그의 백성으로 하여금 그로 말미암아 살게 하시려고 그들을 대신하여 이루신 그리스도의 정당한 대속, 그리스도의 대리적인 희생 — 바로 이것이야말로 우리가 죽기까지 선포해야 할 것입니다.

하나님의 위대하시고 영광스러우신 성령에 대해서 한 순간이라도 마음을 멀리 할 수가 없습니다. 그가 존재하신다는 사실, 그의 인격성, 그의 역사하심의 능력, 그리고 성령께서 신자들 속에 거하시며 그들 속에 있는 모든 선한 것들을 이루시는 장본인이시며, 그들을 거룩하게 하시고 보존시키시는 분이시며, 그가 없이는 그 어떠한 선한 일도 행할 수 없는 그런 분이시라는 사실 — 우리는 이러한 진리들을 선포하는 일에 대해서 절대로 주저함이 있어서는 안 됩니다.

중생의 절대적인 필요성 역시 확실한 사안입니다. 우리는 도덕적인 개혁으로 족하다는 사고로 교인들에게 독을 먹이는 일은 절대로 없을 것입니다. 오히려 거듭거듭, "거듭나야 합니다"라고 말할 것입니다. 옛날 존 맥도널드(John Macdonald) 목사가 스코틀랜드의 어느 교회에서 죄인들에게 필요한 설교를 하고 나자, 그 교회의 담임 목사가 이렇게 논평했다고 합니다: "아, 맥도널드 목사님, 아주 좋은 설교였습니다. 하지만 저희 교회에는 전혀 맞지 않는 것 같군요. 제가 알기로는 저희 교회에는 중생하지 못한 사람이 단 한 사람도 없거든요." 우리는 이 목사와 같은 처지에 있지 않습니다. 어쩌면 이 목사 자신부터가 중생하지 못한 사람일 가능성이 농후합니다. 그렇지 않습니다. 우리는 감히 우리의 교인들에 대해서 부풀리지 않습니다. 오히려 우리는 그들에게 그들이 날 때부터 죄인들이며 새로이 출생한 성도들이 되어야 한다는 사실을 그들에게 계속 말해야 합니다. 그렇지 않으면 그들은 절대로 하나님의 얼굴을 대면하고 받아들이지 않을 것입니다.

죄가 끔찍하게 악하다는 사실 — 이에 대해서도 우리는 주저함이 없습니다. 우리는 그 문제에 대해서 애처롭고도 적극적으로 말해야 합니다. 아주 지혜로운 사람들이 혹시 지옥에 대해 어려운 질문들을 제기하더라도 우리는 여호와의 두려우심과 또한 주께서 "이들은 영벌에, 의인은 영생에 들어가리라"라고 말씀하신 사실을 선포하지 못하는 일이 있어서는 안 될 것입니다.

또한 구원이 전적으로 은혜에 속한다는 영광스러운 진리에 대해서도 불확실한 소리를 내서는 안 될 것입니다. 우리 자신이 구원받았다면, 오직 하나님의 주권적인 은혜가 그 일을 이루었다는 사실을 우리는 잘 알 것입니다. 그리고 다른 사람들의 경우도 마찬가지라 느끼는 것입니다. 우리는 죽으나 사나 우리의 온 힘을 다하여 "은혜! 은혜! 은혜!"를 공포할 것입니다.

또한 믿음으로 말미암는 칭의(稱義)에 대해서도 우리는 매우 단호해야 합니다. 구원은 "행위에 있는 것이 아니니 이는 누구도 자랑치 못하게 하려 함"이기 때문입니다. 십자가에 달리신 그분을 바라보는 것에 생명이 있다는 것이 우리의 메시지여야 할 것입니다. 구속주를 신뢰하는 것이야말로 주님께서 우리 모든 청중들의 마음 속에 심어 주시기를 기도하는 구원 얻는 은혜입니다.

또한 그 밖에 성경에서 참된 것으로 가르친다고 믿는 모든 내용에 대해서도 우리는 결연하게 선포하여야 합니다. 토론의 여지가 있는 문제들이나 비교적 중요성이 덜한 문제들이 있을 때에는 그에 합당한 만큼 정도를 지켜서 말해야 할 것입니다. 그러나 의문의 여지가 없는 본질적이며 근본적인 사안들에 대해서는 조금도 주저함 없이, "어떻게 말씀드리면 좋겠습니까?"라고 사람들에게 묻지 않고 조금도 머뭇거림이 없이 선포해야 합니다. 그렇습니다. "다른 사람들의 견해가 옳을 수도 있지만 제 견해는 이렇습니다"라는 식으로 양해를 구할 필요도 없습니다. 우리는 복음을 전해야 합니다. 복음을 우리의 견해로서가 아니라, 하나님의 뜻으로 ― 그의 아들에 관한, 또한 잃어버린 사람들을 구원하는 일에 관한 여호와의 증언으로서 ― 전해야 하는 것입니다. 만일 우리에게 복음을 만들어 낼 사명이 부과되어 있었다면, 이 교양 있는 세대의 취향에 맞게 그것을 변경시켰을지도 모릅니다. 그러나 우리는 절대로 복음을 만들어 내는 일을 맡은 것이 아니고 단지 그것을 반복하는 일만 맡았으므로, 우리는 감히 기록된 복음을 결코 넘어설 수 없는 것입니다. 그것을 지키지 않는다면, 우리는 우리의 직분에 합당한 것이 아닙니다. 혹 제 집에 사환이 있는데 그 사환에게 메시지를 주어 전달하게 했을 경우에, 그가 자기 마음대로 그 내용을 수정해서 그 본 내용을 망가뜨려 놓는다면, 그 사환은 자기의 행동에 책임을 져야 할 것이고, 아마 제 밑에서 오래 있지 못할 것입니다. 제게는 할 수 있는 대로 제 말을 바꾸지 않고 그대로 전달하는 사환이 필요하기 때문입니다. 사환이 그대로 전하면 그 메시지의 책임은 제가 지고, 그 사환은 아무런 책임도 지지 않습니다. 그 사환이 전한 말 때문에 그 사환에게 화를 내는 사람이 있다면, 그것은 매우 부당한 처사일 것입니다. 화를 내려면 저에게 내야 하지, 저의 심부름으로 보냄을 받은 사람에게 해서는 안 되는 것입니다. 하나님의 말씀을 지닌 자는 신실하게 말씀을 전해야 합니다. 그러면 이러쿵저러쿵 떠드는 자들에게 답변할 필요가 없어집니다. 그냥 "주께서 그렇게 말씀하셨다"고만 하면 그만입니다. 여러분, 이것이 우리가 결연하게 전해야 할 문제들입니다.

그러면 이러한 결연한 사실들을 과연 어떻게 보여 주어야 할까요? 이 질문에 대해서는 쉽게 대답할 수 있습니다. 우리의 결단 그 자체가 스스로 보여 줄 것입니다. 우리가 진정 진리를 믿는다면, 그 진리에 대해서 결연한 자세를 갖게 됩니다. 다른 사람이 혹시 그 큰 리워야단의 색깔에 대해 자기와 생각이 조금만 달라도 그에게 기회를 전혀 주지 않고, 구원의 소망이나 중생할 가능성이나 혹은 정직하게 처신할 여유를 전혀 주지 않는 고집불통이고 사나운 늑대 같은 그런 자세로 우리의 결연함을 보여 주려 해서는 안 됩니다. 사람들 중에는 본성적으로 고집불통인 것처럼 보이는 이들도 있습니다. 이들은 삐걱거리는 강판과도 같습니다. 계속해서 삐걱거릴 것입니다. 그들은 여러분과 대화를 시작하고 얼마 지나지 않아서 눈에 보이지 않는 것의 색깔이 무엇인지, 혹은 존재하지 않는 물체의 무게가 얼마인지 하는 식의 질문들을 제기할 것입니다. 그들은 여러분에게 무기를 들이댈 것입니다. 논의하는 문제가 중차대하기 때문이 아니라, 자기들이 언제나 교황이어야 한다는 사실이 훨씬 더 중요하기 때문입니다. 주먹을 불끈 쥐고 싸울 채비를 하고, 바짓가랑이에 신학적 회전 권총을 차고서 세상을 활보하지 마십시오. 일종의 교리적 게임 닭이 되어 여러분의 의지를 보여 주기를 시행하는 것이나, 아니면 정통 신앙을 지키는 개(犬)가 되어 이단에 속한 쥐들을 잡아들일 채비를 갖추고 있는 것은 아무런 의미가 없습니다. 온화하면서도 단호함(suaviter in modo, fortiter in re)을 실천하십시오. 언제나 싸움을 준비하십시오. 하지만 칼을 언제나 칼집에 채우고 다니십시오. 모든 사람 앞에서 여러분의 무기를 휘두르면서 싸움을 조장하는 일은 전혀 의미가 없습니다. 이런 처신은 마치 사랑하는 아일랜드 친구들의 태도와 비슷합니다. 그들은 도니브룩의 장날(Donnybrook Fair)에 겉옷을 땅에 질질 끌면서 곤봉을 휘두르고, "내 겉옷자락을 밟을 자신이 있는 사람은 나와 봐!"라고 외치고 다닌다고 합니다. 전쟁에 돌입해 있지 않고서는 도저히 직성이 풀리지 않는 그런 뜨거운 피가 흐르는 신학자들이 바로 이런 사람과 같습니다.

여러분이 진정 복음을 믿으신다면, 그보다는 지각 있는 방식으로 복음을 위하여 결연한 자세를 취하게 될 것입니다. 여러분의 말투 자체가 여러분의 진지함을 드러낼 것입니다. 정말 자신이 진리로 믿고 있는 내용을 간절하게 전달하고자 하는 사람처럼 그렇게 말할 것입니다. 깡패가 거짓을 말하려 할 때에 그 모습을 본 일이 있습니까? 그 사람이 그것을 어떻게 입에 담는지 주의 깊게 살펴본 일이 있습니까? 거짓말을 잘 할 수 있게 되기까지는 오랜 시간이 소요됩니다. 왜냐하면 안면 근육들은 본래 편안하게 거짓을 전달하는 일에 알맞지 않게 되어 있기 때문입니다. 사람이 자신이 진리를 말하고 있다는 것을 스스로 알 때에는, 그의 모든 것이 그의 신실함을 그대로 보여 줍니다. 능력 있는 검사는 증인을 잠시만 대면하여 이야기해 보아도 그 사람이 진실을 말하는지 거짓을 말하는지를 알아냅니다.

진리는 그 자체의 분위기와 방식이 있고, 그 말투와 강조점이 있습니다. 어색하고 무식한 시골 사람이 증인석에 앉아 있습니다. 심문자들이 가능한 한 이 사람을 혼란스럽게 만들고 미혹시키기 위하여 애를 씁니다. 그러나 그는 시종일관 자신이 정직한 증인이라는 것을 직시하고서, "이 사람이 나의 증언을 망가뜨리려고 애를 쓰고 있으나 나는 이 사람의 발언을 뒤집어야겠다"고 스스로 되뇝니다. 기독교 목회자에게서는 언제나 그와 같은 진실한 분위기가 드러나야 합니다. 자기 혼자서만 진리를 증거하고 그것으로 그치는 것이 아니라, 다른 사람들도 함께 그 진리를 느끼고 그 능력을 소유하기를 바라는 것입니다. 믿든 말든 그 결과에 대해서는 전혀 개의치 않고 그저 사실만을 진술하는 그런 증인의 말투보다도 더 결연한 의지가 그에게서 나타나는 법입니다.

루터는 결단을 요구하는 사람이었습니다. 그가 자신이 말하는 바를 굳건히 믿고 있었다는 것을 아무도 의심하지 않았습니다. 그는 우레와 같이 말했습니다. 그의 믿음에 번개가 있었기 때문입니다. 그의 본성 전체가 믿었기 때문에 그렇게 강력하고 설득력 있게 말씀을 전한 것입니다. 여러분은 그에 대해서 이렇게 느꼈을 것입니다: "이 사람이 미쳤을 수도 있고, 전혀 잘못 알고 있을 수도 있다. 하지만 이 사람은 정말 자기가 말하는 바를 확실히 믿고 있는 것이 틀림없다. 그의 마음이 그의 입술에서 배어 나오고 있으니 말이다."

진리를 위한 결연함을 보여 주고 싶으면, 우리의 말투와 태도로도 그것을 보여 주어야겠지만, 우리의 일상적인 행동으로도 보여 주어야 합니다. 사람의 삶이 그의 말보다 훨씬 더 강력한 힘이 있는 법입니다. 그를 돈으로 따진다면, 그의 행위는 파운드(pound)로 따질 것이고, 그의 말은 펜스(pence)로 따질 것입니다. 그의 삶과 가르침이 서로 다르다면, 그를 바라보는 많은 사람들은 그의 행위는 받아들이고, 그의 가르침은 거부할 것입니다. 사람이 진리에 대해 많은 것을 알면서도, 스스로 신용을 잃어서 진리를 위하여 굉장히 해를 끼칠 수도 있습니다. 자기가 감기를 고치는 틀림없는 의사라고 외치면서 쉴새없이 기침을 해대고 코를 훌쩍거리는 돌팔이 의사가 거룩하지 못한 목사의 형상이요 상징이라 할 수 있을 것입니다.

이솝 우화에 나오는 사티로스(Satyr)는 한 입에서 더운 기운과 찬 기운을 함께 토하여 내는 사람을 향하여 매우 분노했습니다. 사람들에게 진리를 대적하는 편견을 심어 주는 방법 중에서, 행동이 의심스러운 사람들의 입술을 통해서 그 진리를 찬양하게 만드는 방법 이상 확실한 것이 없을 것입니다. 우리 주님의 시대에 마귀가 설교자가 되어 나타났으나, 주님은 그의 사탄적인 찬양에 전혀 개의치 않으셨습니다. 악한 사람에게서 선한 진리를 듣는 것처럼 우스꽝스러운 것이 없습니다. 그것은 마치 석탄

포대 속에 밀가루를 담아두는 것과 같습니다.

지난 번 스코틀랜드의 한 마을에 머물 때, 보호소에 있는 한 정신이상자에 대한 이야기를 들었습니다. 그는 자기 자신을 한 위대한 역사적 인물로 착각하고 있다는 것이었습니다. 그 불쌍한 친구는 아주 근엄한 자세로 소리치곤 했답니다: "나는 윌리엄 윌리스 경(Sir William Wallace: 스코틀랜드의 전쟁 영웅의 한 사람)이다! 담배 한 개피만 내게 다오!" 윌리엄 윌리스 경에서 담배 한 개피로 전락해 버리다니, 너무나 어처구니가 없습니다. 그런데 십자가의 사신임을 자처하는 자가 탐욕스럽고, 세상적이며, 화를 잘 내며, 게으르다는 것처럼 우스꽝스럽고 한심한 일이 없습니다. 어떤 사람이 만일 이렇게 이야기한다면 얼마나 이상하겠습니까: "나는 지극히 높으신 하나님의 종이니, 가는 곳마다 최고의 봉급을 받으리라. 나는 오직 예수님의 영광만을 위해 수고하도록 부르심을 받았으니, 가장 훌륭한 교회가 아니면 절대로 가지 않으리라. 내게는 사는 것이 그리스도시나, 일 년에 오백 파운드 이하로는 절대로 일을 할 수 없다."

형제 여러분, 만일 진리가 여러분 속에 있다면, 마치 향나무 가지마다 향기가 솟아나듯이 여러분의 존재 전체에서 그것이 흘러나올 것입니다. 마치 바람이 불 때에 배가 돛마다 가득 바람을 받고 나아가듯이 여러분도 그렇게 진리를 한껏 받아 전진할 것이고, 산불이 숲의 모든 나무들을 다 태워 버리듯이, 진리가 여러분의 본성 전체를 활활 태울 것입니다. 여러분의 모든 행실들이 진리의 도장으로 찍혀지기까지 여러분은 진리와 온전한 교제를 이룬 것이라 할 수 없습니다.

우리는 기꺼이 희생을 감수함으로써 진리를 향한 우리의 결연함을 보여 주어야 할 것입니다. 이것은 가장 힘든 방법이지만 동시에 가장 효과적인 방법입니다. 우리가 믿고 있는 원리들을 위하여 모든 것을 다 포기할 자세가 되어 있어야 합니다. 훌륭한 우리의 후원자들에게 거부감을 주고, 우리의 따뜻한 친구들에게서 소외될지언정 우리의 양심을 속이는 일이 있어서는 안 될 것입니다. 반역을 행하기보다는 기꺼이 가난뱅이들이 되고, 오욕을 뒤집어쓰기를 택하는 사람들이어야 합니다. 죽을 수는 있지만 진리를 부인할 수는 없습니다. 이미 비용을 계산해 놓았고, 따라서 그 어떠한 값을 주고서라도 진리를 사서 그 어떠한 값에도 그것을 다시 팔지 않기로 결심한 사람이어야 합니다. 그런데 오늘날 이런 자세를 거의 보기가 어렵습니다. 구원 얻는 믿음을 소유하고 있고, 고통 가운데서 구원받은 사람들 말입니다. 그들에게는 큰 분별이 있습니다. 빵의 어느 쪽이 버터를 바른 쪽인지를 잘 알고 있습니다. 그들은 큰 마음을 지녔습니다. 사람들을 구원할 수 있기 위해서 모든 사람에게 모든 것이 되는 사람들입니다. 그런데 잡종개들이 많이 돌아다닙니다. 누구든 고기를 계속 주는 그 사람의 발뒤꿈치를 따라 다니는 그런 사람들 말입니다. 그들은 누구든 결연한 자세를 보면 마구 짖어대고, 그것을 완고한 독단론이라 부르며, 무식한 고집불통이라 떠들어대는 것입니다. 그러나 그들의 그런 정죄하는 판단에 대해서 우리는 전혀 개의치 않습니다. 충분히 이미 예상하고 있는 바이기 때문입니다.

무엇보다도 우리는 계속해서, 때를 얻든지 못 얻든지, 그 진리를 지극히 온유하고 지극히 사랑스러운 방식으로, 그러나 동시에 매우 진지하고 확고하게, 전하기를 힘씀으로써 진리를 향한 우리의 열심을 보여 주어야 할 것입니다. 마치 졸고 있는 사람처럼 말씀을 전해서는 안됩니다. 힘과 생기와 에너지와 열정이 있어야 합니다. 우리 자신의 전부를 거기에 던져 넣고, 하나님의 집을 향한 열심이 우리를 삼켰다는 것을 보여 주어야 할 것입니다.

우리의 결연한 자세를 어떻게 드러내 보이겠습니까? 하프의 한 현만을 계속해서 울리고 동일한 진리들을 거듭 반복하면서 우리가 그것들을 믿고 있다고 선언하는 그런 방식은 아닐 것입니다. 무능한 사람이 아니라면, 그런 방식은 안 된다는 것을 다 압니다. 손풍금을 돌리는 사람과 같은 식이어서는 안 됩니다. 끈기는 있을지 모르지만, 그러나 그것은 일관성 있는 것과는 다릅니다. 어떤 형제들은 너다섯 가지 교리들을 배우고는 끊임없는 단조로움으로 그것들만을 계속해서 돌리고 있습니다. 제 집에서 멀리 떨어진 다른 어느 거리에서 돌리고 있으면 좋을 정도입니다. 끊임없는 반복으로 지치게 만드는 것은 우리의 믿음의 확고함을 드러내는 합당한 방식이 아닙니다.

형제 여러분, 이 진리들이 중요하다는 것을 여러분 자신의 심령에 상기시킴으로써 여러분의 결연한 의지를 강화시킬 수 있습니다. 여러분, 죄 용서함을 받았습니까? 천국에 대한 소망이 있습니까? 그 영원의 엄숙한 모습이 여러분에게 어떤 영향을 줍니까? 이런 것들에 대한 감각이 없다면 구원받은 것이 아닙니다. 그러니 그것들을 반드시 지니고 있어야 합니다. 그런 것들이 사실이 아니라면 여러분 자신이 잃어버린 존재라는 것을 느끼고 있으니 말입니다. 여러분이 죽어야 합니다. 그리고 이런 것들만이 여러분을 최종적으로 지켜 줄 수 있다는 것을 의식하고서 온 힘을 다하여 그것들을 붙듭니다. 그것들을 포기할 수가 없습니다. 자기 영혼에 결정적으로 중요하다고 느끼는 진리들을 어떻게 버릴 수 있단 말입니까? 그는 날마다 이렇게 느낍니다: "진리 위에 살아야 하고 진리 위에서 죽어야 한다. 그것이 없었다면 나는 지금 버림받은 상태요 영원히 잃어버린 상태다. 그러니 하나님의 도우심을 받고 있는 나는 그것을 절대로 포기할 수 없다."

형제 여러분, 날마다 겪는 여러분의 체험들이 여러분을 지켜 줄 것입니다. 여러분, 여러분이 전하는 그 진리의 능력을 여러분이 이미 체험했기를 바라고, 또한 계속해서 더 많이 체험하기를 바랍니다. 제가 선택의 교리를 믿는 것은, 만일 하나님께서 저를 택하지 않으셨더라면 저로서는 절대로 하나님을 택하지 않았을 것이라는 것을 확실히 알기 때문이요, 또한 제가 출생하기도 전에 하나님께서 저를 택하신 것도 확실히 알고 있습니다. 하나님께서는 제가 전혀 알지 못하는 이유들 때문에 저를 택하신 것이 틀림없습니다. 왜냐하면 하나님께서 제게 특별하신 사랑으로 저를 바라보셨어야 할 무슨 이유를 제 자신 속에서 찾을 수가 없기 때문입니다. 인간의 마음의 부패성의 교리도 인정하지 않을 수가 없습니다. 제 마음이 부패해 있는 것을 제가 알고 있고, 또한 제 육체에 선한 것이 하나도 거하지 않는다는 것이 날마다의 증거를 통해서 드러나기 때문입니다. 사람이 죄 사함을 받게 되기 전에 속죄가 반드시 있어야 한다는 사실도 붙들지 않을 수가 없습니다. 제 양심이 그것을 명령하고 있고, 제 마음의 평안이 그것에 달려 있기 때문입니다. 하나님께 행한 악에 대하여 무언가 보상이 이루어지지 않으면 제 마음속의 조그만 재판정을 도저히 만족시킬 수가 없습니다. 이런저런 진술들이 사실이 아니라는 말들을 가끔씩 듣습니다만, 우리가 이미 그것들을 시험했고 입증했다고 대답할 수 있다면, 그런 논리에 대해 무슨 할 말이 더 있겠습니까? 어떤 사람이 꿀이 달지 않다는 놀라운 발견을 했다고 주장합니다. "하지만, 아침에 그것을 맛보았는데, 매우 달던걸"이라고 대답하면 그 대답으로 문제가 결정되어 버리는 것입니다. 소금에 독이 있다고 이야기해도, 여러분은 여러분 자신의 건강을 지적하면서 여러분이 지난 이십 년 동안 소금을 먹어왔다고 선언합니다. 혹은 빵을 먹는 것이 잘못이라고 말한다고 합시다. 그것이 야비한 실수요, 그 옛날부터 내려온 모순이라고 이야기해도, 한끼한끼의 식사 그 자체가 그런 논리를 엉뚱한 것으로 웃어넘기도록 만드는 것입니다.

만일 여러분이 날마다 습관적으로 하나님의 말씀이 진리임을 체험하고 있다면, 그것에 대해서 여러분의 마음이 흔들릴 염려가 없을 것입니다. 죄를 깨닫는 일을 전혀 느껴보지 못하였고 그저 아침에 물에 텀벙 들어가 목욕을 하듯이 자기들의 신앙을 얻은 그런 젊은 친구들은 그 속에 뛰어들어간 것만큼 쉽게 거기서 뛰어나오고 말 것입니다. 영적 생명을 시사해 주는 기쁨도 마음의 우울함도 느끼지 못하는 사람들은 감각이 없습니다. 그들의 마비된 손으로는 진리를 단단히 쥘 수가 없는 것입니다. 말씀을 그저 대충 훑기만 하는 사람들은 마치 날개로 물만 살짝 건드리는 제비처럼, 자기의 개인적인 생각에 따라서 이 땅에서 저 땅으로 맨 먼저 날아갈 사람들입니다. 이것을 믿다가도 곧 저것을 믿습니다. 어느 하나도 분명한 진리로 믿는 것이 없습니다.

만일 여러분이 영혼의 절망이라는 진흙 속에서 질질 끌려 다녀 보았고, 위아래가 완전히 뒤집히는 일을 당해 보았고, 여러분의 능력과 교만이 마치 접시처럼 완전히 씻겨나가는 것을 경험했고, 그리고 이어서 예수 그리스도로 말미암는 하나님의 기쁨과 평안으로 가득 채워졌다면, 수많은 불신자들이 있는 가운데서도 여러분은 신뢰할 수 있을 것입니다. 회의론자들이 하나님의 말씀에 대해 썩은 공격을 해대는 것을 들을 때마다, 저는 속으로 빙그레 웃으면서 생각합니다: '이 바보들아! 어떻게 그렇게 하찮은 반론들을 거론할 수 있느냐? 나는 나 자신의 불신앙과의 싸움에서 그보다 열 배나 더 큰 난제들을 극복했다.' 말(馬) 때문에 곤욕을 치른 경험이 있는 우리들은 쓸데없는 말로 마부들을 성가시게 하지 않습니다. 사자(獅子)를 죽이는 고든 커밍(Gordon Cumming) 같은 사람들은 절대로 야생 고양이를 두려워하지 않습니다. 마찬가지로 사탄을 대적하여 굳게 서서 싸운 사람들은 거짓된 회의론자들이나 기타 악한 자의 졸개들과의 싸움에서 절대로 물러서지 않습니다.

형제 여러분, 우리가 주 예수 그리스도와 교제가 있다면, 복음의 근본 도리들을 의심하게 될 수도 없고, 그것들에 대해 우유부단한 상태에 있을 수도 없습니다. 주님의 가시면류관과 못에 찔린 손과 발을 흘낏 보기만 해도 "현대의 의심"과 그 밖의 온갖 기행들을 확실히 물리칠 수 있을 것입니다. "만세반석"으로 나아가십시오. 그러면 흐르는 모래를 혐오하게 될 것입니다. 저 유명한 아메리카의 설교자 서머필드(Summerfield)는 임종시에 참석해 있는 한 친구를 돌아 보며 이렇게 말했다고 합니다: "나는 영원을 바라보고 있다네. 오오, 내가 다시 돌아가 설교할 수 있다면, 예전에 하던 것과 정말 다르게 설교할 수 있을 텐데!"

형제 여러분, 진리에 대한 결연함을 지니고 싶으시면, 영원을 바라보십시오. 존 번연의 「천로역정」(Pilgrim's Progress)에서, 무신론자가 새 예루살렘을 향하는 길가에서 그리스도인과 소망을 만나서 이렇게 말합니다: "천국은 없네. 오랫동안 길을 걸어왔지만 찾을 수가 없었다네." 그러자 크리스찬은 소망에게, "우리가 목자들과 함께 있을 때에 정결의 산꼭대기에서 그것을 보지 않았나?"라고 했습니다. 바로 거기에 해답이 있었습니다. 그러므로 사람들이 "그리스도는 없고, 종교에는 진리가 없어"라고 이야기할 때에, 우리는 이렇게 대답했습니다: "우리가 기쁨으로 그의 그늘 아래 앉아 있지 않았는가? 그의 열매가 우리 입에 달지 않던가? 그런 회의론을 주장하려거든, 무엇을 믿는지도 모르는 사람들에게나 가 보게. 우리는 생명의 말씀을 맛보았고, 직접 손으로 만져보았네. 우리는 보고 들은 바를 그대로 증거하는 것이네. 사람들이 우리의 증언을 받아들이든 받아들이지 않든, 우리는 말하지 않을 수가 없네. 우리는 우리가 아는 바를 말하고, 우리가 본 바를 증거하는 것이니 말일세." 형제 여러분, 바로 이것이 진리에 대한 우리의 결연함을 보여 주는 확실한 길입니다.

그러면 이제 마지막으로, 지금 이 시대에 우리가 결연하고도 담대해야 하는 이유가 무엇입니까? 우리가 그래야만 하는 것은 지금 이 시대가 의심의 시대이기 때문입니다. 마치 그 옛날 애굽에 개구리가 가득 넘쳤듯이, 오늘날 이 시대에도 의심하는 자들이 들끓고 있습니다. 어디서나 그런 사람들을 만납니다. 비단 신앙에 대해서 뿐 아니라, 정치와 사회 경제 등 모든 것에 대해서도 모든 사람이 의심하고 있습니다. 오늘날은 전진의 시대입니다. 그러므로 모든 정치가 조금 전진할 수 있도록 풀어 주는 시대라 생각합니다. 형제 여러분, 오늘날이 의심하는 시대이니, 우리가 진리 위에 서 있다고 확신하는 그 자리에 든든히 발을 딛고 서 있는 것이 지혜로운 일입니다. 혹시 이 시대가 사람들이 전혀 배우려 하지 않는 고집불통의 시대라면, 우리는 새로운 교사들의 말을 듣는 쪽으로 더 기울어질 것입니다만, 지금은 급진주의자 쪽보다는 보수주의자 쪽을 향해야 합니다. 진정한 보수주의를 지향해야 한다는 말입니다. 근원으로, 혹은 진리의 뿌리로 돌아가서, 하나님께서 계시하신 그것을 의지하고 견고하게 서고, 그리하여 이 시대의 흔들림에 대처해야 합니다. 탁월한 언변가인 우리의 이웃 아서 머셀(Arthur Mursell)은 현 시대의 상황에 대해서 이렇게 잘 지적하고 있습니다:

현대의 사고가 성경과 복음과 십자가에 대해 점점 조바심을 내고 있다고 말하는 것이 지나친 것일까요? 자, 살펴봅시다. 성경에서 공격을 받지 않은 부분이 과연 어디 있습니까? 모세오경은 이미 오래 전에 순전하지 못한 것으로 정경(正經)에서 쓸려나갔습니다. 창조와 노아 홍수에 대한 기사는 전설로 치부되고 있습니다. 솔로몬이 주저하지 않고 인용하는 그 획기적인 사건들이 묻혀지고 보류된 상태에 있습니다.

사람들마다 각기 성경의 다른 부분들을 공격하고 있고, 각 사상 체계들마다 갖가지 점들에 대해서 자기들의 편견을 가지고 공격하고 있습니다. 그리하여 어떤 이들은 성경을 갈기갈기 찢어놓고 사방에 날려 버리며, 또한 현대적 사고라 불리는 아주 교양 있는 파괴자들은 성경을 영생을 얻는 가르침의 대전(大典)이 아니라 얄팍한 도덕 교과서쯤으로 만들어 버립니다. 선지서 중에서도 이 시대의 학자 연 하는 자들에 의해 재검토되지 않은 것이 거의 없습니다. 데만 사람과 수아 사람이 괴로움을 당하는 욥을 오해했습니다만, 우리 시대의 지성의 편견에는 절반에도 못 미칩니다. 이사야서는 톱으로 켜지는 대신, 조각조각 난도질당하고 있습니다. 눈물의 선지자 예레미야서는 그의 눈물 속에 빠져 죽고 있습니다. 에스겔서는 그의 바퀴에 짓눌려 있습니다. 다니엘서는 학식 있는 사자들에게 뜯어 먹힘을 당하고 있습니다. 요나서는 큰 물고기보다도 더 잔인하게 먹어치우는 그 깊은 괴물들에게 삼킴을 당하고 있습니다. 위대한 역사와 사건들은 잔혹하게 서로 부딪치고 있습니다. 몇몇 교사들이 칠판과 분필을 가지고 그 골자를 맞추어 보려 해도 맞추지 못하기 때문입니다. 여호와께서 그의 백성을 위하여, 혹은 원수를 무찌르기 위하여 권능으로 행하신 모든 이적 하나하나가 말도 안 되는 것으로 비웃음을 당하고 있습니다. 사람들이 주문을 외워도 그런 일을 행할 수가 없기 때문입니다. 이적이라 부르는 것들 가운데 몇 가지는 자기들도 행할 수 있다고 하여 신빙성이 있는 것으로 받아들이기는 합니다. 몇몇 의사들이 책상 가득 장비들을 늘어놓고 어두운 방에서 까다로운 무리들에게 보여 줄 수 있는 그런 몇몇 자연 현상들로 홍해의 이적을 설명해 치우려 합니다. 비행사가 풍선을 타고 하늘에 올라갔다가 다시 내려와서는 구름 기둥과 불 기둥을 그와 비슷한 하찮은 것으로 설명해 버립니다. 그리하여 우리의 위대한 사람들은 자기들의 장난감 지팡이가 아론의 지팡이를 삼켜 버렸다고 생각할 때에는 아주 만족해 하다가, 아론의 지팡이가 자기들의 것을 삼켜 버릴 지경이 되면, 그 부분은 순전한 것이 아니고 이적도 절대로 일어나지 않았다고 말하는 것입니다.

신약 성경의 처지도 구약 성경보다 나을 게 없습니다. 이 침략자들의 손에서 똑같이 난도질당하고 있습니다. 그들은 선을 넘으면서 전혀 경의를 표하지 않습니다. "네가 선 곳은 거룩한 땅이니 네 발에서 신을 벗으라"는 경고의 음성도 전혀 아랑곳하지 않습니다. 경의를 구실로 영적인 약탈을 일삼는 자기의 경력에 제동을 거는 것에 대해서는 무조건 무식하고 천한 것으로 간주해 버립니다. 백합화나 봄에 피는 꽃을 발굽으로 짓밟기를 주저하는 것은 어린아이의 감상적인 어리석음이요, 또한 이 시대의 사상의 선봉에 선 자들은 자랑스런 진군의 대열에 앞장서 나가면서 그런 어리석음에 그저 혀를 차며 한심해 할 뿐입니다. 신생아실에서나 써 먹을 그런 전설들은 이미 케케묵었고, 사려 깊은 사람들에게는 더 폭넓은 견해들이 먹혀 들어가고 있다고들 합니다.

우리는 믿으려 하지를 않습니다. 그러나 사실은, 처음부터 마지막까지 부정하는 사고로 가득 차 있고 또한 고질적인 왜곡이나 굴곡으로 마음이 고통을 당하고 있어서 지성적인 의문만을 계속 늘어놓게 되어 버린 극히 소수의 사람들만이 이런 체계에 터를 두어왔다는 것입니다. 이 몇몇 진짜 의심을 지닌 사람들 주위에 그저 확신이 없는 여러 사람들이 함께 몰려들어 있고, 또한 거기에 성경의 정신이나 진리들에 대해 전혀 개의하지 않는 사람들이 덧붙여졌고, 이들 모두가 한데 모여 하나의 동아리를 형성하고서 자기들 스스로 시대적 사상의 지도자들이라 칭하고 있는 것입니다. 그들을 따르는 자들이 있습니다. 맞습니다. 그러나 그 따르는 무리들이 어떤 사람들입니까? 그저 유행에 맹목적으로 따르는 종자(從者)들뿐입니다. 부유하고 학자인 체하며 일반 대중 가운데 어리석은 자들입니다. 그런 방면에서 진보한 생각을 가진 어떤 교수가 강연하게 될 강연장의 문 앞에 마차들이 늘어서 있고, 그 강연장의 천장에서 마룻바닥까지 온통 광고로 가득 차 있는 것을 보고, 이 사람들은 자기들의 사상이 먹혀 들어가고 있다고 이야기합니다. 그러나 이와 같이 유행을 따르는 시대에서는, 이런 앞잡이들에게 과연 나름대로 정견(定見)이 있다고 믿을 사람이 어디 있겠습니까? 한동안 어떤 유명한 이름을 따르는 것이 바람직한 것이 되어 버리고 있습니다. 그래서 수많은 사람들이 그 이름을 따르고 그런 복장을 과시하며 나가고 있는 것입니다. 그러나 그들의 견해들에 대해서는, 왕립 학술원(Royal Academy)의 전시회에 구경가는 사람들 중에 원근법을 이해하는 사람들이 십분의 일도 채 되지 않는 것처럼 이 사람들 중에서도 확실한 견해를 지닌 경우는 그 이상 되지 않는 것입니다. 전시회에 구경 가는 것은 그냥 하면 되는 일이니, 사람들에게 뽐낼 의복이 있고 여유가 있는 사람은 그리로 가는 것입니다. 그러니 유행을 따르는 사람들은 모두가 시대에 발맞추어 나아가게 되어 있습니다. 그렇지 않을 사람이 어디 있겠습니까? 그래서 우리는 신약 성경의 신성한 경내에서도 시대가 그렇게 나아가는 것을 보게 됩니다. 그것이 세인트 알반 교회(St. Alban's)나 무슨 교수의 강연장이기라도 한 것처럼 부인들이 열을 지어 서 있고, 멋쟁이들이 이런 이론의 순전성에다, 혹은 저런 권위에다, 혹은 다른 영감에다 발을 올려놓고 서 있습니다.

슈트라우스(Strauss)나 바우어(Bauer)나 튀빙겐(Tübingen)에 대해서 전혀 들어본 일이 없는 사람들이, 우리 주님은 그저 훌륭한 사람으로서 많은 오류와 실수를 범한 사람이라는 식으로 아무렇지도 않게 이야기들을 합니다. 그리고 신약 성경에 기록되어 있는 그의 이적들은 일부는 상상에만 있는 것이고 일부는 자연적인 이론들로 설명될 수 있다는 식으로 이야기하고, 또한 요한복음은 처음부터 마지막까지 거짓이므로 나사로를 살린 일은 절대로 일어난 적이 없다고도 이야기하고, 속죄는 피비린내 나는 의롭지 못한 것으로 배격해야 할 교리이며, 바울은 생각 없이 글을 쓴 광신자였고, 그의 이름으로 된 많은 서신들이 전혀 그가 쓴 것이 아니라는 식으로 떠듭니다. 이렇게 해서 창세기부터 요한계시록까지 성경 전체가 비판의 도마 위에 올려져서, 소위 지도자로 자처하는 자들이 제시하는 우리가 사는 이 시대의 믿음으로 보면, 그 속의 이곳저곳에 영감된 단편들이 그저 몇 개 정도 남아 있는 그런 것이 되어 버리고 마는 것입니다.

더욱이, 이 시대는 진지하게 의심하는 시대도 못 됩니다. 우리는 경박스럽기 그지없고 무신경한 그런 사람들 가운데서 살고 있습니다. 의심하는 자들이 정직하다면, 불신앙적인 집회 장소들이 지금보다 더 많아질 것입니다. 그러나 하나의 조직화된 체제로서의 불신앙(infidelity)은 번창하지 못합니다. 런던에서는 노골적이며 단호한 불신앙이 세인트 루크 교회(St. Luke's) 맞은 편의 낡고 주름진 철로 된 한 헛간을 통해서 전수되어 오고 있습니다. 그런 모습이 현재의 상태를 잘 보여 준다고 믿습니다. 그곳을 "과학 홀"(Hall of Science)이라 부르던가요? 플리트 스트리트(Fleet Street)의 절반짜리 가게에서 불신앙을 표방하는 문서가 오랫동안 지속적으로 배포되었습니다. 유지할 수 있는 것은 그것이 전부였고, 지금은 그 절반짜리 가게가 사용되는지조차 알 수 없습니다.

불신앙이란 초라하고 썩은 것이오, 바보 같은 것입니다. 톰 페인(Tom Paine)의 시대에는 혈기왕성한 신성모독자답게 마구 횡포를 부렸습니다. 그러나 그 나름대로 진실했고, 아주 솔직했습니다. 예전에는 불신앙이 어느 정도 존경을 받는 그런 인물들을 통해서 사람들에게 영향을 미쳤습니다. 예를 들면 흄(David Hume: 1711-1776)이나 볼링브로크(Bolingbroke), 볼테르(Voltaire: 1694-1778) 등은 인품은 그렇지 못하더라도 재능은 뛰어난 자들이었습니다. 그러나 오늘날 홉스(Thomas Hobbes: 1588-1679)나 기번(Edward Gibbon: 1737-1794) 같은 사람을 어디서 찾을 수 있습니까? 오늘날의 회의론자들은 단순히 진리에 대해 전혀 관심을 갖지 않기 때문에 회의론자가 된 자들이 대부분입니다. 그들은 전혀 무관심합니다. 현대의 회의론은 진리를 가지고 장난질 칩니다. 마치 부인들이 크로켓(croquet)이나 활쏘기에 참여하듯이 하나의 오락을 위하여 "현대 사상"에게로 나아가는 것입니다. 이 시대는 여성의 모자와 인형과 코미디의 시대입니다. 심지어 신자들도 조상들이 믿었던 것처럼 그렇게 철저하게 믿지 않습니다. 부끄럽게도 심지어 비국교도들 중에도 신앙적 확신이 아주 느슨해져 있는 경우가 있습니다. 화형대에 끌려가거나 투옥될 정도로 강력한 확신은 거의 찾아보기 힘듭니다. 사람들이 온통 연체동물처럼 되어 버렸고, 해파리처럼 되어 버렸습니다. 우리는 절대로 그들을 닮아서는 안 될 것입니다.

더 나아가서 이 시대는 아주 감동을 잘 받는 시대입니다. 그러므로 저는 여러분이 매우 결연한 자세를 보임으로써 이 시대에 감동을 줄 수 있기를 바랍니다. 잉글랜드에서 고교회운동(the High Church movement)을 통해서 놀라운 진보가 있었던 사실은 진실함이 힘이라는 것을 보여줍니다. 의식(儀式)주의자들도 무언가 믿는 것이 있고, 바로 그러한 사실이 사람들에게 영향을 미친 것입니다. 제가 보기에 그들의 구체적인 신앙 강령은 도저히 용납할 수 없는 넌센스이고, 그들의 행사들은 유치하기 짝이 없습니다. 그러나 그들은 감히 일반 대중을 거스르며 나아갔고, 그리하여 그 대중을 자기들 쪽으로 돌려놓은 것입니다. 그들은 용감하게 싸웠습니다. 이것에 대해서만큼은 그들을 높이 바라보아야 합니다. 그들의 교회가 소동과 무질서의 현장이 되고, 교회의 하층 계급들이 "교황주의를 물리쳐라!"는 구호를 외치며 무섭게 몰아칠 때에도, 그들은 담대하게 원수들과 싸웠고 절대로 물러서지 않았습니다. 그들은 당시 개신교를 지향하는 잉글랜드의 뿌리깊은 정서라고 생각되던 그 모든 조류를 거슬러 나아갔고, 주교 가운데 거의 한 사람도 그들을 후원하는 자가 없었고 그저 몇몇 사람들이 후원하는 정도에 그쳤습니다만, 몇 사람 안 되던 미미한 세력에서 영국 국교회의 가장 주도적이며 핵심적인 파로 성장하였고, 정말 두렵고 놀랍게도 그들은 우리 생각에 이미 죽어서 땅에 묻혀 있다고 여겨지는 그 교황주의로 사람들을 다시 이끌어 들이고 있는 것입니다.

이십 년 전에 누군가가 엔돌의 접신녀(接神女)가 영국 여왕이 될 것이라고 제게 말했었습니다만, 저는 고교회의 발전 사실에서 그 점을 확인하였다고 믿습니다. 그러나 사실 그 사람들은 진지하고 결연했으며, 자기들이 믿는 바를 지극히 확고하게 붙잡았고, 자기들의 대의를 밀고 나가기를 주저하지 않았던 것입니다. 그러므로 이 시대가 감동을 받을 수 있습니다. 참이든 거짓이든 열심 있는 사람들이 가르치는 바를 시대가 받아들일 것입니다. 거짓을 더 잘 받아들일 것이라고 반론을 제기할 수도 있습니다. 물론 그럴 수도 있습니다. 하지만 엄청난 에너지와 살아 있는 진지함으로 전한다면, 그 어떠한 것을 전하든 다 받아들일 것입니다. 영적인 의미에서 마음으로 받아들이지 않을지는 몰라도, 여하튼 정신적으로는 동의하고 묵인하게 될 것입니다. 여러분이 얼마나 열정적으로 전하느냐에 따라서 말입니다. 그리고 하나님께서 우리의 결연함에 복을 주셔서 우리의 진실함으로 정신을 얻고, 우리의 열정으로 주목을 얻게 되고, 하나님의 성령으로 말미암아 마음 그 자체까지 열리게 될 것입니다.

우리는 확신을 가져야 합니다. 비국교도들이 최근 들어서 하는 일이라곤 그저 좋게 보이려고 애쓰는 것밖에 없지 않습니까? 우리 목사들 중에 위대한 설교자나 지성적인 사상가들이 되기 위해서 힘쓰는 사람들이 얼마나 많습니까? 그러나 그것은 아닙니다. 우리의 젊은 목사들은 그것에 현혹되어, 그렇게 되면 자기들이 예루살렘에서 왔다거나 독일에서 자랐다는 명성을 얻을 것이라는 생각으로 마치 들나귀처럼 날뛰는 상태에 빠져 버렸습니다. 세상에는 그런 사람들이 너무 많습니다. 순전한 그리스도인들이 경멸하는 것 가운데 지성주의를 모방하는 어리석음보다 더한 것이 없다고 믿습니다. 나이 많은 어느 집사님의 다음과 같은 이야기를 들어봅시다: "아무개가 이 교회에 있었는데, 아주 똑똑한 사람이었고, 멋진 설교를 하는 사람이었습니다. 하지만 그것 이상 아무것도 없었어요. 우리는 그 목사님을 지지할 수 없습니다. 다음 번에는 무언가를 확실히 믿고 그것을 설교하는 구식 목사 중 한 분을 모시려 합니다. 그 이외에는 우리 교회에 다른 방도가 없을 것입니다."

여러분, 나가서 사람들에게 말씀을 전하면서, 여러분이 말은 할 수 있다고 믿지만 사실은 여러분도 잘 모르는 것이라고 이야기하겠습니까? 여러분이 전하는 것이 과연 확실한지에 대해서 잘 모르겠지만, 교회가 그렇게 말하기를 원하니 그렇게 하는 것이라고 이야기하겠습니까? 그러면 바보 천치들은 여러분을 기뻐 맞을지도 모르겠습니다. 그리고 여러분의 그런 사역을 통해서 불신앙이 전파될 것은 확실합니다. 그러나 그 이상 아무것도 할 수 없을 것입니다. 선지자가 나아올 때에, 그는 여호와께로 보내심을 받은 자로서 말씀을 전해야 합니다. 그렇게 할 수 없다면, 다시 침대에 올라가 잠을 자야 할 것입니다.

사랑하는 여러분, 지금 우리는 믿음의 확신을 견고하게 가져야 합니다. 왜냐하면 시대가 분명 이리저리 변하고 있기 때문입니다. 일 년 동안

제16장 진리를 위한 결단이 필요합니다 *369*

을 잘 살펴보면, 이 시대가 조류를 타고 내려가고 있는 것이 잘 보입니다. 닻이 들어올려지고 있고, 배는 멸망을 향해 떠내려가고 있습니다. 배가 지금 남동쪽으로 흘러가고 있고, 바티칸 곶(Cape Vatican)에 가까이 다다르고 있습니다. 그 방향으로 더 떠내려가면 곧 로마의 암초에 부딪칠 것이 분명합니다. 우리는 그 배에 올라타고, 배를 복음의 진리라는 그 영광스러운 증기 엔진과 연결시켜서 다시 끌어 당겨야 합니다. 배를 거꾸로 움직여서 칼빈 곶(Cape Calvin)을 통과하여 갈보리 만(the Bay of Calvary)에 들어가 십자가와 연한 항구에 정박시킨다면 얼마나 기쁜 일이겠습니까! 그렇게 행하도록 하나님께서 은혜 주시기를 원합니다. 우리는 강한 손이 있어서 우리의 증기 기관을 잘 움직여서 시대의 조류를 거슬러 올라가야 합니다. 그렇게 하면 하나님의 은혜로 말미암아 우리가 이 시대를 구원하고 장차 올 후 세대를 구원하게 될 것입니다.

제 17 장

옥외(屋外) 설교의 간략한 역사

　세상의 관습들 가운데는 오래되었다는 것밖에는 내세울 것이 없는 것들이 있습니다. 그런 경우 오래되었다는 것은 가짜 동전에 낀 녹처럼 전혀 가치를 지니지 못합니다. 그러나 시대를 거쳐 사용됨으로써 진정 선하고 성경적인 유익을 끼칠 수 있는 경우는 정말 좋은 것이라 하겠습니다. 그런데, 옥외 설교가 설교 그 자체만큼이나 오래된 것이라는 것은 반론의 여지가 거의 없는 사실입니다. 아담의 칠 대 손인 에녹은 강단이 별도로 없이 언덕에서 예언하였고, 의를 전파한 노아는 그의 놀라운 방주를 짓는 현장에서 그 당시 사람들과 변론하였을 것이라고 믿어도 무방할 것입니다. 모세와 여호수아 역시 노천(露天)에서 무수한 무리들 앞에서 말씀을 전하였습니다. 사무엘은 폭풍우가 치는 가운데 길갈의 들판에서 설교를 마쳤고, 주께서는 그 설교를 통하여 그 백성들을 책망하시사 그들로 하여금 무릎을 꿇게 하셨습니다. 엘리야는 갈멜 산에 서서, 우왕좌왕하는 백성들에게 "너희가 어느 때까지 두 사이에서 머뭇거리려느냐?"고 외쳤습니다. 요나 역시 엘리야와 비슷한 심정으로 니느웨의 거리에서 경고의 말씀을 외쳤고, 곳곳마다 다니면서 "사십 일이 지나면 니느웨가 멸망하리라!"고 경고했습니다. 에스라와 느헤미야의 말씀을 듣기 위해서, 모든 백성들이 하나같이 수문(水門) 앞에 있는 거리로 몰려들었습니다. 사실, 구약 성경 도처에서 이처럼 옥외 설교의 예들이 나타나고 있습니다.

　그러나, 우리의 거룩한 믿음의 기원까지만 거슬러 올라가는 것으로도 족할 것입니다. 거기로 거슬러 올라가면, 구주 예수님의 선구자가 광야와 강변에서 외치는 부르짖음을 듣게 됩니다. 우리 주님 자신도 — 그분이야말로 우리의 모범이십니다만 — 주로 산기슭이나 해변가나 거리에서 설교를 많이 하셨습니다. 우리 주님이야말로 그 의도와 목적으로 볼 때에 과연 옥외 설교자이셨습니다. 그는 회당에서도 잠잠히 계시지 않았습니다만, 들에서도 똑같이 말씀을 전하신 것입니다. 주님의 기록된 설교들 중에 교회당 안에서 행한 것은 하나도 없고, 그 대신 산상 설교와 평지 설교가 있습니다. 그러니, 가장 최초의 가장 신성한 설교 양식은 바로 주님 자신이 행하신 옥외 설교였던 것입니다.

주님이 떠나신 후 그의 제자들의 모임이 있었습니다. 실내에서, 특히 다락방에서 모였습니다. 그러나 그 당시도 설교가 가장 흔하게 행해진 곳은 성전 뜰이었고, 또한 그처럼 탁 트인 공간이었습니다. 거룩한 곳이라거나 성별된 교회당 개념은 그들에게는 없었습니다. 그들이 성전에서 설교한 것은 그곳이 사람들이 가장 흔하게 모이는 장소였기 때문이었습니다. 그러나 동시에 그들은 집집마다 모여서 예수 그리스도를 가르치고 전파하기를 그치지 않았습니다. 사도들과 그들의 후계자들은 집을 빌려서, 혹은 회당에서도 긍휼의 메시지를 전했지만, 동시에 상황이 허락하는 대로 어느 곳에서나 설교하기를 주저하지 않았습니다. 이러한 사실은 유세비우스(Eusebius: 265?-339?)의 다음과 같은 진술에서도 입증되고 있습니다:

사도들의 그 거룩하고 고귀한 제자들은 어느 곳에 가든지 항상 교회 상부 구조와 사도들이 세워놓은 기초들을 세웠다. 그들은 어느 곳에서나 복음을 전하였고, 온 세계를 다니며 하늘의 도리의 씨앗들을 뿌렸다. 그 당시 살아 있던 많은 제자들은 자기들의 재산을 가난한 자들에게 나누어 주었고, 자기 나라를 떠나 기독교 신앙을 전혀 들어보지 못한 자들에게로 가서 전도자의 일을 행하며, 그리스도를 전파하고 복음의 기록들을 그들에게 전해 주었다. 그들은 어느 나라에서 믿음을 심어 인도자와 목회자들을 세워 그들에게 이 새로운 밭을 보살필 임무를 부여하고 나면, 그 즉시 성령의 은혜와 강력한 역사하심의 도우심을 받아 다른 나라로 옮겨갔다. 복음을 전하기 시작하자마자 사람들이 그들에게 몰려들었고, 우주의 창조주시요 참되신 하나님을 기쁨으로 경배하며 그의 이름을 경건하게 마음을 다하여 믿었다.

중세의 암흑기로 접어들면서, 점차 쇠락해 가는 교회의 탁월한 설교자들도 역시 옥외 설교를 행하였는데, 그들은 또한 순회 수도사들로서 경건을 생생하게 보존한 그 신앙 기관들의 위대한 창설자들이었습니다. 라티스본(Ratisbon)의 베르톨드(Berthold: 1210?-1272)는 보헤미아(Bohemia)의 글라츠(Glatz) 근처의 들판에서 육만 명 혹은 십만 명의 청중들 앞에서 설교했다고 합니다. 뿐만 아니라 베르나르(Bernard: 1090-1153), 베르나르회(Bernadine), 파도바의 안토니우스(Anthony: 1195-1231), 토마스(Thomas) 등 유명한 순회 설교자들도 있었는데, 이들에 대해서는 구체적으로 말씀드릴 시간이 없습니다.

엑서터의 주교(Bishop of Exeter) 라빙턴 박사(Dr. Lavington)는 논리가 모자라자, 초기의 수도사들이 노천에서 사람을 끄는 일에 능했다는 사실을 감리교도들이 교황주의자들과 동일하다는 증거로 진술하기도 했습니다. 그는 리바데네이라의 진술을 인용하여 베로나의 피터에 대해서 이렇게 진술하였습니다: "그는 설교에 신적인 재능이 있었는데, 교회당이나 거리나 장터에서 그의 설교를 들으려고 많은 사람들이 모여들었다." 그 유식한 주교는 그 이외에도 수많은 예를 들 수 있었을 것입니다. 그러나 그 예들은 선한 것이든 악한 것이든 옥외 설교가 굉장한 힘이 있다는 것 이상 아무것도 입증해 주지 못합니다.

적그리스도가 온 세상을 휩쓸기 시작하였을 때, 종교개혁 이전의 개혁자들은 모두가 옥외 설교자들이었습니다. 예를 들어서 브레시아의 아놀드(Arnold of Brescia)는 바티칸 교황청 정문 앞에서 교황이 그리스도의 영광을 찬탈하였음을 외치기도 했습니다.

신앙 부흥 사건들이 대개 빈번한 옥외 설교와 혹은 이례적인 장소에서 설교들이 있은 후에 이어졌다는 사실은 입증하기가 너무나도 쉽습니다. 반드시 그런 설교 때문에 부흥이 일어난 것은 아니지만 말입니다. 최초의 개신교 교리에 대한 단호한 설교는 거의가 옥외에서나 혹은 예배를 위한 것이 아닌 장소에서 이루어졌습니다. 예배를 위한 장소들은 교황주의자들의 손에 들어가 있었기 때문입니다. 위클리프(John Wycliffe: 1329?-1384)가 한동안 러터워스(Lutterworth)의 교회당에서 복음을 전했고, 후스(Jan Huss: 1373-1415)와 제롬(Jerome of Prague: 1371?-1416), 그리고 사보나롤라(Girolamo Savonarola: 1452-1498) 등도 한동안 교회 체제 내에서 복음적 성향을 띤 설교들을 행한 것이 사실입니다. 그러나 복음을 더 충실하게 깨닫고 전하기 시작하면서, 그들은 다른 장소를 찾을 수밖에 없었습니다.

종교개혁이 갓 탄생하신 그리스도와 같이 어린 아기의 단계에 있어서 아직 그 머리 둘 곳조차 없었을 당시에, 천군과도 같은 일단의 무리들이 노천에서 복음을 선포했고, 목자들과 일반 백성들이 기쁘게 복음을 들었습니다. 영국 전역에는 아직도 "가스펠 오크"(Gospel Oak: 복음 오크 나무)라 불리는 나무들이 있습니다. 템스 강 건너편에도 "가스펠 오크"라 불리는 곳이 있습니다. 저는 서리(Surrey)의 아들스톤(Addlestone)의 오래된 오크 나무 가지들이 널리 펴져 있는 곳에서 설교한 적이 있습니다만, 그 옛날 존 녹스(John Knox: 1514-1572)가 잉글랜드에 잠시 머물 때에 바로 그 나무 아래에서 설교했다는 것입니다. 거친 광야와 외로운 언덕, 그리고 숲 속의 은밀한 곳들이 설교를 위하여 구별되었고, 동굴들과 협곡, 그리고 산꼭대기들과 관련된 이야기들이 아직도 전해 오고 있습니다. 그 옛날 그런 곳들에서 신실한 무리들이 모여서 주의 말씀을 들었다는 것입니다. 그렇다고 해서 그 옛날 그런 외딴 곳에서만 설교자의 목소리를 들을 수 있었던 것은 아닙니다. 순회 전도자들의 강단으로 쓰이지 않은 장터가 거의 없었습니다. 위클리프가 살아 있을 동안에는 그 휘하의 전도자들이 온 나라를 누비며 가는 곳마다 말씀을 전했습니다.

잉글랜드 국왕 리처드 2세(Richard II)의 의회 포고령(1382)은, 두터운 겉옷을 걸친 사람들이 마을마다 다니면서 교회 당국의 면허도 없이 교회당이나 교회의 뜰 혹은 장터나 장날 거리에서 설교를 행하고 있고 그것이 성직자에게 상당한 골칫거리가 되고 있음을 진술하고 있습니다. 이 십자가의 사신들의 말씀을 듣기 위해서 항상 수많은 사람들이 몰려들었고, 군인들이 일반 백성들과 섞여서, 혹시 그들의 신변을 위협하는 자들이 있을 때에는 칼로 그 설교자들을 지켜 주기까지 했습니다. 위클리프가 사망한 후 그의 추종자들도 똑같은 방식을 사용하기를 주저하지 않았습니다. 윌리엄 스윈더비(William Swinderby)에 대해서는 특별히 이렇게 기록되어 있습니다: "그는 파문당하여 교회나 교회 뜰에서 설교하지 못하도록 금지되어 있었다. 그러므로 그는 '주교의 멸시를 받는 가운데' 설교하였다. 나이턴(Knighton)은 말하기를, '도시에서나 시골 각처에서 무수한 사람들이 그에게로 몰려들었는데, 그의 설교를 합법적으로 들을 수 있었던 때보다 오히려 그 숫자가 배나 증가했다."

독일을 비롯한 기타 유럽 나라들에서도 종교개혁은 옥외에서 수많은 무리들에게 전한 설교들을 통해서 큰 도움을 얻었습니다. 루터파 설교자들은 나라를 순회하면서 장터에서나 무덤 가에서는 물론 산과 들에서도 무리들에게 새로운 도리를 선포하였다는 기사를 읽을 수 있습니다. 고슬라(Goslar)에서는 한 비텐베르크(Wittenberg)의 신학생이 라임 나무가 심어진 들에서 설교했는데 그의 청중들을 가리켜 "라임 나무 형제들"(Lime-Tree Brethren)이라는 명칭으로 부르게 되었다고 합니다. 도비녜(Jean Henri Merle D'Aubigne: 1794-1872, 프랑스의 개신교 역사가)는, 아펜젤(Appenzel)에서는 교회당을 쓸 수 없어서 들판과 공공 광장에서 설교가 행해졌는데, 아주 강한 반대에도 불구하고 산과 들과 언덕들이 구원의 복된 소식으로 메아리쳤다고 전하고 있습니다.

파렐(Guillaume Farel: 1489-1565)의 생애에서도 우리는 옥외 설교와 관련된 사건들을 만나게 됩니다. 예로, 그가 메츠(Metz)에서 도미니쿠스 수도회의 교회당 뜰에서 처음 설교했을 때에, 그를 반대하던 자들이 교회의 종을 모조리 울리게 했는데, 그의 목소리가 마치 우레와 같아서 종소리보다 더 크게 울려 퍼졌다고 합니다. 뇌샤텔(Neuchatel)에서는 "온 마을이 그의 교회당이 되었다. 그는 장터에서, 거리에서, 문앞에서, 집들 앞에서, 광장에서 설교했는데 그의 설교는 힘이 있고 설득력이 있어서 수

많은 사람들을 복음으로 돌아오게 했다. 사람들이 그의 설교를 들으러 몰려들었고, 위협으로도 회유로도 그들을 돌아가게 할 수 없었다"고 합니다.

와일리 박사(Dr. Wylie)의 「개신교의 역사」(History of Protestantism)에서 다음과 같은 내용을 인용해 보겠습니다:

> 네덜란드에서는 첫 야외 설교가 1566년 6월 14일에 겐트(Ghent) 근방에서 행해졌다고 전한다. 설교자는 헤르만 모데트(Herman Modet)였는데, 그는 과거 수도사였던 사람으로서 당시 우데나드(Oudenard)의 개혁파 목회자가 된 사람이었다. 교황주의의 한 역사가는 말하기를, '이 사람이 공중 앞에서 설교를 감행한 최초의 인물인데, 그가 처음 설교할 때에 7,000명이 들었다' 고 한다 … 두 번째 큰 야외 설교는 이듬해 7월 23일에 있었는데, 사람들은 겐트 근방의 큰 들판에 모였다. 그 당시는 '말씀'이 고귀했고, 사람들은 그 말씀을 듣기를 정말로 사모하여 이틀 동안이나 계속해서 땅 위에 서 있기를 주저하지 않았다. 그들의 모습은 예배를 위하여 운집한 평화로운 무리라기보다는 캠프를 치는 군대의 모습과 비슷했다. 예배자들 주위로 마차들을 따라서 바리케이드가 쳐져 있었고, 입구마다 보초들이 지키고 있었다. 마차 위에 두터운 판자로 된 즉석 강단이 세워졌다.
>
> 모데트가 설교자였고, 그의 주위에는 수천 명이나 되는 사람들이 모여서 설교를 들었는데, 그들은 창과 손도끼와 각종 무기들을 옆에다 놓고 있었다. 집회장 주변에서 망을 보고 있는 보초들이 신호만 하면 즉시 무기들을 잡을 준비를 갖추고 있었던 것이다. 입구 앞에는 좌판들이 마련되어 있어서 원하는 사람들은 누구나 거기서 금서(禁書)들을 구입할 수 있었다. 시골로 들어가는 길가에는 사람들이 지켜서서 지나가는 사람들을 권유하여 복음을 듣게 만드는 일을 하였다 … 집회가 끝나면 그 무리들이 다른 지방으로 옮겨가서 거기서도 똑같은 방식으로 캠프를 치고 똑같은 기간 동안 머물렀고, 그리하여 서부 플랑드르(Flanders) 전역을 두루 다녔다. 이 집회들에서는 언제나

클레몽 마로(Clement Marot: 1497-1544)와 테오도어 베자(Theodore Beza: 1519-1605)의 판에서 네덜란드어로 번역된 "다윗의 시편"을 노래로 불렀다. 오천 명에서 만 명의 목소리로 히브리 왕의 찬송이 울려 퍼졌고, 그 소리가 나무와 들판을 지나 먼 거리도 들려서 밭 가는 사람들과 지나는 여행객들의 마음을 사로잡아, 길을 멈추고 귀를 기울였다.

회중 찬송이 복음 설교와 동시에 부흥되었다는 사실은 참 흥미로운 일입니다. 시대시대마다 무디(Dwight L. Moody: 1837-1899)와 생키(Ira Sankey: 1840-1908) 같은 사람들이 있었던 것입니다. 원인이 비슷하면 일어나는 결과도 비슷하므로, 역사는 계속 반복되는 셈입니다.

옥외 설교와 관련된 주요 사실들을 — 혹은 옥외 설교의 역사라면 더 좋겠지만 — 다루는 책을 준비하는 일은 아주 흥미로운 과제일 것입니다. 저의 경우는 그 간략한 개요조차도 완성할 시간적 여유가 없고, 여러분에게 묻고 싶습니다. 종교개혁에 속한 위대한 설교자들이 교회당과 집회소에서만 설교했더라면 과연 종교개혁이 어떻게 되었겠습니까? 이곳저곳을 다니는 전도자들과 서적 행상인들과 사람이 사는 곳 가까이에 넓은 공간만 있으면 어디든 강단을 삼아 말씀을 전했던 그 담대한 사역자들이 없었더라면, 과연 일반 백성들이 어떻게 복음을 접하고 신앙의 도리를 배웠겠습니까?

우리 나라의 예 가운데서 저 거룩한 위셔트(George Wishart: 1513-1546)의 경우를 언급하지 않을 수 없습니다. 길리(Gillie)의 「역사 선집」(*Historical Collections*)에서 다음과 같은 내용을 인용해 보겠습니다:

> 조지 위셔트는 종교개혁자들의 도리를 전한 초기 설교자 중의 하나로 녹스(John Knox)의 시대에 순교를 당하였다. 그가 대중 앞에서 행한 로마서 강해가 로마교회 지도자들에게 특별히 두려움과 미움을 샀고, 그로 인하여 그는 던디(Dundee)에서 강도권(講道權)을 박탈당하였다. 그는 아이어(Ayr)로 가서 상당히 자유롭고도 신실하게 복음

을 전하기 시작하였다. 그러나 당시 글래스고(Glasgow)의 대주교였던 던바(Dunbar)는 그의 설교에 수많은 사람들이 운집하여 호응을 얻었다는 소식을 접하고, 비턴 추기경(Cardinal Beaton)의 교사를 받아 그를 체포하기 위하여 아이어로 갔는데, 그곳에 가서는 우선 그로 하여금 설교를 하지 못하도록 하기 위하여 교회를 점거하였다. 이 소식을 들은 글렌케언 백작(Earl of Glencairn) 알렉산더(Alexander)를 비롯하여 인근의 일부 귀족들이 즉시 그 마을로 향하였다. 그들은 위셔트에게 교회당 안으로 들어가게 해 주겠다고 제의했으나 그는 이를 거부하면서, "주교의 설교도 해를 주지는 않을 것이니, 여러분이 좋다면 내가 장터로 가겠소"라고 대답했고, 그는 자신의 말대로 장터에서 설교하여 큰 성공을 거두었고, 과거에 진리의 원수들이던 자들 몇몇이 그 설교를 듣고 현장에서 회심하였다.

위셔트는 대주교가 떠난 후 카일(Kyle)의 귀족들과 사역을 계속하였다. 그는 다음 주일 머칠린(Mauchline) 교회당에서 설교 요청을 받고서 그리로 갔는데, 아이어의 행정관이 밤중에 군인들을 풀어 교회당을 지키게 하여 그를 막았다. 킨젠클루(Kinzeancleugh) 출신인 휴 캠벨(Hugh Campbell) 등 그 교구 사람들은 이런 불경스런 처사에 심히 반발하여, 강제로라도 교회당 안으로 들어가기를 바랐으나, 위셔트는 그러기를 원치 않으면서 이렇게 말했다: "형제 여러분, 제가 여러분에게 전하는 것은 평화의 말씀이오. 오늘 그 말씀을 위해서는 그 어느 누구의 피도 흘려서는 안 됩니다. 예수 그리스도께서는 교회당에서나 들판에서나 똑같이 권능이 있으신 분입니다. 이 세상을 사실 때에 그분은 예루살렘 성전에서보다는 친히 광야에서나 해변에서 더 자주 설교하셨습니다."

이 말에 사람들의 감정이 누그러졌고, 그와 함께 머칠린 남서쪽의 황야 끝머리로 갔고, 거기서 그는 도랑 둑 위에 서서 수많은 사람들에게 말씀을 전하였다. 그는 세 시간 이상을 계속해서 전했는데, 하나님께서 그를 통하여 놀랍게 역사하셨다. 이로 인하여 그 당시 불신자였던 쉴드의 영주(the Laird of Shield) 로렌스 란켄(Laurence

Ranken)이 회심하기도 했다. 이 일이 있은 지 일 개월쯤 지났을 때에 그는 자신이 던디를 떠난 지 나흘 뒤에 그곳에 전염병이 발생하여 계속해서 기승을 부려서 하루에도 수많은 사람들이 쓰러져가고 있다는 소식에 접하였다. 이 사실에 대해 너무나 마음이 아팠던 그는 그들에게로 돌아가기로 결심하였고, 그의 친지들을 서부에 남겨두고서 그곳을 떠났고, 그들은 그와의 이별에 눈물을 흘리며 슬퍼하였다. 이튿날 던디에 도착한 그는 자신이 설교할 것이라는 안내문을 돌렸다. 그는 설교를 위한 장소로 동문(東門) 앞을 택하였고, 병에 걸린 사람들은 문 바깥에, 온전한 사람들은 문 안에서 설교를 듣게 하였다. 이 때에 그는 시편 107:20 — "그가 그의 말씀을 보내어 그들을 고치시고 위험한 지경에서 건지시는도다" — 을 본문으로 삼았다. 이 설교를 통해서 그는 사람들에게 크나큰 위로를 주었고, 그들은 그런 설교자가 자기들에게 있다는 사실을 정말 복으로 생각하여 전염병이 계속될 때까지 자기들과 함께 있어달라고 간청하였다.

이 얼마나 놀라운 장면이었겠습니까? 설교자에게 그런 청중이 있는 경우도 극히 드물지만, 그런 청중에게 그런 설교자가 있었다는 것도 지극히 드문 일이 아닐 수 없습니다. 옛 저자의 말을 빌면, "옛날에는 설교자 옆에 그의 큰 낫이 서 있어서 아주 퉁명스런 목소리로 '낮이라 불리는 동안 일하라. 밤이 되면 내가 그대를 잘라 버리니' 라고 말했다. 또한 강단 옆에 음울한 죽음이 예리한 화살을 지닌 채 바짝 붙어 서서, '그대는 하나님의 화살을 날리고, 나는 내 화살을 날리리라' 고 말했다." 과연 이것은 옥외 설교의 아주 두드러진 예라 하겠습니다.

여기서 저는 쇼츠 교회(the Kirk of Shotts) 앞마당에서 행한 존 리빙스턴(John Livingston)의 설교에 대한 구체적인 내용을 여러분에게 알려드리고 싶습니다. 그날은 한동안 비가 억수같이 퍼부었는데, 그 가운데서 오백 명 이상이 그리스도께로 돌아오는 역사가 있었습니다. 그 설교는 어떠한 실내 설교도 능가할 수 없었던 역사상 위대한 옥외 설교 가운데 하나로 남아 있습니다. 여기서 더 자세한 사실을 살펴보기로 합시다:

성찬식을 한 그 다음 월요일에 설교를 한다는 것은, 그 당시로서는 좀 이례적인 일이다. 그러나 하나님께서는 그의 은혜로우신 임재의 역사를 드러내셨고, 그의 백성들에게 그 자신과의 교제를 너무나 힘있게 체험하게 하셨으므로, 그 백성들은 감사와 찬송이 없이는 떠나갈 줄을 몰랐다. 그때에는 사방에서 고귀한 그리스도인들이 그곳으로 몰려들었고, 저명한 목사들도 여러 명이 함께 모였다. 그 중에 여러 사람들은 성례를 거행하기에 앞서서 며칠 동안을 그곳에 함께 머물러 있으면서 설교를 듣고, 크고 작은 여러 그룹들로 모여서 기도와 찬송과 신령한 대화를 나누었다. 그들의 마음이 하나님의 사랑으로 뜨거워지자, 그들 가운데 월요일에도 설교를 듣기를 바라는 마음을 토로하였고, 거기에 여러 사람들이 합세하여 금세 그것이 전체의 바람이 되었다.

윅툰 백작 부인(the Countess of Wigtoun)의 자문 목회자로 있던 존 리빙스턴 목사 — 그 당시는 스물일곱 살의 나이로 아직 목사 안수를 받지 않은 설교자였다 — 는 자신에게 설교할 책임이 주어지자 이에 대해서 매우 고심하였다. 그는 전날 밤을 기도로 지새웠다. 그런데 오전 여덟 시나 아홉 시쯤 들에 홀로 있을 때에, 그렇게 훌륭하고 탁월한 많은 목사들과 그렇게 유명하고 체험이 많은 그리스도인들 앞에서 설교를 하기에는 자신이 너무나 무가치하고 합당치 못하다는 생각이 들었다. 그리고 그런 생각에 사로잡혀서 그곳을 벗어나 상당히 먼 거리까지 갔는데, 쇼츠 교회당이 시야에서 사라질 즈음에, "내가 이스라엘에게 광야요, 어둠의 땅이었더냐?"라는 말씀이 그의 마음을 완전히 사로잡았고, 그리하여 그는 다시 돌아가 설교 요청에 따라야 한다는 생각이 들었다.

그리하여 그는 다시 돌아가 에스겔서 36:25-26("맑은 물로 너희에게 뿌려서 너희로 정결하게 하되 곧 너희 모든 더러운 것에서와 모든 우상숭배에서 너희를 정결하게 할 것이며 또 새 영을 너희 속에 두고 새 마음을 너희에게 주되 너희 육신에서 굳은 마음을 제거하고 부드러운 마음을 줄 것이며")을 미리 묵상한 내용을 가지고 한 시간 반 정도를 설교하였다. 말씀을 마치려고 하는데 갑자기 소나기가 억수같이 쏟아져 내렸고, 사람들은 급히 겉옷과 담요를 취하여 몸을 가렸다. 이 때에 그는 다음과 같은 뜻으로 그들에게 말하기 시작했다: "이런 빗방울에도 우리가 이렇게 허둥댄다면, 만일 하나님께서 우리가 당해야 마땅할 바대로 우리를 다루신다면 얼마나 두려움과 절망이 크겠으며, 또한 우리가 얼마나 크게 허둥대겠습니까? 하나님께서는 끝까지 회개하지 않는 자들을 그렇게 다루실 것입니다. 소돔과 고모라에게 행하셨듯이 불과 유황을 그들에게 소나기처럼 퍼부으실 것입니다. 우리 가운데 장막을 치시고 순종하시고 고난 당하신 하나님의 아들께서 우리의 죄로 인하여 우리가 받아 마땅한 그 하나님의 진노의 폭풍에서 우리를 건져 줄 유일한 피난처요 은신처이십니다. 그의 공로와 중보가 그 폭풍을 막아 줄 유일한 방책입니다. 회개하는 신자들만이 그 피난처가 주는 혜택을 누릴 것입니다." 먼저 자신이 묵상했던 말씀을 마친 후 이런 취지의 말씀을 권면과 경고와 함께 한 시간가량 전하였고, 모든 사람들의 마음이 뜨거워지며 녹아지는 역사가 일어났다.

폴스 크로스 교회(Paul's Cross) 처마 밑에서 행해진 정기적인 옥외 사역도 잊지 말아야 할 것입니다. 이는 매우 유명한 행사로서 당대의 탁월한 설교자들로 하여금 수많은 시민들에게 말씀을 전할 수 있도록 해주었습니다. 왕들과 군주들도 교회 벽에 설치된 특별석에 앉아 그날 설교자의 말씀 듣기를 마다하지 않았습니다. 래티머(Latimer)는 교회당 내의 묘지 상태가 너무나 불결하여 설교를 듣는 중에 죽은 사람도 많은데 청중들이 모여들지 않은 적이 없다고 보도합니다. 자, 이제 교회당 내를 묘지로 삼는 망령된 일이 사라져서 그러한 참담한 일들이 일어나지 않을 것이니, 폴스 크로스가 다시 세워질 수도 있습니다. 어쩌면 옥외로 장소를 바꿈으로써 대교회당 예배를 점차 고집하는 교황주의를 상당히 불식시킬 수도 있을 것입니다. 폴스 크로스 교회당이 중심이 되어 시행한 그런 대중 설교 체제가 회복되는 것이 정말로 바람직할 것입니다. 저는 우리 중에 충분한 재물을 소유한 분들 가운데서 이 큰 대도시의 중심을 사서 강단을 세우고 의자들을 가져다 놓고서 자격 있는 복음 설교자들이 사용하도록 구별해 두어, 누구든지 오는 사람들에게 차별이 없이 복음을 자유로이 선포할 수 있도록 하시기를 간절히 바랍니다. 대교회당들, 대성당들, 고딕식의 장대한 건축물들보다도 오히려 그렇게 하는 것이 계속 커지는 우리 도시에 진정한 유익을 끼치는 길일 것입니다. 곳곳에 건물들이 계속 세워져서 옥외 공간이 모두 사라져 버리기 전에, 복음을 전하는 옥외 공간을 확보해 두는 것이 지혜로운 처사일 것입니다.

청교도들의 시대에는 박해자들에 대한 두려움 때문에 온갖 종류의 은밀한 장소에서 집회가 이루어졌습니다. 로드 대주교(Archbishop Laud: 1573-1645)는 1632년 6월에 쓴 한 편지에서 이렇게 이야기합니다: "뉴잉턴 우즈(Newington Woods)에서 분파주의자들의 비밀 집회소 하나를 더 찾아냈소. 다음날 오전에 있을 사냥 행사를 위하여 왕의 수사슴을 가져다 놓은 바로 그 숲 속에서 말이오." 훈슬로우 히스(Hounslow Heath)의 한 분지 또는 움푹 패인 곳이 때때로 비밀 집회소로 쓰였고, 존 번연(John Bunyan: 1628-1688)은 박해가 있던 시절 히친(Hichin) 근처의 한 골짜기에서 설교하곤 했습니다. 스코틀랜드 전역에는 오늘날까지 언약도들의 기억을 그대로 간직하고 있는 골짜기들과 협곡, 계곡과 언덕들이 널려 있습니다. 그런 곳에 가면 장로 교회의 조상들이 에라스투스주의(Erastianism)를 배격하고 만왕의 왕을 위하여 목소리를 높였던 바위로 된 강단들을 쉽게 만날 수 있습니다. 카길(Donald Cargill: 1619-1680)과 카메론(Richard Cameron: 1648-1680) 등은 외로운 산록과 계곡을 그들의 용감한 목회 사역의 친근한 현장으로 여겼습니다:

> 새벽이 오기 오래 전, 꾸불꾸불한 길을 따라
> 언덕을 넘고 수풀을 지나 쓸쓸한 황무지를 넘어서
> 그들은 찾아갔네.
> 다른 바다로 나뉘어 흘러 들어갈 강들의 수원이 되는
> 시냇물이 흐르는 산꼭대기의 들판으로.

그런 시냇물 가에 조그만 평지가 있고,
주위에 야생 히스가 무성한 가운데
낯설게도 푸른 잔디와 만발한 꽃들이 눈부시네.
이처럼 황량하고 외로운 곳에서,
스코티아(Scotia: 스코틀랜드를 지칭함)여,
그대의 핍박받는 자녀들이
폭군과 고집쟁이의 그 피비린내 나는 법을 피하여 있다네.
거기서, 창검(槍劍)에 기대어 …
역군의 용사들이 하나님의 말씀을 들었네
카메론이 뇌성을 발하며,
혹은 렌윅(Renwick)이 잔잔한 시냇물로 쏟아 붓는 그 말씀을.
노래가, 찬양이 울려 퍼졌고,
날아가는 물떼새들이 불평을 그쳤고,
외로운 곳이 기쁨에 넘쳤고
멀리 돌무덤 위에서 망보는 사람의 귀에
때때로 바람결에 들리는 소리처럼 울렸네.
그러나 더 암울한 세월이 이어졌고,
그런 사정 때문에
모인 사람들은 죽은 듯이 고요한 한밤중이나
사나운 추위의 맹위 속에서가 아니면
감히 하나님을 예배하지 못했네.
천둥소리 때문에 혈기 있는 사람들은
어쩔 수 없이 자기 집에서 누워 있는 동안,
흩어진 몇몇 사람들은 용감하게도
깊은 골짜기 속에서 바위를 천장으로 삼아 함께 모여
신실한 목자의 음성을 들었다네.
그는 번쩍이는 번갯불에 성경을 펴고
위로의 말씀을 전하였네.
그들의 영혼에 하늘의 위로가 임했네.

저녁이 되어, 살인적인 광란으로 흩어진 병아리들을
수탉이 눈물을 흘리며 모아들이고
그 남은 병아리들을 날개로 쓰다듬고
가슴에 꼭 품어 안듯이,
그들은 그 자줏빛 꽃들 가운데 움츠리면서도 신앙을 지켰네.

좀 지루할지도 모르겠지만, 그 시절의 이야기 중에 한 가지 감동적인 것을 소개해야 할 것 같습니다. 산문(散文)으로 된 묘사가 시인(詩人)의 그림보다 오히려 더 출중합니다.

"우리는 성례를 거행하였다. 그 행사와 우리 자신을 만군의 주님의 보이지 않는 보호의 손길에 맡겼다. 우리는 그의 이름으로 모인 것이다. 우리는 여호와의 손길을 신뢰하였다. 그의 손길은 전쟁의 무기들보다 언덕들의 힘보다 더 나은 것이기 때문이었다. 우리가 모인 곳은 여러모로 편리한 곳이었고 마치 그 모임을 위해 만들어진 것 같았다. 그곳은 물가에 위치한 낮은 목초지로서 푸르고 쾌적하였다. 양쪽에는 큰 언덕이 있었는데, 그 언덕들은 반원형으로 솟아 거기에는 풀들이 아름답게 덮여 있었고, 경사가 완만하면서도 상당히 높이 솟아 있었다. 하늘은 맑고 푸르렀다. 아름답고 고요한 안식일 아침이었기 때문이다. 그날은 그야말로 '인자의 날' 같아 보였다.
집회가 열리는 그 장소에는 엄숙함이 감돌았고, 모든 심령들이 순결하고 거룩한 자세로 승화되었다. 물가 잔디 위에 성찬상이 펼쳐졌고, 그 주위로 사람들이 질서 있게 정렬해 있었다. 그러나 훨씬 더 많은 무리가 언덕에 앉아 있었는데, 꼭대기부터 바닥에 이르기까지 온통 사람으로 가득했다. 그렇게 유쾌한 광경은 처음 보았을 정도였다. 회중들은 날마다 목사들에게 호위인들을 붙여서 돌려보냈고, 할 수 있는 만큼 많은 사람들이 인근 세 개의 마을에 있는 자기 구역들로 돌아가 생필품들을 마련해 왔다. 말을 탄 사람들이 한 무리를 이루어 사람들이 그 장소를 떠날 때까지 지키고 있었고, 모든 사람들이 자기 집으로 안전하게 돌아갈 때까지 약간 거리를 두고 그들의 뒤를 행진 하였다. 아침이 되어, 사람들이 모임 장소로 돌아올 때에는 말 탄 사람들이 그들을 호위하였다. 세 떼가 모두 그 장소에서 일 마일가량 떨어진 곳에서 만나서 그 구별된 장소로 하나가 되어 행진하였다. 회중이 제자리에 정돈하는 동안 호위인들이 예전처럼 여러 곳에 나뉘어 보초를 섰다. 이 자원자들이야말로 하나님의 섭리의 선물인 것 같았다. 그들이 회중의 평화와 안전을 지켜 주었으니 말이다.

모임이 시작되는 토요일 오전부터 월요일 오후까지, 원수들의 공격이나 소요가 전혀 없이 지냈다는 것은 참 놀라운 일이었다. 처음에는 약간 우려가 있기도 했으나, 사람들은 전혀 요동 없이 앉아 있었고, 마치 스코틀랜드가 가장 밝던 그때처럼 모든 모임이 아주 질서 있게 마쳐졌다. 그렇게 많은 사람들이 위엄과 안정과 경건의 모습을 갖추고 있었으니 원수들이 그것을 보았더라도 사나움과 맹렬한 전투 태세의 모습을 본 것보다도 오히려 더 두려움에 질렸을 것이다. 우리는 이 땅의 왕들의 모습을 바라지 않았다. 그 높으신 하나님의 신령한 광채가 그 모임을 비추고 있었고, 그 집회의 위대한 주인이신 하나님께서 그 가운데 임재하여 계시다는 분명한 증거를 볼 수 있었다. 광야에서 원수들이 있는 가운데서 우리를 위해 성찬을 베풀게 하시고, 또한 마치 이스라엘 진과 애굽 진 사이를 맹렬한 구름으로 갈라 놓으시고 한쪽에는 격려를 주시고 다른 쪽에는 어둠과 공포를 주셨던 것처럼, 우리와 원수들 사이에 영광의 기둥을 세우신 것은 진정 주님이 행하신 일이었다. 우리의 서원들이 하나님의 집 뜰 안에서 행해지지는 않았지만, 마음의 순전함은 사라지지 않았다. 그것이 성소의 고귀함보다 더 나은 것이 아닌가? 외로운 산중에서 우리는 참된 예배는 예루살렘이나 사마리아에 국한되는 것이 아니라는 우리 주님의 말씀을 기억했다. 거룩의 아름다움은 성별된 건물이나 사람이 지은 성전에 있는 것이 아니다. 우리는 광야에서 수 년 동안 머물었던 이스라엘의 언약궤를 기억했다. 거처가 없이 광야의 장막 속에 있었던 것이다. 우리는 아브라함과 그 옛날의 족장들을 기억했다. 그들은 돌을 제단으로 삼아 거기에 희생물들을 가져다 놓았고 푸른 나무 그늘 아래서 향기로운 향을 태웠던 것이다.

그리스도께서 다시 오실 때까지 그의 사랑을 기념하는 성찬 예식에 위로부터 내리는 능력과 새로운 힘이 가득하였다. 하나님을 찬양하라. 그가 그의 백성이 지쳐 있을 때에 그들을 찾아 오사 확증시키셨도다. 그날에 시온이 샤론과 갈멜의 아름다움을 입었고, 산록에 찬송이 터져 나왔고, 사막에 싹이 나고 장미 같은 꽃을 피웠다. 황폐한 스코틀랜드 교회에서 그와 같은 날은 거의 없었고, 앞으로도 그런 날은 거의 없을 것이다. 성령의 밝은 광채가 수많은 사람들의 마음에 환히 비쳤고, 그들의 심령은 하늘의 능력으로 충만하여, 더 거룩한 숨을 내쉬는 듯이 보였고, 순결하고 거룩한 헌신의 불로 활활 타오르는 듯하였다. 목사들은 말씀으로 청중들의 양심을 찔렀다. 마치 하나님께서 그의 제단에서 떠온 타는 숯을 그들의 입술에 대신 것 같았다. 그들은 이 땅의 육신을 입은 사람들이라기보다는 하늘의 궁정에서 보냄 받은 사신들처럼 그렇게 선포하였고 그렇게 증거하였던 것이다.

성찬은 지극히 진지하게 처신하는 일부의 사람들이 거행하였다. 평상시처럼, 토요일에 증표를 배부하였고, 그것이 없이는 아무도 성찬에 참여할 수 없었고, 오로지 목사들이나 몇몇 사람들이 아는 자들 가운데 공적인 추문이 없는 것으로 인정받는 자들만이 참여하였다. 모든 일상적인 형식들이 진행되었다. 성찬 참석자들은 한쪽 끝으로 들어가서 다른 쪽 끝으로 나와서 언덕에 있는 자기들의 자리로 다시 돌아갔다. 웰쉬 목사(Mr. Welsh)가 성찬 설교를 했고, 평상시 늘 하던 대로 처음 두 성찬상을 섬겼다. 이어서 나머지 네 분의 목사 — 블래케이더 목사(Mr. Blackader), 딕슨 목사(Mr. Dickson), 리델 목사(Mr. Riddell), 레 목사(Mr. Rae) — 가 차례대로 권면을 하였고, 웰쉬 목사의 엄숙한 감사 기도로 성찬 예식을 마쳤다. 성찬 예식의 다른 모든 순서들이 그러했지만, 특별히 마지막의 감사기도는 엄숙하기 그지없었고, 참석한 사람들 모두에게 위로와 평안을 주는 것이었다. 성찬이 평화롭게 마쳐졌고, 모든 사람들이 마음을 다하여 감사의 예물을 드렸고, 구원의 반석이신 주님께 기쁨에 넘치는 목소리로 찬송하였다. 밤이 되어 사람들이 하나가 되어 부르는 찬송이 언덕을 따라 울려 퍼지는 것을 듣는 일은 정말 가슴 벅찬 일이었다. 그곳에 모인 모든 사람들이 하나가 되어 시편을 노래하며 하나님을 찬양하였다.

거기에는 두 개의 긴 성찬상과 짧은 성찬상 하나가 있었고 그 양 쪽에는 좌석들이 있었다. 각 성찬상마다 백 명가량이 앉았다. 성찬상 이 모두 열여섯 개였으니, 모두 삼천이백여 명이 그날 성찬에 참여한 것이다."

설교 장소로서 택한 곳 중에 가장 이례적인 곳은 트위드 강(river Tweed) 중심부였을 것입니다. 존 웰쉬 목사(Mr. John Welsh: 1570-1622)는 추위가 극심할 때에 그곳에서 자주 설교하였는데, 이는 당국의 추적이 있을 경우 스코틀랜드 쪽으로든 잉글랜드 쪽으로든 몸을 피하기 쉽게 하기 위함이었습니다. 현상금을 벌려고 따라 다니는 자들은 두 나라의 경계 지역을 활동 지역으로 택하는 경우가 자주 있었으나, 빛의 자녀들이 그들의 영리함을 먼저 예상하고 있었던 것 같습니다.

또한 재미있는 것은 블래케이더 목사의 설교를 들으려고 언덕에 모인 무리들을 흩어보내기 위해서 샤프 대주교(Archbishop Sharp)가 용병들을 보냈으나, 설교가 시작되기 한 시간 전에 모두들 사라졌다는 보고를 받았다는 것입니다.

옥외에서 행해진 설교가 없었다면, 목재로 지은 것보다 더 훌륭한 지붕 아래서 행한 설교 사역이 없었다면 과연 세상이 어떻게 되었을지, 저로서는 짐작조차 할 수 없습니다. 휫필드(George Whitefield: 1714-1770)가 옥외 설교를 시작한 때야말로 잉글랜드로서는 정말 용감한 시절이었습니다. 웨슬리(John Wesley: 1703-1791)는 교구 사제가 신성한 경내에 그를 받아들이지 않아서 하는 수 없이 엡워스(Epworth)의 그의 아버지의 무덤 위에 서서 설교하였는데, 이에 대해서 그는 이렇게 쓰고 있습니다: "나는 삼 년 동안 아버지의 강단에서 설교하는 것보다 그의 무덤 위에서 사흘 동안 설교한 것이 나의 링컨셔(Lincolnshire) 교구민들에게 훨씬 더 큰 유익을 주었다고 확신한다." 그 이후 계속 이어진 모든 노천 설교들 역시 실내에서 행한 정규적인 설교에 비할 때에 동일한 효과를 가져왔다고 말할 수 있습니다.

"횟필드는 어느 주일 버몬지 교회(Bermondsey church)에서 설교했는데 천 명이나 되는 무리들이 그곳에 들어갈 수 없었고, 그로 인하여 그는 옥외 설교에 대한 생각을 갖게 되었다. 그가 측근 몇몇에게 이를 언급했으나 아무도 격려하는 사람이 없었다. 그들은 그것을 '미친 생각'이라 여긴 것이다. 그러나 그 다음 주일 그는 강단에서 설교하였으나 그 무리가 너무나 적은 것에 실망하여 아이언멍거스 암스하우스(Ironmongers' Almshouses)에서 옥외 설교를 단행하였다. 그는 그날 두 편의 설교를 준비하였다. 하나는 실내 설교를 위하여, 또 하나는 옥외 설교를 위해서 준비한 것이다."

이렇게 해서 무르익은 옥외 설교에 대한 생각은 결심으로 이어졌고, 얼마 지나지 않아서 실제로 시행되었습니다. 주교 관구 상서관은 횟필드가 그의 고아원을 위하여 브리스톨(Bristol)의 교회들에서 설교하려 하는 것을 가로막았고, 그리하여 그는 킹스우드(Kingswood)에서 탄광 노동자들에게 설교를 계속하였습니다. 그는 처음으로 토요일 오후에 하난 마운트(Hannan Mount)에 서서 마태복음 5:1-3을 본문으로 말씀을 전했는데, 이백 명 이상이 참석하였습니다. 그는 일기에다 이렇게 쓰고 있습니다: "얼음이 이제 깨어지고 있으니 하나님을 송축할지어다. 이제 나는 옥외로 나갔다. 나를 비난하는 이들도 있을 것이다. 하지만 원인이 있지 않은가? 강단에 오를 수 없고, 불쌍한 노동자들이 참된 지식이 없어서 멸망으로 향하고 있지 않은가?" 이제 그는 아무도 빼앗을 수 없는 강단의 소유자가 되었고, 이런 위대한 선물에 그의 마음은 기쁨으로 가득 찼습니다. 그 이튿날의 일기는 이렇게 기록되어 있습니다: "이제 교회 문은 모두 닫혀 버렸다. 문이 열린다 해도 말씀을 들으러 오는 사람들의 절반도 채 수용하지 못할 것이다. 오후 세 시에 킹스우드로 가서 탄광 노동자들에게 말씀을 전했다. 하나님께서는 우리를 사랑하사 쾌청한 날씨를 허락하셨고, 이천 명 가까이 되는 사람들이 그 자리에 참석하였다. 나는 요한복음 3:3을 한 시간가량 설교하였는데, 내게서 들은 사람들이 위로와 영적 유익을 얻었기를 바란다."

이틀 후 그는 다시 동일한 장소에 섰는데, 그때에는 사오천 명의 회중 앞에서 매우 자유롭게 설교하였습니다. 따스한 햇살이 내리쬐는 가운데 그를 둘러선 무수한 사람들이 쥐 죽은 듯이 조용하게 말씀을 경청하는 모습에 그는 '거룩한 탄성'으로 가득 찼습니다. 그 다음 주일에는 브리스톨에서 이 마일 떨어진 바슬턴(Bassleton)에서 교회당이 그에게 허락되었고, 무수한 무리가 몰려들었는데, 그는 먼저 교회당 안에서 기도문을 읽었고, 이어서 교회당 뜰에서 말씀을 전하였습니다. 그리고 네 시에 킹스우드로 황급히 옮겨갔습니다. 당시는 2월이었으나 날씨가 이례적으로 쾌청하고 맑았습니다. 지는 해가 그 빛을 한껏 비추는 가운데, 나무와 울타리 위에는 그의 말씀을 들을 뿐 아니라 얼굴을 보고자 하는 사람들로 가득 찼습니다. 그는 그 자리에 참석한 모든 사람들이 충분히 들을 수 있을 정도의 큰 소리로 한 시간가량 말씀을 전했고, 그의 마음도 기쁨이 충만했습니다. 그는 그의 일기에, "하나님을 송축하라! 불길이 지펴졌으니, 지옥의 문이 다시는 이를 막지 못하리라!"고 썼습니다. 휫필드의 설교를 들으러 모인 회중이 이백 명에서 이천 명으로 늘어났을 때 그 무수한 무리들이 야외에 모인 것을 보고 그가 어떤 느낌을 가졌으며, 또한 그의 설교가 그 회중에게 어떤 영향을 주었는지를 아는 것이 매우 중요합니다. 휫필드 자신의 말을 그대로 들어봅시다:

스스로 포기할 의(義)가 없는 탄광노동자들은 예수께서 세리들의 친구이셨으며 의인이 아니라 죄인을 불러 회개케 하려고 오셨다는 말씀을 듣고 대단히 기뻐하였다. 그들은 탄광에서 얼굴이 검게 되어 나왔는데, 그 검은 뺨에서 눈물이 흘러내려 하얀 자국이 생기는 것을 보고서, 비로소 그들이 감동을 받았다는 사실을 알게 되었다. 수백 명의 사람들이 깊은 자책에 빠졌고, 결국 건전하고도 충실한 회심으로 종결되었다. 그 변화는 모든 사람들에게 눈에 띄게 나타났고, 회심한 사람들은 그 사실을 온전히 하나님의 손길 덕분으로 돌렸다. 그런 현상이 전혀 새로운 것이었고, 또한 나도 이제 막 즉흥 설교자가 된 것에 불과하므로, 내부에서 상당한 갈등이 일어나기도 했다. 때로는 이만 명이 내 앞에 모였는데, 하나님께나 그들에게 할 말이 없어서 극히 염려가 되기도 했다. 그러나 나는 절대로 완전히 버려진 채로 있은 적이 없었고, "그의 배에서 생수의 강이 흘러내리리라"는 주님의 말씀이 무슨 의미인가를 복된 체험을 통해서 자주 알게 되었다. 내 위의 탁 트인 하늘과 멀리 보이는 들판의 정경, 그리고 수많은 인파가 마차나 혹은 말등이나 나무 위에 있는 모습, 그리고 때로는 그들 모두가 함께 감동을 받아 눈물바다가 되는 광경과, 게다가 때로는 저녁의 찬란한 노을이 한데 어우러지는 것이, 나로서는 도저히 감당할 수 없을 만큼 가슴 벅찬 경험이었다.

웨슬리는 그의 일기에 이렇게 쓰고 있습니다: "1731년 3월 31일 토요일. 저녁에 브리스톨에 도착하여 휫필드 씨를 거기서 만났다. 나는 처음에 노천에서 설교하는 이 이상스런 행위에 대해 어떻게 생각해야 할지 혼란스러웠다. 주일에 그는 이를 내게 시범으로 보이겠단다. 평생토록 예의와 질서를 그렇게도 고집스럽게 추구해 온 나머지, 영혼을 구원하는 일도 교회 내에서 행해지지 않으면 죄가 된다고 생각해 온 것이 아닌가!" 역사상 가장 위대한 옥외 설교자의 한 사람이 될 그도 처음에는 그렇게 느꼈던 것입니다.

휫필드가 수만 명이 운집한 케닝턴 공원(Kennington Common)에서 행한 설교 광경이나, 또는 이른 새벽 어둑어둑할 무렵 무어필드(Moorfield)에서 행한 설교 광경에 대해서는 길게 말씀드리고 싶지 않습니다. 무어필드에서는 사람들이 든 등불들이 마치 여름 밤 강가의 수많은 반딧불처럼 반짝였습니다. 그리고 웨슬리와 그의 유명한 설교자들이 수많은 무리들 앞에서 행한 그 영광스러운 사역의 광경에 대해서도 말씀드리지 않겠습니다. 다만, 여러분이 쉽게 기억할 수 있는 한 가지 광경이 제 기억에 강력하게 남아 있습니다. 작은 일들을 멸시하는 때가 오더라도 여러분은 절대로 그런 일이 없기를 바라는 마음으로, 그것을 여러분에게 말씀드리겠습니다:

웨슬리는 5월 28일 금요일에 뉴캐슬(Newcastle)에 도착했다. 차를 마신 후 거리를 걷다가 악행이 넘치는 것을 보고 충격을 받았다. 술 취하는 것이나 맹세하는 일이 예사롭게 행해지고 있었고, 심지어 어린아이들의 입에도 온통 저주들로 가득 차 있었다. 그가 토요일을 어떻게 보냈는지에 대해서는 알 길이 없다. 그러나 주일 오전 일곱 시 그와 존 테일러(John Taylor)는 그 마을에서 가장 가난하고 가장 추잡한 곳인 샌드게이트(Sandgate)의 펌프 근처에 서서 시편 100편을 옛 가락으로 노래하기 시작했다. 서너 명이 지나가다가 무슨 일인가 싶어서 쳐다보았다. 그리고 이내 숫자가 늘어났고, 웨슬리가 설교를 마치기 전에 천이백에서 천오백 명의 사람들이 모이게 되었다. 예배가 끝나자 사람들은 깊고 깊은 충격을 받아 멍하니 서 있었다. 이에 웨슬리는 이렇게 말했다: "제가 누군지 알고 싶으시면, 저는 존 웨슬리라고 합니다. 하나님께서 도우시면 오늘 저녁 다섯 시에 이 자리에서 다시 설교할 계획입니다."

웨슬리와 휫필드가 우리 나라에 복을 끼치던 그 기나긴 세월 동안 들판과 공원 등지에서 커다란 모임들이 계속해서 영광스럽게 열렸습니다. 옥외 설교야말로 신앙의 참된 봄날이 왔다고 증거하는 나무 위에서 노래하는 새들의 거친 노랫소리였습니다. 새장에 갇힌 새들이 더 아름답게 노래할지도 모릅니다. 그러나 그들의 음악은 자연스럽지도, 다가오는 여름을 확실히 보장해 주지도 못합니다. 감리교도들(Methodists)을 비롯하여 사람들이 야외에서 예수님을 선포하기 시작한 그때는 과연 복된 날이었습니다. 그때에 지옥문들이 흔들렸고, 마귀에게 사로잡힌 자들이 수백 명씩 수천 명씩 자유를 얻었던 것입니다.

일단 시작되자 야외 설교의 열매는 그치지 않았습니다. 야유를 퍼붓는 군중들과 썩은 계란과 오물 세례가 있기도 했지만, 그런 가운데서도 그 두 위대한 감리교도들을 추종하는 자들이 마을마다, 도시마다 계속해서 넘쳐났습니다. 그들의 모험은 매우 다양했지만, 그들의 성공은 전반적으로 위대한 것이었습니다. 그들의 수고 가운데 일어난 사건들을 읽노라면 자주 미소를 짓게 됩니다. 청중들을 방해하기 위해 짐을 싣는 말들을 군중 가운데로 몰기도 하고, 소방 펌프를 가져다가 장난질 치기도 했습니다. 설교자의 목소리가 들리지 않도록 하기 위해서 손으로 치는 종(鍾), 낡은 주전자, 뼈다귀, 부엌칼, 나팔, 드럼, 각종 악기 등이 동원되기도 했습니다. 어떤 때에는 교구의 소들을 풀어놓기도 했고, 또 어떤 곳에서는 개들을 풀어 싸움을 붙이기도 했습니다.

설교자들은 얼굴에 철판을 깔아야 할 필요가 있었고, 실제로 그렇게 되기도 했습니다. 존 퍼즈(John Furz)는 이렇게 쓰고 있습니다: "내가 설교를 시작하자마자 어떤 사람이 내 앞에 곧바로 나서더니 총을 내 얼굴에 들이대면서 내가 한마디라도 더 말하면 머리를 날려버리겠다고 맹세했다. 그러나 나는 계속해서 말씀을 전했고 그는 계속 맹세하였고, 때때로 총구를 내 입이나 귀에 대기도 했다. 우리가 마지막 찬송을 부르는 동안 그는 내 뒤로 와서 총을 쏘았고, 내 머리카락 일부가 불에 그슬렸다." 이런 일이 있을 정도니, 하찮은 방해나 소요 같은 것은 아무것도 아닙니다. 벨리알의 아들의 손에 총이 들려 있다는 것은 생각을 모으고 분명하게 말씀을 전하는 일에 상당히 방해가 됩니다. 그러나 존 넬슨(John Nelson)의 체험도 퍼즈의 체험 못지않을 것입니다. 그는 담담하게 이렇게 말하고 있습니다: "설교를 한참 진행하고 있는데, 회중 바깥에 있던 한 사람이 내게 돌을 던져서 이마가 찢어졌습니다. 하지만 이로 인하여, 특히 내 이마에서 피가 흘러내리는 것을 보고서 사람들은 더욱 설교에 집중하게 되었고, 설교를 마칠 때까지 모두 조용히 있었고, 찬송을 함께 부르고 있었습니다."

아서 박사(Dr. Arthur)가 전하는 기디언 우슬리(Gideon Ousley)의 생애는 옥외 설교의 가치에 대한 가장 강력한 증언 가운데 하나입니다.

1800년에서 1830년까지 그는 왕성한 정력으로 아일랜드 전역을 말을 타고 다니며 마을마다 예수의 복음을 전했습니다. 대개는 그의 말등을 강단 삼아서 설교했는데, 그 자신과 그의 추종자들은 해골을 모자로 쓰는 습관 때문에 검은 모자를 쓴 사람들로 알려졌습니다. 이처럼 말을 타고 행한 그의 사역으로 인하여 아일랜드에 큰 부흥이 일어났고, 아일랜드의 뿌리 깊은 저주 — 사제들의 권력과 백성들의 미신 — 를 진정으로 뒤흔들 소망을 주었습니다. 우슬리는 언제나 영민함과 상식적인 유머를 보여 주었습니다. 개개의 경우 그는 성난 군중들이 돌을 마음대로 던지지 못하게 하려고 약국의 창문 앞에서 설교했고, 아니면 그 지방에서 명망이 높은 가톨릭 교도의 저택 앞에서 말씀을 전하곤 했습니다. 에니스코디(Enniscorthy)의 시장의 돌계단에서 행한 그의 설교는 아일랜드의 흥분한 폭도들에게 대처하는 그의 능란한 방법을 아주 잘 보여 줍니다. 좀 길지만, 여러분이 혹시 이와 유사한 처지를 당할 경우에 어떻게 처신할지를 알려주기 위해서 인용해 보겠습니다:

그는 일어나 모자를 벗고 잠시 묵도를 드린 후에 찬송을 시작하였다. 사람들이 그의 주위로 몰려들기 시작하였고, 몇 절을 부르는 동안은 조용하게 듣고 있더니 곧 왁자지껄하면서 시끄러워졌다. 그러자 그는 기도를 시작했고, 사람들이 잠시 조용해졌다. 그러다가 무리가 늘어나면서 소요가 일어나기 시작하였다. 그는 기도를 마치고 설교를 시작하였다. 그러나 청중들은 그의 설교를 들을 마음이 없는 것이 분명했다. 몇 마디를 전하자, 물건들이 날아오기 시작했다. 처음에는 위험하지 않은 쓰레기나 감자나 무 등 채소들이 날아왔으나, 얼마 지나지 않아서 벽돌 조각이나 돌 등 딱딱한 물건들이 던져졌는데, 그것들에 맞아서 가벼운 상처가 났다. 그는 말을 멈추고 잠시 가만히 있다가, 외쳤다: "사랑하는 여러분, 오늘은 어찌된 일입니까? 저 같은 나이 많은 사람이 여러분에게 잠시 말을 하지도 못하게 한단 말입니까?" 그러자 무리 중에서 어떤 사람이, "당신의 늙은 머리에서 나오는 말은 듣고 싶지 않소"라고 응수했다. "하지만 여러분이 듣고 싶어하는 이야기를 하려는데요." "아니오, 당신이 하는 말은 하나도 듣고 싶지 않소." "어떻게 아십니까? 여러분 모두가 존경하고 사랑한다고 말하는 그분에 대해서 이야기하려는데요?" "그게 누군데요?" "복되신 동정녀 마리아올시다." "아이고, 그 복되신 동정녀에 대해 당신이 무엇을 알고 있는데요?" "여러분이 생각하는 것보다는 더 많이 알지요. 제 말을 들어주기만 하면, 제 말을 틀림없이 매우 기뻐하리라 믿습니다." 그러자 어떤 사람이 나서면서, "그럼 말해 보시오. 자, 여러분, 성모님에 대해 이 사람이 무슨 말을 하는지 들어봅시다"라고 하였다. 무리가 조용해지자, 그 전도자는 이렇게 말을 시작하였다.

"옛날에 가나라는 작은 동네에서 한 젊은 남녀가 결혼을 하게 되었습니다. 우리의 복되신 구주께서 그의 생애의 대부분을 보내신 그 지방에 속한 곳이었지요. 신랑 신부의 가족들은 복되신 동정녀와 그의 복되신 성자를, 그리고 그의 몇몇 제자들을 혼인 잔치에 초대하는 것이 옳다고 여겨서 그들을 초대하였습니다. 식탁에 앉아 있는 중에, 동정녀 성모(聖母)께서는 여흥을 위하여 제공된 포도주가 바닥이 나기 시작한 사실을 알았습니다. 그리하여 잔치에 초대한 이 점잖은 사람들이 이웃들 앞에서 창피를 당하지 않을까 내심 염려하기 시작했습니다. 그래서 성모는 그 복되신 성자(聖子)께 나직하게 이야기했습니다: '포도주가 모자라는구나.' 그러나 성자께서는 '어머니, 어머니가 걱정하실 일이 아닙니다'라고 대답하셨답니다. 그리고 일이 분쯤 지난 후 성모께서는 아들이 마음에 품으신 선한 생각을 아시고서, 지나가는 한 종을 붙잡고 '내 아들이 무슨 말을 하든 그대로 행하시오'라고 했습니다. 그리하여 우리의 복된 주님은 다른 종에게 — 종들은 자기들끼리 말을 전했겠지요 — '저 큰 물독들을 물로 가득 채우시오'라고 했습니다. 방 한쪽 구석에 물독이 여섯 개 있었는데, 각기 3갤런 정도 되는 큰 것들이었지요. 그 나라 사람들은 날마다 물을 많이 썼거든요. 그러자 그 종들은 성모님의 말씀을 기억하고서 그대로 행하고는 돌아와서 말했습니다: '선생님, 물을 가득 채웠습니다.' 그러자 성자께서는, '조금 떠서 식탁 머리에 앉은 주인에게 가져다주시오'라고 했습니다. 그들이 그대로 했고, 주인은 그 맛을 보았습니다. 그런데 이게 어찌된 일입니까! 그건 포도주였고, 포도주 중에서도 최고였습니다. 그리고 잔치에 쓰고도 남을 만큼 굉장히 많이 있었습니다. 어쩌면 신랑 신부의 집에서 쓸 것도 남아 있었는지도 모르지요. 그런데 여러분, 이 모든 일이 복되신 성모님이 한 말 그대로 했기 때문에 일어난 일이었습니다. 자 여러분, 만일 성모님이 오늘 우리 가운데 이곳에 계시다면, 우리들 각자에게도 똑같은 말씀을 주실 것입니다. '내 아들이 무슨 말을 하든 그대로 행하라'고 말입니다. 그럴 만한 충분한 이유가 있습니다. 그 아들의 우리를 향하신 마음에는 오로지 사랑만이 있고, 그의 입술에서는 오로지 지혜만이 나온다는 것을 성모께서 잘 알고 계셨기 때문입니다. 자, 그러니 여러분, 그 성자께서 우리에게 말씀하시는 것 중에 몇 가지만을 알려 드리겠습니다. 그는 말씀하기를, '좁은 문으로 들어가기를 힘쓰라. 너희에게 이르노니 많은 사람들이 들어가려고 애쓰되 들어가지 못하리라'고 하십니다."

그리고 그 설교자는 곧바로 간략하게, 그러나 명확하고도 힘있게, 생명의 문의 본질과, 그것이 좁다는 것과, 거기로 들어가야 할 절박한 이유를 "내 아들이 무슨 말을 하든 그대로 행하라"는 동정녀 마리아의 권면과 적절히 연결시켜서 설명했습니다. 그리고 이어서 청중들에게 우리 주님의 다른 무게 있는 말씀 가운데 몇 가지를 — "사람이 물과 성령으로 나지 아니하면 하나님 나라에 들어갈 수 없느니라", "누구든지 나를 따라오는 자는 자기를 부인하고 날마다 자기 십자가를 지고 나를 따를 것이니라" 등을 — 소개하고 설명하면서, 매 경우마다 동정녀 마리아가 가나에서 종들에게 한 권면과 연결지어서 강력하게 제시하였습니다. 그리고는 드디어 이렇게 말씀을 터뜨립니다: "아닙니다. 아니에요. 여러분은 복되신 동정녀를 사랑하고 높이는 체하면서도 그분의 권면은 듣지 않습니다. 오히려 술집으로 끌어들이는 술 취한 선생의 말은 기꺼이 듣고, 온갖 악행을 머리끝까지 저지르고 있습니다." 여기에 이르자, 어느 나이 많은 사람의 목소리가 말을 가로막았습니다: "당신 말이 참이오! 정말 참이고 말고! 지금까지 평생토록 당신이 온통 거짓말만 했다 해도, 지금 말한 이 말은 정말 참이오!" 그리하여 그 설교자는 설교를 끝까지 잘 마쳤고, 사람들에게 큰 영향을 끼쳤습니다.

여기서 야외 설교를 개관하는 일환으로 「초기의 감리교」(Primitive Methodism)의 역사를 함께 살펴볼 수 있을 것입니다. 그 놀라운 선교 운동이 바로 야외 설교를 매개로 하여 일어났고 발전하였기 때문입니다. 그러나 그 운동은 팔구십 년 전의 초기 감리교와 관련된 사건들이 그대로 재생된 것입니다. 웨슬리파 사람들이 매우 명망을 얻었고, 이번에는 그 과거의 불길이 다른 부류의 사람들 가운데서 솟아 오른 것입니다. 만일 웨슬리가 살아 있었다면 그는 목숨을 아끼지 않고 타락한 자들 가운데서 영원한 사랑의 메시지를 선포한 그 비천하지만 용감한 설교자들에 대해 칭송을 아끼지 않았을 것이며, 그들의 전도 사역의 대열에 앞장섰을 것입니다. 그런데 다른 지도자들이 등장하였고, 얼마 지나지 않아서 그들의 열심으로 말미암아, 폭도들이나 지주들이나 성직자들에게 절대로 굴하지 않는 열정적인 증인들이 무수히 일어났습니다.

그들은 옛 무기들의 세례를 풍성하게 받았습니다. 온갖 종류의 썩은 농작물들이 그 열심 있는 사도들에게 상으로 주어졌습니다. 무와 감자가 맨 먼저 등장했고, 썩은 계란이 특히 풍성하게 던져졌습니다. 특히 그런 목적을 위해서 거위알이 쓰이는 경우가 많았습니다. 석탄 가루가 가득 든 통이 준비되기도 했고, 말의 여물통에서 떠낸 오물들이 거기에 덧붙여졌으며, 여기에 깡통 두들기는 소리, 뿔 소리, 초병의 호각 소리들이 가세했습니다. "교회와 왕"의 지지자들이 정통 신앙을 가진 공격자들의 기분을 전환시키기 위하여 맥주통들을 제공했고, 반면에 설교자들과 그 제자들에게는 그 원수들의 마음에도 연민을 불러일으킬 정도로 잔인하게 대했습니다. 다행히, 이 모든 행위들이 법을 어기는 것이었습니다만, 설교자가 침묵하도록 위협하기 위한 노력으로 노골적으로 행해졌고, 범법자들은 당국의 묵인을 받아 아무런 처벌도 받지 않았습니다. 그들은 그리스도를 위하여 유랑자와 부랑자로 취급받는 것을 기쁘게 여겼고, 주께서는 그들에게 크나큰 존귀를 더하셨습니다. 제자들이 생겨났고, 추종자들이 증가했습니다.

 후 시대까지도 이 헌신된 형제들은 폭력을 당했습니다. 그러나 그들의 즐거운 체험이 그들의 찬양 속에서 거리마다, 캠프 집회마다, 그리고 기타 비정기적인 집회마다 그들을 보존시켰습니다. 이런 모임들을 통하여 수백 명의 방황하는 자들이 예수님을 만나 그의 우리 속으로 인도함을 받았습니다.

 이와 관련하여 웨일스의 크리스마스 에번스(Christmas Evans: 1766-1838) 등의 사역과 스코틀랜드의 홀데인 형제(Robert Haldane: 1764-1842, James Haldane: 1768-1851)의 사역, 혹은 잉글랜드의 로울랜드 힐(Rowland Hill: 1744-1833) 등의 사역도 있으나, 그들의 예를 들기에는 시간이 너무 부족합니다. 이 문제에 대해서 계속 연구하기를 원하신다면, 이 이름들만으로도 풍성한 자료들을 발견하는 힌트가 될 것입니다. 그리고 여기에 「거스리 박사의 생애」(*The Lifre of Dr. Guthrie*)를 덧붙이고 싶습니다만, 거기에는 스코틀랜드 교회의 대분열 어간에 — 이 당시 자유 교회(Free Church)는 아직 사람의 손으로 지은 예배처가 없었습니다 — 행한 유명한 그의 옥외 집회에 관한 내용들이 기록되어 있습니다.

 여기서 잠시 에든버러 출신의 로버트 플로카트(Robert Flockhart)에 대해서 살펴보아야겠습니다. 그는 덜 유명하지만, 아주 꾸준한 사람이었고, 무수한 그리스도의 거리 증인들 가운데 아주 적절한 모범이 되는 사람이었습니다. 이 용감한 사람은 날씨에 상관없이 온갖 박해 속에서도 매일 저녁마다 거리에서 말씀을 전하기를 무려 사십삼 년 동안이나 계속했습니다. 이것을 생각하시고, 절대로 의기소침해지지 마시기 바랍니다. 그는 기력이 쇠하여 거의 죽기 직전까지도 계속해서 그 일을 행하고 있었습니다. 그는 말하기를, "사람들의 영혼에 대한 안타까움이 나를 거리로 나가게 했고, 죄인들에게 간청하고 설득하여 예수께로 오게 하였다. 그리스도의 사랑이 나를 강권하였도다"라고 했습니다. 경찰의 적대적인 자세나 교황주의자들과 유니테리언들의 모욕에도 그는 전혀 굴하지 않았습니다. 그는 오류를 명확한 언어로 책망하였고, 힘을 다해 은혜로 말미암는 구원을 전했습니다. 그가 세상을 떠난 지 얼마 되지 않아서 에든버러 사람들은 아직도 그를 기억하고 있습니다. 우리의 온 도시들과 마을들에는 그런 분들이 있을 자리가 있습니다. 그리고 이 런던에도 그와 같은 고귀한 사역자들이 수백 명 이상 필요합니다.

아메리카에서도 피터 카트라이트(Peter Cartwright: 1785-1872), 로렌조 다우(Lorenzo Dow), 제이콥 그루버(Jacob Gruber) 등이 노천에서 영광스러운 싸움을 전개했고, 그보다 후대에 와서는 테일러 신부(Father Taylor)가 그의 「캘리포니아 샌프란시스코의 거리 설교 칠 년」(Seven years of Street Preaching in San Francico, Califomia)에서 옥외 전도의 위대한 능력이 드러난 또 하나의 증거를 제시하고 있습니다. 그 놀라운 작품에서 몇 가지를 발췌하여 여러분에게 제시하고픈 마음이 아주 크지만, 이번에는 참고 그냥 지나가겠습니다.

캠프 집회도 야외 설교와 성격이 매우 비슷한데, 이것이 미국에서 하나의 제도로 정착되었습니다. 미국에서는 모든 일을 대규모로 행할 필요가 있으니 말입니다. 그러나 이 문제를 다루다보면 다른 주제로 넘어가게 되므로, 여기서는 그저 그 방식이 끼친 유익에 대해서만 잠시 언급하고 그 이상은 생략하겠습니다.

「노바 스코티아 선교 사화」(Narrative of a Mission to Nova Scotia)의 저자는 아메리카의 초기 캠프 집회에 대해서 다음과 같이 묘사하고 있습니다:

> 대개는 초승달 모양으로 열을 지어 장막들을 쳤고, 그 중심에는 설교자들을 위하여 높이 세운 단상이 있었고, 그것을 중심으로 사방으로 판자들을 줄지어 정렬시켜서 사람들이 그 위에 앉아 말씀을 들을 수 있도록 만들었다. 이 숲 속 교회당 주위에 높은 나무들이 있어서 그 끝이 이 숲 속 교회당 위까지 뻗어 있었는데, 그 위에 등불들을 걸어 놓아서 한밤중에 진행되는 각종 엄숙한 신앙 집회들마다 불을 밝히게 하였다. 내가 처음 그 캠프에 도착한 것은 밤 열한 시가 거의 가까운 시각이었다. 나는 현장에서 일 마일가량 떨어진 숲 언저리에서 배에서 내렸다. 캠프 집회 현장으로 들어가서 나뭇가지에 걸

려 있는 등불들을 보면서, 내 호기심은 놀라움으로 변했다. 거대한 공간에 장막들이 반원형으로 줄지어 있었고, 그 중심부에는 사천 명의 사람들이 설교자의 말씀에 주의를 집중시켜 경청하고 있었다. 설교자의 큰 목소리와 활기 있는 모습이 울창한 나무 숲 속을 통과하여 아주 먼 거리에서도 분간할 수 있었다. 먼 곳에서는 캠프의 반짝이는 등불 이외에는 온 사방이 캄캄하여 아무것도 볼 수 없었다. 이 모든 광경이 나를 깜짝 놀라게 했고, 나는 마치 광야에 모여 있는 히브리인들을 보는 듯한 느낌을 받았다.

집회는 대개 월요일 오전에 시작하여 금요일 오전에 해산하였다. 하루의 일과는 다음과 같은 방식으로 진행되었다. 오전 5시에 설교나 기도 등의 행사를 위하여 나팔이 울리고, 이 행사는 중간에 약간 쉬는 시간을 갖고 오전 8시 아침 식사시간까지 이어졌다. 10시에 다시 나팔이 울려 공식 설교회가 있고 12시경에 그 집회가 끝나면 사람들은 삼삼오오 장막이나 나무 밑으로 흩어져서 함께 기도하는 시간을 가졌다. 점심 식사 후 오후 2시에 다시 설교를 위하여 나팔이 울렸다. 각 장막마다 여자들 한두 명이 남아서 저녁 식사를 준비하는 것이 보였다. 캠프 다른 편에 불을 계속 지펴 두고서, 차를 위하여 물을 끓이고 있었다. 오후 설교회가 끝나고는 오전과 별다른 것 없이 거의 똑같이 행사가 진행되었다. 다만 기도 그룹들이 좀 더 큰 규모로 모이고, 활기 있는 권면들과 큰 소리로 하는 기도가 눈에 띈다는 점만 다를 뿐이었다. 이 집회를 인도하는 사람들 중에는 캠프 집회가 끝날 때에는 목소리가 완전히 쉬어서, 설교자들이나 참석자들이나 속삭이는 소리로밖에는 말을 하지 못하는 사람들이 많았다. 오후 6시에 다시 설교회를 위하여 나팔이 울렸고, 그 이후에는 어떤 정해진 형식 없이 위의 방식대로 밤중까지 계속되었다. 밤중 어느 시각에 잠에서 깨어도, 숲 속은 언제나 찬양 소리로 가득 차 있었다.

우리 나라에서도 그와 같은 집회들을 그렇게 세심하게 운영할 수 있을지에 대해서는 알 수 없습니다만, 우리 나라에서도 넓은 장소를 택하여 여름철에 — 가령 한 회에 일주일씩 — 그런 집회를 갖고 목사들이 차례로 나무 아래서 복음을 선포하는 문제를 신중히 고려해 볼 만하다는 생각이 듭니다. 설교와 기도 모임, 강론과 찬송을 아주 지혜롭게 서로 이어지게 하고, 수천 명을 이끌어 하나님을 예배하도록 할 수 있을 것이고, 그렇게 하면 그중에 교회당의 정규 예배에 한 번도 참석해 보지 못한 수백 명을 그리스도 앞으로 이끌 수 있지 않을까 여겨집니다. 수백만의 사람들을 전도하기 위하여 무언가 하여야 하는 것은 물론이요, 무엇이든지 다 행해야 합니다. 그러면 그런 갖가지 노력 가운데서 최고의 것을 발견할 수 있을 것입니다. "아무쪼록 몇 사람이라도 구원하고자 함이니"(고전 9:22)가 우리의 모토가 되어야 합니다. 그리하여 큰 길가와 산울타리가로 나가서 사람들을 강권하여 불러오도록 힘써야 합니다. 형제 여러분, 지혜로운 사람들에게 하듯 그렇게 말씀드립니다. 제 말을 잘 생각해 보시기 바랍니다.

제 18 장

옥외 설교에 대한 몇 가지 논평

혹시 좀 덜 깨인 시골의 교회들 중에, 교회당이 아닌 다른 곳에서 설교한다는 것은 정말 충격적인 새로운 방법이요 이단의 성향이 있다는 확실한 증표요, 지식이 없이 열심만 있다는 표시라는 식으로 믿는 보수적인 사람들이 있으리라 생각됩니다. 그들 가운데서 위로를 주기 위해 애쓰는 젊은 형제가 있다면, 그들의 시온 성벽 바깥에서 행하는 설교 같은 비정규적인 것들은 그들에게 제안하려 하지 않을 것입니다. 그 옛날부터 우리에게는 "지혜가 부르지 아니하느냐 명철이 소리를 높이지 아니하느냐 그가 길 가의 높은 곳과 네거리에 서며 성문 곁과 문 어귀와 여러 출입하는 문에서 외치도다"(잠 8:1-3)라는 말씀이 있습니다.

그런데 정통주의를 주장하는 지혜로운 자들은 허가 받은 건물 지붕 아래에서가 아니고는 지혜가 소리를 내지 못하도록 만듭니다. 이 사람들은 "길과 산울타리 가로 나가서 사람을 강권하여 데려다가 내 집을 채우라"(눅 14:23)는 신약 성경의 말씀을 믿으면서도, 이 명령을 문자 그대로 순종하기는 싫어합니다. 나무 판자를 똑바로 세워 올린 건물 속에 앉아 있는 가운데 특별한 축복이 임한다고 믿습니까? 그런 것은 야외의 푸른 잔디에서 예배드리는 것이 불편하여 오래 전에 사람들이 새로이 만들어 낸 것이 아닙니까? 은혜가 소리 반사판에서 울려나오고, 강단의 쿠션을 털어서 나오는 먼지처럼 은혜도 거기서 나온다고 생각합니까? 마치 교황주의자들이 미사를 드리는 건물 안에서 나는 값싸고 역한 향내에 매료되어 있듯이, 교회당 안의 나쁜 공기와 숨막힐 듯한 상태에 그렇게 매료되어 있는 것입니까? 이런 반대자들에게 답변하는 일은 쓸데없는 일입니다. 차라리 강철만큼 가치 있는 원수에게는 우리가 쓰임을 받을 수 있지, 이런 자들은 관심을 줄 가치가 없습니다. 그들의 편견에 대해 미소를 보내지만, 동시에 그것에 대해 슬피 울어야 마땅합니다.

옥외 설교에 대해서는 굳이 변명할 필요가 없습니다. 오히려 교회당 바깥에서는 한 번도 설교하지 않은 사람이 과연 자기 의무를 다했다는 생각이야말로 확실한 증명이 필요합니다. 변호를 요하는 것은 건물 바깥에서 예배를 드리는 것이 아니라 오히려 건물 내에서 드리는 예배입니다. 이 땅의 불쌍한 죄인들 가운데서 설교할 공간이 그렇게도 많이 필요한 때에 벽돌과 돌을 하늘 높이 쌓는 건축가들이야말로 변명할 이유가 필요할 것입니다. 돌기둥을 그렇게 쌓아놓아서 설교자의 모습을 볼 수 없게 만들어 놓고 그의 목소리를 들을 수 없게 가로막는 일이야말로 크게 변명이 필요하며, 소리가 완전히 죽어 버리고, 피를 토하기까지 소리를 지르게 해서 결국 사람들을 죽이고 마는 그런 높이 솟은 고딕식 지붕이야말로 변명이 필요합니다.

그리고 예술적인 모양을 만족시키기 위해서 소리를 굴절시키는 재료로 표면을 장식하여 메아리가 울리게 만들어 놓고, 청중과 설교자 모두의 편안함은 완전히 무시해 버리는 처사야말로 정말 변명이 필요합니다. 교회당 바깥에다 온갖 요귀와 괴물들을 세우고 또한 교회당 안팎에 온갖 우스꽝스러운 교황주의의 물건들을 세워서 교회당을 장식하기는커녕 오히려 그것을 더럽히는 일에 돈을 낭비해야만 직성이 풀리는 저 유치한 사람들에게도 정말 굉장한 변명이 필요합니다. 그러나 하늘 아버지의 저 광활한 집회 장소를 — 이 장소야말로 어느 면에서도 복음을 자유롭게 충실하게 광대하게 엄숙하게 선포하는 일에 지극히 어울립니다 — 사용하는 일에 대해서는 그 어떠한 변명도 할 필요가 없습니다.

영국에서는 일상적으로 집회를 실내에서 갖는 것이 변명의 여지가 있기는 합니다. 이 나라의 기후가 너무나 나쁘기 때문입니다. 그러나 날씨가 좋고 안정되어 있을 때에는, 그리고 공간과 조용한 상태를 얻을 수 있을 때에는 실내에서 나와서 옥외에서 집회를 갖는 것이 좋을 것입니다.

우리는 팔레스타인 사람들과는 사정이 다릅니다. 그들은 날씨를 예측할 수 있고, 시시각각으로 소나기가 내릴 위험도 없습니다. 그러나 만일 우리가 도중에 소나기를 만난다면, 그 시각의 소나기를 정말 하나님의 은혜로 기대해야 할 것입니다. 우리는 원하지 않더라도 언제나 큰 소나기를 만날 수 있습니다. 그러니, 다음 주일 오전에 옥외 예배를 드리기로 고정시켜 놓으면, 우리가 속살까지 다 젖지 않으리라는 보장이 없습니다. 몇몇 뛰어난 설교들이 비가 내리는 중에 행해졌다는 것이 사실이지만, 일반적으로 볼 때에 우리의 청중들은 몸이 젖어 들어오는 것을 참아낼 만큼 위대하지는 못한 것이 사실입니다. 게다가, 우리 나라는 겨울 추위가 너무도 심하므로 옥외 집회를 일년 내내 갖는다는 것은 매우 어려운 실정입니다. 물론 스코틀랜드에서는 진눈깨비가 내리는 중에 설교를 하기도 했습니다. 존 넬슨은 "침침하고 눈이 내리는 날씨인데도 군중이 너무 많아서 교회당 안에 들어갈 수 없어 옥외에서 말씀을 전했다"고 쓰고 있습니다. 그런 일들을 때때로 할 수도 있을 것입니다.

하지만 예외의 경우들이란 그저 원칙을 입증해 주는 것일 뿐입니다. 사람들이 실내로 들어오고, 또한 실내가 굉장히 넓어서 모든 사람을 다 수용할 수 있는 경우라면, 언제나 실내에 있는 것으로 충분하고 굳이 옥외로 나갈 필요가 없는 상황에서는, 날씨에 구애받지 않고 편안한 좌석에 앉아서 온갖 시끄러운 소음과 방해 없이 있는 것이 엄숙하고도 고요한 생각을 가지고 복음을 듣는 데에 큰 도움이 될 것입니다. 사람들을 충분히 수용할 수 있을 경우에는 환기가 잘 되고 정리가 잘 된 건물이 큰 유익이 됩니다. 그러나 이런 조건들이 잘 맞는 경우가 매우 희귀하니, 저는 옥외 집회에 대해서 말씀을 드리지 않을 수 없습니다.

옥외 설교가 주는 큰 혜택은 복음을 들을 기회가 전혀 없었던 수많은 사람들에게 복음을 전할 수 있다는 점입니다. 복음의 명령은 "온 세상으로 나아가 만민에게 복음을 전하라"는 것입니다. 그러나 사람들은 마치 이 명령이 "너희 예배처로 들어가 그곳에 들어오는 소수의 사람들에게 복음을 전하라"는 뜻이기라도 한 것처럼 이 명령을 별로 순종하지 않습니다. "길과 산울타리 가로 나가서 사람을 강권하여 데려다가 내 집을 채우라"는 말씀은 비유의 일부분입니다만, 문자 그대로 취할 만한 가치가 있고, 또 그렇게 취함으로써 그 의미를 가장 잘 이루는 것입니다. 실제로 길가와 큰 도로로 나아가야 합니다. 산울타리 가에 숨어 있는 자들도 있고, 큰 도로를 배회하는 자들도 있고, 골목길을 누비는 자들도 있습니다. 우리가 그들의 영역으로 들어가지 않으면 그들에게 다가갈 방법이 전혀 없습니다. 사냥꾼이라면 집에 가만히 앉아서 새들이 오기를 기다리며 총을 겨누고 있어서는 안 될 것이고, 어부라면 배 속에다 그물을 그냥 두고 고기를 잡아 올릴 생각을 가져서도 안 될 것입니다. 상인들은 시장으로 갑니다. 손님들을 따라다니며, 이윤을 따라다닙니다. 그러니 우리도 그렇게 해야 합니다. 우리 형제들 중에 어떤 이들은 지루하게 설교를 계속하여 회중석을 비우고 방석들마다 곰팡이가 피게 만들고 있습니다. 그 낡은 벽을 잠시 닫아두고 예수님을 위하여 산 돌들을 구하는 것이 수백 명의 영혼들에게 더 오래 남는 유익을 줄 수 있을텐데 말입니다. 르호보딜에서 나와서 길모퉁이에서 방을 찾아야겠고, 살렘을 떠나서 소외된 영혼들의 평안을 구해야겠습니다. 더 이상 벧엘에서 꿈꾸지 말고, 탁 트인 공간을 다름 아닌 하나님의 집으로 만들어야겠습니다. 시온 산에서 내려오고 에논에서 올라오고, 심지어 트리니티 교회당(Trinity)과 세인트 아그네스 교회당(St. Agnes)과 세인트 미카엘 앤 올 엔젤스 교회당(St. Michael-and-All-Angels)과 세인트 마가렛패턴스 교회당(St. Margaret-Pattens)과 세인트 베다스트 교회당(St. Vedast)과 세인트 에델버거 교회당(St. Ethelburga) 등에서 나와서, 지식이 없어서 멸망으로 향하고 있는 죄인들 중에서 새로운 성도를 찾도록 힘써야 하겠습니다.

저는 성품이나 형편으로 보아 예배 처소에 있을 가능성이 전혀 없는 사람들에게 런던의 거리에서 행해진 설교가 굉장한 축복을 가져다준 사실을 잘 알고 있습니다. 예를 들어서 제가 아는 한 유대인 친구는 폴란드에서 왔는데 영어를 전혀 이해하지 못하는 사람이었습니다. 그런데 주일에 거리를 지나다가 무수한 사람들이 아주 진지하게 말씀을 전하는 강사에게 귀를 기울이고 있는 것을 목격했습니다. 자기 나라에서는 사람들이 그렇게 모여 있으면 러시아 경찰이 경계하므로 그런 광경을 좀처럼 보지 못했기 때문에 그는 그 광경이 더욱더 신기했습니다. 영어를 조금씩 습득해 가면서 그는 점점 거리 설교자들의 집회에 꾸준히 참석하게 되었습니다. 처음에는 사실 언어를 배우려는 생각이 주로 많았습니다. 옥외 설교자에 대해서 들은 내용이나 그 유대인 친구 자신과의 대화 내용을 볼 때에, 그가 습득한 영어는 사실 보잘것없는 것이었습니다. 그러나 그의 신학은 그의 영어보다 훨씬 나은 것이었습니다. 그 "진짜 이스라엘인"으로서는 언제나 거리 설교자들을 높이 평가할 만한 이유가 있었습니다.

외국인들과 이방인들 가운데서 그러한 방식으로 성도들과 함께 하늘나라의 시민이 된 사람들이 얼마나 많은지 우리로서는 알 수 없습니다. 로마교회 사람들 중에서도 이런 방식으로 돌아오는 경우가 생각보다 많습니다. 교황주의자들 가운데 회심한 경우들을 공포한다는 것은 별로 사려 깊다 할 수 없습니다만, 제가 관찰한 바에 의하면 십 년 전보다도 그들이 회심하는 사례가 훨씬 더 많아진 것이 확실합니다. 그리고 그런 은혜의 역사는 거리 모퉁이에서 전한 복음 설교를 통해서 이루어진 경우가 태반입니다. 거리 설교를 통해서 주의 말씀을 듣고 주께로 나아오는 불신자들도 계속해서 생겨나고 있습니다. 더욱이, 거리 전도자는 종교를 설명할 수도 없고 상상할 수도 없는 그런 괴상한 사람들에게서도 주목을 받습니다. 그런 사람들은 교회당만 보아도 싫어합니다. 그러나 무리 중에 섞여서 말씀을 듣는 일은 크게 거부감 없이 행하고, 스스로 가장 경멸하는 체할 때에 가장 감동을 크게 받는 경우가 많습니다.

그 이외에도, 큰 도시에 사는 사람들 중에는 사람들이 예배하러 갈 때에 입어야 한다고 생각하는 그런 적당한 의복이 없는 사람들도 많고, 또한 모양새가 허름하고 지저분하며 악취가 나서 아무리 훌륭한 자선가나 인간의 평등을 부르짖는 민주적인 사람이라도 가까이 가지 못하고 약간 거리를 두고 싶어할 그런 사람들이 아주 많이 있습니다. 또한 의복이야 어떻든 간에 예배당에 들어가 예배에 참석한다는 것이야말로 일종의 형벌이라고 여겨서 예배당에 들어가기를 절대로 원치 않는 사람들도 있습니다. 어쩌면 어린 시절 몇 차례 교회당에 갔을 때에 지리한 설교를 들었던 기억 때문이기도 할 것입니다. 그러나 그들은 예배에 참석하는 사람들을 다음 세상에서 받아야 할 형벌을 이 세상에서 미리 받고 있는 사람들로서 우러러볼 것이 확실합니다. 그들에게는 영국 국교회든 비국교회든 간에 주교들이나 목사들의 설교보다는 일요 신문이나 담배 파이프 같은 것이 더 매력적입니다. 옥외 전도자는 "무교회"파에 속한 이런 사람들을 뽑아내고, 그런 과정에서 마침내 구속자의 면류관을 높이 기리게 될 지극히 풍성한 보배들을 찾는 경우가 많습니다. 그러나 이 보배들은 겉으로 보기에 아주 투박하기 때문에, 이것저것 가리는 것이 있는 영혼구원자들은 그들을 잘 알아보지 못합니다. 요나가 니느웨의 거리들에서 말씀을 전할 때에 수많은 무리들이 들었는데, 만일 그가 홀을 빌려서 거기서 말씀을 전했더라면 그들은 그의 존재조차도 몰랐을 것입니다. 세례 요한은 요단 강에서 백성들에게 각성을 불러일으켰는데, 그가 만일 회당을 고집했더라면 절대로 그런 일을 하지 못했을 것입니다. 이 도시 저 도시를 옮겨 다니며 어디서든지 주 예수의 말씀을 선포한 사람들도, 만일 그들이 "하나님의 은혜의 복음이 다음 주일 저녁 이곳에서 전해질 것입니다"라는 정통적인 광고를 써 붙인 건물 속에 틀어 박혀 있었다면, 결코 세상을 온통 뒤집어 놓지 못했을 것입니다.

만일 우리가 시골의 형제들을 설득하여 일 년 중에 여러 차례 교회당 바깥으로 나와서 들판이나 그늘진 숲 속이나 아니면 언덕이나 정원 등지에서 예배를 드린다면, 보통의 청중들에게 훨씬 더 유익하리라고 확신합니다. 장소 자체가 의외라는 것 때문에라도 사람들이 새로운 관심을 갖게 되고 그래서 그들을 깨우게 될 것입니다. 졸기를 잘 하는 사람들에게는 장소만 약간 바꾸어도 놀라운 효과가 있을 것입니다. 그 사람들은 예배 장소에 그저 습관적으로 들어갔다가 다시 습관적으로 나옵니다. 이제 드디어 쉴 수 있는 곳을 찾았구나 하는 심정으로 좌석에 앉습니다. 찬송을 부를 때에도 아주 힘들여 일어나고, 찬송의 마지막 부분에 송영 순서가 남아 있다는 것을 알아채지 못하고 미리 앉아 버립니다. 정기적으로 예배에 참석하는 사람들 중에는 정말 통나무 같은 이들도 있습니다. 개중에는 눈을 뜬 채로 잠들어 있는 사람도 많습니다. 몇 년 동안 똑같은 자리에 앉아 왔습니다. 회중석도, 강단도, 이층의 특별석도, 매주 조금씩 더러워지고 낡아진다는 것만 빼고는 언제나 모든 것이 똑같습니다. 누구나 항상 영원토록 똑같은 자리에 앉습니다. 목사의 얼굴도 목소리도 태도도 일월부터 십이월까지 언제나 똑같습니다. 그렇게 되면 마치 "무디고 냉랭한 사망의 귀"에다 대고 말씀을 전하는 것 같이 모든 것이 고요하고 전혀 무슨 변화가 없습니다. 공장 주인이 기계가 돌아가는 소리를 들으면서도 그 소리를 듣는 것을 느끼지 못하는 것처럼, 열차 엔진에 석탄을 집어넣는 화부(火夫)가 기계의 달그락거리는 소리를 들으면서도 거의 의식하지 못하는 것처럼, 런던에 사는 거주민들이 시끄러운 거리의 소리를 전혀 의식하지 못하는 것처럼, 우리 교회들에 속한 수많은 사람들도 아무리 진지한 말씀을 전해도 거의 감각이 없이 그저 지당한 말씀으로만 받아들이는 것입니다. 설교도 그 밖의 순서도 너무나 일상적인 것이 되어 버려서, 그런 것이 있는지조차 의식하지 못하는 것입니다. 그러므로 장소를 바꾸는 것이 유익할 수도 있습니다. 단조로움을 방지하고, 무관심을 흔들어 깨우고, 생각을 하게 하고, 여러 면에서 주의를 기울이도록 만들어 주고, 좋은 일이 있으리라는 새로운 소망을 갖게 만드는 것입니다.

 우리의 몇몇 예배당을 태워 버린 큰 화재도 큰 재난이 아닐 수도 있을 것입니다. 그로 인해서 옛 건물과 옛 좌석이 그대로 있는 한 전혀 감동을 받지 않을 에베소의 잠자는 자들이 일깨움을 받는 역사가 함께 일어난다면 말입니다. 그 이외에도 신선한 공기야말로 모든 남녀노소에게는 귀한 것입니다. 저는 스코틀랜드에 머물 때에 어느 주일 블레어모어(Blairmore)에서 두 차례 설교한 적이 있습니다. 그날의 예배는 바닷가 근처의 어느 야산에서 행해졌는데, 수천 명이나 되는 많은 청중 앞에서 온 힘을 다해 말씀을 증거하고 났는데도, 교회당이라 불리는 캘커타의 그 끔찍한 검은 집에서 수백 명의 청중에게 말씀을 전할 때에 비하면 거의 절반 정도밖에는 지치지 않았습니다. 블레어모어에서는 어째서 그렇게 신선하고 피로감이 없었는지를 생각해 보니, 꼭꼭 닫아둘 창문이 없었다는 것과 지붕이 하늘만큼 높이 있었던 데 그 원인이 있었습니다. 실외에서 신선한 공기를 마시며 설교하는 것이 환기가 제대로 되지 않아서 불순한 공기를 마실 수밖에 없는 실내에서 설교하는 것보다 서너 배는 피로감이 덜하다는 것이 저의 확신입니다.

　장막은 아주 나쁩니다. 말할 수 없이 나쁩니다. 가장 악조건에 있는 건물보다도 훨씬 더 나쁩니다. 설교하는 장소를 덮는 것으로서 장막은 가장 피해야 할 것이라는 생각이 듭니다. 런던에서 장막들이 사용되는 것은 좋은 일입니다. 왜냐하면 아무리 나쁜 조건이라도 전혀 없는 것보다는 낫기 때문입니다. 여러 곳으로 이동이 용이하고 값도 비싸지 않습니다. 그러나 그럼에도 불구하고 아무 장치도 하지 않는 것과 장막을 치는 것 중에 하나를 택하라면, 저는 아무것도 없이 그냥 노천에서 설교하는 것을 택하겠습니다. 장막 안에서는 목소리가 죽어서 말하는 데 훨씬 더 힘이 들어갑니다. 그 재질이 목소리에 마치 젖은 담요처럼 작용하여 공명을 죽이고, 멀리 전파되는 것을 막습니다. 장막 속에서 생기는 찌는 듯한 뜨거운 공기 속에서는 필사적인 노력을 기울일 수밖에 없고, 그렇게 되면 말씀을 전하기보다 차라리 죽임을 당하는 것 같아집니다. 우리 신학교의 집회에서도, 모인 숫자가 그저 이백 명 정도 되고, 장막 양쪽이 다 열려 있어서 환기가 잘 되는 상태에서도, 뒤쪽에서는 얼마나 듣기가 어려운지를 여러분이 잘 기억할 것입니다. 그 경우에 여러분은 어쩌면 그 원인이 다소 활기 찬 회중들이 주의를 기울이지 않고 조용하지 못한 데 있다고 생각할지도 모르겠지만, 모든 사람이 조용히 머리를 숙이는 공기도 시간에도 저는 장막 속에서는 제 목소리가 전해지는 힘이 상당히 줄어든다는 점을 직감할 수 있었습니다.

　시골에서 옥외 설교를 시도하려 할 경우, 아마도 **설교할 장소를 선택할 것입니다.** 그렇지 않을 경우는 장소를 얻는 대로 어느 곳이든 설교 장소로 사용할 수밖에 없을 것이고, 그럴 경우는 그것이 최고의 장소라는 것을 믿음으로 받아들여야 할 것입니다. 홉슨(Hobson)은 그런 장소를 택하든지 아니면 아예 택하지 않든지 둘 중의 하나인데, 그것이 문제를 단순하게 해 주고, 또한 논쟁이 필요 없게 만들어 줍니다. 지나치게 까다롭게 하지 마십시오. 여러분의 교회당 옆에 들판이 있는 경우라면 그 장소를 택하십시오. 혹시 날씨가 나빠지면 교회당 안으로 편리하게 들어갈 수도 있고, 혹시 집회 후에 기도 모임을 갖는다든지 후속 모임을 갖는다든지 할 때에도 아주 편리할 것이기 때문입니다. 정규 예배가 시작되기 전에 교회당 근처의 한 장소에서 설교하는 것도 좋을 것입니다. 그렇게 하면 설교가 끝나고 곧바로 사람들을 이끌어 교회당 안으로 들어가게 할 수 있을 것입니다. 정상적인 예배 전에 삼십 분 정도 옥외에서 설교하고 찬송하는 일을 행하면, 빈 교회당을 가득 채울 수 있게 되는 경우가 많습니다. 동시에, 언제나 가깝고 손쉬운 장소를 고집할 필요는 없습니다. 예배당이 근처에 전혀 없어서 아예 소홀히 여겨졌던 그런 곳을 택하여 거기서 설교를 행하는 것도 좋습니다. 어두운 모퉁이마다 등불을 밝히십시오. 어두운 곳일수록 빛이 더 필요한 법입니다. 바로 그런 곳으로 여러분의 발걸음을 돌리시기 바랍니다. 사망의 음침한 골짜기에 거하는 자들로 하여금 그들에게 빛이 비쳐지고 있다는 것을 느끼게 해 주어야 합니다.

어디에선가 저는 항상 벽을 등지고 설교하라는 이야기를 들었습니다만, 저는 그것에 반대하여 제 자신의 전매특허인 방식을 제시하고자 합니다. 그 벽의 다른 쪽에 무엇이 있을지를 주의 깊게 살펴야 합니다! 어느 전도자는 벽을 등지고 설교하다가 벽 뒤에서 물세례를 받았습니다. 벽 뒤에 사람이 숨어서 물병을 던지면서 "개신교도들아, 국물이나 먹어라!"라고 소리친 것입니다. 그리고 또 어떤 사람들은 벽 뒤에서 올라와 전도자에게 악취가 나는 오물을 뒤집어 씌우기도 했습니다. 기디언 우슬리는 로스커먼(Roscommon)에서 담배 공장의 벽을 등지고 설교를 시작했습니다. 그런데 그 벽에는 상품들을 창고로 올리기 위해 만들어 놓은 나무로 된 창문이 있었습니다. 그런데 그 창문이 갑자기 열리더니 거기서 담배 씻는 물이 한 통 쏟아져 내렸습니다. 산성 액체라서 눈에 굉장히 고통을 주는 것인데 말입니다. 그는 후에 그처럼 위험스러운 위치에는 서지 않는 것이 낫다는 것을 알게 되었습니다. 그의 체험에서 배우시기 바랍니다.

만일 제가 옥외 설교의 위치를 택한다면, 저는 앞쪽으로 땅이 점점 올라가는 곳이나, 아니면 좀 멀리 떨어진 곳에 벽이 가로막혀 있는 그런 넓은 장소를 택하고 싶습니다. 물론 강단과 그 벽 사이에 회중들이 다 운집할 수 있을 만큼 거리가 충분히 멀리 떨어져 있어야겠지요. 하지만 저는 광활한 공간에 회중이 끝없이 밀려드는 것보다는, 모인 회중의 맨 뒷부분이 보이는 것을 원합니다. 벤모어(Benmore)에 있는 제 친구인 던컨 선생(Mr. Duncan)의 넓은 운동장보다 설교 장소로서 더 좋은 곳은 보지 못했습니다. 그 운동장은 잔디가 깔려 있는 평평한 곳이었고, 그 뒤에는 전나무로 뒤덮여 있는 완만한 언덕이 있었습니다. 사람들은 아랫쪽에 자리를 잡을 수도 있었고, 잔디가 덮인 언덕 위에 자리를 잡을 수도 있었습니다. 그래서 회중들의 일부는 제 위쪽의 이층석에 앉고, 일부는 아래쪽 운동장 잔디 위에 앉아서 말씀을 들을 수 있었습니다. 제 목소리가 아주 쉽게 올라가는 것을 느꼈고, 제 생각에는 거기서 반 마일 가량 떨어진 언덕에 사람들이 앉아 있었더라도 제 목소리를 쉽게 들을 수 있었을 것으로 보입니다. 아마 웨슬리가 즐겨 설교한 그웨납 핏(Gwennap Pit)의 장소도 그런 식으로 되어 있었을 것이라 생각됩니다. 원형 경기장이나 언덕 기슭이 언제나 야외 설교자들이 가장 선호하는 장소였는데, 그 유리한 점은 말을 하지 않아도 여러분이 분명하게 알 것입니다.

제 친구인 아브라함 선생(Mr. Abraham)이 한 번은 제게 옥스퍼드셔(Oxfordshire)에서 한 웅대한 대성당을 추천한 적이 있습니다. 그 잔재는 아직도 "스펄전의 장막"이라 불리고 있는데, 민스터 러벨(Minster Lovell) 근처에서도 사변형의 오크 나무숲의 형태로 보였습니다. 본래 그곳은 설교 장소로서는 최고로 이상적인 곳이었습니다. 왜냐하면 위치우드(Witchwood)의 아주 두터운 숲 속의 환히 터진 곳으로서, 울창한 나무숲속을 통과하여 얼마든지 닿을 수 있는 곳이었기 때문입니다. 저는 그 "푸르른 오솔길들"과 그 길들을 안으로 막고 있는 그 푸른 신록의 벽들을 절대로 잊지 못할 것입니다. 그리고 안쪽에 다다르면 큰 광장이 나타나고, 그 바깥쪽으로는 자잘한 나무들을 다 잘라 놓았고, 어린 오크 나무들은 상당 부분 그대로 남겨 두어서 매우 높이 자라 있었고, 그 가지들이 우리를 가려주고 있었습니다. 이 얼마나 장엄한 대성당입니까! 기둥들도 있고, 아치도 있고 말입니다. 정말 손으로 짓지 아니한 성전으로서, 우리는 진정 이렇게 노래할 수 있을 것입니다:

"아버지여, 주의 손이

이 고색창연한 기둥들을 지으셨고,
주께서 이 푸르른 지붕을 짜 놓으셨나이다."

저는 우리 나라에서든 유럽에서든 저의 그 대성당보다 나은 건축물은 본 적이 없습니다. "오오, 우리가 에브라다에서 그에 대한 이야기를 들었고, 나무 숲 속에서 그것을 찾았나이다." 푸른 하늘이 우리 위에 나 있는 높은 창문을 통해서 보였고, 그보다 더 끝에 있는 큰 창문으로는 저녁 햇살이 미소를 지었습니다. 오오 여러분, 그곳이야말로 예배를 위해서는 웅대한 곳이었습니다. 높이 솟은 하늘 아래 있고, 도시의 시끄러운 소음에서 완전히 벗어나 있고, 주위의 모든 것들이 하나님과의 고요한 교제를 도와주는 그런 곳이었습니다. 지금은 그 장소가 깨끗이 닦여 있고, 우리의 집회 장소로는 그곳에서 약간 떨어진 곳이 선정되었습니다. 그곳도 성격이 매우 흡사합니다. 다만 숲으로 이루어진 벽들이 없고, 그 대신 개간한 밭들로 된 넓은 개활지가 있는 점이 다르기는 합니다. 오로지 기둥과 지붕만이 남아 있습니다만, 그래도 저는 오크 나무 사이에서 예배를 드린다는 것이 여전히 즐겁기만 합니다. 올해는 비둘기 한 마리가 제 머리 바로 위에 둥지를 틀어놓았는데, 제가 설교를 진행하는 동안 새끼들을 먹이느라 계속해서 날아들었습니다. 얼마나 좋습니까? 사랑의 주님과 평강의 왕께서 높임을 받는 그 장소보다 비둘기가 편안히 있기에 더 합당한 곳이 어디 있겠습니까? 아치가 드리워진 저의 대성당이 방수가 아닌 것은 사실입니다. 은혜의 단비가 아닌 다른 소나기가 회중들에게 내릴 것입니다. 그러나 그것도 유익이 있습니다. 날씨가 누그러질 때에는 더욱 감사하게 만들고, 날씨가 궂을 때에는 진지하게 기도하도록 만들어 주니 말입니다.

언젠가 한 번은 폭풍우가 몰아치는 동안 옥외에서 설교를 한 일이 있습니다. 그날의 본문은 "그는 벤 풀 위에 내리는 비 같이, 땅을 적시는 소낙비 같이 내리리니"(시 72:6)였는데, 우리는 불편함도 있었지만 분명 확실한 축복도 얻었습니다. 저는 완전히 젖었고, 회중들도 완전히 젖었을 것입니다. 그러나 그들은 그대로 서 있었고, 저는 어느 누구도 건강이 나

빠졌다는 이야기를 듣지 못했고, 오히려 감사하게도 많은 영혼들이 그 설교를 통해서 예수님께로 돌아오는 역사를 접했던 것입니다. 이따금씩 아주 강렬한 열광 상태에서 그런 일들을 당하면 아무도 해를 받지 않기도 합니다만, 그러나 이적이 일어나기를 기대해서도 안될 것이요, 어리석게도 무모하게 그런 일을 감행하여 병든 사람을 죽이고 건강한 사람을 병들게 만드는 일이 있어서는 안될 것입니다.

저는 체더 클립스(Chedder Cliffs) 사이에서 설교한 일을 잘 기억하고 있습니다. 그 얼마나 고귀한 곳입니까! 그 얼마나 아름답고 장엄한 곳입니까! 그러나 그곳은 절벽 위의 높은 곳에 사람들이 돌을 옮겨다 놓아서 낙석(落石) 사고가 날 위험이 큰 곳이었고, 그러므로 다시는 그곳을 택하고 싶지 않습니다. 심각한 사고가 날 가능성이 있는 곳은 면밀하게 살펴서 피하여야 합니다. 머리를 다치는 것이 자연의 아름다움이나 은혜의 위로를 누리는 자격 조건이 되는 것은 아니기 때문입니다. 그 장소에서 설교를 결론지으면서, 저는 절벽 위의 큰 돌들을 제가 그 사람들에게 복음을 전한 사실의 증인들로 삼았고, 그들이 그 메시지를 거부할 경우 마지막 날에 그들을 향하여 증거할 것이라고 외쳤습니다. 그리고 그 이튿날 그런 호소를 성령께서 사용하셔서 한 사람을 회개시켰다는 말을 들었습니다.

설교 장소로 선택할 땅을 잘 살펴서 습지가 아닌지를 확인하십시오. 제가 설교하는 동안 사람이 무릎으로 미끄러져서 진흙탕에 박히는 광경은 절대로 보고 싶지 않습니다. 풀이 뒤덮인 장소는 아주 부드럽고 푸르러서 야외 설교 장소로 택하는 경우가 많으나, 진흙탕이 되기가 쉽고 참석한 사람들이 발을 적시게 되기 쉽습니다. 청중들의 불편함보다는 여러분 자신의 불편함을 추구하십시오. 주님께서도 그렇게 하셨을 것입니다. 심지어 런던의 거리에서도 듣는 사람들이 편리한가의 여부가 다른 무엇보다도 군중들에게 메시지를 효과적으로 전하는 중요한 요인이 되는 것입니다.

노르만디 포플라 나무(Normandy poplar) 근처도 절대로 피해야 합니다. 이 나무들은 마치 바닷가에서 나는 소음처럼 끊임없이 윙윙거리는 바람 소리를 냅니다. 포플라 나무 잎사귀도 계속해서 흔들립니다. 마치 말을 쉬지 않는 사람의 혀처럼 말입니다. 그 소음이 별로 크지 않다고 느낄지도 모르지만, 그것이 설교자의 최상의 목소리를 죽여 버립니다. 뽕나무 꼭대기에서 나는 소리들은 괜찮습니다만, 포플라 나무의 소음은 피하는 것이 좋습니다. 그것 때문에 무척 괴로움을 당할 것이니 말입니다. 저는 그 소음 때문에 크게 고통을 당한 경험이 있습니다. 이 시끄러운 나뭇가지들에서 마치 옛 뱀이 제게 쉬쉬 소리를 내는 것 같았습니다.

경험 있는 설교자들은 태양을 마주보며 설교하는 일은 가급적 피합니다. 그리고 청중들이 그런 상황에서 괴로움을 당하는 것도 원치 않습니다. 그러므로 야외 예배를 계획할 때에는 이 문제도 고려하는 것입니다. 물론 런던에서는 이것이 문제가 될 만큼 맑은 날이 그리 많지는 않지만 말입니다.

바람을 마주보고 설교하는 것도 좋지 않습니다. 목소리를 크게 하여 가까운 거리에 있는 사람들에게는 잘 들리게 할 수 있을지 모르지만, 아무리 애써도 몇 명밖에는 듣지 못할 것이기 때문입니다. 바람이 부는 방향을 고려하라는 말을 그렇게 자주 하지는 않습니다만, 이 경우에는 반드시 바람의 방향을 고려해야 합니다. 그렇지 않으면 여러분의 수고가 허사가 되고 말 것이니 말입니다. 여러분의 목소리가 바람을 타고 사람들을 향하여 나아가도록, 그리고 여러분의 목구멍으로 다시 돌아오는 일이 없도록, 그렇게 설교해야 합니다. 사람의 목소리가 바람에 실려 나갈 경우에 과연 얼마나 멀리까지 나가는지는 정확히 알 수 없습니다. 특정한 기후 조건에서는, 예를 들어서 팔레스타인 지방의 기후에서는, 수 마일 떨어진 곳에서 들리기도 합니다. 영국에서도 잘 아는 한 문장 정도의 말은 멀리서도 들리기도 합니다. 그러나 혹시 일 마일 이상 떨어진 곳에서 새로운 문장을 알아들었다고 이야기하는 사람이 있다면, 저는 그 사람의 말을 의심할 수밖에 없을 것입니다. 휫필드의 설교는 일 마일 거리에서도 들렸다는 기록이 남아 있습니다. 제 자신의 설교도 그 정도의 거리에서 들렸다고 자신해 왔습니다만, 지금은 다소 회의적입니다.[1] 반 마일 정도라면, 바람에 목소리가 실려 나갈 경우, 잘 들리리라 믿습니다. 어쨌든 여러분의 설교를 사람들이 분명히 들을 수 있는지를 확실히 하기 바랍니다.

시골에서는 설교에 적합한 장소를 찾기가 매우 쉽습니다. 목사가 신학교를 졸업하고 어느 시골 마을이나 도시에 정착할 때에 가장 먼저 해야 할 일은 바로 야외 설교를 시작하는 일입니다. 적절한 장소를 찾는 데는 대개 어려움이 별로 없을 것입니다. 들판이 앞에 있으니, 어느 때고 마음만 먹으면 행할 수 있습니다. 처음 시작할 때에는 시장터가 좋을 것이고, 그 다음에는 가난한 사람들이 몰려 있는 동네 어귀나, 빈둥거리는 교구민들이 있는 마을 모퉁이 같은 곳도 좋은 장소가 될 것입니다. 주일 저녁 마을 장이 열릴 때에는 선술집 앞도 아주 좋은 강단이 될 수 있고, 잔디 위의 마차도 설교 장소로 아주 좋을 것입니다. 아니면 주중에 축제가 열리는 저녁에는 약간 거리가 떨어진 들판도 좋겠지요. 오래 전에 쓰러진 늙은 느릅나무들이 있는 들판도 야외 설교 장소로는 안성맞춤입니다. 그 나무들이 회중들의 좌석 역할을 해 주기 때문이지요. 또한 교회당에 딸려 있는 "마을의 조상들이 잠들어 있는" 묘지도 좋습니다. 그러니, 핑계 대지 말고 곧바로 일을 시작하십시오.

런던 같이 큰 도시에서는 여러분 마음대로 예배를 진행할 권리를 얻을 수 있는 공터를 찾는다면 정말로 좋은 일일 것입니다. 아직 건물이 세워지지 않은 공터를 발견할 수 있다면, 그리고 건물이 지어지기까지 그것을 사용할 권리를 소유주로부터 얻을 수 있다면, 그것이야말로 큰 재산일

---

1) Chamber's Book of Days에는 다음과 같은 진술이 있다: "올리펀트 부인(Mrs. Oliphant)은 그녀의 Life of the Rev. Edward Irving에서 진술하기를, 반(半) 마일의 거리에서도 그의 목소리를 또렷하게 들을 수 있을 때도 있었다고 한다. 그러나 번스(Burns)가 칭송하여 마지않는 킬마녹(Kilmarnock)의 저 블랙 존 러셀(Black John Russell)의 목소리는 — 물론 그 의미는 제대로 전달되지 않았지만 — 일 마일의 거리에서도 들렸다고 한다. Jameson's Journal은 1828년 진술하기를, 블랙 박사가 커니힐(Cairneyhill)의 한 장막에서 하는 설교의 일부를 던펌라인(Dunfermline)의 서쪽 끝에서 엿들었는데, 그 거리가 대략 2마일 가량 되었는데도 한마디도 놓치지 않았다고 한다. 어쩌면 그 설교자는 정확한 발음과 명확한 목소리가 타의 추종을 불허하는 사람이었을 것이다: '그리고 잔잔한 바람이 계속해서 그 소리나는 쪽으로 불어왔다.'"

것입니다. 울타리를 치는 가벼운 비용을 들여도 괜찮을 것입니다. 그렇게 하면 여러분이 성(城)의 왕이 되는 것이요, 방해꾼들은 무단침입자들이 되어 버리니 말입니다. 돈이 없는 사람들도 그런 장소를 얻을 수 있는 경우가 많다고 생각합니다. 어쨌든 이런 점은 충분히 생각해 봄직 합니다. 마치 서리 채플(Surrey Chapel)처럼 여러분의 교회당에 작은 옥외 공간이 딸려 있는 경우라면 그것은 큰 유익이 됩니다. 여기서는 경찰이나 술 취한 자들의 방해 없이 말씀을 전할 수 있으니 말입니다. 이런 장소들이 없을 경우는, 거리 모퉁이나 삼거리 혹은 조용하고 외진 곳 등을 찾아서 복음을 전해야 할 것입니다. 몇 년 전에 저는 해크니(Hackney)의 킹 에드워즈 로드(King Edward's Road)에서 수많은 사람들 앞에서 설교했었는데, 지금은 건물로 가득 들어차 있습니다만 그 당시는 공터였습니다. 그때에 너무나 많은 사람들이 밀려들어서 사람들이 다칠 위험이 컸었습니다. 그 넓은 공간은 이미 사라졌습니다. 여러 해 전 수많은 무리들이 모여 하나님의 말씀을 경청했던 브릭스턴(Brixton)의 들판도 똑같이 사라지고 없습니다. 너무나 많은 사람들을 끄는 이런 행사가 마음에 큰 부담이 되어서, 저는 런던에서는 그런 일을 중지하지 않을 수 없었습니다. 그러나 그 회중들을 하찮게 생각했기 때문에 그런 것은 결코 아니었습니다. 런던에서는 제가 바라는 것만큼 많은 회중들이 언제나 태버너클(the Tabernacle: 스펄전이 시무하던 교회당)을 가득 메우고 있으므로, 시골에서가 아니면 저는 옥외 설교를 행하지 않고 있습니다. 그러나 담당한 지역이 좁고 교회원도 얼마 되지 않는 그런 목사들에게는 런던에서나 지방에서나 옥외 설교가 치유책이 되리라고 믿습니다.

    신앙에 대한 새로운 관심을 불러일으키는 데에나 선교 활동에서는, 옥외 예배가 주요한 수단이 됩니다. 바깥에서 사람들에게 복음을 들려주십시오. 그러면 그들이 안으로 들어와 예배하게 될 것입니다. 강단도 필요 없습니다. 그저 의자 하나만 있으면 됩니다. 형식이 없을수록 더 좋습니다. 처음에는 지나가는 두세 사람에게 그저 이야기하듯이 시작하고, 설교한다는 인상을 주지 않으면 더 좋을 것입니다. 오십 명에게 형식을 갖추어 이야기하는 것보다는 한 사람에게 개인적으로 이야기하는 것이 훨씬 더 유익할 것입니다. 도로를 일부러 막지는 마십시오. 그러나 무리가 몰려들더라도 겁을 먹고 황급히 도망하지도 마십시오. 경찰이 오면 금방 알 수 있으니 말입니다. 그러나 여러분을 가장 필요로 하는 곳은 아마도 여러분의 신변에 위험이 닥칠 가능성이 훨씬 더 높은 곳일 것입니다. 곧, 예의나 정숙함에서 벗어나 있는 우리 나라의 큰 도시들의 중심부와 뒷골목들을 말하는데, 이는 경찰들밖에는 아는 사람들이 없고, 그들도 폭력이나 상해를 통해서만 아는 그런 곳입니다.

누가 과연 이 슬럼과 토굴들을 예수께로 돌아오게 할 수 있겠습니까? 위험을 무릅쓰고 감히 이런 지역으로 들어가는 그리스도의 군사들은 그 옛날에 있었던 일들이 다시 일어나기를 기대해야 할 것입니다. 과거에는 벽돌 조각들이 날아왔고, 위층의 창문에서 갑자기 화분이 떨어지기도 했습니다. 하지만, 우리가 만일 물에 빠져 익사(溺死)하기로 되어 있다면, 화분에 맞아 죽는 일은 없을 것입니다. 그런 대접을 받을 때에는 백 년 전에 크리스토퍼 호퍼(Christopher Hopper)가 비슷한 상황 아래서 쓴 글을 읽어보면 마음이 새로워질 것입니다:

> 약간의 더러운 것이나 썩은 달걀 몇 개나, 나팔 소리나 종 울리는 소리, 혹은 겨울철의 눈덩이 같은 것들은 전혀 개의치 않았다. 하지만 때로는 돌이나 벽돌, 혹은 곤봉 같은 것으로 맞기도 했다. 때로는 상처가 나기도 했고, 한 번은 날카로운 돌이 날아와 이마를 때려서 피를 좀 흘린 적도 있다. 그리고 며칠 동안 헝겊으로 싸매고 다녔으나 부끄럽지 않았다. 나는 십자가를 자랑하였다. 그리스도를 위하여 나의 이 작은 고통이 충만해질 때면, 나의 위로도 더욱더 충만해졌다. 그때처럼 내 영혼이 행복을 누리며, 나의 수고가 복되다는 느낌을 받은 적이 없다.

가끔씩 한 형제가 경찰에 구금되어 있다는 소식을 들을 때면 기쁨이 생기기도 합니다. 왜냐하면 그 일이 그에게도 좋고, 사람들에게도 유익을 끼치기 때문입니다. 복음의 사역자가 법의 종복(從僕)에게 호위를 받고

가는 모습은 보기에 정말 좋은 광경이 아닐 수 없습니다. 그로 인하여 그에 대한 연민이 생겨나고, 그 다음에는 그의 메시지에 대한 연민이 생겨나는 것입니다. 그가 석방되고 나면 과거에는 그에게 관심도 없던 많은 이들이 그의 말씀을 듣기를 소원하게 될 것이고, 그가 다시 경찰에 끌려가게 되면 그런 관심이 더하게 될 것입니다. 아무리 악한 사람이라도 자기에게 유익을 주기 위해서 괴로움을 겪는 사람에게는 존경을 표시하는 법입니다. 그리고 그 사람에 대한 처우가 부당하다고 느끼게 되면 그들은 그 사람을 열심히 보호하게 되는 것입니다.

런던에 옥외 설교가 많으면 많을수록 좋다고 봅니다. 그것을 성가시게 여기는 사람도 있겠지만, 적절히만 시행한다면 다른 사람에게는 축복이 될 것입니다. 선포되는 것이 복음이라면, 그리고 설교자가 사랑과 진실의 자세로 말씀을 전한다면, 그 결과는 의심할 필요가 없을 것입니다. 물에 던져둔 빵이 여러 날이 지나서도 다시 그 자리에서 발견되는 것과 같습니다. 그러나 들을 만한 가치가 있는 그런 방식으로 복음이 전해져야 합니다. 그저 시끄러운 소리만 내게 되면 유익이 아니라 오히려 악을 끼치게 되고 맙니다. 제가 아는 어느 가족은 일 년 내내 매 주일 오후마다 집 문 바깥에서 어떤 사람이 언제나 똑같은 목소리로 "예수의 품에 있으면 안전하다"고 시끄럽고 떠드는 것 때문에 거의 미칠 지경이 되기도 했습니다. 그들은 아주 열심 있는 그리스도인들이었으므로, 그렇게 격렬하게 떠들어대는 내용에서 조금이라도 유익을 얻었다면 그 사람을 기꺼이 도와주었을 것입니다. 그러나 거의 언제나 그 사람의 말을 듣는 사람이 아무도 없었습니다. 그리고 듣는 사람이 있었더라도 그 말에서 무슨 도움을 얻을 수 있으리라는 생각이 들지 않았습니다. 그들은 몇 시간 동안 고요한 분위기를 누리던 것을 그런 쓸데없고 아무런 유익도 없는 그런 일 때문에 억지로 빼앗기곤 했다고 한탄하기까지 했습니다.

언젠가 저는 어떤 사람이, 아무도 없고 개 한 마리만 있는데 설교를 하는 것을 보았습니다. 그 개는 꼬리를 내리고 자기 주인이 외치는 것이 매우 존경스러운지 물끄러미 주인을 쳐다보고 있었습니다. 창문 가에도 사람이 아무도 없었고 지나가는 사람도 없었습니다. 그런데 그 사람과 그의 개만 그 자리에 서서, 마치 자기가 이기는지 사람들이 이기는지 내기라도 하는 듯 혼자서 열심히 소리치고 있었습니다. 또 언젠가는 아주 진지한 설교자가 설교하는 현장을 지나가게 되었는데, 그는 모자에다 종이들을 가득 채우고 땅에 내려두고서 말씀을 전하고 있었습니다. 그 현장에는 개 한 마리조차 없었습니다. 그런데도 그는 허공을 치며 계속해서 외치고 있었던 것입니다. 그렇게라도 해서 그의 마음이 가벼워진다면 좋겠습니다. 그러나 설교의 필수적인 요소는 바로 누군가 듣는 사람이 있어야 된다는 점입니다. 아무도 없는 허공에다 전한 설교로는 세상에 절대로 유익을 줄 수 없는 것입니다.

옥외 설교의 스타일에 대해서 말씀드리자면, 실내에서 행하는 것과는 분명 상당한 차이가 있어야 할 것입니다. 그리고 설교자가 거리의 청중들에게 충실하게 적응되는 어떤 스타일을 터득하게 되면, 그 스타일을 실내로 가지고 들어오는 것이 지혜로운 일일 것입니다. 설교에서 중요한 것은 지나치게 길어서는 안 된다는 점일 것입니다. 하지만 옥외에서도 장황한 스타일이어서는 안 됩니다. 무언가에 대해서 말하면 곧바로 그것을 마치고 다른 방향으로 그것을 확충시켜 나가야 합니다. 그렇지 못하면 듣는 이들이 곧바로 응수할 것입니다. "자, 그건 그렇고, 그래서 어쨌다는거야? 이 늙은 양반아!"라는 거리의 비판자의 목소리가 들려올 것입니다. 아니면 "자, 됐어요. 이제 그만 집어치우고 집에 가서 공부를 더 하는 게 좋겠소!"라는 반응도 있을 것입니다. "이보시오! 간단하게 줄여서 말하시오!"가 아주 흔하게 나타나는 권면의 말일 것입니다. 저는 에벤에셀과 소알 등 길고 지리한 설교가 행해지는 곳에서도 이런 공짜의 권면이 주어졌으면 좋겠습니다. 이런 비판의 소리들이 나타나지 않는 곳에서는, 청중들이 그저 조용히 그곳을 떠나 버립니다. 여러분의 청중들이 흩어진다는 것은 정말 불쾌한 일일 것입니다. 하지만 그것은 여러분이 전하는 설교의 내용 역시 흐트러져 있다는 분명한 증거입니다.

거리에서는, 계속해서 활기를 잃지 말아야 하고, 여러 가지 예화들과 일화들을 사용해야 하며, 여기저기서 아주 멋진 표현들이 나와야 합니다.

어느 한 가지 요점을 길게 끄는 것은 절대로 금물입니다. 추리를 해나가는 것도 간단명료해야 하고, 곧바로 끝내야 합니다. 설교의 내용도 신경을 깊이 써야 들을 수 있는 그런 것이어서는 안 되며, 생각을 계속 이어가야만 들을 수 있는 것이어서도 안 됩니다. 청중들이 계속 바뀌기 때문에, 각 요점마다 그 자체로서 완전해야만 하는 것입니다. 사상의 흐름도 각 부분들이 떨어지도록 되어야 하고, 각 부분마다 녹아져서 총알로 바뀌어야 합니다. 옥양목으로 된 손수건 하나를 자르는데 살라딘 왕(Saladin: 1137-1193)의 기병도(騎兵刀)가 필요한 것도 아니요, 쇠막대기 하나를 자르는데 쿠드리옹(Coeur de Lion)의 전투용 도끼가 필요한 것도 아닙니다. 곧바로 요점을 전하고, 그 요점으로 들어가는 데에 최선을 다하십시오.

옥외 설교에서는 간단한 사고를 요하는 짧은 문장들이 필요합니다. 긴 문단과 긴 논리들은 다른 기회들을 위해 남겨두는 것이 좋습니다. 조용한 시골 청중들을 대할 때에는 때때로 말을 끊고 쉬었다가 다시 말을 잇는 방식이 상당한 유익이 있습니다. 사람들로 하여금 숨쉬고 생각할 여유를 주기 때문이지요. 그러나, 런던의 거리에서는 이런 방법을 시도하지 마시고, 계속 나아가야 합니다. 그렇지 않으면 사람들이 도망가 버릴 수도 있습니다. 정상적인 옥외 설교에서는 잠시 말을 끊고 쉬었다 가는 방식이 상당히 효과적이며, 설교자나 청중 모두에게 여러 가지로 유익합니다만, 예배 같은 것에 전혀 신경을 쓰지 않는 지나가는 무리들에게는 짧고, 재빠르며, 예리한 말씀이 가장 적합합니다.

거리에서 설교할 때에는 처음부터 끝까지 강렬해야 합니다. 그렇기 때문에 생각과 말이 함축적이며 집약적이어야 합니다. 다음과 같은 식으로 서두를 꺼내서는 절대로 안 됩니다:

사랑하는 여러분, 오늘 본문은 영감된 말씀에 속한 한 구절인데, 가장 중요한 교리를 포함하고 있으며, 가장 값진 실천적인 교훈을 얻게 해 주는 것입니다. 이 부분의 여러 가지 면들을 여러 각도에서 살펴봄으로써 믿음의 유비에서 그것이 어떠한 위치를 차지하고 있는가를 가늠하고자 합니다만 그러는 동안 여러분께서는 조심스럽게 주의를 기울여 주시고, 지극히 솔직하게 여러분 자신을 판단하시기 바랍니다. 이 본문을 주해하는 작업에는 교육을 받은 지성과 세련된 감성이 필요합니다. 졸졸 흐르는 시냇물이 들판을 흐르며 목초를 비옥하게 하듯이, 거룩한 진리의 시냇물이 바로 우리가 살펴볼 이 놀라운 말씀들을 통해서 흐르고 있습니다. 우리는 이런 맑은 냇물을 우리의 묵상의 저장고 속에 저장해 놓고 지혜의 잔으로 흠뻑 마셔서 만족을 얻는다면 정말 좋을 것입니다.

여러분, 이런 것은 오늘날 대체로 유행하고 있는 말을 돌리는 기법보다 평균적으로 수준이 높지 않습니까? 만일 블랙프라이어스 로드 (Blackfriars Road)의 네거리로 나가서 거기서 그런 식으로 말을 꺼낸다고 해 보십시오. 아마 당장에 "계속해 봐! 이 늙은 양반아!"라든가, "아이고 맙소사! 이 사람 온전한거야?" 등의 반응이 나올 것입니다. 아주 몰상식한 젊은이에게서는 "입에다 감자나 처 넣지!"라는 반응도 나올 것이고, 또 개중에는 "아멘!"이라며 자못 엄숙한 자세를 취하며 아주 비아냥거릴 것입니다. 여러분이 그들에게 찌꺼기를 주면, 그들은 아주 즐겁게 여러분의 가슴에 그것을 도로 안겨 줄 것입니다. 아주 많은 양을 꼭꼭 다져서 여러분에게 던져 줄 것입니다. 거짓으로 흉내를 내거나 하는 것은 거리에서는 통하지 않습니다.

그러나 무언가 진정 말할 것을 갖고서 그들의 얼굴을 바라보면서 그 마음에 품은 바를 말하되, 분명하게, 담대하게, 진지하게, 정중하게 한다면, 그들이 듣게 될 것입니다. 절대로 시간을 다투며 말해서도 안 되고, 여러분의 목소리를 듣게 하겠다는 뜻으로나 혹은 여러분 자신의 설교의 모습이나 태도에 대해 사람들의 평이 어떤가를 보겠다는 뜻을 가지고 말씀에 임해서도 안 됩니다. 어떤 사람은 목소리에 슬픔이 담겨 있는 어느 우울증 환자를 보고서 칭찬하는 뜻으로, "야, 굉장하군, 이 사람 장의사를 하면 딱 좋겠다! 사람들을 울게 만드니 말이야!" 라고 했답니다. 어느 비판자는 또 어느 설교자에게 이렇게 말하기도 했습니다: "이보시오, 늙은 양반! 가서 목구멍을 좀 적시고 오시오. 아무것도 아닌 것에 대해서 그런 식으로 턱주가리를 돌리고 나면 굉장히 목이 마를 것이 아니오!"

앞에서 우리는 아주 무거운 형제에 대해서, 그 사람이 그렇게 메말라 있으니 불에 잘 탈 것이므로 아마도 그 사람은 순교자감으로 아주 좋을 것이라고 이야기한 적이 있는데, 그런 사람에게도 그 비판자의 말이 특별히 잘 어울릴 것입니다. 그런 상스러운 반응이 나온다는 것은 정말 안타깝고도 슬픈 일입니다. 하지만, 우리들 가운데도 아주 악한 기질이 있는 것이 사실입니다. 곧, 그런 야비한 반응들이 지극히 사실일 경우가 많고 "마치 자연 그대로에 가까운 거울만큼 값어치가 있다"고 여기는 그런 마음의 자세가 있다는 것입니다. 사진보다도 풍자 만화가 어떤 사람의 모습을 더 생생하게 제시하는 경우가 많은 것처럼, 이런 거친 군중들이 과장되게 던지는 비판들이 설교자의 본모습을 정확하게 찌르는 것이라는 식의 생각입니다. 좋은 설교자라면 거리의 위트들을 미리 예상하고서 필요할 때는 그것을 잘 받아넘길 자세를 갖추고 있어야 합니다. 그러나 딱딱하고 점잖은 척하는 자세나, 형식적인 태도, 혹은 경건한 체하며 장황설을 떠는 것이나 스스로 잘난 체하는 자세는 실제로 아주 공격적으로 비아냥거리는 태도를 부추기게 되고, 결국 그런 모든 일은 설교자가 스스로 자초하는 부분이 많습니다. 스스로 아주 고귀한 체하는 사람은 당장 그런 반대에 부딪치게 되고, 초자연적인 경건함을 흉내내는 것도 똑같은 결과를 가져옵니다.

목사처럼 보이지 않을수록 사람들이 여러분의 말씀을 들을 가능성이 높습니다. 그리고 혹시 여러분이 목사라는 것이 알려져 있다면, 여러분 자신이 사람이라는 것을 보여 줄수록 좋습니다. 여러분이 목사처럼 보이게 되면, 당장 "이보시오, 이 일을 하고서 얼마를 법니까?"라는 질문이 나올 것입니다. 그러면, 이 일은 과외로 스스로 하는 일이고 헌금을 거두는 일은 없을 것이라고 즉시 대답해 주는 것이 좋을 것입니다. "이런 시시한 이야기 대신 빵이나 맥주 한 잔을 주면 더 좋지 않겠소?"라는 반응도 나올 것입니다만, 그러나 여러분이 대가를 바라서 그 일을 하는 것이 아니라 그들 자신의 유익을 위해서 그 일을 하는 것이라는 사실을 분명하게 선언하면, 그런 썩어빠진 반대 같은 것은 잠잠해질 것입니다.

거리 설교자의 몸짓(action)도 최상의 것이어야 합니다. 지극히 자연스러워야 하고 어색한 것이 없어야 합니다. 설교자는 거리에서 괴상한 태도를 취해서는 절대로 안 됩니다. 자기 자신의 입장을 약화시키는 것일 뿐 아니라 공격을 불러일으킬 소지가 많기 때문입니다. 거리 설교자는 자기의 목사를 모방해서도 안 됩니다. 자기가 사는 가까운 동네에서 그렇게 하면 무리들이 모방한다는 것을 곧바로 알아차릴 것입니다. 뻣뻣하게 서서 규칙적으로 손과 팔을 올렸다 내렸다 하는 것이 너무나 흔하게 쓰이고 있습니다. 어떤 이들은 미친 듯이 손발을 마구 젓기를 좋아하는데, 이는 마치 두 팔을 공중으로 뻗는 휫필드(George Whitefield)의 몸짓과 발로 땅을 계속해서 쿵쿵 내리치는 세인트 조지(Saint George)의 몸짓 사이의 중간쯤 되어 보이는 것으로 거리 설교에서는 정말 금물입니다. 좋은 설교자들 중에는 생긴 모습 자체가 괴상한 이들도 있지만, 어떤 이들은 일부러 그렇게 괴상하게 보이려고 무던히 애를 쓰기도 합니다. 사악한 런던 사람들은 이를 보고, "야! 정말 괴상한 사람(a cure)이다!"라고 합니다만, 저로서는 그런 악행을 치료할 방법(a cure)을 알고 싶을 뿐입니다.

버릇처럼 행하는 습관들도 모두 피해야 합니다. 표지가 얇은 백스터(Bagster)의 대형 성경이 없이는 아무것도 할 수 없는 사람도 있다는 것을 지금에 와서야 알았습니다. 사이즈가 큰 것에 대해서 무슨 특별한 매력 같은 것이 있는 것 같습니다. 작은 유모차에 실어야 겨우 옮길 수 있을 만큼 커서 그렇게 거북할 수가 없는데도 말입니다. 매크리 씨가 그렇게 회화적으로 묘사한 어느 성경의 모습처럼 리본이 가득 달려 있는 그런 큰 성경에 특별히 매력을 느끼는 것입니다. 그런 사람이 있습니까? 모자를 벗고, 성경을 그곳에 넣고 땅에다 내려놓으십시오. 오른쪽에서 여러분에게 다가오는 친절한 친구에게 여러분의 우산을 맡기십시오. 그 사람이 얼마나 그렇게 하기를 바라는지 아십니까? 그렇게 하니 얼마나 좋습니까? 그 사람은 좋은 사람이 좋은 일을 행하도록 돕는 것처럼 복된 것이 없다는 것을 느낄 것입니다. 자, 기도할 때에 눈을 감으십시오. 기도가 끝나면, 누군가 그 기도로 인하여 이익을 얻을 사람들이 있을 것입니다. 여러분의 우산과 찬송가를 들고 서 있는 그 사랑스런 친구가 어디 있습니까? 솔로 깨끗하게 닦아놓은 모자와, 그 멋진 백스터 성경은 어디로 갔습니까? 어디요? 어디요? 메아리가 들려옵니다: "어디요?"

거리 설교 시에 있음직한 황당한 일들을 이렇게 묘사했습니다만, 목회 사역을 시작한 지 얼마 되지 않은 분들은 한 형제를 대동하는 것이 좋을 것입니다. 그래서 본인이 기도하는 동안, 주변을 살피게 하는 것입니다. 여러 형제들이 여러분과 함께 가서 여러분 주위에 둘러 서 있게 한다면 그것도 좋은 방법일 수 있습니다. 그들이 함께 찬송을 부른다면 더더욱 도움이 될 것이고 말입니다. 여러 사람이 친밀한 태도로 모여 있게 되면, 다른 사람들이 주의를 기울일 것이고, 질서를 잡는 데에도 도움이 되며, 설교 중에 찬양을 함께 높이 불러도 도움이 될 것입니다.

사람들에게 들리도록 말하는 것이 매우 바람직합니다만, 그렇다고 해서 끊임없이 고함을 질러대는 것은 전혀 소용이 없습니다. 여러분의 목청을 다 내어서 하는 것은 결코 좋은 거리 설교라 할 수 없습니다. 시종일관 목청껏 소리를 지른다면, 강조해야 할 부분에 가서 강조할 방법이 없기 때문입니다. 여러분 가까이에는 듣는 사람이 없고, 건너편에서 사람들이 서서 듣고 있다면, 큰 목소리를 낼 필요가 없도록 길을 건너가는 것이 좋지 않겠습니까? 조용하면서도 폐부를 찌르는 대화체의 스타일이 가장 호소력이 있는 것 같습니다. 깊은 진지함으로 호소할 때에는 대개는 소리를 지르지 않습니다. 그럴 때에는 바람은 적고 비가 많이 내리는 법입니다. 야단법석을 떠는 것이 줄어들고 조용한 눈물이 더 많은 법입니다. 처음부터 끝까지 똑같이 고함을 치게 되면, 모두가 지쳐 버리고 여러분 자신도 지쳐 버리고 맙니다. 그러니, 여러분, 지혜로워야 합니다. 무수한 사람들 가운데서 주님의 메시지를 선포하는 일에 성공을 거두어야 하지 않겠습니까? 그러니 여러분, 여러분의 목소리를 상식적으로 사용하시기 바랍니다.

그 훌륭한 옥외 선교회(The Open Air Mission)가 발간한 소책자에서 저는 다음과 같은 내용을 인용하여 말씀드리고 싶습니다:

옥외 설교자의 자격 요건

1. 좋은 목소리.
2. 자연스러운 태도.
3. 침착함.
4. 성경과 일반 상식에 대한 지식
5. 어느 회중에게라도 스스로 적응할 수 있는 능력.
6. 예화를 드는 능력.
7. 열심, 사려깊음, 그리고 상식.
8. 사랑이 있는 넓은 마음.
9. 자신의 설교 내용에 대한 진지한 믿음.
10. 성공에 대해 전적으로 성령께 의지하는 자세.
11. 기도로 하나님과 가까이 행함.
12. 사람들 앞에서의 일관성 있는 거룩한 생활.

이 모든 자격 조건을 다 갖춘 사람이 있다면, 여왕께서 그 사람을 즉시 주교로 임명하는 것이 좋을 것입니다만, 그러나 이런 조건들 가운데 없어도 괜찮은 것은 하나도 없습니다.

런던의 거리에서는 설교 도중에 방해가 일어날 소지가 너무나 큽니다. 어느 곳에서는 여러 달 동안 말씀을 전해도 아무 일 없이 잘 진행되기도 하지만, 어느 곳에서는 설교를 시작하자마자 싸움이 시작되기도 합니다. 반대가 심한 시기가 따로 있습니다. 갖가지 이해 관계를 달리하는 집단들이 일어나고 사라지기 때문에 무질서가 있기도 하고 고요함이 있기도 한 것입니다. 좋은 방법을 쓴다고 해서 반드시 소요를 예방할 수 있는 것은 아닙니다. 사람들이 술에 취해 있으면 대화를 통해서 문제를 해결하려 해도 소용이 없습니다. 격렬한 아일랜드의 교황주의자들 역시 그런 사람들과 다를 게 없습니다. 주위의 군중들이 협력해 주지 않으면 그런 사람들을 처치할 길이 거의 없습니다. 그리고 군중들이 그런 방해꾼을 제거하는 데에 도움을 주는 경우가 많습니다. 어떤 사람들은 설교가 진행되는 것을 보면 어떻게 해서든 방해를 일으킵니다. 그들은 고의로 방해를 조장하는데, 그것이 한 번 먹혀 들어가면 계속해서 방해를 일으키는 것입니다.

끝까지 지켜야 하는 원칙이 한 가지 있다면, 그것은 언제나 정중하고도 예의 바르게 대하여야 한다는 것입니다. 여러분이 화를 내면 그것으로 모든 것이 끝나 버릴 것이니 말입니다. 또 한 가지 원칙은 여러분이 본래 전하고자 하던 그 주제를 고수하고, 절대로 여타 문제에 이끌려 들어가지 말라는 것입니다. 오로지 그리스도를 전하십시오. 십자가에다 시선을 고정시키고 그 이외의 것에 대해서 논란이나 논쟁을 벌이지 마십시오. 잠시 다른 문제를 다룬 경우라도 언제나 곧바로 여러분의 그 유일한 주제로 돌아가시기 바랍니다. 그들에게 그 오래된, 옛 이야기를 전하십시오. 그들이 듣지 않더라도 계속하시기 바랍니다. 그러나 지혜 있게 그들을 다루어야 합니다. 한 가지 목표를 여러 가지 길을 통해서 추구하시기 바랍니다. 약간의 상식만으로도 무리들에게 놀라운 역사가 일어날 수 있습니다. 그런 경우에는 쾌활함(*bon homie*)이 은혜 다음으로 좋습니다.

제가 아는 어떤 형제는 한 로마교도가 격렬하게 반대를 제기하자, 그에게 강단을 주면서 대신 설교하라고 요구하여 그 사람을 잠잠하게 하기도 했습니다. 그 사람의 친구들이 장난 삼아 그 사람더러 설교하라고 계속 부추겼으나, 그는 사양했답니다. 그러자 그 형제는 다시 강단에 서서 여물통 속에 들어간 개의 우화를 이야기했고, 그 소란 피우던 자는 사라지고 말았답니다. 진짜 의심이 있어서 여러분을 공격하는 사람이 있을 경우에는 가능한 한 논쟁은 삼가는 것이 지혜로운 일입니다. 여러분의 할 일은 논쟁이 아니라 복음을 선포하는 일이기 때문입니다. 존 맥그리거 목사(**Mr. John McGregor**)는 이렇게 말하고 있습니다:

> 의심하는 자들에는 여러 종류가 있습니다. 그들 중에 어떤 이들은 대답을 듣기 위해서 질문하기도 하고, 또 어떤 이들은 사람들을 갸우뚱하게 하여 방해하기 위해서 질문하기도 합니다. 어느 정직한 회의

론자는 하이드파크(Hyde Park)의 무리 중에서 나에게 이렇게 말하기도 했습니다: "지난 십 년 동안 믿어보려고 애를 썼지만, 한 가지 모순을 도저히 극복할 수가 없다오. 그것은 바로 인쇄술이 발명된 것은 오백 년도 채 안 되는데, 성경은 오천 년이나 되었다고 하니, 어떻게 이런 일이 있을 수 있는지 도무지 납득이 되지를 않소." 아니오! 그 무리들은 이 사람을 절대로 비웃지 않았습니다. 성경에 대해서 그보다 더 많이 아는 사람이 그 무리 중에는 거의 없었던 것입니다. 그러니 성경의 사본과 그 보존과, 번역과 여러 번역본들, 그리고 그것들이 배포되고 수집되고, 전수된 사실에 대한 이야기와 성경의 순전한 진실성에 대한 압도적인 증거에 대해서 삼십 분 동안 설명했는데, 그들이 얼마나 관심 깊게 잘 들었는지 모릅니다!

케닝턴 커먼(Kennington Common)에서 한 방해꾼을 아주 효과적으로 침묵하게 만든 이야기가 기억납니다. 그 사람은 계속해서 자연의 아름다움과 자연의 일들을 외쳤답니다. 그래서 설교자는 자연이 무엇인지를 말해 줄 수 있느냐고 그에게 물었습니다. 그러자 그는 "자연이 무엇인지는 누구나 다 알지요"라고 대답했고, 이에 설교자는 다시 요청했습니다: "그래요, 하지만 당신이 이야기해 주면 훨씬 더 쉬울 텐데요." 그 사람은, "글쎄요, 자연, 자연이라 … 자연이라 … 자연은 자연이지요"라고 대답했답니다. 물론 무리들은 폭소를 터뜨렸고, 그 사람은 잠잠해졌다는 것입니다.

무식이 거친 혀와 합쳐져 있는 경우에는, 그냥 하고 싶은 대로 내버려두어 제풀에 꺾이도록 하는 수밖에는 없습니다. 어떤 사람은 "에서가 자기를 미워한다는 것을 야곱이 어떻게 알았는지를" 알고 싶다고 했습니다. 그는 그때에 이야기의 맥을 잘못 짚고 있었고, 설교자는 그의 궁금증을 풀어 주지 않았습니다. 만일 그때 궁금증을 풀어 주었더라면, 그 다음에는 그 설교자에게 온갖 다른 질문을 다 퍼부었을 것입니다.

어려운 문제들을 알려 주어서 청중들로 하여금 논쟁의 꼬투리를 갖게 하는 것이 우리의 할 일이 아닙니다. 청중들이 제기하는 논리에 답하는 과정에서 목사들은 불신자들 자신보다 더 지혜롭게 그들의 정서를 드러내었습니다. 불신자들은 자기들의 무뎌진 칼의 손잡이를 조금씩 갈아서 그것으로 진리의 방패를 다시 공격할 뿐입니다. 우리의 목표는 논리로 대항하여 그들을 이기는 데 있는 것이 아니라, 그들의 영혼을 구원하는 데 있습니다. 진짜 어려움이 일어나면 그것들을 대처해야 하고, 그러므로 성경의 증거들에 대한 탁월한 지식이 바람직합니다만, 그러나 정직한 반대자들은 따로 상대하는 것이 최상입니다. 그런 환경에서는 그들이 자기들이 잘못되었음을 인정해도 아무런 부끄러움이 없습니다만, 많은 무리가 있는 상태에서는 그러기를 기대할 수 없는 것입니다.

사람들이 믿든 믿지 않든 그리스도를 전해야 합니다. 그의 구원의 능력을 우리 스스로 체험하는 것이야말로 우리의 최고의 논리요, 우리의 진지함이야말로 우리의 최고의 언변입니다. 그 현장에서 가장 적합한 말은 그 현장에서 알게 됩니다. 그러므로 우리는 우리가 말씀을 전할 바로 그 시각에 우리를 가르치시는 성령님께 의지해야 합니다.

옥외 설교자의 소명은 매우 힘들지만 그러나 매우 존귀한 것이고, 수고스러운 만큼 유익을 끼칩니다. 오직 하나님만이 여러분을 지키실 수 있습니다. 그러나 하나님께서 여러분 옆에 계신다면, 아무것도 두려울 것이 없습니다. 만 명의 반대자들이 여러분 앞에 있고, 마귀들의 군대가 그 사람들 속에 있다 해도, 여러분은 절대로 무서울 것이 없습니다. 그들 모두를 합친 것보다, 하나님이 여러분을 위하신다는 것이 더욱 힘이 있기 때문입니다.

> 모든 지옥의 군대가 지켜 서 있으나
> 우리는 그 모든 지옥의 군대를 넘어뜨리고
> 예수의 피로 말미암아 그들을 정복하며,
> 또다시 정복하러 나아가리라.

제 19 장

자세, 몸짓, 제스처의 문제 (I)

본 강의의 주제는 "설교에서의 자세(posture), 제스처, 그리고 몸짓(action)"입니다. 이 세 가지를 서로 아주 명확하게 구분 지을 생각은 없습니다. 그것들을 제대로 구분하려면 아주 고도의 분석력을 지녀야 하는데, 사실상 그렇게 할 수가 없습니다. 그것들이 자연스럽게 서로 합쳐진 상태로 나타나기 때문입니다. 제가 시험해 본 결과, "자세"와 "제스처"를 서로 완전히 구분하는 것이 불가능했습니다. 그래서 저는 이것들을 한데 합쳐서 다루고자 합니다. 그러니 이 때문에 혼동이 없으면 합니다.

설교 그 자체가 중요한 것입니다. 그 다루는 주제와 목표, 그 주제를 사람들 앞에 제시하는 정신, 설교자에게 임하는 성령의 기름 부으심, 그리고 청중들에게 진리를 적용시키시는 하나님의 능력이 중요한 것입니다. 태도나 자세에 대한 구체적인 사항보다도 이런 것들이 무한히 더 중요합니다. 자세와 몸짓은 이런 것에 비하면 아주 작고도 사소한 문제들입니다. 그러나 미네르바(Minerva)의 동상을 세울 때에 그 샌들이라도 정확하게 조각해야 하듯이, 하나님을 섬기는 일에서도 아무리 작은 것들이라도 거룩한 자세로 주의를 기울여야 합니다.

인생은 갖가지 사소한 사건들로 이루어져 있습니다. 그리고 그 사소한 세부적인 것들에 주의를 기울이는 데 그 성공 여부가 달려 있는 경우가 많습니다. 작은 파리들이 약제상의 연고를 상하게 만들며, 작은 여우들이 포도원을 망치는 법입니다. 그러므로 작은 파리들과 작은 여우들을 우리의 목회 사역에서 몰아내야 할 것입니다. 자세와 같은 아주 사소한 문제에 관한 결점들이 사람에게 편견을 조장하고, 그리하여 그런 결점이 없었더라면 지극히 환영받는 목회가 이루어졌을 것인데 그 때문에 목회가 망쳐지기도 합니다. 평균보다 더 높은 능력을 지닌 사람도, 어리석은 행동 때문에 뒷자리로 처져서 그냥 거기에 눌러 있는 처지가 될 수도 있습니다. 그런 경우가 단 하나뿐이라 해도 정말 애석한 일일텐데, 그런 경우가 허다하게 많으니 정말 조심하지 않으면 안 되는 것입니다. 지혜로운 사람들은 자기들의 사소한 이상스런 몸짓이나 우스꽝스런 행동을 다른 사람의 눈에 띄지 않도록 가리려고 애를 씁니다만, 일반 대중들은 이런 것을 그냥 넘어가지 않습니다. 사실, 청중들의 대부분은 그런 것들에 시선을 집중시키고는 문제를 삼을 다른 것이 없을 때에는 그런 것들을 꼬투리 잡기 일쑤입니다. 특정한 설교자들의 이상스런 점들 때문에 사람들이 혐오감을 느끼거나 아예 관심을 거두어 버리는 예도 있습니다. 아니면 자기들이 설교에 주의를 기울이지 않는 핑계를 대기 위해서 그런 편리한 약점을 취하기도 합니다. 그러니 사람들의 영적 유익을 위해서 수고하는 우리의 노력을 그들이 거부하도록 우리 편에서 도와줄 이유는 전혀 없는 것입니다. 만일 자기의 어떤 습관이 설교의 효과를 무디게 한다거나 아니면 표적에서 벗어나도록 만든다는 것을 안다면, 그 어떠한 목사도 그런 습관을 기꺼이 배양하려 하지는 않을 것입니다. 그런데 이런 몸의 움직임이나 자세, 제스처 같은 사소한 문제들이 그런 효과를 가져올 소지가 얼마든지 있기 때문에, 우리로서는 그것들에 즉각적인 주의를 기울여야 하는 것입니다.

 설교에서 취하는 몸짓은 사실 별로 큰 결과를 초래하지 않는다는 것은 우리 모두 기꺼이 인정합니다. 가장 고상한 의미에서 성공을 거둔 설교자들 중에는 웅변가의 관점에서는 상당히 결점이 많은 사람들이 있기 때문입니다. 지금 미국의 보스턴에는 최고의 능력을 발휘하고 있는 한 설교자가 있는데, 그분에 대해서 한 우호적인 비평가는 이렇게 쓰고 있습니다: "그는 처음 말을 시작할 때부터 마치 꼬리뼈의 접합이 시원하지 않기라도 한 것처럼 아주 불편한 듯이 이쪽 저쪽 팔을 번갈아 가며 옆구리에 갖다 댄다. 그리고는 곧 아주 보기에 어색한 동작을 연출하는데, 다리가 다른 쪽보다 짧은 것처럼 비척거리면서 고개와 어깨를 이리저리 흔들 어댄다. 그리고 한쪽 눈썹을 그렇게 치켜 뜰 수가 없다. 그 어느 누구도 그런 곁눈질은 할 수 없을 것이다." 이런 경우는 내용이 형식을 극복한 예요, 탁월한 가르침이 전달상의 결점들을 무마시킨 경우라 하겠습니다. 그러나 그런 결점들이 없었다면 훨씬 더 좋았을 것입니다. 황금 사과를 은으로 된 소쿠리에 담으면 훨씬 더 매력적이지 않겠습니까? 강력한 가르침에 무엇 때문에 비척거림과 곁눈질이 필요하단 말입니까? 그러나 분명한 것은 적절한 몸짓이 설교의 성공에 필수적인 것은 아니라는 사실입니다. 호메로스(Homer: 기원전 10세기경의 그리스의 시인)는 전혀 제스처가 없는 것은 탁월한 언변에 장애 요인이 아니라고 생각한 듯합니다. 그는 그의 가장 위대한 영웅의 한 사람을 묘사하면서, 그가 청중들의 비난이 있음에도 불구하고 전혀 제스처를 쓰지 않았던 점을 언급하고 있기 때문입니다:

"그러나 율리시즈가 일어나서, 심오한 사상을 토로하며,
그의 온화한 눈들을 땅에다 고정시켰네;
그는 마치 서툰 연설자나 벙어리처럼 서 있었고,
고개를 들지도, 그의 손을 뻗지도 않았다네.
그러나 그가 말할 때에, 아, 그 황홀한 언어의 흐름이여!
하늘에서 눈송이가 내리듯 부드러우며,
풍부한 악센트가 아주 편안하게 떨어지니,
떨어지는 동안 녹아서, 마음 속에 잠기도다!
기이해 하며 듣고, 깊은 경이감에 젖는 가운데,
우리 눈의 비난들을 우리의 귀가 반박하도다."

그렇게 조용한 몸짓이 최고의 말솜씨와 연결될 수 있다는 증거를 얻기 위해서는 굳이 고대까지 거슬러 올라갈 필요가 없습니다. 현대인들 가운데서도 몇 가지 예가 나타나기 때문입니다. 그 중 한 가지만 들어보겠습니다. 정말 탁월한 재능을 지닌 우리의 로버트 홀의 경우에는 전혀 몸

짓을 쓰지 않았고, 강단에서도 움직임이 전혀 없었습니다. 다만 오른팔을 이따금씩 들거나 흔들고, 지극히 감정이 고조되는 순간에는 뒤로 조금 물러나기도 하고 앞으로 나서기도 하는 정도가 전부였습니다.

강단에서의 잘못된 습관을 제거하는 것이나 강단에서의 올바른 행동을 터득하는 것이나 여러분의 의무는 아닙니다. 전혀 움직임이 없이 마네킹처럼 될 수도 있습니다만, 그보다는 능동적이 되는 것이 더 낫고, 우리 중의 몇몇 형제들이 해 온 것처럼 괴상한 움직임을 왕성하게 사용하는 것조차도 그보다는 나을 것입니다. 정도가 다르기는 하지만 어떤 사람들은 스스로 무덤을 파는 설교 스타일에 빠져들기도 합니다. 그런데 일단 그렇게 나쁜 습관에 얽혀들게 되면 거기서 빠져 나오는 경우를 보기가 좀처럼 힘듭니다. 아무도 그들의 그 괴상한 몸짓에 대해서 지적해 주려 하지 않습니다. 그러니 그들 자신이 그것을 모를 수밖에 없는 것입니다. 그들의 아내들이 사적인 자리에서 그런 몸짓들을 흉내내고 그 괴상한 것 때문에 웃음을 터뜨리지 않는다는 것이 놀라울 뿐입니다.

제가 아는 어떤 형제는 목회 초년 시절에는 매우 환영을 받았으나, 점점 나쁜 습관에 빠져 들어가서 경주에서 뒤로 훨씬 처지고 말았습니다. 그는 아주 부조화스러운 날카로운 목소리로 말을 했고, 아주 이상스런 태도를 취했고, 사람들이 도저히 즐겁게 들을 수 없는 괴상하기 짝이 없는 입 모양을 사용했습니다. 그리하여 그는 존경받고 추앙받는 사람이 되기는 했으나, 그의 설교는 사람들에게 환영을 받지 못했습니다. 훌륭한 그리스도인들도 그의 설교를 들으면서 웃어야 할지, 울어야 할지를 도대체 모르겠다고 입을 모았습니다. 자연의 느낌대로라면 웃어야 하겠지만, 그렇게 훌륭한 설교자가 괴상한 태도 때문에 그렇게 철저하게 망가지는 것을 보면 안타까움이 나서 울고 싶은 심정이 된다는 것입니다. 적합한 몸짓을 배양할 생각까지는 없다 하더라도, 최소한 괴상스럽거나 부자연스러운 태도는 깨끗이 정리할 정도로 지혜로워야 할 것입니다. 몸을 깔끔하게 단장하고 향수를 뿌리는 멋쟁이와 머리도 빗지 않고 마치 들짐승처럼 아무렇게나 내버려두는 사람은 서로 굉장한 차이가 있습니다. 여러분더러 거울 앞에서 몸짓과 태도를 연습하거나 위대한 설교자들을 모방하라고 권면하고 싶지는 않습니다만, 그렇다고 해서 그와 정반대로 저속하고 우스꽝스럽게 보일 필요도 없는 것입니다. 태도와 자세는 설교라는 옷의 아주 작은 부분에 지나지 않습니다. 그리고 문제의 본질은 그 옷 속에 있는 것도 아닙니다. 이상스런 자세로 전달되는 설교라 할지라도, 그런 모든 약점에도 불구하고 좋은 설교일 수도 있습니다. 그러나, 좋은 의복을 입을 수 있는데도 설교자가 굳이 거지의 옷을 입는 사람은 없는 것처럼, 진리를 왕의 공주처럼 드러내 보일 수 있는데도 불구하고 진리를 마치 비렁뱅이처럼 초라하게 만들어서도 안 되는 것입니다.

천성적으로 외모와 움직임이 매우 어색한 사람들도 있습니다. 시골 사람은 자기들이 본래부터 그렇게 자랐으니 어쩔 수 없다고 이야기합니다만, 그러니 어쩌겠습니까? 시골 사람의 걸음걸이는 아주 무겁고, 또 느릿느릿합니다. 그 사람의 타고난 거주 환경은 밭을 갈아놓은 들판입니다. 포장을 해 놓은 길이나 카펫이 깔린 복도에서는 발을 어떻게 디뎌야 할지 멈칫거리지만, 진흙길은 아주 편안하게 — 세련되게는 아니지만 — 걷는 것입니다. 재치가 없고 무디고 느려터진 모습이 고유하게 배어 있는 사람도 있는 법입니다. 밀가루와 함께 빻는 기계 속에 집어넣어도, 그 사람들은 도무지 세련되게 만들 수가 없습니다. 학교들마다 훈련 선생을 두고 있는데, 훈련이 시간 낭비라고 생각하는 부모들이 있다면 그것은 매우 잘못된 것입니다. 사람의 몸에는 다른 방식으로는 터득되지 않고 적절한 훈련을 통해서 얻어지는 그런 절제된 모습과 숙련된 상태가 있습니다. 어깨를 내리고, 팔을 지나치게 흔들지 않고, 가슴을 크게 펴고, 적절한 손동작을 하도록 만드는 등, 한마디로, 전혀 의식적인 노력을 기울이지 않고도 자연스럽게 똑바로 걷고 제대로 된 자세를 갖게 되는 것이 바로 훈련을 통해서 되는 것입니다. 일부러 노력을 해야 겨우 그렇게 된다면, 그 자신의 행동이 부자연스럽다는 것을 드러내는 것이겠지요. 매우 신령한 사람들은 저의 이런 말이 쓸데없다고 생각하겠지만, 저는 정말이지 그렇게 생각하지 않습니다. 젊은 청년들에게 올바로 처신하는 법과 어색하지 않게 움직이는 법을 가르치는 것을 교육의 필수적인 부분으로 바라보게 될 그런 날이 오기를 소망합니다.

빈약한 말솜씨 때문에, 또한 그 방면에서 능력이 없는 것에 대해 신경을 쓰는 것 때문에 어색한 제스처가 생겨날 수도 있습니다. 우리가 아는 훌륭한 분들 중에도 너무 점잖은 나머지 머뭇거리고, 그리하여 말에도 주저하고, 태도에서도 안정되지 못한 면을 보여 주는 경우가 있습니다. 어쩌면 사랑하는 고(故) 제임스 해밀턴 박사(Dr. James Hamilton)의 경우보다 그런 점이 더 두드러지는 경우는 없을 것 같습니다. 그는 설교자들 가운데서도 가장 아름답고 정숙한 분이셨으나, 그의 행동은 언제나 고통을 주는 것이었습니다. 그의 전기 작가는 이렇게 말하고 있습니다:

사상적인 풍성함이나 지식 면에서 그는 정말 풍부한 것을 소유하고 있었다. 그러나 그의 사상을 전달하는 능력에서는 — 음의 고저나 강약에 변화를 주어서 듣는 사람들에게 큰 유익이 되도록 하는 것이 필요한데 — 이 방면에서는 그는 재능이 많이 부족했다. 그리하여 그는 그 방면에서 자기 자신의 이상에 자신이 부족하다는 것을 항상 의식하면서 많은 고통을 받았다. 목소리에 힘이 없고, 음의 강약을 제대로 통제하지 못하는 것 때문에 그의 설교의 능력과 대중성이 상당히 약화된 것이 분명 사실이다. 아주 섬세하게 개념을 사용하고, 관용적인 표현들을 아주 잘 선택하며, 충격적이며 지극히 독창적인 표현 방법을 구사하며, 게다가 그 모든 것에 복음에 대한 열정이 배어 있는 면에서는 그를 따를 자가 거의 없었다. 그러나 이런 희귀한 특징들이 그의 공적인 설교에서는 거의 절반도 그 힘을 발휘하지 못했다. 그리하여 그는 어쩔 수 없이 계속해서 목소리를 크게 하려고 애를 썼다. 뒷발을 들고 서서 말을 조금씩 던져서 뒷자리에 있는 사람들에게까지 그 말이 전달되게 하려고 애를 쓰곤 했다. 그가 견고하게 서 있으면서도 전혀 무리를 느끼지 않을 만큼 가슴의 근육들이 강건했더라면, 그리고 가쁜 숨을 몰아 쉬면서 폐를 부풀리는 등의 보조적인 행동이 없이도 그의 입술로 말씀을 또박또박 전달할 수 있었다면, 제임스 해밀턴은 분명 훨씬 더 큰 무리들의 추앙을 받았을 것이고, 그의 메시지가 폭넓은 사람들에게 더 다양한 계층들에게 접근할 수 있었을 것이다. 그러나 그런 외형적인 성공과 더불어 어떤 악한 것이 생겨나서 그것을 상쇄시켰을지는 우리로서는 알 길이 없다. 그의 기도와 고통스런 노력에도 불구하고 이 가시가 그의 육체에 그대로 남아 있었고, "내 은혜가 네게 족하도다. 이는 내 능력이 약한 데서 온전하여짐이라"는 위대한 응답이 계속해서 남아 있었다. 주께서 합당히 여기셔서 그에게 베푸신 달란트들을 그는 놀라운 기술과 근면함으로 그것들을 주신 그분을 위해서 최선으로 사용하였다. 그에게 베풀어지지 않은 몇 가지 달란트들이 있다 해도, 그것을 베풀지 않으신 그분께서 그 이유를 아실 것이다. 그는 모든 일을 훌륭하게 행한 것이다.

이러한 정서에 우리는 진심으로 동의합니다. 그러나 만일 젊은 목사가 그 비슷한 결점을 주님께로부터 온 것으로 간주하여 거기에 그냥 굴복해 버린다면, 우리로서는 정말 안타까움을 금할 수 없을 것입니다. 해밀턴 박사는 그렇게 하지 않았습니다. 그는 자신의 천성적인 부족한 점들을 극복하기 위해서 최선의 노력을 기울였고, 우리가 아는 바로는 최소한 한 사람 이상의 설교학 교수에게 가르침을 받았습니다. 그는 게으름뱅이의 핑계 속으로 도피하지 않았고, 그 난제를 마스터하기 위하여 열심히 수고하였습니다. 다만 그 자신의 결점이 도저히 치료가 불가능한 것이었기 때문에 극복하지 못한 것뿐입니다. 그처럼 어색한 점들을 볼 때마다 그것이 어쩔 수 없는 것이 분명한 이상, 우리는 그런 것을 주목하지 맙시다. 그리고 그 형제에게 그런 연약함 속에서 그가 정말 잘 하고 있다고 격려해 주기를 잊지 맙시다. 외적인 부자연스러움을 풍성한 사상과 적절한 언어로 잘 극복하는 것이, 그리하여 영혼이 육체를 이기고 승리하도록 하는 것이, 목사로서 결코 작은 성취가 아닌 것을 깨닫도록 합시다.

그러나 우리 자신이 어떤 결점 때문에 고통을 받는 경우에는, 그것을 극복하도록 단단히 결심을 합시다. 그것은 불가능한 일이 아니기 때문입니다. 에드워드 어빙(Edward Irving: 1792-1834)은 이런 점에서 자신을 개선시켜 나간 놀라운 예에 속하는 분입니다. 처음에 그의 태도는 아주 부자연스럽고, 경직되어 있고, 어색하기 그지없었습니다. 그러나 부지런히 고치는 노력을 계속하여 그의 태도와 몸짓이 그의 언변을 돕는 도구로서 놀랍게 역사하게 된 것입니다.

강단 자체가 사람을 어색하게 만드는 면도 많습니다. 강단이야말로 정말 얼마나 끔찍한 발명품인지 모릅니다! 그것들을 없애 버리고 나면, 아마 그것들에 대해서 마치 여호수아가 여리고에 대해서 한 말처럼, 이렇게 말할지도 모르겠습니다: "누구든지 일어나서 이 여리고 성을 건축하는 자는 여호와 앞에서 저주를 받을 것이라"(수 6:26). 구식의 낡은 강단이 처음 보기보다 교회들에 더 큰 저주가 되었기 때문입니다. 법정에서 변호하는 변호사는 자신의 변론을 위해서 강단에 올라가지 않습니다. 거의 어깨

크리소스톰의 모습

까지 몸을 다 가려 두고서 어떻게 변론에서 성공을 거두기를 바랄 수 있 겠습니까? 변호사가 그렇게 자기 몸을 가둔다면, 그에게 변론을 맡긴 사건 당사자는 절망하고 말 것입니다. 크리소스톰(John Chrysostom: 344?-407)의 자세는 얼마나 남자답고, 얼마나 훌륭했는지 모릅니다! 그의 복장에 대해서는 잠시 접어 두겠습니다. 우리는 그렇게 자연스러운 자세야말로, 원고를 계속 들여다보며 그저 가끔씩 위를 쳐다보며, 그의 얼굴과 어깨 이상은 내어보이지 않는 그런 사람의 자세보다도 그 숭고한 진리를 전달하는 자세로서 훨씬 더 값어치 있는 것이라는 느낌을 갖지 않을 수 없습니다. 길버트 오스틴(Gillbert Austin)은 그의 「손동작의 법칙」(Chironomia)에서 다음과 같이 아주 적절하게 말하고 있습니다:

> 몸 동작의 품위를 위해서는 자유로움이 필요하다. 외부적인 환경에 제약을 받는다든지 정신적인 제약을 받는 가운데서 나오는 제스처는 품위 있을 수가 없다. 만일 어쩔 수 없이 팔과 머리를 제대로 드러낼 수 없게 좁은 창문을 통해서 청중들에게 연설을 하게 되면, 그 사람은 품위 있는 제스처를 아무리 쓰려 해도 쓸 수가 없게 되고 만다. 조금이라도 제약을 받게 되면 그만큼 품위에 손상이 갈 수밖에 없다. 그러므로 사람이 가득 차 있는 법정도 변호사의 행동에 해를 끼치지만, 사람의 몸을 절반 이상 가리게 만드는 강단 역시 설교자의 품위 있는 몸짓에 똑같이 해를 끼치는 것이다.

설교 중에 몸의 일부만이 드러나는 상황에서 부자연스러운 자세와 몸짓이 보이는 것을 목사들의 탓으로 돌릴 수는 없습니다. 바울이 아테네에서 설교한 것처럼 그렇게 설교하는 것이 관습이 된다면, 대중 연설가들이 그 모델들이 될 것입니다. 라파엘로(Raphael)가 아테네의 바울의 모습을 그려 놓은 것을 보면, 그는 틀림없이, "하나님께서는 손으로 지은 전에 계시지 아니하시고 또 사람의 손으로 섬김을 받으시는 것이 아니니라"(참조. 행 17:24-25)는 사도의 말을 염두에 두고 있었다는 것을 느끼게 됩니다. 그는 바울이 손을 쳐들고 있는 것으로 그리고 있기 때문입니다. 이

아테네에서 설교하는 바울
라파엘로 작(作)

런 힌트는 아주 포괄적이며 탁월한 「연설법의 체계」(System of Rhetoric)를 쓴 허비(G. W. Hervey)에게서 얻은 것입니다.

사람의 허망한 생각과 어리석은 변덕에 따라서 강단의 모양이 변화해 온 것도 놀랍습니다. 이십 년쯤 전의 상황이 아마도 최악이었을 것입니다. 그 당시에 어째서 그런 디자인으로 강단을 만들었는지를 추측하기가 매우 어렵습니다. 구식의 깊은 나무 강단은 목사에게 자신의 죽을 운명을 생각하게 할 만한 것이었습니다. 강단이 관(棺)을 옆으로 세워놓은 것과 다를 바 없기 때문입니다. 살아 있는 우리 목사들을 관 같은 것으로 파묻어 놓아야 할 합리적인 이유가 어디 있단 말입니까? 강단들 중에는 배가 불룩한 통을 닮은 것도 많고, 달걀 삶는 그릇이나 포도주 잔을 본뜬 것도 있고, 또 어떤 것들은 옥수수 통에다 다리를 네 개 붙여 놓은 것을 모델로 삼은 것이 분명해 보이는 것도 있습니다. 그러나 벽에 달라붙어 있는 제비집을 닮았다고 밖에는 볼 수 없는 것도 있습니다. 어떤 강단들은 너무나 높아서 그 자리에 올라선 사람들이 고개를 쭝긋 내밀어야만 앞에 앉은 청중들이 겨우 볼 수 있을 정도가 되어, 장시간 설교를 하고 나면 목에 경련이 날 정도가 되기도 합니다. 저는 그렇게 높은 강단에서 설교하는 동안 마치 돛대머리 위에 앉은 것 같은 느낌을 받았습니다. 이런 몹쓸 것들은 그 자체가 악이요, 또한 악을 조장하는 것입니다.

강단에 올라 있는 동안 저는 여담을 한 적이 있습니다. 집사님들과 교회 직원들의 유익을 위해서, 어디선가 가스가 새는지 정말 구역질 나는 가스 냄새가 강단 위에서 나서 설교자가 절반쯤 취하여 몽롱한 상태가 될 정도라는 이야기를 한 일이 있습니다. 그런 괴로운 일은 반드시 피하도록 해야 합니다. 또한 설교자의 머리 양 옆 아주 가까운 곳에 큰 등을 두는 경우도 많은데, 이는 설교자의 움직임을 제한시키고 등불 사이에 설교자를 가두어 두는 것입니다. 목사들이 머리가 뜨겁다고 불평을 하게 되면 곧바로 조치를 취해야 합니다. 기구를 설비하는 일은 아주 조심스럽게 해야 하는 것입니다.

어젯밤에 저는 강단에 앉자마자 마치 누군가가 내 머리 위에서 나를 내리치는 것 같은 느낌을 받았습니다. 그래서 위를 쳐다보니 제 바로 위에 거대한 아르강 등(Argand burner)이 있고 또 설교자의 성경책에 빛을 비추기 위해서 거기에 반사경까지 달려 있었습니다. 아주 사려 깊은 설비는 분명했습니다만, 발명자는 그 등이 설교자의 민감한 두뇌에 굉장한 열기를 내려 보낸다는 것은 잊어버렸던 것입니다. 설교하는 동안 그렇게 인위적으로 충격을 경험하기를 바라는 사람은 아무도 없습니다. 우리가 반드시 그런 재난을 당해야 한다면, 차라리 우리가 쉬고 있는 동안에, 그것도 태양 그 자체에서 내려 쪼이는 열기로 그런 일을 당하게 합시다. 강단을 설비하는 사람들은 설교자가 자기들과 똑같은 성정을 지닌 사람이라는 것을 전혀 생각하지 않는 것 같습니다. 잠시 쉬는 시간에 앉을 좌석도 그저 선반에 불과한 경우가 허다하고, 문의 손잡이가 허리의 잘록한 부분을 찌르고, 강단 앞으로 나서면 여러분과 강단 사이에 호기심을 자아내는 구타페르카 백(gutta-percha bag)이 놓여 있을 때가 많습니다. 이 고무질의 백은

귀가 어두워 듣지 못하는 사람들을 돕기 위한 것이니, 거기에 반드시 있어야 합니다. 불편한 것이 있으면 거기에 상응하는 유익이 있으니 말입니다. 하지만 조금만 몸을 앞으로 숙여도 이 기구를 건드려 닫히게 만들어 버립니다. 그래서 저는 보통 저의 손수건을 그 속에다 넣어두곤 합니다. 그렇게 하면 귀가 나쁜 사람들이 튜브의 한 쪽 끝에다 귀를 갖다 대게 되고, 그 기구가 없이도 제 말을 잘 들을 수 있다는 것을 발견하게 됩니다.

수많은 강단에 서 보고, 새것이 항상 그전 것보다 못하다는 것을 안 사람이 아니고서는 강단이 주는 불편함에 대해서 아무도 알 수가 없습니다. 강단들이 대개 너무 깊어서 저 같이 키가 작은 사람은 강단 너머로 사람들을 잘 쳐다볼 수가 없습니다. 그래서 무언가 좀 딛고 설 것을 달라고 요청하면 제게 방석을 가져다줍니다. 복음 사역자가 설교하는 동안 내내 방석 위에 서서 중심을 잡느라 애를 쓰는 것을 생각해 보십시오. 보아너게와 블론딘(Blondin)을 하나로 합쳐 놓은 듯한 모습이겠지요. 머릿속의 사상의 흐름을 균형 있게 유지하면서 동시에 우리 몸의 평형을 바로 잡게 만든다는 것은 우리에게 너무 많은 것을 기대하는 것입니다. 한쪽이 기울어지고 받침대나 방석이 뒤집히는 것을 설교 시간 내내 바로 잡으려 노력하면서 동시에 계속 말씀을 기억하여 전해 나가야 한다는 것은 정말 고통스러운 일이 아닐 수 없습니다. 그런 쓸데없이 성가신 일은 막아야 마땅합니다. 그것들이 그저 우리에게 불편을 주는 것으로 그치는 것이 아니기 때문입니다. 만일 우리가 불편을 겪는 것으로 그만이라면 별 문제 될 것이 없습니다. 그러나 아뿔싸! 이 사소한 것들이 우리의 정신을 혼미하게 만들고, 생각의 연결을 끊어 버리고, 우리의 영을 혼란에 빠지게 만든다는 것입니다. 그런 하찮은 것들을 극복하고 넘어서야 마땅합니다만, 우리의 마음으로는 원이로되 육신이 연약하니 어찌겠습니까? 그런 지극히 사소한 일들 때문에 정신이 영향을 받는 것을 보면 정말 놀랍습니다. 쓸데없이 계속해서 불편을 가중시키는 일은 있을 이유가 없는 것입니다. 시드니 스미스(Sydney Smith)의 이야기는 우리만 그런 괴로움을 겪은 것이 아니라는 것을 잘 보여 줍니다. 그는 이렇게 말하고 있습니다:

나는 내 강단에서 머리만 겨우 내밀고서 하는 그런 정통적인 방식에 사로잡히는 것을 도저히 견딜 수가 없다. 나의 회중들을 내려다보고 싶고 그들에게 불을 토하고 싶은 것이다. 보통 사람들은 내가 대담한 설교자라고들 한다. 내가 손을 자유자재로 움직이고, 강단을 쾅 내리치기도 하니 말이다. 그런데 한 번은 내게 불의의 사고가 일어났다. 그렇게 자유로이 설교하기 위해서 방석을 가져다가 강단 밑에 몇 겹으로 쌓아서 그 위에 내가 설 수 있도록 했던 것이다. 그날의 본문은 "우리가 사방으로 우겨쌈을 당하여도 싸이지 아니하며 답답한 일을 당하여도 낙심하지 아니하며 박해를 받아도 버린 바 되지 아니하며 거꾸러뜨림을 당하여도 망하지 아니하고"(고후 4:8-9)였다. 말씀을 전하기 시작하고 얼마 되지 않아서 그 말씀들을 전혀 예상하지 못한 방식으로 실감나게 보여 주고 만 것이다. 몇 겹으로 쌓아놓은 방석이 갑자기 빠져 나가서 나는 그만 넘어지고 말았고, 힘들게 애를 써서 회중들 앞으로 떨어지는 것만은 겨우 막을 수 있었다. 회중들은 아주 침착하게 대처했고, 예상한 것보다 속히 원래의 상태를 되찾았다.

여기서 본 주제로 다시 돌아가면서 반복해서 말하자면, 몇몇 설교자들이 강단에 올라서면서 보이는 어색한 태도는 주로 박스형으로 된 강단들 때문에 생긴다는 것입니다. 발과 팔을 어찌 움직여야 하는지를 모릅니다. 그래서 어색한 느낌을 갖게 되고, 우스꽝스러운 태도가 그 때문에 생기는 것입니다. 사람이 자기 자신을 "살아 있는 반신상(半身像)"으로 여기는 일에 익숙해지면, 자기 자신의 모습을 완전히 드러낼 때에는 자기가 너무 길다고 느끼는 법입니다.

또한 두려움 때문에 어색해지는 경우도 많은 것이 사실입니다. 사람의 천성이 그래서도 아니고, 그의 강단 때문도 아니고, 바짝 긴장하여 그렇게 어색한 태도를 취하게 만드는 경우입니다. 어떤 사람들에게는 대중 앞에 서는 데에만도 굉장한 용기가 필요하며, 더구나 대중 앞에서 말을 한다는 것은 그야말로 고문처럼 느껴집니다. 그러니 그들의 자세가 경직되는 것도 무리가 아닙니다. 줄곧 경련을 일으키고 부들부들 떨기 때문입니다. 신경 하나하나가 다 흥분된 상태에 있고, 온 몸이 두려움으로 떠는 것입니다. 특별히 손을 어떻게 처리해야 할지를 몰라 곤혹스러워합니다. 그래서 아주 불안하게 아무 의미 없이 아무렇게나 손을 움직입니다. 양 옆구리에다 손을 붙들어 매어 놓는다면 안도의 한숨을 내쉴 정도입니다. 영국 국교회의 한 성직자는 원고를 사용할 것을 주장하면서 놀라운 논지를 전개했습니다. 신경이 곤두서 있는 사람은 설교 원고의 낱장들을 넘기면서 계속 손을 사용하게 만드는 반면에, 앞에 원고가 없으면, 손을 어찌해야 좋을지 몰라 난감한 일을 당한다는 것입니다. 그러나 그런 논지는 아무에게도 유익을 주지 못하는 쓸데없는 것입니다. 그렇게 한다면, 그것은 정말 아무런 유익도 주지 못하는 아주 나쁜 악습이 될 것입니다.

    그러나 신경이 곤두서는 문제에 대해서는 좀 더 효과적인 처리 방안이 있어야 할 것입니다. 설교자는 자기의 악습이 겉으로 드러나지 않도록 숨기는 방식을 찾기보다는 그 악습을 정복하기를 힘써야 할 것입니다. 연습이 큰 치유책이 될 것입니다. 그리고 하나님을 믿는 것이 그보다 더 확실한 치유책일 것입니다. 목사가 사람들에게 익숙해지게 되면, 편안히 강단에 서게 되고, 그가 편안하기 때문에 아주 안락한 느낌을 갖게 되고, 그의 손이나 발 등 그의 신체의 부분들에 대해서는 아무 생각도 없게 되게 마련입니다. 온 마음을 다해 설교를 진행하게 되고, 진지한 사람에게 가장 자연스러운 그런 태도를 갖게 될 것이고, 바로 이런 것이 가장 적절한 태도가 되는 것입니다. 의식적으로 나오는 것이 아닌 지극히 자연스런 제스처, 한 순간도 그렇게 움직이겠다는 생각을 해 보지 않은 상태에서 나오는 몸짓이 가장 최고의 것이요, 인위적인 기술을 완전히 버리는 것이 최고의 기술을 발휘하는 것입니다. 마치 산중에서 뛰노는 산양(山羊)처럼 그 스스로 자유로이 움직이는 것이 최고의 제스처입니다.

    때때로 그 다음 말을 잘 찾지 못하는 것 때문에 태도나 제스처가 어색해지는 경우도 있습니다. 한 미국의 관찰자는 몇 년 전에 이렇게 쓴 적이 있습니다:

사람들마다 똑같은 곤경에서 헤어 나오는 방식이 저마다 다른 것을 보면 때로는 참 흥미롭다. 칼룬 목사(Mr. Calhoun)는 말문이 막혀서 곤란을 당하는 때가 별로 없으나, 때때로 말이 그의 목구멍에 걸려서 마치 맥베스(Macbeth)가 내뱉는 '아멘'이라는 발음처럼 이상해지기도 한다. 그렇게 되면 그는 그의 셔츠 칼라 부분을 한두 차례 급히 쓸어내리고 바싹 마른 손가락으로 그의 긴 흰 머리카락을 쓸어내려서 가지런히 하며 위기를 모면한다. 웹스터(Webster)는 말문이 막히거나 문장이 뒤엉켜 버리면, 거의 어김없이 오른손 셋째 손가락으로 그의 왼쪽 눈의 안쪽 가장자리를 조심스럽게 긁는다. 그래도 문제가 해결되지 않으면, 그는 엄지손가락 안쪽 부분으로 코를 세차게 문지른다. 그래도 안 되면 최후의 수단으로 무릎을 양쪽으로 벌려서 다리를 타원형으로 만든 다음 양손을 호주머니에 깊숙이 집어넣고, 상체를 세차게 앞으로 숙이는데, 그렇게 하면 반드시 말문이 열리게 되어 있다.

고민 중에 있을 때에 그런 행동을 한다 해도 아무도 그 사람을 탓하지 않을 것입니다만, 그런 당혹스런 경우를 당하지 않고 또 그런 기이한 행동을 하지 않는다면 그것이 훨씬 더 이득이 있을 것입니다.

설교자의 습관 때문에 아주 특이한 몸짓을 하게 되고, 그것이 너무도 몸에 배어 있어서 그것이 없이는 도저히 설교를 하지 못하는 경우가 많습니다. 코트 뒤쪽의 단추를 잡아당기는 습관이나 손가락을 빙빙 돌리는 습관 등이 설교의 일부로서가 아니라 설교에 아주 자유로이 따라붙는 수행원으로서 나타나는 경우를 자주 볼 수 있습니다. 애디슨(Addison)은 「관찰자」(*Spectator*)에서 이와 관련된 아주 재미있는 일화를 소개하고 있습니다:

젊은 시절 웨스트민스터 홀(Westminster Hall)에 자주 참석하던 때의 일이 생각난다. 변론할 때마다 항상 어김없이 손에 노끈을 집어들고는 손가락에 감았다 풀었다 하면서 말을 하는 변호사가 있었다.

그 시절 장난꾸러기들은 그 끈을 그의 연설의 끈이라 불렀다. 그것이 없으면 그 사람은 한마디도 하지 못했기 때문이다. 그의 고객 중에 지혜롭지 못하고 장난기가 있는 사람이 어느 날 그가 변론을 진행하는 중에 그 노끈을 훔쳐 버렸는데, 그런 장난 때문에 결국 소송에서 지고 말았다. 그냥 내버려 두었으면 좋았을 것을.

아직 그런 사소한 습관에서 완전히 자유롭지 못한 사람들이 있다면, 그런 것에 점점 붙잡혀 들어가지 않도록 경계하시기 바랍니다. 그러나 그런 것은 그저 몇몇 사람들에게만 있는 사소한 습관들이고, 설교자의 수고에 해를 끼치는 것도 아니니, 그것들 때문에 크게 압박을 받을 필요는 없다고 봅니다.

설교자의 태도는 자연스러워야 합니다만, 그 자연스러움이 상스러워서는 안됩니다. 품위가 있어야 하고 교양 있는 것이어야 합니다. 특별히 설교자로서 부자연스러운 포즈는 반드시 피해야 합니다. 말하는 기관들을 해치고, 폐를 상하게 하기 때문입니다. 상식을 발휘하여야 합니다. 그러니 앞으로 몸을 굽혀서 강단에 놓인 성경책에 기대거나 하여 말을 하기에 불편한 자세를 취하는 따위의 일은 하지 말아야 합니다. 바로 밑에 앉은 사람들에게 설득력 있게 전하기 위해서 이따금씩 몸을 굽히는 일은 무방하겠으나, 그것이 습관적인 포즈가 되면 품위가 손상될 뿐 아니라 해를 끼치게 됩니다. 응접실에서 이야기하면서 몸을 굽히는 것을 상상이나 하겠습니까? 몸을 굽혀 테이블 모퉁이에 대고서 숨쉬는 기관을 압박하면서 긴 대화를 이어간다는 것은 그야말로 사람을 죽이는 행위가 아니겠습니까? 똑바로 서서, 자세를 바로 하십시오. 그리고 남자답게 말씀하시기 바랍니다. 몇몇 설교자들은 다른 방향에서도 잘못을 범하기도 합니다. 마치 천사들에게 말하는 듯, 아니면 천장에 써 놓은 글귀를 보는 듯, 고개를 뒤로 젖히고 말하는 것이지요. 이것 역시 매우 나쁜 결과를 가져옵니다. 때때로 장엄한 감정에 의해서 그런 자세를 취할 수도 있겠지만, 그런 경우 외에는 절대로 취해서는 안 됩니다. 존 웨슬리(John Wesley)는 다음과 같이 적절히 언급하고 있습니다:

머리를 지나치게 높이 들어서도 안 되고, 광대처럼 앞으로 쭉 내밀어서도 안 되고, 고개를 숙여 가슴에 묻어서도 안 되며, 언제나 이쪽저쪽으로 기대어서도 안 된다. 항상 예의 바르게 똑바로 세워서 그 자연스런 상태와 위치를 지키도록 해야 한다. 더 나아가서, 마치 동상처럼 전혀 움직이지 않고 있어서도 안 되고, 계속해서 이리저리 움직이고만 있어서도 안 된다. 양극단을 피하기 위해서, 상황에 따라서 어느 때는 이쪽으로, 또 어느 때는 저쪽으로 부드럽게 돌리기도 하고, 또 어떤 경우는 정면을 향하여 시선을 집중시켜 회중의 정 중앙을 바라보기도 해야 한다.

마치 다리의 난간에 한가하게 앉아서 보트에 탄 사람과 한담을 나누듯이 구부정한 자세로 축 늘어져 있는 자세를 취하는 사람들이 너무 많습니다. 우리는 축 늘어지거나 아무렇게나 편안하게 사람들을 쳐다보기 위해서 강단에 올라가는 것이 아닙니다. 우리가 강단에 올라가는 것은 지극히 엄숙한 일을 위한 것이며, 따라서 우리의 태도 역시 그 엄숙한 일에 어울리는 것이어야만 합니다. 아무렇게나 축 늘어져 있는 자세나 한가한 자세로는 경건하고 진지한 심령을 나타내 보일 수가 없습니다. 그리스 사람들 가운데는 심지어 농사꾼이나 목동들조차 전혀 무의식적으로 아주 품위 있는 태도를 취한다고 합니다. 이탈리아 사람들도 마찬가지라 생각합니다. 어디서든 로마 사람을 만날 때마다 ― 스파냐(Sapgna) 계단에서 잠을 자고 있든, 카라칼라(Caracalla)의 욕탕에 앉아 있든, 머리에 짐을 지고 있든, 노새를 몰고 있든 ― 그들은 언제나 예술가 같은 풍모를 보이니 말입니다. 그러나 그들은 전혀 무의식적으로 그렇게 행동을 하는 것입니다. 저 멋진 평민들은 한 번도 미용 체조 교육을 받은 일이 없고, 외국인들에게 잘 보이려고 머리를 쓴 일도 없습니다. 그저 자연스럽게 그런 것들이 몸에 배어 있어서, 단정함과 세련된 습관들이 품위 있게 드러나는 것입니다. 그리스인들이나 이탈리아인들을 모방한다는 것은 어리석은 일일 것입니다만, 한 가지 모방이 전혀 없는 점, 전혀 가식적으로 꾸며낸 것이 아닌 자연스런 몸짓은 본받을 만합니다. 그리스도인이 어릿광대가 되어야 할 이유는 없습니다. 그리고 목사가 촌뜨기가 되어서는 안 되는 이유는 무수하게 많습니다. 로울랜드 힐(Rowland Hill: 1744-1833)은 사탄이 최고의 곡조를 가지지 못할 이유가 없다고 했는데, 저도 마찬가지로 사탄이 품위 있는 설교자를 지니지 못할 이유가 없다고 봅니다!

자, 그러면 자세에 대해서는 이 정도로 줄이고, 설교에서의 몸짓에 대해서 더 구체적으로 주목해 보기로 합시다. 이것 역시 사소한 것이지만 동시에 매우 중요한 항목입니다. 첫 번째로 살펴볼 것은, **몸짓이 지나쳐서는 절대로 안 된다**는 것입니다. 이 점에서는 육체적인 운동이 별 유익이 없습니다. 어느 정도로 움직여야 몸짓이 지나치게 되는 것인지를 곧바로 판단할 수가 없습니다. 어떤 사람에게는 지나친 것이 다른 사람에게는 지극히 적절할 수 있기 때문입니다. 민족들마다 말할 때의 몸짓도 서로 다릅니다. 영국 사람들끼리 말을 주고받는 것을 보면 매우 조용하고도 침착하게 합니다. 하지만 프랑스 사람들은 그렇지 않습니다. 그 사람들을 보면, 어깨를 으쓱거리고 손가락을 움직이며 아주 열정적으로 이야기를 합니다. 좋습니다. 그러면 프랑스인 설교자가 영국인 설교자보다 설교 시에 좀 더 몸짓이 많고 열정적이라는 것을 인정할 수 있겠지요. 프랑스 사람들의 일상적인 말의 습관이 그러니까 말입니다. 프랑스인 목사가 사실 정말 그런지는 저도 확실히 모릅니다만, 만일 그렇다면 그것은 그 민족적인 습관 때문이라 할 수 있을 것입니다. 만일 여러분과 제가 파리 식으로 대화를 나눈다면, 웃음거리가 되고 말 것입니다. 마찬가지로 우리가 강단에서 격렬해지고 거칠어질 경우에도 똑같은 꼴이 되고 말 것입니다.

만일 애디슨의 주장이 믿을 만하다면, 영국의 연설자들은 다른 나라 사람들에 비해서 제스처를 덜 사용한다 하겠습니다. 민족 간에도 차이가 있지만, 사람들 간에도 차이가 있습니다. 어떤 이들은 다른 사람에 비해서 천성적으로 몸짓이 많기도 합니다. 그런데 그것이 정말 자연스러우면, 거기서 별로 흠 잡을 것이 없습니다. 예를 들어서, 존 고우(John Gough)의 굉장한 몸짓이나 이리저리 다니는 것을 비난할 수가 없습니다. 그런 것이 없으면 고우가 아닐테니까요. 그가 한 강의를 마치기까지 대체 몇 마일이나 걸을까 궁금하기까지 합니다. 거품을 얻으려고 화산의 옆구리를 기어올라가는가 하면, 뜨거운 재 속에 발목을 깊이 집어넣기도 합니다. 그리고는 엑서터 홀(Exeter Hall)의 연단 반대쪽으로 가서는 물 한 컵을 마시며 잠시 쉽니다. 그러나 이내 다시 급하게 청중 맨 앞 쪽 줄에 앉은 형제에게 가서 강냉이를 빼앗아 먹습니다. 자, 존 고우에게는 이것이 지극히 자연스럽습니다. 그러나 존 스미스나 혹은 존 브라운이 그렇게 이리저리 움직이고 다닌다면, 그 사람은 방랑하는 유대인이나 혹은 우리에 갇혀서 계속해서 앞뒤로 왔다갔다하는 동물원의 북극곰처럼 취급당하고 말 것입니다.

마틴 루터(Martin Luther: 1483-1546)는 주먹으로 강단을 내려치기를 잘 했는데, 아이제나흐(Eisenach)에서는 사람들이 그가 주먹으로 쳐서 쪼개놓은 판자 — 아마 3인치 정도 되리라 생각됩니다만 — 를 보여 주더군요. 그 전설의 사실 여부는 의심스러운 점이 많습니다. 기타를 멋지게 연주하는 그런 섬세한 손으로는 도저히 그렇게 거칠게 움직일 수 없었을 것이라는 주장이 있기 때문입니다. 그러나 손이 그 사람의 성품을 나타내 주는 지표라고 본다면, 그 전설을 충분히 믿을 수 있을 것 같기도 합니다. 왜냐하면 루터는 격렬한 열정과 부드러움이 정말 놀랍게 어우러져 있는 인물이기 때문입니다. 루터의 정신에는 대단한 섬세함과 민감함이 있었습니다. 하지만 그 때문에 그의 엄청난 에너지가 위축되지 않았고, 오히려 활발하게 드러났습니다. 교황을 그렇게 내려치는 그의 스타일을 볼 때에 그가 널빤지를 쪼개었다는 것이 결코 믿기 어려운 것이 아닙니다. 그러나 동시에 그가 여인의 손처럼 기타 줄을 만지는 모습도 충분히 상상할 수 있습니다. 다윗도 수금을 아주 기술적으로 연주할 줄 아는 사람이었지만, 그의 팔로 활을 꺾기도 했지 않습니까?

존 녹스(John Knox: 1514?-1572)는 한때 너무나 심약하여 강단에 올라서기 전에는 아주 의기소침하여 축 처진 모습인 것 같았습니다만, 일단 회중 앞에 서면 마치 강단을 쳐서 산산조각 낼 것 같은 기세로 말씀을 전했습니다. 교황과 사제들과 마귀와 그 수족들이 특별히 격렬하게 공격하는 가운데 개신교도들이 자기들의 존립을 위하여 싸우던 그 시기의 스타일은 분명 그러했습니다. 하지만 멜란히톤(Philip Melanchthon:

1497-1560)이 그렇게 격렬해질 필요가 있다고 생각했다거나, 칼빈(John Calvin: 1509-1564)이 그처럼 강단을 세차게 내리치며 외쳤다고 상상하기는 어렵습니다. 여하튼, 3인치짜리 판자를 쪼개려 애쓸 필요는 없습니다. 거기에 못이 박혀 있을지도 모르니 말입니다. 또한 강단을 산산조각 내려 하지도 마십시오. 그렇게 하면 강단이 없이 서야 하지 않겠습니까? 성령의 능력으로 말미암아 양심들을 깨뜨리시고, 굳은 마음을 깨뜨릴 것을 목표로 삼으시기 바랍니다. 그러나 이런 일은 영적인 능력이 필요합니다. 육체적인 에너지는 구원을 얻게 하는 하나님의 능력이 아닙니다.

일을 너무 지나치게 하여 여러분 자신을 우스꽝스럽게 만들기가 매우 쉽습니다. 존슨 박사(Dr. Johnson)는 몸짓을 아예 금지하였고 또한 와츠 박사(Dr. Watts)를 높이 평가했는데, 어쩌면 이러한 위험을 깊이 인식한 때문이 아닌가 싶습니다. 그는 와츠 박사를 가리켜 말하기를, "그는 그 어떠한 몸짓으로도 자기의 언변을 돕도록 애쓰지 않았다. 신학적 진리와 전혀 일치하지 않는 육체적인 몸짓이 과연 그 진리를 강화시켜 주리라는 것이 도저히 납득되지 않았기 때문이다"라고 하였습니다. 이 위대한 사전 학자의 논평은 넌센스입니다. 하지만 이를 신중하게 생각하여 설교자가 전혀 몸짓을 하지 않게 된다면, 과도하게 몸짓을 사용하는 것보다는 훨씬 나을 것입니다. 나단 선지자는 다윗에게 말씀을 전할 때에, 그의 비유를 아주 조용조용 이야기했으리라 여겨집니다. 그리고 "당신이 바로 그 사람이오"라고 말할 때에는 아마 왕을 깊이 바라보았을 것입니다. 그러나 젊은 목사들은, 나단 선지자가 다윗의 방 한가운데에 서서, 오른 발을 앞으로 내밀고 손가락을 마치 권총처럼 왕의 눈 사이에다 겨누고서 발을 쾅 구르면서 "당신이 바로 그 사람이오"라고 소리를 질렀을 것으로 상상합니다. 만일 그가 그렇게 했다면, 다윗 왕은 자기 자신의 죄악을 생각하기 전에 먼저 그 미친 선지자의 모습에 격분하여 시위병들을 불러 그를 내쫓았을 것입니다. 나단 선지자는 무례하게 격렬한 행동을 하기에는 너무나도 엄숙하고 진지했던 것입니다.

여기서 일반적인 법칙으로서 주목할 수 있는 것은 깊은 감정이 있을 때에는 지나치게 격렬하게 움직이기보다는 오히려 자세를 가다듬고 가라앉히는 경향이 있다는 것입니다. 허공을 치며, 고래고래 소리를 지르며 고함치는 사람은 아무것도 전달하지 못합니다. 자기의 뜻하는 바를 진지하게 전달하고자 하는 사람일수록 저속하게 요동치는 면이 적은 법입니다. 존 웨슬리는 그의 「발음과 제스처에 관한 지침」(*Directions concerning Pronunciation and Gesture*)에서 "설교자는 절대로 손뼉을 치거나 강단을 주먹으로 내리쳐서는 안 된다. 손을 눈 높이 이상 올려도 안 된다"고 하는데, 이는 설교자의 행동을 지나치게 제한시키는 것 같습니다. 하지만 그것은 너무 과도한 몸짓 때문에 문제가 발생하는 것을 목격했기 때문에 그런 말을 하게 된 것으로 보입니다. 그러나, 그는 동시에 설교자들에게 "손을 계속해서 움직여서는 안 된다. 옛 사람들은 이것을 가리켜 손으로 수다를 떠는 것이라고 불렀다"고 적절히 경고하고 있습니다.

러셀(Russell)은 아주 지혜롭게 이렇게 말하고 있습니다:

진정한 열정은 결코 난폭함과 고함 소리로 전락하는 법이 없다. 그것은 영감에서 오는 힘이지 결코 광란의 힘이 아니다. 그것은 비명을 지르거나 거품을 물거나 발을 구르거나 얼굴을 찡그리는 등의 저속한 모습으로 나타나지 않는다. 그것은 가장 강렬하게 고조된 상태에서도 항상 씩씩하고 고상함을 유지하며, 저속하게 되지 않는다. 그것은 절대로 고함치는 목소리나, 쉰 소리의 상스러움이나, 비명소리나, 스스로 황홀경 속에서 내는 히스테리성 목소리나, 위협하는 태도나 주먹을 두드리는 등의 과도한 감정 표현으로 전락하는 법이 없다.

설교할 때에 약간 모방하는 몸짓을 해야 할 필요가 있을 경우에는 지나치지 않도록 특별히 조심해야 합니다. 지나쳤다는 것을 알아차리기도 전에 이미 지나쳐 버리기 쉽기 때문입니다. 어느 젊은 목사는 불신자를 타이르면서 이렇게 소리쳤다고 합니다: "아뿔싸, 당신은 빛이 비치는데도 눈을 감고 있고(여기서 그는 두 눈을 감았습니다), 진리에 귀를 닫고 있고(여기서 그는 양쪽 귀에다 손가락을 댔습니다) 구원에 대해 등을 돌리고 있습니다(여기서 그는 그 사람에게서 등을 돌렸습니다)." 사람들이 자기들에게 등을 대고 서서 양쪽 귀에 다 손가락을 대고 있는 사람을 보고서 폭소를 터뜨리는 것이 이상스럽게 보이십니까? 그 목사의 몸짓은 적절했으나 지나쳤습니다. 하지 않는 것이 훨씬 더 나을 뻔했습니다. 격렬한 몸짓을 추천하는 사람들이 있기는 하지만, 그러나 그런 몸짓은 다른 사람들에게 그 코믹한 면을 자극할 가능성이 많은 법입니다.

버크(Burke)는 하원 의회 석상에서 영국인들이 자기 동족들을 죽이기 위해서 무기를 만들고 있다는 것을 보여 주기 위해서 단검(短劍)을 뽑아 던졌습니다. 제가 보기에는 그의 행동이 아주 충격적이었고 소기의 목적에 상당히 접근하는 것처럼 보이는데, 셰리단(Sheridan)은 "이 분께서 우리에게 나이프를 가져 오셨으니, 포크는

버크의 모습

어디에 있나요?"라고 물었고, 길레이(Gilray)는 아주 무자비하게 그를 비꼬았습니다. 몸짓이 너무 적을 경우에는 그 위험이 크지 않습니다. 그러나 그 반대의 경우는 엄청나게 위험스러운 것이라는 점을 분명히 볼 수 있습니다. 그러므로, 몸짓을 지나치게 사용하지 마십시오. 여러분 자신이 천성적으로 매우 열정적이라고 느끼시면, 그 에너지를 조금이라도 억제하십시오. 손을 좀 적게 흔들고, 성경을 내리칠 때에도 좀 보아가면서 하시고, 전반적으로 말씀을 조용조용히 하기 바랍니다.

태도에 대해서 칭찬할 것도 비난할 것도 없는 그런 상태로 행동하는 사람이 있다면 그것이 최상일 것입니다. 왜냐하면 몸짓이 설교와 완전히 하나가 되어서 그것이 별도로 인식되지 않기 때문입니다. 몸짓이 두드러

진 주목을 받는다면, 그것은 이미 정상을 넘어서서 지나친 상태인 것입니다. 홀 목사(Mr. Hall)는 언젠가 한나 모어 여사(Mrs. Hannah More)와 저녁 시간을 함께 보냈는데, 그녀의 태도에 대한 그의 다음과 같은 판단이 목사들의 태도에 대한 하나의 비평 역할을 하리라 여겨집니다: "전혀 이상스럽지 않습니다, 부인, 전혀 아닙니다. 이상스럽다고 느끼기에는 그녀의 태도는 너무나 완벽합니다. 그분은 완벽한 여성이요, 이상스런 태도라 할 만한 괴상한 점들을 열심히 피하고 있거든요."

두 번째로, 몸짓은 풍부하면서도 적절해야 합니다. 몸짓으로는 언어만큼 많은 것을 표현할 수가 없습니다만, 몇 가지는 몸짓을 통해서 더 강렬하게 표현할 수 있습니다. 화난 표정으로 문을 열고 그 문을 가리키는 행동은 "문 밖으로 나가시오!"라는 말 이상으로 강력한 의미를 전달해 줍니다. 손을 내미는데 악수하기를 거절하는 행위는 악의가 있다는 노골적인 선언이며, 극심한 말보다도 오히려 모멸감이 더 오래 지속될 것입니다. 조용히 해 달라는 요청을 할 때에는 가만히 손가락을 입술에 갖다대는 것으로도 충분히 그 의미가 전달될 수 있습니다. 고개를 좌우로 흔드는 몸짓은 실망의 뜻을 아주 분명하게 전달해 줍니다. 눈썹을 치켜 뜨는 것은 굉장히 놀랐다는 것을 표현해 줍니다. 얼굴의 각 부분이 그 나름대로 즐거움과 슬픔을 훌륭하게 표현해 줍니다. 어깨를 으쓱하는 간단한 동작 속에 과연 얼마나 풍성한 의미가 집약될 수 있었으며, 또한 그 똑같은 동작 하나로 얼마나 쓰라린 해악이 끼쳐져 왔습니까! 그러므로 제스처와 자세가 이렇듯 힘있게 말을 할 수 있으니, 우리로서는 그것들이 올바로 말을 하도록 조심해야 할 것입니다.

손가락으로 땅을 가리키면서 "오 하늘이여!"라고 외친 저 유명한 그리스인을 모방하는 일은 절대로 안 될 것입니다. 긴장해 있는 설교자는 자기의 제스처를 마구 토해내는 것 같습니다. 믿음의 즐거움에 대해서 부연 설명하면서, 손을 마구 비튼다든지, 이 땅의 것들에 집착하지 말아야 할 것을 신자들에게 이야기하면서 강단 옆 모서리를 꽉 붙잡는다든지 하는 몸짓을 어렵지 않게 볼 수 있습니다. 심지어 긴장 상태가 가신 후에도 제스처를 잘 운영하여 말과 일치하도록 만들지 못하는 경우가 많은 것 같습니다. 주먹을 밑으로 내리는 동작을 취하여, 자기들이 위로하고자 애쓰고 있는 바로 그 사람을 오히려 탄핵하는 것처럼 보이게 만들기도 합니다.

여러분 중에는 다음과 같은 말을 하는 중에 두 손을 움켜쥘 만큼 어리석은 분은 없으리라 믿습니다: "복음은 그저 몇 사람에게만 제한되도록 주어진 것이 아닙니다. 그 정신은 자비하며 무한히 폭이 넓습니다. 모든 계층과 모든 민족에 속한 사람들에게 그 팔을 벌리는 것입니다." 또한 팔을 쭉 펴면서, "형제 여러분, 여러분의 힘을 집중시키십시오! 대장군께서 전쟁의 날에 왕의 깃발 아래 그의 군대를 모으고 계시니, 힘을 모으시기 바랍니다"라고 외친다면, 이 역시 말과 몸 동작이 완전히 어긋나는 것입니다. 그러니, 제스처를 적절히 사용해야 합니다. 팔을 넓게 벌리는 것은 퍼져 나가는 것을 표현하고, 팔을 오무리는 것은 집중하는 것을 표현한다는 점을 잘 알아야 합니다.

몸짓과 음의 고저 강약이 함께 작용하여 전하는 말씀의 의미와 완전히 어긋날 수도 있습니다. 아베 물로아(Abbe Mullois)는 어느 악한 재담꾼에 대해 이야기하고 있습니다. 그 재담꾼은 한 설교자가 "내게서 떠나가라. 저주받은 자들아!"라는 끔찍한 말을 아주 부드럽게 발음하는 것을 듣고는, 옆의 동료에게 얼굴을 돌리며 "친구야, 이리 오라. 너를 껴안아 보자꾸나. 지금 목사님이 하신 말씀은 바로 이런 뜻이네"라고 빈정거렸다는 것입니다. 이런 일은 정말 한심하기 짝이 없으나, 그런 일이 흔치 않게 일어납니다. 설교자가 잘못 전달하여 성경의 언어가 완전히 힘을 잃어버리지 않았습니까! 그 프랑스인 설교자가 그렇게 엉뚱한 방식으로 발음한 말은 정말로 무시무시한 말입니다. 얼마 전에 자기 스스로 선지자라는 망상에 젖어 있는 한 정신이상자가 저 자신은 물론 제 교회까지도 저주하면서, 그야말로 진지하게 그 말을 발설하는 것을 들었는데, 그때에 저는 그 말의 처절한 공포를 정말로 느꼈습니다. 마치 우레가 내리치듯 그의 입술에서 "내게서 떠나가라. 이 저주받은 자야!"라는 말이 터져 나오자, 그 마지막 단어가 마치 영혼 그 자체를 물어뜯는 것 같았고, 불이 이글이글 타오르는 눈과 활짝 뻗은 손에 광기가 서려서 오금을 저리도록 만든 것입니다.

호신술의 대가인 벤디고(Bendigo) 같은 이들에게서 교훈을 받은 설교자들이 너무 많은 것 같습니다. 주먹을 불끈 쥐는 모습이 마치 대련(對鍊)에 임할 준비를 갖추기라도 하려는 것처럼 보이니 말입니다. 평화의 복음을 설교하는 형제들이 그렇게 호전적인 자세로 임하는 것을 본다는 것은 결코 유쾌한 일이 못 됩니다. 그런데도 복음전도자가 값없이 베푸시는 그리스도의 은혜를 설교하면서 주먹을 불끈 쥔다는 이야기를 심심치 않게 들을 수 있습니다. 그들이 일부러 주먹을 쥔 자세를 취하면서 "내게로 오라"고 말하고는, 이어서 두 주먹을 들고 빙빙 돌리면서, "내가 너희를 쉬게 하리라"고 말하는 것을 보면 얼마나 우스운지 모릅니다. 그런 우스꽝스런 아이디어를 생각하게 만들지 않는 것이 더 좋겠지만, 진지하게 말씀을 전하기를 바라며 열심히 설교에 임하는 사람들에게서 그런 우스꽝스러운 면이 나타나기도 하는 것입니다.

형제 여러분, 여러분이 여기서 웃음을 터뜨려도 저는 전혀 개의치 않습니다. 하지만 이런 우스꽝스러운 몸짓에 대해서 이 자리에서 웃으면서 마음에 담아 두는 것이, 여러분이 회중들 앞에서 그런 실수를 저질러서 사람들에게 웃음을 자아내게 만드는 것보다 훨씬 더 나을 것입니다. 제가 상상해서 그런 사례들을 말씀드리는 것이 아닙니다. 제가 직접 보았고, 또다시 그런 실수를 보지 않았으면 좋겠다고 생각해서 말씀드리는 것입니다. 그 어색한 손들을 일단 굴복시켜 놓으면, 그것들이 우리의 최고의 동역자가 됩니다. 우리의 혀뿐 아니라 그 손들로도 뜻을 전달할 수 있습니다. 우리의 말에 매력을 더해 주게 될 일종의 소리 없는 음악이 되기도 합니다. 찰스 벨 경(Sir Charles Bell)의 「손」(The Hand)을 읽어보신 일이 없다면, 꼭 읽어보시기 바랍니다. 그리고 다음의 구절을 주목하시기 바랍니다:

> 손이 표현의 수단이 된다는 이야기를 놓쳐서는 안 된다. 이는 공식적인 학위 논문들에 제시되어온 바 있는 문제다. 그러나 굳이 권위 있는 증거를 찾고자 한다면, 위대한 초상화가들을 증거로 취할 수 있을 것이다. 그들은 전체의 모습과 일치하도록 손을 위치시킴으로써 온갖 정서를 다 표현하고 있다. 예를 들어서 구이도(Guido)의 막달렌(Magdalens)이나 라파엘로의 삽화 혹은 레오나르도 다빈치(Leonardo da Vinci)의 "최후의 만찬"에서 손이 표현해 주는 그 풍성한 의미를 부인할 사람이 누구인가? 퀸틸리아누스(Quinctilian)가 손이 표현할 수 있다고 말한 그 모든 것이 거기에 표현되어 있는 것을 보는 것이다. 그는 이렇게 말하고 있다: "몸의 다른 기관들에 대해서는 그것들이 연설자를 돕는다고 할 수 있으나, 손들은 자기들 스스로 말을 한다고 할 수 있을 것이다. 그것들을 통해서 묻기도 하고, 약속하기도 하고, 빌기도 하고, 거절하기도 하고, 위협하기도 하고, 간청하기도 하고, 두려움과 즐거움과 슬픔, 의심, 동의, 후회 등을 표현하며, 손들을 통해서 빈약함이나 풍부함을 보여 주며, 숫자와 시간을 표시하기도 하는 것이다."

얼굴은, 그 중에서도 특히 눈은, 그 적절한 움직임을 통해서 매우 중요한 역할을 합니다. 목사들이 회중들을 쳐다보지 못한다면 그것은 매우 불행한 일입니다. 자기가 보지도 못하는 사람들에게 간곡히 이야기하는 모습은 괴이하기 그지없습니다. 십자가에 달리신 예수님을 바라보라고 간청하고 있지 않습니까! 그렇다면 죄인들이 어디에 있겠습니까! 그런데도 설교자의 눈이 책으로 가 있거나, 아니면 천장으로, 혹은 텅 빈 어느 공간에 가 있다면 어떻게 되겠습니까? 권면을 하는 부분에 와서는 반드시 사람들에게 여러분의 눈을 집중시켜야 한다고 저는 봅니다. 설교 중에 그 가르침이 숭고하여 눈을 위로 향할 수도 있습니다. 그리고 시선을 이리저리 움직여도 무방한 부분도 있습니다. 그러나 간곡히 호소할 시간이 왔을 때에는, 말씀을 듣는 회중들을 똑바로 쳐다보는 것이 합당합니다. 그렇게 하지 않으면 말씀의 능력을 잃어버리게 됩니다. 웨이랜드 박사 (Dr. Wayland)는 병이 들자, 이렇게 썼습니다: "예전의 건강을 되찾을지는 잘 모르겠다. 하지만 만일 내가 다시 설교하도록 허락을 받는다면, 나는 사람들에게 똑바로 설교하기를 배우는 데에 최선을 다할 것이다. 강단의 원고를 쳐다보지 않고, 그들의 얼굴을 정면으로 바라보면서 말씀을 전하도록 말이다."

자세와 제스처에 완벽해지려면, 자신의 몸 전체를 균형 있게 움직일 줄 알아야 합니다. 어느 경우에는 머리의 움직임이 가장 적절하기도 하고, 또 어느 경우에는 손을, 또 어느 경우에는 몸통만 움직이는 것이 가장 적절하기도 하기 때문입니다. 퀸틸리아누스는 이렇게 말합니다: "제스처에 옆구리도 자기 몫을 담당해야 한다. 또한 몸 전체의 움직임도 전달의 효과에 크게 기여한다. 그것이 너무도 분명하기 때문에 키케로는 손 자체보다도 몸 전체의 제스처로 더 큰 효과를 얻을 수 있다는 견해를 갖기까지 한다." 그리하여 그는 자신의 「연설법」(*De Oratore*)에서 이렇게 말한다: "손가락의 움직임은 전달에 전혀 영향을 끼치지 못하며, 따라서 손가락을 떨어뜨리는 동작은 언어의 운율에도 어울리지 않는다. 그러나 온 몸을 적절히 움직이고 옆구리를 활기차게 굽히는 등의 동작은 상당한 효과를 얻어 낼 것이다."

적절한 몸짓이 과연 어떤 것을 뜻하는지에 대해서 여러 예들을 더 들 수 있습니다만, 이 정도로 그치기로 합시다. 제스처가 말과 부합되도록 합시다. 그리고 여러분이 말하는 내용과 함께 달리는 일종의 주석이 되고 또한 실질적인 해명이 되도록 만듭시다. 다음 강의에서 이 주제에 대해서 계속하기로 하고 여기서 잠시 멈추어야겠습니다. 하지만, 많은 분들이 지금 제가 다루는 주제가 너무 사소한 것이어서 거의 중요하지 않다는 식으로 생각할 수도 있다는 것이 제 마음에 크게 걸리기 때문에, 이 강의를 마치면서 마지막으로, 위대한 화가들이 아주 미세한 부분에까지 신경을 써서 조심스럽게 작업을 진행한다는 사실을 보여 주는 한 가지 예만 제시하고 싶습니다. 그들이 그런 작은 일에 그렇게 세심하게 임했다면, 하물며 우리야 어떻겠습니까? 비그널 마빌(Vigneul Marville)은 다음과 같이 이야기합니다:

> 로마에 있을 당시 나는 클로드 로랭(Claude Lorrain: 1600-1682, 프랑스의 화가로 주로 로마에서 활동)을 자주 만났는데, 그는 당시 그 도시의 가장 명망 높은 인사들의 후원을 받고 있었다. 나는 티베르 강가에서 그를 자주 만났고, 그 고대의 훌륭한 유적들이 널려 있는 로마 인근을 배회하기도 했다. 그 당시 그는 이미 노인이었는데도 이끼와 꽃들과 돌 따위를 손수건 가득 싸들고 산책에서 돌아오는 것을 보았다. 그는 그것들을 집에 가지고 가서 지칠 줄 모르는 집중력으로 관찰하며 그 자연물들을 정확히 베끼는 일에 최선을 다하였다. 어느 날 나는 그에게, 대체 어떻게 해서 그 많은 이탈리아의 화가들 중에서 그렇게 탁월한 위치에 오르게 되었는가를 물었다. 이에 그 덕망이 넘치는 대가(大家)는 겸손하게 이렇게 대답하였다: "나는 그 어떠한 것에도 수고를 아끼지 않았다네. 심지어 아주 사소하고 하찮은 것에도 말일세."

제 20 장

자세, 몸짓, 제스처의 문제 (II)

본 강의는 세 번째 문제에서 시작하겠습니다. 기억하시겠습니다만, 우리는 제스처가 지나쳐서는 안 된다는 것을 이야기했고, 두 번째로는 그것이 적절해야 한다는 점을 말씀드렸습니다. 이제는 세 번째 원칙을 말씀드리겠습니다. 곧, 몸짓과 제스처는 절대로 괴상한 것이어서는 안 된다는 것입니다. 이것은 너무 분명하기 때문에 굳이 부연 설명은 하지 않겠습니다. 다만, 몇 가지 괴상한 것들의 예를 제시하여, 그런 경우는 물론 그 비슷한 경우들을 모두 피하도록 해 드리고자 합니다. 모든 시대마다 이상스런 제스처들이 매우 많았던 것으로 나타나고 있습니다. 옛날의 한 저자는 그 이상스런 제스처들을 길게 열거해 놓고 있는데, 그 중에 어떤 것들은 이미 이 세상에서 없어졌으면 싶은 것들이고, 또 어떤 것들은 너무나 강렬한 언어로 표현되어 있어서 실제적인 사건들을 풍자하는 것이 아닌가 하는 느낌을 주기도 합니다. 그 저자는 이렇게 말합니다:

> 어떤 이들은 마치 머리가 뿔로 되어 있기라도 한 것처럼 머리를 한쪽으로 기울인 상태로 전혀 움직이지 않는다. 또 어떤 이들은 사람들에게 겁을 주기라도 하려는 듯 두 눈으로 모두를 뚫어지게 바라본다. 어떤 이들은 마치 땅콩을 씹기라도 하는 것처럼 말을 하는 동안 계속해서 입을 씰룩거리며 뺨을 움직인다. 어떤 이들은 배교자 줄리안(Julian)처럼 욕을 내뱉고, 얼굴에서 경멸과 거만의 자세를 드러내 보인다. 또 어떤 이들은 마치 비극에 나오는 가짜 영웅들을 흉내내기

라도 하는 듯, 모든 사람들을 삼켜버릴 듯이 턱뼈를 크게 내리고 입을 크게 벌린다. 그리고 무엇보다도 흥분에 도취되어 소리를 지를 때에는 거품을 사방에 내뿜고, 사투르누스(Saturn: 로마의 농업의 신)처럼 눈썹을 찌푸리고 눈으로 위협한다. 이들은 마치 무슨 장난을 하는 것처럼 손가락으로 계속 동작들을 취하며, 마치 수학 기호들을 그리려는 듯 손을 공중에다 휘젓는다. 그런가 하면 다른 사람들은 반대로, 손을 가만히 내려두고 있다. 그들에게는 차라리 나무 기둥을 움직이는 편이 손을 움직이는 것보다 쉬워 보인다. 어떤 사람들은 과거에 구두수선공이었든지 아니면 구두수선공들과 함께 계속 살아와서 그런지, 눈썹을 움직이는 데 상당히 많은 수고를 들인다. 어떤 사람들은 몸의 움직임이 너무도 불안정하여 거룻배 위에 서서 말을 하는 것 같은 느낌을 줄 정도다. 또 어떤 이들은 움직임이 전혀 없어서, 마치 마(麻) 자루 위에다 사람 모양을 그려놓은 것을 보는 듯한 느낌을 준다. 내가 본 어떤 사람은 연단에 올라가서는 계속해서 이리저리 뛰어다녔는데, 마치 춤꾼의 춤사위를 보는 것 같았고, 옛 시인의 말처럼 발로 재치를 뽐내는 것처럼 보였다. 그러나 모든 잘못된 제스처들과 나쁜 전달법의 괴상한 예들을 이처럼 작은 지면에 어떻게 다 열거할 수 있겠는가?

여기에 나타나 있는 항목들은 이것저것 닥치는 대로 무섭게 긁어모으는 사람들도 얼마든지 만족시켜 줄 것입니다. 하지만 우리 시대에 이 집회 저 집회를 두루 다니는 사람들이 접할 수 있는 이상야릇한 제스처들은 여기에 열거된 것보다 훨씬 더 많을 것입니다. 어린아이의 장난기 어린 교묘한 행동들이 무궁무진하게 많은 것처럼, 연설자들의 특이한 제스처도 끝이 없어 보입니다. 정말 탁월한 사람들도 이따금씩 그런 것들에 빠지니 말입니다.

괴상스러운 몸짓들을 몇 가지 종류로 구분해 보면, 첫째로 **경직된 몸짓**을 들 수 있는데, 이것은 아주 흔히 볼 수 있습니다. 이런 몸짓을 하는 사람은 몸에 유연성이 없고 연결 부위들이 뻣뻣해 보입니다. 마치 철이나

제20장 자세, 몸짓, 제스처의 문제 (II) *457*

단단한 금속으로 접합시켜 놓은 것처럼 팔과 다리 관절의 움직임이 딱딱하기 그지없습니다. 관절들이 너무 뻣뻣하여 마치 화가들이 사용하는 나무로 된 인체 해부용 인형처럼 보입니다. 이 사람들의 몸짓에는 둥글고 유연한 모습이 조금도 없습니다. 모든 움직임이 다 각(角)져 있고 날카롭고 기계적입니다. 이 분들의 각이 진 몸짓들을 구체적으로 묘사해 보고 싶지만, 정말 훌륭하게 쓰임받는 북부의 목사님 몇 분들에게 누가 될까봐 ― 저는 그분들을 정말 존경해 마지않습니다 ― 아주 자세하게는 말씀드릴 수가 없습니다. 그러나 마치 거대한 한 쌍의 젓가락처럼 딱딱하게 세우고, 마치 부지깽이처럼 팔을 움직여서는 안 된다는 것을 이 분들도 잘 알고 계시리라 생각됩니다. 관절 부분에 기름을 치면 좋을 텐데, 손발에 기름이 부족하여, 살아 있는 기관이라기보다는 무슨 기계의 부속품처럼 움직이는 것 같아 보입니다. 몇몇 설교자들에게 기형적으로 나타나는 이런 악습은 아무 운동이든 육체적인 운동을 통해서 고칠 수 있을 것입니다. 혹시 이처럼 부자연스럽고 경직된 몸짓에 젖어 있는 사람이 엑서터 홀의 연단에 서면, 그 사람은 아주 능숙한 만화가에게 소재를 제공해 주는 것은 물론, 그 혐오스런 몸짓으로 인하여 청중들의 주목을 완전히 흐트러지게 만들 것입니다.

우리의 친구 필로(Philo)는, "사람들은 그런 사소한 것들을 알아차리지 못한다"고 합니다만, 그러나 사람들은 그렇게 해야 하든 하지 말아야 하든 간에, 그런 사소한 것들을 반드시 알아차리게 되어 있으므로, 그런 것들을 행하지 않는 것이 지혜롭습니다. 본 강의 내용 전체에 대해서 어떤 매우 탁월한 사람들은 별로 주목할 것이 아니라고 생각하여 무언가 인정하지 않는 듯한 태도를 취할 수도 있습니다만, 저로서는 이런 말씀을 드리지 않을 수가 없습니다. 물론 저는, 연설의 중요한 요소가 첫째도, 둘째도, 셋째도 몸짓이라고 한 데모스테네스(Demosthenes)처럼 그것을 그렇게 가치 있는 것으로 보지는 않습니다. 그러나 정말 좋은 설교가 설교자의 어색한 처신 때문에 힘을 잃어버리는 것이 분명하기 때문에, 저로서는 그런 악습을 조금이라도 교정할 수만 있다면 훌륭한 분들의 비판도 기꺼이 감수할 것입니다. 저의 표현이 장난기 섞인 것처럼 보일 수도 있지만, 저 자신은 정말로 진지합니다. 이런 우스꽝스러운 일들을 가벼운 농담처럼 다루고 지나갈 수도 있지만, 저는

"모든 덕은 근엄함에 있고
미소는 악행의 증상이라"

고 하는 사람들처럼 생각하지 않습니다.

괴상한 몸짓의 두 번째 형태는 첫 번째 형태와 비슷한데, 이것은 규칙적이며 기계적인 몸짓으로 구별짓는 것이 좋을 것입니다. 이런 몸짓을 보이는

풍력계

사람들은 의지와 지성을 소유한 살아 있는 존재답게 움직이지 못하고, 마치 미리 정확한 간격을 두고 움직이도록 미리 지정되어 있는 자동 장치처럼 그렇게 움직입니다. 우리 교회당 뒤쪽에 가면 어떤 사람이 자기 집에 군인 모양으로 된 일종의 풍력계 같은 것을 장치해 놓았는데, 바람이 세게 불면 두 팔을 번갈아 들게 되어 있습니다. 그런데 설교자들이 각 팔을 교대로 내밀거나 한 팔을 가만히 내려두고 다른 팔만 계속해서 똑같이 — 마치 태엽을 감아놓은 시계처럼 — 올렸다 내렸다 하는 모습을 보면서, 저는 그 풍력계의 움직이는 모습이 생각나서 웃음을 지은 적이 많습니다. 연신 팔을 올렸다 내렸다 합니다. 오른쪽으로도 왼쪽으로도 돌리지 않고, 다른 모든 움직임은 완전히 사라지고 오로지 상승과 하강, 이 두 가지 움직임만 단조롭게 계속하는 것입니다. 그런 움직임 그 자체는 거부감이 없을 수도 있습니다만, 그것이 전혀 변화가 없이 계속해서 똑같이 반복된다면 도저히 견딜 수 없게 되는 것입니다.

브리타니(Brittany)의 루도비쿠스 크레솔리우스(Ludovicus Cresollius)는 연설자의 몸짓과 발음에 대한 논고에서, 파리 출신의 한 학

식 있고 세련된 설교가에 대해 말하면서, 그의 단조로운 몸짓에 진력이 나서 분노가 치밀었다며 다음과 같이 다소 강하게 비판하고 있습니다:

> 그는 몸을 왼쪽으로 숙이고 손으로 약간 제스처를 쓰면서 몇 마디를 이야기하고는, 다시 오른쪽으로 숙이고 손으로 똑같은 제스처를 쓰고, 다시 왼쪽으로 숙였다가 다시 오른쪽으로 숙이기를 계속했다. 거의 일정한 간격으로 똑같은 제스처를 계속해서 반복한 것이다. 아마도 눈이 먼 바빌로니아 소가 똑같은 길을 전진했다 후진했다 하는 것과 비슷할 것이다. 나는 너무도 역겨워서 눈을 감아 버렸다. 그러나 눈을 감고서도 그 설교자의 몸짓이 계속 연상되는 것을 견디기가 어려웠다.

제가 공식 의회에서 본 바에 의하면, 영국 하원(House of Common)의 스타일은 등과 손을 위 아래로 움직이는 것입니다. 의원이 의장에게 가서 하원 전체를 향하여 고개를 숙이는 것을 보면, 마치 식당에서 주문을 받는 웨이터의 행동을 보는 듯합니다. 고개를 끄떡이며 "예, 손님"이라고 하고는 다시 다른 자리로 가서 "예, 손님"이라고 말하지요. 다음의 아주 재미있는 시구(詩句)가 여러 의회 연설자들을 연상시켜 줍니다:

> "타탓 씨(Mr. Tattat),
> 두드리지 마세요
> 당신의 논리는
> 다른 분의 모자 꼭대기에
> 맥없이 얹혀 있다오."

이것은 소위 물펌프 손잡이 스타일로 아주 정확하게 묘사되어온 그런 스타일과 유사합니다. 이것은 흔하게 볼 수 있는 것으로, 팔을 급속하게 움직이기를 반복하는 것인데, 더 강하게 강조하기 위해서 하는 몸짓이지만 실제로 아무것도 하지 못하는 것입니다. 이런 식으로 움직이는 설교자들은 "어째서 물펌프가 카슬러리 경(Lord Castlereagh)을 닮았을까?"라는 무어(Moore)의 수수께끼를 연상하게 합니다.

> "위 아래로 그 어색한 팔을 연신 흔들어 대어,
> 한 줄기 약한 물줄기를 계속해서
> 차갑게 뿜어대고 뿜어대는
> 나무로 된 짤막한 것이니까."

어떤 때는 톱질하는 것 같은 몸짓을 보기도 합니다. 팔을 길게 폈다가 오무리기를 반복합니다. 때때로 연설자가 난간이나 혹은 강단 앞쪽에 기대어 서서 마치 긴 널빤지 윗부분을 톱질하는 사람처럼 그 아래에 앉은 사람들에게 연신 팔을 뻗었다 오무렸다 하는 데에서 그런 모션이 완벽하게 연출됩니다. 그 사람이 만일 허공에다 톱질을 하지 않고 진짜 나무에다 톱질을 한다면 그 시간에 판자를 몇 개나 켤 수 있을까 궁금해지기도 합니다.

그리고 방망이로 두드리는 사람들도 굉장히 많은데, 이들에 대해서도 똑같이 말할 수 있을 것입니다. 이들은 성경을 망가뜨리고 강단의 쿠션들을 털어서 먼지가 나게 할 정도로 세차게 두드리고 내리칩니다. 후디브라스(Hudibras)는 자주 인용되는 다음의 시구에서 이런 사람들의 선구자 격인 자들을 찬양하고 있습니다:

> "그 성직자는 강단을 북으로 아는지
> 드럼 막대기 대신 주먹으로 때렸네."

그들의 유일한 몸짓은 두드리고, 두드리고, 두드리는 것입니다. 아무런 감각도 이유도 없이, 유쾌한 주제든 슬픈 주제든 가리지 않고 무조건 두드립니다. 그들은 힘을 과시하며 설교하지만 언제나 그 나타내는 모습은 똑같습니다. 악의를 갖고서 주먹으로 내리친다고는 말할 수 없습니다만, 분명히 그들은 내리치고 두드립니다. 그것도 아주 열정적으로 말입니다.

제20장 자세, 몸짓, 제스처의 문제 (II) *461*

주먹으로 내리치는 모습

플레이아데스(Pleiades)의 감미로운 기운도, 부드러운 사랑의 구애도 모두 주먹을 내리쳐서 표현합니다. 그리고 그 주제들의 아름다움과 부드러움을 끊임없이 내리치는 방망이질로써 느끼게 만들려고 애를 씁니다.

그들 중에는 양심이 정말 무딘 사람들이 있는데, 이들은 좋은 뜻을 갖고서 내리치지도 않습니다. 그러니 참을 수 없는 상태에 이르고 맙니다. 큰 소리를 듣기 좋아하고, 사람들이 격렬하게 내리치는 모습에 놀라는 모습을 보기 좋아합니다. 그러나 우리가 염두에 두고 있는 그런 설교자는 뜨거운 감정에 싸여 그렇게 하는 것이 아니라, 그것이 자기의 방법이기 때문에 그저 무작정 내리치는 것입니다.

"박자에 맞추어 천천히 움직이는
그의 육중한 쇠망치의 윙하는 소리를 들을 수 있도다."

반드시 충격을 주어야 한다면, 진지한 자세로 해야 합니다. 하지만 계속해서 내리칠 필요는 없습니다. 충격적인 설교자가 되기 위해서, 성경 한 권을 안쪽으로 집어던지고 다른 성경을 들고 들어갔다는 과거의 목사를 흉내낼 필요는 없습니다. 그보다 더 좋은 방법들이 얼마든지 있습니다. 라틴어로 된 옛날의 어느 설교 원고의 한 부분에는 난외주가 붙어 있는데, 설교자더러 바로 그 자리에서 십자가상을 흔들고 마치 사탄처럼 강단을 내리치라고 주문하고 있습니다. 그는 이를 통해서 생각을 모으려 한 것입니다. 그러나 그런 식으로 모아진 생각에 과연 사람들이 귀를 기울이겠습니까! 여러분 중에 이 원고를 보고서 그 지시한 내용에 탄복한 적이 있습니까? 그런 분이 있는 것 같군요.

톱질이나 펌프질, 주먹질 같은 것도 잘 섞어서 적절히 구사한다면 충분히 견딜 만하고 심지어 아주 유효 적절하게 쓰일 수도 있습니다. 그러나 그중 어느 한 가지만 계속해서 반복하게 되면, 지루해지고 의미가 없게 되고 맙니다. 찻집에서 볼 수 있는 고개 흔드는 중국 인형이나, 미용실 창문에서 계속해서 똑같이 움직이는 밀랍 인형 같은 모습은 사람들을 은혜와 덕으로 이끄는 진지한 사역을 감당하는 사람들에게는 결코 적합한 모델이 아닙니다. 여러분은 정말 진실해지고 진지해져서, 그저 기계적인 움직임은 도저히 불가능한 그런 상태가 되어야 합니다. 그렇게 되면, 여러분 주위의 모든 것이 생명과 에너지를 드러내게 되고, 기능을 집중시키게 되고, 강렬한 열정이 솟게 될 것입니다.

괴상한 몸짓의 또 한 가지 형태는 아주 힘을 많이 들여서 하는 몸짓이라 할 수 있을 것입니다. 육체적인 힘이 모자라는 것 때문에 설교 중에 지쳐 버리는 일이 허다한 형제들도 있습니다. 강단에 올라가는 일 자체가 고된 일이기 때문에 얼마 지나지 않아서 마치 고된 삯일을 한 노동자처럼 헐떡이는 것입니다. 설교를 시작할 때에는 마치 폭풍이 몰아칠 것처럼 진행하리라 결심하지만, 그 전에 이미 지쳐 버립니다. 그들에게는 천국이 침노를 당하지만 성경이 의도하는 바와는 전혀 다른 의미에서 그렇게 됩니다. 한 친구가 한 무례한 청중에게 물었습니다: "새 목사님은 잘 하고 계시나요?" 그러자 그 사람은 이렇게 말했답니다: "오, 분명히 잘 하고 계시지요. 마치 소를 쓰러뜨리는 것처럼 죄에게로 몰아가니 말이오." 영적으로는 참 잘 하는 것이지만, 문자 그대로 한다면 문제가 있습니다. 어느 거친 형제는 무더운 날씨에 설교를 하다가 목을 감은 칼라와 넥타이를 벗어 버리고, 심지어 겉옷을 벗어 버리기까지 했다는 이야기를 들었습니다만, 저는 그 사람이 육체의 완력으로 연설하는 자들이 바라는 그런 상태 속에 자기를 몰아넣을 뿐이었다고 생각했습니다. 그 사람은 마치 설교를 싸움이나 혹은 레슬링 경기처럼 생각하고 있었던 것이 분명하니까요.

제가 아는 어느 아일랜드인 설교자는 교황주의에 대해서 열변을 토하는 동안 의자를 부수기도 했는데, 강단도 부숴 버리지 않을까 심히 염려되었습니다. 어느 유명한 배우가 회심하여 후에 설교자가 되었는데, 그는 설교 중에 감정이 북받치면 지팡이로 강단이나 마루를 계속해서 두드리곤 했습니다. 그의 지팡이 두드리는 소리가 계속 빨라지고 커지게 되면, 저는 귀를 막고 싶은 마음이 생기기까지 했습니다. 그 소음이 대체 무슨 소용이 있었는지 저는 알 수가 없습니다. 우리 모두 정신을 집중시키고 있었고, 그의 목소리도 충분히 잘 들렸으니 말입니다. 그러나 그 위대한 노인이 그 소리를 내는 것을 사람들은 개의치 않았습니다. 그분의 마음 중심에서 우러나오는 열정적인 감정과 잘 어우러졌기 때문입니다. 그러나 우리들 중에 누군가가 그와 같이 소음을 낸다면 그것은 결코 바람직한 일이 아닐 것입니다.

힘겹게 취하는 동작은 과거 설교자들에게서 특징적으로 나타나는 유물과도 같습니다. 노련한 사냥꾼이 사냥개를 잊어버릴 수가 없고, 상점 주인이 가게에서 하는 습관을 떨쳐 버릴 수 없습니다. 과거에 수레바퀴를 제작하는 일에 종사했던 한 형제는 언제나 마치 수레바퀴를 만드는 것 같은 몸짓을 하면서 설교하는 것을 봅니다. 만일 수레바퀴 제작 기술을 잘 이해하는 사람이 그 광경을 본다면, 설교 중 가장 활기 있는 부분에 가서 그 제작 과정이 몸짓으로 잘 나타나는 것을 알 것입니다. 어떤 분에게서는 엔지니어의 몸짓이 나타나고, 또 어떤 분에게서는 통 제조업자의 모습이 나타나고, 또 어떤 분에게서는 식료품 상인의 몸짓이 나타나기도 합니다. 정육점 주인이었던 형제에게서는 설교 중에 강조하는 부분에 가서 아마 고기를 다루는 솜씨들이 몸짓에서 확실히 나타납니다.

저는 그런 설교자의 설교가 계속 힘을 더해 가고, 그가 열정적으로 설교에 임하는 것을 보면서, 스스로 이렇게 생각하기도 했습니다: '자, 도살용 도끼가 나오는구나, 저기 살찐 소가 있구나, 아아 소가 쓰러지는구나.' 그런데, 과거 직업이 이렇게 나타나는 것은 별로 탓할 것이 없습니다. 오히려 젊은 시절부터 계속해서 상아탑 속에서만 있어온 분들의 도저히 평계할 수 없는 어색함보다는 그래도 훨씬 덜 거슬립니다. 이분들도 때로는 열심히 노력할 것입니다만, 아주 유용한 직업들을 닮는 것에는 훨씬 못미칩니다. 계속 허공만 치고, 열심히 노력하지만 아무것도 하는 것이 없습니다. 대학교 출신인 분들이 보통 사람들보다 몸짓에 있어서 더 나쁜 경우가 허다합니다. 어쩌면 그들이 받은 교육이 그들에게서 신뢰감을 빼앗아서 안절부절 못하고 어색한 자세를 취하는지도 모르겠습니다.

어떤 연설자들은 마치 자기들이 카페트를 깔고 있거나, 막대기를 자르거나, 소세지나 버터를 다지거나, 손가락으로 사람들의 눈을 찌르는 것으로 상상하는 것 같아 보입니다. 오오, 다른 사람들이 보는 것처럼 그들이 그렇게 자기 자신들을 볼 수 있다면, 대중 앞에서 그런 행위를 다시는 하지 않게 될 수 있을 텐데 말입니다. 여하튼, 저는 힘에 넘치는 그런 몸짓보다는 차라리 스스로 도취되어 편안하게 허공을 바라보며 이야기하는 것이 더 낫다고 봅니다. 어떤 사람은 스스로 만족감에 넘쳐서 두 손을 함께 비비면서,

"눈에 보이지 않는 비누로 손을 닦고
감각으로 느껴지지 않는 물에다 그 손을 씻으며,"

그러면서 로버트 홀(Robert Hall: 1764-1831)이나 토머스 찰머스(Thomas Chalmers: 1780-1847)를 능가하는 분위기로 지극히 평범한 말을 내뱉기도 합니다. 또 어떤 사람은 하던 말을 잠시 멈추고, 아주 위엄 있는 분위기로 좌중을 둘러보기도 합니다. 마치 자신이 지금 막 굉장한 사실을 전달해 주었으니 사람들이 당연히 그것을 듣고 흥분이 크게 고조되고 의무감에 완전히 압도되었을 것으로 확신하기라도 하듯이 말입니다. 그의 말에는 그저 초등학생이 하는 이야기 정도의 내용을 넘어서는 것이 하나도 없었습니다. 하지만 그 위엄 있는 분위기나 권위 있는 태도나 목소리 모두가 그가 얼마나 스스로 만족하고 있는지를 잘 보여 줍니다. 이것은 힘겨운 설교가 아닙니다. 하지만 이것을 언급하는 것은 이것이 그것과 정반대 되는 것으로 훨씬 더 배격해야 할 것이기 때문입니다. 몇몇 바보 같은 사람들은 설교자가 굉장한 태도로 말을 하면 그 사람이

무언가 굉장한 내용을 말하고 있는 것이라 생각할 것입니다. 그러나 지각 있는 사람이라면 처음에는 우스워하고 그 다음에는 그 과도한 제스처에 역겨움을 느낄 것입니다.

우리 신학교 교육의 큰 유익 중의 하나는 모든 학생들이 동료들을 과장된 몸짓의 위험에서 구해 주기 위하여 열심을 내기 때문에 그런 것들을 많이 교정할 수 있다는 점일 것입니다. 여러분의 예리한 지적을 받아 수많은 가슴들이 무너져 내렸고, 제 소망입니다만, 다시는 그 이전처럼 우쭐하게 되지 않으리라 생각됩니다. 이제 막 싹이 트고 있는 설교자들이 약간의 아주 솔직한 비평을 잘 견디게 되면, 그들의 목회 사역을 통해서 모든 교회들이 얼마나 놀랍게 유익을 얻을지 모릅니다. 그러한 죽음 같은 훈련을 받지 못한 목사들은 누구나 정직한 친구 한 사람을 찾아서 그를 통해서 자신이 무의식적으로 행하여 온 이상스런 자세들을 지적 받도록 했으면 좋겠습니다.

그러나 여기서 우리는 우리 마음의 눈에 들어오는 또 다른 설교자를 간과해서는 안 됩니다. 그는 손가락을 올리고 손을 흔들며 말할 때마다 손바닥을 때리는 등 온갖 몸짓을 끊임없이 사용합니다. 그는 한 순간도 가만히 있지 않습니다. 강조하고픈 마음이 너무나 커서 그 목표가 상실되고 맙니다. 단어 하나하나마다 제스처로 강조하게 되면, 결국 강조되는 부분이 하나도 없게 되니 말입니다. 이 형제는 사람들로 하여금 자신의 말이 아니라 자신의 몸짓에다 관심을 집중시키도록 만듭니다. 귀 대신 눈이 실제로 생각을 이끌어가게 만들어서, 결국 여기서도 설교자의 목표가 빗나가고 마는 것입니다. 청중 가운데는 이런 계속적인 동작이 아주 언짢아서 안절부절못하게 되는 이들도 있습니다. 왜 안 그렇겠습니까? 그렇게 끊임없이 두드리고, 찌르고 흔드는 것을 누가 견딜 수 있겠습니까? 다른 모든 문제에서도 그렇지만, 몸짓에서도 적절한 중용을 잘 지켜야 합입니다.

자, 이렇게 해서 저는 괴상한 몸짓의 세 가지 형태를 — 경직된 몸짓, 기계적인 몸짓, 힘을 많이 들여서 하는 몸짓 — 말씀드렸습니다. 이제 두 가지만 더 말씀드리겠습니다. 무술(武術)을 하는 것 같은 몸짓도 있습니다.

회중 앞에 설 때마다 항상 믿음의 선한 싸움을 싸우는 모습을 보이는 설교자도 있습니다. 이들은 상상의 적을 향하여 수비하기도 하고 단호한 결단으로 상대방을 공격하며 찌르는 등 칼싸움의 자세를 취합니다. 혹시 그들이 기병대의 선봉에 섰더라도 그보다 더 맹렬하게 싸우지는 못했을 것이고, 혹시 워털루 전투에서 싸웠더라도 설교 때의 그런 동작들만큼 만족스럽지는 못했을 법합니다. 그들은 아주 승리감에 도취되어 머리를 한쪽으로 돌리면서 마치 이렇게 말하려는 것 같습니다: "저 원수를 무찔렀으니 다시는 그 원수에 대한 이야기가 없을 것이오."

마지막으로 말씀드릴 괴상한 몸짓은 박자가 맞지 않는 몸짓입니다. 손과 입술이 서로 박자가 맞지 않습니다. 손의 동작이 약간 늦기 때문에 모든 몸짓이 괴상하게 어긋나 버리는 것입니다. 처음에는 도대체 그 사람이 무엇을 하는지 알 수가 없습니다. 아무런 이유도 없이 괜히 두드리고 내리치는 것 같습니다. 그러나 한참 지나면서 보면, 그분의 현재 동작이 바로 조금 전에 말한 내용과 아주 어울린다는 것을 감지하게 됩니다. 그러니 그 효과는 정말 이상스럽기 그지없습니다. 그런 것을 감지하지 못하는 이들에게는 수수께끼 같은 것이요, 그것을 완전히 감지해도 이상스러움이 가시지 않습니다.

이런 괴상한 몸짓들 이외에도, 아무리 부드러운 말로 표현하려 해도 추하다고 말할 수밖에는 없는 그런 몸짓이 있습니다. 이런 몸짓을 하는 사람들에게는 강단이 필수적입니다. 강단으로 몸을 가리면 그나마 우스꽝스러운 모습이 다 드러나지는 않기 때문입니다. 난간을 잡으려고 몸을 낮추고 낮추는 나머지 거의 마룻바닥에까지 닿을 정도가 된다면 그것은 정말 우스

광스러운 짓입니다. 경쾌한 기계 체조 시범의 서막으로서는 적절할지 모르지만, 연설의 부수적인 행동으로서는 괴이하기 그지없습니다. 하지만 저는 그런 것을 여러 번 보았습니다. 그 굉장한 자세는 말로 표현하기가 매우 어렵습니다만, 그림으로 보여 주면 그것이 얼마나 우스꽝스러운지를 잘 알 수 있습니다. 한두 형제가 우리 교회의 강단에서 이처럼 이상스런 자세를 보였습니다만, 자기들이 취한 자세를 대강 스케치한 그림을 본인들이 본다면, 다시는 그런 자세를 취하지 않을 것입니다. 그처럼 놀라운 자세를 취하는 분들은 차라리 저 위대한 웨슬리파 지도자인 리처드 왓슨(Richard Watson)에 대한 다음의 보도를 듣는 것이 훨씬 더 나을 것입니다: "그는 똑바로 서서 말씀을 전했고, 그가 사용한 몸짓이라곤 오른손을 살짝 움직이는 것과 이따금 의미 있게 고개를 흔드는 것이 전부였다."

또한 어깨를 으쓱거리는 습관이 완전히 굳어 버린 설교자들도 있습니다. 천성적으로 어깨가 둥근 사람도 많지만, 어깨를 둥글게 보이고 싶어서 의도적으로 그렇게 행동하는 사람들이 더 많은 것 같습니다. 무엇이든 중요하다 싶은 말을 할 때에는 등을 올려서 그 말에 무게를 실어 주는 것입니다. 최근에 작고한 브리스톨(Bristol)의 한 훌륭한 설교자는, 중요한 생각들을 짜내는 동안 양쪽 어깨를 번갈아 구부리다가, 드디어 그런 수고가 끝나 그것이 말로 나올 즈음에는 마치 곱추처럼 보이는 몸짓을 취하였습니다. 그런 습관이 고질이 되어 버렸으니 얼마나 안타까운지 모르겠습니다! 그렇게 고질이 되지 않도록 막았더라면 얼마나 좋았겠습니까! 퀸틸리아누스는 이렇게 말하고 있습니다: "어떤 이들은 말하는 중에 양쪽 어깨를 추켜세우기도 하지만, 이것은 잘못된 제스처다. 데모스테네스는 스스로 이것을 고치기 위하여 아주 좁다란 연단에 서서 양쪽 어깨 위에 창을 매달아 놓고 연습했다. 연설 도중 흥분이 고조되어 어깨를 들어올리면 창끝에 찔려서 다치도록 만든 것이다." 이것은 너무 가혹한 치료법이긴 합니다. 그러나 비뚠 자세를 교정시킬 수 있다면 가끔씩 상처를 입는 것도 그만한 유익이 있을 것입니다.

한 번은 공공 집회에서 어느 강사가 아주 편안하고도 친숙하게 말씀

을 이어가면서 두 손을 뒤로 돌려
서 겉옷 끝단 속으로 집어넣어서
아주 이상스런 모습을 연출했습니
다. 특히 강단의 옆쪽에서는 그 모
습이 선명히 보여서 더욱더 이상스
러웠습니다. 분위기가 점점 고조되
면서 그 강사는 겉옷 끝단을 더욱
자주 움직이는 것이 마치 할미새를
연상하게 만들었습니다. 겉옷이 아
무리 품위 있다 해도, 그 의복의 끝
단이 강사의 뒤꽁무니에서 흔들린
다는 것은 결코 그 집회의 엄숙함
에 도움이 되지 않습니다. 또 손을
입술에다 갖다 대어서 마치 온 세
상을 다 멸시하는 것처럼 보이거

나, 아니면 상당한 고통을 참고 있는 것 같은 인상을 주는 사람도 있습니
다. 이런 자세는 신성한 설교의 냄새보다는 오히려 빌링스게이트
(Billingsgate)와 거기서 생선을 정리하는 아낙네들의 냄새를 훨씬 더 강
하게 풍깁니다. 손을 허리에 대고 팔꿈치를 옆으로 벌린 자세로 설교를
하는데, 그 말만 들어도 그런 자세는 엄숙한 것이 아니라 우스꽝스러운
것임이 드러납니다. 잠시 그런 자세를 취할 수는 있겠지만, 계속 그런 자
세를 취한 상태로 설교를 한다는 것은 정말 터무니없는 짓이 아닐 수 없
습니다.

또 어떤 사람은, 바지 호주머니가 비어 있는 것이 싫어서 역전에 서
있는 사람들처럼, 바지 호주머니에 손을 집어넣은 채 강단에 서기도 하는
데, 이것은 더 나쁜 행위입니다. 저고리 자켓의 호주머니에 잠시 손가락
을 걸치는 정도는 상관이 없으나, 바지 호주머니에 손을 집어넣는 것은
정말 버르장머리 없는 짓입니다. 청중이나 자기가 다룰 주제에 대해 철저
히 경멸하지 않는다면 그런 행동을 하지 못할 것입니다. 여러분, 여러분

은 신사들이니 이런 행동에 대해 경계를 받을 필요가 없을 것입니다. 그런 행동은 하지 않을 것이니 말입니다. 아주 예의를 차리고 점잔을 빼는 청중들 앞에서는 간혹 그런 어리석은 점잔 빼는 태도를 질책하고 자유롭고 편안한 자세를 가르치고자, 그런 과도한 자세로 충격을 주고 싶은 유혹을 받기도 합니다만, 그러나 손을 바지 주머니에 집어넣고 설교한다는 것은 복음 설교자로서는 절대로 가당치 않습니다. 그런 행동으로 자신이 선지자나 사도처럼 보이는 것도 아닙니다. 형제들 중에는 자신의 성품으로 청중에게 신뢰를 쌓아놓은 상태에서 때때로 그런 행동을 하는 이들도 있습니다만, 바로 그런 분들이야말로 그런 행동을 절대로 해서는 안 될 분들입니다. 왜냐하면 그들의 처신이 미치는 영향이 크기 때문입니다. 연약한 자들이 그들의 행동을 보고 그대로 따라 한다면 그 책임을 어떻게 지겠습니까?

이와 비슷한 몸짓으로서 ― 물론 그처럼 역겨운 것은 아니지만 ― 아주 어울리지 않는 스타일이 또 하나 있습니다. 흰 조끼를 약간 치장할 필요가 있는 공식 만찬이나, 고용주가 기술자들을 접대하는 자리에서 그런 것을 볼 수 있습니다. 그러나 때때로 종교 집회에서도 볼 수 있습니다. 강사가 지역의 유력한 인사일 경우, 거기 모여 있는 모든 사람들의 군주처럼 느껴서인지, 조끼 주머니에 엄지손가락을 끼워 넣고 코트를 뒤로 젖히고 셔츠의 아랫부분을 드러내는 것입니다. 저는 이를 펭귄 스타일이라 부르는데, 이보다 더 좋은 표현은 없을 것 같습니다. 연회의 마부나 안내인의 경우라면 그런 스타일이 적합하고 품위가 있을지 모릅니다. 그리고 가

펭귄 스타일

족 모임에서 어른이라면 자녀들 앞에서 그런 자세로 이야기할 수도 있습니다. 하지만 공적인 강사가, 그것도 복음을 전하는 목사가 그런 습관을 지녔다면, 그것은 그야말로 자신의 신분과는 전혀 어긋나는 일일 것입니다.

이것과 아주 비슷한 행동으로 겉옷의 칼라 주위를 손으로 잡는 것도 있습니다. 마치 자기 자신을 손으로 잘 잡아야 할 필요가 있기라도 한 것처럼 말입니다. 어떤 이들은 마치 칼라의 길이를 늘이려는 듯이 아주 든든하게 잡고는 손을 위 아래로 움직입니다. 그들은 마치 두 개의 밧줄을 잡아당기기라도 하려는 듯이 겉옷의 앞 부분을 잡아당겨서, 목 뒷부분에서 옷이 찢어지지 않을까 염려스럽기까지 합니다. 이런 행동은 강사의 스타일에 전혀 힘을 실어 주지 못합니다. 오히려 "나는 지금 매우 편안하고, 내 목소리를 듣는 것이 매우 즐겁다"는 의미를 전달해 주는 것밖에는 없습니다.

혐오스러운 것들이라면 가능한 한 모두 지워버리는 것이 좋을 것이니, 여기서 다소 희귀한 경우까지도 말씀드릴까 합니다. 어떤 유능한 목사는 말씀을 전하면서 왼쪽 손바닥을 계속 쳐다보는 습관이 있었습니다. 마치 거기서 생각을 집어내려는 듯이 말입니다. 설교의 대지(大支)들이나 예화나 요점들이 마치 꽃이 피어나는 것처럼 모두 그 손바닥에서 피어나오는 것 같았고, 그는 그것들을 하나씩 뿌리째 뽑아서 조심스럽게 사람들에게 보여 주는 것 같았습니다. 그의 경우는 설교의 내용이 정말 탁월했기 때문에 그런 행동은 별로 문제가 되지 않았습니다만, 그럼에도 불구하고 그 행동 자체는 결코 품위 있는 것이라 할 수 없습니다.

어느 명망 높은 설교자는 주먹을 눈썹까지 들어올려서 이마를 부드럽게 두드리는 습관이 있었습니다. 마치 자신의 머리를 두드려서 생각을 일깨우려는 듯이 말입니다. 그분의 그런 행동 역시 매우 거슬리는 것이었습니다. 마치 작은 구멍을 뚫기라도 하려는 듯 오른손 검지로 왼손을 겨누거나, 그 손가락으로 허공을 찌르는 행위 역시 우스꽝스럽게 보이는 희한한 행동입니다.

깊은 생각이 나는데 정확한 단어를 찾기가 어려울 때에 손을 눈썹에 갖다 대는 것은 지극히 자연스런 몸짓입니다. 하지만 머리를 긁적거리는 것은 바람직하지 못합니다. 그것 역시 지극히 자연스런 몸짓이기는 하지만 말입니다. 어느 분이 상당히 오랫동안 머리를 긁적거리는 것을 보았습니다만, 전혀 좋아 보이지 않았습니다.

또한 우연히 괴상스런 몸짓을 하는 경우도 흔하게 나타나는데, 이것도 언급하지 않을 수 없습니다. 어떤 형제들은 중요한 요점을 말할 때에는 항상 손을 활짝 펴고서 문장의 리듬을 따라서 위 아래로 계속해서 움직입니다. 너무 단조롭게만 하지 않는다면, 이런 몸짓 그 자체는 아주 훌륭합니다. 하지만 불행하게도 그것이 저속하게 될 소지가 많습니다. 진지한 강사가 위 아래로 손을 계속 움직이면, 후회스러운 의미를 전달하게 될 위험이 큽니다. 그 몸짓이 그 상징하는 바에 근접하기는 하나, 불행하게도 그 상징하는 의미가 다소 저속하게 되어 버려서, "경멸스러운 자들의 코 앞에 엄지손가락을 들이대어 모욕하는 것"처럼 되어 버릴 소지가 얼마든지 있습니다. 어떤 이들은 설교를 하는 동안 전혀 악의가 없이 이런 몸짓을 계속하기도 합니다.

여러분에게 유익을 드리기 위해서 말씀드린 이런 묘사들에 대해서 여러분은 웃음을 터뜨렸습니다만, 여러분이 이와 비슷한 우스꽝스러운 행동에 빠져서 사람들의 웃음을 자아내는 일이 없도록 조심해야 할 것입니다.

그러나, 이 모든 것들보다, 아니 이 모든 것들을 다 합쳐 놓은 것보다 더 나쁘다고 해야 할 것이 있습니다. 그것은 바로 지나치게 세련된 티를 내는 스타일인데, 이것은 정말 역겹고 가증스럽기 그지없습니다. 그것은 저속한 것보다 더 못합니다. 왜냐하면 그것은 억지로 고상하고 품위 있는 냄새를 풍기려는 것으로, 바로 저속의 극치이기 때문입니다. 로울랜드 힐은 이것을 태플래쉬(Mr. Taplash)에 대한 묘사에서 잘 그려 주고 있습니다. 물론 그 묘사는 오십 년 전의 사정을 그리는 것이지만, 주요한 특징들은 지금도 정확하게 들어맞습니다:

강사가 첫 모습을 드러냈는데, 그는 지극히 깔끔한 스타일로 단정하게 차려 입고 있었고, 주일 오전 내내 이발사가 계속 머리를 꼼꼼히 만졌는지 머리카락 하나도 흐트러짐이 없었고, 눈처럼 하얗게 분(粉)을 바르고 있었다. 이렇게 세련되게 치장하고 지나가는데, 향수를 뿌렸는지 사향고양이처럼 온통 향기가 진동하였다. 그리고는 마치 상자를 밟듯이 사뿐사뿐 강단의 계단을 올라갔고, 거기서 자기의 우아한 자태를 마음껏 과시하였다. 그의 섬세한 하얀 손가락에는 다이아

몬드 반지가 끼워져 있었고, 짙은 향내를 풍기는 하얀 손수건을 살짝 풀어놓아서 정말 기묘하게 한들거렸다. 옆에 놓인 향수병을 가끔씩 코에 갖다 대는데, 그때마다 그의 반짝거리는 반지가 드러났다. 이렇게 해서 손수건과 향수병을 정리하는 중요한 일을 마친 다음 안경을 꺼내 쓰고는, 마치 그 전날 자신의 값싼 이야기로 즐겁게 해 준 사람들을 쳐다보듯 청중을 한 번 둘러보았다. 그리고 그들의 시선이 자신에게로 집중되자, 그는 선웃음을 치며 아주

품위 있게 고개를 끄덕거렸다.

설교를 마치고 "자신의 매무새를 만지는 데에 다시 빠져 버리는" 몇몇 "은혜의 사자들"에 대해서 쿠퍼(William Cowper: 1731-1800)는 다음과 같이 예리하게 묘사하고 있습니다:

"주머니에서 거울이 나오네. 먼저 눈썹을 어루만지고
그 다음에는 흐트러진 머리털을 정리하고
그 다음엔 지극히 품위 있게 걸어서
우리 자리에 앉아서 팔을 쭉 펴고
부드럽고도 편안하게 내려 놓으며,
손에 손수건이 가볍게 들려 있다.
손으로 손수건을 들어 그 냄새를 맡든가,
아니면 사람들에게 휘이 보였으면 더 나을 것을
움직이는 광경을 보려고 안경을 쓰고는
천천히 물러가는 세상을 바라본다.
이것이야말로 역겹기 그지없고,
성직자의 꾀죄죄하며 촌스럽고 조잡스러운 모습보다
훨씬 더 거슬리는구나."

그렇게 정신나간 가짜 세련미에 식상한 다음에는 "촌스럽고 조잡스러운 모습"이 차라리 신선하게 느껴질 것입니다. 키케로는 웅변가들에게, 섬세한 무희(舞姬)들보다는 차라리 병영(兵營)이나 씨름판에서의 제스처를 취하라고 권고하였습니다. 우아함을 위해서 당당함을 희생시키는 일이 있어서는 절대로 안 됩니다. 노동자 계층에게 기독교의 진리를 잘 전하는 일에는 세련미가 물씬 풍기는 교사들로서는 안 됩니다. 영국의 기능공들은 남자답게 씩씩한 것을 흠모하며, 따라서 마음이 담긴 자연스런 스타일의 설교자에게 귀를 기울입니다. 사실 어느 민족이든 노동자들은 멋부리는 사람에게보다는 용감하게 그런 것들을 무시해 버리는 사람에게 더 매혹되는 법입니다. 아베 뮬로아(Abbe Mullois)가 전하는 다음과 같은 이야기는 무수하게 많은 이야기의 하나에 지나지 않습니다:

회심한 한 파리의 직공은 고집이 있지만 아주 솔직한 성품을 지닌 사람으로 정열과 활기가 넘치는 사람이었는데, 자기와 같은 부류의 사람들이 모인 자리에서 말씀을 전할 때마다 상당히 성공을 거두고 있었다. 그런데 그를 하나님께로 인도한 설교자가 그를 찾아와서, 전에는 신앙과는 그렇게 거리가 멀었는데 어떻게 해서 믿음을 갖게 되었는지를 이야기해 달라고 하였다. 그 설교자는, "자네가 이야기해 주면, 다른 사람들을 인도하는 데에도 매우 도움이 될 것일세"라고 덧붙였다.

그러나 그는 "이야기하고 싶지 않습니다. 그 이야기를 하려면 그 일에 목사님께서는 별로 크게 역할을 한 것이 없다는 것을 솔직하게 말씀드릴 수밖에 없으니까요"라고 대답했다.

"상관없네. 내가 그런 대답을 들은 것이 이번이 처음은 아니니까"라고 설교자는 말했다.

"그렇게 꼭 들으셔야겠다면, 몇 마디로 말씀드리지요. 한 선한 부인이 제게 목사님이 쓴 소책자를 읽어보라고 계속 졸라댔지요. 그래서 몇 페이지를 읽었는데 아주 감동을 받았고, 목사님을 뵙고 싶은 마음이 강하게 들었어요."

"그러던 중에 목사님께서 어느 교회당에서 설교하신다는 소식을 접하고 설교를 들으러 갔습니다. 사실 목사님의 설교는, 솔직하게 말해서, 제게 별 감동을 주지 못했습니다. 아니, 전혀 감동을 주지 못했다고 해야겠지요. 그보다 제게 감동을 준 것은 목사님의 개방적이고도 겸손하며 자연스런 태도였고, 무엇보다도 목사님의 흐트러진 머리카락이었습니다. 마치 이발소의 조수를 연상시키는 그런 머리를 한 목사들을 저는 항상 혐오해 왔거든요. 그래서 저는 혼자 이렇게 말했습니다: '저 사람은 우리를 위해서 자기 자신까지 저렇게 잊고 있으니, 우리도 저 분을 위해서 무언가 해야겠구나.' 그때에 저는 목사님을 개인적으로 찾아뵈어야겠다고 결심했는데, 목사님께서 저에게 신앙을 갖기를 간청하셨습니다. 그게 제 이야기의 시작이요 끝입니다."

젊은 처녀들 중에는 용모가 준수한 젊은 남자를 보면 황홀경에 빠지는 어리석은 사람들이 있습니다. 날마다 그런 처녀들의 숫자가 줄어들면 좋겠습니다. 그러나 지각이 있는 사람들은, 특히 우리 나라의 대도시 근로자들은, 목사의 깔끔한 모습을 지독하게 혐오합니다. 혹시 잘난 체하는 사람을 보면, 그 사람과 상식적인 일반 대중과의 사이에 장벽이 있는 것을 즉시 발견하게 됩니다. 공작새의 목소리를 즐거워하는 사람이 별로 없기 때문입니다.

모든 목사들을 권유하여 사람답게 되도록 하고 싶으나 그렇게 할 수 없으니 참 안타깝습니다. 사람답지 못하고서 과연 어떻게 진정한 하나님의 사람이라고 할지 모르겠기 때문입니다. 또한 설교자들을 권유하여 다른 지각 있는 사람들처럼 그렇게 말하고 그렇게 몸짓을 하게 만들 수 없다는 것도 똑같이 안타깝습니다. 그렇게 하지 않고서는 일반 대중을 사로잡기가 불가능하기 때문입니다. 낯선 태도나 음성, 혹은 복장들은 우리와 사람들 사이에 장애가 됩니다. 사람들의 영혼을 구원하기 위해서는 사람들처럼 말해야 하는 것입니다. 성공회에서 일어난 지나간 부흥은 이 이유 때문입니다. 물론 그보다 훨씬 더 심각한 문제를 해결해 주기도 했지만 말입니다. 백 년 전에도 성직자의 복장은 지금과 똑같이 눈에 두드러졌었습니다. 그러나 로이드(Lloyd)의「목사들에게 주는 음률 섞인 탄원」(*Metrical Plea for Curates*)의 내용이 믿을 만하다면, 그 당시에는 성직자의 복장이 교리적인 의미도 없고 그저 멋을 부린 것밖에는 아무것도 아니었습니다. 그는 교구 목사들을 아주 철저하게 나무랍니다. 그리고 그 가운데서 멋을 부리는 성직자를 이렇게 묘사합니다:

"보라 누고소여(Nugoso)! 비틀거리며 이리저리 움직이니
주문대로 움직이는 교회의 꼭두각시요 자동 인형이로다
뒤뚱거리며 걷는 모습을 보라

그 얼굴에 종교가 흘러 뒤덮여 있구나!
머리꼭대기부터 발끝까지 온통 종교뿐이로구나!
하지만 가발 제조업자들과 이발사들이 그렇게 만든 것이니.
최신의 유행대로 종교를 뒤집어쓰며
날마다 빗질하고 문지르고 풀을 먹이는구나.
그 정통 신앙은 겉모양에 있고,
그 모자와 예복과 가운과 띠와 장갑과 반지에 있구나.
박사의 후드로 학식을 보여 주고,
그 의복이 너무도 멋지니
자신의 훌륭함을 그것으로 입증하는구나."

이처럼 세련된 모습을 좋아하는 것이 강단에서의 경직된 모습으로 이어졌습니다. 그들은 그것을 가리켜 "위엄"이라 부르면서 자기들 스스로 그것에 자부심을 가졌습니다. 세련된 예의와 치장이 그들의 주요 관심사였고, 또한 여기에 각 개개인의 거만함이나 어리석은 선웃음이 뒤섞여서, 결국 정직한 사람들은 그들의 거룩한 체하는 행위에 식상하게 되었고, 그런 잘난 체하는 모습에 얼굴을 돌려버리게 된 것입니다. 설교자들이 예의를 차리는 데에만 온 관심을 집중시킨 나머지, 회중들에게 유익을 주고자 하는 관심이 사라져 버린 것입니다. 그들의 말씀을 더 쉽게 깨닫고 받아들이도록 만들어 줄 그런 제스처들이 있는데도 불구하고 그들은 그런 것을 사용하려 하지 않았습니다. 자기 스스로 자기의 취향을 만족시키는 것이 그들이 바라는 전부였으니 저속해 보이는 행위를 어떻게 하겠습니까? 그러니 그동안 무리들은 지식이 결핍되어 망해 가고 있었던 것입니다. 그런 세련된 행동과 잘난 체하는 예의 바른 모습들이 하나님을 공적으로 예배하는 데에서 무리들을 멀어지게 할진대, 하나님께서 우리를 그런 것들에서 구원해 주시기를 바랍니다.

오늘날에는 그런 역겨운 모습이 훨씬 덜하기를 바랍니다만, 아직도 그대로 남아 있습니다. 우리는 검은 가죽 장갑을 끼지 않고서는 설교를 하지 못하는 목사를 아는 영광을 누렸습니다. 그는 어느 날 강단에 올라

제20장 자세, 몸짓, 제스처의 문제 (Ⅱ) *477*

갔다가 장갑을 끼지 않은 것을 발견하고는 다시 강단을 내려가서 목사실로 들어갔습니다. 장갑을 가지러 간 것입니다. 그런데 불행하게도 집사한 사람이 그 설교자의 장갑을 자기 것으로 착각하고 그대로 가지고 회중석으로 가서 앉았습니다. 그 설교자는 이 사실을 발견하고는 무섭게 전율하면서 소리쳤습니다: "장갑이 없이는 절대로 설교하지 않겠소. 할 수가 없소. 그것을 찾기 전에는 강단에 올라갈 수가 없소." 그 목사가 영영 장갑을 찾지 못했으면 좋겠습니다. 왜냐하면 그 사람은 신성한 강단보다는 차라리 포목점 계산대 뒤에 서 있어야 어울리는 사람이기 때문입니다. 목사는 단정치 못한 것은 무엇이든 피해야 합니다. 그러나 남자다운 당당한 모습을 추구하다보면, 오히려 그런 오류에 빠지기 쉽습니다. 그러므로 이런 최악의 오류를 마음을 다해 삼가야 마땅할 것입니다. 쿠퍼는,

"내 영혼으로 모든 꾸밈과 가식을 혐오하오니"

라고 합니다만, 지각 있는 사람이라면 누구나 그래야 할 것입니다. 주의 메시지가 전달될 때에는 모든 트릭과 무대 효과들은 도저히 견딜 수 없습니다. 성직자의 잘난 체하는 세련된 자세보다는 누더기를 입고 투박한

유황과 당밀(糖蜜)

말씀씨로 꾸밈 없이 정직한 자세로 말하는 것이 훨씬 더 낫습니다. 종교적인 무대에서 연극을 하는 숙련된 배우보다는 품위의 기본 원칙에서 완전히 벗어나는 것이 더 낫습니다. 이십 년 전의 한 풍자만화가는 저를 유황(Brimstone)이라 칭하고는 제 그림 옆에 선웃음 치는 웅변가의 모습을 함께 그려 놓고 그를 당밀(Treacle: 唐蜜)이라 불렀습니다. 저는 저를 그렇게 풍자한 것이 정말 마음에 들었습니다. 하지만 그 옆의 그림이 저를 묘사하는 것이었다면 결코 만족스럽지 못했을 것입니다. 당밀을 비롯한 설탕 종류는 제게는 정말 역겨운 것이니 말입니다. 강단에서 멋을 부리는 사람을 보면, 저는 마치 예후가 이세벨의 장식한 머리와 멋지게 그려 놓은 얼굴을 보고서 분노에 차서 "던져 버려라!"고 소리를 질렀던 것과 같은 느낌을 받습니다.

혹시 괴상한 몸짓에 대한 저의 말을 듣고는 여러분 중에 일부러 자세를 취하는 사람이 생긴다면 저는 정말 당혹스러워할 것입니다. 그것은 더 나쁜 방향으로 나아가는 것이기 때문입니다. 우리는 해밀턴 박사(Dr. Hamilton)가 자신의 부족함을 벗어나기 위해 한 대가에게서 교훈을 받았으나 그 결과가 별로 고무적이지 못했다는 이야기를 했습니다만, 저는 전문적인 교사들의 교육 때문에 결점들이 고쳐지기보다는 오히려 더 많이 생겨나지는 않을까 하는 우려가 생깁니다. 어쩌면 저의 아마추어 같은 시도로 인해서 똑같은 결과가 생길 수도 있을 것입니다. 하지만 진지한 경고의 말씀들을 통해서 가능한 한 그런 불행은 막고 싶습니다. 설교할 때에 제스처를 어떻게 해야 할지를 생각하지 마십시오. 그리고 전혀 생각을 하지 않으면서 적절한 몸짓을 습득하기 바랍니다.

이제 마지막으로 말씀드릴 원칙은 다른 모든 것들을 정리해 주는 것인데, 곧, 몸짓이 자연스러워야 한다는 것이 그것입니다. 열심히 배운 제스처라는 인상을 절대로 주어서는 안 됩니다. 기술은 차가운 것이고, 천성만이 따뜻한 것입니다. 하나님께서 은혜를 베푸사 어떠한 행동에서든 또한 어느 곳에서든 억지로 꾸미는 모습이 절대로 없게 되기를 바랍니다. 심지어 여러분이 좀 거칠고 교양이 없는 사람으로 여겨진다 해도 억지로 꾸미는 일은 없어야 합니다. 여러분의 몸짓은 언제나 반드시 여러분 자신

의 것이어야 합니다. 세련된 거짓말이거나, 세련된 모양을 흉내내는 것이
거나, 감정을 조작하는 것이거나, 다른 사람의 전달법을 모방하는 것들은
절대로 안 됩니다.

"그러니, 모든 자세를 물리치고 쳐다보라.
그리고 거울 앞에서 연습한 대로 연극을 시작하라!"

우리의 목표는 쓸데없는 어색한 것들을 제거하는 것이지 가식적인 꾸
밈을 연출하는 것이 아닙니다. 나무를 솎아내면 되지, 나무를 잘라내어
일정한 형식을 맞출 필요는 없습니다. 우리의 의도는 아직 신학교에 있는
동안 몸짓에 대해 생각하게 함으로써, 훗날 목회 사역에 임할 때에는 그
것에 대해 전혀 생각할 필요가 없게 되도록 만드는 데 있습니다. 여러분
이 목회 생활의 실질적인 싸움에 들어갈 때에는 이 문제가 너무 하찮은
것이어서 계속 연구해 나갈 필요가 없습니다. 지금 신학교에 있을 때에
그 문제를 면밀히 살피고 배워야 합니다. 여러분이 하나님께로부터 보내
심을 받은 것은 미소를 연출하기 위함이 아니라 영혼을 구원하기 위함입
니다. 여러분의 선생은 춤 선생이 아니라 성령이십니다. 그러므로 여러분
의 강단 태도는 그저 한 순간의 생각만으로 족한 것입니다. 사람들로 하
여금 설교자의 태도에 대해서 이러쿵저러쿵 말을 하게 만들어서 여러분
의 목회에 장애가 될 수 있기 때문입니다. 여러분이 바라는 것은 설교자
의 태도가 아니라 설교자가 전하는 내용에 모든 생각을 집중시키는 것일
테니 말입니다. 아무리 좋은 몸짓이라도 그런 효과가 난다면, 그런 몸짓
을 즉시 중지하라고 말씀드리고 싶습니다. 그리고 아무리 최악의 몸짓이
라도 그런 결과를 예방시켜 준다면, 그런 것을 행하라고 권면하고 싶습니
다.

제가 목표로 삼는 것은 고요하고도 품위 있고 자연스런 움직임입니
다. 그것들은 주목의 대상이 될 가능성이 거의 없기 때문입니다. 전달법
의 모든 것은 하나입니다. 곧, 모든 것이 조화를 이루어야 한다는 것입니
다. 사상과 정신과 언어와 음질과 몸짓이 모두 혼연일체가 되어, 우리 자

신의 명예가 아니라 하나님의 영광과 사람들의 유익을 위하여 쓰임을 받아야 하는 것입니다. 이를 이룰 수 있다면, 자연스러워야 한다는 원칙을 범했다고 해서 두려워할 필요가 없습니다. 자연스럽지 않을 수 없을 테니 말입니다.

그러나 저는 한 가지 두려움이 있습니다. 여러분이 명망 높은 어느 목사님을 모방하는 어리석음에 빠져서 그로 인하여 바람직하지 못한 방향으로 탈선하지는 않을까 하는 두려움입니다. 각 사람의 행동은 그 자신에게 잘 어울려야 하고, 그 자신의 인품에서 자연적으로 흘러나오는 것이어야 합니다. 육 척이나 되는 거대한 골리앗에게 어울리는 스타일은 삭개오같이 키가 작은 설교자에게는 전혀 어울리지 않으며, 또한 나이가 지긋한 명망 높은 설교자의 존경스러운 태도도 이제 스물을 갓 넘긴 젊은 설교자에게는 전혀 어울리지 않습니다. 회중교회의 젊은 목사들이 한동안 웨이 하우스(Weigh House)의 목회자를 모방하는 일에 열심을 낸 결과, 어디서든지 작은 비니들(Binneys)이 저 위대한 토머스(Thomas)의 태도를 본뜨면서도 정작 그의 깊은 설교는 본받지 못하는 결과를 냈다는 이야기를 들은 적이 있습니다. 젊은 스펄전도 한두 사람 있다는 풍문이 나돌고 있습니다. 그렇다면 저는 그것이 제 아들들을 가리키는 것이면 좋겠습니다. 그 아이들이야말로 그 이름을 타고났으니 말입니다.

여러분 중에 저를 모방하기만 하는 사람이 있다면, 저는 그 사람을 육체의 가시로 여길 것입니다. 그리고 바울을 괴롭힌 사람들과 같은 부류로 생각할 것입니다. 그러나 초보자는 누구든지 어느 기간 동안은 베끼는 사람일 수밖에 없다는 말도 있습니다. 화가는 미술의 초보를 아직 습득하지 못했을 동안에는 그의 스승을 그대로 따라할 수밖에 없고, 어쩌면 처음 미술을 배울 때에 들어간 그 문하의 화가로서 평생토록 남아 있기도 할 것입니다. 그러나 점점 능숙해지면서 자신의 개성을 개발시켜 가고, 자기 자신의 스타일을 지닌 화가로 성장합니다. 그렇게 되면 스승의 발 아래에 앉는 것으로 만족하던 그의 옛날의 일들이 그에게 유익이 됩니다. 연설도 마찬가지일 수밖에 없습니다. 그러니 절대로 그 누구도 본뜨지 말라는 것은 너무 지나친 주문일 수 있습니다. 오히려 여러분이 찾을 수 있는 최상의 몸짓을 모방하여, 여러분 자신의 스타일이 자연스럽게 형성되도록 하라고 권면하는 것이 더 나을 것입니다. 한 사람에게서 받은 나쁜 영향을 다른 사람들에게서 나타나는 훌륭한 모습들로 교정하십시오.

그러나 무엇보다 여러분 자신의 자세를 형성시키십시오. 무조건 본뜨는 모방은 원숭이의 행동입니다. 그러나 올바른 방향을 향하여 갈 때에 따라 가는 것은 사려 깊은 사람의 지혜입니다. 옛 사람들의 최상의 모델들을, 혹은 현대의 가장 존경받는 설교자들의 모범을 본뜨느라 여러분 자신의 독창적인 것을 잃는 일이 있어서는 안 됩니다.

존 녹스의 조각상

결론적으로 말씀드려서, 제가 제시한 괴상한 자세와 몸짓에 대한 비판들이 강단에서 여러분을 사로잡는 일이 없도록 하십시오. 그런 것들을 모두 범하는 것이 차라리 두려움에 싸이는 것보다 낫습니다. 두려움이 생기면 어색해지고 경직된 모습을 보일 것이기 때문입니다. 실수를 하든 하지 않든 과감히 처신하십시오. 몇 가지 실수를 범한다 해도, 잔뜩 긴장하는 것보다는 훨씬 낫습니다. 다른 사람에게서는 아주 어색해 보이는 것이 여러분에게서는 지극히 자연스러워 보일 수도 있습니다. 그러니 사람의 판단이 모든 경우에나 여러분 자신의 경우에 다 적용된다고는 보지 마십시오.

존 녹스의 유명한 조각상을 보셨습니까? 거기에 그가 어떻게 묘사되어 있습니까? 그 자세가 품위가 있습니까? 아닐 것입니다. 그렇지만 그에게는 얼마나 자연스럽습니까? 그것에 대해 흠을 잡을 수 있습니까? 그것이 지극히 녹스답고, 힘으로 충만해 있지 않습니까? 오십 대의 사람에게는 그것이 어울리지 않고, 대부분의 설교자들에게는 그것이 긴장되어 보일 수도 있습니다. 그러나 그 위대한 개혁자에게는 그것이야말로 그의 특징이요 지극히 자연스러운 것입니다. 그분의 사람됨과 그 시대, 그 주변 환경을 기억해 보십시오. 그러면 그런 태도야말로 엘리야의 사명을 다하도록 보내심을 받아, 그가 요구하는 개혁을 싫어한 교황주의적인 군주의 면전에서 통렬한 책망을 쏟아 부은 그 영웅적인 설교자에게 얼마나 잘 어울리는지를 알게 될 것입니다.

녹스가 자기 자신의 모습 그대로를 내어 보였듯이, 여러분도 그렇게 하십시오. 다소 어색해 보이더라도 여러분 자신의 모습을 보이라는 말입니다. 비록 보잘것없는 옷이라도 여러분 자신의 옷이 온갖 아름다운 것으로 치장한 다른 사람의 옷보다 여러분에게 어울리는 법입니다. 원하시면 스승의 의복 스타일을 따를 수도 있습니다만, 그의 겉옷을 빌려 입지는 말고, 여러분 자신의 겉옷을 입는 것으로 만족하십시오. 무엇보다도, 열정이 풍성하고, 설교의 내용이 풍성하고 은혜가 충만하여, 사람들로 하여금 여러분의 전달법에 대해서는 거의 주목하지 못하도록 하시기 바랍니다. 하늘로부터 신선하게 내리는 은혜가 풍성하면, 그것을 담아내기 위해 여러분이 어떤 바구니를 쓰든 사람들은 전혀 상관치 않을 것이기 때문입니다. 여러분의 육체가 허약하다는 말은 들어도 좋습니다. 그러나 그들이 여러분의 증거를 능력 있고 위엄이 있는 것으로 고백하게 되도록 기도하시기 바랍니다. 하나님 보시는 앞에서 각 사람의 양심에 대하여 여러분 스스로 증거하십시오. 그러면 그저 자세나 태도 같은 박하와 근채의 문제는 거의 문제가 되지 않을 것입니다.

제 21 장

진지함을 유지하는 것과 망치는 것

목사가 그리스도를 위하여 영혼들을 얻는 데에 성공을 거두는 가장 필수적인 덕목은 무엇인가?라고 묻는다면, 저는 "진지함"(earnestness)이라고 대답할 것입니다. 그리고 이 질문을 두 번 세 번 묻는다 해도, 저는 대답이 바뀌지 않을 것입니다. 왜냐하면 저 개인적으로 관찰한 결과, 대체로 진정한 성공은 설교자의 진지함과 비례한다는 결론에 이르게 되었기 때문입니다. 큰 사람이든 작은 사람이든 하나님을 향하여 온전히 살아 있으면 성공을 거두고, 그렇지 못하면 실패하고 맙니다. 높은 명성을 얻고 수많은 청중들을 끄는 유명한 사람들 가운데 영혼을 구원하는 면에서는 매우 빈약한 사람들이 있습니다. 그 면에서 그들이 하는 일이라곤 그저 정치적인 연설가들이나 해부학 강사들이 하는 것 이외에 아무것도 없기 때문입니다. 동시에 그들에 필적할 만한 능력을 지녔으면서도 회심의 역사에 큰 쓰임을 받아서 그 재능들이 그들에게 방해거리가 아니라 그 반대가 되는 경우도 보아왔습니다. 그들의 능력을 열정적으로 사용함으로써, 또한 성령님의 기름 부으심을 통해서, 많은 사람들을 의로 향하도록 돌이키게 만든 것입니다. 우리는 또한 능력이 너무도 빈약하여 교회에서 끔찍한 장애가 되고, 마치 전망대에 서 있는 맹인처럼 자기의 분야에서 무능한 것으로 입증된 형제들도 보아왔습니다. 그러나 반대로 그와 똑같이 작은 능력을 지녔으면서도 주 앞에서 용맹한 사냥꾼으로서 그 거룩한 열정을 통해서 많은 심령들이 구주께로 사로잡혀 온 그런 사람들도 많습니다.

저는 "하나님이 복 주시는 것은 위대한 재능이 아니라 그리스도를 닮은 큰 모습이다"라는 맥체인(Robert M'Cheyne: 1813-1843)의 말을 좋아합니다. 여러 경우들을 보면, 목회의 성공은 거의 전부 영혼을 위하여 강렬하고도 불타는 열정, 하나님의 대의를 위한 진지한 열심에서 찾을 수 있습니다. 그러므로 우리는 각각의 경우마다, 다른 조건들이 동등할 때에는 그 마음이 거룩한 사랑으로 불타오르는 것만큼 그 사람이 거룩한 사역에서 성공을 거둔다고 믿습니다. "불로 응답하는 신, 그가 하나님이니라"고 말씀했듯이, 불의 혀를 지닌 사람, 그가 바로 하나님의 사역자인 것입니다.

형제 여러분, 여러분과 저는 설교자들로서 우리의 강단 사역에서 항상 진지해야 합니다. 이 문제에서 우리는 최고의 탁월함에 이르기를 힘써야 할 것입니다. 저는 형제들에게 강단이야말로 기독교계의 테르모필레(Thermopylae: 기원전 480년, 스파르타군이 페르시아군에게 패한 그리스의 산길)라는 말을 자주 해 왔습니다. 싸움에 지느냐 이기느냐가 바로 거기에서 판가름 나는 것입니다. 우리 목사들에게는 강단에서 우리의 능력을 어떻게 유지하느냐 하는 문제가 초미의 관심사여야 합니다. 마음과 정신을 일깨우고 그 능력을 최고로 발휘하여 그 영적 파수대를 지켜야 하는 것입니다. 우리가 아무리 열심 있는 목회자라 하더라도, 진지한 설교자가 아니면 아무런 소용이 없습니다. 안식일에 사람들의 영혼이 진정 양식을 얻으면 목회 심방에서 범하는 여러 가지 큰 죄들이 다 용서받을 수 있을 것입니다. 그 영혼들이 양식을 얻어야 합니다. 그것은 다른 어떠한 것으로도 채울 수 없습니다. 시대의 흐름에 휩쓸리는 대부분의 설교자들의 실패는 강단에서의 연약함에서 그 원인을 찾을 수 있을 것입니다. 대장의 주요 임무는 자기의 부대를 이끄는 법을 아는 것입니다. 그 점에 모자람이 있으면 다른 어떤 것으로도 보상할 수가 없습니다. 이와 마찬가지로 우리는 우리의 강단을 최고의 관심의 대상으로 여겨야 합니다. 그렇지 않으면 모든 것이 어그러지고 맙니다. 서로 싸우는 이유 중에 뼈가 충분히 공급되지 못해서 그것 때문에 개들이 서로 싸우는 경우가 많습니다. 마찬가지로 회중이 충족한 영적 양식을 받지 못하면 그로 인하여 서로 싸우고 분쟁을 일삼게 되는 것입니다. 겉으로 보면 불만족의 이유가 다른 데 있을 수도 있겠지만, 십중팔구는 우리 교회들에서 일어나고 있는 분쟁과 소요의 밑바닥에 영적 양식의 결핍이 자리잡고 있는 것입니다. 다른 동물들도 그렇지만, 사람들은 음식을 먹어야 할 때를 잘 알고 있고 또한 음식을 먹은 후에는 기분이 좋은 상태가 됩니다. 그러므로 우리의 청중들이 하나님의 집에 나아와서 "풍성한 양식"을 취하면, 잔치의 즐거움 속에서 수많은 번민들을 잊게 됩니다. 그러나 그들을 배고픈 상태로 돌려보내게 되면 마치 곰이 자기 새끼를 빼앗긴 것처럼 아주 기분을 상하게 될 것입니다.

우리가 사역을 원만하게 감당하기 위해서는, 실제로 설교에 임할 때에 진지해야 합니다. 세실(Cecil)은 설교자의 심령과 태도가 그가 전하는 설교의 내용보다 더 효과를 내는 경우가 많다고 말한 바 있습니다. 축 늘어져 있는 노인들처럼 맥없는 자세로 강단에 올라가서 마치 이제야 드디어 쉴 수 있는 조용한 곳에 왔다는 듯이 방석에 기대어 앉아 있다면, 그처럼 책망받아 마땅한 것이 없으리라 생각합니다. 사람들 앞에서 일어나, 별로 중요한 것이 아닌 평범한 문제를 다루듯 아무렇게나 설교를 한다면, 그것은 우리의 직무의 위엄을 모욕하는 것일 뿐 아니라 하나님 보시기에도 거슬리는 것입니다. 우리 자신을 위해서라도 강단에서 진지해야 합니다. 우리가 무디게 되면, 하나님의 교회 지도자의 위치에서 오래 버티지 못할 것이니 말입니다. 더 나아가서, 우리 교회의 회원들을 위해서도, 그리고 회심한 사람들을 위해서도, 열정을 지녀야 합니다. 우리가 열심을 내지 않으면 그들 역시 열심을 내지 않을 것이기 때문입니다. 강물이 상류로 흐르는 것은 자연의 질서가 아닙니다. 마찬가지로 회중석에서부터 열심이 생겨나서 강단으로 전달되는 법은 거의 없습니다. 우리들에게서 청중들에게로 흘러 내려가는 것이 자연스런 이치입니다. 그러므로 물론 하나님께 달려 있는 문제입니다만, 교인들의 열심을 유지하게 하려면, 강단이 반드시 최고의 열정으로 지켜져야 합니다. 우리의 설교를 듣는 사람들은 일주일 내내 다른 할 일들이 많습니다. 그들 중에는 가정 내에 시험이 있는 사람도 있고, 담당해야 할 무거운 개개인의 짐들이 있습니다. 그렇기 때문에 그들은 차갑고 무기력한 상태로, 이리저리 생각이 산만하게 흐트러진 상태로 교회당에 나오는 경우가 태반입니다. 그런 흐트러진 생각들을 취하여 우리 자신의 진지함의 용광로에 집어넣고 거룩한 묵상과 강렬한 호소로 녹이고, 진리의 형틀 속에 집어넣는 것이 바로 우리의 임무인 것입니다. 불이 식어 버리면 대장장이는 아무것도 할 수 없습니다. 이런 점에서 대장장이는 목사의 그림자와 같다고 할 수 있습니다.

바깥 세상의 모든 등불들이 꺼지더라도, 성전 안의 등불은 꺼지지 않고 밝게 타올라야 합니다. 그 등불은 결코 꺼지는 법이 없어야 합니다. 우리는 교인들을 주중의 염려들로 인해 두세 차례 적셔진 나무와 제물로 간주해야 합니다. 그리고 엘리야 선지자처럼 거기에 하늘로서 불이 임하기를 기도해야 합니다. 무딘 목사가 무딘 청중을 만들어 내는 법입니다. 교회가 뽑은 목회자가 겨우 달구지를 몰고 가는데, 어떻게 교회의 직원들과 회원들이 증기 기관차를 몰고 가기를 기대할 수 있단 말입니까? 우리는 모두 "*Vividus vultus, vividi occuli, vividae manus, denique omnia vivida*"라고 묘사되고 있는 그 개혁자를 닮아야겠습니다. 이를 대략 번역하자면, "생명이 비치는 얼굴, 생명으로 충만한 눈과 손, 한마디로 모든 것이 살아 있는 생기 있는 설교자"라 할 수 있습니다.

> "다른 이의 심령에 이르려면
> 그대의 심령이 넘쳐나야 하리
> 입술에서 충만한 말이 나오려면
> 마음이 넘쳐나야 하리."

우리에게 열정이 없으면, 교회뿐만 아니라 세상까지도 고통을 당하게 됩니다. 복음에 진지함이 없어서 우리 주위에 있는 회심하지 못한 자들에게 아무런 능력도 행하지 못하게 되는 것은 상상조차 할 수 없는 일입니다. 불경건한 세대의 양심을 졸게 만드는 가장 지독한 원인의 하나는 바로 설교자의 미지근함입니다. 다가올 심판을 말씀하는 동안 설교자가 졸고 있는 것을 죄인이 보게 되면, 그는 심판이란 그저 그 설교자가 꿈꾸는 것에 불과하다고 생각하게 되고, 결국 그것을 하나의 꾸며낸 이야기로 취급하게 될 것입니다. 마음이 차가운 설교자에게서 바깥의 온 세상이 심각한 위험을 당하는 것입니다. 왜냐하면 그 죄인처럼 세상 전체가 똑같은 결론을 내리게 되기 때문입니다. 세상은 그 냉랭함을 계속 보일 것이고, 자기들의 허탄한 것들에 온 힘을 집중시킬 것이며, 그렇게 하는 것이 지혜롭다고 생각하게 될 것입니다. 어떻게 그렇지 않을 수 있겠습니까? 하나님의 이름으로 말씀한다 하면서 선지자가 자기 마음을 뒤에다 팽개쳐 버린다면, 그 주위에 있는 불경건한 사람들은 스스로 그의 메시지에 아무 것도 없으며 그의 사명 역시 시시한 연극에 지나지 않는다고 밖에는 생각할 수 없는 것입니다.

휫필드가 어떻게 설교했는지를 들어보십시오. 그리고 절대로 감히 무기력하게 설교하지 마십시오. 윈터(Winter)는 그에 대해서 이렇게 말하고 있습니다:

> 때때로 그는 몸이 완전히 젖었고, 또한 너무나 지쳐 있어서 그가 도저히 다시 회복하지 못할 것 같다는 생각을 하게 되는 때도 많았다. 그럴 때에 그에게는 잠시 몸을 쉬는 시간이 필요했다. 나는 그가 한두 번 이상 흐느끼지 않고 설교하는 예를 본 일이 없다. 불타오르는 감정으로 인하여 그의 음성이 영향을 받을 때가 많았다. 그는 강단에서 이렇게 말하기도 했다: "여러분, 제가 눈물을 흘리는 것에 대해서 저를 비난하실 것입니다. 그러나 여러분의 영혼이 지금 멸망의 문턱에 있는데도 여러분이 여러분 자신을 위해서 울지 않는데, 제가 어떻게 울지 않을 수 있겠습니까? 여러분, 지금 저의 이 설교가 여러분 생애의 마지막 설교요, 그리스도께 여러분 자신을 드릴 기회가 다시는 오지 않을지 어떻게 알겠습니까?"

강단에서의 진지함이 진실해야 합니다. 꾸며낸 것이어서는 안 된다는 말입니다. 진지함을 일부러 꾸며내는 것을 보아왔습니다. 그러나 조금이라도 지각이 있는 사람이라면 그렇게 가짜로 꾸며낸 사실을 감지할 수 있습니다. 발을 구르고, 강단을 내리치고, 힘을 내서 소리치고, 다른 사람의 설교에서 감정적인 부분을 인용하고, 혹은 억지로 눈에서 눈물을 쥐어 짜내는 것으로는 영혼의 진정한 고뇌와 심령의 진정한 변화를 이끌어낼 수 없는 것입니다. 연기(演技)가 아무리 좋아도 역시 연기에 불과합니다. 그 겉모양을 보기만 하는 사람들은 그것을 기뻐할지 모르지만, 진실을 사랑하는 자들은 역겨움을 느끼게 될 것입니다. 그 얼마나 뻔뻔스러운 짓입니까! 성령님의 순전한 역사하심으로 나오는 열정을 기술적인 목소리 조작으로 흉내내려 하다니 이 얼마나 위선적인 행동입니까! 강단에서 연기를 일삼는 이들이여, 경계하십시오. 그 훌륭한 연기로 성령을 거스르는 죄를 범하는 자가 되지 않도록 말입니다.

우리는 언제나 어디서나 진지하여야 하고, 또한 그렇기 때문에 강단에서도 진지한 사람이어야 합니다. 우리가 언제나 불길 속에 있기 때문에 강단의 설교에서도 불길이 치솟아야 하는 것입니다. 열정이 계속 감추어져 있다가 중요한 시기에만 분출된다면, 그것은 언젠가는 그 사람을 망치게 만들고야 말 가스(gas)일 것입니다. 여호와의 집에서는 오로지 진실만이 나타나야 합니다. 꾸며내는 것들은 모두가 다른 불이요, 따라서 진리의 하나님의 진노를 격발시키는 것입니다. 진지해지십시오. 그러면 진지하게 보일 것입니다. 불타는 마음은 곧 불타오르는 혀가 되어 나타날 것입니다. 진지한 체 꾸미는 것이야말로 인기를 얻기 위하여 쓰는 속임수 중에 가장 혐오스런 것입니다. 그 생각조차도 증오해야 할 것입니다. 여러분의 마음이 무뎌져 있으면, 강단에서도 그 무딤을 그대로 드러내십시오. 여러분의 영혼이 지쳐 있다면, 말도 천천히 하고, 목소리도 힘이 없고 단조롭게 구사하십시오. 여러분의 목회 사역을 가장행렬로 만들고 여러분 자신을 연기자로 만드는 것보다는 차라리 그렇게 하는 편이 무한히 더 나을 것입니다.

그러나 설교 중의 열정 뒤에 그 후의 결과에 대한 강렬한 사모함이 이어져야 합니다. 그렇지 않다면, 그것은 우리의 진지함이 의심스럽다는 반증이 될 것이니 말입니다. 자기들이 씨를 뿌려놓은 밭을 전혀 돌보거나 물을 주지 않는 사람들에게는 하나님께서 영혼의 수확을 보내지 않으실 것입니다.

설교가 끝나면 우리는 그물을 내려두었다가 기도와 살핌을 통해서 후에 다시 해변가로 끌어당겨야 하는 것입니다. 여기서 저는 저보다 훨씬 더 능력 있는 분의 말씀을 인용해 드리는 것이 가장 좋으리라 생각됩니다. 와츠 박사(Isaac Watts: 1674-1748)의 다음과 같은 말씀을 들어봅시다:

여러분이 강단에서 들인 수고가 과연 성공을 거두기 위하여 큰 갈망을 가지십시오. 뿌린 씨에 물을 주십시오. 공적인 기도만이 아니라 은밀한 기도를 통해서 그렇게 하십시오. 여러분의 수고가 헛되지 않게 해 주시기를 하나님께 끈질기게 간구하십시오. 모래 위에 알을 낳고서 그것이 살든 죽든 그냥 내버려 두는 어리석은 타조(욥 39:14-17)를 닮지 마십시오. 타조에게는 하나님께서 이성을 주지 않으셨습니다. 하지만 이런 어리석음이 여러분의 성품이나 행위가 되어서는 안 됩니다. 여러분의 설교와 여러분의 연구의 열매가 영혼들에게 하나님의 생명의 말씀이 되도록 수고하고, 살피고, 기도하십시오.

경건한 백스터 목사(Richard Baxter: 1615-1691)가 관찰한 사실입니다만 — 그의 저작 어디에선가 읽은 내용입니다 — 명석하고 훌륭한 재능 있는 사람들도, 지극히 탁월한 설교가들도, 심지어 설교자 자신이 진정 신앙이 깊을 때에라도, 목회 사역의 성공을 사모하며 열심히 관심을 기울이지 않으면, 괄목할 만한 목회의 성공이 일어나지 않는다는 것입니다. 우리의 설교를 통해서 영혼들이 구원받기도 하고, 또한 우리의 소홀함 때문에 그 영혼들이 지옥에서 정죄를 받게 된다는 이 끔찍스럽고도 중요한 생각이 우리의 심령을 가득 채워야 할 것입니다. 우리는 에스겔이 그랬던 것처럼 이스라엘 집의 파수꾼으로 세움 받은 자들입니다. 그러니 다가오는 위험을 경계하지 않는다면, 수많은 영혼들이 우리의 소홀함 때문에 멸망할 것입니다. 그러나 그 영혼들의 피에 대한 책임이 우리에게 돌아올 것입니다(겔 3:17 이하).

이런 점들을 생각하면서, 우리는 때를 얻든지 못 얻든지 늘 힘써야 하며 언제나 겉옷을 입듯이 열심으로 옷을 입어야 할 것입니다. 우리는 항상 살아 있어야 합니다. 구름 기둥과 불 기둥이 설교자의 상징으로 아주 적절합니다. 우리의 목회 사역에 힘이 있어야 합니다. 그렇지 않으면 절대로 이 생각 없는 세대에게 영향을 줄 수 없을 것입니다. 그리고 그러기 위해서는 우리의 마음이 습관적으로 열정적이어야 하며, 우리의 본성 전체가 하나님의 영광과 사람들의 유익을 위하여 모든 것을 태우는 열정으로 불타올라야 할 것입니다.

형제 여러분, 그런데 우리가 한 번 거룩한 진지함을 얻었다가도 쉽게 식어 버릴 수 있다는 것이 안타깝게도 사실입니다. 마음이 뜨거운 그리스도인 형제들의 회 가운데서보다는 오히려 외로운 교구 목사들에게서 진지함이 식어지는 예가 더 자주 발생하는 것도 사실입니다. 「사사로운 생각」(*Private Thoughts*)의 저자인 아담(Adam)은, "자기 교구에서 마귀를 대적하여 싸우는 가난한 시골 목사의 생각이 알렉산더 대제(Alexander the Great)가 가졌던 생각보다 훨씬 더 고귀하다"고 갈파한 적이 있습니다. 그런데 저는 거기에 이렇게 덧붙이고 싶습니다. 곧, 목사가 자기의 거룩한 싸움에서 계속해서 승리를 거두기 위해서는 알렉산더보다 더한 열정을 가져야 한다고 말입니다.

그러나 도회지 생활에도 위험 요소가 있습니다. 마치 불타는 장작들을 한데 모아놓지 않고 이리저리 흩어 놓으면 금방 불이 꺼져 버리듯이, 온갖 잡다한 일들로 인해서 열정이 식어지기가 매우 쉽습니다. 끊임없이 이어지는 한가한 사람들의 방문이 마치 찬물을 끼얹은 것처럼, 우리의 경건한 열심을 식게 만듭니다. 모종의 방법을 사용하여, 방해받지 않는 묵상의 시간을 확보해야 합니다. 그렇지 못하면 힘을 잃고 말 것입니다. 이런 점에서 런던은 특히 시험이 많은 곳입니다.

새로운 일로 인해서 우리의 사역에 신선한 매력을 느낄 때보다는 오랜 세월 동안 변화 없이 동일한 사역을 계속 행하는 경우에 열정이 식기가 더 쉬운 법입니다. 존 웨슬리는 그의 「일기와 편지」(*Journals and Letters*) 제15권에서 이렇게 말하고 있습니다: "만일 내가 일 년 내내 한 곳에서 계속해서 설교한다면, 나의 설교 때문에 나 자신은 물론 나의 교인들 대부분이 다 잠들어 버릴 것이다." 그러니 여러 해 동안 계속해서 동일한 강단을 지킨다는 것은 과연 어떻겠습니까? 그 경우에, 설교자를 죽이는 것은 속도가 아니라 경주가 지리하고도 길다는 사실입니다. 우리 하나님은 언제나 동일하시고, 영원토록 계시며, 오직 그분만이 우리를 끝까지 견디도록 만드실 수 있습니다. 이십 년 동안 동일한 사람들에게 목회를 하고 난 후에도 그 전보다 오히려 더 활기가 넘치는 사람이 있다면, 그 사람이야말로 활력을 주시는 성령의 역사에 힘입은 것입니다.

연구를 소홀히 함으로써 진지함이 식을 수도 있고, 또한 실제로 그런 경우가 허다합니다. 만일 우리 스스로가 하나님의 말씀의 은혜를 누리지 못했다면, 우리 스스로가 진리를 먹지 못했으니 그 진리를 열정적으로 은혜롭게 전할 수 없을 것이요, 따라서 강건하고 힘이 있을 수 없을 것입니다. 어느 권위자의 말에 따르면, 영국인이 전투에 진지하게 임하느냐 하는 것은 음식을 배부르게 먹었느냐에 달려 있다고 합니다. 굶주린 상태에서는 전투에 임할 수 없습니다. 우리 자신이 건전한 복음의 양식을 잘 받아 누리게 되면, 우리가 왕성하고 활기가 있게 될 것입니다.

셀던(Selden)의 보도에 따르면, 카디즈(Cadiz)의 한 노련한 지휘관은 그의 병사들에게 다음과 같이 훈시하였다고 합니다: "소고기와 맥주를 배불리 먹은 너희 영국인들이 오렌지와 레몬밖에는 먹지 못한 스페인 악당들을 무찌르지 못한다면, 그 얼마나 창피스런 일이겠느냐!" 그 지휘관의 철학이 바로 저의 철학과 같습니다. 영양을 충분히 공급받은 자들에게서 용기와 용맹성을 기대할 수 있는 것입니다. 형제 여러분, 여러분의 신령한 양식을 절대로 소홀히 하지 말기를 바랍니다. 그렇지 않으면 기력을 잃고 여러분의 심령이 가라앉아 버릴 것입니다. 은혜의 교리들이라는 기본 양식을 계속 섭취하십시오. 그러면 "현대 사상"이라는 가루와 우유를 좋아하는 사람들보다 훨씬 활기가 있고 또한 더 왕성하게 일할 수 있을 것입니다.

이와 반대로, 연구로 인해서 오히려 열정이 식어 버릴 수도 있습니다. 머리에만 양식을 공급하느라 마음은 소홀히해 버리는 경우가 얼마든지 있기 때문입니다. 학식을 갖추고자 하는 욕심이 있어서 열심히 연구하지만 결국 설교하는 일보다는 논문을 쓰는 일에만 합당하게 되는 사람들이 많습니다. 한 훌륭한 전도자는 버릇처럼 말하기를, 그리스도께서는 헬라어와 라틴어와 히브리어 아래서 십자가에 달리셨다고 했습니다. 신학생들이 연료를 모으는 일에는 성공하지만 정작 그것으로 붙여야 할 불은 잃어버리는 경우가 허다합니다만, 결코 그런 일이 있어서는 안 되는 것입니다. 장작은 불길을 유지시키기 위해서 필요한 것인데, 장작이 오히려 불길을 가로막고 있다면, 그것이야말로 우리에게는 영원한 수치일 것입니다. 우리가 만일 책벌레로 전락해 버린다면, 그것은 옛 뱀의 기쁨이 될 것이요, 우리에게는 천추의 한(恨)이 될 것입니다.

경박스러운 대화를 통해서도 — 특히 동료 목사들 간의 쓸데없는 한담을 통해서도 — 진정한 진지함이 크게 손상을 받을 수 있습니다. 우리 목사들은 다른 그리스도인들과의 만남에서보다는 동료 목사들과의 만남에서는 훨씬 더 자유로움을 느끼며, 거기에는 탁월한 이유들이 있습니다만, 그러나 이러한 자유가 지나치게 되면, 공허한 대화를 통해서 오히려 해를 입고 있다는 것을 곧 느끼게 될 것입니다. 유쾌한 것과 경박스러운 것은 서로 전혀 다른 것입니다. 진지한 대화가 주는 행복을 통해서 우울함의 어두운 암초들과 경박스러움의 유사(流砂) 사이를 잘 빠져나가는 사람이 지혜로운 사람일 것입니다.

때로는 차가운 그리스도인과 접촉함으로써 열정이 식어 버릴 위험을 당하는 경우도 있습니다. 입으로 그리스도인이라 하는 자들이 끔찍스럽게도 젖은 담요와 같은 역할을 하는 경우가 얼마나 많습니까? 설교 후에 그들이 하는 쓸데없는 논평 때문에 여러분이 침체에 빠지기도 합니다. 여러분 자신은 돌들도 감동을 받을 만큼 감동적으로 말씀을 전했다고 생각하는데, 그 사람들은 전혀 감동을 받지 않았다는 것을 처절하게 깨닫게 되는 것입니다. 여러분은 불타오르고 있었고, 그들은 차갑게 식고 있었습니다. 여러분은 생명과 죽음 중 하나를 택하라고 호소하고 있었으나, 그들은 설교가 얼마나 길어지는지를 계산하고 있었고, 평상시보다 오 분이 더 길어졌다고 불평하고 있습니다. 그 오 분 동안 사람들의 영혼을 향하여 진지함으로 간절히 호소했는데도 말입니다. 이런 서릿발 같이 차가운 사람들이 교회의 직원들일 경우, 그 결과는 정말 썰렁하기 이를 데 없습니다. 여러분이 젊고 경험이 부족할 경우는 더욱더 그렇습니다. 그것은 마치 천사가 빙산 속에 갇히는 것과 같습니다. "소와 나귀를 한 멍에에 묶지 말라"는 참 좋은 계명입니다. 소같이 열심히 일하는 목사가 소가 아닌 집사와 함께 멍에를 지게 된다면, 쟁기를 갈기가 매우 힘들어질 것입니다. 까다롭기 그지없는 교인은 목사와 협력하는 문제에 대해서 정말 할 말이 많습니다. 얼마 전에 까다로운 한 교인이 최선을 다해서 사역을 감당해온 한 진지한 젊은 전도자에게 와서 이렇게 말했습니다: "이보시오, 젊은 양반, 당신은 그걸 설교라고 합니까?" 그 사람은 스스로 신실하다고 생각했으나, 그는 잔인했고 또 예의도 없었습니다. 그 선한 형제가 그 공격을 이기긴 했으나, 그럼에도 불구하고 그것은 정말 야비한 짓이었습니다. 주의 작은 종들을 향한 그런 공격들이 줄어들었으면 좋겠습니다. 그것들은 소망에 가득 차 있는 젊은이들의 심령을 죽여 버리기까지 합니다.

청중 전체가 여러분의 열심을 완전히 식혀 버리는 경우도 많습니다. 여러분이 뜨거운 마음으로 쏟는 열정을 사람들이 수용하지 않는다는 것이 그들의 태도나 모습에서 나타날 때에, 여러분은 실망을 느끼게 됩니다. 텅 빈 좌석들 역시 심각한 시험입니다. 장소가 크고 회중이 작을 때에는 특히 그 영향이 더욱 심각합니다. 모든 설교자가 다 모든 것을 견디며 "광야에서 외치는 소리"가 될 수 있는 것이 아닙니다. 회중의 무질서 역시 민감한 설교자에게 괴로움을 줍니다. 여자 교인이 나막신을 신고 복도를 걸어오고, 구두 발자국 소리가 크게 울리고, 우산과 지팡이가 계속해서 넘어지고, 아기들이 울고, 특히 교인의 절반이 항상 지각할 때에 — 이럴 때에 설교자의 심령이 가라앉고 그리하여 그 열정이 식어 버리는 것입니다.

우리로서는 우리 마음이 그런 하찮은 것들에 그렇게 쉽게 영향을 받는다는 것을 고백하고 싶지 않을 것입니다. 그러나 그것은 사실입니다. 전혀 놀랄 일이 아닙니다. 아주 귀한 연고를 담은 병에 죽은 파리가 끼면 그것이 쓸모없는 것이 되어 버리듯이, 크고 심각한 혼란보다는 아주 하찮은 문제들이 오히려 진지함을 더 잘 파괴시키는 법입니다. 큰 실망이 있을 때에는 사람이 그 문제에서 스스로 물러서서 하나님께 자신을 내어 던지고 그리하여 그에게서 힘을 얻습니다. 그러나 사소한 침체가 있을 때에는 염려하게 되고, 언짢아하게 되며, 그리하여 오히려 더 심각한 결과들이 초래되는 것입니다.

여러분의 몸 상태를 잘 돌보아야 한다는 말씀을 드리는 것을 용서하십시오. 특히 먹는 문제를 말씀드리면, 지나치게 과식을 하면 소화가 잘 되지 않고, 그리하여 열정적이어야 할 때에 가서 아둔해지는 결과가 생깁니다. 던컨 매터슨(Duncan Matheson)의 회상록에서 다음과 같은 아주 적절한 일화를 소개해 봅니다:

어느 곳에 전도 집회가 열리고 있었는데, 한 그리스도인 신사가 평신도 설교자들을 — 매터슨도 그 중의 한 사람이었다 — 자기 집에 초대하여 저녁 식사를 대접하였다. 저녁 식사가 끝나고 집회 장소에 갔는데, 그날 저녁 집회를 진행하는 최선의 방법에 대해 약간의 의견 차이가 있었다. 젊은 설교자 하나는 "성령께서 근심하십니다. 그가 여기에 전혀 계시지 않습니다. 저는 그것을 느낄 수 있습니다"라고 말하면서, 조금 전 그 화려한 식사를 즐긴 것과는 사뭇 대조적으로 흐느끼기까지 하였다. 그러자 우울하고 침체된 심령의 상태를 싫어했던 매터슨이 나서면서 이렇게 말했다: "넌센스일세! 그런 게 아니야! 자네가 저녁을 너무 많이 먹었고, 그래서 답답한 느낌을 갖는 것이야!"

던컨 매터슨의 말이 옳았습니다. 영성이 지나친 나머지 지극히 자연적인 원인 때문에 생겨난 자기들의 기분이나 느낌을 무슨 초자연적인 원인에서 오는 것으로 생각하는 자들에게는 그의 상식을 조금 적용시킨 것이 분명 유익이 되었을 것입니다. 소화불량증을 배도(背道)로 잘못 오인하고, 위가 좋지 않은 것을 마음이 완악한 것으로 간주하는 일이 허다하지 않았습니까? 더 이상 말씀드리지 않겠습니다. 지혜로운 자에게는 한 마디로 족합니다.

마음에는 강렬한 열정과 진지함이 있으나 육체적이며 정신적인 여러 가지 원인들로 인하여 겉으로 보기에 무기력한 상태가 생겨나기도 합니다. 우리들 중에는 밤에 잠을 설친다든가, 날씨가 바뀐다든가, 불친절한 말을 듣는다든가 할 때에 정말 애처로운 효과가 생기는 이들도 있습니다. 그러나 열정이 없다고 탄식하는 이들이 세상에서 가장 열정적인 사람인 경우가 많고, 생명이 없다는 고백 그 자체가 이미 생명이 존재하고 있다는 — 그것도 왕성한 활기와 더불어 존재하고 있다는 — 반증인 것입니다. 여러분 자신을 아끼느라 스스로 자만해서는 안 됩니다. 그러나 동시에 여러분 자신을 일부러 비난하면서 침체에 빠지는 일이 있어서도 안 됩니다. 여러분이 여러분 자신의 상태에 대해 갖는 생각은 별로 가치가 없습니다. 주님께서 여러분을 살피시기를 구하시기 바랍니다.

오랫동안 계속해서 수고했으나 눈에 보이는 성공이 없을 경우에도 열정이 식어지기가 쉽습니다. 올바른 시각에서 보면 그때야말로 일곱 배나 더 부지런히 수고해야 할 때인데도 말입니다. 토머스 풀러(Thomas Fuller)는 "하나님께서는 열심히 수고하는 수많은 목회자들을, 비를 내리기 위한 — 비옥한 아라비아가 아니라 사막과 돌이 가득한 아라비아에 — 구름으로 만드심으로써 그들을 낮추셨다"고 간파하고 있습니다. 성공이 없는 것 때문에 우리 자신을 낮게 된다면, 그것은 좋은 일입니다. 하지만 그것 때문에 우리가 실망하거나 특히 성공을 거둔 형제들에 대해 시기를 품게 된다면, 우리 자신을 심각한 걱정으로 바라보아야 마땅할 것입니다. 우리가 신실하게 사역에 임했을 수도 있고, 또한 지혜로운 방법을 취했을 수도 있습니다. 그리고 사역의 시기와 장소도 적절했을 수 있습니다. 하지만, 그런데도 목표를 제대로 맞추지 못했습니다. 너무나 마음이 무거워 사역을 계속할 엄두조차 내지 못할 수도 있을 것입니다. 그러나 마음을 다시 가다듬고 진지함을 배가시킨다면, 언젠가는 더 풍성한 수확을 얻게 될 것이고, 그때가 되면 우리의 기나긴 기다림이 풍성하게 갚아지게 될 것입니다. "농부가 땅에서 나는 귀한 열매를 바라고 길이 참아 … 기다리나니"(약 5:7). 우리는 열심에서 나는 거룩한 인내로써 계속해서 기다려야 하고, 또한 시온이 은혜를 입을 때가 반드시 오리라는 것을 절대로 의심하지 말아야 할 것입니다.

또한 육체란 연약한 존재요 본성적으로 침체 상태로 기우는 성향이 있다는 사실도 잊어서는 안 될 것입니다. 우리를 이끄사 봉사의 일을 하게 하신 그 하나님의 역사하심이 계속해서 우리를 새롭게 하셔야만 합니다. 우리에게는 그것이 반드시 필요합니다. 우리는 오로지 활시위를 당긴 힘에 의해서만 계속해서 목표물을 향해서 날아가는 화살과 같은 존재가 아닙니다. 또한 스스로 날 수 있는 동기와 능력을 구비하고 있는 새들과 같은 존재도 아닙니다. 우리는 하늘의 바람의 힘에 의해서 계속해서 전진해 나아가는 바다의 배들과 같은 존재들입니다. 그러니 그런 바람의 힘이 없다면, 앞을 향하여 나아갈 수 없는 것입니다. 하나님께로부터 보내심을 받은 설교자들은 한 번 태엽을 감아 놓으면 정해진 곡조를 계속 울리는 노래 상자가 아닙니다. 그들은, 숨을 불어넣어야만 소리를 내고, 숨을 불어넣지 않으면 전혀 소리를 내지 않는 나팔과 같은 존재입니다. 우리는 전혀 짖지 않고 게으름만 피우는 벙어리 개에 대한 이야기를 읽습니다만, 하나님의 은혜가 미리 예방시켜 주지 않으면 우리 모두가 벙어리 개들이 될 수밖에 없는 것입니다. 우리는 주의를 기울이지 않고 무관심한 심령이 되지 않도록 경계할 필요가 있습니다. 그렇게 하지 않으면 우리는 곧 라오디게아 교인들처럼 미지근한 사람들이 되고 말 것입니다.

사랑하는 형제 여러분, 우리가 진지해야 하고, 가짜 진지함을 보여서도 안 되고, 진지함을 다른 것으로 대치시켜서도 안 된다는 사실과 또한 진지함을 잃어버리기가 매우 쉽다는 사실을 기억하시고, 이제는 우리의 모든 열정을 지속시키고 또한 그것을 배가시키는 방법과 수단에 대해서 잠시 살펴보기로 합시다. 꺼지지 않는 불꽃에서 진지함의 불을 지펴야만 그것이 지속될 수 있습니다. 꺼지지 않는 불꽃이란 오직 하나밖에는 없습니다. 곧, 그리스도의 사랑의 불꽃이 그것입니다. 그 불꽃은 물을 아무리 퍼부어도 절대로 꺼지지 않습니다. 하늘의 태양에서 지펴진 불꽃은 그 근원이 되는 태양과 마찬가지로 영구하게 꺼지지 않을 것입니다. 우리가 그것을 가질 수 있다면, 아무리 오래 살아도, 아무리 괴로움을 당해도, 아무리 실망스런 일들을 당해도, 언제나 충만한 열정을 지닐 수 있을 것입니다.

생명을 위한 열정이 지속되려면, 처음부터 하늘의 생명의 열정을 소유하고 있어야 합니다. 우리에게 과연 이 불꽃이 있습니까? 우리의 심령 속에서 진리가 불타올라야 합니다. 그렇지 않으면 우리의 입술에서도 불타오를 수 없습니다. 이것을 이해하시겠습니까? 은혜의 도리들이 우리의 일부분이 되어 있어야 하고, 우리 존재의 근본으로 자리잡고 있어야 합니다. 그런데 본래 우리를 창조하신 그분만이 그렇게 만드실 수 있는 것입니다. 주께서 우리에게 그리스도와 영혼들을 향한 사랑을 주셨다면, 우리는 절대로 그 사랑을 잃어버리지 않을 것입니다.

성령께서는 하나님을 향한 열심이 그저 감정으로 그치지 않고 생명의 원리가 되도록 만들어 주십니다. 과연 성령께서 우리에게 임하여 계십니까? 아니면 지금 우리에게 있는 열정이 그저 인간적인 느낌에 불과합니까? 이 점에 대해서 우리는 마음 속으로 심각하게 자문해 보아야 합니다. 진정한 목회 소명에서 나오는 그런 거룩한 불길이 우리에게 있는지를 진지하게 따져 보아야 합니다. 그런 거룩한 불길이 없다면, 대체 우리가 여기에 있을 이유가 어디 있습니까? 설교하지 않고서도 살 수 있는 사람이라면, 설교하지 않고 살도록 하십시오. 영혼을 구원하는 자가 되지 않고서도 얼마든지 만족할 수 있다면 — 그런 사람은 그 일을 시작하지 않는 것이 좋다고까지 말씀드리고 싶습니다만 — 멸망을 향하여 가는 사람들을 향하여 측은히 여기게 되도록 그의 마음에서 돌을 제거하기를 힘써야 할 것입니다. 그렇게 되기 전에는, 영혼 구원의 복된 일에 성공을 거두어야 할 그 자리를 차지하고서 오히려 적극적으로 악을 행하여 실패를 자초하고 말 것입니다.

진지함의 불길이 믿음의 화로에서 타올라야 합니다. 우리가 설교하는 진리들에 대한 믿음에 철저히 근거해야 합니다. 성령께서 그 진리들을 마음에 적용시키실 때에 그것이 인류에게 복을 베풀 능력이 있다는 믿음을 굳건히 해야 합니다. 참일 수도 있고 참이 아닐 수도 있는 내용을, 혹은 다른 형태의 가르침과 똑같이 대체로 유익이 되겠다고 여기는 내용을 선포하는 사람은 반드시 매우 힘없는 설교자가 될 수밖에 없을 것입니다. 자기도 확신이 없는 내용에 대해서 어떻게 열정을 가질 수 있겠습니까? 자기 속마음으로 진리의 내적인 능력을 전혀 체험해 본 일이 없다면, 생명의 말씀의 유익한 것을 한 번도 맛보거나 손으로 잡아본 일이 없다면, 어떻게 열정적인 설교자가 될 수 있단 말입니까? 그러나 만일 성령께서 은밀한 곳에서 우리를 가르치셨다면, 그리하여 우리가 선포해야 할 교리를 우리의 영혼 스스로 깨닫게 되었다면, 그때에 비로소 우리가 불의 혀를 지니고 열정적으로 그것을 선포하게 될 것입니다. 여러분, 주께서 여러분을 가르치시기 전에는 결코 다른 사람들을 가르치는 일을 시작하지 마십시오. 여러분의 마음에 아무런 관심도 없고 여러분 스스로도 깨닫지 못하는 것을 앵무새처럼 떠든다는 것은 참으로 곤혹스러운 일일 것입니다. 저로서는 교인들의 노예가 되어 저 자신이 한 번도 맛보지 못한 영적 양식을 그들에게 전해 주기보다는 빈민 구호소의 빈민들처럼 아무 것이나 닥치는 대로 집어서 아침 식사로 먹는 것이 차라리 나을 것입니다. 그런 가증스런 일을 계속한다면 그 끝이 얼마나 끔찍하겠습니까! 자기 마음으로는 전혀 믿지 않는 바를 공적으로 가르치며 그리하여 하나님의 이름으로 이 가증스런 외식을 끊임없이 계속한 그 사람이 마지막에 받을 심판이 얼마나 처절하겠습니까!

형제 여러분, 불이 올바른 곳에서 나와서 올바른 곳으로 전해진다면, 시작을 잘 하고 있는 것이며, 영광스럽게 종결지을 수 있는 기본 요소를 갖추었다 하겠습니다. 살아 있는 숯에서 지펴져서 날개 치는 스랍들에 의해서 제단에서부터 우리의 입술로 옮겨질 때에, 그 불은 우리의 가장 은밀한 영혼에 양식이 되며, 사탄이 아무리 그것을 끄려고 애를 쓴다 할지라도 거기서 계속 타오를 것입니다.

그러나 아무리 훌륭한 불길이라도 계속 새롭게 할 필요가 있습니다. 천사들 같은 불멸의 영들이 날개를 접고 마시며 그들을 위해 하늘에 예비된 더 고귀한 만나 같은 것을 먹는지 저로서는 알 수 없습니다. 하지만 창조된 존재는 그 어떠한 것도 — 불멸하는 것까지도 — 그 힘의 유지를 위해서 무언가를 받아야 할 필요가 없는 것은 하나도 없으리라고 봅니다. 열정의 불길이 마음 속에서 항상 새롭게 타오르기 위해서는 새로운 연료를 계속해서 공급받아야 하는 것이 분명합니다. 성소의 등조차도 기름이 필요했습니다. 형제 여러분, 불길에 연료를 자주 공급하십시오. 거룩한 생각과 묵상으로, 특히 여러분의 사역과 그 사역을 감당하는 여러분의 동기와 계획, 그리고 여러분을 기다리고 있는 도움들을, 또한 주께서 함께 하실 때에 이루어질 그 위대한 결과들에 대한 거룩한 생각과 묵상을 연료로 공급하시기 바랍니다. 죄인들을 향하신 하나님의 사랑과 그들을 위한 그리스도의 죽으심과 사람의 마음에 역사하시는 성령님의 활동에 대해서 많이 생각하십시오. 사람이 구원받기 전에 그 마음에 어떤 역사가 있어야 하는지에 대해서 생각하십시오. 여러분이 보내심을 받은 것은 무덤을 하얗게 치장하기 위해서가 아니라 그 무덤을 열기 위함이라는 것을 기억하십시오. 주 예수께서 나사로의 무덤에서 그러셨던 것처럼 심령의 안타까운 탄식이 없이는 그 어느 누구도 그 일을 이룰 수 없습니다. 그리고 그런 탄식이 있더라도 성령의 역사가 없이는 무기력할 수밖에 없습니다.

잃어버린 죄인의 운명에 대해서 깊이 엄숙하게 묵상하십시오. 그리고 아브라함처럼, 아침 일찍 하나님과 교제를 나누는 장소로 올라갈 때에 소돔을 향하여 눈을 들고 마치 풀무불의 연기처럼 거기서 올라오는 연기를 보십시오. 장차 임할 형벌을 끔찍하지 않은 것으로 만드는 그런 생각들을 모두 버리시고, 그리하여 꺼지지 않는 불길에서 영혼들을 구원하고자 하는 간절한 열망을 일깨우십시오. 만일 사람이 원숭이보다 약간 고상할 뿐 그것과 같은 종류라서 짐승들과 똑같이 그저 사라질 뿐이라면, 그들이 용서받지 못하고 죽는 것을 그냥 내버려 두어도 무방할 것입니다. 하지만 그들이 하나님의 형상을 따라 지으심을 받았고 영원불멸의 미래가 그들 앞에 놓여 있다면, 그렇기 때문에 그들의 불신앙이 그들에게 끝없는 화(禍)를 자초하고 있다면, 그것이 여러분에게 고민거리가 되며, 또한 그것에 대해 무관심의 반응을 보였다는 것이 심히 부끄러울 것입니다.

또한 구원받은 죄인의 그 놀라운 복락에 대해서도 생각하십시오. 그리고 거룩한 백스터처럼 "성도의 영원한 안식"으로부터 진지함에 대한 풍성한 근거들을 이끌어내시기 바랍니다. 하늘의 산에 올라가 거기서 연료를 모으십시오. 레바논의 백향목 가지를 쌓아 놓으십시오. 그러면 불길이 자연스럽게 타오를 것이며, 그 진귀한 백향목 가지들이 불길 속에 타오르는 동안 향긋한 냄새가 진동할 것입니다. 이렇듯 끊임없이 영원한 실체들을 접하게 되면, 여러분이 무기력해질 위험이 절대로 없을 것입니다.

무엇보다도 그리스도와의 친밀한 교제로 불꽃을 계속 유지하십시오. 그 옛날 요한과 마리아처럼 예수님과 함께 산 사람은 절대로 마음이 차가워지는 법이 없습니다. 예수께서 그들의 마음을 불타게 만드시기 때문입니다. 주 예수님과 교제를 긴밀히 유지하는 설교자 치고 마음이 냉랭한 사람은 만나본 적이 없습니다. 하나님의 집을 향한 열심이 우리 주님을 삼켰습니다. 그러니 우리가 그와 접촉을 가지면, 그것이 우리도 삼키기 시작합니다. 그러면 우리는 주님과 함께 하며 보고 들은 것들을 말하지 않을 수 없고, 진정으로 그것들을 체험한 사람으로서 열정적으로 전하지 않을 수 없는 심정이 되는 것입니다. 우리 중에 이십오 년 동안 똑같은 주제를 똑같은 사람들에게 똑같은 강단에서 전하는 똑같은 일을 해 온 사람들은 단조롭다는 느낌을 갖게 되기 쉽고, 그렇게 되면 곧 지쳐 버릴 수도 있습니다. 그러나 그때에 한 가지 똑같은 것을 마음에 떠올리게 되면 그것이 우리의 완전한 구원이 됩니다. 곧, 똑같은 구주께서 계시다는 사실입니다. 처음에 그랬던 것과 똑같은 방식으로 그에게로 나아갈 수 있습니다. 그분은 "어제나 오늘이나 영원토록 동일하신 예수 그리스도"이시기 때문입니다.

그의 임재 속에서 우리는 새 포도주를 마시며 우리의 젊음을 새롭게 합니다. 그분은 시원하고 신선한 생명수가 영원토록 흘러내리는 샘이십니다. 그러므로 그분과의 교제를 통해서 우리의 영혼이 새로워지고 끊임없이 힘을 얻습니다. 그분의 미소 아래 있으면, 오랜 습관처럼 되어 버린 우리의 사역이 언제나 즐거움이 되며, 그 어떤 진기한 것도 가질 수 없는 찬란한 매력을 풍기는 것입니다. 매일 아침마다 교인들을 위하여 새로운 만나를 거두며, 또한 그것을 나누어 주러 나가면서 신선한 기름 부음이 우리에게 임하는 것을 느끼게 됩니다. "오직 여호와를 앙망하는 자는 새 힘을 얻으리니 독수리가 날개치며 올라감 같을 것이요 달음박질하여도 곤비하지 아니하겠고 걸어가도 피곤하지 아니하리로다"(사 40:31). 금촛대 사이를 다니시는 그분의 임재로부터 새롭게 나아올 때에, 우리는 오직 그분만이 주시는 능력으로 교회들을 향하여 글을 쓰고 말씀을 전할 준비를 갖추게 됩니다. 그리스도의 군사된 여러분, 여러분의 대장 되신 주님과의 교제 속에 거하여야 하고, 또한 여호수아가 요단강 가에 서서 "내 주께서 그의 종에게 무어라 말씀하시는고?"라고 물었던 것처럼 그분의 목소리를 들어야만 그분에게 합당한 존재들이 될 수 있습니다.

불길에 연료를 공급하는 것은 물론, 바람을 불어넣으십시오. 많은 간구로 바람을 불어넣으십시오. 이 점에 대해서는 아무리 급박하게 생각한다 해도 지나치지 않습니다. 목사들로 하여금 기도하게 만들기 위해서는 아무리 격한 언어를 사용한다 해도 상관없습니다. 우리 형제들과 우리들에게는 기도해야 할 절대적인 필연성이 있습니다. 필연성이라고 했습니다만, 이렇게 말하기보다는 오히려 기도의 즐거움을 말하고 싶습니다. 기도의 분위기 속에서 사는 영혼에게 오는 놀라운 포근함과 신적인 환희를 말하고 싶습니다. 존 폭스(John Fox: 1516-1587)는 이렇게 말하고 있습니다: "하나님과 은밀하게 보내는 시간이야말로 가장 포근한 시간이요 가장 좋은 시간이다. 그러니, 그대의 삶을 사랑한다면, 기도로 사랑 안에 거하라." 경건한 허비(Mr. Hervey)는 병들어 누워 있을 때에, "하나님께서 내 생명을 살려 주시면, 읽는 것은 줄이고 기도를 더하리라"고 결심하였습니다. 메이든헤드(Maidenhead)의 존 쿠크(John Cooke)는 이렇게 쓰고 있습니다: "기도의 일과 즐거움과 존귀함과 유익이 날마다 더욱더 강력하게 내 영혼을 압박하고 있다." 한 작고한 목사는 임종이 가까워올 때에, "기도를 더했으면 좋았을 것을"이라고 탄식했다고 합니다. 우리 역시 그런 탄식이 있으면 좋겠습니다.

특별한 경건의 시간들이 있어야 하고, 그 시간들을 규칙적으로 유지하는 것이 좋습니다. 하지만 기도의 습관이 있는 것보다는 기도의 정신이 있는 것이 더 좋고, 쉬지 말고 기도하는 것이 간격을 두고 규칙적으로 기도하는 것보다 더 낫습니다. 경건한 형제들과 함께 자주 무릎을 맞대고 머리를 숙일 수 있으면 정말 복된 일일 것입니다. 제 생각에는 우리 목사들은 절대로 기도와 분리되어서는 안 되는 것을 원칙으로 삼아야 하리라고 봅니다. 우리가 이것을 철칙으로 삼는다면 훨씬 더 많은 간구가 하늘로 올라갈 것입니다. 가능하다면, 친구들끼리 함께 만날 때마다 기도와 찬양으로 그 만남이 거룩해지도록 하십시오. 예배 시간 전 목사실에 마음이 뜨거운 집사들이나 다른 형제들을 서너 명 불러서 함께 몇 분 동안 기도한다면, 새로운 기쁨을 얻게 될 것입니다. 제 경우는 그렇게 함으로써 언제나 영적 싸움을 위하여 큰 힘을 얻습니다. 그러나 여러분의 진지함에 격렬한 불꽃이 피도록 바람을 불어넣기 위해서는, 서재에서든, 목사실에서든, 강단에서든, 언제나 어디서나 성령 안에서 기도하도록 끊임없이 기도의 정신을 갖기를 구해야 합니다. 계속해서 하나님께 간구하는 것이 좋습니다. 강단에 앉을 때든, 찬송을 부르기 위해 일어설 때든, 성경 본문을 봉독할 때든, 설교를 할 때에든, 언제든 한 손을 하나님께로 들어 올려서, 그에게서 축복을 받아서 다른 손으로 교인들에게 나누어 주는 것입니다. 설교에 임할 때에는 마치 수도관처럼, 하늘의 영원하고도 무한한 공급과 사람들의 한정 없는 필요 사이를 연결시켜 주어야 합니다. 그리고 그렇게 하기 위해서는 여러분이 하늘에 닿아 있어야 하고, 하늘과의 교통이 끊어지지 않아야 합니다. 교인들에게 설교하는 동안 그들을 위하여 기도하십시오. 하나님을 위하여 그들과 함께 이야기하는 동안 그들을 위하여 하나님과 이야기하십시오. 그렇게 해야만 여러분이 계속해서 진지함을 유지할 수 있을 것입니다. 무릎을 꿇고 일어나면서 진지한 상태가 되지 않는 사람은 별로 없습니다. 만일 그런데도 진지함이 없다면, 거룩한 불길이 영혼 속에 생기기까지 다시 기도하는 것이 좋을 것입니다.

아담 클라크(Adam Clarke: 1762?-1832)는 언젠가 말하기를, "죽을 때까지 스스로 공부하며, 그 다음에는 스스로 기도하여 다시 살아나라"고 했습니다만, 아주 지혜로운 말입니다. 둘째 것이 없이는 첫째 것을 시도하지 마십시오. 그리고 첫째 것이 없이도 둘째 것을 이룰 수 있다고도 생각하지 마십시오. 연구하면서 기도하고, 살피면서 기도하십시오. 그러나 기도는 항상 있어야 합니다.

새로운 봉사를 자주 시도함으로써 그 불길을 휘저으십시오. 친숙한 봉사의 현장에서 물러나서 새로운 땅을 경작함으로써 여러분 스스로 일상적인 일과를 흔들어 놓으십시오. 물론 부수적인 방법이긴 하지만, 마음을 새롭게 유지할 수 있는 아주 유용한 방법으로서 저는 여러분의 일상적인 일과에 새로운 일을 자주 첨가시킬 것을 권하고 싶습니다. 곧 신학교를 떠나게 될 형제들에게 말씀드립니다만, 사역지에서 정착하는 동안 몇몇 탁월한 분들과 접촉하게 될 것이고 어쩌면 홀로 높은 영성을 유지하는 상태에 있게 될지도 모르는데, 여러분 스스로 무뎌지고 정체되고 무익하게 되지 않도록 잘 돌보아야 하고, 진취적인 정신을 유지하여야 할 것입니다. 여러분이 담당해야 할 일이 주어질 것이고, 그 일을 함께 돕는 사람이 별로 없을 것이고, 여러 해 동안 계속해서 무겁게 그 일이 짓누를 것입니다. 이것을 잘 살피고, 모든 수단을 사용하여 여러분이 무뎌지고 지리해지지 않도록 막으시기 바랍니다. 그리고 제 경험에 비추어서 지금 여러분에게 권하고 있는 그 방법을 사용하십시오. 언제나 무언가 새로운 일을 손에 잡고 있는 것이 제 자신에게는 참 유익이 되었습니다. 계속 행하는 일상적인 사역을 계속 유지해야 합니다만, 무언가 거기에 덧붙일 필요가 있다는 것입니다. 마치 우리 정원의 울타리를 한두 자 정도 바깥으로 말아서 해마다 조금씩 정원을 넓혀 가는 것처럼 우리도 역시 그래야 한다는 것입니다. 절대로 "이 정도면 됐다"는 말은 하지 마십시오. "쉬면서 감사하자"라는 태도를 수용해서도 안 됩니다. 할 수 있는 모든 일을 다 하고, 그 다음에 조금 더 하십시오.

키가 작은 사람들의 키를 늘릴 수 있다고 광고하는 사람들이 있는데 그들이 어떤 방법을 쓰는지는 모르겠으나, 아마도 사람의 키가 늘어나는 일이 일어난다면, 그것은 아침마다 발꿈치로 똑바로 서서 할 수 있는 만큼 천장에 가까이 닿는 운동을 하면서 날마다 조금씩 그 높이를 높여 가는 것이 아니겠는가 생각합니다. 이것이 정신적으로 영적으로 자라는 방법이기도 합니다. 과거부터 해 오는 일이 다소 정체된 상태가 되면, 거기에 새로운 방면의 일을 첨가하십시오. 그러면 그 전체가 한 덩어리가 되어 새로움을 얻을 것입니다. 한 번 시도해 보십시오. 그러면 새로운 땅을 경작하며, 새로운 원수의 영역으로 침입하며, 거기에 주의 깃발을 높이 꽂는 일이 얼마나 유익인가를 곧 알게 될 것입니다. 이것은 물론 우리가 이미 말씀드린 것들을 돕는 제 이차적인 방법입니다만, 여하튼 매우 유익된 것임은 분명합니다. 인구가 이천 명 정도 되는 어느 시골 마을에서 어느 정도 사역하고 나면, 그 다음에는 "자, 이 곳에서 내가 할 수 있는 일은 다 했다"는 느낌이 들 것입니다. 그러면 어떻게 합니까? 4마일 정도 떨어진 곳에 작은 부락이 있습니다. 그곳에 집회소를 개설하십시오. 한 부락이 끝나면, 다른 부락으로 가서 땅을 살피고, 여러분 앞에 놓인 그곳의 영적 핍절의 상태를 해갈시키는 것을 사명으로 삼으십시오. 그것이 여러분의 임무이기도 하고, 동시에 여러분을 보호하는 안전장치가 되기도 할 것입니다. 새로운 일에는 누구나가 관심을 쏟는 법입니다. 정원사가 자기의 일에 지쳐 있다가도 온실에 들어가 새로운 꽃을 보거나, 희한한 모양으로 잔디를 깎는 일을 하게 되면, 모든 단조로움과 지리함이 가시고 모든 것이 새로워집니다. 여러분의 수고에 다양성을 부여하는 것이야말로 지혜로운 처사일 것입니다.

이보다 훨씬 더 무게가 있는 권면은, 계속해서 하나님을 가까이 하며, 여러분이 복 주기를 구하는 그 형제들을 계속해서 가까이 하라는 것입니다. 전능자의 그늘 아래 거하시고, 예수께서 자신을 드러내시는 그곳에 거하시고, 성령의 능력 안에서 생활하십시오. 여러분의 생명 그 자체가 여기에 달려 있습니다. 휫필드는, 어느 젊은 청년은 하나님의 임재를 너무나도 생생하게 의식하는 나머지 길을 걸을 때에 보통 모자를 벗고 걸었다는 이야기를 하고 있습니다. 우리 모두가 항상 그런 자세 속에 있었으면 얼마나 좋겠습니까! 그러면 진지함을 유지하는 것이 전혀 문제가 되지 않을 것입니다.

또한 여러분에게 맡겨진 영혼들과 지극히 친숙하게 지내기를 힘써야 합니다. 물 속에서 고기와 함께 서 있으십시오. 설교자들 중에 일반 교인들이 어떻게 살고 있는지에 대해서 전혀 무지한 사람들이 많습니다. 책과 함께는 편안히 지내지만, 사람들과 함께는 아주 어색하기 이를 데 없습니다. 진짜 꽃들을 거의 본 일이 없는 식물학자를 상상이나 할 수 있습니까? 아니면 별을 보느라 밤을 지새워 본 일이 없는 천문학자는 어떻습니까? 그런 사람들을 과연 과학자라 할 수 있겠습니까? 사람들과 함께 어울려서 직접 그들의 상태를 아는 일이 없다면, 복음 사역자로서는 돌팔이에 지나지 않을 것입니다. 공부란 삶에서 얻는 것입니다. 여러분, 우리의 설교에서 인생을 그리기 위해서는 인생에 대해서 풍부하게 알아야 합니다. 책들은 물론 사람들을 읽으십시오. 그리고 생각보다는 사람들을 사랑하십시오. 그렇지 않으면 생명이 없는 설교자가 되고 말 것입니다.

고뇌 가운데 있는 자들을 긴밀하게 찾으십시오. 그들의 어려움과, 그들의 고뇌와 양심의 아픔을 살피십시오. 평화를 찾고자 애쓰는 그들의 열심을 보는 것이 여러분을 진지하게 만들어 줄 것입니다. 반대로, 대부분의 사람들이 얼마나 진지함이 없는지를 보면, 그들을 각성시키고자 하는 열심이 여러분에게서 더 크게 일어날 수도 있을 것입니다. 구주를 찾은 사람들과 함께 기뻐하십시오. 그것은 여러분 자신의 영혼에 부흥이 일어나는 위대한 수단입니다. 슬퍼하는 자를 예수님께로 인도할 수 있게 되면, 여러분이 정말 다시 젊어졌다는 느낌이 들 것입니다. 슬피 울며 회개하는 자가 "이제 모두 다 보이는구나! 내 짐이 이제 사라졌고 나는 구원받았도다!"라며 탄성을 지르는 것을 들으면 그것이 여러분의 뼈에 윤활유와 같은 작용을 할 것입니다.

때로는 거듭난 영혼의 황홀해하는 모습이 여러분을 사도적인 열정 속으로 몰아넣기도 할 것입니다. 영혼이 회심하는 것을 직접 보았는데, 어떻게 설교를 하지 않을 수 있겠습니까? 드디어 하나님의 은혜가 잃어버린 양을 사로잡는 그 현장에 있으십시오. 그리하여 큰 목자장의 기쁨에 함께 동참하십시오. 그러면 여러분의 젊음이 새로워질 수 있을 것입니다. 죄인들과 더불어 죽음의 현장에 함께 있으십시오. 그러면 여러분이 수 개월, 혹은 수 년을 따라온 그 수고가 보상되고도 남을 것입니다. 그들을 사랑으로 든든히 붙잡으십시오. 그리고 "하나님의 은혜로 말미암아 내가 이 영혼들을 정말로 얻었구나"라고 외치십시오. 그러면 여러분에게 진지한 열정이 새로이 불길처럼 솟아오를 것입니다.

큰 도시에서 사역할 경우에는, 여러분의 교회당이 어느 곳에 있든지 간에 그곳의 가난한 자들과 무식한 자들과 술주정뱅이들과 친숙하게 알고 지내십시오. 할 수 있으면 도시 선교사와 함께 가장 빈곤한 지역으로 들어가십시오. 그러면 거기서 깜짝 놀랄 만한 일들을 보게 될 것이고, 그

처참한 질병의 상태를 친히 목격함으로써 그것에 대한 치유책을 찾을 열정이 생겨나게 될 것입니다. 대도시의 가장 좋은 거리에서조차도 악을 충분히 볼 수 있습니다. 그러나 빈민가는 그야말로 말로 설명할 수 없는 끔찍한 악행들이 가득한 곳입니다. 의사가 병원을 걸어다니듯이, 여러분도 이곳저곳을 다니면서 죄가 만들어 놓은 그 악행들을 보아야 합니다. 죄가 이 땅에서 만들어 놓은 그 황폐를 눈으로 똑똑히 보고 피눈물을 흘리며 흐느끼게 되는 것으로도 족합니다. 헌신된 선교사와 함께 하루를 보내며 그 현장을 본다면, 여러분의 신학교 과정을 잘 마치는 것이 될 것이고, 여러분 자신의 영역에서의 사역을 위해서도 매우 적절한 준비가 될 것입니다. 무수한 무리들이 죄 가운데서 살며, 술취함과 안식일 거부와, 폭력과 신성모독으로 더럽혀져 있는 것을 보십시오. 그리고 그들이 완악함에 젖은 상태로, 혹은 두려움과 절망에 가득하여 죽어 가는 것을 보십시오. 이것이 여러분의 열정을 되살려 줄 것입니다. 세상은 극심한 빈곤과 처절한 슬픔으로 가득 차 있습니다. 수치와 죽음이 무수한 사람들의 몫입니다. 이런 인간 영혼의 절박한 현실에 대한 치유책은 위대한 복음밖에는 없습니다. 과연 그렇습니까? 이것이 의심스럽습니까? 가서 여러분이 직접 보십시오. 가서 직접 보시면, 그 큰 구원을 설교하며, 그 위대하신 구주를 — 입으로만이 아니라 마음으로 — 높이기를 배우게 될 것입니다. 그리고 여러분의 사역과 혼인하여 절대로 그것을 버리지 않게 될 것입니다.

사람의 임종 역시 우리에게는 위대한 학교가 됩니다. 우리의 사역을 진지하게 대하도록 만드는 하나의 청량제와도 같습니다. 저는 죽어가는 사람의 임종을 대하고 내려오면서, 모든 사람이 다 미쳤다고 생각했습니다. 물론 저 자신도 포함해서 말입니다. 사람들이 이 땅의 것들에 대해서 그렇게 애착을 가지는 것이 안타까웠습니다. 그래서 혼자 중얼거렸습니다. 저 사람은 무엇 때문에 저렇게 급하게 다니고 있는가? 저 여인은 어째서 저렇게 화려하게 치장하고 다니는가? 얼마 지나지 않아 모두 죽게 될 것이니, 하나님을 만날 준비를 하는 것 이외에는 아무것도 가치가 없는데 말입니다. 사람이 죽는 현장에 자주 있는 것이, 사람들에게 사는 법과 죽는 법을 가르치는 데에 도움을 줄 것입니다. 맥체인은 토요일 오후면 언제나 병든 자들과 죽어 가는 교인들을 찾아다니곤 했습니다. 제임스 해밀턴 박사(Dr. James Hamilton)가 말한 대로, "설교하기 전에 그는 저 마지막 경계 너머를 보고 싶어했다"는 것입니다.

여러분, 더 나아가서, 여러분의 일을 하나님의 빛 속에서 가늠하기를 바랍니다. 여러분은 하나님의 종입니까, 아닙니까? 하나님의 종이라면, 여러분의 마음이 어떻게 그렇게 차가울 수 있습니까? 여러분은 십자가에 달리신 구주께서 그의 사랑을 선포하고 그의 상하심의 상급을 얻으시기 위해 보내신 존재가 아닙니까? 그렇다면, 어떻게 그렇게 축 늘어질 수가 있습니까? 하나님의 성령께서 여러분에게 계십니까? 주께서 가난한 자들에게 복된 소식을 전하도록 여러분에게 기름을 부으셨습니까? 기름 부음 받은 일이 없다면, 기름 부음 받은 체하지 마십시오. 정말 기름 부음을 받으셨다면, 힘을 다하여 그 일에 진력하십시오. 주께서 여러분의 힘이 되실 것입니다.

여러분의 임무는 직업이 아닙니다. 직업인의 잣대로 재면 여러분의 일이야말로 이 땅에서 가장 초라한 일일 것이 틀림없습니다. 황금을 벌어들이는 것이나 세상의 명예를 쌓는 면에서 따지면, 다른 일을 찾지 않을 사람이 어디 있겠습니까? 그러나 그것이 하나님의 부르심이라면, 여러분이 초자연의 세계에 거하며, 시간을 위해서가 아니라 영원을 위해서 일하는 이적의 일꾼이라면, 여러분은 정말 고귀한 임무를 지닌 사람이요, 이 땅에서 나서 시간과 더불어 사는 것보다 월등한 사명을 지닌 자들인 것입니다. 여러분의 임무를 올바른 시각으로 바라보십시오. 그러면 여러분의 주님처럼 비천한 상태에 있는 것이야말로 위대한 일임을 확신하게 될 것입니다. 주님처럼 많은 사람들을 부요하게 한다면, 주님의 첫 제자들처럼 세상에서 무명한 자로 멸시를 받는 것이야말로 영광된 일이라는 것을 느끼게 될 것입니다. 그분을 아는 것이야말로 영생인데, 여러분이 바로 그분을 알게 만드는 일을 하고 있기 때문입니다. 여러분 자신은 어떻게 되어도 상관이 없습니다.

여러분 자신에 대한 생각 자체가 여러분의 뇌리에 떠오르지 않습니다. 아니면 거룩한 사람에게는 절대로 용납되지 않는 추잡스러운 것으로 그런 생각 자체를 지워 버리게 될 것입니다. 여러분의 일을 올바른 잣대로 재시기 바랍니다. 그러면 여러분의 진지함이 결코 손상을 입는 일이 없을 것입니다. 그것을 심판 날에 비추어서 바라보십시오. 그리고 신실함에 대한 영원한 상급의 견지에서 바라보십시오. 형제 여러분, 한 영혼을 구원한 지금의 즐거움은 그야말로 기쁜 일입니다. 그것을 느꼈고, 지금 그것을 알고 있으리라 믿습니다. 멸망으로 향하여 내려가는 영혼을 구원하는 일이 우리를 이 땅에서 작은 천국을 체험하게 해 줍니다. 그러니 하물며 심판 날에 그리스도로 말미암아 구속함을 받은 그 무수한 영혼들을 만나, 우리의 입술을 통해서 그들이 구속함을 받았다는 소식을 접하게 되면, 그 기쁨이 얼마나 더하겠습니까! 우리 주님과 영원한 교제 속에 있을 그 천국의 복락을 바라보며 기뻐합니다. 게다가 우리의 사역을 통해서 예수께로 인도함을 받은 사랑하는 자들을 만나는 놀라운 기쁨이 더해지는 것입니다. 십자가를 지고, 모든 부끄러움을 멸시합시다. 영혼을 구원하는 놀라운 기쁨을 예수께서 우리 앞에 제시해 놓으셨으니 말입니다.

 우리의 진지함을 유지하는 데에 도움이 되는 한 가지 생각을 더 말씀드리고 마치겠습니다. 우리가 우리의 사명을 소홀히 할 때에 우리와 우리의 교인들에게 임하게 될 그 큰 악을 생각하십시오. "그들이 망하리라." 이 말이 끔찍스럽지 않습니까? 그러나 "그들의 피값을 네 손에서 찾을 것이라"(겔 3:18)는 그 다음 말씀이 더 끔찍스럽습니다. 불성실한 목사가 당할 최후를 어떻게 설명하겠습니까? 그런데 진지함이 없는 목사는 모두가 불성실한 목사일 수밖에 없습니다. 저는 사람의 육체를 죽이는 살인자 도벳에게 천 번 만 번 제 자신을 내어줄지언정, 사람의 영혼을 죽이는 도벳에게는 절대로 제 자신을 내어주고 싶지 않습니다. 복음을 믿지도 않으면서 복음을 전하고, 전혀 간절한 열심도 없이 목회자가 되어 사람들의 영혼을 맡은 사람처럼 그렇게 처절한 종말을 맞는 사람이 없다는 사실을 저는 똑똑히 알고 있습니다. 언제나 성실하며 영원토록 성실한 자들이 되도록 힘쓰고 기도해야 하겠습니다. 하나님께서 성령을 통하여 우리를 그렇게 만드시고 그렇게 지키시기를 바랍니다.

제 22 장

한쪽 눈을 감고, 한쪽 귀를 닫으라

　제가 이 방에서 목사는 한쪽 눈을 감고 한쪽 귀를 닫아야 한다는 말을 자주 해 왔습니다만, 이에 대해서 몇몇 형제들이 궁금해하면서 설명을 해 달라고 요청하였습니다. 눈이 잘 보이고 귀가 잘 들려야 더 좋을 것인데, 오히려 거꾸로 말했으니 그런 궁금증이 생길 만합니다. 그 말이 다소 이상스럽게 들리니, 설명을 해 보기로 하겠습니다.

　제가 드리고자 하는 말씀이 솔로몬의 전도서에 이미 아주 명확하게 표현되어 있습니다: "또한 사람들이 하는 모든 말에 네 마음을 두지 말라 그리하면 네 종이 너를 저주하는 것을 듣지 아니하리라"(7:21). 그 말들을 마음에 담지 말고, 주의를 기울이지도 말고, 그 말을 들은 것처럼 행동하지도 말라는 뜻입니다. 사람들의 혀를 붙잡아 둘 수 없으니, 가장 좋은 것은 사람들이 하는 말에 귀를 닫아 버리고 전혀 개의치 않는 것입니다. 한가하게 떠드는 말들이 세상에 가득합니다. 그러니 그것들을 다 귀담아 듣다간 아무것도 하지 못할 것입니다. 자기와 함께 사는 자들조차도 항상 자기를 칭송하는 것이 아니라는 것을 알게 됩니다. 가장 신실한 종도 기분이 나빠지면 맹렬한 화를 말로 분출시키는데, 그런 것은 차라리 듣지 않는 편이 훨씬 낫습니다. 일시적으로 화가 나서 나쁜 말을 한 다음에 나중에 후회해 본 일이 없는 사람이 어디 있습니까? 감정이 격해져서 내뱉은 말을 전혀 내뱉지 않은 것처럼 대해 주는 사람이 자비로운 사람일 것입니다. 어떤 사람이 화가 나 있을 때에는 그 사람에게서 물러서 주고, 함께 뒤엉키기 전에 논쟁을 중지하는 것이 지혜로운 처사일 것입니다. 그리고 혹시 어쩔 수 없이 그런 성급한 언사를 들었다면, 그것을 기억에서 지우려고 노력해야 하며, 다윗처럼, "나는 못 듣는 자 같이 듣지 아니하고 말 못하는 자 같이 입을 열지 아니하오니"(시 38:13)라고 말해야 할 것입니다. 타키투스(Tacitus)는 지혜로운 사람을 묘사하면서, 그 사람은 자기에게 화를 내는 사람에게 "당신의 혀의 주인은 당신이지만, 내 귀의 주인은 바로 나요" — 곧, 당신은 당신 마음대로 말할 수 있지만, 나 역시 내가 원하는 것만을 들을 것이요 — 라고 말하는 사람이라고 합니다. 눈은 감을 수 있으나 귀는 닫을 수 없습니다. 귓구멍이 그냥 뚫려 있기 때문입니다. 하지만 "귀를 막아 피 흘리려는 꾀를 듣지 아니하는 자"(사 33:15)에 대한 말씀처럼, 우리의 귀를 닫아서 쓸데없는 것들이 들어오지 못하게 할 수 있는 것입니다. 예를 들어서 마을에 떠도는 풍문들이나 화난 친구들의 쓸데없는 말은 듣지 않는 것입니다. 그리고 그것들을 들었더라도, 마음에 두지 않는 것입니다. 여러분 역시 쓸데없는 말을 떠벌리고, 화가 나서 말을 했으니, 여러분이 발설한 말에 대해 일일이 책임을 묻는다면 참으로 난감한 처지가 되고 말 것이기 때문입니다. 그리하여 솔로몬은 앞에서 인용한 그 구절 말미에서 "너도 가끔 사람을 저주하였다는 것을 네 마음도 알고 있느니라"(전 7:22)고 말씀한 것입니다.

    그 전도서의 말씀을 근거로 첫째로 말씀드릴 것은, 목회를 시작할 때에 깨끗한 상태로 시작하도록, 즉 교회 안에 남아 있는 오래된 다툼들에 대해 눈과 귀를 닫기로 결심하라는 것입니다. 목회지에 부임하자마자 가족 문제나 교회의 논란거리에 대해 여러분을 자기들 편으로 삼으려 하는 사람들을 만나게 될 수도 있습니다. 그런 사람들에게서 눈과 귀를 닫으시고, 과거사는 과거사일 뿐임을 확신시켜 주십시오. 전임자의 식탁을 고스란히 물려받아서 그분이 남겨둔 다 식어 버린 고기를 먹지는 않을 것임을 분명히 해 두십시오. 무슨 극심하게 부당한 처사가 있었을 경우는 그것을 올바로 잡는 일에 힘쓰십시오. 하지만 그것이 그저 오랜 숙원(宿怨)에 불과한 경우는 그 당사자들에게 그것을 중지할 것을 명하고, 여러분 자신은 그 일에 전혀 관여하지 않을 것임을 분명하게 못 박으십시오. 갈리오가 유대인들에게 한 대답이 여러분에게도 아주 적절할 것입니다: "유대인들아 만일 이것이 무슨 부정한 일이나 불량한 행동이었으면 내가 너희 말을 들어주는 것이 옳거니와 만일 문제가 언어와 명칭과 너희 법에 관한 것이면 너희가 스스로 처리하라 나는 이러한 일에 재판장 되기를 원하지 아니하노라"(행 18:13-15).

제가 시골에서 올라와서 뉴 파크 스트리트 채플(New Park Street Chapel)의 목회자가 되자, 그 교회를 떠난 한 좋은 분이 저를 찾아와서 자기가 "매우 치욕스러운 대접"을 받았다고 이야기했습니다. 그는 자기에게 그리스도인답지 못하게 처신한 교회의 중진 회원 몇 사람의 이름을 거론하면서, 자신은 죄 없이 그저 당하기만 했다고 했습니다. 그는 인내와 거룩의 모범을 보인 사람이었습니다. 저는 그분이 다른 사람들에 대해 말하는 것을 듣고 그의 그런 성품을 단번에 알아차릴 수 있었습니다. 그는 그들을 판단하는 식으로 이야기하지 않았고, 저는 제가 어떻게 처신할지를 제 스스로 결정했습니다. 저는 그분에게 교회가 안타깝게도 불안정한 상태에 있어 왔으니 그 어려움을 벗어나는 유일한 길은 모든 사람이 과거를 잊고 새롭게 시작하는 것이라고 말했습니다. 그분은 말하기를 세월이 흐른다고 해서 사실들이 바뀌는 것이 아니라고 했습니다. 그리고 저는 그 세월 동안 좀 더 지혜롭고 나은 사람이 되어 있다면, 그 사실들을 보는 시각이 바뀔 것이라고 대답했습니다. 그러면서 저는, 모든 과거는 전임자들과 함께 이미 지나갔으니 새로운 임지로 떠난 그분들에게 가서 그분들과 문제를 따지고, 저는 그 문제를 다루고 싶지 않다고 덧붙였습니다. 그가 다소 감정이 격해졌으나, 저는 그대로 말을 들었습니다. 그랬더니 다시 냉정을 되찾고는 저와 악수를 나누고 헤어졌습니다. 그분은 좋은 사람이었으나 불편하기 그지없는 원칙을 고수하고 있었고, 그리하여 이따금씩 다른 사람의 행위들에 대해 상당히 어색하게 간여하곤 했습니다. 만일 제가 그분의 이야기에 이끌려 들어가서 그의 주장을 깊이 살펴보았다면, 아마 분쟁이 계속 이어졌을 것입니다. 저는 지금도 확신합니다. 제 자신의 목회의 성공을 위해서, 또한 교회의 번영을 위해서, 제가 오기 이전에 있었던 모든 분쟁들에 대해 눈을 감은 것이 정말 지혜로운 처사였다는 것을 말입니다.

신학교를 졸업하자마자 목회지에 부임한 젊은 목회자가 교회의 한 당파에 귀를 기울이고 그들의 친절과 아첨에 속아넘어가서 편파적인 목회를 하게 되어 결국 교인들의 절반과 함께 자신을 망치는 경우가 종종 있습니다만, 이것은 정말로 지혜롭지 못한 처사입니다. 파당과 파벌을 인정하지 마십시오. 그리고 모든 양 떼들의 목회자가 되시고, 모두를 똑같이 보살피십시오. 화평케 하는 자는 복이 있다고 했습니다. 그런데 화평케 하는 한 가지 확실한 방법은 분쟁의 불길을 홀로 내버려 두는 것입니다. 부채질하지도 말고, 뒤적거리지도 말고, 연료를 갖다 넣지도 말고, 그냥 스스로 사라지도록 내버려 두라는 것입니다. 한쪽 귀와 한쪽 눈을 감고 목회를 시작하시기 바랍니다.

여러분의 봉급에 관계되는 재정 문제에 대해서 동일한 원칙을 사용할 것을 권합니다. 특히 새로운 교회를 개척할 때에, 재정 문제를 관리할 자격을 갖춘 집사가 없어서 여러분 스스로 그 일을 맡아보아야 할 경우가 종종 있습니다. 그럴 경우에 여러분이 그것을 맡아보는 것은 거리끼는 것이 아니라 아주 바람직한 것이라 하겠습니다. 설교자가 자기 스스로 집사의 일을 하고, 영적인 필요와 물질적인 필요를 자기 혼자의 노력으로 공급하지 않으면, 사역 그 자체가 끝나 버리게 됩니다. 이런 예외적인 경우에 대해서는 그렇게 고군분투하는 사역자들의 노고를 치하할 것밖에 없습니다. 그런 사역자는 무거운 짐을 지고 있으며, 생활의 대소사에 얽혀 있기 때문에 주님을 위해서 성공적인 군사가 되지 못할 소지를 안고서 사역에 임하고 있는 것이기 때문입니다. 그러나 이미 잘 세워져 있고 모든 점에서 관리도 잘 되고 있는 교회들에서는, 목사가 모든 일들을 감독하는 것은 좋습니다만, 아무 것에도 간섭하지 말아야 합니다. 집사들을 신뢰할 수 없다면, 그런 사람들은 애초에 집사가 되지 말아야 옳습니다. 그러나 그들이 자기 직분에 합당한 사람들이라면 그들을 신뢰하는 것이 마땅할 것입니다. 그러나 애석하게도 그들이 무능한데도 그대로 집사직을 감당하게 해야만 하는 상황이라면, 목회자가 그런 일들에 대해서 눈을 감고 있어서는 안 될 것입니다. 교회의 재정 운영 문제에 스캔들이 일도록 내버려 두기보다는 차라리 우리가 단호하게 개입하여야 합니다. 그러나 그렇게 해야 할 절박한 요청이 없을 때에는 수고를 분담하여 집사들로 하여금 직무를 다하게 하는 것이 낫습니다. 우리에게도 다른 직분자들과 똑같이 재정 문제에 관여할 권한이 있습니다만, 가능한 한 그들에게 그 일을 맡겨서 우리를 위해서 관리하도록 하는 것이 지혜로운 처사일 것입니다.

아내가 병들어 있고, 자녀들은 많고 수입이 너무 적을 때에 교회가 제대로 쓸 것을 공급해 주지 않는 경우에는 설교자가 반드시 말을 해야 합니다. 그러나 봉급을 올려달라고 계속해서 교인들에게 요청하는 것은 지혜롭지 못합니다. 목사가 봉급이 너무 적을 때에, 자신이 더 많이 받을 만하며 교회도 더 많이 줄 수 있는 처지라는 느낌이 들면, 집사들에게 먼저 친절하면서도 대담하고 또한 확고하게 그 의사를 전달해야 합니다. 그리고 그들이 그 문제를 처리하지 않으면 형제들에게 아주 지각 있고 사무적인 방식으로 거론해야 합니다. "수고하는 자가 그 삯을 받는 것이 합당하다"는 사실을 말입니다. 자기의 생각하는 바를 단도직입적으로 말해야 합니다. 아무것도 수치스러울 것이 없으니 말입니다. 오히려 목사가 빚을 져서 하나님의 대의를 욕되게 하면 그것이 훨씬 더 수치스러운 일일 것입니다. 그러므로, 은밀하게 불평을 토하는 일이 없도록, 적절한 사람들에게 적절한 자세로 그 문제를 거론하여 매듭지어야 할 것입니다. 하나님을 믿는 믿음이 있다면 물질적인 것들에 대해 크게 염려하지 않을 것이고, 우리가 설교하는 바를 ― "목숨을 위하여 무엇을 먹을까 무엇을 마실까 몸을 위하여 무엇을 입을까 염려하지 말라 … 너희 하늘 아버지께서 이 모든 것이 너희에게 있어야 할 줄을 아시느니라"(마 6:25, 32)는 말씀을 ― 우리 스스로 실천할 수 있을 것입니다. 어떤 사람은 겉으로는 믿음으로 사는 체하면서, 뒤로는 간접적으로 돈을 끌어 모으는 아주 교묘한 방법을 쓰기도 합니다. 그러나 그렇게 해서는 안 됩니다. 남자답게 분명하게 요구하거나, 아니면 교인들의 그리스도인다운 생각에 맡기거나 둘 중의 하나를 택하여야 합니다. 그리고는 교회의 재정 운용 문제에 대해서 눈과 귀를 닫아야 할 것입니다.

교회 내의 풍문들에 대해서는 눈과 귀를 닫는 것이 매우 좋습니다. 어느 교회나, 혹은 어느 마을이나 어느 가문에도 마찬가지입니다만, 차를 마시면서 마구 말을 해대는 사람들이 있게 마련입니다. 그런 사람들은 절대로 조용한 법이 없고, 경건하고 실천적인 사람들 주위를 맴돌면서 언제나 그들을 성가시게 합니다. 영구적으로 움직이는 기관을 구태여 찾아다닐 필요가 없습니다. 그 사람들의 혀를 보면 됩니다. 차를 마시는 모임이나 여전도회나 기타 모임에서 그들은 이웃 사람들에 대해서 혹평을 일삼고, 목사와 목사의 아내와 목사의 자녀에 대해서 칼을 들이대는 것은 물론입니다. 목사의 아내의 옷차림이 어떻고, 목사의 딸의 치장이 어떻고, 지난 육 개월 동안 새 리본을 몇 개나 샀는지, 등등 푸념이 끝이 없습니다. 또 어떤 이들은 "마음이 아프지만" 어쩔 수 없이 이야기한다고 하면서, 목사에게, 아무개는 밭에 있는 뱀 같은 존재라거나, 아무개 아무개에 대해서 좋게 생각하는 것은 아주 잘못된 것이라거나, 아무개와 그 아내는 부부 관계가 아주 나쁘다는 이야기가 들린다는 등의 이야기를 늘어놓으면서 그렇게 행복해 할 수가 없는 모습을 보이기도 합니다. 그리고는 계속해서, A씨가, B씨와 C씨가 D씨에 대해서 나누는 이야기를 우연히 엿들었는데 그 사람이 이 교회를 떠나서 E목사의 교회로 가는데 그것은 F씨가 G씨에게 쓸데없는 이야기를 했기 때문이라는 등, 온갖 이야기들이 끝없이 계속됩니다. 그런 사람들의 이야기를 절대로 듣지 마십시오. 눈을 감고 망원경을 들여다보고는, 전투 중지 신호가 보이지 않으니 전투를 계속 강행할 것이라고 선언했던 넬슨 제독(Nelson)처럼 하시기 바랍니다.

   사람들이 마음대로 떠들도록 내버려 두시고, 절대로 그 말들을 듣지 마십시오. 그러나 한 사람을 놓고 계속해서 떠들어서 문제가 심각해지면, 그들을 불러서 진지하게 이야기하도록 만드는 것이 좋을 것입니다. 여러분은 사실들을 분명하게 해야 할 책임이 있으며, 여러분의 기억력이 별로 좋지 못하고 생각해야 할 다른 일들이 많으며, 혹시 그런 문제에 대해서 실수를 할까 두려우니, 하고자 하는 말을 글로 확실하게 정리하여 써 주면 그 문제를 잘 생각해 보겠노라고 말을 해 주십시오. 그러면 그 사람들은 그렇게 하지 않을 것입니다. 입에서 나오는 대로 아무렇게나 말을 하는 것은 좋아하지만, 문제를 분명하고도 확실하게 진술하는 것에 대해서는 굉장한 거부감이 있기 때문이지요.

어떠한 과정을 통해서라도 떠도는 풍문들을 잠재울 수 있었으면 정말 좋겠습니다. 그러나 인류가 현 상태대로 지속되는 한 그런 일은 절대로 일어나지 않을 것입니다. 야고보도 이렇게 말씀하지 않습니까: "여러 종류의 짐승과 새와 벌레와 바다의 생물은 다 사람이 길들일 수 있고 길들여 왔거니와 혀는 능히 길들일 사람이 없나니 쉬지 아니하는 악이요 죽이는 독이 가득한 것이라"(약 3:7-8). 치료할 수 없는 것은 견디는 수밖에는 없습니다. 그리고 그것을 견디는 가장 좋은 방법은 듣지 않는 것입니다. 우리의 어느 옛 성(城)에 옛 주인이 다음과 같은 글귀를 새겨놓았습니다:

> 사람들이 말하네.
> 무어라고 말한다고?
> 말하게 내버려 두라.

귀가 얇은 사람들은 이 모토를 마음에 새겨야 할 것입니다. 마을에 떠도는 이야기는 주목할 만한 가치 있는 것이 하나도 없습니다. 그러니 사람들의 악행과 무정함에 대해서 슬퍼할지언정, 그 말들에 절대로 관심을 두지 말아야 합니다.

메이우(Mayow)는 그의 「명확한 설교」(*Plain Preaching*)에서 다음과 같이 매우 힘주어 말하고 있습니다: "한 여인이 농부의 오리와 거위의 깃털이 탐나서 그것을 죽이는 광경을 보면, 악담을 하면서 기분 좋은 느낌을 갖고 싶어서 다른 사람에 대해 악담을 하는 우리가 바로 그 여인과 같다는 것을 알아야 한다. 그때에 우리가 느끼는 쾌감은 깃털 하나보다 가치가 없고, 그로 인해서 우리가 남에게 주는 고통은 재산을 잃는 사람보다 더 크기 때문이다." 특별히 무슨 풍문이 떠돌지 않는 때에 이 비슷한 말들을 설교 중에 던져 주십시오. 그러면 지각 있는 사람들에게 유익이 있을 수도 있습니다. 그러나 그 이외의 사람들은 도대체 어찌하면 좋을지, 참 난감합니다.

무엇보다도, 여러분 스스로 소문을 퍼뜨리는 일에 절대로 가담하지 마십시오. 여러분의 아내에게도 그렇게 하지 말라고 하십시오. 말이 지나치게 많은 사람들이 있는데, 그런 사람들은 연설법을 배우려고 소크라테스에게 간 젊은 사람을 연상하게 만듭니다. 그 젊은이는 철학자에게 인사를 한 다음 계속해서 말을 쉬지 않았고, 소크라테스는 그에게 가르치는 값을 두 배로 요구했습니다. "어째서 제게 두 배를 요구하십니까?"라고 그 젊은이가 묻자, 그는 이렇게 대답했습니다: "자네에게 두 가지 기술을 가르쳐야 하니 어쩔 수 없이 두 배를 받아야겠네. 한 가지는 자네의 혀를 가만히 두는 기술이고, 또 한 가지는 말을 하는 기술이네." 첫 번째 기술이 훨씬 더 어렵습니다. 그러나 그 기술을 자유자재로 구사하는 것을 목표로 삼으십시오. 그렇지 못하면 크게 어려움을 당하게 되고, 끝없이 문제를 일으키게 될 것입니다.

다른 사람들에 대해 의심을 조장하는 것도 온 마음을 다하여 피해야 합니다. 혹시 공정하지 못한 생각을 갖게 만들 소지가 있는 모든 것들에 대해서 눈과 귀를 닫아야 할 것입니다. 의심을 하게 되면 본인 자신도 괴로워지고 다른 사람에 대해서도 믿지 못하게 됩니다. 일단 의심이 생기면 신뢰하지 못할 요인들이 계속 증가하게 되고, 여러분의 의심하는 자세가 모든 것을 주도하게 됩니다. 의심을 받음으로써 친구가 원수가 되는 경우가 얼마나 많은지 모릅니다. 그러므로 불신의 눈초리로 사람들을 바라보지도 말고, 쓸데없는 이야기에 솔깃하지도 말아야 합니다. 불만족스런 자세로 교인들을 이리저리 찾아다니는 일은 정말 필요 없는 일이요, 결국 끝없는 슬픔이 보상으로 주어질 뿐입니다.

베이컨 경(Lord Bacon)은, "굳이 밝히고 싶지 않은 것은 조사를 신중하게 보류하라"고 지혜롭게 권면하고 있습니다. 다른 이들을 사랑하도록 도울 수 있는 것이 아니면 굳이 찾으려 할 필요가 없습니다. 그런 것을 밝히 드러내면 결국 분쟁의 세월이 시작될 소지가 있기 때문입니다. 물론 권징을 요하는 사안에 대해서는 철저히 조사하고 담대하게 처리해야 합니다만, 저는 지금 주로 여러분을 괴롭게 만드는 개인적인 문제들에 관한 말씀을 드리는 것입니다. 이에 대해서는 모르는 것이, 혹은 알려고 하지 않는 것이 언제나 최상입니다. 사람의 판단을 중요시하여 그것을 귀담아 듣다가는, 우리를 칭찬하고 따르는 자들을 잘못하여 우리에게 악을 행하는 자들로 오인할 수도 있고, 다른 사람들에게 해를 끼치는 자들로 잘못 판단할 수도 있습니다. 우리가 하나님의 인정을 받고 또한 깨끗한 양심으로 확증을 받고 있다면, 다른 사람들이 우리를 칭찬하든 정죄하든 간에 그런 것에 대해 얼마든지 무관심하고 지나갈 수 있는 것입니다. 이런 수준에 도달할 수 없다면, 우리는 성인이 아니고 어린아이에 불과할 것입니다.

어떤 사람들은 유치하게도 다른 사람들이 자기를 어떻게 생각하는지를 알고 싶어서 안달입니다. 그러다가 조금이라도 자기에 대해서 반대나 거부감이 있는 것을 알면 그때부터 그 사람을 원수로 간주해 버립니다. 우리는 교황이 아니니, 교인들이 우리를 무오(無誤)한 존재로 여겨 주기를 바라지 않습니다! 정말 공정하고도 합리적인 평을 듣고는 격노하여, 그 정직한 친구를 마치 트집잡기를 즐겨하는 반대자로 취급해 버리는 사람들을 볼 때가 종종 있습니다. 그렇게 한쪽에서 오해를 하게 되면 곧 상대방도 기분이 상하게 되고, 그리하여 분쟁이 생겨나는 것입니다. 그러니 온유하게 참고 견디는 것이 얼마나 더 낫습니까! 비판을 참고 견딜 줄 알아야 합니다. 그렇지 못하면 교인들의 우두머리가 될 자격이 없습니다. 다른 사람이 여러분을 비판해도 그 사람을 원수로 여기는 일이 없어야 합니다. 그렇지 못하면 여러분이 소인배(小人輩)에 불과하다는 것을 스스로 입증하는 것이 될 것입니다. 스스로 책임감을 느껴서 여러분에게 비판을 가한 사람이 있을 때에 그 사람을 오히려 두 배나 더 친절하게 대하는 것이 가장 지혜로운 일입니다. 그 사람은 아마 정직한 사람이요 사리분별이 확실한 사람일 것이니 말입니다.

처음에는 여러분을 목사직에 합당치 못한 사람으로 생각하던 사람도, 여러분이 은혜 안에서 자라며 목회 사역의 자격도 점점 갖추어 가는 모습을 본다면 가장 확실한 후원자가 될 수도 있을 것입니다. 그러니, 자기의 의혹을 진실하게 표현한다고 해서 그 사람을 원수로 간주해서는 안 되는 것입니다. 그 사람의 우려가 전혀 근거 없는 것만은 아니라는 것을 여러분 자신도 인정할 수 있지 않습니까? 그 사람의 좀 지나친 비판이라 판단되는 것에 대해 귀를 닫으시고, 더 설교를 잘 하도록 힘쓰시기 바랍니다.

변화를 좋아해서이거나, 홧김에 그러거나, 취향이 변해서이든 간에, 사람들이 우리의 목회 사역에 대해서 뒤숭숭한 상태가 될 수도 있는데, 그럴 때에 우리로서는 그것에 대해서 아무것도 모르는 것이 좋습니다. 위험을 감지할 때에 그런 우리의 느낌을 드러내서는 안 되고, 오히려 우리 자신을 채찍질하여 우리의 설교를 개선시키고, 그리하여 선한 사람들이 영적 양식을 잘 공급받고서 불만족스런 느낌을 잊어버리게 되기를 바라야 할 것입니다. 그들이 진정 은혜로운 사람들이라면 그런 뒤숭숭한 느낌이 곧 사라질 것이고, 불만은 일어나지 않을 것입니다. 아니 불만이 일어나더라도 그것을 의심하여 오히려 그 불만을 부추기는 일이 있어서는 안 될 것입니다.

저 자신도 저에 대해 어느 정도의 불만이 있다는 것을 알게 되었으나, 어쩔 수 없이 거론해야 할 상황이 되기 전에는 그것을 아는 체하지 않았습니다. 오히려 반대로 저를 반대하는 사람을 향하여 더욱더 예의 바르고 친근하게 대하였습니다. 그랬더니 더 이상 그런 문제가 제기되지 않았습니다. 좋은 사람을 반대자로 취급했더라면, 그 사람은 사기가 취급당한 대로 저의 반대자로서의 소임을 다했을 것입니다. 그러나 저는 그 사람이 그리스도인이라 느꼈고, 따라서 자기가 합당하다고 느끼면 얼마든지 저를 의심할 권리가 그에게 있다고 보았습니다. 그리하여 저는 그 사람이 혹시 제게는 친구가 아니라도 주님께는 친구라고 여겨서 그렇게 대하였습니다. 그에게 이런저런 일을 맡겨서 제가 그를 신임하고 있다는 것을 간접적으로 알려 주었고, 그 사람을 편안하게 해 주었습니다. 그러자 그는 점점 저와 가까운 친구요 동역자로서 행하게 되었습니다.

아무리 좋은 사람도 때때로 옆에서 불친절한 이야기를 하는 법입니다. 우리 자신도 때때로 역정을 내며 다른 사람을 언짢게 만드니, 그것을 들은 우리의 친구들이 그런 것을 잊어버려 준다는 것이 얼마나 다행스런 일인지 모릅니다. 남들이 우리를 대해 주기를 바라는 대로 우리도 그들에게 그렇게 행하는 것이 바로 그리스도를 닮는 처신일 것입니다. 한 형제가 여러분에게 거친 말을 했다 할지라도, 그 형제로 하여금 그 사실을 기억하게 만드는 일이 있어서는 절대로 안 될 것입니다. 그 형제가 그전보다 편안한 상태에 있는 것이 보이면, 과거의 아픈 기억을 되살리게 만들지 마십시오. 그 사람이 올바른 정신을 지닌 사람이라면 여러분이 그를 너그럽게 대해 줌으로써 그 사람 스스로 자신이 목사에게 잘못을 범했다는 것을 깨닫게 될 것이고, 만일 그 사람이 생각이 없는 사람이라면, 그 사람과 논쟁을 해 보아야 아무런 소용이 없을 것입니다. 그러니 과거는 그냥 그대로 묻어 두는 편이 훨씬 낫습니다.

남을 의심하는 삶을 사는 것보다는 차라리 수백 번 속아넘어가는 것이 훨씬 더 낫습니다. 한밤중에 잠을 자면서 나뭇잎이 흔들릴 때마다 도둑이 들었다고 느끼는 수전노가 있습니다만, 자기를 대적하여 음모가 꾸며지고 있고 자기를 흠잡는 풍문이 퍼지고 있다고 믿는 목사가 있다면 둘 다 똑같은 사람일 뿐입니다. 제가 아는 어떤 형제는 자기가 독약을 먹고 있다고 믿었고, 심지어 자기가 앉는 좌석과 자기가 입는 의복들에 무언가 교묘한 화학 약품이 묻어서 자기를 죽게 만들려 하고 있다고 믿었습니다. 그의 삶은 온통 공포로 가득했습니다.

자기 주위의 모든 것들을 불신하는 목사의 삶이 바로 그와 같습니다. 의심은 단순히 불안의 근원이 될 뿐만 아니라 그 자체가 도덕적인 악행으로서 그것을 품는 본인의 성품에 해를 끼치게 됩니다. 왕들이 의심을 품게 되면 폭정으로 이어지게 되고, 남편들이 의심을 품게 되면 질투로 이어지게 되고, 목사들이 의심을 품게 되면, 쓰라린 한(恨)이 생기게 됩니다. 그런 쓰라린 한을 마음에 품으면 목회적인 모든 결속 관계가 끊어지게 되고, 목회 사역의 중심을 좁혀 되어, 결국 목회 사역을 복된 것으로 만드는 것이 아니라 오히려 저주스러운 것으로 만들어 버립니다.

이런 끔찍한 악이 목사의 가슴속에 있는 인간적인 따뜻함을 가시게 만들면, 그 사람은 목회 사역보다는 범인을 잡는 형사의 일에 더 합당한 사람이 되고 맙니다. 마치 거미줄을 치듯이 스스로 이리저리 줄을 쳐서 거기에 걸리는 모든 것들을 다 망쳐버리고 마는 것입니다. 그 사람은 거미줄 한가운데에 앉아서 온 신경을 곤두세우고, 흥분한 상태로 있습니다. 그래서 자기에게 해를 끼치는 모든 사람들을 잡아서 함께 불에 타서 죽고 싶은 심정이 됩니다. 그런 상황에서는 아무리 신실한 친구라도 안전할 수가 없습니다. 아무리 조심스럽게 처신해도 그 사람의 오해에서 빠져나갈 수가 없고, 오히려 교묘하고도 비겁한 수작을 부리는 것으로 취급당하기 일쑤입니다. 그렇게 의심하는 사람에게서는 그가 속한 사회 전체가 마치 미친개에게 당하는 것처럼 위험에 빠지게 됩니다. 아무런 근거도 없이 사방을 다니며 물어뜯고, 이리저리 자기의 미친 거품을 뿜어대기 때문입니다. 이런 어리석음의 희생양과는 아무리 차근차근 이야기하려 해도 소용이 없습니다. 마음에 독이 있어서 모든 논지를 그릇된 것으로 오해하고, 여러분의 조언과 간청을 또 하나의 불신의 근거로 만들어 버리기 때문입니다. 그런 사람은 자기가 근거 없이 다른 사람들을 책하는 것이 얼마나 악한지를 깨닫지 못합니다. 특히 자기의 가장 가까운 친구들과 그리스도의 대의를 가장 든든하게 붙잡는 자들에 대해서는 더욱더 그렇습니다.

"나는 조금이라도 의심의 그림자로
덕을 시험하는 잘못을 범하지 않으리.
근거 없는 의심은 그것이 의심하는 범죄 그 자체보다도
더 야비하고 치졸한 것이니."

말을 한다고 해서 그 때문에 반대자로 낙인찍히는 일이 있어서는 안 됩니다. 그러나 의심이 지배할 때에는 심지어 침묵하고 있는 것도 범죄가 되어 버립니다. 형제 여러분, 여러분 자신에 대한 사랑을 버림으로써 이러한 악행을 제거하십시오. 사람들이 여러분에 대해서 어떻게 생각하고 어떻게 말하든 그것을 하찮은 것으로 판단해 버리시고, 오로지 그들이 여러분의 주님을 어떻게 대하는지에 대해서만 관심을 기울이십시오. 혹시 여러분이 천성적으로 민감하다면, 그 연약함을 부추기지 말고, 다른 사람들이 그것을 가지고 장난치게도 하지 마십시오. 교인들이 말하는 모든 것에 대해서 정보를 수집하느라 돈을 지불해 가면서 스파이를 써야 한다면, 그것이야말로 여러분의 직분을 크게 비하시키는 것이 아니겠습니까? 여러분이 참견하기 좋아하는 사람들을 시켜서 온갖 풍문들을 다 수집하려 한다면, 그것이 바로 그런 일이 아니고 무엇이겠습니까? 그런 사람들을 멀리하십시오. 말을 만들어 내고 수다 떠는 아낙네들을 분쟁하게 하기를 끔찍스럽게 여겨야 합니다. 그 사람들이 여러분에게서 떨어지는 모든 말들을 잘 들었다가 이 집 저 집 다니며 옮기고, 게다가 자기들 마음대로 말을 붙여서 전하게 될 것입니다. 장물아비도 도둑과 똑같은 범죄 행위인 것처럼, 풍문을 듣는 것도 그 악행에 참여하는 것임을 기억하기 바랍니다. 아무도 들어주는 사람이 없다면, 이리저리 다니며 말을 퍼뜨리는 일도 없어질 것입니다. 악한 풍문들을 여러분이 계속 사들이게 되면, 공급이 끊이지 않게 되고, 거짓을 만들어 내는 공장이 하루 종일 펑펑 돌아갈 것입니다. 거짓말을 지어내고 싶어하는 사람은 아무도 없습니다. 하지만 비방을 즐겁게 듣고 그것을 그대로 믿는 사람은 자기와 똑같은 사람들을 계속 심어 놓는 것입니다.

솔로몬은 "말장이는 친한 벗을 이간하느니라"(잠 16:28)고 합니다. 넌지시 암시하는 말을 던지면 질투가 일어납니다. 그렇게 되면 "서로 속상한 마음이 생겨나고, 그 이유를 이해할 수 없게 됩니다. 그리고 그 원인이 무엇일까 궁금해 하게 됩니다. 그리하여 든든하고 오래되고 따뜻하고 친근하며, 삶의 가장 큰 기쁨의 근원이 되는 관계가 어쩌면 영원히 깨져 버리는 것입니다."[1] 이런 일은 마귀에게나 합당한 일입니다. 다 알다시피 세상은 바로 이것 때문에 온통 슬픔으로 가득 차 있습니다. 얄팍하기도 하지만 동시에 예리한 슬픔 말입니다. 이것은 정말이지 안타까운 일이 아닐 수 없습니다. 캠벨(Campbell)은 다음과 같이 아주 웅변적으로 말하고 있습니다: "황폐화된 궁궐의 쓸쓸함보다도 내게는 오랜 우정이 깨어지고 난 잔재가 훨씬 더 서글프다. 한때 기쁨으로 불타올랐던 마음이 완전히 사그라지고 버려졌으며, 폐허에 둥지를 트는 온갖 흉조(凶鳥)들에게 홀려

---

1) Dr. Wardlaw의 잠언 주해에서.

있는 모습이 보이기 때문이다." 오오 의혹이여! 그대가 이 땅을 얼마나 황량하게 만들어 놓았는고!

 형제들을 믿지 못하는 사람들의 말을 믿지 않는 법을 배우십시오. 다른 사람들을 의심하게 만드는 사람들을 의심하십시오. 풍문을 퍼뜨리는 자들을 단호하게 불신하게 되면 그들의 사악한 활동이 상당히 억제될 것입니다. 매튜 풀(Matthew Poole: 1624-1679)은 크리플게이트 강좌(Cripplegate Lecture)에서 다음과 같이 말하고 있습니다:

  일상적인 풍문은 오래 전에 그 명성을 잃어버렸습니다. 그리고 오늘날 그 명성을 되찾기 위해서 무슨 일을 했다는 이야기도 듣지 못했습니다. 그러니 그것을 믿어서는 안 될 것입니다. 어떤 종류의 풍문이든, 자세히 조사해 보아서 거짓인 것으로 드러나지 않는 것이 얼마나 적습니까! 스무 가지 풍문 중에 하나만 믿을 수 있다고 말해도, 아주 너그럽게 보아 주는 것입니다. 특히 남을 폄하하는 것이나 악한 풍문들은 신뢰하지 마십시오. 그런 것이야말로 가장 급속하게 퍼져나가고, 또한 다른 사람을 무너뜨리고 그 위에 자기의 명성을 쌓는 것이야말로 가장 든든하다고 생각하는 사람들이 그런 풍문을 가장 잘 받아들이기 때문입니다.

 여러분의 친구들을 불신하게 만들려는 사람들이야말로 참 한심한 자들이요 또한 의심 그 자체가 고통을 주는 사악한 악행이니 만큼, 그 모든 일에 대하여 눈과 귀를 닫기를 결심해야 합니다.
 여러분을 향한 것이 아닌 말은 절대로 듣지 않는 지혜에 대해서 한두 마디 덧붙일 필요가 있을 것 같습니다. 풍문을 퍼뜨리는 자는 정말 치졸한 사람이요, 마구 말을 옮기는 사람보다 나을 게 전혀 없습니다. 우연히 엿들었다고 말하는 사람은 자기가 마땅히 들어야 할 정도를 넘어서서 들은 사람으로 간주해야 할 것입니다.
 제레미 테일러(Jeremy Taylor: 1613-1667)는 아주 지혜롭게 다음과 같이 말씀합니다: "문에서나 창문가에서 절대로 듣지 말라. 그 옆에 위험과 올무가 들어 있어서, 내 이웃의 사생활을 침해하게 되고, 또한 그 이웃이 열지 않고 닫아 두는 그것을 활짝 열어 놓기 때문이다." 듣는 사람은 그들에게 유익한 것을 거의 듣지 못한다는 금언도 아주 적절합니다. 남의 말을 엿듣는 것도 일종의 절도(竊盜)입니다만, 그러나 그때에 훔친 것은 결코 그 도둑에게 즐거운 것이 못 됩니다. 재판관은 엿듣는 수법을 통해서 증거를 확보하는 것이 합당하다고 판단할 수 있겠지만, 목사가 그래야 한다는 것은 상상조차 할 수 없는 일입니다. 우리의 사명은 은혜와 화평의 사명입니다. 우리는 남을 정죄하는 증거를 찾아다니는 형사들이 아니고, 사랑으로 허다한 허물을 덮어주어야 할 친구들인 것입니다. 함의 아들 가나안의 엿보는 눈은 절대로 본받아서는 안 됩니다. 우리는 오히려 셈과 야벳의 경건한 처신을 본받아야 합니다. 그들은 뒷걸음질로 다가가서, 악한 자식이 떠벌리고 다닌 그 노아의 수치를 가려 주었던 것입니다.

여러분 자신에 관한 말이나 풍문들에 대해서도 눈과 귀를 가리는 것을 원칙으로 삼으십시오. 공인(公人)은 공개적인 비판을 예상해야 합니다. 그리고 공개적인 비판이라 해서 무오한 것은 아니므로, 공인은 공정하지도 유쾌하지도 않은 방식으로 자신들이 비판을 받을 수 있다는 것을 예상해야 합니다. 정직하고도 공정한 논평들에 대해서는 정당하게 귀를 기울여야 마땅합니다만, 편견에 가득 찬 신랄한 비난이나 유행을 따르는 사람들의 경박스러운 험담이나 무식한 자들의 어리석은 말이나, 반대자들의 맹렬한 조소 따위에 대해서는 귀를 닫아 버리는 것이 안전할 것입니다. 다른 사람들이 흔하게 짓는 죄들에 대해서 우리가 증거하여 정죄한다면 그 사람들이 우리를 인정하리라는 기대를 할 수 없을 것이고, 그들이 우리를 칭찬한다면 우리가 목표를 잘못 맞추었다는 것이 그것으로 드러날 것입니다. 우리는 본성적으로 우리 교인들에게 인정받기를 바랍니다. 그런데 그들이 우리를 크게 흠모하지 않는 모습을 보이면, 우리는 화를 내지는 않더라도 매우 실망에 빠지고픈 유혹을 받습니다. 바로 여기에 올무가 있는 것입니다.

제가 런던으로 부임하기 위해서 시골 교회를 떠나려 할 때에, 노인 중의 한 분이 저를 위해서 기도하시기를, "양 떼를 때리는 것에서 구원받게 해 달라"고 했습니다. 그 당시에는 도대체 그 기도의 뜻이 무엇인지 도저히 깨달을 수 없었습니다. 그러나 지금은 그 수수께끼가 풀렸고, 저는 그 기도를 제 스스로 드리게 되었습니다. 우리 교인들에 하는 말을 너무 지나치게 생각하는 것은 — 칭찬이든 비판이든 간에 — 우리에게 유익이 되지 못합니다. "양 떼를 돌보는 위대한 목자"라는 말을 지나치게 생각하게 되면, 온갖 혼란스런 주위 상황에 대해서 별로 관심을 두지 않게 될 것이고, "육신적이고 지극히 인간적으로 행동한다"는 비판에 지나치게 신경을 쓰게 되면, 편안한 안식을 누리지 못할 것입니다. 이런저런 양들이 우리에 대해서 내뱉는 소리들에 크게 신경을 쓰지 말기를 바랍니다.

어쩌면 지난 주일 예배에서 여러분의 설교가 보통 때와는 달리 아주 무뎠을 수도 있습니다. 하지만 아무개 부인이 와서 아무개 집사가 그렇게 생각한다는 이야기를 구태여 할 필요는 없습니다. 여러분이 지난 주 동안 시골에 가 있어서 여러분의 설교가 우유와 물처럼 되었을 수도 있습니다. 하지만 여러분이 교인들 사이를 두리번거리면서 그들이 그것을 눈치채는지 못 채는지를 알아야 할 필요는 전혀 없습니다. 여러분의 양심이 그 점에 대해서 불편한 것으로 족하지 않습니까? 앞으로 개선하도록 힘쓰십시오. 하지만 아무개 아무개가 그 점에 대해서 이야기해 주는 말을 들을 필요는 없습니다. 반대로, 여러분의 지난 번 설교가 아주 훌륭했고 굉장한 나팔 소리로 마무리를 지었을 경우에, 사람들이 얼마나 감동을 받았을지를 알고 싶어서 상당히 궁금해할 수도 있을 것입니다. 그러나 그런 호기심을 억누르십시오. 그런 것을 궁금해하는 것은 전혀 도움이 되지 않습니다. 교인들이 여러분의 짐작과 같은 느낌을 갖고 있다면, 공연히 우쭐해질 것이고, 교인들의 반응이 기대와 달리 나타나면, 상처를 받게 될 뿐일 것이니 말입니다.

어떠한 경우든 여러분 자신이 문제입니다. 그런 것에 대해서 궁금해한다는 것은 정말 안타까운 일입니다. 남자답게 처신하십시오. 마치 새 옷을 입고는 "내 멋진 외투를 봐라!" 하고 뽐내는 어린아이들처럼 칭찬을 구하여 여러분 자신을 우습게 만들지 마시기 바랍니다. 아첨하는 말이 유쾌하면서도 아주 해를 준다는 것을 이제는 발견할 때도 되지 않았습니까? 그것은 마음을 나긋나긋하게 만들고 비방에 더 민감하게 만드는 것입니다. 칭찬이 여러분을 기쁘게 하는 만큼 비난이 여러분을 고통스럽게 만들 것입니다. 게다가, 여러분의 초라한 자아에 대해서 그렇게 사소한 신경을 씀으로써 주 예수님을 영화롭게 하는 여러분의 위대한 목표를 무시해 버린다는 것은 크나큰 범죄가 아닐 수 없습니다. 다른 이유가 하나도 없어도, 이 이유 하나만으로도 정신을 차려야 할 충분한 이유가 될 것입니다. 교만은 치명적인 죄악입니다만, 그것은 구태여 급수차를 빌려다 물을 주지 않아도 저절로 자라납니다. 허망한 꿈을 조장하는 표현들을 잊어버리십시오. 그리고 혹시 건전하지 못한 욕심을 여러분 스스로 조장한 것이 발견되면, 여러분 자신을 깊이 낮추고서 그 죄악을 고백하십시오. 페이슨(Payson)은 그의 어머니에게 다음과 같이 편지를 썼는데, 그 자신이 주 안에서 강건하다는 것이 거기서 잘 드러납니다:

> 사랑하는 어머니, 어머니께서 제가 은혜 안에서 전진하고 있다고 생각한다는 의미를 풍기는 말은 한마디도 하지 말아 주십시오. 제가 도무지 그런 말을 견딜 수가 없습니다. 이곳의 모든 사람들은, 친구들이든 원수들이든, 저를 망치려고 음모를 꾸미고 있습니다. 사탄과 제 자신의 마음이 물론 그 일에 가담하겠지요. 그런데 어머니께서도 거기에 가담하신다면, 그리스도께서 교만한 저를 막기 위하여 차가운 물을 끼얹으셔도 그것이 소기의 목적을 이루지 못하고 제가 망가져 버릴까 심히 염려스럽습니다. 사람이 저에게 아첨하고 저를 달래는 동안 하늘 아버지께서 저에게 채찍질을 하실 것입니다. 하나님께서 저에게 임하셔서 그렇게 하신다면 정말 말로 할 수 없는 긍휼하심일 것입니다. 사실, 제가 왜 교만해서는 안 되는지 그 이유를 백 가지도 더 댈 수 있습니다. 하지만 교만은 그런 이유 따위는 괘념치 않습니다. 오로지 세차게 맞아야만 정신을 차릴 뿐입니다. 지금 이 순간에도 교만이 제 손가락 끝에서 웽웽 울리면서 제 펜 끝을 자기 마음대로 조정하려 하고 있습니다.

하나님의 종이 정당하지 못하게 높임 받는 것을 보실 때에 선하신 하나님께서는 그 종에게 은밀한 채찍을 대십니다. 저 자신이 그 은밀한 채찍에 대해서 조금 알고 있기 때문에, 여러분의 친밀한 친구들의 칭찬을 들을 때에 육체적으로 우쭐해져서는 안 된다는 것을 여러분에게 엄숙하게 경고하고 싶습니다. 그 친구들은 분별이 없습니다. 그러니 여러분 스스로 그들을 경계해야 하는 것입니다.

매주 여러분을 남김없이 비판하는 지각 있는 친구가 있는 것이, 분별 없이 그저 여러분을 흠모하는 사람 천 명이 있는 것보다 훨씬 더 큰 축복이 될 것입니다. 여러분이 그 친구의 비평을 잘 견딜 수 있는 지각이 있고, 그것에 대해 감사할 수 있을 만큼 은혜가 있다면 말입니다. 제가 서리 가든스(Surrey Gardens)에서 설교하고 있을 때에, 아주 능력 있는 이름 모를 한 비평자가 주일마다 저의 잘못된 발음을 비롯해서 기타 말의 실수들을 목록으로 만들어서 제게 보내곤 했습니다. 그는 한 번도 자기 이름을 밝히지 않았고, 그것이 그분에 대한 저의 유일한 아쉬움이었습니다. 그분에게 그렇듯 큰 빚을 졌는데도 저는 감사조차 할 수가 없었기 때문입니다. 이 기회를 빌려서 제가 그분에게 진 빚을 고백해야겠습니다. 그분은 분명히 제게 유익을 주고자 하는 열심이, 아주 친근한 어조로 저의 부정확한 표현 같은 것들을 정말 너무도 꼼꼼하게 일일이 지적해 주셨습니다. 그 가운데 물론 그 자신이 잘못 알고 있는 것도 있었습니다만, 대부분은 그의 지적이 옳았습니다.

그래서 저는 그분의 지적 덕분에 많은 실수들을 고칠 수 있었습니다. 저는 그가 매주 보내는 메모를 큰 관심을 갖고 기다렸습니다. 그것이 제게 얼마나 큰 유익을 주었는지 모릅니다. 혹시 제가 이삼 주 전에 사용한 문장을 다시 반복할 경우에는 그는 "그 설교에서 똑같은 표현을 유의하십시오"라고 하면서 번호와 페이지를 언급하였습니다. 한 번은

"제 손에는 든 것이 아무것도 없으나"

하는 구절을 너무 자주 인용했다고 지적하면서, "목사님의 손에 아무것도

든 것이 없다는 것을 저희도 이미 충분히 들어서 알고 있습니다"라고 덧붙이기도 했습니다. 아마 젊은 목사들 중에 그런 가혹한 비판을 받았으면 실망했을 분들도 있을 것입니다. 그러나 그런 태도는 정말 어리석은 것이었을 것입니다. 왜냐하면 그렇게 교정해 주는 것에 대해서 화를 낸다면 그것은 여러분을 더 나아지도록 해 주는 귀중한 수단을 내동댕이쳐 버리는 것이기 때문입니다. 그렇게 예리하며 정직한 판단은 돈을 주고도 살 수 없습니다. 그러니 무료로 그런 것을 얻을 수 있다면, 그것을 최대한 활용해야 할 것입니다. 그러나 아무도 인정할 수 없는 판단을 마구 해대는 사람들의 판단은 최악입니다. 그런 것에 대해서는 눈과 귀를 막아 버려야 합니다. 그렇지 않으면 그런 어리석고도 경솔한 말들 때문에 우리가 크게 고통을 받게 될 것입니다.

여러분에 대한 거짓 풍문에 대해서는 대개의 경우 귀를 닫아 버리는 것이 좋습니다. 불행하게도 거짓말쟁이들이 아직도 멸종되지 않고 있습니다. 그러므로 여러분도 리처드 백스터나 존 번연처럼 여러분의 영혼이 혐오해 마지않는 그런 범죄를 저지른 것으로 탄핵을 받을 수도 있습니다. 그런 것 때문에 비틀거리지 마십시오. 정말 최고의 사람들에게도 그런 시험이 임했고, 심지어 여러분의 주님도 그 독이 묻은 거짓 혀를 피하지 않으셨으니 말입니다. 그런 일이 있을 때는 거의 대부분의 경우 그것이 그냥 저절로 죽도록 내버려 두는 것이 가장 지혜로운 방법입니다. 큰 거짓말은 마치 물 바깥으로 나온 큰 물고기 같아서, 이리저리 지느러미를 흔들고 뒤집고 야단을 치다가 이내 죽어 버립니다. 그것에 답변을 하는 것은 그것을 더 길게 살아 있도록 숨을 공급해 주는 것과 다를 바 없습니다. 거짓은 대개 바로 옆에 그것을 무너뜨리는 것을 함께 지니고 다니기 때문에, 금방 자신을 찔러서 죽게 만드는 법입니다. 어떤 거짓말은 특히 아주 이상한 냄새를 지니고 있어서, 정직한 사람이라면 그 썩은 것을 금방 알아차리게 됩니다. 여러분이 그것 때문에 괴로움을 당한다면, 그것을 만들어 낸 목표가 일부 달성되는 것입니다. 그러나 여러분이 묵묵히 견디면 그 거짓말의 악의가 무너지게 되고 여러분이 일부라도 승리를 거두게 되고, 하나님께서 여러분을 보호하사 곧 완전한 구원을 베풀어 주실 것입니다.

여러분의 흠 없는 삶이 여러분의 최고의 방어 무기가 될 것이고, 그것을 본 사람들은 여러분을 비방하는 자들이 기대하는 것처럼 그렇게 쉽게 여러분이 무너지지 않도록 여러분을 지켜 줄 것입니다. 단, 여러분 스스로 싸우는 것은 삼가십시오. 그러면 십중팔구는 여러분을 비난하던 자들이 아무것도 얻지 못하고 오히려 스스로 분히 여기고 다른 사람들에게서 멸시를 받게 될 것입니다. 비방하는 자와 맞붙어 싸우는 일은 전혀 지혜롭지 못한 처사입니다. 한 그리스도의 사랑하는 종을 기억합니다만, 그는 젊은 시절 매우 예민한 사람이었고, 거짓으로 정죄를 받자, 그 사람을 법에 고소했습니다. 결국 그를 정죄한 사람 쪽에서 사과를 했고, 모든 혐의를 다 철회하였고, 충분히 사실이 증명되었습니다. 그러나 그 종은 그 사실을 신문에 실을 것을 주장했고, 그 결과 그 사람이 전혀 지혜롭지 못했다는 것이 여실히 드러나고 말았습니다. 그 사건에 대해서 아무것도 모르던 수많은 사람들이 그게 무슨 뜻이냐고 물었고, 그 사건에 대해 이러쿵저러쿵 말을 했고, 그 사람이 그런 재판을 한 것이 좋지 못한 처사였다는 식으로 말들이 퍼졌습니다. 그는 그 이후 이야기하기를, 자기가 살아 있는 한 다시는 그런 방법을 쓰지 않겠다고 했다는 것입니다. 공개 사과를 하도록 만든 것이 오히려 그에게 더 해를 끼쳤다고 느꼈기 때문입니다.

마귀와 그 졸개들의 아주 좋은 목표가 되는 위치에 있으니, 우리로서 가장 좋은 처신은 우리의 침묵으로 우리의 결백을 변호하는 것이고, 우리에 대한 사람들의 평판은 하나님께 맡기는 것입니다. 그러나 이런 일반적인 원칙에 예외의 경우가 있습니다. 반드시 답변해야만 하는 명확하고도 확실한 공개적인 혐의 사실들이 우리에 대하여 제기될 때에는, 가장 명확하고도 가장 공개적인 방식으로 답변해야 할 것입니다. 그런 경우 답변을 거부한다면 그것이야말로 혐의 사실들을 시인하는 것과 마찬가지일 것입니다. 방법이야 어떻든 간에, 일반 대중들은 조사에 응하지 않는 것을 죄가 있다는 증거로 간주하기 때문입니다. 그저 걱정스럽고 성가신 일에 대해서는 수동적으로 대처하는 것이 최선이지만, 문제가 심각하게 확대되어 우리를 공격하는 자들이 공개적인 변호를 요구할 때에는, 어쩔 수 없이 가장 정직하게 사실을 진술하는 수밖에는 없습니다. 여하한 경우라 하더라도, 우리는 비방하는 사람들을 어떻게 대할지에 대해서 주님의 도우심을 구해야 할 것입니다. 그러면 결국에 가서는 무죄가 드러나게 되고 거짓이 정죄를 받게 될 것입니다.

또한, 목사가 마을에 떠도는 추문을 귀담아 들었다가 그 때문에 심령이 상하고 그 위치에서 내어쫓기고, 심지어 그 성품까지도 변해 버리는 예도 있었습니다. 제가 아는 젊은 목사 중에 장래가 촉망되던 한 유능한 분이 있었는데, 그 사람은 아무것도 아닌 것을 스스로 문제로 만들었고, 나중에는 그것을 문제로 만들기 위해 갖은 노력을 다 기울였고, 결국 그 스스로 큰 어려움에 빠지고 말았습니다. 그가 제게 와서 자기에게 큰 근심거리가 있다고 했습니다. 그것은 정말 근심거리였습니다. 그런데 그 근심거리란 처음부터 마지막까지 그의 아내가 죽은 후 그의 처신을 놓고 몇몇 부인들이 입방아를 찧었다는 것이 전부입니다. 대개 그런 일은 아주 하찮은 일에 불과합니다. 어떤 부인은 그 목사가 자기 집에서 살고 있는 하녀와 결혼하려 한다는 것이 이상스럽다고 이야기했고, 또 어떤 부인은 그 하녀와 결혼해야 한다고 말하며 하녀 편을 들었습니다. 그러자 또 다른 부인은 악의를 가지고 목사와 하녀 사이에 무언가 깊은 관계가 있다는 식으로 말을 만들었습니다. 그런데, 가장 나쁜 것은 바로 목사의 처신이었습니다. 그 민감한 목사는 문제를 꼬치꼬치 추적하여 자기에 대해 악담을 퍼뜨리는 몇몇을 잡아내어 그들을 비난하는 것은 물론 법적으로 고소하겠다고 위협하기까지 했습니다. 만일 그 목사가 은밀하게 그 일에 대해서 기도하면서, 조용히 덮어 두었더라면, 그렇게 꼬치꼬치 따져서 화를 자초하는 일이 없었을 것입니다. 그러나 이 형제는 그 비방을 지혜롭게 처리하지 못했습니다. 제가 여러분들에게 권하는 그것, 즉 눈과 귀를 닫는 것을 몰랐기 때문입니다.

또 한 가지 눈과 귀를 닫아야 유익한 것은 바로 다른 교회와 그 교회의 목사에 관한 이야기들입니다. 한 형제가 다른 사람의 일에 끼어들어서 자기 손가락을 대는 것을 보면, 저는 언제나 아주 고소한 느낌이 듭니다. 자기 일이나 잘 할 것이지, 어째서 다른 사람의 교구에 대해서 간섭을 한단 말입니까? 저에게도 여러 교회의 사람들이 찾아와서 자기 교회의 문제에 개입해 줄 것을 요청하는 일이 잦습니다. 하지만 그들이 공식적인 권한을 제게 위임해 주지 않는 한, 저는 절대로 개입하지 않습니다. 알렉산더 크루던(Alexander Cruden: 유명한 크루던 성구사전 편찬자)은 자기 스스로 "교정자"(the Corrector)로 불렀습니다만, 저는 절대로 그런 칭호를 부러워해 본 일이 없습니다. 우리 교회들에서 일어나는 온갖 논쟁들을 해결할 수 있으려면 정말 특별한 영감이 있어야 할 것이고, 대개의 경우 그 일에 가장 자격 없는 사람들이 가장 열심히 그런 일에 개입하려 듭니다. 아무리 의도가 좋다 할지라도, 대개의 경우 간섭은 그 자체가 실패입니다. 우리 교회에서 일어나는 내부의 불화는 부부 사이의 언쟁과 매우 흡사합니다. 언쟁이 심화되어 서로 싸울 때에 그 가운데 개입하게 되면, 그 개입하는 사람이 양쪽에서 공격을 받게 되어 있습니다. 가정 내의 문제에 개입할 사람은 없습니다. 왜냐하면 남편도 그것을 분개할 것이고, 또 부인은 남편에게 몇 대 맞아서 원통하지만, "내 남편을 그냥 내버려 두세요. 남편이 원하면 저를 몇 대 때릴 수도 있는 것 아닙니까?"라고 할 것입니다. 아무리 부부 간에 적대감이 크다 할지라도, 다른 사람이 개입하면 그런 적대감이 금방 잊혀져 버리는 것 같습니다.

그러므로, 독립 침례교회 교단들 가운데서도, 교회 바깥의 사람이 어떤 식으로든 교회 내의 문제에 개입하려 들다간, 결국 화를 당하고 마는 것입니다. 여러분 자신이 인근 지역 모든 교회의 감독인 것으로 착각하지 마십시오. 루스드라나 더베나 데살로니가나 아니면 어디든 간에 여러분이 맡은 교회를 돌보는 것으로 만족하시고, 빌립보와 에베소의 일은 그곳의 목회자들에게 맡겨 두십시오. 실망한 교인들에게 자기 목사의 흠을 잡도록 격려하거나, 다른 교회에서 나도는 악한 소문을 가져오도록 만들지 마십시오. 이웃 목사들을 만날 때에 그들에게 섣불리 권면하지 마십시오. 여러분이 여러분의 의무를 아는 것처럼 그들도 자기들의 할 일을 잘 알고 있을 뿐 아니라, 여러분의 판단은 편견을 지닌 사람들에게서 나온 편파적인 정보에 근거한 것일 가능성이 높기 때문입니다.

여러분이 이리저리 참견함으로써 이웃의 목사를 근심하게 하지 마십시오. 우리 자신이 해결할 문제만으로도 충분합니다. 그러니 우리의 소관이 아닌 다른 교회 문제에 개입하지 않는 것이 지혜로운 처사입니다. 우리의 더러운 빨래는 집에서 하라는 속담이 있습니다만, 거기에 한 가지를 덧붙여서, 이웃의 빨래가 비누 거품 속에 있을 때에 그 이웃에게 참견하지 말라고 말하고 싶습니다. 이것이 우리 형제들에게 합당한 처사요, 또한 평화를 증진시키는 데에도 최상의 처신일 것입니다. "우연히 지나가다가, 괜스레 남의 일에 간섭하는 사람은 마치 개의 귀를 잡아당기는 사람과 같다"는 말이 있습니다. 그 말대로 그런 사람은 개에게 물리기 십상이며, 그렇게 물리면 아무도 측은히 여기지 않을 것입니다.

찰스 브리지스(Charles Bridges: 1794-1869)는 다음과 같이 지혜롭게 말합니다: "우리의 복되신 주님은 한 가지 경건한 지혜에 대한 교훈을 주셨습니다. 그는 자기 가족의 분쟁은 치유하셨으나, 그에게 속하지 않은 분쟁에 개입해 달라는 요청을 받았을 때에는, '누가 나를 너희의 재판장이나 물건 나누는 자로 세웠느냐?'고 답하셨습니다." 스스로 재판장으로 행세하는 사람은 거의 인정받을 수 없습니다. 그럴만한 자격이 있는 사람일수록 그렇게 행세하지 않는 것입니다. 외부의 목사들이 자기들이 얼마나 불행을 야기시키는지도 모르면서 한 교회 내의 하찮은 불화에 끼어들어서 그것 때문에 문제가 크게 확대되는 경우가 얼마나 많은지 모릅니다. 한쪽으로 치우친 진술들을 인정해 줌으로써, 한쪽 사람들로 하여금 이웃의 목사도 자기들과 같은 견해라고 떠벌리며 의기양양해 하면서 반대쪽 사람들을 비난하도록 만들어 주는 꼴이 되는 것입니다.

제가 드리고 싶은 권면은 이것입니다. 곧, 양쪽의 말을 다 들어보기 전에는 해당 문제에 대해서 한마디도 말하지 않는 것이고, 더 좋은 것은, 그 문제가 우리의 소관이 아닐 경우에는 어느 쪽의 말이든 아예 듣기를 거부하는 것이 최상이라는 것입니다.

한쪽 눈을 감고 한쪽 귀를 닫아야 하며, 또한 그렇게 귀와 눈을 닫는 것이 최상이라는 제 말에 대해서, 이 정도면 충분한 설명이 되지 않았을까요?

제 23 장

우리의 목표인 회심에 대하여

　　기독교 목회 사역의 최고의 목표는 하나님의 영광입니다. 영혼들이 회심하든 하지 않든 간에, 예수 그리스도가 신실하게 전해진다면, 목사의 수고는 결코 헛된 것이 아닙니다. 왜냐하면 그는 구원받는 자들에게나 멸망하는 자들에게나 하나님께로 올라가는 향기이기 때문입니다. 그러나, 일반적으로 볼 때에, 하나님께서 우리를 보내어 선포하게 하시는 것은 예수 그리스도의 복음을 통하여 사람의 아들들이 그와 화목되게 하기 위함입니다. 여기저기서 의(義)의 설교자가 수고하지만 노아처럼 자기 가족 이외에는 구원의 방주에 아무도 들이지 못할 수도 있습니다. 그리고 예레미야처럼 회개하지 않는 민족에 대해서 슬피 울기도 할 것입니다. 그러나 대개의 경우, 설교 사역은 듣는 이들을 구원하기 위하여 주어지는 것입니다. 우리의 수고에 비해서 아무런 열매가 나타나지 않지만, 돌밭에도 씨를 뿌리는 것이 우리의 할 일입니다. 그러나 여전히 우리는 결실을 기대하여야 하고, 정해진 시기에 결실이 나지 않으면 슬퍼해야 마땅합니다.

　　하나님의 영광이 우리의 최고의 목표이므로, 성도를 굳게 세우고 죄인들을 구원하기를 구함으로써 그 목표를 추구합니다. 하나님의 백성을 가르치고 그들을 지극히 거룩한 믿음 위에 건축하는 일이야말로 정말 고귀한 일입니다. 절대로 이 임무를 소홀히 할 수 없습니다. 이를 위해서 우리는 복음의 도리와 필수적인 체험과 그리스도인의 의무에 대해서 분명하게 진술해야 하고, 하나님의 경륜 전체를 선포하는 데에 움츠러들어서는 안 되는 것입니다. 그런데 그 숭고한 진리들이 실제적이지 못하다는 이유로 보류되고 있는 경우가 너무나도 많습니다. 그것들이 계시되었다는 사실 그 자체가 주께서 그것들을 귀중한 것으로 보신다는 것을 증명하는 것인데도, 우리가 주님보다 더 지혜로운 것처럼 처신한다면, 우리에게 화(禍)가 있을 것입니다. 성경의 모든 도리 하나하나에 대해서 우리는 이렇게 말할 수 있을 것입니다:

"그것을 전하는 혀가 지혜롭도다."

신적인 진리의 조화에서 어느 한 음(音)만 생략되어도 그 음악이 완전히 망가질 수도 있습니다. 여러분이 어느 특정한 영적 양식을 보류하게 되면 그것이 결핍되어 교인들이 심각한 영적 질병에 빠질 수도 있습니다. 우리가 먹는 음식에는 얼핏보면 생명 유지에 필요 없어 보이지만 실제로는 건강과 힘에 필수적인 영양소도 있습니다. 인(燐)이 육체를 만들지는 않습니다만, 뼈에는 필수적인 요소입니다. 흙과 소금도 똑같이 생각할 수 있습니다. 인간이 살아가는 데에 그것들이 적절하게 있어야 합니다. 영적 영양소가 별로 되지 않을 것 같은 특정한 진리들조차도, 신자들의 뼈와 근육을 키우며 그리스도인의 갖가지 기관들을 치유하는 데에는 매우 유익합니다. 우리는 "온전한 진리"(the whole truth)를 전해야 합니다. 그래서 하나님의 사람이 모든 선한 일을 하기에 철저하게 구비되도록 해야 하는 것입니다.

그러나, 하나님을 영화롭게 하는 우리의 위대한 목표는 주로 영혼을 구원함으로써 이루어집니다. 영혼들이 하나님께로 거듭나는 것을 보아야만 합니다. 그것을 보지 못하면, 라헬과 같이 "내게 아들을 주시옵소서, 그렇지 않으면 죽겠나이다"라는 울부짖음이 우리에게 있어야 합니다. 영혼을 구원하지 못하면, 마치 수확을 보지 못하는 농부처럼, 빈 그물을 들고 돌아오는 어부처럼, 혹은 산과 들을 두루 헤매었으나 허탕을 치고 돌아오는 사냥꾼처럼 슬피 울어야 합니다. 이사야는 한숨과 탄식으로 "우리의 전한 것을 누가 믿었느냐? 여호와의 팔이 누구에게 나타났느냐?"(사 53:1)고 토로했습니다만, 그것이 우리의 탄식이어야 합니다. 평화의 사신은 죄인들이 자기들의 죄에 대해 슬피 울 때까지 통렬하게 울기를 쉬지 말아야 할 것입니다.

　청중들이 주 예수 그리스도를 믿게 되기를 강렬하게 바란다면, 우리가 그런 결과를 일구어 내는 일에 하나님의 쓰임을 받기 위해서 과연 어떻게 행동해야 할까요? 이것이 오늘 강의의 주제입니다.

　회심이란 하나님께서 하시는 일이므로, 우리는 하나님의 성령께 전적으로 의지하고 사람들의 생각을 바꾸시는 그의 능력을 바라보아야 합니다. 이 말이 너무 자주 반복되기 때문에, 오히려 우리가 이 말의 중요성을 별로 느끼지 못하는 것이 아닌가 염려가 됩니다. 하나님의 성령이 필요하다는 것을 진정으로 지각하고 있다면, 그의 가르치심에 더욱더 의지하기를 힘써야 하지 않겠습니까? 그의 거룩한 기름 부음을 얻기 위해 더욱더 끈질기게 기도해야 하지 않겠습니까? 설교할 때에도 성령께서 역사하시도록 더욱더 많은 여지를 남겨놓아야 하지 않겠습니까? 우리가 실질적으로 — 물론 교리적으로는 아니겠지만 — 성령을 무시하기 때문에, 우리의 많은 수고가 실패로 돌아가는 것은 아닙니까? 성령은 하나님이시며, 그는 보좌 위에 계십니다. 그러니 우리의 모든 수고에서도 그가 처음이요 중간이요 마지막이 되셔야 합니다. 우리는 그의 손에 붙잡힌 도구들이며, 그 이상 아무것도 아닙니다.

　우리가 이런 점들을 충분히 인정한다고 합시다. 그러면 그런 상태에서 우리가 회심을 볼 소망을 가진다면 또 무슨 일을 해야 할까요? 그러한 목표를 이룰 것으로 보이는 그런 진리들을 가장 중요하게 선포하도록 주의하여야 할 것입니다. 그 진리들이란 과연 어떤 것들입니까? 첫째, 가장 중요한 것은 바로 십자가에 달리신 그리스도를 전해야 한다는 것입니다. 예수께서 높이 들리시면 영혼들이 그에게로 이끌려 옵니다 — "내가 땅에서 들리면 모든 사람을 내게로 이끌겠노라"(요 12:32). 십자가의 도는 구원받는 자들에게는 하나님의 지혜요 하나님의 능력입니다. 목사는 주 예수님의 품성과 그의 사역과 관련된 모든 진리들을 전해야 합니다. 그러므로 죄의 처절한 악함을 진지하고도 예리하게 선포해야 합니다. 그것이 구주가 필요하다는 의식을 만들어 내기 때문입니다. 죄란 율법을 어기는 것이요, 그것 때문에 형벌이 있게 되었고, 또한 하나님의 진노가 그것에 대해서 드러나고 있다는 사실을 보여 주어야 합니다. 죄를 하찮은 것이나 불행스러운 것으로 취급해서는 절대로 안 됩니다. 그 죄를 그야말로 극악한 것으로 분명히 제시해야 합니다. 그저 도맷금으로 그 악함을 피상적으로 제시하지 말고, 아주 구체적으로 들어가야 합니다. 갖가지 죄들을 상세하게 언급하고, 현재에 가장 만연되어 있는 죄들을 특별히 강조해야 합니다. 예를 들어서, 우리 나라 전체를 황폐하게 만들어 버리는 술 취함의 죄라든가, 사방에 가득한 비방과 중상 모략의 형태로 나타나는 거짓말이라든가, 방탕함 같은 것을 아주 구체적으로 다루어야 하고, 그 모든 것을 남김없이 처단해야 합니다. 특히 청중들이 빠져 있는, 혹은 빠질 법한 그런 악행들도 책망해야 합니다.

십계명을 설명하여야 하고, "내 백성에게 그 허물을, 야곱 집에 그 죄를 고하라"(사 58:1)는 하나님의 명령에 순종해야 합니다. 우리 주님처럼 율법이 영적인 것임을 가르치고, 악한 생각과 의도와 사상들이 율법을 거스르는 것임을 보여 주십시오. 이를 통해서 많은 죄인들이 마음에 찔림을 받을 것입니다. 그 옛날 로비 플록하트(Robbie Flockhart)는, "율법이라는 날카로운 바늘로 구멍을 뚫지 않고서는 복음이라는 가는 실로 아무리 꿰매려 해도 소용이 없습니다"라고 말하곤 했습니다. 율법이 바늘처럼 먼저 가고, 그 다음에 복음의 실이 그 뒤를 따르는 것입니다. 그러므로 죄와 의와 다가올 심판에 관하여 설교하여야 합니다. 시편 51편에 나타나는 언어를 자주 설명하십시오. 하나님께서는 속사람의 진실을 요구하시며, 따라서 희생의 피로 씻는 일이 절대적으로 필요하다는 것을 보여 주십시오. 마음을 목표로 삼으십시오. 영혼의 상처를 찾아내시고 그것에 손을 대십시오. 더 가혹한 주제들도 남겨 두지 마십시오. 치유받기 전에 먼저 상처를 받아야 하고, 다시 살리심을 받기 전에 먼저 죽임을 당해야 하는 것입니다. 먼저 자신의 무화과 잎사귀를 벗어 버리지 않고서는 그리스도의 의의 예복을 입을 수 없고, 자기의 더러움을 깨닫지 않고서는 긍휼의 샘에 몸을 씻을 수가 없는 것입니다. 그러므로 형제 여러분, 율법과 율법의 요구와 율법의 경고와 또한 죄인이 율법을 끊임없이 범하고 있다는 사실을 선포하기를 쉬지 말아야 할 것입니다.

인간 본성의 부패성을 가르치십시오. 죄가 우연히 일어난 하나의 사고(事故)가 아니라 인간의 부패한 마음에서 나오는 순전한 결과라는 것을 가르치십시오. 인간의 본성적 부패의 교리를 전하십시오. 그것은 아주 께름칙한 진리입니다. 오늘날 "인간 본성의 존엄성"에 대해서 열변을 토하는 목사들이 많습니다. "인간의 타락한 상태"를 가끔 거론하기는 하지만, 우리의 본성적 부패 같은 주제를 아주 조심스럽게 회피해 버립니다. 에티오피아 사람들에게 그 피부를 하얗게 할 수 있다는 이야기가 전해지며, 표범이 그 얼룩을 없앨 수 있다는 소망을 갖게 만들고 있는 현실입니다. 형제 여러분, 이런 착각에 빠져서는 안 됩니다. 그렇지 않으면 영혼을 회심시킬 기대를 가질 수 없을 것입니다. 부드러운 일들을 예언하고, 우리의 잃어버린 상태의 악함을 가볍게 만들어 주는 것은 사람들을 예수께로 인도하는 길이 아닙니다.

형제 여러분, 성령의 신적인 역사하심이 필수적이라는 사실이 그 다음으로 자연히 따라옵니다. 그처럼 핍절한 상태에는 하나님의 개입이 요구되기 때문입니다. 사람들에게 그들이 죽어 있는 상태요, 오직 성령께서만 그들을 살리실 수 있다는 사실을 선포해야 합니다. 또한 성령께서는 자기의 기쁘신 뜻대로 역사하시며, 따라서 성령께서 임하셔서 자기를 도와야 한다는 것을 아무도 주장할 수 없다는 사실을 가르쳐야 합니다. 이것은 매우 실망스러운 가르침이라 여겨질 것입니다. 사실이 그렇습니다. 하지만 그릇된 방식으로 구원을 찾고 있는 사람들은 마땅히 실망을 해야 옳습니다. 자기 자신의 능력에 대한 자만을 벗어 버리는 것이, 자기가 아닌 다른 분, 즉 예수 그리스도를 바라보도록 인도하는 데에 큰 도움이 되는 것입니다. 선택의 교리를 비롯하여, 구원이 모두 은혜에 속한 것이요 피조물의 권리가 아니며 오로지 주권자이신 주님의 선물임을 선포하는 기타 위대한 진리들은 모두가 사람에게서 교만을 제거하여 하나님의 긍휼하심을 받아들이도록 준비시키기 위해서 마련된 것들입니다.

우리는 또한 청중 앞에 하나님의 공의로우심과 또한 범죄가 일일이 다 형벌을 받는다는 확실한 사실을 제시하여야 합니다.

"그리스도께서 구름 타고 오실
그 처절한 날에 그들의 허세가
그들 앞에 무시무시하게 드러나리라"

는 것을 선포해야 하는 것입니다. 재림의 교리를 그들의 귀에 들려주되, 예언에 대한 호기심으로서가 아니라, 엄숙하고도 실질적인 사실로서 선포하시기 바랍니다. 유대교의 부활을 믿는 형제가 하듯이, 지상의 왕국을 용감하게 드러내는 가운데 주님을 제시한다는 것은 한심한 일입니다. 우리는 세상을 의로 심판하러 오시는 주님을 선포해야 합니다. 온 민족들을 그 앞으로 부르시고, 마치 목자가 양과 염소를 구분하듯이, 그들을 분리시키시는 그런 심판주로 제시하여야 합니다. 바울은 의와 절제와 다가올 심판에 대해서 설교하였고, 그리하여 벨릭스를 벌벌 떨게 만들었습니다. 이 주제들은 지금도 똑같이 힘이 있습니다. 만일 형벌에 대한 심각한 경고를 제외시켜 버린다면, 그것은 복음에서 능력을 빼앗는 것입니다.

오늘날 인간의 멸절(annihilation)과 회복에 대한 희한한 사상들이 이 마지막 때에 교회를 혼란에 빠뜨렸고, 그리하여 수많은 목사들이 마지막 심판에 대해서 말하기를 꺼리게 되고, 결국 우리 주님의 처절한 두려운 역사가 설교자들에게나 청중들에게 별로 영향을 주지 못하게 되었는데, 이는 정말 두려운 현실이 아닐 수 없습니다. 사실이 그렇다면, 이는 정말 통탄할 일입니다. 회심의 수단이 되는 한 가지 위대한 진리가 무시를 당하고, 사용되지 않기 때문입니다.

사랑하는 형제 여러분, 무엇보다도 우리는 영혼을 구원시키는 위대한 속죄의 교리에 대해서 분명히 가르쳐야 할 것입니다. 우리는 대리적 희생(substitutionary sacrifice)을 진정으로 설교해야 하고, 그 결과로서 오는 죄 용서를 선포해야 합니다. 속죄의 피에 대한 희미한 사상은 처음부터 끝까지 해로운 것입니다. "하나님이 죄를 알지도 못하신 이를 우리를 대신하여 죄로 삼으신 것은 우리로 하여금 그 안에서 하나님의 의가 되게 하려 하심이라"(고후 5:21)는 말씀을 분명하게 듣지 못하여, 영혼들이 불필요한 굴레 속에서 헤매게 되고, 성도들이 믿음에 대한 고요한 신뢰를 빼앗겨 버리는 것입니다. 우리는 대리적 속죄를 분명하고도 틀림없이 전해야 합니다. 성경에서 명확하게 가르쳐야 할 도리가 있다면 바로 이것입니다: "그가 징계를 받으므로 우리는 평화를 누리고 그가 채찍에 맞으므로 우리는 나음을 받았도다"(사 53:5), "친히 나무에 달려 그 몸으로 우리 죄를 담당하셨으니"(벧전 2:24). 이 진리가 하나님께서 공의로우시며 동시에 믿는 자를 의롭다 하시는 분이심을 보여 줌으로써, 양심에 평안을 가져다주는 것입니다. 이것이야말로 복음의 어부들이 사용해야 할 위대한 그물입니다. 다른 진리들을 통해서도 고기가 잡힙니다만, 이 진리는 바로 그물 그 자체입니다.

사람을 구원받게 하기 위해서는, 그리스도의 속죄가 영혼에 효력을 발생하도록 만드는 방법이 되는 바 믿음으로 말미암아 의롭다 하심을 받는 도리를 가장 명확한 언어로 전해야 합니다. 그리스도의 대속 사역으로 말미암아 우리가 구원받는다면, 우리에게는 아무런 공로가 필요 없어지고, 사람은 그저 그리스도께서 이미 이루신 그것을 단순한 믿음으로 받아들이는 것밖에는 아무것도 할 것이 없습니다. "오직 그리스도는 죄를 위하여 한 영원한 제사를 드리시고 하나님 우편에 앉아 계시다"(히 10:12)라는 이 위대한 진리를 의지하는 것이 얼마나 기쁜 일인지 모릅니다. 그리스도께서 그의 일을 행하신 후 존귀의 자리에 앉아 계시다는 것이 얼마나 영광스러운 일입니까! 그분께서 이루신 그 일이 완전한 것이라는 사실이야말로 영혼에 크나큰 안식을 줍니다.

믿음으로 말미암아 의롭다 하심을 받는 도리는 절대로 희미해서는 안 됩니다. 그런데도 수많은 이들이 이에 대해서 명확하지를 못합니다. 언젠가 한번은 "눈물로 씨를 뿌리는 자는 기쁨으로 단을 거두리로다"라는 말씀에 대한 설교를 들었는데, 이에 대해서, "선행을 계속하십시오. 그러면 당장에는 고통을 당하게 되겠지만, 결국에 가서는 하나님께서 갚아 주실 것입니다"라고 말했습니다. 그 설교자는 분명 믿음으로 말미암는 의롭다 하심을 믿고 있었습니다. 하지만 그는 그와 정반대되는 교리를 전하고 있었던 것입니다. 어린아이들에게 말씀을 전할 때에 많은 사람들이 이런 잘못을 범합니다. 대개 어린아이들에게 예수님을 믿으라고 하지 않고 예수님을 사랑하라고 가르치는 것을 봅니다. 이런 가르침은 어린아이들의 마음에 아주 해로운 인상을 남기게 되고, 진정한 평화의 길에서 벗어나도록 만들어 버리는 것입니다.

그리스도 예수 안에서 나타난 하나님의 사랑을 진지하게 전하고, 주님의 풍성하신 긍휼하심을 높이시되, 언제나 하나님의 공의로우심과 연관지어서 전하십시오. 사랑이라는 한 가지 속성만을 따로 떼어서 그것만을 높이는 방식이 오늘날 너무나 만연되어 있습니다만 그렇게 하지 마시고, 사랑을 높은 신학적인 의미로 다루고, 마치 황금 원(圓)처럼 모든 신적 속성을 그 속에 담고 있는 것으로 제시해야 합니다. 하나님께서 공의롭지 않으시면, 그는 사랑도 아니시며, 또한 거룩하지 않은 모든 것을 다 미워하지도 않으실 것이니 말입니다. 한 가지 속성을 높이느라 다른 속성을 희생시키는 일이 있어서는 절대로 안 됩니다. 하나님의 한량없는 긍휼하심을 그의 엄격한 공의와 무한정한 주권과 일관성 있는 것으로 바라보아야 합니다. 하나님의 진정한 성품을 제시하여 죄인에게 두려움과 감동을 주고, 또한 그들을 낮추어야 합니다. 여러분의 주님을 잘못 제시하지 않도록 조심해야 합니다.

이 모든 진리들을 비롯하여 복음적 체계를 완성시키는 기타 진리들은 사람을 믿음으로 인도하기 위해서 마련된 것입니다. 그러므로 그것들을 여러분의 가르침의 중요한 요목(要目)으로 삼아야 할 것입니다.

둘째로, 영혼들을 구원하고자 하는 강렬한 소망이 우리에게 있다면 그 목적을 이룰 만한 진리들을 전해야 함은 물론, **영혼들을 구원으로 인도하는 데 도움이 될 만한 방식을 사용하여** 그 진리들을 다루어야 할 것입니다. 그것들이 무엇인지 궁금하십니까? 첫째로, **교훈(혹은, 가르침) 방식**을 통한 것입니다. 죄인들은 어둠 속에서(in) 구원받는 것이 아니고, 어둠으로부터(from) 구원받는 것입니다. 영혼이 지식이 없는 것은 좋지 않습니다. 사람이 자기 자신에 대해서, 자기의 죄에 대해서, 자기의 타락에 대해서, 자기의 구주와 구속과 중생 등에 대해서 가르침을 받아야 합니다. 수많은 각성한 심령들은, 하나님의 구원의 길을 알기만 한다면 그것을 기꺼이 받아들일 것입니다. 그들은 사도께서 "형제들아 너희가 알지 못하여서 그리하였도다"(행 3:17)고 말씀한 바로 그 사람들과 비슷합니다. 그들에게 교훈을 주면 하나님께서 그들을 구원하실 것입니다. "주의 말씀을 열면 빛이 비치어 우둔한 사람들을 깨닫게 하나이다"(시 119:130)라고 기록되어 있지 않습니까? 성령께서 여러분의 가르침을 복 주시면, 그들이 자기들의 잘못을 깨닫게 되고, 회개와 믿음으로 인도함을 받을 것입니다. "믿으라! 믿으라! 믿으라!"고 외치기만 하는 그런 설교를 저는 믿지 않습니다. 불쌍한 사람들에게 그들이 무엇을 믿어야 하는지를 전해 줄 책임이 여러분에게 있는 것입니다. 반드시 구체적인 가르침이 있어야 합니다. 그렇지 못하면 믿으라고 아무리 권고해도 그 모든 것이 어리석은 것이 되고 맙니다. 정통 신앙을 가진 우리의 형제들 중에서 부흥 설교자들의 그 절제되지 않은 설익은 장황설을 들은 것 때문에 값없는 복음의 초청을 반대하는 편견을 가지게 된 사람들이 있지 않은가 생각됩니다. 죄인들을 그리스도께로 나아오도록 전도하는 최고의 방법은 그리스도를 죄인들에게 전하는 것입니다. 권고도 하고, 간청도 하고, 회유도 하지만, 거기에 건전한 가르침이 수반되지 않는다면, 그것들 모두가 총을 쏘지도 않고 화약 가루만 만지작거리는 것과 같습니다. 소리를 지르고, 흐느끼고 간곡히 호소할 수도 있습니다. 하지만 그들이 듣지 않은 것을 믿도록 만들 수는 없고, 그들 앞에 놓인 적이 없는 그런 진리를 받아들이게 할 수도 없습니다. 사람들에게 지식을 가르치는 설교자야말로 지혜로운 설교자입니다.

가르침을 줄 때에, 이성에 호소하는 것이 지혜로운 방법입니다. 참된 신앙은 감정적인 것은 아닐지라도 논리적인 것이라는 것은 분명한 사실입니다. 저는 피니 목사(Charles G. Finney: 1792-1875)의 특징적인 사상들을 흠모하는 사람은 아닙니다만, 그러나 그가 많은 사람들에게 유익을 끼쳤다는 점에 대해서는 의심하지 않습니다. 그런데 그의 능력은 논리 전개가 분명한 데 있었습니다. 그의 명성을 아는 사람들 중에서 처음 그의 설교를 듣고는 크게 실망한 사람들이 많습니다. 미사여구를 거의 사용하지 않고, 그의 설교가 마치 유클리드 기하학 교과서처럼 조용하고 메말라 있었기 때문입니다. 그러나 그는 일정한 사고의 질서를 유지하고 있었고, 그리하여 사람들이 그의 강력한 이론 전개에 의해서 설득되고, 깨우침을 얻었던 것입니다. 논리를 따지는 타입의 사람들도 그런 점에서 만족을 얻어야 하지 않겠습니까? 우리는 모든 사람들에게 모든 것이 되어야 합니다. 그러므로 논리를 따지는 사람들에게는 논리를 제시하고 명확한 귀납적 사실들과 필수적인 연역적 사실들을 제시하여 그들을 코너에 몰아야 합니다. 육신적인 추리는 우리가 지닐 필요가 없습니다만, 명확하며, 정직하게 추론하고 생각하고 판단하며 논지를 제시하는 일은 많을수록 좋습니다.

논리적인 증명을 요하는 부류의 사람들보다는, 감정적인 설득의 방법으로 호소할 필요가 있는 사람들의 숫자가 훨씬 더 많습니다. 이들에게는 이성적인 추론이 아니라 마음의 논리, 즉 불이 활활 타오르는 논리가 필요합니다. 이들에게는 다시는 속을 썩이지 말라고 아들을 타이르는 어머니의 논리나, 아니면 집으로 돌아와 아버지와 화해하라고 오빠를 설득하는 누이동생의 논리 같은 것이 필요합니다. 곧, 분명한 논리에 뜨거운 사랑이 생생하게 담겨 있어야 한다는 말입니다. 차가운 논리도 나름대로 힘이 있습니다만, 그것이 사랑으로 뜨거워지면 그 부드러운 설득력은 그야말로 막강해지는 것입니다. 한 사람의 정신이 다른 사람을 장악하는 힘은 굉장합니다. 그러나 지도하는 사람의 정신이 그 자체에 대해 힘을 발휘하지 않게 되면, 그 힘이 가장 크게 발휘되는 법입니다. 열정적인 마음이 사람을 가득 채우면 그의 말이 도저히 저항할 수 없는 격류처럼 휩쓸고 지나가게 됩니다. 경건하며 넓은 마음과 희생적인 정신을 지닌 것으로 알려져 있는 사람은 자기 자신 속에 이미 힘을 지니고 있습니다. 그래서 그 사람의 권고는 그의 성품 때문에 무게를 지니게 됩니다. 그런데 그 사람이 나서서 호소하고 설득하게 되면 — 심지어 눈물까지 흘리면서 — 그의 영향력이 놀랍게 발휘되며, 성령 하나님께서도 그의 수고에 함께 하십니다. 형제 여러분, 간곡히 호소해야 합니다. 가르침에 간청과 호소가 섞여 있어야 합니다. 간곡한 호소를 통해서 양심이 일깨움을 받아 그리스도께로 나아가게 만들 수 있다면, 우리는 계속해서 그 방법을 사용해야 합니다. 어떻게 해서든 몇 사람을 구원할 수 있을 것이니 말입니다. 때때로 목사들이 교인들에게 호소하면서 자기의 안타까운 심정을 이야기하는 것에 대해서 비난하는 경우가 있습니다만, 사도 바울도 그렇게 자기의 심정을 고백한 전례가 있으니 그것을 그리 탓할 것은 없습니다. 여러분을 사랑하는 회중에게는, 그들 중에 많은 이들이 구원받지 못한 것에 대한 여러분의 안타까운 심정을, 여러분의 간절한 소망을, 그리고 그들의 회심을 위한 여러분의 끊임없는 기도를 그대로 고백해도 무방할 것입니다. 그리스도 예수 안에서 나타난 하나님의 선하심에 대한 여러분 자신의 체험을 이야기하고, 그들도 똑같은 체험을 하도록 호소하는 것도 정당한 방법일 것입니다. 교인들에게 추상적으로, 혹은 지극히 사무적으로 이야기해서는 안 됩니다. 그들이 회심하는 것을 보기를 바란다면, 진짜 혈과 육을 지닌 사람으로서 호소해야 할 것입니다. 은혜가 이루어 놓은 역사의 산 증거로 여러분 자신을 제시할 수 있다면, 그런 호소야말로 자기를 드러낼 위험을 상쇄하고도 남을 만큼 힘 있고 설득력 있는 것이 될 것입니다.

때로는 우리의 방식이 바뀌기도 해야 합니다. 가르치고 논리를 제시하고 호소하는 방법 대신, 위협을 가하고, 회개하지 않는 영혼들에게 임할 하나님의 진노를 선포하기도 해야 합니다. 휘장을 들어올려서, 그들로 하여금 미래를 보게 해 주어야 합니다. 그들의 위험한 처지를 보여 주고, 다가올 진노를 피할 것을 그들에게 경계시켜 주십시오. 이렇게 하고서, 우리는 다시 초청으로 돌아가서, 각성된 심령들 앞에 사람의 아들들에게 값없이 베풀어지는 그 무한한 은혜의 풍성한 공급을 제시하여야 합니다. 우리 주님의 이름으로, "누구든지 생명수를 값없이 받으라"고 외치며, 초청해야 합니다. 형제 여러분, "불경건한 자들을 가르치고 경고할 수는 있지만, 초청하거나 호소해서는 안 된다"고 말하는 초(超)칼빈주의 신학자들(ultra-Calvinistic theologians)이 있습니다만, 결코 의기소침해져서는 안 됩니다. 어째서 초청이나 호소가 안 된다는 것입니까? 그들은 이에 대해서, "그들은 죽어 있는 죄인들이므로 아무리 초청한다 해도 죽은 사람들은 올 수 없을 것이니, 초청하는 것은 어리석은 짓이다"라고 대답합니다. 그렇다면 경고하는 것이나 가르치는 것도 마찬가지 아니겠습니까? 그들의 논리는 매우 강력해 보입니다. 그래서 죄인들에게 호소하는 일체의 행위를 금지하고 맙니다. 성도들에게 말씀을 전한 후에 자리에 앉아서는

"선택된 자들은 말씀을 받았고, 그 나머지는 눈멀어 있느니라" 하는 그런 사람들만이 논리적이라 할 것입니다. 무슨 근거로 우리가 불경건한 자들에게 말씀을 전해야 한단 말입니까? 하나님의 성령의 역사가 없이도 그들이 무엇을 할 수 있는 것처럼 여겨서 그들에게 그것을 행하라고 명하고 있다면, 우리는 도덕론자들에 불과할 뿐입니다. 죽어 있는 죄인들에게 믿고 살라고 명하는 것이 어리석은 일이라면, 그 죽어 있는 죄인에게 자신의 처지를 생각하고, 미래에 올 처참한 운명을 생각해 보라고 명하는 것도 똑같이 어리석은 일이 됩니다. 사실, 참된 설교가 믿음의 행위로서 성령께서 영적 이적을 일으키는 수단으로 사용하시는 것이라는 사실이 없다면, 설교 자체가 한심한 짓일 수밖에 없을 것입니다. 만일 우리 혼자 있고, 하나님의 개입을 기대하지 않는다면, 이성의 범주를 지켜서, 오로지 사람들이 할 수 있는 능력이 있는 것만을 하라고 설득해야 할 것입니다. 그렇다면, 살아 있는 자들에게 살라고 명하고, 보는 자들에게 보라고 강권하며, 의지가 있는 자들에게 의지를 가지라고 설득해야 옳을 것입니다. 권면하고 설득하는 내용 그 자체가 너무나 쉬워서 전혀 쓸데없는 것처럼 보이기까지 합니다. 그러니 그런 간단한 일에 구태여 성령의 특별하신 부르심이 필요할 리 없습니다.

그러나 형제 여러분, 우리의 사역이 이런 것으로 그친다면, 믿음의 그 강력한 힘과 승리가 대체 어디 있겠습니까? 회당에 들어가 원기 왕성한 사람더러 "일어나 걸으라!"고 하거나 팔다리가 멀쩡한 사람더러 "네 손을 펼치라!"고 외치는 사명을 진정 위대한 사명으로 여길 사람이 어디에 있겠습니까? 그런 사람이 있다면 그 사람이야말로 "너희 살아 있는 영혼들이여, 살지어다"라고 외치는 것을 큰 사명으로 여기는 불쌍한 에스겔일 것입니다.

그 두 가지 방법들을 함께 사용하도록 하십시오. 죄인들을 향하여 권면하는 일이 전혀 없는 사람들은 영혼을 구원하는 자들인 경우가 거의 없고, 다른 신앙 체계에서 들어온 자들로 교회를 유지할 뿐이라는 것이 드러날 것입니다. 심지어, "감리교도들과 부흥사들은 산울타리만 두드리고 있지만, 우리는 수많은 새들을 잡을 것이다"라고 이야기하는 사람들도 있습니다. 그런 비열한 생각을 가졌다 해도, 부끄러워서 그것을 어떻게 표현하기까지 한단 말입니까? 자신은 바깥 세상을 접촉하지 못하면서, 바깥 세상을 각성시키고 회심하게 하는 일은 자기들이 불건전하다고 판단하는 다른 사람들에게 맡겨 버리는 그런 신앙 체계는 이미 그 자신이 자신을 정죄하고 있는 것입니다.

또한, 형제 여러분, 영혼들이 구원받는 것을 보기를 바라면, 회심하지 못한 자들에게 말씀을 전하는 시기에 대해서 지혜로워야 합니다. 이 문제에 대해서 지극히 상식 없이 대처하는 것이 대부분입니다. 어떤 목사는 죄인들에게 말씀을 전하는 시간을 별도로 정해 놓고 있습니다. 정오를 그런 시간으로 잡기도 합니다. 설교의 말미에 가서 잔치의 남은 부스러기 몇 개를 식탁 밑의 개들에게 던져 줍니다. 그러면 그 개들은 던져진 부스러기들을 여러분이 취급하는 그대로 — 즉, 정중한 무관심으로 — 대합니다. 어째서 항상 듣는 사람들이 대개 지루해져 있을 설교의 마지막 부분에 가서 경고의 말씀이 주어져야 한단 말입니까? 어째서 그 사람들에게 허리끈을 잘 졸라매라는 식의 안내를 해 주어서, 그들로 하여금 우리의 공격을 맞받아 칠 준비를 하도록 만든단 말입니까? 그들의 관심이 고조될 때에, 그리고 그들이 최소한 수세에 몰릴 때에, 바로 그때에 주의를 기울이지 않는 사람에게 화살을 날리십시오. 그러면 그들이 완전 방비를 하고 있을 때에 화살을 날려 맞추는 것보다 훨씬 더 효과가 있을 것입니다. 깜짝 놀라게 하는 것도 주목을 끌게 하고, 또한 기억에도 오래 남게 하는 아주 훌륭한 방법입니다. 주목하지 않는 사람들에게 말씀을 전하는 시기를 선택하는 데에, 이 점을 염두에 두어야 할 것입니다. 오전 설교에서는 성도들을 강건하게 세우기를 힘쓰는 것을 원칙으로 삼는 것이 매우 좋을 것입니다만, 그러나 거기에 변화를 줄 필요가 있습니다. 그리하여 때로는 주일의 가장 중요한 예배를 회심하지 않은 자들을 대상으로 준비하는 것도 필요합니다.

설교 때마다 불경건한 자들을 향하여 말씀을 주고 마치십시오. 그러나 동시에 여러분 스스로 시기를 정하여 그 사람들을 집중적으로 공략하시고, 온 정신을 그 싸움에 쏟을 필요도 있습니다. 그런 시기에는 즉각적인 회심을 분명한 목표로 삼으십시오. 편견을 제거하고, 의심을 해결시켜 주며, 반론을 정복하고, 죄인을 몰아서 즉시 그 은신처에서 나오도록 만드는 일에 최선을 다하시기 바랍니다. 교회의 회원들을 불러서 특별 기도를 하게 하고, 관심을 갖는 자나 관심을 갖지 않는 자나 개인적으로 다가가서 권면을 하게 하시고, 여러분 스스로도 개개인들을 향하여 말씀을 전하도록 두 배나 열심을 기울이시기 바랍니다. 우리는 지난 2월의 교회 집회에서 상당한 결과를 얻었습니다. 2월 전체를 그 특별한 행사에 다 할애했습니다. 겨울철은 대개 설교자의 수확기입니다. 왜냐하면 기나긴 밤 시간에 사람들이 더 잘 모이기 때문이기도 하거니와, 야외에서 오락을 즐길 수 없기 때문입니다. 영적 전투를 위한 적절한 시기를 잘 택하여 준비를 갖추시기 바랍니다.

여러분의 설교에 임하는 태도와 기질, 그리고 설교의 정신도 회심을 촉진시키는 중요한 요인이 됩니다. 여러분이 진리를 무디고, 단조로운 스타일로 전해도, 하나님께서 복을 주실 수 있습니다만, 복을 주지 않으실 가능성이 훨씬 많습니다. 여하튼 그런 스타일은 주목을 끌기보다는 오히려 방해하는 경향이 있습니다. 목사 자신이 졸면서 설교할 때에는 죄인들이 깨어나기가 어려운 법입니다. 감정이 없는 딱딱한 설교 역시 피해야 합니다. 부드러움이 없는 설교는 공격을 하는 것이 아니라 거부감을 일으키게 됩니다. 엘리야의 자세도 놀라움을 불러일으킬 수 있고, 그것이 매우 강렬하게 되면 사람으로 하여금 복음을 받아들일 준비를 갖추게 만들기도 할 것입니다. 그러나 실질적인 회심을 위해서는 요한의 자세가 더 필요합니다. 곧 사랑이 사람을 얻는 힘이 되는 것입니다. 사람들을 사랑하여 예수께로 이끌어야 한다는 말입니다. 위대한 마음이야말로 위대한 설교자의 주요 요건입니다. 그러니 그런 목적으로라도 우리의 사랑을 배양시켜야 할 것입니다. 동시에, 우리의 태도가 부드러운 설탕 같은 투가 되어서도 안 됩니다. 어떤 사람들은 누구에게나 친근하고 사랑스러워 보이려고 애를 쓰며, 그리하여 사람들을 경건으로 인도하려는 것이 아니라 그저 간사를 떠는 것으로 그치기를 바라는 것처럼 갖은 아양을 떨기도 합니다. 설교자가 그런 식으로 달콤하게만 이야기하면 남자다운 사람들은 역겨움을 느끼게 되고, 외식적인 것이 아닌가 의심하게 됩니다. 담대하고 분명하게 말씀을 전해야 합니다. 그리고 마치 사람들에게 호감을 사려는 듯이, 마치 구속자께서 그들을 구원하실 수 있도록 제발 허락해 달라는 식으로 그렇게 말씀을 전해서는 절대로 안 됩니다. 낮아지는 것이 우리의 의무입니다. 그러나 동시에 우리는 사신의 직분을 지닌 자들로서 절대로 비굴해져서는 안 될 것입니다.

우리가 믿음으로, 언제나 주께서 그 자신의 말씀을 복 주시기를 기대하면서, 그렇게 설교한다면, 정말 복된 일일 것입니다. 그렇게 하면 우리에게 고요한 확신이 생기게 되고, 괜히 격해진다든가, 경솔해진다든가, 지리해지는 일이 없어질 것입니다. 우리 스스로가 복음의 능력을 의심한다면, 어떻게 그것을 권위 있게 전할 수 있겠습니까? 복된 소식을 선포하도록 허락을 받았으니 여러분 자신이 하나님의 사랑을 입은 사람이라는 것을 느끼십시오. 그리고 여러분의 사명이 여러분 앞에 있는 사람들에게 영원한 은혜를 가져다줄 것이라는 것을 확신하고 그 가운데서 즐거워하십시오. 복음이 여러분을 얼마나 즐거운 사람으로, 얼마나 신뢰를 지닌 사람으로 만들었는지를 사람들로 하여금 보게 하십시오. 그러면 그들도 복음의 복된 영향에 참여하기를 소원하게 될 것입니다.

매우 엄숙하게 설교하십시오. 우리가 다루는 문제가 정말 비중 있는 것이기 때문입니다. 하지만 설교의 주제가 살아 있고 즐거운 것이 되도록 해야 합니다. 그렇게 해야만 엄숙함이 지리함으로 바뀌지 않도록 막아 주기 때문입니다. 여러분의 모든 정신적인 기능들이 일깨워지도록 철저하게 엄숙해지십시오. 그런 다음 한 발의 유머를 터뜨리면 설교의 위엄이 더 강렬해질 것입니다. 한밤중에 모든 것이 캄캄할 때에 번갯불이 터지면, 모든 것이 찬란하게 되는 것처럼 말입니다. 한 가지 요점을 설교하고, 여러분의 모든 에너지를 그 목표에 집중시키십시오. 장기(長技)를 부린다거나, 세련된 말들을 도입하거나, 자기를 뽐낸다는 의혹을 받을 행동들은 모두 금해야 합니다. 그렇지 않으면 실패하고 말 것입니다. 죄인들은 아주 약삭빠른 사람들이어서, 자기 자신을 자랑하려는 아주 작은 노력조차도 곧바로 잡아냅니다. 여러분이 구원하기를 진정 소망하는 그분들을 위하여 모든 것을 버리십시오. 그들을 얻을 수만 있다면, 그리스도를 위하여 바보도 되시고, 학자가 되어야 그들에게 감동을 줄 수 있다면, 학자도 되십시오. 서재에서의 연구도, 골방에서의 기도도, 강단에서의 열정도, 결코 아끼지 마십시오. 죄인들이 자기들이 생각을 기울일 가치가 없다고 판단할 경우에라도, 적어도 그들의 목사는 그와 전혀 다른 생각을 갖고 있다는 것을 보도록 만들어 주십시오.

회심을 목표로 삼으시고, 회심을 기대하시고, 회심을 위하여 대비하십시오. 설교를 듣는 자들이 주님께 굴복하게 되든지, 아니면 핑계치 못하게 되기를 결심하시고, 이런 일이 설교의 즉각적인 결과로서 나타나게 되기를 결심하십시오. 언제 영혼들이 구원받는지에 대해서 주위의 그리스도인들이 궁금해 하도록 만들지 말고, 복음의 그 줄지 않는 능력을 믿으라고 강권하시고, 예수님을 증거하는 역사 뒤에 구원의 결과가 일어나지 않는 것을 오히려 이상스럽게 여기기를 가르치시기 바랍니다. 죄인들이 설교를 그저 일상적인 것으로 듣도록 내버려 두지 마시고, 성경을 마치 장난감처럼 가볍게 갖고 놀도록 내버려 두지 마십시오. 참된 복음 설교로 인하여 그들이 변화되지 않으면 매 설교마다 그만큼 더 악한 상태에 빠지는 것임을 거듭거듭 상기시켜 주어야 합니다. 그들의 불신앙은 날마다, 시간마다 범하는 죄입니다. 하나님의 아들을 거부함으로써 하나님을 거짓말쟁이로 만들기를 계속하는 데도 그들이 동정을 받을 자들이라는 식의 인상을 남기는 그런 가르침을 주어서는 절대로 안 될 것입니다.

그들의 위험을 지각하고서, 불경건한 자들이 죄 가운데서 편안히 있지 못하도록 하십시오. 그들의 마음의 문을 계속해서 두드리고, 생사(生死)의 갈림길에 서 있는 사람처럼 두드리십시오. 그들을 위한 여러분의 끈질김과 여러분의 진지함, 여러분의 염려와, 여러분의 생산의 고통에 하나님께서 복을 베푸사 그들을 각성하게 하실 것입니다. 하나님께서는 이런 수단을 통해서 능력으로 역사하십니다. 그러나 영혼을 위한 우리의 고뇌는 거짓이 아니라 참된 것이어야 합니다. 그러므로 우리 마음이 하나님과 함께 참된 연민을 가져야 되는 것입니다. 경건이 모자라다는 것은 영적 능력이 모자라는 것을 의미합니다. 마음이 주님과 어긋나 있는 사람도 지극히 예리한 설교를 할 수 있을 것입니다. 그러나 그 결과는 보잘것 없을 수밖에 없습니다. 예수님이야말로 가장 완전한 설교보다도 마음을 만지는 능력이 더 크신 분이십니다. 그러니 그와 함께하는 사람의 말에는 무언가 특별한 것이 있는 것입니다. 이 사실을 기억하시고 하나님과 끊임없이 동거하시기 바랍니다. 주님의 잃어버린 양들을 많이 모아들이기 위해서는, 여러 날 밤을 은밀한 기도로 지새우는 일이 필요할 것입니다. 오직 기도와 금식만이 사악한 마귀들을 내어쫓을 능력을 얻게 해 줍니다. 사람들이 하나님의 주권에 대해서 어떻게 생각하든 간에, 하나님께서는 특별한 마음의 상태를 특별한 성공과 연결시키신다는 것을 사람들로 하여금 알게 하십시오. 그런 것이 없이는 하나님께서 능력의 역사를 베풀지 않으실 것입니다.

    진지한 설교에 덧붙여서 다른 수단을 사용하는 것이 지혜로울 것입니다. 여러분의 설교에서 결과를 보기를 바라면, 질문하는 자들에게 응답해 주어야 할 것입니다. 예배가 끝날 때마다 모임을 갖는 것은 바람직하지 않을 수도 있으나, 교인들과 직접 접촉할 기회를 자주 갖기를 힘써야 합니다. 영적인 고민을 지닌 심령들을 만나는 방법을 전혀 마련해 놓지 않고 있어서, 가끔씩 그런 사람들이 목사를 찾아오기는 하지만 그것은 목사의 진지함 때문이 아니라 그 고민을 지닌 사람들의 용기 때문인 것이 고작인 경우가 허다하다는 것은 정말 충격적인 사실입니다. 처음부터 여러분은 그리스도를 찾는 모든 사람들을 만날 시간을 자주 정기적으로 지정해 두고서, 그들이 와서 여러분과 대화를 나누도록 계속해서 그런 사람들을 초청하여야 할 것입니다. 여기에 덧붙여서, 구도자 모임들을 많이 가져서, 괴로움에 싸인 사람들을 돕고 혼란에 싸인 사람들을 인도할 수 있도록 말씀을 전하며, 함께 모인 개개인들과 열정적인 기도로 함께 어울리고, 최근의 회심자들이나 기타 사람들의 짧은 간증들을 듣게 할 수도 있을 것입니다. 그리스도를 공개적으로 고백하는 것이 구원 얻는 믿음과 연관지어 계속해서 언급되고 있으므로, 속으로 예수님을 따르기 시작한 신자들을 쉽게 앞으로 나오게 하여 그리스도를 향한 충성을 서약하게 해 주는 것이 지혜로운 일일 것입니다. 그렇게 고백하도록 설득해서는 안 됩니다마는, 그렇게 할 수 있도록 기회를 제공해 주어서 소망을 가진 심령들이 방해를 받지 않도록 해 주어야 하는 것입니다. 아직 세례를 받을 생각을 하는 데까지는 나아가지 못한 자들에 대해서도, 여러분이 개인적인 교제를 통해서 큰 유익을 줄 수 있습니다. 그러므로 그런 개인적인 교제를 추구해야 할 것입니다. 잠깐 동안의 대화를 통해서 의심이 제거되고, 오류가 바로잡아지며 두려움이 사라질 수도 있습니다. 평생토록 비참한 상태에 있었던 사람이 간단한 대화로 평안을 얻는 경우를 저는 많이 보아왔습니다. 방황하는 양 떼들을 하나씩 찾아가시고, 한 개인을 위하여 여러분의 온 생각을 기울일 필요가 있다는 것을 깨달으면, 그런 수고를 불평하지 마십시오. 주님께서도 선한 목자의 비유에서 잃어버린 양을 한 번에 한 마리씩 어깨에 메고 집으로 데려오시며, 또한 그렇게 하시면서 매우 기뻐하시지 않습니까?

여러분이 아무리 할 수 있는 일을 다해도 여러분의 열망은 충족되지 않을 것입니다. 영혼을 구원하는 일은 사람에게 계속 자라나는 일이기 때문입니다. 회심의 역사를 보면 볼수록 더욱더 많은 사람들이 하나님께로 거듭나기를 더 소원하게 되는 법입니다. 그리하여 여러분은 곧, 많은 사람들이 구원받기 위해서는 도움이 필요하다는 것을 발견하게 됩니다. 그물에 고기가 가득 잡히게 되면, 너무 무거워져서 한 사람으로서는 도저히 바깥으로 끌어낼 수가 없게 됩니다. 그때에는 동역자들이 함께 나서서 여러분을 도와주어야 합니다. 온 교회가 각성하여 거룩한 열정으로 충만해 있을 때에 성령께서는 그들을 통하여 큰 일들을 행하십니다. 그렇게 되면 한 사람이 아니라 수백 명의 증인들이 생기게 되고 그들이 서로를 강건하게 합니다. 그렇게 되면 그리스도를 위하여 헌신하는 자들이 줄줄이 이어지게 되고 서로 힘을 합쳐서 일을 하게 되며, 모두가 합심하여 드리는 간구가 하늘을 향하여 올라가게 되고, 그리하여 죄인들이 진지한 간구들에 둘러싸이게 되고, 하늘 그 자체가 거기에 임하게 될 것입니다.

어떤 교회에서는 죄인이 구원받기가 매우 어려워 보이는 경우도 있습니다. 강단에서 아무리 좋은 유익을 얻어도 주위의 분위기가 냉랭하여 그 심령이 이내 얼어 버리기 때문입니다. 그런가 하면 어느 교회들은 사람이 회심하지 않은 채 있기가 어렵도록 만들기도 합니다. 거룩한 열심이 그런 사람들을 고뇌에 싸이도록 만들기 때문입니다. 우리는 성령의 능력으로 교회 전체를 아름다운 선교의 상태로 만들어 놓는 것을 우리의 사명으로 삼아야 할 것입니다.

교회 전체를 마치 라이덴병처럼 만들어서 신성한 전기(電氣)로 가득 차게 하여 교회와 접촉하는 모든 이들이 그 능력을 느끼도록 만들어야 할 것입니다. 한 사람이 과연 혼자서 무슨 일을 할 수 있겠습니까? 열정을 가진 협력자들과 함께라면 무슨 일을 못 하겠습니까? 처음부터 영혼을 구원하는 교회로 삼을 가능성을 깊이 생각하십시오. 우리는 그저 몇몇 일꾼들을 모으는 것뿐이고 그 나머지 사람들은 어쩔 수 없이 죽어 있을 수밖에 없다는 식의 일상적인 생각에 굴복하지 마십시오. 물론 그렇게 될 수도 있습니다만, 처음부터 그런 생각을 갖고 출발하지는 마십시오. 처음부터 그런 생각을 가지면 그대로 될 것이니 말입니다. 일상적인 일이 반드시 모든 경우에 다 맞는 것은 아닙니다. 지금까지 되어온 것보다 더 나은 일들이 얼마든지 가능합니다. 여러분의 목표를 높게 잡고 거기에 이르고자 아낌없이 수고하십시오. 예수님을 위하여 살아 있는 교회를 모으도록 힘쓰십시오. 회원 한 사람 한 사람에게 충만한 열정이 있고, 모두가 사람들을 구원하기 위하여 끊임없이 활동하는 그런 교회를 이루도록 힘쓰기 바랍니다. 이를 위해서는 많은 사람들을 먹여서 강건하게 만들 최고의 설교가 있어야 하고, 위로부터 능력이 임하도록 간구하는 끊임없는 기도가 있어야 하고, 그들에게 열정을 주도록 여러분의 편에서 지극히 영웅적인 모범을 보여야 할 것입니다. 그렇게 되면 하나님의 축복이 임하여, 모든 힘을 상식적으로 운용해도 지극히 바람직한 결과들이 산출되지 않을 수 없을 것입니다. 여러분 중에 이것을 확실히 깨닫고, 실제적인 사실로 구체화시킬 수 있는 분은 없습니까?

때때로 다른 형제를 초청하여 전도 사역을 주도하도록 하는 것도 매우 지혜롭고 유용한 방법입니다. 여러분의 그물에는 절대로 걸리지 않으나, 다른 어부의 그물에는 반드시 걸릴 그런 고기들도 있기 때문입니다.

오랫동안 익숙해진 목소리가 효과를 잃어버렸을지라도 신선한 목소리가 관심을 불러일으키고, 이미 주의를 기울이고 있는 자들에게서 더 깊은 효과를 일으키는 경향이 있습니다. 건전하고 사려 깊은 전도자들이라면 지극히 유능한 목회자에게도 도움의 손길을 줄 것이고, 그리하여 그 목회자가 얻지 못한 열매들을 거두어들일 수 있을 것입니다. 여하튼, 일상적인 예배의 연속성이 그로 인하여 깨어지고, 단조로움이 제거되어 사람들이 신선한 관심을 갖게 되는 것은 분명한 사실일 것입니다.

혹시 시기심 때문에 이런 일을 꺼리는 일이 있어서는 절대로 안 됩니다. 가령 다른 등불이 여러분의 등불보다 더 밝게 빛을 드러낸다고 할 때에, 그 등불을 통해서 여러분이 구원하고자 하는 사람들에게 빛이 전해진다면, 그 이상 무엇이 문제가 되겠습니까? 모세처럼, "여호와께서 그의 영을 그의 모든 백성에게 주사 다 선지자가 되게 하시기를 원하노라"(민 11:29)고 합시다. 이기적인 질투심에서 자유로운 사람은 그 어떠한 경우에서도 그런 기미를 보이지 않습니다. 교인들은 자기들의 목사가 재능은 다른 사람보다 부족하나 영혼을 사랑하는 사랑에서는 그분을 따를 사람이 없다는 것을 잘 알고 기꺼이 인정할 것입니다. 사랑하는 아들이라면 굳이 자기 아버지가 가장 학식이 많은 사람이라고 믿을 필요가 없습니다. 아버지가 다른 분들보다 낫기 때문이 아니라 그분이 아버지이시기 때문에 그를 사랑하는 것입니다. 가끔씩 마음이 뜨거운 이웃을 부르고, 교회에서 그 재능을 활용하시고, 탁월한 구령자의 도움을 확보하십시오. 하나님께서 이 일에 복 주셔서 거친 땅을 깨뜨리시고, 여러분에게 더 밝은 날을 허락하실 수도 있을 것입니다.

사랑하는 형제 여러분, 마지막으로 말씀드립니다만, 모든 수단을 다 사용하여, 영혼의 회심을 통하여 하나님께 영광 돌리기를 힘쓰시고, 여러분의 마음의 소원이 성취되기까지 쉬지 마시기 바랍니다.

제 24 장

설교에서의 예증법

이제 우리가 다룰 주제는 설교에서 예증법(illustrations)을 사용하는 문제입니다. 어쩌면 오늘 강의에서 한 가지 예증법을 제시해 드리는 것이 우리의 목적을 돕는 최고의 방법이 될지도 모르겠습니다. 도자기를 직접 굽는 것보다 도자기 굽는 기술을 가르치는 데에 더 좋은 방법이 없기 때문입니다. 토머스 풀러(Thomas Fuller)는 말하기를, "이성적 추론은 설교의 기둥이다. 그러나 직유(直喩)들은 최고의 빛을 비추어 주는 창문들이다"라고 했습니다. 이 말은 멋지고도 의미가 깊습니다. 그러므로 이 말이 지향하는 방향을 따라서 강의를 진행하도록 하겠습니다.

집을 지을 때에 창문을 내는 가장 큰 목적은, 풀러의 말처럼, 빛이 들어오게 하려는 데 있습니다. 비유들이나 직유들이나 은유들이 바로 그런 효과를 지닙니다. 그렇기 때문에 우리는 주제를 예로 설명하는 데에, 혹은 바꾸어 말하면, "빛으로 주제를 밝혀 주는" 데에 그것들을 사용합니다. 존슨 박사(Dr. Johnson)에 따르면 영어의 "illustrate"의 문자적인 의미가 바로 "빛으로 무엇을 밝혀 주다"(brighten it with light)입니다. 직설적인 언어를 통해서 청중들에게 빛을 비추어 주지 못할 때에 우리는 창문을 열어서 상쾌한 비유의 빛이 들어오게 하는 방법을 자주 사용합니다. 세상의 빛이신 우리 주님께서도 그의 말씀을 직유들로 가득 채우셔서 일반 백성들이 그의 말씀을 즐겁게 듣도록 하셨습니다.

주님의 모범은 하늘의 교훈을 비교와 비유들을 통해서 밝히 드러내는 일에 높은 권위를 부여해 줍니다. 노아에게나 모든 의의 설교자에게나,

지혜는 "방주에 창문을 만들지어다"라고 명령하고 있습니다. 개념 정의를 해 주고 설명을 제시해 주느라 수고를 기울여도 청중들이 그 의미에 대해서 여전히 캄캄한 상태에 있을 수도 있습니다. 그런데 그때에 아주 적절한 은유법을 사용하면 놀랍게도 그 의미가 분명해지기도 합니다. 아무리 훌륭한 말로 묘사를 해도 「그림으로 본 런던 뉴스」(*The Illustrated London News*)에 나오는 그림들만큼은 풍경을 제대로 그려낼 수가 없습니다. 성경의 가르침도 마찬가지입니다. 구체적인 예를 제시하거나 교리 그 자체를 비유적인 언어로 그려내게 되면, 추상적인 진리들이 훨씬 더 생생하게 우리에게 다가오는 법입니다. 아무리 짧은 설교라도 가능하다면 좋은 은유가 최소한 한 가지는 있어야 할 것입니다. 에스겔은 성전에 대한 이상 가운데서, 심지어 작은 방에까지도 그 크기에 적절한 창문이 있는 것을 보았는데, 이와 마찬가지로 아무리 짧은 설교라도 가급적 적절한 은유를 최소한 하나 정도는 사용하는 것이 좋습니다.

복음의 정신을 신실하게 따른다면, 문제를 명확히 하기 위해 수고하는 것이 마땅할 것입니다. 말씀을 단순하게 제시하여 청중 가운데 가장 무식한 자들까지도 다 이해하도록 만들기를 연구해야 합니다. 그러므로 사람들 앞에 여러 가지 은유와 비유들을 제시하도록 합시다. 어떤 분은 아주 지혜롭게 이렇게 말하고 있습니다: "내 아래 있는 세상은 그것을 통해서 위의 세상을 바라보는 안경이다. 하나님께서 지으신 것이 목자들의 달력이요 농부의 알파벳이다."

아무것도 감출 것이 없으니 우리는 희미하게 말씀을 전할 야망 역시 없습니다. 리코프론(Lycophron)은, "카산드라의 예언"(The Prophecy of Cassandra)이라는 제목이 붙은 자기의 시(詩)를 이해하는 사람을 만나면, 나무에 목을 매달아 자살하겠다고 선언했습니다. 다행히 그 사람으로 하여금 나무를 그렇게 악하게 사용하도록 몰아간 사람은 아무도 없었습니다. 목회자들 중에도 자기들의 설교와 관련해서 그와 똑같은 위험을 감수하려 드는 사람들이 있는 것 같습니다. 헤라클레이토스(Heraclitus)는 그의 언어가 난해하여 도저히 이해할 수가 없어서 "캄캄한 스승"(the Dark Doctor)이라 불렸는데, 우리들 중에도 그와 비슷한 사람들이 있습니다.

아주 비밀에 싸인 강론들 중에는 너무나 희미하여 그 속에 빛을 비추게 되면 그것이 마치 카느의 동굴(the Grotta del Cane)의 횃불처럼 꺼져 버리고 말 것 같은 것도 있습니다. 너무나도 희미하고 말할 수 없이 복잡하여, 그것을 이해하려는 소망을 아예 가질 수조차 없는 그런 강론들 말입니다. 이런 스타일의 강론을 해서는 안 됩니다. 조슈아 슈트(Joshua Shute)는 "가장 명확한 설교가 배울 것이 가장 많다. 그리하여 한 위대한 학자는, '주여, 명확하게 설교할 수 있을 만큼 충분한 학식을 제게 주소서'라고 기도했던 것이다"라고 말했는데, 우리도 이에 전적으로 동감합니다.

창문은 방에 거주하는 자들에게 즐거움과 편안함을 크게 더해 줍니다. 이와 마찬가지로 예증법(예화)을 사용하는 것이 설교를 즐겁고도 흥미 있는 것으로 만들어 줍니다. 창문이 없는 건물은 집이라기보다는 감옥일 것입니다. 속이 캄캄하여, 아무도 거기에 세를 들어가려 하지 않을 것입니다. 이와 마찬가지로, 비유가 없는 강론은 지루하고 메마르며, 육체에 피곤함을 가져오게 만듭니다. 솔로몬의 전도서에 나오는 전도자는 "힘써 아름다운 말들을 구하였"습니다(전 12:10). 아니면 히브리어의 표현대로, "즐거움의 말들"(words of delight)을 구하였습니다. 분명 비유와 비교들이 듣는 사람들에게 즐거움을 주는 것입니다. 교리의 고기에 비유의 소금이 들어간다는 것을 부인하지 맙시다. 우리가 비유적인 어법을 적절히 사용하면 교인들이 아주 즐겁게 듣게 됩니다. 일화를 이야기해 주면, 그들이 편안히 쉬며, 자기들의 상상력을 동원하게 되어, 좀 더 심오한 해석을 듣는 더 힘든 일을 위하여 스스로 준비를 갖추게 됩니다.

몇 년 전에 삼등(三等) 마차를 타고 동방의 나라들을 다닌 일이 있는데, 오랜 기간 동안 등불도 없이 지내야 했습니다. 그런데 한 여행객이 촛불을 켜자, 모두들 눈이 그쪽으로 향했고, 그 등불 아래서 모두들 기뻐했습니다. 설교 중에 적절한 직유 하나가 바로 그런 효과를 내는 경우가 많습니다. 주제 전체를 밝혀 주고, 모든 사람의 마음에 즐거움을 주는 것입니다. 이야기를 해 주는 동안 심지어 어린아이들조차도 눈과 귀를 모으고, 얼굴에 환한 즐거움이 피는 것입니다. 우리의 창문들을 통해서 비치는 빛 가운데서 즐거움을 얻기 때문입니다. 그들은 설교가 온통 예증으로 가득 차 있으면 하고 바란다고 감히 말할 수 있습니다. 어린아이들이 케익이 온통 자두로만 되어 있으면 좋겠다고 여기는 것처럼 말입니다. 그러나 그래서는 안 됩니다. 아주 복된 중도(中道)라는 것이 있습니다. 우리의 강론을 즐겁게 들을 수 있도록 해 주어야 하지만, 그것이 그저 시간 때우기 용이 되어서는 안 되는 것입니다. 전하는 자에게나 듣는 자들에게 복음을 전하는 일이 비참한 작업이 되어야 할 이유는 결코 없습니다. 우리의 모든 설교들이 즐거우면서도 유익이 되도록 되어야 할 것입니다. 집이 트인 구멍 하나 없이 두터운 벽으로만 되어 있어서는 안 되듯이, 설교도 비유의 창문이나 시(詩)의 발코니 없이 그저 견고한 교리의 벽으로만 되어 있어서는 안 되는 것입니다. 혹시 설교가 그렇게 되어 버리면, 청중들이 점점 우리를 버리게 되고, 설교를 듣기보다는 차라리 집에 머물면서 좋아하는 작가들의 글을 읽고 거기서 생생하고 활기 있는 내용들을 접하여 마음에 즐거움을 얻기를 바라게 될 것입니다.

건축가라면 누구든지, 창문을 자기의 디자인을 장식할 기회로 이용한다고 말할 것입니다. 건물이 거대할 수도 있지만, 그것이 창문을 비롯해서 여러 가지 세부적인 것들로 정리되어 있지 않으면 그것이 보기에 좋을 수 없을 것입니다. 아비뇽(Avignon)의 교황의 궁전은 거대한 구조물입니다. 그러나 외부에 창문이 너무 적어서 사방에서 보아도 거대한 감옥 같아 보이고, 궁전의 냄새는 전혀 풍기지 않습니다. 설교도 정리될 필요가 있고, 다양화되고, 장식되고, 활기를 띨 필요가 있는데, 예화와 상징과 예들을 도입하는 것보다 거기에 효과적인 것이 없습니다. 물론, 장식물들이 주된 요점은 아닙니다. 그러나 조그맣지만 탁월한 것들이 여러 개 모여서 완전한 것을 이루게 되는데, 이것도 그 중의 하나입니다. 그러므로 이것을 무시해서는 안 됩니다. 지혜가 집을 건축할 때에는 일곱 개의 기둥을 가져다 붙일 것입니다. 구조물을 지탱시키기 위함은 물론 화려함과 아름다움을 위해서도 그렇게 할 것입니다. 그렇다면, 거룩이라는 아름다운 것을 그저 허술한 헛간 같은 것에 거하게 해도 상관없다고 생각할 수 있겠습니까? 은혜로운 설교에 아름다운 언어가 없다면 결코 더 나을 것이 없을 것입니다. 저속한 장식들을 우리는 혐오합니다. 그러나 적절한 언어의 아름다움은 권장해야 할 것입니다. 진리는 왕의 딸과 같아서, 그녀는 금으로 치장하고 있고, 그녀의 집은 왕궁이요, 그곳은 "마노(瑪瑙)로 된 창문들과 홍옥(紅玉)으로 된 문들"로 장식되어 있는 것입니다.

    예화는 청중에게 생기를 주고 관심을 불러일으킵니다. 오늘날 우리의 교회당들에서는 그렇지 못한 경우가 많습니다만, 창문을 열면 신선한 공기가 조금 들어와서 청중을 새롭게 일깨워 주며, 또한 실내에 고인 꽉 막힌 분위기 속에서 졸고 있는 사람들을 정신이 나게 하여 복을 얻게 합니다. 창문(window)이란, 영어의 명칭 그대로 하자면 "wind-door"(바람이 들어오는 문)이어야 합니다. 곧, 그리로 공기가 들어와 청중들을 시원하게 해 주기 위한 것이란 말입니다. 이와 마찬가지로, 설교자도 독창적인 비유와 고상한 연상법, 탁월한 비교, 풍성한 알레고리 같은 것을 제공하여 청중들의 마음에 신선한 공기를 불어넣어서, 그들을 무덤덤한 상태에서 벗어나게 하여 진리를 받아들이도록 일깨워 주어야 하는 것입니다.

    특정한 위엄 있는 목사들의 지리한 설교에 익숙해져 있는 사람들은, 복되고 자연스러운 예화가 고요히 흐르는 그런 설교를 들으며 회중이 열정과 활기 있는 즐거움에 가득 차는 것을 보면 크게 놀라워할 것입니다. 그들의 강론집들이 무수히 많으나 마치 사막과도 같이 메말라 있어서 책방 한 귀퉁이에서 먼지에 뒤덮여 있습니다. 그런데 수천 개의 문단을 읽어내려 가다가 거기서 한 가지 예증을 만나게 되면, 그야말로 사하라 사막에서 오아시스를 만난 듯, 독자의 심령을 활기로 가득 차게 해 주는 것입니다. 강론집을 쓸 때에 책벌레들은 별로 염두에 두지 마십시오. 그들은 가르침이 메말라 있어서 거기서 영양분을 취할 것이니 말입니다. 오히려 측은한 마음으로 염두에 두어야 할 사람들은 여러분 주위에서 굶주림 가운데 있는 영혼들입니다. 그들은 여러분의 설교를 통해서 생명을 찾지 못하면 그 어디에서도 생명을 찾지 못할 사람들입니다. 여러분의 청중 가운데 계속해서 잠에 빠져 있는 사람들이 있다면, 영원한 형벌이 임할 때에야 비로소 깨어날 것입니다. 유익이 되는 다른 목소리를 듣지 못하니 말입니다.

자, 이렇게 예증법이 필수적으로 사용되어야 한다는 것을 말씀드렸습니다만, 한 가지 명심해야 할 것은, 집의 핵심이 창문에 있는 것이 아니듯이 설교에서도 예증법이 핵심이 아니라는 사실입니다. 그렇기 때문에, 예증(예화)이 지나치게 많아서는 안 됩니다. 빛이 들어오는 구멍이 너무 많으면 건물의 안정성에 심각한 문제가 있을 수 있습니다. 설교들이 온통 은유들로 가득 차 있어서 빈약한 것이 되어 버리는 경우를 많이 보아왔고, 그것을 보고 우리는 정말 미친 설교들이라고 말하기까지 했습니다. 설교는 꽃다발 같아서는 안 되고, 오히려 보릿단 같아야 합니다. 매우 아름다운 설교는 전혀 쓸데없는 것들인 경우가 대부분입니다. 세련된 것을 목표로 삼는다면, 그것은 실패를 자초하는 것이나 마찬가지입니다.

좋은 것들이 너무 지나치게 많을 수도 있습니다. 유리로 된 집이 살기에 가장 편안한 것이 아닙니다. 여러 가지 거부감 가는 점들이 있지만, 우선, 지나가는 사람들에게 돌을 던지고 싶은 유혹을 불러일으키는 것입니다. 비판적인 원수들이 우리의 은유들을 공격할 때에는 대개 재빨리 해치워 버립니다. 좋은 마음으로 듣는 자들에게 예화나 비유적인 표현들은 설득력 있는 논지가 되지만, 반대자들에게는 공격할 빌미를 주는 것입니다. 말하자면 원수들이 창문을 타고 올라오는 것입니다. 비교법들은 양쪽으로 자르는 양날이 선 칼과 같습니다. 그리하여 예리하고 아주 그럴 듯해 보이는 예증법이 여러분에게 날을 들이대서 여러분을 웃음거리로 만들어 버릴 수도 있습니다. 그러니 은유법이나 비유법에 의존해서는 안 되는 것입니다. 높은 정신을 갖춘 사람이 자기의 총으로 자기를 겨냥하여 마구 휘둘러 댄다면, 그보다 못한 사람들도 얼마든지 자기를 변호할 수 있을 것입니다. 저와 관계되는 한 가지 사례를 말씀드리고 싶습니다만, 저의 강의들이 처음부터 계속해서 자전적(自傳的)인 것이었으니 제 자신의 이야기를 해도 무방하리라 여겨집니다. 한 신앙지(信仰誌)에 실린 내용을 그대로 인용해 보겠습니다:

「칼과 보습」(*The Sword and the Trowel*) 지에서 비처 목사(Mr. Beecher)를 걸고 넘어졌다. 비처 목사는 자신의 「설교학 강의」

(*Lectures on Preaching*)에서 말하기를, 스펄전 목사는 '칼빈주의 사상을 가졌음에도 불구하고' 성공을 거두었다고 하면서, '낙타가 등에 혹이 있는 것 때문에 여행을 잘 하는 것도 아니고, 그것 때문에 더 유용하게 쓰이는 것도 아니다'라고 덧붙였다. 그 예화는 별로 적절한 것이 아니다. 스펄전 목사가 이렇게 반박하고 있으니 말이다: "아랍 사람들은 낙타의 혹을 매우 중요하게 본다는 것을 박물학자들이 확증해 주고 있다. 아랍 사람들은 그 짐승의 상태를 그 혹의 크기와 형태와 단단함으로 판단한다는 것이다. 낙타는 사막을 여행할 때에 그 혹에 들어 있는 영양분에 의존하는데, 낙타가 모래 사막을 지나며 궁핍과 기진맥진함을 겪을수록 그 혹의 크기가 줄어들며, 따라서 그 혹이 본래의 크기를 되찾기 전에는 기나긴 여행을 하기에 적절한 상태가 아닌 것이다. 칼빈주의는 사람에게 그리스도를 섬기는 기나긴 여정에서 수고할 수 있도록 만들어 주는 영적 양식이다. 물론 옆에서 바라보는 자들은 그것을 낙타의 혹이라고 놀려댈지 모르지만, 사막의 쓰라린 길을 지나가는 체험을 하고 있는 자들은 그 혹이 얼마나 가치가 있는지를 잘 알기 때문에, 비처 목사의 찬란한 재능을 그 대신 준다 해도 그 혹을 버리려는 마음은 절대로 가질 수 없는 것이다."

모든 방법을 써서 예증법을 사용하십시오. 그러나 설교가 온통 예증이 되게 해서는 안 됩니다. 그렇게 되면 바보천치들이 모인 자리에서나 합당할 것입니다. 우리의 집은 영감(靈感)이라는 깊은 기초 위에 교리라는 석조물로 지어진 것이어야 합니다. 그 기둥은 견고한 성경적 논리로 되어 있어야 하고, 진리라는 돌을 적절하게 조심스럽게 쌓아 올려야 합니다. 그리고 창문을 질서 있게 정렬해야 합니다. 그러나 창문을 위해서 집을 세우지는 않습니다. 마찬가지로, 사람들이 좋아하는 우화를 제시하기 위해서 설교를 할 수는 없습니다. 창문은 전체의 디자인에 합당하게 편의를 위해서 필요한 것이요, 예증법도 마찬가지입니다. 어떤 한 가지 은유를 돋보이게 하기 위해서 설교문을 작성한다면 그것은 마치 건축가가 스테인드 글래스로 된 창문을 돋보이게 하기 위해서 대성당을 짓는 것만큼이나 어리석은 짓일 것입니다. 우리는 멋진 예술 작품들과 세련된 유행들을 전시해 놓은 수정 궁궐을 짓기 위해서 세상에 보내심을 받은 것이 아닙니다. 그러나, 지혜로운 건축자답게 우리는 신적인 진리가 거하는 신령한 집을 지어야 하는 것입니다. 우리의 건물은 오래 견뎌야 하고, 날마다 사용할 수 있는 것이어야 하며, 따라서 크리스탈이나 온갖 색상으로만 되어 있어서는 안 되는 것입니다. 순간적으로 반짝이는 것이나 세련된 것에다 목표를 둔다면, 우리는 복음 사역자들로서 완전히 정도(正道)를 이탈하고 있는 것입니다.

설교 한 편에 예증이 얼마나 있어야 할지에 대해서는 일정한 법칙을 세울 수가 없습니다. 각자가 자기 나름대로 판단해야 할 것입니다. 진정 어울리는 복장이 어떤 것인지는 얼른 정의를 내릴 수가 없습니다만, 누구나 그것이 무엇인지를 다 알고 있습니다. 이와 마찬가지로 설교에서 비유적인 용법이나 예증법들이 어느 정도나 있어야 적절한지에 대해서도 문학적이며 영적인 취향에 있는 것입니다. 그러나 설교를 멋지게 꾸미고 장식하려는 열심을 지나치게 품어서는 안 됩니다. 어떤 사람들은 은유법을 아무리 사용해도 오히려 더 사용하고픈 마음이 있는 것 같아 보입니다. 그들이 내뱉는 문장 하나하나가 모두 꽃이어야 직성이 풀리는 것입니다. 그들은 창문을 장식할 멋진 색깔 유리를 새로이 찾느라 바다와 땅을 헤매고 다닙니다. 그리고는 얄팍한 장식들로 온통 벽을 가득 채워서 벽을 무너뜨리기까지 하고, 그래서 사람이 거주할 만한 집이 아니라 온갖 장식이 가득한 동굴을 만들어 버리는 것입니다.

그러나 그렇게 해서 자기들의 지혜가 드러나고, 청중들이 유익을 얻는다고 생각한다면, 그것은 정말 오산입니다. 이런 시적(詩的)인 형제들을 각성시키기 위해서 창문 세(稅)를 부활시키면 좋겠다는 바람이 생기기까지 합니다. 법은 여덟 개의 창문까지는 면세 대상으로 허용했습니다. 우리의 예증법 역시 여덟 개 정도는 비판에서 면제시켜 줄 수 있겠지요. 하지만 그 이상은 그 값을 톡톡히 치러야 합니다. 잔칫상에 꽃을 놓는 것은 아주 좋습니다. 그러나 누구도 잔치에 의존해서 삶을 살 수는 없으므로, 일상적인 음식에 꽃을 집어넣으면 그것은 그야말로 어처구니없는 짓이 되고 말 것입니다. 고기에 소금을 조금 치는 것이 소금 창고를 완전히 비우는 것과 얼마나 차이가 있는지는 너무도 분명합니다. 이와 마찬가지로, 상징과 비유와 온갖 은유 등의 예증법을 쏟아내는 사람들은 음식이 역겨운 것을 참지 못하듯이 설교나 강론에서도 역겨움은 견딜 수 없다는 것을 기억해야 할 것입니다. 적당하면 얼마든지 좋습니다. 하지만 멋진 것이 지나치게 많으면 오히려 하나도 없는 것보다 훨씬 더 나쁠 수도 있습니다.

사람들이 나이가 들고 지혜가 있을수록 은유 등의 예증법을 사용하는 경향이 약화된다는 사실은 시사하는 바가 큽니다. 어쩌면 사람들의 상상력이 쇠퇴하기 때문에 그런 현상이 일어나는 것일 수도 있을 것입니다만, 그들의 이해력이 원숙해지는 현상이 동시에 나타나는 것을 보게 됩니다. 어떤 이들은 곧바로 잘 떠오르지 않아서 예증법을 더 적게 사용할 수밖에 없기도 하겠으나, 언제나 그런 것은 아닙니다. 예나 지금이나 여전히 상상력이 탁월한 사람들 중에서 예전보다 예증법을 덜 사용하는 사람들도 있습니다만, 그들은 할 수 있는 만큼 교훈을 집약시켜서 사람들에게 전달해 주겠다고 엄숙하게 결심하여 그렇게 하는 것입니다. 복음을 전혀 듣지 못한 사람들을 처음 대할 때에는 그들의 주목을 끌기 위해서 비유나 은유법들을 많이 사용하지 않을 수 없습니다. 우리 주 예수 그리스도께서도 그런 표현법을 많이 사용하셨습니다. "비유가 아니면 말씀하지 않으실" 정도였는데, 그것은 사람들이 순전한 진리를 있는 그대로 받아들여서 유익을 얻을 그런 수준에 아직 이르지 못했기 때문이었습니다.

그러나 성령께서 임하신 이후에는 비유가 훨씬 적게 사용되었고, 그러면서도 성도들이 하나님에 대해서 더욱 명확하게 가르침 받은 사실이 드러납니다. 바울이 그의 서신서에서 교회들에게 말씀하거나 글로 쓸 때에, 그는 비유들을 별로 사용하지 않았습니다. 그것은 그 성도들이 은혜 안에서 상당히 전진해 있었고, 또한 배우려는 의지가 있는 사람들이었기 때문입니다. 그리스도인들이 성장해 감에 따라서, 교사들의 스타일도 비유적인 것이 줄어들고, 교리적인 명확한 진술이 더 많아지는 쪽으로 변해 간 것입니다. 대학의 고전들에는 그림이 별로 없습니다. 그림은 초등학교 교과서에 주로 나타나는 것입니다. 이런 사실은 우리에게 지혜를 가르쳐 주며, 또한 딱딱하고 경직된 원칙의 지배를 받지 말아야 하고 오히려 우리 자신과 교인들의 처지에 합당하도록 이런저런 교육 방법을 사용해야 한다는 것을 시사해 주는 것입니다.

예증들은 현재 다루고 있는 주제에 진정 빛을 던져 주는 것이어야 합니다. 그렇지 않으면 가짜 창문일 수밖에 없는데, 가짜는 모두가 가증스러울 뿐입니다. 창문세가 시행되던 시절, 시골집에 사는 많은 사람들은 창문 절반에 회를 발라서 빛을 절반으로 가렸고, 그런 다음 그 위에 아예 덧문을 씌웠습니다. 그래서 여전히 창문처럼 보이지만, 태양 빛이 들어갈 수 없도록 만든 것입니다. 제 할아버지의 목사관의 그 어두컴컴한 방들이 지금도 기억납니다. 그리고 그 당시 사람들이 태양 빛에 대해서 세금을 지불해야 한다는 것이 정말 이상스러웠던 기억도 남아 있습니다. 덧문으로 가려진 창문이야말로 아무 빛도 주지 못하고 그 자체를 또 설명해야 하는 그런 가짜 예증법의 아주 적절한 상징입니다. 그 덧문으로 가려진 창문이 과장된 말의 특징을 너무나도 잘 보여 줍니다. 호언장담을 퍼부어서 사실을 왜곡시켜 버리는 것입니다.

숭고한 과장법과 장엄한 넌센스의 좋은 예를 몇 가지 인용할 수 있습니다만, 고색창연한 영국보다는 바다 건너 미국에서 더 비근하게 나타나는 그런 과장법을 한 가지 예로 제시하는 것만으로도 충분하리라 여겨집니다. 저자의 이름은 말씀드리지 않겠습니다만, "죽는 것이 유익함이라"는 말씀에 대한 설교에서 취한 내용을 그대로 인용해 보겠습니다. 젊은 설교자들은 이를 깊이 생각하여야 하겠으나, 모방해서는 안 될 것입니다:

바다 사람들에게는 "군함새"(frigate bird)라 부르는 이상스런 습관과 이상스런 힘을 지닌 새가 있습니다. 모든 지방에서 그 새를 볼 수 있으나, 땅 가까이에서 그 새를 육안으로 본 사람은 아무도 없습니다. 날개를 힘차게 펄럭이면서 높이 떠서 날아다닙니다. 북극 지방 사람들은 한밤중에 오로라 극광 속에서 각양각색의 빛을 흩날리며 그 새가 날아가는 것을 봅니다. 열대 지방 사람들은 가장 뜨거운 정오에 날개가 온통 맹렬한 광선으로 붉게 물든 채 그 새가 날아가는 것을 봅니다. 그렇게 맹렬한 더위 속에서도, 그 새는 위엄 있게 지칠 줄 모르고 견딥니다. 하늘 높이 날아다니는 그 새의 궤적(軌跡)은 낮아지지도 않고, 빗나가는 법도 없습니다. 많은 사람들은 그 새를 신화로 알고, 또 모든 사람들이 하나의 미스터리로 압니다. 그 새의 횃대가 어디 있습니까? [이것은 매우 좋습니다. 여기에 "그의 꼬리털에 누가 소금을 뿌리겠습니까?"를 덧붙입시다.] 그 새는 대체 어디서 쉽니까? 그 새의 보금자리는 어디입니까? 아무도 모릅니다. 사람들은 그저 이 하늘의 새(그렇게 부르도록 합시다)가 구름 위, 폭풍이 닿는 곳 저 너머, 세차게 부는 바람이 닿지 않는 곳에 둥지를 틀고서 거기서 지내다가, 공기의 흐름을 거슬러 힘차게 날아다닌다는 것만 알 뿐입니다. 제 소망도 그와 같습니다. 삶의 극(極)에서, 슬픔의 구름 위에서, 저를 때리는 폭풍보다 높은 곳에서 지칠 줄 모르는 날개로 이 땅을 조롱하며, 훨훨 날아오르면 좋겠습니다. 절대로 낮게 내려오지 않고, 그 숭고한 비상(飛上)의 궤적에서 절대로 이탈하지 않았으면 좋겠습니다. 제 인생의 아침에 그 새가 보일 것이요, 뜨거운 대낮에 그것을 볼 것이요, 저의 태양이 지고 그림자가 드리워지는 저녁에도 볼 것입니다. 그러나 그림자가 사라지고, 저의 태양이 솟아오른다 해도, 이처럼 유익이 되는 죽음의 소망은 보지 못할 것입니다. 그것은 계속해서 날갯짓을 하다가 영원한 빛 속으로 사라져갈 것이니 말입니다.

형제 여러분, 제가 어떠한 권면을 드려도, 여러분을 이처럼 경건의 기념비 위에 세워 놓은 이 화강암으로 깎아놓은 초석 위에는 올려놓지 못하리라 여겨집니다. [지극히 옳은 말입니다. 권면으로는 몸을 초석 위에 올려놓을 수가 없지요. 그렇게 하려면 다리나 팔이 필요하겠지요. 하지만, 경건의 기념비는 대체 무슨 뜻입니까?] 밤중에 성경의 위엄 있는 말씀을 분석하고 묵상하고 생각함으로써, 그리고 창문 가에서 기도로 엎드리며, 앉을 자들을 기다리고 있는 저 빈 보좌와 같이 이생 저 너머에 있는 가능성들과 교제함으로써만 그렇게 할 수 있습니다. 오직 이 방법으로만 성령께서 제시한 것들을 마음으로 받아 누릴 수 있으며, 또한 본문에 가득 찬 감정의 수준에까지 올라갈 수 있는 것입니다. 오늘날 바울이 어디 있습니까? 로마의 감옥에서 이 불멸의 말씀을 보낸 그가 지금 어디에 있습니까? 죽는 것이 유익하다는 이 진술을 확증한 사람이 우리 중에 과연 있습니까? 아무도 없습니다. [지당한 말씀이지요! 우리 중에 죽어본 사람이 어디 있습니까?] 우리는 그가 영광 중에 다니는 것을 알고 있습니다. 그는 심지어 하나님도 밟지 못하는 그 장엄한 공간 속을 다니고 있습니다. [이것이 과연 달변과 신성모독 중 어느 것에 해당할까요?] 그렇게 고난 중에 싸우더니, 이제 안식에 들어갔습니다. 그렇지만 그가 받은 그것이 우리를 위해서도 예비되어 있지 않습니까? 그가 누리는 것 가운데 선물로 주어지지 않은 것이 어디 있습니까? 그의 하나님이 저와 여러분의 하나님이 아니십니까? 영원하신 아버지께서 한쪽 손으로만 먹이시겠습니까? 그가 자기의 식탁에서조차도 사람을 차별하시겠습니까? 경건한 사람이라면 이 점에 대해서 끔찍한 의혹은 절대로 가질 수 없습니다. 우리 아버지께서는 그의 자녀들을 똑같이 먹이십니다. 그리고 그 자녀들이 입는 의복도 그의 의로 된 찬란한 것입니다. 그것은 해와 같이 빛납니다. 그러니 형제 여러분, 그의 사랑의 백성인 여러분, 일어나십시오. 일어나 저와 함께 저 든든한 계단을 걸어 올라가십시오. 그 계단이 화강석에서 반암(斑岩)으로, 반암에서 벽옥(碧玉)으로 바뀌어집니다. 우리의 순전한 발이 보좌 앞에 순전한 상태로 뻗어 있는 수정 바다 위에 설 때까지 계속해서 그 계단들을 올라가십시오. [계단을 올라가서 바다로 나아간다고요? 그리고 세 종류의 계단도 마찬가지입니다! 아주 숭고한 아이디어이기는 하나 허무맹랑하기 그지없습니다.]

이런 식의 과장된 언사는 아무런 빛도 비추어 주지 않습니다. 그리고 어째서 "죽는 것이 유익"이 되는지 그 이유에 대해서 조금도 이해를 돕는 것이 없습니다. 이런 식의 언어를 쓰는 목적은 청중을 가르치기 위함이 아니고, 청중을 현란한 언어로 혼동시키기 위한 것이요, 또한 목사가 놀라운 언변가라는 생각을 갖도록 만들고자 하는 것일 뿐입니다. 어떤 것이든 허튼 소리를 늘어놓는 사람이 있다면, 그 사람은 평생토록 강단에 서지 말게 해야 옳을 것입니다. 여러분이 쓰는 예증법이 진정 여러분이 의도하는 의미를 드러내고 설명하는 것이 되도록 해야 합니다. 그렇지 못하면 그것들은 여호와의 집에 절대로 세워서는 안 될 벙어리 우상들일 수밖에 없습니다.

예증법이 너무 두드러져서는 안 된다는 점을 주의하는 것이 좋을 것입니다. 우리의 비유적인 표현법을 사용해서 말하자면, 창문에 색이 칠해져 있어서, 대낮의 깨끗한 빛이 들어오게 하기보다는 그 자체가 주목을 끄는 그런 것이어서는 안 된다는 말입니다. 그렇다고 해서 창문들이 실제로 "갖가지 색들이 칠해져 있어서 마치 봄꽃들이 만발한 초원처럼 빛나는 그런 유리"로 장식되어 있는 것에 대해서 판단할 마음은 없습니다. 그저 제 비유적인 표현으로 보면 그렇다는 말입니다. 우리가 쓰는 비유법들은 그 자체를 보여 주는 것이 아니라 그것을 통해서 다른 진리를 보도록 하는 데 목적이 있습니다. 여러분이 쓰는 예증법의 기술을 돋보이게 하여 결국 청중들의 마음이 말씀의 원래의 주제보다는 그 기술에 마음이 끌리도록 만든다면, 그것은 유익을 주는 것이 아니라 오히려 악을 끼치는 것입니다.

한 왕의 초상화에서도 그런 것을 보았습니다. 화가는 왕의 얼굴 주위에 꽃들을 너무나도 아름답게 그려 놓아서, 보는 사람들의 시선이 모두 왕의 얼굴보다는 그 꽃에 집중하게 되었던 것입니다. 화가의 온 정력이 그 액세서리들에 쏟아 부어졌고, 그 결과 그 초상화는 결국 이등품으로 떨어져 버린 것입니다. 예술 그 자체에서는 성공을 했을지 모르지만, 초상화를 그리는 데는 분명 큰 실수였습니다. 우리는 사람들 앞에 그리스도를 제시해야 합니다. "십자가에 달리신 그리스도"를 제시해야 합니다. 그러나 그를 묘사하느라 아무리 멋진 상징이나 지극히 매혹적인 비유를 쓴다 해도, 사람들의 마음이 우리 주님에게서 떠나 그 표현들로 쏠린다면, 그것은 맹세코 금해야 하는 것입니다. 예수께서 모든 것 가운데 모든 것이 되셔야 합니다. 그의 복음이 우리의 모든 강론의 처음이요 나중이어야 합니다. 비유와 시도 그의 발 아래 있어야 하고, 멋진 미사여구도 그의 종으로서 그를 시중들어야 합니다. 목사의 말솜씨가 그가 말씀하는 내용과 경쟁 상대가 되는 일이 있어서는 안 될 것입니다. 그렇게 한다면, 그것이야말로 그리스도를 멸시하는 것이요, 그를 깎아 내리는 것입니다. 그러므로 예증법이 지나치게 두드러져서는 안 된다는 경고를 명심해야 할 것입니다.

이러한 사실에서 조금 더 나아가서, 예증법은 본 주제에서 자연스럽게 생겨 나오는 것이 최상이라는 점을 말씀드리고 싶습니다. 그것들은 마치 건물 설계의 한 부분으로서 미리 계획적으로 잘 정렬되어 있는 창문들과 같아야지, 건물을 지은 후에 장식을 위해서 덧붙여 놓은 그런 장식물 같은 것이어서는 안 됩니다. 밀라노 대성당을 보니 정말 아름다웠습니다. 그것은 언제나 마치 거대한 나무나 또는 대리석 숲처럼 땅에서 자연스럽게 돋아나는 것처럼 보였습니다. 그 기반부터 가장 꼭대기의 첨탑에 이르기까지 구석구석이 자연스럽게 생겨난 모양을 하고 있습니다. 각 부분이 잘 발전되어 전체를 이루는 식으로 전체와 부분이 너무나도 조화를 잘 이루고 있습니다. 이와 마찬가지로 설교도 그래야 합니다. 서론이나 각 대지들이나 논지나 호소나 은유법들이 모두 설교 자체에서 샘솟아야 합니다. 그 어느 부분도 나머지 부분과의 살아 있는 관계에서 벗어나 있어서는 안 됩니다. 거기에 무엇을 더 붙이면 당장 이상(異常)이 생기고, 거기에서 무언가를 떼어내어도 전체가 손상되어 버리는 그런 것이어야 마땅합니다. 설교에 꽃이 있어야 합니다만, 그 꽃들은 그 땅에서 나는 꽃이어야 하지, 외국에서 들여온 것처럼 까다롭고 이국적인 꽃들이어서는 안 되는 것입니다. 설교자가 서 있는 거룩한 땅에서 지극히 자연스럽게 돋아난 천연의 꽃이어야 한다는 말입니다.

비유적인 표현들도 강론의 본 주제와 어울리는 것이어야 합니다. 오크 나무 위에 장미가 피어 있는 격이라면 이미 잘못된 것입니다. 포플라 나무에 백합이 피어 있다면 그 얼마나 부자연스럽겠습니까? 모든 것이 전체와 조화를 이루어야 하는 것입니다. 토머스 아담스(Thomas Adams: 1580?-1653)와 제레미 테일러(Jeremy Taylor) 등, 오빌의 황금처럼 먼

나라에서 캐낸 희귀한 보석들로 진리를 장식하는 이스라엘의 대가(大家)들이 그랬듯이, 때때로 낯선 광채를 발휘하는 것들을 사용할 수는 있을 것입니다. 그러나 저는 해밀턴 박사가 테일러에 대해서 한 말을 여러분에게 말씀드리고 싶습니다. 무리의 귀를 즐겁게 해 주고자 하는 것을 목표로 삼는 이들에게 경고가 될 것이기 때문입니다:

    생각들과 명구들과 사건들과 형상들이 무책임하게 대량으로 쏟아져 나오는데, 그것들이 그렇게 적절하고 아름다울 수가 없어서, 그 중에 무엇 하나도 없애 버리기가 매우 힘들었다. 그리하여 그는 일일이 제자리를 찾아서 모두 사용하려 애썼다. "보리"는 물론, "꽃들과 나비의 날개"까지도 말이다. 그리고 "궁글게 엮인 포도 넝쿨"과 "젖 뗀 아기의 머리카락" 등 논리적인 연결을 잘 찾을 수 없는 표현들에서도, 그는 최소한 그의 주제를 멋진 장식물들로 치장할 수 있었다. 그는 세네카(Seneca)와 플루타르크(Plutarch)에 못지않게 사랑하는 아우구스티누스와 크리소스톰(Chrysostom)에게서 여러 구절들을 인용하면서도 용서를 구하는 법을 잘 알고 있었다. 다람쥐가 콩을 물고 자기 집으로 들어가고픈 유혹을 받듯이, 책을 많이 읽은 저자는 자기의 멋진 구절들을 자기가 좋아하는 작가들에서 옮기다 쓰고픈 유혹을 받고 있다.
    아뿔싸! 그는 자기와 똑같이 책들을 섭렵해 본 일이 없어서 그가 느끼는 기쁨을 그저 지루한 것으로만 여기는 그런 사람들에게 그런 것이 얼마나 무미건조하고 무의미한지를 거의 모르고 있으니 말이다. 그는 깨끗이 씻긴 조개 껍질만 보아도 가을 나무들과 작은 숲속의 이야기와, 노란 잎사귀를 통하여 쏟아지는 햇살을 떠올리지만, "일반 대중"은 그런 멋진 문집보다도 차라리 지나가는 보따리 장수의 짐 속에 들어 있는 개암나무 한 주먹에 더 매력을 느끼는 것이다.

예증들이 친숙한 것들에서 취하여 낸 것이 아니면 그 효과가 절반에도 못 미치는 것입니다. 이국 땅에도 아름다운 꽃들이 많이 피어납니다.

그러나 우리의 오두막집 문간에 피어나는 꽃이 가장 마음에 와 닿는 법입니다.

비유적인 표현들을 사용할 때에는 아주 상세한 사항까지 정교하게 묘사해 들어가는 것은 금물입니다. 유리가 깨끗해야 밝은 빛이 들어오는 법입니다. 색칠을 너무 많이 해 놓으면 햇빛을 가로막는 것입니다. 그 옛날 하나님의 제단은 흙으로나 혹은 정으로 쪼지 않은 돌로 만들었습니다만, 그 이유를 성경은 "네가 정으로 그것을 쪼면 부정하게 함이니라"(출 20:15)고 말씀합니다. 일꾼의 연장이 이곳저곳에 수많은 표시를 남겨 놓은 인위적인 스타일은 법정이나 광장이나 의회에서 행하는 인간의 변론에는 알맞으나, 하나님의 이름으로 그의 영광을 위하여 전달되는 선지자적인 말씀 선포에는 알맞지 않습니다.

우리 주님이 사용하신 비유들은 어린아이들을 위한 옛날 이야기만큼이나 간단했고, 그가 백성들을 가르치던 그 골짜기에서 피어나는 백합만큼이나 자연스럽고 아름다웠습니다. 그는 탈무드에 나오는 옛 전설이나 페르시아의 옛 이야기에서 빌려오지도 않으셨고, 바다 건너 나라에서 상징물을 취하여 오신 일도 없었습니다. 그는 언제나 자기 백성들 가운데 계셨고, 그들 모두 공감하는 이야기들을 그 이전에 누구도 그렇게 해 본 일이 없도록, 그러면서도 주위를 관찰하는 사람이라면 당연히 사용해야 할 그런 방식으로, 지극히 자연스럽게 말씀하신 것입니다. 그는 한 번도 억지로 끌어다 붙이거나, 희한한 것을 이야기하시거나, 넘치는 학문을 자랑하시거나, 인위적인 방법을 사용하지 않으셨습니다. 우리 모두 주님을 닮아야 하겠습니다. 그분만큼 완전하며 이 시대에 합당한 모델을 찾을 수 없을 것이기 때문입니다. 눈을 들어 사방을 바라보면, 주위에 풍성한 예증들이 널려 있는 것을 보게 될 것입니다. "말씀이 네게 가까워 네 입에 있다"고 기록된 것처럼(롬 10:8), 그 가까이 있는 말씀을 돕는 비유적인 예증도 마찬가지입니다:

"내 주위에 무엇이 있든
우연히 만나는 모든 것들은

         반드시 목소리와 말을 지니고 있네 —
         날아다니는 새들과, 윙윙거리는 벌들,
         들이나 마구간의 짐승도,
         나무나 잎사귀나 들풀이나 잔디도,
         흐르는 시냇물이나
         지나가는 공중의 새나
         요동치 않고 서 있는 산들도.
         그러나 그 움직이지 않는 모든 것들이
         마치 꿈처럼 하루 종일 움직이고 있네."[1]

  구태여 인간 예술의 그 난해한 미스터리에서 빌려오거나, 과학의 심오한 이론들 속으로 깊이 들어갈 필요가 거의 없습니다. 자연 속에는 황금 같은 예증들이 표면에 널려 있고, 가장 손쉽게 발견되는 것이 가장 순결한 예증이 되기 때문입니다. 자연의 역사에 여러 분야가 있으나, 그것에 대해서 우리는 "그 땅에서 나는 황금이 좋다"고 말할 수 있을 것입니다. 농부도 마차꾼도 볼 수 있는 일상생활의 현상에서 얻어지는 예증들이 가장 좋은 것입니다. 예증은 선지자와는 다릅니다. 왜냐하면 자기 땅에서 가장 존귀를 받으니 말입니다. 그리고 사물을 자주 보아온 사람들이 거기서 이끌어낸 예증을 통해서 가장 유익을 얻게 되는 것입니다.
  그리고 거의 말씀드릴 필요조차 없다는 생각이 듭니다만, 구태여 이야기하자면, 예증은 절대로 저속하거나 유치해서는 안 됩니다. 지나치게 과장된 것이어서도 안 되지만, 언제나 반드시 품위를 지녀야 합니다. 아주 마음에 와 닿아야 하지만, 동시에 순결하고 아름다워야 하고, 절대로 거칠거나 상스러워서는 안 되는 것입니다. 집의 창문이 더러우면 집 전체가 더러워 보이는 법입니다. 거미줄이 쳐져 있거나, 시커멓게 그을려 있거나, 누런 색깔의 종이로 덕지덕지 붙여 놓았거나, 혹은 누더기로 덮여 있거나

---

  1) Robert Lord Lytton, *Fables in Song* (William Blackwood and Sons, 1874) 2 vols. 본문을 약간 변형하여 취하였음.

하면, 그런 창문은 헛간에 달린 창문이지 정상적인 집의 창문은 아닙니다. 우리의 예증들 가운데는 지극히 겸손한 사람에게 충격을 줄 수 있는 요소가 조금도 있어서는 안 됩니다. 만일 이세벨이 창문에서 바라보고 있다면, 그런 창문은 우리에게 맞지 않습니다. 말에 달린 종(鐘)들처럼, 우리의 표현이 아무리 가볍다 해도 반드시 하나님께 거룩한 것이어야 하는 것입니다.

비굴하고 천박한 것을 시사하는 그런 예증에 대해서 우리는 사도의 말씀처럼, "너희 중에서 그 이름조차도 부르지 말라 이는 성도에게 마땅한 바니라"(엡 5:3)고 말해야 할 것입니다. 우리의 모든 창문들은 예루살렘을 향하여 열려 있어야 하고, 소돔을 향하는 것은 하나도 없어야 합니다. 우리는 언제나 임마누엘의 땅에서만 꽃을 모아들일 것입니다. 그리고 예수님께서 친히 그 향기와 아름다움이 되실 것입니다. 그리하여 우리가 그에 대하여 말씀하는 것을 창문 가에서 들으시고 그가, "내 신부야 네 입술에서는 꿀 방울이 떨어지고 네 혀 밑에는 꿀과 젖이 있구나"(아 4:11)라고 말씀하실 것입니다. 순결과 선한 명성의 경계 너머에서 자라는 것은 절대로 우리의 화환(花環)에 쓰여서도 안 되고, 우리의 설교의 장식물로 쓰여서도 안 될 것입니다. 지극히 똑똑하고 기발한 것들은 일반 대중 연설가의 연설이나 싸구려 행상인의 장황설에는 어울릴지 모르나, 만일 복음 사역자에게서 그런 것이 나온다면 그것은 정말 역겨운 것이 되어 버리는 것입니다. 과거에 비판을 받아 마땅한 상스러운 말들이 너무나 많았던 적이 있습니다만, 그런 모든 것들이 지금은 정죄를 받고 있다는 말은 굳이 언급할 필요조차 없을 것입니다.

여러분, 여러분의 창문이 깨어지거나 아니면 흠집이 나 있지 않도록 조심하시기 바랍니다. 다시 말하면, 혼동스러운 은유나 절뚝거리는 예증법들을 사용하지 않도록 경계하여야 한다는 말입니다. 보일 로치 경(Sir Boyle Roche)은 은유법을 탁월하게 구사한 사람으로 대개 인정을 받고 있습니다. 그런데 그는, "쥐 냄새가 납니다. 공중에 떠다니는 게 보이는 데요, 아직 새끼일 때 잡아야지요"라는 말을 했는데, 그 문구는 무슨 의미인지 분명치 않습니다. 시골 사람들의 말에는 그런 사소한 실수들이 너무 자주 나타납니다. 한 탁월한 절제 운동가는 이렇게 외쳤습니다: "여러분, 우리 모두 열심을 냅시다! 도끼를 어깨에 메고 저 황량한 땅을 개간하여 저 멋진 절제의 배가 화려하게 이 땅을 항해해 오도록 합시다!"

몇 년 전, 열정적인 한 아일랜드의 목사가 이렇게 외치는 것을 들은 기억이 납니다: "가리발디(Garibaldi), 그는 빅터 엠마누엘(Victor Emanuel) 같은 저 가엾은 선각자 밑에서 제2바이올린을 켜기에는 너무나 위대한 인물입니다." 공적인 집회에서 그런 실수를 했으니, 우리는 언제나 적절한 표현을 써야 할 것입니다. 그러나 만일 가리발디가 바이올린으로 선각자에게 연주하는 모습을 상상하면서 크게 웃음을 터뜨릴 수 있었다면 그래도 크게 안심할 수 있었을 것입니다. 전승 동요 같은 것이 우리 귀에 맴돌면서 우리의 엄숙함이 호되게 시험을 받았으니 말입니다. 한 시적인 친구는 다음과 같이 우리를 격려하고 있습니다:

"행진하라, 아무리 길이 거칠더라도,
원수가 길을 가로막고 있어도,
똥개들이 짖어서 그대의 발을 헛디디게 해도
그것에 귀를 기울이지 말라."

어느 날 저녁 한 형제가 우리 모두가 "영혼을 구원하는 자들이 되어, 주님이 피값으로 사신 보석들이 자기들의 면류관을 그의 발 아래 던지도록 해야겠다"는 자기의 바람을 토로했습니다. 그 말이 너무나 경건스러워서 청중들은 그 표현이 어긋나 있다는 것을 눈치채지 못했습니다. 여러분 중의 어떤 사람은, "모든 학생들이 복음의 나팔을 울려서 눈먼 자가 볼 수 있도록 그렇게 분명하고도 확실한 소리를 울릴 수 있어야겠다"며 자신의 소망을 피력했습니다. 어쩌면 그 학생은 그 엄청난 나팔 소리에 깜짝 놀라 눈먼 사람들이 눈을 뜨는 광경을 연상하고 그런 말을 했을지도 모릅니다. 하지만 그는 "귀머거리가 들을 수 있도록"이라고 말했다면 훨씬 더 어울렸을 것입니다. 한 스코틀랜드인 작가는 예배 시에 오르간을 사용하자는 제의를 가리켜서 이렇게 이야기합니다: "인위적인 예배와 이 엄청난 죄라는 눈사태는 하나님의 말씀으로 다시 전락하는 것 이외에 아무 효과도 내지 못할 것입니다."

「데일리 뉴스」(The Daily News) 지는 한 저명한 비국교도 목사가 쓴 저서에 대한 논평에서, 그가 쓰는 은유들이 다소 다루기 힘든 것들인 경향이 짙다고 불평하면서 말하기를, 그것은 마치 그가 부모의 마음이라는 은밀한 병동에 이상한 힘을 지닌 열쇠를 삽입해야만 드러나는 은밀한 것을 이야기하는 것과 같고, 수문(水門)의 고리를 비틀어서 갇혀 있던 물에 자유를 준 저 방자한 렌치와도 같다고 했습니다. 그러나, 일반 사람들은 비유적인 언어를 사용하면서 갖가지 실수를 저지릅니다. 심지어 작고한 로마 교황 피우스 9세(Pius IX)는 글래드스턴(William Gladstone: 1809-1898, 영국의 정치가)에 대해서 말하기를, "그가 독사처럼 갑자기 등장하여 성 베드로의 배(船)를 공격하였다"고 했습니다. 물론 그 어떠한 말도 다 받아들일 준비가 되어 있는 사람들도 있지만, 배를 공격하는 독사라니, 좀 지나친 표현입니다.

스스로 정수(精髓) 중의 정수라고 칭하는 그 논평들 가운데 하나는 옥스퍼드(Oxford)의 세인트 메리스 교회(St. Mary's)의 설교자인 치체스터의 부주교(Dean of Chichester)에 대해서 애써 보도하기를, "그는 예전주의자들의 엉덩이와 사타구니를 내리칠 기회를 잡아 굉장히 유창하고도 쾌활하게(with great volubility and vivacity) 이를 활용하였다"고 했습니다. 삼손은 그의 원수들을 내리쳐서 수많은 사람을 살육했습니다만, 언어는 매우 융통성이 있으니까요.

이런 실수들을 다 인용하자면, 많은 지면을 할애해야 할 것입니다. 그러나 이 정도만으로도 우리가 사용하는 은유들에 구멍이 나 있어서 우리가 의도하는 의미가 제대로 전달되지 못할 수가 얼마든지 있다는 것을 잘 알 수 있을 것입니다. 아무리 유능한 강사라도 이런 방면에서 가끔씩 실수를 저지릅니다. 이것이 아주 심각한 문제는 아니지만, 마치 죽은 파리처럼 우리가 아끼는 연고(軟膏)를 망쳐 버릴 수도 있습니다.

제가 아는 몇몇 형제는 언제나 제대로 쓰지를 못합니다. 비유적인 표현을 쓸 때마다 뒤엉켜 버립니다. 그래서 그가 은유를 쓰면 우리는 곧바로 또 사고를 저지르겠구나 하고 생각하게 됩니다. 그런 사람들은 예증법을 사용하는 법을 잘 터득하기까지 모든 비유적인 언어를 사용하기를 삼가는 것이 지혜로운 일일 것입니다. 예증법들이 혼동스러워서 의미를 어둡게 만들고 혼란을 초래한다면, 그것이야말로 애처로운 일이니 말입니다. 뒤엉켜 버린 은유법들은 정말 진흙탕입니다. 좋은 예증법을 사용하든가 아니면 전혀 사용하지 말든가, 둘 중의 하나를 택하여야 할 것입니다.

여기서 제 강의를 마치려고 합니다만, 여기서 이 문제를 완전히 다룬 것이 아니고, 그저 소개하는 정도로만 의도한 것입니다.

제 25 장

강단에서의 예화 사용

　설교를 예증법들을 사용하여 장식하는 것이 지혜롭다는 것은 일반적으로 받아들여지고 있습니다만, 예화들(anecdotes)을 그런 목적으로 사용하는 것에 대해서는 아직까지 다소 의혹이 있는 것 같습니다. 상징법들은 얼마든지 사용하고, 시적인 표현들도 자유롭게 사용하면서도, 간단하고 아주 친숙한 이야기들은 사용하기를 꺼리는 것입니다. 설교자들은 아마도 젊은 후배들에게 다음과 같이 확신 있게 이야기할 것입니다: "자신과 자신의 신성한 직분을 비하시켜서 예화들을 반복하지 않도록 조심하게. 그것들은 상스럽고 무식한 자들이 가장 잘 받아들이는 것이니 말일세." 그러나 모든 사람들에게 이야기들을 많이 소개하라고 거꾸로 말하고 싶지는 않습니다. 거기에는 구별이 있어야 하니까 말입니다. 아주 유익하고 바람직하지만 소박한 옛날 이야기 때문에 완전히 어그러져 버리는 그런 스타일이 있습니다. 그리고 훌륭한 형제들 가운데는 이야기를 소개하는 것이 그들의 사고 방식에 전혀 적합하지 않아 보여서 예화를 사용하지 않는 사람도 있습니다. 우리는 절대로 이런 분들을 책잡고 싶은 마음이 없습니다. 그러나 부드러움이 없어 보이는 다른 분들에 대해서는 그들의 경직된 위대함을 공격하고픈 마음까지 생깁니다. 그들이 예화를 드는 것에 대해 코웃음을 친다면, 우리는 그들의 코웃음에 대해 미소를 보낼 것이요, 그들이 좀 더 지각이 있었으면 하고 바랄 것입니다.
　지성적인 탁월함을 뽐내고 싶은 마음과 찬란한 언변을 사랑하는 자세 때문에 많은 이들이 복음의 진리를 손쉽게 상상할 수 있는 방식으로, 즉 일상적인 사건에서 이끌어낸 비유적인 어법들로 제시하지 못하고 있습니다. 그들이 수준이 낮은 사람들에게로 자신을 낮출 수 없었기 때문에, 그들은 주변에서 일어난 사건들이 말씀의 의미를 정확하게 전달해 줄 수 있는 데도 불구하고 그것들을 예화로 사용하기를 삼간 것입니다. 사람들이 저속하다고 생각할까 두려워서, 황금 같은 기회들을 놓쳐 버리고 만 것입니다. 다윗은 시냇가에서 조약돌들을 찾았기 때문에, 골리앗의 이마를 때리기 위해 굳이 부드러운 돌을 사용하지 않아도 상관이 없었던 것입니다.

생각이 고상한 사람들에게서는 얼음장 같이 차가운 언어밖에는 대중들에게 흘러 내려올 것이 없습니다. 위엄은 그것이 많은 사람들을 의로 돌아서게 하는 위엄이 되지 않는 한, 그야말로 초라하고 경멸스러운 것이 되고 맙니다. 그런데 그렇게 경멸을 받지 않을 만큼 진정한 위엄을 갖추지도 못한 사람들이 위엄을 흉내내느라 "올림푸스 산처럼 거대하게" 위엄을 부풀려온 것입니다. 한 젊은 목사가 아주 정교한 설교를 끝냈는데, 교인들 중에 대여섯 명밖에는 그 설교를 알아듣지 못했다는 이야기를 들었습니다. 그는 이것을 자기의 천재성에 대한 칭찬으로 받아들였습니다. 그러나 저는 외람되지만, 그 형제를 다음과 같은 또 다른 사람과 같은 부류에 속하는 것으로 보고 싶습니다. 그 사람은 자기의 강론을 더욱 감농적인 것으로 만들고 싶어서 아주 심오한 태도로 고개를 흔드는 버릇이 있었고, 일반 교인들에게 약간 효과가 있기도 했습니다. 그러나 한 영리한 그리스도인 여인은 그에게 다가가서 말하기를, 그가 분명 고개를 흔든 것은 사실이지만, 거기에 아무것도 없었다고 했다는 것입니다. 너무나 세련되어 단순해지지 못하는 자들은 다시 더 세련되어져야 합니다.

루터는 그의 「탁상 담화」(*Table Talk*)에서 이렇게 말하고 있습니다: "교회에서 높고 어려운 것들에 목표를 맞추고 가난하고 배우지 못한 사람들의 영적 건강을 무시하는 모든 설교자들에게 화가 있으리니, 그들은 자기들의 명예와 칭찬을 추구하여 한두 사람의 위대한 사람들을 기쁘게 하려고 애쓴다. 그러나 나는 설교할 때에 나 스스로 깊이 내려가 잠긴다." 조지 허버트(George Herbert: 1593-1633)의 「시골 목사」(*Country Parson*)

의 한 구절이 자주 인용되는데, 그것을 소개해 드리는 것이 어쩌면 필요 없을 것 같기도 합니다만, 그러나 그것이 제 마음에 계속 남아 있어서 도저히 그냥 지나갈 수가 없습니다:

> 그 목사는 하나님의 심판들을 섬깁니다. 옛날에 있은 심판들뿐 아니라 최근에 있은 심판들도 말씀하고, 특히 그의 교구와 가장 밀접한 관계가 있는 심판들에 대해서도 말씀합니다. 사람들이 그런 설교를 매우 귀담아 들으며, 하나님께서 그렇게 가까이, 심지어 머리 위에도 계시니 그들도 그렇게 하는 것이 마땅하다고 생각합니다. 때때로 그는 본문이 필요할 때에는 다른 사람들의 이야기와 말씀들을 전해 주기도 합니다. 그러면 사람들은 그 이야기들도 잘 듣고 교훈보다 그것들을 더 잘 기억합니다. 교훈들 역시 진지하기는 하지만, 설교가 끝나면서 잊어버리지만 — 특히 시골 사람들에게는 그것들이 너무 무겁고, 어렵고 열정을 품게 되기가 매우 어렵고, 산에 불이라도 나야 그들에게 열정이 생길 정도입니다만 — 이야기들과 다른 사람들의 말씀들은 잘 기억합니다.

위대하신 하나님께서도 친히 사람들을 교훈하실 때에 역사와 전기(傳記)들을 사용하셨다는 사실을 절대로 잊어서는 안 될 것입니다. 우리의 성경에는 교리와 약속들과 계명들이 들어 있습니다만, 그것들이 홀로 그냥 있는 것이 아니고, 하나님이 하신 말씀과 행적들은 물론 사람들의 말과 행적들이 놀랍게 기록되어 있어서, 성경 전체가 활기를 띠는 것입니다. 하나님께 가르침을 받는 사람은 거룩한 이야기들을 가치 있게 여기며, 그 이야기들 속에 교훈이 충만하고도 힘 있게 들어 있다는 사실을 잘 압니다. 성경 교사들로서는 성경 자체가 취하는 방식을 따라서 형제들을 가르치는 것보다 더 좋은 것이 없을 것입니다.

교사들 중의 위대한 교사이신 우리 주 예수 그리스도께서도 예화들을 사용하기를 거부하지 않으셨습니다. 제가 보기에는 주님이 사용하신 비유들 중에 어떤 것은 실제로 일어난 사실을 묘사한 것이요, 따라서 예화임이 분명히 드러나는 것 같습니다. 탕자의 비유가 혹시 실제로 일어난 사실을 묘사한 것은 아니었을까요? 알곡을 심어 놓은 밭에 실제로 원수가 가라지를 심어 놓은 일이 있지 않았을까요? "이제 편안히 지내라"고 말한 어리석은 부자가 과연 실제의 삶에서 취한 하나의 사진 같은 묘사였을 가능성은 없을까요? 부자와 나사로가 역사상의 실제 인물들일 가능성은 없나요? 실로암 망대가 무너져 죽은 사람들의 이야기와, 또한 "빌라도가 어떤 갈릴리 사람들의 피를 그들의 제물로 섞은"(눅 13:1) 슬픈 비극은 당시 유대인들 사이에 떠도는 풍문의 내용이었음이 분명합니다. 우리 주님은 그 두 가지 이야기를 잘 사용하신 것입니다. 주님이 그렇게 하셨으니 우리 역시 그렇게 하기를 부끄러워할 필요가 없습니다. 주님께 끊임없이 거하셨던 그 하나님의 성령의 인도하심을 구하여, 우리도 모든 지혜와 분별로 그렇게 할 수 있게 되어야 할 것입니다.

저는 본 강의를 이용해서, 종교개혁 시대로부터 시작하여 오늘날에 이르기까지 ─ 물론 연대기적인 순서를 철저하게 지키는 것은 아니지만 ─ 위대한 설교자들의 모범을 인용해 드리고자 합니다. 모범들이 계명보다 더 힘이 있으니, 그것들을 인용해 보겠습니다.

우선, 저 위대한 설교자 휴 래티머(Hugh Latimer: 1485-1555)를 언급하고 싶습니다. 그는 우리의 모든 목사들 가운데 가장 영국인다운 분이었고, 이 땅에 가장 강력한 영향을 미친 인물입니다. 사우디(Southey)는 "래티머는 다른 어느 누구보다도 그의 설교로써 종교개혁을 촉진시킨 인물이다"라고 했습니다. 그리고 이는 리들리(Nicholas Ridley: 1500?-1555)의 중요한 발언과도 일맥상통하는 것입니다. 그는 감옥에 갇힌 상태에서 이렇게 쓰고 있습니다: "나는 주께서 늙은 아버지 래티머를 우리 시대와 우리 나라에서 그의 원수 적그리스도를 대적하는 기수(旗手)로 세우셨다고 생각한다." 여러분이 혹시 그의 설교 한 편을 읽어 보았다면, 그 속에 멋진 이야기들이 많이 나타나며 또한 소지주였던 아버지와 우유 짜는 어머니에게서 자라난 레스터셔(Leicestershire) 농장의 냄새가 짙게 풍기는 마음을 찌르는 유머가 잘 섞여 있는 것을 보고 충격을 받았을 것입니다. 그의 설교들이 대부분의 사람들에게 큰 관심을 불러일으켰고, 또한 수많은 사람들이 그의 설교를 들으려 밀려드는 바람에 회중석이 무너졌다고 하는데, 그것이 바로 이 이야기들 때문이었다는 것이 의심의 여지 없는 사실입니다. 보통 사람들이 그의 설교를 아주 즐겁게 경청했는데, 그들이 그렇게 열심히 주의를 기울인 것은 그의 생생한 예화 덕분이었습니다. 이런 예화들 중에는 도저히 반복할 수 없는 것들이 있습니다. 오늘날 시대의 취향이 더 세련되게 개선되었기 때문입니다. 하지만 그 이외의 것들은 지금도 아주 훌륭하고 많은 교훈들을 담고 있습니다. 여기서 그 중 세 가지를 인용해 드리고자 합니다:

수도사와 십계명

여러분 모두의 분위기 전환을 위해서 한 수도사의 엉뚱한 이야기를 하나 할까 합니다. 백발이 성성한 한 수도사가 여러 번 설교를 했는데 언제나 똑같은 설교만 했답니다. 곧, 십계명에 대한 설교만 한 것이지요. 그런데 이 수도사가 이 설교를 너무나 자주 했기 때문에 그 설교를 다시 들은 어떤 사람이 그 수도사의 사환에게 그의 주인을 가리켜 사람들이 "수도사 존 십계명"이라 부른다고 이야기했습니다. 그러자 그 사환은 그 주인에게 그 사실을 말하면서 다른 주제에 대해서 설교를 하시라고 권고했습니다. 사환으로서는 자기 주인이 조롱당하는 것이 안타까웠기 때문입니다. 그러나 그 수도사는 이렇게 말했습니다: "그러면, 자네는 그동안 말씀을 그렇게 여러 번 들었으니 십계명이 무엇인지 잘 말할 수 있을테지?" "예, 보장합니다"라고 사환이 대답했습니다. 그 주인은 "그럼, 한 번 이야기해 보게"라고 말했고, 사환이 시작했습니다: "교만, 탐심, 호색 …" 십계명의 치명적인 죄들을 열거하였습니다. 오늘날에도 그 옛 복음에 대해 지겹게 여기는 사람들이 많이 있는데, 그들은 무언가 새로운 이야기를 듣고 싶어서 안달입니다. 이 사환이 십계명에 대해서 알고 있는 것만큼도 모르면서, 자기들 스스로 옛 복음에 대해서 완전하게 알고 있다고 생각하는 거지요.

성 안토니우스와 구두 수선공

우리는 성 안토니우스(St. Anthony: 251?-356)에 대한 이야기를 읽어서 알고 있습니다. 그는 광야에서 그 당시 어떤 사람도 흉내내지 못할 만큼 매우 혹독하고 엄격한 생활을 하고 있었습니다. 그런데 그에게 하늘에서 음성이 나서 말하기를, "안토니우스야, 너는 알렉산드리아에 거하는 한 구두 수선공만큼도 완전하지 못하도다"라고 하였습니다. 이 음성을 들은 안토니우스는 곧바로 일어나 지팡이를 들고 알렉산드리아로 가서 그 구두 수선공을 찾았습니다. 구두 수선공은 그렇게 명망 높은 스승이 자기 집을 찾아온 것에 깜짝 놀랐습니다.

그러자 안토니우스는 그에게 말했습니다: "자 이리로 와서 모든 이야기를 다 해 주시오. 그대는 어떻게 시간을 보내고 계시오?" 그 구두 수선공은 이렇게 대답했습니다: "선생님, 저로 말하면, 선행은 아무것도 한 일이 없습니다. 제 생활은 그저 단순하고 초라할 뿐이니까요. 저는 그저 가난한 구두 수선공일 뿐입니다. 아침에 자리에서 일어나면 제가 거주하는 온 도시를 위하여 기도하고, 특별히 저의 이웃들과 가난한 친구들을 위해 기도하지요. 그런 다음, 제 일을 시작하는데, 하루 종일 일을 해서 제 생활을 이어가고, 거짓은 멀리합니다. 저는 속임수처럼 싫어하는 것이 없으니까요. 그래서 저는 사람에게 약속을 하면 그 약속을 지키되 진실하게 지킵니다. 그렇게 제 아내와 자녀들과 함께 보잘것없이 시간을 보내면서 그들에게 제가 할 수 있는 만큼 하나님을 경외하기를 가르치고 교훈합니다. 이것이 제 단순한 생활의 전부입니다."

이 이야기에서 여러분은 자기의 직업에 충실하며, 거짓 없이 올바른 삶을 사는 사람들을 하나님께서 얼마나 사랑하시는지를 보게 됩니다. 이 안토니우스는 위대하고 거룩한 사람이었습니다. 그러나 이 구두 수선공도 하나님 앞에서 안토니우스만큼 칭찬을 받은 것입니다.

번영의 위험

언젠가 한 좋은 주교의 이야기를 읽은 적이 있습니다. 한 주교가 길을 가다가 매우 지쳤는데, 마을이 아주 멀리 있었답니다. 그러다가 어느 좋은 집을 발견하고는 그리로 갔는데, 거기서 아주 융숭한 대접을 받았습니다. 그를 위해서 많은 것들이 준비되어 있었고, 큰 잔치도 열렸습니다. 모든 것이 풍성했습니다. 그러자 그 집의 주인은 자기의 풍성한 생활을 자랑하면서, 자기가 얼마나 부자며, 얼마나 존귀와 위엄을 지니고 있으며, 자녀는 몇 명이며, 하나님께서 얼마나 덕스러운 아내를 주셨는지를 이야기하고 나서, 자기는 안으로나 밖으로나 아무런 근심도 걱정도 없고 부족한 것이 전혀 없이 살고 있다고 했습니다. 이 거룩한 사람은, 그 사람의 풍족한 생활 이야기를 듣고는 사환을 불러서 말을 대기시키라고 명령했습니다. 그 주교는 그 집에는 시험거리가 없으니 하나님이 그 집에 계시지 않는다고 생각한 것입니다. 결국 짐을 챙겨서 그 집을 나왔습니다. 그런데 이삼 마일가량 가다가 생각해 보니, 책을 두고 온 것이 생각났습니다. 그래서 사환을 다시 돌려보내서 그 책을 가져오게 했습니다. 사환이 다시 그 집에 가 보니 그 집이 폭삭 무너져내려 있었고, 그 집에 있는 모든 것도 다 무너져내려 있었습니다.

과연 시험이 있는 것이 좋은 일이라는 것이 여기서 나타납니다. 이 사람은 자기가 참 행복한 사람이라고 생각했습니다. 모든 일이 다 잘 되고 있었으니 말입니다. 하지만 그 사람은 야고보 선생의 교훈을 모르고 있었습니다: 베아투스 퀴 수페르트 텐타티오넴(*Beatus qui suffert tentationem*), 즉 "시험을 참는 자는 복이 있나니"(약 1:12)라는 교훈 말입니다. 그러니 여러분, 여기서 교훈을 얻어야겠습니다. 하나님께서 그의 십자가를 우리에게 드리우실 때에 넌더리를 내지 말아야 한다는 것 말입니다.

자 일 세기 가량 건너뛰어서, 또 한 사람의 주교인 제레미 테일러(Jeremy Taylor: 1613-1667)에게로 넘어가 봅시다. 그 사람을 래티머 바로 다음에 언급하는 것은 그가 그 수수한 하나님의 종과 매우 대조적이면서도 사실상 지금 우리가 다루는 그런 점에서는 그에 비견될 만한 점을 지니고 있기 때문입니다. 그 두 사람 모두 은유와 비유적인 표현을 즐겼고, 사건과 예화를 많이 사용했습니다. 래티머는 주로 존이나 윌리엄에 대해서 이야기했고, 테일러는 주로 아넥사고라스(Anexagoras)나 스키피오(Scipio)에 대해서 이야기한 것은 사실입니다. 하지만 이 두 사람은 실제로 일어난 일들을 아주 좋아했습니다. 이런 점에서 제레미 테일러는 라틴어를 사용한 래티머라고 할 수 있을 것입니다. 제레미 테일러는 마치 진기한 보석이 가득한 왕궁처럼 고전에 대한 언급으로 가득합니다. 그의 언어는 일반 백성들보다는 귀족들에게 더 어울리는 아주 고상한 스타일이었습니다. 그러나 본질을 바라볼 때에, 래티머가 수수하다면 테일러 역시 자기에게는 수수한 이야기들을 했습니다. 문제는 그리스의 철학자들이나 로마의 원로원 회원들 사이에서나 수수하게 보인다는 것이었지만 말입니다. 이 점을 이해하고서, 우리는 감히 이 탁월한 시인이요 설교자만큼 예화를 많이 사용한 사람은 없다고 말할 수 있습니다.

그의 전기를 쓴 작가는 이렇게 말하고 있습니다: "그가 언급하지 않는 학문의 분야를 대기도 어렵고, 고대든 현대든 탁월한 작가들 중에 그 자신이 알고 있는 것을 증명해 보이지 않은 사람이 거의 없다. 그는 고대의 저작들에 나오는 아주 희미한 이야기들을 마치 독자들이 자기처럼 아주 친숙하게 알고 있는 것이 당연하기라도 한 것처럼 매우 자연스럽게 언급한 적이 한두 번이 아니다. 예를 들어서 그는 '불쌍한 아틸리우스 아비올라(Attillius Aviola)'에 대해서 이야기하는가 하면, '리비아에서 사자가 우리에서 도망쳐서 두 사람의 로마 소년을 물어 죽인 사건'에 대해서도 이야기한다." 이 모든 일에서 그는 철저하게 선별적이고 고전적입니다. 그렇기 때문에 여기서 그를 좀 더 자유롭게 소개할 수 있습니다. 우리가 쓰는 예화가 모두 시골스러워야 한다는 법은 없으니까요. 우리도 고대의 보화들을 사용할 수 있고, 이방인이 복음을 위해 빛을 던져 주게 할 수도 있습니다. 그 옛날 두로 사람 히람은 솔로몬의 요청을 받고 여호와의 성전을 짓는 일을 섬기기도 했으니 말입니다.

저는 다른 점들에서는 테일러의 스타일을 흠모하지 않습니다. 또한 그의 가르침도 때때로 교황주의적인 면을 드러내 보이기도 합니다. 그러나 여기서는 예화를 사용하는 이 한 가지 점만을 다루고자 하는데, 이 점에서 그는 탁월한 모범을 보이고 있습니다. 그는 마치 아시아의 여왕이 무수한 진주로 자기 몸을 치장하듯이, 고전적인 이야기들을 무수하게 쏟아 놓습니다. 그의 설교 한 편에서 저는 다음과 같은 이야기들을 뽑아내

었는데, 그것들을 인용하는 것으로도 우리의 목적으로는 충분할 것입니다:

뒷걸음질치는 학생들

메네데무스(Menedemus)는 이렇게 말하곤 했습니다: "아테네로 유학 가는 소년들은 첫 해에는 지혜자들이었다가, 둘째 해에는 철학자들이 되고, 셋째 해에는 연설가가 되고, 넷째 해에는 평민이 되어 자기들의 무지함 이외에는 아무것도 깨닫지 못하는 사람이 되고 만다." 신앙에서도 그와 똑같은 사람들이 있습니다. 처음에는 아주 열정적이고 적극적이다가, 얼마 지나지 않아서 신앙에 대해 완전히 물려서 흥미를 잃어버립니다. 그러면 곧 지쳐 버리고, 불만 속에 있게 되고, 세상으로 다시 돌아가 교만이나 돈을 추구하는 가운데 거하게 됩니다. 그리고 이럴 때쯤 그들은 자기들의 신앙이 쇠퇴한 상태에 있음을 깨닫고, 젊은 시절의 열정과 어리석음을 지나 노년의 차가움과 연약함에 도달해 있음을 알게 되는 것입니다.

자기의 수치를 자랑한 교만한 사람

어떤 사람이 자기의 교만을 고쳤다고 생각하고는 너무 기뻐서 아내에게 이렇게 소리쳤다고 합니다: "케르네, 디오니시아, 데포수이 파스툼"(*Cerne, Dionysia, deposui fastum*), 즉 "보시오, 내가 내 모든 교만을 내려 놓았소." 그러나 이런 사람은 정말 허망한 사람이 아닐 수 없습니다.

디오게네스와 젊은 청년

디오게네스(Diogenes)가 한 번은 술집에서 나오는 한 젊은 청년을 훔쳐 보았는데, 그 청년은 그 철학자가 자기를 보고 있는 것을 직감하고, 다소 당황스러워서 그 혹독한 철학자의 책망을 조금이라도 모면할까 싶어서 뒷걸음질쳤습니다. 그러나 디오게네스는 그에게 이렇게 말했습니다: "콴토 마기스 인트라베리스 탄토 마기스 에리스 인 카우포나"(*Quanto magis intraveris, tanto magis eris in caupona*), 즉 "자네가 뒷걸음질칠수록 자네가 수치스러워하는 그곳에 더 오래 있게 되는 것이라네." 자기의 죄를 숨기려는 자는 자기의 수치와 짐으로 여기는 그것을 계속 보존하고 있는 것입니다.

청교도들에게서 취한 모범만큼 무게 있는 것이 없을 것입니다. 우리 모두 그들의 발자취를 따라가기를 바랍니다만, 안타깝게도 우리의 발걸음이 너무 미약하기만 합니다. 그들 중에도 예화와 이야기들을 풍성하게 사용한 분들이 있습니다. 토머스 브룩스(Thomas Brooks: 1608-1680)는 예화를 지혜롭고도 풍성하게 사용한 가장 두드러진 인물 중의 한 사람입니다. 그를 가장 먼저 언급하는 것은 지금 우리가 다루고 있는 예화의 문제에서 첫째가는 인물이라 여겨지기 때문입니다. 그에게는 황금이 먼지처럼 많습니다. 그의 책들의 여백에서도 참으로 고귀한 문장들이 수없이 나타나고 또한 고전적인 이야기들에 대한 암시도 많이 나타납니다. 그의 스타일은 분명하고도 충실합니다. 그는 자신이 가르치고자 하는 교리를 잃어버릴 정도로 예화에 몰입하는 법이 절대로 없습니다. 그의 책을 한번도 읽어본 일이 없다면, 우선 그의 「그리스도의 측량할 수 없는 풍성하심」(*Unsearchable Riches of Christ*)을 읽어보시고, 「사탄의 계교를 이기는 고귀한 방책들」(*Precious Remedies against Satans Devices*)을 한번 맛보시고, 그 다음에는 「황금 사과」(*Apples of Gold*)와 「유구무언인 그리스도인」(*Mute Christian*) 등 그의 걸작들을 읽어 보시기 바랍니다. 예화와 관련하여 그의 것을 한번 맛보게 해 드리겠습니다. 하지만 그의 책들을 읽어 보면 이보다 더 나은 것들을 얼마든지 여러분 스스로 찾아낼 수 있을 것입니다:

웰치 목사의 눈물

특별한 사랑을 드러내는 영혼은 그리스도를 더 많이 사랑하지 못한다는 것 때문에 슬피 웁니다. 서포크(Suffolk)의 목사인 웰치(Mr. Welch)는 식탁에 앉아서 눈물을 흘리고 있었는데, 무엇 때문에 우느냐는 질문에, 자신이 그리스도를 더 많이 사랑하지 못한다는 것 때문이라고 대답했습니다. 그리스도를 진정 사랑하는 사람들은 그리스도를 향한 그들의 사랑에 대해서 절대로 만족하지 못하는 법입니다. 작은 사랑은 사랑이 아니라고 여기고, 큰 사랑은 지극히 작은 사랑이라고 여기며, 강한 사랑은 연약한 사랑이라고 여기고, 최고로 높은 사랑은 그리스도의 가치와 그리스도의 아름다우심과 영광, 그의 충만하심과 선하심보다 무한히 낮은 것이라 여기는 것입니다. 이생에서 그들의 최고의 비극은 그들이 그렇게도 많은 사랑을 받으면서도 너무나 적게 사랑한다는 것입니다.

굴복하는 왕의 고요한 자세

스페인의 왕 필립 2세의 고요한 자세가 어느 정도였는가 하면, 삼 년 동안 무장시킨 그의 무적 함대가 싸움에 졌을 때에 그는 스페인 전역에 명령을 내려 더 이상 슬픔이 없다는 것에 대해서 하나님과 성자들에게 감사하게 할 정도였습니다.

왕의 친구의 굴복

페르시아의 귀인인 티리바주스(Tiribazus)가 체포되었는데, 처음에는 칼을 빼어 자신을 방어했으나, 그를 체포하러 온 사람들이 왕께서 자기들에게 그를 데려오라고 명령했노라고 이야기하자 그는 순순히 굴복하였습니다. 세네카(Seneca)는 그의 친구인 그 사람에게 조용히 고난을 감수하라고 설득했습니다. 그가 황제의 총애를 받고 있는 몸이니, 친구인 황제의 조치에 대해 불평을 한다는 것은 합당치 못한 일이라는 것이었습니다. 거룩한 그리스도인도 그렇게 이야기합니다: "오 나의 영혼아! 잠잠하고 조용히 있으라. 모든 것이 사랑 안에 있으며, 모든 것이 하나님의 사랑의 열매이니."

필립 시드니 경(Sir Philip Sidney)

한 신앙적인 지휘관이 전투에서 피격당하여 그의 상처를 조사하고 총알을 빼는데, 옆에 있던 몇몇 부하들이 그의 고통에 안쓰러워 하자, 그는 이렇게 대답했습니다: "비록 내가 신음하고 있으나, 나는 하나님을 찬송하며, 절대로 투덜거리지 않네. 하나님께서는 그의 백성이 신음하도록 허락하시지만, 불평하는 것은 허락하지 않으시니 말일세."

국교도 청교도였던 토머스 아담스(Thomas Adams: 1580?-1653?)는 까다롭고 심오한 의미를 담은 설교를 한 것으로 유명한데, 그는 자기의 가르침을 돕기 위해서라면 이야기 삽입하기를 절대로 주저하지 않았습니다. 그는 언제나 성경 본문이나 성경의 역사를 출발점으로 삼았습니다. 그리고 그것을 정교하게 전개해 나갔고, 자신이 소유한 모든 보화들을 그 것을 위하여 제시하였습니다. 스토웰(Stowell)의 말처럼, "우화나 예화나 고전적인 시, 선조들에게서 취한 보화들이 거의 매 페이지마다 산재해 있는 것입니다." 그의 예화들은 대개 자연 그대로의 설익은 것들이 보통이며, 래티머의 예화들에 비할 수 있습니다. 다만 그의 것들은 그렇게 유쾌하지 않고, 유머도 대개 신랄하고 예리한 것들이라는 점이 다릅니다. 다음에서 몇 가지 예를 보기로 합시다:

남편과 재치 있는 아내

남편이 그의 아내에게 말하기를, 어떤 사람이 성질이 더러워서 이유도 없이 화를 벌컥 낸다고 했습니다. 그러자 재치 있는 아내가 대답하기를, 그런 잘못을 다시는 범하시 않게 할 수 있다고 하면서, 그 사람에게 충분한 이유를 주면 된다고 했습니다. 이유도 없이 공격을 받는다는 것은 어리석은 일입니다. 그런 사람들에게 세상은 약속합니다. 자기들에게 충분한 이유가 있다고 말입니다. "세상에서 너희가 환난을 당하리라."

설교와 사환

많은 사람들이 설교 내용을 다른 사람들이 듣게 이야기하는 것은 늘 상 있는 일입니다만, 자기 자신에게 들려주는 일은 그리 많지 않습니다. 다음의 이야기는 도덕적으로 옳습니다. 한 사환이 교회에서 나오면서, 주인에게 설교를 칭찬했습니다. 그러자 주인은 본문이 무엇이었느냐고 물었습니다. 사환은 말하기를, "제가 들어가기 전에 설교가 이미 시작되었죠"라고 하였습니다. "그러면 결론은 무엇이었는가?"라고 주인이 묻자, 사환은, "결론을 내리기 전에 제가 교회당을 나왔지요"라고 대답했습니다. "그러면 중간에는 무어라고 말씀했는가?" 그는 "중간에는 잠자고 있었지요"라고 대답했습니다. 수많은 사람들이 교회당 안으로 들어가지만, 설교가 그들에게 들어갈 틈을 주지 않는 사람들이 많은 법입니다.

말 그림

어떤 사람이 한 화가에게 에쿰 볼리탄템(*equum volitantem*), 즉 경주하는 말(馬) 그림을 그려 달라고 부탁했는데, 그는 말을 잘못 알아듣고 그 사람에게 에쿰 볼루탄템(*equum volutantem*), 즉 앞발을 높이 들고 허우적거리는 말 그림을 그려 주었습니다. 그림을 집으로 가져오자 그림을 부탁한 사람이 화가에게 불평했습니다. "경주하는 말을 그려 달라고 했는데, 이렇게 허우적대는 말을 그리면 어떻게 합니까?" 그러자 그 화가는 말하기를, "뒷발을 들어야 할 것을 앞발을 들게 그린 것뿐인데 뭘 그러십니까?"라고 대답했답니다. 그들의 학식을 욕되게 하고 싶지는 않습니다만, 성경이 전혀 허용하지도 않는 논쟁에 휩싸인다는 것은 쓸데없고 열매도 없는 일인 것입니다.

해적

해적이 나타나 선창에서부터 밑바닥까지 배의 모든 것을 약탈하자, 그 배 주인은 말하기를, "지금은 당신을 제지할 법이 없지만, 심판 날에는 이 일에 대해서 답변해야 할 것이오"라고 했습니다. 그러자 그 해적은 말하기를, "내가 그렇게 오래 살지는 모르겠지만, 그때가 되면 심판대 앞에 당신과 당신의 배까지도 데려갈 거요"라고 했답니다. 입으로는 감히 말하지 못하지만, 너무도 많은 도둑과 강도들이 마음속으로는 우쭐한 생각을 갖고 있는 것입니다.

「그리스도인의 전신갑주」(*The Christian in Complete Armour*)의 저자인 윌리엄 거널(William Gurnall: 1617-1679)은 설교할 때에 예화를 아주 유효적절하게 사용한 사람이었고, 그의 견고한 저서들에서조차 그것들이 나타납니다. 어쩌면 그의 저서와 그의 설교를 구별할 필요가 없었는지도 모르겠습니다. 왜냐하면 그의「그리스도인의 전신갑주」서문에 보면 그것이 책으로 출간되기 전에 설교로 행한 것이라는 사실이 나타나고 있기 때문입니다. 매우 생생한 예증들이 그 유명한 책의 매 페이지마다 풍성하게 나타나고 있고, 그것들이 짧은 이야기와 충격적인 사건들을 밝혀 주고 있습니다. 그는 브룩스나 왓슨(Thomas Watson: 1620-1686), 또는 스윈녹(George Swinnock: 1627-1673)만큼 예증법을 풍성하게 사용합니다. 그런 목사에게서 섬김을 받았으니 레이븐햄(Lavenham)은 참 복된 곳이었습니다! 어쨌든, 이「그리스도인의 전신갑주」는 다른 어떤 사람들보다도 설교자에게 유용한 책입니다. 저는 그 어떠한 책보다도 이 책의 강론들에서 더 큰 유익을 얻었습니다. 때때로 저의 열정이 식어질 때마다 저는 이 책에 의지했고, 그때마다 거의 예외 없이 거널의 용광로에서 불타는 숯을 공급받을 수 있었습니다. 존 뉴턴(John Newton: 1725-1807)은 말하기를, 성경 이외에 단 한 권만 읽어야 한다면, 자기는「그리스도인의 전신갑주」를 택하겠노라고 했고, 세실(Richard Cecil: 1748-1810)도 같은 견해를 피력했습니다. 존 라일(John C. Ryle: 1816-1900)도 이 책에 대해서 다음과 같이 말했습니다: "한두 줄 안에서 위대한 진리를 발견하게 되는 경우가 많다. 몇 마디 안 되는 짧은 말로써 놀라운 진리를 그렇게 간결하고도 그렇게 충만하게 표현할 수 있었다니 정말 놀랍기 그지없다." 그 위대한 작품의 앞 부분에 나오는 서너 가지 이야기만으로도 그러한 점을 충분히 맛볼 수 있을 것입니다.

사람에게 날아든 새

어느 이교도는 새가 매를 피하여 자기 가슴으로 날아드는 것을 안으면서 이렇게 말했다고 합니다: "네가 나를 피난처로 알고 내게로 날아들었으니, 네 원수에게로 너를 넘겨주지 않겠노라." 하물며 하나님이야 얼마나 더 하시겠습니까? 그는 한 영혼이 하나님의 이름을 피난처로 삼으며 다음과 같이 고백할 때에 그는 결코 그를 원수에게 넘겨주지 않으실 것입니다: "주여, 제가 시험에 싸여 있고, 탐욕에 젖어 있사오니, 주께서 용서하지 않으시면 저는 저주를 받을 수밖에 없나이다. 그것을 죽여 주시옵소서. 그렇지 않으면 제가 그것의 종이 될 수밖에 없나이다. 저를 그리스도를 위하여 주의 사랑의 품에 품어 주시고, 주의 영원하신 능력의 팔로 저를 안으시옵소서. 저의 원수의 손에서 저를 구원하거나 저를 원수에게 내어 주는 것은 오로지 주께 달려 있사옵니다. 저 자신이나 다른 무엇도 신뢰하지 않으며, 오직 주님께 제 모든 것을 맡기옵고, 주님만을 의지하옵나이다." 한 영혼의 이러한 전적인 의지(依支)가 하나님의 전능하신 능력을 일깨워 그를 보호하실 것입니다. 주님은 그의 입술에서 나올 수 있는 가장 큰 맹세를 하셨습니다. 곧, "피난처를 찾은" 사람에게 "큰 안위를 받을" 소망을 주신다는 것이 바로 그것입니다: 히브리서 6:17-18.

왕의 아들과 위험에 처한 그의 가족

가령 왕의 아들이 함락된 성에다 그 아내와 자녀들을 — 자기 자신처럼 사랑하는 그들을 — 남겨 두고 떠나야 한다면, 그리하여 쓸 것을 공급해 주지 않으면 그 남은 가족들이 칼이나 굶주림에 죽을 처지에 있다면, 이 왕자가 그 아버지의 집에 도착하여, 그 남은 가족들의 괴로움은 잊어 버리고 궁궐의 온갖 즐거움을 누리며 지내겠습니까? 아니면 자신이 먹고 마시기 전에 그의 아버지에게 나아가 그에게 간청하지 않겠습니까? 자신을 사랑한다면 그의 나라의 군사들을 보내어 그 성을 함락시켜서 그 사랑하는 가족들이 멸망하지 않도록 해 달라고 하지 않겠습니까? 그리스도께서 보좌 옆에 계셔서, 자기 스스로는 폭풍에서 벗어나 계시지만, 그의 자녀들은 죄와 사탄과 세상의 싸움의 한가운데 내버려져 있으나 그의 품 안에 있는 것이요, 한순간도 그가 그들을 잊지 않으시는 것입니다. 그가 우리의 일을 그렇게 보살피신다는 사실은 그가 자기의 성령을 사도들에게 그렇게 속히 보내신 사실에서 잘 나타납니다. 그는 아버지의 우편에 앉으시자마자 성령을 보내셔서 그의 사도들과 오늘날의 우리들에게와 또한 세상 끝날까지 그를 믿는 모든 자들에게 도저히 비길 데 없는 위로를 주시는 것입니다.

존 케얼리스

하나님께서 한 사람을 존귀히 여기셔서 그의 진리를 위해 고난을 당하게 하신다면, 그것이야말로 큰 특권입니다: "그리스도를 위하여 너희에게 은혜를 주신 것은 다만 그를 믿을 뿐 아니라 또한 그를 위하여 고난도 받게 하려 하심이라"(빌 1:29). 하나님은 그의 성도들에게 무가치한 선물은 주시는 법이 없습니다. 그러니 육신의 눈으로는 볼 수 없는 고귀한 것이 거기에 있는 것입니다. 믿음이 위대한 선물이라고 말하겠지만, 그러나 인내는 그보다 더 큽니다. 그것이 없으면 믿음이 별로 가치가 없을 것이며, 고난 중의 인내야말로 존귀한 것입니다. 바로 이 때문에 잉글랜드의 순교자인 — 그는 화형대가 아니라 감옥에서 소천하였습니다 — 존 케얼리스(John Careless)는 말하기를, "이것은 천사들에게는 허락되지 않은 존귀이니, 하나님, 저의 감사치 못한 것을 용서하여 주시옵소서"라고 하였습니다.

벤브리지

얼마나 많은 사람들이 강간과 살인 등 흉악한 죄를 저질러 마귀를 위하여 일하다가 교수대에서 순교의 제물이 되었습니까? 하나님께서 그의 은혜를 거두시고, 여러분의 변덕과 불신앙에 그냥 내버려 두시면, 여러분은 곧바로 본색을 드러내고 말 것입니다. 그리스도를 위하여 강건하게 싸우는 신앙의 대가들도, 그리스도께서 발을 빼시면 그들이 얼마나 연약한 존재인가를 잘 배웠습니다. 자기의 신앙과 그리스도의 대의를 위한 결연한 의지를 크게 증거한 사람들 가운데도 그의 이름을 위하여 화형대에 올라가서 불길에 휩싸일 즈음에 마음이 무너져 내린 사람들도 있습니다. 우리 잉글랜드의 순교자 가운데 벤브리지(Benbridge)라는 거룩한 사람은 화형대에서 장작더미를 밀치면서 "철회하겠소, 철회하겠소!"라고 외쳤습니다. 그러나 이 사람은 그런 애석한 실패를 범한 지 일주일만에 다시 믿음을 되찾고 위로부터 내리는 능력에 힘입어 기쁨으로 화형대에서 죽었습니다. 우리를 위하여 죽음을 이기신 그분이 언제나 우리 안에 계셔서 죽음을 이기게 하시는 것입니다.

존 플라벨(John Flavel: 1627-1691)은 다음 강의에서도 인용해야 할 인물인데, 그분은 은유와 알레고리에서 위대한 대가입니다. 그러나 예화에서도 그의 설교는 좋은 모범을 보여 줍니다. 그의 목회 사역에 대해서는, 그 사역에 영향을 받지 않은 사람은 머리가 아주 나쁘거나 마음이 아주 굳은 사람인 것이 틀림없다는 말이 있습니다. 그는 아주 충격적인 사건들을 많이 알고 있었고, 아주 멋진 예증법을 잘 사용할 줄 아는 사람이었습니다. 그리고 그는 쾌활함과 위엄이 조화를 이루는 인물로서 고국에서나 외국에서나 최고로 명망을 떨친 사람이었습니다. 그는 다마우스(Darmouth)의 뱃사람들과 데본(Devon)의 농사꾼들에게 알맞는 언어를 구사하였고, 그리하여 그는 뱃사람들과 농사꾼들을 위하여 「항해술의 영적 의미」(Navigation Spiritualized)와 「농업 기술의 영적 의미」(Husbandry Spiritualized)를 유산으로 남겼습니다. 그의 저서들은 우리가 시간을 들여 읽을 만한 충분한 가치가 있습니다. 저 몹쓸 통일령(Act of Uniformity)이 그의 거룩한 입술을 침묵하게 만들었으니, 이 얼마나 큰 죄인지 모릅니다! 그의 설교들 중에서 몇몇 구절들을 인용하기보다는, 그의 강론에 나타나는 이야기들을 맛보는 것이 좋다는 생각이 듭니다:

회심과 관련한 하나님의 섭리

한 장의 종이를 우연히 보게 되어 회심으로 이어진 일도 있습니다. 웨일스의 한 목사는 두 집 살림을 하고 있었는데, 그 어느 집도 잘 보살피지 않았습니다. 그런데 어느 장날에 갔다가 어느 행상에게서 무언가를 샀는데, 퍼킨스(William Perkins: 1558-1602)의 요리문답의 낱장으로 그 물건을 싸 놓았습니다. 그는 그 종이를 한두 줄 읽었는데, 하나님께서 역사하셔서 그가 하나님께로 돌아오게 된 것입니다.

경건한 남자가 불신앙적인 가문에 장가를 든 것이 그 가문의 많은 사람들을 회심케 하여 구원시키는 섭리의 역사가 된 경우도 있습니다. 저 유명한 잉글랜드의 존 브루언(John Bruen)의 생애를 보면, 그가 재혼을 한 다음, 장모의 집에서 일 년 동안 기거하기로 약속하였다고 합니다. 그런데 클라크(Clark)의 말에 따르면, 그가 그곳에 거하는 일 년 동안 주께서 그를 사용하셔서 장모의 영혼을 구원하셨고, 그의 처제와 이복 처제, 처남들, 그리고 윌리엄 씨(Mr. William)와 토머스 폭스 씨(Mr. Thomas Fox)와 그 가정의 한두 사환들을 구원하게 하셨다는 것입니다.

책을 읽는다든가 목사의 설교를 듣는 것만이 아니라, 놀랍게도 목사가 할 말을 잊어버리는 실수를 범하는 것을 하나님께서 섭리로 역사하셔서 회심을 일으킨 일도 있습니다. 아우구스티누스는 언젠가 설교하다가 처음에 계획했던 논지를 잊어버리고 마니교도들의 오류를 다루게 되었는데, 이 설교를 통해서 그 자리에 있던 피르무스(Firmus)라는 사람이 회심하는 역사가 일어났습니다. 그는 눈물을 흘리면서 자기가 여러 해 동안 마니교도로 살아온 것을 고백하였습니다. 또 제가 아는 어떤 사람은 설교하러 가면서 자기가 쓰던 것이 아닌 다른 성경책을 들고 갔습니다. 그러니 설교 노트도 없을 뿐더러 본문을 표시해 놓은 것도 없었습니다. 그는 당혹스러웠으나 잠시 말을 멈추고 있다가 다른 본문이 생각나서 그 본문에 대해 말씀을 전하기로 결심하고서 본문을 읽었는데, "주의 약속은 … 더딘 것이 아니라"(벧후 3:9)는 말씀이 바로 그것이었습니다. 그는 사전에 아무런 준비도 없었으나, 주께서 그를 도우셔서 그 본문을 통해서 능력으로 말씀을 전하였고, 그 설교를 통해서 그 회중 가운데 있던 한 사람에게 회심의 역사가 일어났습니다. 그 이후 그는 건전한 회심의 증거를 잘 드러내 보였고, 그 설교가 바로 자신을 회심시킨 수단이었다고 시인하였습니다.

장난 삼아 설교를 들으러 갔다가 진정 회심을 체험하게 된 사례도 있습니다. 퍼민 목사(Mr. Firmin)는 그의 「진정한 그리스도인」(*Real Christian*)에서 술주정뱅이들이 "아버지"라 부르는 한 악명 높은 주정뱅이에 대해 이야기를 하고 있습니다. 그 사람은 어느 날 윌슨(Wilson) 목사가 뭐라고 말하는지를 듣고서 조롱해 주고 싶은 마음이 일어나서 교회당으로 갔습니다. 그런데 설교하기 전 기도 시간에 그의 마음이 녹아지기 시작하더니, 윌슨 목사가 그날의 본문인 "더 심한 것이 생기지 않게 다시는 죄를 범하지 말라"(요 5:14)는 말씀을 봉독할 때에는 도저히 견딜 수 없는 심정이 되었고, 그 설교에서 주님이 그의 마음을 변화시키셨습니다. 그 전에는 목사가 강론일에 그의 가게 문 앞을 지나 교회당으로 향하기를 두려워했을 만큼 철저한 원수였던 그 사람이 완전히 변화된 것입니다. "그의 과거의 생활 모습을 조금도 볼 수 없게 된 것입니다."

수년 동안 햄프든(Hampden)의 궁정 목사를 지낸 조지 스윈녹(George Swinnock: 1627-1673)은 그의 저작에서 입증되듯이, 예증법을 사용하는 재능을 스스로 개발시킨 사람이었습니다. 그의 직유들은 다소 부자연스런 것들로서, 지식이 발달함에 따라 무익한 것이 되어 버린 것들도 많습니다. 그러나 그것들은 그의 목적을 잘 이루었고, 그의 가르침을 한층 매력적인 것으로 만들었습니다. 오늘날의 기준으로 보면 경직된 것으로 여겨질 그런 것들을 모두 제거한다 해도, "거룩한 기지와 지혜가 가득한 것들"이 여전히 남아 있고, 또한 여기저기서 대개 고전적인 성격을 띤 몇 가지 좋은 이야기들을 끄집어 낼 수 있습니다:

파울리누스의 기도

야만족들이 성을 함락시키자, 파울리누스(Paulinus)는 "도미네, 네 엑스크루시에 옵 아우렘 엣 알겐툼"(*Domine, ne excrucier ob aurem et argentum*), 즉 "주여, 잃어버린 저의 은과 금 때문에 괴로워하지 않게 하옵소서. 주께서 모든 것이옵니다"라고 기도했습니다. 노아는 온 세상이 물로 가득 찼을 때 방주를 타고 그 위에 떠다녔는데, 방주 속에 온갖 들짐승들과 날짐승들이 다 들어 있었습니다. 그는 홍수 때에 하나님이 그의 하나님으로 계셨고, 그리하여 그는 모든 긍휼의 근원을 갖고 있었던 것입니다. 큰 바다를 누리는 자는 그 중에 몇 방울을 빼앗긴다 해도 여전히 즐거워할 것입니다.

엘리자베스 여왕과 젖 짜는 시녀

엘리자베스 여왕은 감옥에 있을 때에 젖 짜는 시녀를 부러워했습니다. 그러나 만일 그녀가 사십사 년 동안 영광스럽게 통치하게 될 것을 미리 알았다면, 그처럼 비천한 여인의 보잘것없는 행복을 부러워하지 않았을 것입니다. 그리스도인들은 죄인들이 이 땅에서 방황하면서 껍데기로 자신을 가득 채우는 것을 부러워하기가 너무나 쉽습니다. 하지만 그들 앞에 영광스러운 하늘의 소망이 놓여 있으며 그리스도와 함께 영원토록 왕 노릇하게 되어 있다는 것을 깨닫는다면, 그런 것들을 부러워할 이유가 전혀 없어질 것입니다.

어린아이의 믿음

아홉 살 정도 된 어린아이의 이야기를 읽었는데, 극심한 굶주림에 시달리고 있던 어느 날 그 어린아이가 어머니에게 물었습니다: "어머니, 하나님께서 우리를 굶겨 죽이시리라 생각하나요?" 그 어머니는 "아니란다. 하나님은 그렇게 하시지 않아"라고 대답했습니다. 그러나 그 어린아이는 "하나님이 그렇게 우리를 죽이신다 해도, 우리는 그를 사랑하고 그를 섬기기를 배워야겠지요"라고 대답했습니다. 이것은 정말 장성한 그리스도인의 언어입니다. 하나님께서 우리를 궁핍함과 비참한 처지에 몰아넣으시는 것은 우리가 과연 주님을 위하여 그를 사랑하는지 아니면 우리 자신을 위해서 그를 사랑하는지, 하나님께 있는 그 탁월하신 것들을 위해서 그를 사랑하는지 아니면 그에게서 임하는 긍휼 때문에 그를 사랑하는지를 시험하시기 위함이며, 우리가 과연 견유학파(犬儒學派) 사람처럼 안티스테네스(Antisthenes)를 향하여 "눌루스 탐 다루스 에릿 바쿨루스"(*Nullus tam darus erit baculus*), 즉 "그대에게서 날아와 나를 때리는 몽둥이만큼 심술궂은 것이 없사옵니다"라고 말하는지를 시험하시기 위함입니다.

멋진 신앙

파리의 한 교황주의를 믿는 여성에 대한 글을 읽어 보았는데, 그녀는 자기들의 성자 중 하나에게로 나아가는 멋진 행렬을 보고는, "오, 우리의 신앙이 위그노들의 신앙보다 얼마나 더 멋진가! 그 삶들은 초라하고 거지 같은 신앙을 지녔지만, 우리의 신앙은 용맹과 위엄으로 가득 차 있으니 말이야!"라고 외쳤습니다. 그러나 문장관(紋章官)이 문장(紋章)에 대해서 이야기하듯이, 그것이 온통 알록달록한 장식으로 가득 차 있으면, 그것은 소속이 비천한 것을 말해 주는 것입니다. 이와 마찬가지로 예배의 방식도 인간이 만들어 낸 것들과 뒤섞여 있다면 그 자체가 비천한 것임을 — 즉, 사람에게서 비롯된 것임을 — 말해 주는 것입니다.

일에 바쁜 공작

두 달바(Duc d'Alva)라는 프랑스 사람은, 헨리 4세 국왕에게서 일식(日蝕)을 본 적이 있느냐는 질문을 받고서, 자기는 땅에 대해서 할 일이 너무 많아서 하늘을 쳐다볼 여가가 없었다고 대답했답니다. 이와 마찬가지로 그리스도인은 그보다 더 진실하고 양심적으로, 하늘을 위해서 할 일이 너무 많아서 이 땅의 헛된 것들을 생각할 여유가 없다고 말해야 옳을 것입니다.

토머스 왓슨(Thomas Watson: 1626?-1686)도 예화들을 자주 사용하여 일반 대중들에게 많은 영향을 미친 청교도 설교자의 한 사람입니다. 마치 물이 흘러가듯 깨끗하게 흐르는 그의 가르침에서 우리는 주옥 같은 예화들을 자주 발견하게 됩니다. 그의 「팔복」(*Beatitude*)에 나타나는 아주 즐겁고도 무게 있는 강론을 대하면 전혀 지루하지 않습니다. 그의 탁월한 능력을 보여 주는 두 가지 예화만 인용해 보겠습니다.

신녀와 팔찌

대부분의 사람들은 하나님이 자기들에게 재산을 주셨으니 자기들이 복을 받았다고 생각합니다. 그러나 아뿔싸! 하나님께서는 진노로 그런 것들을 주시는 경우가 많습니다. 그는 그의 원수들에게 금과 은을 가득 주십니다. 플루타르크(Plutarch)는 신녀(神女)인 타르페이아(Tarpeia)에 대해서 보도하기를, 그녀는 원수와 협상하기를 왼손에 황금 팔찌를 하게 해 주면 로마의 수도를 그들에게 내어주겠다고 했고, 그들은 그렇게 하겠다고 약속했다고 합니다. 그리고는 수도에 입성하여, 그녀에게 팔찌만이 아니라 방패까지 던져서 거기에 깔려 죽게 만들었다는 것입니다. 하나님께서는 사람들로 하여금 세상의 재물이라는 황금 팔찌를 갖게 허락하셔서 그 무게에 깔려서 지옥으로 떨어지도록 만드시는 예가 많습니다. 오, 우리는 수페르나 안헬라레(*superna anhelare*), 즉 최고의 선(善)이신 하나님께로 우리의 눈을 "고정시키고" 우리의 마음을 그에게로 "하나로 모아야" 하겠습니다. 이것이 축복을 추구하는 길입니다.

고슴도치와 토끼

우화 작가는 바람이 몹시 부는 날 토끼 굴을 찾아온 고슴도치의 이야기를 해 주고 있습니다. 고슴도치는 자기가 조용히 머물러 있을 테니 잠시 머물게 해 달라고 청했습니다. 그런데 허락을 해 주어서 굴에 들어앉은 다음에는 뾰족한 가시를 세우고는 불쌍한 토끼들을 모두 굴에서 내어쫓아 버렸답니다. 이와 마찬가지로, 탐욕도 갖가지 변명을 대면서 우리 마음에 들어오려고 애를 쓰는데, 막상 마음에 들어오게 하면, 그 가시가 온통 찌르고 다니면서 모든 신앙을 여러분의 마음에서 내쫓아 버리고 마는 것입니다.

청교도 시대 사람들은 이렇듯 그들의 심오한 신학과 다양한 학식에다 그것을 사람들에게 전달하고자 하는 열심과 또한 일상 생활에서 일어나는 것들의 도움을 받아 진리를 확실히 세우는 기술을 겸비하고 있었습니다만, 그들에 대해서는 이 정도로 족하리라 여겨집니다. 청교도 시대 이후 곧바로 이어지는 시대는 영적 생명이 메마른 시대였고, 생명의 말씀과는 거의 관계가 없이 그저 말만 자랑하는 목사들로 인하여 고통을 받는 시대였습니다. 앤 여왕(Queen Anne: 1665-1714)의 고관들의 빈약한 사상은 구태여 은유나 비유의 도움을 받을 필요가 없었습니다. 사람들에게 설명해 줄 것이 아무것도 없었고, 이 사람들은 그저 자기의 강론들의 벌거벗은 모습을 라틴어를 구사하여 감추려는 데에 지극한 노력을 기울였을 뿐입니다. 살아 있는 설교는 어디론가 사라지고, 신령한 삶도 사라져 버렸습니다. 결국 강단이 서 있기는 했으나, 일반 사람들에게는 아무런 음성도 전해지지 않았습니다. 그저 의식을 지키고 체면을 유지하기만 하면 그것으로 만족하는 형식주의자들 이외에는 아무에게도 음성이 전해지지 않았던 것입니다. 물론 이야기들을 통해서 진리를 명확하게 드러낸다는 우리의 개념도 그 시대의 그 위엄 있는 죽음의 상태에는 어울리지 않는 것이었습니다. 오직 메마른 뼈들이 움직이기 시작할 때에야 비로소 그 대중적인 방법이 다시 전면에 등장하게 되었습니다.

저 탁월한 조지 휫필드(George Whitefield: 1714-1770)는 웨슬리(John Wesley: 1703-1791)와 더불어 지난 세기(18세기)의 부흥을 이끈 그 고귀한 군병들의 선봉에 서 있습니다. 도저히 비견할 데 없는 그의 탁월한 언변과 꺼지지 않는 진지함과 지칠 줄 모르는 수고에 대해서는 여기서 말씀드릴 계획이 없습니다. 그러나 여기서 여러분에게 그 자신이 한 말 — "나는 시장(市場)의 언어를 사용합니다" — 을 상기시켜 드리는 것은 저의 강의의 흐름에 지극히 합당할 것입니다. 그는 순전하고, 품위 있고, 유려한 영어를 사용했습니다. 그러나 그는 마치 어린아이들에게 말하듯 단순한 언어를 사용하였습니다. 그는 예증법을 풍성하게 사용하지는 않았으나, 필요할 때에는 언제나 사용했고, 일어난 이야기들을 힘 있는 몸짓으로 능력적으로 서술하였습니다. 그리하여 그가 서술한 이야기들이 사람들의 마음을 감동시켰습니다. 그들은 그 이야기를 들을 뿐 아니라 눈으로 보기도 했던 것입니다. 그는 서술하면서 적절한 제스처를 구사했기 때문입니다. 그의 설교를 그렇게 멀리서도 알아들을 수 있었던 한 가지 이유는 눈이 귀를 도와주었다는 데 있습니다. 그가 사용한 예화들 중에 몇 가지를 표본으로 뽑아드리고자 합니다:

두 사람의 고문 목사

죽을 때가 되면 하나님의 은혜가 없이는 아무것도 할 수 없습니다. 이 신론자인(deistical) 고문 목사를 둔 한 귀족이 있었는데, 그의 아내는 그리스도인 고문 목사를 두고 있었습니다. 그 귀족은 임종이 가까워오자 자기 고문 목사에게 이렇게 말했답니다: "건강할 때에는 당신이 매우 좋았지만, 이렇게 병들어 죽게 되었으니 이제는 내 아내의 고문 목사가 내게 필요하오."

절대로 만족이 없는 사람

사랑하는 여러분, 여러분의 현 상태에 만족하는 사람은 여러분 중에 하나도 없습니다. 도제(徒弟)일 때에는 전문기술자가 되면 좋겠다고 생각하고, 막상 전문기술자가 되면 대가(大家)가 되면 매우 좋겠다고 생각합니다. 독신일 때에는 결혼하면 좋겠다고 생각하고, 마차를 소유하면 좋을 것이라고 생각합니다. 아무것도 없이 시작한 한 사람에 대한 이야기를 들겠습니다. 그 사람은 처음에는 집을 원했고, 집을 얻게 되자, "두 채, 다음엔 네 채, 그 다음엔 여섯 채가 있어야겠다"고 이야기했습니다. 그리고 그 모든 것을 얻게 되자, "이제는 더 이상 바랄 게 없다고 생각한다"고 이야기했습니다. 그러자 그의 친구가 말하기를, "아니, 한 가지 곧 원하게 될 걸세. 곧 자네를 무덤으로 실어다 줄 영구 마차를 말일세"라고 했고, 그것 때문에 그 사람은 두려워 떨었다고 합니다.

맨턴 박사의 마음

한 귀부인이 맨턴 박사(Thomas Manton : 1620-1677)의 설교에 매료되어서 이렇게 말했습니다: "오 박사님, 오늘 설교가 너무 훌륭했어요. 박사님 같은 마음이 제게 있다면 얼마나 좋을까요." 그러자 그는 대답하기를, "그러십니까? 부인, 그러기를 바라지 않는 게 좋을 겁니다. 만일 그렇게 된다면, 부인의 마음을 도로 갖기를 바랄 테니까요"라고 했습니다. 훌륭한 하나님의 사람들도 자기 자신을 가장 악한 것으로 보는 법입니다.

더 이상 예들을 인용하게 되면 지루해질 것이니, 이제는 베리지(John Berridge : 1716-1793), 로울랜드 힐(Rowland Hill : 1744-1833), 매튜 윌크스(Matthew Wilks), 크리스마스 에번스(Christmas Evans : 1766-1838), 윌리엄 제이(William Jay : 1769-1853) 등 최근에 소천한 하나님의 종들이 잘 선택된 예화들을 사용하여 청중들을 각성시키고 진리를 밝히 드러냄으로써 효과적으로 설교 사역을 감당했다는 사실을 다시 한 번 말씀드리고 싶습니다. 이제 시간이 많이 지났으니, 마지막으로 현재 살아 있는 한 사람을 언급하는 것으로 말씀을 마치는 것이 무엇보다 좋으리라 여겨집니다. 그는 양 대륙을 오가며 무수한 사람들에게 감동을 준 분입니다. 바로 드와이트 무디(Dwight L. Moody: 1837-1899)가 그분입니다. 이 훌륭한 형제는 자기의 설교들이 출간되는 것을 아주 싫어했습니다. 그도 그럴 것이, 그는 끊임없이 다니며 설교를 했고, 새로운 설교를 준비할 시간적 여유가 없었습니다. 그러니 전도 집회를 다니며 행하고 있는 설교들을 한 번에 출간한다는 것은 그의 편에서는 지극히 지혜롭지 못한 처신이었을 것입니다. 그러나 그가 설교 사역을 다 마치고 나면, 그가 한 설교들이 그냥 사라지는 것을 원치 않고, 그것을 출간하여 교회와 세상에 내어놓을 것이라는 소망을 가져 봅니다. 그 탁월한 형제는 아주 활기 있고 설득력 있는 스타일을 지녔습니다. 그리고 그는 예화라는 망치로 못을 굳게 박는 것이 지혜로운 일이라 생각하는 분입니다. 존 롭(John Lobb)이 쓴 「무디가 쓴 화살과 예화들」(Arrows and Anecdotes by D. L. Moody)이라는 소책자에서 다섯 가지 예화를 뽑아서 인용해 드리겠습니다.

바보의 어머니

제가 아는 한 어머니에게는 바보 아들이 있습니다. 그 아들을 위해서 그 어머니는 사람들과의 교제는 물론 거의 모든 것을 다 포기하고 오로지 그 아이에게 온 삶을 헌신했습니다. 그 어머니는 이렇게 이야기하더군요: "지나간 십사 년 동안 그 아이를 돌보고 사랑했는데도, 그 아이는 나를 알아보지도 못합니다. 그게 제 마음을 얼마나 찢어놓는지 모르겠습니다." 오! 이곳에 있는 수많은 분들에게도 주께서는 그렇게 말씀하시지 않겠습니까? 예수님께서 여기 오셔서, 자리마다 다니시면서, 자리를 좀 내어주겠느냐고 물으십니다. 오오! 여러분 중에 그를 마음에 받아들이실 분은 없습니까?

외과 의사와 환자

제가 벨파스트(Belfast)에 있을 때에 한 의사를 알았는데, 그에게는 그곳의 지도적인 외과 의사인 한 친구가 있었습니다. 그 의사가 해 준 이야기입니다만, 그 외과 의사는 수술을 시작하기 전에 반드시 환자에게 이렇게 이야기하는 습관이 있었답니다: "상처를 잘 보시고, 그리고 나서 눈으로 저를 쳐다보시고, 수술을 마칠 때까지 저에게서 눈을 떼지 마십시오." 그 이야기를 듣고 저는 그것이 정말 좋은 예화라는 생각이 들었습니다. 죄인들이여, 오늘 밤 상처를 자세히 살펴보십시오. 그리고 여러분의 눈을 그리스도께로 돌리고 그에게서 눈을 떼지 마십시오. 상처보다는 치료자를 바라보는 것이 좋습니다.

고아의 기도

부모를 다 잃어버린 한 어린아이가 다른 가정으로 들어갔습니다. 그 집에 들어가던 첫날 밤 그 여자아이는 보통 때 하는 것처럼 기도를 드려도 괜찮은지를 물었습니다. "괜찮고 말고"라는 대답을 듣고, 그 아이는 무릎을 꿇더니 엄마가 가르쳐 준 대로 기도했고, 그 기도를 마치고 난 후 짤막하게 자기의 기도를 덧붙였습니다: "오 하나님, 이분들이 엄마 아빠처럼 제게 친절하도록 만들어 주세요." 그런 다음 기도를 멈추고서, 우리를 바라보면서 마치 응답을 기대하는 것처럼 "그럼, 하나님이 그렇게 해 주실 거야"라고 말했습니다. 그 어린아이의 믿음이 얼마나 단순하면서도 아름답습니까! 그 아이는 하나님께서 행하시기를 기대했고, 물론 그 기도가 응답되었습니다.

호명

우리 나라의 지난 전쟁 중에 한 병사가 침상에 누워 임종을 기다리고 있었는데, 그가 갑자기, "저요!"라고 외쳤습니다. 주위의 사람들이 무엇을 원하느냐고 그에게 물었으나 그는 손을 입에다 갖다 대며, "쉿! 하늘에 들어갈 자를 호명하고 있소. 내 이름을 부르기에 대답을 한 것이오"라고 했고, 그리고는 다시 "저요!"라고 속삭이고는 운명했습니다.

무덤 너머의 집

최근에 죽은 한 부자에 대해 들은 이야기입니다. 죽음이란 언제나 그렇지만, 이 부자에게도 갑자기 찾아왔고, 그는 변호사를 불러서 유언을 작성하도록 했답니다. 재산에 대한 유언을 하면서 아내와 자식에게 이르자, 그는 그들이 집을 갖기를 원한다고 말했습니다. 그런데 그 어린 자식은 죽음이 무엇인지를 이해하지 못했습니다. 아버지 옆에 서서 그 아이는 이렇게 말했답니다: "아빠, 아빠가 지금 가려는 그곳에 아빠 집도 있나요?" 화살이 그 부자의 마음에 꽂혔습니다. 그러나 너무 늦었습니다. 그는 자기의 실수를 깨달았습니다. 무덤 너머에 자기가 갈 집이 없었던 것입니다.

더 이상 여러분을 지치게 해 드리지 않겠습니다. 여러분보다 먼저 쓰임을 받은 훌륭한 종들이 한 대로 행하면 안전하리라 봅니다. 예증법을 사용하는 것만이 아니라, 그것을 본래의 목적에 합당하게 지혜롭게 사용하는 법을 그대로 본받으십시오. 그들은 이야기꾼이 아니었습니다. 복음 설교자들이었습니다. 사람들을 즐겁게 해 주는 것이 그들의 목표가 아니었습니다. 그들의 목표는 사람들을 회심시키는 데 있었습니다. 그들은 자기들이 모아놓은 이야기를 자랑하고 싶어서 질질 끌며 이야기를 늘어놓지 않았습니다. 그들이 사용한 예화들에 대해서, 그 누구도

"빛을 가로막는 창문들이요
아무 데로도 통하지 않는 통로라"

고 말할 수 없을 것입니다. 적절한 분량을 잘 지키시기 바랍니다. 그렇지 않으면 모든 수고가 허사가 되고 맙니다. 건전한 교리를 가르치려다가 오히려 사람들에게 온갖 이야기만 전해 주는 것으로 그치고 말 것이니까요. 그러나 그렇게 된다면, 그것은 마치 굶주린 사람들에게 빵 대신 꽃을 가져다주고, 벌거벗은 사람들에게 양모로 된 의복 대신 얇은 거즈를 주는 것만큼이나 악한 일입니다.

제 26 장

예화와 예증법의 용도

예화와 예증법의 용도는 여러 가지입니다. 그러나 현재 우리의 목적상 — 물론 이것이 완전하다는 생각을 하지 마십시오 — 일곱 가지 정도로 정리할 수 있을 것입니다.

첫째로, 우리는 청중들에게 흥미를 주고 주목을 끌기 위해서 그것들을 사용합니다. 조는 청중은 견딜 수가 없습니다. 우리에게는 멍청하게 있는 사람은 사람이 아닙니다. 시드니 스미스(Sydney Smith)는 말하기를, 아담이 잠들어 있을 때에 하와를 그의 옆구리에서 취하여 냈지만, 그런 방식으로는 사람의 마음에서 죄를 제거할 수 없다고 하였습니다. 울타리도 만들고 도랑도 파는 하지(Hodge)라는 사람이 있는데 우리는 그 사람의 생각을 용납할 수가 없습니다. 그 사람은 한 그리스도인과 대화를 나누다가, "나는 일요일이 좋습니다. 예, 좋고 말고요"라고 했습니다. "어째서 일요일이 그렇게 좋은데요?" 그러자 그는 "아시다시피, 그날은 공휴일이 아닙니까? 옛 교회당에 가서 자리에 앉아서 아무 생각 없이 그냥 있는 것이 너무 좋습니다"라고 대답했다는 것입니다. 시골이나 도시나 이처럼 아무 생각 없이 그냥 앉아 있는 것이 아주 의례적인 현상이 아닌가 염려가 됩니다. 그러나 거룩한 날과, 여러분이 소명을 받은 그 설교 사역과, 예배를 드리는 회중을 생각한다면, 절대로 교인들에게 아무 생각 없이 앉아 있을 기회를 주지는 않을 것입니다. 그들 속에서 모든 생각을 촉발시켜서 하나님의 말씀을 받아 그로 인하여 복을 얻게 되기를 바랄 것입니다.

우리는 예배의 시작부터 청중의 주목을 끌어서 마지막까지 계속 그것을 유지하기를 바랍니다. 이 목표를 위해서 여러 가지 방법들이 시도될 수 있습니다만, 흥미 있는 이야기를 소개하는 것보다 더 성공의 가능성이 큰 것은 없을 것입니다. 그렇게 하면, 들판의 맑은 공기를 마시지 못하여 답답한 예배당 안에서 졸기 시작하던 하지도 귀를 기울일 것이고, 또 다른 이야기를 하면 새로이 관심을 집중시키게 될 것입니다. 그 마을이나 나라와 관련된 이야기를 들으면, 모든 사람들이 관심을 집중시킬 것이고, 그렇게 되면 그들에게 유익을 줄 소망을 가질 수 있을 것입니다.

설교에서 행하는 예화는 책 속에 있는 삽화와 같은 목적을 이룹니다. 책 속에 그림이 있어야 사람들의 주의를 끌 수 있다는 것은 누구나 아는 사실입니다. 어린아이가 책을 집으면 글자만 들어 있는 부분은 그냥 지나쳐도 거기에 그림이 있으면 반드시 한 번 보고 지나간다는 것도 누구나 다 아는 사실입니다. 많은 이들이 성공을 거둔 그런 방법을 사용하지 못할 만큼 우리가 너무 위대해져서는 안 될 것입니다. 우리에게는 반드시 청중의 주목이 있어야 합니다. 어떤 청중들에게는 견고한 교리로 시작해서는 주목을 얻지 못하기도 합니다. 그들은 무언가 가르침을 받기를 원치 않습니다. 그러니 그런 사람에게 가르침을 있는 그대로 제시해서는 진리를 받아들이지 않습니다. 자, 이런 사람들을 우리의 식탁으로 오게 하여 나중에 그들에게 진정 필요한 양식을 나누어 줄 수 있으려면, 꽃다발 같은 것이 필요합니다.

구세군이 거리마다 나팔을 불고 북을 치며 다니면서 사람들을 병영으로 이끌어 들여서, 처음 몇 분 동안은 그 모인 회중들의 관심을 불러일으키는 데에 할애하고, 그 다음에 그들을 이끌어 진리의 내실(內室)로 들어가게 하는 것도 이와 똑같은 것입니다. 그런데 이처럼 관심을 불러일으키기 위한 예비 단계도 그 상황에 걸맞는 것이어야 합니다. 여러분이 평상시에 제시하는 교리에 비해서 무게가 좀 떨어지더라도, 오히려 그것이 바람직한 것입니다. 청중들이 그 다음에 이어지는 것을 받아들이도록 그들을 준비시켜 주는 단계이니까요. 밀밥으로는 물고기를 잡을 수 없을 것입니다. 하지만 그것을 미끼와 낚싯고리에 붙여 놓으면 물고기를 낚을 수 있습니다.

교훈을 잘 받아서 믿음에 굳게 서 있는 신자들로 이루어진 교회의 경우는 세상에서 바로 모여든 청중들이나 혹은 무덤덤하고 형식적인 교인들이 모인 교회의 경우와 동일한 스타일로 말씀을 전할 필요가 없을 것입니다. 설교 방식이 청중에 적합해야 한다는 것을 상식으로도 얼마든지 알 수 있는 문제입니다. 예증법을 전혀 사용하지 않고서도 깊이 있고 오래 지속되는 관심을 유지시킬 수 있기는 합니다. 주로 교회 회원들로 가득 차 있는 태버너클(Tabernacle) 교회에서는 저도 자주 그렇게 해 오고 있습니다. 그러나 우리 교인들이 아닌 다른 낯선 사람들이 있는 자리에서는 저는 이야기와 직유와 비유들을 꺼내어 사용합니다.

저는 때때로 강단에서 예화들을 사용하곤 하는데, 아주 예민하고 특별한 사람들은 제가 그런 이야기들을 하는 것에 대해 유감과 우려를 표시하기도 했습니다. 그러나 하나님께서 제가 사용한 몇 가지 예증법들을 복 주셨다는 것을 깨달을 때마다 저는 이웃에 사는 귀족의 개에게 공격을 받은 사람이 도끼를 사용하여 그 개를 죽인 이야기를 자주 떠올리게 됩니다. 그 귀족은 매우 화가 나서 어떻게 감히 그 개를 죽였느냐고 물었는데, 그 사람은 대답하기를, 자기가 개를 죽이지 않았으면 그 개가 자기를 물고 갈기갈기 찢어 놓았을 것이라고 했습니다. 그러자 그 귀족은 "그렇지만, 도끼의 손잡이로 지는 것은 몰라도 어떻게 도끼로 머리를 내리쳤단 말인가?" 했습니다. 그러자 그 사람은, "황송하오나, 그 개가 꼬리로 저를 물어뜯으려 했다면 저도 그렇게 했을 것입니다."

이와 마찬가지로, 죄를 다루는 문제에 대해서도 어떤 사람들은 "그것을 좀 더 부드럽게 다루는 게 좋지 않을까요?"라든가 "좀 더 점잖은 언어로 말씀하시는 것이 좋을 텐데요"라고 말하기도 합니다. 그러나 저는 이렇게 대답합니다: "그것이 그 꼬리로 저를 물어뜯는다면 그렇게 하겠습니다. 하지만 그것이 저를 마구 대하는 한, 저 역시 거칠게 대할 것이고, 그 괴물을 죽이는 데 도움이 된다면 그 어떠한 무기도 마다하지 않고 다 사용하겠습니다."

오늘날의 우리로서는 대중의 귀를 붙잡는 기회를 놓칠 여유가 없습니다. 우리에게 다가오는 모든 기회를 사용하고, 우리의 일에 도움이 될 만한 모든 도구를 다 사용하여야 합니다. 그리고 우리의 모든 기능을 발휘하고, 우리의 모든 에너지를 쏟아야 합니다. 사람들이 그렇게도 더디 생각하는 문제들을, 의와 절제와 다가올 심판에 대한 중대한 이야기를, 사람들에게 심어 줄 수 있는 수단이 있다면 무엇이든 사용해야 할 것입니다. 많이 읽고 열심히 연구하여야 합니다. 그렇지 않으면 오늘날의 사람들에게 영영 영향을 주지 못하고 말 것입니다. 철저하게 능력을 발휘하는 설교자가 되는 데에는 지극한 근면이 필수적이라고 믿습니다. 물론 천성적인 능력도 있어야겠지만 말입니다. 제가 얻은 견고한 확신은, 천성적으로 좋은 능력을 지니고 있을 경우에 이 비뚤어지고 왜곡된 세대 가운데서 하나님을 위하여 많은 일을 하려면, 정말로 지극한 부지런함이 함께 있어야 한다는 것입니다.

스코틀랜드에서 한번은 설교자가 도착하기 전에 한 바보가 강단에 올라섰다고 합니다. 목사가 와서 강단에서 내려오라고 하자, 그는 이렇게 대답했다고 합니다: "아니오, 아니오, 목사님도 올라오세요. 이 목이 곧은 세대를 움직이려면 우리 두 사람이 다 있어야 합니다." 우리에게 맡겨진 사람들을 움직이려면 얻을 수 있는 지혜는 모두 얻어야 할 것입니다. 청중들의 마음을 끄는 모든 정당한 수단을 사용하지 않으면, 그들이 마치 불쌍한 바보 한 사람 이외에는 모든 사람이 다 졸고 있는 그 스코틀랜드 교회처럼 되고 말 것입니다. 그 목사는 교인들을 일깨우고 그들을 책망하려고 "자, 이 불쌍한 바보 조크만 빼고 여러분 모두 잠들어 있었습니다"라고 이야기했습니다. 그러자 조크가 끼어들면서 이렇게 소리쳤답니다: "내가 바보가 아니었으면, 나도 같이 잠들어 있었을 것이오."

그 유명한 이야기가 주는 교훈은 너무도 분명하니 그대로 지나가기로 하고, 이제 두 번째 용도로 넘어갑시다. 그것은 바로 예화와 예증법이 우리의 설교들을 활기 있고 생생하게 만들어 준다는 것입니다. 이것은 너무도 중요한 문제입니다. 우리가 피해야 할 것들이 많지만, 그 중에서 가장 필수적인 것은, 설교를 하면서 우리가 연기(演技)를 하고 있다는 생각을 청중들에게 심어 주지 말아야 한다는 것입니다. 말의 어조나 태도나 무엇이든 강단에서 연극의 냄새를 풍기는 것을 저는 진정으로 혐오합니다. 강단에 올라가서 말을 할 때에, 부엌에서나 응접실에서 하는 것과 똑같은 식으로, 일상적인 음성으로 이야기하십시오. 여러분에게 간곡히 부탁드립니다만, 모든 선한 것을 사용하시되, 잘난 체하고 뽐내는 어법이라든가 꾸며내는 냄새를 풍기는 모든 것을 다 던져 버리십시오. 자연스러움과 단순함 이외에는 그 어떤 것으로도 대중을 사로잡을 수 없습니다. 목사들 중에는 심지어 찬송가도 자연스럽게 부르지 못하는 사람들이 있습니다! "다 같이 하나님께 찬송을 드리십시다"[교회당에서 흔히 듣는 그런 목소리로]라고 합니다만, 찻집에서 과연 그런 식의 목소리로 말한다는 것을 상상이나 할 수 있겠습니까? "차 한 잔 더 가져다 주시면 크게 고마운 마음이 들겠습니다"[똑같이 부자연스럽고 위엄 있는 목소리로]라고 말하면, 과연 그런 사람에게 차 한 잔을 기꺼이 가져다주고 싶은 마음이 들겠습니까? 그런 식의 어리석은 스타일로 설교하면, 사람들이 우리의 말을 믿지 않을 것입니다. 그들은 그것이 우리의 일이고 우리의 직업이라고 생각할 것이고, 우리가 직업적인 자세로 모든 일을 하고 있다고 여길 것입니다. 마치 바울이 독이 든 뱀을 불길 속에 떨어 버렸던 것처럼, 우리도 어떤 종류든 직업적인 자세를 완전히 떨어 버려야 할 것입니다. 그리고 하나님께로부터 지명하심을 받아 말을 하는 사람답게 말을 해야 할 것이고, 이상스럽고 부자연스러우며, 최신 유행을 타는 식의 강단 태도를 드러내 보여서는 안 될 것입니다.

우리 주님의 가르침은 놀라울 만큼 활기가 있었고 생생했습니다. 그것은 사람들의 눈 앞에 진리를 드러내되, 그저 평평한 그림으로 드러내는 것이 아니라, 마치 입체경(立體鏡)으로 보듯이 진리의 선과 각의 아름다움과 생명 있는 실체를 그대로 생생하게 드러내는 것이었습니다. 어린아이를 데려다 제자들 가운데 세우셨는데, 그것이야말로 놀라운 살아 있는 설교였습니다. 그리고 안달하고 걱정하지 말라는 말씀을 하실 때에 몸을 굽혀서 백합 한 송이를 뽑으시고서(아마 그렇게 하셨을 것입니다), "들의 백합화가 어떻게 자라는가 생각하여 보라. 수고도 아니하고 길쌈도 아니하느니라" 하셨는데, 이것 역시 정말 능력 있는 설교였습니다. 아마 그때 그의 머리 위에서 새가 날고 있었을 것이고, 주님은 그 새들을 가리키시면서, "공중의 새를 보라 심지도 않고 거두지도 않고 창고에 모아들이지도 아니하되 너희 하늘 아버지께서 기르시느니라" 말씀하셨을 것입니다. 여러분, 거기에는 생명이 약동하고 있었고, 생생함이 있었습니다. 물론 언제나 주님을 문자 그대로 모방할 수는 없습니다. 대개의 경우 우리들은 예배 처소 내에서 설교를 하기 때문입니다. 기도하는 집이 그렇게 많다는 것은 분명 복된 일입니다. 우리들 주위에 그런 집들이 계속해서 생겨난다는 것은 감사한 일입니다. 그러나 만일 갖가지 건물들에서 설교하는 목사들 가운데 절반이라도 거기서 나와서 길가와 거리와 들판 등 사람들이 들을 수 있는 곳이면 어디라도 가서 말씀을 전하게 된다면, 훨씬 더 하나님께 감사할 것입니다.

우리는 온 세상으로 나가서, 모든 사람에게 복음을 전해야 합니다. 교회당 속에 가만히 앉아서 사람들이 들어와 우리의 하는 말을 들어주기를 기다리고 있어서는 안 되는 것입니다. 사냥에 나서는 사람이 총에다 탄알을 장전하고 응접실 창문가에 앉아서 새가 지나가기를 기다린다면, 절대로 새를 잡을 수 없습니다. 사냥꾼은 그렇게 하지 않습니다. 사냥용 장화를 신고 들판을 헤매고 다니다가, 새를 발견하는 즉시 쏘아서 잡습니다. 그러니 형제 여러분, 우리도 들판에서도 사역할 수 있도록 만반의 준비를 항상 갖추고 있어야 합니다. 그리고 언제나 바깥에 있는 영혼들에게 나아가 복음을 전하여 그 복음의 능력의 전리품들로서 그들을 다시 돌이키도록 기회를 얻기 위하여 항상 살펴야 할 것입니다.

그러나, 저 훌륭한 매튜 윌크스가 과거에 가끔씩 사용했던 그런 스타일을 본따서 우리의 설교들을 생생한 것으로 만들려 한다면 그것은 지혜롭지 못한 일일 것입니다. 그는 어느 주일 오전 예배 시에, 조그만 상자를 들고 강단에 올라가서는 잠시 후 그것을 열어 조그만 저울을 교인들에게 내어 보이고는, 성경책의 낱장들을 아주 조심스럽게 넘기더니 "왕을 저울에 달아 보니 부족함이 보였다"(단 5:27)는 말씀을 본문으로 봉독하였습니다. 제가 보기에 그런 것은 힘 있다기보다는 오히려 유치하다는 생각이 듭니다. 그러나 다른 경우에 매튜 윌크스는 아주 탁월함을 보여 주었습니다. 그는 언젠가, "너희가 어떻게 행할지를 자세히 주의하여"(엡 5:15)라는 말씀을 본문으로 삼아서 이렇게 설교를 시작했습니다: "여러분, 깨어진 유리병 조각들이 뒤덮여 있는 높은 벽 꼭대기를 걸어 다니는 고양이의 모습을 본 일이 있습니까? 바로 그것이 '어떻게 행할지를 자세히 주의하라'는 오늘 본문 말씀의 의미를 잘 드러내 주는 완벽한 예입니다."

탁월한 설교가인 "테일러 신부"(Father Taylor)의 경우를 예로 들면, 그는 캘리포니아(California)의 한 마을 어귀에서 위스키 통 위에 올라서서 설교하였습니다. 그는 예증의 한 방법으로 위스키 통 뚜껑을 발로 퉁퉁 구르면서 말했습니다: "이 통은 마치 사람의 마음과도 같아서 악한 것이 가득 들어 있습니다. 여러분 중에는 만일 죄가 여러분 속에 있다면 그것이 그냥 겉으로 나오지 않겠느냐고 말하는 분도 있을 것입니다만, 그렇지 않습니다. 자, 여기 제 발 밑에 있는 통 속에 위스키가 들어 있습니다. 그것은 정말 나쁜 것이요, 저주스런 것이요, 마귀적인 것입니다. 그러나 보시다시피 이 통 속에 단단히 가두어 두면, 절대로 해를 끼치지 못합니다. 그러나 이것을 술집에 내어 주어서 이웃의 술주정뱅이에게 팔면, 결국 그 술주정뱅이가 집에 가서 아내를 때리거나 자식들을 죽이는 악행을 하게 만드는 것입니다. 이와 마찬가지로, 여러분이 여러분의 죄를 마음 속에 갖고 있으면 그것은 악하고 마귀적인 것들이고 하나님께서 여러분을 저주하실 것입니다. 그러나 그것이 공개적으로 드러나는 것처럼 그런 식으로 다른 사람들에게까지 큰 해는 끼치지 않을 것입니다."

그리고 그는 다시 한 번 쿵쿵 발을 구르고는 말을 이었습니다: "가령 이 위스키 통을 국경 밖으로 가져가려고 한다고 합시다. 그러면 세관 직원이 와서 그 내용물에 대한 세금을 부과할 것입니다. 여러분은 통 속에 든 위스키를 한 방울도 꺼낼 수가 없다고 말하겠지만, 그 관리는 세금을 받기 전에는 통과시킬 수 없다고 말할 것입니다. 이와 마찬가지로, 겉으로 보이는 죄는 삼갈 수 있지만, 마음이 온통 악으로 가득 차 있으니, 그런 상태로는 절대로 하늘의 국경을 넘어가서 그 거룩하고 복된 곳에 있을 수 없는 것입니다." 이는 진리를 가르치는 정말 생생한 방법이라고 생각합니다. 그러나 언제나 위스키 통을 강단으로 삼을 수는 없겠지요. 통

제26장 예화와 예증법의 용도 607

이 잘못 구르게 되면 저도 넘어지고 말 테니까요.

저 유명한 프랑스의 사제가 행한 것처럼 하라고 말씀드리고 싶지도 않습니다. 그는 교인들에게 이렇게 말했습니다: "막달라 마리아처럼 육신의 죄를 범하는 자들이 너무 많습니다. 심지어 이 교회당 안에도 그런 사람들이 가득 차 있습니다. 여기에 있는 한 여자도 막달라 마리아 같은 사람입니다. 그 사람에게 이 미사 책을 던지겠습니다." 그러자 교회당 안에 있던 모든 여자들이 고개를 숙였습니다. 그러자 그 사제는 다시 말을 이었습니다: "아니요, 여러분 모두가 막달라 마리아 같은 사람들은 아닙니다. 저는 절대로 그렇다고 생각하지 않습니다. 하지만 여러분의 죄가 여러분을 어떻게 보는지를 알아야 합니다!"

또 다른 한 목사의 예를 따르라고 말씀드리고 싶지도 않습니다. 그는 어느 교회에 부임하여 한동안 설교한 다음 교회당의 등(燈)과 난방 장치를 위하여 헌금을 거두면서, 강단 양쪽의 촛불을 꺼 버리고는 등과 불을 위해서 헌금을 해 달라고 하였습니다. 그리고는 자기는 설교문을 읽는 것이 아니니 자기에게는 등불이 필요 없다고 하면서 이렇게 덧붙였습니다: "그러나 로저(Roger)가 시편을 봉독하면, 여러분이 각자 성경을 보아야 하므로 빛이 필요할 것이니 등은 결국 여러분을 위한 것입니다. 그리고 난로에 대해서도, 저에게는 그 열기가 필요 없습니다. 왜냐하면 설교하며 운동을 하는 것만으로도 저는 충분히 따뜻함을 유지할 수 있기 때문입니다. 그러니 여러분, 이 헌금은 전적으로 여러분 자신을 위한 것입니다. 목사가 자기를 위해서 헌금을 거둔다는 말은 그 누구도 할 수 없습니다. 이 헌금은 전적으로 여러분 자신을 위한 것이니 말입니다." 그의 이러한 행동이 담대한 설교의 아주 탁월한 예로서 지금까지 인용되어 왔으나, 저로서는 그 사람의 그런 말은 참 어리석은 것이었다는 생각이 듭니다.

저 자신에 대해서도 갖가지 풍문이 떠돌고 있습니다만, 그 중에 한 가지 이야기가 있습니다. 그것은 두 가지 의미에서 그저 이야기에 불과합니다. 곧, 제가 언젠가 강단의 난간에서 미끄러져 넘어진 적이 있다는 것입니다. 그러나 참 놀라운 사실은, 그 이야기가 나돌 당시에, 저희 교회의 강단은 벽에 고정되어 있었고 난간도 없었기 때문에, 거기서 미끄러지고 싶어도 미끄러질 수가 없었다는 것입니다. 그러나 그 예화는 — 물론 실화는 아니지만 — 제가 설명하려고 하는 목적, 즉 생생하게 전달하는 것을 잘 도와주는 것은 사실입니다.

여러분은 아마 휫필드가 맹인이 개를 데리고 절벽 꼭대기를 아찔아찔하게 걷는 광경을 묘사한 사례를 기억하실 것입니다. 휫필드의 묘사가 어찌나 생생하고 정말 현실처럼 느껴졌던지, 체스터필드 경(Lord Chesterfield)이 벌떡 일어나면서, "오, 하나님! 떨어지면 안 돼요!"라고 소리쳤습니다. 그러나 휫필드는, "아닙니다. 아직 떨어진게 아닙니다. 아직 그 사람이 구원받을 수도 있다는 소망을 가집시다"라고 했습니다. 그리고 그 맹인이 자기의 이성의 안내를 받아 걷는 광경을 묘사하면서, 그 이성은 개나 다름이 없어서 결국 지옥의 구렁텅이에 빠지고 말 것이라는 것을 보여 주었습니다.

저 존경스러운 로저스 목사(Mr. Rogers)는 돈을 사랑하는 문제를 제시하기 위하여 한 가지 이야기를 얼마나 생생하게 했는지 모릅니다. 곧, 어떤 사람은 돈을 얼마나 사랑했는지 죽을 때에 그것을 조금이라도 가지고 가고 싶어서 침상에 누워 죽어가면서도 돈을 자기 입에다 넣고 있었다는 것입니다! 저 훌륭한 제레마이어 버로우스(Jeremiah Burroughs: 1599-1646)는 이 세상의 재물이 우리의 마지막 날에 우리에게 아무런 위로가 되지 못한다는 사실을 한 가지 예화를 통해서 얼마나 충격적으로 보여 주었는지 모릅니다. 어느 구두쇠는 임종을 앞두고 돈 보따리를 머리맡에 두고 계속 그것에다 손을 대면서, "내가 너를 떠나야 한단 말이냐? 정말로 너를 떠나야 한단 말이냐? 이 기나긴 세월 동안 너를 위해서 살았건만, 이제 내가 너를 떠나야 한단 말이냐?" 하고 슬피 울면서 세상을 떠났다는 것입니다. 또 한 사람에 대한 이야기가 있습니다. 그는 죽음을 앞두고 여러 가지 고통이 있었고, 특히 양심이 혼란스러운 것이 크나큰 고통이었습니다. 그는 자기의 돈 보따리들과, 저당 증서들과 채권 증서와 각종 권리증들을 가져다가 자기 심장 가까이 끌어 모으면서 한숨을 쉬면서 이렇게 탄식했습니다: "이것들은 모두 소용이 없어! 소용이 없어! 모두가 헛것이야! 다 치워 버려라! 죽음을 앞둔 지금 이 순간에 내게 가장 위로가 필요하건만, 이런 모든 것들은 아무런 소용이 없으니!"

존 램버트(John Lambert)의 이야기는 그리스도를 향한 지극한 사랑을 얼마나 생생하게 보여 주는지 모릅니다. 그는 결박당하여 화형대에 올라 죽음을 맞게 되었으나, 불에 타면서 손뼉을 치며, "그리스도 외에는 아무도 없도다! 그리스도 외에는 없도다!"라고 외쳤고, 하반신이 불에 타 들어가 사슬에서 떨어져 불 속에 들어가면서도 여전히 "그리스도 외에는 없도다!"라고 외쳤습니다. 이런 이야기를 들을 때에 그 진리가 얼마나 분명하게 감동적으로 드러나는지 모릅니다. 그 사건이 지금 여러분의 눈앞에서 벌어질 경우만큼이나 선명하게 그것을 깨닫게 되는 것입니다.

제이(William Jay) 목사는 안개가 자욱한 밤에 서로 반대 방향에서 오고 있는 두 사람의 이야기를 했는데, 그리스도인들 사이의 오해가 얼마나 어리석은가 하는 것이 그 이야기에서 너무나도 잘 드러납니다. 두 사람 모두 끔찍한 괴물이 자기를 향하여 오고 있다고 생각하여 마음이 공포로 가득 찼습니다. 그러다가 두 사람이 서로 가까이 오게 되자, 그 끔찍한 괴물이 바로 자기의 형제라는 것을 알게 된 것입니다. 이와 마찬가지로, 교단이 서로 다른 사람들이 서로에 대해서 두려움을 갖는 경우가 많습니다. 그러다가 결국 그들이 서로 형제라는 사실을 깨닫게 되는 것입니다.

한 흑인 노예와 그 주인의 이야기는 신앙의 초보를 철저하게 배우기까지는 거룩한 신앙의 깊은 문제들에 대해 논란을 벌이지 말고 가장 근본적인 것에서 시작해야 할 필요성을 잘 보여 줍니다. 가난한 흑인 노예가 그 주인을 진리를 아는 지식으로 인도하기 위해서 매우 수고하였는데, 그 주인에게 그리스도를 믿는 믿음을 가지라고 강권했습니다. 그러자 그 주인은 자기로서는 선택의 교리를 이해할 수 없기 때문에 믿을 수 없다고 핑계를 댔습니다. 그러자 그 흑인은 이렇게 대답했답니다: "아! 주인님, 로마서 앞에 다른 책들이 있다는 것을 모르십니까? 성경책을 올바로 읽어야 합니다. 선택의 교리는 로마서에 있는데, 그것보다는 마태복음, 마가복음, 누가복음, 요한복음을 먼저 읽어야 합니다. 주인님은 이제 겨우 마태복음에 있을 뿐인데, 그것은 회개에 대한 책입니다. 그리고 요한복음에 가 보면 거기서 주 예수 그리스도께서 말씀하시기를 하나님이 세상을 이처럼 사랑하사 독생자를 주셨으니 누구든지 그를 믿으면 멸망치 않고 영생을 얻으리라고 말씀하셨습니다."

그러니 형제 여러분, 교인들에게 이렇게 말할 수 있을 것입니다: "처음에 로마서를 읽는 것보다는 사 복음서를 먼저 읽는 것이 훨씬 낫습니다. 먼저 마태복음, 마가복음, 누가복음, 요한복음을 공부하고 나야 비로소 서신서로 나아갈 수 있는 것입니다."

그러나 계속해서 예증법만 제시하고 싶지는 않습니다. 이 정도만으로도 예증법이 우리의 설교를 생생하고도 활기 있게 만들어 준다는 것은 충분히 입증되었을 것입니다. 예증법을 많이 사용할수록 더 좋습니다. 그러나 동시에, 설교 한 편에 너무 예화를 많이 사용하게 될 위험도 있다는 것을 경고해야겠습니다. 식탁에 샐러드 접시가 반드시 있어야겠지요. 하지만 친구들을 만찬에 초대해 놓고서 달랑 샐러드 하나만 내어 놓는다면, 참으로 불쾌해 할 것이고 다시는 여러분의 초대에 응하지 않을 것입니다.

셋째로, 교리나 혹은 애매하게 이해하고 있는 의무들을 설명하기 위하여 예화와 예증법을 사용하기도 합니다. 사실 예화나 예증법이 최고의 설명 방법이 될 수도 있습니다. 설교자는 말하고자 하는 주제를 예화나 예증법을 통해서 확충하여 설명해 주어야 합니다. 그래야 청중들이 그가 전하는 문제를 진정으로 대할 수 있게 됩니다. 혹시 어떤 사람이 제게 기계의 한 부속품에 대해 묘사하려 하면, 결국 그게 어떤 것인지 제게 납득시키지 못하고 말 것입니다. 그러나 그 사람이 그 기계의 부속품을, 그리고 그 기계 전체를, 그림으로 그려서 설명을 해 준다면, 그것이 어떻게 생겼고 어떻게 작동하는지를 대략 알게 될 것입니다. 말로 설명하는 것보다는 그림을 그려서 설명하는 것이 언제나 훨씬 더 강력한 효력을 지닌 교육 수단입니다. 예화와 예증법들이 청중들에게 그렇게 도움이 되는 것이 바로 이 때문입니다. 예를 들어서, "너는 기도할 때에 네 골방에 들어가 문을 닫고 은밀한 중에 계신 네 아버지께 기도하라"(마 6:6)는 본문을 설교하면서 다음의 예화를 사용한다고 합시다. 어느 조그만 소년은 건초를 쌓아놓은 다락에 올라가 기도하곤 했는데, 때때로 사람들이 올라와서 기도하는 데 방해를 받기도 했습니다. 그래서 그 다음 번에는 다락에 올라간 다음 사다리를 끌어다 올려놓아서 다른 사람들이 올라오지 못하도록 했습니다. 이 이야기를 하면서, 그 소년이 자기의 골방에 들어가 문을 닫은 것을 설명할 수 있을 것입니다. 그 의미는 문자 그대로 골방에 들어가거나 문을 걸어 잠그라는 것이 아니라, 기도를 방해하는 산만한 요인들에서 벗어나서, 사다리를 끌어 올려놓는 등, 우리의 은밀한 기도를 방해할 수 있는 모든 요인을 제거하라는 것입니다. 홀로 기도하고자 할 때에 언제나 사다리를 끌어 올려 놓기를 바랍니다. 그러나 여러 가지 것들이 사다리를 타고 올라오려고 합니다. 마귀가 할 수 있으면 우리를 방해하기 위하여 올라올 것입니다. 마귀는 사다리가 없어도 얼마든지 다락으로 들어올 수 있습니다.

코포럴 트림(Corporal Trim)은 제5계명에 대하여 아주 훌륭한 해설을 제시하였습니다. "네 부모를 공경하라는 것이 무슨 뜻입니까?"라는 질문을 받고 그는 대답하기를, "그것은 부모님이 나이 많아지면 제 봉급에서 매 주일 생활비를 떼어 드리는 것입니다"라고 했습니다. 그것은 그 본문의 의미에 대한 훌륭한 해설이었습니다. 그 다음, 말씀을 듣기만 하는 자가 아니라 행하는 자가 되려면 어떻게 해야 하는가?라는 질문에 대해서는 한 여인에 관한 이야기가 있습니다. 그 여인은, 목사님에게서 지난 주일 설교가 무슨 내용이었느냐는 질문을 받고서 대답하기를, 그 설교는 기억나지 않지만, 그 설교에 양심이 찔려서 집으로 돌아온 다음 용량이 작은 말을 태워 버렸다고 했습니다(아마 그때의 본문이, "사람이 등불을 켜서 말 아래에 두지 아니하고 등경 위에 두나니"[마 5:15]였던 것 같다).

한 가지 이야기가 더 있습니다만, 이 이야기는 복음을 들은 사람이 그들은 내용을 잊어버려도 복음이 여전히 그들에게 유익을 줄 수도 있다는 사실을 보여 주는 것입니다. 어느 월요일에 한 여인이 소쿠리에 빨래를 담아 펌프 가에서 빨래를 하려는데 마침 목사님이 오셔서 물었습니다: "메리 양, 지난 주일 설교가 어땠습니까?" 그러자 그녀는 많은 유익을 얻었다고 대답했습니다. "그래요? 그러면 그 본문이 무엇이었지요?" 그러나 그녀는 기억을 하지 못했습니다. "그러면 주제가 무엇이었나요?" "아, 목사님, 전혀 기억나질 않는데요"라고 그 여인이 대답했습니다. "과연 지난 주일의 말씀 가운데 조금이라도 기억하고 있습니까?" "아니요, 하나도 없습니다." 그리하여 그 목사는, "좋아요, 메리 양에게는 제 설교가 별로 유익이 되지 않았군요"라고 했습니다. 그러나 그 설교는 그녀에게 굉장한 유익을 주었습니다. 그녀는 그것을 다음과 같이 설명했습니다: "목사님, 목사님의 말씀이 어땠는지 제 말 좀 들어보세요. 빨래를 이 소쿠리에 담아 놓고, 거기에 펌프로 물을 퍼서 부으면, 빨래가 되거든요. 목사님의 설교도 마찬가지예요. 제 마음속에 들어와서 이 소쿠리처럼 빈약한 저의 기억력을 그대로 통과하고 말지요. 하지만 그것이 저를 깨끗하게 씻어 준답니다." 깨끗이 씻고 거룩하게 하는 말씀의 능력에 대해서 상당히 오래 말씀을 할 수도 있지만, 그 간단한 이야기만큼 청중들에게 깊은 감동을 주지는 못할 것입니다.

"우는 자들과 함께 울라"(롬 12:15)는 말씀에 대해서도 다음과 같은 조그만 예화가 그 어떠한 설명보다 더 나을 것입니다. 어린 애니가 말했습니다: "엄마, 저 가엾은 과부 브라운 부인이 어째서 내가 와 주기를 그렇게 바라는지 이유를 알 수가 없어요. 그 부인은 제가 오면 크게 위로가 된다고 하지만, 엄마, 저는 위로해 주는 말은 한마디도 하지 않고, 그저 그 부인이 울기 시작하면, 내 팔로 부인의 목을 안고 나도 함께 울거든요. 그런데도 그게 자기에게 큰 위로가 된다는군요." 과연 그렇습니다. 그 조그만 소녀를 움직여서 슬피 우는 과부와 함께 울어 주도록 만든 것이 바로 위로와 동정과 연민의 본질인 것입니다.

허비 목사(Mr. Hervey)는 하나님이 보시는 죄와 사람이 보는 죄가 얼마나 다른가 하는 위대한 진리를 다음과 같이 예증하고 있습니다. 작은 벌레 한 마리를 취하여, 그것에 아주 작은 바늘로 구멍을 내면, 그 구멍이 너무 작아서 육안으로는 거의 볼 수 없게 됩니다. 그러나 현미경으로 보면, 그 뚫린 구멍이 거대하게 보이고, 거기에 피가 흥건히 고여 있는 것이 보입니다. 마치 소를 죽이는 도끼에 맞은 것처럼 말입니다. 우리가 사물을 제대로 보지 못하는 것은 우리의 시력이 나쁘기 때문입니다. 그러나 현미경이 사물의 있는 그대로의 모습을 보여 주는 것입니다. 이런 예증을 통해서, 하나님의 현미경 같은 눈으로는 죄의 진면목을 그대로 보신다는 것을 설명할 수 있는 것입니다. 가령 주님을 충실히 따라간 갈렙의 성품을 제시하려 한다고 합시다. 그때에 갈렙이라는 이름이 개(犬)를 의미한다는 것을 말하고 이어서 개가 얼마나 그 주인을 충실히 따르는가를 보여 주십시오. 주인이 말을 타고 진흙 길을 달리면, 개는 아무리 길이 더럽고 진흙투성이라도 상관치 않고 할 수 있는 대로 말에 꼭 붙어서 달려갑니다. 말발굽에 채이는 것도 전혀 개의치 않고 주인을 따라가는 것입니다. 그와 같이 우리도 주님을 따라야 한다고 말씀을 이어가면 교인들에게 많은 도움이 될 것입니다. 시간이 얼마나 짧은가를 예로 보여 주고 싶으면, 조그만 촛불 조각 옆에서 불빛이 꺼지기 전에 일을 마무리하려고 열심히 바느질을 하는 가난한 여자 재봉사의 모습을 들 수 있을 것입니다.

많은 설교자들이 주 예수 그리스도를 믿는 단순한 믿음을 제시하는 데에 도움이 되는 적절한 은유를 찾는 데 상당히 어려움을 겪습니다. 한 바보에 대한 예화가 여기에 아주 적절하리라 여겨집니다. 한 목사가 그 바보를 가르쳐 주고자 애를 쓰면서 그에게 영혼이 있느냐고 물었습니다. 그런데 이 바보는 "아니요, 저는 영혼이 없습니다"라고 대답하여 이 친절한 목사를 경악하게 만들었습니다. 그 목사는 그렇게 수 년 동안 가르쳤는데도 전혀 발전한 기미가 없으니 심히 놀랍다고 했습니다. 그러나 그 바보는 다음과 같이 자기의 생각을 설명했습니다: "저에게는 본래 영혼이 있었지만, 그것을 잃어버리고 말았습니다. 그런데 예수 그리스도께서 오셔서 그것을 찾아 주셨고, 그래서 저는 그리스도께서 그것을 갖고 계시게 하고 있습니다. 그것이 제 것이 아니고 이제는 그리스도의 것이니까요." 이것은 주 예수 그리스도께서 대치하셨다는 단순한 믿음으로 말미암는 구원의 길을 보여 주는 아주 좋은 예화일 것입니다. 그리고 교인들 가운데 아무리 어린아이들이라도 이 바보의 이야기를 통해서 다 이해할 수 있을 것입니다.

넷째로, 예화와 예증법에는 일종의 논리 전개가 있으며, 그것은 논리적인 사고를 갖지 못한 사람들에게도 아주 분명하게 와 닿을 수 있습니다. 그런데 교인들 가운데 많은 이들이 안타깝게도 그런 부류에 속합니다. 하지만 예화와 예증을 통해서 그것들을 이해할 수 있게 됩니다. 진실을 담은 예화들은 사실들이고, 사실들은 아주 분명한 설득력을 갖습니다. 귀납적인 철학에서도 아는 바와 같이, 사실적인 예를 충분히 제시할 수 있으면 그것으로도 사실을 입증할 수 있습니다. 두 가지 예로는 입증할 수 없지만, 스무 가지의 예로는 사실을 입증할 수 있을 것입니다. 기도의 응답 같은 매우 중요한 문제를 예로 들어봅시다. 하나님께서 진정 기도를 들으시고 응답하신 사례들에 대한 실제로 일어난 예화들을 계속 인용함으로써, 하나님이 기도를 응답하신다는 것을 입증할 수 있습니다.

프라임 목사(Mr. Prime)가 기도의 능력에 대해 쓴 아주 탁월한 소책자를 예로 들어봅시다. 거기서는 기도에 관한 진리가 유클리드(Euclid) 기하학의 명제만큼이나 명확하게 입증되는 것을 보게 됩니다. 만일 지질학이나 천문학과 관련된 문제에 대해서 그 정도로 많은 사실들이 예로 제시된다면, 그것이 확실한 사실로서 인정을 받을 것이라고 봅니다. 그 저자는 하나님께서 기도를 들으셨다는 증거들을 풍성하게 제시하여 영감(靈感)을 부인하는 사람조차도 최소한 그것이, 하나님이 하늘에 계셔서 자기 백성의 부르짖음을 돌아보신다고 밖에는 다른 것으로 도저히 설명할 수 없는 진기한 현상이라는 것을 인정할 수밖에 없게 만드는 것입니다.

저는 하나님께서는 우리 편에서 아무 노력이 없어도 친히 자기 백성을 구원하실 것이라는 것을 근거로 삼아서 자기 자녀들의 회심을 위하여 아무런 노력도 하지 않은 몇몇 사람들에 대한 이야기를 들은 적이 있습니다. 그런데 저는 이런 견해를 주장하는 한 사람에게, 자기 아이에게 기도도 가르치지 않고 기도의 의미에 대해서도 가르친 적이 없는 한 아버지의 이야기를 해 주어서 움츠러들게 만든 기억이 납니다. 기도를 가르치는 일은 하나님의 성령께서 하실 일이니 그런 일을 우리가 하는 것은 잘못이라고 생각한 것입니다. 그 아이가 넘어져 다리가 부러져서 그 다리를 잘라야 할 형편이 되었습니다. 의사가 그 다리를 자르는 동안, 아이는 처절하게 저주하고 또 저주했습니다. 그때에 선한 의사는 아버지에게 이렇게 말했습니다: "이보시오, 당신은 그 아이에게 기도를 가르치려 하지 않았지만, 마귀는 분명 그 아이에게 저주하기를 가르쳐 놓았군요."

기도를 가르치지 않는 것의 잘못된 점이 바로 여기에 있습니다. 우리 자녀를 그리스도께로 이끌기 위해 최선을 다하지 않는다면, 그 아이를 끌어 지옥으로 데리고 가려고 최악의 노력을 다하는 자가 있다는 것입니다. 한 어머니가 병들어 거의 죽어가는 아들에게 이렇게 말했습니다: "애야, 네가 그렇게 괴로움 중에 있으니 정말 안타깝구나. 네게 상처를 받는 일은 한번도 가르친 일이 없는데." 그러자 그 아이는 이렇게 대답했습니다: "하지만 어머니는 선한 것도 제게 가르친 것이 없어요. 그러니 온갖 악한 것들이 제게 들어올 여유가 있었던 거지요." 이 모든 이야기들은 여러분이 교인들을 대할 때에 사용할 수 있는 최고의 논리들이 되어 줄 것입니다. 그들에게 사실들을 제시하십시오. 그러면 그 사실들이 그들의 양심에 다다를 것입니다. 그들의 양심에 두터운 껍질이 씌워져 있다 하더라도 말입니다.

하나님의 뜻에 굴복하는 문제를 설명하는 논리 전개 가운데서, 길핀(Richard Gilpin: 1625-1700)이 제시하는 이야기보다 더 설득력 있는 것이 과연 있을까 싶습니다. 한 여인이 자기 아들이 매우 아파서 함께 기도해 달라고 그에게 요청했다고 합니다. 그래서 길핀 목사는 하나님께 구하기를, 만일 하나님의 뜻이면 이 사랑하는 아이의 생명과 건강을 회복시켜 달라고 했습니다. 그런데 갑자기 그 여인이 말을 막으면서 이렇게 말했습니다: "그렇게 기도하시면 안 됩니다. 저는 그런 기도에는 동의할 수가 없어요. 제 아이가 죽으면 저는 견딜 수가 없습니다. 그러니 하나님의 뜻이든 아니든 반드시 그 아이를 살려 달라고 기도해 주세요." 이에 대해서 그는 이렇게 대답했습니다: "부인, 저는 그렇게 기도할 수가 없습니다. 하지만 부인의 기도가 응답되고 아이가 살아나면, 부인께서 그런 기도를 드린 것을 평생 후회하게 될 것입니다." 그로부터 이십 년이 지난 후, 한 여인이 기력이 쇠한 상태로 타이번(Tyburn)의 교수대(絞首臺) 밑으로 끌려 왔습니다. 그 아들이 그때까지 살아서 무수한 죄를 지어 교수형을 받게 되었기 때문입니다. 그 어머니의 악한 기도를 하나님께서 들으셨고 응답하신 것입니다. 그러므로, 복음의 능력을 입증하고자 할 때에는 그저 이런저런 말로 확충시키려 하지 말고, 여러분이 제시하고자 하는 그 진리의 예가 되는 그런 사례들을 이야기해 주십시오. 다른 방식의 논리 전개보다는 그런 예화들이 청중들을 납득시키는 데 훨씬 더 효과적일 것입니다. 이 점은 여러분 모두 분명히 알고 계시리라 생각합니다.

예화들이 효과적인 것은, 그것들이 인간의 본성에 아주 강력하게 호소하는 경우가 많기 때문이기도 합니다. 안식일을 범하는 자들을 책망하기 위해서라면, 한 신사의 이야기를 해 주십시오. 일곱 개의 금화(金貨)를 가지고 있는 한 신사가 있었는데, 아주 불쌍한 사람을 만나서는 그 중에 여섯 개를 주었더니 그 몹쓸 사람이 그에게 남은 일곱 번째 금화까지도 강탈해 갔다는 것입니다. 하나님께서 일곱 날을 주시고 그 중에 하나는 그를 섬기는 데에 사용하도록 구별해 놓으셨는데, 죄악된 인류가 하나님에게서 그날까지 빼앗아 버리는 악행을 범했다는 사실이 그 이야기를 통해서 분명하게 제시될 것입니다. 어느 소년에게 두세 명의 친구들이 찾아와서는, "가서 네 아버지의 농장에서 체리를 따 먹자"고 했습니다. 그러자 그 소년은 "안 돼. 도둑질할 수는 없어. 체리를 따 먹는 것은 아버지께서 원하시는 일이 아니야"라고 했습니다. "아, 하지만 네 아버지는 니그러우시니 체리를 따 먹어도 너를 때리지는 않으실 거야." 그러자 그 소년은 이렇게 말했습니다: "그것은 사실이야. 하지만 나는 그 때문에 체리를 훔칠 수가 없는 거야." 이 이야기는 하나님의 은혜와 선하심이 그의 자녀의 방종으로 이어지지 않으며, 오히려 그와 정반대로 자녀들을 죄에서 보호해 준다는 것을 보여 줄 것입니다.

다음의 이야기도 마음에 와 닿는 이야기로서, 교회의 아버지들을 언제나 권위의 근원으로 의지할 것이 아니라는 점을 보여 줍니다. 한 귀인이 어느 나이 많은 사람에 대한 이야기를 듣고서, 그 사람이 산다는 마을로 찾아가서 그를 만났는데, 한 칠십 세가량 되어 보였습니다. 그는 그분이 그 마을에서 가장 나이 많은 사람인 것으로 생각하였는데, 그 사람이 나서면서, "오오, 아닙니다. 저는 이 마을의 아버지가 아닙니다. 저보다 더 나이가 많으신 제 아버지께서 아직 살아 계십니다"라고 대답했습니다. 이와 마찬가지로, 어떤 사람들은 교회의 "아버지들"에게서 진짜 나이가 많으신 아버지들에게로 시선을 돌려야 한다고 말하기도 했습니다. 즉, 보통 "아버지"들이라 알려져 있는 그분들에게서 기독교 교회의 진정한 아버지들이요 할아버지들인 교부들에게로 시선을 돌려야 한다는 말입니다.

어떤 경우에는 예화들이 익살을 자아냄으로써 사람들에게 감동을 주기도 합니다. 물론 여기서 매우 조심해야 하겠지요. 주일에 웃음을 터뜨리는 것을 잘못으로 여기는 것이 교부들의 전통이니까요. 제11계명은 우리가 서로 사랑하여야 한다는 것이고, 어떤 사람들은 그 다음 12계명은 "주일에 얼굴을 길게 뺄지니라"라고 합니다. 저는 하나님의 집에서 사람들이 졸고 있는 것보다는 차라리 웃음을 터뜨리기를 바랍니다. 사람들로 하여금 진리를 무시하게 하거나 진리를 받아들이지 못하여 멸망에 빠지도록 내버려 두기보다는, 익살의 수단을 통해서라도 그들에게 진리를 심어 주기를 바랍니다. 저는 웃음을 터뜨리는 것 속에도 눈물을 흘리는 것과 똑같이 거룩함이 있다고 마음으로 믿습니다. 그리고 때로는 웃음이 눈물보다 낫다고도 믿습니다. 하나님을 대적해서 울고, 투덜거리고, 온갖 쓰라린 생각들을 할 수 있으니 말입니다. 그러나 반면에 죄에 대하여 비꼬는 웃음을 웃을 수도 있고, 그리하여 진리를 수호하는 데에 거룩한 진지함을 드러내 보일 수도 있는 것입니다.

사탄만이 우리를 대적하는 무기로 조롱을 사용해야 하는 이유가 어디 있습니까? 우리도 사탄을 대적하여 조롱을 무기로 사용할 수 있는 것입니다. 종교개혁이 다른 무엇에 못지않게, 우스운 것을 지각하는 인간의 본성적인 감각 덕분이라고 감히 말하고 싶습니다. 루터의 측근들이 만들어 낸 우스운 이야기들과 풍자들이, 로마 교황주의를 대항하는 견고하고 사려 깊은 논리들보다도 오히려 사제직의 망령된 점들을 독일 사람들의 눈에 더 분명하게 비치게 해 주었던 것입니다. 저는 적절한 상황에서 그와 유사한 스타일을 추구하지 못할 이유가 없다고 봅니다. "그것은 아주 위험한 무기라서 여러 사람들이 그것에 손가락을 베이게 될 것이다"라고 말할 사람들이 있을 것입니다. 그것은 그들의 시각입니다. 하지만 저로서는 죄의 목을 끊어내고 그리하여 영혼의 그 처절한 원수에게 심각한 해를 준다면, 손가락을 베이는 따위가 무슨 걱정이겠느냐는 생각입니다.

설교를 잘 듣고 기도회에도 잘 참석하지만 일을 별로 하지 않는 사람들에게 유익을 주기 위해서 저는 주일에 다음과 같은 이야기를 마다하지 않습니다. 그들은 주중의 어느 날에도 일을 하지 않기 때문에 주일에도 일을 하지 않습니다. 그들은 제4계명에서 "엿새 동안 힘써 네 모든 일을 할 것이나"라는 부분도, "제7일은 너의 하나님 여호와의 안식일인즉 아무 일도 하지 말라"는 부분과 똑같이 우리가 반드시 지켜야 할 명령이라는 것을 잊고 있는 것입니다.

생각이 너무나 하늘을 향해 있어서 전혀 일을 하지 않는 이 사람들에게 저는 어느 수도사의 이야기를 해 줍니다. 그 수도사는 수도원에 들어갔는데, 밭에서나 정원에서도 일하려 하지 않고, 의복을 깁는 일 같은 것도 하지 않습니다. 그 사람은 신령한 것을 생각하는 수도사였기 때문입니다. 저녁 식사 시간이 되었는데도 그에게 식당으로 오라는 전갈이 없어서 그는 매우 의아했습니다. 그래서 수도원 부원장에게 가서 말했습니다: "이곳에서는 형제들이 음식을 먹지 않나요? 저녁 식사를 하지 않습니까?" 그러자 부원장은 이렇게 말했습니다: "아니오, 식사를 하지요. 우리는 육신적인 존재들이니까요. 하지만 그대는 신령한 존재여서 일을 하지 않으니, 먹을 필요도 없을 것이고, 그래서 우리가 그대를 부르지 않은 것이오. 이 수도원의 법은, 일하지 않는 자는 먹지도 말라는 것이라오."

이탈리아의 한 소년에 대한 좋은 이야기가 있습니다. 한 소년의 성경책을 경찰이 압수했습니다. 그 소년은 경찰에게 물었습니다: "어째서 이 책을 압수하는 겁니까? 그것이 나쁜 책입니까?" 그 경관은 "그렇다"고 대답했습니다. "그 책이 나쁘다는 것이 확실합니까?"라고 다시 묻자, 여전히 "그렇다"는 대답이었습니다. 그러나 그 소년은 이렇게 말했습니다: "그래요? 그 책이 그렇게 나쁜 책이라면 그 저자는 왜 체포하지 못합니까?" 그 이야기는 그리스도를 사랑한다고 말하면서도 성경을 미워하는 자들에 대한 아주 멋진 풍자였습니다. 또 우리 형제인 아일랜드 사람에 대한 좋은 이야기가 있습니다. 사제가 한 아일랜드 사람에게 말하기를, "당신 같이 무식한 사람이 성경을 읽은들 무슨 소용이 있겠는가?"라고 했습니다. 그러나 그는 이렇게 대답했습니다: "맞습니다. 하지만 저는 성경을 살피라는 명령을 받고 있습니다. '성경에서 영생을 얻는 줄 생각하고 성경을 상고하거니와 이 성경이 곧 내게 대하여 증거하는 것이로다' (요 5:39)라고 성경이 말씀하지 않습니까?"

복음의 능력이 인간의 마음을 사로잡아야 마땅하다는 것을 보여 주는 일종의 우스꽝스러운 논지로서 다음의 이야기도 부적절하다 할 수는 없으리라 봅니다. 모펏 박사(Dr. Moffat)는 어느 카피르 사람(a Kaffir: 남아프리카의 한 종족)의 이야기를 해 줍니다. 어느 날 그 사람이 자기에게 와서 말하기를, 일주일 전에 그가 자기에게 준 신약 성경책이 자기 개를 망쳐 놓았다고 했다는 것입니다. 자기 개는 아주 훌륭한 사냥개였는데, 그 개가 신약 성경책을 갈가리 찢어서 먹어 버렸고, 그래서 완전히 망가졌다는 것입니다. 모펏 박사는, "상관없소. 성경책을 하나 더 드리겠소"라고 대답했답니다. 그러나 그 사람은 이렇게 말했습니다: "아니오! 내 개가 성경책을 망가뜨린 것은 문제가 아닙니다. 또 한 권을 사면 되니까요. 그 성경책이 내 개를 망쳐 놓았다는 게 문제입니다." "아니, 어째서요?"라고 그 선교사는 물었습니다. 그러자 그 카피르 사람은 이렇게 대답하더라는 것입니다: "이제 그 개는 제게 쓸모없게 되고 말았습니다. 하나님의 말씀을 먹어 버렸으니 내 개가 자기 원수를 사랑하게 될 것은 뻔한 일이고, 그러니 사냥에는 아무 쓸모가 없을 것이 아니겠습니까?" 그 사람은 심지어 개라 할지라도 신약 성경을 받고서는 그 기질이 온순해지지 않을 수 없을 것이라고 생각한 것입니다. 사실, 그리스도의 복음을 받아 먹는 모든 사람들이 그래야 마땅한 것입니다. 저는 모펏 박사의 이야기를 조금도 주저하지 않고 합니다. 사람이 진리를 받아 예수 안에 있게 되면, 반드시 그 사람에게 큰 변화가 일어나야 마땅하고, 다시는 그의 옛 주인을 섬기는 일이 없어야 마땅하다는 것을 이 이야기를 통해서 보여 주고자 하는 것입니다.

로마교회의 사제들이 남태평양 타히티(Tahiti) 원주민들을 로마교회로 전향시키려 애쓰면서, 로마교회의 탁월함을 사람들에게 납득시킬 수 있기를 바라는 마음으로 멋진 그림을 보여 주었습니다. 그 그림에는 죽은 통나무들이 있었습니다. 그것들이 누구를 상징하는 것이었습니까? 그것들은 이제 불 속으로 들어갈 이단들을 상징하는 것이었습니다. 그리고 죽은 통나무 옆에 살아 있는 작은 나뭇가지들이 있었는데, 그것들은 신실한 신자들이었습니다. 그리고 더 큰 가지들이 있었는데, 그것들은 사제들이었습니다. 그 다음에 그보다 더 큰 가지들은 추기경들을 나타내는 것이었습니다. 그 나무의 원줄기는 바로 교황을 가리키는 것이었고, 그 뿌리는 예수 그리스도를 나타내는 것이었습니다. 그러자 그 원주민들은 이렇게 말했답니다: "글쎄요, 가지나 줄기에 대해서는 모르겠지만, 우리에게 뿌리가 있으니, 그것에 든든히 붙어 있어야겠고, 절대로 떨어지지 말아야겠군요." 뿌리가 있으면, 곧 그리스도가 있으면, 사람들의 온갖 속임수와 거짓된 것들을 다 비웃을 수 있는 것입니다.

이런 이야기들은 우리로 하여금 웃음을 자아내게 만들 수도 있습니다만, 동시에 오류를 마음에서 확실하게 제거시킬 수도 있습니다. 그러므로 주를 위한 싸움의 병기로서 정당하게 사용할 수 있는 것입니다.

다섯째로, 예화와 예증법의 또 다른 용법은 그것들이 진리를 기억하여 깨닫게 되도록 도움을 준다는 사실에서 찾을 수 있습니다. 사실인지 확인할 수는 없습니다만, 어느 시골 사람의 이야기가 있습니다. 그 사람은 어떤 사람에게서 런던의 사람들은 모두 도둑들이라는 말을 듣고서 그대로 믿고 있었습니다. 그리하여 그 사람은 처음 런던에 가게 되자, 자기 시계를 조끼의 호주머니 속에 안전하게 집어넣고 시계 위에다 낚싯바늘들을 꽂아 놓았습니다. 그리고는 "이제, 누구라도 내 시계를 훔치려면, 혼이 날거야"라고 혼자 생각했습니다. 그리고 걸어가는 중에, 시간이 어떻게 되었는지를 알고 싶어서, 낚싯바늘에 대해서는 완전히 잊어버리고는 손을 호주머니 속에 집어넣었습니다. 그러니 그 사람의 손가락이 어떻게 되었겠습니까? 그 결과를 얼마든지 상상할 수 있습니다.

자, 여러분, 설교는 언제나 그 시골 사람의 호주머니 같아야 한다고 저는 생각합니다. 낚싯바늘이 가득 들어 있어서, 누구라도 와서 그것을 듣기만 하면, 거기에 잊어버릴 수 없는 어떤 것에 귀가 쫑긋해져야 하고, 마음과 양심에 남는 무엇이 있어야 한다는 것입니다. 설교가 거의 끝날 즈음에 잠깐 들어온 사람일지라도, 거기에 그를 찌르고 사로잡는 무엇이 있어야 하는 것입니다. 농장을 하는 친구들의 밭을 걸어가면, 반드시 무언가 옷에 달라붙는 것들이 있습니다. 솔질을 해 보지만, 밭에서 나온 잔재들이 의복에 남아 있는 것입니다. 이와 마찬가지로 설교마다 그것을 듣는 사람들에게 무언가 달라붙는 것들이 있어야 하는 것입니다.

  몇 년 전에 들은 설교들에서 가장 기억에 남는 것이 무엇입니까? 십중팔구는 설교자가 전해 준 이런저런 예화들일 것입니다. 어떤 함축성 있는 문장이 기억에 남아 있을 수도 있겠지요. 하지만, 설교 중에 전해지는 어떤 충격적인 이야기일 가능성이 훨씬 더 큽니다. 로울랜드 힐이 사망하기 얼마 전, 오랜 친구의 방문을 받았습니다. 그 친구가 그에게 말했습니다: "힐 목사, 자네의 설교를 처음 들은 지 벌써 육십오 년이 되지만, 아직까지도 그때의 본문과 그 내용 일부를 기억하고 있다네." "그런가? 무슨 내용을 기억하는데?" 그러자 그 친구가 이렇게 대답했습니다: "어떤 사람들은 설교를 들으러 올 때에 설교자의 전달법에 대해 상당히 까다로운 자세를 갖는다고 말했지. 그리고는, '만일 여러분의 친척 한 사람의 유언장을 읽는데 여러분이 그 사람에게서 유산을 받게 되어 있다고 해 봅시다. 그러면 변호사가 유언장을 읽는 자세를 비판할 생각은 전혀 하지 않을 것입니다. 여러분에게 남겨질 유산이 무엇인가에만 온통 신경이 쓰일 것입니다. 하물며 복음을 듣는 우리의 자세야 어떻겠습니까? 그 이상이 되어야 하지 않겠습니까?' 라고 했다네."

  만일 힐 목사가 설교의 내용을 예화 형식으로 전달하지 않았다면, 그 친구가 그 내용을 육십오 년 동안 기억하고 있지는 못했을 것입니다. 그가 만일, "사랑하는 여러분, 복음 그 자체를 귀중하게 여기고 들어야지, 설교자의 매력적인 언변이나 여러분의 귀를 즐겁게 해 주는 화법 때문에 들어서는 안 됩니다"라는 식으로 말했다면 여러분, 확신하건대, 그 친구는 오리가 지난 번 물 속에 들어갔다 나온 게 언제인지를 기억하는 정도만큼만 기억하고 곧바로 잊어버렸을 것입니다. 그런 식의 이야기는 일상적으로 늘 듣는 것이기 때문입니다. 그러나 그가 한 것처럼 진리를 충격적인 방식으로 전달하면, 육십오 년 뒤에라도 기억에 남을 수 있는 것입니다.

미국인 한 사람에게서 다음의 예화를 들었는데, 이것이 제가 의도하는 목적에 적절히 맞기 때문에 여러분에게 전해 드리고자 합니다. 그는 이렇게 말했습니다. "어린 시절, 저는 어느 재봉사에 대한 이야기를 듣곤 했습니다. 그 사람은 성공하여 매우 부자가 되었고, 노년까지 인생을 즐기며 살았습니다. 그를 아는 모든 사람들이 그를 대단히 부러워했습니다. 그런데 이제 인생을 마감할 시간이 그에게 다가왔습니다. 그는 자기가 죽기 전에 재봉사들에게 무언가 유익을 좀 주고 싶은 마음에서, 자기가 어떻게 성공했는지 그 비결을 가르쳐 줄 테니 어느 날 모두 모이라고 이웃의 모든 재봉사들에게 전갈을 보냈습니다. 그날이 되자 인근의 많은 재봉사들이 모여들어서 숨을 죽이며 그에게서 무슨 말이 나올지를 기대하며 기다리고 있었습니다. 그러자 그는 침대에서 일어서더니, 가쁜 숨을 몰아쉬며, 짧게 한마디를 했습니다: '실(絲)에다 항상 매듭을 지으시오.'"

여러분, 예화와 예증법을 사용하라고 말씀드리는 이유가 바로 이것입니다. 그것들이 여러분의 설교의 실에 매듭을 지어 주기 때문입니다. 천을 꿰맬 때에 실의 끝을 잡아당겨서 매듭을 지어 주지 않습니까? 그런데 우리가 들어온 많은 설교들 중에, 혹은 우리가 행한 여러 설교들 중에 그렇지 못한 경우가 얼마나 많았습니까? 우리가 들어온 수많은 내용들이 깊은 인상을 남기지 못한 채 뇌리에서 사라져 버리고, 설교자가 전해 준 몇 가지 예화들만 기억에 남는 것입니다.

어느 설교를 들은 지 팔십오 년이 지난 후 그 설교를 기억하고 회심한 경우도 있습니다. 이것은 역사적으로 확증된 사례입니다. 존 플라벨 (John Flavel: 1627-1691) 목사는 설교의 끝 부분에 가서 대개 축복을 선언하는 것이 관례였는데, 그날은 그렇게 하지 않고 일어서서 이렇게 말씀했습니다: "여러분 중 많은 분들이 '아나테마 마라나타'(Anathema Maranatha: 고전 16:22의 '저주를 받을지어다 우리 주여 오시옵소서'의 헬라어 원어)요, 여러분이 주 예수 그리스도를 사랑하지 않는데 어떻게 여러분을 축복하며 보내겠습니까?" 열다섯 살 난 한 소년이 그 말을 들었는데, 그로부터 팔십오 년이 지난 후, 그가 버지니아의 들판에 앉아 있다가 그때의 그 광경이 마치 어제의 일처럼 생생하게 떠올랐던 것입니다. 결국 플라벨의 말씀을 통하여 그가 회심을 하게 되었고, 그 이후 삼 년을 더 살면서 자신이 진리의 능력을 마음에 느꼈음을 증거하였다고 합니다.

여섯째로, 예화와 예증법들은 **감동을 불러일으키는 경우가 많기 때문에** 매우 유용하게 쓰입니다. 하지만, 똑같은 이야기들을 여러 번 반복해서 하게 되면, 감동을 불러일으키지 못할 것입니다. 지금도 기억합니다만, 저는 "또 한 사람이 있습니다"라는 훌륭한 이야기를 처음 듣고서 얼마나 눈물을 흘렸는지 모릅니다. 어떤 가엾은 사람이 거의 죽어 가는 상태로 구출되었는데, 그 사람은 "저기 구원받아야 할 사람이 또 있습니다"라고 말했다는 이야기입니다. 두 번째 그 이야기를 들었을 때에는, 이야기 자체는 좋았지만, 처음 들을 때만큼 감동적이지는 못했습니다. 그리고 세 번째로 그 이야기를 듣게 되니, 다시는 그 이야기를 듣고 싶지 않은 느낌이었습니다. 그 이후로도 그 이야기를 몇 번이나 더 들었는지 모릅니다. 하지만 항상 어느 때에 그 이야기가 나왔는지는 기억이 납니다. 그 설교자는 목을 가다듬고 아주 위엄 있는 자세를 갖추고는 나직한 목소리로 "또 한 사람이 있습니다"라고 말하면, 저는 스스로 생각합니다: '아이고, 그 한 사람이 없었어야 되는데!' 그 이야기를 정말 지겹게 들었으니 그런 생각이 날만도 했습니다. 아무리 좋은 예화라도 계속 사용하게 되면, 힘도 없어지고, 더 이상 사용하지 않는 것만 못하게 되어 버리는 것입니다.

하지만, 살아 있는 예증법을 사용하면, 아무리 좋은 설명이라 해도 그 설명보다 청중의 감정에 호소하는 데에 더 나은 효과가 생깁니다. 비처 목사(Mr. Beecher)는 아름다운 한 노예 소녀를 수갑을 채운 채로 강단에 데리고 올라갔습니다. 아무리 탁월한 언변으로 노예 해방을 외쳤더라도, 이보다 효과적이지는 못했을 것입니다. 이 시절에 우리가 듣기 원하는 것은 어떤 메마른 주제에 대한 기나긴 강연이 아니라, 무언가 실질적이고,

무언가 사실적이며 우리의 일상적인 생각에 와 닿는 것입니다. 이런 것이 주어지면 우리 마음이 곧 자극을 받게 되는 것입니다.

임종 장면을 목격하는 것이 「사망 괴담」(*Drelincourt on Death*)이라 불리는 탁월한 작품을 읽는 것보다 훨씬 더 감동을 줄 것입니다. 그 책은 그 어떠한 사람도 끝까지 다 읽은 일이 없는 책입니다. 끝까지 읽기를 시도한 경우들은 더러 있습니다만, 뒷장까지 도달하기 오래 전에 이미 기절하거나 가사(假死) 상태에 빠지고 말았고, 다시 깨어나기 전에 그 책을 멀리 치워 버려야 했습니다. 「사망 괴담」은 읽어 보지 못하셨다 해도, 여러분은 아마 맨 뒤에 붙어 있는 유령 이야기는 읽어 보았을 것입니다. 그 책은 잘 팔리지 않았고, 그래서 책방의 서고에서 잠자고 있었는데, 디포 (Daniel Defoe: 1660?-1731)가 그 유령 이야기를 쓰고는 "비일 여사가 죽은 후 그의 유령이 바그레이브 여사에게 전해 준 실화"(*A True Relation of the Apparition of Mrs. Veal after her death to Mrs. Bargrave*)라고 제목을 붙여 놓았는데, 그 이야기 속에서 그 유령이 「사망 괴담」을 그 주제에 관한 최고의 책이라고 추천하고 있는 것입니다. 이 이야기는 전혀 진실성은 없는 것으로, 순전히 상상으로 꾸며낸 것입니다. 그런데, 그 유령 이야기를 맨 뒤에 붙여 놓았더니, 책이 불티나게 팔려 나갔고, 계속해서 주문이 쏟아졌습니다. 그것은 마치 여러분의 설교의 경우와 흡사합니다. 다만 여러분은 설교를 통해서 실제로 일어난 이야기를 하며, 그리하여 사람들의 주목을 끌며, 그들의 마음을 사로잡는다는 것만 다를 뿐입니다.

남아프리카의 모라비아 인들(Moravians)의 이야기를 통해서 많은 사람들이 자기를 희생하는 정신을 접하고서 큰 감동을 받았습니다. 그들은 넓은 지역에 울타리가 쳐져 있는 것을 보았는데, 거기에는 나병(癩病)으로 썩어가고 있는 사람들이 모여 있었습니다. 팔이 없는 사람도 있었고, 다리가 없는 사람도 있었습니다. 이 모라비아 인들은 그 불쌍한 나환자에게 복음을 전하고 싶었으나 그곳에 들어가지 않고는 그렇게 할 수가 없었습니다. 그래서 그들은 그곳에 들어가 평생을 그곳에서 지내며 함께 썩어가며 복음을 전했습니다. 모라비아 인들 가운데 두 사람은 서인도 제도의 노예들에게 복음을 전하기 위하여 자기 자신을 팔아 스스로 노예가 되었습니다. 이처럼 열정적이고 헌신적인 선교사들의 예화를 제시하는 것이, 면밀한 논증을 통하는 것보다 훨씬 더 해외 선교를 향한 열정을 불러일으키는 데에 효과적일 것입니다.

두 사람의 광부 이야기를 들어도 정말 큰 감동을 받습니다. 두 사람의 광부가 작업을 하는 중에 잘못하여 퓨즈가 불타게 되었는데, 그 중 한 사람밖에는 피할 수가 없었습니다. 그때에 그리스도인인 광부가 아직 불신자인 다른 동료에게 이렇게 소리쳤답니다: "자네 생명을 위해 어서 피하게. 자네는 죽으면 영원히 버림받지만, 나는 죽어도 전혀 문제될 것이 없으니, 얼른 여기를 피하게."

바보의 계획 이야기도 저는 충격적인 예화로서 가끔 사용해 왔습니다. 조그만 보트가 암초에 부딪쳤는데, 그 보트를 타고 있던 사람이 헤엄을 쳐서 해변가로 나오려 했지만, 물살이 너무나 강하여 결국 물에 빠져 죽었습니다. 한 시간쯤 지난 후에 한 사람이 나서면서 "저 사람을 구할 수 있었는데"라고 했습니다. 어떻게 구할 수 있었느냐고 묻자, 그는 얼마든지 가능성 있고 훌륭해 보이는 한 가지 계획을 설명했습니다. 그 방법이라면 틀림없이 그 사람을 살렸을 것이라 모든 사람이 확신했습니다. 그런데 아뿔싸! 그 사람은 이미 죽었으니 아무런 소용이 없는 것이었습니다. 언제나 너무 늦게 지혜를 발휘하는 사람들이 있습니다. 아무개 아무개가 평생토록 괴로움을 당하다 죽고 난 후에, "내가 좀 더 일찍이 그를 만났더라면, 그 사람이 그렇게 되지는 않았을 텐데"라고 한탄하는 사람들도 있습니다. 형제 여러분, 그 예화를 통해서 우리는 각성해야겠습니다. 너무 늦기 전에 사람들을 영원한 멸망에서 구원하는 일을 위하여 지혜를 발휘해야 하겠습니다.

마지막 일곱째로, 예화와 예증법은 전혀 무관심한 사람도 귀를 기울이게 만들어 주기 때문에 정말 유용합니다. 매 설교마다 이런 부류의 사람들을 위하여 무언가가 필요합니다. 그리고 예화는 이처럼 생각없는 불경건한 자들의 귀를 사로잡기 위한 잘 계산된 방법입니다. 우리는 그들의 구원을 정말 바라고 있고, 그렇기 때문에 그들을 사로잡아 그리스도께로 인도하기 위하여 모든 가능한 방법을 사용하여 그들을 사로잡고자 하는 것입니다. 성숙하지 못한 젊은 사람들이 와서 그들에게 관심을 끌 만한 것이 전혀 없이 순전한 교리적인 논술로 가득 차 있는 강연을 들을 것으로 기대할 수는 없습니다. 아닙니다. 심지어 성숙한 사람들도, 한 주간의 고된 일과를 마친 후에 — 그들 중에는 주일 오전 이른 시간까지 바쁜 사람들도 있습니다 — 예화도 전혀 없이 지루하고 길기만 한 설교를 귀담아 들으리라고 기대할 수 없는 것입니다.

오, 여러분! 설교를 듣는 사람들의 상태를 전혀 알지 못하는 비현실적인 형제들이 많은데, 그 사람들을 생각하면 얼마나 안타까운지 모르겠습니다. 한 형제는 언젠가 이렇게 말하기도 했습니다: "아, 저는 설교할 때마다 어디를 쳐다볼지를 몰라서 환기통을 바라보곤 합니다." 환기통 속에는 아무도 없습니다. 하늘의 천사들이 거기서 진리의 말씀을 듣고 있다면 모를까, 도대체 어째서 사람이 거기에 있단 말입니까? 목사가 사람들 앞에서 설교한다는 것만으로는 안 됩니다. 사람들에게 설교해야 하는 것입니다. 그들을 똑바로 쳐다보아야 합니다. 할 수 있으면 그들을 계속해서 살펴야 합니다. 그리고 그들 한 사람 한 사람을 주의 깊게 바라보고, 그들의 상태가 어떤지를 파악해야 하고, 거기에 알맞도록 그의 메시지를 조정해야 하는 것입니다.

저는 우리 교회에서 설교할 때에, 복도의 중간에 서 있는 사람을 자주 보게 됩니다. 그 사람은 마치 참새처럼 교회당 안으로 들어왔다가 다시 나가지 못하여 안절부절 못하는 모습입니다. 예배가 진행되는 것이 도무지 감이 잡히지 않는지, 앞줄에 앉은 사람의 숫자를 세기도 하고, 아무튼 온갖 생각들이 그 사람의 머리를 지나갑니다. 그런데, 제가 그 사람의 주목을 끌고 싶습니다. 그럴 때에 제가 어떻게 하겠습니까? 성경 본문을 인용해도, 그 사람은 그게 무슨 뜻인지 모를 것이고, 관심도 없을 것입니다. 설교에 라틴어를 약간 집어넣거나, 히브리어나 헬라어 원어를 인용할까요? 그런 사람에게는 그것도 소용이 없습니다. 그러면 어떻게 할까요? 아하! 그런 사람에게 아주 적당한 좋은 이야기가 제게 있습니다. 그 이야기를 하면, 그 사람이 사람의 숫자 세는 일을 그만두고 저를 쳐다봅니다. 그 사람에게 정확히 들어맞는 이야기를 해 주면 그 사람은, '도대체 누가 이 목사에게 내 이야기를 해 주었단 말인가?' 라고 속으로 궁금증을 갖게 되고, '아, 알겠다. 내 아내가 이 사람의 말씀을 들으러 다니더니, 나에 대해서 죄다 일러바친 모양이구나' 라고 생각하게 됩니다. 그러면서 더 듣고자 하는 호기심을 갖게 되고, 설교자를 바라보게 되며, 설교자가 선포하는 진리를 듣는 동안 하나님의 진리의 빛의 첫 광채가 그 사람에게 비치게 되는 것입니다. 그러나 우리가 그저 일상적으로 설교를 계속하고 거기서 벗어나지 않았다면, 그 사람이 대체 어떻게 되었을지 알 수가 없습니다.

오늘 오후에 로울랜드 힐의 설교 한 편을 읽었는데, 그는 그 설교에서 이렇게 말씀하였습니다: "제가 이리저리 헤맨다고 사람들이 이야기합니다. 제가 이리저리 헤맨답니다. 하지만 그것은 여러분이 이리저리 헤매고 있기 때문입니다. 여러분이 헤매니 저도 여러분을 따라서 헤맬 수밖에 없는 것입니다. 사람들은 저의 말씀이 산만하다고 합니다. 그러나, 감사한 것은 언제나 저의 목표가 분명하다는 것입니다. 저의 목표는 여러분의 영혼을 구원시키는 것이요, 여러분을 예수 그리스도의 십자가에 데려가는 것입니다!"

버트램 목사(Mr. Bertram)는 사람들이 세상의 근심 걱정에 얼마나 얽혀 있는지를 보여 주기 위하여 아주 적절한 예화를 사용하고 있습니다. 그것은 한 포경선(捕鯨船) 선장의 이야기인데, 그 자신이 그 선장을 하나님의 일에 관하여 관심을 갖게 하려고 애를 썼으나, 그 선장은 이렇게 이야기하더라는 것입니다: "목사님, 아무 소용 없습니다. 아무리 이야기하셔도 제게는 전혀 소용이 없어요. 목사님이 말씀하시는 것을 들을 수도 없고, 그것에 대해서 이해할 수도 없습니다. 저는 고래를 잡으려고 이렇게 집을 떠나 있습니다. 지난 일 년 구 개월 동안을 고래를 찾으며 지내고 있는데, 아직 한 마리도 잡지 못했습니다. 고래를 잡으려고 항상 힘을 다해 왔습니다. 잠잘 때에도 꿈 속에서 고래를 잡습니다. 아침에 일어나서도 그날은 고래를 잡을까 하고 기대가 생깁니다. 제 마음속에도, 제 머릿속에도 온통 고래뿐입니다. 그러니 고래 이외에 다른 어떠한 것을 말씀하셔도 제게는 아무런 소용이 없습니다." 교인들은 머리와 마음속에 자기들의 일이 가득합니다. 큰 돈을 벌어 놓고 은퇴하고 싶어하고, 자녀들이 잘 자라 출세하기를 바랍니다. 수잔이 꼭 결혼해야 하겠고, 존은 꼭 성공해야 합니다. 그러니 머릿속에 온통 가득한 고래에 대한 생각을 몰아내지 않고서는 하나님의 일들에 대해서 이야기할 수 없는 것입니다.

어떤 상인은 아주 악성 부채에 대해서 생각하고 있고, 또 어떤 상인은 건물을 바라보고는 거기에 특정한 색깔의 리본이 걸려 있는 것을 보고서, '그렇지, 저것을 대량으로 주문해야겠구나. 저것이 유행하겠는걸!'이라고 생각하기도 합니다. 어쩌면, 회중 가운데 어떤 이는 옆자리에 앉은 사람을 보고는 다음 날 그 사람을 찾아가야겠다고 생각하기도 합니다. 이렇듯, 사람들의 생각이 설교자의 말씀하는 내용 이외에 온갖 것들로 가득차 있습니다. 정말 그런지 그렇지 않은지를 어떻게 아느냐고 제게 물을 수도 있을 것입니다. 제 자신이 그런 실수를 범했기 때문에 잘 압니다. 설교하는 동안에는 다른 생각을 하지 않고 잘 나갑니다. 그러나 때때로 지방에 내려가서 오전 예배와 저녁 예배 때에 설교를 하고, 중간에 다른 사람의 설교를 들을 때에는 간혹, '아, 저기 서 있는 나의 모습이 마치 막대기와도 같았겠구나. 하지만 이제는 아니야! 다시 내 차례가 오면 그렇게는 하지 않을거야!'라는 생각이 머리를 가득 채우기도 합니다. 그런 생각을 한다는 것은 정말 잘못된 것입니다. 하지만 우리 모두 산만해지기가 매우 쉽기 때문에, 설교자는 예화와 예증법을 강단에서 사용하여, 사람들의 주목을 집중시키고 거기에 못을 박는 것이 반드시 필요한 것입니다.

언젠가 팩스턴 후드 목사(Mr. Paxton Hood)의 강좌를 들은 일이 있는데 거기서 그는 이렇게 말했습니다: "어떤 설교자들은 청중들에게 너무 큰 기대를 갖습니다. 마치 못이 가득 들어 있는 통을 들고 가듯 갖가지 진리들을 가지고 강단에 올라서서는, 회중들을 마치 기둥처럼 여기고서 못을 끄집어내고, 그런 다음 그 못이 자동으로 기둥에 박히기를 기대하는 것입니다. 하지만 그렇게 해서는 안 되는 것입니다. 여러분이 못을 취하고, 기둥에 대고 망치를 쳐서 박고, 반대쪽으로 튀어나오는 부분을 구부려야만 합니다. 그래야만 비로소 위대한 주님께서 그 못들을 단단히 고정시키셔서서 다시 빠지지 않도록 하시기를 기대할 수 있는 것입니다."

이와 같이 우리가 진리를 사람들에게 박히도록 만들어 주어야 합니다. 진리 그 자체가 스스로 들어가는 법이 없으니 말입니다. 또한 설교를 듣는 이들의 마음도 열려 있지 않다는 것을 기억해야 합니다. 그러니 진리가 그 속으로 들어가 자리를 잡고 그 보좌에 앉아서 경배를 받을 수가 없는 것입니다. 힘을 다하여 마음의 문들을 깨부수어야 합니다. 그래서 처음에는 진리를 환영하지 않을지라도 억지로라도 마음 속으로 진리를 밀어 넣어야 합니다. 그러면 나중에 진리를 알고 사랑하게 되는 역사가 일어나는 것입니다.

예화와 예증법이 진리가 마음 속으로 들어가도록 길을 만드는 데에 큰 도움이 됩니다. 주의가 산만하고 잘 듣지 않는 사람들의 귀를 쫑긋하게 만들기 때문입니다. 우리는 횟필드처럼 되도록 노력해야겠습니다. 배를 짓는 한 사람은 그에 대해서 이렇게 말했습니다: "다른 사람이 설교하는 것을 들을 때에는 언제나 배를 이물에서 고물까지 다 지을 수가 있었는데, 횟필드 목사의 설교를 들을 때에는 용골(龍骨)을 세우는 것조차도 할 수 없었다." 또 베를 짜는 어떤 사람은, "교회당에 앉아서 설교를 들을 때마다 그곳에 베틀 몇 개가 들어갈지를 계산하곤 했는데, 그분의 설교를 들으면서는 베를 짜는 것을 완전히 잊어버렸다"고 말했습니다.

형제 여러분, 하나님의 진리 전체를 날마다의 생활에서 일어나는 일들과 잘 엮음으로써, 교인들이 이 세상에 관한 것들을 잊어버리도록 만들기를 힘써야 하는데, 예화와 예증법들을 사려 깊게 잘 사용하면 그렇게 할 수 있는 것입니다.

자, 여러분, 이 일곱 가지 이유들 — 회중들의 관심을 끌고 주의를 확보하게 해 주며, 가르침을 생생하게 만들어 주며, 어려운 구절들을 무딘 사람들에게 잘 설명해 주며, 사람들의 논리 전개를 도와주며, 기억을 도우며, 감동을 불러일으키며, 또한 부주의한 사람들이 귀를 기울이게 만든다는 것 — 때문에 저는 여러 날 설교를 해 오면서 예화와 예증법들을 사용해 온 것입니다. 여러분 역시 이런 이유들을 생각하면 그것들을 사용하게 되리라 믿습니다.

　동시에, 앞에서 한 말을 다시 되풀이해야겠습니다만, 우리의 예화와 예증법들이 마치 속에 아무것도 들어 있지 않은 텅 빈 통처럼 되지 않도록 조심해야 한다는 것입니다. 어느 부인은 한 목사의 설교를 들은 후, 그 설교에 대해서 어떻게 생각하느냐, 거기에 정신이 가득하지 않더냐는 질문을 받고는, "오, 그래요! 정신이 가득 했어요. 하지만 육체는 하나도 없더군요"라고 대답했답니다.

　여러분, 우리의 설교가 그런 반응을 불러일으켜서는 안 됩니다. 매 설교마다 무언가 "육체"에 속하는 것이 있어야 합니다. 교인들이 집으로 가지고 가기에 정말 알맞은 진정 건전한 가르침과 적절한 교훈이 있어야 합니다. 그저 사람들을 즐겁게 해 주는 이야기가 아니라 견고한 진리를 마음으로 받고 삶 속에서 생활하도록 해 주어야 합니다. 사랑하는 형제 여러분, 여러분의 설교가 그렇게 된다면, 예화와 예증법의 용도에 대한 오늘 오후의 말씀이 전혀 헛된 것은 아닐 것입니다.

제 27 장

예화와 예증들을 어디서 찾을 수 있을까?

　사랑하는 형제 여러분, 예화와 예증들의 용도에 대한 지난번의 강의를 들은 후, 아마도 그것들을 설교에서 사용해야겠다는 마음들이 다 생기셨을 것입니다. 하지만, "그것들을 대체 어디서 찾을까?"에 대해서 궁금해 할 분들이 계실 것입니다. 오늘 강의를 시작하면서 먼저 말씀드릴 것은, 교인들의 관심을 끌기 위해서 일부러 예화를 만들 필요는 없다는 것입니다. 언젠가 누구에게서 들은 이야기인데, 금요일에 목사님을 만나러 갔는데, 그 사환이 나와서 말하기를, 목사님은 서재에서 "예화를 만드느라" 바쁘시니 만날 수가 없다고 했다는 것입니다. 복음 사역자에게는 그런 식의 일은 합당하지 않습니다. 또 자주 반복되어온 흔한 예화이면서도 사실 확인을 할 수 없는 것도 조심해야 합니다. 이야기의 진실성에 대해서 조금이라도 의혹이 생기면 저는 가차없이 던져 버립니다. 여러분도 모두 그렇게 해야 한다고 생각합니다. 예화가 흔히 사용되고, 일반적으로 사실로 믿어지고 있고, 또한 유익한 목적을 위하여 사용될 수 있을 경우는, 구태여 법정에서 진실성을 가릴 필요가 없이 사용이 가능하다고 믿습니다. 하지만 어느 이야기의 사실성에 대한 의혹이 설교자의 마음에 제기될 경우는 다른 예화를 찾는 편이 낫다고 생각합니다. 온 세상이 예화를 가득 담고 있는 창고와도 같기 때문입니다.

　교인들의 관심을 불러일으키고, 그들의 주목을 계속 유지하고 싶으시면, 여러 가지 통로를 통해서 예화와 예증을 찾을 수 있습니다. 마치 산에서 흐르는 시냇물 속에서 반짝이는 곡식 알들을 찾아내듯이 말입니다. 예를 들어서, 오늘날의 역사가 있습니다. 일간 신문을 펼쳐서 거기서 예화들을 찾을 수도 있습니다. 「성경과 신문」(*The Bible and the Newspaper*)이라는 저의 소책자에서, 그 일을 어떻게 하는지에 대해서 예를 제시했습니다. 그리고 오늘의 강의를 준비하면서도 신문을 펼치고 좋은 예화가 없는가를 살펴보았는데, 한 가지를 곧바로 찾아냈습니다. 완스워스(Wandsworth)의 한 사람에 관한 기사가 그것이었습니다. 그 사람이 총을 지닌 채 개 한 마리와 함께 어느 개인의 금렵지(禁獵地)에서 발견되었는데, 그 사람이 하는 말이 자기는 버섯을 찾고 있었을 뿐이라는 것이었습니다. 버섯을 따는 데 대체 총과 개가 왜 필요했단 말입니까? 그런데, 관리인이 그 사람의 주머니에 무언가가 있는 것을 감지하고 손을 집어넣어 보니, 무언가 부드러운 것이 잡혀서, "이건 무엇이오?"라고 물었습니다. 그러자 그 밀렵꾼은 "아, 그거요? 그건 그저 집토끼요"라고 대답했습니다. 집토끼라고 보기에는 귀가 너무 길다고 관리인이 의문을 제기하자, 그는 다시 그것은 조금 큰 집토끼라고 대답했습니다. 그런데 그 토끼는 아주 살이 토실토실한 산토끼인 것이 드러났습니다. 그러자 그 사람은, 토끼가 버섯들이 있는 곳 가까이에 누워 있기에 그냥 집어왔을 뿐이고 자기는 어디까지나 버섯만을 채취할 생각이었다는 것이었습니다.

자, 이것은 굉장한 예화가 됩니다. 어떤 사람을 붙잡고 그 사람의 죄를 추궁하기 시작하면, 그 사람은, "죄라구요? 아니오! 나는 내가 얼마든지 행할 권리가 있는 지극히 합당한 일을 했을 뿐이오. 나는 버섯을 찾아다녔지, 밀렵은 하지 않았소!" 좀 더 자세하게 증거를 대어 죄를 인정하도록 만들려 하면, 그 사람은 이렇게 말합니다: "글쎄요, 조금 잘못된 것 같기는 하지만, 그것은 그저 집토끼일 뿐이오!" 그리고 자기의 죄를 더 이상 발뺌하지 못하도록 궁지에 몰리게 되면, 그것은 그저 사소한 죄일 뿐이라고 말합니다. 그러니 죄가 정말 지극히 죄악되다는 것을 그 사람으로 하여금 인정하게 만들려면 아직도 갈 길이 멉니다. 사실 인간의 힘으로는 단 한 사람의 죄인의 마음에 죄에 대한 순전한 깨달음을 일으킬 수 없는 것입니다. 성령의 역사하심이 아니면 안 되는 것입니다.

저는 또 같은 신문에서 배가 침몰한 참사에 대한 기사를 읽었는데, 등대에 불빛이 없었던 것이 원인이라는 것이었습니다. 그리스도를 아는 지식이 없어서 영혼들이 멸망에 빠지는 사실을 설명해 주는 예화로서 그 사건을 손쉽게 사용할 수 있습니다. 어느 것이든 조간 신문을 보면, 거기서 온갖 예화들을 풍성하게 찾을 수 있습니다. 뉴먼 홀 목사(Mr. Newman Hall)는 우리에게 강연을 하는 중에, 기독교 목사라면 누구나 성경과 「더 타임즈」(The Times) 신문을 정기적으로 읽어야 한다고 했습니다. 강연의 일상적인 내용을 볼 때에 그분이 몸소 그렇게 하고 있다는 것을 충분히 알 수 있었습니다. 그 특정한 신문을 읽든 아니면 다른 신문을 읽든, 여러분 주변에서 일어나고 있는 일상적인 일들에서 풍성한 예화들을 계속해서 찾을 수 있는 것입니다. 심지어 주일학교 교사라도 — 그러니 목사는 오죽하겠습니까만 — 산티아고(Santiago) 교회당에서 일어난 끔찍한 화재 사건이나 런던 브리지(London Bridge)의 대화재나, 알렉산드라 공주(Princess Alexandra)의 런던 입성이나, 인구 조사 등 일반 대중의 관심을 끄는 온갖 사건들을 전혀 예화로 사용하지 못한다면, 그 얼마나 안타까운 일인지 모릅니다. 이 모든 사건들에는 우리에게 유익을 주는 예증이, 직유가, 알레고리가 얼마든지 있습니다.

때로는 지역의 역사를 예화로 사용할 수도 있습니다. 어느 특정한 지방에서 설교할 때에, 그 지방과 관계되는 예화를 사용하는 것이 사람들의 관심을 집중시키는 최고의 방법일 경우가 많습니다. 어디를 가든지 저는 각 지역들의 역사를 수집합니다. 저 자신이 여러 지역의 마을들과 도시들에서 설교를 해야 하는 입장인데, 심지어 무미건조한 풍물지(風物誌) 같은 것에도 아주 유용한 자료들이 들어 있는 것을 발견하곤 합니다. 예를 들면, 존 스미스라는 이름을 지닌 일꾼에 대한 이야기가 나옵니다. 그 사람은 그 교구의 기록을 관리하고, 교구 시계의 태엽을 감고, 쥐덫을 놓고, 쥐를 잡는 등 오십여 가지의 유익한 일들을 한다는 것이지요. 그런데 계속 인내를 가지고 읽어나가면, 다른 어느 곳에서도 찾을 수 없는 좋은 정보를 얻게 되며, 여러분이 제시하고자 하는 진리에 대한 예증으로 사용할 수 있는 갖가지 사건들과 예화들을 만나게 될 것입니다.

예컨대, 버킹엄셔(Buckinghamshire)의 윈슬로우(Winslow)에서 설교할 경우는, 그 훌륭한 벤자민 키치(Benjamin Keach: 1640-1704)에 관한 예화를 소개하지 않을 수 없을 것입니다. 그는 그 마을의 침례교회 목사였는데, "「아동을 위한 기초 교리서」(The Childs Instructor or, a New and Easy Primmer)라는 불순한 책을 쓰고 인쇄하고 발간했다"는 죄목으로 1664년 시장터에서 모든 사람 앞에서 조롱을 받았습니다. 그러나 만일 제가 워핑(Wapping)에서 설교한다면, 그 사람들에게 "wapping sinners" (격렬하게 반항하는 죄인들)이라는 말은 사용하지 않을 것입니다. 로울랜드 힐은 그곳에서 설교하면서, "그리스도께서는 오래된 죄인들도, 큰 죄인들도, 심지어 격렬하게 반항하는 죄인들(wapping sinners)까지도 구원하실 수 있으셨습니다!"라고 했다는 것입니다.

크레이븐 채플(Craven Chapel)에서는 크레이븐 경(Lord Craven)의 이야기를 해 주는 것이 지극히 적절할 것입니다. 런던에 흑사병이 돌자 그가 지방으로 내려가려고 짐을 싸고 있을 때에, 그의 사환이 물었습니다: "주인님, 주인님의 하나님은 시골에만 사시나요?" 크레이븐 경은, "아니, 하나님은 이곳에도 계시고 그곳에도 계시지"라고 대답했습니다. 그러자 사환은, "그런가요? 그렇다면 제가 주인님의 입장이라면, 저는 여기 그냥 있을 것 같습니다. 시골에서나 이곳에서나 똑같이 안전할 테니까요"라고 대답했고, 크레이븐 경은 그 자리에서 지방으로 가려던 계획을 포기하고 모든 것을 선하신 하나님의 섭리에 맡겼다는 것입니다.

형제 여러분, 그 외에도 고대사와 현대사의 굉장한 보고(寶庫)가 있습니다. 로마의 역사도 있고, 그리스의 역사도 있고, 영국의 역사도 있습니다. 여러분 모두가 그것들을 친숙하게 알기 위해서 힘쓰고 있습니다. 옛날의 고전적인 이야기들을 읽으면서 영혼이 뜨거워지는 것을 느끼지 않을 사람이 어디 있겠습니까? 그 이야기들을 훑어 보노라면, 과거 용감한 시절에 일어난 사건들을 친숙하게 알게 되는 것은 물론 오늘 여러분의 설교에 도움이 될 수 있는 여러 가지 교훈들을 얻게 되기도 할 것입니다. 예를 들어서, 페이디아스(Phidias)와 그가 조각한 신상(神像)의 이야기가 있습니다. 그는 신상을 완성한 다음, 그 모서리에 조그만 글자로 "페이디아스"라고 새겨놓았습니다. 사람들은 그것을 보고, 조각가의 이름이 새겨진 신상은 신성한 것으로 여길 수도 없고 신으로 섬길 수도 없다고 반대하였고, 심지어 페이디아스가 그렇게 신상을 더럽혀 놓았으니 그를 돌로 쳐죽여야 옳다는 주장까지 제기되었습니다. 신의 형상에다 어떻게 감히 자기 이름을 새겨 놓을 수 있느냐는 것이었습니다. 이와 마찬가지로 우리 중에도 하나님을 위해서 일을 한다고 하면서 그 밑에다 자기의 이름을 조그맣게 새겨 넣기를 바라는 사람이 있습니다. 성령 하나님께서 우리에게 할 수 있도록 하신 것을 우리가 한 것처럼 인정받기를 바라는 행위가 정말 책망받아야 마땅한 일인데도, 우리 자신의 이름이 기억되기를 바라는 것입니다.

고대의 조각가에 대한 다른 이야기가 있습니다. 그는 이교도의 신전에 신상을 세우려 하고 있었는데, 신상 중에서 벽 속에 가려지는 부분은 아직 마무리 되지 않은 상태였습니다. 사제는 이의를 제기하고는 그 신상이 완성되지 않았다고 선언했습니다. 조각가는 말하기를, "신의 이 부분은 벽 속에 들어갈 것이니 전혀 보이지 않을 것이오"라고 했습니다. 그러자 사제는, "신들은 벽 속도 볼 수 있소"라고 대답했습니다. 이와 마찬가지로, 사람들의 눈에 전혀 띄지 않는 우리 삶의 지극히 사사로운 것까지도, 여전히 전능하신 하나님의 시야에 들어 있는 것입니다. 그러니 우리는 그 부분에서도 지극히 조심스럽게 처신해야 할 것입니다. 우리의 형제 된 사람들 가운데 우리의 공적인 이름을 잘 유지하는 것만으로는 부족합니다. 우리의 하나님께서 벽의 속도 보실 수 있으며, 우리의 은밀한 마음 속에 있는 냉랭함을 아시며, 가정 내에서 범하는 온갖 잘못과 실수들을 그가 아시는 것입니다.

주 예수 그리스도의 백성들은 그 자신이 지으신 존재들이므로 그가 그의 백성들을 지극히 기뻐하신다는 사실을 가르치면서, 저는 고레스 왕에 관한 한 고전적인 이야기에서 큰 도움을 얻었습니다. 외국에서 온 한 사신에게 자기의 정원을 두루 보여 주면서, 고레스 왕은 그에게 말했습니다: "그대가 아무리 이 꽃들과 나무들에 대해 관심이 있을지라도, 나만큼은 아닐 것이오. 내가 친히 이 정원을 가꾸었고, 내 손으로 이 꽃들과 나무들을 심었고, 물을 주고 자라게 했으니, 그대보다는 내가 훨씬 더 이것들을 사랑하는 것이 당연할 것이오." 마찬가지로, 주 예수 그리스도께서도 그가 친히 그의 교회의 아름다운 정원을 가꾸셨고, 자기의 손으로 그것들을 심으셨고, 그 꽃 하나하나를 바라보시고 기르셨으니, 그 정원을 사랑하시는 것은 너무나 당연한 사실입니다.

십자군 시대는 좋은 예화들이 될 수 있는 고귀한 이야기들이 가득 차 있는 풍성한 시대입니다. 우리는 갓프리 드 불롱(Godfrey de Bouillon) 휘하의 군사들이 예루살렘 성이 시야에 들어오자 그 광경에 너무 감격하여 얼굴을 땅에 대고 엎드렸다가 일어나서는 손뼉을 쳤고, 기쁨으로 탄성을 질렀다는 이야기를 읽습니다. 이처럼 우리도 우리의 하늘의 본향인 새 예루살렘을 보면, 죽어가다가도 할렐루야를 외칠 것이요, 천사들도 우리의 찬양과 감사의 노랫소리를 들을 것입니다. 이 사람 갓프리에 대해서도, 그가 군대의 수장으로서 예루살렘에 입성했을 때에도, 휘하의 군사들은 그가 면류관을 쓰기를 바랐으나 그는 그것을 거절하였다고 기록되어 있습니다. 그는 그때에, "내 주께서 이 성에서 가시 면류관을 쓰셨는데, 내가 어찌 이곳에서 황금 면류관을 쓸 수 있단 말인가?"라고 했다는 것입니다. 이것은 우리 스스로도 배우고 교인늘에게노 가르쳐야 마땅한 훌륭한 교훈이 아닐 수 없습니다. 그리스도께서 멸시를 당하시고 사람들에게 버림을 받으신 이 땅에서 그리스도인이 이 땅의 명예를 얻고자 하고, 명성을 얻기 위해 야심을 가지고 따라 다닌다는 것은 결코 합당한 일이 아닙니다. 제자가 자기 스승보다 높이 되려고 하거나, 종이 자기 주인보다 높이 되려는 생각을 한다는 것은 결코 있을 수 없는 일입니다.

또한 엘레노어 여왕(Queen Eleanor)이 자기 남편의 팔의 상처를 입으로 빨아서 독(毒)을 제거했다는 로맨틱한 이야기도 예화로 사용할 수 있을 것입니다. 우리 중에서도, 그리스도의 교회가 난을 피하고 살도록 하기 위하여 그 교회의 팔에서 모든 비방과 맹독(猛毒)을 빨아내고, 우리 스스로 그 어떠한 고난도 감수하기를 주저하지 않을 사람들이 많을 것입니다. 형제 여러분, 여러분도 오늘날 그리스도의 가르침이 손상을 입고 하나님의 대의가 욕을 당하는 일을 당하기보다는 차라리 오늘날 교회의 맹독이 묻은 상처를 기꺼이 입으로 빨아서 스스로 목숨을 잃기를 주저하지 않으시겠지요?

교회사도 예화가 가득한 기름진 밭입니다. 이 고귀한 보배가 가득한 밭을 어디서부터 파내어야 좋을지 결정하기가 어렵습니다. 죄가 얼마나 악한 것인지, 그리고 그것을 어떻게 피할지를 제시하는 데에, 루터와 유대인의 이야기를 사용할 수도 있습니다. 한 유대인이 마틴 루터를 해치기 위하여 기회를 노리고 있었습니다. 그러나 루터는 그 살인자의 초상화를 입수하여, 가는 곳마다 그것을 가지고 경계하였습니다. 루터는 이 사실을 그 스스로 하나의 예증으로 사용하여 이렇게 말하였습니다: "우리를 멸하려고 하는 죄들이 있는 것을 하나님께서 알고 계십니다. 그래서 그의 말씀 속에 그 죄의 초상화들을 제시해 놓으셨습니다. 그러니 우리는 그것들을 볼 때마다, '나를 해치려 애쓰는 죄가 바로 저것이다. 저 악한 것을 경계하고 그 길에서 피해야겠다'고 말하게 되는 것입니다."

휴 래티머(Hugh Latimer: 1485-1555)가 여러 주교들 앞에서 심문받은 사건에 대한 그 유명한 이야기는 하나님의 전지(全知)하심과 편재(遍在)하심을 매우 분명하게 드러내 줍니다. 그는 이렇게 말하였습니다:

나는 대여섯 주교들 앞에서 심문을 받으며 굉장한 곤욕을 치른 적이 있습니다. 매주 세 차례 심문장으로 나아갔는데, 무언가를 얻기 위해서 온갖 함정과 덫이 놓여 있었습니다 … 드디어 내가 늘 심문을 받던 그 천이 드리워진 방으로 이끌려 갔는데, 이번에는 실내가 좀 바뀌어 있었습니다. 전에는 항상 굴뚝 옆에 불이 지펴져 있었는데, 이번에는 불이 치워져 있었고, 그 대신 굴뚝 위 아래로 헝겊이 드리워져 있었고, 불이 있던 자리 옆에 책상이 놓여 있었습니다. 나를 심문한 주교들 중에는 내가 아주 잘 알고 나의 절친한 친구로 여겼던 나이 많은 사람도 있었습니다. 그가 책상 끄트머리 바로 옆에 앉아 있었습니다. 주교들이 온갖 질문들을 해댔는데, 그 사람이 아주 교묘한 질문을 제기하였습니다. 큰 위험이 도사리고 있는 그런 질문이었습니다. 그런데 내가 대답을 하려고 하자, 그는 이렇게 말했습니다: "래티머 씨, 부탁하거니와 제발 크게 말씀하시게. 내가 귀가 매우 어둡고, 또 멀리 앉아 있는 사람들도 많을 것이니." 크게 말을 하라는 말을 듣고서 나는 매우 의아한 생각이 들어서 굴뚝 가까이에다 귀를 기울였는데, 헝겊 뒤에서 펜으로 글을 쓰는 소리가 들려왔습니다. 그들은 그곳에 한 사람을 앉혀 두고서 나의 모든 대답을 일일이 기록하게 했던 것입니다. 그것을 알게 되자 나는 그들이 바라는 대로 함정에 빠지지 않았습니다. 하나님은 과연 선하신 주님이셨고, 나의 기도에 응답하셨던 것입니다. 그렇지 않았다면 나는 결코 그 자리를 피하지 못했을 것입니다.

그로부터 몇 년이 지난 후 설교하면서, 래티머 자신이 그 이야기를 하고 다음과 같이 그 예화를 적용시켰습니다: "성도 여러분, 헝겊 뒤에 언제나 펜이 있어서 기록하기를 쉬지 않습니다. 여러분이 하는 모든 말을 다 기록하고, 여러분이 행하는 모든 것을 일일이 주시합니다. 그러니 여러분의 말과 행동이 그 하나님의 기록부에 기록될 만한 것이 되도록 조심해야 할 것입니다."

또한 하나님께서 그의 종들을 특별하신 섭리로 보살피신다는 가르침을 제시하는 데에는 존 녹스(John Knox: 1514?-1572)의 이야기가 좋은 예화가 될 것입니다. 그는 어느 날 저녁, 무슨 특별한 이유가 없었는데도 자신이 평상시에 앉던 자리에 앉기를 거부했습니다. 그리고 아무도 그 자리에 앉지 말라고 했습니다. 그런데 그 저녁에 창문을 뚫고 화살이 날아 들어서 존 녹스가 평상시에 앉아 있던 그 자리 바로 맞은 편에 서 있던 촛불을 맞추었던 것입니다. 그날 그가 그 자리에 앉아 있었더라면 그는 화살에 맞아 목숨을 잃었을 것입니다. 또 어느 경건한 목사는 박해자들을 피하여 건초를 쌓아둔 곳간으로 들어가 건초더미 속에 몸을 숨겼습니다. 군졸들이 그곳에 들어와 칼과 대검들로 이리저리 찌르고 휘적거렸습니다. 그 목사는 발바닥에서 차가운 칼이 닿는 느낌을 받았고 그 상처가 여러 해 동안 남아 있었습니다. 그러나 박해자들은 그를 발견하지 못했습니다. 그런데 그 다음에 닭이 들어와서 그가 숨어 있는 바로 그 자리에다 날마다 알을 낳고 가는 바람에 모든 것이 잠잠해질 때까지 그것으로 연명하며 목숨을 보존할 수 있었다는 것입니다. 또 바로 그 목사인지, 아니면 함께 박해를 받던 다른 형제인지는 확실치 않으나, 거미 같은 미물(微物)을 통해서 놀랍게 보호받은 사실도 아직 기록으로 남아 있습니다. 제가 읽은 이야기는 이런 것입니다:

> 자기를 체포하려 한다는 측근의 경고도 들었고, 또한 자기를 찾아다니는 사람들을 보기도 하여, 그는 보리 창고 속으로 들어가 아무것도 들어 있지 않은 가마 속으로 기어 들어가 거기에 몸을 숨기고 있었다. 그러자 곧바로, 자기가 들어온 좁은 입구에 거미 한 마리가 내려와서는 이리저리 몸을 움직이며 아주 멋진 거미줄을 치는 것이 아닌가! 그 거미와 거미줄이 그와 빛 사이에 있어서 그 모습이 확연히 드러났다. 그 거미의 기술과 부지런함에 그는 깜짝 놀랐고, 그 거미가 하는 일에 완전히 매료되어 자신의 위험조차도 잊어버렸다. 거미가 그 가마의 입구를 계속 왕복하면서 사방에 거미줄을 다 쳐놓을 즈음에, 사람들이 그를 찾기 위해서 그 보리 창고 속으로 들어왔다. 그는 그들의 발걸음을 주시하면서 그들이 두리번거리며 내뱉는 잔인한 말들을 듣고 있었다. 그들이 가마 가까이 왔는데, 한 사람이 "이 거미줄 좀 보게. 사람이 이 속으로 들어갔다면 이 거미줄이 끊어져 있을 것이 아닌가!"라고 말하는 소리가 들려왔다. 그들은 더 이상 찾지 않고 다른 곳으로 갔고, 그는 안전하게 몸을 보존할 수 있었다.

또한 어디선가 아메리카 전쟁 당시의 한 포로에 관한 이야기를 들은 적이 있습니다. 한 포로가 감옥에 갇혔는데, 거기에 조그만 구멍이 뚫려 있어서 군졸이 밤낮으로 항상 그를 주시하고 있었습니다. 그 포로가 무엇을 하든, 먹든지 물을 마시든지 잠을 자든지, 그 보초병의 눈이 언제나 그를 감시하고 있었습니다. 그 포로는 후에 말하기를, 보초병이 자기를 감시한다는 것을 생각만 해도 정말 몸서리가 쳐지고 미칠 지경이었다고 합니다. 도저히 견딜 수가 없었답니다. 그래서 거의 잠도 자지 못하고, 숨쉬는 것조차 비극이라 여겨졌다는 것입니다. 어느 쪽으로 몸을 돌려도 그 보초병의 눈을 절대로 피할 수 없었기 때문이라는 것입니다. 이 이야기는 하나님의 전지하신 눈이 우리 각 사람을 항상 바라보신다는 사실을 가르칠 때에 예화로 사용할 수 있을 것입니다.

    제가 아메리카의 한 소책자에서 읽은 이야기입니다만, 이 이야기를 교인들에게 해 주어서 두세 사람이 탄성을 질렀던 기억이 납니다. 제가 아주 신빙성 있는 것으로 받았으니, 아마 실화일 것입니다. 읽은 대로 이야기해 보겠습니다. 변경 지방의 삼림 지대에 살고 있는 목사가 어느 날 저녁 조용히 묵상하는 시간을 가지며 길을 걷다가, 그만 계획보다 멀리 와서 길을 잃고 숲 속을 헤매게 되었습니다. 집으로 돌아가는 길을 찾으러 이리저리 헤매었으나 헛수고였습니다. 이제는 숲 속에서 밤을 지새울 수밖에 없다고 생각하고 있던 차에, 멀리서 깜박거리는 불빛이 보였습니다. 그래서 혹시 오두막집이라도 있는가 하여 그리로 달려가 보았습니다. 그런데 눈 앞에 이상한 광경이 벌어지고 있었습니다. 숲 속 한가운데에 소나무 장작에 불을 피워놓고 무슨 모임이 열리고 있었던 것입니다. 그는 '아, 그리스도인들이 여기 모여서 하나님께 예배를 드리고 있는 거로구나. 길을 잃어버렸지만 결국 이리로 왔으니 정말 잘 된 일이다. 이 사람들에게 무언가 유익을 줄 수도 있고, 또 나도 유익을 얻을 수 있겠구나' 라고 생각했습니다.

    그러나 끔찍스럽게도, 알고 보니 그 모임은 무신론자들의 모임이었습니다. 연설하는 자들은 저마다 하나님을 대적하여 대담하고도 결의에 찬 온갖 망령된 논설들을 늘어놓았습니다. 그 목사는 슬픔으로 가득 차서 앉아 있었습니다. 그런데 한 젊은 사람이 일어서더니 자기는 하나님의 존재를 믿지 않는다고 선언하면서, 만일 하나님이 있다면 자기를 멸망시켜보라고 외치는 것이었습니다. 그 목사는 마음으로는 자신이 어떻게 답변해야 하는가를 생각하고 있었으나, 입이 천장에 달라붙어서 말이 떨어지지 않았습니다. 그러는 중에 그 망령된 연설자가 자리에 앉았고, 주위에서 큰 박수갈채가 쏟아졌습니다. 그 목사는 비겁자가 되거나 싸워야 할 때에 뒤로 물러서고 싶지는 않았습니다. 그래서 일어나서 말을 해야겠다고 생각하고 있었는데, 그때 갑자기 한 건장하고 무뚝뚝하게 생긴 나이 지긋한 사람이 일어서더니 이렇게 말하는 것이었습니다: "내 한마디 하겠으니 들어주시겠소? 지금 막 자리에 앉은 사람이 이야기한 그런 이야기에 대해서는 아무 말도 하지 않겠고, 그저 한 가지 사실을 이야기해 주려는 것뿐이오. 내 말을 들어보시겠소?" 그러자 사람들이 "좋습니다. 말해 보시오"라고 소리쳤습니다. 그 모임은 자유로운 토론 모임이었으므로 그 사람들은 다 그의 말을 듣기를 바랐습니다. 특히 그가 앞의 연설자의 말에 반박을 하려는 것이 아니라는 사실이 분명하니 더욱 듣고 싶어했습니다. 그리하여 그는 말을 이었습니다: "한 주일 전에 내가 건너편 강둑에서 나무 베는 일을 하고 있었습니다. 그런데 한참 일을 하는 중에, 갑자기 약간 먼 거리에서 외마디 소리가 들리더니 하나님께 도움을 구하는 기도 소리가 함께 섞여서 들려왔습니다. 무슨 일인가 하여 강가로 달려가 보았지요. 그랬더니 한 젊은이가 보트를 가누지 못하고 물살에 쓸려서 떠내려가고 있었어요. 누군가가 건져 주지 않으면 얼마 가지 못해서 폭포수 아래로 떨어져서 끔찍하게 죽을 상황이었지요. 그 젊은이는 보트 안에서 연신 기도를 해대고 있었습니다. 지극히 높으신 하나님께 그리스도의 사랑을 보아서, 그의 고귀한 피를 보아서 자기를 구원해 달라고 구하고 있었습니다. 자기는 불신자였지만, 이번 한 번만 자기를 구원해 주시면 하나님을 믿노라고 선언하겠다고 약속을 했습니다. 나는 곧바로 강물에 뛰어들었습니다. 예전처럼 강하지는 못하지만, 그래도 아직 내 팔은 건장합니다. 보트로 헤엄쳐 가서, 배를 돌려서 강변까지 끌고 왔고, 그래서 결국 그 젊은이의 목숨을 구했습니다. 그런데 그 젊은이가 지금 자리에 앉은 바로 그 사람입니다. 그래 놓고도 하나님의 존재를 부인하고, 감히 지극히 높으신 하나님더러 자기를 멸망시켜 보라고 호언을 뿜어대고 있으니 말입니다!"

물론 저는, 안전할 때에는 불신앙의 정서를 자랑하기가 쉽지만, 목숨이 위태로운 순간이 오면 전혀 달리 이야기하게 된다는 것을 보여 주기 위해서 그 이야기를 한 것입니다.

또한 하나님의 집에 올라갈 때에 설교자의 말씀을 듣는 것만이 아니라 주님을 찾고자 하는 마음을 가져야 한다는 것을 가르쳐 주는 한 가지 좋은 이야기가 있습니다. 어느 부인이 스코틀랜드 교회의 성찬 예배에 참석했는데 많은 은혜를 받았습니다. 집에 와서 그 설교자가 누구였느냐고 물었더니, 에베네저 어스킨 목사(Ebenezer Erskine: 1680-1754)라는 말을 들었습니다. 그 부인은 다시 예배에 참석해야겠다고 마음먹고는 그 다음 주일 다시 그 교회의 예배에 참석했습니다. 그런데 그날의 설교에서는 별로 유익을 얻지 못했습니다. 설교에 성령의 기름 부으심이나 능력이 전혀 없는 것 같았습니다. 그 부인은 어스킨 목사에게 가서 두 차례의 예배 때에 경험한 것을 이야기했습니다. 그러자 어스킨 목사는 이렇게 말했습니다: "아, 부인, 첫 번째 주일에는 부인께서 주 예수 그리스도를 만나러 오셔서 큰 은혜를 받았지만, 두 번째 주일에는 에베네저 어스킨의 말을 들으러 왔으니 전혀 은혜를 기대할 수도 없었고, 또한 받지도 못한 것입니다."

형제 여러분, 설교자가 설교를 듣는 것만이 아니라 하나님께 예배드리기 위해서 교회당에 나오라고 말씀할 수 있습니다만, 그렇게만 해서는 별로 유익이 없을 것입니다. 기억에 남을 만한 무슨 충격석인 내용이 거기에 없으니까요. 하지만 어스킨 목사와 그 부인에 대한 이런 식의 예화를 제시하고 나면, 그 가르치고자 하는 교훈을 누가 잊어버리겠습니까?

가령 현재의 시사나 지역의 역사나 고대사나 현대사, 그리고 교회사에서 예화를 다 찾아냈기 때문에 더 이상 찾을 것이 없다고 합시다. 물론 평생 그런 일은 없겠지만 말입니다. 그때에는 자연사(自然史)로 시선을 돌리면 거기서도 풍성한 예화와 예증들을 찾을 수 있습니다. 그리고 자연의 사실들을 사용하여 성경의 진리를 예증하는 일에 대해서 절대로 양심의 거리낌을 느낄 필요가 없습니다. 한 가지 건전한 철학이 그런 예증법을 사용하는 것을 지지해 주기 때문입니다. 계시의 진리를 자연사에 나타나는 다양한 진리나 눈에 보이는 것과 연관지어 제시하면, 그저 교리 그 자체만을 진술하는 것보다 훨씬 더 사람들이 잘 받아들일 것이라는 것은 우리가 쉽게 인정할 수 있는 기정 사실입니다. 게다가, 잊어서는 안 될 중요한 사실이 있으니, 곧, 계시의 주인이신 하나님께서 또한 창조와 섭리와 역사의 주인이시며, 여러분이 예화를 이끌어내야 할 기타 모든 것들의 주인이시기도 하다는 것입니다. 자연사로 성경을 예증하는 것은 기록한 것이 아닌 하나님의 다른 책으로 하나님의 기록하신 책을 설명하는 것이나 다름없는 것입니다.

마치 한 저자가 지은 두 권의 책이 여러분 앞에 있는 것과 같습니다. 먼저 어린아이들을 위해서 쓴 책이 있고, 그 다음 성숙하고 교양이 있는 사람들을 위한 깊은 내용을 담은 책이 있습니다. 때때로 그 깊은 내용이 담긴 책 속에서 의미가 불분명하고 난해한 구절을 만날 때에, 어린아이들을 위한 그 작은 책을 참고하고는 이렇게 말할 것입니다: "이것은 이런 의미로구나. 초보자를 위한 책에 그렇게 설명되어 있으니 말이야." 이처럼, 창조와 섭리와 역사는 마치 눈이 있어서 읽을 줄 아는 사람들을 위해서, 들을 귀가 있어서 거기서 그의 음성을 듣는 사람들을 위해서, 심지어 육신적인 사람들을 위해서, 거기서 하나님에 관해서 무언가를 보도록 하기 위해서 기록해 놓은 책들과 같습니다. 그러나 그 다른 영광스러운 책은 하나님에 대해 배우며 신령하고 거룩하게 만들어지는 여러분을 위해 기록되어 있는 것입니다. 그러므로 때때로 그 초보적인 책들로 돌아가면, 그 단순한 진술들에서 좀 더 어려운 고전을 잘 해명해 주고 예증해 주는 무언가를 얻게 될 것입니다.

하나님께서 만물 속에서 추구해 오신 특정한 타입의 생각이 있습니다. 하나님께서 그의 말씀으로 지으신 만물은 그것을 지으신 그의 말씀과 유사한 점이 있습니다. 눈에 보이는 것은 눈에 보이지 않는 것의 상징이 됩니다. 왜냐하면 하나님의 동일한 생각이 그 모두를 관통하고 있기 때문입니다. 하나님께서 지으신 만물에는 하나님의 손길이 닿아 있습니다. 그러므로 우리가 오감(五感)으로 지각하는 사물들에는 나타나지 않는 것들과 유사한 점이 있는 것입니다. 눈으로 보고 혀로 맛보며 손으로 만질 수 있는 것들은 하나님의 말씀과 우리의 신령한 체험 — 이것은 내적이며 신령한 은혜입니다 — 속에 있는 것들의 외형적이요 가시적인 표징으로서 우리에게 주어져 있는 것입니다. 그러므로 자연을 들어서 은혜를 예증한다고 해도 거기에 부자연스런 점이 전혀 없습니다. 하나님께서 자연을 바로 그런 목적을 위하여 우리에게 주신 것입니다. 자연사의 어느 특정한 분야에만 한정시키지 말고, 천지 만물 전체를 예증으로 삼으십시오. 어느 뛰어난 박사가 목회하던 교회의 교인들은 그가 계속해서 거미들을 예증 자료로 삼는 것 때문에 불평하기도 했습니다. 거미 이야기를 이따금씩 한두 차례 해 주고, 그 다음에 지질학이나 천문학, 식물학 등 성경을 깨닫게 하는 데 도움이 될 수 있는 어느 분야에서든지 이야기나 예화, 직유, 은유 같은 것들을 이끌어내어 사용하는 것이 더 나을 것입니다.

여러분이 눈을 계속 뜨고서 주의 깊게 살펴보면, 개가 주인을 따라가는 것이나, 쥐가 구멍에서 나오는 것을 보아도, 혹은 널빤지 뒤에서 부드럽게 긁는 소리가 나는 것을 들어도, 무언가 여러분의 설교에 예증으로 쓰일 것을 찾을 수 있을 것입니다. 오늘 밤 집에 돌아가서 난롯가에 앉으시면, 집에서 키우는 고양이를 보고 거기에서 한 가지 예증을 찾아내십시오. 그 고양이 발바닥이 얼마나 부드럽습니까! 그런데 고양이가 화가 나면 그 발톱을 얼마나 날카롭게 치켜세우며 달려듭니까! 유혹이 이와 얼마나 비슷합니까! 처음 우리에게 다가올 때에는 부드럽고 보드랍지만, 얼마 가지 않아서 얼마나 치명적이며 얼마나 처절한 상처를 내는지 모릅니다.

제 집 정원에서 일어난 한 가지 사건을 우리 교회에서 행한 한 설교에서 예화로 사용하여 상당한 효과를 일으켰던 기억이 납니다. 개 한 마리가 있었는데, 그 개는 날마다 울타리를 뛰어넘어서 그 밑에 있는 꽃밭을 망쳐 놓아서 정원사의 기분을 늘 상하게 만들었습니다. 어느 토요일 오후 그 이튿날의 설교를 준비하면서 정원을 거니는 중에, 그 네 발 달린 짐승이 눈에 보였습니다. 전반적으로 좀 지저분한 개였습니다. 저는 손에 들고 있던 지팡이를 그 개에게 힘껏 던지면서, 집으로 가라고 소리쳤습니다. 그런데, 그 개는 돌아서더니 그 지팡이를 입에 물고는 제게로 와서 제 발 앞에 그 지팡이를 내려 놓으면서 꼬리를 흔들었습니다. 제가 고맙다는 말을 하면서 잘 대해 주기를 기대하는 눈치가 역력했습니다. 물론 저는 그 개를 발로 차거나 다시 지팡이를 들어서 때리지 않았습니다. 제 자신이 매우 부끄러워졌습니다. 그래서 그 개에게 있고 싶은 만큼 있고, 또 언제든 아무 때나 놀러와도 좋다고 했습니다. 무저항과 굴복과 인내와 신뢰의 힘이 심지어 의로운 진노까지도 이기는 한 가지 사례를 거기서 발견한 것입니다. 그 예화를 설교에서 사용했는데, 그 이야기를 잘못했다는 느낌이 전혀 들지 않았습니다.

우리들 대부분이 아마 알폰스 카(Alphonse Karr)의 「나의 정원 둘러보기」(A Tour round my Garden)를 읽어 보았을 것입니다. 그렇다면, '나의 식탁 둘러보기'나 '나의 부엌 둘러보기' 같은 책은 왜 안 쓰는지 모르겠습니다. 자연의 유비를 볼 수 있는 뜨인 눈을 지닌 사람이라면 누구나 그런 유의 아주 흥미 있는 책을 쓸 수 있을 것이라 믿습니다. 지금도 기억이 납니다만, 어느 날 제가 케임브리지에 살고 있을 때에 설교를 해야 하는데 설교가 생각나지 않아서 매우 고심한 일이 있습니다. 주제를 정하지 못해서 괴로워하고 있는데, 갑자기 건너편 집의 지붕에 여러 마리 새가 앉아 있는 것이 보였습니다. 그것들을 자세히 바라보았더니, 어떤 사람의 집에서 도망쳐 나온 것이 틀림없는 카나리아 한 마리가 있었고 여러 마리의 참새들이 주위를 둘러싸고 그 새를 쪼고 있었습니다. 그 즉시 설교 본문이 머리에 떠올랐습니다: "내 소유가 네게 대하여는 무늬 있는 매가 아니냐? 매들이 그것을 에워싸지 아니하느냐?"(렘 12:9).

형제 여러분, 자연사에서나 앞에서 말씀드린 기타 다른 역사들에서도 전혀 예증을 찾을 수 없으면, 어디서라도 그것들을 찾으십시오. 머리로 생각할 수만 있다면, 여러분 주위에서 일어나는 모든 일들이 여러분에게 도움을 줄 것입니다. 진정 교인들에게 유익을 주고자 하는 마음이 있다면, 눈을 번쩍 뜨십시오. 그리고 주께서 여러분에게 주신 모든 능력을 다 동원하십시오. 그렇게 하면, 그저 길을 걸어가다가도, 성경의 어느 구절을 암시하는 것이나 그것과 관련된 것들이 생각날 것입니다. 그리고 이미 본문을 선택한 다음이라면 교인들의 관심을 끌고 그들의 마음에 진리를 전달해 줄 수 있도록 돕는 예증들이 얻어질 것입니다.

예를 들어서, 오늘 눈이 하얗게 내려 있어서, 지저분한 땅이 온통 하얗고 아름답게 보입니다. 그저 겉모양의 개혁만을 추구하는 사람들이 그와 같습니다. 거룩해 보이고, 하늘에 속한 사람처럼 보이고, 성도들처럼 아주 순결해 보입니다. 하지만, 시련의 태양이 떠오르고, 유혹의 열기가 임하면, 겉을 감싸고 있던 그 경건의 모습이 곧바로 녹아 버리고 자기들의 검은 색깔이 그대로 드러나고 마는 것입니다.

하나님께서는 온 세상에 그림들을 걸어 놓으셨습니다. 설교자는 그것들을 하나씩 끄집어 내려서 교인들 앞에 걸어 놓으면 됩니다. 그렇게 하면 그가 예증하여 설명하고자 하는 그 주제에 대한 관심을 이끌어낼 수 있는 것입니다. 그러나 설교자 자신이 눈을 뜨고 있어야 합니다. 그렇지 않으면 그 그림들을 볼 수 없는 것입니다. 솔로몬은 "지혜자는 그의 눈이 그의 머릿속에 있다"고 말씀하며(전 2:14), 또한 그런 사람을 향하여 "네 눈은 바로 보며 네 눈꺼풀은 네 앞을 곧게 살피라"(잠 4:25)고 말씀합니다. 그가 어째서 눈꺼풀로 살피라고 말씀하는 걸까요? 제 생각에는 눈이 지각한 것을 눈꺼풀을 감아서 속에다 가두어 두어야 한다는 의미인 것 같습니다. 눈이 있는 사람이 보는 세상과 눈이 없는 사람이 보는 세상은 서로 굉장한 차이가 있습니다. 한 사람은 시냇가에 앉아서 온갖 관심거리와 교훈들을 바라봅니다. 하지만 또 한 사람은 똑같은 장소에 앉아 있으면서도 워즈워스(William Wordsworth: 1770-1850)가 다음과 같이 묘사한 사람처럼 하고 있습니다:

> "강가에 피어난 앵초
> 노란 앵초를 보았네.
> 그러나 앵초는 앵초일 뿐
> 그 이상 아무것도 아니었네."

설교의 주제를 예증하는 데 어려움을 겪고 있다면, 여러분에게 강력하게 추천할 것이 있습니다. 곧, 기회가 있을 때마다 어린아이를 가르쳐 보라는 것입니다. 주일학교에서 수업을 진행하거나 주일학교 학생들에게 말씀을 자주 전하는 것만큼 예증을 사용하는 문제에 대해 계발을 받는 좋은 방법이 없습니다. 거기서는 예증을 사용하지 않으면, 여러분 자신이 아주 충격적인 방식으로 교훈을 받게 됩니다. 어린아이들이 금방 산만하고 부주의해지며, 자기들끼리 이야기하고 장난을 치게 될 것이니 말입니다. 저도 주일학교 교사 시절 소년반을 맡아본 일이 있습니다. 그런데 조금이라도 지루해지면 그 아이들은 금방 자기들끼리 떠들고, 몸을 비틀고 야단이 납니다. 그렇게 되면 저는 예화를 한 가지 해 주어야 할 때가 왔다는 것을 직감하였습니다. 제가 이야기하는 법을 배운 것은 그 아이들에게 이야기를 해 주어야 했기 때문이기도 합니다.

어느 아이는 제게 늘 이렇게 말하곤 했습니다: "선생님, 이건 너무 지루해요. 재미있는 이야기를 해 주면 안되나요?" 물론 그 아이는 말썽꾸러기였습니다. 그 아이가 자라나서도 나쁜 사람이 되었을 것이라 생각할지도 모르겠습니다만, 저는 그 아이가 그렇게 되리라는 확신이 없었습니다. 그 아이의 관심을 사로잡고 싶어서 저는 늘 이야기를 해 주곤 했습니다. 감히 여러분에게 말씀드리고 싶은 것은, 우리의 설교를 듣는 사람들 중에 혹시 설교 중간에 발언을 할 수 있도록 허락을 받으면 이야기를 좀 해 달라고 요청할 사람들이 있다는 것입니다. 곧, 무언가 그들이 관심을 가질 수 있는 것을 주어야 한다는 것입니다. 젊은이들이든 나이 많은 사람들이든 상관없이, 사람들에게 무언가를 가르칠 수 있는 가장 좋은 방법 중에 하나는 풍성한 예화와 예증을 사용하는 것이라 믿습니다.

아직 예증법에 대해 잘 적응하지 못하고 있는 분들이 계시면, 은유법이나 직유법이나 상징법들이 풍성하게 담긴 책들을 읽으면 크게 도움이 될 것이라 생각됩니다. 이 자리에서는 이 문제에 대해서 깊이 다루지는 않겠습니다. 이 강좌에 이어지는 두 강의에서 예화와 예증법 사전들과 우화집, 상징과 비유들이 가득한 책 등을 별도로 소개할 것이니 말입니다. 그러나 거널(William Gurnall: 1617-1679)의 「그리스도인의 전신갑주」(*Christian in Complete Armour*)나, 혹은 매튜 헨리(Matthew Henry:

1662-1714)의 「성경 주석」(*Commentary*)을 면밀히 공부하되, 특히 예화나 상징, 은유, 직유 등에 주의를 기울여서 공부할 것을 추천하고 싶습니다. 저는 심지어 서로 전혀 어울리지 않는 것들에 대해서도 주의를 기울입니다. 키치(Benjamin Keach: 1640-1704)의 「은유법」(*Metarhors*)에서 모형(type)과 원형(antitype)의 이질성(異質性)을 지적하는 부분도 좋습니다. 때로는 서로 다른 사람이나 사물들 사이의 대조점들이 유사점들만큼이나 교훈을 주기도 합니다.

그 책들을 한 번 읽으면서 비유적인 표현들을 모두 표시해 놓은 다음, 다시 한 번 읽어나가면서 처음 읽을 때에 놓친 예증법들을 살펴보면, 아마 굉장히 많은 것들을 놓쳤다는 것을 알게 될 것입니다. 그리고 단어들 그 자체 속에도 예증들이 있다는 것을 알고서 깜짝 놀라게 될 것입니다. 단어 그 자체가 그림이 되는 경우가 얼마나 많은지 모릅니다. 인간의 언어 속에 들어 있는 지극히 뜻이 풍성한 단어들은 마치 풍부한 보석들과 같아서, 눈에 매우 자주 비치지만 시간적 여유가 없어서 그 가치를 제대로 가늠하지 못해 온 것들입니다. 책을 다시 읽으면 처음 읽을 때에 놓친 예증들을 많이 찾게 될 것이고, 또한 그저 본문 속에 암시만 되어 있는 예증들도 많이 찾게 될 것입니다. 제가 추천한 방법대로 위대한 많은 책들을 읽으십시오. 색연필로 표시를 할 수 있는 책들을 구해서, 읽어가면서 표시를 해 두거나, 아니면 노트에 별도로 기록을 해 두십시오.

일찍부터 그런 것들을 기록해 두기 시작하는 사람은 정말 지혜로운 사람입니다. 옛 청교도들은 비망록 같은 책들을 더할 나위 없이 귀중하게 여겼습니다. 언제나 자료들을 그렇게 조심스럽게 모으고 제목을 달리 하여 주제를 정리하는 수고를 하지 않았더라면, 그들이 절대로 그렇게 방대한 저작들을 만들어 낼 수 없었을 것입니다. 그렇기 때문에 어떠한 주제든 간에, 그들이 읽었던 것들이 모두 잘 정리되어 조심스럽게 보존되었고, 필요한 요점들마다 쉽게 참고하고, 기억을 새롭게 되살리고, 그들의 인용구들을 확인할 수 있었던 것입니다. 여러분 중에 매우 바쁜 분들은 그런 일을 할 수 없겠습니다만, 여하튼 할 수 있는 최선의 노력을 경주해야 합니다. 그리고 작은 교회를 맡은 분들은, 특히 시골에서 목회하시는 분들은, 비망록 같은 것을 계속 기록해 가셔야 할 것입니다. 그렇지 않으면, 여러분 자신이 매우 진부해져 버릴 것입니다.

그러나, 직유법, 은유법, 비유들, 상징법들을 아무리 열심히 수집한다 해도, 성경을 살펴서 거기에 기록된 예증들을 찾아내지 않는다면 그 일이 완전해질 수 없습니다. 성경의 비유적인 표현들이야말로 복음의 진리들을 예증하고 강력히 전달하는 데에 가장 효과적인 방법입니다. 그리고 성경에 친숙한 설교자라면 "교훈과 책망과 바르게 함과 의로 교육하기에 유익한" 예를 찾지 못하여 당황하는 일은 결코 없을 것입니다. 주께서는 우리가 그렇게 그의 말씀을 사용하기를 바라셨을 것입니다. 그렇지 않으면, 구약 성경에서 그렇게도 많은 예표들과 진리의 상징들을 주셔서 후에 복음의 경륜 아래서 주실 더 충실한 계시를 미리 준비시키지는 않으셨을 것입니다.

제가 말씀드린 대로 예증들을 모아 놓으면, 훗날 여러분에게 크게 도움을 줄 것이고, 또한 다른 사람들이 사용한 예증들을 통해서 여러분 스스로 예증을 만드는 데에도 도움을 줄 것입니다. 여러분 스스로 그 방면에 유능해지도록 모든 것과 친숙해지십시오. 연습을 통하면 거의 모든 것을 다 배울 수 있습니다. 통을 제조하는 사람들과 시간을 보내면, 통 만드는 기술을 배우게 됩니다. 통을 제조하는 공장에서 오래 시간을 보내면, 통의 테두리와 뚜껑을 조립하는 법을 알게 됩니다. 충분한 시간과 기회만 있으면 무엇이든 바라는 것을 다 배울 수 있는 것입니다. 그러니, 예증법을 위해 수고를 들이면, 여러분 스스로 그것들을 만드는 법을 습득하게 되는 것입니다.

자, 이제 마지막 요점을 말씀드려야겠습니다. 이 강의를 시작하면서 예화를 스스로 만들어 내는 것에 대해서 경고를 드렸습니다만, 이제는 여러분 스스로 자주 예화를 만드는 작업에 매달려야 한다는 권면을 드리면서 강의를 마쳐야겠습니다. 여러분 주위에 있는 것들을 비교 분석하려고 노력하십시오. 때로는 서재의 문을 잠그고, 여러분 스스로, "최소한 여섯 가지의 좋은 예증을 만들 때까지는 이 방에서 나가지 않겠다"고 다짐하는 것도 좋을 것입니다. 중국인들은 말하기를, 지성은 위(胃)에 있고, 감성도 위(胃)에 있다고 합니다. 뒷부분은 아주 맞는 말이라 생각합니다. 아시다시피, 누군가를 — 예를 들어서, 여러분의 아내를 — 매우 좋아하면, 그녀를 먹고 싶다고 말하고, 또한 아무개 아무개는 매우 달콤하다고도 말하니 말입니다. 물론, 지성이 위에 있다는 말이 맞을 수도 있습니다. 그러니, 두세 시간 동안 문을 잠그고 방안에 있는 동안 저녁 식사나 차를 원할 때가 되면, 제가 최소한으로 말씀드린 그 여섯 가지의 예증을 너끈히 작성할 수도 있을 것입니다. 서재에 있는 여러 가지 물건들의 숫자만큼 예증을 만들지 못한다면, 여러분의 서재는 그야말로 감옥이 되고 말 것입니다. 하지만 감옥조차도 온갖 은유법들을 만들어 내는 좋은 환경이 될 수 있습니다. 그렇다고 해서 감옥에 일부러 갈 필요는 없습니다. 하지만, 혹시라도 감옥에 가게 된다 해도, 최소한 다음과 같은 구절에 대해서는 정말 활기 있게 설교할 수 있게 될 것입니다: "내 영혼을 옥에서 이끌어 내사 주의 이름을 감사케 하소서"(시 142:7), 혹은 "요셉이 옥에 갇혔으나 … 여호와께서 요셉과 함께 하심이라"(창 39:20-23).

집 안에서 머리가 잘 돌아가지 않으면, 잠시 밖으로 나가 산책을 하면서 이렇게 다짐하십시오: "들판을 돌아다니거나 정원에 들어가거나, 숲 속에 들어가서, 몇 가지 예증거리를 찾으리라." 길거리를 다니며 상점의 진열장 속을 들여다보면, 거기서도 예증거리를 얻을 수 있습니다. 아니면 잠시 동안 가만히 서서 사람들이 지나가며 하는 이야기를 들을 수도 있고, 그저 한가하게 있는 사람들을 만나서 그들의 이야기를 들을 수도 있습니다만, 그런 이야기들에서도 얼마든지 예화거리를 찾을 수 있을 것입니다.

또한 환자들을 방문하는 일에 할 수 있는 만큼 많은 시간을 할애하여야 할 것입니다. 그것은 정말 유익한 일입니다. 그 거룩한 일을 행하는 가운데 그 고통받는 하나님의 자녀들의 다양한 체험을 들음으로써 갖가지 예증거리를 얻는 기회를 갖게 되니 말입니다. 병든 자들을 방문하는 일을 계속하면, 거기서 얻는 예증거리만으로도 사전 한 권을 가득 채울 수 있을 정도입니다. 그들의 말들을 듣는 중에 설교에서 유용하게 인용할 수 있는 좋은 것들을 많이 얻을 수 있을 것입니다. 여하튼, 복음을 사람들에게 전하되, 그들의 관심을 이끌 수 있는 효과적인 방식을 사용하겠다고 마음에 다짐을 굳게 하시기 바랍니다. 싸움의 절반은 시도하는 데에 있습니다. "하나님 저를 도와 주시옵소서. 비유와 직유와 예증들과 도움이 되는 모든 것을 다 동원하여 사람들을 가르치려 하나이다. 제가 정말 흥미 있는 말씀 설교자가 되고자 하나이다"라는 결단으로 그 일을 시도하기 바랍니다.

여러분, 예화들을 만드는 기술을 진지하게 연습하기 바랍니다. 매주 여러분이 실행하도록 조그만 연습거리를 준비시켜 드리려고 합니다. 어떤 주제를 드리기도 하고, 어떤 대상을 드리기도 할 것입니다. 그리고 그것들 사이의 유사점이나 대조점들을 찾아내게 하기도 할 것입니다. 또한 대상은 주지 않고 주제만을 주면서, "예증을 해 보시오. 예를 들어서, 덕(德)이란 무엇과 같은가를 말해 보시오"라고 요구하기도 할 것입니다. 혹은 때로는, 주제 없이 그냥 대상만을 제시하고 이렇게 물을 수도 있습니다: "다이아몬드가 있습니다. 이것을 어떻게 예증으로 삼겠습니까?" 그리고 어떤 때에는 대상도, 주제도 주지 않고 그냥, "한 가지 예화를 이야기 해 보시오"라고 요구할 것입니다. 이런 식의 연습이 여러분 모두에게 정말 유익할 것이라 믿습니다.

지닐 만한 가치가 있는 마음을 얻는 길은 그 마음에다 지닐 만한 가치가 있는 것들을 잘 쌓아놓는 길입니다. 머릿속에 예증들을 많이 지니고 있는 사람일수록 설교에서 예증을 많이 사용하게 되는 법입니다. 설교자들 중에는 예증을 능수능란하게 사용하는 재치를 지닌 분들이 있습니다. 그들은 어떤 주제든 얼마든지 예화를 사용할 수 있습니다. 사용하지 않을 수가 없을 정도입니다. 다른 사람들이 보기도 전에, 일찌감치 비교 분석해 내는 능력을 지니고 있는 것입니다.

그러나 여러분 중에, "나는 예화에는 재질이 없어!"라고 말하는 분들이 있다면, 저는 이렇게 대답하고 싶습니다: "이보시오, 당신 머리에 아무것도 없다면, 뿔이라도 기르려고 애써야 하지 않겠소!" 아무것도 소유한 것이 없으면, 아무리 상상하고 애를 써도 절대로 계발되지 않는 법입니다. 맷돌에서 치즈가 나올 수 없듯이 말입니다. 그러나 이 문제에 대해서 부지런히 노력하면, 여러분의 현재의 상태에서 더 나은 상태로 발전될 수 있을 것입니다.

제가 알던 한 젊은 청년은 이 신학교에 입학하려고 열심히 노력했지만, 도무지 사물을 일관성 있게 올바로 사용하는 법을 몰랐습니다. 그가 공책 한 권을 갖고 왔는데, 그것을 읽어 보니, 제 이야기와 제 예화들로 가득 차 있는 것이었습니다. 즉, 그 책에 있는 예화나 이야기들이 모두가 제가 사용한 것들이었습니다. 그런데 그 중에 하나도 제대로 의미가 맞게 되어 있는 것이 없었습니다. 이 사람이 그 이야기를 하기는 했으나 전혀 하지 않은 것과 똑같았습니다. 제가 제시하고자 했던 요점을 그는 모두 삭제해 버렸고, 모든 것을 제대로 이야기하면서도 전체의 핵심은 완전히 빗나가 있었던 것입니다. 물론 저는 그 청년이 우리 신학교에 들어오지 않게 된 것이 잘 된 일이라 생각합니다. 그가 입학했다면 그 모자라는 점들 때문에 우리에게 단지 장식물이 되었을 뻔했습니다. 하지만 그런 장식은 없어도 상관없습니다. 그런 사람들을 이미 너무 많이 접했으니까요.

형제 여러분, 마지막으로 말씀드리거니와, 언제든 어디서든 비유나 직유나 예증법이 보일 때에 그것을 볼 수 있도록 온 힘을 기울여 힘쓰시기 바랍니다. 이것이야말로 대중 연설자가 지녀야 할 가장 중요한 요건 중의 하나이며, 특별히 그리스도의 복음을 전하는 훌륭한 설교자가 되고자 하는 사람에게는 더욱 중요한 요건이기 때문입니다. 주 예수님께서 비유들을 그렇게도 자주 사용하셨다면, 우리 역시 그렇게 해야 옳을 것입니다.

제 28 장

예화의 자료가 되는 과학

천문학

형제 여러분, 제가 할 수 있을지 다소 주저되기는 합니다만, 각종 과학이 예화의 자료가 된다는 것에 대해서 강의를 하려고 합니다. 기독교 목회 사역을 지망하는 학도는 누구든 모든 과학 분야에 대해서 최소한 조금씩은 알고 있어야 한다는 생각이 듭니다. 자신의 평생 사역에 유익한 온갖 형태의 지식에 대해서 거론할 수 있어야 한다는 것입니다. 하나님께서는 세상에 있는 만물들이 우리의 선생이 되도록 만드셨습니다. 그러니 그 하나하나마다 거기서 무언가 배울 것이 있는 것입니다. 출석해야 할 모든 수업 시간에 제대로 출석하지 않는 학생이 절대로 철저히 배우는 학생이 될 수 없듯이, 하나님께서 만드신 만물들에서 배우지 않는 사람은 절대로 그의 영혼에 필요한 양식을 다 모을 수도 없을뿐더러, 다른 사람을 가르치기에 충실한 자격을 갖춘 교사가 될 수 있을 만큼의 성숙하고 온전한 상태에 이를 수도 없을 것입니다.

그러면 먼저 천문학부터 시작하겠습니다. 먼저 말씀드릴 것은, 제가 천문학 강의를 하려는 것도 아니고, 그 매력적인 과학의 모든 위대한 사실들과 세부적인 내용들을 다 언급하려는 것도 아니라는 점을 이해해 달라는 것입니다. 저는 그저 천문학을 주께서 우리를 위하여 베풀어 주신 예화(예증)의 여러 분야 가운데 하나로 사용하고자 하는 것뿐입니다. 그러나 천문학 자체는 우리 모두가 많은 주목을 기울여야 마땅한 학문이라는 사실은 분명히 말씀드리고 싶습니다. 자연의 온갖 위대한 경이로운 것들을 제시해 줌으로써, 사람의 생각에 정말로 엄청난 영향을 미치는 것입니다. 천문학 강좌들의 주제가 너무도 장대하고, 망원경을 통해서 드러나는 세계가 너무도 숭고하여, 다른 통로를 통해서는 전혀 지식을 얻지 못하는 사람들이 이 학문에 접하면서 놀라운 지식열을 갖게 되는 것을 봅니다.

우리 신학교의 학생 가운데 한 형제가 있었는데, 그 사람은 도무지 구제 불능인 바보 같았습니다. 우리는 그 사람이 아무것도 배우지 못할 것이라고 생각했고 또 거의 절망 가운데서 포기해야 할까 생각하고 있었습니다. 그러던 차에 저는 그 학생에게 「젊은 천문가」(*The Young Astronomer*)라는 작은 책을 소개해 주었습니다. 그런데 그는 나중에 말하기를, 그 책을 읽으면서 머릿속에서 무언가가 깨어지는 것 같은, 아니면 무슨 줄 같은 것이 끊어지는 것 같은 느낌을 받았다는 것이었습니다. 그는 정말 장족의 발전을 거듭했습니다. 그래서 저는 그의 두뇌가 어린 시절에 확장되었어야 했는데 그때에 천문학의 초보를 공부하면서 사고력이 발전되어 비로소 그의 두뇌가 확장된 것이 아닌가 하고 생각하게 되었습니다.

복음 사역자들은 마땅히 천문학을 특별히 좋아해야 합니다. 왜냐하면 다른 어떠한 과학보다도 우리를 하나님께로 더 가까이 나아가게 만들어 주기 때문입니다. 불경건한 천문학자는 정신 나간 사람이라는 말이 있습니다. 저는 어떤 사람이든 불경건한 사람은 다 정신 나간 사람이라고 말하고 싶습니다. 하지만, 하늘의 별을 가까이 대하고서도 그 위대하신 빛들의 아버지를, 만물을 지으신 하나님을 발견하지 못한 사람이라면, 처절할 정도의 정신 나간 상태에 있는 것이 틀림없습니다. 그런 사람은 그 모든 학식에도 불구하고 정신적 무능의 상태에 빠져 있는 것이고, 결국 금수(禽獸)보다도 못한 수준에 있는 것입니다.

우주를 지배하는 많은 법칙들을 해명한 위대한 수학적 천문학자인 케플러(Johann Kepler: 1571-1630)는 「조화」(*Harmonics*)라는 책 끝머리에서 다음과 같이 자기의 느낌을 아주 경건하게 표현하고 있습니다:

주의 창조 세계를 통해서 내게 기쁨을 주셨으니 창조주이신 주께 감사를 드립니다. 주의 손으로 지으신 세계에 제가 매료되었나이다. 저의 유한한 정신으로 가능한 만큼 그 무한한 주의 솜씨의 영광을 인류에게 드러내었나이다. 주께 합당치 않은 것을 드러낸 것이 있사오면, 혹은 제가 제 자신의 명성을 추구했사오면, 은혜로 용서하옵소서.

저 위대한 뉴턴(Isaac Newton: 1642-1727)은 하늘을 향하여 눈을 들어 하늘에 가득한 별들에서 경이로운 것을 발견할 때마다 무릎을 꿇었다는 것을 여러분도 아실 것입니다. 그러므로, 이처럼 주 앞에서 사람들을 겸손하게 만들고 엎드리게 만드는 이 학문이야말로, 모든 이들에게 하나님을 향한 경외를 심어 주고자 하는 우리들로서는 언제나 친숙하게 공부해야 할 분야일 것입니다.

만일 망원경이 발명되지 않았더라면, 천문학의 그 놀라운 상세한 내용들을 우리가 도무지 접할 수 없었을 것입니다. 진리는 위대합니다. 하지만 우리가 개인적으로 그것을 접하게 되기 전에는 그것이 우리에게 영향을 미치지 못합니다. 하나님의 말씀으로 우리에게 계시된 복음을 깨닫는 지식이 그 진리를 우리에게 참이 되게 만들어 줍니다. 성경이 진리를 만들어 내는 것이 아닙니다. 성경은 우리의 미천하고 연약한 지성이 성령의 조명하심을 받아 그 진리를 바라보고 깨닫게 되도록 그런 방식으로 진리를 우리에게 드러내는 것입니다.

이 강의에서 제시할 여러 가지 인용구들의 출처이기도 한 한 권의 책[1]에서 저는 망원경이 다음과 같은 특이한 방식으로 발명된 사실을 알게 되었습니다:

---

[1] *The Heavens and the Earth*, Thomas Milner, M. A. , F. R. G. S. , Religious Tract Society. 대중적인 천문학 안내서로 현재 절판되어 있다.

미들버그(Middleburg)의 한 안경 제조업자가 어느 날 그 자녀들 덕분에 우연히 두 개의 안경알을 손가락 사이에 하나씩 끼우고 그것들을 관통하여 보면 멀리 교회당의 바람개비가 크게 보인다는 것을 알게 되었다. 그의 자녀 중 하나가 우연히 장난치다가 그 현상을 발견한 것인데, 그렇게 하찮은 상황에서 그토록 엄청난 결과가 나온 예는 거의 없었다. 철없는 소년들의 장난을 통해서 망원경이 나오게 되고, 그리하여 그리 머지않은 장래에 행성 체계의 경계가 확장되고, 오리온 성좌의 비밀이 해결되고, 우주의 그 풍성함이 드러나게 되었다는 것을 생각하면 정말 이상스럽다.

이와 비슷한 방식으로, 간단한 사건을 통해서 하나님의 은혜의 경이로운 역사들이 사람들에게 드러난 예도 자주 있었습니다. 사람들은 하나님에 관한 문제들을 그저 가볍게 다루려고 했으나, 하나님께서 그 영혼의 구원을 위해서 그 모든 것을 뒤집으신 것입니다. 극장에 연극을 보러 갔는데 갑자기 마음이 바뀌어 설교를 들으러 갔습니다. 그런데 하나님의 성령께서 진리를 그 마음에 비추어 주시고 하늘 나라의 깊은 것들을 깨닫게 하시고, 그 스스로 그것들에 깊은 관심을 갖도록 만드신 것입니다.

망원경을 발명하게 된 이 사건은 사소한 원인과 위대한 결과 사이의 연관성을 보여 주는 예화로서 아주 유용하게 사용될 수 있다고 생각합니다. 하나님께서 작은 일들을 통해서 놀랍고도 중요한 혁명적인 변화들이 일어나도록 끊임없이 섭리하신다는 사실이 이런 예를 통해서 잘 드러나는 것입니다. 우리가 보기에는 그저 순전히 우연이요 거기에 무슨 특별한 점이 전혀 없는 것인데도 그것으로 인해서 우리의 삶의 흐름 전체가 완전히 바뀌어 버리는 효과를 가져오고 또한 다른 많은 사람들의 인생까지도 새로운 방향으로 전환시키는 영향력을 발휘하게 되는 효과가 생겨나는 일이 허다합니다.

망원경이 발명되고 나자, 별들의 숫자와 위치와 운동이 더 확연하게 드러나게 되었고, 지금에 와서는 천체의 경이를 연구할 수 있게 되었으며, 하나님의 손으로 지으신 그 놀라운 것들을 더욱더 많이 배워가게 된 것입니다. 망원경의 발명으로 인하여 우리는 태양과 달과 별들에 대해서 과거보다 훨씬 더 많은 것들을 알게 되었습니다. 리빙스턴 박사(Dr. David Livingstone: 1813-1873)는 아프리카를 여행하면서 육분의(六分儀)를 계속 사용하였는데, 그 때문에 아프리카 토인들에게서 태양을 끌어내려서 자기 팔로 지고 가는 백인이라는 말을 들었다고 합니다. 망원경이 바로 우리에게 그런 일을 해 주었습니다. 그리고 복음을 믿는 믿음이 또한 신령한 하늘에서 그런 일을 우리에게 해 주는 것입니다. 성부와 성자와 성령 하나님을 우리에게 제시해 주고, 높고 영원한 것들을 소유하게 해 주며 그것들을 영원토록 즐거워하게 만들어 주는 것입니다.

그러니 여러분, 망원경 그 자체만도 우리에게 여러 가지 귀중한 예증거리를 제공해 줍니다. 항해술을 위하여 별을 연구하는 것에서도 가치 있는 교훈들을 얻을 수 있습니다. 넓은 바다를 건너는 뱃사람들은 천체를 관찰함으로써 그 목적하는 항구까지 정확하게 배를 몰아갑니다. 바실 홀 선장(Captain Basil Hall)은, 앞에서 언급한 책에서 이렇게 말하고 있습니다:

> 그는 멕시코 서안의 샌 블라스(San Blas)에서 배를 출발시켜, 태평양을 지나 케이프 혼(Cape Horn)을 지나 남대서양을 통과하여 89일 동안 8,000마일의 항해 끝에 리오 데 자네이로(Rio de Janeiro)에 도착했는데, 그때까지 한 번도 땅에 정박하지 않았고 또한 아메리카 포경선 한 척 외에는 배를 만난 적이 없었다. 리오에 도착하기까지 일주일 가량 남았을 무렵, 그는 달을 관찰한 결과 배의 위치에 대해 진지하게 탐색하고는, 잘 아는 항구에서 가까운 이웃 항구까지 항해할 때에 적용되는 일반적인 항해 원칙을 그대로 지켜서 배를 몰아갔다. 그가 계측한 결과대로라면 이제 해안에서 15마일 내지 20마일 가량 떨어진 곳까지 와 있어야 옳았다. 그는 새벽 4시경에 자리에서 일어나 동이 트기를 기다리면서 두터운 안개 속에서 서서히 배를 몰았다. 안개가 걷히자, 리오 항의 입구 한쪽에 서 있는 그 거대한 원뿔형의 봉우리가 시야에 들어왔고, 승무원들은 탄성을 질렀다. 배가 정확

하게 방향을 잡고 있었으므로 경로를 바꿀 필요가 전혀 없었던 것이다. 거의 삼 개월 동안 여러 바다를 지나며 그 거대한 파도와 풍랑에 이리저리 시달린 끝에 결국 그렇게 해서 처음으로 땅을 보게 되었던 것이다. 배에 탄 사람들은 좋아서 어쩔 줄을 몰라 하다가, 모두들 선장에게 마음 깊은 경하의 박수를 보냈다.

이와 마찬가지로, 우리도 천체들의 인도함을 받아 항해를 하는 것입니다. 오랫동안 땅도 보이지 않고, 심지어 지나가는 배도 보지 못합니다. 하지만, 관찰을 정확하게 하고 그 결과에 따라서 방향을 잡으면, 마지막 항해가 끝날 때에 크나큰 축복을 받게 됩니다. 거대한 원뿔형의 봉우리가 아니라, 그 영광의 안식처가 우리 앞에 있게 되는 것입니다. 조금이라도 우리의 경로를 변경시킬 필요가 없습니다. 그리고 그 하늘의 항구로 배를 몰아가면서, 기쁜 찬송이 우리에게서 울려퍼질 것입니다. 우리 자신의 기술에 대한 찬미가 아니라, 풍랑이 이는 인생의 바다 너머 우리를 인도하셔서 도저히 길을 알 수 없는 곳에서조차 우리를 안전하게 이끌어 주신 저 놀라우신 선장을 향한 기쁨의 찬송인 것입니다.

케플러는 별의 경로를 예측할 수 있는 수학적인 공식에 대해 이야기하면서, 한 가지 지혜로운 말을 남기고 있습니다. 자기가 관찰한 결과를 설명한 후, 주의 뜻이 자연의 법칙에서 최고의 능력으로 역사한다는 자신의 확고한 신념을 선언하면서 이렇게 말하는 것입니다:

혹시 너무 아둔해서 도저히 이 학문을 받아들일 수 없는 사람이 있다면, 조언하노니, 천문학 연구를 버리고 자기의 갈 길을 가고, 우주를 방황하는 이런 일은 그만두라. 그리고 그저 육신의 눈을 우러러 하늘을 바라보며, 거기에 마음을 쏟아서 창조주 하나님을 찬양하라. 하나님을 예배하는 일에는 그 사람도 천문학자에 못지않을 것이니 말이다. 그런 사람은 하나님께서 자기의 내적인 눈으로 더 분명하게 보게 해 주셨으니, 천문학자나 아둔한 사람이나 모두 똑같이 자기의 본 것에 대해서 하나님을 영화롭게 할 수 있고 또한 영화롭게 할 것이다.
 이것은 교회에 무식한 사람이 있을 경우 여러분이 해 주어야 할 말씀이 무엇인지를 잘 보여 주는 멋진 예화라 여겨집니다: "자, 제가 설명한 이 신학 체계를 잘 깨닫지 못하신다면, 이 교리들이 전혀 납득이 되지 않는다면, 헬라어 성경 본문에 대한 저의 설명을 따라오지 못하시겠다면, 이처럼 아름다운 시적인 사고를 도저히 파악하지 못하시겠다면, 성경이 진리라는 것과 당신 자신이 죄인이라는 것과 예수 그리스도께서 당신의 구주시라는 것 이외에는 더 아는 것이 없다면, 당신이 할 수 있는 만큼 길을 가고 하나님을 예배하고 찬송하고 생각하십시오. 천문학자들이나 망원경이나 별이나 해나 달에 대해서는 괘념치 마십시오. 그저 당신의 방식으로 주님을 예배하십시오. 제가 전하는 신학적 지식이나, 성경에 계시된 교리들에 대한 저의 설명 없이도, 성경 그 자체와 그리고 당신이 영혼 속으로 받아들인 그 고귀한 진리가 성령의 가르치심을 통하여 당신을 지극히 높으신 하나님을 예배하는 자로 합당하게 만들어 주고도 남을 것입니다."
 여러분 모두 알고 계시리라 생각합니다만, 옛 사람들의 천문학 체계 중에는 지구를 중심에 놓고 태양과 달과 별들이 그 주위를 도는 것으로 보는 것도 있었습니다. "그 세 가지 근본 원리는 지구가 움직이지 않는다는 것과, 지구가 중심에 위치한다는 것과, 모든 천체들이 그 원형의 궤도를 따라서 날마다 움직인다는 것입니다."
 이와 마찬가지 방식으로, 사람을 중심에 놓는 신학 체계도 만들어 낼 수 있습니다. 그리스도와 그의 속죄의 희생은 오로지 사람을 위하여 행해진 것이고, 성령은 사람을 위하여 일하는 큰 일꾼에 불과하며, 심지어 저 위대하고 영광스러우신 성부조차도 사람을 행복하게 만들기 위해서 존재하는 분이라는 식으로만 생각하는 것입니다. 어떤 사람들은 그런 신학 체계를 취하기도 합니다. 하지만 형제 여러분, 우리는 그런 오류에 빠져서는 안 됩니다. 지구가 우주의 중심이 아니듯이, 사람도 만물 가운데 가장 위대한 존재가 아니기 때문입니다. 하나님께서는 사람을 높이 세우기를 기뻐하셨습니다. 그러나 우리는 시편 기자가 하나님에 대해서 무어라고 말씀하는지를 기억해야 합니다: "주의 손가락으로 만드신 주의 하늘과 주께서 베풀어 두신 달과 별들을 내가 보오니 사람이 무엇이기에 주께서 그를 생각하시며 인자가 무엇이기에 주께서 그를 돌보시나이까?"(시 8:3-4). 또 다른 곳에서 다윗은 이렇게 말씀합니다: "여호와여 사람이 무엇이기에 주께서 그를 알아 주시며 인생이 무엇이기에 그를 생각하시나이까? 사람은 헛것 같고 그의 날은 지나가는 그림자 같으니이다"(시 144:3-4). 사람은 신학적 우주의 중심일 수 없습니다. 그런 위치에 있기에는 사람의 존재가 너무나 하찮습니다. 그러니 구속의 체계도 단순히 사람을 행복하게 하거나 거룩하게 만들어 주는 것 이외에 다른 목적을 위해 있는 것일 수밖에 없습니다. 사람을 구원하는 일은 무엇보다도 하나님의 영광을 위한 것일 수밖에 없습니다.

그러므로 하나님이 중심에 계셔서 그의 선하신 뜻대로 다스리시고 통제하시는 그런 체계를 찾으셔야만 여러분이 올바른 기독교 교리의 체계를 발견한 것이 되는 것입니다. 사람을 완전히 미물(微物)과 같은 것으로 만들어 버려서, 하나님께서는 전혀 사람을 돌아보지 않으시는 것처럼 가르쳐서는 안 됩니다. 그렇게 하면, 그것은 하나님을 모략하는 것이 됩니다. 하나님께서 베풀어 주신 합당한 위치에 사람을 올려 놓으십시오. 그렇게 하면, 계시와 체험의 모든 진리들이 영광스러운 질서와 조화 속에서 그 위대한 중심이신 우주의 창조주요 운영자이신 지극히 높으신 하나님 주위로 움직이는 그런 신학 체계를 얻게 될 것입니다.

그러나, 여러분 중에 누구라도 여러분 스스로를 어떤 체계의 중심으로 여기는 또 다른 오류를 범할 수도 있습니다. 그 어리석은 생각이 좋은 예증이 됩니다. 사람들 가운데는 무엇보다도 자기 자신이 변함이 없다는 것을 근본 원리로 삼는 이들이 있습니다. 자기의 모습이 언제나 그대로 있을 것이고, 자기가 옳으니 다른 누구도 자기를 흔들 수 없다는 것입니다. 그리고 그런 사람은 언제나 자기가 중심입니다. 해가 뜨고 지는 것도 자기를 위한 것이고, 달이 기우는 것도 자기를 위한 것입니다. 아내도 자기를 위해서 존재하며, 자녀들도 자기를 위해서 존재합니다. 하나님의 우주에 보이는 모든 것들이 다 자기를 위한 것입니다. 그래서 그들은 모든 것을 "이것이 과연 내게 유익할까?"라는 것을 기준으로 판단합니다. 이것이 그들의 사고 체계의 처음과 끝입니다. 그러니 그들은 날마다 자기들 주위에 있는 이 땅의 모든 존재들이 자기를 중심으로 움직일 것을 기대하는 것입니다. 해와 달과 열한 별들이 모두 자기들에게 절하기를 기대하는 것입니다. 형제 여러분, 지구에 관한 한 그것은 이미 근거가 없는 것이 밝혀진 이론이요, 또한 우리 자신에 관해서도 그것은 얼토당토 않은 생각입니다. 우리가 그릇된 사상을 고집할 수도 있습니다. 하지만 사람들은 그것을 인정하지 않을 것입니다. 하나님의 은혜가 그런 사상을 우리에게서 제거시켜 주셔서, 우리 자신이 중심에 있다는 그런 것보다 훨씬 더 높고 고귀한 체계 속에서 우리의 합당한 위치를 취하게 되는 일은 빠르면 빠를수록 좋은 것입니다.

그러므로 태양계의 중심은 태양이지 지구가 아닙니다. 또한 태양계도 우주의 한 모퉁이의 지극히 미미한 것에 지나지 않습니다. 그러나 태양계의 크기만 해도 너무나 커서 여러분에게 실제의 수치를 제시하면 그것이 어느 정도나 큰지를 도무지 가늠할 수 없을 정도입니다. 그런데 그 거대한 체계도 하나님의 온 우주에 비하면 해변의 작은 모래 알 하나 정도밖에는 안 됩니다. 태양계와 같이 거대한 것들이 우주 속에 무수하게 많습니다. 그리고 그 거대한 태양 자체도 그보다 더 큰 다른 태양의 주위를 도는 하나의 행성일 수도 있습니다. 하나님께서는 이처럼 놀라운 우주를 창조하신 것입니다. 우리가 그 가운데 아무리 많은 것을 보았다 해도, 하나님께서 창조하신 세계의 지극히 작은 일부분을 발견한 것에 지나지 않는 것입니다.

지구와 모든 행성과 우주의 모든 물체들은, 여러분이 알다시피, 인력(引力)에 의해 통제를 받습니다. 지구가 태양 주위를 도는 데에는 두 가지 힘이 작용합니다. 그 하나는 구심력(求心力)이라 하는데 이는 태양을 향해서 우리를 끌어당기는 힘이며, 또 하나는 원심력(遠心力)이라 하는데 이는 물걸레를 빙빙 돌리면 물방울들이 그 도는 원의 접선 방향으로 흩어져 나가는 사실에서 잘 볼 수 있습니다.

이와 마찬가지로, 우리 모두에게도 두 가지 힘이 작용하고 있습니다.

그 하나는 우리를 하나님께로 끌어당기는 것이요, 또 하나는 우리를 하나님께로부터 멀리 벗어나게 만드는 것이요, 이 두 가지 힘에 의해서 우리 인생의 원이 그려지는 것입니다. 그러나 제 경우에는, 그 원에서 벗어나서 원심력의 영향에서 벗어날 수 있다는 것이 얼마나 기쁜 일인지 모릅니다. 그렇게 되는 순간 — 하나님께로부터 멀어지게 만드는 인력이 사라지는 순간 — 저는 하나님과 함께 천국에 있게 될 것을 믿어 의심치 않습니다. 인생에 영향을 미치는 이 두 가지 힘 가운데 어느 하나가 사라지면, 우리는 원심력에 의해서 저 머나먼 우주로 헤매든지 — 결코 그런 일이 있어서는 안 될 것입니다! — 아니면 구심력에 의해서 곧바로 중심을 향하여 날아갈 것인데, 그렇게 삶을 영광스럽게 마치는 일이 속히 오면 올수록 우리에게 좋을 것입니다. 아우구스티누스와 더불어 저는 이렇게 말하고 싶습니다: "만물이 그 중심을 향하여 이끌리오니, 오 하나님, 나의 빛이시요, 나의 유일한 사랑이시여, 내 마음의 중심이 되소서!"

태양은 거대한 존재입니다. 그 크기가 어느 정도인지를 측량해 왔지만, 구태여 그 수치를 알려서 부담을 드리고 싶지는 않습니다. 지구와 달을 태양 속에 집어넣는다 해도, 지금처럼 지구와 달이 그 속에서 궤도를 돌 수 있을 만큼 여유가 있을 정도로 태양이 크다는 것만 말씀드리는 것으로 족하리라 봅니다.

빛이 태양으로부터 우리에게 도달하는 데에 대략 8분 정도가 걸립니다. 빛의 속도가 얼마나 빠른가를 가늠하기 위해서 말씀드린다면, 가장 빨리 날아가는 총알로는 지구에서 태양까지 가는 데에 7년이 소요될 것이고, 시속 30마일로 달리는 열차로 쉬지 않고 달릴 경우는 태양에까지 닿는 데에 무려 350년 이상이 소요될 것입니다. 이렇게 놓고 보면, 우리가 태양에서 얼마나 멀리 떨어져 있는가를 조금 짐작할 수 있을 것입니다. 이러한 사실도, 믿음을 가르치는 데에 좋은 예증을 제공해 줍니다. 믿음으로써가 아니면 태양이 존재한다는 것을 알 수 있는 사람이 아무도 없습니다. 8분전에 태양이 존재했다는 것은 분명히 알 수 있습니다. 왜냐하면 태양에서 온 광선이 지금 내게 비치고 있으니 말입니다. 그러나 태양이 지금 이 순간에 존재하고 있는지의 여부는 확실히 알 수 없습니다.

지구로부터 지극히 먼 거리에 있는 항성(恒星)들이 있는데, 그 중에는 그 빛이 지구까지 도달하는 데 수백 년이 걸리는 것들도 있습니다. 그러니 이미 오래 전에 그 별들이 사라지고 없는지 어떻게 알겠습니까? 그러나 우리는 여전히 천체도(天體圖)에 그것들을 표시해 놓고 있습니다. 오로지 믿음으로 그것들의 존재를 인정하고 있는 것입니다. "믿음으로 모든 세계가 하나님의 말씀으로 지어진 줄을 우리가" 알듯이(히 11:3), 그것들이 지금 존재한다는 것도 믿음으로 아는 것입니다. 그 문제를 면밀히 검토해 보면, 우리의 시력이나 우리의 모든 기능과 감각들이 그 천체들에 대해서 긍정적인 확신을 갖게 해 주기에는 불충분하다는 것을 알게 됩니다. 그렇기 때문에 여전히 믿음을 발휘할 수밖에 없으며, 따라서 그것은 사실상 영적인 문제인 것입니다.

태양 표면에 흑점(黑點)이 있다는 것은 누구나 아는 사실입니다. 이와 마찬가지로, 여러분이 아무리 밝은 태양 같다 할지라도, 여러분에게 흑점이 있으면 사람들은 곧바로 그것을 알아차리고 그것에 주의를 기울입니다. 태양의 환한 광채가 나는 부분보다도 오히려 그 흑점에 대해서 더 많은 논란이 있습니다. 이와 마찬가지로, 우리의 탁월한 점보다는 오히려 우리의 성품에서 나타나는 부족한 점들이나 연약한 점들에 대해서 사람들이 더 많이 이야기를 할 것입니다. 태양에 흑점이나 흠 같은 것이 전혀 없다는 주장이 한동안 제기되었습니다. 많은 천문학자들이 망원경의 도움을 받아 태양 표면의 이 흑점들을 발견했으나, 정작 알고 있어야 마땅할 사람들은 그런 일은 결코 있을 수 없다고 하며 야단들이었습니다. 곧, 교회의 지도자들이 그랬습니다.

앞에서 인용한 그 책은 이렇게 진술하고 있습니다: "독일 예수회 소속의 샤이너(Sheiner)라는 사제가 자기가 발견한 증거를 지역 상관에게 보고하자, 그는 그의 보고를 전혀 믿지 않았다. 그는 이렇게 말했다: '아리스토텔레스의 저작들을 처음부터 끝까지 몇 차례나 읽어보았지만, 자네가 이야기한 것과 비슷한 이야기는 어디서도 찾지 못했네. 자, 그러니 진정하게. 자네가 태양의 흑점이라고 알고 있는 것은 자네 망원경의 결점 때문이거나 혹은 자네의 눈이 잘못 본 것이 분명하네.'"

그러니 형제 여러분, 고집스런 독단이 얼마나 강력한 것인가를 잘 알 수 있습니다. 아무리 분명한 사실을 제시해도 도무지 믿을 생각을 하지 않고, 오히려 그 사람을 거짓으로 몰아세우는 것입니다. 하나님의 말씀 그 자체도 바로 그런 식으로 대접을 받은 경우가 많습니다. 분명하고도 적극적으로 계시되는 진리들이 불신자들이 갖고 있는 기존의 사고에 맞지 않는다는 것 때문에 강력하게 부인을 당하는 것입니다.

태양의 흑점들이 진정 무엇인지를 설명하려는 시도들이 매우 많이 있었습니다. 그 중의 한 이론은 이렇게 설명합니다. 곧, 태양의 궤도가 빛을 발생하는 대기에 둘러싸여 있는데, 흑점들은 그 대기 중에 비어 있는 틈으로서 태양의 표면이 그 틈을 통해서 그렇게 흑점처럼 드러나 보이는 것이라는 것입니다. 그 이론이 사실이 아니어야 마땅한 이유는 없습니다. 만일 그것이 진실이라면, 그것이 창세기 1장의 기사를 잘 설명해 주는 것 같습니다. 하나님께서는 첫째 날 빛을 창조하셨으나, 태양은 넷째 날에 가서야 비로소 창조되는 것입니다. 하나님께서 혹시 빛을 먼저 창조하신 다음 태양을 — 이것은 본래 빛이 없는 어두운 천체였을 것입니다만 — 취하셔서 거기에다 빛을 발생하는 대기를 덧씌워 놓으신 것은 아닐까요? 이렇게 놓고 보면, 이 두 가지가 서로 잘 들어맞는 것 같습니다. 그리고 만일 이 흑점들이 빛을 발생하는 대기 속에 있는 텅 빈 공간이며 그것을 통하여 태양의 어두운 표면을 본다는 것이 과연 사실이라면, 이것은 사람들이 우리에게서 보는 홈이나 티를 설명해 주는 훌륭한 예증이 됩니다. 말하자면 우리가 빛의 의복을 입은 것처럼 거룩으로 옷 입고 있습니다. 하지만 중간중간에 구멍이 나 있어서 그곳을 통해서 우리의 본성적인 부패성의 어두운 모습이 드러나는 것입니다.

아무런 보호 장비도 없이 맨눈으로 태양을 바라본다는 것은 위험천만한 일입니다. 색깔이 없는 안경을 끼고 태양을 바라보았다가 거의 눈이 멀 지경에까지 이른 사람들도 있습니다. 망원경을 태양을 향하여 돌릴 때에는 반드시 적절한 렌즈를 끼워야 하는데 실수로 그 일을 잊어버렸다가 실제로 눈이 멀어버린 사람들도 있습니다. 이것은 우리에게 중보자가 필요하다는 사실을 예증하는 데 쓰일 수 있습니다. 하나님을 보기 위해서는 우리 주 예수 그리스도를 통해야만 합니다. 그렇지 않으면 하나님의 그 찬란한 영광의 광채가 우리를 파괴시켜서 하나님을 바라볼 수 없게 되고 마는 것입니다.

태양이 지구에 미치는 영향에 대해서는 여기서 상세히 거론하지 않겠습니다. 그 문제는 천문학보다는 다른 학문의 관심사일 것이니 말입니다. 여기서 한 가지만 말씀드리자면, 물론 태양이 없이도 때로는 식물이 자라기도 합니다만 — 지하실 같은 데서도 식물이 자라는 것처럼 — 그 식물들은 창백하기 이를 데 없습니다. 만일 그런 상황 속에 존재한다면, 여러분도 마찬가지일 것입니다. 훔볼트(Baron A. von Humboldt: 1769-1859)는 카라카스(Caracas) 지역의 쿠에바 델 구아차로(Cueva del Guacharo)라 불리는 거대한 지하 동굴을 발견하고 기쁨에 벅차서 그리로 들어갔습니다. 그 동굴에는 열매를 먹고 사는 야행성 새들이 서식하고 있었는데, 그 위대한 과학자가 본 것은 바로 이것이었습니다:

> 새들이 새끼들에게 씨앗들을 가져다 먹였는데 그 중에 땅에 떨어진 것들이 싹이 나서 크고 창백하며 아주 괴상한 모습의 줄기들이 생겨나 있었고 거기에 생기다 만 잎사귀들이 뒤덮여 있었다. 그러나 빛을 받지 못하여 그 형태와 색상과 모습이 완전히 변형되어 그 종류가 무엇인지를 도저히 알아볼 수가 없었다. 인디언 원주민들은 호기심과 두려움이 함께 엇갈리는 자세로 이 희한한 물체들을 바라보았다. 마치 그것들이 지표면에서 내쫓긴 이지러진 모습을 한 창백한 유령들이기라도 한 것처럼 말이다.

그러니 형제 여러분, 하나님의 광채가 없다면 여러분과 제가 어떻게 되겠는지를 생각해 보십시오. 하늘의 빛이 없이 교회가 자라는 모습을 그려 보십시오. 그 빛이 없어도 어떤 교회들은 자라납니다. 마치 이상한 새들과 괴상한 식물들이 가득한 동굴처럼 말입니다. 그런 곳은 정말 끔찍한 곳이 아닐 수 없습니다. 로마에도 그런 동굴이 하나 있고, 지구의 곳곳에 그런 동굴들이 있습니다. 하지만 저주받은 사람이 아닌 다음에야 누가 그런 음울한 동굴에서 살겠습니까!

　속에 하나님의 생명을 지니고 있으면서도 어둠 속에서 살아온 사람들에게 하나님의 빛이 주는 효과는 정말 놀랍기 그지없습니다. 여행가들이 말하기를, 아마존과 오리노코(Orinoco)의 거대한 밀림 속에서는 빛의 영향이 잎사귀가 돋아날 때의 식물들의 색깔에서 잘 드러나기도 한다고 합니다. 어떤 사람은 이렇게 말합니다:

　　구름과 비로 인해서 며칠 동안 대기가 흐려질 때도 있는데, 이런 때에 봉오리가 잎사귀들로 확장된다. 이 잎사귀들은 창백한 색깔을 띠고 있다가, 태양이 나타나 맑은 하늘과 화창한 햇살을 몇 시간만 받게 되면, 그 색깔이 생생한 초록으로 바뀐다. 이십 일 동안 짙게 구름이 낀 날씨가 계속되고 태양이 전혀 비치지 않아도 잎사귀들이 크게 자라나지만, 그 색깔은 거의 하얗게 되고 만다. 어느 날 오전, 태양이 찬란하게 광채를 드러내자, 숲의 색깔이 너무도 급속히 변하여 그 변하는 과정이 눈에 띌 정도였다. 그리고 오후 서너 시쯤 되자, 밀림 전체가 그 정상적인 여름의 색깔로 변해 있었다.

　이것은 정말 멋진 예화가 아닐 수 없습니다. 여러분 스스로 그것을 주 예수님을 위해 사용할 수 있을 것입니다. 와츠 박사(Isaac Watts: 1674-1748)는 이렇게 노래하고 있습니다:

　　"어둡고 어둔 그늘에서라도 그가 나타나시면
　　나의 새벽이 시작되는 것이니
　　그는 내 영혼의 아름다운 새벽별이시요
　　그는 나의 떠오르는 태양이시로다."

　햇빛으로 인하여 잎사귀들이 푸르름을 입듯이, 우리 주님으로 말미암아 우리가 온갖 아름다움을 입기 시작하는 것입니다. 우리의 덕성에 있는 색깔 하나하나와 우리의 열매 속에 있는 향기 하나하나가 모두 의의 태양이신 주님께로부터 우리에게로 내려 쪼이는 밝은 빛 덕분인 것입니다.

태양이 식물에 미치는 효과도 여러분의 정원에 핀 꽃들에서 잘 볼 수 있습니다. 언제나 태양을 향하여 고개를 돌리는 것을 보십시오. 예를 들어서 해바라기는 마치 자신이 태양의 아들이어서 그 아버지의 얼굴을 사랑하는 마음으로 바라보기라도 하는 것처럼, 태양이 지나가는 쪽을 계속 따라갑니다. 태양 쪽으로 향하기를 너무 좋아해서 그런지 그 모습도 태양을 상당히 많이 닮았습니다. 들판에 피어 있는 무수한 클로버 잎들도 태양을 향해서 고개를 숙입니다. 그리고 모든 식물들이 자기들이 깊은 은혜를 받는 그 태양을 향하여 경의를 표하는 것입니다. 심지어 온실에서 자라는 식물들조차도 여러분이 뜻하는 방향으로 자라지를 않습니다. 난로를 피워서 온기를 채워도 온기가 나오는 난로 쪽으로 자라지 않고, 언제나 태양 쪽으로 가지를 뻗고 꽃들을 피우는 것입니다. 이와 마찬가지로 우리도 의의 태양이신 주님을 향하여 자라 가야 마땅합니다. 다니엘이 예루살렘을 향하는 창문을 열어 놓고 기도했듯이, 우리의 얼굴을 그 태양을 향하는 것이 우리 영혼의 건강을 위하는 것입니다. 예수께서 계신 곳이 바로 우리의 태양이 계신 곳입니다. 그를 향하여 끊임없이 우리의 존재 전체를 향해야 할 것입니다.

얼마 전, 저는 태양으로부터 전달되는 광선의 힘을 보여 주는 놀라운 사례를 접했습니다. 플리머스 브레이크워터(Plymouth Breakwater)에서 잠수부들이 수심이 삼십 피트가량 되는 곳에서 잠수기에 의지해서 일하고 있었는데, 잠수기 상단부의 볼록 렌즈가 태양 광선을 모으는 바람에 그 뚜껑을 태워 버렸다는 것입니다. 이 이야기를 읽으면서 저는 이것이 우리 주 예수 그리스도의 복음의 능력을 설명해 주는 훌륭한 예증이라 생각했습니다. 우리의 설교를 듣는 교인들 중에는 수심이 삼십 피트가량 되는 죄의 바다 속에 있는 사람들도 있습니다. 그런데 하나님의 은혜로 말미암아 우리가 전하는 진리의 불타는 능력을 그들로 하여금 느끼게 해 줄 수 있습니다. 그 강력한 렌즈를 통해서 불길에 휩싸이게 하지는 못한다 하더라도 말입니다. 어린 시절 어쩌면 이런 경험을 해 보신 일도 있을 것입니다. 친구와 함께 바깥에 있는데, 그 친구는 여러분이 호주머니에

볼록 렌즈를 갖고 있는 것을 눈치채지 못했습니다. 그 친구가 서 있을 때에 살그머니 볼록 렌즈를 그의 손등 가까이 갖다댑니다. 그러면 갑자기 뜨거워지면서 친구가 깜짝 놀라게 됩니다.

저는 설교 시에 복음의 광선을 죄인에게 집중시켜서 그를 태워 버리는 설교자가 좋습니다. 광선을 흐트러뜨리지 마십시오. 렌즈를 잘못 만져서 광선을 모으기는커녕 오히려 흐트러뜨리는 경우도 있으니 말입니다. 그러나 가장 좋은 설교법은 의의 태양이신 예수 그리스도의 빛을 죄인의 마음에 집중시키는 것입니다. 그것이야말로 죄인에게 다가가는 최선의 방법입니다. 그가 물 속 삼십 피트 되는 곳에 있다 할지라도, 이 렌즈가 그 광선을 그에게까지 닿게 할 것입니다. 다만 태양 광선이 아니라 여러분의 초라한 촛불을 사용하지 않도록 조심만 하면 됩니다. 그렇게 되면 그런 목적을 절대로 이루지 못할 것이니 말입니다.

여러분도 알다시피 때로는 태양에 일식(日蝕)이 생기기도 합니다. 달이 태양과 우리 사이에 끼어들어서 일식이 생기면, 대낮이 캄캄해집니다. 우리 모두 개기 일식을 한 번쯤은 보았을 것이고 앞으로도 보게 될 것입니다. 그것은 정말 흥미 있는 광경입니다. 그런데 제가 보기에는 태양이 분명하게 비칠 때보다는 오히려 일식 중에 있을 때에 태양의 존재를 훨씬 더 관심을 갖고 바라보는 것 같습니다. 태양이 날마다 그 찬란한 광채를 유감없이 드러내지만 아무도 서서 태양을 바라보지 않습니다. 그런데 일식이 생기면, 수많은 사람들이 안경으로 눈을 가리고 바깥에 모여서 구경을 합니다. 아주 작은 소년도 불에 그을린 유리를 가지고 그것을 통해서 일식을 구경하는 모습을 볼 수 있습니다.

형제 여러분, 이와 마찬가지로, 우리 주님 예수 그리스도께서 고난 당하시는 구주로 — 십자가에 달리시는 주님으로 — 제시될 때처럼 사람들이 많은 주목을 기울이는 때가 없다고 믿습니다. 의의 태양이신 주님께 저 큰 일식이 생기면, 모든 눈들이 그에게로 집중됩니다. 여러분, 갈보리 상의 그 처절한 일식에 대해서 청중들에게 계속해서 말씀하셔야 합니다. 그러나 동시에 그 일식이 주는 모든 효과들에 대해서도 이야기해야 합니다. 그리고 그 엄청난 사건이 다시는 반복되지 않는다는 것도 이야기해야 합니다.

"보라! 태양의 일식이 끝나니
보라! 다시는 그가 피 흘리지 않으시리라."

일식에 대해서 이야기하자니, 앞에서 언급한 책에 한 가지 충격적인 묘사가 있는 것이 생각납니다. 천문학자인 핼리(Halley)와 편지를 나눈 한 기자가 쓴 내용입니다. 핼리는 스톤헨지 애비뉴(Stonehenge Avenue)의 동쪽 끝에 있는 해러도우 힐(Haradow Hill)에 서서 일식을 관찰하였는데, 그는 이렇게 말하고 있습니다:

그렇게 표현할 수 있을지 모르지만, 우리는 이제 손에 잡힐 것 같은 완전한 암흑 속에 둘러싸였다. 그 현상이 속히 일어났으나, 나는 그 진행 과정을 관찰하려고 온통 주의를 기울여 바라보았다. 그것은 마치 거대한 검은 망토가 우리에게 던져지는 것이나, 아니면 검은 커튼이 우리에게 드리워지는 것처럼 그렇게 일어났다. 말의 고삐를 잡고 있었는데, 말들이 극도로 놀란 듯 우리에게 기대어왔다. 또한 함께 있던 친구들도 정말 처절한 두려움에 사로잡혀 있는 모습을 보였다. 이 순간 나도 모르게 탄성이 나오면서 주변을 돌아보았다. 내 평생 그렇게 끔찍하게 무서운 광경은 처음 보았다.

영적인 세계에서도 마찬가지라 생각합니다. 이 세상의 위대한 태양께서 일식을 당하실 때에, 모든 사람들이 어둠 속에 있었습니다. 그리스도의 십자가에 치욕이 임할 때에 그리스도인 모두가 처절한 어둠 속에 있었습니다. 주님이신 그리스도께서 어둠 곳에 계시면, 사람은 절대로 빛 속에 있을 수 없는 것입니다.

어떤 사람은 오스트리아에서 목격한 일을 이야기하고 있습니다. 거기서는 일식이 생기면 모든 사람들이 일을 중지하고, 들로 나가서 모두 그 놀라운 광경을 구경한다는 것입니다. 그는 이렇게 쓰고 있습니다: "그 장엄한 현상은 젊은이들의 패기도, 스스로 잘난 체하며 뽐내는 사람들의 경박스러움도, 군대들이 행진하는 그 시끄러운 광경도 모두 다 능가하는 것이었다. 깊은 정적이 공중을 휘어잡았다. 새들조차도 노래하기를 그쳤으니 말이다." 그보다 더 재미있는 일은 런던에서는 일식이 끝나 해가 다시 나오면 닭들이 일제히 꼬꼬댁하며 운다는 것입니다. 마치 밤이 지나고 밝은 새벽이 오기라도 한 것처럼 말입니다.

그러나 이처럼 놀라운 현상이라 할지라도 언제나 모든 사람들에게 관심을 끄는 것은 아닌 것 같습니다. 역사 기록을 보면, 언젠가 전투가 벌어지고 있는 동안에 — 아마 그리스에서 그런 일이 있었던 것 같습니다만 — 개기 일식이 일어났는데, 군사들은 그동안에도 싸움을 계속했고, 그 놀라운 광경은 전혀 의식하지 못했다는 것입니다. 이 사건은 사람의 감정이 얼마나 강한지 주위의 환경을 완전히 잊어버리게 만들기까지 한다는 것을 보여 줍니다. 또한 이 땅에 대한 것들에 골몰하다 보면, 하늘에서 일어나는 그 명약관화한 일들에 대해서 완전히 잊어버리게 된다는 것을 가르쳐 주기도 합니다.

솔즈베리 평원(Salisbury Plain)에서 한가하게 서 있던 말들이 개기 일식이 진행되는 동안 소스라치게 놀랐다는 것을 바로 앞에서 읽었습니다만, 어느 작가의 말에 따르면, 이탈리아에서는 말들이 마차를 바쁘게 끌고 가고 있던 중에 개기 일식이 일어났는데, 말들이 그 현상을 전혀 눈치채지 못하고 아무 일도 없는 듯 그대로 길을 갔다는 것입니다. 그러므로 세상적인 일에 사로잡혀 있는 사람은 거기에 완전히 파묻혀 있어서, 그보다 마음의 자유가 있어서 생각을 하는 다른 사람들이 느끼는 감정들을 전혀 느끼지 못하는 경우가 많은 것입니다.

일식에 관한 한 가지 재미있는 이야기가 있는데, 아마 여러분도 매우 좋아할 것입니다. 알프스 산록의 시에스(Sieys) 지방에 한 가난한 어린 소녀가 환한 여름 아침 여섯 시쯤 산에서 양 떼들을 돌보고 있었습니다. 태양이 떠올라 밤중에 지면을 적셨던 이슬들이 마르고 있었고, 그날이야말로 화창한 날이 될 것을 아무도 의심하지 않았습니다. 그런데 점점 빛이 어두워지더니 태양이 완전히 사라졌고, 환히 빛나는 원 대신 검은 테두리만 남게 되었고, 대기가 차가워지고 신비에 싸인 어둠이 온 땅을 뒤덮었습니다. 그 작은 소녀는 두려움에 싸여서 울면서 큰 소리로 도와달라고 외쳤습니다. 부모들과 이웃 사람들이 왔으나 그들 역시 일식에 대해서는 아무것도 몰랐습니다. 그들 역시 깜짝 놀랐지만, 할 수 있는 대로 그 소녀를 달래 주었습니다. 이윽고 시간이 조금 지나자, 어둠이 가시고 태양이 다시 예전처럼 빛을 비추었습니다. 그러자 그 소녀는 그 지방의 방언으로 "오 아름다운 태양아!"라고 소리쳤다는 것입니다. 이 이야기를 읽으면서 저는, 제 마음에 일식이 일어나 그리스도의 임재가 잠시 사라졌다가 다시 돌아오면, 그 태양의 모습이 얼마나 아름답게 느껴질까? 잠깐 동안 그런 어둠이 있기 전보다 훨씬 더 아름답고 환하게 느껴질 것이라는 생각이 들었습니다. 그리스도께서 예전보다 더 밝은 빛으로 내게 비추시는 것 같고, 내 영혼이 기쁨의 환희 속에서 "오, 아름다운 의의 태양이여!"라고 외치게 될 것입니다!

자, 이제 태양과 관련된 예증에 대해서는 이 정도로 그치기로 합시다. 태양계의 행성들 하나하나에서 배울 것이 있고, 또한 그것들을 모두 살펴보려면 멀리까지 여행해야 하고, 동시에 신속하게 여행해야 할 것이니 말입니다.

태양의 가장 가까운 곳에서 태양을 도는 행성은 수성(水星: Mercury)인데, 그것은 태양에서 약 37,000,000마일가량 떨어진 곳에 위치합니다. 그러므로 수성은 지구 위에 있는 우리보다 태양의 빛과 열기를 훨씬 더 많이 받습니다. 수성의 양 극점에서는 물이 언제나 끓을 것이라 여겨집니다. 단, 수성이 지구와 모든 것이 같은 식으로 구성되어 있다면 말입니다. 우리 중에 그곳에서 살 수 있는 사람은 아무도 없습니다. 그러나 그렇다고 해서 다른 사람들이 거기에 살지 못할 이유는 없습니다. 하나님은 불속에서도 살 수 있도록 피조물을 지으실 수 있으시니 말입니다. 만일 거기에 거주하는 생물체가 있다면, 그것들은 열(熱)을 매우 즐길 것이라 생각됩니다. 여하튼 영적인 의미에서 보면, 예수님 가까이에서 사는 사람들은 신적인 사랑의 불길 속에 거하는 것입니다.

수성은 비교적 작은 행성입니다. 그 직경은 대략 2,960마일 정도 됩니다. 지구의 직경이 7,975마일인 것과 비교하면 상당히 작습니다. 수성의 공전 주기는 팔십팔 일이며, 시속으로 대략 110,000마일의 속도로 움직입니다. 지구가 움직이는 속도는 대략 6,500마일인 것에 비하면 매우 속도가 빠릅니다. 즉, 이삼 분 안에 대서양을 건너는 정도의 속도입니다! 수성이 태양계의 행성 중에서 가장 밀도(密度)가 큰 것으로 나타나는 것은 하나님의 지혜를 잘 드러내 줍니다. 기계의 부속 중에서 가장 급속하게 회전하는 부분이 가장 마모가 심하며, 따라서 거기에는 가장 강한 금속을 쓰는 법입니다. 수성이 그 급속한 회전과 그로 인하여 발생하는 엄청난 열에서 오는 어마어마한 부담을 능히 견디기 위해서는 그렇게 강한 물질로 되어 있을 수밖에 없는 것입니다.

이것은 하나님께서 각 사람을 그의 처지에 합당하게 맞추어 주신다는 사실을 보여 주는 예화로서 아주 적절합니다. 하나님께서 나를 수성이 ― 즉, 고대 사람이 사용한 이름으로는 신들의 사자(使者)가 ― 되게 하시고 속히 움직이도록 하신다면, 저의 그런 임무에 합당한 힘을 또한 주시는 것입니다. 각 행성들을 그 특수한 위치에 맞도록 형성시키신 데에서 우리는 하나님의 능력과 예지의 놀라운 증거를 보게 됩니다. 하나님은 이와 비슷하게 각 사람들을 그 거주하는 영역에 합당하게 만들어 주시는 것입니다.

저는 수성에서 은혜에 충만한 하나님의 자녀의 모습을 보고 싶습니다. 수성은 언제나 태양 가까이에 있습니다. 사실 너무나 가까이 있어서 거의 보이지 않습니다. 코페르니쿠스(Nicolaus Copernicus: 1473-1543)는 말하기를, 자신은 오랜 세월 동안 정말 조심스럽게 관찰해 왔으나 한 번도 수성을 본 일이 없다고 했으며, 또한 그 행성을 보지 못하고 죽는 것이 너무나 안타깝다고 하며 아쉬움을 표시하기도 했습니다. 그러나 다른 사람들은 그것을 보았고, 그들은 수성의 모습을 보고서 큰 영광으로 생각하였습니다. 수성은 태양 광선 속에서 잃어버리는 것이 보통입니다. 바로 그런 모습이 여러분과 저의 모습이어야 합니다. 우리의 삶과 우리의 설교가 의의 태양이신 그리스도와 너무 가까이 있어서 우리의 움직임을 관찰하려고 하는 사람들이 우리를 거의 볼 수 없을 정도가 되어야 한다는 것입니다. 바울의 표어가 우리의 것이 되어야 합니다. 곧, "내가 아니요 그리스도시라"는 것 말입니다.

수성은 또한 태양에 너무나 가까이 있다는 것 때문에 행성들 가운데서 가장 적게 이해되고 있습니다. 아마 다른 어떠한 천체들보다 천문학자들에게 많은 어려움을 주는 것일 것입니다. 수성에 대해 큰 관심을 기울였고 그것에 대해서 파악하려고 애를 썼으나 그것이 매우 힘든 작업이라고 입을 모읍니다. 태양의 영광 속에 가려져 있을 뿐 아니라, 어두운 하늘에서는 전혀 볼 수가 없기 때문이라는 것입니다. 형제 여러분, 이와 마찬가지로 우리가 그리스도와 가까이 살면 살수록 모든 인류에게 우리가 더욱더 큰 신비로운 존재가 될 것입니다. 그의 광채 속에서 잃어버린 채 있으면 사람들이 우리를 이해하는 폭도 적어질 것입니다. 우리가 언제나 그와 같다면, 사람들은 우리를 보고서 "네가 죽었고, 네 생명이 그리스도와 함께 하나님 속에 감추어져 있구나"라고 할 것입니다. 수성처럼 우리도 우리에게 지정된 궤도를 열심을 돌아야 하겠고, 그리하여 주위에서 우리를 관찰하는 사람들에게 우리의 모습이 보이지 않도록 해야 할 것입니다. 그리고 그리스도의 임재의 영광 속에 완전히 몰입하여 있어서, 그들이 우리를 파악할 수 없도록 되어야 할 것입니다.

수성을 지구에서 관찰하면, 그 찬란한 광채 속에 있는 모습이 전혀 보이지 않습니다. 그 전면이 언제나 태양을 향하고 있기 때문입니다. 우리 중의 누구라도 그 모습이 많이 드러나면, 오로지 검은 흑점으로만 보일 것입니다. 설교자가 설교에서 매우 두드러지게 나타나면, 거기에는 언제나 어둠이 있는 법입니다. 복음 설교는 모든 것이 그리스도요, 의의 태양이요, 검은 흑점이 전혀 없이 되어야 합니다. 우리 자신에 속한 것이 하나도 없어야 하고 오직 주 예수님께 속한 것만 있어야 합니다. 수성에 만일 생물이 거주한다면, 그들에게는 우리 지구에서 보는 것보다 태양의 크기가 네다섯 배가량 크게 보일 것입니다. 그리고 그 광채도 우리의 눈으로는 도저히 견딜 수 없을 만큼 찬란할 것입니다. 그것을 볼 수 있다면 그것은 정말 찬란한 광경일 것입니다. 이와 같이, 그리스도께 가까이 나아갈수록, 그를 더 많이 보게 되고, 그를 더 크게, 더 찬란하게 보는 것입니다.

    수성 다음의 행성은 금성(金星: Venus)인데, 태양에서 66,000,000마일 가량 떨어져 있고, 크기는 지구보다 약간 작아서, 그 직경이 7,510마일가량 됩니다. 수성의 공전 주기는 225일이며, 시속 약 80,000마일의 속도로 움직입니다. 코페르니쿠스의 천문학 체계가 세상에 제시되었을 때, 그것에 대한 여러 가지 반론들 가운데 이런 것이 있었습니다: "금성은 태양을 따라 공전하지 않는 것이 분명하다. 왜냐하면 금성이 공전한다면, 달과 흡사한 모양을 보여야 할 텐데 — 달이 초생달이었다가 반달이었다가 보름달이 되는 것처럼 — 금성은 언제나 모양도 크기도 똑같으며 전혀 달과 비슷하지 않다."
    이것이 초기의 몇몇 천문학자들에게는 풀리지 않는 숙제였습니다. 그런데 갈릴레오가 자신이 새로 만든 망원경으로 금성을 관찰해 보았는데, 무엇을 발견했는지 아십니까? 금성이 달과 비슷한 모양으로 변하는 것이었습니다! 우리가 항상 우리에게 비쳐지는 전체의 모습을 다 보는 것은 아닙니다. 금성의 빛이 언제나 우리에게 똑같은 모습으로 보이니 말입니다. 어째서 그런지를 금방 알 수 있습니다. 금성이 지구와 가장 멀리 떨어져 있을 때에는 그 전체의 모습이 우리에게 드러나고, 그것이 가장 가까이 있을 때에는 그 모습의 일부가 가려지게 됩니다. 그러니 우리에게 도달하는 금성의 빛은 가장 멀리 있을 때나 가장 가까이 있을 때나 별 차이가 없는 것입니다.
    제가 생각하기에는 이 두 가지 사실들은 서로 완전히 조화시킬 수 있습니다. 은혜에 대한 몇몇 교리들에 대해서도 어떤 사람들은 고개를 갸우뚱하지만, 그 교리들도 이와 마찬가지로 완전한 조화를 이루는 것입니다. 그 사람들은 말하기를, "이 두 가지를 서로 어떻게 조화시키겠느냐?"고 합니다. 그러나 저는 "그것들이 어떻게 서로 일치되는지를 과연 내가 입증해야 하는지는 모르겠으나, 하나님께서 내게 말씀하셨다면 내가 대답하고, 말씀하지 않으셨다면, 성경이 멈추는 곳에서 나도 멈추어야 하리라"고 대답할 것입니다. 제가 혹시 두 가지 진리의 차이점에 대한 합당한 설명을 찾지 못했을 수도 있습니다만, 그럼에도 불구하고 그 두 가지는 서로 완전하게 일치하고 있는 것일 수도 있습니다.

금성은 새벽별이기도 하고 동시에 저녁에 떠오르는 아름다운 별이기도 합니다. 그것을 가리켜 루시퍼(Lucifer: 계명성)라고도 하고, 포스포루스(Phosphorus), 즉 빛을 가져오는 별(light bringer)이라고도 했으며, 또한 헤스페루스(Hesperus), 즉 저녁 별이라고도 불러왔습니다. 여러분이 기억하시겠습니다만, 밀턴(John Milton: 1608-1674)은 「실낙원」(*Paradise Lost*)에서 금성의 이러한 이중적인 성격을 다음과 같이 묘사하고 있습니다:

"그대, 별 중의 가장 아름다운 별이여!
밤의 행렬의 맨 마지막에 나오나,
새벽에 속하지 않은 것이 더 나으리라;
날이 밝으리라는 확실한 보증이요, 미소 짓는 아침의 면류관이니
그 밝은 고리로 그대의 영역에서 그를 찬송하라.
날이 밝아오며, 저 감미로운 첫 시간이 떠오르나니."

우리 주 예수 그리스도께서는 자기 자신을 "광명한 새벽별"이라 칭하셨습니다(계 22:16). 언제든 그가 영혼 속에 오실 때마다, 그는 영원토록 비치게 될 저 영원한 빛을 보장해 주는 확실한 징조이십니다. 의의 태양이신 예수께서 사람의 시야에서 사라지신 지금, 여러분과 제가 저녁 별들처럼 되어야 합니다. 할 수 있는 대로 그 위대한 중심인 태양과 가까이 하며, 우리가 그를 닮음으로써 예수께서 과연 어떤 분이신지를 온 세상이 알도록 해야 하는 것입니다. 주님께서는 제자들에게, "너희는 세상의 빛이라"고 말씀하지 않으셨습니까?

금성 다음으로 태양 주위를 공전하는 천체는 바로 지구입니다. 태양으로부터의 거리는 92,000,000마일에서 95,000,000마일 정도 사이에서 변

동이 있습니다. 그러나 여러분, 태양에 도달할 소망을 버리지 마십시오. 토성(土星)의 거주민처럼 멀리 떨어지지는 않았으니까요. 토성에 만일 생물이 산다면, 그들은 우리보다 열 배는 더 태양에서 멀리 떨어져 있습니다. 또한 화성(火星)의 불수레에 앉을 사람도 없으리라 생각됩니다. 그곳은 여러분에게는 너무나 뜨거운 곳일 테니 말입니다. 지구는 금성보다 약간 더 큽니다. 그리고 태양 주위를 공전하는 데에도 더 많은 시간이 걸립니다. 그 기간은 열두 달, 좀 더 정확히 말하면, 365일 6시간 9분 10초입니다. 지구는 천천히 움직이는 존재입니다. 하나님께서 지으신 다른 어떠한 천체보다 그의 영광을 덜 드러내는 것 같습니다. 지구를 먼 거리에서 본 일은 없습니다만, 금성처럼 그렇게 밝게 빛을 내지는 않을 것이라 여겨집니다. 죄로 인하여 어둠의 구름이 그 주위를 가리고 있을 것이니 말입니다. 천년왕국이 오면 그 휘장이 다시 걷혀지고 지구에 빛이 비쳐서, 전혀 빛이 가려지지 않는 금성처럼 빛을 발하여 하나님의 영광을 드러내게 될 것이라 생각합니다. 아니, 이미 휘장이 어느 정도 걷혀 있습니다. 문자 그대로는 아니라 하더라도, 최소한 도덕적으로 영적으로는, 우리가 전하는 그리스도로 충만한 설교들이 지구의 표면에 가득한 안개와 먼지들을 어느 정도 걷어내고 있는 것입니다.

 형제 여러분, 물론 지구가 수성과 금성에 비해서는 천천히 움직이지만, 갈릴레오의 말에 의하면, 상당히 빠른 속도로 움직이고 있다고 합니다. 지구가 움직이는 속도에 대해서는 아무것도 모르고 그냥 이십 분을 걷는다고 합시다. 그렇게 짧은 시간 동안 여러분이 20,000마일 이상을 움직였다는 것을 알면 깜짝 놀랄 것입니다. 그러나 그것은 사실입니다. 이 책은 이미 우리에게 유익한 정보를 많이 주었는데, 이에 대해서 이렇게 진술하고 있습니다:

  우리가 깨어 있든 잠들어 있든, 집에 있든 바깥에 있든 상관없이, 하늘의 거대한 궤도를 따라서 분당 110마일의 속도로, 또한 시간당 6,600마일의 속도로, 끊임없이 움직이고 있다는 사실을 생각하면 정말 소스라치게 놀랄 일이다. 그러므로 이십 분 동안 집 주위를 1마일

가량 산책하는 동안, 실제로 우리는 2,000마일 이상을 움직이게 되는 것이고, 하루 여덟 시간 동안 이리저리 뒤척거리며 잠을 자는 동안, 우리는 실제로 지구에서 달까지 거리의 두 배에 맞먹는 거리를 옮겨 가게 되는 것이다.

이런 움직임을 우리는 전혀 의식하지 않습니다. 그러므로 가까우면서도 손에 잡히는 사소한 일들이 멀리 있는 더 큰 일들보다 훨씬 더 우리의 의식을 사로잡는 경우가 많은 것 같습니다. 장차 올 내세(來世)보다는 현 세상이 훨씬 더 강력한 힘으로 사람들을 사로잡습니다. 사람들이 눈에 보이는 것들을 의식적으로 바라보기 때문입니다. 어쩌면 여러분이 "하지만 우리 자신이 움직인다는 느낌이 전혀 안 드는 데요?"라고 할지도 모르겠습니다. 아닙니다. 여러분이 의식하지 못한다 할지라도 여러분은 지금 움직이고 있는 것입니다. 이와 마찬가지로, 때때로 그리스도 안에 있는 신자가 하나님의 일들에서 자신이 전진하는 것을 느끼지 못하기도 합니다만 그렇다고 해서 그 때문에 의기소침할 필요는 없습니다. 스스로 영적으로 자라고 있다고 상상하는 사람들이 있습니다만, 그들이 과연 그렇게 자라고 있는지 오히려 의심이 갑니다. 어쩌면 그들의 어디에선가 암 덩어리가 자라고 있을지도 모릅니다. 그래서 그런 치명적인 암 덩어리 때문에 자기들 속에 무언가 자라는 것이 있는 것처럼 느끼는지도 모릅니다. 하지만 그것은 멸망을 향해서 자라는 것일 뿐입니다.

혹시 자기 자신이 완전히 장성한 그리스도인이라 생각하는 사람이 있다면, 그 사람은 마치 제가 항상 보곤 했던 불쌍한 소년 같을 것입니다. 그 소년은 몸에 비해서 머리가 너무 커서, 머리를 베개에 베고 누워 있을 때가 많았습니다. 그의 어깨로 견디기에는 머리가 너무 무거웠던 것입니다. 그의 어머니의 말에 따르면, 일어서 보려고 애를 쓰지만 무거운 머리 때문에 균형을 잡지 못하고 넘어지기 일쑤라는 것이었습니다. 또한 아주 빨리 자라는 것처럼 보이는 사람들도 있습니다만, 그런 사람들은 뇌 속에 물이 너무 많이 들어 있습니다. 그러나 은혜 안에서 진정으로 자라는 사람은, "오오 나를 보라! 내가 자라는 것이 느껴지는구나! 주님을 찬송하라! 내가 자라고 있다! 내가 자라고 있다!"는 식으로 말하는 법이 없습니다. 저는 때때로 제가 점점 작아지는 것을 느끼기도 합니다. 그것은 충분히 가능한 일이고 또한 좋은 일이기도 합니다. 우리가 우리 자신을 매우 큰 존재로 본다면, 그것은 우리에게 온갖 암 덩어리들이 있기 때문일 것입니다. 그러니 그런 것들은 잘라 버려야 합니다. 우리 자신이 크다고 자랑하게 만드는 그런 나쁜 것들은 모두 제거해 버려야 하는 것입니다.

우리가 움직이는 것을 느끼지 않는다는 것은 좋은 일입니다. 앞에서도 말씀드렸지만, 우리는 "믿음으로 행하고 보는 것으로 행하지" 않기 때문입니다(고후 5:7). 그러나 우리가 움직이고 있다는 것을 저는 압니다. 그리고 정확히 열두 달 후에는 지구의 궤도를 따라서 바로 이 지점에 다시 돌아올 것이라는 것도 확신합니다. 만일 토성에서 사람들이 저를 훔쳐보고 있다면, 바로 이 근처에서 저를 찾을 것으로 기대하고 기다리며 볼 것입니다. 그동안 주께서 오시거나 제가 주님의 부르심을 받아 그와 함께 있게 되는 일이 없다면 말입니다.

만일 우리가 세상이 움직이는 것을 느낀다면, 그것은 아마도 하늘의 길에 무언가 장애가 있기 때문일 것입니다. 그러나 그렇지 않은 이상, 부드럽고도 조용하게 계속 움직여서 그 움직임을 전혀 느끼지 못하는 것입니다. 은혜 안에서 자라는 일도 이것과 매우 흡사하다고 생각합니다. 어린 아기가 자라지만, 그 아기 자신은 자기가 자라는 것을 모릅니다. 씨앗이 흙 속에서 자라는 것도 우리는 전혀 의식하지 못합니다. 이와 마찬가지로 우리의 신적인 생명도 이렇게 무의식중에 자라나서 그리스도 예수의 장성한 분량에까지 이르게 되는 것입니다.

또한 지구 주위를 움직이는 달이 있습니다. 태양을 공전하는 행성의 하나로서의 임무도 지니고 있지만, 달은 지구를 보좌하는 임무를 지니고 있어서 지구를 위하여 여러 가지 유익한 일을 합니다. 그리고 밤에는 자신이 지니고 있는 기름이 다할 때까지 자기의 빛을 우리에게 비추어 주는 반사등(反射燈) 역할을 합니다. 달은 또한 지구에 자기의 인력(引力)을 발휘합니다. 지구의 물이 유동성이 강하므로, 달이 그것을 자기 쪽으로 끌어당겨서 조수(潮水)를 일으킵니다. 그리고 그 조수는 온 세상을 건강하게 유지되도록 돕습니다. 세상에게 그것들은 마치 생명이 되는 피와 같습니다.

달에 월식(月蝕)이 생길 때가 자주 있는데, 태양보다 훨씬 더 자주 그런 일이 있습니다. 그리고 이 현상도 상당한 공포를 자아내었습니다. 어떤 부족들 사이에서는 월식이 일어나면 가장 극심하게 슬픔을 표현하곤 했습니다. 숌버그 경(Sir R. Schomberg)은 산 도밍고(San Domingo)에서 경험한 개기 월식을 이렇게 묘사하고 있습니다:

나는 내가 거하고 있던 집의 평평한 지붕 위에 홀로 서서 일식이 진행되는 것을 보면서, 기아나(Guiana)에서 언젠가 목격했던 그 활기 있고도 놀라운 광경을 상상으로 그려 보았다. 전혀 배운 것이 없고 미신에 사로잡혀 있는 인디언들은 월식이 일어났다는 소식에 접하자, 오두막 바깥으로 달려나와서 알아들을 수 없는 말들을 뱉으며, 격렬하게 몸들을 움직이고 달을 향해서 주먹을 휘둘렀다. 달이 완전히 그 모습을 감추자, 그들은 땅바닥에 털썩 주저앉아서 탄식을 터뜨렸고, 두 손으로 얼굴을 가렸다. 이 이상한 광경이 진행되는 동안 여자들은 오두막 안에 남아 있었다. 다시 달이 밝아오면, 모든 눈들이 그리로 향했다. 그리고 안도의 숨을 쉬며 서로 이야기했다. 그러나 달이 점점 더 밝아질수록 떠드는 소리가 더욱더 커졌고, 달이 완전히 밝아지자, 주저앉아 있던 사람들이 모두 일어섰다. 밤의 여왕인 달을 질식시키려던 괴물이 이제 정복되었음이 확인되자, 그 인디언들은 특유의 우우 외치는 소리로 그 큰 기쁨을 표현하였는데, 그 소리가 밤의 정적 속에서 아주 멀리서도 들려올 정도였다.

믿음이 없어서 그런 극도의 두려움이 생겨나며, 그런 우스꽝스러운 행동이 벌어지는 것입니다. 달이 지금 잠시 가려져 있지만, 곧 다시 밝아 올 것이라는 것을 믿는 사람은 월식을 아주 호기심 어린 현상으로 온갖 관심을 가지고 바라봅니다. 그러나 하나님이 달빛을 완전히 제거하시니 그 밝은 광채를 더 이상 볼 수가 없다고 믿는 사람은 크나큰 두려움과 끔찍한 당혹감을 느끼게 됩니다. 그런 사람들은 힌두인들(Hindoos)이나 아프리카의 어떤 사람들이 월식이 있을 때에 하듯 그렇게 행동할 것입니다. 낡은 북을 치고, 황소 뿔을 불어대고, 겁을 주는 온갖 시끄러운 소리를 내어서, 달을 삼키려 하는 용(龍)을 놀라게 하여 다시 뱉어내게 만들려고 야단일 것입니다. 월식에 대한 그들의 이론이 그렇기 때문에, 그 이론에 따라서 행동하는 것입니다. 그러나 일단 진리를 알고 "하나님을 사랑하는 자 곧 그의 뜻대로 부르심을 입은 자들에게는 모든 것이 합력하여 선을 이룬다"(롬 8:28)는 영광스러운 진리를 알게 되면, 더 이상 용이 달을 먹어치우는 것을 두려워하지도 않고, 사람들이 두려움 때문에 상상해내는 그런 생각도 전혀 하지 않게 되는 것입니다. 진리에 대해서 무지하게 되면, 일어나는 사건마다 하나님의 관점에서는 충분히 해명이 되는데도 불구하고 처절한 두려움을 일으킬 것이고, 우리를 격렬한 어리석음 속으로 몰아갈 것입니다.

지구 다음의 행성은 화성(火星: Mars), 곧 일반적으로 붉은 빛을 발하는 별입니다. 과거에는 화성의 "핏빛 나는 방패" 같은 색깔은 태양 광선을 흡수한 때문인 것으로 생각했습니다. 그러나 이러한 사고는 사실이 아닌 것이 밝혀졌고, 지금은 그 표면의 색깔 때문인 것으로 믿어지고 있습니다. 전자의 사고에 따르면, 전쟁의 신(神)인 화성과 비슷한 화난 사람은 다른 모든 색깔들을 흡수하여 자기 뜻대로 사용하며, 붉은 광선만 다른 사람들에게 보인다는 것입니다. 그러나 좀 더 현대적인 사고에 의하면, 화성의 표면이 그 특유한 색깔을 지니고 있어서 그것이 드러난다는 것입니다. 이는 우리에게, 불 같은 본성이 있을 때에는 은혜로써 억제되지 않는 한, 그것이 반드시 드러나게 되어 있다는 교훈을 줍니다. 화성은 태양으로부터 140,000,000마일가량 떨어져 있으며, 지구보다 그 크기가 약간 작아서, 중심의 직경이 4,363마일가량 됩니다. 화성의 공전 속도는 시속 53,600마일이며, 공전 주기는 687일입니다.

화성과 목성(木星)의 궤도 사이에 넓은 공간이 있는데, 여러 세기 동안 그 속에서 행성을 발견하지 못했습니다. 하지만 천문학자들끼리는 "화성과 목성 사이에 반드시 무언가 있을 것이다"라는 말들을 해 왔습니다. 그들은 큰 행성은 발견하지 못했습니다. 그러나 망원경이 더 커지고 더 강력해지면서, 거기에 "Asteroids", 혹은 "Planetoids"로 불리는 소행성(小行星)들이 산재하고 있다는 사실이 드러나게 되었습니다. 그 숫자가 몇 개인지는 모릅니다. 그것들이 마치 우리 형제의 가족들 같아서, 날마다 늘어나기 때문입니다. 그 중에 몇백 개가 이미 발견되었고, 또한 망원경 사진의 도움을 통해서 훨씬 더 많은 것들을 발견하게 될 것으로 기대할 수 있습니다. 그 첫 번째 소행성은 금세기(즉, 19세기) 첫 날에 밝혀졌고, 세레스(Ceres)라는 이름이 붙여졌습니다. 그리고 많은 소행성들이 신화에 등장하는 여자 이름이 붙여졌는데, 이는 크기가 작은 행성들이므로 여성의 이름을 붙이는 것이 그것들을 예우하는 것이라 여겼기 때문인 것 같습니다. 그것들의 직경은 20마일에서 200마일로 다양하며, 많은 사람들은 그것들이 본래 화성과 목성 사이를 돌던 어떤 행성이 폭발하여 거기서 흩어져 나온 파편들이라고 생각해 왔습니다.

가끔씩 땅으로 떨어지고, 그보다는 어느 특정한 계절에 밤하늘을 가로지르며 떨어지는 것이 보이는 운석들도 앞에서 말한 그 행성들에서 나온 파편들일 수도 있을 것입니다. 여하간에 아버지들이 사라지고 없으니, 만물들이 언제나 같은 식으로 지속되지는 않았습니다. 별들의 세계에도 여러 가지 변화가 있었으므로, 우리는 또 다른 변화들이 계속 있을 것임을 알게 됩니다. 그 운석들은 우주 공간을 날아다니며, 우리 대기권 내에 들어오면, 거기에 저항하는 매개체가 있습니다. 그것들은 그 매개체를 통하여 엄청난 속도로 떨어지기 때문에 불에 타는 것처럼 열이 생기며 그렇게 해서 사람의 눈에 띄게 됩니다.

이와 마찬가지로, 세상에는 눈에 잘 띄지 않는 수많은 선인(善人)들이 있는데, 저항을 받고, 반대를 받게 되면, 하나님을 향한 사랑이 그들에게 엄청난 힘을 부여하여 거룩한 열정으로 불타게 되고, 그것으로 모든 반대를 극복하여 온 인류의 눈에 띄게 되는 것입니다. 제 경우라면, 저는 차라리 그 저항하는 매개체를 관통하여 지나가고 싶습니다. 우리 모두 그런 유의 대기 속에서 날아가기를 바랄 것이라 생각합니다. 그래서 그 마찰로 인해서 우리에게 맡겨진 능력이 충만히 발휘되기를 바랄 것입니다. 하나님께서 우리에게 힘을 주셨다면, 반대가 있는 곳에 처해진다는 것이 우리에게 전혀 나쁜 일이 아닙니다. 그 반대로 인해서 우리가 정지하게 되는 것이 아니라, 그 과정을 통해서 세상의 빛으로서 더 밝은 빛을 드러내게 되어 있기 때문입니다.

소행성들이 차지하고 있는 공간을 지나면, 거대한 행성인 목성(木星: Jupiter)이 나타납니다. 목성은 금성을 제외하고는 가장 밝은 별이면서도 너무 멀리 떨어져 있습니다. 태양으로부터의 거리가 475,000,000마일 정도 됩니다. 즉, 지구보다 다섯 배 이상 멀리 떨어져 있는 셈입니다. 지구에서도 태양이 너무 멀리 있어서 태양을 잘 볼 수 없을 때가 있는데, 목성은 우리보다 다섯 배 이상 더 멀리 떨어져 있고, 태양을 한 바퀴 도는 데에도 4,333일, 혹은 거의 12년이 걸리며, 시속 27,180마일의 속도로 공전하고 있습니다. 목성이 그렇게 밝은 이유는, 부분적으로는, 몸집이 거대하기 때문입니다. 지구의 직경은 8,000마일이 안 되는데, 목성의 직경은 90,000마일이나 됩니다. 그리고 그것이 그렇게 밝은 또 하나의 이유는 그것이 빛을 잘 반사하는 물질로 되어 있다는 데서 찾을 수 있을 것입니다. 그렇지 않다면, 그렇게 먼 거리에 있으니 아무리 몸집이 크다 할지라도 별 소용이 없을 것입니다. 그러니 형제 여러분, 여러분과 제가 어려운 위치에 처해져서 하나님의 영광을 잘 비출 수 없어 보일 때에는 주님께 간구해야 합니다. 우리로 하여금 그의 밝은 빛을 더 잘 반사할 수 있도록 그렇게 우리를 구성시켜 주시고, 그리하여 우리보다 더 편안한 위치에 놓여 있는 형제들만큼 선한 결과를 낼 수 있게 해 달라고 말입니다.

목성에는 네 개의 달이 있습니다.[2] 이 위성들은 망원경이 발명된 직

---

2) "1892년 9월, 캘리포니아의 해밀턴 산(Mount Hamilton)의 릭 천문대(Lick Observatory)의 거대한 망원경으로 다섯 번째 위성이 발견되었다." — *The Voices of the Stars*, J. E. Walker, M. A. Elliot Stock.

후에 발견되었습니다. 그런데도 몇몇 사람들은 그것들의 존재를 믿으려 하지 않습니다. 예수회(Jesuits)에 속한 우리의 탁월한 한 이웃은, 다른 사람들이 사실로 알고 있는 바에 대해서 절대로 신뢰하지 않겠다고 강력한 결의를 다짐했습니다. 그 사람은 사실 확인을 위해서 망원경을 직접 들여다보라는 요청을 받았으나, 그는 그것을 거부했습니다. 그것을 들여다보게 되면 믿지 않을 수 없게 될 것이고, 자기는 그것을 원치 않기 때문에 보지 않겠다는 것이었습니다. 계시의 진리들에 대해서도 그런 식으로 처신하는 사람들이 있지 않습니까? 얼마 후, 그 예수회 사람은 선한 케플러의 분노를 사게 되었고, 결국 자기가 틀렸다는 것을 납득하게 되었습니다. 그는 그 천문학자에게 가서 용서를 빌었습니다. 케플러는 말하기를, 자기는 얼마든지 용서하겠으나 그에게 한 가지 벌을 가해야겠다고 했습니다. "그게 뭔데요?"라고 그가 묻자, 케플러는 대답하기를, "저 망원경을 들여다보는 것이오"라고 했습니다. 그것이야말로 그 예수회 사람이 받을 수 있는 가장 쓰라린 형벌이었습니다. 그 망원경을 들여다보자, 그는 과거에 자기가 부인했던 것이 똑똑히 보인다고 말하지 않을 수 없었고, 그 천문학자의 가르침의 진실성에 대한 자기의 확신을 표현하지 않을 수 없게 되었던 것입니다.

이와 마찬가지로, 사람으로 하여금 진리를 보게 한다는 것이 그 사람에게 매우 가혹한 형벌일 경우도 있습니다. 그것을 대면하기를 원치 않을 때에는 억지로라도 그것을 보게 하는 것이 좋은 일입니다. 그 예수회 사람과 같지는 않으나 그럼에도 불구하고 온전한 진리 전체를 알기를 원치 않는 많은 형제들이 있습니다. 그러나 형제 여러분, 여러분과 저는 언제나 주께서 그의 말씀 속에 계시하신 모든 것들을 배우기를 항상 바랄 것입니다.

다소 이름 있는 천문학자인 시지(Sizzi)라는 사람은 목성의 위성들이 존재할 수 없다는 것을 입증하기 위하여 다음과 같은 논지를 제시하였습니다. 여러분이 그 논지에서 오류를 찾아낼 수 있을지 궁금합니다:

짐승들에게는 머리에 일곱 개의 창문이 나 있어서 그것을 통해서 공기가 몸이라는 장막에 들어가게 되고, 몸을 밝혀 주고 따뜻하게 해 주고 영양분을 공급한다. 그 창문들은 소우주(小宇宙), 혹은 소세계(小世界)의 주요 부분들로서 두 개의 콧구멍과 두 개의 눈, 두 개의 귀, 그리고 하나의 입이 그것이다. 이렇게 소우주의 경우와 마찬가지로 하늘, 혹은 대세계(大世界)에도 두 개의 길(吉)한 별인 목성과 금성이 있고, 두 개의 불길한 별인 화성과 토성이 있으며, 두 개의 광명체인 태양과 달이 있고, 오로지 수성만이 일곱 가지 금속 등 일일이 열거하기 어려운 자연의 여러 다른 현상들과 상관없이 홀로 미결정인 채로 남아 있다. 여기서 우리는 행성의 숫자가 반드시 일곱일 수밖에 없다는 것을 알게 된다. 더욱이, 그 위성이라는 것들이 육안으로 보이지 않으므로 땅에 아무런 영향도 줄 수 없으니 쓸모가 없을 것이고, 따라서 존재하지 않는 것이다. 뿐만 아니라, 유대인들과 다른 고대 민족들뿐 아니라 현대의 유럽 사람들까지도 한 주(週)를 일곱 날로 구분하여 그날들을 그 일곱 행성의 이름을 따서 불러왔다. 그러니, 우리가 행성들의 숫자를 늘리면, 이 모든 체제가 땅에 떨어지고 마는 것이다.

형제 여러분, 영적인 문제들과 관련해서도 여러 차례 그런 유의 논증이 제기되는 것들을 들어온 것 같습니다. 즉, 이론을 근거로 하여 사실을 반대하는 논증 말입니다. 하지만 사실들이 언제나 이론들을 완전히 뒤집어엎을 것입니다. 다만, 때로는 사실들이 절대적으로 입증되기 전에는 이론을 그대로 취하는 것이 좋을 경우도 있는 것은 사실입니다.

목성의 위성들이 계속해서 눈에서 사라지지만 — 목성 주위를 급속히 공전하고 있으니 그것이 지극히 자연스럽습니다 — 그럼에도 불구하고 그것들이 한꺼번에 모두 시야에서 사라지는 적은 절대로 없다는 사실은 정말 특이한 일이요 하나님의 지혜와 능력을 보여 주는 또 하나의 사례일 것입니다. 위성 하나가, 아니 어쩌면 또 하나가, 아니면 네 개 중에서 세 개가 시야에서 사라질 수도 있습니다. 하지만 언제나 하나만은 남아서 빛을 발하는 것입니다. 이와 비슷하게 하나님께서는 그의 백성의 모든 위로를 절대로 한꺼번에 다 취해 가시지 않습니다. 언제나 얼마간의 광선이 있어서 그들에게 위로를 주시는 것입니다.

목성에서 배울 것이 이런 것 이외에도 굉장히 많습니다만, 이렇게 목성을 소개했으니 여러분 스스로 탐구해 보시고 그것에서 할 수 있는 대로 많은 것을 얻으시기 바랍니다.

목성 다음으로 멀리멀리 떨어져 있는 것은 토성(土星: Saturn)입니다. 이 행성은 많은 비방을 받아왔는데, 결코 그런 대접을 받을 만한 존재가 아니라는 점을 알려 드립니다. 토성은 태양으로부터 거의 900,000,000마일가량 떨어져 있습니다. 여기 모인 형제들 중에 과연 백만이라는 것이 어느 정도인지를 가늠할 수 있는 분이 계실까 궁금합니다. 아마 하지 못할 것이라 생각됩니다. 저 자신도 가늠하지 못합니다. 백만이 의미하는 바를 파악하려면 굉장한 사고력이 필요합니다. 백만 마일이 대체 어느 정도인지는 사람의 머리로는 파악이 불가능합니다. 백만 개의 핀이 있다면 그것도 굉장한 양일 것인데 하물며 백만 마일이라니요! 그런데 여기서 우리는 백만의 구백 배인 구억 마일을 논하고 있습니다. 저의 유한한 머리로서는 그것이 어느 정도인지를 가늠할 수가 없습니다. 포기하겠습니다. 구억 마일을 이야기하면, 구천억 마일도 이야기할 수 있습니다. 억이나 천억이나 가늠이 되지 않기는 마찬가지 일테니 말입니다. 그러나 이 광활한 우주 공간이 우리 위대하신 하나님께는 그가 창조하신 그 무한한 우주에 비할 때에 그저 한숨 정도밖에는 안 된다는 사실을 상기해야 할 것입니다.

저는 토성이 상당히 비방을 받아왔다고 말했는데, 과연 그렇습니다. 우리가 쓰는 영어에 "saturnine"("토성의 영향을 받아 태어난", "무뚝뚝한", "음침한" 등의 뜻이다)이라는 단어가 있습니다만, 사람을 아주 폄하할 때에 쓰는 말입니다. 어떤 사람이 마음이 따뜻하고 친절하면, 그 사람에 대하여 "jovial"("목성의 영향을 받은", "쾌활한", "유쾌한" 등의 뜻이다)이라고 하는데 이는 밝게 빛나는 별인 목성을 뜻하는 "Jove" 또는 "Jupiter"에서 온 말입니다. 하지만 그와 반대의 기질을 지닌 사람에 대해서는

"saturnine"이라고 부릅니다. 토성(Saturn)이 어두침침하고, 음침하며 그것이 악하고 음울한 영향을 미친다고 생각하기 때문에 그렇게 부르게 된 것입니다. 저는 점성학 책들을 읽곤 했습니다만, 그 중에 몇 권을 읽어 보면, 토성의 영향 아래서 출생한 자는 거의 사탄의 영향 아래서 출생한 것이나 마찬가지로 취급하는 것을 알 수 있습니다. 토성의 영향이나 사탄의 영향이나 결과는 별로 다를 것이 없다는 사고인 것입니다. 그러나 사실 토성은 매우 밝고 명랑한 별입니다. 토성의 직경은 지구보다 아홉 배가량 큽니다. 토성의 용적(容積)은 지구의 용적보다 746배나 되며, 토성의 무게는 지구의 무게보다 92배가량 됩니다. 태양에서 멀어질수록 행성의 밀도가 줄어드는 것으로 보입니다. 물론 그 비율이 정확히 맞지는 않으나 대략적으로 볼 때에 그렇습니다. 태양과 더 가까운 곳에서 훨씬 더 빠른 속도로 궤도를 도는 행성들의 경우는 밀도가 높은 것이 정상이지만, 멀리 떨어져 있고 또한 공전 속도도 느린 행성들도 그처럼 밀도가 높아야 할 이유는 없는 것 같습니다.

제가 앞에서도 몇 가지 내용을 발췌하여 제시했습니다만, 그 유익한 책은 토성에 대해서도 이렇게 말하고 있습니다:

    그러므로, 만일 토성을 충분히 담을 만큼 용량이 큰 바다가 있다면, 토성은 납처럼 거기에 가라앉는 것이 아니라, 수면 위에 뜰 것이다. 저명한 천문기상학자인 존 고드(John Goad)는, 모든 고대 사람들이 믿었고 세상이 지금도 상상하는 것처럼 그런 "납처럼 무거운 엄격한 친구"가 아니라고 선언하였다. 그러나 그것을 입증하는 일은 다른 사람들의 몫이었다. 육천여 년 전 토성은 그의 개별적인 특성들과 그 흥미로운 가솔들과 이상한 부속물들을 인류의 지식으로부터 감추고 말았다. 그러나 드디어 아펜니노(the Apenninies) 산록에서 그것을 향하여 들이댄 망원경에 의해서 그 모습이 잡히고 말았다. 그 망원경을 든 사람은 토성의 프라이버시를 침해하면서도 떠날 줄을 몰랐고, 또한 그것을 침입이라 생각하지도 않았다.

그 "망원경"이 토성에게로 향하자, 토성은 그야말로 가장 아름다운 별임이 밝혀졌고, 행성계 전체에서 가장 변화무쌍하고 가장 놀라운 별 중의 하나인 것이 드러난 것입니다.

이러한 사실을 사람들이 잘 알지도 못하는 사람들에 대해서 비방하는 것들이 모두 거짓일 경우가 많다는 사실을 설명해 주는 하나의 예화로 제시할 수 있을 것입니다. 토성이 그렇게 멸시를 받았으나 결국 그것이 가장 아름다운 행성임이 밝혀진 것입니다. 그러니, "saturnine"이란 단어는 늘상 사용하던 대로 무뚝뚝하다는 뜻이 아니라 오히려 그 반대로 밝고 찬란하다는 뜻인 셈입니다. 토성은 또한 여덟 개 이상의 위성을 거느리고 있습니다. 게다가 세 개의 장엄한 띠(帶)를 지니고 있기도 합니다. 이에 대해서 테니슨(Alfred Tennyson: 1809-1892)은 다음과 같이 노래했습니다:

"토성은 소용돌이치는 동안에도 그의 변함없는 그림자처럼
그의 빛나는 띠들 위에서 잠자나니."

토성은 지구에서 우리가 받는 것보다 태양의 빛을 백 분의 일 정도밖에는 받지 못합니다. 그러나 우리가 누리는 것만큼 태양 빛을 누리도록 그렇게 대기가 정리되어 있는 것으로 보입니다. 그 대기가 지구의 것과 다르다 할지라도, 런던의 안개 속에서 누리는 것만큼의 빛은 받을 것이라 여겨집니다. 물론 태양으로부터 오는 빛이 그렇다는 말입니다. 하지만 주께서 토성 그 자체에 모종의 빛을 발생하는 능력을 부여하셨을지도 모릅니다. 뿐만 아니라 토성에는 위성이 여덟 개나 되고 빛나는 띠가 세 개나 되므로, 우리로서는 그 찬란함을 상상할 수도, 묘사할 수도 없습니다. 그 놀라운 빛의 아치가 37,570마일 높이에 떠 있고, 그 지름이 170,000마일이나 되는 것을 눈으로 본다면 과연 어떻겠습니까! 만일 여러분이 토성의 적도에 있다면, 그 띠들을 좁다란 빛의 띠로만 볼 것입니다. 하지만 토성의 극점으로 가면, 빛으로 가득한 어마어마한 아치가 눈에 들어올 것입니다. 마치 햇빛을 충분히 받을 수 없는 큰 건물들에 걸려 있는 거대한

반사경들처럼 말입니다. 그 반사경은 태양 광선을 모아서 필요한 곳으로 쏘아 주는 역할을 합니다. 토성의 띠들 역시 틀림없이 그처럼 반사경의 역할을 한다고 봅니다. 만일 거기에 거주하는 사람이 있다면 그곳이야말로 놀라운 세상일 것입니다. 태양에서 그렇게 멀리 떨어진 데서 오는 여러 가지 불이익들을 충분히 보상받고도 남을 것입니다. 영적인 세계에서도 마찬가지입니다. 주께서 한 가지 방향에서 거두어 가시면 다른 방향에서 그것을 채워 주십니다. 그리고 은혜의 수단에서, 또한 기독교의 갖가지 특권들에서, 멀리 벗어나 있는 자들도, 더 큰 유익을 누리고 있는 것으로 보이는 다른 사람들이 거의 질투할 정도로 나름대로 빛과 기쁨이 있는 것입니다.

토성을 지나서 더 멀리 하늘을 여행하면, **천왕성**(天王星: Uranus), 혹은 1781년에 그 별을 발견한 천문학자의 이름을 따서 허셸(Herschel)이라고도 불리는 별을 만나게 됩니다. 천왕성은 태양에서부터 1,754,000,000마일가량 떨어진 것으로 믿어집니다. 이렇게 수치를 말씀드립니다만, 여러분이나 저나 그 거리가 대체 어느 정도나 되는지 조금도 짐작할 수가 없습니다. 아마 천왕성에서 바라보면 태양은 멀리 보이는 희미한 별빛 정도로밖에는 보이지 않을 것입니다. 그러나 그 행성은 시속 15,000마일의 속도로 공전하며, 한 번 회전하는 데에 84년 가량이 소요됩니다. 천왕성은 용적이 지구의 73배 혹은 74배가량 되며 네 개의 위성을 거느리고 있다고 합니다. 천왕성에 대해서는 많은 내용을 알지 못하므로, 많은 것을 이야기하지는 않겠습니다.

조금밖에 모르는 것에 대해서는 가능한 한 말을 적게 하는 것이 좋다는 것을 여기서도 배우게 됩니다. 이런 교훈을 많은 사람들이 배우면 얼마나 좋겠습니까? 예를 들어서, 성경의 여러 책들 가운데서 계시록에 대한 저술들이 가장 많은 것 같습니다만, 그 중 몇 가지를 빼고는 그것들을 인쇄한 종이가 아까울 정도입니다. 계시록 다음에는 다니엘서를 다룬 책들이 많습니다. 그것이 설명하기에 너무 어렵기 때문에 많은 사람들이 그것에 대해서 책을 쓴 것입니다. 그러나 대개의 경우 그런 저작들을 읽음으로써 오히려 혼동을 일으키고 서로 모순이 되는 점들이 더 많습니다. 형제 여러분, 우리가 아는 것을 설교합시다. 그리고 무지한 것에 대해서는 아무 말도 하지 맙시다.

우리가 상상의 날개를 펴서 이제 천왕성에 이르기까지 아주 기나긴 여행을 했습니다. 그러나 아직 오늘 오후의 여정을 완전히 마친 것은 아닙니다. 어떤 천문학자들은 천왕성의 궤도가 그들이 우주의 지도에 표시해 놓은 경로에서 때때로 벗어난다는 것을 관찰하였고, 그리하여 그들은 또 다른 행성이 있어서 — 그 당시는 아직 발견되지 않았으나 — 그것이 눈에 보이지는 않지만 강력한 영향을 천왕성에 발휘하고 있다고 믿게 되었습니다.

이 거대한 천체들이 서로 수백만 마일이나 떨어져 있으면서도 상대방의 움직임을 더디게 하기도 하고 빠르게 하기도 한다는 사실은 여러분과 제가 우리의 형제들에게 미치는 영향을 설명해 주는 아주 멋진 예화가 됩니다. 의식적으로든 무의식적으로든 우리는 하나님께로 향하는 길에서 사람의 전진을 저해하거나, 아니면 그 걸음을 재촉하게 하기도 합니다. 우리 중에 아무도 혼자서 사는 사람은 없는 것입니다.

천문학자들은 천왕성의 움직임에 영향을 미치는 또 다른 천체가 있다는 결론에 도달했습니다. 서로를 전혀 알지 못하는 상태에서 영국 케임브리지의 아담스 씨(Mr. Adams)와 프랑스인인 레버리에(M. Leverrier)가 아직 발견하지 못한 천체를 발견할 것으로 여겨지는 위치를 찾는 작업을 개시하였고, 그 두 사람의 계산은 거의 동일한 결과를 가져왔습니다. 수학적 천문학자들이 그 행성을 발견할 것으로 지목한 그 위치에다 망원경을 고정시키자, 즉시 그것이 발견되었습니다. 하얗고 노란 빛을 띤 것으로 오늘날 우리는 그것을 해왕성(海王星: Neptune)이라는 이름으로 알고 있습니다.

제가 참고하는 천문학 서적은 행성을 찾는 두 가지 방법을 기록하고 있습니다. 그 하나는 가장 강력한 망원경을 사용하는 것이고, 나머지 하나는 수학적 계산을 정확히 하는 것입니다:

눈으로 행성을 찾는 일은, 혹은 정신으로 그 위치를 추적하는 일은 육체적으로도 정신적으로도 거의 힘이 들지 않는 작업이다. 편안히 의자에 한가하게 앉아서, 실제로 관찰하는 천문학자는 그저 빙빙 돌아가는 둥근 돔의 갈라진 틈새로 바라보면서 별이 그 경로에 있는가를 추적하면 그만이다. 혹은 망원경의 배율을 늘려서 그것을 하늘에다 대고 관찰하면 된다. 그러나 물리적인 천문학자는 그런 보조 기구들이 없다. 그는 태양 아래서 별들이 사라지는 정오에도 계산하며, 구름과 어둠이 온 하늘을 뒤덮는 자정에도 계산하며, 하늘을 향하여 구멍이 나 있지 않은 머릿속의 돔에서, 그리고 이성의 눈 이외에는 아무런 도구도 없이 눈에 보이지 않는 행성의 움직임을 방해하는 또 다른 눈에 보이지 않는 행성의 작용을 바라보며, 방해하는 요인의 존재를 파악해 내며 그 움직임의 질과 양을 토대로 그 광도(光度)를 계산하고 그리하여 그 위치를 파악해내는 것이다.

이성이란 정말 얼마나 굉장한 것인지 모릅니다! 그러나 믿음은 감각보다 훨씬 위에 있을 뿐 아니라 이성까지도 초월합니다. 다만, 우리가 생각하고 있는 수학적 천문가의 경우는 이성이 일종의 믿음이었습니다. 그는 이렇게 주장합니다: "하나님의 법은 이렇고 저렇고 저런 것이다. 이 해왕성이라는 행성이 방해를 받고 있으니, 무언가 다른 행성이 그것을 방해한 것이 틀림없다. 그러니 내가 찾아서 그 행성이 어디에 있는지를 파악해낼 것이다." 그리고 자신의 복잡한 계산이 끝나면, 그는 마치 형사가 도둑에게 손을 뻗치듯이, 아니 오히려 그보다 더 빨리, 아주 당연하다는 듯이 해왕성에다 손가락을 댑니다. 제가 보기에는 도둑을 잡는 것보다 별을 발견하는 것이 더 손쉬운 때도 있는 것 같습니다.

해왕성은 사람에게 발견되고 이름이 붙여지기 훨씬 전부터 계속해서 빛을 발하고 있었습니다. 그러니 형제 여러분, 여러분과 저는 여러 해 동안 전혀 알려지지 않은 상태로 있을 수도 있고, 세상이 우리를 전혀 발견하지 못할 수도 있습니다. 하지만 우리의 영향력은 마치 해왕성의 영향력처럼, 감지되고 지각될 것입니다. 우리가 사람들 중에서 발견되든, 아니면 홀로 하나님의 영광을 위하여 외로이 빛을 드러내든 말입니다.

　자, 머릿속으로 여행을 계속하여 이제 해왕성까지 도달했습니다. 해왕성은 태양으로부터 2,748,000,000마일가량 떨어져 있습니다. 거기에 서서 우주 공간을 바라보면, 태양계에 속한 우주 공간이 무한히 넓어 보입니다. 아직 발견하지 못한 또 다른 행성들이 있을지도 모릅니다. 하지만 우리가 아는 바로는 해왕성을 지나서는 거대한 간격이 있습니다.

　그러나 이 태양계 안에는 소위 "건너뛰는 별들"이라 부를 수 있는 것들이 있는데, 그것들은 장대를 사용하지 않고도 이 간격을 건너뛸 수 있습니다. 그것들은 다름 아닌 혜성(彗星: Comets)들입니다. 이 혜성들은 대개 아주 밀도가 낮아서 — 그저 증기로 된 희미한 막에 불과합니다 — 태양계 속으로 들어와 돌진해도 행성들의 움직임에는 전혀 영향을 미치지 않습니다. 어떤 혜성들은 여러 행성들 주위를 지나가기도 하고, 잠시 있다가 사라져가기도 합니다. 그러나 정상적인 경로를 따라서 공전하는 행성들을 방해할 만한 힘은 없습니다. 사람들의 힘은 마치 혜성처럼 이리저리 왔다갔다하는 데에 있지 않습니다. 오히려 마치 붙박이 별처럼 해마다 계속해서 꾸준하게 빛을 발하는 데에 있는 것입니다.

　천문학자 헬리는 이렇게 말합니다: "혜성을 압축시켜서 일상적인 대기의 밀도로 만든다면, 일 평방 인치도 채우지 못할 것이다." 혜성이 너무나도 밀도가 낮기 때문에, 그것을 통해서 5천 마일까지도 볼 수가 있으며, 혜성이 전혀 없는 것과 똑같이 쉽게 볼 수 있습니다. 형제 여러분, 투명한 것이 좋습니다. 하지만 여러분은 우리가 말한 대부분의 혜성들보다는 알맹이가 더 있는 사람이기를 바랍니다.

　혜성은 아주 불규칙해 보이지만, 아주 규칙적으로 옵니다. 헬리는 1682년에 왔던 혜성이 75년 주기로 다시 돌아올 것을 예언하였습니다. 그는 자신이 그것이 다시 오는 것을 보기 전에 죽을 것을 알고 있었습니다. 그러나 그는 그것이 다시 돌아올 때에 자신이 한 예언이 기억될 것을 바란다고 하였습니다. 여러 천문학자들이 그 혜성을 기다리고 있었습니다. 그것이 그 예언된 시기에 정확히 오기를 바랐습니다. 그것이 제때 오지 않으면 무지한 백성들이 천문학을 믿지 않을 것이었기 때문입니다. 그런데 그 혜성은 제 시기에 다시 돌아왔습니다. 그리하여 그들은 안도의 한숨을 쉬었고, 핼리의 예언은 입증되었습니다.

혜성을 관찰하는 일에 대한 이야기들 중에 예화도 되고 교훈도 주는 한 가지 이야기가 있습니다. 메시에(Messier)는 혜성을 여러 개 발견하여 "혜성 사냥꾼"이라는 이름을 얻었는데, 특별히 그 일에 굉장히 열심이었습니다. 성품이 매우 단순했던 그는 혜성을 향한 열심 때문에 아주 이상스런 태도를 보이곤 했습니다. 그가 아내의 임종을 지켜보느라 천문대에 있지 않았고, 그 결과로 하나의 혜성을 발견하는 일을 몽테뉴 드 리모그(Montaigne de Limoges)에게 빼앗겼습니다. 이것은 정말 굉장한 충격이었습니다. 한 방문자가 그에게 최근 아내를 여읜 일에 대해서, 안됐다고 위로의 말을 전하자, 오로지 혜성밖에는 생각하는 것이 없던 메시에는, "내가 열두 개를 발견했는데, 열세 개째를 몽테뉴에게 빼앗겼다오!"라고 대답했습니다. 그러나 곧바로 아내의 일을 기억하고는, "아 참! 아내가 있지!" 하고는 아내와 혜성에 대해서 함께 서글퍼했습니다. 그는 하늘에다 온통 마음을 두고 있어서 아내를 잊어버릴 정도였습니다. 과학이 때로 사람의 마음을 이 세상의 모든 시련에서 벗어나게 한다면, 하물며 우리의 하늘의 생명이야 얼마나 더 이 세상의 근심 걱정에서 우리를 벗어나게 하겠습니까!

혜성의 귀환 소식은 아주 확실하게 선언되는 것이 보통입니다. 한 신문을 보니 다음과 같은 기사가 있었습니다:

> 대체로, 8월 하순이나 9월 초순경에는 유럽의 모든 지역에서 혜성을 육안으로 보게 되는 것이 거의 확실하다. 육안으로도 구별이 가능한데, 마치 광도가 일급인 별과 흡사하나, 행성보다는 빛이 약간 희미하며, 그 주위에 창백한 성운이 둘러싸여 있어서 그 광채가 약간 희미하게 가려진다. 10월 7일 밤, 혜성이 큰곰자리에 접근하며, 11일까지는 큰곰자리의 일곱 두드러진 별들을 직통할 것이다. 11월말이 되면, 혜성이 태양 빛 속으로 돌진하여 사라질 것이고 12월말이 되어

야 그 반대쪽에서 다시 나올 것이다. 혜성은 엄청나게 먼 거리에 있어서 때로 보이지 않을 때도 있으나 그 움직임에 대한 이러한 예상은 런던과 에든버러 사이를 운항하는 여객선의 여행 스케줄만큼이나 확실할 것이다. 과학의 예상에 맞추어 눈으로 관찰해 보도록 하자. 그러면 과학이 거의 절대적으로 정확하다는 것이 입증될 것이다.

여러분, 그런 예상에 어느 정도의 계산이 요구되는지를 한 번 생각해 보십시오. 혜성은 행성의 경로를 방해하지 않지만, 행성은 혜성의 경로에 상당히 영향을 미칩니다. 그러므로, 천문학자들은 계산하는 과정에서 혜성이 움직여야 할 경로를 재구성해야 합니다. 혜성을 마치 긴 여행에 지친 여행객으로 생각해 봅시다. 그러면 해왕성의 밝은 집을 거쳐서 지나가야 하고, 해왕성은 그에게 차 한 잔을 반드시 대접할 것입니다. 그리고는 천왕성에게까지 여행하고 거기서 밤을 지낸 후 아침 일찍 토성을 방문하여 거기서 아침을 먹고는 다시 목성과 함께 오찬을 나눕니다. 그리고는 다시 화성에 들렀다가 금성에 들러서 그의 환영을 받고는 그 아름다움에 잠시 길을 멈춥니다. 그러므로 여러분, 혜성이 돌아오는 것을 계산한다는 것이 지극히 어렵습니다. 그런데도 천문학자들은 그 시간을 상당히 자세하게 예측하는 것입니다. 이 학문은 정말 놀랍습니다. 그것이 드러내 주는 사실도 놀랍거니와 그것을 제시하는 그 재능도 놀랍기 그지없습니다. 그리고 그것은 우리의 위대하신 아버지의 그 놀라운 창조 세계에 대하여 계속해서 교훈을 주는 것입니다.

이제 태양계를 다 살펴보았고, 이따금씩 머나먼 세계로부터 방문하는 그 방문객에 대해서도 살펴보았습니다. 혜성은 한 달, 혹은 한 주 정도만 보이다가, 수백 년이 지나도록 다시 나타나지 않는 경우도 있습니다. 그 동안 그것들이 대체 어디로 가 버린 걸까요? 글쎄요, 어디론가 가긴 간 것이겠지요. 그리고 감히 말씀드립니다만, 그것들을 지으신 하나님의 목적을 이루고 있으리라 봅니다. 그러나, 저 같으면 하나님의 태양계에서 혜성과 같이 되고 싶지는 않습니다. 저는 저 자신의 고정된 위치를 갖고 싶습니다. 그리고 그곳에서 주를 위하여 계속해서 빛을 드러내고 싶습니다.

저는 여러 해 동안 런던에서 살아왔는데, 그동안 저의 혜성들이 왔다가 다시 가는 것을 많이 보아왔습니다. 오, 제 옆을 지나가는 그 큰 빛들을 다 보았습니다. 그들은 마치 혜성처럼 어딘지 알려지지 않은 곳으로 사라져 갔습니다. 제가 대체로 살펴본 바로는, 사람들이 다른 사람들보다 훨씬 더 많은 일을 하려고 할 때에는, 그리고 그것에 대해 자기 스스로 그렇게 우쭐해 있을 때에는, 그들의 역사는 보통 올라갈 때는 로케트 같다가도 내려올 때는 막대기 같은 그런 모습을 띠는 것이 거의 정확합니다.

여러분이 상상 속에서, 이 조그만 태양계의 벽에 기대어 서서 과연 그 너머에 무엇이 있는지를 볼 수 있는지 저로서는 알 수가 없습니다. 여러분, 그저 몇억 마일 정도로 여러분의 생각을 좁히지 마십시오! 정말 먼 거리를 통하여 바라보아야만 비로소 별을 보기 시작하는 법입니다. 우리에게서 얼마나 멀리 떨어져 있는지를 이야기하면 그저 의미 없는 말만 늘어놓는 것이 될 것입니다. 하지만, 우리가 볼 수 있는 다른 별들도 있습니다. 그것들 역시 무한히 멀리 떨어져 있는 것들입니다. 그 별들은 그렇게 먼 거리에서 우리에게 빛을 보내느라, 그리하여 자기들이 잘 존재하고 있다는 것을 알려 주느라, 상당한 어려움을 당했습니다. 그러나 우리에게서 그렇게 멀리 떨어져 있음에도 불구하고, 그들은 여전히 우리가 없이도 자기들 스스로 잘 지내고 있는 것입니다.

이 별들은 보통 사람의 눈으로 보면 하늘 여기저기에 흩어져 있는 것처럼 보입니다. 저는 언제나 그처럼 매혹적인 다양성을 사모합니다. 그리고 하나님께서 별들을 마치 길가의 가로등처럼 일직선으로 정렬시키지 않으셨다는 것에 감사하는 마음입니다. 형제 여러분, 밤에 눈을 들어서 하늘을 보는데, 마치 종이에 핀을 가지런히 꽂아놓은 것처럼 모든 별들이 일렬로 줄지어 서 있는 것이 보인다면 과연 어떻겠습니까! 그렇지 않다는 것이 얼마나 다행인지 모릅니다. 하나님을 찬양해야 마땅합니다. 그저 밝은 별들을 한 줌 집으셔서 하늘에 뿌려놓으셨고, 그리하여 가장 아름다운 위치에 가 박힌 것입니다. 그래서 사람들은, "저기 큰곰자리가 있다!", "저것은 북두칠성이다!"라고들 이야기합니다. 그리고 다른 사람들은, "저것은 처녀자리고, 저것은 양자리고, 저것은 황소자리다"라고 이야기합니다.

갖가지 별자리들을 이름짓는 일은, 오늘날 성행하는 신비한 형태의 설교와 매우 흡사한 것 같습니다. 설교자들은, "저것은 이런 것이고, 저것은 또 이런 것이다"라는 식으로 말합니다. 어쩌면 그럴지도 모르지요. 하지만 저는 납득이 되지 않습니다. 하늘의 별자리에 대해서는 여러분 마음대로 상상할 수 있습니다. 불 속에 성벽을 그려놓고, 그것이 세워지는 것을 보기도 했고, 작은 졸병들이 와서 그것을 모두 허물어 버리는 것도 보았습니다. 불 속에서나 하늘에서는 아무 것이든 볼 수 있습니다. 그리고 성경에서도 보고 싶은 것은 무엇이든 볼 수 있습니다. 실제로 있는 것을 보지 못하면, 여러분의 상상대로 바라는 것을 볼 수 있습니다. 하늘에는 큰곰도, 황소도 없습니다. 처녀가 있을지도 모르지만, 그러나 로마 교회에서 가르치는 것처럼 그렇게 예배의 대상이 되는 동정녀는 아닙니다. 여러분 모두 북극성을 알 것이고, 동시에 지극성(指極星)도 알아야 할 것입니다. 그것들이 북극성을 지적해 줍니다. 우리가 바로 그와 같아야 합니다. 우리는 죄에 종이 되어 있는 불쌍한 자들과 사탄에게 참된 자유의 별이신 우리 구주 예수 그리스도를 지적해 주어야 하는 것입니다.

또한 묘성(昴星)도 있습니다. 그것들이 어디 있는지는 거의 누구나 다 알 수 있습니다. 그것들은 작은 별들이 덩어리처럼 뭉쳐 있는 것인데 매우 밝습니다. 그것들은, 비록 내가 아주 작은 사람이지만 매우 밝도록 힘써야 한다는 것을 가르쳐 줍니다. 내가 황소자리나 혹은 하늘의 지극히 밝은 별자리처럼 될 수는 없지만, 나 자신의 영역에서 할 수 있는 만큼 빛을 발해야 하고, 일급 광도를 지닌 별처럼 내 영역에서 유익을 발휘해야 한다는 것을 배우게 되는 것입니다. 그리고 하늘의 다른 쪽으로 시선을 돌리면, 남십자성이 눈에 들어옵니다. 아마 오스트레일리아 출신의 형제가 그 별자리에 대해서 이야기할 것이 많을 것이라 여겨집니다. 십자성이 뱃사람들의 안내자가 된다는 것은 생각만 해도 아름답기 그지없습니다. 십자가야말로 그 어느 누구에게도 가장 최고의 안내자인 것입니다.

별들 이외에도 성운(星雲: Nebula)이라 불리는 광활한 발광체들이 있습니다. 하늘 여기저기에 빛을 발하는 물질들이 거대하게 모여 있는 것들이 있습니다. 어떤 이들은 그 물질들로 세상이 지어졌다고 생각하기도 합니다. 오래된 무신론적인 이론에 따르면, 세계가 그것들에서 모종의 특별한 진화 과정을 통해서 생겨났다고 합니다. 그러나 허셸(Herschel)이 망원경으로 그것들을 관찰한 결과 그 이론의 허구성이 곧바로 드러났습니다. 그 성운은 단순히 무수한 별들이 뭉쳐 있는 것 이상 아무것도 아닌 것이 발견되었기 때문입니다. 그것들이 무한히 멀리 떨어져 있기 때문에 우리 눈에 마치 빛의 작은 먼지들처럼 보인 것입니다.

별들에 대해서는 이것 이외에도 배워야 할 놀라운 사실들이 많습니다. 여러분 스스로 기회 있을 때마다 진지하게 관심을 기울이시기 바랍니다. 한 가지 말씀드릴 사실은 별들 가운데는 우리의 눈에 보이지 않게 된 것들이 있다는 것입니다. 티코 브라헤(Tycho Brache)는 말하기를, 한번은 여러 마을 사람들이 하늘을 바라보는 것을 보았는데, 그들에게 어째서 그렇게 하늘을 바라보고 있느냐고 묻자, 그들이 대답하기를, 새로운 별이 갑자기 나타났다는 것이었습니다. 그 별은 몇 달 동안 밝은 빛을 내다가 다시 사라지고 말았습니다. 마치 불이 난 것처럼 하늘이 발갛게 변하는 것 같다가, 이내 사라져 버리는 경우가 많습니다.

케플러는 그런 현상에 대해서 다음과 같이 기록하고 있습니다: "그것이 무슨 징조인지를 파악하기는 어렵다. 확실한 것은 다만 그것이 인류에게 아무것도 알려 주는 것이 없거나, 아니면 인간의 감각과 지혜를 훨씬 뛰어넘는 높고도 중대한 소식을 알려 주거나 둘 중의 하나라는 것이다." 케플러는 에피쿠로스 학파가 가르치는 우연한 원자들의 집합 이론을 가지고서 그 특이한 현상을 설명한 어떤 사람들의 견해를 언급하면서, 다음과 같이 빈정대듯이 논평합니다:

나는 나의 견해를 반대하는 이 사람들에게 나의 견해가 아니라 내 아내의 견해를 전해 주고자 한다. 어제 글을 쓰느라 지쳐서 정신이 혼란스러워서 이 원자들에 대해서 잘 생각하지 못하고 있을 때에 저녁 식사를 하라는 말을 들었고, 내가 요구했던 대로 샐러드가 식탁에 놓여졌다. 나는 큰 소리로 이렇게 말했다: "아하, 만일 이 접시들과, 양배추 잎사귀들과 소금과 물 몇 방울과 식초, 그리고 기름, 계란 썰어놓은 것이 영원 전부터 공중에서 날아다니다가 드디어 우연히 샐러드가 될 수도 있군요." 그러나 내 아내는, "그럴 수도 있겠지요. 하지만 내가 당신을 위해서 만든 이 샐러드처럼 멋지고 잘 장식된 것은 아니겠지요"라고 대답했다.

그러니 저는, 만일 원자들의 우연한 집합이 샐러드를 만들어 낼 수 없다면, 그것들이 세상을 만들어 낼 수는 더더욱 없다고 생각하지 않을 수가 없습니다. 한번은 어떤 사람이 원자들의 우연한 집합으로 세상이 이루어졌다고 말하기에, 그 사람에게 물었습니다: "돈이 한 푼도 없고, 저녁을 대접해 줄 아는 사람도 전혀 없는 곳에 우연히 가 본 일이 있습니까?" "예, 그렇지요"라고 대답하기에 저는 말했습니다: "그렇다면, 우연한 원자의 집합으로 인해서 혹시 양고기 다리에다가 잘 삶은 무를 곁들이고 거기에 맛있는 소스를 쳐서 당신의 저녁 식사가 마련된 일을 경험한 적이 있습니까?" "아니오, 그런 일은 없었습니다"라는 대답이 나왔습니다. 저는 이렇게 반문했습니다: "그렇지만, 여하튼 양고기 다리에다 잘 삶은 무와 맛있는 소스가 합쳐지는 것이 목성이나 금성 같은 이 별들 가운데 하나를 만드는 것보다 훨씬 더 쉬운 일이 아닙니까?"

하나님의 말씀은 한 별의 영광이 다른 별의 영광과 다르다고 말씀합니다. 그런데 작은 별이 거리가 더 먼 큰 별보다 우리에게 더 많은 빛을 비출 수도 있습니다. 어떤 별들은 가변성을 지니기도 합니다. 어떤 때는 평소보다 더 크게 보이기도 하는 것입니다. 메두사자리(Medusa)의 으뜸별인 알골별(Algol)이 그와 같습니다. "그 별은 가장 밝을 때에는 2급 광도에 속하는 것으로 나타나며, 그런 상태로 이틀 열네 시간가량 머물러 있다. 그리고는 빛이 급속히 약해져서 세 시간 반 만에 4급 광도가 된다. 이런 상태로 십오 분가량 있다가 다시 빛이 강해져서 세 시간 반만에 다시 예전의 밝기를 회복한다"고 합니다. 우리들 중에도 이처럼 가변성을 지닌 별들과 같은 사람들이 많은 것 같습니다. 어느 때에는 의기소침해 있다가, 알골처럼 갑자기 밝기를 회복하기도 하는 것입니다. 그리고 쌍별들도 수없이 많습니다.

여러분의 아내가 여러분과 함께 항상 빛을 발하고 결코 여러분을 가리는 일이 없기를 바랍니다. 쌍별들은 어느 때에는 매우 밝게 빛나다가도 그 중 어느 하나가 다른 것을 완전히 가려 버리기 때문입니다. 또한 세쌍별도, 네쌍별도 있고, 어떤 경우에는 중심의 발광체 주위로 함께 도는 수백 수천의 별들이 모여 있는 경우도 있습니다. 이처럼 별들이 가득한 하늘을 보면 영광과 아름다움이 놀랍게 조화를 이루고 있습니다. 이 별들 가운데 어떤 것들은 빨갛고, 어떤 것들은 파랗고, 어떤 것들은 노랗습니다. 무지개 색깔들이 별들 속에서 다 나타납니다. 그 중 한 별에 살면서 거기서 하늘을 바라보며 하나님께서 지으신 하늘의 모든 영광스런 것들을 본다면 정말 놀라울 것입니다. 그러나, 저는 이 조그만 지구에 거하는 것으로 만족합니다. 특히 하나님께서 원하시는 때가 되기 전에는 다른 집으로 거처를 옮길 수가 없으니 말입니다.

● **독자 여러분들께 알립니다!**
'CH북스'는 기존 '**크리스천다이제스트**'의 영문명 앞 2글자와
도서를 의미하는 '**북스**'를 결합한 출판사의 새로운 이름입니다.

목회자 후보생들에게

1판 1쇄 발행 2009년 11월 20일
1판 중쇄 발행 2024년 4월 1일

지은이 찰스 스펄전
옮긴이 원광연
발행인 박명곤 **CEO** 박지성 **CFO** 김영은
기획편집1팀 채대광, 김준원, 이승미, 이상지
기획편집2팀 박일귀, 이은빈, 강민형, 이지은
디자인팀 구경표, 구혜민, 임지선
마케팅팀 임우열, 김은지, 이호, 최고은

펴낸곳 CH북스
출판등록 제406-1999-000038호
전화 070-4917-2074 **팩스** 0303-3444-2136
주소 서울시 강서구 마곡중앙6로 40, 장흥빌딩 10층
홈페이지 www.hdjisung.com **이메일** support@hdjisung.com
제작처 영신사

ⓒ CH북스 2009

※ 이 책은 저작권법에 따라 보호받는 저작물이므로 무단 전재와 복제를 금합니다.
※ 잘못 만들어진 책은 구입하신 서점에서 교환해드립니다.
※ CH북스는 (주)현대지성의 기독교 출판 브랜드입니다.